Droit de la concurrence
Libertés de circulation

Droit de l'Union – Droit interne

HyperCours Dalloz

sous la direction de

- Dominique **Chagnollaud**
  Professeur à l'Université Panthéon-Assas (Paris-II)
- Serge **Guinchard**
  Professeur émérite de l'Université Panthéon-Assas (Paris-II)

Droit de la concurrence
Libertés de circulation

Droit de l'Union – Droit interne

4e édition 2013

Cyril Nourissat
Professeur à la Faculté de Droit de l'Université Jean Moulin – Lyon III, ancien Recteur d'Académie

Blandine de Clavière-Bonnamour
Maître de conférences à la Faculté de Droit de l'Université Jean Moulin – Lyon III

DALLOZ

Éditions DALLOZ
31-35 rue Froidevaux,
75685 Paris Cedex 14

ISBN 978-2-247-12034-5

En un seul ouvrage, l'Hypercours Droit de la concurrence – Libertés de circulation met à la portée des étudiants des moyens d'acquisition, de révision et d'entraînement performants. Il fournit les connaissances théoriques indispensables et propose les références, exemples, exercices et thèmes de réflexion qui permettent d'appréhender correctement la mise en application de ces connaissances.

• Le cours, complet, est décomposé en titre mais surtout en chapitres thématiques correspondant aux séances de travaux dirigés. La structure de chacun d'eux est annoncée en début de chapitre par un plan analytique.

– Parallèlement au cours, sur la même page, l'ensemble du texte est découpé en blocs d'idées homogènes, selon une numérotation située dans la marge. Cette numérotation permet d'accéder à des définitions (voir ci-dessous la rubrique « Quid »).

– Des mots ou expressions clés sont signalés par la lettre « Q » en exposant. S'ils ne sont pas définis dans le cours même, il faut là encore se reporter à la rubrique « Quid » pour en connaître la signification précise.

• Des rubriques pédagogiques (pages signalées par un bandeau de couleur) complètent le cours de chaque chapitre. Elles ont une double fonction : mieux faire comprendre et assimiler le cours, mais aussi préparer efficacement les étudiants aux épreuves des travaux dirigés et des examens.

– La rubrique « *Mémo* » permet de synthétiser rapidement l'ensemble d'un cours.

– La rubrique « *Quid* » permet de disposer immédiatement de définitions extensives des mots clés du cours (signalés dans le cours par la lettre « Q » – pour « Quid » – en exposant). À chaque mot clé est accolé un ou des numéros(s) correspondant au découpage signalé en marge dans le cours afin de les repérer plus rapidement, le tout à la façon des liens hypertexte.

– La rubrique « *Document* » présente les textes de référence.

– La rubrique « *Biblio* » donne accès à une bibliographie sélective.

– La rubrique « *Quiz* » délivre des épreuves corrigées de commentaires d'arrêt, d'articles, de dissertations, de consultations juridiques, de cas pratiques et des questions, des tests...

• Présentant une synthèse de la matière, des éléments de pratique et de documentation viennent à la suite du cours et des compléments pédagogiques.

– Le *sujet terminal* propose un sujet d'examen corrigé correspondant à une épreuve type donnée en fin de semestre ou d'année et faisant appel à l'ensemble des connaissances acquises.

– La *bibliographie générale* présente les ouvrages essentiels de la matière.

• Pour s'orienter à l'intérieur de l'ouvrage, situé à la fin du manuel :

– *L'index alphabétique* des termes utilisés prend pour repères les blocs d'idées homogènes numérotés en marge du cours et permet de trouver une notion rapidement.

– *La table des matières* permet d'accéder facilement au cours et à sa structure.

– *La table des Quiz* répertorie les sujets corrigés par genre (tests de connaissances ou de compréhension, dissertations, commentaires d'arrêts, cas pratiques).

Principales abréviations

Activités CJCE	Activités de la Cour de justice des Communautés européennes
ADLC	Autorité de la concurrence
Art. (ou art.)	Article
av. gén.	Avocat général
Bull. civ.	*Bulletin des arrêts de la Cour de cassation (chambres civiles)*
Bull. crim.	*Bulletin des arrêts de la Cour de cassation (chambre criminelle)*
Cah. dr. eur.	*Cahiers de droit européen*
ch.	Chambre
chron.	Chronique
C. com.	Code de commerce
Comm. CE	Commission des Communautés européennes
Comm. UE	Commission de l'Union européenne (depuis le 1er décembre 2009)
concl.	Conclusion
Cons. CE	Conseil des Communautés européennes
Cons. UE	Conseil de l'Union européenne (depuis le 1er décembre 2009)
Cons. conc.	Conseil de la concurrence
CE	Conseil d'État
Conv. EDH	Convention européenne des droits de l'homme
CEDH	Cour européenne des droits de l'homme
CJCE	Cour de justice des Communautés européennes
CJUE	Cour de justice de l'Union européenne (depuis le 1er décembre 2009)
D.	*Recueil Dalloz*
Dr. prat. com. int.	*Droit et pratique du commerce international*
Europe	*Europe (revue)*
Gaz. Pal.	*La Gazette du Palais*
JDI	*Journal du droit international (Clunet)*
JOCE	*Journal officiel des Communautés européennes*
JOUE	*Journal officiel de l'Union européenne (depuis le 1er février 2003)*
JCP	*Juris-Classeur Périodique*
MEERQ	Mesures d'effet équivalent
nep	Non encore publié
LPA	*Les Petites Affiches*
Rec. CJCE	*Recueil de la Cour de justice et du tribunal de première instance des Communautés européennes*
Rec. CJUE	*Recueil de la Cour de justice de l'Union européenne*
Règl.	Règlement
Rép. Communautaire	*Répertoire de droit communautaire Dalloz*
Rev. aff. eur.	*Revue des affaires européennes*

Rev. crit. DIP	*Revue critique de droit international privé*
Rev. Marché commun	*Revue du Marché commun*
RMUE	*Revue du Marché unique européen*
RTD eur.	*Revue trimestrielle de droit européen*
TEE	Taxe d'effet équivalent à un droit de douane
TPI (ou TPICE)	Tribunal de première instance des Communautés européennes
TFUE	Traité sur le fonctionnement de l'Union européenne
TUE	Traité sur l'Union européenne
Trib. UE	Traité de l'Union européenne (ex TPICE)
UE	Union européenne

Plan général de l'ouvrage

Avant propos

La quatrième édition de cet Hypercours est l'occasion d'une refonte en profondeur par rapport aux précédentes. Outre le fait que cet ouvrage est désormais rédigé à quatre mains, il a été décidé de lui donner un intitulé plus « descriptif » permettant au lecteur de mieux saisir les matières couvertes par ce qu'il est convenu d'appeler le droit des affaires de l'Union européenne. C'est là permettre au lecteur, et en particulier à l'étudiant, de retrouver des disciplines qui sont encore, très souvent, éclatées dans différents cours dispensés dans les deux premiers cycles du cursus délivré par les facultés de droit françaises. Il est par ailleurs apparu nécessaire de souligner que l'ouvrage repose sur des développements tirés tant du droit interne que du droit de l'Union européenne. En effet, et même si ce dernier droit est marqué par sa « supériorité » par rapport au droit interne (conséquence logique des principes de primauté et d'effet direct consacrés de longue date), il n'en demeure pas moins que le droit de l'Union reste lacunaire en ce qu'il laisse des pans de la matière à la seule juridiction du droit interne. C'est cette réalité complexe, et les conséquences en termes d'articulation des ordres juridiques qui lui sont attachées, que tente de mettre en lumière la quatrième édition. Par ailleurs, il est désormais nécessaire de consacrer des développements substantiels aux procédures contentieuses qui, en une dizaine d'années, ont été l'objet d'une intervention remarquée de l'Union européenne, et ce, pour partie, comme conséquence de la consécration aux côtés du Marché intérieur de l'Espace de liberté, de sécurité et de justice. Là encore, la quatrième édition se propose de sensibiliser davantage le lecteur à cette dimension généralement passée sous silence dans les ouvrages comparables.

Pour autant ce manuel reste fidèle à sa démarche originelle et originale. Il offre toujours une lecture en prise avec les évolutions les plus récentes des matières couvertes et les enjeux qu'elles dessinent pour ceux que le droit du marché et les libertés qui le structurent intéressent. Il s'agit avant tout d'aborder cette branche aux contours toujours mal définis selon la logique initiale voulue par l'auteur : aborder un corps de règles en apparence disparates à partir du prisme central de l'opérateur économique européen, de l'entreprise, des droits économiques qui lui sont reconnus et dont d'aucuns n'hésitent plus à considérer qu'ils sont autant de droits subjectifs. Enfin, et conformément à ligne éditoriale de cette collection, un soin particulier a été apporté aux développements pédagogiques avec des documents nouveaux choisis pour leur pertinence et des exercices et cas pratiques entièrement renouvelés.

chapitre

Introduction générale

Plan analytique

Introduction générale

L'académicien Jean-François Deniau, dans l'une de ses 7 vies (titre de ses Mémoires), fut un jeune membre de la délégation française chargée de rédiger le Traité sur la Communauté économique européenne. 1

Il a raconté plusieurs anecdotes savoureuses sur les négociations de Val-Duchesse ; notamment, la suivante : « Au début, un fonctionnaire britannique assistait aussi aux séances de travail, l'Angleterre ayant été invitée. Jamais son digne représentant n'ouvrait la bouche, sinon pour y insérer sa pipe. Enfin, un jour, à la surprise générale, il demanda la parole. C'était pour tenir le discours d'adieu suivant :

Monsieur le Président, messieurs, je voulais vous remercier sincèrement de votre hospitalité et vous indiquer qu'elle va cesser à partir d'aujourd'hui. Je regagne Londres. Je tiens que le futur traité dont vous parlez et que vous êtes chargés d'élaborer :

a) n'a aucune chance d'être conclu ;

b) s'il est conclu, n'a aucune chance d'être ratifié ;

c) s'il est ratifié, n'a aucune chance d'être appliqué ;

S'il l'était, il serait d'ailleurs inacceptable pour la Grande-Bretagne. »

Près de soixante ans plus tard, c'est ce traité n'ayant aucune chance d'être conclu, ratifié, appliqué et devant se passer pour toujours de nos amis britanniques – perspective regrettable – qui justifie l'existence de ce manuel. Et que de chemin parcouru depuis ! Il suffit, pour s'en convaincre et n'envisager que ce qu'on appelle traditionnellement le droit des affaires, de mentionner le nombre de règlements, directives et décisions européennes concernant la matière, la quantité d'arrêts prononcés par les juridictions européennes et nationales en ce domaine. Au point qu'un auteur a pu poser la question suivante : « Y a-t-il encore un droit français des affaires ? » (L. Vogel, « Droit européen des affaires : du mythe à la réalité », in *Mélanges P. Catala*, Litec, 2001, p. 919 s.). Il est vrai que des pans entiers du droit des affaires relèvent désormais, directement ou indirectement, de « Bruxelles » selon le raccourci bien connu quoique imprécis donc inexact. Il pourrait dès lors paraître plus juste d'évoquer aujourd'hui – au-delà de l'inélégance de la formule – un « droit français d'origine européenne des affaires ». C'est en premier lieu, amplement vérifier cette loi inexorable selon laquelle toute organisation humaine tend naturellement à étendre ses pouvoirs (même si, en l'espèce, la limite essentielle que constitue la compétence d'attribution ne doit pas être oubliée). C'est, en second lieu, peut-être illustrer ce constat selon lequel la Communauté européenne, désormais Union européenne, « se voit investie de la conduite des réformes que les gouvernements savent nécessaires mais qu'aucun n'ose engager » (N. Baverez, *Les orphelins de la liberté*, Plon, 1999). De ces deux propositions procéderait donc l'empire sans cesse croissant du droit des affaires de l'Union européenne. Deux observations complémentaires doivent cependant être formulées. D'une part, il est certainement réducteur de présenter le droit des affaires de l'Union européenne comme un droit évoluant dans la seule sphère des institutions européennes. L'originalité de l'ordre 2 juridique européen, les principes de primauté et d'effet direct qui le caractérisent, conduisent à faire des juridictions et autorités nationales les acteurs en première ligne du droit des affaires de l'Union européenne. Le droit des pratiques anticoncurrentielles en est l'illustration la plus parfaite depuis la réforme majeure de 2003. Cette dernière remarque explique l'un des partis pris retenu par les auteurs de ces lignes. Afin de bien percevoir ce phénomène, il a été choisi d'illustrer à plusieurs reprises les aspects majeurs du droit des affaires de l'Union européenne par des décisions prononcées par les juridictions et autorités françaises. D'autre part, il est certainement réducteur de présenter le droit des affaires de l'Union européenne comme émanant de la seule sphère des institutions de l'Union. Il est aussi le fruit d'un dialogue : dialogue entre les États membres, dialogue entre l'échelon national et l'échelon européen. Les pratiques et modèles juridiques nationaux circulent et leur comparaison en est facilitée. Le phénomène d'importation ou d'acculturation devient possible à caractériser (cas de la réception de l'estoppel par la Cour de cassation) et peut aussi contribuer à l'élaboration et l'affirmation du droit des affaires de l'Union européenne. En ce sens, et sans qu'il soit à ce stade possible de systématiser le propos, la concurrence entre les ordres juridiques des États membres, dont certains opérateurs savent pleinement profiter, constitue un facteur possible de rapprochement dont il reste à apprécier la portée au-delà du constat bien connu d'une éventuelle « *race to the bottom* » ! Enfin, et cela mérite d'être souligné, même si l'histoire de la construction de ce droit des affaires de l'Union européenne est aujourd'hui plus que cinquantenaire, les États membres n'ont pas renoncé totalement à légiférer en la matière. Certains volets demeurent avant tout tributaires du droit interne comme l'illustre ce que l'on désigne sous le vocable de droit des pratiques restrictives de concurrence ou le droit de la concurrence déloyale. Ce « petit » droit de la concurrence, selon la formule de certains. Et même si des incursions de l'Union dans l'une ou l'autre de ces branches ne sont plus à exclure (v. par ex. les initiatives présentées par la Commission européenne en janvier 2013 concernant un embryon de droit européen des pratiques commerciales déloyales), il n'en demeure pas moins que l'opérateur économique européen reste toujours confronté à l'existence d'une intégration juridique inachevée, lui qui agit pourtant de longue date sur un marché économiquement intégré.

■ 3 Rien ne paraît moins simple que de saisir le droit des affaires de l'Union européenne : parce que l'on évoque le droit des affaires, parce que l'on renvoie au droit de l'Union européenne.

■ 4 L'expression « droit des affaires » est incertaine. On peut lui préférer celle de droit commercial. Et nul n'ignore que cette discussion sans fin a ses adeptes. Sans entrer dans le débat, bornons-nous à relever que le droit commercial, en tout cas pour les juristes français, ne régit pas toutes les activités économiques. Or, ainsi qu'il sera vu par la suite, le droit européen et singulièrement le droit européen de la concurrence s'attachent à l'activité économique et ce, quelle que soit la forme prise, commerciale ou non (il en va d'ailleurs de même du droit interne où, par exemple, l'Autorité de la concurrence (ADLC) sanctionne régulièrement des opérateurs non commerciaux comme les professionnels libéraux). On a pu alors adopter le vocable de droit professionnel, englobant ainsi l'activité économique des non-commerçants (cas des professions libérales). Mais cette terminologie, reprise par exemple dans certains textes officiels (en ce sens, l'annexe à l'arrêté du 29 janvier 1998 fixant le programme et les modalités de l'examen d'accès au centre régional de formation professionnelle d'avocats), n'a pas grande presse et, au-delà, est susceptible d'accentuer artificiellement certains particularismes ce qui est à l'exact opposé de la démarche de l'Union européenne. L'expression droit des affaires, par la générosité qui la marque, semble plus à même de recouvrir le contenu de ce droit des activités économiques. Au point d'ailleurs qu'il serait peut-être préférable de parler de droit économique européen. Mais là encore, l'expression droit économique n'est pas sans susciter des divergences entre tenants d'une conception limitée (centrée sur l'intervention de la puissance publique) et partisans d'une conception élargie (faisant place à l'entreprise) ; divergences aujourd'hui contestées au profit d'une troisième acception axée sur les rapports entre agents économiques ! De guerre lasse et raison gardée, il a été choisi de maintenir le terme de droit des affaires, défini comme le droit des relations d'affaires, que ce soit du point de vue des structures ou des opérations. Ou plus exactement, d'expliciter le contenu de ce droit des affaires au regard des deux grandes branches qu'il recouvre aujourd'hui du point de vue de l'agent économique, de l'opérateur économique, de l'entreprise : la libre concurrence, la libre circulation.

L'expression droit européen a pu demeurer obscure, en tout cas susceptible de confusions. Un exemple vient immédiatement à l'esprit : Conseil de l'Europe ou Conseil européen ? Il est vrai que l'instabilité chronique de la construction juridique de la « petite Europe » (celle du Conseil européen), contrairement à la relative continuité de la « grande Europe » (celle du Conseil de l'Europe) tend à rendre toute tentative de compréhension rapidement impossible pour un non-spécialiste. Le caractère réellement complexe et fortement évolutif de la construction juridique de la Communauté européenne ou, désormais, de l'Union européenne contribue à renforcer la réputation d'hermétisme qui lui est faite et apparaît, au passage, de moins en moins usurpée. Pour faire bref, il a longtemps été possible de dire que le droit communautaire est le droit de la Communauté européenne tel qu'il ressort du traité sur la Communauté européenne. Il n'était donc pas question, si ce n'est à titre marginal, d'évoquer le droit de cet ensemble plus vaste qu'est l'Union européenne ; cette dernière, apparue avec le traité de Maastricht en 1992, couvrant les trois Communautés (la Communauté européenne donc, mais aussi la Communauté européenne du charbon et de l'acier – aujourd'hui défunte – et la Communauté européenne de l'énergie atomique) ainsi que la politique étrangère et de sécurité commune (PESC) et la coopération dans les domaines de la justice et des affaires intérieures (JAI). Au reste, le droit des autres branches de l'Union européenne n'avait que peu d'incidences sur la matière, à la notable exception de la coopération pénale. Le droit communautaire a donc été, pendant cinquante ans, le support juridique de cette Communauté qui avait, comme en dispose l'article 2 de son traité constitutif, « pour mission, par l'établissement d'un marché commun, d'une union économique et monétaire [...] de promouvoir dans l'ensemble de la Communauté [notamment] un développement harmonieux, équilibré et durable des activités économiques [...] » et supposait notamment, comme le retient son article 3, « un marché intérieur caractérisé par l'abolition, entre les États membres, des obstacles à la libre circulation des marchandises, des personnes, des services et des capitaux [...] un régime assurant que la concurrence n'est pas faussée dans le marché intérieur [...] le rapprochement des législations nationales dans la mesure nécessaire au fonctionnement du marché commun [...] ». Depuis le 1er décembre 2009, la donne a été fortement bouleversée même si c'est avec la volonté (apparente ?) de rationaliser et de simplifier le cadre 5 général. On ne parle, désormais, plus que de l'Union européenne qui procède de deux traités (Traité sur l'Union européenne – TUE – et Traité sur le fonctionnement de l'Union européenne – TFUE) et opère une fusion des divers traités précédant (Traité sur la Communauté européenne et Traité sur l'Union européenne). Mais les termes ne doivent pas tromper : il s'agit moins d'une fusion « absorption » de la Communauté par l'Union que d'une véritable fusion « création » autour d'une nouvelle Union européenne. Dans une formule ambiguë, l'article 1er du TUE le dit : « L'Union se substitue et succède à la Communauté européenne »... Et si l'achèvement du marché intérieur reste un objectif de l'Union européenne, il doit désormais explicitement composer avec l'établissement de l'espace de liberté, de sécurité et de justice (qui d'ailleurs, formellement, prend la première place). De même, on ne peut que s'interroger sur le fait qu'au modèle de l'« économie de marché ouverte où la concurrence est libre » (art. 4 CE) est substitué celui de « l'économie sociale de marché hautement compétitive » (art. 3 § 3 TUE). Le changement de terminologie, l'apparition de l'adjectif « social » auront-ils des conséquences de nature à infléchir l'évolution jusque-là assez linéaire de la construction économique européenne ? Trois ans plus tard, il est bien difficile d'apporter une réponse tranchée, ne serait-ce qu'en raison d'une action entravée par cette donnée majeure qu'est l'existence d'une crise économique d'ampleur qui n'a pas épargné l'Union et, en particulier, ce qu'il est convenu d'appeler la « zone euro ».

■ 6 Ces premières précisions apportées en appellent d'autres. Certains choix délibérés ont été opérés dans ce manuel. Il ne s'agit ici nullement de couvrir tous les domaines de ce que l'on a longtemps désigné par l'expression, plus vague, de droit communautaire matériel, par opposition au droit communautaire institutionnel. On ne trouvera donc pas de développements autres que très généraux – et dans la mesure où ils contribuent effectivement à l'étude du droit des affaires – consacrés aux politiques communes (politique agricole commune, politique commune des transports, par ex.) ni de développements susceptibles de relever d'autres branches tel le droit de la consommation ou le droit social. Cette même logique, alliée à la nécessité de ne pas livrer un volume trop épais et vraisemblablement indigeste, a conduit à restreindre certains développements pour s'attarder davantage sur d'autres aspects comme les pratiques anticoncurrentielles des entreprises. En revanche, et prenant acte de l'incomplétude européenne de la matière, il a été fait le choix d'intégrer certains aspects qui demeurent d'essence nationale, d'essence interne même s'ils doivent nécessairement composer avec le cadre imposé que constitue l'Union européenne. Ils ont toute leur place dans ce manuel, sauf à livrer à l'étudiant une vision biaisée, car par trop partielle, des droits économiques reconnus aux entreprises. C'est là toucher du doigt et le caractère inachevé de la construction européenne et le fait qu'aujourd'hui le juriste, singulièrement le juriste de droit économique, est appelé à évoluer dans une situation où « plusieurs droits doivent être parfois mobilisés, alternativement, cumulativement, dans un même temps ou à des moments différents, dans un seul ou une pluralité d'espaces ou niveaux » (en ce sens, J.-S. Bergé, *L'application du droit national, international et européen*, Dalloz, coll. « Méthodes du droit », 2013).

■ 7 Ces différentes précisions apportées, il convient de procéder à quelques rappels rapides de nature à permettre de bien dessiner le cadre dans lequel seront successivement abordés la libre circulation, la libre concurrence et les procédures contentieuses au cœur de cet ouvrage. Ces rappels sont au nombre de trois et ont pour objet respectivement de revenir sur les étapes et le contenu de la construction européenne, l'ordre juridique européen et le marché européen au soutien duquel s'expriment les libertés de circulation et le droit de la concurrence.

Mais soulignons le, il ne s'agit que de procéder à un rappel de notions générales utiles pour aborder la matière. Naturellement, certains lecteurs pourront se dispenser de s'y référer. Signalons, cependant, que le mouvement rapide qui affecte la matière est susceptible de réserver bien des surprises à celui qui ne suit pas régulièrement les évolutions de la construction juridique de la Communauté et, désormais, de l'Union européenne ainsi que les évolutions tout aussi importante du droit français. Par ailleurs, l'éclatement, dans les facultés de droit françaises, de l'enseignement (ne serait-ce qu'en raison de la *summa divisio* droit public/droit privé que pourtant il transcende) ne facilite pas la compréhension d'ensemble nécessaire pour l'étude du droit des affaires de l'Union européenne et des libertés qu'il reconnaît aux opérateurs économiques. 8

Tout d'abord, bien que récente, l'aventure européenne est déjà riche d'une histoire scandée par l'entrée en vigueur de différents traités qui s'accompagne de mutations majeures ayant, pour les opérateurs économiques, des répercussions perceptibles qu'il convient d'exposer (section 1). Ensuite, cette aventure européenne s'est accompagnée de la création d'institutions particulières ainsi que de l'instauration d'un « nouvel ordre juridique », comme le dit la Cour de justice des Communautés européennes – désormais Cour de justice de l'Union européenne –, dont il faut rappeler les grandes lignes (section 2). Enfin, la construction européenne s'est avant tout attachée à la mise en place d'un marché commun, puis unique et, aujourd'hui, intérieur dont les caractéristiques essentielles méritent d'être présentées puisqu'il est le cadre d'expression naturelle des libertés de circulation et du droit de la concurrence (section 3). 9

section 1

De Rome à Lisbonne

Le propos de cette section première n'est pas de reprendre l'histoire de la construction européenne depuis ses origines. D'une part, on peut raisonnablement penser que le lecteur la connaît, au moins dans ses grandes lignes. D'autre part, ce n'est pas la vocation d'un ouvrage consacré au droit de la concurrence et aux libertés de circulation, mais plutôt d'un manuel de droit institutionnel. Plus précisément, on ne peut ignorer que le développement du droit du marché est largement tributaire de l'approfondissement graduel des relations entre les États membres de l'Union européenne mais aussi des nouveaux horizons qui sont ouverts (et pas uniquement dans une perspective d'élargissement de l'Union européenne à de nouveaux États membres). 10

Dans la perspective retenue, quatre étapes majeures se dessinent qu'il convient de retracer. Si le traité de Rome emporte la création d'une Communauté économique européenne (§ 1), le traité de Maastricht instaure l'Union européenne (§ 2) et le traité 11 d'Amsterdam affirme la création d'un espace de liberté, sécurité et justice (§ 3). Le traité de Nice, signé le 26 février 2001, a rapidement été présenté comme un traité de transition en raison de la signature à Rome, le 29 octobre 2004, d'un texte autrement plus ambitieux : le traité établissant une Constitution pour l'Europe. Cependant, ce dernier traité a été confronté à une difficulté de taille : l'opposition manifestée, au travers du referendum, par deux États membres fondateurs que sont la France et les Pays-Bas. Le rejet a été consommé ! La réponse a alors été apportée par le traité de Lisbonne, donnant naissance au traité sur l'Union européenne (TUE) complété par le traité sur le fonctionnement de l'Union européenne (TFUE). Mais là encore, le vote négatif émis lors du premier referendum irlandais de 2008 a pu engendrer des doutes sur l'avenir. Moyennant quelques aménagements apportés aux textes et divers engagements pris par les États membres, le second referendum irlandais, cette fois-ci positif, ainsi que les dernières tractations diplomatiques lors du sommet de Bruxelles d'octobre 2009 ont enfin permis l'entrée en application au 1er décembre 2009 des deux traités. Avec le traité sur le fonctionnement de l'Union européenne s'ouvre donc une période que l'on peut espérer de relance même si, sur le plan institutionnel, les dernières évolutions demeurent timides et contingentes (§ 4).

§ 1 Le traité de Rome ou la Communauté économique européenne

12 Signé à Rome le 25 mars 1957 (en même temps que le traité sur la Communauté européenne de l'énergie atomique – traité CEEA), le traité sur la Communauté économique européenne – traité CEE – est entré en vigueur en janvier 1958. Fruit du rapport Spaak, ce traité se donne un objectif clair et dégage à cet effet des moyens dont la mise en œuvre est inscrite dans la progressivité. Le traité originaire (A) a, depuis, connu de nombreuses évolutions (B).

A. Le traité originaire

13 Le traité CEE ne vient pas de nulle part. L'ont précédé la Déclaration Schuman du 9 mai 1950 (v. le texte reproduit sous la rubrique « Documents ») et le traité sur la Communauté européenne du charbon et de l'acier – traité CECA – signé à Paris le 18 avril 1951. Conçu comme un instrument de relance après l'échec connu par le traité sur la Communauté européenne de défense – traité CED –, le traité CEE, s'il s'inspire au plan institutionnel des expériences antérieures, se donne des objectifs nettement plus ambitieux. En effet, alors que les précédents traités avaient tous un objet bien délimité (le charbon et l'acier, la défense...), le traité CEE souhaite rien moins qu'embrasser l'ensemble des relations économiques qui peuvent se nouer entre les opérateurs des États membres. Ainsi, y évoque-t-on l'agriculture, les transports, les professions indépendantes et commerciales, la libre concurrence et l'abolition des droits de douane... L'idée qui fédère ces différents domaines est celle de l'élaboration d'un marché commun, c'est-à-dire d'un espace commun où les activités économiques vont pouvoir se développer sans préoccupation de frontières intérieures. Le traité CEE va donc promouvoir l'intégration économique des marchés nationaux au moyen d'une intégration juridique et avec, en filigrane, une volonté plus ou moins poussée d'intégration politique.

L'objectif d'intégration économique suppose l'élaboration d'institutions en charge de sa réalisation. Le traité CEE reprend le schéma institutionnel adopté dans le traité CECA mais en lui apportant certaines modifications remarquables. Plus précisément, en raison de son objet économique plus vaste, le traité n'octroie que des pouvoirs limités à l'institution symbole de l'intégration : la Commission. Ainsi cette dernière apparaît en retrait par rapport à la Haute autorité CECA et cède le pas devant l'organe représentant les intérêts des États membres qu'est le Conseil des ministres. Dans le même ordre d'idées, il faut relever que l'élimination des obstacles aux échanges économiques au sein du marché est inscrite dans une logique de progression qu'illustre l'affirmation d'une période transitoire. Cette démarche faite de prudence (on a parlé de la méthode des « petits pas ») trouve aussi son expression dans le fait que le traité CEE n'envisage l'harmonisation ou la coordination des règles nationales que « dans la mesure nécessaire au bon fonctionnement du Marché commun ». Ce processus d'intégration économique et juridique marqué du sceau de la pondération et du réalisme n'en a pas moins permis d'atteindre presque tous les objectifs fixés, et même parfois en avance sur l'échéancier prévu. Il a aussi contribué à l'érection de fondations solides (notamment, en raison du principe de « l'*acquis communautaire*[Q] ») qui ont autorisé des évolutions remarquables. 14

B. Les évolutions

Les évolutions qui ont marqué le traité CEE sont tributaires de deux données essentielles. D'une part, la Communauté économique européenne a connu plusieurs élargissements (A). D'autre part, le traité a été révisé à différentes reprises (B). 15

1. *Les élargissements*

Le modèle communautaire attire les candidats. Ainsi les six pays originaires (Allemagne, Belgique, France, Italie, Luxembourg, Pays-Bas) ont-ils été rejoints par d'autres en vagues successives. Tout d'abord, au 1er janvier 1973, la Communauté s'est élargie à la Grande-Bretagne, l'Irlande et le Danemark. Ensuite, le 28 mai 1979 est signé à Athènes le traité d'adhésion de la Grèce et le 12 juin 1985, sont signés à Lisbonne et à Madrid les traités d'adhésion du Portugal et de l'Espagne. Enfin, le 1er janvier 1995, l'Autriche, la Finlande et la Suède ont rejoint la Communauté. Et l'on rappellera que dix nouveaux États ont fait leur entrée dans la Communauté européenne le 1er mai 2004 : Chypre, Estonie, Hongrie, Lettonie, Lituanie, Malte, Pologne, Slovaquie, Slovénie et République Tchèque. Puis le 1er janvier 2007, la Roumanie et la Bulgarie ont rejoint la Communauté européenne. Et le mouvement d'élargissement de se poursuivre avec l'adhésion de la Croatie au 1er juillet 2013 et une liste de pas moins de 8 autres pays candidats. Sans développer cet aspect, on doit relever que ces élargissements successifs ont eu des conséquences sur le fonctionnement et l'évolution de la Communauté. Ces conséquences sont cependant moins institutionnelles (même si des adaptations sont naturellement nécessaires, par ex. afin de permettre la représentation des nouveaux États dans les institutions, Parlement européen ou Commission européenne) que pratiques (extension du marché et réorientation de certaines priorités de politique économique). Le traité de Nice, comme on le verra, confirme en partie cette affirmation qui contient pour la première fois des aménagements réels même s'ils sont jugés insuffisants par beaucoup. Il est vrai que l'ampleur jamais égalée de l'élargissement le commandait. L'un des nombreux enjeux du traité établissant une constitution pour l'Europe était précisément de déboucher sur 16 l'adoption de structures capables de faire fonctionner une Communauté à vingt-sept et plus.

17 Sans adhérer à la Communauté, certains États ont souhaité entretenir des liens privilégiés avec elle. Ces relations peuvent prendre des formes fort différentes qui traduisent le degré « d'intimité » voulu. On peut, tout d'abord, évoquer le traité sur l'Espace économique européen – traité EEE – signé à Porto le 2 mai 1992 et entré en vigueur le 1er janvier 1994. Ce traité lie les États membres et certains pays de l'Association européenne de libre-échange – AELE – qui est une zone de libre-échange créée par la Convention de Stockholm de 1960 : l'Islande, le Liechtenstein et la Norvège. L'Espace économique européen ne peut être ignoré de ceux qui s'intéressent au droit des affaires. De manière simple, les libertés constitutives du marché intérieur (libre circulation, libre concurrence) sont étendues aux États contractants. On en donnera quelques illustrations. La dispense de la carte de commerçant étranger qui est reconnue aux ressortissants communautaires est aussi appliquée aux ressortissants des États membres de l'EEE (C. com., art. L. 122-3). De même, lorsqu'interviennent des décisions en matière de concurrence (décision d'exemption, par ex.), la Commission examine systématiquement le comportement à l'aune de l'EEE. Ensuite, des accords d'association peuvent être conclus entre la Communauté et des États tiers. Ces accords ont pour objet, dans un certain nombre de domaines, de faciliter les échanges économiques (importation et exportation) mais aussi la mobilité des opérateurs économiques entre la Communauté et ces États. Ils sont souvent conclus en tant que préalable à une future adhésion (v. en ce sens les accords passés avec les pays d'Europe centrale et orientale). Enfin, il faut mentionner les accords de partenariat, et notamment le partenariat euro-méditerranéen qui concerne de nombreux pays du Maghreb et du Machreq. Là encore, l'idée est de favoriser des relations économiques bilatérales entre la Communauté et certains États selon une logique qui rejoint celle des accords de libre-échange.

2. *Les révisions*

18 Le traité CEE a été révisé à de nombreuses reprises et selon des degrés variables. On se bornera à dresser une liste de ces révisions en signalant les éléments remarquables. Ainsi, le traité de fusion signé à Bruxelles le 8 avril 1965, comme son nom l'indique, a eu pour objet de réaliser la fusion des institutions des trois communautés (CECA, CEEA, CEE). Dès lors ces trois communautés ont pu fonctionner grâce à un seul Conseil, une Commission, un Parlement européen, une Cour de justice. L'Acte unique européen (AUE), signé à Luxembourg et La Haye en février 1986 et entré en vigueur le 1er janvier 1988, constitue incontestablement la première révision d'envergure du traité CEE. Et cette révision a été généralement perçue comme un succès. L'AUE a réformé les institutions et le processus décisionnel (extension du vote à la majorité qualifiée et nouveaux pouvoirs pour le Parlement européen) afin de permettre la réalisation des objectifs de parachèvement du marché commun affirmé par un Livre blanc publié en 1985. Par exemple, plus de 250 mesures avaient été identifiées comme nécessaires à l'instauration d'un véritable marché intérieur. En ce sens, l'article 100 A CE (depuis art. 95), issu de la révision consécutive à l'entrée en vigueur de l'Acte unique européen, apparaît comme l'instrument juridique emblématique de la réalisation de ce marché intérieur (ce que l'on appela à l'époque l'objectif 1992). Il n'est qu'à constater que la plupart des directives adoptées au nom de cet objectif

l'ont été avec pour base juridique cet article qui, rappelons-le, concerne « les mesures relatives au rapprochement des dispositions législatives, réglementaires et administratives des États membres qui ont pour objet l'établissement ou le fonctionnement du marché intérieur ».

Ces révisions successives (sans parler de celle majeure avec le TUE et le TFUE) ont donc progressivement changé le visage de la Communauté économique européenne. Elles ont aussi contribué à « relancer la machine » dont les rouages se sont parfois grippés (par ex., au cours des années 1970). Même si, à la suite de l'Acte unique, des aspects essentiels comme l'environnement ou la cohésion sociale ont fait leur apparition dans le traité CEE, même si la coopération politique reçoit une certaine consécration, la construction communautaire restait essentiellement de nature économique. L'ambition affichée résidait dans un approfondissement des liens entre les opérateurs économiques, la promotion et l'achèvement du marché unique ou marché intérieur. Mais, une rupture importante est consommée avec la signature et l'entrée en vigueur du traité de Maastricht. 19

§ 2 Le traité de Maastricht ou l'Union européenne

Le traité de Maastricht, signé le 7 février 1992 et entré en vigueur le 1er novembre 1993, apporte naturellement différentes modifications au traité CEE. La première, hautement symbolique, substitue désormais à l'expression Communauté économique européenne le terme Communauté européenne. Les autres tiennent à la consécration de nouvelles compétences (santé, protection du consommateur, culture, etc.) ainsi qu'à l'instauration d'une *citoyenneté de l'Union*[Q], offerte à toute personne ayant la nationalité d'un État membre. Elle « complète la citoyenneté nationale et ne la remplace pas » (art. 17 CE) et se traduit par la reconnaissance d'un certain nombre de droits, parmi lesquels celui de circuler et de séjourner librement sur le territoire des États membres ou celui de vote et d'éligibilité pour les élections municipales et au Parlement européen. Mais deux aspects essentiels prédominent. D'une part, le traité de Maastricht consacre un changement de perspectives en inaugurant une nouvelle architecture institutionnelle chargée de traduire désormais l'existence d'une Union européenne (A). D'autre part, il enclenche le processus qui doit conduire à la création d'une Union économique et monétaire (B). 20

A. L'Union européenne

L'Union européenne est un ensemble complexe qui se laisse difficilement appréhender. Il a ainsi été classiquement proposé de voir dans le traité sur l'Union européenne une sorte de chapiteau grec reposant sur trois piliers distincts : le pilier communautaire (CE), le pilier de la Politique européenne de sécurité commune (PESC), le pilier Justice et affaires intérieures (JAI). Cette division se justifie bien sûr en raison de l'objet propre de chacun des piliers. Mais elle s'explique surtout en raison de différences institutionnelles marquées. Alors que le pilier communautaire fonctionne selon une logique d'intégration juridique (décision à la majorité, primauté et effet direct des normes élaborées) qui associe étroitement le Parlement européen (la procédure de codécision, véritable droit de veto, est instaurée par le traité de Maastricht) et repose sur un système juridictionnel complet, les deux autres piliers 21 répondent à une logique intergouvernementale (décision généralement à l'unanimité, absence de primauté et d'effet direct) qui échappe tant au contrôle du Parlement européen qu'à la juridiction de la Cour de justice. L'Union européenne est donc un vaste ensemble assez hétéroclite dont il ressort qu'il n'est plus exclusivement voué à des objectifs de nature économique (la réalisation d'un marché intérieur) mais contient bien des ambitions autres, telles qu'une défense et une politique étrangère communes.

22 Un même constat peut être formulé à propos du « pilier » communautaire qui nous intéresse principalement. De nouvelles politiques communes sont affirmées dont la connotation, en apparence du moins, n'est plus strictement économique : l'éducation, la culture. Le traité de Maastricht est surtout l'occasion de préciser davantage les compétences respectives de la Communauté et des États membres ainsi que leurs articulations. Sont ainsi inscrits dans les textes les *principes de subsidiarité*[Q] et *de proportionnalité*[Q]. L'article 3 B du traité CE tel que modifié par le traité de Maastricht, et désormais article 5, dispose, d'une part, que « dans les domaines qui ne relèvent pas de sa compétence exclusive, la Communauté n'intervient, conformément au principe de subsidiarité, que si et dans la mesure où les objectifs de l'action envisagée ne peuvent pas être réalisés de manière suffisante par les États membres et peuvent donc, en raison des dimensions ou des effets de l'action envisagée, être mieux réalisés au niveau communautaire », d'autre part, que « l'action de la Communauté n'excède pas ce qui est nécessaire pour atteindre les objectifs du présent traité ». Ces deux principes vont désormais jouer un rôle essentiel et se manifester de manière systématique (par ex. chaque proposition de directive ou de règlement doit être justifiée au regard des deux principes). Mais, le traité de Maastricht reste surtout associé, dans l'esprit de ceux qui s'intéressent au droit communautaire des affaires, à l'instauration de l'Union économique et monétaire.

B. L'Union économique et monétaire

23 Une Union économique et monétaire n'est pas une idée totalement nouvelle. Au début des années 1970, les États membres ont eu conscience de la nécessité de faire du Marché commun une zone de stabilité monétaire. Se sont alors succédé le « *serpent monétaire européen*[Q] » (1972), puis le « *système monétaire européen*[Q] » (1979) dont l'objet, au-delà des différences de nature technique, était d'assurer une parité fixe entre les monnaies des États membres aux moyens d'instruments de contrainte. Par ailleurs, a été instaurée une unité de compte commune, composée d'un « panier de monnaies » réparties en fonction de la puissance économique respective des États membres : l'ECU (European Currency Unit). Établi quotidiennement à partir des cours des différentes monnaies, il servait ainsi à l'ensemble des activités de la Communauté. En 1988, les chefs d'État et de gouvernement décident de l'instauration d'une véritable Union économique et monétaire. Ils confient alors à Jacques Delors, Président en fonction de la Commission, la mission de « piloter » un Comité chargé d'élaborer un rapport en ce sens. L'idée centrale de ce rapport, remis un an plus tard, tenait à l'instauration d'une monnaie unique, et non une monnaie commune laissant subsister les monnaies nationales. Et, tirant les enseignements de la méthode communautaire jusque-là pratiquée, le rapport Delors préconisait un établissement de l'Union économique et monétaire en trois étapes. Les préconisations de ce rapport ont été reprises dans le traité de Maastricht ainsi que dans différents protocoles

annexes et ont donné lieu à l'insertion d'un titre particulier dans le traité CE : « Politique économique et monétaire » (désormais, art. 98 à 124 CE).

L'Union économique et monétaire repose sur un ensemble de mesures de nature 24
politique et technique qui traduit la volonté d'arriver à une seule et unique monnaie apparaissant, pour certains, comme l'étape presque ultime de fusion des entités nationales en une entité européenne (cette dernière exerçant une des prérogatives régaliennes par excellence : le droit « de battre monnaie »). Ces mesures ont pour objet d'assurer la convergence des politiques budgétaires, monétaires et économiques des États membres. En ce sens, le traité énonce un certain nombre d'exigences que les États doivent respecter et instaure une armature institutionnelle commune fonctionnant en toute indépendance des États membres et des autorités communautaires : le système européen des banques centrales (SEBC) et, au cœur, la Banque centrale européenne (BCE). Selon un échéancier prévu par les textes, les États membres ont dû adapter leur propre structure et adopter une ligne de politique économique et budgétaire reposant sur le respect de critères tels que le cantonnement de leur déficit budgétaire (3 % du PIB) et de leur endettement (60 % du PIB). Ces critères dits « de convergence » ont été atteints par tous les États membres au 1er janvier 1999. Mais certains d'entre eux ont refusé leur participation à l'Union économique et monétaire pour des raisons politiques ou économiques. L'étape la plus symbolique a enfin été franchie le 1er janvier 2002 avec l'introduction de la monnaie fiduciaire et la disparition corrélative des monnaies nationales. Ainsi, une seule et unique monnaie circule-t-elle désormais sur le territoire de dix-sept États membres (Allemagne, Autriche, Belgique, Chypre, Espagne, Estonie, Finlande, France, Grèce, Irlande, Italie, Luxembourg, Malte, Pays-Bas, Portugal, Slovaquie et Slovénie) ; un territoire que l'on désigne par le néologisme assez grotesque d'« euroland » ou d'« eurozone » en bon français ! Mais l'union monétaire réalisée n'est pas pour autant un objectif ponctuel qui, une fois atteint, n'a plus d'implications. Bien au contraire, elle suppose une attention portée à la politique économique des États membres qui, aux termes de l'article 99 CE, est considérée d'« intérêt commun » et suppose d'être coordonnée dans le cadre du Conseil (une illustration étant le « pacte de stabilité » si régulièrement évoqué dans les médias). La Commission a reçu une mission particulière en la matière. Elle doit surveiller les évolutions des déficits publics et de l'endettement des États membres qui, selon l'article 104 CE, se sont engagés à éviter « les déficits publics excessifs ». S'il apparaît qu'un État membre ne respecte pas ses engagements, la Commission peut en saisir le Conseil qui pourra adresser des recommandations à l'État concerné, mais aussi adopter des sanctions de nature pécuniaire à l'égard des récalcitrants (ce que permet un vote prévu à la majorité qualifiée). Une telle procédure a été engagée à l'encontre de la France en mars 2003 au regard de son déficit budgétaire supérieur aux 3 % du pacte de stabilité et a conduit à un règlement politique de la question. Plus récemment, la crise grave qui affecte la Grèce, mais aussi l'Espagne et le Portugal, conduit à s'interroger sur la portée réelle de la coordination voulue par le traité. Ces interrogations, comme on le verra, on conduit en 2012 à l'adoption d'un nouveau traité sur la stabilité, la coordination et la gouvernance (TSCG), dénommé pacte budgétaire européen et entré en vigueur le 1er janvier 2013. Outre des dispositions contraignantes relatives à la discipline budgétaire des États membres, il instaure surtout un contrôle du respect des engagements nationaux par la CJUE qui pourra, le cas échéant, prononcer des sanctions financières.

§ 3 Le traité d'Amsterdam ou l'espace de liberté, de sécurité et de justice

25 Avec le traité d'Amsterdam entré en vigueur le 1er mai 1999, est affirmée la volonté de créer un espace de liberté, de sécurité et de justice (art. 5 UE). Ce qui peut apparaître comme une « nouvelle devise » répond à un objectif qui emporte des conséquences nombreuses pour le droit européen des affaires ; l'originalité de cet espace de liberté, de sécurité et de justice tenant à ce qu'il sollicite tant le traité CE que le traité UE. En un certain sens, le traité d'Amsterdam est peut-être le traité le plus important pour ceux qui s'intéressent au droit privé européen, et en son sein, au droit européen des affaires. Ainsi, le titre IV CE donne notamment à la Communauté européenne des compétences dans le domaine de la coopération judiciaire civile et commerciale. Il s'agit alors, selon l'article 65 CE, d'améliorer et simplifier la reconnaissance et l'exécution des décisions en matière civile et commerciale, de favoriser la compatibilité des règles applicables dans les États membres en matière de conflits de lois et de compétences... On signalera que les textes adoptés en ce domaine le sont selon, à l'origine, la règle de l'unanimité. Le traité de Nice apporte sur ce point une modification en prévoyant une adoption à la majorité qualifiée qui devient la règle, sauf exceptions. Ainsi, le titre VI UE donne notamment à l'Union européenne des compétences dans le domaine de la coopération judiciaire pénale. Il s'agit alors, selon l'article 31 UE, de faciliter et d'accélérer la coopération entre les autorités judiciaires pour ce qui est de la procédure et de l'exécution des décisions, de faciliter l'extradition et, même, d'adopter des règles minimales communes relatives aux éléments constitutifs des infractions pénales et aux sanctions applicables. Lors du Conseil européen de Tampere des 15 et 16 octobre 1999, les chefs d'États et de gouvernements ont insisté sur leur attachement particulier à l'égard de ces domaines. Un tel attachement a été réitéré cinq ans plus tard avec l'adoption du programme de La Haye « renforcer la liberté, la sécurité et la justice dans l'Union européenne » (*JOUE* C 53 du 3 mars 2005) et, depuis, avec le programme de Stockholm (COM[2009], 262 final, 10 juin 2009). En l'état actuel, si est acquise la création d'un espace judiciaire civil et commercial (A), se profilent aussi les bases d'un droit européen des obligations (B) et d'un droit pénal des affaires européen (C).

A. Un espace judiciaire civil et commercial

26 Il ne faut pas croire que le contentieux qu'engendre le droit européen des affaires, et en particulier le droit de la concurrence et les libertés de circulation, est uniquement celui que l'on observe devant la Cour de justice (CJ) ou le Tribunal de l'Union européenne (Trib. UE) auquel on consacrera une place naturellement importante dans l'ouvrage. Le contentieux lié à la conclusion d'accords de distribution transfrontières, de contrats d'agents commerciaux entre sociétés d'États membres n'est pas, non plus, exclusivement soumis à l'arbitrage, même si ce dernier mode de règlements des litiges commerciaux jouent un rôle certainement majeur dans l'espace européen (v. par ex., sentence CCI n° 8626 (1996), *JDI* 1999. 1073 ou encore Civ. 1re, 11 mars 2009, *Bull. civ.* I, n° 48 à propos de l'application par les arbitres de la directive de 1986 relative à l'agence commerciale). Dans une mesure prépondérante, ce contentieux se déroule devant le juge national qui, comme il est fréquemment rappelé, est le juge de droit commun du droit communautaire, désormais du droit

de l'Union européenne. Et dans le même ordre d'idées, les autorités nationales de concurrence jouent un rôle décisif. Sous l'effet conjoint du principe de subsidiarité (ce que traduisent exactement les règlements adoptés matière de concurrence) et d'une connaissance sans cesse améliorée de la matière (ce qu'illustre progressivement, mais non sans mal, la jurisprudence de l'ordre judiciaire), il en est de plus de plus ainsi. C'est ce qui explique qu'il est apparu nécessaire de consacrer désormais un titre de ce manuel aux procédures contentieuses tant nationales qu'européennes. À ce stade, seront formulés quelques rappels brefs relatifs à des instruments essentiels à connaître.

L'aspect judiciaire européen en matière de concurrence et de libertés de circulation a 27
longtemps été exclusivement envisagé en marge des traités et, corrélativement, largement ignoré dans les manuels l'abordant. Il est vrai qu'un seul instrument pouvait être évoqué : la Convention de Bruxelles du 27 septembre 1968 (pour une version consolidée, *JOCE* C 27 du 26 janv. 1998). En dépit de liens étroits avec le droit communautaire, cette convention apparaissait, en raison de sa nature juridique, comme ressortissant davantage de l'étude du droit international privé et, singulièrement, de l'étude des conflits de juridictions. La « communautarisation » de cette dernière matière consécutive à l'entrée en vigueur du traité d'Amsterdam et de l'article 65 CE aux termes duquel « les mesures relevant du domaine de la coopération judiciaire dans les matières civiles ayant une incidence transfrontière [...] visent entre autres à améliorer et simplifier [...] la reconnaissance et l'exécution des décisions en matière civile et commerciale [...] éliminer les obstacles au bon déroulement des procédures civiles, au besoin en favorisant la compatibilité des règles de procédure civile applicables dans les États membres » a rapidement été traduite dans les faits. Différents règlements majeurs ont été adoptés en quelques mois. Sont désormais directement applicables dans vingt-six des vingt-sept États membres (le Danemark ayant fait jouer les articles 1er et 2 du protocole annexé au traité sur la Communauté européenne qui l'autorise à ne pas participer à l'adoption de ce type d'instruments) : le règlement CE n° 1346/2000, relatif aux procédures d'insolvabilité (*JOCE* L 160 du 30 juin 2000), le règlement CE n° 1348/2000, relatif à la signification et à la notification dans les États membres des actes judiciaires et extrajudiciaires en matière civile et commerciale (*JOCE* L 160 du 30 juin 2000) remplacé depuis le 13 novembre 2008 par le règlement CE n° 1393/2007 (*JOUE* L 324 du 10 décembre 2007), le règlement CE n° 44/2001, concernant la compétence judiciaire, la reconnaissance et l'exécution des décisions en matière civile et commerciale, appelé en jargon communautaire règlement « Bruxelles I » (*JOCE* L 12 du 16 janv. 2001) et appelé à être remplacé en janvier 2015 par le règlement UE n° 1215/2012 du 12 décembre 2012 (*JOUE* L 351 du 20 déc. 2012), le règlement CE n° 1206/2001, relatif à la coopération entre les juridictions des États membres dans le domaine de l'obtention des preuves en matière civile et commerciale (*JOCE* L 174 du 27 juin 2001), le règlement CE n° 805/2004 portant création d'un titre exécutoire européen pour les créances incontestées (*JOUE* L 143 du 30 avr. 2004) et le règlement CE n° 1896/2006 instituant une procédure européenne d'injonction de payer (*JOUE* L 399 du 30 déc. 2006). On se bornera, ici, à n'évoquer que le règlement concernant la compétence judiciaire et l'exécution des décisions en matière civile et commerciale (1), le règlement relatif aux procédures d'insolvabilité (2), renvoyant le lecteur au troisième titre de ce manuel pour plus de détail.

1. Le règlement CE n° 44/2001 du 22 décembre 2000 concernant la compétence judiciaire et l'exécution des décisions en matière civile et commerciale

28 Ce règlement est entré en vigueur le 1er mars 2002 et s'applique aux actions judiciaires civiles et commerciales intentées après cette date. Son objet est, d'une part, d'énoncer un certain nombre de règles de compétence juridictionnelle directe ; d'autre part, de faciliter la circulation des jugements civils et commerciaux entre les États membres. Pour s'appliquer, le règlement suppose à titre général, outre d'entrer dans le champ matériel défini à l'article 1er, que le défendeur possède son domicile ou son siège social sur le territoire d'un État membre (à l'exclusion, donc, du Danemark). Ce principe *actor sequitur forum rei* est complété par une série de règles de compétence spéciale énoncées à l'article 5. Ces dernières, qui intéressent particulièrement les litiges commerciaux, s'analysent comme une option de compétence offerte au demandeur. En premier lieu, en matière contractuelle, le demandeur peut porter son action devant le tribunal du lieu où l'obligation qui sert de base à la demande a été ou doit être exécutée (art. 5-1-a). Le règlement, et c'est une nouveauté importante par rapport à la Convention de Bruxelles de 1968, a précisé dans deux hypothèses ce qu'il convenait d'entendre par lieu d'exécution de l'obligation. En matière de contrat de vente de marchandises, le lieu d'exécution est celui où « les marchandises ont ou auraient dû être livrées ». En matière de contrat portant sur une fourniture de services, le lieu d'exécution est celui où « les services ont ou auraient dû être fournis ». Cette règle matérielle se substitue donc à la construction complexe qui avait prévalu sous l'empire de la Convention de Bruxelles : les juridictions étant tenues de déterminer le lieu d'exécution de l'obligation « conformément à la loi qui régit l'obligation litigieuse selon les règles de conflits de la juridiction saisie » (CJCE 6 oct. 1976, *Tessili*, aff. 12/76, *Rec. CJCE* 1473). Mais cette jurisprudence garde toute sa pertinence lorsque le contrat ne répond ni à la qualification de contrat de vente de marchandises ni à celle de contrat de prestation de services. On pense notamment au contrat cadre (pour une première application par le juge français à propos d'un contrat de distribution sélective, v. Aix-en-Provence 10 sept. 2004, *Procédures* 2005. Comm. 11, note C. Nourissat ; v. depuis, Civ. 1re, 5 mars 2008, *Bull. civ.* I, n° 61, *Procédures* 2008, Comm. 143, note C. Nourissat). En deuxième lieu, en matière délictuelle, le demandeur peut porter son action devant le tribunal du lieu « où le fait dommageable s'est produit ou risque de se produire » (art. 5.3). Par exemple, la CJCE a pu considérer que la rupture brutale de pourparlers précontractuels non formalisés se rattachait à la matière délictuelle (CJCE 17 sept. 2002, *Fonderie Officine Meccaniche Tacconi SpA*, aff. C-334/00, *Rec. CJCE* I-7357). En troisième lieu, en matière de litige concernant l'exploitation d'une succursale, le demandeur peut porter son action « s'il s'agit d'une contestation relative à l'exploitation d'une succursale, d'une agence ou de tout autre établissement, devant le tribunal du lieu de leur situation » (art. 5-5). Le règlement envisage aussi des règles de compétence protectrices d'une partie faible. Sont ainsi prévues des règles de compétence en matière d'assurance (art. 8 à 14) ou de contrats conclus par les consommateurs (art. 15 à 17) qui intéressent aussi le droit des affaires.

29 Le règlement « Bruxelles I » apporte une simplification indéniable de la procédure permettant la reconnaissance et l'exécution des décisions civiles et commerciales dans les États membres. Dans une logique de confiance mutuelle, les jugements et

arrêts prononcés dans un État membre doivent être reconnus et exécutés sans autre condition qu'un examen purement formel prévu à l'article 41. En témoigne, en France, le fait que la requête est adressée au greffier en chef du tribunal de grande instance territorialement compétent. Ce n'est qu'en cas d'un éventuel recours contre la déclaration que le juge de l'État requis peut être amené à examiner si la décision civile ou commerciale n'est pas de nature à encourir un des motifs de refus de reconnaissance et d'exécution. Ces motifs n'ont pas fondamentalement changé par rapport à ceux énoncés par la Convention de Bruxelles de 1968. Par exemple, le contrôle de conformité à l'ordre public de l'État requis demeure. On signalera que depuis un important arrêt *Krombach* prononcé en 2000 (CJCE 28 mars 2000, *Krombach*, aff. C-7/98, *Rec. CJCE* I-1935), l'ordre public est conçu comme visant tant l'ordre public de fond que l'ordre public procédural. Cet allégement de la procédure d'exequatur est à mettre en parallèle avec son abandon pur et simple dans l'hypothèse des créances incontestées, objet du règlement CE n° 805/2004 du 21 avril 2004 portant création d'un titre exécutoire européen. Sans entrer dans le détail d'un texte applicable à compter du 21 octobre 2005, il convient de comprendre que désormais une décision qui a été certifiée en tant que titre exécutoire européen par une juridiction d'origine doit être traitée, aux fins de son exécution, comme si elle avait été rendue dans l'État membre dans lequel l'exécution est demandée. L'idée de « certification » de la décision est au cœur du mécanisme instauré. Elle suppose le respect de conditions concernant la transmission de l'acte introductif d'instance afin de s'assurer que le débiteur a bien été informé de l'existence de la procédure engagée contre lui. Le règlement parle de « normes minimales ». Il importe de bien souligner, enfin, que ce texte ne concerne que les créances civiles et commerciales incontestées, dont la définition est à rechercher dans le règlement lui-même en son article 3. C'est là d'ailleurs une raison de s'interroger sur la portée pratique réelle de ce texte ambitieux (pour une illustration de recours au « TEE », v. CA Lyon, 14 oct. 2010, *Procédures* 2010, Comm. 406). En revanche, l'entrée en application, en décembre 2008, de la procédure européenne d'injonction de payer correspond à un besoin réel et laisse augurer, par la facilité de mise en œuvre du mécanisme, d'un instrument efficace de recouvrement des créances au bénéfice des opérateurs économiques transfrontières (pour une illustration récente des « potentialités » de l'« IPE », v. CJUE 13 déc. 2012, *Iwona Szyrocka*, C-215/11, nep).

2. *Le règlement CE n° 1346/2000 du 29 mai 2000 relatif aux procédures d'insolvabilité*

Ce règlement est entré en vigueur le 31 mai 2002 et s'applique donc aux procédures européennes d'insolvabilité ouvertes postérieurement, soit pour utiliser la terminologie française aux liquidations ou redressements judiciaires avec nomination d'un administrateur. Il édicte un certain nombre de règles de conflit de juridictions et de conflit de lois. De manière apparemment simple, le règlement retient le principe de la *lex concursus*, c'est-à-dire de la loi de l'État membre d'ouverture de la procédure. Cette *lex concursus* gouvernera les conditions d'ouverture, de déroulement et de clôture de la procédure mais aussi les effets de la procédure (à l'exception des droits réels qui restent gouvernés classiquement par la loi de leur lieu de situation). En ce sens, le règlement consacre le principe d'universalité de la faillite, que d'ailleurs la Cour de cassation dans un arrêt a elle aussi reconnu (Civ. 1re, 19 nov. 2002, *Bull. civ.* I, n° 275). Sans entrer dans les détails d'un texte éminemment technique, il faut 30 signaler que le règlement s'applique à toutes les procédures d'insolvabilité concernant le débiteur personne physique ou personne morale, commerçant ou particulier à l'exception notable des entreprises d'assurance et des établissements de crédit qui relèvent de directives propres. L'article 3 du règlement pose les principes essentiels. La procédure d'insolvabilité doit s'ouvrir sur le territoire où est situé le centre des intérêts principaux du débiteur. En matière de personne morale, ce centre des intérêts principaux est présumé de manière simple (et non irréfragable) comme étant le lieu de situation du siège statutaire. Les juridictions des autres États membres ne peuvent ouvrir de procédure secondaire que dans la mesure où il s'agit d'une procédure de liquidation, que le débiteur y possède un établissement et uniquement et logiquement à l'égard des biens se trouvant sur ce territoire. Une première application par une juridiction française de ces principes a été assez diversement reçue par les observateurs autorisés de la matière. La cour d'appel de Versailles, dans un arrêt du 4 septembre 2003, a considéré que l'ouverture de la procédure d'insolvabilité principale contre une filiale française par une juridiction britannique (Haute Cour de Justice de Leeds) interdit à toute juridiction française d'ouvrir ultérieurement une autre procédure d'insolvabilité principale et, donc, au tribunal de commerce de Pontoise d'ouvrir à son tour une procédure de redressement judiciaire (Versailles, 4 sept. 2003, *D.* 2003. Jur. 2352, note J.-L. Vallens). Depuis, tant la CJUE que la Cour de cassation ont été amenées à fixer les choses. Ainsi, dans un arrêt *Eurofood* (CJCE 2 mai 2006, *Eurofood IFSC Ltd*, aff. C-341/04, *Rec. CJCE* I-3813) le juge européen retient que « lorsqu'un débiteur est une filiale dont le siège statutaire et celui de sa société mère sont situés dans deux États membres différents, la présomption énoncée à l'article 3, paragraphe 1er, seconde phrase, du règlement (CE) n° 1346/2000 du Conseil, du 29 mai 2000, relatif aux procédures d'insolvabilité, selon laquelle le centre des intérêts principaux de cette filiale est situé dans l'État membre où se trouve son siège statutaire, ne peut être réfutée que si des éléments objectifs et vérifiables par les tiers permettent d'établir l'existence d'une situation réelle différente de celle que la localisation audit siège statutaire est censée refléter ». Quelques semaines plus tard, la chambre commerciale de la Cour de cassation s'est rangée à cette analyse et a, par ailleurs, délivré une interprétation intéressante de la mise en œuvre de l'exception d'ordre public (Com. 27 juin 2006, *Bull. civ.* IV, n° 149).

B. Vers un droit des obligations de l'Union européenne ?

31 Cette question agite les esprits depuis plusieurs années. Elle peut être formulée de manière simple : un marché unique, c'est-à-dire sans frontières intérieures entre les États membres, où les opérateurs économiques se déplacent et les marchandises circulent librement peut-il se satisfaire de vingt-huit droits contractuels différents que l'on peut analyser en termes de barrières, à tout le moins de coûts supplémentaires ? La question est d'importance si l'on retient que le contrat est l'instrument de base des échanges économiques, des relations d'affaires. Est ainsi formulé le postulat – qui reste à vérifier, d'ailleurs – que la diversité des droits nationaux des obligations serait un frein aux relations d'affaires intra européennes et est ainsi permis de constater que les harmonisations ponctuelles voulues par certaines directives en matière contractuelle (par ex. directive n° 1999/44/CE du 25 mai 1999 sur certains aspects de la vente et des garanties des biens de consommation, *JOCE* L 171 du 7 juill. 1999 désormais transposée en droit français dans le Code civil et le Code de la consommation par une ordonnance du 17 févr. 2005) laissent subsister *in fine* des différences

importantes entre droits nationaux. Un même raisonnement peut-être adopté à propos des obligations non contractuelles. Deux réponses concurrentes sont apportées par l'Union européenne : la réponse conflictuelle (1) et la réponse matérielle (2). La première est de droit positif mais aboutit à un résultat ressenti, à juste titre ou non, comme complexe. La seconde est de droit prospectif mais conduit à un résultat simple pour ne pas dire simpliste.

1. *La réponse conflictuelle : le règlement CE n° 593/2008 du 17 juin 2008 sur la loi applicable aux obligations contractuelles (Rome I) et le règlement CE n° 864/2007 du 11 juillet 2007 sur la loi applicable aux obligations non contractuelles (Rome II)*

La diversité des droits nationaux est une richesse. Ce qui importe est de pouvoir déterminer quelle(s) loi(s) nationale(s) est (sont) applicable(s) au rapport de droit en cause. La solution doit être recherchée dans le mécanisme du conflit de lois. C'était, en marge des traités originaires, l'objet de la Convention de Rome du 18 juin 1980 (pour une version consolidée, *JOCE* C 27 du 26 janv. 1998). Signée et ratifiée par les États membres de la Communauté, elle est entrée en vigueur le 1er avril 1991 et gouverne tous les contrats conclus postérieurement, sous réserve de l'existence de conventions particulières applicables (pour une première interprétation par la CJCE de la Convention de Rome, CJCE 6 oct. 2009, *ICF*, aff. C-133/09, *Rec. CJCE* I-9687). C'est, depuis le 17 décembre 2009, l'objet du règlement CE n° 593/2008 du 17 juin 2008 sur la loi applicable aux obligations contractuelles dit règlement « Rome I » (*JOUE* L 177 du 4 juill. 2008) qui remplace la convention sans pour autant la modifier en profondeur. On signalera, en tant que de besoin, les évolutions sensibles qu'emporte le règlement « Rome I ». Ce dernier, comme la Convention de Rome, a une vocation universelle (c'est-à-dire qu'il peut conduire à la désignation de la loi d'un État non-membre) et pose le principe selon lequel les parties contractantes peuvent choisir la ou les lois nationales qui gouverneront le contrat (art. 3-1) sous la double réserve traditionnelle du respect des lois de police (pour une réponse attendue de la CJUE sur les lois de police, v. les conclusions de l'avocat général Nils Wahl dans l'affaire *Unamar* NV C-184/12) et du correctif que constitue l'exception d'ordre public. Il réaffirme donc le principe d'autonomie de la volonté qui prévalait déjà dans les rapports contractuels internationaux comme la Cour de cassation l'avait consacré dans plusieurs arrêts. 32

L'originalité de la Convention de Rome résidait essentiellement dans l'adoption d'une présomption de loi applicable à défaut de choix des parties et à l'érection de certains rattachements spéciaux tenant compte de la nature du contrat. Ainsi, si les parties n'ont pas procédé à la désignation de la loi applicable au contrat, l'article 4 retient « la loi du pays avec lequel il présente les liens les plus étroits ». La loi du lien le plus étroit est alors présumée être celle de la résidence habituelle du débiteur de la prestation caractéristique du contrat. Par exemple, dans un arrêt relatif à un problème d'inexécution d'un contrat de distribution exclusive conclu entre une société de droit français et une société de droit néerlandais (Civ. 1re, 15 mai 2001, *Bull. civ.* I, n° 134), la Cour de cassation a considéré que le contrat devait être soumis à la loi du siège de la société concédante, retenant que la prestation caractéristique du contrat était la fourniture du produit par le concédant. Des rattachements spéciaux concernent certains types de contrats (contrat de consommation, contrat de travail...). Le règlement « Rome I » 33 modifie ces différents aspects en posant, désormais, une liste de rattachements fixes à défaut de choix de loi applicable. Ainsi, si les parties n'ont pas exprimé de choix de loi pour un contrat de vente, c'est la loi de la résidence habituelle du vendeur qui s'appliquera. Même approche est retenue pour le contrat de prestation de services, rattaché à la loi de la résidence habituelle du prestataire. D'aucuns n'ont pas hésité à voir dans cette solution une sorte de consécration du principe du pays d'origine reprise de celle qui prévaut en matière de libre circulation. Cependant, la règle n'est pas générale et, par exemple, sera applicable la loi du franchisé ou celle du distributeur à défaut de choix de loi par les parties contractantes. La Convention de Rome précisait à plusieurs reprises ses relations avec le droit communautaire dérivé en retenant qu'elle « ne préjuge pas l'application des dispositions qui, dans les matières particulières, règlent les conflits de lois en matière d'obligations contractuelles et qui sont ou seront contenues dans les actes émanant des institutions des Communautés européennes ou dans les législations nationales harmonisées en exécution de ces actes ». Cette disposition, dont on a pu penser – à l'origine – qu'elle n'aurait qu'une portée très exceptionnelle, a pris progressivement toute sa signification en raison de la multiplication des directives dont l'objet intéresse les obligations contractuelles et qui contiennent des règles de conflit de lois (par ex. directive n° 1993/13/CEE du 5 avr. 1993 concernant les clauses abusives dans les contrats conclus avec les consommateurs, *JOCE* L 95 du 21 avr. 1993 ou directive n° 1994/47/CEE du 26 oct. 1994 concernant la protection des acquéreurs pour certains aspects des contrats portant sur l'acquisition d'un droit d'utilisation à temps partiel de biens immobiliers, *JOCE* L 280 du 29 oct. 1994). On regrettera, sur ce dernier point, que le règlement « Rome I » n'ait pas été l'occasion d'une « rationalisation » des règles de conflit de lois européennes intéressant les contrats et qu'il continuera à être nécessaire de jongler avec les différents instruments, règlements et directives... Le règlement, pour sa part, réserve aussi le sort des autres instruments européens, en prévoyant qu'il « ne devrait pas affecter l'application d'autres instruments fixant des dispositions destinées à favoriser le bon fonctionnement du marché intérieur » ou, pour être plus explicite, « l'application des dispositions de la loi applicable désignée par les règles du présent règlement ne devrait pas restreindre la libre circulation des biens et des services telle qu'elle est réglementée par les instruments communautaires ». C'est, ici, rejoindre des solutions déjà acquises en jurisprudence, comme on le verra à la faveur de l'étude des différentes libertés de circulation.

■ 34 Dans la même veine, le règlement CE n° 864/2007 sur la loi applicable aux obligations non contractuelles, dit règlement « Rome II » (*JOUE* L 199 du 31 juill. 2007), retient l'attention. Ce règlement est entré en application le 11 janvier 2009. Il intéresse à plusieurs titres très directement le droit des affaires. Outre le fait qu'il énonce une règle générale de rattachement nouvelle par rapport aux solutions retenues jusque-là par le droit international privé français selon laquelle « la loi applicable à une obligation non contractuelle résultant d'un fait dommageable est celle du pays où le dommage survient, quel que soit le pays où le fait générateur du dommage se produit » (art. 4), le règlement contient quelques règles de rattachement importantes permettant de connaître la loi applicable en matière de concurrence déloyale et d'actes restreignant la libre concurrence (art. 6 prévoyant le rattachement à la loi du marché affecté) ainsi qu'en matière d'atteinte aux droits de propriété intellectuelle (art. 8), aspects sur lesquels il sera revenu dans la suite de cet ouvrage.

2. *La réponse matérielle : le droit européen des contrats*

L'idée est de promouvoir un même droit matériel des contrats pour tous les États membres. Cette dernière voie est en cours d'exploration depuis juillet 2001 à la suite d'une importante communication de la Commission concernant le droit européen des contrats (*JOCE* C 255 du 13 sept. 2001). Dans ce document, la Commission européenne propose différentes options pour de futures initiatives en matière de droit des contrats. Ces options vont de l'abstention à l'adoption d'une nouvelle législation complète au niveau communautaire en passant par la mise au point de principes communs de droit des contrats. Les différents commentaires publiés à la suite de cette initiative laissent penser que l'idée d'un « Code européen des contrats » ne suscite pas l'enthousiasme, tout du moins en France. Il apparaît que la perspective d'un droit européen des contrats ne satisfait ni les opérateurs économiques, qui y voient des coûts supplémentaires induits par la nécessité d'adapter tous les contrats types déjà existants ; ni les praticiens, qui s'inquiètent de la complexité induite par une nouvelle strate de textes ; ni la doctrine, qui juge tout simplement irréaliste une tentative de synthèse de systèmes juridiques aussi différents que peuvent l'être la common law et le droit romano-germanique. Au-delà, une observation s'impose : existe-t-il dans le traité CE un fondement juridique possible pour un tel « Code européen des contrats » ? La réponse paraît bien être négative. 35

Il n'en demeure pas moins que la perspective d'un droit européen des contrats mérite attention. Même si d'autres espaces régionaux n'ont pas fait le choix d'un droit commun des contrats (par ex. les États-Unis), il n'est pas certain que la multiplication des échanges dans le marché intérieur puisse se satisfaire longtemps d'une « mosaïque contractuelle ». Deux remarques peuvent alors être formulées. D'une part, il existe déjà certains instruments de droit uniforme en vigueur dans presque tous les États membres qui répondent à cette objection. On pense ainsi à la Convention de Vienne sur la vente internationale de marchandises du 11 avril 1980. D'autre part, si l'on souhaite véritablement élaborer un « Code européen des contrats », une distinction essentielle doit être faite entre les dispositions impératives et les règles supplétives en matière contractuelle. Seules les premières mériteraient, alors, d'être uniformisées. Toujours est-il que la Commission a tout d'abord présenté en février 2003 un plan d'action détaillé intitulé « un droit européen des contrats plus cohérent » (Un droit européen des contrats plus cohérent, un plan d'action, adopté par la Commission le 12 février 2003, *JOUE* C 63 du 15 mars 2003) dont l'ambition affichée est de créer « un corpus optionnel dans le domaine du droit européen des contrats, que les parties au contrat pourraient utiliser pour faciliter les échanges transfrontaliers ». Puis, en octobre 2004, la Commission a présenté une nouvelle communication « Droit européen des contrats et révision de l'acquis : la voie à suivre » (COM[2004] 651 final, 11 oct. 2004). Deux affirmations de la Commission méritent alors d'être relevées car elles traduisent une volonté de rationalisation de l'action de l'Union européenne dans le domaine des obligations contractuelles. En premier lieu, la Commission déclare qu'elle « n'envisage pas de proposer un code civil européen qui harmoniserait les droits des contrats des États membres » car elle se veut attentive à la « nécessité de respecter la culture juridique et administrative propre à chaque État membre ». En second lieu, en se prononçant pour un modèle purement facultatif choisi par les parties contractantes par le biais d'une clause de droit applicable, la Commission s'engage dans la voie de « l'articulation d'un instrument optionnel avec 36 l'instrument successeur de la Convention de Rome». Un souci de cohérence semble donc enfin animer les institutions européennes, ce dont on ne pourra que se féliciter. Il faut cependant relever, comme il a déjà été vu, qu'en définitive le règlement « Rome I » ne retient qu'une timide référence à ce droit européen des contrats dans un considérant.

37 Plus généralement, alors même qu'en 2008 ont été enfin publiés les volumineux travaux réalisés au titre de ce droit européen des contrats, les observateurs les plus autorisés font désormais part d'un certain scepticisme quant à l'avenir même de l'entreprise. Cette dernière, d'ailleurs, semble devoir prendre la forme d'un simple cadre commun de référence (CCR) davantage à destination de la Commission que des États membres ou des opérateurs économiques lorsqu'elle se livre à des travaux de « consolidation » des directives existantes, comme cela s'est produit en matière de droits des consommateurs. Il n'en demeure pas moins qu'une étape supplémentaire a été franchie par la Commission européenne en présentant en octobre 2011 une proposition de règlement relatif au droit commun européen de la vente (COM(2011) 635 final, 11 oct. 2011) dont le propos est de constituer un véritable code européen de la vente (entre professionnels et entre professionnel et consommateur) de pas moins de 186 articles qui, ne devant pas se substituer aux droits internes, pourra être choisi par les parties au contrat en lieu et place de ces droits internes. D'où le nom d'instrument optionnel retenu pour le présenter. Où l'on mesure le chemin parcouru en tout juste 10 ans...

C. Vers un droit pénal des affaires européen ?

38 Le développement des échanges au sein du marché intérieur, les libertés de circulation ne profitent pas seulement aux opérateurs économiques vertueux. La criminalité transfrontière est une réalité dont les institutions européennes et les États membres ont récemment pris conscience. Une réponse a alors été recherchée à la question : que peut-on faire ? Or une précision immédiate et essentielle doit être apportée. La Communauté européenne n'a jamais eu de compétence en matière pénale ; l'Union européenne, si, mais sous l'angle de la seule coopération, de la seule entraide pénale. Il n'en demeure pas moins que le droit européen a pu influencer le droit pénal interne que ce soit au stade de l'incrimination ou que ce soit au stade de la sanction. Ainsi, le droit européen peut-il conduire à la neutralisation de l'infraction mais aussi commander, dans une certaine mesure, la mise en œuvre du droit pénal interne afin d'assurer son respect. Comme la CJCE l'a affirmé dans un arrêt important, « s'il est exact que, en principe, la législation pénale et les règles de procédure pénale relèvent de la compétence des États membres, il ne peut en être déduit que ce domaine du droit ne peut pas être affecté par le droit communautaire » (CJCE 16 juin 1998, *J.-M. Lemmens*, aff. C-226/97, *Rec. CJCE* I-3711). On peut alors citer de très nombreux arrêts préjudiciels en interprétation prononcés par la CJCE à l'occasion desquels celle-ci s'exprime non pas sur la compatibilité de la loi pénale nationale avec le droit européen mais sur le sens et les exigences de ce dernier que les droits pénaux internes ne doivent pas trahir. Ainsi, la Cour a-t-elle été interrogée à plusieurs reprises sur les opérations d'initiés envisagées par une directive n° 1989/592/CEE du 13 novembre 1989. Dans un arrêt du 3 mai 2001 (CJCE 3 mai 2001, *Procédure pénale c. J. Verdonck*, aff. C-28/99, *Rec. CJCE* I-3399), elle précise que le droit européen ne s'oppose pas à une législation nationale plus rigoureuse en matière d'interdiction

d'exploiter des informations privilégiées à la condition que la définition de l'information privilégiée soit identique pour l'ensemble des personnes physiques ou morales. Si tel n'est pas le cas, la CJCE, estime que « le juge national doit écarter l'application de ces dispositions plus rigoureuses pour l'ensemble des personnes auxquelles elles seront susceptibles de s'appliquer ». De même, la Cour a été amenée à s'exprimer sur les sanctions pénales applicables à des opérateurs qui se livrent à des activités de jeux de hasard via Internet en violation, alléguée, du monopole des jeux détenu par un État membre ou organisé par lui (CJCE 6 mars 2007, *Procédures pénales c. M. Placanica e.a.*, aff. C-388/04, *Rec. CJCE* I-1891 ; CJCE 8 sept. 2009, *Liga Portuguesa*, aff. C-42/07, I-7633).

Mais au-delà, et à deux occasions, la Cour de justice a surtout contribué à reconnaître un embryon de compétence de la Communauté européenne pour adopter des textes de droit pénal accessoire (CJCE 13 sept. 2005, *Commission c. Conseil*, aff. C-176/03, *Rec. CJCE* I-7879 ; CJCE 23 oct. 2007, *Commission c. Conseil*, aff. C-440/05, *Rec. CJCE* I-9097). Dans ces arrêts, la Cour considère, en effet, que « le législateur communautaire, lorsque l'application de sanctions pénales effectives, proportionnées et dissuasives par les autorités nationales compétentes constitue une mesure indispensable pour lutter contre les atteintes graves à l'environnement, peut imposer aux États membres l'obligation d'instaurer de telles sanctions pour garantir la pleine effectivité des normes qu'il édicte dans ce domaine ». Deux observations s'imposent. D'une part, si les arrêts ont été prononcés dans le domaine de l'environnement, il n'en semble pas moins acquis que la solution peut être transposée – pour reprendre les termes de la jurisprudence – à toute « politique de l'Union dans un domaine ayant fait l'objet de mesures d'harmonisation ». D'autre part, si une directive peut donc poser l'obligation de sanctionner pénalement des comportements, en revanche le type et le niveau de sanction pénale n'en relèvent pas et, dès lors que l'on souhaite les envisager de manière commune, devront être édictés par le biais d'une décision-cadre, c'est-à-dire dans la sphère du troisième pilier. 39

Le traité sur l'Union européenne, dans sa rédaction issue du traité d'Amsterdam, contient un titre IV intitulé « coopération policière et judiciaire en matière pénale ». Sa lecture attentive montre qu'il n'ignore pas les aspects de droit pénal des affaires. L'article 29 UE énonce les domaines couverts, et parmi eux, la lutte contre la corruption et la fraude. Dans ces matières, l'Union doit instaurer « une coopération plus étroite entre les autorités judiciaires et autres autorités compétentes des États membres » et procéder « au rapprochement, en tant que de besoin, des règles de droit pénal des États membres ». Pour cela, elle dispose d'instruments variés tels que les *positions communes*[Q], *les décisions-cadres*[Q], les *décisions*[Q] et les conventions. Si les textes aujourd'hui adoptés sont relativement nombreux, rares sont ceux qui intéressent directement le droit pénal des affaires. On doit cependant signaler, outre la décision-cadre du 29 mai 2000 relative aux sanctions pénales en matière de faux monnayage en vue de la mise en circulation de l'euro (*JOCE* L 140 du 14 juin 2000) qui oblige les États en ce domaine à prévoir – y compris à l'égard des personnes morales – « des sanctions pénales effectives proportionnées et dissuasives, incluant des peines privatives de liberté » (art. 6), la décision-cadre relative au mandat d'arrêt européen (*JOCE* L 190 du 18 juill. 2002) qui instaure, au 1er janvier 2004, la remise entre États membres, sans contrôle de double-incrimination, des auteurs de corruption, fraude, blanchiment, escroquerie, contrefaçon et piratage ; toutes infractions qui ressortissent nettement du 40 droit pénal des affaires... Il est à relever que les États membres montrent une bonne volonté certaine dans l'accueil (peut-on parler de transposition ?) de ces instruments dans leur ordre juridique national. Même si c'est avec l'habituel retard qui la caractérise, la France a ainsi inscrit dans son corpus répressif la décision-cadre relative au mandat d'arrêt européen par une loi du 9 mars 2004 aux articles 695-11 et suivants du Code de procédure pénale (pour une application du mandat d'arrêt européen par les juridictions françaises, v. par ex. Crim. 14 déc. 2004, *Bull. crim.* n° 316 ; v. aussi, pour une confrontation du mandat d'arrêt européen aux principes de légalité, d'égalité et de non-discrimination, CJCE 3 mai 2007, *Advocaten voor de Wereld VZW*, aff. C-303/05, *Rec. CJCE* I-3633) ou celle relative à la lutte contre la corruption dans le secteur privé par une loi du 4 juillet 2005 (L. n° 2005-750 du 4 juill. 2005 portant diverses dispositions d'adaptation au droit communautaire dans le domaine de la justice). Au-delà, on signalera que la Cour de justice des Communautés européennes a étendu sa jurisprudence relative à l'obligation pour le juge interne de délivrer une interprétation du droit national conforme au droit de l'Union au cas précis des instruments pénaux adoptés dans le cadre du titre IV du traité UE (CJCE 16 juin 2005, *Maria Pupino*, aff. C-105/03, *Rec. CJCE* I-5285). L'entrée en application du TUE, et surtout du TFUE, ouvre une voie nouvelle qui peut laisser penser que le droit pénal pourra constituer une nouvelle terre d'élection pour l'initiative de la Commission européenne. En effet, selon l'article 83 TFUE, « Le Parlement européen et le Conseil, statuant par voie de directives conformément à la procédure législative ordinaire, peuvent établir des règles minimales relatives à la définition des infractions pénales et des sanctions dans des domaines de criminalité particulièrement grave revêtant une dimension transfrontière ». Et si l'on relève que parmi les domaines envisagés par le traité, se retrouvent notamment le blanchiment, la corruption, la contrefaçon ou la criminalité informatique, il apparaît nettement que le droit pénal des affaires de l'Union européenne est appelé à connaître un essor certain.

§ 4 Le traité de Lisbonne et ses suites

41 Comme il a pu être souligné en son temps par les observateurs les plus autorisés du traité de Nice, ce dernier a tenté de résoudre certaines des difficultés que le traité d'Amsterdam avait quelque peu occultées. Ces difficultés étaient toutes d'ordre institutionnel et n'intéressaient que de manière indirecte le juriste d'affaires européen : composition de la Commission, pondération des voix au sein du Conseil, hypothèses de vote à la majorité qualifiée... Les résultats auxquels il a été parvenu et qui sont entrés en vigueur, pour la plupart, au 1er février 2003 tiennent tous compte d'une Union européenne élargie aux nouveaux États membres (en l'occurrence, à vingt-sept États membres). Par exemple, la Commission ne pourra pas compter plus de vingt-sept commissaires. Par exemple, le Parlement européen ne pourra être composé de plus de 732 députés... Le point qui doit retenir l'attention tient à l'accentuation du recours au vote à la majorité qualifiée ainsi qu'à la procédure de codécision qui permet d'associer plus directement le Parlement européen au processus décisionnel (en lui conférant un droit de veto définitif). Ainsi, depuis l'entrée en vigueur du traité de Nice, les mesures facilitant la libre circulation des citoyens (art. 18 CE), la coopération judiciaire civile et commerciale (art. 65 CE) ou la politique industrielle (art. 157 CE) relèvent du vote à la majorité qualifiée. En revanche, certaines matières comme la fiscalité demeurent gouvernées par le vote à l'unanimité. L'aspect le plus intéressant

pour le lecteur tient à la réforme du système juridictionnel dont on peut penser que l'efficacité en sortira accrue.

En décembre 2000 et de manière concomitante à la tenue de Sommet de Nice qui a donné son nom au traité, le Conseil, la Commission et le Parlement ont signé une Charte des droits fondamentaux de l'Union européenne (*JOCE* C 364 du 18 déc. 2000). Cette Charte présente la nature d'un *accord interinstitutionnel*[Q] et n'a de valeur que politique. Le Conseil européen n'a pas en effet souhaité trancher la question de son insertion (à titre de préambule ?) au sein du traité sur l'Union européenne et donc de son éventuelle force contraignante. La Charte énonce un certain nombre de droits économiques et sociaux qui retiennent l'attention dans l'optique du droit communautaire des affaires : liberté syndicale (art. 12), liberté professionnelle (art. 15) et, surtout, liberté d'entreprise (art. 16). Elle a suscité un regain d'intérêt avec le processus de révision d'ampleur des traités constitutifs engagé par la Convention sur l'avenir de l'Europe fin février 2002 ayant débouché, après quinze mois de travail, sur la présentation d'un projet de traité lors du Conseil européen de Thessalonique le 20 juin 2003 puis du Conseil européen de Rome le 18 juillet suivant. Ce texte a servi de base pour les travaux de la Conférence intergouvernementale réunissant des représentants des vingt-cinq États membres ainsi que de trois pays candidats (Bulgarie, Roumanie et Turquie). Les États membres, lors du Conseil européen de Bruxelles des 17 et 18 juin 2004, ont approuvé alors un document qui a finalement été signé à Rome le 29 octobre 2004, pour une raison éminemment symbolique. Le traité établissant une Constitution pour l'Europe est alors entré dans une phase de ratification (prévue initialement pour s'achever en novembre 2006) par les États membres selon leur tradition constitutionnelle. L'échec des référendums français et néerlandais en mai et juin 2005 est venu bouleverser ce processus et a ouvert une période d'incertitudes au-delà des dispositions particulières prévues par le texte lui-même en son article IV-443 § 4 qui envisage pudiquement l'hypothèse où « un ou plusieurs États membres ont rencontré des difficultés pour procéder à ladite ratification ». 42

Une réponse a été entrevue dans l'élaboration de ce que d'aucuns ont appelé un « mini-traité », le traité de Lisbonne, toilettant le texte antérieur de ses symboles les plus marquants mais reprenant quasi à l'identique les apports majeurs du traité constitutionnel. Par exemple, alors que jusque-là les traités successifs s'étaient intéressés à l'objectif unique de réalisation d'« un marché intérieur où la concurrence est libre et non faussée », est consacré un second objectif (formellement, d'ailleurs, le premier) : offrir aux citoyens « un espace de liberté, de sécurité et de justice sans frontières intérieures » (art. I-3 § 2). Par ailleurs, l'octroi d'une force contraignante à la Charte des droits fondamentaux de l'Union, la suppression des piliers, la présidence stable, la généralisation de la codécision, le rôle attribué aux parlements nationaux sont autant de progrès qui méritent d'être mis en lumière. Le rejet, le 12 juin 2008, par les Irlandais de la ratification de ce traité s'est présenté comme un nouveau coup de frein illustrant ce que l'on a pu caractériser comme le déficit de confiance qui frappe l'Union. Pour autant, et après quelques modifications, concessions et autres compromis, le peuple irlandais a été amené à s'exprimer à nouveau – cette fois-ci de manière positive – et les réticences d'un dernier État membre – la République tchèque – ont été levées, permettant une entrée en vigueur du traité de Lisbonne le 1er décembre 2009. 43

44 Cette entrée en vigueur « aux forceps » apparaît comme une illustration supplémentaire des aléas qui ont jalonné la construction de la Communauté européenne ainsi que ce dialogue, extrait des Mémoires de Jean Monnet, en rend compte : « nous rencontrerons de grandes difficultés dont nous nous servirons pour avancer à nouveau. C'est bien cela, n'est-ce pas ? – C'est cela même. Vous avez tout compris sur l'Europe » ! Cette entrée en vigueur amène aussi à s'interroger sur l'effet éventuel de « relance » de la construction européenne des principales dispositions nouvelles contenues dans le traité sur l'Union européenne et le traité sur le fonctionnement de l'Union européenne. Dans son discours de présentation, le Président de la Commission européenne a insisté sur le fait que « le traité de Lisbonne place les citoyens au cœur du projet européen ». Et il est vrai que l'élévation de l'espace de liberté, de sécurité et de justice au rang d'objectif à part entière, le fait de conférer à la Charte des droits fondamentaux de l'Union le même statut que les traités, la création de l'initiative citoyenne permettant à un million de citoyens de l'Union de demander à la Commission de présenter des propositions de mesures dans les domaines de compétence de l'Union européenne sont autant de nouveautés qui retiennent l'attention. Au-delà, et comme on le verra dans les prochains chapitres, la révision du processus décisionnel, le cadre juridique rénové avec un Parlement européen et des parlements nationaux aux pouvoirs renforcés, une clarification des compétences respectives de l'Union et des États membres, une présidence du Conseil plus stable (confiée, pour deux ans et demi, à M. Herman Van Rompuy) sont autant de dispositifs vus comme susceptibles de relancer une machine pour le moins « grippée » ! Mais, l'affaiblissement qui semble atteindre la Commission européenne (sans même évoquer les personnes), le développement sans précédent de la « géométrie variable » avec une collection de spécificités, exceptions et autres dérogations étatiques laissent douter nombre d'observateurs de la réelle volonté de poursuivre dans la voie de l'intégration économique, juridique et politique.

45 Il faut cependant, ici et enfin, signaler le traité sur la stabilité, la coordination et la gouvernance (TSCG), liant 25 des 27 États membres de l'Union européenne sur la convergence de leur union économique et monétaire, signé le 2 mars 2012 et entré en vigueur le 1er janvier 2013. Ce traité, souvent présenté comme technique, se veut comme une première réponse institutionnelle d'ampleur à la crise qui a secoué la zone euro ces dernières années. Sont posées plusieurs règles budgétaires destinées à contraindre les États membres à assainir leurs finances publiques (déficit budgétaire, dette publique) assorties de mécanismes de sanctions sous contrôle de la CJUE.

section 2

L'ordre juridique de l'Union européenne

46 Le traité CE, au-delà de ses évolutions – en ce compris son remplacement par le Traité UE –, garde la nature classique d'un traité, c'est-à-dire qu'il se présente comme « un accord international conclu par écrit entre États et régi par le droit international, qu'il soit consigné dans un instrument unique ou dans deux ou plusieurs instruments connexes » (article 2 § 1-a de la Convention de Vienne de 1969 sur le droit des traités).

Plus précisément, le traité UE peut se rattacher à la catégorie des « traités-cadres », c'est-à-dire un traité dont la réalisation de l'objet suppose l'adoption ultérieure d'actes par des organes mis spécialement en place à cet effet. Dès lors, afin d'atteindre l'objectif fixé (énoncé à l'article 2 CE, désormais à l'article 3 UE), le traité instaure des institutions et crée des normes spécifiques. C'était l'ordre juridique communautaire. C'est l'ordre juridique de l'Union européenne. Et de manière très synthétique cet ordre juridique se comprend au travers de différents principes : la primauté, l'effet direct. Ils constituent les supports (les vecteurs, diront les modernes) de l'intégration juridique.

La Cour de justice a pu considérer que « la Communauté économique européenne est une communauté de droit en ce que ni ses États membres ni ses institutions n'échappent au contrôle de la conformité de leurs actes à la charte constitutionnelle de base qu'est le traité » (CJCE 23 avr. 1986, *« Les Verts » c. Parlement*, aff. 294/83, *Rec. CJCE* 1357). Il s'en suit que l'Union se présente à la fois comme un ensemble institutionnel et normatif mais encore comme un ensemble où est assuré un contrôle juridictionnel du respect par les institutions et les États membres de ces normes. Un pas supplémentaire est franchi avec le traité d'Amsterdam, repris dans le traité de Lisbonne, aux termes duquel l'Union européenne « est fondée sur les valeurs de respect de la dignité humaine, de liberté, de démocratie, d'égalité, de l'État de droit, ainsi que de respect des droits de l'Homme, y compris des droits des personnes appartenant à des minorités » (art. 2 TUE). On se bornera, ici, à consacrer quelques développements aux institutions caractéristiques de l'Union européenne (§ 1) ainsi qu'au droit de l'Union (§ 2). 47

§ 1 Les institutions de l'Union européenne

À l'instar de l'article 7 du traité CE qui disposait que « la réalisation des tâches confiées à la Communauté est assurée par : un Parlement européen, un Conseil, une Commission, une Cour de justice, une Cour des comptes », l'article 13 du traité UE confie aux mêmes institutions la mission de « promouvoir ses valeurs, poursuivre ses objectifs, servir ses intérêts, ceux de ses citoyens, et ceux des États membres ». Il faut immédiatement préciser que ces institutions, dont les attributions et les relations sont organisées par le traité, ne jouent pas toutes un rôle d'une même intensité lorsque l'on aborde le droit des affaires de l'Union européenne. Seuls le Conseil (A), la Commission (B), le Parlement (C) et la Cour de justice – le Tribunal de première instance y étant adjoint – (D) méritent ici quelques lignes. On renvoie, naturellement, aux manuels de droit institutionnel pour plus de développements. 48

A. Le Conseil

Le Conseil des ministres – dénommé, depuis le traité UE, Conseil de l'Union – est l'institution la plus importante puisqu'elle est dotée des pouvoirs normatif, budgétaire et, d'une certaine manière, exécutif. Le Conseil est le représentant des intérêts des États membres qui le composent. Il fonctionne, tout d'abord, selon un principe de spécialité. Ainsi se succèdent des Conseils « économie et finance », « Justice et affaires intérieures »... qui réunissent les ministres ou leur représentant en charge du domaine concerné. Ces Conseils viennent à la suite d'un travail de préparation 49 important réalisé par un organe de nature politico-administrative : le *COREPER*[Q]. Le Conseil se caractérisait, ensuite, par une présidence semestrielle et tournante comme le prévoit l'article 203 CE. Cette rotation a été très critiquée car elle est facteur d'instabilité. Elle est d'ailleurs abandonnée par le traité établissant une Constitution pour l'Europe puis par le traité sur le fonctionnement de l'Union européenne au profit d'une présidence permanente de deux ans et demi, renouvelable une fois, issue de l'élection par le Conseil européen. La pratique de la « troïka » (le président en fonction, son prédécesseur et son successeur) a été cependant de nature à assurer une certaine continuité dans la politique menée. Le Conseil connaît, enfin, des modalités de vote qui paraissent assez déroutantes. Le vote a lieu soit à l'unanimité, soit à la majorité qualifiée, soit à la majorité simple. C'est le traité qui détermine le mode de vote. On soulignera que les différentes révisions ont conduit à des modifications sensibles en cette matière et que la majorité qualifiée progresse. Le vote à la majorité qualifiée est tributaire d'une règle de pondération des voix qui tient compte du poids politique et économique des États membres. Ainsi, et sous l'empire du traité CE, l'Allemagne, la France, l'Italie, le Royaume-Uni disposaient chacun de dix voix. Le Danemark, la Finlande et l'Irlande ont trois voix. Cette pondération a été l'objet de discussions intenses entre les États membres, notamment dans la perspective des élargissements. Cette question, après une tentative infructueuse de règlement lors du traité d'Amsterdam, a été débloquée avec le traité de Nice. Un mécanisme complexe a été mis en place qui prend en compte – ce qui doit être souligné – la représentativité de la population de l'Union concernée par le vote. Avec le traité sur l'UE, le Conseil prendra de plus en plus de décisions à la majorité. Ainsi, un système de double majorité sera progressivement mis en place (à l'horizon 2014) : les décisions du Conseil devront être adoptées par 55 % des États membres représentant au moins 65 % de la population de l'Union. On peut y voir un gain de « légitimité » dans la prise de décision.

■ 50 Les attributions du Conseil, dans le cadre du traité UE, découlent de l'article 16. Trois missions essentielles se dégagent. En premier lieu, le Conseil doit assurer une coordination des politiques économiques des États membres dont l'importance est évidente depuis l'existence de l'Union économique et monétaire. En second lieu, le Conseil exerce « un pouvoir de décision ». Ce dernier se manifeste en matière normative, puisque le Conseil adopte les règlements et les directives proposés par la Commission. Il se vérifie aussi en matière budgétaire puisque le Conseil adopte le budget et a tout pouvoir concernant les *dépenses obligatoires*[Q]. En troisième lieu, le Conseil exerce le pouvoir d'exécution des actes qu'il adopte. Hormis certaines hypothèses, cette exécution est déléguée à la Commission non sans une surveillance certaine au travers de divers comités (c'est ce que l'on désigne en jargon européen par l'expression de « *comitologie*[Q] »).

■ 51 Il faut aussi mentionner l'existence du Conseil européen qui est la réunion des Chefs d'État et de gouvernement des États membres ainsi que du président de la Commission avec pour mission, affirmée à l'article 15 TUE, de donner les grandes impulsions et de définir les orientations politiques générales mais aussi les grandes orientations des politiques économiques des États membres et de l'Union. Ce Conseil européen prend toute sa signification avec le traité de Lisbonne. Il s'incarne, notamment, dans la création d'une nouvelle fonction : le président du Conseil européen. Il est, ainsi, espéré une plus grande cohérence de la politique (le mandat de 2 ans et demi peut y aider) et, surtout, une meilleure visibilité dans les actions de l'Union.

B. La Commission

Une présentation succincte de la Commission suppose d'aborder sa composition, son fonctionnement et ses attributions. Ces trois aspects permettent ainsi d'illustrer le fait que cette institution incarne et défend l'intérêt général de l'Union européenne. Elle ne dispense pas d'une analyse plus poussée de sa mission dans le domaine du droit de la concurrence et des libertés de circulation qui sera envisagée dans les différents titres de cet ouvrage. 52

La composition de la Commission a été l'objet de profondes évolutions au fur et à mesure des révisions du traité. Ainsi, tel qu'il procède du traité d'Amsterdam modifié par le traité de Nice, l'article 214 CE prévoit que le président de la Commission est désigné par les gouvernements d'un commun accord puis que le Parlement européen donne son approbation. Le président et les gouvernements choisissent les autres commissaires en respectant le fait que chaque État doit avoir au moins un commissaire (les grands États pouvaient, jusque-là, en avoir deux). Le Parlement donne de nouveau son approbation et les membres de la Commission sont alors nommés pour cinq ans d'un commun accord par les gouvernements. Le traité de Nice a retouché cette procédure en prévoyant aux différentes étapes un vote à la majorité qualifiée du Conseil et en décidant (élargissements obligent) qu'il n'y aura plus qu'un commissaire de chaque nationalité, donc, vingt-sept commissaires. Il est à noter que le traité établissant une Constitution pour l'Europe et le traité sur l'Union européenne avaient prévu que la composition de la Commission pourrait être réduite à un nombre de membres correspondant aux deux tiers du nombre des États membres, ce qui conduisait à instaurer un système de rotation dans le choix des commissaires afin de traiter tous les États membres sur un pied d'égalité. Lors du Conseil européen de décembre 2008, les chefs d'État et de gouvernement ont décidé que la Commission continuerait d'être composée d'un ressortissant par État membre. Et, la nouvelle Commission européenne présentée fin 2009, dont le mandat est en cours, s'inscrit dans ce schéma. 53

Le fonctionnement de la Commission se caractérise par l'indépendance et la collégialité. La première est expressément affirmée par le traité UE. Comme en dispose l'article 17 TUE, « la Commission exerce ses responsabilités en pleine indépendance ». Cette indépendance s'envisage essentiellement à l'égard des États membres : les commissaires ne doivent pas céder aux éventuelles instructions émanant des gouvernements des États membres, notamment de leur État membre d'origine. Cette indépendance est plus limitée à l'égard du Parlement européen puisque la Commission est politiquement responsable devant celui-ci. La responsabilité politique apparaît tant au stade de l'approbation lors de son entrée en fonction que de la possibilité donnée au Parlement européen de voter une motion de censure de la Commission. La collégialité se traduit par le fait que bien que réparties selon les commissaires, les compétences exercées le sont au nom de la Commission dans sa globalité. Ceci explique que les propositions de la Commission ne peuvent aboutir qu'après un long travail de consultation entre les différents commissaires (et, surtout, les différentes Directions générales) qui n'ont pas forcément les mêmes aspirations. Certaines 54 propositions, œuvre de consensus, en portent les stigmates et s'avèrent, au final, fort décevantes.

55 Les attributions de la Commission sont énumérées aux articles 244 s. TFUE. De manière schématique, elles s'articulent en un pouvoir d'initiative et en un pouvoir d'exécution. Le pouvoir d'initiative de la Commission en matière de règlements et de directives est exclusif. Tout au plus, le Parlement européen peut-il demander à la Commission d'élaborer des propositions de même que, avec l'entrée en application du TUE, est instaurée une initiative populaire qui permet à un million de citoyens ressortissants de plusieurs États membres d'inviter la Commission à présenter de nouvelles propositions. Et il faut relever que si le Conseil souhaite amender une proposition, il a l'obligation de statuer à l'unanimité bien que l'acte relève d'une adoption à la majorité qualifiée. Une telle situation est cependant exceptionnelle en raison des liens fonctionnels entre la Commission et le Conseil au stade de la préparation de la proposition. Le plus souvent la Commission tentera d'éviter une telle extrémité en modifiant sa proposition afin d'en obtenir l'adoption. Le pouvoir d'exécution de la Commission traduit le fait que cette dernière est « gardienne des traités » car elle « veille à l'application des dispositions du traité ainsi que des dispositions prises par les institutions en vertu de celui-ci ». Sous l'angle du droit des affaires de l'Union européenne, deux aspects du pouvoir d'exécution peuvent être soulignés. D'une part, la Commission veille à la bonne application du droit de l'Union par les États membres. C'est là la raison d'être du recours en constatation de manquement que la Commission peut déclencher. D'autre part, comme en dispose l'article 105 TFUE, « la Commission veille à l'application des principes fixés par les articles 101 et 102 », relatifs à la prohibition des ententes et des abus de position dominante. C'est là le fondement du pouvoir de sanction des pratiques anticoncurrentielles reconnu à la Commission. Ces pouvoirs font de la Commission la première institution qui mérite toute l'attention de ceux qui s'intéressent au droit de la concurrence ou aux libertés de circulation.

C. Le Parlement

56 Représentant « les citoyens de l'Union » (art. 14 TUE), le Parlement européen est élu au suffrage universel direct depuis 1979. Les parlementaires sont élus pour un mandat de cinq ans et siègent par groupes transnationaux. Depuis l'entrée en vigueur du traité de Nice, le Parlement européen compte 732 députés. À la faveur des élections de juin 2009 et depuis l'entrée en application du traité de Lisbonne, le nombre de députés européens a été porté à 736. Enfin, si le Parlement a son siège officiel à Strasbourg ainsi qu'en convient un protocole annexé au traité, il se partage dans les faits avec Bruxelles.

57 L'histoire du Parlement européen est celle d'une longue quête de prérogatives afin de remédier à la critique de « déficit démocratique » faite à la Communauté. Progressivement, l'institution parlementaire a vu ses pouvoirs s'accroître en matière de contrôle politique et de pouvoir normatif. Le premier se manifeste par un contrôle des autres institutions : investiture et éventuelle censure de la Commission, examen du rapport d'activité du Conseil, partage du pouvoir budgétaire (dans son volet « dépenses ») avec le Conseil, droit de pétition et mission du *médiateur européen*. Le second se traduit par une participation modulée au processus d'adoption des normes

communautaires : consultation, avis conforme, co-décision. Mais le Parlement européen n'a pas de réel pouvoir d'initiative en la matière. Le traité de Nice accorde des prérogatives supplémentaires au Parlement en lui permettant de participer à la procédure de conclusions des accords internationaux, et notamment, les accords d'association. On signalera que cet accroissement des pouvoirs n'est pas exclusivement le fait des révisions successives du traité CE. La Cour de justice des Communautés européennes a ainsi procédé à une lecture *contra legem* du traité afin de faire du Parlement un requérant privilégié à l'instar du Conseil et de la Commission. Le Parlement peut donc agir contre les actes des autres institutions dans la mesure où ces actes portent atteinte à ses prérogatives (CJCE 22 avr. 1990, *Parlement européen c. Conseil*, aff. 70/88, *Rec. CJCE* 2041). On parle de « légitimation active ». Le traité de Nice va entériner cette solution à l'article 230 CE. Dans le même ordre d'idées, avec le traité de Lisbonne, sont codifiées d'autres avancées qui se traduisent par un élargissement des domaines dans lesquels le Parlement européen partage le pouvoir législatif avec le Conseil de l'Union mais aussi par un renforcement de son pouvoir budgétaire. On observera, de manière parallèle, un rôle accru des parlements nationaux, notamment dans la volonté d'organiser un véritable contrôle de subsidiarité. Ainsi, tout parlement national pourra, en présence d'une proposition émanant de la Commission européenne, exprimer en quoi, selon lui, ce principe n'est pas respecté. Et si un tiers des parlements nationaux considère qu'une proposition n'est pas conforme au principe de subsidiarité, la Commission devra réexaminer sa proposition, soit en la maintenant, soit en la modifiant, soit en la retirant...

D. La Cour de justice de l'Union européenne

C'est cette seconde institution qui doit retenir toute l'attention lorsqu'on s'attache au 58
droit de la concurrence et aux libertés de circulation, plus précisément, la jurisprudence de l'ex-Cour de justice des Communautés européennes (CJCE), devenue depuis le 1er décembre 2009, la Cour de justice (CJ), et celle du Tribunal de première instance (TPI), créé le 24 octobre 1988 et devenu au 1er décembre 2009 le Tribunal de l'Union européenne ; cette double jurisprudence constitue une source majeure du droit des affaires de l'Union européenne. C'est là chose naturelle si l'on relève, comme en disposait le traité CE, que l'ex-CJCE et l'ex-TPI (ainsi que l'affirmait le traité de Nice) ont pour mission d'assurer « le respect du droit dans l'interprétation et l'application du présent traité ». La formule est, d'ailleurs, reprise à l'article 19 du TUE. Ces juridictions siègent de manière permanente à Luxembourg et sont dotées de pouvoirs importants et variés qui découlent des dispositions du traité UE relatives aux voies de recours qu'elles peuvent connaître. Elles fonctionnent selon les prescriptions d'un Statut et d'un Règlement de procédure. Après avoir brièvement présenté la juridiction, c'est-à-dire le système juridictionnel dénommé Cour de justice de l'Union européenne (1) on s'attachera plus particulièrement aux différents recours caractéristiques du contentieux des affaires (2) ; étant immédiatement précisé que l'on reviendra ultérieurement sur tel ou tel aspect particulier dans le Titre 3 de cet ouvrage consacré aux procédures contentieuses. Il convient enfin de signaler que, selon une terminologie contestable et source d'équivoque, le traité de Lisbonne appelle Cour de justice tout court (en abrégé CJ) l'ex-CJCE et Cour de justice de l'Union européenne (en abrégé CJUE) l'ensemble des juridictions de l'Union européenne (CJ, ex-TPI devenu Tribunal de l'Union européenne et chambres juridictionnelles dont le seul exemple est aujourd'hui le tribunal de la fonction publique).

1. *Le système juridictionnel*

59 Initialement seule juridiction, la CJCE (a) devenue Cour de justice (CJ), s'est vue adjoindre, en 1988, le TPI (b) devenu Tribunal de l'Union européenne (Trib. UE). Avec le traité de Nice, confirmé par le traité de Lisbonne, un nouvel acteur se profile : les chambres juridictionnelles (c). L'ensemble forme la Cour de justice de l'Union européenne.

a. La CJ (ex-CJCE)

60 Elle est composée, au 1er juin 2013, de vingt-sept juges et huit avocats généraux, ces derniers ayant pour mission de proposer en toute indépendance une solution à la Cour à propos des litiges dont elle est saisie. Chaque État membre possède un juge. Ce qui n'était à l'origine qu'une pratique, justifiée par la connaissance fort utile du droit de cet État membre, a été entériné par le traité de Nice. Ces juges et avocats généraux sont nommés pour six ans d'un commun accord par les gouvernements des États membres et le renouvellement se fait par moitié tous les trois ans. Ils doivent répondre à des exigences de compétence et d'indépendance (par ex., la France propose alternativement un conseiller d'État ou un haut magistrat de l'ordre judiciaire). Le TUE prévoit que les juges sont nommés après consultation d'un comité « chargé de donner un avis sur l'adéquation des candidats à l'exercice des fonctions de juge et d'avocat général ».

61 La CJ est organisée et fonctionne selon des modalités qui procèdent tant du traité que de son statut et de son règlement de procédure. C'est ainsi que les juges élisent un président pour trois ans, des présidents de chambre pour un an. En effet, la CJ est divisée en six chambres (quatre de trois juges et deux de cinq juges) mais possède aussi une formation plénière qui se réunit lorsque, dans une affaire particulière, un État membre ou une institution le demande. Cette organisation a été modifiée quelque peu par le traité de Nice afin de tenir compte là encore des élargissements et se traduit, notamment, par l'apparition d'une « grande chambre ». Le TUE et le TFUE confirment ces dispositions même s'ils ajoutent quelques précisions (essentiellement quant au champ des compétences dévolues à la CJUE). En revanche, le déroulement de la procédure demeure dans ses grandes lignes. Les affaires supposent une phase écrite (échange de mémoires écrits entre les parties et rapport du juge rapporteur) puis, éventuellement, une phase orale (les parties sont appelées à « plaider » devant la Cour, c'est-à-dire en fait à exposer brièvement leurs prétentions et à répondre aux questions que les juges peuvent poser). À la fin de la procédure orale, l'avocat général présente des conclusions par lesquelles il propose à la Cour une solution possible (sur les conclusions de l'avocat général par rapport au principe du procès équitable, v. l'importante ordonnance de la CJCE 4 févr. 2000, *Emesa Sugar*, aff. C-17/98, *Rec. CJCE* I-665). L'affaire est alors mise en délibéré (secret) puis l'arrêt est adopté et lu en audience.

b. Le Trib. UE (ex-TPI)

62 Le Tribunal de l'Union européenne (Trib. UE, ex-TPI) est composé, au 1er juin 2013, de vingt-sept juges nommés par les États membres. Ce nombre est susceptible d'évoluer comme le prévoit le statut. Contrairement à la Cour, il n'existe pas d'avocat général devant le Trib. UE, mais tout juge peut être amené à en exercer les fonctions dans certaines circonstances particulières (lorsque le tribunal siège en formation plénière). Créé pour faire face à l'encombrement chronique de la Cour, le Trib. UE s'est dès

l'origine vu attribuer certaines compétences telles que le contentieux des affaires de fonction publique communautaire ou le contentieux de la concurrence. Les révisions successives ont conduit le Conseil à élargir le domaine d'intervention du tribunal notamment au contentieux des mesures de défense commerciale et aux recours formés par les personnes physiques ou morales. Ce contentieux de première instance conduit à ce que les arrêts prononcés par le Trib. UE sont susceptibles d'un pourvoi non suspensif devant la CJUE. Cette dernière peut soit statuer soit renvoyer devant le tribunal. Avec le traité de Nice, une innovation majeure a été apportée. Désormais, le Trib. UE va pouvoir connaître de questions préjudicielles dans des domaines spécifiques prévus par le Statut.

c. Les chambres juridictionnelles

C'est là l'autre innovation importante du traité de Nice. L'article 220 CE tel que modifié par le traité de Nice prévoit la création de chambres juridictionnelles adjointes au Trib. UE et recevant des compétences spécialisées. Les décisions de ces chambres juridictionnelles seront susceptibles de recours devant le tribunal prenant la forme d'un pourvoi limité aux questions de droit. Parmi ces compétences, certaines intéressent directement le droit des affaires. Ainsi, il apparaît que ces chambres juridictionnelles sont susceptibles de se substituer aux chambres de recours de l'Office de l'harmonisation dans le marché intérieur (OHMI) et donc connaître du contentieux spécifique de la propriété industrielle. À l'heure actuelle, seul un tribunal de la fonction publique communautaire a été installé. 63

2. *Les recours juridictionnels*

Il est classiquement admis que la juridiction de l'Union remplit des fonctions contentieuse, régulatrice et consultative. Ces fonctions sont organisées autour de différentes voies de recours énoncées par le TFUE, comme en dispose l'article 19 du TUE : recours en annulation, en carence, en responsabilité, renvoi préjudiciel... On signalera que le TUE apporte de nombreuses modifications aux compétences de la CJ, le plus souvent dans le sens d'une soumission au droit commun des voies de recours des matières qui, jusque-là soit y dérogeaient, soit y échappaient. Par exemple, la CJUE peut désormais clairement se prononcer sur la Charte des droits fondamentaux (sauf si le recours concerne la Pologne ou le Royaume-Uni). Dans la perspective retenue pour ce manuel, le contentieux prend parfois la forme du recours en manquement (a). Il s'articule le plus souvent autour du recours en annulation (b) et du renvoi préjudiciel en interprétation (c). On livrera ici une présentation sommaire avant que d'y revenir dans le troisième titre de l'ouvrage. 64

a. Le recours en manquement

Ce recours ouvert à la Commission (art. 258 TFUE) et aux États membres (art. 259 TFUE) permet de demander à la CJ de constater qu'un État membre a méconnu ses obligations découlant de l'ordre juridique européen. Il s'agit ici de caractériser le fait qu'un État membre a un comportement contraire au droit de l'Union européenne. De jurisprudence constante, l'ex-CJCE avait développé une conception extensive de ce manquement, n'acceptant que très exceptionnellement les faits justificatifs. Une affaire suffit pour illustrer ce propos. Elle renvoie à une situation connue sous le vocable de la « guerre des fraises espagnoles ». Des agriculteurs français avaient bloqué les routes afin d'empêcher l'importation de fraises espagnoles et avaient détruit les cargaisons de fruits. À la suite de plaintes déposées par les producteurs 65 espagnols, la Commission a engagé une procédure en manquement en considérant que l'État français, en n'ayant pas empêché ces barrages et en s'étant borné à indemniser les producteurs, avait porté atteinte au principe de la libre circulation. Si la CJCE admet que des troubles sociaux sont susceptibles d'être analysés en un fait justificatif, elle n'en considère pas moins que « l'État concerné, sauf à établir qu'une action de sa part aurait sur l'ordre public des conséquences auxquelles il ne pourrait faire face grâce aux moyens dont il dispose, doit prendre toutes les mesures propres à garantir la portée et l'efficacité du droit communautaire afin d'assurer la mise en œuvre correcte de ce droit dans l'intérêt de tous les opérateurs économiques » (CJCE 9 oct. 1997, *Commission c. France*, aff. C-265/95, *Rec. CJCE* I-6959). Cet arrêt est l'occasion de souligner que l'imputation du manquement à un État est conçue, elle aussi, de manière extensive. Plus généralement, ce contentieux du recours en manquement tend, majoritairement, à trouver sa portée dans l'hypothèse des absences, des retards qui affectent la transposition des directives par les États membres. La lecture du rapport annuel sur l'application du droit communautaire le confirme et oblige à signaler que, sur ce point, la France se distingue tristement même si les dernières années témoignent de nets progrès !

66 L'arrêt de la CJ qui constate le manquement est purement déclaratoire et doit conduire l'État membre à prendre toutes les mesures nécessaires pour se conformer. Si tel n'est pas le cas, une sanction supplémentaire peut être envisagée. Depuis le traité de Maastricht, la Commission pouvait saisir la CJ en indiquant les sanctions pécuniaires qu'elle souhaitait voir infliger à l'État membre. Cette astreinte tient compte de la gravité du manquement, de sa durée et des capacités financières des États membres. De plus en plus souvent prononcée – même si cela demeure rare –, la sanction pécuniaire semble avoir un effet réellement dissuasif (pour un exemple d'astreinte prononcée, CJCE 4 juill. 2000, *Commission c. Grèce*, aff. AFF. C-387/97, *Rec. CJCE* I-5092 ; v. aussi concernant la mauvaise transposition en France de la directive sur la responsabilité du fait des produits défectueux en conduisant au prononcé d'une astreinte de 31 650 € par jour de retard, CJCE 14 mars 2006, *Commission c. France*, aff. C-177/04, *Rec. CJCE* I-2461). À la faveur du traité de Lisbonne, il est désormais admis que la Cour peut infliger dès le stade du premier arrêt en manquement, des sanctions pécuniaires en cas de non-communication à la Commission des mesures nationales de transposition d'une directive (art. 260 TFUE). Par ailleurs, et toujours dans une logique pécuniaire, la CJCE a retenu que la constatation d'un manquement permet au particulier qui en serait victime de mettre en jeu la responsabilité de l'État membre devant son propre juge national (CJCE 19 nov. 1991, *Francovich et Bonifaci*, aff. C-6/90 et C-9/90, *Rec. CJCE* I-5357).

b. Le recours en annulation

67 Prévu par l'article 263 TFUE, le recours en annulation permet à un requérant d'obtenir, comme son nom l'indique, l'annulation d'un acte des institutions de l'Union. Enfermé en toutes hypothèses dans un délai de deux mois à compter de la notification ou de la publication de cet acte qui doit émaner d'une institution et être destiné à produire des effets de droit, le recours en annulation n'en connaît pas moins un dédoublement selon qu'il est le fait d'une personne physique ou morale ou le fait d'un État membre ou d'une institution de l'Union. Alors que ces derniers n'ont pas besoin d'établir un intérêt particulier pour agir, les premières doivent remplir certaines conditions indispensables. On s'attachera à la seule hypothèse qui intéresse

le droit des affaires : celle du recours en annulation introduit par un requérant individuel, personne physique ou personne morale. Tout d'abord, et classiquement, il lui appartient de démontrer son intérêt à agir. Ceci signifie que la situation du requérant doit être affectée par l'acte en cause. Ensuite, le requérant doit démontrer sa qualité à agir. Cette dernière est présumée s'il agit en annulation d'une décision qui lui est adressée (cas d'une entreprise qui agirait en annulation d'une décision de la Commission la condamnant au titre de l'article 101 § 1er TFUE). Mais si tel n'est pas le cas (décision adressée à d'autres personnes, règlement...), il doit s'attacher à démontrer qu'il est individuellement et directement concerné par l'acte attaqué. Si cette dernière condition n'appelle que peu d'observations hormis le fait qu'elle signifie que l'acte attaqué doit produire ses effets sans que l'autorité nationale ou communautaire en charge n'ait un pouvoir d'appréciation, la première a été largement discutée au point que la CJCE a dû en préciser les contours. Pour la Cour, un requérant particulier est individuellement concerné lorsqu'il est atteint par l'acte « en raison de certaines qualités qui [lui] sont particulières ou d'une situation de fait qui [le] caractérise par rapport à toute autre personne et de ce fait l'individualise d'une manière analogue à celle du destinataire » (CJCE 15 juill. 1963, *Plaumann*, aff. 25/62, *Rec. CJCE* 196).

On signalera que dans le cadre du contentieux de l'annulation en droit de la concurrence, cette exigence est remplie, par exemple, par une entreprise qui aurait porté plainte ou qui serait intervenue dans le cadre de la procédure. Le TPI a tenté d'assouplir les conditions particulièrement restrictives imposées aux requérants individuels (TPICE 3 mai 2002, *Jégo-Quéré et Cie SA c. Commission*, aff. T-117/01, *Rec. CJCE* II-2365). Cet arrêt a immédiatement suscité une réaction ferme de la CJCE. De manière très nette elle a rappelé que « selon le système de contrôle de la légalité mis en place par le traité, une personne physique ou morale ne peut former un recours contre un règlement que si elle est concernée non seulement directement mais également individuellement [et que si] cette dernière condition doit être interprétée à la lumière du principe d'une protection juridictionnelle effective [...] une telle interprétation ne saurait aboutir à écarter la condition en cause, qui est expressément prévue par le traité, sans excéder les compétences attribuées par celui-ci aux juridictions communautaires » (CJCE 25 juill. 2002, *Unión de Pequeños Agricultores c. Conseil*, aff. C-50/00 P, *Rec. CJCE* I-6677). 68

c. Le renvoi préjudiciel en interprétation

Prévu par l'article 267 TFUE, le renvoi préjudiciel en interprétation doit être analysé comme un mécanisme de coopération entre les juges nationaux et la CJ (ex-CJCE). Le traité de Nice a mis fin à la compétence exclusive de cette dernière en stipulant qu'une compétence préjudicielle pourra être conférée au Tribunal de l'Union européenne, dans des domaines spécifiques comme celui de la propriété industrielle. Afin d'éviter des divergences d'interprétation, un double mécanisme est instauré : le Trib. UE pourra, en cas de décision de principe, renvoyer l'affaire devant la CJ ; un réexamen par la CJ pourra, en cas de risque sérieux d'atteinte à l'unité du droit de l'Union, être possible. Comme elle l'a toujours affirmé (mais peut-être pas toujours respecté...) le renvoi préjudiciel d'interprétation autorise la CJ « à se prononcer sur la seule interprétation du traité et des actes pris par les institutions de la Communauté, mais ne saurait ni les appliquer à un cas d'espèce, ni statuer sur l'interprétation du 69 droit interne d'un État membre » (CJCE 2 déc. 1964, *Dingemans*, aff. 24/64, *Rec. CJCE* 1281).

70 La Cour a apporté différentes précisions quant au renvoi préjudiciel. Ont notamment été clarifiées les conditions dans lesquelles une juridiction nationale pouvait l'interroger à ce titre. L'article 267 TFUE dispose que lorsqu'une question relative à l'interprétation d'une norme de l'Union européenne « est soulevée devant une juridiction nationale d'un des États membres, cette juridiction peut, si elle estime qu'une décision sur ce point est nécessaire pour rendre son jugement, demander à la Cour de justice de statuer sur cette question ». Il ajoute que « lorsqu'une telle question est soulevée dans une affaire pendante devant une juridiction nationale dont les décisions ne sont pas susceptibles d'un recours juridictionnel de droit interne, cette juridiction est tenue de saisir la Cour de justice ». La Cour a un peu réécrit cet article en considérant que l'obligation de la saisir n'était pas absolue dès lors que la question d'interprétation avait déjà été posée (CJCE 27 mars 1963, *Da Costa*, aff. 28 à 30/62, *Rec. CJCE* 75). Elle a, par ailleurs, estimé que si l'acte à interpréter « ne laisse place à aucun doute possible » (CJCE 6 oct. 1982, *CILFIT*, aff. 283/81, *Rec. CJCE* 3415), le juge national statuant en dernier ressort peut s'abstenir de renvoyer. L'article 104 § 3 du Règlement de procédure de la CJUE a, depuis, entériné cette solution. En revanche, un abondant contentieux est venu préciser que le juge national doit motiver en fait et en droit la question qu'il pose. En substance, le juge doit démontrer en quoi la question qu'il pose est utile pour pouvoir trancher le litige dont il est saisi sauf pour la CJUE à refuser de répondre « s'il apparaissait de manière manifeste que l'interprétation du droit communautaire ou l'examen de la validité d'une règle communautaire [...] n'ont aucun rapport avec la réalité ou l'objet du litige principal » (CJCE 16 juin 1981, *Salonia*, aff. 126/80, *Rec. CJCE* 1563). La Cour a ainsi refusé de répondre à une question de la Queen's Bench Division au motif, repris des conclusions de son avocat général, que « l'ordonnance de renvoi ne fait apparaître aucune trace d'une appréciation, même *prima facie*, du bien-fondé des arguments, et notamment des prémisses juridiques sur la base desquelles les parties soutiennent que la solution du litige au principal dépend de la question de savoir si les règles françaises sont ou non compatibles avec le droit communautaire » (CJCE 21 janv. 2003, *Bacardi-Martini SAS*, aff. C-318/00, *Rec. CJCE* I-905).

71 L'exigence selon laquelle la question préjudicielle d'interprétation doit émaner d'une juridiction pose le problème particulier de la place de l'arbitre dans ce processus. Comme on l'a déjà écrit, le contentieux européen des affaires se déroule aussi devant les arbitres. Ces derniers peuvent donc avoir des difficultés pour interpréter le droit de l'Union (par ex., les règlements d'exemption en droit de la concurrence). Cependant, et par application de sa jurisprudence classique (sur la définition autonome de la juridiction – origine législative, permanence, application de la règle de droit selon une procédure contradictoire –, v. CJCE 30 juill. 1966, *Vaassen-Göbbels*, aff. 61/65, *Rec. CJCE* 377), la CJ (ex-CJCE) a toujours considéré que l'arbitre ne peut pas la saisir d'une demande préjudicielle. Malgré la proximité indéniable des fonctions du juge étatique et de l'arbitre, la Cour rappelle que celui-ci tire ses compétences de la seule volonté des parties, ce qui le distingue irrémédiablement de celui-là (CJCE 23 mars 1982, *Nordsee*, aff. 102/81, *Rec. CJCE* 1095). Pour autant, la CJ admet que le juge national qui intervient dans le cadre d'un recours contre la sentence arbitrale ou au stade de son exequatur pourra, lui, interroger la Cour (CJCE 27 avr. 1994, *Commune d'Almelo*, aff.

C-393/92, *Rec. CJCE* I-1508 ; CJCE 1er juin 1999, *Eco swiss China*, aff. C-126/97, *Rec. CJCE* 3055). Les perspectives nouvelles qui semblent s'ouvrir en matière d'arbitrabilité du droit de l'Union (que ce soit en matière d'exemption des ententes ou de contrôle des concentrations, mais aussi en matière contractuelle avec l'application par certains arbitres des directives européennes en ce domaine) conduisent à penser que l'attitude de refus de la CJ devrait nécessairement évoluer et tendre à accueillir en tant que de besoin les questions préjudicielles d'interprétation des tribunaux arbitraux (pour un exemple de nouveau refus de répondre à une question posée par un tribunal arbitral, v. CJCE 27 janv. 2005, *Guy Denuit e.a.*, aff. C-125/04, *Rec. CJCE* I-923).

Les arrêts préjudiciels d'interprétation ont des effets qui doivent être soigneusement examinés. En premier lieu, l'interprétation du droit de l'Union a autorité de la chose jugée à l'égard non seulement du juge qui a posé la question (CJCE 5 mars 1986, *Wunsche*, aff. 69/85, *Rec. CJCE* 947) mais aussi à l'égard de tout autre juge d'un État membre de la Communauté. C'est là la conséquence logique de la nécessité d'assurer une interprétation uniforme du droit de l'Union européenne. En second lieu, l'interprétation délivrée par la CJ est rétroactive. La norme européenne est réputée avoir toujours eu, depuis son entrée en vigueur, le sens donné par la Cour (CJCE 27 mars 1980, *Denkavit*, aff. 61/79, *Rec. CJCE* 1205). Cependant, l'exigence de sécurité juridique a pu conduire la CJ à accepter de limiter dans le temps la portée rétroactive de son interprétation. Ainsi, à plusieurs reprises, la juridiction européenne a décidé que son interprétation ne vaudra que pour l'avenir, sauf bien sûr, à l'égard du juge ayant posé la question (CJCE 8 avr. 1976, *Defrenne*, aff. 43/75, *Rec. CJCE* 455). Elle s'en est justifiée en y voyant « l'application d'un principe général de sécurité juridique inhérent à l'ordre juridique communautaire » qui la conduit à tenir compte « des troubles graves que son arrêt pourrait entraîner pour le passé dans les relations juridiques établies de bonne foi » (CJCE 27 mars 1980, *Salumi*, aff. 66, 127 et 128/79, *Rec. CJCE* 1260) et à examiner « l'ensemble des intérêts en jeu, tant publics que privés » (CJCE 8 avr. 1976, préc.). 72

§ 2 Le droit de l'Union européenne

L'étude du droit de l'Union européenne, dans le cadre de ce manuel, ne peut être que nécessairement limitée. On ne peut que renvoyer aux nombreux manuels de droit institutionnel qui lui consacrent de très substantiels développements. On ne trouvera ici que l'essentiel sans lequel il n'est pas possible de comprendre le contexte dans lequel sont abordés les libertés de circulation et le droit de la concurrence. Une présentation des plus classiques suppose alors que l'on s'attache d'abord à ses sources (A) avant d'en dégager les caractères fondamentaux (B). 73

A. Les sources du droit de l'Union européenne

Le droit de l'Union puise ses sources dans les traités – on parle de droit originaire – (1) et dans une série d'instruments spécifiques énumérés par ce traité – on parle de droit dérivé – (2). Cependant, il ne faut pas oublier que progressivement, sous l'impulsion de la CJUE, sont apparus certains principes généraux de droit de l'Union dont l'importance ne cesse de croître (3). 74

1. Le droit originaire

75 Parfois aussi appelé droit primaire, il désigne les traités originels avec leurs annexes et protocoles ainsi que leurs révisions successives (en ce compris, donc, le TUE et le TFUE). On ajoute aussi les traités d'adhésion des nouveaux États membres qui viennent adapter les traités de base. Par ailleurs, bien que cette question soit discutée, certains actes procédant d'une adoption par les États membres telle que prévue par les traités peuvent recevoir la qualification de droit originaire. La complexité de ce vaste ensemble explique que certains ont appelé de longue date une simplification des traités. Le traité établissant une Constitution pour l'Europe a tenté d'apporter une réponse en ce sens. Elle est, finalement même si ce n'est que partiellement, arrivée avec le Traité sur l'Union européenne et le Traité sur le fonctionnement de l'Union européenne entrés en application le 1er décembre 2009 ; entrée en application qui emporte, aussi, une conséquence importante pour un texte à propos duquel les interrogations existaient. Ainsi, la Charte des droits fondamentaux est indiscutablement érigée au même rang que les traités (même si elle n'en a pas la forme). En ce sens, l'article 6 § 1er TUE dispose que « l'Union reconnaît les droits, les libertés et les principes énoncés dans la Charte des droits fondamentaux de l'Union européenne du 7 décembre 2000, telle qu'adaptée le 12 décembre 2007 à Strasbourg, laquelle a la même valeur juridique que les traités ».

2. Le droit dérivé

76 Alors que l'article 249 CE disposait que « pour l'accomplissement de leur mission et dans les conditions prévues au présent traité, le Parlement européen conjointement avec le Conseil, le Conseil et la Commission arrêtent des règlements et des directives, prennent des décisions et formulent des recommandations ou des avis », l'article 288 TFUE se borne à indiquer que « pour exercer les compétences de l'Union, les institutions adoptent des règlements, des directives, des décisions, des recommandations et des avis ». On signalera que le traité établissant une Constitution pour l'Europe avait souhaité abandonner la présente terminologie en retenant les expressions de loi européenne, loi-cadre européenne, règlement européen, décision européenne et recommandations et avis. Le maintien d'un vocabulaire bien établi apparaîtra comme, en définitive, une bonne chose.

a. Le règlement

77 « Le règlement a une portée générale. Il est obligatoire dans tous ses éléments et il est directement applicable dans tout État membre » (art. 288 TFUE). Sans qu'il soit nécessaire de s'attarder sur le règlement, on précisera qu'il est donc une norme impersonnelle dans son objet – d'où les conditions restrictives de recours en annulation des particuliers –, obligatoire à l'égard des États membres et des particuliers – sous réserve d'avoir été publié au *JOUE* – et ne suppose pas d'intervention particulière des États membres pour produire ses effets juridiques – on dit qu'il est immédiatement exécutoire. Comme la Cour l'a estimé de longue date, « en raison de sa nature même et de sa fonction dans le système des sources du droit communautaire, [le règlement] produit des effets immédiats et est, comme tel, apte à conférer des droits que les juridictions nationales ont l'obligation de protéger » (CJCE 14 déc. 1971, *Politi*, aff. 43/71, *Rec. CJCE* 1049).

b. La directive

« La directive lie tout État membre destinataire quant au résultat à atteindre, tout en laissant aux instances nationales la compétence quant à la forme et aux moyens » (art. 288 TFUE). Obligatoire comme le règlement, elle s'en différencie par le fait qu'elle suppose pour les États membres destinataires d'adopter les mesures nécessaires pour répondre à l'objectif qu'elle fixe. On a pu parler de manière imagée de « législation à deux étages ». Si l'État a donc le choix quant aux mesures de transposition dans son ordre juridique, il a cependant l'obligation d'atteindre le résultat projeté. Les directives prévoient alors un délai pour permettre à l'État membre de s'exécuter. Cet aspect a été l'objet d'une intervention particulièrement remarquable de la CJUE de longue date. Selon cette dernière, si l'État n'est tenu d'aucune obligation avant l'écoulement du délai de transposition, il n'en doit pas moins s'abstenir d'adopter des mesures susceptibles de priver la directive de ses effets. 78

Bien plus, la Cour a considéré que le juge national devait toujours se prononcer de manière conforme à une directive même si le délai de transposition n'était pas encore écoulé (CJCE 18 déc. 1997, *Inter-environnement Wallonie*, aff. C-129/96, *Rec. CJCE* I-7411). Cette exigence d'interprétation conforme (tout comme la reconnaissance de l'effet direct des directives, sur lequel, v. ss 91) ne dispense pas pour autant l'État de s'attacher au processus de transposition. Ne pas le faire, emporte le risque pour l'État membre d'être poursuivi dans le cadre d'une procédure de constatation en manquement (v. ss 65) avec, désormais, un risque de sanction pécuniaire immédiat. Bien que la CJCE ait admis, dans une hypothèse, qu'un État membre puisse se dispenser d'une transposition si le contexte juridique national est tel que « celui-ci assure effectivement la pleine application de la directive d'une façon suffisamment claire et précise [et que] les bénéficiaires soient mis en mesure de connaître la plénitude de leurs droits » (CJCE 20 mars 1997, *Commission c. Allemagne*, aff. C-96/95, *Rec. CJCE* I-1653), on ne peut que relever une tendance de plus en plus marquée de la Cour à exiger des transpositions textuelles des directives, ne laissant en définitive qu'une marge d'appréciation minime aux États destinataires (par ex. à propos de la directive relative à la responsabilité du fait des produits défectueux, CJCE 25 avr. 2002, *Commission c. France*, aff. C-52/00, *Rec. CJCE* I-3827) ; et ce, d'autant, que selon une pratique assez critiquée, les directives se présentent souvent comme des instruments aussi détaillés, si ce n'est davantage, que les règlements. 79

Deux observations complémentaires s'imposent qui montrent que les autorités françaises ont pleinement perçu ces exigences. D'une part, dans un souci de célérité et de conformité que l'on peut supposer, le gouvernement a de plus en plus fréquemment recours aux ordonnances pour transposer les directives. D'autre part, le Conseil constitutionnel s'est érigé depuis quelques années en gardien attentif de la bonne transposition « apparente » des directives communautaires (Décis. n° 2006-540 DC du 27 juill. 2006 sur la loi relative au droit d'auteur et aux droits voisins dans la société de l'information). Ainsi, après avoir rappelé que « la transposition en droit interne d'une directive communautaire résulte d'une exigence constitutionnelle », il retient « qu'il appartient par suite au Conseil constitutionnel, saisi dans les conditions prévues par l'article 61 de la Constitution d'une loi ayant pour objet de transposer en droit interne une directive communautaire, de veiller au respect de cette exigence » même si c'est avec à l'esprit la double limite « que la transposition d'une directive ne saurait aller à l'encontre d'une règle ou d'un principe inhérent à l'identité constitutionnelle de la 80

France » et « qu'il ne saurait déclarer non conforme à l'article 88-1 de la Constitution qu'une disposition législative manifestement incompatible avec la directive qu'elle a pour objet de transposer ».

c. La décision

81 « La décision est obligatoire dans tous ses éléments pour les destinataires qu'elle désigne » (art. 288 TFUE). Acte par essence individuel, elle produit donc des effets à l'égard de son ou de ses destinataires qui peuvent être aussi bien des États membres que des particuliers. Cette dernière hypothèse est vérifiée en matière de concurrence. La Commission adopte de nombreuses décisions dont l'objet peut être varié : décision d'exemption individuelle, décision autorisant des aides d'État...

d. Les recommandations, avis et communications

82 « Les recommandations et avis ne lient pas » (art. 288 TFUE). Le texte ne doit pas tromper. Bien qu'instrument d'orientation, ces recommandations et avis peuvent produire certains effets juridiques comme l'a reconnu la Cour de justice (CJCE 13 déc. 1989, *Grimaldi*, aff. C-322/88, *Rec. CJCE* 4407). Les communications, non citées par le Traité UE (on parle d'actes hors nomenclature), doivent aussi être mentionnées. Elles présentent un intérêt majeur en droit des affaires de l'Union européenne. Ainsi qu'on le verra par la suite, la Commission a fréquemment recours à de telles communications dans le domaine de la concurrence. Par exemple, la compréhension et la mise en œuvre des exemptions par catégories prévues à l'article 101 § 3 TFUE ne seraient rien sans les communications y afférentes publiées par la Commission (par ex. Communication sur les restrictions verticales). Par ailleurs, dans certaines hypothèses, ces communications peuvent être opposables aux justiciables (TPICE 30 avr. 1998, *Cityflyer Express Ltd*, aff. T-16/96, *Rec. CJCE* II-757). Plus généralement, lorsque l'intention de la Commission est de doter la communication d'un effet contraignant, la CJUE a accepté d'en prononcer éventuellement l'annulation (CJCE 16 juin 1993, *France c. Commission*, aff. C-325/91, *Rec. CJCE* I-3303).

3. *Les principes généraux du droit de l'Union européenne*

83 Sources non écrites, les principes généraux du droit de l'Union sont le fruit d'une lente maturation par la CJCE à partir de principes empruntés au droit international ou aux droits internes des États membres mais aussi propres à la construction communautaire elle-même. Par exemple, la CJCE a pu consacrer au titre de principe général, la coopération loyale (CJCE 22 mai 1990, *Parlement c. Conseil*, aff. C-70/88, *Rec. CJCE* I-2041) ou la confiance légitime (CJCE 14 mai 1975, *CNTA c. Commission*, aff. 74/74, *Rec. CJCE* 533 ; pour son admission par le juge national, v. CE 24 mars 2006, *KPMG*, n° 288460 : « le principe de confiance légitime, qui fait partie des principes généraux du droit communautaire, ne trouve à s'appliquer dans l'ordre juridique national que dans le cas où la situation juridique dont a à connaître le juge administratif français est régie par le droit communautaire »).

84 Certains de ces principes généraux ont cependant reçu une consécration textuelle postérieure. On peut ainsi citer les célèbres principes de subsidiarité ou de proportionnalité qui ont été intégrés au texte même du traité CE en son article 5 et réaffirmés pleinement et entièrement dans le traité UE (art. 5 TUE : « les principes de subsidiarité et de proportionnalité régissent l'exercice des compétences de l'Union »). On peut aussi évoquer certains droits fondamentaux qui non seulement ont parfois

été insérés dans les traités (en ce sens, par ex., l'article 6 § 1 UE selon lequel « l'Union est fondée sur les principes de la liberté, de la démocratie, du respect des droits de l'homme et des libertés fondamentales, ainsi que de l'État de droit ») mais ont surtout été proclamés sous forme de Charte des droits fondamentaux à Nice en décembre 2000 (*JOCE* C 364 du 18 déc. 2000). Cette dernière a fait l'objet de nombreuses analyses savantes auxquelles il convient de renvoyer. Pour être bref, si l'ambition du contenu a été soulignée, la valeur toute symbolique de la Charte (un accord interinstitutionnel et politique) l'a aussi été pour, parfois, le regretter. Il n'en demeure pas moins que la Charte devient une référence obligée de nombreux textes de droit dérivé et que certains des droits fondamentaux énoncés ont déjà été évoqués par les juridictions de l'Union. Par exemple, la directive n° 2002/58/CE du 12 juill. 2002 concernant le traitement des données à caractère personnel et la protection de la vie privée dans le secteur des communications électroniques (*JOCE* L 201 du 31 juill. 2002, p. 37) contient un considérant 2 aux termes duquel : « la présente directive vise à respecter les droits fondamentaux et observe les principes reconnus notamment par la charte des droits fondamentaux de l'Union européenne. En particulier, elle vise à garantir le plein respect des droits exposés aux articles 7 et 8 de cette charte ». Ainsi, le TPI, à l'occasion d'un recours en annulation d'une décision de la Commission en matière d'enquête de concurrence, dans une formule lapidaire mais intéressante, rappelle « que cette Charte a été proclamée par le Parlement européen, le Conseil et la Commission le 7 décembre 2000. Il s'ensuit que la Charte ne peut avoir aucune conséquence sur l'appréciation de l'acte attaqué qui était adopté antérieurement » (TPICE 20 févr. 2001, *Mannesmannröhren-Werke AG*, aff. T-112/98, *Rec. CJCE* II-729). On relèvera, aussi, que les avocats généraux l'évoquent très régulièrement dans leurs conclusions, alors que la Cour ou le TPI sont beaucoup plus timides (v. cependant à propos de la directive sur le regroupement familial CJCE 26 juin 2006, *Parlement c. Conseil*, aff. C-540/03, *Rec. CJCE* I-5769). Certes, la lecture attentive de la Charte ne semble pas *a priori* ouvrir de perspectives révolutionnaires, notamment dans l'optique du contentieux des affaires de l'Union européenne. Les droits énoncés sont déjà amplement consacrés dans la jurisprudence, sauf peut-être le principe de la liberté d'entreprise (art. 16 de la Charte) dont on ne peut exclure qu'il permette d'aller plus loin dans la contestation de telle ou telle réglementation ou restriction professionnelle. Au-delà, est intéressant le fait que la Charte retient, en son article 52 § 3, que dans la mesure où elle « contient des droits correspondant à des droits garantis par la Convention européenne de sauvegarde des droits de l'homme et des libertés fondamentales, leur sens et leur portée sont les mêmes que ceux que leur confère ladite convention. Cette disposition ne fait pas obstacle à ce que le droit de l'Union accorde une protection plus étendue ». On verra que cette affirmation pourrait conduire à des évolutions remarquables quant aux garanties reconnues aux entreprises dans le cadre des procédures de vérification (ou, d'inspection, selon la terminologie retenue par le règlement d'application des articles 101 et 102 UE) engagées par la Commission. Elle le pourra d'autant, ainsi qu'on l'a déjà souligné, qu'avec le traité sur l'Union européenne il est clairement indiqué que, désormais, la Charte des droits fondamentaux de l'Union européenne « a la même valeur juridique que les traités » (art. 6 TUE). De là à considérer qu'un glissement de la sauvegarde des droits fondamentaux va s'opérer du Conseil de l'Europe vers l'Union européenne, de la Convention européenne de sauvegarde des droits de l'Homme vers la Charte des droits fondamentaux de l'Union, de Strasbourg vers Luxembourg, il y a une perspective qui devient probabilité, si ce n'est réalité...

B. Les caractères du droit de l'Union européenne

■ 85 S'attacher aux rapports entre l'ordre juridique communautaire, désormais de l'Union, et les ordres juridiques des États membres, c'est étudier les caractères du droit de l'Union européenne. En l'absence de réponse franche donnée par le Traité CE et d'ailleurs aussi par le TUE, la CJUE a posé les principes de primauté (1) et d'effet direct (2) de ce droit, assurant par là même son application uniforme dans une véritable logique d'*effet utile*[Q].

1. *La primauté*

■ 86 La primauté du droit communautaire sur le droit interne a été dégagée par la CJCE dans son célèbre arrêt *Costa* (CJCE 15 juill. 1964, *Costa c. ENEL*, aff. 6/64, *Rec. CJCE* 1141). En cette occasion, la Cour a caractérisé la primauté à la suite d'un raisonnement en plusieurs étapes qui tiennent à la spécificité de la Communauté, au fait que les États lui ont transféré certaines de leurs attributions et que l'ordre juridique ainsi créé doit s'intégrer dans l'ordre juridique national. De manière explicite, la CJCE peut retenir que « issu d'une source autonome, le droit du traité ne pourrait donc, en raison de sa nature spécifique originale, se voir opposer un texte interne quel qu'il soit, sans perdre son caractère communautaire et sans que soit mise en cause la base juridique de la Communauté elle-même ». Tout est dit !

■ 87 De manière simple, la primauté justifie alors que dans l'hypothèse d'un conflit entre le droit national et le droit communautaire, désormais le droit de l'Union européenne, ce dernier doit prévaloir. Et la Cour en a alors tiré une série de conséquences remarquables, notamment quant au rôle de celui qui est amené à trancher ce type de conflit : le juge national. Dans un très important arrêt *Simmenthal*, la CJCE a pu ainsi décider que « le juge national chargé d'appliquer, dans le cadre de sa compétence, les dispositions du droit communautaire, a l'obligation d'assurer le plein effet de ces normes, en laissant au besoin inappliquée, de sa propre autorité, toute disposition contraire de la législation nationale même postérieure, sans qu'il ait à demander ou à attendre l'élimination préalable de celle-ci par voie législative ou par tout autre procédé constitutionnel » (CJCE 9 mars 1978, *Simmenthal*, aff. 106/77, *Rec. CJCE* 629). L'office « communautaire » du juge national a, depuis, été amplement précisé (v. les très importants arrêts CJCE 14 déc. 1995, *Peterbroeck*, aff. C-312/93, *Rec. CJCE* I-4599 et CJCE 14 déc. 1995, *Van Schijndel*, aff. C-430/93 et C-431/93, *Rec. CJCE* I-4705). Il a, par ex., trouvé une portée non négligeable à propos du relevé d'office du caractère abusif d'une clause stipulée dans un contrat de consommation, notamment un contrat de crédit à la consommation. Au point, d'ailleurs, que le législateur français a, d'une certaine manière, été amené à intervenir (v. par ex., CJCE 21 nov. 2002, *Cofidis*, aff. C-473/00, *Rec. CJCE* I-10875 ; v. depuis, CJCE 4 juin 2009, *Pannon GSM*, aff. C-243/08, *Rec. CJCE* I-4713 : « Le juge national est tenu d'examiner d'office le caractère abusif d'une clause contractuelle dès qu'il dispose des éléments de droit et de fait nécessaires à cet effet. Lorsqu'il considère une telle clause comme étant abusive, il ne l'applique pas, sauf si le consommateur s'y oppose »).

■ 88 Cette affirmation de la primauté du droit européen par la CJCE n'a pas reçu immédiatement une pleine et entière acceptation de la part des juridictions et autorités nationales. Après bien des résistances, tant le juge administratif que le juge judiciaire se sont « convertis » à la primauté du droit communautaire ; du moins, en partie. En effet, si la primauté du droit communautaire sur la loi française est aujourd'hui consacrée, tel n'est pas le cas de la primauté du droit communautaire sur la constitution française. Bien au contraire, tant le Conseil d'État (CE 30 oct. 1998, *Sarran*, *AJDA* 1998. 1039) que la Cour de cassation (Ass. plén. 2 juin 2000, *Fraisse*, *Bull. Ass. plén.* n° 4) ont, dans deux arrêts, refusé la primauté du droit communautaire sur la loi constitutionnelle. En revanche, la primauté du droit communautaire sur la loi ordinaire est aujourd'hui totalement reconnue. La Cour de cassation, dans son célèbre arrêt *Jacques Vabre* (Ch. mixte 24 mai 1975, *Administration des Douanes c. Société des cafés Jacques Vabre e.a.*, *D.* 1975. 497, concl. Touffait), s'appuyant sur l'article 55 de la constitution a affirmé la primauté du traité sur la loi, même postérieure, mettant par là même fin à la « doctrine Matter » selon laquelle il convenait de faire prévaloir, en cas de contradiction entre une loi et un traité, le texte le plus récent : « le traité du 25 mars 1957, qui, en vertu de l'article susvisé de la Constitution, a une autorité supérieure à celle des lois, institue un ordre juridique propre intégré à celui des États membres ; qu'en raison de cette spécificité, l'ordre juridique qu'il a créé est directement applicable aux ressortissants de ces États et s'impose à leurs juridictions ». Le Conseil d'État, après une résistance remarquée, a finalement décidé de s'aligner à l'égard tant du traité que du droit dérivé. Mouvement initié avec l'arrêt *Nicolo* (CE, Ass., 20 oct. 1989, *Nicolo*, *Lebon* 190), il a été poursuivi pour les règlements avec l'arrêt *Boisdet* (CE 24 sept. 1990, *Boisdet*, *Lebon* 251) et pour les directives avec l'arrêt *SA Rothmans* (CE 28 févr. 1992, *SA Rothmans international France*, *Lebon* 80).

2. *L'effet direct*

L'effet direct du droit de l'Union est évoqué à une reprise dans le traité à propos du règlement dont il est affirmé qu'il est « directement applicable dans tout État membre », c'est-à-dire qu'il peut engendrer directement des droits ou des obligations dans le chef des particuliers que le juge national doit garantir. Cet effet direct a été consacré pour l'ensemble des normes de droit communautaire par la CJCE dans son autre célèbre arrêt *Van Gend en Loos* (CJCE 5 févr. 1963, *Van Gend en Loos*, aff. 26/62, *Rec. CJCE* 1). S'appuyant sur la nature et les objectifs du traité (instaurer un marché commun), tirant argument du préambule qui mentionne les peuples des États membres, la Cour peut énoncer que « le droit communautaire [...] de même qu'il crée des charges dans le chef des particuliers, est aussi destiné à engendrer des droits qui entrent dans leur patrimoine juridique ». 89

En d'autres termes, la CJUE admet que les particuliers vont pouvoir invoquer le droit de l'Union, notamment pour contraindre les États membres à s'y conformer. L'originalité de cette affirmation conduit cependant la Cour à soumettre cet effet direct du droit communautaire à une condition particulière. Pour qu'une disposition du traité ou d'une norme de droit dérivé puisse être d'effet direct (sauf à ce que cela soit expressément prévu), encore convient-il qu'elle soit inconditionnelle, suffisamment précise et claire. 90

Mais alors qu'en matière de primauté il n'est pas nécessaire de distinguer selon les normes considérées, il convient de souligner que l'intensité de l'effet direct est susceptible de varier selon la nature de cette norme. Plus précisément, alors que certaines normes vont pouvoir être invoquées par les particuliers à l'encontre des seuls États membres – on parle d'effet direct vertical ascendant –, d'autres vont 91 pouvoir être opposées par des particuliers à l'encontre d'autres particuliers – on parle d'effet direct horizontal. Ainsi, si l'on s'attache aux articles du traité, la CJCE a pu considérer que certains d'entre eux n'avaient qu'un effet direct vertical : articles relatifs à la prohibition des droits de douane ou des restrictions quantitatives, à l'interdiction des entraves à la libre circulation des opérateurs économiques. D'autres articles ont un effet direct horizontal : articles relatifs à la prohibition des restrictions de concurrence. Les règlements sont incontestablement d'effet direct, puisque le traité l'affirme, et ce tant de manière verticale qu'horizontale. Les décisions appellent une distinction selon qu'elles ont pour destinataire un ou des particuliers, un ou des États membres (CJCE 6 oct. 1970, *Franz Grad*, aff. 9/70, *Rec. CJCE* 825). En fait, la vraie question demeure encore celle de l'effet direct des directives (et singulièrement, celle de leur effet direct horizontal). Dans son arrêt *Van Duyn*, la CJCE a décidé que « il serait incompatible avec l'effet contraignant que l'article 189 (désormais art. 288 TFUE) reconnaît à la directive d'exclure, en principe, que l'obligation qu'elle impose puisse être invoquée par les personnes concernées [...] particulièrement dans les cas où les autorités communautaires auraient, par directive, obligé les États membres à adopter un comportement déterminé, l'effet utile d'un tel acte s'en trouverait affaibli si les justiciables étaient empêchés de s'en prévaloir en justice et les juridictions nationales empêchées de la prendre en considération en tant qu'élément du droit communautaire » (CJCE 4 déc. 1974, *Van Duyn*, aff. 41/74, *Rec. CJCE* 1337). La motivation de la Cour est importante car elle insiste sur le fait que l'effet direct procède de la volonté de contraindre l'État membre à respecter ses obligations communautaires. C'est là l'explication fondamentale du fait que la CJCE a toujours refusé qu'un particulier puisse se prévaloir des dispositions d'une directive contre un autre particulier (seul l'État membre est destinataire des obligations découlant de la directive). De manière nette, la Cour a dénié à la directive tout effet direct horizontal (CJCE 16 févr. 1986, *Marshall*, aff. 152/84, *Rec. CJCE* 736). En revanche, elle a considéré que le particulier pouvait se prévaloir d'une directive pendant le délai de transposition afin de contester des mesures contraires à ses objectifs prises par un État (CJCE 18 déc. 1997, *Inter-Environnement Wallonie*, aff. C-129/96, *Rec. CJCE* I-7411).

92 Cette jurisprudence subtile de l'effet direct permet de souligner qu'il est susceptible de présenter une intensité variable. On perçoit mieux cette réalité lorsque, à l'instar de certains auteurs, on ne raisonne plus en terme d'effet direct, mais en terme d'invocabilité du droit de l'Union européenne. Lorsque les particuliers se prévalent de ce droit, ils le peuvent soit à fin d'interprétation, soit à fin d'exclusion, soit à fin de substitution du droit national, soit à fin de réparation du préjudice subi du fait du défaut d'application du droit communautaire. En premier lieu, quand bien même la norme européenne ne répondrait pas aux critères de l'effet direct (clarté, précision, inconditionnalité), le juge national se doit d'interpréter son droit national à la lumière du texte et de la finalité du droit de l'Union (CJCE 13 nov. 1990, *Marleasing*, aff. C-106/89, *Rec. CJCE* I-4156). C'est là une solution particulièrement performante pour pallier le rejet de l'effet direct horizontal des directives. On parle donc d'interprétation conforme. En deuxième lieu, la norme européenne ne répondant pas, là encore, aux critères de l'effet direct, le juge est tenu d'écarter la norme nationale contraire (CJCE 9 mars 1978, *Simmenthal*, aff. 106/77, *Rec. CJCE* 609). On parle donc d'effet d'exclusion. En troisième lieu, la norme européenne répondant aux critères de l'effet direct, le juge national est tenu de substituer la norme de l'Union à la norme nationale contraire (CJCE 9 mars 1978, préc.). On parle donc d'effet de substitution.

En quatrième et dernier lieu, le particulier va pouvoir invoquer le droit de l'Union devant le juge national en vue d'obtenir réparation de l'État membre pour les dommages subis en raison du défaut d'application de ce droit. On parle donc d'invocabilité de réparation. Mais cette dernière est tributaire de la réunion de trois conditions cumulatives : la norme européenne doit conférer des droits aux particuliers, l'État doit avoir commis une violation suffisamment caractérisée du droit de l'Union, un lien de causalité existe entre la violation du droit communautaire et le préjudice subi par les particuliers (CJCE 19 nov. 1991, *Francovitch et Bonifaci*, aff. C-6/90 et C-9/90, *Rec. CJCE* I-5357). La CJCE est allée assez loin dans cette dernière voie, en considérant que le particulier doit pouvoir obtenir réparation pécuniaire lorsque le manquement est aussi imputable au juge national qui n'a pas ou a mal appliqué le droit communautaire (CJCE 30 sept. 2003, *Köbler*, aff. C-224/01, *Rec. CJCE* I-10239 ; CJCE 13 juin 2006, *Traghetti del Mediterraneo*, aff. C-173/03, *Rec. CJCE* I-5177) : « au regard du rôle essentiel joué par le pouvoir judiciaire dans la protection des droits que les particuliers tirent des règles communautaires et de la circonstance qu'une juridiction statuant en dernier ressort constitue, par définition, la dernière instance devant laquelle ceux-ci peuvent faire valoir les droits que leur confère le droit communautaire, la Cour en déduit que la protection de ces droits serait affaiblie – et la pleine efficacité des règles communautaires conférant pareils droits serait remise en cause – s'il était exclu que les particuliers puissent, sous certaines conditions, obtenir réparation des préjudices qui leur sont causés par une violation du droit communautaire imputable à une décision d'une juridiction nationale statuant en dernier ressort ».

Le juge français a progressivement, mais non sans difficultés, accepté cette logique d'invocabilité du droit de l'Union. La juridiction administrative a longtemps considéré qu'un particulier ne pouvait invoquer les dispositions d'une directive à l'appui d'un recours contre un acte administratif (CE, Ass., 22 déc. 1978, *Cohn-Bendit*, *Lebon* 524). Cette position de principe a été assouplie de manière indirecte avant que d'être abandonnée très récemment. Tout d'abord, un particulier peut invoquer une directive à l'encontre d'un acte réglementaire incompatible avec ses objectifs (CE 7 déc. 1984, *Fédération française des sociétés de protection de la nature*, *Lebon* 410). Ensuite, le Conseil d'État a admis que les mesures de transposition d'une directive devaient être interprétées conformément aux objectifs de la directive (CE 22 déc. 1989, *Cercle militaire mixte de la caserne Mortier*, *RJF* 1990. 103). Enfin, l'absence ou la mauvaise transposition d'une directive est de nature à engager la responsabilité de l'État (CE 28 févr. 1992, *SA Rothmans international France*, *Lebon* 80). Depuis peu, le Conseil d'État admet donc l'invocation d'une directive à l'appui d'un recours en annulation d'un acte administratif individuel (CE, Ass., 30 oct. 2009, *Mme P.*, n° 298348). Au-delà de cette ultime évolution « technique », la haute juridiction administrative a pu se livrer à un véritable « acte de foi » européen dans un considérant majeur dont le mérite est de rappeler toute la portée que le juge national doit accorder aux directives européennes et de dispenser de plus longs développements : « la transposition en droit interne des directives communautaires, qui est une obligation résultant du Traité instituant la Communauté européenne, revêt, en outre, en vertu de l'article 88-1 de la Constitution, le caractère d'une obligation constitutionnelle ; que, pour chacun de ces deux motifs, il appartient au juge national, juge de droit commun de l'application du droit communautaire, de garantir l'effectivité des droits que toute personne tient de cette obligation à l'égard des autorités publiques ; que tout justiciable peut en conséquence 93 demander l'annulation des dispositions règlementaires qui seraient contraires aux objectifs définis par les directives et, pour contester une décision administrative, faire valoir, par voie d'action ou par voie d'exception, qu'après l'expiration des délais impartis, les autorités nationales ne peuvent ni laisser subsister des dispositions réglementaires, ni continuer de faire application des règles, écrites ou non écrites, de droit national qui ne seraient pas compatibles avec les objectifs définis par les directives ; qu'en outre, tout justiciable peut se prévaloir, à l'appui d'un recours dirigé contre un acte administratif non réglementaire, des dispositions précises et inconditionnelles d'une directive, lorsque l'État n'a pas pris, dans les délais impartis par celle-ci, les mesures de transposition nécessaires ».

94 La juridiction judiciaire a, elle, pleinement fait sienne les virtualités de l'effet direct. Par exemple, la première chambre civile de la Cour de cassation a pu consacrer l'interprétation conforme. Ainsi, c'est au visa des « articles 1147 et 1384, alinéa premier, du Code civil, interprétés à la lumière de la directive CEE n° 85-374 du 24 juillet 1985 » que la Haute juridiction peut énoncer que « tout producteur est responsable des dommages causés par un défaut de son produit, tant à l'égard des victimes immédiates que des victimes par ricochet, sans qu'il y ait lieu de distinguer selon qu'elles ont la qualité de partie contractante ou de tiers » (Civ. 1re, 28 avr. 1998, *Bull. civ.* I, n° 158) et, ainsi, anticiper – partiellement – les solutions auxquelles la transposition de la directive devait conduire. Depuis, et toujours en cette matière, certains arrêts audacieux ont été prononcés qui montrent combien l'interprétation conforme peut conduire à revoir certaines solutions pourtant bien établies dans l'ordre interne (en ce sens, Civ. 1re, 15 mai 2007, *Bull. civ.* I, n° 186 : « ayant relevé que la société X n'était que le fournisseur de l'appareil litigieux et non son fabricant, la cour d'appel qui, par application des méthodes reconnues par le droit national, n'a fait qu'interpréter, comme cela lui incombait, l'article 1147 du Code civil à la lumière de la directive n° 85/374/CEE du Conseil, du 25 juillet 1985, relative au rapprochement des dispositions législatives, réglementaires et administratives des États membres en matière de responsabilité du fait des produits défectueux, en vue d'atteindre le résultat recherché par la norme communautaire, dans un litige relevant du domaine d'application de cette directive, non encore transposée, et né de faits postérieurs à l'expiration du délai de transposition, a décidé à bon droit que l'action en responsabilité contractuelle fondée sur le texte de droit interne, ainsi exactement interprété, était irrecevable à l'encontre du fournisseur »). La chambre criminelle, elle, admet l'invocabilité d'exclusion en retenant qu'« il appartient au juge répressif d'écarter l'application d'un texte d'incrimination de droit interne lorsqu'il méconnaît une disposition du traité ou d'un texte pris pour son application » (Crim. 18 sept. 1997, *Bull. crim.* n° 305). Certaines juridictions du fond semblent même aller plus loin en reconnaissant *mutatis mutandis* l'invocabilité de substitution (en ce sens, à propos de l'inscription d'un avocat communautaire, Pau, 21 mai 2001, *D.* 2001. IR 1847 ou à propos des causes de nullité du contrat de société, CA Paris, 21 sept. 2001). On relèvera, enfin, que l'arbitre a lui aussi tiré les conséquences des caractères du droit de l'Union. Ainsi, l'arbitre, puisqu'il tranche des litiges entre particuliers, accepte d'appliquer les normes communautaires ayant un effet direct horizontal. Tel est le cas des articles 81 et 82 du traité CE (désormais art. 101 et 102 Traité UE) ou des règlements d'exemption (par ex. sentence CCI n° 2811 (1978) *JDI* 1979. 984, note Y. Derains ; v. aussi, Civ. 1re, 4 juin 2008, *Bull. civ.* I, n° 162 : « en annulant le contrat de fourniture de 1993, contraire à l'article 81 du Traité CE, et en décidant qu'en

l'absence de position dominante, la société X n'avait pas pu se rendre coupable d'un abus au sens de l'article 82 du Traité, le tribunal arbitral a fait application du droit communautaire de la concurrence »). Par ailleurs, et de manière implicite, l'arbitre semble prêt à faire application de l'interprétation conforme. Ainsi, dans le cadre d'une sentence concernant la rupture d'un contrat d'agence commerciale conclu entre un mandant espagnol et un agent français, l'arbitre retient que la loi espagnole transposant la directive concernant les agents commerciaux indépendants doit être interprétée à la lumière de ce dernier texte (sentence CCI n° 9032 (1998), *ICC Bulletin* Spring 2001, p. 123).

section 3

Le marché européen

La construction européenne reste fondamentalement marquée par le choix initial et pragmatique des Pères fondateurs : assurer la paix entre les États membres par l'élaboration d'un marché qui les unirait. C'est en cela que l'idée d'unification des marchés nationaux s'inscrit naturellement dans un objectif d'intégration économique, mais aussi, politique. Même si l'Union européenne n'a plus cette seule dimension mercantile, le marché en est incontestablement l'aspect le plus achevé. En ce sens, le vocabulaire est révélateur. D'un marché commun, nous sommes passés à un marché unique et, aujourd'hui, un marché intérieur. Et le traité, dans sa rédaction actuelle, est des plus explicites sans que l'entrée en application du TUE ne modifie fondamentalement la donne même si la dimension « sociale » est désormais plus marquée. Comme en disposait l'article 4 CE : « l'action des États membres de la Communauté comporte, dans les conditions et selon les rythmes prévus par le présent traité, l'instauration d'une politique économique fondée sur l'étroite coordination des politiques économiques des États membres, sur le marché intérieur et sur la définition d'objectifs communs, et conduite conformément au respect du principe d'une économie de marché ouverte où la concurrence est libre ». Comme en dispose l'article 3 § 3 TUE, « L'Union établit un marché intérieur. Elle œuvre pour le développement durable de l'Europe fondé sur une croissance économique équilibrée et sur la stabilité des prix, une économie sociale de marché hautement compétitive, qui tend au plein-emploi et au progrès social, et un niveau élevé de protection et d'amélioration de la qualité de l'environnement ». 95

Le projet européen repose donc sur le postulat que l'économie de marché est de nature à pacifier les relations entre les États qui ont fait le choix de s'y associer. Et l'on peut affirmer que sur ce point l'objectif a été pleinement atteint depuis près de soixante ans ! Le droit de l'Union européenne apparaît alors comme le nécessaire adjuvant de cette économie de marché européenne, annonciatrice de l'intégration des politiques économiques et budgétaires qui se profile. Et le droit interne, aussi, qui s'adapte – non sans préserver quelques spécificités. Car, et l'on renvoie là à la philosophie libérale dont le modèle d'organisation a indiscutablement inspiré à l'origine les rédacteurs du traité, ce marché ne suppose pas un « laissez faire » caricatural. Bien au contraire, un arsenal juridique très élaboré est nécessaire. Sans 96 insister plus en avant sur ce point, on peut citer un passage de *La route de la servitude* de Friedrich A. Hayek : « un système compétitif efficace nécessite tout autant qu'un autre une armature juridique intelligemment conçue et constamment adaptée ». On perçoit cette « armature » lorsque l'on s'attache au marché européen ou, plus exactement, aux marchés européens. En effet, coexistent aujourd'hui le marché intérieur (§ 1), qui sera au cœur des développements qui suivront, et différents marchés spéciaux (§ 2) que l'on présentera ici pour n'y plus revenir.

§ 1 Le marché intérieur

97 Dès l'origine, le pari des rédacteurs du traité CEE est d'aller au-delà des expériences antérieures dans la recherche des moyens pour faciliter les échanges économiques entre les Européens. En premier lieu, prévaut l'idée de ne pas se limiter à un secteur déterminé, comme cela était le cas avec le traité CECA pour le charbon et l'acier. En second lieu, est souhaité le dépassement progressif des modèles économiques classiques que sont la zone de libre-échange ou l'union douanière, même si cette dernière est expressément évoquée dans le traité. Telle est l'ambition du marché commun qui, au fur et à mesure des traités, a pris le nom actuel de marché intérieur. On a pu longuement s'interroger sur les éventuelles différences que traduirait le changement de terminologie : marché commun, marché unique, marché intérieur. Outre le fait que ces expressions permettent de retracer les étapes de réalisation du marché européen, elles traduisent surtout des différences de degrés dans l'intégration économique et juridique de ce marché. On en dira quelques mots en abordant les aspects internes du marché (A). Mais cette vision « de l'intérieur » est insuffisante. Ce marché européen se situe dans un ensemble plus vaste, tributaire de la mondialisation des échanges économiques et de ce que l'on appelle désormais leur « régulation ». Ce sera l'objet de l'étude des aspects internationaux (B).

A. Les aspects internes

98 Le traité CEE, puis le traité CE et désormais le traité UE, mettent en œuvre des modèles économiques classiques dont le maître mot est celui de l'intégration des marchés nationaux en un marché intérieur. Cette intégration se veut progressive. En ce sens, il est possible de parler d'une intégration économique par étapes (1). Celle-ci est tributaire des règles juridiques contenues dans le traité. Le droit de l'Union se voit reconnaître tout à la fois une fonction d'instauration et de police de ce marché intérieur. Si la première dimension évoquée est aujourd'hui amplement achevée, la seconde est plus que jamais d'actualité. En ce sens, il est possible de parler d'une intégration juridique par étapes (2).

1. *Une intégration économique par étapes*

99 Avec le traité de Rome, les six États fondateurs de la Communauté économique européenne s'accordent pour créer entre eux une union douanière. Cette dernière ne doit pas être confondue avec un autre modèle économique – la zone de libre-échange – dont elle procède pourtant largement. La zone de libre-échange (par ex. objet du traité de l'AELE) se présente comme un espace au sein duquel la suppression des droits de douane et des contingentements entre les États membres doit permettre la libre circulation des marchandises. Contrairement à cette zone de libre-échange, où

chaque État conserve vers les pays non-membres un tarif douanier propre, l'union douanière suppose non seulement la disparition des restrictions aux échanges entre les États membres mais aussi l'instauration d'un tarif douanier commun complété par une politique commerciale commune à l'égard des États tiers. Le 1er juillet 1968, soit 18 mois avant la fin de la période de transition fixée par le traité de Rome, l'union douanière est devenue une réalité avec la disparition des droits de douanes et des contingentements dans le commerce intra-communautaire et l'adoption d'un tarif douanier commun. Mais il faut immédiatement relever que l'union douanière n'est qu'un objectif intermédiaire du traité CEE. La finalité de ce dernier, selon la rédaction de l'époque, réside dans l'édification d'un marché commun. L'expression « marché » est polysémique et se laisse très mal cernée tant au plan économique que juridique. Pour ne prendre qu'un exemple, en droit européen des affaires, on rencontre le terme de marché dans deux hypothèses assez différentes l'une de l'autre, bien que liée l'une à l'autre. Ce sont les adjectifs qui vont aider à distinguer : le marché commun (qui nous intéresse ici) et le marché pertinent (que nous aborderons *infra*) même si le marché pertinent à envisager le sera toujours par rapport au marché commun. Ce dernier s'analyse comme une union douanière que l'on complète par la libre circulation des facteurs de productions (salariés, professions indépendantes, services, capitaux) ainsi que par l'adoption d'un corps de règles économiques communes (par ex. une politique commune de la concurrence).

Avec la fin de la période transitoire, s'ouvre un temps d'incertitudes qui va durer tout au long des années 1970 et dont on estime généralement qu'il a été marqué par un « euro-pessimisme » ambiant. Il suffit pour s'en convaincre de lire ces lignes écrites, dans le style percutant qui est le sien, par Romain Gary en 1974 : « La Communauté existe. C'est un mariage de raison avec communauté réduite aux acquêts et ça pue les notaires du XIXe siècle, mais c'est là, et il y a d'autres progrès matériels possibles, une association encore plus étroite et un nouveau bond en avant de la production, de la distribution, de la consommation et de l'enrichissement... » (R. Gary, *La nuit sera calme*, Gallimard, 1974, p. 61). En effet, que ce soit pour des raisons extérieures à la Communauté (par ex. les deux chocs pétroliers) ou pour des raisons qui lui sont propres (par ex. les élargissements successifs), une certaine stagnation de la dynamique communautaire peut indiscutablement être remarquée. On doit cependant rétrospectivement penser que cette période a permis de consolider les fondations du marché commun. Quelques exemples doivent en être donnés. Il n'est pas indifférent de constater qu'à cette période les premières grandes directives de reconnaissance mutuelle des diplômes favorisant le libre établissement et la libre prestation des services des opérateurs économiques ont été adoptées, ou que la CJCE – désormais CJUE – a prononcé certains de ses arrêts majeurs qui ont contribué au bon fonctionnement du marché commun. C'est ainsi que des principes structurels du marché ont été énoncés, comme l'interdiction des discriminations en fonction de la nationalité ou le principe du pays d'origine selon lequel tout produit légalement fabriqué et commercialisé dans un État membre devait pouvoir l'être dans un autre État membre sauf exceptions limitativement énumérées. Au-delà, cette période a peut-être permis de familiariser les esprits avec les enjeux d'un grand marché, ses avantages (amplitude des débouchés commerciaux, économie d'échelle pour les opérateurs économiques, etc.) et ses exigences (harmonisation législative et réglementaire, normalisation technique, etc.). Comme la CJCE l'affirme dans un arrêt important de l'époque, le marché commun vise « à l'élimination de toutes les entraves aux **100** échanges intracommunautaires en vue de la fusion des marchés nationaux dans un marché unique réalisant des conditions aussi proches que possibles de celles d'un véritable marché intérieur » (CJCE 5 mai 1982, *Schul*, aff. 15/81, *Rec. CJCE* 1409).

■ 101 La Commission européenne, sous l'impulsion de son président Jacques Delors, publie en 1985 un *Livre blanc sur l'achèvement du marché intérieur*. L'idée est de relancer, dans la ligne de la méthode des « petits pas » inaugurée par les Pères fondateurs, l'intégration des marchés nationaux. Ce document identifie 279 mesures législatives nécessaires à la suppression des derniers obstacles aux échanges dans la Communauté et propose un calendrier pour que le marché intérieur soit réalisé au 31 décembre 1992. On parlera à l'époque de l'objectif du marché unique par une sorte de lien – pas uniquement sémantique – avec son support qu'est l'Acte unique européen. Ce dernier, adopté en 1986 et entré en vigueur le 1er juillet 1987, est en effet la suite logique du Livre blanc de 1985. L'ambitieux programme législatif proposé par la Commission ne pouvait être respecté sans un recours généralisé au vote à la majorité qualifiée au sein du Conseil. L'Acte unique introduit donc un nouvel article dans le traité CEE, l'article 100 A (art. 95 CE, désormais), s'appliquant aux mesures visant à l'établissement du marché intérieur. Il étend le recours à la majorité qualifiée par le Conseil (à l'exception des mesures concernant la fiscalité, la libre circulation des personnes et les droits et intérêts des travailleurs) et permet d'éviter les fréquents blocages inhérents à la recherche d'un accord unanime. Par ailleurs, l'Acte unique reprend la date du 31 décembre 1992 prévue par le Livre blanc et définit le marché intérieur en tant qu'« espace sans frontières intérieures dans lequel la libre circulation des marchandises, des personnes, des services et des capitaux est assurée ». La période sera donc celle d'une très intense activité « législative » qui a pu donner prise, d'ailleurs, à la critique d'un interventionnisme excessif de la Commission européenne, vue comme souhaitant une uniformisation dans les moindres détails des normes techniques et juridiques. Au 1er janvier 1993, il a pu être soutenu que l'objectif d'un marché intérieur était très largement atteint.

■ 102 Le marché intérieur se caractérise donc par une éradication quasi systématique de toutes les entraves – de quelque nature qu'elles soient – susceptibles d'affecter le commerce intracommunautaire. Il s'est surtout accompagné d'une harmonisation des législations nationales dans différents domaines très directement liés aux échanges économiques. L'intégration économique devant contribuer à un seul et unique marché d'un peu plus de 300 millions de consommateurs (440 millions depuis les élargissements intervenus en 2004) s'est alors doublée d'une union économique et monétaire. Cette combinaison n'est pas sans conduire à considérer parfois que le marché européen est bien, selon les termes mêmes de la CJCE, « aussi proche que possible » d'un marché national. On relèvera que reste cependant exclue de cette logique la matière fiscale (fiscalité directe et, en partie, indirecte) ce qui amène certains à considérer qu'elle reste la dernière variable de distinction à même d'expliquer les différences de prix pouvant encore être relevées dans des secteurs déterminés (ce que ne confirment cependant pas totalement les études de coût réalisées par la DG Marché intérieur de la Commission à propos du marché automobile) et aujourd'hui perceptibles en raison de l'outil de comparaison que constitue la monnaie unique. Le pari d'un grand marché retenu par les Pères fondateurs paraît donc atteint. Nul ne contestera qu'il a favorisé la recherche, permis des gains de productivité, entraîné un abaissement des prix de production et contribué au développement de la consommation. Naturellement, ce résultat qui est le fruit de la compétition économique n'a pas que des adeptes. Et l'on est bien obligé de reconnaître que certaines réorientations en matière de production ont pu paraître bien lourdes pour ceux qui les ont subies directement. Outre qu'elles n'étaient peut-être pas inévitables (ne serait-ce qu'en raison de l'ouverture internationale devenue réalité palpable et des évolutions des habitudes de consommation), il ne faut jamais perdre de vue que le marché européen depuis son origine s'est inscrit dans un processus de croissance économique continue dont le résultat le plus immédiat a été une augmentation globale du pouvoir d'achat des citoyens européens. Les formidables progressions de certains États membres (comme l'Espagne ou le Portugal), le désir exprimé par de très nombreux autres États d'y être associés, en attestent. Le relatif infléchissement que connaît l'Union européenne avec un accent porté davantage vers la dimension sociale du marché doit cependant être pris en compte et traduit, probablement, certaines préoccupations exprimées. Cette mutation vers une « économie de marché ouverte où la concurrence est libre », désormais vers « une économie sociale de marché hautement compétitive » n'a été rendue possible que par l'instauration de l'armature juridique sans laquelle cette économie de marché ne peut fonctionner.

2. *Une intégration juridique par étapes*

Le droit communautaire, désormais le droit de l'Union européenne, a tout à la fois 103
pour mission de favoriser l'apparition du marché et d'en assurer la police. En ce sens, certains n'hésitent pas à voir – avant tout – dans le droit européen un droit du marché. C'est ici l'occasion de souligner une donnée essentielle tenant au droit de l'Union européenne qui ne doit jamais être oubliée. Classiquement règle de comportement, ce droit est aussi et surtout instrument au service d'un objectif économique : l'instauration d'un grand marché. Cette double nature explique et justifie beaucoup de choix, par exemple, de politique jurisprudentielle. L'un des plus importants réside dans la consécration d'une méthode d'interprétation particulière : l'interprétation téléologique. On ne comprend guère les arrêts de la CJUE si l'on n'a pas à l'esprit que la Cour a, comme toutes les autres institutions de la Communauté, reçu pour mission « la réalisation des tâches confiées à la Communauté » (art. 7 CE), et particulièrement, d'assurer « le respect du droit dans l'interprétation et l'application du présent traité » (art. 220 CE, art. 19 TUE). D'aucuns ont insisté sur le dynamisme de la jurisprudence communautaire dont les expressions sont perceptibles au travers de certains arrêts très audacieux qui ont contribué à l'édification du marché intérieur. Lorsque la Cour donne un sens aux dispositions du traité CE ou au TUE, lorsqu'elle élabore certains principes généraux du droit communautaire, c'est toujours avec à l'esprit l'objectif d'intégration des marchés nationaux en un marché intérieur. Un seul exemple permet de le comprendre, qui tient à la formidable évolution qui a pu marquer le principe de non-discrimination en raison de la nationalité (principe énoncé à l'art. 12 CE). Alors que l'application de ce principe a conduit la CJCE, dans un premier temps, à éradiquer les mesures nationales fondées expressément sur un critère de nationalité (par ex. une condition de nationalité pour pouvoir exercer une activité commerciale), dans un second temps, ont été censurées les mesures nationales fondées sur un critère autre que la nationalité mais y renvoyant en dernière analyse (par ex. une condition de durée de résidence minimum sur le territoire national). En d'autres termes, sous l'impulsion de la CJUE, sont désormais prohibées les discriminations

ostensibles ou déguisées en fonction de la nationalité qui pourraient frapper les opérateurs économiques. Dans le même ordre d'idées, la CJUE s'est d'abord attachée aux mesures nationales discriminatoires concernant l'accès aux activités économiques (par ex. une exigence de diplôme national), puis ensuite, aux mesures nationales discriminatoires susceptibles d'affecter, même de manière lointaine, l'exercice de ces activités (par ex. une règle nationale de procédure civile discriminatoire). Sont donc tout autant prohibées les discriminations directes ou indirectes en fonction de la nationalité. Cette construction très extensive ne se comprend que parce qu'elle permet de traduire dans la réalité des faits un marché intérieur auxquels les opérateurs économiques doivent pouvoir accéder, sans entrave, afin d'y réaliser leur activité.

■ 104 Le TUE et le TFUE, comme en son temps le traité CE, édictent une série d'obligations de faire ou de ne pas faire à la charge des États, mais aussi des opérateurs économiques, dont l'objet a d'abord été l'instauration d'un marché commun désormais intérieur. Les États membres ont ainsi dû progressivement faire disparaître les entraves de nature tarifaire et quantitative. Les États membres ont aussi dû progressivement harmoniser les règles techniques et s'attacher à la réalisation de politiques communes, comme la politique de la concurrence. Les opérateurs économiques (le traité parle d'entreprise – sur cette notion, v. ss 298) ont aussi dû s'abstenir de comportements de nature à fausser le jeu de l'offre et de la demande sur le marché (ententes et abus de position dominante). De manière assez nette, il a longtemps été possible de distinguer les règles dont les destinataires étaient les États (prohibition des entraves à la libre circulation) des règles dont les destinataires étaient les entreprises (prohibition des comportements anticoncurrentiels). Mais la distinction s'est progressivement estompée. De manière évidente et, suivant en cela la lettre du traité, la Communauté s'est attachée aux comportements des États membres susceptibles de fausser le jeu de la concurrence sur le marché intérieur. On vise naturellement ici les interdictions des aides d'État (énoncées aux art. 87 s. CE, art. 107 s. TFUE), qu'elles s'expriment à l'égard des entreprises publiques ou des entreprises privées. Mais sont aussi concernées les règles nationales qui favorisent et maintiennent les ententes entre entreprises privées susceptibles d'engendrer des distorsions de concurrence. Ainsi, la CJCE a-t-elle considéré qu'un État membre violait ses obligations communautaires en édictant une législation qui permet à une association de droit privé d'entreprises d'adopter un barème de prix pour leurs prestations (CJCE 18 juin 1998, *Commission c. Italie*, aff. C-35/96, *Rec. CJCE* I-3886). De manière plus diffuse, et selon une logique non inscrite dans le traité, la Communauté s'est attaquée aux entraves à la libre circulation procédant des opérateurs privés. C'est ainsi que des règles professionnelles émanant d'organisations privées ont pu être qualifiées d'entraves à l'accès au marché et, dès lors, vues comme devant être éradiquées. Dans un de ses plus célèbres arrêts, la CJCE a justifié l'application des dispositions prohibant les entraves à la libre circulation aux réglementations issues des entités privées en retenant que « l'autonomie dont disposent des associations privées pour adopter des réglementations (...) [ne peut avoir pour effet] de limiter l'exercice des droits conférés par le traité aux particuliers » (CJCE 15 déc. 1995, *Bosman*, aff. C-415/93, *Rec. CJCE* I-4921). Cette interprétation de la portée des règles de libre circulation et de libre concurrence qui méconnaît, indiscutablement, la lettre du traité CE ou du TFUE ne trouve d'autre justification que dans la volonté d'aboutir à l'achèvement du marché intérieur. Dès lors, peu importe que les distorsions de concurrence soient le fait des

États membres et non des entreprises ou que les entraves à la libre circulation soient le fait des entreprises et non des États membres ! Il faut certainement y voir une manifestation de l'« effet utile » du droit européen...

Cette intégration juridique au service de l'intégration économique dans l'optique d'instauration et de police d'un marché intérieur présente, enfin, une caractéristique à laquelle il convient de s'attacher. Au-delà des caractères qui lui sont propres (et que l'on a abordé dans la section 2), le droit de l'UE fonctionne selon une logique dite de « l'acquis communautaire ». L'intégration juridique européenne présente un caractère irréversible et intangible. Le même processus perdurera sous l'empire du TUE et du TFUE. Comme la CJCE a pu le laisser entrevoir dès l'arrêt *Costa c. ENEL*, l'ensemble des droits et obligations qui découle du traité CE est opposable aux États membres qui ne peuvent plus faire prévaloir « un acte unilatéral ultérieur incompatible avec la notion de Communauté » (CJCE 15 juill. 1964, *Costa c. ENEL*, *Rec. CJCE* 1141). En d'autres termes plus simples, l'intégration juridique emporte l'impossibilité de revenir en arrière sauf à abandonner l'objectif fondamental qui est l'intégration économique des marchés. L'image de l'engrenage inexorable – ou de la spirale infernale, selon certains – permet de bien le comprendre. 105

B. Les aspects internationaux

La création d'un marché européen n'est pas sans poser plusieurs questions toutes relatives à sa place dans l'environnement commercial international. Dès l'origine, les rédacteurs du traité en ont eu conscience. C'est l'objet principalement de la politique commerciale commune prévue aux articles 131 et suivants du traité CE, désormais aux articles 206 et suivants du TFUE. Comme en dispose cet article : « en établissant une union douanière entre eux, les États membres entendent contribuer, conformément à l'intérêt commun, au développement harmonieux du commerce mondial, à la suppression progressive des restrictions aux échanges internationaux et à la réduction des barrières douanières ». Cette contribution au développement du commerce international passe par une véritable politique commerciale commune qui prend d'autant plus d'importance que le commerce international s'est fortement organisé ces dernières années sous les auspices de l'Organisation mondiale du commerce (OMC). La Communauté entend, dès lors, être un acteur à part entière dans les échanges internationaux. Cette volonté pose, en premier lieu, quelques difficultés quant à la détermination des compétences respectives de la Communauté et des États membres. 106

Un manque certain de clarté dans le texte du traité a suscité un contentieux important devant la CJCE. Cette dernière a consacré le principe de la compétence exclusive de la Communauté sauf dérogations spécifiquement reconnues au profit des États membres (CJCE 15 déc. 1976, *Donckerwolke*, aff. 41/76, *Rec. CJCE* 1921). Cette solution procède d'une lecture extensive des articles du traité CE. L'article 133 § 1 CE énumère la matière de la politique commerciale commune : « principes uniformes en ce qui concerne les modifications tarifaires, la conclusion d'accords tarifaires et commerciaux, l'uniformisation des mesures de libération, la politique d'exportation ainsi que les mesures de défense commerciale ». Puis, il précise les rôles respectifs de la Commission et du Conseil. La première a un rôle de proposition et de recommandation. Le second peut alors l'autoriser à ouvrir et conduire les négociations commerciales « en 107 consultation avec un comité spécial désigné par le Conseil [...] et dans le cadre des directives que le Conseil peut lui adresser » (art. 133 § 3).

108 Toute la difficulté réside dans le fait de savoir si les négociations concernent bien une matière relevant de la politique commerciale ainsi définie. La question a notamment été posée à l'occasion d'accords signés avec les USA en matière de marché public d'énergie et de télécommunication. La CJCE a annulé, à la demande du Parlement européen, la décision du Conseil approuvant ces accords en raison des aspects de prestation des services – non couverts par la politique commerciale en l'état du texte – (CJCE 7 mars 1996, *Parlement c. Conseil*, aff. C-360/93, *Rec. CJCE* I-1209). Mais une telle solution doit être mise en parallèle avec l'affirmation selon laquelle la politique commerciale « ne doit pas être conçue de manière restrictive » (CJCE 17 oct. 1995, *Werner*, aff. C-70/94, *Rec. CJCE* I-3189). Cette volonté de la Communauté suppose, en second lieu, de s'attacher au contenu de la politique commerciale commune. Sans prétendre épuiser le sujet, on peut relever qu'elle comprend deux aspects essentiels : la politique des exportations, la politique de défense commerciale, que l'on qualifie régulièrement et respectivement de volet offensif (1) et de volet défensif (2).

1. *Le volet offensif (la politique d'exportation)*

109 L'idée centrale est, ici, d'adopter des mesures de nature à inciter à l'exportation les opérateurs économiques de la Communauté européenne. C'est l'objet, notamment, d'un règlement du Conseil modifié à de nombreuses reprises (*JOCE* L 324 du 27 déc. 1969) qui crée un régime commun des exportations. Cette volonté de faciliter les exportations passe par un mécanisme de subventions qui peuvent être le fait des États membres ou de la Communauté elle-même. Les premières (sous forme de crédit d'impôt, de crédits bonifiés, etc.) sont strictement encadrées et ne sont possibles que sous la condition expresse de ne pas fausser la concurrence entre les entreprises de la Communauté (art. 132 CE). Les secondes ont été progressivement adoptées et prennent des formes différentes (par ex. assurance-crédit).

110 Il faut alors souligner que cette politique d'exportation de la Communauté doit composer avec les engagements découlant de l'OMC et les principes fondamentaux qui ont pu être édictés (par ex. celui de non-discrimination). Des dérogations existent cependant qui concernent, notamment, les accords régionaux et donc la Communauté européenne. Ainsi, l'article XXIV du GATT admet que de tels accords puissent conduire à l'établissement de droits de douane différenciés (à la hausse) par rapport à ceux qui peuvent exister entre les États membres. L'instauration de l'Union douanière ne doit pas se faire au détriment des États tiers ; du moins, ces derniers ne doivent pas subir des droits ou des restrictions sensiblement plus élevés qu'auparavant. C'est ici poser la question de la place de la préférence communautaire. Qualifiée de principe général du droit communautaire par la CJCE (CJCE 13 mars 1968, *Beus*, aff. 5/67, *Rec. CJCE* 147 et CJCE 14 juill. 1994, *Grèce c. Conseil*, aff. C-353/92, *Rec. CJCE* I-3411), la préférence communautaire conduit à protéger les productions communautaires par rapport aux productions extérieures. Elle était particulièrement perceptible en matière agricole avec le mécanisme des prélèvements à l'importation et des restitutions à l'exportation. Mais, afin de se conformer aux exigences posées par le GATT, il a été nécessaire de substituer à ces prélèvements à l'importation des droits de douane fixes.

2. Le volet défensif (les mesures anti-dumping)

L'idée centrale est, ici, d'adopter des mesures de nature à lutter essentiellement contre les subventions dont pourraient bénéficier des producteurs d'État tiers souhaitant exporter vers la Communauté (pratique de dumping). L'article VI du GATT définit le dumping comme le fait d'introduire un produit sur un marché étranger à un prix inférieur à sa valeur « normale », cette dernière étant comprise comme celle auquel le produit est offert sur le marché national de l'exportateur. Se défendre consiste alors à imposer un droit ou à obtenir de l'exportateur un engagement afin de limiter les effets néfastes de ce prix par rapport aux producteurs de la Communauté. 111

Sans entrer dans les détails de cette réglementation complexe, il convient de souligner que la mise en œuvre de mesures anti-dumping oblige à définir une valeur « normale », une marge de dumping, à identifier le dommage subi et, naturellement, le lien de causalité entre cette pratique et le dommage... Un règlement du 22 décembre 1995 relatif à la défense contre les importations qui font l'objet d'un dumping de la part de pays tiers, modifié à plusieurs reprises (*JOCE* L 128 du 30 avr. 1998, rectifié, *JOCE* L 94 du 4 avr. 1999) est l'instrument essentiel en la matière. Respectant les principes posés par le GATT, ce règlement organise la réaction de la Communauté européenne que symbolise ici l'action dévolue à la Commission. De manière schématique, le règlement subordonne l'adoption de mesures protectrices à la démonstration que non seulement le dumping existe, mais que cela cause un préjudice à la Communauté qui est, alors, en droit de réagir (art. 7 et 9 du règlement). Une procédure est définie qui permet de caractériser le dumping et conduit à reconstituer le prix normal du produit (art. 2 du règlement), c'est-à-dire, selon la CJCE, le prix tel qu'il serait si ce produit était vendu dans son pays d'origine ou d'exportation (CJCE 5 oct. 1988, *Silver Seiko Ltd*, aff. 273/85 et 107/86, *Rec. CJCE* 5970). Une fois la marge de dumping établie, la Commission peut soit édicter des droits – provisoires ou définitifs – qui frapperont les produits lors de leur entrée sur le marché communautaire, soit chercher à obtenir des producteurs ou des distributeurs des engagements de nature à faire cesser cette situation. 112

La défense commerciale comporte d'autres volets. Par exemple, la protection de la propriété industrielle est envisagée. En ce sens, a été adopté un règlement relatif à la lutte contre l'importation de marchandises contrefaites (règlement (CE) n° 3295/94, *JOCE* L 341 du 30 déc. 1994). 113

§ 2 Les marchés spéciaux

Si le Traité CE consacre l'existence d'un marché intérieur, il faut immédiatement préciser qu'il n'est pas le seul marché européen. D'une part, les autres traités liant les États membres ont conduit à la création d'une première catégorie de marchés spéciaux. Ce sont le marché CECA et le marché EURATOM. D'autre part, le traité CE en prévoyant des politiques communes a contribué à la création d'une seconde catégorie de « marchés spéciaux » qui sont, par exemple et de longue date, celui de l'agriculture ou des transports ou, plus récemment, ceux de l'énergie électrique et gazière. Le marché CECA ne présente plus aujourd'hui qu'un intérêt historique car instauré par le traité éponyme pour une durée déterminée dont l'échéance est intervenue le 23 juillet 2002. Les instruments sectoriels créés qui coexistaient jusque- 114 là avec le régime de droit commun sont désormais sans effet. On en trouve une illustration pertinente dans la Communication de la Commission européenne sur certains aspects du traitement des affaires de concurrence résultant de l'expiration du Traité CECA (*JOCE* C 152 du 26 juin 2002). L'objet de cette communication est de préciser les incidences du passage du secteur de l'acier et du charbon sous la coupe des instruments de droit commun en matière de concurrence. Par exemple, les concentrations dans ce secteur sont désormais tributaires des seuils édictés par le règlement CE dont on verra qu'ils déterminent l'obligation de notification de l'opération de concentration (v. ss 358). Ce mouvement d'unification des marchés spéciaux est aussi perceptible pour les marchés relevant déjà du traité CE. Toujours au titre des règles de concurrence, on doit relever que le règlement du Conseil relatif à la mise en œuvre des règles de concurrence prévues aux articles 81 et 82 du traité (*JOCE* L 1 du 4 janv. 2003) a conduit à la disparition des règles de procédure spécifiques prévues par les trois « règlements transports ». Il n'en demeure pas moins que ces marchés spéciaux visés par le traité CE méritent attention. D'une part, ils empruntent aux règles de droit commun pour ce qui est de leur accès notamment (ce qui ne doit pas être oublié). D'autre part, ils supposent un régime spécifique que traduit le fait que le traité leur consacre des développements propres sous le vocable de « politique commune ». On se bornera, ici, à dégager les grands traits de deux marchés spéciaux : le marché intérieur agricole (A) et le marché intérieur des transports (B). L'attachement traditionnel des Français au premier, les enjeux économiques actuels du second le justifient.

A. Le marché intérieur agricole

115 La politique agricole commune constitue certainement un des aspects les plus connus de la construction européenne par le grand public. Les fameux « marathons agricoles » y sont pour beaucoup. Envisagée aux articles 32 à 38 du traité CE, cette politique contient des objectifs (productivité, hauts revenus agricoles, garanties des approvisionnements, etc.) et une méthode – les organisations communes de marché – qui repose sur un volontarisme et un interventionnisme certain (réglementation des prix, aides à la production et à la commercialisation, fonds d'orientation' etc.). C'est donc un – ou plutôt – des marchés agricoles qui sont envisagés. Ainsi, une vingtaine d'organisations communes de marché (OCM) par secteur (lait, viande bovine, etc.) a été instaurée. Ces mini-marchés sont tous organisés sur le même modèle : fixation d'un régime de prix communs de nature à soutenir (ou maintenir) une agriculture en difficulté conjoncturelle et structurelle. Il existe ainsi un prix d'orientation (prix d'équilibre du marché), un prix d'intervention (prix de soutien des professionnels) et un prix de seuil (prix d'entrée sur le marché communautaire des productions agricoles des États tiers). Ce marché artificiel a le mérite de permettre la réalisation des objectifs initialement fixés. Il a l'inconvénient d'avoir un coût prohibitif (le premier poste budgétaire de l'Union). Une réorientation de la politique agricole commune a été engagée à partir de la fin des années 1980. Son objet est de davantage privilégier une politique de structures et, surtout, de rapprocher progressivement les cours communautaires des produits agricoles des cours mondiaux. En 2001, un règlement est venu traduire cette logique. C'est là la conséquence d'une décision du panel OMC ayant autorisé les États-Unis à infliger des sanctions commerciales à la Communauté.

Un tel encadrement du marché (bien loin du modèle de la « main invisible » !) laisse immédiatement douter de l'effectivité d'une concurrence pourtant annoncée par le traité lui-même en son article 36. Il est vrai que cette disposition retient que les règles de concurrence ne sont applicables à la production et à la commercialisation des produits agricoles que dans la mesure déterminée par le Conseil et compte tenu des objectifs de la politique agricole. C'est ainsi qu'a été adopté le règlement (CEE) n° 26/1962 (*JOCE* 30 du 20 avr. 1962). On se bornera à relever, ici, que le TPI a rappelé que ce règlement implique que les ententes dans ce secteur échappent à l'interdiction de l'article 81 du traité lorsqu'elles sont nécessaires à la réalisation des objectifs de la politique agricole commune et, notamment, assurer des prix raisonnables dans les livraisons aux consommateurs (TPICE 14 mai 1997, *Florimex BV*, aff. T-70/92 et T-71/92, *Rec. CJCE* II-697). 116

B. Le marché intérieur des transports

Dès la version originelle du traité, les transports font l'objet de dispositions particulières (art. 70 à 80 CE, art. 90 à 100 TFUE) dont l'objet est expressément celui de l'élaboration d'une politique commune. Il est indéniable que la libre circulation des marchandises ou des personnes est indéfectiblement liée à l'idée de transport. Tout au plus, doit être relevé le fait que seuls certains modes de transports sont, à l'époque, envisagés : transport routier et transport fluvial. Ce n'est que par la suite qu'ont été envisagés les transports aériens, maritimes et ferroviaires. Ainsi peut-on expliquer qu'aujourd'hui ces différents modes de transports présentent des degrés d'intégration variables qui tiennent aussi, pour partie, aux spécificités qui marquent tel ou tel secteur (monopoles publics par ex. en matière ferroviaire ou très forte concentration en matière aérienne). Au point, d'ailleurs, que certains soutiennent qu'il n'existe pas un marché des transports, mais plutôt des marchés à distinguer selon les modes de transport. Et il est vrai que les efforts de la Communauté, singulièrement du Conseil, ont porté sur des aspects bien différents selon les domaines concernés même si certaines constantes remarquables doivent être soulignées. 117

Dans tous les cas, on retrouve la volonté d'ouvrir les marchés nationaux aux opérateurs ressortissants des autres États membres. Cette volonté de faire tomber les cloisonnements nationaux s'est traduite par l'adoption de directives et règlements dont l'objet a été soit d'autoriser le cabotage, soit d'assurer une reconnaissance mutuelle des autorisations de transport, soit encore, d'encadrer strictement les aides d'état qui peuvent exister en la matière. Pour ne prendre qu'un seul exemple, en matière de transport ferroviaire, ont été adoptées successivement des directives dont la finalité a, tout d'abord, conduit à distinguer les infrastructures et les services de transport, puis, à ouvrir certaines activités à des opérateurs originaires d'autres États membres (par ex. le transport de fret depuis mars 2003). De même, le respect des règles de concurrence prévues par le traité a été affirmé. Par exemple, et nonobstant certaines dispositions du traité comme l'article 80 § 2 CE qui prévoit que « le Conseil [...] pourra décider [...] des dispositions appropriées [qui] pourront être prises pour la navigation maritime et aérienne », la CJCE a estimé que ces secteurs pouvaient être soumis aux règles générales de concurrence (CJCE 30 avr. 1986, *Asjes e.a. « Nouvelles frontières »*, aff. 209/84, *Rec. CJCE* 1425). Des règles spécifiques ont cependant été adoptées. Ainsi, et toujours en matière de transport aérien, le règlement CE n° 2408/92 du 23 juillet 1992 concernant l'accès des transporteurs aériens communautaires 118 aux liaisons aériennes intracommunautaires (*JOCE* L 240 du 23 août 1992) énonce que « les transporteurs aériens communautaires sont autorisés par le ou les États membres concernés à exercer des droits de trafic sur les liaisons intracommunautaires » (art. 3).

119 La libéralisation du secteur est donc aujourd'hui une réalité et doit conduire, selon la Commission, à l'instauration d'un « ciel unique européen ». Cependant, le règlement rappelle « qu'il est nécessaire, dans des cas limités, de prendre des dispositions spéciales pour les obligations de service public nécessaires au maintien des services aériens adéquats desservant les zones nationales » (considérant 11). On perçoit bien les exigences contradictoires qui marquent la matière (sans oublier la sécurité) et qui expliquent la prudence qui a présidé à l'ouverture du marché aérien.

120 Au terme de cette longue introduction générale dont le seul objectif est de dessiner le cadre historique, juridique et économique où se développent les libertés de circulation et le droit de la concurrence, il convient de bien insister sur la démarche suivie. Le point de départ réside dans la prise en considération du sort de celui que *lato sensu* nous appellerons l'opérateur économique. Ce dernier, on le verra, prend parfois le nom d'entreprise, notion purement économique, aujourd'hui acclimatée – certains diront acculturée – en droit, en particulier en droit de la concurrence. Personne physique ou personne morale, l'opérateur économique se voit aujourd'hui reconnaître un véritable droit à la libre circulation ainsi qu'un véritable droit à exercer son activité sur un marché dont l'efficience est assurée par le jeu de la libre concurrence et des règles qui s'en infèrent. Pour garantir cette libre circulation (titre I), pour assurer le respect de ce droit de la concurrence (titre II), ont été élaborées des procédures contentieuses (titre III). Le trait commun décisif tient alors au fait que les unes et les autres ne peuvent plus s'envisager que dans une subtile combinaison du niveau national et du niveau européen.

Compléments pédagogiques

Mémo

Signé à Rome le 25 mars 1957, le traité sur la Communauté économique européenne – traité CEE – est entré en vigueur en janvier 1958. S'il s'inspire au plan institutionnel des expériences antérieures (traité CECA), *le traité CEE se donne des objectifs* nettement *plus ambitieux* : l'ensemble des relations économiques qui peuvent se nouer entre les opérateurs des États membres. *La voie choisie est celle d'une intégration économique au moyen d'une intégration juridique.* Le traité originel a connu des évolutions remarquables en raison des élargissements successifs vers de nouveaux États membres et des révisions qui ont été apportées au texte fondateur (traité de fusion, Acte unique européen, traités de Maastricht, d'Amsterdam, de Nice, etc.). Le traité de Maastricht – par lequel la CEE est devenue la CE – entré en vigueur le 1er novembre 1993, instaure l'Union européenne, vaste ensemble assez hétéroclite dont il ressort qu'elle n'est plus exclusivement vouée à des objectifs de nature économique (la réalisation d'un marché intérieur) mais contient bien des ambitions autres, telles qu'une défense et une politique étrangère communes. Il est surtout le traité qui enclenche le processus devant conduire à la création d'une Union économique et monétaire, ensemble de mesures de nature politique et technique qui traduit la volonté d'arriver à une seule et unique monnaie en supposant une convergence des politiques budgétaires, monétaires et économiques des États membres. Avec le traité d'Amsterdam, entré en vigueur le 1er mai 1999, est affirmée l'existence d'un espace de liberté, de sécurité et de justice qui se traduit par l'apparition d'un espace judiciaire civil et commercial, la tentation d'élaborer un droit européen des obligations ainsi qu'un droit pénal des affaires européen. Le traité de Nice, entré en vigueur le 1er février 2003, a préparé la CE et l'UE à l'élargissement du 1er mai 2004. L'étape suivante que représente le traité établissant une Constitution pour l'Europe, signé à Rome le 29 octobre 2004, modifiant profondément le visage de l'Union a connu l'échec en raison du refus exprimé par les peuples français et néerlandais dans le cadre du processus de ratification. La relance envisagée au moyen du traité de Lisbonne signée fin 2007 est aujourd'hui possible, mais pas certaine, avec l'entrée en vigueur de ce traité le 1er décembre 2009.

La réalisation des objectifs de l'Union européenne (énoncés à l'article 2) *est confiée à différentes institutions qui ont chacun un rôle précis.* Le Conseil, qui représente les intérêts des États membres, est doté de pouvoirs normatif, budgétaire et exécutif. La Commission possède un pouvoir d'initiative et d'exécution. Le Parlement, lui, exerce essentiellement une mission de contrôle et participe, de plus en plus, au pouvoir normatif (notamment, par la procédure de « co-décision »). Enfin, la CJUE (comprise comme composée de la Cour, du Trib. UE et des chambres juridictionnelles actuelles ou à venir) a reçu pour mission d'assurer le respect du droit dans l'interprétation et l'application du traité UE. Cette mission s'effectue au travers de différentes voies de recours juridictionnels dont les plus importantes en matière de contentieux des affaires sont le recours en annulation et le renvoi préjudiciel en interprétation (mode de coopération entre le juge national et le juge de l'Union). *La réalisation des objectifs du traité passe aussi par l'adoption d'instruments spécifiques que l'on appelle le droit dérivé de l'Union européenne : règlements, directives, décisions...* Ces actes sont complétés par certains principes généraux forgés par progressivement par la CJCE. *Cet ensemble constitue le droit européen qui présente deux caractères essentiels : la primauté et l'effet direct. La première signifie, qu'en toute hypothèse, le droit de l'Union doit prévaloir sur les normes internes*, comme la Cour l'a affirmé dans son arrêt *Costa*. *Le second traduit le fait que les particuliers peuvent se prévaloir directement des normes européennes contre des dispositions nationales contraires.* C'est ce que la Cour a retenu dans son arrêt *Van Gend en Loos*. Il faut cependant préciser que l'effet direct du droit de l'Union européenne est soumis à certaines conditions (clarté, précision et caractère inconditionnel de la disposition en cause) et est susceptible de varier selon la norme considérée. Si l'on raisonne non pas en termes d'effet direct du droit de l'Union, mais en termes d'invocabilité du droit européen, on doit alors relever que le particulier va pouvoir obtenir une interprétation conforme de la norme nationale au droit européen, une exclusion de la norme nationale par le droit européen, voire une substitution de la norme nationale par le droit européen. Tant en matière de primauté que d'effet direct, le juge français a, après des réticences plus ou moins marquées et plus ou moins longues, accepté de suivre les solutions dégagées par la Cour de justice.

Le traité CEE, puis le traité CE, désormais le traité UE, mettent en œuvre *des modèles économiques classiques dont le maître mot est celui de l'intégration des marchés nationaux en un marché intérieur*. Cette intégration se veut progressive. Les six États fondateurs de la Communauté économique européenne s'accordent pour créer entre eux une union douanière. Contrairement à une zone de libre-échange, où chaque État conserve vers les pays non-membres un tarif douanier propre, l'union douanière suppose non seulement la disparition des restrictions aux échanges entre les États membres mais aussi l'instauration d'un tarif douanier commun complété par une politique commerciale commune à l'égard des États tiers. Sur cette base peut être fondée le marché commun qui, d'après la CJCE, vise « à l'élimination de toutes les entraves aux échanges intracommunautaires en vue de la fusion des marchés nationaux dans un marché unique réalisant des conditions aussi proches que possibles de celles d'un véritable marché intérieur ». Ce dernier se caractérise donc par une éradication quasi systématique de toutes les entraves – de quelque nature qu'elles soient – susceptibles d'affecter le commerce intracommunautaire. Il s'est surtout accompagné d'une harmonisation des législations nationales dans différents domaines très directement liés aux échanges économiques. *Le droit de l'Union a donc tout à la fois pour mission de favoriser l'apparition du marché et d'en assurer la police. En ce sens, le droit de l'Union est un droit du marché. C'est ici l'occasion de souligner une donnée essentielle qui ne doit jamais être oubliée. Classiquement règle de comportement, le droit européen des affaires est aussi et surtout instrument au service d'un objectif économique : l'instauration d'un grand marché.* Cette double nature explique et justifie beaucoup de choix, par exemple, de politique jurisprudentielle. Le traité va donc édicter une série d'obligations de faire ou de ne pas faire à la charge des États membres (entraves en matière de libre circulation), mais aussi des opérateurs économiques (distorsions de concurrence). *À l'origine distinctes, ses obligations – dans une logique d'effet utile – ont été progressivement unifiées : peu importe que les distorsions de concurrence soient le fait des États membres et non des entreprises ou que les entraves à la libre circulation soient le fait des entreprises et non des États membres. Il s'agit, dans toutes les hypothèses, de favoriser l'accès au marché.* Cette construction d'un marché intérieur ne peut ignorer qu'elle s'inscrit dans l'ensemble plus vaste qu'est le commerce international. En ce sens, une politique commerciale commune est, là encore, progressivement élaborée qui contient des aspects offensifs et défensifs. Mais elle doit, de plus en plus, composer avec les exigences de l'Organisation mondiale du commerce (OMC).

Quid

■ Accord interinstitutionnel n° 42

Acte issu de la pratique communautaire dont la valeur juridique est controversée. La CJCE a considéré qu'ils ne pouvaient créer des effets juridiques obligatoires pour les tiers.

■ Acquis communautaire n° 14

Niveau d'intégration juridique qui présente la particularité d'être atteint de manière intangible et irréversible par la Communauté européenne.

■ Citoyenneté de l'Union n° 20

Instaurée par le traité de Maastricht, la citoyenneté de l'Union se superpose à la citoyenneté nationale et la complète sans la remplacer (art. 17 CE).

■ Comitologie n° 50

Néologisme forgé par la pratique communautaire qui désigne un ensemble de mécanismes procéduraux concernant la mise en œuvre de la délégation des compétences d'exécution par le Conseil au profit de la Commission.

■ COREPER n° 49

Cet organe réunit les représentants permanents des États membres et est chargé de préparer, en relations avec la Commission, les travaux du Conseil de l'Union.

■ Décision n° 40

Instrument juridique contraignant du titre VI UE relatif à la coopération policière et judiciaire en matière pénale qui couvre les questions autres que celles relevant du rapprochement des dispositions législatives et réglementaires.

■ Décision-cadre n° 40

Instrument juridique qui lie les États membres quant au résultat à atteindre tout en les laissant libres de décider des moyens de mise en œuvre dans les matières du titre VI UE. La décision-cadre a pour objet de rapprocher les dispositions législatives et réglementaires des États membres et suppose une adoption à l'unanimité du Conseil.

■ Dépenses obligatoires **n° 50**

Ce sont les dépenses liées au budget de la Communauté qui couvrent la politique agricole commune, les accords internationaux ainsi que le fonctionnement des institutions. Elles ont pour caractéristiques de ne dépendre, en dernière analyse, que du seul Conseil. Elles s'opposent aux dépenses non obligatoires, pour lesquelles le Parlement européen a le dernier mot.

■ Effet utile **n° 85**

Il procède d'une technique d'interprétation du droit communautaire pratiquée par la Cour de justice et qui conduit à permettre au droit communautaire de déployer tous ses effets.

■ Médiateur européen **n° 57**

Créé par le traité de Maastricht, le médiateur européen a, à l'instar de ces homologues nationaux, pour mission de traiter en toute indépendance les plaintes relatives à une mauvaise administration communautaire qui lui sont adressées par les citoyens de l'Union, directement ou par l'intermédiaire d'un député européen.

■ Position commune **n° 40**

Acte par lequel les États membres, en matière de PESC et de JAI, doivent s'engager à y conformer leur propre position.

■ Proportionnalité (principe de) **n° 22**

Principe selon lequel la communauté ne peut intervenir que dans la mesure du strict nécessaire.

■ Serpent monétaire européen **n° 23**

Créé par l'accord de Bâle de 1972, il traduit de manière imagée un mécanisme de fluctuation concertée des monnaies.

■ Subsidiarité (principe de) **n° 22**

Principe selon lequel la Communauté ne peut intervenir, pour les domaines qui ne sont pas de sa compétence exclusive, que dans la mesure où l'action envisagée ne peut être réalisée de façon suffisante par les États membres.

■ Système monétaire européen **n° 23**

Succédant au « serpent monétaire », ce mécanisme de fluctuation des monnaies prévoit une procédure d'alerte ainsi qu'une mise en commun des réserves d'or et des devises des États membres.

Biblio

Les textes des traités UE et CE sont très facilement accessibles. Il en va de même pour le TUE et le TFUE. On en trouve une version électronique sur le site Internet de l'Union européenne (http://europa.eu.int).

1) Pour des commentaires des différents traités

– C. Blumann, « Communauté européenne du charbon et de l'acier », *Rép. Communautaire*.

– C. Blumann, « Euratom », *Rép. Communautaire*.
– V. Constantinesco, J. P. Jacqué, R. Kovar, D. Simon, *Traité instituant la CEE. Commentaire article par article*, Economica, 1992.
– V. Constantinesco, R. Kovar, D. Simon, *Traité sur l'Union européenne. Commentaire article par article*, Economica, 1995.
– V. Constantinesco, Y. Gautier, D. Simon (dir.), *Le traité de Nice, premières analyses*, PU Strasbourg, 2001.
– M. Dony et E. Bribosia, *Commentaire de la Constitution de l'Union européenne*, Éditions de l'Université de Bruxelles, 2005.
– M. Dony, *Après la réforme de Lisbonne : les nouveaux traités européens*, Éditions de l'Université de Bruxelles, 2008.
– A. Levade, F. Picod et L. Burgogue-Larsen, *La Constitution européenne expliquée au citoyen*, Hachette, 2005.
– J. Rideau (dir.), *Union européenne, Commentaire des traités modifiés par le traité de Nice du 26 février 2001*, LGDJ, 2001.
– D. Simon, « Acte unique européen », *Rép. Communautaire*.
– D. Sorasio, « Union européenne (traité d'Amsterdam) », *Rép. Communautaire*.

2) Pour des aspects plus particuliers

– S. Corneloup, N. Joubert (dir.), *Le règlement communautaire « Rome II » sur la loi applicable aux obligations non contractuelles*, Litec, 2008.
– M. Douchy-Oudot, E. Guinchard (dir.), *La justice civile européenne en marche*, Dalloz, coll. « Thèmes et commentaires », 2012.
– A. Fuchs, H. Muir Watt, E. Pataut (dir.), *Les conflits de lois et le système juridique communautaire*, Dalloz, coll. « Thèmes et commentaires », 2004.
– M. Fallon, P. Lagarde, S. Poillot-Peruzzetto (dir.), *La matière civile et commerciale, socle d'un code européen de droit international privé*, Dalloz, coll « Thèmes et commentaires », 2009.
– M. Fallon, P. Lagarde, S. Poillot-Peruzzetto (dir.), *Quelle architecture pour un code européen de droit international privé*, Peter Lang, 2011.
– H. Gaudemet-Tallon, *Compétence et exécution des jugements en Europe, Règlement* n° *44/2001, Conventions de Bruxelles et de Lugano*, 4e éd., LGDJ, 2010.
– F. Jault-Seseke, D. Robine (dir.), *Le droit européen des procédures d'insolvabilité à la croisée des chemins*, Montchrestien, coll. « Grands colloques », 2013.
– H. Labayle, « Un espace de liberté, de sécurité et de justice », *RTD eur.* 1997. 813.
– P. Lagarde, A. Tenenbaum, « De la convention de Rome au règlement Rome I », *Rev. crit. DIP* 2008. 727.
– A.-M. Leroyer, E. Jeuland, *Quelle cohérence pour l'espace judiciaire européen ?*, Dalloz, coll. « Thèmes et commentaires », 2004.
– J.-V. Louis, « Euro », « Monnaie (Union économique et monétaire) » et « Système monétaire européen », *Rép. Communautaire*..
– C. Nourissat, « Le nouveau droit communautaire des contrats internationaux », Defrénois 2009, art. 39019.
– J. Pradel, G. Corstens, G. Vermeulen, *Droit pénal européen*, 3e éd., Dalloz, coll. « Précis », 2009.

3) Sur les institutions de l'Union européenne

– V. Constantinesco, « COREPER », *J.-Cl. Europe*, fasc. 220 ; « Commission », *J.-Cl. Europe*, fasc. 230.
– M. Darmon, « Cour de justice », *Rép. Communautaire.*
– R. Dehousse, *La Cour de justice des Communautés européennes*, Montchrestien, 2e éd., 1997.
– J. P. Jacqué, « Parlement européen », *Rép. Communautaire.*
– R. Medhi (dir.), *L'avenir de la justice communautaire, enjeux et perspectives*, La Documentation française, 1999.
– C. Mestre, « Conseil des ministres », *Rép. Communautaire.*
– A. Rigaux, « Comité des représentants permanents », *Rép. Communautaire.*

4) Sur le droit de l'Union européenne

Outre les manuels de droit institutionnel cité dans la bibliographie générale :
– J. Boulouis, « Les principes généraux du droit », *Rép. Communautaire.*
– G. Isaac, « Primauté du droit communautaire », *Rép. Communautaire.*
– G. Isaac, « Effet direct du droit communautaire », *Rép. Communautaire.*
– R. Kovar, « Primauté du droit communautaire », *J.-Cl. Europe*, fasc. 431.
– D. Simon, *La directive européenne*, Dalloz, coll. « Connaissance du droit », 1997.

5) Sur le contentieux devant la CJUE

– M.-C. Bergerès, *Contentieux communautaire*, 3e éd., PUF, 1998.
– J. Boulouis, R.-M. Chevallier, *Grands arrêts de la Cour de justice des Communautés européennes*, t. 1, 6e éd., Dalloz, 1998.
– J. Boulouis, R.-M. Chevallier, M. Blanquet, D. Fasquelle, *Grands arrêts de la Cour de justice des Communautés européennes*, t. 2, 5e éd., Dalloz, 2002.
– J. Boulouis, M. Darmon, J.-G. Huglo, *Le contentieux communautaire*, 3e éd., Dalloz, coll. « Précis », 2006.
– M. Karpenschif, C. Nourissat (dir.), *Les grands arrêts de la jurisprudence de l'Union européenne*, PUF, coll. « Thémis droit », 2010.
– J. Pertek, *La pratique du renvoi préjudiciel en droit communautaire*, Litec, 2001.
– J. Rideau, F. Picod, *Code des procédures juridictionnelles de l'Union européenne*, 2e éd., Litec, 2002.
– M. Wathelet, J. Wildemeersch, *Contentieux européen*, Larcier, 2010

Les principales revues spécialisées de droit de l'Union contiennent des chroniques régulières de jurisprudence européenne. Par ailleurs, les revues généralistes ou spécialisées en procédures s'ouvrent progressivement à la jurisprudence européenne.

6) Sur le marché intérieur et ses évolutions

– M. Ayral, *Le marché intérieur de l'Union européenne*, La Documentation française, coll. « Réflexes Europe », 1999.
– C.-J. Berr, « Union douanière », *Rép. Communautaire.*
– J.-F. Deniau, G. Druesne, *Le Marché commun*, 15e éd., PUF, coll. « Que sais-je ? », 1991.
– C. Lucas de Leyssac, G. Parléani, *Droit du marché*, PUF, coll. « Thémis », 2002.
– A. Mattera, *Le marché unique européen, ses règles, son fonctionnement*, 2e éd., Jupiter, 1990.
– J. Molinier, *Droit du marché intérieur européen*, 2e éd., LGDJ, coll. « Systèmes », 2008.

– K. Mortelmans, « *The Common Market, the Internal Market and the Single Market, what's in a Market ?* », *CML Rev.* 1998, p. 101 s.
– P. van Ommeslaghe, V. Piessevaux, « Marché intérieur », *Rép. Communautaire*.
– J.-P. Pizzio, J. Lambert, B. de la Villéon, *Droit du marché, commerce des produits et des services*, LGDJ, 1993.

7) Sur la politique commerciale commune

– D. Voillemot, *La réglementation CEE antidumping et antisubventions*, Éd. GLN Joly, 1993.

8) Sur les marchés spéciaux

– C. Blumann, *Politique agricole commune, Droit communautaire agricole et agroalimentaire*, Litec, 1999.
– D. Broussolle, « Transports », *Rép. Communautaire*.
– L. Idot, « L'ouverture du transport ferroviaire à la concurrence », *Cah. dr. eur.* 1995. 263.
– Y. Petit, « Agriculture », *Rép. Communautaire*.
– D. Quinty, « Politique agricole commune : libre circulation et libre concurrence », *J.-Cl. Europe*, fasc. 1326.

Documents

Déclaration du 9 mai 1950 de Robert Schuman, ministre français des Affaires étrangères (Extraits)

« La paix mondiale ne saurait être sauvegardée sans des efforts créateurs à la mesure des dangers qui la menacent.

La contribution qu'une Europe organisée et vivante peut apporter à la civilisation est indispensable au maintien des relations pacifiques. En se faisant depuis plus de vingt ans le champion d'une Europe unie, la France a toujours eu pour objet essentiel de servir la paix. L'Europe n'a pas été faite, nous avons eu la guerre.

L'Europe ne se fera pas d'un coup, ni dans une construction d'ensemble : elle se fera par des réalisations concrètes créant d'abord une solidarité de fait. Le rassemblement des nations européennes exige que l'opposition séculaire de la France et de l'Allemagne soit éliminée. L'action entreprise doit toucher au premier chef la France et l'Allemagne.

Dans ce but, le gouvernement français propose immédiatement l'action sur un point limité mais décisif.

Le gouvernement français propose de placer l'ensemble de la production franco-allemande de charbon et d'acier sous une Haute Autorité commune, dans une organisation ouverte à la participation des autres pays d'Europe.

La mise en commun des productions de charbon et d'acier assurera immédiatement l'établissement de bases communes de développement économique, première étape de la Fédération européenne, et changera le destin de ces régions longtemps vouées à la fabrication des armes de guerre dont elles ont été les plus constantes victimes.

La solidarité de production qui sera ainsi nouée manifestera que toute guerre entre la France et l'Allemagne devient non seulement impensable, mais matériellement impossible. L'établissement de cette unité puissante de production ouverte à tous les pays qui voudront y participer, aboutissant à fournir à tous les pays qu'elle rassemblera les éléments fondamentaux de la

production industrielle aux mêmes conditions, jettera les fondements réels de leur unification économique.
Cette production sera offerte à l'ensemble du monde sans distinction ni exclusion, pour contribuer au relèvement du niveau de vie et au développement des œuvres de paix. [...]
Ainsi sera réalisée simplement et rapidement la fusion d'intérêts indispensable à l'établissement d'une communauté économique qui introduit le ferment d'une communauté plus large et plus profonde entre des pays longtemps opposés par des divisions sanglantes.
Par la mise en commun de productions de base et l'institution d'une Haute Autorité nouvelle, dont les décisions lieront la France, l'Allemagne et les pays qui y adhéreront, cette proposition réalisera les premières assises concrètes d'une Fédération européenne indispensable à la préservation de la paix.
Pour poursuivre la réalisation des objectifs ainsi définis, le gouvernement français est prêt à ouvrir des négociations sur les bases suivantes.
La mission impartie à la Haute Autorité commune sera d'assurer dans les délais les plus rapides : la modernisation de la production et l'amélioration de sa qualité, la fourniture à des conditions identiques du charbon et de l'acier sur le marché français et sur le marché allemand, ainsi que sur ceux des pays adhérents, le développement de l'exportation commune vers les autres pays, l'égalisation dans le progrès des conditions de vie de la main-d'œuvre de ces industries.
Pour atteindre ces objectifs à partir des conditions très disparates dans lesquelles sont placées actuellement les productions des pays adhérents, à titre transitoire, certaines dispositions devront être mises en œuvre, comportant l'application d'un plan de production et d'investissements, l'institution de mécanismes de péréquation des prix, la création d'un fonds de reconversion facilitant la rationalisation de la production. La circulation du charbon et de l'acier entre les pays adhérents sera immédiatement affranchie de tout droit de douane et ne pourra être affectée par des tarifs de transport différentiels. Progressivement se dégageront les conditions assurant spontanément la répartition la plus rationnelle de la production au niveau de productivité le plus élevé.
À l'opposé d'un cartel international tendant à la répartition et à l'exploitation des marchés nationaux par des pratiques restrictives et le maintien de profits élevés, l'organisation projetée assurera la fusion des marchés et l'expansion de la production.
Les principes et les engagements essentiels ci-dessus définis feront l'objet d'un traité signé entre les États et soumis à la ratification des parlements. Les négociations indispensables pour préciser les mesures d'application seront poursuivies avec l'assistance d'un arbitre désigné d'un commun accord ; celui-ci aura charge de veiller à ce que les accords soient conformes aux principes et, en cas d'opposition irréductible, fixera la solution qui sera adoptée.
La Haute Autorité commune chargée du fonctionnement de tout le régime sera composée de personnalités indépendantes désignées sur une base paritaire par les gouvernements ; un président sera choisi d'un commun accord par les gouvernements ; ses décisions seront exécutoires en France, en Allemagne et dans les autres pays adhérents. Des dispositions appropriées assureront les voies de recours nécessaires contre les décisions de la Haute Autorité. [...]
L'institution de la Haute Autorité ne préjuge en rien du régime de propriété des entreprises. Dans l'exercice de sa mission, la Haute Autorité commune tiendra compte des pouvoirs conférés à l'Autorité internationale de la Ruhr et des obligations de toute nature imposées à l'Allemagne, tant que celles-ci subsisteront. »

Préambule du Traité établissant une Constitution pour l'Europe (Extraits)

(...) S'INSPIRANT des héritages culturels, religieux et humanistes de l'Europe, à partir desquels se sont développées les valeurs universelles que constituent les droits inviolables et inaliénables de la personne humaine, ainsi que la liberté, la démocratie, l'égalité et l'État de droit ;
CONVAINCUS que l'Europe, désormais réunie au terme d'expériences douloureuses, entend avancer sur la voie de la civilisation, du progrès et de la prospérité, pour le bien de tous ses habitants, y compris les plus fragiles et les plus démunis ; qu'elle veut demeurer un continent ouvert à la culture, au savoir et au progrès social ; et qu'elle souhaite approfondir le caractère démocratique et transparent de sa vie publique, et œuvrer pour la paix, la justice et la solidarité dans le monde ;
PERSUADÉS que les peuples d'Europe, tout en restant fiers de leur identité et de leur histoire nationale, sont résolus à dépasser leurs anciennes divisions et, unis d'une manière sans cesse plus étroite, à forger leur destin commun ;
ASSURÉS que, « Unie dans la diversité », l'Europe leur offre les meilleures chances de poursuivre, dans le respect des droits de chacun et dans la conscience de leurs responsabilités à l'égard des générations futures et de la planète, la grande aventure qui en fait un espace privilégié de l'espérance humaine ;
RÉSOLUS à poursuivre l'œuvre accomplie dans le cadre des traités instituant les Communautés européennes et du traité sur l'Union européenne, en assurant la continuité de l'acquis communautaire ;
RECONNAISSANTS aux membres de la Convention européenne d'avoir élaboré le projet de cette Constitution au nom des citoyens et des États d'Europe ; (...)

Discours prononcé par M. Michel Barnier, Commissaire européen au Marché intérieur, devant le Parlement européen le 27 mai 2013

(...) Madame la Vice-Présidente
Monsieur le rapporteur,
Mesdames et Messieurs les députés,
Je vous remercie de m'avoir invité à prendre la parole aujourd'hui devant votre commission, à un moment où les sujets de la fraude et de l'évasion fiscale et, plus généralement, l'intégrité du marché intérieur sont au cœur de l'actualité politique.
Le mandat de votre Commission est très vaste et concerne, d'une manière ou d'une autre, l'ensemble de mon portefeuille. Je vais donc devoir, dans le temps qui m'est imparti, me limiter aux sujets les plus saillants. Mais je serai, à l'issue de mes propos introductifs, à votre disposition pour en aborder d'autres, sur base de vos éventuelles questions.
Je souhaite aborder en premier lieu la :

I- LUTTE CONTRE LA FRAUDE ET L'EVASION FISCALE

Ce débat n'est pas nouveau. Rappelons-nous du G20 de Londres en 2009, qui avait lancé un agenda politique ambitieux pour la lutte contre les paradis fiscaux et plus largement l'évasion fiscale.
L'actualité récente a montré que le phénomène est toujours bien présent en Europe, mettant à mal les finances publiques et la confiance des citoyens dans notre marché unique.
Selon les dernières estimations, l'Union perd l'équivalent de 1.000 milliards d'euros de recettes par an en raison de la fraude et de l'évasion fiscale, soit six fois le budget annuel de l'Union !

Comme vous le savez, ce sujet a été au cœur des discussions du dernier Conseil européen. Il est indispensable que l'attention et la volonté politique soient maintenues au niveau européen ainsi que dans l'ensemble des États membres, afin d'atteindre les objectifs annoncés.
Je salue à ce titre le travail du Parlement européen sur le sujet, et tout particulièrement les rapports de Mme KLEVA et de Mme GALL-PELCZ, adoptés lors de la dernière plénière.
Je sais que vous avez un dialogue avec mon collègue Algirdas Šemeta, donc je ne m'attarderais pas plus sur les sujets qui relèvent de son portefeuille.
Permettez-moi simplement de porter votre attention sur un point particulier sur lequel nous comptons agir, rapidement. Dans le prolongement des conclusions du Conseil européen de la semaine dernière, nous allons examiner comment nous pouvons mettre en place des obligations de transparence concernant les impôts payés par les grandes entreprises et groupes d'entreprises. Nous l'avons déjà fait pour les banques dans le cadre de CRD4, et ces règles vont s'appliquer à partir de 2014.
Il faut maintenant que toutes les grandes entreprises – et pas seulement Apple, Google et Amazon dont nous avons beaucoup entendu parler ces derniers temps – soient obligées de dire combien elles paient d'impôts, à qui et où.
C'est la première clé de la responsabilité et de la lutte contre l'évasion fiscale.
Mais n'oublions pas que la fraude s'étend bien au-delà de la fiscalité.
Tous les secteurs économiques sont potentiellement touchés.
C'est pourquoi la Commission a présenté depuis 2011, en lien avec son agenda de croissance, une série d'initiatives ayant pour but de préserver l'intégrité du Marché intérieur en luttant contre toutes les formes de criminalité, notamment financière.
L'une de ces initiatives majeures concerne la :

II- LUTTE CONTRE LE BLANCHIMENT D'ARGENT

Selon une estimation de l'Office des Nations Unies contre la drogue et le crime, chaque année près de 2.000 milliards d'euros proviendraient d'activités criminelles, dont 1.500 milliards seraient blanchis.
On mesure par ces chiffres combien la tâche est immense, et l'action plus que nécessaire. À l'instar de la lutte contre l'évasion et la fraude fiscale, je suis heureux que ce sujet ait retenu toute l'attention des chefs d'État et de gouvernement.
Le Parlement a aussi, et je m'en réjouis, pris toute la mesure de ce phénomène.
Je pense en particulier au rapport de M. IACOLINO que vous venez d'adopter dans cette commission, et à celui –à venir- de Mme SARGENTINI, qui va spécifiquement porter sur l'examen de notre proposition de révision de la directive anti-blanchiment, adoptée en février dernier.
Comme il a été soulevé par le Conseil européen la semaine passée, il est essentiel que les travaux sur cette directive aboutissent avant de la fin de cette année.
Les standards internationaux ont été modifiés il y a déjà plus d'un an et nous nous devons de les rendre effectifs et contraignants dans l'Union le plus rapidement possible.
Quels sont précisément les objectifs de cette réforme ?
D'abord, nous proposons de combler les lacunes de notre système en élargissant son application à de nouveaux domaines.
Les jeux d'argent et de hasard par exemple peuvent constituer une opportunité majeure de blanchiment pour les criminels. Or le jeu en ligne, qui est une activité en très forte croissance en Europe (+15 % par an) et représente déjà presque 10 milliards d'euros par dans l'Union, n'est pas couvert par la directive. Nous allons donc proposer de mettre fin à cette anomalie.

À l'heure où les budgets européens se resserrent, il me paraît particulièrement nécessaire aussi de mettre l'accent sur le blanchiment du produit des crimes fiscaux, qui sont ajoutés au nombre des crimes dits 'sous-jacents' au blanchiment.

Nous voulons davantage baser notre approche sur l'évaluation des risques spécifiques auxquels sont confrontés les acteurs de la lutte contre le crime financier. Ces risques peuvent en effet différer d'un pays à l'autre, d'un secteur à l'autre, voire d'une entreprise à l'autre.

Bien comprendre ces risques et adapter nos mesures et procédures de prévention nous permettront de concentrer les ressources là où elles sont le plus nécessaires et de lutter ainsi plus efficacement contre le crime.

Nous allons renforcer la transparence sur les bénéficiaires effectifs d'une entreprise ou d'un trust. La détention d'informations exactes et régulièrement mises à jour sur les bénéficiaires réels est essentielle pour empêcher les criminels de dissimuler derrière des écrans leur véritable identité.

Sur ce point, notre proposition va plus loin que ce qui existe au niveau du GAFI (Groupe d'action financière), car nous exigeons des entreprises qu'elles mettent à disposition de l'ensemble des institutions couvertes par la directive et aux autorités compétentes l'information sur leurs bénéficiaires effectifs.

Nous renforcerons la lutte contre la corruption en augmentant notre vigilance à l'égard des personnes politiquement exposées, c'est-à-dire celles à qui de hautes fonctions publiques ont été confiées par un Etat membre, un Etat tiers ou une organisation internationale.

Nous clarifierons l'interaction parfois complexe entre des exigences élevées de lutte contre le crime financier et des exigences élevées de protection des données personnelles des citoyens européens.

Enfin, nous proposons de renforcer le niveau des sanctions et d'en assurer la convergence entre États membres, afin que les criminels ne puissent tirer profit d'éventuelles divergences nationales.

Tous les aspects de ces propositions que je viens de mentionner concernent l'approche préventive de la lutte contre le crime financier.

Cette approche sera complétée par un renforcement de notre approche répressive sur laquelle travaille ma Collègue Cecilia Malmström. Ses services réfléchissement actuellement à la nécessité de criminaliser le blanchiment et d'en harmoniser la définition, pour y inclure par exemple l'auto-blanchiment.

Une proposition législative pourrait voir le jour prochainement.

Plus largement nous mettons en œuvre depuis 3 ans un agenda ambitieux de réforme en matière de régulation financière.

III- UN SECTEUR FINANCIER PLUS TRANSPARENT ET PLUS SÛR

J'ai présenté pas moins de 28 propositions législatives depuis 2010, afin qu'aucun acteur, aucun produit, aucun secteur n'échappe à une réglementation publique.

Même si toutes ces initiatives visent, directement ou indirectement à assurer la stabilité et l'intégrité du marché unique, certaines visent spécifiquement la fraude financière.

La Commission a notamment adopté en juillet 2012 deux propositions pour élargir le champ d'application du règlement et de la directive sur l'abus de marché.

Ces textes permettront en particulier de créer un système de sanctions administratives et pénales efficace, proportionné et véritablement dissuasif. En plus des sanctions administratives prévues dans le Règlement, les infractions pénales sont harmonisées mais les États membres peuvent appliquer des sanctions pénales selon leur législation nationale.

Les travaux en trilogues progressent, et suis confiant que nous trouverons un accord rapidement.

Ces textes témoignent de notre vigilance et de notre capacité de réaction politique vis-à-vis de toute fraude.

Les scandales du LIBOR et de l'EURIBOR de l'été dernier nous ont, dans un premier temps, amenés à modifier nos propositions de règlement et de directive sur les abus de marché afin de préciser que toute manipulation d'indices est interdite.

Tous ces abus, qu'ils concernent le LIBOR ou qu'ils concernent les marchés du pétrole ou du gaz naturel, seront punissables lorsque le règlement MAR sera en application.

Cependant, modifier le régime des sanctions applicables à ces manipulations ne suffit pas à améliorer la façon dont les indices sont produits et utilisés.

J'ai donc l'intention de présenter au Collège une proposition législative sur les indices de référence cet été 2013. Celle-ci tiendra compte de la consultation publique lancée en novembre dernier et complètera le cadre législatif sur les abus de marché.

La proposition établira notamment des règles de bonne gouvernance pour assurer plus de transparence, gérer les conflits d'intérêt et assurer la représentativité des indices de référence. Elle établira également un cadre pour la supervision des indices de référence, avec des sanctions pour le non-respect des principes établis.

Je veillerai à ce que mes propositions soient cohérentes avec les principes que l'IOSCO est en train de développer, sans exclure que nous pourrions aller plus loin si nécessaire.

Mesdames et Messieurs les députés,

Vous l'aurez compris, nous conduisons avec vous une action déterminée en matière de régulation financière.

Mais la délinquance financière peut revêtir de nombreuses formes. L'une d'entre elles, la corruption – j'y ai déjà fait référence en présentant notre révisions de la directive anti-blanchiment, est un fléau dont les coûts en termes financiers et de confiance de nos citoyens sont incalculables.

Je suis persuadé, comme vous, que la lutte contre la corruption constitue une condition essentielle de la crédibilité de la parole et de l'action publique.

Je pense naturellement tout particulièrement aux marchés publics.

IV- LES MARCHES PUBLICS

Les pouvoirs publics dépensent chaque année environ 19 % du PIB de l'UE en biens, services et travaux. C'est dire les sommes colossales qui sont en jeu et attirent les convoitises des fraudeurs et corrupteurs.

C'est pourquoi j'ai souhaité faire de l'intégrité des marchés publics un des objectifs fondamentaux de la réforme de la commande publique que j'ai lancée fin 2011.

Nos propositions de réforme des directives sur les marchés publics et la nouvelle directive concessions sont actuellement en trilogue avec le Parlement et le Conseil.

Ces propositions, une fois adoptées, contribueront significativement à l'assainissement de l'ensemble de la procédure - de la mise en concurrence jusqu'à l'exploitation du marché.

Dans le cadre des directives « marchés publics », nous avons proposé une définition des conflits d'intérêts, afin que les États membres s'assurent que les pouvoirs adjudicateurs prennent des mesures visant à leur prévention, détection et résolution.

Des mesures d'exclusion des procédures sont également prévues. Aux obligations existantes d'exclusion de l'opérateur économique condamné pour participation à une organisation criminelle, corruption, fraude, terrorisme, blanchiment d'argent, s'ajoute l'exclusion par les pouvoirs adjudicateurs des opérateurs économiques qui auront essayé d'influencer le processus décisionnel d'attribution d'un marché, fourni de fausses informations quant à l'absence de critères d'exclusion, ou essayé d'obtenir des informations confidentielles visant à leur conférer un avantage indu.

Je considère aussi que notre proposition de directive sur les concessions constituera une vraie avancée en Europe en matière de lutte contre la discrimination des opérateurs économiques, les attributions directes, et aussi la corruption.

Il s'agit certes d'un cadre procédural léger, mais il établira pour la première fois au niveau européen des exigences en matière de transparence et d'égalité de traitement de tous les opérateurs économiques lors de l'attribution des contrats de concessions, ainsi qu'une cadre harmonisé en matière de recours.

Le Parlement européen, lors des trilogues, a été très constructif en apportant des amendements importants visant à renforcer les mécanismes de lutte contre la fraude, la corruption et la criminalité organisée.

Je souhaite que ces deux textes majeurs soient adoptés avant la fin de la Présidence irlandaise, et je compte pour cela sur la détermination de vos rapporteurs M. TARABELLA et M. JUVIN.

V- PLUS GRANDE TRANSPARENCE DES ACTIVITES DE NOS ENTREPRISES

Au-delà des marchés publics, nous agissons également pour apporter plus de transparence dans l'activité de nos entreprises et donc prévenir les risques de corruption, en particulier dans des secteurs d'activité qui, traditionnellement, s'étaient affranchis de cette transparence.

Ainsi, la nouvelle Directive Comptable imposera la transparence des paiements effectués par les industries extractive et forestière (CBCR), s'associant aux dispositions de la Directive Transparence.

Ces textes introduisent pour l'industrie extractive et forestière une obligation de transparence et de reporting annuel sur les flux financier country-by-country and project-by-project.

Cela s'appliquera à toute société cotée et grande entreprise (plus de 250 employés) implantées dans l'UE - et non seulement aux entreprises enregistrées – ce qui permet d'avoir un champ d'application large.

Nous sommes arrivés à un accord politique en trilogue le 9 avril dernier, notamment grâce à vos rapporteurs Mme McCARTHY et M. LEHNE. J'ai bon espoir que cela se traduise en une adoption formelle dans les toutes prochaines semaines.

Parallèlement, la DG TRADE vient de lancer une consultation publique au sujet des "minerais de conflit".

Dans ce cadre, la possibilité d'imposer des obligations de 'due diligence' aux entreprises importatrices de minerais sera aussi considérée. Ce travail pourrait avoir un impact, dans le futur, sur les Directives transparence et comptable.

Permettez-moi d'aborder enfin deux derniers domaines de ma responsabilité sur lesquels que nous savons particulièrement exposés à des tentatives de fraudes : le champ de la propriété intellectuelle et le secteur les jeux d'argent et de hasard en ligne.

Il nous faut réussir à :

VI- LUTTER PLUS EFFICACEMENT CONTRE LA FRAUDE DANS LE DOMAINE DE LA PROPRIÉTÉ INTELLECTUELLE

Depuis le début de mon mandat je mets en place une "infrastructure" plus intégrée, plus cohérente et plus compétitive pour permettre à la propriété intellectuelle de jouer son rôle de moteur de la croissance et de l'emploi. Les créateurs et les entreprises doivent pouvoir mieux tirer parti des fruits de leur travail et de leurs investissements.

Cela passe entre autres par la capacité des ayants droits à protéger efficacement leurs actifs immatériels.

S'agissant des procédures civiles à leur disposition, nous venons d'achever une large consultation publique, dont nous annoncerons le résultat et le suivi plus tard dans l'année.

Il ne suffit pas de mettre en place des procédures judiciaires : encore faut-il qu'elles soient adaptées et accessibles. C'est pourquoi nous nous concentrons actuellement sur ces sujets : les voies de droit disponibles sont-elles réellement efficaces et accessibles ? Quelle est leur utilité réelle pour les entreprises, et notamment les PME ? Dans une démarche de bonne législation, j'estime qu'en matière d'"enforcement" la priorité doit aller au renforcement de l'efficacité de l'existant.

Mais lorsqu'il le faut il faut aussi faire bouger les lignes. Nous venons d'adopter une réforme ambitieuse en matière de protection des marques en Europe. Un des sujets importants que nous traitons dans ce cadre est celui des produits contrefaits en transit. Nous ne pouvons pas accepter que l'Europe devienne une plaque tournante en matière de contrefaçon. C'est pour cela que j'ai proposé que l'on comble une lacune de notre droit en permettant la saisie des marchandises contrefaites même s'il est sont sous le régime du transit. Je compte sur la détermination du Parlement européen et de votre rapportrice Mme WIKSTROM en la matière.

Nous nous penchons également en ce moment sur l'enjeu de la protection efficace des secrets d'affaires. Une condition essentielle, mais parfois sous-estimée, de l'investissement soutenu dans la recherche et développement de nombreuses entreprises européennes. Je proposerai une initiative en la matière cette année. Il s'agit de compléter la boite à outil à disposition des entreprises.

Une de mes priorités constantes est aussi d'encourager la coopération entre les parties prenantes concernées pour lutter plus efficacement contre le fléau de la contrefaçon.

Un résultat marquant dont je suis heureux est celui du Protocole d'accord sur la vente en ligne de produits contrefaits, souscrit par 33 entreprises et associations et qui définit une série de principes communs, y compris des mesures visant à empêcher la publication d'offres de marchandises contrefaites sur les plates-formes internet. Le Protocole a été reconduit pour deux ans supplémentaires, ce qui témoigne de son succès et de l'engagement de tous ses adhérents.

Sur l'ensemble des sujets touchant au respect des droits de propriété intellectuelle, j'entends privilégier l'approche « follow-the-money ». Il faut frapper durement ceux qui font profession de piller le travail des autres. Mais pour véritablement affaiblir des professionnels du profit illicite, il sera important d'élargir la discussion à d'autres intermédiaires clés dans la lutte anti-contrefaçon, comme les acteurs de la publicité et les services de paiement.

Enfin, n'oublions pas les missions de l'Observatoire sur les atteintes aux droits de propriété intellectuelle, qui ont été confiées à l'Office de l'harmonisation dans le marché intérieur (OHMI) d'Alicante. Nous devons maximiser l'efficacité de cet outil pour mieux appréhender quelles sont, dans la pratique, les atteintes aux droits de propriété intellectuelle, et réfléchir à de nouvelles solutions.

VII- ACTION DANS LE DOMAINES DES JEUX EN LIGNES ET LE SPORT

Je souhaiterais terminer en mentionnant l'action que nous menons dans le domaine des jeux de hasard en ligne et des paris sportifs, sur l'aspect prévention de la fraude et du blanchiment d'argent.

De nombreux scandales ont souligné la nécessité d'apporter une plus grande transparence et sécurité juridique sur ces activités, à la fois pour les consommateurs de ce type de jeux et pour les prestataires de ces services.

La Commission a adopté le 23 octobre dernier un plan d'action sur les jeux en ligne, couvrant dans une approche globale cinq domaines prioritaires :

Conformité des cadres nationaux avec le droit communautaire,
Renforcement de la coopération administrative et son application efficace,
Protection des consommateurs et des citoyens, des mineurs et des groupes vulnérables,
Prévention de la fraude et lutte contre le blanchiment d'argent,
Protection de l'intégrité du sport et la prévention des matches truqués liés aux paris.
La Commission IMCO suit ces sujets de près par la voix de son rapporteur M. FOX, dans le prolongement du travail de M. CREUTZMANN.
J'ai déjà fait mention du fait que notre proposition de 4e directive anti-blanchiment s'appliquera à l'ensemble des jeux de hasard et non plus seulement aux casinos.
Concernant la préservation de l'intégrité du sport, l'expérience montre que le trucage de matchs, phénomène souvent lié au blanchiment, a lieu principalement dans des pays hors de l'UE à faible degré de réglementation.
La Commission participe actuellement activement aux négociations de la Convention du Conseil de l'Europe contre la manipulation des résultats sportifs, et aux travaux du Comité Olympique international.
Dans ce contexte, ma collègue Androulla Vassiliou a lancé des projets pilotes destinés à promouvoir la coopération internationale dans le cadre de la lutte contre le trucage des matchs.
Ces solutions doivent être évaluées dans la pratique. Ainsi la Commission publiera un rapport d'évaluation en 2014 afin de juger si des mesures supplémentaires doivent être prises.
Mesdames et Messieurs les députés,
Voici les quelques sujets que j'ai souhaité vous présenter, mais je pourrais compléter la liste.
Pour que notre action soit efficace sur tous ces fronts, il est essentiel que nous politisions les enjeux, et que nous soyons tous pleinement mobilisés. Fraude fiscale, blanchiment, corruption, contrefaçon, piratage, représentent des fléaux pour l'intégrité de notre marché unique et la confiance de nos citoyens.
Je ne doute pas que votre commission, et le Parlement, apporteront une contribution décisive à la lutte contre ces crimes. Je serai, croyez-le bien, à vos côtés dans ce combat.
Je vous remercie. (...)

Quiz

1) Sujet corrigé

Test de connaissances

Énoncé

Attention une même question peut appeler plusieurs réponses.

1. Le traité de Lisbonne :

a. donne naissance au Traité sur l'Union européenne.

b. donne naissance au Traité sur le Fonctionnement de l'Union européenne.

c. n'est pas entré en application.

d. est entré en application le 1er décembre 2009.

2. La Commission européenne :

a. est élue par le Parlement européen.

b. est contrôlée par le Parlement européen.

c. contrôle le Parlement européen.

d. contrôle le Conseil européen.

3. L'arrêt *Costa c. ENEL* :

a. forge le principe de primauté du droit de l'Union européenne.

a. forge le principe de l'effet direct du droit de l'Union européenne.

c. a été prononcé par la Cour européenne des droits de l'Homme.

d. est un arrêt préjudiciel en interprétation.

4. Le marché intérieur :

a. succède au marché commun.

b. succède au marché unique.

c. se distingue de l'Union économique et monétaire.

d. se distingue de l'Espace de liberté, sécurité et justice.

5. Le marché intérieur :

a. est une zone de libre échange.

b. est une union douanière.

c. est un moyen.

d. est une fin.

Voir le corrigé en fin de rubrique.

2) Corrigé

Test de connaissances

1. a, b, d ; **2.** b ; **3.** a, d ; **4.** a, b, c, d ; **5.** a, b, c.

titre 1

La libre circulation au sein du marché

La construction de l'Union européenne est d'une originalité sans équivalent en ce qu'elle repose sur l'affirmation de libertés. Sur un plan formel, le traité sur le fonctionnement de l'Union européenne (TFUE) – dans sa troisième partie consacrée aux politiques et actions internes de l'Union – aborde ainsi, en premier lieu, les libertés de circulation (titre I). Sont ensuite évoquées, successivement, la libre circulation des marchandises (titre II) et la libre circulation des personnes, des services et des capitaux (titre IV). Rappelons qu'il ne s'agit là que de la déclinaison spécifique des éléments essentiels du marché intérieur dont la définition retient qu'il « comporte un espace sans frontières intérieures dans lequel la libre circulation des marchandises, des personnes, des services et des capitaux est assurée selon les dispositions des traités » (art. 26 § 2 TFUE). Qualifiées de longue date, par la Cour de justice, de libertés fondamentales constitutives du marché, ces libertés méritent une attention particulière, notamment en ce qu'elles sont au service d'objectifs généraux qui commandent l'action de l'Union européenne. Le décloisonnement des marchés – qui ne saurait être considéré abstraitement, la diversité des droits nationaux devant être acceptée par les institutions de l'Union (CJCE 20 févr. 1979, *Rewe-Zentrale*, aff. 120/78, *Rec. CJCE* I-649) – vise notamment à « garantir la stabilité dans l'expansion », « l'équilibre dans les échanges » et doit permettre « l'amélioration constante des conditions de vie et d'emploi » (Préambule du TFUE). Aussi, lorsque l'on relève que les marchandises sont offertes sans considération des frontières, que les opérateurs économiques (personnes physiques ou personnes morales) se voient reconnaître la faculté de s'établir dans l'un quelconque des États membres pour y exercer leurs activités ou la possibilité d'offrir leurs services par-delà les frontières, que les capitaux circulent et favorisent ainsi le développement des investissements, c'est à chaque fois s'attacher à l'accès au marché intérieur et à l'exercice en son sein des activités économiques, ces derniers renforçant « l'unité [des] économies [des États membres] et assur[ant] [leur] développement harmonieux (...) » (Préambule du TFUE). 121

Après avoir rappelé et analysé la contribution essentielle des libertés de circulation à l'élaboration du marché intérieur (chapitre 1), il conviendra de les étudier de manière plus approfondie. Reprenant l'ordre dégagé par les auteurs du traité, on abordera tout d'abord la libre circulation des marchandises (chapitre 2). La libre circulation des opérateurs économiques supposera, ensuite, de s'attacher tant à ses bénéficiaires (chapitre 3) qu'aux modalités qu'elle peut prendre (chapitre 4). Enfin, des développements plus brefs seront consacrés à la libre circulation des capitaux (chapitre 5). 122

chapitre 1

Introduction générale à la libre circulation

Plan analytique

section 1

L'affirmation des quatre libertés

§ 1 Les supports textuels : abolition des obstacles et harmonisation des législations nationales

§ 2 Le support jurisprudentiel : la reconnaissance mutuelle

section 2

L'articulation des quatre libertés

§ 1 La permanence des domaines matériels respectifs

§ 2 L'unité progressive de régime : l'égalité de traitement

Le marché européen suppose la disparition progressive de toutes les entraves susceptibles de freiner les échanges commerciaux entre les États membres. En ce sens, est affirmée la libre circulation des marchandises, des personnes, des services et des capitaux. Cette liberté de circulation est donc la clef de voûte du marché commun, aujourd'hui marché intérieur. L'intense activité normative du législateur de l'Union, associée à des arrêts majeurs prononcés depuis les années 1970 par la Cour de justice, ont contribué à forger cette libre circulation selon une logique faite tout à la fois de différences et de points communs. 123

Cette libre circulation des productions et des facteurs de production, désormais amplement établie, s'accompagne d'une nouvelle liberté (une cinquième liberté) qui paraît faire une entrée encore timide sur la scène européenne : la liberté d'entreprise. En effet, la Charte des droits fondamentaux de l'Union européenne, désormais pleinement reconnue au plan normatif avec l'entrée en application du TUE, contient un article 16 selon lequel « la liberté d'entreprise est reconnue conformément au droit communautaire et aux législations et pratiques nationales ». On observera que, sous la plume de la Cour de justice, la liberté d'entreprise a déjà été consacrée par le passé, y compris dans diverses dimensions : la liberté d'exercer une activité économique ou commerciale (CJCE 14 mai 1974, *Nold*, aff. 4/73, *Rec. CJCE* 491), la liberté contractuelle (CJCE 5 oct. 1999, *Espagne c. Commission*, aff. C-240/97, *Rec. CJCE* I-6571). Le lien entre cette liberté d'entreprise et les quatre libertés de circulations est patent et exige que l'on examine la démarche qui a conduit à l'affirmation des quatre libertés (section 1) dont il convient, ensuite de présenter l'articulation (section 2). 124

section 1

L'affirmation des quatre libertés

Le thème de la liberté apparaît à différentes reprises dans le traité. S'il est effectivement d'une importance essentielle en droit de l'Union européenne, on ne saurait se méprendre sur sa signification. Parler de libre circulation des marchandises, des personnes, des services ou des capitaux ne doit pas conduire à penser qu'il s'agit de libérer les activités économiques de toutes les contraintes juridiques qui les organisent. Aussi, il serait peut-être préférable de raisonner en terme d'égalité de traitement. Ce que les articles du traité tendent à promouvoir, c'est l'égalité de traitement entre les marchandises fabriquées et commercialisées dans les États membres ; assurer l'égalité de traitement entre opérateurs économiques nationaux et européens... Le traité CE, depuis l'origine, édicte les moyens devant permettre de 125 réaliser cette égalité. Ces moyens ne sont cependant rien sans une décisive impulsion d'origine jurisprudentielle. En ce sens, il est possible d'écrire que l'affirmation des quatre libertés constitutives du marché intérieur procède de la conjonction de supports textuels (§ 1) et de supports jurisprudentiels (§ 2).

§ 1 Les supports textuels : abolition des obstacles et harmonisation des législations nationales

126 D'après le texte du traité, permettre la libre circulation des marchandises, des personnes, des services et des capitaux suppose deux actions différentes mais complémentaires de la part de la Communauté, désormais, de l'Union. D'une part, il convient de démanteler les barrières étatiques de toute nature qui peuvent entraver la libre circulation. D'autre part, il est nécessaire d'adopter des mesures favorisant le rapprochement des législations nationales dans une optique, là encore, de libre circulation des marchandises ou des opérateurs économiques.

127 Le démantèlement des barrières nationales susceptibles d'empêcher l'accès aux différents marchés nationaux est expressément prévu en tant qu'obligation à la charge des États membres. Que cela touche les marchandises, les personnes, les services ou les capitaux, l'action de l'Union doit conduire à « l'abolition des obstacles à la libre circulation » (art. 3 c) CE). Cet aspect a déjà été abordé lors de la présentation du marché intérieur (v. ss 97). Il convient ici simplement de souligner que non seulement les États membres ont progressivement fait disparaître les barrières tarifaires et techniques existant entre eux, mais qu'ils sont surtout tenus de ne pas en ériger de nouvelles. En ce sens, il est expressément prévu, par exemple en matière de marchandises, que les États membres « s'abstiennent de toute mesure nouvelle [...] qui restreint la portée des articles relatifs à l'interdiction des droits de douane et des restrictions quantitatives entre les États membres » (art. 31 § 2 CE, art. 37 § 2 TFUE). On parle généralement de clause de « *standstill*[Q] ». Le traité prévoit cependant la possibilité de réinstaurer des « barrières » dans une hypothèse qui tient à des considérations de nature non économique. L'invocation de cette clause de sauvegarde par les États membres est cependant très strictement encadrée. L'article 114 TFUE prévoit ainsi qu'après l'adoption par l'Union d'une mesure d'harmonisation, un État membre peut notifier à la Commission le maintien de dispositions nationales, fondé sur des considérations relatives à l'ordre public, la protection de l'environnement ou la protection du milieu de travail. La situation est donc exceptionnelle d'autant que la procédure est très contraignante. La possibilité d'actionner des clauses de sauvegarde est par exemple prévue par la directive 2001/18/CE du 12 mars 2001 relative à la dissémination volontaire d'organismes génétiquement modifiés dans l'environnement (*JOCE* L 106/1 du 17 avr. 2001, v. art. 23), dont les institutions de l'Union contrôlent attentivement le respect (CJCE 16 juill. 2009, *Commission c. Pologne*, aff. C-165/08, *Rec. CJCE* I-6843). Il faut d'ailleurs souligner que le traité d'Amsterdam a rendu, avec une nouvelle rédaction, les hypothèses de recours à la clause de sauvegarde encore plus rares. Le TFUE ne fait, sur ce point, que confirmer.

128 Le rapprochement des législations nationales constitue le second volet de l'action de l'Union afin de permettre la libre circulation. C'est l'objet des articles 114 à 118 TFUE. Ainsi, sont envisagées « des directives pour le rapprochement des dispositions

législatives, réglementaires et administratives des États membres qui ont une incidence directe sur l'établissement ou le fonctionnement du marché commun » (art. 115 TFUE) et les « mesures relatives au rapprochement des dispositions législatives, réglementaires et administratives des États membres qui ont pour objet l'établissement et le fonctionnement du marché intérieur » (art. 114 TFUE). Au-delà des différences qui peuvent être relevées entre ces deux textes (directives et mesures, marché commun et marché intérieur) et des conditions d'adoption (unanimité et majorité qualifiée), il s'agit à chaque fois de rapprocher les législations nationales selon une logique d'harmonisation qui, en dernière analyse, contribue à une homogénéité des règles sur le marché car devenues équivalentes. C'est ainsi qu'ont été adoptées de très nombreuses directives d'harmonisation dont l'impact sur le marché intérieur est remarquable. On peut ainsi évoquer les textes élaborés en matière de propriété industrielle et intellectuelle. Un droit de brevet ou un droit de marque offre un monopole territorial à son détenteur qui peut, dès lors, porter atteinte à la libre circulation des marchandises. Pour ne prendre que l'exemple des marques, une directive du 21 décembre 1988 est venue rapprocher les législations des États membres en cette matière (Dir. n° 89/104/CEE, *JOCE* L 10 du 11 févr. 1989). Rappelant dans ses considérants que « les législations qui s'appliquent actuellement aux marques dans les États membres comportent des disparités qui peuvent entraver la libre circulation des produits ainsi que la libre prestation des services et fausser les conditions de concurrence dans le marché commun » mais qu'« il n'apparaît pas nécessaire actuellement de procéder à un rapprochement total des législations des États membres en matière de marques et qu'il est suffisant de limiter le rapprochement aux dispositions nationales ayant l'incidence la plus directe sur le fonctionnement du marché intérieur », la directive se donne pour objectif d'harmoniser le droit substantiel des marques enregistrées. Ainsi, elle contient des dispositions relatives aux signes susceptibles de constituer des marques, aux motifs de refus ou de nullité des marques, au droit conféré par la marque ainsi qu'à son épuisement, ou encore, aux sanctions du non-usage d'une marque... La Cour de justice a régulièrement été saisie de l'interprétation de ce texte, notamment de son article 7 § 2 qui retient que « des motifs légitimes justifient que le titulaire s'oppose à la commercialisation ultérieure des produits, notamment, lorsque l'état des produits est modifié ou altéré après leur mise dans le commerce ». Cette hypothèse de dérogation à la libre circulation des produits de marque a suscité un abondant contentieux, notamment en matière de reconditionnement des produits pharmaceutiques et a amené la Cour à poser des conditions très restrictives quant à l'admission des « motifs légitimes » (en ce sens, par ex., CJCE 11 juill. 1996, *MPA Pharma GmbH c. Rhône-Poulenc Pharma GmbH*, aff. C-232/94, *Rec. CJCE* I-3675).

La logique d'harmonisation doit apparemment être distinguée de celle de coordination dont le traité parle de manière plus spécifique. Du moins, la distinction tient-elle simplement au degré de rapprochement puisqu'il s'agit, là encore, d'assurer une équivalence entre les règles nationales. C'est bien ce qu'affirme le traité en donnant au Conseil la mission d'arrêter « des directives visant à la coordination des dispositions législatives, réglementaires et administratives des États membres concernant l'accès aux activités non salariées et à l'exercice de celle-ci » (art. 53 § 2 TFUE). Une illustration peut être donnée à propos des sociétés qui bénéficient – de par le traité – du droit d'établissement (art. 54 TFUE) et ont fait l'objet de nombreuses directives de coordination (sur lesquelles, v. ss 211). De même, il convient de mentionner que le 129 traité envisage de manière encore plus spécifique qu'« afin de faciliter l'accès aux activités non salariées et leur exercice, le Conseil [...] arrête des directives visant à la reconnaissance mutuelle des diplômes, certificats et autres titres » (art. 53 § 1 TFUE).

§ 2 Le support jurisprudentiel : la reconnaissance mutuelle

130 La reconnaissance mutuelle que l'on vient d'évoquer a reçu une pleine et entière consécration jurisprudentielle. Mais l'expression a, sous la plume de la Cour de justice, une portée plus générale et procède d'une logique de confiance mutuelle entre les États membres. Dans le *Livre blanc* présenté par la Commission européenne en 1985, l'institution invite à « une distinction claire qui devra être faite, dans les initiatives qui sont prises à l'égard du marché intérieur, entre les aspects qu'il est essentiel d'harmoniser et ceux qui peuvent faire l'objet d'une reconnaissance mutuelle des règles et normes nationales ». Elle constatera aux premiers jours du marché intérieur que « le principe de reconnaissance mutuelle [...] traduit en termes concrets le principe de subsidiarité ». L'idée procède de l'amplification d'une solution jurisprudentielle dégagée dans l'un des arrêts fondamentaux de la construction économique européenne : l'affaire dite du « Cassis de Dijon » (CJCE 20 févr. 1979, *Rewe Zentral*, aff. 120/78, *Rec. CJCE* 649). À l'occasion de cette affaire (sur laquelle, v. ss 157), la Cour énonce qu'en l'absence de réglementation commune (c'est-à-dire d'harmonisation ou de coordination), les États membres gardent la compétence de régler sur leur territoire tout ce qui concerne la production et la commercialisation des marchandises (ici, des boissons alcoolisées) mais que ces marchandises, dès lors qu'elles sont légalement produites et commercialisées dans l'un des États membres, doivent pouvoir être introduites dans tout autre État membre. Naturellement, l'arrêt assortit cette liberté de principe de différentes exceptions sur lesquelles on reviendra ultérieurement. Mais il pose avant tout un principe : celui de la reconnaissance mutuelle comme expression de la confiance mutuelle. L'État d'importation des marchandises doit considérer comme suffisantes les garanties que respecte le produit dans le pays où il a été fabriqué et ce, en l'absence même de toute harmonisation ou *normalisation*[Q] technique. On parle alors de *principe du pays d'origine*[Q]. Cette reconnaissance mutuelle comme base de la libre circulation des marchandises a été reprise pour les opérateurs économiques que ce soit en matière d'établissement ou de prestation des services. De même qu'un État membre ne saurait restreindre l'accès à son marché d'une marchandise légalement fabriquée et commercialisée dans un autre État membre, il ne saurait, non plus, restreindre, entraver, sans motif valable la fourniture d'un service sur son territoire par un prestataire qui exerce légalement son activité dans l'État membre de son établissement d'origine. Ainsi, il a pu être considéré qu'en matière de prestation de services, la reconnaissance mutuelle emportait « la suppression de toute restriction, même si elle s'applique indistinctement aux prestataires nationaux et à ceux des autres États membres, lorsqu'elle est de nature à prohiber ou à gêner autrement les activités du prestataire établi dans un autre État membre, où il fournit légalement des services analogues » (CJCE 25 juill. 1991, *Säger*, aff. C-76/90, *Rec. CJCE* I-4221). La solution a été étendue au droit établissement par un arrêt *Ramrath* : « la libre circulation des personnes, en tant que principe fondamental du traité, ne peut être limitée que par des réglementations justifiées par l'intérêt général et s'appliquant à toute personne ou entreprise exerçant lesdites activités sur le territoire de l'État en question, dans la mesure où cet intérêt

"Cassis de dijon"

n'est pas déjà sauvegardé par des règles auxquelles le ressortissant communautaire est soumis dans l'État membre où il est établi » (CJCE 20 mai 1992, *Ramrath*, aff. C-106/91, *Rec. CJCE* I-3351). C'est alors, assez logiquement, que la Commission européenne a tenté de « codifier » le principe du pays d'origine dans un texte présenté en janvier 2004 – la proposition de directive relative aux services dans le marché intérieur (COM[2004] 2 final, 13 janvier 2004) – qui a été assez rapidement mal perçu par nombre de professionnels des secteurs concernés, faute, peut-être, d'avoir clairement identifié ce que la jurisprudence bien établie de la Cour a entendu lorsqu'elle évoque la « réglementation ». Après des débats d'une rare intensité, dépassant d'ailleurs la seule sphère des initiés, la directive a finalement été adoptée en décembre 2006 dans une version édulcorée dont on peut dire qu'elle se présente comme la codification (en droit européen, on évoque la « consolidation ») a minima des solutions jurisprudentielles. C'est la directive « services dans le marché intérieur » (Dir. n° 2006/123/CE, *JOUE* L 376 du 27 déc. 2006) qui se donne pour objectif – très diplomatique – d'« établir un cadre juridique général qui profite à une large variété de services tout en prenant en compte les particularités de chaque type d'activité ou de profession et de leur système de réglementation. Ce cadre repose sur une approche dynamique et sélective qui consiste à supprimer en priorité les obstacles qui peuvent l'être rapidement et, pour les autres, à lancer un processus d'évaluation, de consultation et d'harmonisation complémentaire sur des questions spécifiques, qui permettra, progressivement et de manière coordonnée, la modernisation des systèmes nationaux de réglementation des activités de services indispensable pour la réalisation d'un véritable marché intérieur des services d'ici 2010 ». On observe que la directive « services » fonctionne grâce à deux techniques : la loi du pays d'origine, chaque fois qu'une question relève du domaine coordonné, d'une part, et, en dehors de ces hypothèses, par les règles de droit international privé, d'autre part (v. ss 247). L'expression « domaine coordonné » figurait dans la proposition initiale de la directive, mais a disparu du texte définitif. Celle-ci n'en demeure cependant pas moins fondée sur la reconnaissance mutuelle, principe fondamental de la construction de l'ordre juridique européen tel qu'il s'applique pour la construction du marché intérieur.

Un exemple particulièrement parlant permet dès lors de comprendre le rôle palliatif de la jurisprudence. Le traité CE prévoyait que les États membres devaient négocier en vue d'assurer la reconnaissance mutuelle des sociétés (art. 293 CE, abrogé par le TFUE). En ce sens, les États membres ont élaboré puis signé une Convention sur la reconnaissance mutuelle des sociétés et des personnes morales le 29 février 1968 (le texte de cette convention est reproduit in *RTD eur.* 1968. 400). En une petite vingtaine d'articles sont jetées les bases qui devaient permettre la reconnaissance des sociétés dans la Communauté : constitution conforme à la loi d'un État membre sur lequel elles ont leur siège statutaire et limitation réelle de la portée de l'ordre public comme frein à la reconnaissance. Cette convention pour le moins libérale n'est jamais entrée en vigueur du fait de l'absence de ratification par tous les États membres. Nombre d'observateurs autorisés doute d'ailleurs qu'elle le soit un jour, mais en cette matière il faut être prudent et ne jamais dire jamais, comme l'illustre l'adoption – au bout de trente années d'atermoiements – du règlement sur la société européenne (règlement (CE) n° 2157/2001 du 8 oct. 2001 relatif au statut de la Société européenne, *JOCE* L 294 du 10 nov. 2001, Rectificatif *JOUE* L 302 du 20 nov. 2003). Ce texte propose différentes règles communes et renvoie pour le surplus au droit national de l'État où la société 131 est enregistrée. Une fois la société constituée conformément aux règles énoncées, elle bénéficie de la reconnaissance mutuelle de sa personnalité morale et de ses éléments constitutifs, y compris en cas de transfert de siège. Mais plusieurs questions soulèvent encore des difficultés, en particulier lorsque la société n'est pas constituée sous forme de société européenne. À cet égard, force est de souligner que l'interprétation extensive de l'article 48 CE (art. 54 TFUE) délivrée par la Cour vient progressivement pallier les inconvénients de l'absence d'un instrument conventionnel de reconnaissance mutuelle. Par étapes successives, la Cour dans ses arrêts *Daily Mail* (CJCE 27 sept. 1988, *Daily Mail*, aff. 81/87, *Rec. CJCE* 5483) puis *Centros* (CJCE 9 mars 1999, *Centros Ltd*, aff. C-212/97, *Rec. CJCE* I-1459), *Überseering* (CJCE 5 nov. 2002, *Überseering BV*, aff. C-208/00, *Rec. CJCE* I-9919) et *Inspire Art* (CJCE 30 sept. 2003, *Inspire Art*, aff. C-167/01, *Rec. CJCE* I-10155) a consacré la reconnaissance mutuelle des sociétés dans le marché intérieur. Alors que la Cour de justice relevait que « le traité considère [...] le lien de rattachement exigé par les sociétés ainsi que la possibilité et, le cas échéant, les modalités d'un transfert de siège, statutaire ou réel, d'une société de droit national, d'un État membre à l'autre, comme des problèmes qui ne sont pas résolus par les règles sur le droit d'établissement, mais qui doivent l'être par des travaux législatifs ou conventionnels, lesquels, toutefois, n'ont pas encore abouti » (CJCE 27 sept. 1988, préc.), elle décide que « l'exercice de la liberté d'établissement suppose nécessairement la reconnaissance des sociétés par tout État membre dans lequel elles souhaitent s'établir » et considère que « dès lors, il n'est pas nécessaire que les États membres adoptent une convention relative à la reconnaissance mutuelle des sociétés pour que celles qui remplissent les conditions énoncées à l'article 48 CE puissent exercer la liberté d'établissement qui leur est reconnue par les articles 43 CE et 48 CE, lesquels sont directement applicables depuis la fin de la période de transition » (CJCE 5 nov. 2002, préc.). Et le juge de l'Union continue de lever un à un les obstacles juridiques à la mobilité des sociétés en Europe. Ainsi, en décidant dans un arrêt *Cartesio* que les articles 43 et 48 CE (art. 49 et 54 TFUE) ne s'opposent pas à la réglementation d'un État membre qui empêche une société constituée en vertu du droit national de cet État « de transférer son siège dans un autre État membre tout en gardant sa qualité de société relevant du droit national de l'État membre selon la législation duquel elle a été constituée » (CJCE 16 déc. 2008, *Cartesio*, aff. C-210/06, *Rec. CJCE* I-9641), la Cour annonce qu'une législation nationale ne peut s'opposer au transfert de siège avec changement de loi applicable. La Cour se prononce dans cet arrêt sur l'opposabilité du droit d'établissement à l'égard de l'État d'origine. Mais elle a ultérieurement l'occasion de compléter sa jurisprudence, en précisant que le droit d'établissement des articles 49 et 54 TFUE est opposable à l'État membre d'accueil du siège social (CJUE 12 juill. 2012, *Vale Építési kft*, aff. C-378/10, nep). Ce faisant, et au-delà des instruments législatifs de source européenne, relatifs à la société européenne ou aux fusions internationales, on observe que la Cour entend considérablement faciliter le transfert de siège social intra-européen. Annonçons enfin que la reconnaissance mutuelle, peu important la matière visée par cette méthode, connaît des exceptions. Parmi celles-ci, l'on peut d'ores et déjà citer la réserve de l'ordre public, dont le pays d'accueil peut se prévaloir. Bien que le juge de l'Union ait longtemps semblé admettre la réserve de l'ordre public de façon restrictive, un arrêt *Ligua Portuguesa*, rendu en matière de pari sur les jeux du sport (CJCE 8 sept. 2009, *Ligua Portuguesa*, aff. C-42/07, *Rec. CJCE* I-7633) a confirmé que les États membres pouvaient maintenir la diversité de leurs législations dès que des raisons d'ordre public le justifient. L'ordre public peut donc autoriser le maintien de la diversité des droits nationaux, y compris dans des domaines où l'on peut penser que le bon fonctionnement du marché intérieur suppose, *a minima*, que les divergences entre les droits nationaux fasse place à la reconnaissance mutuelle.

section 2

L'articulation des quatre libertés

Les quatre libertés énoncées par le traité sont formellement distinguées. Par ailleurs, elles traduisent des préoccupations différentes et ont connu des évolutions propres qui conduisent à souligner la permanence de leurs domaines respectifs (§ 1). Cependant, il apparaît qu'une logique commune les sous-tend. Ceci explique que, progressivement, on assiste à une unification de leur régime juridique autour de l'affirmation du principe de l'égalité de traitement des opérateurs économiques (§ 2). 132

§ 1 La permanence des domaines matériels respectifs

Les quatre libertés possèdent des domaines qui doivent être soigneusement distingués. Il n'est, d'ailleurs, pas toujours évident de déterminer de quelle catégorie une situation relève. Bien plus, la jurisprudence semble avoir érigé une certaine hiérarchie entre les libertés. 133

La libre circulation des marchandises apparaît comme l'aspect le plus emblématique de la création d'un marché intérieur. Tout produit fabriqué dans un État membre se voit reconnaître la possibilité d'être commercialisé dans un autre État membre. Cette faculté passe par la suppression évidente des règles de contingentements mais aussi, et surtout, par l'interdiction des mesures nationales – qu'elles soient des entraves techniques ou des entraves commerciales – qui pourraient rendre difficile voire impossible l'accès au marché d'un État membre. On soulignera que cette logique vise non seulement les marchandises fabriquées dans un État membre mais encore les marchandises licitement importées dans l'Union par une entreprise d'un État membre : on parle alors de « libre pratique » comme en dispose l'article 28 § 2 TFUE. Une précision mérite d'être apportée quant à l'articulation de la libre circulation des marchandises avec les autres libertés de circulation. À de nombreuses reprises, et face à des situations juridiquement complexes, la Cour de justice a été amenée à préciser les domaines respectifs d'application de ces libertés. Elle l'a fait en appliquant la règle selon laquelle l'accessoire suit le principal (CJCE 24 mars 1994, *Schindler*, aff. C-275/92, *Rec. CJCE* I-1039 ; CJUE 16 déc. 2010, *Josemans*, aff. C-137/09, *Rec. CJUE* I-13019). Ainsi, si les marchandises qui circulent le font en tant qu'accessoire nécessaire d'un établissement ou d'une prestation de services, les articles 28 et suivants TFUE n'ont pas vocation à s'appliquer et cèdent le pas devant le régime découlant des articles 43 ou 49 CE (pour une illustration, CJCE 24 mars 1994, *Schindler*, aff. C-275/92, *préc.*). Mais il faut souligner que cette règle de l'accessoire ne se laisse pas toujours aisément saisir. Contrairement à certains instruments internationaux qui permettent de distinguer nettement les biens – ou les marchandises – et les services, le droit européen est 134 muet. Bien plus, la définition extensive qu'autorise l'expression de marchandises n'est pas sans perturber les catégories auxquelles les juristes sont habitués. Dès lors, et par exemple, il n'est pas toujours évident de déterminer si un contrat conclu entre deux sociétés ayant leur siège dans des États membres, et dont l'exécution serait gênée ou rendue impossible par une norme technique ou une règle juridique de l'un des États membres, appelle une réponse sous l'angle de la libre circulation des marchandises ou de la libre prestation des services. Un instrument comme la Convention de Vienne sur la vente internationale de marchandises peut se révéler utile qui distingue la vente de marchandises de la prestation de services au terme d'une analyse économique de la prestation caractéristique (les marchandises représentent-elles une valeur supérieure ou non par rapport au service ?). Il est vrai que l'enjeu de déterminer si l'on relève de l'un ou l'autre des articles du traité a pu – un temps – présenter un intérêt certain en raison des différences de régimes juridiques qui pouvaient exister entre les libertés. L'unité (ou la quasi-unité) de régime des libertés aujourd'hui consacrée tend à faire perdre à cette question de sa pertinence.

■ 135 Le droit d'établissement renvoie à une donnée ancienne, traditionnelle du droit international privé. L'établissement a longtemps été regardé comme synonyme de la condition des étrangers. On a pu alors définir l'établissement comme l'installation d'un étranger dans un pays avec l'intention de s'y stabiliser afin d'y exercer une activité professionnelle. Le traité, lui, le conçoit comme « l'accès aux activités non salariées et leur exercice [...] dans les conditions définies par la législation du pays d'établissement pour ses propres ressortissants » (art. 49 § 2 TFUE). Dès lors, il est possible de dire qu'en droit européen, l'établissement abandonne la logique de condition des étrangers au profit de celle, plus libérale, d'assimilation de l'étranger au national, ou traitement national. On peut d'ailleurs penser que cette logique du traitement national a, au fil de la construction européenne, profondément évolué et est, aujourd'hui, dépassée au profit de celle d'égalité de traitement : la liberté d'établissement confère aux ressortissants des États membres un droit à l'égalité de traitement en matière d'accès aux activités non salariées et leur exercice, ainsi qu'en matière de constitution et de gestion d'entreprises (v. ss 138). S'agissant du champ matériel de la liberté d'établissement, on peut noter qu'elle se distingue de la libre circulation des travailleurs en ce qu'elle concerne les activités qui s'exercent en dehors de tout lien de subordination avec un employeur. L'existence d'une relation de subordination justifie ainsi la mise en œuvre des articles 45 et suivants TFUE. La liberté d'établissement se distingue par ailleurs de la libre prestation de services, bien que l'une et l'autre présentent de nombreux points communs, en ce que la seconde revêt un caractère temporaire. La Cour de justice précise que ce caractère temporaire de l'activité doit certes s'apprécier en fonction de la durée de la prestation, mais également en fonction de sa fréquence, de sa périodicité et de sa continuité (CJCE 30 nov. 1995, *Gebhard*, aff. C-55/94, *Rec. CJCE* I-4165 ; CJUE 17 mars 2011, *Peñarroja Fa*, aff. jointes C-372/09 et C-373/09, *Rec. CJUE* I-1785).

■ 136 La libre prestation des services apparaît comme un instrument beaucoup plus original instauré par le traité. Contrairement à l'établissement, le traité ne définit pas la prestation des services. Tout au plus peut-on apprendre que les services sont « des prestations fournies normalement contre rémunération, dans la mesure où elles ne sont pas régies par les dispositions relatives à la libre circulation des marchandises, des capitaux et des personnes » et que « sans préjudice des dispositions du chapitre relatif au droit d'établissement, le prestataire peut, pour l'exécution de sa prestation, exercer à titre temporaire, son activité dans le pays où la prestation est fournie, dans les mêmes conditions que celles que ce pays impose à ses propres ressortissants » (art. 57 TFUE). Un premier constat s'impose. La libre prestation des services ne se comprend que par rapport aux autres libertés de circulation. L'expression de « liberté subsidiaire » a pu être proposée par la Cour de justice (CJCE 30 nov. 1995, *Gebhard*, aff. C-55/94, *Rec. CJCE* I-4165). Mais l'expression ne doit pas tromper. En effet, par liberté subsidiaire, il convient d'entendre que la liberté de prestation des services est susceptible de trouver à s'appliquer dans tous les cas où les autres libertés ne sauraient recevoir application (CJUE 11 mars 2010, *Attanasio Group Srl*, aff. C-384/08, *Rec. CJUE* I-2055). C'est bien ce que la Cour de justice confirme lorsqu'elle retient – afin de distinguer établissement et prestation de services – que « ce n'est que lorsque tous les éléments pertinents de l'activité en cause se cantonnent à l'intérieur d'un seul État membre que les dispositions du traité relatives à la libre prestation de services ne s'appliquent pas » (CJCE 26 févr. 1991, *Commission c. France*, aff. C-154/89, *Rec. CJCE* I-659). La Cour précise bien, par ailleurs, que la subsidiarité intervient au niveau de la définition de la notion de « service » et n'établit pas de priorité entre les différentes libertés. Soumise, en effet, à la question de la délimitation des dispositions du traité relatives à la libre prestation de services, d'une part, et à la libre circulation des capitaux, d'autre part, elle admet que, dans certaines hypothèses, une mesure nationale puisse se rapporter simultanément aux deux libertés, mais réfute l'argument selon lequel l'article 50 CE (57 TFUE) confèrerait un caractère prioritaire aux règles relatives aux autres libertés sur les règles concernant les services : « il a été soutenu (...) que, dans de telles conditions et eu égard au libellé de l'article 50, premier alinéa, CE, les dispositions relatives à la libre prestation des services s'appliquent de manière subsidiaire par rapport à celles qui régissent la libre circulation des capitaux. Cet argument ne saurait être retenu. S'il est vrai que figure dans la définition de la notion de « services » prévue à l'article 50, premier alinéa, CE, la précision selon laquelle il s'agit des prestations qui « ne sont pas régies par les dispositions relatives à la libre circulation des marchandises, des capitaux et des personnes », il n'en demeure pas moins que cette précision intervient au niveau de la définition de ladite notion sans pour autant établir de priorité entre la libre prestation des services et les autres libertés fondamentales. En effet, la notion de « services » couvre les prestations qui ne sont pas régies par les autres libertés dans le but de ne pas voir une activité économique échapper au champ d'application des libertés fondamentales ». Et la Cour propose une indication sur les règles applicables dans telle ou telle affaire : « il convient d'examiner dans quelle mesure l'exercice de ces libertés fondamentales est affecté et si, dans les circonstances de l'espèce au principal, l'une prévaut sur l'autre (...). La Cour examine la mesure en cause, en principe, au regard de l'une seulement de ces deux libertés s'il s'avère que, dans les circonstances de l'espèce, l'une d'elles est tout à fait secondaire par rapport à l'autre et peut lui être rattachée » (CJCE 3 oct. 2006, *Fidium Finanz*, aff. C-452/04, *Rec. CJCE* I-9521). Aussi, pour déterminer de quelle liberté relève une législation nationale, il y a lieu de prendre en considération l'objet de cette législation (CJUE 15 sept. 2011, *Halley*, aff. C-132/10, nep). Si plusieurs libertés sont concernées, la Cour suggère d'examiner si l'une des libertés prévaut objectivement sur l'autre ou, encore, si les effets restrictifs sur une liberté ne constituent pas la conséquence inéluctable d'une éventuelle entrave à une autre liberté (CJCE 12 sept. 2006, *Cadbury Schweppes plc*, aff. C-196/04, *Rec. CJCE* I-7995 ; CJCE 3 oct. 2006, *Fidium Finanz*, préc.). Un second constat doit par ailleurs être formulé.

Alors que le traité n'envisage la prestation que comme le déplacement temporaire d'un professionnel vers le territoire d'un autre pays, la jurisprudence a perturbé cet ordonnancement, en qualifiant de prestation de services le déplacement du bénéficiaire de la prestation dans le pays du prestataire (CJCE 31 janv. 1984, *Luisi et Carbone*, aff. 286/82 et 26/83, *Rec. CJCE* 377), mais aussi – en l'absence de tout déplacement – la situation juridique dans laquelle le prestataire et le bénéficiaire du service demeurent dans leur État respectif (CJCE 26 avr. 1988, *Bond van Adverteerders*, aff. 352/85, *Rec. CJCE* 2085). Aussi, les destinataires de services peuvent invoquer les articles 56 et s. TFUE à l'encontre de leur État membre d'origine, y compris s'ils ne se sont pas déplacés dans un autre État membre, dès lors qu'il existe un élément d'extranéité. Tel est le cas lorsqu'un parieur se connecte, par internet, depuis son domicile, à un bookmaker établi dans un autre État membre, pour participer à des paris organisés et exploités par ce bookmaker (CJCE 6 nov. 2003, *Gambelli*, aff. C-243/01, *Rec. CJCE* I-13031 ; CJCE 8 sept. 2009, *Liga Portuguesa*, aff. C-42/07, *Rec. CJCE* I-7633). Il paraît donc possible de retenir l'idée selon laquelle la prestation de services vise la situation d'un professionnel qui, de manière temporaire, exerce son activité en ignorant les frontières nationales. On a pu parler de « prestation transfrontière » ou de « prestation transfrontalière ». Souvent considérées comme synonyme, les expressions traduisent cependant une différence. Un prestataire établi en France et offrant ses services au Danemark évoque une situation « transfrontière ». Un prestataire établi en France et offrant ses services en Allemagne évoque une situation « transfrontalière ». On observera, ultérieurement, que la libre prestation des services est appelée à prendre de l'ampleur, ne serait-ce que parce que la directive « services dans le Marché intérieur », présentée comme un texte de consolidation de l'acquis européen en matière de libre prestation des services, couvre en réalité aussi le droit d'établissement et confirme d'une certaine manière l'unité des notions.

■ 137 La libre circulation des capitaux occupe une place un peu à part. En effet, susceptible de couvrir des aspects assez différents (paiements courants, mouvements de capitaux et investissements) et tributaire d'un fort lien avec la souveraineté des États, elle a fait l'objet d'une approche qui a longtemps été en retrait. Preuve en est que, contrairement aux autres libertés de circulation, elle a été effectivement tributaire de l'entrée en vigueur tardive de directives spécifiques (par ex. Dir. n° 88/361/CEE du 24 juin 1988, *JOCE* L 178 du 8 juill. 1988). Ainsi, et contrairement à ce que la Cour de justice a pu considérer pour les autres libertés, la fin de la période transitoire n'a pas entraîné en matière de capitaux une liberté effective et totale (CJCE 11 nov. 1981, *Casati*, aff. 203/80, *Rec. CJCE* 2595). L'une des difficultés majeures et actuelles reste la détermination de ce qui relève exactement de cette liberté et de son régime prévu aux articles 63 à 66 du TFUE. La Cour avait, elle-même, souligné dans son arrêt *Casati* que « la liberté de certains mouvements de capitaux est, dans la pratique, une condition de l'exercice efficace d'autres libertés garanties par le traité ». Dès lors, lorsque la circulation, le mouvement de capitaux est afférent à une opération principale (vente, contrat d'entreprise, etc.), il ne relève pas de ce régime mais de la liberté de circulation des marchandises ou de la libre circulation des personnes. En revanche, si le mouvement de capital est envisagé en lui-même (par ex. souscriptions de valeurs mobilières, virement bancaire, etc.) il relève de ce chapitre spécifique. Une illustration en a notamment été apportée à propos du sort des actions spécifiques détenues par l'État français dans des sociétés privatisées. C'est bien parce que cette action spécifique était susceptible d'entraver la liberté de mouvement des capitaux, que la Cour a pu considérer que la France avait manqué à ses obligations européennes et, plus exactement, parce que cette action spécifique procédait d'un pouvoir discrétionnaire de l'État français perceptible, par exemple, dans l'exercice de son droit d'opposition aux décisions de cession (CJCE 4 juin 2002, *Commission c. France*, aff. C-483/99, *Rec. CJCE* I-4781). Les hésitations qui peuvent marquer la qualification n'ont cependant qu'une conséquence limitée en raison de la relative unité de régime qui caractérise aujourd'hui les quatre libertés.

§ 2 L'unité progressive de régime : l'égalité de traitement

Comme a pu l'écrire un observateur particulièrement autorisé de la construction européenne, « l'égalité de traitement vaut comme principe général de droit communautaire dont le contenu est unique à travers toutes ses applications, malgré des apparences multiples » (K. Leanerts, « L'égalité de traitement en droit communautaire, un principe unique aux apparences multiples », *Cah. dr. eur.* 1991. 3). L'égalité de traitement constitue un degré supplémentaire par rapport au traitement national. Si ce dernier signifie la prohibition des discriminations pouvant subsister entre nationaux des États membres, l'égalité de traitement vise non seulement l'éradication des discriminations en fonction de la nationalité mais aussi la suppression des mesures indistinctement applicables susceptibles de rendre impossible, à tout le moins, de gêner l'accès au marché d'un État membre. La portée et les conséquences aisément perceptibles d'une telle égalité de traitement expliquent et justifient qu'elle soit subordonnée à la réunion de deux conditions, même si la première semble perdre de sa pertinence. Pour pouvoir être invoquée, cette égalité de traitement suppose, tout d'abord, une entrave au commerce intracommunautaire, c'est-à-dire, que l'on puisse caractériser l'existence d'une situation européenne. Elle est, ensuite, tributaire du fait de ne pas relever des exceptions caractérisées par la Cour. 138

Le bénéfice de l'égalité de traitement suppose que la situation juridique présente un élément d'extranéité la rattachant à l'ordre juridique européen ; très simplement, qu'il y ait franchissement d'une frontière entre États membres. Telle a longtemps été l'exigence première pour qu'un opérateur économique puisse se prévaloir des libertés de circulation et revendiquer une égalité de traitement lui rendant inopposable telle ou telle règle d'un État membre. C'est l'hypothèse de l'arrêt *Cassis de Dijon* qui voit l'importateur allemand se prévaloir de la libre circulation des marchandises pour contester le refus d'autorisation qui lui est opposé à propos de la liqueur de cassis fabriqué en France. C'est l'hypothèse du transporteur établi au Portugal qui se verrait refuser d'offrir ses services en Espagne ou en France. À l'inverse, le commerçant français qui contesterait une réglementation nationale alors qu'il n'est présent que sur son marché domestique ne pourrait se prévaloir de la liberté européenne et soutenir l'existence d'une entrave ; la situation devant être qualifiée de purement interne. Progressivement, la jurisprudence a attaché de moins en moins d'importance à cette exigence de situation européenne. Il est cependant difficile de dire si la condition d'affectation du commerce entre États membres est effectivement abandonnée. Certains arrêts, notamment en matière de libre circulation des marchandises, pourraient le laisser penser. Ainsi, la Cour a accepté de considérer qu'un producteur français prévenu d'avoir fabriqué et commercialisé en France un fromage sous une dénomination trompeuse pouvait se prévaloir des règles de libre circulation 139 des marchandises (CJCE 5 déc. 2000, *Guimont*, aff. C-448/98, *Rec. CJCE* I-10663). La situation était effectivement purement interne, comme le soutenait le gouvernement français, et donc devait conduire à considérer que la règle en cause ne pouvait pas être qualifiée comme étant constitutive d'une entrave aux échanges entre États membres. La Cour se borne à souligner que cette réglementation trouverait à s'appliquer dans l'hypothèse d'une importation de fromage depuis un autre pays de l'Union et que cela justifie d'en examiner la teneur au regard des libertés de circulation des marchandises : « dans ces circonstances, il y a lieu d'examiner si une réglementation nationale telle que celle en cause au principal constituerait, dans la mesure où elle serait appliquée aux produits importés, une mesure d'effet équivalent à une restriction quantitative contraire à l'article 30 (désormais art. 28) du traité ». En matière de libre circulation des personnes, la Cour semble toujours insister sur l'exigence d'une situation européenne. Mais certains arrêts offrent des exemples du caractère très relatif de cette exigence. Ainsi, dans le célèbre arrêt *Bosman*, la Cour se contente du « passage avorté d'un club belge à un club français », selon les mots de l'avocat général, pour caractériser la situation européenne (CJCE 15 déc. 1995, *Bosman*, aff. C-415/93, *Rec. CJCE* I-4921) ! Plus récemment, le fait qu'une société anonyme de droit belge soit constituée par une société néerlandaise elle-même filiale d'une société de droit anglais conduit la Cour à considérer que faisant « partie d'un groupe de sociétés établies dans différents États membres [...] la situation juridique d'une telle société [la société belge] relève du droit communautaire en vertu des dispositions de l'article 52 (désormais art. 43) du traité » (CJCE 1er févr. 2001, *Dennis Mac Quen*, aff. C-108/96, *Rec. CJCE* I-837). Les juridictions nationales n'y attachent pas, non plus, toujours de l'importance. Ainsi, la chambre criminelle de la Cour de cassation accepte d'examiner la compatibilité d'un texte répressif national avec les dispositions relatives à la libre prestation des services alors même que le prévenu est un français qui n'exerce ses activités qu'en France (Crim. 3 juin 2009, *Bull. crim.* n° 110)... On se limitera à souligner ici que l'affirmation d'un marché intérieur (c'est-à-dire sans frontières intérieures, rappelons-le) s'accommode mal de la distinction entre la situation purement interne et la situation européenne qui, au surplus, est à l'origine d'une conséquence dommageable qui est celle des discriminations à rebours dont l'illogisme par rapport à la promotion de l'égalité de traitement par le droit de l'Union ne peut qu'être souligné (sur lesquelles, v. ss chap. 4). Cependant, et cela mérite d'être mis en lumière, si la démonstration d'une affectation du commerce entre États membres n'est plus nécessaire en matière de libre circulation des marchandises, la notion d'entrave est strictement appréciée dans ce domaine alors que si la démonstration d'une situation européenne est toujours requise en matière de libre circulation des personnes, la qualification d'entrave est largement retenue dans ce domaine. Un certain équilibre est donc assuré, dont la clef de compréhension réside dans l'affectation des échanges entre États membres. Dans le premier cas, l'on se focalise sur l'importation ou l'exportation de ou vers un État membre de la marchandise. Dans le second cas, l'on s'attache à la mobilité entre États membres de la personne, qu'elle soit une personne physique ou une personne morale. Dans les deux cas, c'est l'accès au marché qui apparaît bien comme la question centrale.

140 L'égalité de traitement n'est pas absolue. Tant en matière de marchandises que de personnes, de services et de capitaux, des dérogations textuelles et jurisprudentielles ont été consacrées. Sans entrer dans le détail de chacune de ces dérogations – qui seront étudiées dans le cadre des chapitres suivants – on se bornera à relever qu'au-

delà d'une différence de terminologie, les hypothèses qu'elles recouvrent sont proches si ce n'est identiques. Ainsi, la jurisprudence a caractérisé certaines « exigences impératives » qui peuvent justifier une restriction à la libre circulation des marchandises et certaines « raisons impérieuses d'intérêt général » qui peuvent justifier une restriction à la libre circulation des personnes, des services et des capitaux (pour un exemple, dans ce dernier cas, CJCE 1er juin 1999, *Konle*, aff. C-320/97, *Rec. CJCE* I-3099). Même si on ne peut ignorer les quelques différences de contenu qui peuvent marquer les « exigences impératives » et les « raisons impérieuses d'intérêt général » (l'organisation d'une profession renvoie plutôt à une logique de libre établissement ou de prestation des services qu'à une logique de libre circulation des marchandises), il faut surtout constater que le régime des dérogations tend à s'uniformiser : quelle que soit la liberté de circulation concernée, une mesure nationale n'est pas susceptible de mettre à mal l'égalité de traitement pour autant qu'elle n'est pas discriminatoire en fonction de la nationalité, qu'elle est justifiée par une exigence impérative ou une raison impérieuse d'intérêt général et qu'elle est propre à garantir la réalisation de l'objectif qu'elle poursuit et ne va pas au-delà de ce qui est nécessaire pour l'atteindre ; en d'autres termes, qu'elle satisfait à un critère de proportionnalité. On détient ici la clef par laquelle s'ouvre ou se ferme la porte des marchés nationaux pour les opérateurs économiques !

1

Compléments pédagogiques

Mémo

D'après le texte du traité, permettre *la libre circulation des marchandises, des personnes, des services et des capitaux suppose deux actions différentes mais complémentaires de la part de l'Union. D'une part, il convient de démanteler les barrières étatiques de toute nature qui peuvent entraver la libre circulation.* D'autre part, il est nécessaire d'adopter des mesures favorisant le rapprochement des législations nationales dans une optique, là encore, de libre circulation des marchandises ou des opérateurs économiques. Le démantèlement des barrières nationales susceptibles d'empêcher l'accès aux différents marchés nationaux est expressément prévu en tant qu'obligation à la charge des États membres. Que cela touche les marchandises, les personnes, les services ou les capitaux, l'action de la Communauté, désormais de l'Union, doit conduire à *« l'abolition des obstacles à la libre circulation »*. Le rapprochement des législations nationales constitue le second volet de l'action afin de permettre la libre circulation, comme en dispose d'ailleurs expressément le traité. Ainsi, sont envisagées *« des directives pour le rapprochement des dispositions législatives, réglementaires et administratives des États membres qui ont une incidence directe sur l'établissement ou le fonctionnement du marché commun » et les « mesures relatives au rapprochement des dispositions législatives, réglementaires et administratives des États membres qui ont pour objet l'établissement et le fonctionnement du marché intérieur »*. La Cour a, de manière complémentaire ou supplétive, consacré un principe de reconnaissance mutuelle. C'est la solution dégagée dans l'arrêt *Cassis de Dijon* en matière de libre circulation des marchandises et selon lequel tout produit légalement fabriqué et commercialisé dans un État membre doit être admis dans les autres États membres. Cette solution a été étendue aux autres libertés de circulation. Il est, dès lors, nécessaire de souligner que les quatre libertés, bien qu'elles recouvrent des domaines respectifs distincts et présentent une certaine hiérarchie, semblent aujourd'hui toutes procéder d'une seule et unique perspective qui est celle de l'égalité de traitement : les opérateurs, les opérations, les produits provenant des États membres ne doivent pas être traités différemment des nationaux. Cependant cette égalité de traitement (qui dépasse la seule logique du traitement national) n'est pas absolue : quelle que soit la liberté de circulation concernée, une mesure nationale n'est pas susceptible de mettre à mal l'égalité de traitement pour autant qu'elle n'est pas discriminatoire en fonction de la nationalité, qu'elle est justifiée par une exigence impérative ou une raison impérieuse d'intérêt général et qu'elle est propre à garantir la réalisation de l'objectif qu'elle poursuit et ne va pas au-delà de ce qui est nécessaire pour l'atteindre.

Quid

■ Normalisation n° 130

Politique conduisant à élaborer des normes techniques communes devant permettre la libre circulation des marchandises qui s'y conforment.

■ Principe du pays d'origine n° 130

Principe selon lequel le prestataire est soumis uniquement à la loi du pays dans lequel il est établi et suppose que les États membres ne doivent pas restreindre les services fournis par un prestataire établi dans un autre État membre.

■ *Standstill* n° 127

Clause par laquelle les États membres sont obligés de ne pas apporter de modification unilatérale au régime instauré en commun en matière douanière.

Document

Article 16 de La Charte des droits fondamentaux de l'Union européenne, Témoignage et commentaires de Guy Braibant (Seuil, coll. « Points Essais », 2001)

Liberté d'entreprise

La liberté d'entreprise est reconnue conformément au droit communautaire et aux législations et pratiques nationales. (...)

La liberté d'entreprise a fait dans la Charte une apparition tardive et remarquée. Elle a été jugée comme une sorte de provocation par les organisations syndicales de travailleurs. Elle était en même temps considérée par certains membres de la Convention, notamment les Britanniques, comme le pendant indispensable des droits sociaux reconnus par ailleurs. Elle avait été au surplus consacrée à plusieurs reprises par la jurisprudence de la Cour de justice des Communautés européennes et figure plus ou moins explicitement dans toutes les Constitutions des États membres.

Mais il est clair qu'elle est loin d'être une liberté absolue. Elle a été rognée par le droit du travail, le droit de la concurrence, les règles relatives à l'environnement, à l'urbanisme, à la consommation, au commerce extérieur et toutes sortes de règlements de police. De telles limites pourront être également édictées au niveau européen en vertu de l'article 52.1 de la Charte, qui permet d'apporter des limitations à l'exercice des droits et libertés « dans le respect du principe de proportionnalité », « ... si elles sont nécessaires et répondent effectivement à des objectifs d'intérêt général reconnus par l'Union... ».

En outre, le « refrain » habituel dans la définition des droits sociaux a été introduit ici, alors qu'il ne figurait pas dans une première rédaction : la référence « au droit communautaire et aux législations et pratiques nationales ».

Biblio

– C.-J. Berr, « Perplexités juridiques à propos du marché commun des services », *Rev. Marché commun* 1993. 444.
– A. Bleckmann, « Égalité de traitement », *Rép. Communautaire*.
– F. Dintilhac, « Rapprochement des législations », *Rép. Communautaire*.
– Chr. Gavalda, « Établissement », *Rép. Communautaire*.
– A. Jeammaud, « Unification, uniformisation, harmonisation : de quoi s'agit-il ? », *in* F. Osman (dir.), *Vers un code européen de la consommation*, Bruylant, 1998, p. 35.
– K. Lenaerts, « L'égalité de traitement en droit communautaire, un principe unique aux apparences multiples », *Cah. dr. eur.* 1991. 3.
– O. Löy, « Le dynamisme de la Cour de justice des Communautés européennes dans la libération de l'établissement et des prestations de services », *JDI* 1975. 728.
– A. Mattera, « Les principes de proportionnalité et de la reconnaissance mutuelle dans la jurisprudence de la Cour en matière de libre circulation des personnes et des services : de l'arrêt *Thieffry* aux arrêts *Vlassopoulou, Mediawet* et *Dennemeyer* », *RMUE* 1991. 191.
– G. Parléani, « Prestation de services », *Rép. Communautaire*.
– D. Vignes, « Le rapprochement des législations mérite-t-il encore son nom ? », in *Mélanges Boulouis*, Dalloz, 1991, p. 533.

chapitre 2

La libre circulation des marchandises

Plan analytique

section 1

La nature des entraves à la libre circulation des marchandises

§ 1 Les droits de douanes et autres taxes d'effet équivalent

§ 2 Les restrictions quantitatives et autres mesures d'effet équivalent

- **A.** L'approche textuelle
- **B.** L'approche jurisprudentielle

section 2

Les régimes d'élimination des entraves à la libre circulation des marchandises

§ 1 L'élimination par la jurisprudence

- **A.** L'interprétation téléologique de l'article 36 TFUE (ex-art. 30 CE)
- **B.** La création des exigences impératives

§ 2 L'élimination par l'harmonisation

La libre circulation des marchandises

La mise en place d'une union douanière, telle qu'originellement prévue, devait se traduire par la suppression progressive des droits de douane et autres restrictions quantitatives à l'entrée et à la sortie des marchandises. C'est là une idée fondamentale dont le traité a décliné en de nombreux articles la mise en œuvre autour de ce que l'on appelle la libre circulation des marchandises. Ainsi, l'article 28 TFUE prohibe les droits de douane à l'importation et à l'exportation ainsi que toutes taxes d'effet équivalent. Les articles 34 et 35 TFUE, eux, interdisent les restrictions quantitatives à l'importation et à l'exportation ainsi que toutes mesures d'effet équivalent. Cette interdiction n'est cependant pas absolue puisqu'une dérogation est autorisée qui tient à des justifications tirées de la moralité publique, de l'ordre public ou de la protection de la santé et de la vie des personnes, ou encore, de la protection de la propriété industrielle et commerciale. Encore convient-il que cette dérogation ne constitue « ni un moyen de discrimination arbitraire ni une restriction déguisée dans le commerce entre les États membres » (art. 36 TFUE *in fine*). L'idée centrale est donc celle d'assurer un libre accès des marchandises au grand marché qu'est le marché intérieur. C'est ce que confirme, d'ailleurs, la reconnaissance du *principe de libre pratique*[Q] qui conduit à ce que des produits en provenance d'États tiers à l'Union mais ayant subis les formalités douanières prévues puissent aussi librement circuler sur l'ensemble du territoire européen. 141

Avant d'aborder la libre circulation des marchandises, il est nécessaire de préciser le sens du terme « marchandise ». Les auteurs du traité, dès sa version d'origine, n'ont pas fait le choix de recourir à une notion juridiquement connotée, comme celle de « bien », susceptible de soulever des difficultés de qualification. Le droit originaire n'est cependant pas d'un grand secours pour comprendre la notion : tout au plus retient-il une distinction nette entre les marchandises et les services, auxquels il consacre des chapitres différents. On observe encore que le droit primaire envisage indifféremment les marchandises ou les produits (art. 28 § 1 et 2 TFUE, art. 29, 37 §2 et 110 TFUE), tandis que le droit dérivé semble également les tenir pour synonymes. Quoiqu'il en soit, la définition de la notion de marchandise doit certainement s'entendre de façon large et revêt, à cet égard, un caractère extensif. Ainsi, la directive n° 85/374/CEE relative à la responsabilité du fait des produits défectueux (*JOCE* L 210 du 7 août 1985) propose comme définition du produit « tout meuble, même s'il est incorporé dans un autre meuble ou dans un immeuble. Le terme [...] désigne également l'électricité » (art. 2), révélant l'indifférence du caractère immatériel aux fins de la définition de la notion de marchandise. La jurisprudence confirme par ailleurs la souplesse de la notion en affirmant que les marchandises s'entendent des produits agricoles (CJCE 20 avr. 1978, *Société des Commissionnaires réunis SARL c/ Receveur des douanes* ; *SARL Les fils de Henri Ramel c. Receveur des douanes*, aff. jtes 80/77 et 81/77 *Rec. CJCE* 927), ou en révélant qu'elles peuvent être des déchets (CJCE 8 nov. 2007, *Stadtgemeinde Frohnleiten et Gemeindebetriebe Frohnleiten*, aff. C-221/06, *Rec.* 142

CJCE 9642), comme des œuvres d'art (CJCE 10 déc. 1968, *Commission c. Italie*, aff. 7/68, *Rec. CJCE* 617). De jurisprudence constante, le juge de l'Union se borne à définir les marchandises, au sens du traité, comme des « produits appréciables en argent ou susceptibles, comme tels, de former l'objet de transactions commerciales » sans davantage de précisions (CJCE *Commission c. Italie*, préc.). Sont dès lors exclus les produits hors commerce, comme les stupéfiants (CJCE 26 oct. 1982, *Wolf*, aff. 221/81, *Rec. CJCE* 3681). Les produits du tabac doivent en revanche être traités comme des marchandises (CJUE 14 mars 2013, *Commission c. France*, aff. C-216/11, nep). En réalité, en retenant une acception large de la notion qui nous intéresse, le droit de l'Union européenne s'inscrit, une fois de plus, dans une logique de pragmatisme non tributaire des éventuelles divergences des qualifications retenues par les droits nationaux.

■ 143 Il ne saurait être question de reprendre en détail la lente construction – au demeurant chaotique – de la libre circulation des marchandises qui s'écoule sur plus de quarante années. On peut aisément soutenir que l'heure est à une certaine maturité de la matière. Il paraît dès lors utile de s'attacher à la nature des entraves (section 1) et aux moyens de les éradiquer (section 2).

section 1

La nature des entraves à la libre circulation des marchandises

■ 144 Le TFUE s'inscrit dans la ligne du traité CE qui envisage, depuis l'origine, la libre circulation des marchandises en énonçant deux séries d'entraves à supprimer : d'une part, les droits de douane, d'autre part, les restrictions quantitatives. Mais dans les deux cas, les rédacteurs du traité sont allés plus loin, afin de ne pas se laisser enfermer par de difficiles questions de qualification. Ainsi sont prohibés non seulement les droits de douane, mais aussi les autres taxes d'effet équivalent ; les restrictions quantitatives, mais aussi les autres mesures d'effet équivalent. Les premières n'appellent aujourd'hui que peu de remarques (§ 1). Les secondes supposent davantage de développements (§ 2). Dans l'un et l'autre cas, leur disparition est de nature à favoriser le commerce européen. C'est d'ailleurs à l'aune de cette dernière exigence que leur éradication est possible (sur la nécessité de caractériser une situation intracommunautaire, v. ss 139). Par ailleurs, nous formulerons simplement une observation de pure forme. La Cour persiste dans une erreur grammaticale en évoquant les mesures d'effet « équivalent » à des restrictions quantitatives. Il s'agit pourtant d'un participe présent et non d'un adjectif... Tant et si bien qu'une autre orthographe devrait s'imposer : celle de mesure d'effet « équivalant » à... Bien qu'en désaccord sur cette question qui n'emporte, fort heureusement, aucune conséquence sur le fond, nous adopterons la formulation retenue par la Cour de justice.

§ 1 Les droits de douanes et autres taxes d'effet équivalent

Le traité énonce l'interdiction des droits de douane et des taxes d'effet équivalent à des droits de douane, que ceux-ci soient perçus à l'importation ou à l'exportation. Les *droits de douane*[Q], que l'on peut définir comme des charges pécuniaires frappant un produit parce qu'il franchit une frontière, sont donc interdits par le traité dès lors que la frontière en cause est commune à des États membres. Plus précisément, le traité a posé l'interdiction de leur perception et, surtout, a obligé les États à s'abstenir d'en introduire de nouveaux. Cette mission a été menée à bien dans les délais convenus par le traité (1er juill. 1968) et explique que, désormais, la question puisse paraître entendue. 145

En revanche, il est toujours nécessaire de s'attacher à l'autre hypothèse d'interdiction qui touche les *taxes d'effet équivalent à des droits de douane (TEE)*[Q]. La vacuité de l'expression laisse supposer que les rédacteurs du traité ont entendu viser toutes les taxes qui, bien que non qualifiées de droit de douane, sont susceptibles de frapper des produits – essentiellement, importés – et donc d'avoir un effet dissuasif et ainsi, rendre difficile, voire, impossible, leur pénétration sur le marché d'un État membre. C'est à la Cour de justice qu'est rapidement revenue la mission de proposer une définition des TEE. Dans son arrêt dit du « *Pain d'épices* », la Cour énonce qu'« est une taxe d'effet équivalent, un droit, unilatéralement imposé, quelles que soient son appellation et sa technique, soit au moment de l'importation, soit ultérieurement et qui, frappant spécifiquement le produit importé à l'exclusion du produit national similaire, a pour résultat, en altérant son prix, d'avoir sur la libre circulation des produits la même incidence qu'un droit de douane » (CJCE 14 déc. 1962, *Commission c. Luxembourg*, aff. 2 et 3/62, *Rec. CJCE* 813). Cette première définition a été complétée par une seconde encore plus efficace aux termes de laquelle la Cour a insisté sur l'indifférence, d'une part, du caractère minime de la taxe perçue, d'autre part, du fait qu'elle n'exerce aucun effet discriminatoire ou protecteur et que le produit imposé ne se trouve pas en concurrence avec une production nationale (CJCE 1er juill. 1969, *Commission c. Italie*, aff. 24/68, *Rec. CJCE* 193). Munis de ces définitions opérationnelles des TEE, les opérateurs économiques ont pu contester toute une variété de taxes : soit en saisissant la Commission de plaintes de nature à la conduire à engager un recours en constatation de manquement de l'État membre concerné, soit en invoquant directement les dispositions du traité devant le juge national, l'effet direct des articles en cause étant reconnu de longue date avec l'arrêt *Van Gend en Loos* (CJCE 5 févr. 1963, préc.). 146

Deux précisions doivent cependant être apportées. En premier lieu, il faut se garder de croire que toutes les taxes perçues par un État membre sur une marchandise importée constituent immanquablement des TEE. En effet, la Cour admet deux justifications de l'entrave résultant de l'interdiction des droits de douane. D'une part, elle a régulièrement rappelé que ne constitue par une TEE une charge financière exigée lors d'une importation ou d'une exportation de marchandises qui s'analyse en la rémunération directe d'un service rendu à l'importateur ou à l'exportateur. La contrepartie financière exigée doit être proportionnée au service rendu, celui-ci s'entendant d'« un avantage, spécifique ou individualisé, procuré à l'opérateur économique » (CJCE 147

30 mai 1989, *Commission c. Italie*, aff. 340/87, *Rec. CJCE* 193). La Cour a cependant rappelé que ces conditions étaient d'interprétation stricte du fait de leur caractère dérogatoire. Dans son arrêt *Denkavit*, elle a par exemple considéré que le fait de percevoir une taxe non en raison d'un service rendu mais dans le but de subvention des productions nationales relevait de l'interdiction des TEE (CJCE 31 mai 1979, *Denkavit*, aff. 132/78, *Rec. CJCE* 1923). D'autre part, l'obligation imposée par une règlementation européenne (CJCE 25 janv. 1977, *W. J. G. Bauhuis c. État néerlandais*, aff. 46/76, *Rec. CJCE* 5) ou par une convention internationale appliquée par l'ensemble des États membres, qui vise à favoriser le commerce entre ces derniers au moyen d'un système de contrôle qu'ils reconnaissent mutuellement (CJCE 12 juill. 1977, *Commission c. Pays-Bas*, aff. C-89/76, *Rec. CJCE* 1355), peut également justifier l'entrave découlant de l'interdiction des taxes d'effet équivalent. En second lieu, il faut bien distinguer les TEE de l'article 30 TFUE des *impositions intérieures*[Q] de l'article 110 TFUE : les unes et les autres sont complémentaires mais ne se confondent pas. L'article 110 TFUE vise à maintenir la neutralité de l'impôt au regard de la concurrence entre produits importés et produits nationaux. Il dispose en ce sens qu'« aucun État membre ne frappe directement ou indirectement les produits des autres États membres d'impositions intérieures, de quelque nature qu'elles soient, supérieures à celles qui frappent directement ou indirectement les produits nationaux similaires ». Le juge de l'Union rappelle régulièrement que cette disposition, qui est d'effet direct, « a pour objectif d'assurer la libre circulation des marchandises entre les États membres, dans des conditions normales de concurrence » et vise « l'élimination de toute forme de protection pouvant résulter de l'application d'impositions intérieures discriminatoires à l'égard des produits originaires d'autres États membres » (CJUE 7 avr. 2011, *Tatu c. Statul român prin Ministerul Finan□elor □i Economiei*, aff. C-402/09, *Rec. CJUE* I-2711). On comprend immédiatement que, contrairement au TEE, les impositions intérieures reposent sur l'exigence de caractérisation de la discrimination : le régime de la fiscalité indirecte prévue par l'article 110 TFUE nécessite l'existence de produits nationaux similaires taxés, pour pouvoir statuer sur l'absence de discrimination fiscale entre ces derniers produits et les produits importés taxés. C'est d'ailleurs ce que la Cour a rappelé dans une importante décision relative aux postes émetteurs CB (CJCE 22 avr. 1999, *CRT France international SA*, aff. C-109/98, *Rec. CJCE* I-2266). Dans cette affaire, était en cause une taxe perçue en France au moment de la livraison de ce matériel. Le juge administratif dijonnais, saisi d'une contestation, a interrogé la Cour sur la nature exacte d'une telle taxe. La Cour a répondu en estimant que la taxe qui frappe ces postes doit s'analyser non comme une imposition intérieure, mais comme une TEE. En effet, constatant l'absence de production nationale, il était impossible de caractériser une discrimination. En revanche, parce que la taxe ne s'appliquait qu'à des produits importés de la CE, elle constituait une TEE qui, elle, ne suppose pas nécessairement de caractériser une discrimination, mais seulement de relever que le produit est frappé du seul fait qu'il franchit la frontière et ne peut s'analyser en la rémunération directe d'un service rendu à l'importateur.

■ 148 Sans multiplier les exemples, on peut évoquer une affaire qui a longtemps occupé le devant de la scène judiciaire française et européenne : l'affaire dite de la « *supervignette* ». De longue date, le législateur français avait institué une vignette majorée pour les véhicules automobiles de plus de seize chevaux fiscaux. Or, il s'avérait qu'aucune production automobile nationale ne faisait plus de seize chevaux ! Seuls les véhicules importés (et notamment, certaines berlines allemandes) étaient donc concernés. La CJCE à l'époque, dans un arrêt retentissant, a pu conclure que la règle nationale était manifestement discriminatoire et donc contraire à l'article 90 du traité CE – 110 TFUE – (CJCE 9 mai 1985, *Humblot*, aff. 112/84, *Rec. CJCE* 1367). Les adaptations apportées par le législateur français, passant d'une majoration à une logique de progressivité n'ont pas plus satisfait la Cour qui, de nouveau, dans son arrêt *Feldain*, a estimé qu'il y avait là toujours une contrariété à l'article 90 CE (CJCE 17 sept. 1987, *Feldain*, aff. 433/85, *Rec. CJCE* 3536) sauf à démontrer que cette progressivité n'avait pas d'effet discriminatoire à l'égard des véhicules d'importation (CJCE 30 nov. 1995, *Casarin*, aff. C-113/94, *Rec. CJCE* I-4214). Et cette même Cour a pu préciser les modalités de remboursement du trop-perçu (CJCE 29 juin 1988, *Deville*, aff. 240/87, *Rec. CJCE* 3524). Pour sa part, la Cour de cassation a rapidement tiré les conséquences de cette jurisprudence et, s'appuyant expressément sur l'arrêt *Humblot*, a affirmé au visa de l'article 95 CEE (désormais, art. 110 TFUE) que « la taxe instituée [...] est une taxe spéciale dont le montant n'est pas déterminé selon un barème progressif mais, au contraire, est fixé à une somme forfaitaire unique constituant une charge spécifique qui, par son importance, peut influer sur le choix des consommateurs entre des véhicules dont la puissance fiscale se situe soit en dessous soit en dessus du seuil fixé pour l'application de cette taxe ; que, dès lors, ladite taxe, frappant les seules voitures importées en France, notamment d'autres États membres de la Communauté, comme cela résulte des énonciations du jugement, tombe sous le coup de la prohibition découlant du Traité tel qu'interprété par la Cour de justice » (Com. 11 févr. 1986, *Bull. civ.* IV, n° 7).

§ 2 Les restrictions quantitatives et autres mesures d'effet équivalent

La version originelle du traité CEE énonçait de manière détaillée le processus d'élimination progressif des *restrictions quantitatives*[Q] à la libre circulation des marchandises. Le traité d'Amsterdam a procédé à un toilettage de ce texte en ne préservant que les articles 28 et 29 CE, désormais articles 34 et 35 TFUE. Ces dispositions, tout comme l'article 36 TFUE (ex. art. 30 CE) qui prévoit des justifications des restrictions quantitatives et des mesures d'effet équivalent (v. ss 160), sont d'effet direct. L'interdiction énoncée dans l'article 34 TFUE porte sur les restrictions quantitatives à l'importation. Celle prévue à l'article 35 TFUE vise les restrictions quantitatives à l'exportation. Il ne fait cependant que peu de doutes qu'une même restriction quantitative ou une même mesure d'effet équivalent à une restriction quantitative peut jouer dans l'un ou l'autre sens. La Cour de justice a d'ailleurs eu l'occasion d'indiquer que l'interdiction des restrictions quantitatives vise « des mesures ayant le caractère de prohibition totale ou partielle, d'importation, d'exportation ou de transit, suivant le cas » (CJCE 12 juill. 1973, *Geddo*, aff. C-2/73, *Rec. CJCE* 865). La libre circulation des marchandises vise en effet, de manière globale, à l'élimination des obstacles à la fluidité des échanges au sein de l'Union, peu important leur sens. Dès lors, il est possible de ne pas s'attacher à ce sens pour n'examiner que la notion de restriction quantitative. Si le traité ne définit pas délibérément – une fois de plus – les restrictions quantitatives et les *mesures d'effet équivalent à une restriction quantitative (MEERQ)*[Q], le droit dérivé s'en est partiellement chargé. Mais cette approche textuelle (A) n'est que de peu de poids par rapport à l'approche jurisprudentielle (B). 149

A. L'approche textuelle

150 Les institutions européennes – et au premier rang, la Commission – ont tenté de donner une définition des mesures d'effet équivalent à des restrictions quantitatives. Dans une directive n° 70/50/CEE du 22 déc. 1969 relative à la suppression des MEERQ (*JOCE* L 13 du 19 janv. 1970), la notion est présentée comme incluant les dispositions législatives, réglementaires et administratives, les pratiques administratives, ainsi que tous les actes émanant d'une autorité publique qui font obstacle à des importations qui pourraient avoir lieu en leur absence, y compris celles qui rendent les importations plus difficiles ou onéreuses que l'écoulement de la production nationale. L'article 2-3 énonce d'ailleurs une liste non exhaustive de MEERQ : conditions de paiement pour les produits importés différentes de celles imposées aux produits nationaux et difficiles à satisfaire ; conditions portant sur la forme, les dimensions, le poids, la composition, la présentation, l'identification, le conditionnement pour les seuls produits importés plus difficiles à satisfaire que pour les produits nationaux...

151 Une étape supplémentaire a été franchie et qui s'est traduite par l'abandon de la notion de MEERQ au profit de celle, plus générale, d'entrave. Dans un règlement (CE) n° 2679/98 du 7 déc. 1998 relatif au fonctionnement du marché intérieur pour ce qui est de la libre circulation des marchandises entre les États membres (*JOCE* L 337 du 12 déc. 1998, reproduit ss la rubrique « Documents »), le Conseil définit à l'article 1er l'entrave comme « une entrave à la libre circulation des marchandises entre les États membres, qui est imputable à un État membre du fait de son action ou de son inaction, qui est susceptible de constituer une violation des articles 30 à 36 du traité (art. 34 à 37 TFUE) et qui provoque une perturbation grave de la libre circulation des marchandises en empêchant, retardant ou détournant, physiquement ou autrement, l'importation ou le transit de marchandises ». Et en cas de caractérisation d'une telle entrave, une procédure est prévue qui associe la Commission et lui permet de demander à l'État membre concerné de « supprimer ladite entrave dans un délai qu'elle fixe en fonction de l'urgence de la question en cause » (art. 5). Il est important de relever que le droit dérivé ne se borne pas à associer les MEERQ à une mesure discriminatoire mais semble bien aller au-delà en envisageant une mesure indistinctement applicable. Cette solution est confirmée par l'examen attentif de la jurisprudence.

B. L'approche jurisprudentielle

152 Devançant ou complétant les directives et règlements, la Cour de justice a très rapidement été saisie de la question de savoir ce qu'était une mesure d'effet équivalent à une restriction quantitative. Elle en a proposé une définition dans des termes larges, de façon à appréhender une grande variété de restrictions imputables aux États membres. Dans un célèbre arrêt *Dassonville* (CJCE 11 juill. 1974, *Dassonville*, aff. 8/74, *Rec. CJCE* 837), elle explique ainsi que constitue une MEERQ « toute réglementation commerciale des États membres susceptible d'entraver directement ou indirectement, actuellement ou potentiellement le commerce intracommunautaire ». Ainsi que la Cour le souligne expressément quelques années plus tard dans un arrêt non moins important, dit « *Cassis de Dijon* » (CJCE 20 févr. 1979, *Rewe-Zentral*, aff. 120/78, *Rec. CJCE* 649. Sur cet arrêt, v. ss 157), la MEERQ vise les mesures discriminatoires, mais également les mesures indistinctement applicables aux produits nationaux et aux produits importés. La définition proposée dans l'arrêt *Dassonville* est encore

maintenue aujourd'hui, le juge de l'Union se référant néanmoins, depuis l'entrée en vigueur du traité de Lisbonne, au « commerce au sein de l'Union » et non plus au « commerce intracommunautaire » (CJUE 1er mars 2012, *Ascafor et Asidac c. Administración des Estado et a.*, aff. C-484/10, nep). On mesure immédiatement la portée de ces affirmations, qui sont aujourd'hui en principe assimilées par le juge national (v. cep. TGI Paris 21 sept. 2012, n° 11/01490, *FPS c. Canyon bicycles et Beyer Diffusion Canyon*). Notamment, une MEERQ n'est pas tributaire du caractère discriminatoire de la réglementation non plus que de son effet concret d'entrave. La Cour a en particulier à maintes reprises souligné qu'il n'était pas nécessaire d'établir que les mesures restreignent effectivement les échanges pour tomber sous le coup de la prohibition de l'article 28 CE (34 TFUE). Et tant les opérateurs économiques que la Commission l'ont bien compris, qui sont partis à l'assaut de toutes les pratiques, mesures, réglementations nationales susceptibles d'entraver la libre circulation des marchandises sur le territoire européen. Le révélateur de ce phénomène a notamment été l'explosion du contentieux devant la Cour, mais aussi devant les juridictions nationales. C'est ainsi que, sans prétendre à l'exhaustivité, ont été contestées – avec plus ou moins de bonheur – des règles nationales imposant un conditionnement particulier pour le produit importé (CJCE 10 nov. 1982, *Rau c. de Smedt*, aff. 261/81, *Rec. CJCE* 3961) ou un étiquetage du produit exclusivement dans la langue nationale (CJCE 12 sept. 2000, *Geffroy*, aff. C-366/98, *Rec. CJCE* I-6579), des lois nationales imposant le principe du repos dominical (CJCE 23 nov. 1989, *Torfaen Borough Council*, aff. C-145/88, *Rec. CJCE* 3885) ou soumettant le remboursement de lunettes à une autorisation préalable (CJCE 28 avr. 1998, *Decker*, aff. C-120/95, *Rec. CJCE* I-1831)... Les juridictions françaises, notamment répressives, ont connu aussi un contentieux abondant et cyclique (prix du livre, distribution des vitamines, etc.). Ainsi, la chambre criminelle peut-elle affirmer qu'« en réservant l'utilisation de la dénomination de fantaisie "montagne" aux seuls produits fabriqués en France à partir de matière première française, la loi du 9 janvier 1985 et le décret du 26 février 1988 instituent une discrimination, entre produits nationaux et non nationaux, constitutive, au sens de l'article 30 [désormais, article 28] du traité, d'une entrave actuelle ou potentielle aux échanges intracommunautaires » (Crim. 18 sept. 1997, *Bull. crim.* n° 305).

Il est cependant apparu que peu de réglementations nationales pouvaient échapper à 153
l'emprise des articles 28 et 29 CE (34 et 35 TFUE). Le seul fait de restreindre la liberté commerciale des entreprises a progressivement semblé suffisant pour contester les réglementations des différents États membres. La généralité de la définition des mesures d'effet équivalent à des restrictions quantitatives retenue par la Cour a ainsi amené cette dernière à une tentative de réaction : un troisième arrêt important est intervenu un peu moins de vingt ans après l'arrêt *Dassonville*, l'arrêt *Keck et Mithouard* (CJCE 24 nov. 1993, *Keck et Mithouard*, aff. C-267/91 et C-268/91, *Rec. CJCE* I-6126). À l'occasion de cette affaire relative à une procédure pénale engagée contre deux commerçants français pour avoir revendu à perte des produits importés, la Cour se situe explicitement en rupture par rapport à sa jurisprudence antérieure : après avoir admis, de façon surprenante, « que les opérateurs économiques invoquent de plus en plus l'article 30 du traité pour contester toute espèce de réglementations qui ont pour effet de limiter leur liberté commerciale, même si elles ne visent pas les produits en provenance d'autres États membre », elle procède à une véritable redéfinition de la MEERQ et décide que, « contrairement à ce qui a été jugé jusqu'ici », ne sont pas « aptes à entraver directement ou indirectement, actuellement ou potentiellement le

commerce entre les États membres au sens de la jurisprudence *Dassonville* [des mesures] qui limitent ou interdisent certaines modalités de vente, pourvu qu'elles s'appliquent à tous les opérateurs concernés exerçant leur activité sur le territoire national, et pourvu qu'elles affectent de la même manière, en droit comme en fait, la commercialisation des produits nationaux et ceux en provenance d'autres États membres ». En bref, à la suite de cet arrêt, il convient de bien distinguer deux situations. Si une mesure nationale est discriminatoire, elle constitue – quelle que soit sa nature ou son objet – une MEERQ. Si une mesure nationale est indistinctement applicable aux marchandises importées et aux marchandises nationales, elle ne constitue une MEERQ qu'à la condition de ne pas être assimilable à une modalité de vente. Les réglementations limitant ou interdisant certaines modalités de vente, en effet, n'apparaîssent *a priori* pas incompatibles avec les échanges entre les États membres. Aussi bénéficient-elles d'une présomption de conformité aux dispositions du droit primaire, à condition, cependant, qu'elles s'appliquent à l'ensemble des opérateurs concernés exerçant leur activité sur le territoire national et qu'elles atteignent de la même manière, en droit comme en fait, la commercialisation des produits nationaux et celle des produits en provenance d'autres États membres (CJCE 30 avr. 2009, *Fachverband der Buch – und Medienwirtschaft c. LIBRO Handelsgesellschaft GmbH*, aff. C-531/07, *Rec. CJCE* I-3717). La distinction proposée par la jurisprudence *Keck*, parfois difficile à mettre en œuvre, est très (trop ?) subtile et s'attache donc au fait que la mesure, la norme soit de nature à entraver le commerce intracommunautaire. La Cour a très rapidement décliné sa nouvelle « religion », considérant, par exemple, que les restrictions de publicité pour les médicaments commercialisés hors des pharmacies, prévues en Allemagne (CJCE 15 déc. 1993, *Hünermund*, aff. C-292/92, *Rec. CJCE* I-6787), les dispositions nationales réglementant les jours et horaires d'ouvertures des magasins (CJCE 2 juin 1994, *Punto Casa Spa et PPV*, aff. C-69/93 et 258/93, *Rec. CJCE* I-2355) ou, encore, les réglementations interdisant la vente à domicile (CJCE 23 févr. 2006, *A-Punkt Schmuckhandel*, C-441/04, *Rec. CJCE* I-2093) ne constituaient plus des MEERQ.

154 Le juge national a apparemment bien intégré cette distinction. On comprend le changement de perspective en mesurant l'évolution des solutions données par la chambre criminelle à propos d'un même contentieux relatif à l'étendue du monopole de vente reconnu aux pharmaciens. Dans un premier arrêt du 9 juillet 1996, la Haute juridiction retient que la réglementation est susceptible de s'analyser en une entrave mais qu'elle n'est « contraire à aucune disposition du traité instituant la CEE dès lors que cette réglementation s'applique sans distinction tant aux produits nationaux qu'à ceux importés des autres États membres et que les restrictions aux importations qui pourraient en résulter sont justifiées par des raisons de protections de la santé publique et des consommateurs » (Crim. 9 juill. 1996, *Bull. crim.* n° 288). Le raisonnement est bien celui de la jurisprudence *Dassonville* et de son prolongement particulier qu'est l'arrêt du *Cassis de Dijon*. Trois mois plus tard, la Cour de cassation applique très exactement la jurisprudence *Keck et Mithouard*, en retenant que « les dispositions de l'article L. 512 du Code de santé publique [...] s'appliquent sans discrimination tant aux produits nationaux qu'à ceux importés des États membres. Cette réglementation échappe au domaine d'application de l'article 30 [désormais, art. 28] du traité instituant la Communauté européenne et, ne constituant pas une mesure d'effet équivalent à une restriction quantitative à l'importation, il n'y a pas lieu de rechercher, pour écarter l'exception prise de l'incompatibilité du monopole avec ce texte, s'il est justifié, conformément à l'article 36 [désormais, art. 30] » (Crim. 30 oct. 1996, *Bull. crim.* n° 380).

L'arrêt *Keck et Mithouard* a cependant été assez diversement reçu par les commentateurs et sa logique, autre que celle de conduire à une diminution des renvois préjudiciels, mal perçue. Certains s'en sont félicités en retenant que ce revirement constituait un retour de la jurisprudence au texte de base (le traité) et à l'idée centrale qui s'en dégage : s'opposer aux seules mesures qui conduisent à rendre impossible ou plus difficile l'entrée sur un marché national de marchandises importées depuis un État membre. D'autres ont assez rapidement soutenu que la distinction opérée était artificielle et que certaines modalités de vente (par ex., la publicité) pouvaient avoir un effet entravant tout autant perceptible qu'une spécification technique ou une règle d'importation... Enfin, a été soulignée l'impossibilité de faire entrer certaines réglementations dans l'une ou l'autre des catégories, la *summa divisio* proposée par la jurisprudence *Keck* révélant en cela clairement son insuffisance. Deux observations méritent d'être formulées. D'une part, il est vrai que la distinction entre modalités de vente – qui ne constitueraient plus des MEERQ – et les autres modalités – qui continueraient à relever de la qualification de MEERQ – est mal aisée à comprendre. On en veut pour preuve le fait que la Cour a toujours été saisie d'un nombre aussi important de questions préjudicielles même si ces dernières ont quelque peu évolué dans leur libellé : la Cour n'est plus interrogée sur le fait de savoir si la règle ou la pratique nationale peut être justifiée dans les conditions qu'elle a énoncées (sur la justification, v. ss 163) mais sur le fait de savoir si la règle ou la pratique nationale est ou n'est pas une MEERQ. Le premier objectif du revirement de jurisprudence explicitement affirmé par la Cour n'est donc pas atteint. D'autre part, il faut relever qu'à une brève période de fermeté qui a conduit le juge à rejeter à de nombreuses reprises la qualification de MEERQ, a succédé une période beaucoup plus flottante et facteur d'une insécurité juridique certaine. Une affaire typique permet de bien le percevoir. Une règle suédoise interdit la diffusion de toute publicité commerciale pour les boissons alcoolisées dans les magazines distribués sur le territoire national. À l'occasion d'un litige concernant la diffusion de publicité pour du vin rouge et du whisky, la Cour est interrogée sur le fait de savoir si cette interdiction absolue d'annonces commerciales pouvait constituer une MEERQ. Rappelant que désormais les modalités de vente (auxquelles se rattache indiscutablement la publicité commerciale) échappent à la qualification de MEERQ, la Cour n'en estime pas moins que dans certaines hypothèses elles peuvent être de nature à empêcher l'accès au marché des produits en provenance d'un autre État membre ou à les gêner davantage qu'elles ne gênent celui des produits nationaux. En l'espèce, l'interdiction est absolue et prive de tout message publicitaire les producteurs et importateurs. Or « s'agissant de produits, comme les boissons alcooliques (*sic*), dont la consommation est liée à des pratiques sociales traditionnelles ainsi qu'à des habitudes et des usages locaux, une interdiction de toute publicité à destination des consommateurs [...] est de nature à gêner davantage l'accès au marché des produits originaires d'autres États membres que celui des produits nationaux, avec lesquels le consommateur est spontanément mieux familiarisé ». Dès lors, la Cour peut dire pour droit qu'« une interdiction de la publicité telle que celle en cause doit donc être considérée comme affectant plus lourdement la commercialisation des produits originaires d'autres États membres que celle des produits nationaux et comme constituant, par conséquent, une entrave au commerce entre les États membres 155 entrant dans le champ d'application de l'article 30 [désormais, art. 28] du traité » (CJCE 8 mars 2001, *Gourmet International Products AB*, aff. C-405/98, *Rec. CJCE* I-1795).

156 Ces hésitations peuvent laisser dubitatif. Là encore, seule une connaissance approfondie des arrêts de la Cour – nonobstant une évidente casuistique – va permettre de tenter d'en saisir le sens afin d'en percevoir la logique. L'évolution jurisprudentielle conduit cependant à formuler deux remarques. En premier lieu, si l'on peut constater une certaine indétermination de la notion d'entrave, il est possible de soutenir, comme quelques auteurs l'ont proposé, que doit être entendue comme telle toute mesure, discriminatoire ou indistinctement applicable, dont l'objet ou l'effet est d'empêcher l'accès au marché domestique. On observe en effet une progression lente, mais non moins réelle, de la valeur de l'accès au marché dans la mise en œuvre des règles relatives à la libre circulation des marchandises. Présent, de façon implicite, dans l'arrêt *Dassonville*, l'accès au marché est au cœur de l'arrêt *Keck et Mithouard* qui mentionne pour la première fois expressément l'expression. Dans les arrêts plus récents, le critère apparaît être le fil conducteur gouvernant l'application des articles 34 et 35 TFUE (CJCE 10 avr. 2008, *Commission c. Portugal*, aff. C-265/06, *Rec. CJCE* I-2268 ; CJCE 10 févr. 2009, *Commission c. Italie*, aff. C-110/05, *Rec. CJCE* I-519 ; CJCE 4 juin 2009, *Percy Mickelsson*, aff. C-142/05, *Rec. CJCE* I-4273). Aussi le critère opérationnel de l'accès au marché succèderait-il à celui de l'échange dans la qualification des MEERQ. En second lieu, et dans la continuité de ces précédentes observations, si les références à la jurisprudence *Keck* n'ont aujourd'hui pas encore totalement disparu (CJCE 30 avr. 2009, *Fachwerdband der Buch – und Medienwirtschaft*, aff. C-531/07, *Rec. CJCE* I-3717), le juge de l'Union n'hésite pas à se départir du raisonnement adopté en 1993. Il ne cherche par exemple pas systématiquement à faire entrer la réglementation nationale contestée dans une catégorie prédéterminée (CJCE 4 déc. 2008, *Commission c. Pays-Bas*, aff. C-249/07, *Rec. CJCE* I-174 ; CJCE 11 déc. 2008, *Commission c. Autriche*, aff. C-542/07, *Rec. CJCE* I-187). Ainsi que cela a été relevé par des observateurs habitués, certains arrêts semblent même attester de « l'existence d'un travail sciemment à l'œuvre à la Cour pour sortir de l'ornière chaotique creusée par le revirement opéré dans l'affaire *Keck et Mithouard* ». Plusieurs affaires témoignent de « l'inconfort conceptuel dans lequel la Cour se trouve en raison de l'inadaptation à la diversité des réglementations susceptibles d'êtres examinées sur le terrain des entraves non tarifaires aux échanges depuis la novation introduite de manière brutale et peu réfléchie par l'arrêt *Keck et Mithouard* dans la qualification des mesures indistinctement applicables » (A. Rigaux, « Définition des mesures d'effet équivalent », note sous CJCE 10 février 2009, *Commission c. Italie*, aff. C-110/05, préc., *Europe* 2009. Comm. 158). L'arrêt *Commission c. Italie* (préc.) est à cet égard significatif, en ce qu'il annonce la volonté de la Cour de dépasser les distinctions introduites en 1993. Était contestée en l'espèce une réglementation italienne qui autorisait uniquement les véhicules automobiles, les trolleybus et les tracteurs automobiles à tirer une remorque. Estimant que cette mesure avait pour effet d'empêcher l'utilisation des remorques légalement produites et commercialisées dans les autres États membres, ce qui risquait d'entraver leur importation et leur commercialisation en Italie, la Commission avait exercé un recours en manquement contre l'État italien. Amenée à prendre position sur l'entrave, la Cour identifie trois séries de MEERQ : 1) les mesures ayant « pour objet ou pour effet de traiter moins favorablement des produits en provenance d'autres États membres », c'est-à-dire, les mesures discriminatoires indépendamment de leur finalité ou de la matière à laquelle elles se

rattachent ; 2) les règles relatives aux conditions auxquelles doivent répondre les marchandises dans l'État membre d'importation, « même si ces règles sont indistinctement applicables à tous les produits », ce qui correspond à l'une des catégories envisagée dans l'arrêt *Keck et Mithouard*, bien que la Cour ne se réfère pas explicitement à ce dernier ; 3) enfin, une troisième catégorie, résiduelle, est envisagée, qui vise « toute autre mesure qui entrave l'accès au marché d'un État membre des produits originaires d'autres États membres ». La réglementation litigieuse ne se rattachant pas clairement aux deux premières catégories, la Cour a pu examiner l'interdiction au regard de la troisième catégorie pour finalement affirmer que « dans la mesure où elle a pour effet d'entraver l'accès au marché italien des remorques spécialement conçues pour les motocycles et qui sont légalement produites et commercialisées dans des États membres autres que la République italienne, [l'interdiction litigieuse] constitue une mesure d'effet équivalent à des restrictions quantitatives à l'importation interdite par l'article 28 CE (...) ». Les arrêts ultérieurs confirment l'abandon, par la Cour, du clivage binaire proposé par la jurisprudence *Keck et Mithouard* et l'ouverture au critère plus large de l'accès au marché. Précisons que ce dernier n'est – pour l'heure ? – pas présenté comme le critère unitaire au sein de la libre circulation des marchandises : il est ajouté aux autres critères. Un arrêt *Ker-Optika* a ainsi présenté les mesures d'effet équivalent comme les mesures prises par les États « qui ont pour objet ou pour effet de traiter moins favorablement des produits en provenance d'autres États membres », mais aussi celles « relatives aux conditions auxquelles doivent répondre ces marchandises, même si ces règles sont indistinctement applicables à tous les produits » et, en dernier lieu, « toute autre mesure qui entrave l'accès au marché d'un État membre des produits originaires d'autres États membres » (CJUE 2 déc. 2010, *Ker-Optika*, aff. C-108/09, *Rec. CJUE* I-12213). Force est d'ailleurs d'observer que si le juge de l'Union n'a pas renoncé à appliquer le raisonnement retenu dans l'arrêt *Keck et Mithouard*, sa tendance actuelle, lorsqu'il procède au travail de qualification de la réglementation nationale litigieuse, est de renvoyer de manière globale à l'arrêt *Dassonville* et à l'arrêt *Ker-Optika* (CJUE 18 oct. 2012, *Elenca SRL*, aff. C-385/10, nep). L'entrave prohibée peut par ailleurs résulter du simple fait d'être dissuadé d'introduire ou de commercialiser des produits dans l'État membre concerné (CJUE 12 juill. 2012, *Fra. Bo*, aff. C-171/11, nep). Il est donc clair que l'obligation est, pour les États membres, de respecter les principes de non-discrimination, de reconnaissance mutuelle des produits légalement fabriqués et commercialisés dans d'autres États membres, ainsi que celui d'assurer un libre accès aux marchés nationaux, que « l'article 34 TFUE reflète » (CJCE 10 févr. 2009 ; CJUE 2 déc. 2010 ; CJUE 18 oct. 2012, préc.).

section **2**

Les régimes d'élimination des entraves à la libre circulation des marchandises

Les marchandises doivent donc pouvoir circuler sans entrave sur l'ensemble du territoire européen. Ce principe, rappelé avec force à de très nombreuses reprises 157 par la Cour, ne signifie pas pour autant que les États membres n'ont aucune possibilité de s'opposer à l'entrée sur leur territoire national de telle ou telle marchandise importée depuis un autre État membre. La meilleure preuve en est que, dès l'origine, les rédacteurs du traité ont prévu que les États membres pouvaient interdire ou restreindre les importations et les exportations dans la mesure où ces restrictions ou interdictions sont « justifiées par des raisons de moralité publique, d'ordre public, de sécurité publique, de protection de la santé et de la vie des personnes [...] » (art. 30 CE, désormais art. 36 TFUE). Par ailleurs, la Cour de justice, en posant le principe de reconnaissance mutuelle des produits, dans son arrêt *Cassis de Dijon* (CJCE 20 févr. 1979, préc.), a reconnu que « les obstacles à la libre circulation intracommunautaire résultant des disparités de législations nationales relatives à la commercialisation des produits [...] doivent être acceptés dans la mesure où ces prescriptions peuvent être reconnues comme étant nécessaires pour satisfaire à des exigences impératives, tenant notamment à l'efficacité des contrôles fiscaux, à la protection de la santé publique, à la loyauté des transactions commerciales et à la défense des consommateurs ». Ces deux approches complémentaires donnent, on le perçoit immédiatement, un rôle décisif aux juridictions nationales et européennes qui, chargées de l'application et de l'interprétation du droit de l'Union, vont donc être amenées – en présence d'entrave – à contrôler les éventuelles justifications présentées par les États. L'élimination des entraves est donc judiciaire et doit être rattachée à l'affirmation du principe de reconnaissance mutuelle. Mais cette élimination peut aussi procéder de l'intervention du « législateur » européen qui, constatant l'existence d'entraves, va estimer opportun et nécessaire d'harmoniser les législations et réglementations nationales afin de supprimer celles-là (art. 114 et 115 TFUE). L'élimination des entraves procède alors de l'harmonisation des législations.

■ 158 Ces deux voies concurrentes méritent un examen distinct. Mais, il faut préalablement comprendre qu'elles ne sont pas sans liens l'une avec l'autre. On le perçoit bien si l'on se place dans la situation d'un importateur dont les produits sont victimes de ce qu'il considère être une MEERQ, plus généralement, une entrave à la libre circulation des marchandises. S'il souhaite contester cette mesure, cette règle technique ou juridique, une démarche logique doit être suivie. Il convient, tout d'abord, de s'attacher à l'existence d'une directive d'harmonisation, car dans cette hypothèse le maintien d'entrave est impossible sauf pour l'État membre à respecter une procédure qui suppose l'intervention de la Commission. S'il n'existe pas de texte d'harmonisation pertinent, il convient alors de s'attacher à la caractérisation de la MEERQ et, premièrement, à son caractère discriminatoire ou non. Si la discrimination est caractérisée, elle ne peut être justifiée. Si la mesure est indistinctement applicable et sous réserve que l'on soit bien dans la définition telle qu'elle ressort désormais de la jurisprudence *Keck et Mithouard* et de ses dernières évolutions, marquées par les arrêts *Commission c. Italie* et *Ker-Optika* (préc.), il convient de regarder si l'article 36 TFUE peut recevoir application. Au-delà, on examinera si la mesure peut être justifiée par une exigence impérative telle que dégagée par la jurisprudence. Mais il convient de bien garder à l'esprit que cette démarche qui vise en dernière analyse à justifier l'existence d'une entrave suppose une appréciation et une interprétation strictes car l'on se situe dans une logique de dérogation à un principe qui est celui de la libre circulation. C'est très exactement ce que la Cour de justice retient, comme permet de le vérifier l'examen successif de l'élimination des entraves à la libre circulation des marchandises par la jurisprudence (§ 1) et par l'harmonisation (§ 2).

§ 1 L'élimination par la jurisprudence

Parallèlement à l'œuvre d'harmonisation, la jurisprudence a contribué de deux manières à l'éradication des entraves à la libre circulation des marchandises. D'une part, elle a précisé le régime de l'article 30 CE, désormais article 36 TFUE, en en délivrant une interprétation téléologique (A). D'autre part, elle a élaboré une théorie des exigences impératives (B) qui a donné lieu à une jurisprudence riche et complexe. Malgré les différences indéniables qui caractérisent l'un et l'autre – et notamment le fait que le contentieux est de plus en plus exclusivement tiré des exigences impératives –, il s'agit dans les deux cas d'encadrer strictement la compétence reconnue aux États membres de s'opposer à l'entrée sur leur territoire de produits importés depuis un autre État membre. 159

A. L'interprétation téléologique de l'article 36 TFUE (ex-art. 30 CE)

Les mesures tombant *a priori* sous le coup de l'interdiction de l'article 34 TFUE peuvent être validées si elles sont susceptibles d'entrer dans le champ d'application de l'article 36 TFUE. Ce dernier dispose très exactement que « les dispositions des articles 34 et 35 ne font pas obstacle aux interdictions ou restrictions d'importation, d'exportation ou de transit, justifiées par des raisons de moralité publique, d'ordre public, de sécurité publique, de protection de la santé et de la vie des personnes et des animaux ou de préservation des végétaux, de protection des trésors nationaux ayant une valeur artistique, historique ou archéologique ou de protection de la propriété industrielle et commerciale. Toutefois, ces interdictions ou restrictions ne doivent constituer ni un moyen de discrimination arbitraire ni une restriction déguisée dans le commerce entre les États membres ». Ainsi, le traité permet-il aux États membres de justifier certaines entraves (voire, d'en créer) pour des raisons que l'article 36 énumère. Ce texte a été l'objet d'une intense jurisprudence qui s'articule autour de trois propositions. En premier lieu, la Cour a dégagé les conditions d'applicabilité de l'article 36 TFUE. En deuxième lieu, la Cour a caractérisé les conditions d'application de l'article 36 TFUE. En troisième lieu, la Cour a précisé les domaines respectifs des raisons énumérées par l'article 36 TFUE. 160

L'applicabilité de l'article 36 renvoie à la question de savoir dans quelles conditions cet article va pouvoir jouer. La jurisprudence de la Cour apporte sur ce point de très utiles précisions. Tout d'abord, elle rappelle que l'article 36 ne s'envisage que par rapport à l'article 34 TFUE. C'est-à-dire qu'il n'a vocation à s'appliquer qu'en présence d'une MEERQ et non d'une autre entrave, par exemple, de nature tarifaire – TEE ou imposition intérieure – (CJCE 10 déc. 1968, *Commission c. Italie*, aff. 7/68, *Rec. CJCE* 617). Ensuite, elle estime que l'article 36 ne joue que dans des hypothèses de nature non économique. Soulignant qu'« un État membre ne saurait être autorisé à se soustraire aux effets [...] du traité sous prétexte des difficultés économiques occasionnées par l'élimination des entraves au commerce intracommunautaire », elle affirme explicitement que « l'article 36 [désormais, art. 30] vise à sauvegarder des intérêts de nature non économique » (CJCE 10 juill. 1984, *Campus Oil*, aff. 72/83, *Rec. CJCE* 2727). Ceci n'exclut cependant pas qu'une mesure visant principalement l'un des objectifs légitimes visés par l'article 36 TFUE poursuive accessoirement un objectif de nature 161 économique (CJCE 11 sept. 2008, *Commission c. Allemagne*, aff. C-147/07, *Rec. CJCE* I-20). En outre, la Cour a considéré que si l'article 36 autorise que « les législations nationales fassent exception au principe de libre circulation dans la mesure où cela est et demeure nécessaire pour atteindre les objectifs visés par cet article » (CJCE 15 déc. 1976, *Simmenthal*, aff. 35/76, *Rec. CJCE* 1871), l'existence de normes d'harmonisation conduit à ce que les États membres ne puissent plus avoir recours à cet article : les États membres ne peuvent plus prévoir d'exigences autres que celles envisagées par la directive d'harmonisation ou de coordination et ne peuvent s'appuyer que sur les seules dérogations éventuellement édictées par le texte commun dans les conditions énumérées par le traité aux articles 114 à 117 TFUE (par ex., CJCE 5 juill. 1978, *Max Neumann*, aff. 137/77, *Rec. CJCE* 1623). En revanche, si l'État membre invoque des motifs extérieurs aux questions harmonisées, il peut s'appuyer sur une justification prévue par l'article 36 TFUE ou une exigence impérative (v. ss 168)(CJCE 30 avr. 2009, *Lidl Magyarorszag*, aff. C-132/08, *Rec. CJCE* I-3841). Enfin, la Cour a posé de manière nette que les raisons énumérées par l'article 36 constituaient une liste exhaustive, refusant systématiquement toute raison autre avancée par les États membres. Précisant ainsi le champ d'application respectif de l'article 36 et des exigences impératives d'origine jurisprudentielle, elle a par exemple décidé que l'article 36 ne saurait couvrir des justifications tirées de la protection des consommateurs ou de la protection de la création culturelle pour valider les dispositions nationales en matière de prix imposé pour les livres (CJCE 10 janv. 1985, *Leclerc*, aff. 229/83, *Rec. CJCE* 1). Le recours à l'article 36 TFUE est donc sévèrement encadré, ce qui ne semble que stricte logique au regard de la volonté de s'assurer d'une pleine et entière libre circulation des marchandises.

■ 162 L'application de l'article 36 renvoie à la question de savoir comment celui-ci va pouvoir jouer. Que l'on soit en présence d'une des raisons énumérées par l'article 36 ne signifie pas pour autant que l'État membre peut maintenir la restriction quantitative justifiée, par exemple, par une considération de sécurité publique. Là encore, la Cour de justice a œuvré dans le sens d'un encadrement très strict des conditions d'application de l'article, conduisant très souvent à rejeter les moyens mis en œuvre par les États au nom de cette disposition comme manifestement excessifs (CJCE 5 mars 2009, *Commission c. Espagne*, aff. C-88/07, *Rec. CJCE* I-1353). Par là même, la Cour procède à un véritable contrôle des pratiques, mesures et législations nationales susceptibles d'entraver la libre circulation des marchandises. La jurisprudence confirme en effet que la mise en œuvre de l'article 36 ne doit pas permettre aux États membres de porter gravement atteinte à l'ambition poursuivie par la libre circulation des marchandises, à savoir « la fusion des marchés nationaux dans un marché unique » (CJCE 5 mai 1982, *Schul*, aff. C-15/81, *Rec. CJCE* 1409). Deux aspects essentiels ressortent de ce contentieux nourri. D'une part, les mesures nationales adoptées doivent être nécessaires et proportionnées par rapport à l'objectif qu'elles poursuivent. D'autre part, c'est à l'État membre concerné de démontrer que sa réglementation est propre à garantir la réalisation de l'objectif poursuivi tout en respectant le principe de proportionnalité (CJCE 10 avr. 2008, *Commission c. Portugal*, aff. C-265/06, *Rec. CJCE* I-2245). Rappelons par ailleurs qu'en aucun cas, comme l'affirme l'article 36 *in fine*, « ces interdictions ou restrictions ne doivent constituer (...) un moyen de discrimination arbitraire [ou] une restriction déguisée dans le commerce entre les États membres » (CJCE 10 juill. 1980, *Commission c. France*, aff. C-152/78, *Rec. CJCE* 2299) et qu'en droit européen, la discrimination en fonction de la nationalité, qu'elle soit ostensible ou déguisée, qu'elle soit directe ou indirecte, ne peut jamais recevoir de justification. Dès lors, si la mesure justifiée par une raison visée à l'article 36 n'est pas discriminatoire, il appartient à l'État membre concerné de démontrer en quoi elle est apte et proportionnée pour assurer la protection avancée. Dans un arrêt très important, la Cour a effectivement décidé que la charge de la preuve incombe aux autorités nationales qui se prévalent de l'article 36 (CJCE 8 nov. 1979, *Denkavit*, aff. 251/78, *Rec. CJCE* 3369). Ainsi, dans un message destiné au juge interne, la Cour retient qu'« il appartient, dans chaque cas, aux juridictions nationales, d'appliquer ces critères [de l'article 30 CE] à la lumière des circonstances des litiges soumis à leur appréciation, en tenant compte de ce qu'il doit toujours incomber à l'autorité nationale qui invoque l'article 36 [désormais 30] du traité CEE [désormais CE] de démontrer que les mesures qu'elle impose satisfont à ces critères » (CJCE 8 nov. 1979, préc.). Les critères de proportionnalité auxquels la Cour de justice fait référence sont assez mal aisés à saisir. Le contrôle de proportionnalité se laisse en ce sens difficilement enfermer dans un raisonnement rigoureux. Ceci peut être source de difficultés pour les autorités nationales, « le principe de proportionnalité [s'imposant à elles] lorsqu'elles ont à appliquer le droit communautaire » (CJCE 27 oct. 1993, *Enderby*, aff. C-127/92, *Rec. CJCE* I-5535). Par comparaison avec d'autres tests de proportionnalité explicités plus nettement par le juge européen (que ce soit en matière d'exigences impératives, v. ss 168 – ou de raisons impérieuses d'intérêt général, v. ss 258), il apparaît qu'en toutes hypothèses, la mesure nationale doit être apte, nécessaire et strictement proportionnée à l'objectif digne de protection qu'elle poursuit. Ce raisonnement ternaire ne se laisse pas toujours aisément identifier dans la jurisprudence de la Cour. Néanmoins, de cette présentation en trois temps généralement retenue – la distinction théorique des trois éléments du contrôle de proportionnalité connaît quelques variantes –, il découle que 1) la réglementation litigieuse doit être appropriée, c'est-à-dire, apte à atteindre le but visé. Ce premier test, souvent dit « test d'aptitude » soulève rarement de difficultés ; 2) la réglementation doit être nécessaire. En d'autres termes, elle doit être « indispensable (...) [c'est-à-dire] ne doit pas pouvoir être remplacée par une réglementation alternative tout aussi utile qui constituerait une entrave moindre à la libre circulation » (Conclusions de l'avocat général Van Gerven sous CJCE 4 oct. 1991, *Grogan*, aff. C-159/90, *Rec. CJCE* I-4685). Ce test, présenté dans le langage de l'Union comme celui de « l'entrave minimale », signifie que les États sont tenus de choisir, parmi les moyens disponibles, celui qui porte le moins préjudice à la libre circulation, étant rappelé que la preuve de l'inefficacité d'une mesure moins entravante incombe à l'État membre (CJCE 4 juin 1992, *Debus*, aff. C-13/91 et C-113/91, *Rec. CJCE* I-3617). Ce deuxième test constitue le plus souvent le cœur de l'analyse. De nombreux arrêts permettent de saisir le raisonnement suivi par le juge de l'Union à ce stade. Ainsi, après avoir considéré, dans son arrêt *Ker-Optika* (préc.), que la réglementation hongroise interdisant la commercialisation de lentilles de contact par Internet est entravante, la Cour juge que cette réglementation est certes propre à garantir la réalisation de l'objectif visant à assurer la protection de la santé des utilisateurs (1er test), mais que cet objectif peut être atteint par d'autres mesures, moins restrictives (2e test). Aussi propose-t-elle des alternatives dont certaines peuvent d'ailleurs laisser circonspect, comme celle consistant à imposer aux opérateurs économiques intéressés une obligation de mettre un opticien qualifié à la disposition du client, de façon à fournir à ce dernier, à distance, des informations et des conseils individualisés en matière d'utilisation et d'entretien des lentilles de contact. La mise en œuvre du deuxième test peut également conduire la Cour à considérer que le risque que la réglementation vise à prévenir est trop faible par rapport à l'entrave créée. Dans cette hypothèse, la mesure litigieuse ne peut davantage être maintenue ; 3) la réglementation doit enfin organiser un juste équilibre entre les intérêts en présence. Ce troisième test, parfois présenté comme le « test de la proportionalité *stricto sensu* » ou de la « balance des intérêts » (D. Simon, « Le contrôle de la proportionnalité exercé par la Cour de justice des Communautés européennes », in *Les figures du contrôle de proportionnalité en droit français*, *LPA*, n° spécial, 5 mars 2009, p. 17), conduit le juge à identifier les intérêts en présence – par exemple, l'intérêt des sujets de droit face à l'intérêt de l'Union –, à les évaluer, puis à apprécier l'équilibre atteint par la réglementation entre ces intérêts. Les arrêts de la Cour conduisent fréquemment à identifier ces différentes étapes du contrôle de proportionnalité. La terminologie retenue n'est cependant pas nécessairement celle ici présentée. Par ailleurs, la Cour peut inverser certaines étapes du test de proportionnalité, ou mêler certaines d'entre elles, compliquant le travail d'analyse du lecteur d'autant. La dernière étape n'apparaît ainsi pas sytématiquement. Les arrêts dans lesquels la Cour considère que la mesure nationale est effectivement proportionnée sont rares (CJCE 14 déc. 1979, *Henn et Darby*, aff. C-34/79, *Rec. CJCE* 3795 ; CJUE 14 oct. 2004, *Omega Spielhallen*, aff. C-36/02, *Rec. CJUE* I-9609 ; CJCE 14 févr. 2008, *Dynamic Medien Vertriebs GmbH*, aff. C-244/06, *Rec. CJCE* I-505). Le plus souvent, la Cour – aidée en cela par les conclusions imaginatives des avocats généraux – retient qu'il est possible de prévoir des mesures moins restrictives qui permettraient d'atteindre le même objectif de protection et, donc, conclut à la disproportion et retient la qualification de MEERQ (par ex., CJCE 7 mars 1989, *Schumacher*, aff. 215/87, *Rec. CJCE* 617 ou, encore, CJUE 2 déc. 2010, *Ker-Optika*, préc.). Enfin, la Cour invite le juge national à se livrer à ce test de proportionnalité car elle relève que l'appréciation « suppose une analyse des circonstances de fait et de droit qui caractérisent la situation dans l'État membre concerné que la juridiction de renvoi est mieux à même d'effectuer que la Cour » (CJCE 8 mars 2001, préc.). On signalera, pour le regretter, que les hypothèses où le juge national se livre effectivement à ce test qui lui est imposé sont plus qu'exceptionnelles (pour une illustration, Crim. 9 juill. 1996, *Bull. crim.* n° 288) ! Aux termes des trois étapes du contrôle de proportionnalité, la Cour réintroduit souvent un dernier examen, plus subjectif, ainsi que l'y invite la dernière phrase de l'article 36 TFUE. Cette disposition, qui interdit les restrictions déguisées et les discriminations arbitraires, invite à rechercher l'éventuelle mauvaise foi de l'État membre. Aussi, à supposer que la réglementation litigieuse passe avec succès le test de proportionnalité, encore faut-il qu'elle ne soit pas « détournée de [sa] fin et utilisée de manière à établir des discriminations à l'égard de marchandises originaires d'autres États membres ou à protéger indirectement certaines productions nationales », sans quoi elle perd sa légitimité (CJCE 14 déc. 1979, *Henn et Darby*, préc.). Tel est par exemple le cas d'une réglementation qui prohibe l'importation de certaines marchandises au motif qu'elles sont indécentes ou obscènes, mais qui autorise la fabrication de ces mêmes marchandises sur le territoire national et dont la commercialisation sur ce territoire est uniquement soumise à une interdiction absolue d'expédition par voie postale, à une restriction relative à l'étalage en public et à un système d'autorisation des magasins habilités à vendre ces marchandises aux clients de dix-huit ans et plus (CJCE 11 mars 1986, *Conegate*, aff. C-121/85, *Rec. CJCE* 1007). La condition de l'absence de discrimination arbitraire ou de restriction déguisée – bien que de plus en plus délaissée par le juge de l'Union dans sa jurisprudence récente (v. l'arrêt *Ker-Optika*, préc.) – accrédite l'idée selon laquelle le contrôle de proportionnalité est plus exigeant lorsqu'il est mis en œuvre dans le cadre des dérogations textuelles, plutôt que dans celui des exigences impératives, qui ne requiert pas la vérification de cette condition (v. ss 168).

Les raisons qui peuvent justifier les interdictions ou restrictions d'importation ou d'exportation des marchandises – dont on sait qu'elles sont limitativement énumérées – sont susceptibles d'être regroupées en quatre ensembles : 1) la moralité publique, l'ordre public et la sécurité publique ; 2) la protection de la santé et de la vie des personnes et des animaux ou la préservation des végétaux ; 3) la protection des trésors nationaux ayant une valeur artistique, historique ou archéologique ; 4) la protection de la propriété industrielle et commerciale. En tant que dérogation à une liberté fondamentale, ces justifications sont d'interprétation stricte. Le juge de l'Union n'a jamais été amené à préciser ce que revêt l'objectif de protection des trésors nationaux ayant une valeur artistique, historique ou archéologique, bien que l'expression soit entendue différement par les États membres. On s'attachera ainsi plus particulièrement aux premier, deuxième et quatrième ensembles. 163

Les raisons tirées de la moralité publique, de l'ordre public et de la sécurité publique renvoient toutes à une notion assez rapidement dégagée par la Cour de justice : il s'agit de préserver « les intérêts essentiels de l'État » (CJCE 23 nov. 1978, *Thompson*, aff. 7/78, *Rec. CJCE* 2247). Tandis qu'en matière d'établissement et de prestation des services, la Cour n'a jamais entendu donner une définition de l'ordre public qui soit commune à tous les États membres, elle a, au contraire, toujours insisté sur le caractère variable de la notion (comp. Cour EDH, 7 déc. 1976, *Handyside*, Série A, vol. 24). Tout au plus, la Cour opère un contrôle de la réalité de l'atteinte à l'ordre public et des moyens mis en œuvre dans l'optique de sa préservation. La Cour de justice admet ainsi que la protection de l'ordre public et de la sécurité publique puissent justifier des réglementations nationales restreignant les libertés fondamentales. Bien que les arrêts mettant en exergue cette justification touchent davantage la libre circulation des travailleurs, la liberté d'établissement et la libre prestation de services, les États membres tentent également, bien que plus rarement, d'expliquer leurs atteintes à la libre circulation des marchandises en avançant la protection de l'ordre public et de la sécurité publique (CJCE 10 avr. 2008, *Commission c. Portugal*, préc.). L'interprétation de ces notions est contrôlée par le juge de l'Union. Les États membres ne peuvent ainsi déterminer unilatéralement leur portée sans contrôle de la part de la Cour. En tout état de cause, il résulte d'une jurisprudence constante que le recours à la notion d'ordre public suppose l'existence d'une menace réelle et suffisamment grave, affectant un intérêt fondamental de la société (CJCE 28 oct. 1975, *Rutili*, aff. C-36/75, *Rec. CJCE* 1219 ; CJCE 27 oct. 1977, *Bouchereau*, aff. C-30/77, *Rec. CJCE* 1999 ; CJCE 14 mars 2000, *Église de scientologie*, aff. C-54/99, *Rec. CJCE* I-1335). La Cour est dès lors très réticente à admettre la justification tirée de l'ordre public face à des mesures de prévention générale. Ce raisonnement, que l'on rencontre dans le contexte d'autres libertés fondamentales, en particulier dans le cadre de la libre circulation des personnes, est transposable à celui de la libre circulation des marchandises (CJUE 10 avr. 2008, *Commission c. Portugal*, préc.). L'ordre public est invoqué en cas de risques de troubles auxquels l'État ne peut faire face (CJCE 9 déc. 1997, *Commission c. France*, aff. C-265/95, *Rec. CJCE* I-6959) ou lorsqu'il s'agit de maintenir des valeurs essentielles de la société (CJCE 23 nov. 1978, *Thompson*, aff. C-7/78, *Rec. CJCE* I-2247). La justification tirée de la sécurité publique 164 fait l'objet d'un encadrement plus strict de la part de la Cour. Elle a par exemple été admise pour justifier la nécessité d'obtenir une autorisation spéciale pour encadrer la circulation de marchandises qualifiées de matériel stratégique sur le territoire d'un État membre (CJCE 4 oct. 1991, *Richardt*, aff. C-367/89, *Rec. CJCE* I-4621). L'appréciation de la moralité publique peut, quant à elle, considérablement varier d'un État membre à un autre. Il est arrivé à plusieurs reprises que la Cour de justice soit confrontée à des difficultés d'accès au territoire d'un État membre rencontrées par des produits à caractère pornographique. Alors que dans certains cas, elle a considéré que la raison tirée de la moralité publique ne saurait prospérer du fait du caractère manifestement arbitraire de la mesure (CJCE 11 mars 1986, *Conegate*, préc.), dans d'autres cas, elle a validé sur le même fondement une interdiction totale d'importation et de commercialisation (CJCE 14 déc. 1979, *Henn et Darby*, préc.).

■ 165 Les raisons tirées de la protection de la santé et de la vie des personnes sont le plus souvent invoquées ; du moins l'ont-elles beaucoup été. En effet, le développement important des mesures de contrôle sanitaire au niveau européen – rappelons que d'après l'article 168 TFUE : « un niveau élevé de protection de la santé humaine est assuré dans la définition et la mise en œuvre de toutes les politiques et actions de l'Union » – est progressivement venu encadrer le comportement des États. Comme la Cour l'a itérativement retenu, l'invocation de la santé publique au sens de l'article 36 TFUE n'est plus envisageable dès lors que des directives d'harmonisation ont été adoptées et établissent des procédures communautaires de contrôle sanitaire (CJCE 5 avr. 1979, *Ratti*, aff. 148/78, *Rec. CJCE* 1629). En l'absence de règles d'harmonisation, il appartient en revanche aux États membres de décider du niveau auquel ils entendent assurer la protection de la santé et de la vie des personnes (CJUE 1er mars 2012, *Ascafor et Asidac*, aff. C-484/10, nep). Les États, qui doivent quoiqu'il arrive tenir compte des exigences de la libre circulation des marchandises, bénéficient ainsi d'une certaine marge d'appréciation. Cette dernière ne les dispense cependant pas de l'obligation de choisir, parmi les différents moyens à leur disposition, celui qui portera le moins atteinte à la libre circulation des marchandises. La justification aux entraves à la libre circulation des marchandises fondée sur la protection de la santé publique oblige par ailleurs les États à rapporter la preuve que leur réglementation est nécessaire pour protéger effectivement les intérêts visés à l'article 36 TFUE et, notamment, la preuve que la commercialisation des produits litigieux visés par la mesure nationale en cause présente un risque réel pour la santé publique (CJUE 28 janv. 2010, *Commission c. France*, aff. C-333/08, *Rec. CJUE* I-757). Les États doivent donc procéder à une évaluation approfondie du risque, évaluation d'autant plus essentielle lorsqu'il s'agit de justifier la mesure la plus attentatoire à la libre circulation des marchandises, à savoir, l'interdiction de commercialiser un produit sur le territoire national. Observons, enfin, que les États peuvent s'appuyer sur le principe de précaution pour justifier une atteinte au principe de libre circulation des marchandises. La Cour veille cependant rigoureusement sur l'usage que les États membres font de ce principe. Ce dernier doit bien sûr conduire les États à prendre les mesures de protection nécessaires, avant que la réalité et la gravité du risque n'apparaissent. Néanmoins, ceci suppose que les considérations qui fondent l'évaluation du risque ne soient pas purement hypothétiques. Les justifications aux atteintes portées au principe de libre circulation des marchandises devant être d'interprétation stricte, on saisit aisément que la mise en œuvre du principe de précaution suppose 1) l'identification des conséquences potentiellement négatives pour la santé de l'utilisation du produit ; 2) une évaluation compréhensive du risque pour la santé fondée sur les données scientifiques disponibles les plus fiables et les résultats les plus récents de la recherche internationale. La Cour ajoute que « lorsqu'il s'avère impossible de déterminer avec certitude l'existence ou la portée du risque allégué en raison de la nature insuffisante, non concluante ou imprécise des études menées, mais que la probabilité d'un dommage réel pour la santé publique persiste dans l'hypothèse où le risque se réaliserait, le principe de précaution justifie l'adoption de mesures restrictives, sous réserve qu'elles soient non discriminatoires et objectives » (CJUE 28 janv. 2010, *Commission c. France*, préc.).

Les relations entretenues par la propriété industrielle et la libre circulation des marchandises, malgré différents textes de source européenne et une jurisprudence abondante, demeurent relativement complexes. La notion de propriété industrielle visée à l'article 36 TFUE doit être entendue au sens large : elle vise les brevets et marques, les dessins et modèles, mais encore les droits d'auteur et les droits voisins (CJCE 20 janv. 1981, *Musik-Vertrieb Membran*, aff. C-51/80 et C-57/80, *Rec. CJCE* 147). On sait que la *propriété industrielle*[Q] se caractérise par le monopole territorial qu'elle confère à son titulaire. La question qui va se poser en filigrane va donc être de concilier le principe de la libre circulation des marchandises avec l'absolue nécessité de protéger la propriété intellectuelle. C'est l'objet, notamment, de normes européennes telles que la directive du 21 décembre 1988 relative aux marques (*JOCE* L 10 du 11 févr. 1989), le règlement sur la marque communautaire du 20 décembre 1993 (*JOCE* L 11 du 14 janv. 1994), la directive relative à la protection juridique des dessins et modèles du 13 octobre 1998 (*JOCE* L 289 du 29 oct. 1998), le règlement sur les dessins et modèles communautaires du 12 décembre 2001 (*JOCE* L 3 du 5 janv. 2002) ou, dans une certaine mesure, les règlements du 17 décembre 2012 sur le brevet européen à effet unitaire (*JOUE* L 361 du 31 déc. 2012) dont l'entrée en vigueur est prévue au 1er janvier 2014. Ce brevet s'est particulièrement fait attendre : plus de quarante années ont été nécessaires avant que le brevet européen à effet unitaire soit adopté, à travers un paquet composé des règlements (UE) n° 1257/2012 (*JOUE* 31 déc. 2012, L 361/1) et n° 1260/2012 (*JOUE* 31 déc. 2012, L 361/89) du 17 décembre 2012 et d'un accord international sur la juridiction unifiée, ouvert à signature le 19 février 2013. Son adoption a soulevé maintes difficultés, des désaccords apparaissant sur plusieurs points, notamment, sur le régime liguistique du brevet, contesté par l'Italie et l'Espagne. Cette question était en effet au cœur des tensions entre les États membres, les obligeant à recourir à une coopération renforcée. Le conflit s'est d'ailleurs poursuivi jusque devant le juge de l'Union, qui a récemment validé l'option de la coopération renforcée (CJUE 16 avr. 2013, *Espagne et Italie c. Conseil*, aff. C-274/11 et C-295/11, nep). La création du brevet européen à effet unitaire est accompagnée d'une juridiction commune permettant de centraliser sa défense juridictionnelle. Néanmoins, la ratification de l'accord international sur la juridiction unifiée par les États concernés conformément à leurs règles constitutionnelles respectives pourrait se faire attendre, l'Allemagne ayant notamment annoncé qu'une telle ratification nécessite une analyse approfondie de sa constitutionnalité et la ratification dans cet État étant une étape nécessaire pour son entrée en vigueur. Si le système retenu soulève de nombreuses questions, une présentation brève de ce nouvel instrument conduit à noter que le brevet européen à effet unitaire est décerné par l'Office Européen des brevets en tant que catégorie spéciale de brevets européens et à la demande du titulaire de brevet européen. Il aura un effet unitaire dans les 166

25 États membres engagés dans la coopération renforcée et produira ainsi des effets identiques dans l'ensemble de ces États. Il en découle que l'annulation du brevet européen à effet unitaire sera valable pour l'ensemble du territoire des États membres concernés. Le brevet européen à effet unitaire bénéficiera par ailleurs d'une protection uniforme qui comprendra notamment le droit d'empêcher l'exploitation directe ou indirecte de l'invention et l'exclusion des droits conférés au brevet de certains actes faisant l'objet d'une réglementation sectorielle (pour une présentation de ce texte, v. notamment O. Tambou, « Le brevet européen à effet unitaire : un brevet tant attendu », *Europe* 4 avr. 2013, étude 4).

167 La circulation des biens auxquels est attaché un droit de propriété industriel gouverné par l'un des textes précédemment cités relève exclusivement de ceux-ci (en ce sens, à propos d'une marque, CJCE 20 mars 1997, *Phyteron International SE*, aff. C-352/95, *Rec. CJCE* I-1740. v. encore CJCE 8 sept. 2009, *Bud□jovicky Budvar*, aff. C-478/07, *Rec. CJCE* I-7721). Mais en l'absence de normes communes ou dans les interstices laissés par ces normes, la Cour de justice est intervenue pour tenter de concilier les exigences de la libre circulation des marchandises et la protection de la propriété industrielle et commerciale au travers, notamment, des notions d'objet spécifique ou d'*épuisement des droits*. L'idée centrale est de ne pas porter une atteinte disproportionnée au droit de propriété découlant du titre. Ainsi, comme la Cour de justice a pu le décider en matière de brevet, « l'objet spécifique du droit est notamment d'assurer au titulaire, afin de récompenser l'effort créateur de l'inventeur, le droit exclusif d'utiliser une invention en vue de la fabrication et de la première mise en circulation de produits industriels, soit directement, soit par l'octroi de licence à des tiers, ainsi que le droit de s'opposer à la contrefaçon » (CJCE 31 oct. 1974, *Centrafarm*, aff. 15/74, *Rec. CJCE* 1147). La libre circulation cède donc devant cet objet spécifique. L'épuisement des droits, lui, renvoie à l'idée que si un titulaire de droit met un produit en vente ou si un produit est commercialisé avec son assentiment sur le territoire d'un État membre, il ne pourra revendiquer son monopole que lui confère la législation d'un État membre pour empêcher la circulation du produit concerné sur l'ensemble du territoire de l'Union (CJCE 31 oct. 1974, préc.). La proposition a été déclinée à de nombreuses reprises et conduit par exemple la Cour à considérer que l'article 36 TFUE ne permet pas au titulaire du brevet de s'opposer à la réimportation, dans l'État membre où un produit est breveté, de produits qui ont été exportés par lui dans un État membre où ils n'étaient pas brevetés (CJCE 14 juill. 1981, *Merck*, aff. 197/80, *Rec. CJCE* 2063). En revanche, et sous certaines conditions énumérées par la Cour, le titulaire peut s'opposer à une importation parallèle d'un produit ayant fait l'objet d'un reconditionnement (par ex. à propos d'un whisky, CJCE 11 nov. 1997, *Ballantine*, aff. C-349/95, *Rec. CJCE* I-6244). Précisons encore que lorsque la mise sur le marché résulte non du consentement du titulaire du droit, mais de l'expiration de son droit dans un État membre particulier, les restrictions à la libre circulation des marchandises qui résultent de la disparité des législations nationales relatives au droit d'auteur peuvent être justifiées par l'article 36 TFUE, dès lors qu'elles sont nécessaires pour garantir l'existence des droits exclusifs (CJUE 21 juin 2012, *Titus Alexander Jochen Donner*, aff. C-5/11, nep). Dans un domaine sensible comme celui du droit de la propriété industrielle, la Cour, tenue d'examiner les justifications tirées de l'article 36 TFUE ou des exigences impératives, n'hésite pas à proposer des analyses nourries, dans lesquelles le contrôle de proportionnalité des mesures nationales est toujours resserré. On observe une difficile articulation du principe de libre circulation des marchandises et des règles relatives à la protection de la propriété industrielle et commerciale. Et le juge national exprime régulièrement ses doutes, jusqu'à s'en remettre éventuellement à la Cour (en ce sens, Com. 26 mars 2002, *Bull. civ.* IV, n° 58, à propos du transit et la solution retenue en application de la réponse de la CJCE, reproduits ss la rubrique « Documents »). Or, le juge de l'Union est lui-même en proie à des incertitudes qui le conduisent, parfois, à s'en remettre en dernière analyse à l'appréciation souveraine du juge national. Par exemple, il a laissé – sous couvert du principe d'autonomie procédurale – le soin au juge répressif autrichien de décider ou non de combiner l'application du principe d'interprétation conforme avec les principes généraux du droit, notamment ceux de sécurité juridique et de non-rétroactivité de la loi afin de sanctionner le simple transit par le territoire national de produits contrefaits alors que seules l'importation et l'exportation de ces produits constituent une utilisation illicite de la marque (CJCE 7 janv. 2004, *Rolex*, aff. C-60/02, *Rec. CJCE* I-651). On verra que la question est tout autant complexe lorsque l'on aborde les relations entre la propriété industrielle et le droit de la concurrence.

B. La création des exigences impératives

Parallèlement à l'interprétation qu'elle a délivrée de l'article 36 TFUE, la Cour de justice a progressivement élaboré la *théorie des exigences impératives d'intérêt général*[Q] sur le fondement de l'article 34 TFUE. Sans entrer dans le débat – non tranché – de la justification de cette théorie, il convient de comprendre que la Cour a considéré qu'existait un principe général de reconnaissance mutuelle des produits permettant d'atteindre l'objectif de libre circulation des marchandises fixé par l'article 34 TFUE sauf à ce que certaines exigences impératives puissent être avancées par les États membres pour justifier une dérogation au principe. Cette construction jurisprudentielle procède du célèbre arrêt *Cassis de Dijon* (CJCE 20 févr. 1979, préc.). Après avoir posé en substance le principe selon lequel tout produit légalement fabriqué et commercialisé dans un État membre doit pouvoir être commercialisé sur le territoire d'un autre État membre et donc, corollaire nécessaire, ne pas se voir opposer la réglementation commerciale de l'État d'accueil, la Cour énonce cependant que « les obstacles à la libre circulation intracommunautaire résultant des disparités des législations nationales relatives à la commercialisation des produits [...] doivent être acceptés dans la mesure où ces prescriptions peuvent être reconnues comme étant nécessaires pour satisfaire à des exigences impératives, tenant notamment à l'efficacité des contrôles fiscaux, à la protection de la santé publique, à la loyauté des transactions commerciales et à la défense des consommateurs ». 168

L'arrêt *Cassis de Dijon* a bien pris le soin de préciser les conditions dans lesquelles ces exigences impératives sont appelées à recevoir application. En premier lieu, à l'instar des dérogations textuelles de l'article 36 TFUE, le bénéfice d'une exigence impérative n'est possible que dans une situation qui se caractérise par « l'absence d'harmonisation des législations nationales ». L'existence d'un régime harmonisé n'autorise donc pas un État membre à se prévaloir d'une exigence impérative (pour un rappel, CJCE 6 juill. 1995, *Mars*, aff. C-470/93, *Rec. CJCE* I-1923). En deuxième lieu, le bénéfice d'une exigence impérative n'est possible qu'en présence d'une « mesure indistinctement applicable aux produits nationaux et importés », c'est-à-dire, « qu'elle s'applique à tous les opérateurs concernés exerçant leur activité sur le territoire national » (CJCE 6 juill. 1995, préc.). Tandis que le régime des exigences impératives et celui des 169 objectifs visés à l'article 36 TFUE sont extrêmement proches, il s'agit ici d'une caractéristique importante, permettant de différencier les deux séries de justifications : seules les mesures indistinctement applicables peuvent bénéficier d'une exemption sur le fondement des exigences impératives, tandis que toutes les restrictions quantitatives et mesures d'effet équivalent peuvent être appréciées au regard de l'article 36 TFUE. En troisième lieu, et dans la même logique que celle dégagée dans le cadre des dérogations de l'article 36 TFUE, la prescription doit être « nécessaire » pour satisfaire l'exigence impérative et proportionnée par rapport à l'objectif poursuivi. Enfin, les motifs invoqués ne doivent pas être de nature économique. Ce que la Cour affirme dans une jurisprudence constante à propos de l'article 36 TFUE se retrouve en effet également à propos des exigences impératives : la Cour rejette toute exigence impérative qui aurait une nature économique (CJCE 9 déc. 1997, *Commission c. France*, aff. C-265/95, *Rec. CJCE* I-6990).

■ 170 Contrairement à la liste énumérée par l'article 36 TFUE, celle des exigences impératives n'est pas exhaustive. C'est là la conséquence logique de l'utilisation, par la Cour dans l'arrêt *Cassis de Dijon*, de l'adverbe « notamment ». L'élasticité de cette création prétorienne, dont nous verrons qu'elle a été étendue aux autres libertés de circulation, explique largement son succès. Un abondant contentieux s'est développé devant le juge de l'Union, qui lui a permis – avec prudence – de consacrer de nouvelles exigences impératives. De manière indiscutable, il a élevé au rang d'exigence impérative la protection de l'environnement (CJCE 20 sept. 1988, *Commission c. Danemark*, aff. 302/86, *Rec. CJCE* 4607), la protection de la création culturelle (CJCE 11 juill. 1985, *Cinéthèque*, aff. 60 et 61/84, *Rec. CJCE* 2605) ou des choix de politique sociale – dans la mesure où ils ne renvoient pas à des choix de politique économique – (CJCE 23 nov. 1989, *Torfaen Borough Council*, aff. 145/88, *Rec. CJCE* 3851). En revanche, on restera plus circonspect quant au fait de savoir si la protection de la diversité linguistique a été consacrée en tant qu'exigence impérative (sur cette question, v. ss la rubrique « Quiz »). Un coup de frein évident à la consécration de nouvelles exigences impératives doit être signalé. Ainsi qu'on l'a écrit, celles-ci procèdent de l'article 34 TFUE et donc de la notion de MEERQ. Or, la redéfinition des MEERQ opérée par l'arrêt *Keck et Mithouard* (sur laquelle, v. ss 155) a conduit la Cour à ne plus raisonner en terme d'exigence impérative mais bien en terme de MEERQ. La Cour ne se demande plus si les MEERQ « peuvent être reconnues comme étant nécessaires pour satisfaire à des exigences impératives », comme l'affirmait l'arrêt *Cassis de Dijon*, mais si elle est bien en présence d'une MEERQ. Les incertitudes qui marquent cette dernière notion ne dispensent cependant pas d'examiner soigneusement cet aspect tant l'application de sa jurisprudence *Keck et Mithouard* par la Cour a pu, et peut encore, réserver des surprises et conduire, en définitive, à se poser la question d'une exigence impérative (pour une illustration, CJCE 16 janv. 2003, *Commission c. Espagne*, aff. C-12/00, *Rec. CJCE* I-459). Au plan substantiel, les exigences impératives se distinguent des justifications textuelles invocables par les États en ce que les premières permettent d'écarter la qualification d'entrave, à l'endroit où les secondes constituent bien des entraves, que le traité permet cependant d'accepter pour protéger l'ordre public. En d'autres termes, les exigences impératives ne représentent pas, contrairement aux raisons énoncées à l'articles 36 TFUE, des dérogations aux libertés de circulation. Le juge doit en ce sens se placer non sur le terrain de l'article 36 TFUE pour apprécier une entrave à la libre circulation des marchandises, mais uniquement sur celui de l'article 30 TFUE. On peut néanmoins regretter que cette distinction conceptuelle soit aujourd'hui malmenée par le juge de l'Union, qui tend à assimiler les fondements des exigences impératives à ceux des dérogations textuelles aux libertés de circulation (sur cette question, v. les observations fouillées de B. Bertrand, *in* « Que reste-t-il des exigences impératives d'intérêt général ? », *Europe* 2012, Étude 1). En témoignent plusieurs arrêts, qui examinent communément les exceptions textuelles et les exigences impératives (v. par ex. CJCE 11 déc. 2008, *Commission c. Autriche*, aff. C-524/07, *Rec. CJCE* I-187 et CJUE 21 déc. 2011, *Commission c. Italie*, aff. C-28/09, nep, dans lesquels la protection de la santé – justification textuelle – et celle de l'environnement – exigence impérative dégagée de façon prétorienne – sont analysées dans un même temps ; v. encore, CJUE 6 sept. 2012, *Commission c. Belgique*, aff. C-150/11, nep, dans lequel la Cour esquive la discussion sur la frontière séparant les exigences impératives et les dérogations textuelles de l'article 36 TFUE). C'est pourtant la même Cour de justice qui a affirmé par le passé que si les exigences impératives peuvent sembler se confondre avec les dérogations énoncées à l'article 36 TFUE, s'agissant en particulier de la santé publique, les exceptions textuelles ne peuvent être étendues à des hypothèses autres que celles limitativement prévues (CJCE 17 juin 1981, *Commission c. Irlande*, aff. C-113/80, *Rec. CJCE* 1625). On observe ainsi des incohérences, certains arrêts incluant par exemple des exigences impératives dans des justifications tirées de l'article 36 TFUE, alors même que la réglementation en cause n'est pas indistinctement applicable. Cette tendance jurisprudentielle, qui se confirme au-delà du seul domaine de la libre circulation des marchandises, pourrait fragiliser la catégorie juridique des exigences impératives, par un alignement de son fondement théorique et de son régime juridique, avec ceux des dérogations textuelles aux libres circulations (B. Bertrand, Étude préc.). Une certaine insécurité juridique résulte de ces confusions, sinon, peut-être, d'un éventuel manque de rigueur de la part de la Cour. Et le juge national, juge de droit commun du droit de l'Union, pourrait être le premier à en souffrir, lui qui a besoin d'une grille de lecture claire pour censurer les entraves non justifiées au marché intérieur. Dans ce contexte, il importe de bien distinguer le régime des justifications reconnues par la jurisprudence de celui des justifications visées par l'article 36 TFUE, tout en espérant que le juge de l'Union surmonte à l'avenir ses contradictions et procède à une clarification.

Parmi les exigences impératives, l'une retient particulièrement l'attention par la généralité de son propos : la défense des consommateurs. Un contentieux volumineux existe dans un environnement où le traité énonce « assurer un niveau élevé de protection des consommateurs » (art. 169 TFUE) et où de nombreuses directives ont été adoptées en cette matière. De manière assez constante, la Cour de justice ne dénie pas qu'une mesure indistinctement applicable puisse être maintenue pour des raisons tirées de la protection des consommateurs, mais elle porte surtout son analyse sur l'adéquation des moyens mis en œuvre pour assurer cette protection. Et appréciant la proportionnalité de la réglementation nationale, la Cour est guidée par la qualification qu'elle retient, de jurisprudence constante, de la notion de consommateur, qualifié de « normalement attentif et avisé » (CJCE 16 juill. 1998, *Gut Springenheide GmbH*, aff. C-210/96, *Rec. CJCE* I-4659). On peut prendre pour exemple la question de l'étiquetage des produits offerts à la consommation. Amenée à statuer sur une réglementation nationale qui obligeait à modifier la dénomination de produits légalement fabriqués et commercialisés dans d'autres États membres sous la dénomination de vente « chocolat », car ces produits contenaient des matières 171 grasses végétales autres que le beurre de cacao, la Cour rappelle, tout d'abord, que « les entraves au commerce intracommunautaire résultant de disparités des dispositions nationales doivent être acceptées dans la mesure où de telles dispositions sont indistinctement applicables aux produits nationaux et aux produits importés et qu'elles peuvent être justifiées comme étant nécessaires pour satisfaire à des exigences impératives tenant, notamment, à la protection des consommateurs ». Elle explique néanmoins ensuite que, « pour que de telles dispositions puissent être admises, il faut qu'elles soient proportionnées à l'objectif poursuivi et que cet objectif ne puisse pas être atteint par des mesures restreignant d'une manière moindre les échanges intracommunautaires ». Procédant ainsi au test de proportionnalité, la Cour observe que s'« il est légitime pour un État membre de veiller à ce que les consommateurs soient correctement informés sur les produits qui leur sont offerts et de leur donner ainsi la possibilité d'opérer leur choix en fonction de cette information », pour autant « l'obligation [faite à l'importateur] de changer la dénomination de vente de ces produits, qui est imposée par la réglementation [nationale], n'apparaît pas nécessaire à la satisfaction de l'exigence impérative tenant à la protection des consommateurs ». En effet, « l'insertion dans l'étiquetage d'une indication neutre et objective informant les consommateurs de la présence, dans le produit, de matières grasses végétales autres que le beurre de cacao suffirait pour assurer une information correcte des consommateurs » (CJCE 16 janv. 2003, préc.). On ne comprend cette solution que si l'on retient, à titre général, que l'on se situe dans une logique d'exception à un principe – la libre circulation – et, donc, supposant une interprétation restrictive. L'arrêt illustre par ailleurs une tendance du juge de l'Union à proposer aux États des mesures davantage aptes à concilier la satisfaction de l'objectif poursuivi et les principes du traité. En matière de protection du consommateur en particulier, la Cour reconnaît fréquemment l'adéquation de la mesure litigieuse à l'objectif de protection du consommateur (1re étape du test de proportionnalité), mais ajoute cependant le plus souvent que cette mesure porte une atteinte excessive à la libre circulation des marchandises (2e étape du test). Ce constat dressé, la cour s'attache à proposer une mesure moins entravante, qui pourra par exemple consister en une information du consommateur. En toute hypothèse, une information adéquate du consommateur sera en effet en principe préférée à une interdiction d'accès au marché ou de commercialisation des produits sur le territoire national. L'appréciation de la proportionnalité de la mesure, parfois confiée au juge national, est alors strictement encadrée par la Cour, son contrôle pouvant se révéler très approfondi (CJCE 10 nov. 1982, *Rau*, aff. C-261/81, *Rec. CJCE* 3691 ; CJCE 26 juin 1997, *Familiapress*, aff. C-368/95, *Rec. CJCE* I-3709).

■ 172 Enfin, d'autres notions ont fait leur apparition dans la jurisprudence récente de la Cour. Parmi ces nouvelles références, celle aux droits fondamentaux mérite une attention particulière. Plusieurs arrêts délaissent en effet la qualification d'exigence impérative pour s'attacher au respect des droits fondamentaux reconnus par l'Union européenne (CJCE 12 juin 2003, *Schmidberger*, aff. C-112/00, *Rec. CJCE* I-5659). Et ce mouvement jurisprudentiel apparaît suffisamment important pour que certains auteurs s'interrogent sur l'apparition d'une « troisième cause de justification aux atteintes aux libertés » (P. Cassia, « Dignité de la personne humaine et droit communautaire », *Dr. adm.* 2005, comm. 11). L'hypothèse mérite d'être avancée : les droits fondamentaux ouvrent certainement des justifications aux entraves à la liberté des échanges. Cette justification ne semble cependant pas, pour l'heure, bénéficier d'une autonomie suffisamment ferme pour représenter une troisième catégorie de justification aux entraves, la Cour assimilant fréquemment une exigence impérative et un droit fondamental. Il est en revanche certain que la Cour n'hésite pas à procéder à une mise en balance de la libre circulation des marchandises et des droits fondamentaux. Tel est le raisonnement qu'elle suit, par exemple, pour apprécier la proportionnalité d'une entrave à la libre circulation des marchandises dans un contexte où les mesures nationales restrictives tendent à garantir la liberté d'expression et de manifestation (CJCE 12 juin 2003, *Schmidberger*, préc.). Les restrictions aux échanges, fûssent-elles fondées sur le respect des droits fondamentaux, sont naturellement également soumises au test de proportionnalité. Aussi ne doivent-elles pas être disproportionnées au regard de l'objectif poursuivi. Une autre référence, celle à l' « intérêt légitime », a également fait une entrée remarquée dans la jurisprudence de la Cour. L'intérêt légitime, qui se distingue du droit fondamental, apparaît pour la première fois dans le contexte de la libre prestation de services. L'arrêt *Omega* concernait en effet une réglementation allemande qui interdisait l'utilisation d'un équipement de jeux permettant de simuler des actes homicides sur des êtres humains, cet équipement étant importé du Royaume-Uni où il était licitement commercialisé. Tandis que la mesure nationale constituait indéniablement une entrave à la libre prestation de services, la question essentielle était de déterminer si cette entrave pouvait être justifiée par le fait que l'activité litigieuse représentait un danger pour l'ordre public, les autorités allemandes considérant que le jeu portait atteinte à la dignité humaine. La Cour explique alors que l'ordre juridique de l'Union tend indéniablement à assurer le respect de la dignité humaine, en tant que principe général du droit. Et d'ajouter immédiatement « le respect des droits fondamentaux s'imposant tant à la Communauté qu'à ses États membres, la protection desdits droits constitue un intérêt légitime de nature à justifier, en principe, une restriction aux obligations imposées par le droit communautaire, même en vertu d'une liberté fondamentale garantie par le traité telle que la libre prestation de services » (CJCE 14 oct. 2004, *Omega Spielhallen*, *Rec. CJCE* I-9609). La Cour est plus précise encore à propos de la justification tirée de l'intérêt légitime dans un arrêt ultérieur, rendu, cette fois-ci, dans le contexte de la libre circulation des marchandises. Dans l'arrêt *Dynamic Medien* de 2008, la Cour devait ainsi apprécier si une réglementation nationale interdisant la vente par correspondance de vidéogrammes n'ayant pas fait l'objet, par l'autorité nationale compétente, d'un contrôle et d'une classification aux fins de la protection des mineurs, s'opposait au principe de libre circulation des marchandises. La Cour explique alors que « la protection de l'enfant constitue un intérêt légitime de nature à justifier, en principe, une restriction à une liberté fondamentale garantie par le traité » telle que la libre circulation des marchandises. Il en découle que si la réglementation nationale peut passer avec succès le test de proportionnalité et de l'entrave minimale, elle doit être jugée conforme au droit de l'Union (CJCE 14 févr. 2008, *Dynamic Medien*, préc.). L'arrêt suscite un intérêt particulier, dès lors que la Cour se réfère à un intérêt légitime de protection de l'enfant sans citer à aucun moment les justificatifs textuels tirées de l'article 30 CE (36 TFUE). Pourtant, le juge de renvoi, la Commission, l'Avocat général, le gouvernement allemand, les parties au litige comme l'ensemble des parties intervenantes, s'entendaient pour affirmer que la mesure nationale litigieuse relevait des justifications prévues par le traité. L'intérêt légitime pourrait ainsi se présenter comme un nouveau concept de source jurisprudentielle, propre à justifier certaines atteintes aux libertés. La jurisprudence de la Cour à ce sujet doit être surveillée, afin de confirmer une telle hypothèse. L'intérêt légitime est en effet parfois associé aux raisons impérieuses d'intérêt général de source prétorienne, ou, encore, aux justifications textuelles que sont l'ordre public ou la moralité publique. Pour l'heure, on conclura simplement avec un auteur averti que « la seule certitude porte paradoxalement sur l'indétermination de l'intérêt légitime. Elle offre une porte de sortie commode à la Cour de justice quand les dérogations plus traditionnelles ne lui permettent pas d'aboutir à la solution souhaitée. Parfois reliée aux exigences impératives, parfois aux dérogations textuelles, voire, utilisée de manière autonome, la notion d'intérêt légitime permet de mêler intérêt général et ordre public. Ainsi conçue, elle pourrait bien n'être qu'une notion fonctionnelle » (B. Bertrand, préc., spéc. n° 13).

§ 2 L'élimination par l'harmonisation

173 D'après le traité CE lui-même – et, toujours, le TFUE –, parmi les moyens mis en œuvre par l'Union pour assurer la réalisation des objectifs du traité, l'harmonisation des législations nationales doit contribuer à l'édification du marché intérieur. La suppression des entraves à la libre circulation des marchandises passe donc aussi par une harmonisation des législations et des spécifications techniques applicables aux marchandises.

174 La place de l'harmonisation dans cette optique d'élimination des entraves appelle plusieurs observations. L'harmonisation n'a jamais été une nécessité pour assurer la libre circulation des marchandises. C'est là une solution affirmée de longue date par la Cour de justice, selon laquelle « on ne peut faire dépendre l'élimination des restrictions quantitatives et des mesures d'effet équivalent [...] mise en œuvre par l'article 30 [désormais, art. 28], d'une action qui, bien que susceptibles de favoriser la libre circulation des marchandises, ne saurait être considérée comme une condition nécessaire d'application de ce principe fondamental » (CJCE 9 déc. 1981, *Commission c. Italie*, aff. 193/80, *Rec. CJCE* 3019). C'est là aussi, et indirectement, une conséquence de l'affirmation du principe de reconnaissance mutuelle à partir de l'article 34 TFUE. Un rapprochement des législations nationales n'est ainsi entrepris que lorsque la reconnaissance mutuelle des produits est insuffisante pour parvenir à l'objectif de leur libre circulation. En revanche, si une harmonisation est intervenue, elle prive l'article 34 TFUE de toute signification, de même que, corrélativement, la construction jurisprudentielle des exigences impératives (solution constante, v. par ex. CJCE 30 nov. 1983, *Van Bennekom*, aff. 227/82, *Rec. CJCE* 3883). Précisons cependant que les entraves éventuellement autorisées par le droit dérivé ne suffisent pas à faire échapper celles-ci au contrôle du droit primaire. Ainsi en est-il des mesures de protection renforcée du consommateur, autorisées dans le cadre d'une harmonisation minimale (v. par ex. : CJCE 11 déc. 2003, *Deutscher Apothekerverband*, aff. C-322/01, *Rec. CJCE* I-14887 ; CJCE 16 déc. 2008, *Lodwijk Gysbrechts et Santurel Inter BVBA*, *Rec. CJCE* I-9947 ; v. ss rubrique « document »).

175 Avec l'objectif de création du marché unique, la politique d'harmonisation a été relancée. Ont été adoptées de nombreuses directives sur le fondement de l'article 95 CE (ancien et mythique art. 100 A), désormais article 114 TFUE. Cet article, qui permet aux institutions d'arrêter « les mesures relatives au rapprochement des

dispositions législatives, réglementaires et administratives des États membres qui ont pour objet l'établissement et le fonctionnement du marché intérieur », concerne donc au premier chef les MEERQ. En harmonisant les dispositions nationales relatives aux règles de conditionnement, d'étiquetage, les entraves sont donc censées disparaître. Une observation doit immédiatement être formulée : sauf à tomber dans une logique cauchemardesque et caricaturale, on perçoit aisément le caractère illusoire – au reste, inutile – d'une harmonisation dans les moindres détails. Il faut alors constater que tel n'est pas le cas (comme l'atteste la persistance du contentieux de l'article 34 TFUE) et que, bien au contraire, la Communauté s'est engagée dans une logique dite de la « *nouvelle approche*[Q] », selon laquelle, seules les exigences véritablement nécessaires doivent être harmonisées. C'est ainsi, qu'a été adoptée une directive relative à la *normalisation*[Q] (aujourd'hui codifiée, directive n° 98/34/CEE, 22 juin 1998, *JOCE* L 204 du 21 juill. 1998) dont l'objet est d'instaurer une procédure d'information en matière de normes et de règles techniques afin de prévenir les obstacles techniques aux échanges. Par ailleurs, une résolution du Conseil du 7 mai 1985 (*JOCE* C 136 du 4 juin 1985) s'attache au rôle de l'harmonisation technique et de la normalisation. Cette résolution insiste donc sur la « nouvelle approche » qui a été celle de l'Union à propos de la réalisation du marché intérieur et qui consiste en une simplification des normes européennes autour d'exigences essentielles de sécurité supposant un recours accru aux procédures de normalisation nationales. Ainsi les États membres sont-ils tenus d'accepter l'entrée sur leur territoire de marchandises dès lors que ces dernières sont conformes aux normes techniques visées par les directives. On signalera, cependant, que certains États membres connaissent plus de difficultés que d'autres pour transposer les directives « marché intérieur ». Ainsi, la Commission diffuse régulièrement un « tableau d'affichage du marché intérieur » qui fait le bilan des conditions, notamment de délai, de transposition. Si, en 2004, la Commission européenne retenait que la France affichait le plus mauvais bilan des États membres de l'UE, suivie de la Grèce, de l'Allemagne, de l'Italie et du Benelux, depuis lors, les choses se sont considérablement améliorées, notamment par un recours accru à la technique des ordonnances dont la seule vertu de célérité est à souligner. Le tableau d'affichage du marché intérieur publié en octobre 2012 place ainsi la France parmi les États membres affichant le meilleur résultat dans la mise en œuvre des directives « marché intérieur ».

Il ne faut cependant pas croire que dès lors qu'une directive d'harmonisation est 176
intervenue, les États perdent toute possibilité de s'opposer à l'entrée sur leur territoire de marchandises provenant d'autres États membres. Si les États ne peuvent plus s'appuyer sur l'article 36 TFUE ni se prévaloir de la théorie des exigences impératives, une procédure spécifique est prévue aux articles 114 § 6 et 115 § 4 TFUE. Sans entrer dans le détail de cette procédure qui, d'ailleurs, n'a reçu que peu d'applications (v. cependant, CJCE 17 mai 1994, *France c. Commission*, aff. C-41/93, *Rec. CJCE* I-1841), la Commission peut autoriser pour une durée déterminée un État membre à déroger au principe de libre circulation dans la mesure où apparaissent « des exigences importantes visées à l'article 36 ou relatives à la protection de l'environnement ou du milieu de travail » (art. 115 § 4). Mais en aucun cas ces dispositions nationales dérogatoires ne doivent être « un moyen de discrimination arbitraire ou une restriction déguisée dans le commerce entre États membres [ou] une entrave au fonctionnement du marché intérieur » (art. 114 § 6).

177 L'existence d'une directive d'harmonisation est donc une redoutable arme aux mains des plaideurs ou de la Commission. Elle oblige à attirer l'attention tant sur les conditions de son élaboration que sur les conditions de sa transposition. Car, après, il est trop tard ! C'est ce qu'une affaire très diversement appréciée permet de vérifier. L'étiquetage et la présentation des denrées alimentaires ont fait l'objet d'une directive d'harmonisation du 18 décembre 1978 (modifiée à de nombreuses reprises et, en dernier lieu, par une directive de 1993 : Dir. n° 93/102/CE, *JOCE* L 291). À l'occasion d'une question préjudicielle posée dans le cadre de poursuites pénales engagées contre un distributeur français pour avoir commercialisé – en contravention de la réglementation française de l'époque sur l'étiquetage trompeur – des produits importés étiquetés en langue anglaise, la Cour peut dire pour droit que « l'article 30 du traité et l'article 14 de la directive n° 79-112 s'opposent à ce qu'une réglementation nationale impose l'utilisation d'une langue déterminée [en l'espèce le français] pour l'étiquetage des denrées alimentaires, sans retenir la possibilité qu'une autre langue facilement comprise par les acheteurs soit utilisée ou que l'information de l'acheteur soit assurée par d'autres mesures » (CJCE 12 sept. 2000, *Geffroy*, aff. C-366/98, *Rec. CJCE* I-6579). Parfaitement logique et prévisible, une telle solution n'en pose pas moins la question de l'attention avec laquelle l'État français participe à l'élaboration de ces directives puis transpose les textes qu'il a adoptés. La rigueur avec laquelle la Cour de justice a interprété la directive – et qui a pu être regrettée par certains – n'y change rien (sur cette question de place de la langue, v. ss la rubrique « Quiz ») !

Compléments pédagogiques

Mémo

La libre circulation des marchandises est une liberté essentielle organisée autour de la suppression des droits de douane et des taxes d'effet équivalent, ainsi que des restrictions quantitatives et des mesures d'effet équivalent. Les marchandises, qui ne sont pas définies par le traité, se présentent comme tout produit appréciable en argent ou susceptible, comme tel, de former l'objet d'une transaction commerciale. Les deux séries d'entraves visées par le traité ont été progressivement précisées par les textes et la jurisprudence. Si les taxes d'effet équivalent (qui ne doivent pas être confondues avec les impositions intérieures) sont aujourd'hui bien connues et ont – largement – disparu, les mesures d'effet équivalent (MEERQ) engendrent toujours un contentieux important. Abordées pour la première fois dans l'arrêt *Dassonville* comme des réglementations commerciales des États membres susceptibles d'entraver directement ou indirectement, actuellement ou potentiellement le commerce entre États membres, elles ont fait l'objet d'une redéfinition partielle avec l'arrêt *Keck et Mithouard* selon lequel certaines modalités de vente n'en relèveraient plus. La jurisprudence récente dépasse cependant le raisonnement binaire proposé dans ce dernier arrêt : *l'obligation est, pour les États membres, de respecter les principes de non-discrimination, de reconnaissance mutuelle des produits légalement fabriqués et commercialisés dans d'autres États membres, ainsi que celui d'assurer un libre accès aux marchés nationaux.* Les MEERQ peuvent être éliminées selon deux propositions : soit directement sur la base de l'article 34 TFUE par affirmation du *principe de reconnaissance mutuelle* (posé par la CJCE dans l'arrêt *Cassis de Dijon*), soit par le biais de *l'harmonisation des législations et normes techniques nationales*. Dans le premier cas, il convient de regarder si la MEERQ est discriminatoire ou pas et, si la réponse est positive, elle est purement et simplement inopposable à l'opérateur. Si elle est indistinctement applicable, elle peut être justifiée soit par des dérogations tirées du texte du traité lui-même (art. 36 TFUE : ordre public, propriété industrielle, etc.) soit être sauvée par le fait qu'elle traduit une exigence impérative (protection du consommateur, de la santé humaine, etc.) consacrée par la jurisprudence mais strictement encadrée, tant au plan de la notion que de son régime (test de proportionnalité qui conduit à vérifier l'aptitude, la nécessité et la stricte proportionnalité de la mesure). Dans le second cas, l'harmonisation des législations nationales et des spécifications techniques conduit à créer un véritable espace de libre circulation des marchandises qui prive les États membres de toute possibilité de s'opposer à l'entrée sur leur territoire de produits provenant d'autres États membres sauf à mettre en œuvre des mesures de sauvegarde dont la procédure est gouvernée soit par la directive elle-même, soit par le traité.

Quid

■ Droit de douane n° 145

Charge pécuniaire frappant un produit parce qu'il franchit une frontière.

■ Épuisement des droits n° 167

Mise sur le marché d'un produit avec l'assentiment du titulaire emportant renonciation à la revendication du monopole que lui reconnaît ce droit.

■ Exigences impératives n° 168

Notion d'origine jurisprudentielle qui vise des hypothèses de nature non économique susceptibles de justifier une mesure d'effet équivalent à une restriction quantitative sous réserve du respect du principe de proportionnalité.

■ Imposition intérieure n° 147

Taxe qui frappe tout produit, directement ou indirectement et, dans l'espace européen, ne peut être discriminatoire.

■ Libre pratique n° 141

Se dit d'une marchandise originaire d'un pays tiers qui, une fois les formalités de dédouanement réalisées, pourra circuler librement sur le territoire de l'Union.

■ MEERQ (mesure d'effet équivalent à une restriction quantitative) n° 149

Réglementation commerciale d'un État membre susceptible d'entraver directement ou indirectement, actuellement ou potentiellement le commerce au sein de l'Union.

■ Normalisation n° 175

Procédure d'information en matière de règles et normes techniques dont l'objet est de prévenir les obstacles aux échanges.

■ Nouvelle approche n° 175

Politique de l'Union selon laquelle seules les exigences essentielles tenant à la sécurité doivent faire l'objet d'une harmonisation.

■ Propriété industrielle n° 166

Ensemble des droits de propriété portant sur des créations nouvelles (brevet, dessins et modèles) et sur des signes distinctifs (marque, appellation d'origine).

■ Restriction quantitative n° 149

Synonyme de contingentement.

■ TEE (taxe d'effet équivalent à un droit de douane) n° 146

Droit, unilatéralement imposé, quelle que soit sa dénomination, qui frappe une marchandise à l'importation ou à l'exportation.

Biblio

– A. Aubry-Caillaud, « La libre circulation des marchandises et nouvelle approche : les répercussions de la stratégie « marché intérieur 2003-2006 », *JCP* E 2004, 6, p. 1 à 6.

– C. Vial, « Bilan de vingt ans de rapprochement des législations nationales : le marché intérieur des marchandises se porte bien », *RAE* 2012/1, p.43.

– DG Marché intérieur, *Guide pratique relatif aux concepts et à l'application des articles 28-30 du traité CE*, 2001, disponible sur http/en/goods/guideart2830_fr. pdf.

– A. Mattera, « L'harmonisation des législations nationales : un instrument d'intégration et de reconnaissance mutuelle », *RDUE* 2010, n° 4, p. 679 à 727.

– J. Mc Millan, « La politique réglementaire communautaire pour la libre circulation des marchandises et l'approfondissement/achèvement du marché intérieur », *RDUE* 2010, n° 2, p. 229 à 285.

– F. Picod, *Réglementations nationales et libre circulation intra-communautaire des marchandises*, LGDJ, 1997.

– F. Picod, « La nouvelle approche de la Cour de justice en matière d'entraves aux échanges », *RTD eur.* 1998. 169.

– F. Picod, « La jurisprudence Keck et Mithouard a-t-elle un avenir ? » *in* L. Azoulay (dir.), *L'entrave dans le droit du marché intérieur*, Bruylant, Bruxelles, 2011, p. 47 à 72.

– F. Picod, « Libre circulation des marchandises – Champ d'application – Principaux mécanismes », *J.-Cl. Europe*, fasc. 530.

– A. Rigaux, « Cohérence et marché intérieur », *in* V. Michel (dir.), *Le droit, les institutions et les politiques de l'Union européenne face à l'impératif de cohérence*, Université de Strasbourg, 2009.

– D. Simon, « Restrictions quantitatives et mesures d'effet équivalent », *Encyclopédie Dalloz, Répertoire de droit Communautaire*, 1992.

– D. Simon, F. Lagondet, « Libre circulation des marchandises et situations purement internes, chronique d'une mort annoncée », *Europe* 7/1997, p. 7.

– D. Simon, « Le contrôle de proportionnalité exercé par la Cour de justice des Communautés européennes », in Les figures du contrôle de proportionnalité en droit français, *LPA* n° spécial, 5 mars 2009, p. 17.

Par ailleurs, on consultera très régulièrement les chroniques de jurisprudence consacrées à la libre circulation des marchandises que l'on peut retrouver dans les revues spécialisées de droit européen mais aussi au Clunet.

Document

Règlement (CE) n° 2679/98 du Conseil du 7 décembre 1998 relatif au fonctionnement du marché intérieur pour ce qui est de la libre circulation des marchandises entre les États membres (*JOCE* L 337 du 12 déc. 1998)

LE CONSEIL DE L'UNION EUROPÉENNE,

vu le traité instituant la Communauté européenne, et notamment son article 235,

vu la proposition de la Commission,

vu l'avis du Parlement européen,

vu l'avis du Comité économique et social,

(1) considérant que, conformément à l'article 7 A du traité, le marché intérieur comporte un espace sans frontières intérieures dans lequel notamment la libre circulation des marchandises est assurée selon les articles 30 à 36 du traité ;

(2) considérant que toute atteinte portée à ce principe, par exemple lorsque, dans un État membre donné, la libre circulation de marchandises est entravée par des actions menées par des personnes privées, peut perturber gravement le bon fonctionnement du marché intérieur et causer des dommages sérieux aux particuliers lésés ;

(3) considérant que, pour remplir les obligations qui leur incombent en vertu du traité et, notamment, pour assurer le bon fonctionnement du marché intérieur, les États membres doivent, d'une part, ne pas adopter des actes ou des comportements susceptibles de constituer des obstacles aux échanges et, d'autre part, prendre toutes les mesures nécessaires et proportionnées pour faciliter la libre circulation des marchandises sur leur territoire ;

(4) considérant que ces mesures ne doivent pas porter atteinte à l'exercice des droits fondamentaux, y compris le droit ou la liberté de faire grève ;

(5) considérant que le présent règlement ne fait pas obstacle à des actions qui, dans certains cas, pourraient s'avérer nécessaires au niveau communautaire pour apporter une réponse à des problèmes de fonctionnement du marché intérieur, en tenant compte, le cas échéant, de l'application du présent règlement ;

(6) considérant que les États membres sont seuls compétents pour maintenir l'ordre public et sauvegarder la sécurité intérieure, ainsi que pour déterminer si, et dans quel cas, des mesures sont nécessaires et proportionnées pour faciliter la libre circulation des marchandises sur leur territoire dans des circonstances données et pour décider quelles sont les mesures éventuellement nécessaires ;

(7) considérant qu'il doit y avoir un échange d'informations rapide et adéquat entre les États membres et la Commission en ce qui concerne les entraves à la libre circulation des marchandises ;

(8) considérant que l'État membre sur le territoire duquel se produisent des entraves à la libre circulation des marchandises doit prendre toutes les mesures nécessaires et proportionnées pour rétablir au plus vite la libre circulation des marchandises sur son territoire, afin d'écarter tout risque de continuation, d'extension ou d'aggravation de la perturbation ou du préjudice en question et tout risque de rupture des échanges et des relations contractuelles qui les sous-tendent ; que ledit État membre doit informer la Commission et, sur demande, les autres États membres, des mesures qu'il a prises ou entend prendre à cet effet ;

(9) considérant que la Commission, dans l'accomplissement de la mission que lui confère le traité, doit notifier à l'État membre concerné qu'elle estime qu'il y a eu atteinte aux règles et que celui-ci doit réagir à ladite notification ;

(10) considérant que le traité ne prévoit pas, pour l'adoption du présent règlement, d'autres pouvoirs d'action que ceux de l'article 235,

A ARRÊTÉ LE PRÉSENT RÈGLEMENT :

Article premier

Aux fins du présent règlement, on entend par :

1) le terme « entrave », une entrave à la libre circulation des marchandises entre les États membres, qui est imputable à un État membre du fait de son action ou de son inaction, qui est susceptible de constituer une violation des articles 30 à 36 du traité, et qui :

a) provoque une perturbation grave de la libre circulation des marchandises en empêchant, retardant ou détournant, physiquement ou autrement, l'importation ou le transit de marchandises dans un État membre ou l'exportation de celles-ci à partir de cet État membre ;

b) cause des dommages sérieux aux particuliers lésés, et

c) nécessite une action immédiate afin d'éviter toute continuation, extension ou aggravation de la perturbation ou des dommages en question ;

2) le terme « inaction », le fait, pour les autorités compétentes d'un État membre, face à une entrave résultant d'actions menées par des personnes privées, de ne pas prendre toutes les mesures nécessaires et proportionnées qui sont en leur pouvoir en vue de supprimer l'entrave et d'assurer la libre circulation des marchandises sur le territoire de cet État membre.

Article 2

Le présent règlement ne peut être interprété comme affectant d'une quelconque manière l'exercice des droits fondamentaux, tels qu'ils sont reconnus dans les États membres, y compris le droit ou la liberté de faire grève. Ces droits peuvent également comporter le droit ou la liberté d'entreprendre d'autres actions relevant des systèmes spécifiques de relations du travail propres à chaque État membre.

Article 3

1. Lorsqu'une entrave se produit ou risque de se produire :

a) tout État membre (qu'il s'agisse ou non de l'État membre concerné) qui détient des informations pertinentes les communique immédiatement à la Commission, et

b) la Commission communique immédiatement aux États membres ces informations ainsi que toute information, quelle qu'en soit l'origine, qu'elle juge pertinente.

2. L'État membre concerné répond dans les meilleurs délais aux demandes d'informations émanant de la Commission et des autres États membres à propos de la nature de l'entrave ou du risque d'entrave et des mesures qu'il a prises ou entend prendre. Les informations que se transmettent les États membres sont également communiquées à la Commission.

Article 4

1. Lorsqu'une entrave se produit, et sous réserve de l'article 2, l'État membre concerné :

a) prend toutes les mesures nécessaires et proportionnées de manière à assurer la libre circulation des marchandises sur son territoire conformément au traité, et

b) informe la Commission des mesures que ses autorités compétentes ont prises ou entendent prendre.

2. La Commission communique immédiatement les informations reçues selon le paragraphe 1, point b), aux autres États membres.

Article 5

1. Lorsque la Commission estime qu'une entrave se produit dans un État membre, elle notifie à l'État membre concerné les raisons qui l'ont amenée à cette conclusion et demande à l'État membre de prendre toutes les mesures nécessaires et proportionnées pour supprimer ladite entrave dans un délai qu'elle fixe en fonction de l'urgence de la question en cause.

2. Pour établir ses conclusions, la Commission tient compte de l'article 2.

3. La Commission peut publier au Journal officiel des Communautés européennes le texte de la notification qu'elle a envoyée à l'État membre concerné et transmet immédiatement le texte à la partie qui en fait la demande.

4. Dans un délai de cinq jours ouvrables à compter de la réception du texte, l'État membre concerné :

– soit informe la Commission des initiatives qu'il a prises ou qu'il entend prendre pour mettre en œuvre le paragraphe 1er,

– soit communique un document motivé exposant pourquoi il n'y a pas d'entrave constituant une violation des articles 30 à 36 du traité.

5. À titre exceptionnel, la Commission peut accorder une prorogation du délai visé au paragraphe 4 lorsque l'État membre soumet une demande motivée en ce sens et que les raisons en apparaissent justifiées.

Le présent règlement est obligatoire dans tous ses éléments et directement applicable dans tout État membre.

Fait à Bruxelles, le 7 décembre 1998.

Par le Conseil

Le président

J. FARNLEITNER

Com. 26 mars 2002 (question préjudicielle posée à la CJCE) (Pourvoi n° 00-10901, *Bull. civ.* IV, n° 58)

Publié au Bulletin

Président : M. Dumas.

Rapporteur : Mme Favre.

Avocat général : M. Lafortune.

Avocats : la SCP Boré, Xavier et Boré, la SCP Waquet, Farge et Hazan.

RÉPUBLIQUE FRANÇAISE AU NOM DU PEUPLE FRANÇAIS

Sur le moyen unique, pris en ses cinq branches :

Vu l'article 234 du Traité instituant la Communauté européenne ;

Attendu, selon l'arrêt attaqué (Bordeaux, 22 nov. 1999), que, le 25 novembre 1997, les services de la brigade des Douanes ont effectué un contrôle sur un camion, propriété de la société Transremar, transportant des vitres de plusieurs modèles de voitures légalement fabriquées en Espagne par la société Rioglass (Rioglass), à destination de la Pologne ; qu'il fut constaté que les pare-brise qui devaient être montés sur des modèles Peugeot, Citroën ou Renault comportaient, au côté de la marque du fabriquant, le logo ou la marque des constructeurs français ; qu'un procès-verbal de retenue, puis de saisie des marchandises, a été dressé les 25 et 27 novembre 1997 pour soupçon de contrefaçon ; que la société Rioglass a saisi le juge des référés afin de voir ordonner la mainlevée des mesures de retenue et de saisie ;

Attendu que l'administration des Douanes fait grief à l'arrêt, selon les moyens reproduits en annexe, d'avoir dit que sont constitutives de voies de fait tant la retenue du camion que celles des pare-brise et vitres et de l'avoir condamnée à restitution de marchandises, documents et cautions ;

Attendu que la Cour de justice des Communautés européennes a jugé qu'en mettant en œuvre, sur le fondement du Code de la propriété intellectuelle, des procédures de retenue par les autorités douanières dirigées contre des marchandises légalement fabriquées dans un État membre de la Communauté européenne et destinées, après avoir transité par le territoire français, à être mises sur le marché d'un autre État membre, où elles peuvent être légalement commercialisées, la République française a manqué aux obligations qui lui incombent en vertu de l'article 30 du Traité CE, devenu l'article 28 CE (arrêt Commission des Communautés européennes c. République française, 26 sept. 2000) ;

Attendu qu'il importe de savoir si l'article 30 du Traité, devenu l'article 28 CE, doit être interprété en ce sens qu'il s'oppose à la mise en œuvre, sur le fondement du Code de la propriété intellectuelle, des procédures de retenue par les autorités douanières dirigées contre des marchandises légalement fabriquées dans un État membre de la Communauté européenne et destinées, après avoir transité par le territoire français, à être mises sur le marché des pays tiers, en l'espèce la Pologne ; qu'il y a donc lieu de surseoir à statuer jusqu'à ce que la Cour de justice des Communautés européennes se soit prononcée sur ce point ;

Par ces motifs :

RENVOIE à la Cour de justice des Communautés européennes aux fins de dire si l'article 30 du Traité, devenu l'article 28 CE, doit être interprété en ce sens qu'il s'oppose à la mise en œuvre, sur le fondement du Code de la propriété intellectuelle, des procédures de retenue par les autorités douanières dirigées contre des marchandises légalement fabriquées dans un État membre de la Communauté européenne et destinées, après avoir transité par le territoire français, à être mises sur le marché d'un pays tiers, en l'espèce la Pologne ;

Sursoit à statuer sur le pourvoi jusqu'à décision de la Cour de justice des Communautés européennes.

CJCE 23 octobre 2003, *Rioglass SA*, aff. C-115/02, *Rec. CJCE* I-12705 (réponse préjudicielle donnée par la CJCE).

Dans l'affaire C-115/02,

Ayant pour objet une demande adressée à la Cour, en application de l'article 234 CE, par la Cour de cassation (France) et tendant à obtenir, dans le litige pendant devant cette juridiction entre

Administration des douanes et droits indirects

Et

Rioglass SA, Transremar SL,

une décision à titre préjudiciel sur l'interprétation de l'article 28 CE, (...)

Par ces motifs,

LA COUR (sixième chambre)

Statuant sur la question à elle soumise par la Cour de cassation, par arrêt du 26 mars 2002, dit pour droit :

L'article 28 CE doit être interprété en ce sens qu'il s'oppose à la mise en œuvre, en application d'une législation d'un État membre en matière de propriété intellectuelle, des procédures de retenue par les autorités douanières dirigées contre des marchandises légalement fabriquées dans un autre État membre et destinées, après avoir transité par le territoire du premier État membre, à être mises sur le marché d'un pays tiers.

Com. 31 mars 2004, *Bull. civ.* IV, n° 66.

N° de pourvoi : 00-10901

Publié au Bulletin

Président : M. Tricot.

Rapporteur : Mme Favre.

Avocat général : M. Lafortune.

Avocats : la SCP Boré, Xavier et Boré, la SCP Delaporte, Briard et Trichet, la SCP Waquet, Farge et Hazan.

RÉPUBLIQUE FRANÇAISE AU NOM DU PEUPLE FRANÇAIS (...)

Mais attendu que la Cour de justice des Communautés européennes, saisie à titre préjudiciel par arrêt de cette chambre du 26 mars 2002, a dit pour droit (CJCE 23 octobre 2003, affaire C-115/02) que l'article 28 CE doit être interprété en ce sens qu'il s'oppose à la mise en œuvre, en application d'une législation d'un État membre en matière de propriété intellectuelle, des procédures de retenue par les autorités douanières dirigées contre des marchandises légalement fabriquées dans un autre État membre et destinées, après avoir transité par le territoire du premier État membre, à être mises sur le marché d'un pays tiers ; qu'elle a précisé que l'opération de transit ne constituant pas une mise sur le marché, une mesure de retenue en douane, telle que celle opérée par l'administration des Douanes, ne saurait être justifiée par des raisons de protection de la propriété industrielle et commerciale au sens de l'article 30 CE ; que par ces motifs de pur droit l'arrêt se trouve justifié :

Que le moyen ne peut être accueilli ;

Par ces motifs : rejette le pourvoi. (...)

Quiz

1) Sujet corrigé

A) Test de connaissances

Énoncé

1. Une mesure d'effet équivalent à une restriction quantitative s'entend :

a. d'une mesure discriminatoire seulement.

b. d'une mesure indistinctement applicable aux produits nationaux et aux produits importés.

c. d'une mesure discriminatoire ou indistinctement applicable.

2. Il résulte de l'arrêt *Keck et Mithouard* qu'une mesure nationale indistinctement applicable est susceptible de constituer une MEERQ :

a. à condition d'être assimilable à une modalité de vente.

b. à condition de ne pas être assimilable à une modalité de vente.

3. L'article 36 TFUE (ex-art. 30 CE) peut s'appliquer :

a. en présence de toute entrave, dans des hypothèses de nature économique.

b. en présence de toute entrave, dans des hypothèses de nature non économique.

c. en présence d'une MEERQ, dans des hypothèses de nature économique.

d. en présence d'une MEERQ, dans des hypothèses de nature non économique.

4. L'existence de normes d'harmonisation :

a. fait obstacle à ce que les États membres aient recours à l'article 36 TFUE.

b. n'empêche pas les États membres d'avoir recours à l'article 36 TFUE.

5. Les justifications énoncées à l'article 36 TFUE sont exhaustives :

a. vrai.

b. faux.

6. En droit européen, une discrimination en fonction de la nationalité :

a. peut recevoir une justification, dans la mesure où la discrimination est directe.

b. peut recevoir une justification, dans la mesure où la discrimination est indirecte.

c. peut toujours recevoir une justification.

d. ne peut jamais recevoir de justification.

7. Il résulte de l'arrêt *Denkavit* (CJCE 8 nov. 1979, 251/78, *Rec. CJCE* 3369) :

a. que l'article 36 TFUE ne saurait couvrir des justifications tirées de la protection des consommateurs.

b. que les raisons tirées de la moralité publique, de l'ordre public et de la sécurité publique visent à préserver les intérêts essentiels de l'État.

c. que la charge de la preuve incombe aux autorités qui se prévalent de l'article 36 TFUE.

8. Le bénéfice d'une exigence impérative est possible :

a. en présence d'une mesure discriminatoire.

b. en présence d'une mesure indistinctement applicable aux produits nationaux et aux produits importés.

9. La liste des exigences impératives est exhaustive :

a. vrai.

b. faux.

Voir le corrigé en fin de rubrique.

B) Commentaire d'arrêt

CJCE 16 décembre 2008, *Lodwijk Gysbrechts et Santurel Inter BVBA*, C-205/07 (*Rec. CJCE* I-9947)

Dans l'affaire C-205/07, ayant pour objet une demande de décision préjudicielle au titre de l'article 234 CE, introduite par le hof van beroep te Gent (Belgique), par décision du 20 mars 2007, parvenue à la Cour le 19 avril 2007, dans la procédure pénale contre

Lodewijk Gysbrechts,

Santurel Inter BVBA,

LA COUR (grande chambre), (…)

1. La demande de décision préjudicielle porte sur l'interprétation des articles 28 CE à 30 CE.

2. Cette demande a été soulevée dans le cadre d'une procédure pénale engagée contre M. Gysbrechts et la société Santurel Inter BVBA (ci-après « Santurel ») pour des infractions à la législation belge sur la vente à distance. (…)

Le litige au principal et la question préjudicielle

8. Santurel est une entreprise spécialisée dans la vente en gros et en détail de suppléments alimentaires. La majeure partie des ventes a lieu en ligne au moyen du site Internet de la société, les produits commandés étant ensuite expédiés aux acheteurs par colis postaux.

9. M. Gysbrechts est le fondateur et le gérant de cette entreprise.

10. En 2001, un litige a opposé Santurel à l'un de ses clients, M. Delahaye, résidant en France, en raison du non-paiement du prix de certains des produits qui lui ont été livrés. À l'issue dudit litige, le juge de paix de Dendermonde (Belgique), saisi par la société, a condamné par défaut M. Delahaye.

11. M. Delahaye a alors déposé plainte, affirmant, sans toutefois en apporter la preuve, qu'il aurait renvoyé à Santurel lesdits produits. L'administration de l'inspection économique belge a procédé par la suite à une enquête à l'occasion de laquelle ont été constatés des manquements aux obligations d'information concernant le droit de rétractation prévues par la loi sur la protection du consommateur. Ces manquements ont été signalés à Santurel et accompagnaient la demande de régularisation de sa situation.

12. Santurel a donc adapté les informations fournies sur son site Internet en indiquant, entre autres, que le paiement des produits doit intervenir dans les huit jours après la réception de ces derniers. Pour les produits livrés en Belgique, le prix peut être payé par virement bancaire, par mandat postal ou par carte de crédit. Pour les autres pays, le seul moyen de paiement accepté est la carte de crédit. Dans tous les cas, lorsqu'un paiement est effectué par carte de crédit, le client doit indiquer sur le bon de commande le numéro et la date de validité de cette carte.

13. L'inspection économique, jugeant cette modification insuffisante, a assigné en justice Santurel et M. Gysbrechts en sa qualité de gérant, en alléguant la commission d'infractions aux dispositions sur la vente à distance figurant dans la loi sur la protection du consommateur. Ces infractions concerneraient, notamment, le non-respect de l'interdiction, prévue à l'article 80, paragraphe 3, de cette loi, d'exiger du consommateur un acompte ou un paiement quelconque avant l'expiration du délai de sept jours ouvrables permettant la renonciation au contrat. Selon l'inspection économique, l'indication du numéro de carte de crédit sur le bon de commande des produits permettrait à Santurel d'encaisser le prix de ces derniers avant l'expiration du délai de rétractation de sept jours ouvrables, ce qui contreviendrait aux exigences prévues par la loi. (...)

15. Le hof van beroep te Gent a constaté que l'interdiction visée à l'article 80, paragraphe 3, de la loi sur la protection du consommateur comporte le risque, pour un commerçant belge, de n'obtenir que difficilement le paiement de ses marchandises lorsqu'elles ont été livrées à des clients établis dans un autre État membre, ce risque ressortant avec d'autant plus d'acuité lorsqu'il s'agit, comme dans l'affaire au principal, de montants relativement faibles.

16. Dans ces conditions, il estime défendable le point de vue de Santurel et de M. Gysbrechts, selon lequel l'interdiction en question constitue une entrave non justifiée à la libre circulation des marchandises au sein de la Communauté européenne. Il a, par conséquent, décidé de surseoir à statuer et a saisi la Cour de la question préjudicielle suivante :

« La loi belge de 14 juill. 1991 sur les pratiques du commerce et sur l'information et la protection du consommateur constitue-t-elle une mesure d'effet équivalent, interdite au titre des articles 28 [CE] à 30 CE, dans la mesure où cette loi nationale contient, en son article 80, paragraphe 3, une interdiction d'exiger un acompte ou un paiement quelconque du consommateur pendant le délai de renonciation obligatoire, et que, par conséquent, cette loi n'exerce pas la même influence de fait sur les échanges nationaux de marchandises que sur les transactions intervenant avec des ressortissants d'un autre État membre, si bien que cette situation entraîne une entrave de fait à la libre circulation des marchandises, principe consacré par l'article 23 CE ? » (...)

Réponse de la Cour

Observations liminaires

29. Par sa question, la juridiction de renvoi demande, en substance, si les articles 28 CE à 30 CE s'opposent à une disposition telle que celle en cause au principal, concernant les ventes à distance, qui interdit au fournisseur d'exiger un acompte ou un paiement quelconque avant l'expiration du délai de rétractation.

30. Dans ce contexte, il convient de relever qu'il ressort du dossier soumis à la Cour, ainsi que des observations présentées devant celle-ci, que M. Gysbrechts et Santurel ont été condamnés pour avoir exigé des consommateurs ne résidant pas en Belgique le numéro de leur carte de paiement avant l'expiration du délai de rétractation. En effet, selon l'interprétation de la disposition en cause au principal adoptée par les autorités belges, lors de la conclusion d'un contrat à distance, le fournisseur ne peut pas exiger du consommateur le numéro de sa carte de crédit, bien qu'il s'engage à ne pas l'utiliser avant l'expiration du délai en question pour encaisser le paiement.

31. Afin de fournir à la juridiction de renvoi tous les éléments d'interprétation relevant du droit communautaire qui peuvent être utiles au jugement de l'affaire dont elle est saisie, qu'elle y ait fait ou non référence dans l'énoncé de ses questions (arrêt du 11 septembre 2007, *Céline*, C-17/06, *Rec. CJCE* p. I-7041, point 29), il convient d'examiner une interdiction telle que celle en cause au principal, ainsi qu'elle est exposée au point 30 du présent arrêt, également à la lumière de l'interprétation donnée, dans l'affaire au principal, par les autorités belges.

32. En outre, il importe de constater que l'interdiction prévue à l'article 80, paragraphe 3, de la loi sur la protection du consommateur relève du champ d'application de la directive 97/7.

33. Selon une jurisprudence constante, toute mesure nationale dans un domaine qui a fait l'objet d'une harmonisation exhaustive au niveau communautaire doit être appréciée au regard des dispositions de cette mesure d'harmonisation, et non pas de celles du droit primaire (arrêt du 11 décembre 2003, *Deutscher Apothekerverband*, C-322/01, *Rec. CJCE* p. I-14887, point 64).

34. Toutefois, en l'espèce, il ressort que la directive 97/7 n'a pas opéré une harmonisation exhaustive. À cet égard, ainsi que l'article 14, paragraphe 1, de ladite directive le prévoit expressément, celle-ci autorise les États membres à adopter ou à maintenir, dans le domaine régi par cette directive, des dispositions plus strictes afin d'assurer un niveau de protection plus élevé du consommateur à condition que ce pouvoir soit exercé dans le respect du traité (voir arrêt Deutscher Apothekerverband, précité, point 64).

35. Il s'ensuit qu'une telle disposition n'exclut pas la nécessité d'examiner la compatibilité de la mesure nationale en cause dans l'affaire au principal avec les articles 28 CE à 30 CE.

36. Pour ce qui est de la compatibilité de l'article 80, paragraphe 3, de la loi sur la protection du consommateur avec les dispositions de l'article 28 CE, il importe de constater qu'une procédure telle que celle en cause au principal concerne non pas l'importation, mais, au contraire, l'exportation de marchandises depuis la Belgique vers d'autres États membres.

37. Étant donné que l'analyse de la compatibilité dudit article 80, paragraphe 3, avec l'article 28 CE n'a aucun rapport avec l'objet du litige au principal, la Cour n'a pas à se prononcer sur cet aspect de la question préjudicielle.

Sur l'existence d'une mesure d'effet équivalent à une restriction quantitative à l'exportation au sens de l'article 29 CE

38. Pour répondre à la question posée par la juridiction de renvoi, il y a donc lieu d'établir si l'interdiction prévue par la disposition en cause au principal constitue une mesure d'effet équivalent à une restriction quantitative à l'exportation.

39. Il convient d'examiner la compatibilité de la disposition en cause au principal avec l'article 29 CE en prenant également en compte l'interprétation donnée par les autorités nationales selon laquelle les fournisseurs ne sont pas autorisés d'exiger des consommateurs le numéro de leur carte de paiement, alors même qu'ils s'engagent à ne pas l'utiliser avant l'expiration du délai de rétractation.

40. À cet égard, ont été qualifiées de mesures d'effet équivalent à des restrictions quantitatives à l'exportation les mesures nationales qui ont pour objet ou pour effet de restreindre spécifiquement les courants d'exportation et d'établir ainsi une différence de traitement entre le commerce intérieur d'un État membre et son commerce d'exportation, de manière à assurer un avantage particulier à la production nationale ou au marché intérieur de l'État intéressé, au détriment de la production ou du commerce d'autres États membres (arrêt du 8 nov. 1979, *Groenveld*, 15/79, *Rec. CJCE* p. 3409, point 7).

41. Dans l'affaire au principal, il apparaît, comme le gouvernement belge l'a d'ailleurs relevé dans ses observations écrites, que l'interdiction d'exiger un paiement anticipé prive les opérateurs concernés d'un instrument efficace pour se prémunir contre le risque de non-paiement. Cela est vrai, à plus forte raison, lorsque la disposition nationale en cause est interprétée comme interdisant aux fournisseurs de demander le numéro de carte de paiement des consommateurs, même s'ils s'engagent à ne pas l'utiliser avant l'expiration du délai de rétractation pour encaisser le paiement.

42. Ainsi qu'il ressort de la décision de renvoi, une telle interdiction a généralement des conséquences plus importantes dans les ventes transfrontalières faites directement aux consommateurs, en particulier, dans celles effectuées au moyen de l'Internet, et ce notamment en raison des obstacles auxquels se heurte la poursuite dans un autre État membre de consommateurs défaillants, surtout lorsqu'il s'agit de ventes portant sur des montants relativement faibles.

43. Par conséquent, il y a lieu de considérer que, même si une interdiction, comme celle en cause au principal, est applicable à tous les opérateurs agissant sur le territoire national, elle affecte toutefois en fait davantage la sortie des produits du marché de l'État membre d'exportation que la commercialisation des produits sur le marché national dudit État membre.

44. Il y a lieu, dès lors, de constater qu'une interdiction, telle que celle en cause au principal, imposée au fournisseur dans une vente à distance d'exiger un acompte ou un paiement quelconque avant l'expiration du délai de rétractation constitue une mesure d'effet équivalent à une restriction quantitative à l'exportation. Il en va de même de l'interdiction faite au fournisseur d'exiger des consommateurs le numéro de leur carte de paiement, même s'il s'engage à ne pas l'utiliser avant l'expiration dudit délai pour encaisser le paiement.

Sur la justification éventuelle de la mesure d'effet équivalent

45. Une mesure nationale contraire à l'article 29 CE peut être justifiée par l'une des raisons énoncées à l'article 30 CE, ainsi que par des exigences impératives tenant à

l'intérêt général, pourvu que ladite mesure soit proportionnée au but légitime poursuivi.

46. À cet égard, il y a lieu de constater qu'aucune des raisons mentionnées à l'article 30 CE n'est pertinente dans le contexte de l'affaire au principal.

47. Il convient toutefois d'ajouter que, selon une jurisprudence constante, la protection des consommateurs peut constituer un objectif légitime d'intérêt général de nature à justifier une restriction à la libre circulation des marchandises (voir arrêts du 20 févr. 1979, *Rewe-Zentral*, 120/78, *Rec. CJCE* p. 649, point 8, et du 23 févr. 2006, *A-Punkt Schmuckhandel*, C-441/04, *Rec. CJCE* p. I-2093, point 27).

48. Dans l'affaire au principal, il n'est pas contesté que la disposition en cause a été adoptée dans le but d'assurer la protection du consommateur et, en particulier, l'exercice efficace du droit de rétractation qui lui est garanti par l'article 6 de la directive 97/7.

49. En effet, en vertu de la possibilité reconnue aux États membres par l'article 14 de la directive 97/7 d'adopter, dans le domaine qu'elle régit, des dispositions plus strictes, le Royaume de Belgique a choisi de protéger davantage le consommateur en interdisant aux fournisseurs non seulement d'imposer une pénalité pour l'exercice du droit de rétractation, mais aussi d'exiger un acompte ou un paiement quelconque avant l'expiration du délai de rétractation. La disposition en cause au principal entend renforcer ainsi la liberté du consommateur de mettre fin aux relations contractuelles, sans avoir à se soucier du remboursement des sommes qu'il a avancées.

50. Il reste à établir si cette disposition, ainsi que l'interprétation qui lui est donnée par les autorités nationales, sont proportionnées à l'objectif poursuivi.

51. À cet égard, selon une jurisprudence constante, pour qu'une réglementation nationale soit conforme au principe de proportionnalité, il importe de vérifier non seulement si les moyens qu'elle met en œuvre sont propres à garantir la réalisation des objectifs poursuivis, mais également s'ils ne vont pas au-delà de ce qui est nécessaire pour atteindre ces objectifs (voir arrêt du 14 septembre 2006, *Alfa Vita Vassilopoulos et Carrefour-Marinopoulos*, C-158/04 et C-159/04, *Rec. CJCE* p. I-8135, point 22).

52. L'interdiction d'exiger un acompte ou un paiement quelconque avant l'expiration du délai de rétractation, ainsi que l'interdiction de demander aux acheteurs d'indiquer le numéro de leur carte de paiement, est propre à assurer une protection élevée des consommateurs dans le cadre des ventes à distance, notamment en ce qui concerne l'exercice de leur droit de rétractation.

53. Il convient toutefois d'examiner si la mesure nationale en cause dans l'affaire au principal ne va pas au-delà de ce qui est nécessaire pour atteindre l'objectif proposé et, notamment, si des mesures également efficaces pour la protection des consommateurs, mais ayant un effet moins restrictif sur le commerce intracommunautaire, pourraient être envisagées.

54. Il importe en effet de rappeler que l'une des particularités des contrats de vente à distance est le décalage existant souvent entre l'exécution des obligations contractuelles de chacune des parties. Ainsi, il est possible que le consommateur soit amené à payer la marchandise avant qu'elle ne lui parvienne ou, au contraire, que le fournisseur soit conduit à livrer la marchandise sans en avoir reçu le prix. Or, ce décalage crée, à la charge des parties contractantes, un risque spécifique d'inexécution.

55. Il revient aux États membres de déterminer, dans le respect du droit communautaire, d'une part, la façon dont ce risque d'inexécution doit être réparti entre le fournisseur et le consommateur et, d'autre part, les moyens mis à la disposition de ces parties contractantes pour s'en prémunir.

56. Même si l'interdiction d'exiger un paiement dans le délai de rétractation augmente l'incertitude des fournisseurs quant au versement du prix de la marchandise livrée, cette interdiction apparaît nécessaire pour assurer le niveau de protection envisagé par la disposition en cause au principal. En effet, le consommateur ayant payé une avance au fournisseur sera moins disposé à exercer son droit de rétractation, et ce même si les produits livrés ne répondent pas entièrement à ses exigences.

57. Concernant plus spécifiquement l'interdiction imposée au fournisseur d'exiger le numéro de la carte de paiement du consommateur, il convient de relever que ladite interdiction est indissociable de l'interdiction énoncée à l'article 80, paragraphe 3, de la loi sur la protection des consommateurs.

58. En effet, d'une part, ladite interdiction résulte de la mise en œuvre, par les autorités belges compétentes, de l'interdiction énoncée par la disposition en cause au principal et, d'autre part, elle poursuit le même objectif, à savoir l'exercice effectif du droit de rétractation.

59. Tout comme l'interdiction énoncée par la disposition en cause au principal, l'interdiction imposée au fournisseur d'exiger le numéro de la carte de paiement du consommateur est propre à garantir la réalisation de l'objectif qu'elle poursuit, ainsi qu'il résulte du point 52 du présent arrêt.

60. Toutefois, ainsi que cela ressort du point 85 des conclusions de Mme l'avocat général, l'interdiction imposée au fournisseur d'exiger le numéro de la carte de paiement du consommateur ne présente une utilité que pour écarter le risque que le fournisseur procède à l'encaissement du prix avant l'expiration du délai de rétractation.

61. Or, si ce risque se réalise, le comportement du fournisseur enfreint, en soi, l'interdiction énoncée par la disposition en cause au principal, laquelle doit être considérée comme une mesure appropriée et proportionnée pour atteindre l'objectif qu'elle poursuit, ainsi que cela ressort des points 54 à 57 du présent arrêt.

62. Force est donc de constater que l'interdiction imposée au fournisseur d'exiger le numéro de la carte de paiement du consommateur va au-delà de ce qui est nécessaire pour atteindre l'objectif poursuivi.

63. Il y a, dès lors, lieu de répondre à la question posée par la juridiction de renvoi que l'article 29 CE ne s'oppose pas à une réglementation nationale interdisant au fournisseur, dans le cadre d'une vente à distance transfrontière, d'exiger un acompte ou un paiement quelconque de la part du consommateur avant l'expiration du délai de rétractation, mais qu'il s'oppose à ce que, en application de cette réglementation, il soit interdit, avant l'expiration dudit délai, de demander le numéro de la carte de paiement du consommateur . (...)

Par ces motifs, la Cour (grande chambre) dit pour droit :

L'article 29 CE ne s'oppose pas à une réglementation nationale interdisant au fournisseur, dans le cadre d'une vente à distance transfrontière, d'exiger un acompte ou un paiement quelconque de la part du consommateur avant l'expiration du délai de rétractation, mais il s'oppose à ce que, en application de cette réglementation, il soit interdit, avant l'expiration dudit délai, de demander le numéro de la carte de paiement du consommateur.

Voir le corrigé en fin de rubrique.

C) Dissertation

La langue française : une entrave à la libre circulation des marchandises ?

Voir le corrigé en fin de rubrique.

2) Corrigés

Test de connaissances

1. c ; **2.** b ; **3.** d ; **4.** b ; **5.** b ; **6.** d ; **7.** c ; **8.** b ; **9.** b.

Commentaire d'arrêt

Les consommateurs sont les ultimes bénéficaires du marché intérieur, caractérisé par la disparition des obstacles aux libertés de circulation entre les États membres, provenant en particulier de la disparité des réglementations nationales. Si ces libertés de circulation doivent faciliter l'accès des consommateurs à l'espace commercial des autres États membres, la protection des consommateurs ne doit pas s'en trouver diminuée. L'Union européenne en est pleinement consciente, qui se révèle être la pionnière du développement des droits nationaux de la consommation. Ainsi, l'introduction d'un droit légal de rétractation dans les droits matériels des États membre demeure pour beaucoup le fruit des directives européennes adoptées afin de protéger le consommateur. Soucieux de compenser l'inégalité structurelle de la relation contractuelle qui unit le consommateur au professionnel, le droit de l'Union consacre le droit de rétractation dans plusieurs directives, et lui confère – excepté dans certains cas spécifiques – un caractère impératif. La directive 97/7/CE du 20 mai 1997 concernant la protection des consommateurs en matière de contrats à distance (*JO* n° L 144 du 4 juin 2006, pp. 19-27) renforce en ce sens la protection du consommateur en lui offrant la possibilité de résoudre, pendant un délai de sept jours, le contrat auquel il a consenti. L'harmonisation opérée par la directive n'est cependant pas exhaustive : il résulte de son article 14 que « les États membres peuvent adopter ou maintenir (...) des dispositions plus strictes compatibles avec le Traité, pour assurer un niveau de protection plus élevé au consommateur (...) ». Cette harmonisation minimale rend possible le contrôle de la conformité du droit harmonisé au droit primaire, plus spécifiquement, aux articles 28-30 CE (34-36 TFUE). Et cette rencontre du droit primaire et du droit matériel se révèle riche de conséquences, comme en témoigne l'arrêt *Santurel*. La juridiction de renvoi interroge en l'espèce la Cour sur la compatibilité d'une disposition de la loi belge du 14 juillet 1991 sur les pratiques du commerce et sur l'information et la protection du consommateur avec les articles 28 à 30 CE. Il résulte de l'article 80 de cette loi qu'aucun acompte ou paiement quelconque ne peut être exigé du consommateur avant la fin du délai de renonciation de sept jours ouvrables. Cette disposition est interprétée par les juridictions belges comme interdisant au fournisseur de demander le numéro de la carte de crédit de l'acheteur, avant l'expiration dudit délai. Or, dans le cadre de l'exercice de leur activité de vente sur Internet de compléments alimentaires, MM. Gysbrechts et Santurel ont été condamnés pour avoir exigé des consommateurs ne résidant pas en Belgique l'indication du numéro de leur carte de crédit sur le bon de commande avant l'expiration du délai de rétractation. Insistant sur le fait que la réglementation belge leur fait courir des risques d'impayés, les prévenus soutiennent que la loi nationale constitue une entrave injustifiée à la libre circulation des marchandises au sein de la Communauté européenne, devenue l'Union européenne. Et le Hof van Beroep te Gent de s'adresser à la Cour de justice par voie préjudicielle, aux fins de savoir si le droit communautaire s'oppose à une réglementation nationale qui interdit au fournisseur, dans le cadre d'une vente à distance, d'imposer au consommateur de verser un acompte ou d'effectuer un paiement quelconque avant l'expiration du délai de rétractation. La Cour examine en premier lieu la compatibilité de la réglementation nationale avec l'article 29 du traité : bien que celle-ci soit applicable à tous les opérateurs agissant sur le territoire belge, elle affecte davantage la sortie des produits du marché de l'État membre d'exportation, que la commercialisation des produits sur le marché national du même État. À cet égard, les dispositions belges constituent des mesures d'effet équivalent à des restrictions quantitatives à l'exportation. Cependant, la Cour constate que l'interdiction d'exiger du consommateur un acompte ou un paiement quelconque avant l'expiration du délai de sept jours est, en même temps, propre à assurer une protection élevée des consommateurs, notamment en ce qui concerne l'exercice de leur droit de rétractation. Proportionnée au but qu'elle poursuit, la lettre de la loi belge est justifiée par des exigences impératives tenant à l'intérêt général. En revanche, l'interprétation de cette loi par les juridictions nationales, selon lesquelles le fournisseur ne peut exiger le numéro de carte de paiement du consommateur, va au-delà de ce qui est nécessaire pour atteindre l'objectif de protection poursuivi. Dense sur le fond, l'arrêt vient unifier les critères de qualification des mesures d'effet équivalent aux restrictions quantitatives à l'exportation et à l'importation (I) et témoigne de l'impact du contrôle des restrictions quantitatives sur les institutions de droit matériel, en l'espèce, de la consommation (II).

I. Vers une unité de qualification des mesures d'effet équivalent

La Cour remet en cause une dichotomie traditionnellement retenue (A) et met en lumière un critère commun aux différentes mesures d'effet équivalent : celui de l'affectation en fait (B).

A. La remise en cause d'une dichotomie de qualification

Afin de répondre à la question préjudicielle qui lui est posée, la Cour observe la conformité de la législation nationale litigieuse aux dispositions du traité. L'on sait en effet que les mesures nationales de transposition doivent s'interpréter non seulement par rapport à l'acte de droit dérivé, mais également d'une manière compatible avec le Traité : les entraves éventuellement autorisées par le droit dérivé ne suffisent pas à faire échapper celles-ci au contrôle du droit primaire. Ainsi en est-il des mesures de protection renforcée, autorisées dans le cadre d'une harmonisation minimale (v. par ex. : CJCE 11 déc. 2003, *Deutscher Apothekerverband*, aff. C-322/01, *Rec. CJCE* I-14887). En exploitant la faculté qui lui était offerte par la clause minimale de l'article 14 de la directive 97/7, la Belgique a choisi d'édicter des règles de protection du consommateur plus restrictives, par l'interdiction générale faite au professionnel de réclamer un paiement avant que le délai de rétractation n'ait expiré : la disposition nationale litigieuse doit être interprétée d'une manière compatible avec le droit primaire et, plus précisément, avec les articles 28 à 30 CE. C'est alors que la Cour résorbe la dichotomie des critères de qualification des mesures à l'importation au sens de l'article 28, et ceux utilisés pour qualifier les mesures à l'exportation au sens de l'article 29 CE. Précisons ces divergences : depuis la jurisprudence *Groenveld* (CJCE 8 nov. 1979, *Groenveld*, aff. 15/79, *Rec. CJCE* 3409), les mesures d'effet équivalent à des restrictions quantitatives à l'exportation sont admises de façon restrictives : elles doivent avoir « pour objet ou pour effet de restreindre spécifiquement les courants d'exportation et d'établir ainsi une différence de traitement entre le commerce intérieur d'un État membre et son commerce d'exportation, de manière à assurer un avantage particulier à la production nationale ou au marché intérieur de l'État intéressé, au détriment de la production ou du commerce d'autres États membres ». Les critères de qualification des mesures d'effet équivalent à des restrictions quantitatives à l'importation au sens de l'article 28 CE s'identifient quant à eux sur le fondement de l'existence d'une entrave, fût-elle indirecte ou indirecte, actuelle ou potentielle, selon les termes de la formule *Dassonville*. Ceci permet au juge de l'Union de couvrir aussi bien les mesures spécifiquement que les mesures indistinctement applicables. Cette différence de qualification a été critiquée, pour plusieurs raisons, notamment car elle ne semble pas fondée, les articles 28 CE et 29 CE ayant le même objet. Par ailleurs, une interprétation cohérente de l'ensemble des quatre libertés fondamentales – la libre circulation des marchandises, des services, des personnes et des capitaux – est souhaitée, la définition des mesures d'effet équivalent à des restrictions quantitatives à l'exportation étant encore l'unique cas parmi ces libertés dans lequel la Cour persiste à exiger l'existence d'un traitement différent pour constater une restriction à cette liberté (sur tous ces points, V. notamment les conclusions de l'Avocat Général V. Trstenjak, présentées le 17 juillet 2008). Et ces arguments semblent avoir interpelé la Cour. En l'espèce, en effet, après avoir écarté l'idée de se placer sur le terrain de l'article 28 CE – il s'agit clairement, selon la Cour, d'un problème d'exportation de produits depuis la Belgique vers d'autres États membres, justifiant le recours à l'article 29 CE – la Cour rappelle certes les critères classiques de la mesure d'effet équivalent à l'exportation tels qu'ils résultent de la jurisprudence, *Groenveld*, mais se limite finalement à constater que la disposition nationale litigieuse et l'interprétation qui en est donnée par les autorités nationales « prive les opérateurs concernés d'un instrument efficace pour se prémunir contre le risque de non-paiement ». Et ce risque est d'autant plus important lorsque les créances en cause, à destination d'un autre État membre, sont d'un faible montant. C'est alors vers le critère de l'affectation en fait de la circulation des marchandises que la Cour se tourne.

B. L'émergence d'un critère commun : celui de l'affectation en fait de la libre circulation

La mise en œuvre du contrôle des restrictions quantitatives aux exportations permet de conclure au non-respect des dispositions du droit primaire relatives à la libre circulation des marchandises, par la loi belge litigieuse, telle qu'interprétée par les juridictions nationales : « une interdiction, telle que celle en cause au principal, imposée au fournisseur dans une vente à distance d'exiger un acompte ou un paiement quelconque avant l'expiration du délai de rétractation constitue une mesure d'effet équivalent à une restriction quantitative à l'exportation. Il en va de même de l'interdiction faite au fournisseur d'exiger des consommateurs le numéro de leur carte de paiement, même s'il s'engage à ne pas l'utiliser avant l'expiration dudit délai pour encaisser le paiement » (Point 44). La Cour emploie une formule nouvelle : « même si une interdiction, comme celle en cause au principal, est applicable à tous les opérateurs agissant sur le territoire national, elle affecte toutefois en fait davantage la sortie des produits du marché de l'État membre d'exportation que la commercialisation des produits sur le marché national dudit État membre » (point 43). On observe que la Cour retient le critère de l'affectation en fait de la circulation des marchandises, dans le cadre d'une mesure à l'exportation, alors même que ce critère n'a été jusqu'alors envisagé que dans le contexte des mesures restrictives à l'importation. Ce faisant, la Cour simplifie la qualification traditionnellement retenue de la mesure d'effet équivalent à une restriction quantitative à l'exportation. Ce mouvement est bienvenu : ainsi qu'un auteur averti l'observe, « la définition restrictive traditionnelle de la mesure à l'exportation résiste mal à la logique interne de la libre circulation des marchandises, qui vise de manière globale à l'élimination des entraves à la fluidité des échanges intra-communautaires, quel que soit leur sens » (A. Rigaux, « Nouvelle définition des mesures d'effet équivalent à l'exportation », *Europe* févr. 2009, Comm. 77). Notons que cette dynamique jurisprudentielle n'est pas totalement inédite. Quelques arrêts de la Cour ont, par le passé, laissé entrevoir la possibilité d'un rapprochement des définitions des entraves à l'importation et à l'exportation. La Cour affirmait ainsi dans un arrêt *Commission c. Autriche* que « les articles 28 CE et 29 CE, placés dans leur contexte, doivent être compris comme tendant à l'élimination de toutes entraves, directes ou indirectes, actuelles ou potentielles, aux courants d'échanges dans le commerce intracommunautaire » (CJCE 15 nov. 2005, C-320/03, point 67, *Rec. CJCE* I-9871). Cette simplification vient par ailleurs rapprocher la qualification des mesures d'effet équivalent retenue dans le contexte de la libre circulation des marchandises de la notion d'entrave non discriminatoire retenue dans le contexte des autres libertés fondamentales garanties par le traité. La qualification des mesures d'effet équivalent, peu important leur contexte, conduit en ce sens à identifier une affectation en fait de la libre circulation ou, en d'autres termes, à identifier l'existence d'une entrave. Les entraves à la libre circulation des marchandises peuvent cependant recevoir des justifications. Ce raisonnement révèle en l'espèce l'impact du contrôle des restrictions quantitatives sur les institutions de droit matériel de la consommation.

II. L'impact du contrôle des restrictions quantitatives sur les institutions de droit matériel de la consommation

Une mise en œuvre classique du contrôle des restrictions aux entraves (A) emporte une conséquence inattendue de ce contrôle (B).

A. Une mise en œuvre classique du contrôle des entraves

Deux types d'objectifs peuvent justifier une entrave à la libre circulation. Les premiers sont énoncés à l'article 30 CE ; les seconds sont constitués par les « exigences impérieuses d'intérêt général » ou « raisons impérieuses d'intérêt général » développées par la Cour de justice depuis la célèbre affaire « *Cassis de Dijon* » (CJCE 20 févr. 1979, *Rewe-Zentral AG c/ Bundemonopolverwaltung für Branntwein – Q. P. Hessisches Finanzgericht*, aff. 120/78, *Rec. CJCE* 649). La protection économique du consommateur figure parmi les justifications aux entraves au commerce intracommunautaire admises, mais à condition que sa mise en œuvre satisfasse le test de proportionnalité. Celui-ci requiert de vérifier, d'une manière générale, que la disposition nationale litigieuse est propre à réaliser le but poursuivi et qu'elle ne va pas au-delà de ce qui est nécessaire pour le réaliser. En interdisant aux professionnels non seulement d'imposer une pénalité pour l'exercice du droit de rétractation, mais également d'exiger un acompte ou un paiement quelconque avant l'expiration du délai de rétractation, la loi belge entend renforcer la liberté du consommateur de mettre fin aux relations contractuelles. À cet égard, la disposition nationale est en mesure d'atteindre l'objectif de protection poursuivi. Même si l'interdiction d'exiger un paiement dans le délai de rétractation augmente les incertitudes du fournisseur quant au paiement effectif de la marchandise, elle est nécessaire pour assurer un niveau élevé de protection du consommateur. Cependant, toujours en vue d'assurer un exercice effectif du droit de rétractation, les juridictions nationales belges interdisent au fournisseur d'exiger le numéro de la carte de paiement du consommateur. Or, si cette prohibition, tout comme celles consacrées par la lettre de l'article 80 de la loi nationale, est propre à garantir l'exigence de protection poursuivie, elle est sanctionnée par la Cour car jugée excessive : « l'interdiction imposée au fournisseur d'exiger le numéro et la carte de paiement du consommateur va au-delà de ce qui est nécessaire pour atteindre l'objectif poursuivi » (Point 62). Par conséquent, l'article 29 CE ne s'oppose pas à la réglementation nationale belge, qui interdit au fournisseur, dans le cadre d'une vente à distance transfrontière, d'exiger un acompte ou un paiement quelconque de la part du consommateur avant l'expiration du délai de rétractation. Il s'oppose en revanche à l'interprétation de cette loi par les juridictions nationales, lesquelles interdisent au fournisseur de demander le numéro de la carte de paiement du consommateur avant l'expiration du délai de rétractation. Le contrôle des justifications aux entraves à la libre circulation des marchandises conduit ainsi la Cour à s'immiscer dans des institutions de droit matériel.

B. Une conséquence inattendue du contrôle des restrictions quantitatives

L'arrêt *Santurel* révèle qu'en exerçant le contrôle des entraves au commerce intracommunautaire, la Cour de justice peut maîtriser la teneur et la mise en œuvre des objectifs légitimes poursuivis par les États membres. Ses analyses peuvent la conduire à préciser les conditions et les effets d'institutions de droit privé matériel. Est alors constaté le lien extrêmement ténu qui unit le droit européen des affaires aux libres circulations du marché intérieur. L'arrêt *Santurel* rappelle en effet que le droit de la consommation se construit dans le cadre d'un triptyque — fournisseur - marchandise - consommateur —, au sein duquel un équilibre doit être subtilement atteint : mieux protéger les intérêts des consommateur, tout en préservant les intérêts des fournisseurs ne fait qu'encourager les échanges et, ainsi, favoriser le bon fonctionnement du marché intérieur. L'affaire invite dès lors à s'interroger sur les liens unissant une institution de droit matériel issue du droit dérivé et le contrôle de conformité exercé par la Cour de justice sur cette institution, en particulier, le contrôle des restrictions quantitatives. En l'espèce, on constate que les garanties supplémentaires accordées au consommateur par le droit d'un État membre ne font pas nécessairement obstacle à la libre circulation des marchandises, dans la mesure où elles sont proportionnées. Tandis que des incertitudes entourent encore aujourd'hui le droit de rétractation, certains doutes pourraient progressivement être levés sous l'effet du contrôle communautaire des restrictions quantitatives. La rencontre du contrôle vertical et de l'intervention horizontale (cette dernière étant de la plus grande importance lorsque la directive n'opère pas d'harmonisation exhaustive), emporte des conséquences à surveiller sur les institutions de droit privé matériel, sur leurs notions comme sur leurs régimes. S'agissant du droit de rétractation en particulier, la jurisprudence de la Cour pourrait par exemple conduire à interdire tout paiement de la part du consommateur, avant l'expiration du délai de renonciation.

Dissertation

Parmi les nombreux reproches formulés à l'encontre de l'Europe, celui tenant à l'atteinte portée à la langue française retient l'attention. Il est ainsi vrai que ceux qui suivent attentivement l'activité des institutions de l'Union ne peuvent que relever – pour le regretter – que les documents les plus intéressants (notamment, les documents préparatoires) sont de plus en plus souvent diffusés quasi exclusivement en langue anglaise. Il y a en effet une différence essentielle entre les langues de travail et les langues officielles. Ces dernières sont actuellement au nombre de vingt-trois. Mais, comme certains n'hésitent pas à l'écrire, ce multilinguisme n'est que de façade. Et même si le français reste une langue très utilisée (que ce soit à l'OHMI ou, surtout, à la CJUE), paraît en partie révolue cette période bénie Quand l'Europe parlait français (titre du beau livre de M. Fumaroli)...

Un aspect plus particulier mérite tout autant attention. Il renvoie à la question – un peu triviale – de l'étiquetage en langue française des produits importés d'autres États membres et offerts aux consommateurs nationaux. Le débat a été relancé par un arrêt retentissant de la Cour (CJCE 12 sept. 2000, *Geffroy*, aff. C-366/98, *Rec. CJCE* I-6579) prononcé à propos de mentions portées sur des canettes de cidre et d'une boisson gazeuse sucrée bien connue. À cette occasion, la Cour a pu affirmer que le traité et le droit dérivé « s'opposent à ce qu'une réglementation nationale impose l'utilisation d'une langue déterminée [en l'espèce le français] pour l'étiquetage des denrées alimentaires, sans retenir la possibilité qu'une autre langue facilement comprise par les acheteurs soit utilisée ou que l'information de l'acheteur soit assurée par d'autres mesures ». Le « dit pour droit » de l'arrêt a suscité des réactions épidermiques et un peu excessives. Au-delà, il convient d'en examiner la portée réelle et ce, d'autant, que les quelques adaptations apportées au dispositif national à la suite de cet arrêt ne semblent pas convaincre la Commission qui a engagé une procédure d'infraction à l'encontre de la France. Si la marge de manœuvre est des plus limitées en raison de l'existence d'une directive, elle n'est pas moins réelle. Et en cela, il faut bien distinguer ce que dit la Cour (I) de ce qu'elle ne dit pas (II) lorsqu'elle interprète le texte en cause.

I. Ce que dit la Cour...

La CJUE a une mission d'interprétation du droit originaire ou dérivé. Elle est là pour dire le droit européen. En la matière, il repose sur une directive adoptée par les États membres (donc la France !) dont ni le champ matériel ni le dispositif qu'elle instaure ne doivent être surestimés.

A. Il existe une directive sur l'étiquetage et la présentation des denrées alimentaires

- Rappel des conséquences de l'existence d'une directive d'harmonisation.
- Mention du domaine limité de la directive (étiquetage et présentation de denrées alimentaires exclusivement).

B. Il faut laisser la possibilité d'une autre langue facilement comprise par l'acheteur

- Rappel du dispositif français à l'époque : « les mentions prévues doivent être facilement compréhensibles et rédigées en langue française ».

- Caractère inévitable de la confrontation illustrant une énième mauvaise transposition des directives européennes.

II. Ce que ne dit pas la Cour…

L'arrêt a été reçu comme une remise en cause de la langue française. C'est là, procéder à une lecture très extensive. En effet, l'arrêt ne condamne pas la possibilité d'imposer un double étiquetage ni d'imposer des moyens autres d'information qui permettront de préserver la langue et de protéger le consommateur.

A. Il n'est pas possible de prévoir un double étiquetage.

Rien n'interdit un double étiquetage car ce qui est condamné c'est d'imposer l'usage exclusif de sa langue nationale.

Constat pratique : cela existe déjà et, notamment, dans des pays confrontés au multilinguisme (ex. Belgique ou Espagne).

B. Il n'est pas possible d'assurer l'information en langue française autrement.

- Développement de « logos » standardisés (ce qui existe déjà en matière de sécurité des produits).

- Mettre à la charge du distributeur des supports d'informations complémentaires en langue française.

chapitre 3

La libre circulation des capitaux

Plan analytique

section 1

Paiements courants et mouvements de capitaux

§ 1 Les paiements courants

§ 2 Les mouvements de capitaux

section 2

Investissements européens

§ 1 Régime général des investissements directs

§ 2 Régimes particuliers des investissements directs

La libre circulation des capitaux

Cette liberté de circulation n'appelle que très peu de développements. Deux raisons différentes l'expliquent. D'une part, même si on ne peut totalement assimiler l'une et l'autre, la libre circulation des capitaux a perdu de sa signification avec l'entrée en vigueur de l'Union économique et monétaire. D'autre part, et là encore sans opérer de confusions, la libre circulation des capitaux entretient des relations très étroites avec les autres libertés de circulation – et notamment la libre prestation des services – dont on a vu qu'elle a reçu une définition assez extensive. Un exemple permet de le vérifier. S'il ne fait pas de doutes que les investissements relèvent de la libre circulation des capitaux au sens du traité (en ce sens, art. 64 TFUE), les fusions et acquisitions transfrontières – qui impliquent un mouvement de capital et traduisent une volonté d'investissement – n'en apparaissent pas moins devoir être envisagées, au moins en partie, comme relevant de la liberté d'établissement ou de la prestation de services ainsi que l'attestent les différentes directives et propositions de directives (v. ss 211). 178

La lecture du chapitre IV du traité permet de relever qu'il s'attache aux mouvements de capitaux, aux paiements courants, aux investissements, à l'admission des titres sur les marchés de capitaux. On envisagera donc de manière brève la libération des paiements courants et des mouvements de capitaux (section 1). On traitera à part et sommairement la libération des investissements européens (section 2) qui renvoie à des considérations qui relèvent davantage du droit du commerce international. 179

section 1

Paiements courants et mouvements de capitaux

La libre circulation des capitaux était, depuis l'origine, l'un des objectifs énoncés par l'article 3 du traité CE comme constitutifs de l'élaboration du marché commun, aujourd'hui, intérieur. Et il est vrai que les autres libertés sont – en apparence, du moins – tributaires de cette libre circulation des capitaux. La Cour l'a elle-même dit dans un arrêt fondamental où, après avoir rappelé que « la libre circulation des capitaux constitue, comme celle des personnes et des services, une des libertés fondamentales de la Communauté », elle souligne que « la liberté de certains mouvements de capitaux est, dans la pratique, une condition de l'exercice efficace d'autres libertés garanties par le traité, notamment du droit d'établissement » (CJCE 11 nov. 1981, *Casati*, aff. 203/80, *Rec. CJCE* 2595). Si la reconnaissance de l'effet direct de la liberté de circulation des capitaux est intervenue tardivement (CJCE 23 févr. 1995, 180

Bordessa et a., aff. C-358/93 et C-416/93, *Rec. CJCE* p. I-361), elle est aujourd'hui fréquemment sanctionnée, probablement, d'ailleurs la plus sanctionnée, par le juge de l'Union.

Cette liberté fondamentale recouvre plusieurs aspects dont il apparaît qu'ils ont connu un sort différent : alors que les paiements courants (§ 1) ont été libérés immédiatement et totalement, les mouvements de capitaux (§ 2) ont connu une libération beaucoup plus partielle et progressive.

§ 1 Les paiements courants

181 C'est à la Cour de justice qu'est revenu le soin de préciser la notion de paiements courants, ces derniers étant non définis par le traité, qui interdit pourtant les restrictions aux paiements (art. 63 § 2 TFUE). Il s'agit de « transferts de devises qui constituent une contre-prestation dans le cadre d'une transaction sous-jacente » (CJCE 31 janv. 1984, *Luisi et Carbone*, aff. 286/82 et 26/83, *Rec. CJCE* 377). Aussi, les paiements courants se distinguent des mouvements de capitaux en ce qu'ils visent essentiellement la rémunération d'une prestation, tandis que les mouvements de capitaux désignent le placement ou l'investissement du montant en cause. Il en résulte qu'un transfert matériel de valeurs constituant un paiement afférent aux échanges de marchandises ou de services relève des dispositions du traité relatives à la libre circulation des capitaux, et non de celles relatives à la libre circulation des marchandises ou à la libre prestation de services (CJCE 23 févr. 1995, *Bordessa et a.*, C-358/93 et C-416/93, *Rec. CJCE* I-361). La libération des paiements est acquise depuis la fin de la première période de transition et n'appelle pas d'autres remarques hormis le fait que, dans un espace monétaire commun, le traité a consacré certaines mesures de sauvegarde, notamment en cas « de menace grave de difficultés dans la balance des paiements d'un État membre » ou de « crise soudaine dans la balance des paiements » (art. 119 et 120 CE, désormais 143 et 144 TFUE). La structure particulière de l'UEM (v. ss 23) explique que la Commission et le Conseil sont alors appelés à jouer un rôle décisif.

182 On observera cependant que la libération des paiements n'en reste pas moins l'objet d'une surveillance attentive de la part des autorités européennes et éventuellement de nature à justifier leur intervention. C'est ainsi que la mise en place de la monnaie unique a pu révéler certaines difficultés rencontrées pour les paiements et les virements transfrontaliers et, ainsi, a amené à l'adoption d'un règlement (CE) n° 2560/2001 concernant les paiements transfrontaliers en euros (*JOCE* L 344 du 28 déc. 2001) dont l'objet a été de traduire dans les faits la disparition des frontières et des changes et de donner une pleine et entière signification au principe de non-discrimination. Le règlement a ainsi consacré le principe d'égalité des frais entre les paiements transfrontaliers en euros, d'un montant maximal de 50 000 euros, et les paiements correspondants effectués à l'intérieur d'un même État. L'harmonisation des moyens de paiement en Europe a par la suite abouti à la création d'un espace unique de paiement en euros, the *Single European Payment Area*, dit encore « SEPA », lequel prévoit de mettre en place des services de paiement communs à toute l'Union européenne, remplaçant les services de paiement nationaux. Le règlement n° 2560/2001 a ainsi été abrogé et remplacé à partir du 1er novembre 2009 par le règlement (CE) n° 924/2009 concernant les paiements transfrontaliers dans la Communauté

(*JOUE* L 266 du 9 oct. 2009), lequel a mis en place le système de prélèvements SEPA, ce dernier étendant aux prélèvements le principe d'égalité des frais pour des paiements nationaux et transfrontaliers en euros instauré par le règlement n° 2560/2001. Ce dernier couvrait en effet déjà les virements, les paiements électroniques et les retraits en distributeurs automatiques. Complétant le cadre de l'espace unique de paiements en euros, le règlement (UE) n° 260/2012 établissant des exigences techniques et commerciales pour les virements et prélèvements en euros (*JOUE* L 94 du 30 mars 2012) est enfin récemment venu modifier le règlement n° 924/2009 et fixer les modalités d'un passage des systèmes de paiements nationaux vers les nouveaux systèmes SEPA, à compter du 1er février 2014.

§ 2 Les mouvements de capitaux

La libération des mouvements de capitaux a été plus progressive en ce sens qu'elle supposait, de par le texte même du traité CE de l'époque, l'adoption de différentes directives. Celles-ci sont intervenues et le mouvement s'est achevé avec une directive n° 88/361/CEE du 24 juin 1988 (*JOCE* L 178 du 8 juill. 1988) qui constitue aujourd'hui le texte de référence en la matière. Cette directive, qui abroge et remplace les textes antérieurs, a pour objet de poser le principe de la suppression de toutes les restrictions aux mouvements de capitaux intervenant entre les personnes résidant dans les États membres. Elle conduit surtout à mettre fin à la faculté reconnue aux États membres de soumettre à autorisation certains mouvements de capitaux comme l'ouverture de compte en devises, les crédits à court terme ou les opérations sur les marchés monétaires. Même si la directive énonce des dérogations spécifiques, elle en organise le régime en subordonnant ces mesures de sauvegarde à un caractère temporaire et, surtout, à une autorisation expresse de la Commission selon un schéma désormais classique. Par ailleurs, il faut signaler que conformément à la lettre du traité, la directive aborde la question des mouvements de capitaux avec les États tiers. Ainsi, la directive, en son article 7 § 1, retient que « les États membres s'efforcent d'atteindre, dans le régime qu'ils appliquent aux transferts afférents aux mouvements de capitaux avec les pays tiers, le même degré de libération que celui des opérations intervenant avec les résidents des autres États membres ». 183

L'intérêt de ce texte tient aussi au fait qu'il offre une série de définitions permettant d'espérer comprendre ce que recouvre la libération des mouvements de capitaux. En effet, son annexe I répertorie de façon non exhaustive les types d'opérations qui doivent être considérés comme des mouvements de capitaux : les investissements directs, les investissements immobiliers, les opérations sur titres bancaires, des emprunts, dons et successions. Cette liste n'a ainsi qu'une portée relative. D'une part, elle ne se laisse pas toujours aisément saisir et, en ce sens, il a paru nécessaire à la Commission d'apporter certaines clarifications en 1997 par la publication d'une Communication concernant certains aspects juridiques touchant aux investissements intracommunautaires (*JOCE* C 220 du 19 juill. 1997). D'autre part, la Cour de justice est elle aussi intervenue pour préciser que « si le traité ne définit pas les notions de mouvements de capitaux et de paiements, il est constant que la directive 88/361, ensemble avec la nomenclature qui lui est annexée, a une valeur indicative pour définir la notion de mouvements de capitaux » (CJCE 16 mars 1999, *Trummer et Mayer*, 184 aff. C-222/97, *Rec. CJCE* I-1661). On perçoit cette difficulté à cerner la notion de mouvement de capitaux lorsque l'on s'attache aux cas des investissements.

185 Le régime instauré n'en comporte pas moins des lacunes qui expliquent que la Cour de justice ait été amenée à statuer sur certaines restrictions émanant des États membres. La jurisprudence élaborée en matière d'établissement et de prestation des services a été transposée sans difficultés (apparentes) à la matière. Le raisonnement suivi par la Cour ne diffère ainsi pas de celui adopté dans le cadre des autres libertés de circulation : il s'agit de qualifier la liberté en cause, d'identifier une restriction éventuelle, de rechercher une justification légitime à cette restriction puis, enfin, de procéder au contrôle de proportionnalité de la mesure par rapport à l'objectif poursuivi. La Cour observe que les restrictions visées à l'article 63 TFUE s'entendent des mesures nationales susceptibles d'empêcher ou de limiter des opérations relatives à des mouvements de capitaux, ainsi que les mesures susceptibles de dissuader de procéder à de semblables opérations (CJCE 23 oct. 2007, *Commission c/ Allemagne*, aff. C-112/05, *Rec. CJCE* I-8995 et CJCE 22 janv. 2009, *Steko*, aff. C-377/07, *Rec. CJCE* I-299). On observe une tendance actuelle du juge de l'Union à envisager de façon large le champ d'application matérielle des dispositions du traité relatives à la libre circulation des capitaux (CJUE 5 mai 2011, *Commission c/ Portugal*, aff. C-267/09). Par ailleurs, tandis que l'article 63 TFUE évoque les « restrictions aux mouvements de capitaux » sans les caractériser, il ressort de la jurisprudence de la Cour que tant les traitements discriminatoires en fonction de la nationalité, de la résidence, ou, encore, en fonction de l'origine des capitaux, que les réglementations indistinctement applicables, sont visées par le traité. La Cour décide ainsi « qu'une disposition nationale qui subordonne un investissement direct étranger à une autorisation préalable constitue une restriction aux mouvements de capitaux au sens de l'article 73 B, paragraphe 1, [désormais, art. 56 § 1] du traité » (CJCE 14 déc. 1995, *Sanz de Lera e.a.*, aff. C-163/94, C-165/94 et C-250/94, *Rec. CJCE* I-4821). À l'instar des autres libertés de circulation, la libre circulation des capitaux – et celle des moyens de paiement – peut éventuellement être limitée par une mesure nationale, mais uniquement si celle-ci repose sur une justification prévue par le traité, d'interprétation nécessairement stricte (art. 65 TFUE), ou sur une justification dégagée par le juge de l'Union. En ce sens, la Cour affirme en particulier que « des mesures restrictives de la libre circulation des capitaux ne peuvent être justifiées par des motifs liés à l'ordre public et à la sécurité publique que si elles sont nécessaires pour la protection des intérêts qu'elles visent à garantir et seulement dans la mesure où ces objectifs ne peuvent être atteints par des mesures moins restrictives » (arrêt *Sanz de Lera e.a.*, préc.). Tel a notamment été le cas dans un important arrêt *Konle* (CJCE 1er juin 1999, *Konle*, aff. C-302/97, *Rec. CJCE* I-3099) dans lequel la Cour a reconnu, à propos d'un régime d'autorisation d'acquisition de biens immobiliers, qu'un État membre pouvait restreindre la libre circulation des capitaux pour des motifs tirés de l'aménagement du territoire et de la protection de l'environnement. C'est aussi dans cette ligne que plusieurs arrêts ont été rendus à propos des droits de mutation perçus dans le cadre de successions transfrontières (CJCE 11 sept. 2008, *Eckelkamp*, aff. C-11/07, *Rec. CJCE* I-6845 ; CJCE 15 oct. 2009, *Busley et Fernandez*, aff. C-35/08, nep). Ces arrêts sont intéressants en ce qu'ils montrent bien la démarche retenue par la Cour de justice. Dans un premier temps, elle déclare que la succession relève des mouvements de capitaux : « La Cour, en rappelant notamment que les successions, qui consistent en une transmission à une ou plusieurs personnes du patrimoine laissé par une

personne décédée, relèvent de la rubrique XI de l'annexe I de la directive n° 88/361, intitulée « Mouvements de capitaux à caractère personnel », a jugé que les successions, y compris celles portant sur des biens immeubles, constituent des mouvements de capitaux au sens de l'article 56 CE, à l'exception des cas où leurs éléments constitutifs se cantonnent à l'intérieur d'un seul État membre » (v. également CJUE 10 févr. 2011, *Missionswerk Werner Heukelbach eV*, aff. C-25/10, *Rec. CJCE* I-496). Précisons néanmoins que si les successions constituent en principe un mouvement de capitaux au sens de l'article 63 TFUE, la Cour juge que la liberté d'établissement doit s'appliquer aux participations permettant d'exercer une influence certaine sur les décisions et les activités d'une société : CJUE 10 févr. 2011, *Haribo Lakritzen Hans Riegel*, aff. C-436/08 et C-437/08, *Rec. CJCE* I-305). Dans un second temps, la Cour retient que « quant à l'existence de restrictions aux mouvements de capitaux au sens de l'article 56, paragraphe 1er, CE, il convient de rappeler que les mesures interdites par cette disposition comprennent celles qui sont de nature à dissuader les non-résidents de faire des investissements dans un État membre ou à dissuader les résidents dudit État membre d'en faire dans d'autres États », ce qui est le cas, selon la Cour, « non seulement des mesures nationales susceptibles d'empêcher ou de limiter l'acquisition d'un bien immeuble situé dans un autre État membre, mais également celles qui sont susceptibles de dissuader de conserver un tel bien ». On mesure, ici, le lien qui se fait avec les investissements.

section 2

Investissements européens

Le droit des investissements est un aspect classique du droit du commerce international. Les échanges commerciaux supposent des mouvements de capitaux et s'accompagnent de mesures dont l'objet est tout à la fois d'accueillir les investissements étrangers sur son territoire et de favoriser les investissements nationaux à l'étranger. Les différents États membres ont suivi cette voie, moins sous la pression de la construction européenne que dans l'optique de se conformer aux exigences de l'OCDE ou, désormais, de l'OMC mais aussi d'assurer leurs intérêts propres selon une double logique de promotion et de protection des investissements. Il s'agit donc, ici, davantage d'examiner sommairement l'incidence du droit européen et, singulièrement, des dispositions du traité sur le droit français des investissements directs étrangers. Cette incidence est perceptible tant au stade du régime général des d'investissement directs étrangers (§ 1) qu'au travers d'aspects plus particuliers relatifs à l'actionnariat de certaines entreprises, notamment celles qui ont été privatisées (§ 2). 186

§ 1 Régime général des investissements directs

Une présentation sommaire du droit français des investissements étrangers s'impose. 187
Profondément modifié par une loi du 14 février 1996, le droit français pose le principe de la liberté des investissements directs étrangers. Et il ne distingue absolument pas

selon l'origine communautaire ou non de l'investisseur. Cette liberté d'investissement passe par une simple déclaration administrative au stade de l'opération d'investissement et, éventuellement, par une obligation de compte-rendu. Dans certains cas, il existe même une dispense de déclaration (par ex., opérations entre sociétés d'un même groupe, acquisition de terres agricoles...) et de compte-rendu. Ce principe de liberté est tempéré dans trois hypothèses et conduit, alors, à l'obligation pour l'investisseur d'obtenir une autorisation préalable : investissement concernant la production, le commerce et la recherche dans le secteur de l'armement ; investissement de nature à mettre en cause l'ordre public, la santé publique ou la sécurité publique ; investissement participant en France, même à titre occasionnel, à l'exercice de l'autorité publique.

■ 188 Le TFUE, pour sa part, évoque les investissements directs en son article 64 et la directive n° 88/361/CEE vise expressément ces derniers comme relevant des mouvements de capitaux. Le droit européen propose alors une définition de l'investissement direct qui insiste sur une « participation à des entreprises nouvelles ou existantes en vue de créer ou maintenir des liens économiques durables ». Dès lors, le principe de liberté est affirmé. Cependant, le principe de liberté n'est pas absolu. D'une part, les États membres gardent la faculté d'appliquer des dispositions de nature « à faire échec aux infractions à leurs lois et règlements, notamment en matière fiscale ou en matière de contrôle prudentiel des établissements financiers » (art. 65 TFUE). D'autre part, différentes exceptions sont prévues qui tiennent, dans des circonstances exceptionnelles, au risque d'atteinte portée au fonctionnement de l'UEM et permettent au Conseil de prendre, à l'égard de pays tiers à l'Union, des mesures de sauvegarde temporaires.

■ 189 La confrontation entre le droit français des investissements et le droit européen était inévitable – ne serait-ce que par la proximité réelle de certaines notions clefs utilisées. Un arrêt majeur doit alors être évoqué, ce d'autant qu'il a été très diversement apprécié (CJCE 14 mars 2000, *Église de scientologie*, aff. C-54/99, *Rec. CJCE* I-1335). Ainsi, la Cour a été interrogée par le Conseil d'État sur la compatibilité du régime d'autorisation préalable prévu pour certaines catégories d'investissements directs. Plus précisément, la Cour devait répondre à la question suivante : « les stipulations de l'article 73 D [désormais, art. 58] instituant la Communauté européenne, selon lesquelles l'interdiction de toutes les restrictions aux mouvements de capitaux entre États membres ne porte pas atteinte au droit qu'ont les États membres de prendre des mesures justifiées par des motifs liés à l'ordre public ou à la sécurité publique, permettent [-elles] à un État membre, en dérogation au régime de totale liberté ou de déclaration applicable aux investissements étrangers sur son territoire, de maintenir un régime d'autorisation préalable pour les investissements de nature à mettre en cause l'ordre public, la santé publique ou la sécurité publique, étant précisé que cette autorisation est réputée acquise un mois après la réception de la déclaration d'investissement présentée au ministre, sauf si celui-ci a, dans le même délai, prononcé l'ajournement de l'opération concernée ? ». Après avoir rappelé les fondements de la liberté de mouvement des capitaux et les dérogations qui peuvent être envisagées, la Cour n'en estime pas moins que « le régime en cause est caractérisé par le fait que l'autorisation préalable est exigée pour tout investissement direct étranger "de nature à mettre en cause l'ordre public et la sécurité publique", sans autre précision. Ainsi, il n'est aucunement indiqué aux investisseurs concernés quelles sont les circonstances spécifiques dans lesquelles une autorisation préalable est nécessaire ». Elle peut alors conclure qu'« une telle indétermination ne permet pas aux particuliers de connaître l'étendue de leurs droits et leurs obligations découlant de l'article 73 B [désormais art. 58] du traité. Dans ces conditions, le régime institué est contraire au principe de sécurité juridique ». Cette interprétation appelle deux observations. D'un côté elle semble d'une impeccable et implacable logique, rappelant que si les États membres sont à même de contrôler, voir d'interdire des investissements – fussent-ils européens – pour des justifications tirées de l'ordre public ou pour des raisons impérieuses d'intérêt général de nature non économique, encore convient-il que le régime adopté offre les garanties classiques tirées de l'aptitude et de la stricte proportionnalité, ce qu'en l'espèce la généralité de la rédaction du texte français n'assurerait pas. De l'autre côté, on ne peut s'empêcher de s'interroger sur le caractère praticable de la solution dégagée par la Cour. En substance, la Cour reproche au système d'autorisation préalable de ne pas être suffisamment transparent et prévisible, c'est-à-dire, ici, de ne pas permettre à l'investisseur de savoir par avance quelles sont les occurrences que pourrait prendre l'exception d'ordre public et, donc, de porter atteinte à la sécurité juridique. On ne peut qu'être un peu surpris par une telle proposition tant cette même Cour de justice n'a eu de cesse de rappeler que l'ordre public était une notion éminemment subjective et variable dans le temps et dans l'espace, donc largement imprévisible ! Il n'en demeure pas moins que, par un décret et un arrêté du 7 mars 2003 (*JORF* 9 mars 2003), le gouvernement français s'est conformé à cette jurisprudence et a défini les notions d'ordre public et de sécurité publique. D'une part, sont considérés comme des investissements directs étrangers de nature à mettre en cause l'ordre public, les investissements réalisés par une personne qui exerce des activités qui constituent une présomption sérieuse qu'elle est susceptible de commettre ou de faciliter certaines infractions énumérées. D'autre part, sont visés les investissements effectués dans les secteurs des jeux d'argent, notamment dans les casinos et les cercles de jeux et dans les activités réglementées de sécurité privée.

§ 2 Régimes particuliers des investissements directs

La libération totale des investissements étrangers que l'on peut caractériser dans tous les États membres n'en a pas moins amené certains d'entre eux à prévoir des régimes particuliers concernant l'actionnariat d'entreprises qu'ils estimaient devoir protéger justement contre ces investissements extérieurs. L'hypothèse est notamment celle d'entreprises dont l'importance pour l'État est avérée, ce qui a justifié, à une époque, qu'elles soient détenues par l'État lui-même et que le jour où ce dernier fait le choix de se désengager (privatisation), il décide de maintenir une certaine tutelle à leur égard. On se situe donc en aval du régime général. Plusieurs arrêts récents de constatation en manquement prononcés par la CJUE – et d'autres à venir – ont été l'occasion de prendre conscience des difficultés que suscitent ces régimes, régulièrement évoqués – en bon français – sous le terme de « golden share » (action spécifique). Selon des modalités variables, un État membre s'attribue une action spécifique au sein du capital d'une société (le plus souvent privatisée) lui conférant des droits qui lui sont propres et, notamment, lui permettant de conserver un contrôle sur la politique de l'entreprise (par ex. en matière de cession ou de développement stratégique). L'identité de la démarche suivie par la Cour dans les différentes affaires 190 invite à ne s'attacher qu'au seul exemple français illustré par le retentissant arrêt prononcé le 4 juin 2002 (CJCE 4 juin 2002, *Commission c. France*, aff. C-483/99, *Rec. CJCE* I-4781, pour des extraits de l'arrêt, v. ss la rubrique « Documents »).

191 Dans le cadre de ce recours en constatation en manquement, la Cour a examiné la compatibilité d'un décret du 13 décembre 1993, instituant une action spécifique de l'État dans la Société nationale Elf-Aquitaine qui se traduit par deux prérogatives exorbitantes du droit commun des sociétés : approbation préalable par le ministre de l'Économie de la hausse de certains seuils de détention des titres, faculté de s'opposer à toute décision de cession ou d'affectation à titre de garantie du capital de certaines filiales. La CJUE va estimer que le décret constitue non une discrimination mais une restriction de nature à porter atteinte à la liberté des investissements. Certes cette mesure indistinctement applicable paraît pouvoir se justifier par une raison impérieuse d'intérêt général qui tient, ici, à « la sécurité des approvisionnements en produits pétroliers en cas de crise », mais pour la Cour, en l'absence de conditions objectives d'obtention de l'approbation du ministre ou de l'exercice de son droit d'opposition, le régime instauré par le décret apparaît comme disproportionné car, maintenir « un pouvoir discrétionnaire aussi large constitue une atteinte grave à la libre circulation des capitaux, qui peut aboutir à l'exclusion de cette dernière. Le régime en cause va donc manifestement au-delà de ce qui est nécessaire pour atteindre l'objectif invoqué par le gouvernement français ».

192 En définitive, il est possible de tirer quelques enseignements de cet arrêt mais aussi des autres affaires jugées (ont été concernés le Portugal, la Belgique, l'Espagne et le Royaume-Uni). Le raisonnement suivi est des plus classiques car déjà amplement mené dans le cadre des autres libertés de circulation – confirmant, d'ailleurs, l'unité de régime des libertés. Le dispositif réglementaire ou législatif mettant en place ces actions spécifiques est-il ou non discriminatoire ? Si la réponse est positive, la censure est inévitable. Si la réponse est négative, le dispositif peut-il être justifié par une raison impérieuse d'intérêt général de nature non économique ? Si la réponse est négative, la censure est inévitable. Si la réponse est positive, le dispositif peut-il satisfaire au test de proportionnalité ? C'est à ce stade que la Cour est systématiquement arrivée et que les arrêts sont porteurs d'enseignements. La Cour de justice semble considérer que le principe de l'action spécifique – qui n'est pas en cause, rappelons-le – suppose un régime de transparence qui passe par des critères objectifs et précis de l'intervention de l'autorité publique, dont le contrôle juridictionnel doit être assuré mais dont le caractère temporaire n'est pas déterminant car « le fait qu'un manquement aux obligations découlant du traité ait un caractère limité dans le temps ne modifie nullement sa qualification comme manquement » (en ce sens, CJCE 13 mai 2003, *Commission c. Espagne*, aff. C-463/00, *Rec. CJCE* I-4581).

Compléments pédagogiques

Mémo

La libre circulation des capitaux occupe une place un peu particulière en ce sens que, d'une part, elle recouvre des situations fort variées, d'autre part, elle paraît consubstantielle des autres libertés. Relèvent de cette liberté, les paiements courants, les mouvements de capitaux et les investissements. Les premiers ont été libérés rapidement et sans trop de difficultés. Les seconds ont nécessité plusieurs directives dont la dernière, adoptée en 1988, a posé le principe de la fin de toute autorisation préalable des États membres. Désormais, les mouvements de capitaux sont libres au sein de l'Union sous les réserves traditionnelles (ordre public, etc.) encadrées par le droit européen et dans un cadre qui permet aux institutions de prévoir certaines mesures de sauvegarde exceptionnelles et temporaires. Les investissements directs ne dérogent pas à cette logique et différents arrêts récents, qu'ils concernent le régime général ou des régimes particuliers, sont venus rappeler et préciser la portée extensive de cette liberté.

Biblio

– A. Bencheneb, « Sur l'évolution de la notion d'investissement », in *Souveraineté étatique et marchés internationaux à la fin du xxe siècle, Mélanges en l'honneur de Ph. Kahn*, Litec, 2000, p. 177.
– D. Carreau, D. Hurstel, « La nouvelle liberté des investissements directs étrangers en France », *D.* 1996. Chron. 239.
– B. Delaunay, « L'évolution de la jurisprudence fiscale de la Cour de justice en matière de liberté de circulation des capitaux », *RD fiscale* 47/2012, étude 526.
– M.-A. Frison-Roche, « Les conditions communautaires de validité des golden shares dans les entreprises publiques privatisées », *D.* 2002, interview, p. 2242.
– S. Kollias, « La libre circulation des capitaux et l'introduction de l'euro », *RMUE* n° 4, 1998. 41.
– B. Sousi-Roubi, *Droit bancaire européen*, Dalloz, coll. « Précis », 1995.
– Ph. Vigneron, « La directive communautaire relative à la libération des mouvements de capitaux », *RD bancaire* 13/1989, p. 92.
– Ph. Vigneron, Ph. Steinfeld, « La libre circulation des capitaux : du Marché commun à l'Union économique et monétaire », *RD bancaire* 47/1995, p. 19.
– J. Wouters, « La libération des mouvements de capitaux au sein de la Communauté européenne », *RIDE* 1989. 303.

Par ailleurs, on trouvera un exposé des questions relatives aux investissements et leurs relations avec le droit communautaire dans les principaux manuels de droit international économique ou de droit du commerce international.

Documents

CJCE 4 juin 2002, *Commission c. France*, aff. C-483/99 (Extraits) (*Rec. CJCE* I-4781)

LA COUR (...)

1. Par requête déposée au greffe de la Cour le 21 décembre 1999, la Commission des Communautés européennes a introduit, en vertu de l'article 226 CE, un recours visant à faire constater que, en maintenant en vigueur l'article 2, paragraphes 1 et 3, du décret n° 93-1298, du 13 décembre 1993, instituant une action spécifique de l'État dans la Société nationale Elf-Aquitaine (*JORF* du 14 décembre 1993, p. 17354, ci-après le « décret n° 93-1298 »), selon lequel l'action spécifique de la République française dans ladite société est assortie des droits suivants :

a) tout franchissement à la hausse des seuils de détention directe ou indirecte de titres du dixième, du cinquième ou du tiers du capital ou des droits de vote de la société par une personne physique ou morale, agissant seule ou de concert, doit être approuvé préalablement par le ministre de l'Économie (art. 2, § 1er, dudit décret) ;

b) il peut être fait opposition aux décisions de cession ou d'affectation à titre de garantie des actifs figurant en annexe audit décret, à savoir la majorité du capital des quatre filiales de la compagnie mère que sont Elf-Aquitaine Production, Elf-Antar France, Elf-Gabon SA et Elf-Congo SA (art. 2, § 3, dudit décret),

et en n'ayant pas prévu des critères suffisamment précis et objectifs concernant l'approbation des opérations susmentionnées ou l'opposition à celles-ci, la République française a manqué aux obligations qui lui incombent en vertu des articles 52 du traité CE (devenu, après modification, article 43 CE) à 58 du traité CE (devenu art. 48 CE) ainsi que 73 B du traité CE (devenu art. 56 CE).

Cadre juridique du litige

Droit communautaire

3. L'article 73 B, paragraphe 1, du traité est libellé comme suit :

« Dans le cadre des dispositions du présent chapitre, toutes les restrictions aux mouvements de capitaux entre les États membres et entre les États membres et les pays tiers sont interdites. »

4. En vertu de l'article 73 D, paragraphe 1, sous b), du traité CE [devenu article 58, paragraphe 1, sous b), CE] :

« L'article 73 B ne porte pas atteinte au droit qu'ont les États membres : [...]

b) de prendre toutes les mesures indispensables pour faire échec aux infractions à leurs lois et règlements, notamment en matière fiscale ou en matière de contrôle prudentiel des établissements financiers, de prévoir des procédures de déclaration des mouvements de capitaux à des fins d'information administrative ou statistique ou de prendre des mesures justifiées par des motifs liés à l'ordre public ou à la sécurité publique. »

5. L'annexe I de la directive n° 88/361/CEE du Conseil, du 24 juin 1988, pour la mise en œuvre de l'article 67 du traité (JO L 178, p. 5), comporte une nomenclature des mouvements de capitaux visés à l'article 1er de cette directive. Elle énumère notamment les mouvements suivants :

« I. Investissements directs [...]

1) Création et extension de succursales ou d'entreprises nouvelles appartenant exclusivement au bailleur de fonds, et acquisition intégrale d'entreprises existantes.

2) Participation à des entreprises nouvelles ou existantes en vue de créer ou maintenir des liens économiques durables […] ».

6. En vertu des notes explicatives figurant à la fin de l'annexe I de la directive n° 88/361, on entend par « investissements directs » :

« Les investissements de toute nature auxquels procèdent les personnes physiques, les entreprises commerciales, industrielles ou financières et qui servent à créer ou à maintenir des relations durables et directes entre le bailleur de fonds et le chef d'entreprise ou l'entreprise à qui ces fonds sont destinés en vue de l'exercice d'une activité économique. Cette notion doit donc être comprise dans son sens le plus large. […]

En ce qui concerne les entreprises mentionnées au point I-2 de la nomenclature et qui ont le statut de sociétés par actions, il y a participation ayant le caractère d'investissements directs, lorsque le paquet d'actions qui se trouve en possession d'une personne physique, d'une autre entreprise ou de tout autre détenteur donne à ces actionnaires, soit en vertu des dispositions de la législation nationale sur les sociétés par actions, soit autrement, la possibilité de participer effectivement à la gestion de cette société ou à son contrôle […] ».

7. La nomenclature figurant à l'annexe I de la directive n° 88/361 vise également les mouvements suivants :

« III. Opérations sur titres normalement traités sur le marché des capitaux […]

A. Transactions sur titres du marché des capitaux

1) Acquisition par des non-résidents de titres nationaux négociés en bourse […]

3) Acquisition par des non-résidents de titres nationaux non négociés en bourse […] ».

8. L'article 222 du traité CE (devenu art. 295 CE) dispose :

« Le présent traité ne préjuge en rien le régime de la propriété dans les États membres. »

Droit national

9. Le décret n° 93-1298 prévoit à ses articles 1er et 2 :

« Article premier

Afin de protéger les intérêts nationaux, une action spécifique ordinaire de l'État dans la Société nationale Elf-Aquitaine est transformée en une action spécifique assortie des droits définis à l'article 2 ci-après.

Article 2

I. Tout franchissement à la hausse des seuils de détention directe ou indirecte de titres, quelle qu'en soit la nature ou la forme juridique, du dixième, du cinquième ou du tiers du capital ou des droits de vote de la société par une personne physique ou morale, agissant seule ou de concert, doit être approuvé préalablement par le ministre chargé de l'économie. Cette approbation doit être renouvelée si le bénéficiaire vient à agir de concert, à subir un changement de contrôle ou si l'identité d'un ou des membres du concert vient à changer. De même, tout seuil franchi à titre individuel par un membre du concert doit faire l'objet d'un agrément préalable. […]

II. Deux représentants de l'État nommés par décret siègent au conseil d'administration de la société sans voix délibérative. Un représentant est nommé sur proposition du ministre chargé de l'économie et un sur proposition du ministre chargé de l'énergie.

III. Dans les conditions fixées par le décret n° 93-1296 susvisé, il peut être fait opposition aux décisions de cession ou d'affectation à titre de garantie des actifs dont la liste figure en annexe au présent décret. »

10. La liste figurant en annexe du décret n° 93-1298 vise la majorité du capital d'Elf-Aquitaine Production, d'Elf-Antar France, d'Elf-Gabon SA et d'Elf-Congo SA. (…)

Appréciation de la Cour

Sur l'article 73 B du traité

35. Il y a lieu de rappeler, à titre liminaire, que l'article 73 B, paragraphe 1, du traité met en œuvre la libre circulation des capitaux entre les États membres et entre les États membres et les pays tiers. À cet effet, il dispose, dans le cadre des dispositions du chapitre du traité intitulé « Les capitaux et les paiements », que toutes les restrictions aux mouvements de capitaux entre les États membres et entre les États membres et les pays tiers sont interdites.

36. Si le traité ne définit pas les notions de mouvements de capitaux et de paiements, il est constant que la directive 88/361, ensemble avec la nomenclature qui lui est annexée, a une valeur indicative pour définir la notion de mouvements de capitaux (voir arrêt du 16 mars 1999, *Trummer et Mayer*, C-222/97, *Rec. CJCE* I-1661, points 20 et 21).

37. En effet, les points I et III de la nomenclature reprise à l'annexe I de la directive 88/361 ainsi que les notes explicatives y figurant indiquent que l'investissement direct sous forme de participation à une entreprise par la détention d'actions ainsi que l'acquisition de titres sur le marché des capitaux constituent des mouvements de capitaux au sens de l'article 73 B du traité. En vertu desdites notes explicatives, l'investissement direct, en particulier, est caractérisé par la possibilité de participer effectivement à la gestion d'une société et à son contrôle.

38. À la lumière de ces considérations, il convient d'examiner si la réglementation instituant une action spécifique en faveur de la République française dans la Société nationale Elf-Aquitaine, qui prévoit une autorisation préalable par cet État membre pour tout franchissement à la hausse de certains seuils de détention de titres ou de droits de vote ainsi qu'un droit d'opposition aux décisions de cession ou d'affectation à titre de garantie de la majorité du capital de quatre filiales de ladite société, constitue une restriction aux mouvements de capitaux entre les États membres.

39. Le gouvernement français, tout en admettant en principe que les restrictions résultant de la réglementation en cause entrent dans le champ d'application de la libre circulation des capitaux, fait valoir que cette réglementation s'applique sans distinction aux actionnaires nationaux et aux actionnaires ressortissants d'autres États membres. Il ne s'agirait donc pas d'un traitement discriminatoire ou particulièrement restrictif en ce qui concerne les ressortissants d'autres États membres.

40. Cet argument ne peut être accueilli. En effet, l'article 73 B du traité interdit de façon générale les restrictions aux mouvements de capitaux entre les États membres. Cette interdiction va au-delà de l'élimination d'un traitement inégal des opérateurs sur les marchés financiers en raison de leur nationalité.

41. La réglementation en cause, même si elle ne crée pas une inégalité de traitement, est susceptible d'empêcher l'acquisition d'actions dans les entreprises concernées et de dissuader les investisseurs d'autres États membres d'effectuer leurs placements dans le capital de ces entreprises. Elle est donc susceptible, de ce fait, de rendre illusoire la libre circulation des capitaux (voir, à cet égard, arrêts du 14 décembre 1995, *Sanz de Lera e.a.*, C-163/94, C-165/94 et C-250/94, *Rec. CJCE* p. I-4821, point 25, et du 1er juin 1999, *Konle*, C-302/97, *Rec. CJCE* I-3099, point 44).

42. Dans ces conditions, il y a lieu de considérer que la réglementation en cause constitue une restriction aux mouvements des capitaux au sens de l'article 73 B du traité. Il convient donc d'examiner si et dans quelles conditions une justification de cette restriction peut être admise.

43. Ainsi qu'il ressort également de la communication de 1997, ne sauraient être niées les préoccupations pouvant, selon les circonstances, justifier que les États membres gardent une certaine influence dans les entreprises initialement publiques et ultérieurement privatisées, lorsque ces entreprises agissent dans les domaines des services d'intérêt général ou stratégique

(voir arrêts de ce jour, *Commission c. Portugal*, C-367/98, non encore publié au *Recueil*, point 47, et *Commission c. Belgique*, C-503/99, non encore publié au *Recueil*, point 43).

44. Ces préoccupations ne sauraient toutefois permettre aux États membres d'exciper de leurs régimes de propriété, tels que visés à l'article 222 du traité, pour justifier des entraves aux libertés prévues par le traité, qui résultent de privilèges dont ils assortissent leur position d'actionnaire dans une entreprise privatisée. En effet, ainsi qu'il résulte de la jurisprudence de la Cour (arrêt Konle, préc., point 38), ledit article n'a pas pour effet de faire échapper les régimes de propriété existant dans les États membres aux règles fondamentales du traité.

45. La libre circulation des capitaux, en tant que principe fondamental du traité, ne peut être limitée par une réglementation nationale que si celle-ci est justifiée par des raisons visées à l'article 73 D, paragraphe 1er, du traité ou par des raisons impérieuses d'intérêt général et s'appliquant à toute personne ou entreprise exerçant une activité sur le territoire de l'État membre d'accueil. En outre, afin d'être ainsi justifiée, la réglementation nationale doit être propre à garantir la réalisation de l'objectif qu'elle poursuit et ne pas aller au-delà de ce qui est nécessaire pour qu'il soit atteint, en vue de répondre au critère de proportionnalité (voir, en ce sens, arrêts Sanz de Lera e.a., préc., point 23, et du 14 mars 2000, *Église de scientologie*, C-54/99, *Rec. CJCE* I-1335, point 18).

46. S'agissant d'un régime d'autorisation administrative préalable tel que celui qui fait l'objet du reproche principal de la Commission, dans ses conclusions, sous a), relatif à l'article 2, paragraphe 1er, du décret n° 93-1298, la Cour a déjà jugé qu'il doit être proportionnel au but poursuivi, de manière telle que le même objectif ne saurait être atteint par des mesures moins restrictives, notamment par un système de déclarations a posteriori (voir, en ce sens, arrêts Sanz de Lera e.a., préc., points 23 à 28 ; *Konle*, préc., point 44, et du 20 févr. 2001, *Analir e.a.*, C-205/99, *Rec. CJCE* I-1271, point 35). Un tel régime doit être fondé sur des critères objectifs, non discriminatoires et connus à l'avance des entreprises concernées, et toute personne frappée par une mesure restrictive de ce type doit pouvoir disposer d'une voie de recours (arrêt Analir e.a., préc., point 38).

47. En l'espèce, il ne saurait être nié que l'objectif poursuivi par la réglementation en cause, à savoir garantir la sécurité des approvisionnements en produits pétroliers en cas de crise, relève d'un intérêt public légitime. En effet, la Cour a déjà reconnu, parmi les raisons de sécurité publique qui peuvent justifier une entrave à la libre circulation des marchandises, l'objectif d'assurer, en tout temps, un approvisionnement minimal en produits pétroliers (arrêt Campus Oil e.a., préc., points 34 et 35). Le même raisonnement vaut pour les entraves à la libre circulation des capitaux, dans la mesure où la sécurité publique figure également parmi les raisons justificatives énoncées à l'article 73 D, paragraphe 1er, sous b), du traité.

48. Cependant, la Cour a également jugé que les exigences de la sécurité publique doivent, notamment en tant que dérogation au principe fondamental de la libre circulation des capitaux, être entendues strictement, de sorte que leur portée ne saurait être déterminée unilatéralement par chacun des États membres sans contrôle des institutions de la Communauté. Ainsi, la sécurité publique ne saurait être invoquée qu'en cas de menace réelle et suffisamment grave, affectant un intérêt fondamental de la société (voir, notamment, arrêt Église de scientologie, préc., point 17).

49. Il convient donc de vérifier si les entraves résultant de la réglementation en cause permettent d'assurer dans l'État membre concerné, en cas de menace réelle et grave, un approvisionnement minimal en produits pétroliers et ne vont pas au-delà de ce qui est nécessaire à cette fin.

50. À cet égard, en ce qui concerne le reproche principal de la Commission, relatif à l'article 2, paragraphe 1er, du décret n° 93-1298, il convient de rappeler que le régime instauré par cette

disposition prévoit que tout franchissement à la hausse de certains seuils de détention directe ou indirecte de titres, quelle qu'en soit la nature ou la forme juridique, doit être approuvé préalablement par le ministre de l'Économie pour chacune des personnes y participant. L'exercice de ce droit n'est soumis, selon les textes applicables, à aucune condition, à l'exception d'une référence à la protection des intérêts nationaux, formulée de manière générale à l'article 1er dudit décret. Il n'est aucunement indiqué aux investisseurs concernés les circonstances spécifiques et objectives dans lesquelles une autorisation préalable sera accordée ou refusée. Une telle indétermination ne permet pas aux particuliers de connaître l'étendue de leurs droits et de leurs obligations découlant de l'article 73 B du traité, en sorte qu'un tel régime doit être considéré comme étant contraire au principe de sécurité juridique (voir arrêt Église de scientologie, préc., points 21 et 22).

51. Un pouvoir discrétionnaire aussi large constitue une atteinte grave à la libre circulation des capitaux, qui peut aboutir à l'exclusion de cette dernière. Le régime en cause va donc manifestement au-delà de ce qui est nécessaire pour atteindre l'objectif invoqué par le gouvernement français, à savoir la prévention d'une atteinte à l'approvisionnement minimal en produits pétroliers en cas de menace effective.

52. En ce qui concerne le reproche de la Commission, relatif à l'article 2, paragraphe 3, du décret n° 93-1298, qui prévoit un droit d'opposition à toute décision de cession ou d'affectation à titre de garantie des actifs de quatre filiales de la société nationale Elf-Aquitaine à l'étranger, les mêmes appréciations trouvent à s'appliquer. En effet, même s'il s'agit là non pas d'un régime d'autorisation préalable, mais d'un régime d'opposition a posteriori, il est toutefois constant que l'exercice de ce droit n'est, lui non plus, soumis à aucune condition limitant le large pouvoir discrétionnaire du ministre qui en est titulaire quant au contrôle de l'identité des détenteurs des actifs des sociétés filiales. Le régime va donc manifestement au-delà de ce qui est nécessaire pour atteindre le but invoqué par le gouvernement français, à savoir la prévention d'une atteinte à l'approvisionnement minimal en produits pétroliers en cas de menace effective. Au demeurant, les dispositions législatives françaises en cause ne reflètent pas une telle limitation.

53. Vu l'absence de critères objectifs et précis dans la structure du régime établi, la réglementation en cause va au-delà de ce qui est nécessaire pour atteindre le but indiqué.

54. Il convient donc de constater que, en maintenant en vigueur la réglementation en cause, la République française a manqué aux obligations qui lui incombent en vertu de l'article 73 B du traité.

Sur les articles 52 à 58 du traité

55. La Commission demande encore la constatation d'un manquement aux articles 52 à 58 du traité, à savoir aux règles de celui-ci relatives à la liberté d'établissement dans la mesure où elles concernent les entreprises.

56. À cet égard, il convient de relever que, dans la mesure où la réglementation en cause comporte des restrictions à la liberté d'établissement, de telles restrictions sont la conséquence directe des obstacles à la libre circulation des capitaux examinés ci-dessus, dont elles sont indissociables. Dès lors, une violation de l'article 73 B du traité ayant été constatée, il n'est pas nécessaire d'examiner séparément les mesures en cause à la lumière des règles du traité relatives à la liberté d'établissement. (...)

Par ces motifs, la Cour déclare et arrête :

1) En maintenant en vigueur l'article 2, paragraphes 1 et 3, du décret n° 93-1298, du 13 décembre 1993, instituant une action spécifique de l'État dans la Société nationale

Elf-Aquitaine, selon lequel l'action spécifique de la République française dans ladite société est assortie des droits suivants :

a) tout franchissement à la hausse des seuils de détention directe ou indirecte de titres du dixième, du cinquième ou du tiers du capital ou des droits de vote de la société par une personne physique ou morale, agissant seule ou de concert, doit être approuvé préalablement par le ministre de l'Économie ;

b) il peut être fait opposition aux décisions de cession ou d'affectation à titre de garantie des actifs figurant en annexe audit décret, à savoir la majorité du capital des quatre filiales de ladite société que sont Elf-Aquitaine Production, Elf-Antar France, Elf-Gabon SA et Elf-Congo SA, la République française a manqué aux obligations qui lui incombent en vertu de l'article 73 B du traité CE (devenu art. 56 CE).

chapitre 4

La libre circulation des opérateurs économiques (I) : les bénéficiaires

Plan analytique

section 1

Les personnes physiques

§ 1 Les ressortissants des États membres

A. La nationalité d'un État membre

B. Une situation européenne

§ 2 Les ressortissants des États tiers

section 2

Les personnes morales

§ 1 Les personnes morales de droit interne

A. La reconnaissance des sociétés

B. La coordination du droit des sociétés

§ 2 Les personnes morales de droit européen

A. Le groupement européen d'intérêt économique

B. La société européenne

4

Droit des activités économiques à l'origine, le droit de l'Union européenne n'a longtemps envisagé les personnes qu'en termes d'opérateurs économiques. Le vocabulaire utilisé dans le traité l'illustre. Le droit dérivé le confirme. Mais, pour pouvoir exercer une activité économique sur ou à destination d'un État membre autre que celui d'origine, encore convient-il que l'on puisse y accéder ! Et encore convient-il de manière préalable que l'on puisse se prévaloir de cette liberté d'établissement ou de prestation des services ; en d'autres termes, que l'on soit un ressortissant d'un État membre, une société pouvant se rattacher à un État membre ! 193

On touche ici le fait que la libre circulation des opérateurs économiques (qu'ils soient des personnes physiques ou des personnes morales) est tributaire d'un rattachement de ces derniers à l'Union européenne. Ce rattachement est la condition première pour pouvoir prétendre à un droit à la libre circulation au sein du marché intérieur, selon une logique d'*égalité de traitement*[Q]. Il faut immédiatement signaler que, sur ce point, les choses ont évolué, d'abord en marge du traité puis en son sein. Ainsi, la libre circulation n'est plus, pour le droit européen, exclusivement réservée aux seuls opérateurs économiques. Elle tend à être reconnue au-delà de l'exercice de toute activité économique. Le ressortissant communautaire n'est plus seulement un *homo economicus* mais aussi un *pater familias*. Le traité d'Amsterdam confirme implicitement cette analyse. Le traité de Lisbonne l'affiche officiellement, en faisant de la libre circulation des personnes le premier objectif, au moins au plan formel (art. 3 § 2 TUE). 194

Il n'en demeure pas moins que les développements les plus aboutis du droit de l'Union touchent la personne en tant qu'opérateur économique ; ce dernier pouvant donc être une personne physique (section 1) ou une personne morale (section 2). 195

section 1

Les personnes physiques

La lecture rapide du traité laisse penser que seuls les ressortissants des États membres (§1) peuvent bénéficier de la libre circulation économique, à savoir le droit établissement ou la libre prestation des services. Un examen plus attentif des textes, que ce soit le traité sur le fonctionnement de l'Union européenne ou le droit dérivé, ainsi qu'une analyse plus poussée de la jurisprudence, permettent de constater que les ressortissants des États tiers (§ 2) peuvent *mutatis mutandis* prétendre aujourd'hui aussi à ce bénéfice. 196

§ 1 Les ressortissants des États membres

197 Pour bénéficier des dispositions instaurant la libre circulation, il faut être le national d'un État membre (A) et être en situation européenne (B).

A. La nationalité d'un État membre

198 Le traité utilise presque indifféremment les termes de nationaux et de ressortissants des États membres. Lorsqu'il envisage la question de l'établissement ou de la libre prestation des services il retient plutôt l'expression de *ressortissant*[Q]. Même si on a pu longtemps souligner que le ressortissant est un individu lié à un État dont il n'a pas cependant la nationalité, force est de relever que s'opère désormais une confusion : ressortissant est aujourd'hui synonyme de national. Le traité ne se prononce pas sur la définition de la nationalité. Il renvoie sur ce point au droit des États membres. Ainsi dans la déclaration n° 2 relative à la nationalité d'un État membre, annexée à l'acte final du traité sur l'Union européenne, il est affirmé que : « chaque fois que le traité instituant l'Union européenne fait référence aux ressortissants des États membres, la question de savoir si une personne a la nationalité de tel ou tel État membre est réglée uniquement par référence au droit national de l'État concerné ». Par ailleurs, lors de leur adhésion, les États membres se sont vus reconnaître la possibilité de préciser la situation de certains de leurs ressortissants dans l'optique du bénéfice de la libre circulation. Ces déclarations présentent un intérêt relatif et, parfois, purement historique. L'Allemagne illustre ce dernier cas : deux déclarations ont été faites lors de la signature de l'acte final de la Conférence intergouvernementale pour le marché commun et l'Euratom, la première traitant la situation des ressortissants des territoires sur lesquels le IIIe Reich avait étendu sa souveraineté, la seconde déclarant expressément que le *Land* Berlin appartenait à l'Union. Ces deux textes sont devenus sans objet lors de la réunification de l'Allemagne. Le Royaume-Uni a modifié, quant à lui, sa déclaration initiale à la suite de l'entrée en vigueur du *British Nationality Act* de 1981. Sont désormais ressortissants au sens du traité UE, les citoyens britanniques et les sujets britanniques qui ne possèdent pas la citoyenneté mais bénéficient d'un droit de résidence au Royaume-Uni (*JOCE* C 23 du 28 janv. 1983).

199 Le fait que le traité ne s'attache pas à la nationalité est parfaitement logique tant il est constant que seuls les États sont en droit de déterminer qui sont leurs nationaux. Ce principe coutumier de droit international public, confirmé en droit interne, est formulé à l'article 1er de la convention de La Haye du 12 avril 1930 pour la codification du droit international en matière de nationalité et figure dans la déclaration n° 2 relative à la nationalité d'un État membre, précédemment citée. Pour autant, la détermination de la qualité de national d'un État membre comme condition du bénéfice du droit d'établissement ou de la libre prestation des services a été l'objet de plusieurs arrêts importants de la Cour de justice qui ont conduit à un certain encadrement de compétence. Dans une première affaire, la Cour a décidé qu'« aucune disposition du traité ne permet, dans le champ d'application de celui-ci, de traiter différemment des ressortissants d'un État membre, suivant l'époque à laquelle ou la façon dont ils ont acquis la nationalité de cet État, dès lors qu'au moment où ils invoquent le bénéfice des dispositions du droit communautaire, ils

possèdent la nationalité d'un des États membres » (CJCE 22 sept. 1983, *Auer II*, aff. 271/82, *Rec. CJCE* 2727). Dans une deuxième affaire relative à un binational, la Cour affirme que « la libre circulation des personnes, la liberté d'établissement et la libre prestation des services, fondamentales dans le système de la Communauté, ne seraient pas pleinement réalisées si un État membre pouvait refuser le bénéfice des dispositions du droit communautaire à ceux de ses ressortissants qui, établis dans un autre État membre dont ils ont également la nationalité, font usages des facilités offertes par le droit communautaire pour exercer, sur le territoire du premier État, leurs activités sous forme de prestation de services » (CJCE 19 janv. 1988, *Gullung*, aff. 292/86, *Rec. CJCE* 111). Dans un troisième arrêt essentiel – toujours relatif à la double nationalité –, la Cour a systématisé d'une certaine manière son propos en énonçant que « la nationalité relève, conformément au droit international, de la compétence de chaque État membre, compétence qui doit être exercée dans le respect du droit communautaire » (CJCE 7 juill. 1992, *Micheletti*, aff. 369/90, *Rec. CJCE* I-4239). Ceci signifie en particulier qu'en cas de double nationalité, l'intéressé peut faire valoir la nationalité lui permettant d'invoquer le droit de l'Union et ce, y compris si l'une des nationalités n'est autre que celle d'un État tiers. L'arrêt *Micheletti* concernait un indépendant italo-argentin, dont la Cour a admis qu'il puisse faire valoir sa nationalité italienne en vue de s'installer en Espagne, sans que ce dernier État ne puisse exiger que l'intéressé ait résidé en Italie avant de s'installer en Espagne. Il ressort de ces différentes solutions qu'un État membre ne peut remettre en cause les raisons pour lesquelles un autre État membre a entrepris de conférer la nationalité à un individu et refuser d'accorder à ce dernier le bénéfice des libertés de circulation (CJCE 19 oct. 2004, *Chen*, aff. C-200/02, *Rec. CJCE* I-9925). On observe ainsi que le juge de l'Union, bien que reconnaissant le principe de la compétence exclusive des États membres dans la détermination de leurs nationaux, contrôle le respect de certaines conditions du droit de l'Union. Le droit de la nationalité ne saurait en ce sens être utilisé par un État pour restreindre la circulation de ses nationaux ou celle des nationaux d'autres États membres. Amenée à se prononcer sur une hypothèse de perte de la nationalité, la Cour a en revanche jugé que si un ressortissant d'un État membre perd la nationalité de cet État, à la suite du retrait d'une naturalisation obtenue frauduleusement, il perd corrélativement la qualité de citoyen de l'Union, celle-ci lui conférant en particulier un droit à la libre circulation. Encore convient-il cependant que le principe de proportionnalité soit respecté : la Cour ne manque pas de préciser qu'il revient à la juridiction de renvoi de vérifier si la décision de retrait de la naturalisation respecte le principe de proportionnalité en ce qui concerne les conséquences qu'elle comporte sur la situation de la personne concernée au regard du droit de l'Union (CJUE 2 mars 2010, *Rottman*, aff. C-135/08, *Rec. CJUE* I-1449).

TD fich 4.

Ces affirmations, qui peuvent se concevoir comme une traduction manifeste de la logique de l'effet utile, n'en appellent pas moins une observation. Elles sont susceptibles de heurter certaines solutions bien établies, notamment lorsqu'elles condamnent la construction jurisprudentielle de l'*effectivité de la nationalité*[Q] (Civ. 1re, 15 mai 1974, *Rev. crit. DIP* 1975. 620 et CIJ 6 avr. 1955, *Nottebohm*, *Rev. crit. DIP* 1956. 607). Celle-ci signifie qu'un individu doit posséder la nationalité de l'État avec lequel il entretient un lien effectif. Et sa remise en cause est très exactement le résultat auquel parvient la Cour de justice lorsqu'elle retient que « la seule circonstance qu'un ressortissant d'un État membre possède en même temps la nationalité d'un pays tiers, dans lequel il a son domicile, ne le prive pas du droit d'invoquer, en tant que ressortissant de cet État 200 membre, l'interdiction de discrimination fondée sur la nationalité consacrée par l'article 6, premier alinéa [désormais, art. 12, al. 1er] » (CJCE 2 oct. 1997, *Saldanha*, aff. C-122/96, *Rec. CJCE* I-5325). Au-delà des enjeux pratiques d'une telle décision (enjeux que certains clubs sportifs ont bien compris, en ce sens CJCE 12 avril 2005, *Igor Simutenkov*, C-265/03, *Rec. CJCE* I-2579, à propos de l'inopposabilité à un joueur russe d'une règle limitant le nombre de joueurs professionnels originaires d'États tiers dans le cadre d'une compétition nationale...), on ne peut s'empêcher de relever que l'attitude de la Cour de justice tend à conforter la vision d'une nationalité fonctionnelle, condition de la reconnaissance et de l'octroi de droits qui sont, pour l'instant, – il est vrai – exclusivement de nature économique. Nul doute que si ces droits devaient devenir de nature politique, la question mériterait d'être davantage clarifiée... Le rôle que la Cour tend à faire jouer à la citoyenneté européenne au fil d'une jurisprudence pour le moins audacieuse, dessine, peut-être, une piste d'avenir (v. par ex. à propos de l'indemnisation des victimes d'infractions pénales, CJCE 5 juin 2008, *Wood*, aff. C-164/07, *Rec. CJCE* I-4143 ; à propos du droit de séjour de la famille, CJCE 25 juill. 2008, *Metock*, aff. C-127/08, *Rec. CJCE* I-6241 ; à propos du nom de famille, CJCE 2 oct. 2003, *Garcia Avello*, aff. C-148/02, *Rec. CJCE* I-11613, dans lequel la Cour décide qu'un double national belgo-espagnol peut toujours se prévaloir de la libre circulation en vertu de l'article 21 TFUE, dans la mesure où il peut se prévaloir de sa nationalité espagnole lorsqu'il vit en Belgique et réciproquement ; CJCE 14 oct. 2008, *Grunkin et Paul*, aff. C-353/06, *Rec. CJCE* I-7639 ; CJUE 22 déc. 2010, *Sayn-Wittgenstein*, aff. C-208/09, *Rec. CJUE* I-13693).

B. Une situation européenne

201 Il peut paraître *a priori* surprenant d'évoquer l'exigence d'une situation européenne dans le cadre de l'étude des bénéficiaires de la libre circulation ; la situation européenne semblant plutôt s'analyser en un critère d'application matérielle, voire, géographique, des dispositions pertinentes du traité UE et du droit dérivé. Pour autant, cette exigence peut être rattachée au statut des personnes en ce que, entre deux ressortissants d'un même État membre, seul celui qui – en principe – relève d'une situation européenne pourra invoquer le bénéfice du droit d'établissement ou de la libre prestation des services comme support de l'exercice de son activité économique. Rappelons ainsi que les situations dont l'ensemble des éléments se cantonnent à l'intérieur d'un seul État membre sont exclues du champ d'application des dispositions relatives aux libertés fondamentales. Le juge de l'Union rappelle régulièrement qu'une réglementation nationale indistinctement applicable aux ressortissants nationaux et aux ressortissants des autres États membres « n'est, en règle générale, susceptible de relever des dispositions relatives aux libertés fondamentales garanties par le traité que dans la mesure où elle s'applique à des situations ayant un lien avec les échanges entre les États membres » (CJUE 11 mars 2012, *Attanasio Group Srl*, aff. C-384/08, *Rec. CJUE* I-2055 ; CJUE 1er juin 2010, *Blanco Pérez et Chao Gómez*, aff. C-570/07 et C-571/07, *Rec. CJUE* I-2055). Cette exigence a déjà été abordée pour en souligner le déclin apparent (v. ss 138). On observe notamment que le juge de l'Union refuse parfois de conclure à l'inapplicabilité d'une liberté dont peuvent bénéficier les opérateurs économiques, par exemple, la liberté d'établissement, quand bien même l'ensemble des éléments du litige sont situés dans un seul État membre (arrêts *Attanasio Group Srl* et *Blanco Pérez et Chao Gómez*, préc.). Rappelons, surtout, l'évolution de la jurisprudence de la Cour en matière de citoyenneté européenne : dans un arrêt *Zambrano* de 2011, la Cour a admis l'application des dispositions du traité

relatives à la citoyenneté, lors même que tous les éléments du litige se circonscrivaient à un seul État membre. La Cour a alors identifié une nouvelle catégorie de droits du citoyen de l'Union (« l'essentiel des droits attachés au statut du citoyen de l'Union »). Une situation dans laquelle est en cause l'essence même du statut de citoyen de l'Union semble ainsi désormais soulever non plus une question purement interne, mais une question relevant du droit de l'Union. La Cour a pu dès lors décider que l'article 20 TFUE s'oppose à une mesure nationale « ayant pour effet de priver les citoyens de l'Union de la jouissance effective de l'essentiel des droits conférés par leur statut de citoyen de l'Union » (CJUE 8 mars 2011, *Zambrano*, aff. C-34/09, *Rec. CJUE* I-1177). En revanche, si la mesure nationale litigieuse n'a pas pour effet de priver une ressortissante « de la jouissance effective de l'essentiel des droits attachés à son statut de citoyenne de l'Union » et en l'absence de tout élément transfrontalier dans le dossier soumis à la Cour, celle-ci ne peut que conclure à l'inapplicabilité de l'article 21 TFUE (CJUE 5 mai 2011, *Mac Carthy*, aff. C-434/09, *Rec. CJUE* I-3375). Il convient d'apporter quelques précisions complémentaires à ces éléments, précisions propres à la libre circulation des opérateurs économiques et, notamment, relatives aux *discriminations à rebours*. Fréquemment étudiée, la discrimination à rebours, expression d'origine doctrinale non utilisée par la Cour de justice, peut se définir comme « la situation désavantageuse dans laquelle se trouve placé, du fait de son droit national, le ressortissant d'un État membre vis-à-vis des ressortissants des autres États membres protégés, eux, à l'égard de cet État, par le droit communautaire » (P. Rambaud, « La discrimination à rebours et le droit communautaire : un mythe juridique ? », *Gaz. Pal.* 5 mai 1992, p. 339 s.). L'exclusion des situations purement internes du champ d'application matériel du traité est en effet susceptible d'aboutir à un traitement plus avantageux des ressortissants de l'Union ayant fait usage de leur droit de libre circulation, par rapport aux ressortissants n'ayant pas exploité ce droit. Cette situation, que beaucoup d'auteurs jugent choquante, tend à perdre de sa portée sous l'effet conjoint de plusieurs facteurs. Le premier facteur tient au rapprochement des législations nationales qui découle des directives adoptées. Mais le résultat n'est pas toujours atteint. La jurisprudence dite des « cabinets secondaires », concernant certaines professions libérales, permet de le comprendre. Par exemple, à la suite du prononcé d'un arrêt en constatation de manquement contre la France à propos de l'interdiction d'ouverture de cabinets médicaux secondaires (CJCE 30 avr. 1986, *Commission c. France*, aff. 96/85, *Rec. CJCE* 1475), la situation était qu'un médecin établi en Allemagne, par exemple à Emmendingen, pouvait ouvrir un second cabinet à Colmar, alors que son confrère établi à Strasbourg ne le pouvait pas ! La situation est alors entre les mains du législateur national. Ainsi, la profession d'avocat a-t-elle tiré les conséquences de l'admission des cabinets secondaires consécutive à l'arrêt *Klopp* (CJCE 12 juill. 1984, *Klopp*, aff. 107/83, *Rec. CJCE* 2971) et autorisé pour tous les avocats une telle possibilité par la loi du 19 décembre 1989. Le second facteur tient au fait que même si la situation est purement interne, la Cour de justice n'hésite plus à répondre à la question préjudicielle posée et à inviter le juge national à agir contre des cas de discriminations à rebours (CJUE 21 févr. 2013, *Ordine degli Ingegneri di Verona e Provincia et a.*, aff. C-111/12, nep). Selon une logique d'interprétation conforme du droit européen, le juge national ne doit pas voir dans ce droit un frein à l'examen au regard de son droit national d'une situation de discrimination à rebours et doit, bien au contraire, pouvoir dégager une solution « à la lumière de l'objet et de la finalité » du droit de l'Union de nature à mettre un terme à cette situation qui désavantage le ressortissant national par rapport aux ressortissants des autres États membres. On se bornera à constater que les cas où la Cour de justice est saisie de ce type de discriminations tendent à se faire de plus en plus rares, preuve peut-être que les États membres ont pris conscience de la nécessité de ne pas « handicaper » leurs opérateurs économiques nationaux en concurrence directe avec les opérateurs économiques des autres États membres et s'engagent dans une sorte de rapprochement plus ou moins conscient et plus ou moins forcé de leurs réglementations professionnelles respectives sans pour autant attendre l'adoption de directives de l'Union. Ce phénomène est aujourd'hui largement analysé par certains auteurs et, parfois, critiqué car considéré comme conduisant – par la mise en concurrence des droits des États membres qu'il emporte – à un alignement vers le système national le plus permissif : « *the race to the bottom* »...

§ 2 Les ressortissants des États tiers

202 La question du bénéfice des libertés d'établissement et de prestation des services pour les *ressortissants*[Q] des États tiers est l'une des plus délicates à résoudre. Tout d'abord, elle renvoie à une donnée classique du droit international privé qui est celle de la condition des étrangers dont nul n'ignore la complexité, le caractère très sensible et, encore plus dans un pays comme le nôtre, versatile. Sous l'angle européen, cet aspect a longtemps évolué dans une nébuleuse dont il était bien difficile de tirer les conséquences. En ce sens, la répartition des compétences respectives de la Communauté européenne et des États membres n'était pas sans présenter un certain flou (CJCE 9 juill. 1987, *RFA e.a. c. Commission*, 281 à 287/85, *Rec. CJCE* 3203). Le traité d'Amsterdam a mis fin, partiellement et prudemment, à cette situation en consacrant désormais un titre IV aux « visas, asile, immigration et autres politiques liées à la libre circulation ». Sans entrer dans le détail de ces dispositions qui ressortissent davantage de l'étude du droit des étrangers que du droit des affaires, on relèvera que les États membres ont décidé, par le biais du Conseil, de se doter d'instruments (règlements et directives) dont l'objet est d'arrêter, par exemple, des règles relatives aux visas et aux séjours des ressortissants des États tiers, des mesures relatives à l'asile, ou encore, « définissant les droits des ressortissants des pays tiers en situation régulière de séjour dans un État membre de séjourner dans les autres États membres et les conditions dans lesquelles ils peuvent le faire » (art. 63-4 CE). Plus d'une dizaine de propositions a été présentée depuis l'entrée en vigueur du traité d'Amsterdam, mais bien peu ont abouti, conséquence vraisemblable du fait qu'elles supposaient, pour être adoptées, un vote à l'unanimité des États membres bien difficile à obtenir. Et le texte fut-il adopté qu'il était, parfois, presque « vidé de sa substance » (v. en ce sens à propos de la directive n° 2003/86/CE sur le regroupement familial, CJCE 27 juin 2006, *Parlement c. Conseil*, aff. C-540/03, *Rec. CJCE* I-5769). Avec l'entrée en application du traité de Nice, et par décision du Conseil, la matière relève désormais de la majorité qualifiée. Le TUE consacre cette solution.

203 Sans attendre l'adoption de ces règlements et directives qui devraient constituer l'ossature d'un futur droit européen des étrangers, l'activité économique de ressortissants des États tiers peut déjà être approchée selon une double perspective : d'une part, l'existence d'accords qui permettent à ces ressortissants de se prévaloir dans certaines conditions des libertés économiques garanties par le traité ; d'autre part, la

reconnaissance du bénéfice de ces libertés comme dérivant de liens existant avec des ressortissants de l'Union. On rappellera, au préalable, que si le droit d'établissement n'envisage pas le cas des ressortissants d'États tiers, à l'inverse, le chapitre relatif à la prestation de services prévoit expressément que « le Conseil, statuant à la majorité qualifiée sur proposition de la Commission, peut étendre le bénéfice des dispositions du présent chapitre aux prestataires de services ressortissants d'un État tiers et établis à l'intérieur de l'Union » (art. 56 TFUE).

Sans reprendre ce qui a déjà été dit sur les différents accords liant l'Union européenne à des États tiers (v. ss 17), on soulignera que certains procèdent à une pleine et entière assimilation entre ressortissants des États membres et ressortissants des États signataires de l'accord. Telle est, par exemple, la situation des opérateurs économiques de l'Islande, du Liechtenstein ou de la Norvège qui, par l'effet de l'EEE, peuvent se prévaloir du droit d'établissement et de prestation des services. La situation est beaucoup plus contrastée avec d'autres accords. Ainsi, certains accords ne permettent pas de se prévaloir d'un droit d'établissement, faute de *réciprocité*[Q] (en ce sens, à propos de l'établissement d'un avocat malgache en France dans le cadre des accords de Lomé, CJCE 24 nov. 1977, *Razanatsimba*, aff. 65/77, *Rec. CJCE* 2229). L'accord d'association conclu avec la Turquie ne contient quant à lui qu'une clause de *standstill* qui, à défaut de conférer un droit d'établissement, empêche l'adoption de nouvelles mesures restrictives de la liberté d'établissemernt (CJCE 20 sept. 2007, *Tum et Dari*, aff. C-16/05, *Rec. CJCE* I-7415). D'autres accords permettent de se prévaloir de la liberté d'établissement. L'accord sur la libre circulation des personnes du 21 juin 1999, signé entre la Confédération suisse et la Communauté européenne et ses États membres, accorde un droit d'établissement aux ressortissants des parties contractantes limité aux seules personnes physiques (CJCE 12 nov. 2009, *Grimme*, aff. C-351/08, *Rec. CJCE* I-10777). Une affaire un peu particulière a conduit la Cour à décider que les dispositions relatives au droit d'établissement contenues dans certains accords (en l'espèce les accords de 1993 avec la Pologne et de 1994 avec la République tchèque en vue de leur adhésion) avaient un effet direct car établissant « dans les domaines d'application respectifs des deux accords, un principe précis et inconditionnel suffisamment opérationnel pour être appliqué par un juge national et qui, dès lors, est susceptible de régir la situation juridique des particuliers ». Considérant, ensuite, que l'expression d'« activités économiques [exercées] en tant qu'indépendants » utilisée par les accords et l'expression d'« activités non salariées » utilisée par le traité sont synonymes, la Cour retient que « l'activité de prostitution exercée en tant qu'indépendant peut être considérée comme étant un service fourni contre rémunération et relève, par conséquent, de ces deux notions ». Ce raisonnement implique, dès lors, « qu'un droit d'admission et un droit de séjour sont conférés, en tant que corollaires de ce droit [d'établissement], respectivement aux ressortissants polonais et tchèques qui souhaitent exercer des activités à caractère industriel, commercial, artisanal ou des professions libérales dans un État membre » (CJCE 27 sept. 2001, *Gloszczuk*, aff. C-63/99, *Rec. CJCE* I-6369 ; CJCE 20 nov. 2001, *Aldona Malgorzata Jany e.a.*, aff. C-268/99, *Rec. CJCE* I-8615). 204

Par ailleurs, la Cour de justice a progressivement accepté de reconnaître au ressortissant d'un État tiers marié avec un ressortissant d'un État membre le fait qu'il puisse « invoquer le traitement égal qui lui est reconnu pour obtenir la reconnaissance des qualifications et diplômes dans les mêmes conditions qu'un travailleur ressortissant 205 d'un État membre » (CJCE 7 mai 1986, *Gül*, aff. 131/85, *Rec. CJCE* 1585). Si la Cour rappelle qu'il est nécessaire que le conjoint européen puisse lui-même se prévaloir du droit de l'Union – c'est-à-dire relève personnellement d'une situation européenne (CJCE 25 juin 1992, *Ferrer Laderer*, aff. C-147/91, *Rec. CJCE* I-4097), en revanche, elle ne s'attache pas au fait que les liens matrimoniaux perdurent. Ainsi, dans l'affaire *Singh*, un ressortissant indien a pu se prévaloir des dispositions en matière de libre circulation à l'encontre d'une décision de refus d'entrée sur le territoire émanant des autorités anglaises par le fait qu'il avait vécu en Allemagne avec son épouse, ressortissante britannique, dont il s'était séparé depuis (CJCE 7 juill. 1992, *Singh*, aff. C-370/90, *Rec. CJCE* I-4288). En définitive, on se bornera à souligner que cette jurisprudence très subtile car excessivement casuistique contribue à élargir sensiblement la portée du bénéfice de la libre circulation. Rappelons en ce sens que les ascendants, ressortissants d'États tiers, qui assument la garde effective de leurs enfants mineurs citoyens de l'Union européenne, doivent bénéficier d'un droit de séjour et d'un accès aux activités lucratives sur le territoire de l'État dont leurs enfants ont la nationalité, dès lors que leur refus de séjour aurait pour effet de priver les enfants « de la jouissance effective de l'essentiel des droits conférés par le statut de citoyen de l'Union » (CJUE 8 mars 2011, *Zambrano*, aff. C-34/09, préc.). La Cour a encore adopté une position ouverte à l'occasion de son arrêt *Metock* (CJCE 25 juill. 2008, préc.) en considérant – à rebours de ce qu'elle avait jugé par le passé – que le conjoint non européen d'un citoyen de l'Union peut circuler et séjourner avec ce citoyen dans l'Union sans avoir au préalable séjourné légalement dans un État membre...

section 2

Les personnes morales

206 Le traité ne se borne pas à rendre bénéficiaire de la liberté d'établissement et de prestations des services les seules personnes physiques. De manière expresse sont visées les personnes morales ou, plus exactement, les sociétés entendues comme « les sociétés de droit civil ou de droit commercial, y compris les sociétés coopératives, et les autres personnes morales relevant du droit public ou privé, à l'exception des sociétés qui ne poursuivent pas un but lucratif » (art. 54 TFUE). Il n'en demeure pas moins qu'au-delà de l'assimilation apparemment réalisée par le traité UE entre les personnes physiques et les personnes morales, ces dernières ne peuvent aujourd'hui prétendre à une réelle libre circulation à l'instar des premières. Des obstacles divers existent qui tiennent très simplement au fait que, contrairement à une personne physique, la personne morale existe parce qu'une loi la fait accéder à la vie (fiction juridique des personnes morales). Circuler, pour une société, veut dire transférer son siège social, donc changer de nationalité, donc changer de loi applicable dont elle tire sa personnalité juridique. Circuler, pour une société, signifie dès lors disparaître pour pouvoir se reconstituer ailleurs. L'opération se heurte cependant en pratique à d'importantes difficultés, en particulier en ce qu'elle est source d'un coût fiscal important (en France, imposition immédiate des plus-values latentes). En France, par exemple, il résulte des articles 1837 du Code civil et L. 210-3 du Code de commerce qu'une société dont le

siège social est situé sur le territoire français est soumise à la loi française. La nationalité d'une société résultant « en principe de la localisation de son siège réel, défini comme le siège de la direction effective et présumé par le siège statutaire » (Cass., ass. plén., 21 déc. 1990, n° 88-15.744), le transfert du siège de direction effective dans un autre État membre entraînera un changement de nationalité et de loi applicable. Cependant, la libre circulation des personnes morales n'est pas totalement dénuée de sens. Alors que la proposition est à l'heure actuelle très discutée pour les personnes morales constituées en conformité d'un droit interne d'un État membre (§ 1), elle est bien établie pour les personnes morales constituées en application du droit européen lui-même (§ 2).

§ 1 Les personnes morales de droit interne

En faisant des personnes morales, singulièrement des sociétés, des États membres les bénéficiaires des libertés de circulation, le traité marque son attachement à l'égard de cette catégorie essentielle d'opérateur économique. L'approche retenue est double. D'une part, il convient de déterminer quelles sont les sociétés qui peuvent prétendre au bénéfice du droit d'établissement, c'est-à-dire obtenir la possibilité de développer son activité dans un autre État membre (le plus souvent au moyen d'une filiale). C'est là l'objet de la reconnaissance des sociétés (A). D'autre part, toujours dans une logique de disparition progressive des frontières, des entraves au développement européen des sociétés, l'Union à fait le choix de rapprocher les droits nationaux des sociétés. C'est là l'objet de la coordination du droit des sociétés (B). 207

A. La reconnaissance des sociétés

L'article 54 TFUE retient que peuvent bénéficier du droit d'établissement « les sociétés constituées en conformité de la législation d'un État membre et ayant leur siège statutaire, leur administration centrale ou leur principal établissement à l'intérieur de l'Union ». Pour sa part, l'article 293 CE (désormais abrogé suite à l'entrée en vigueur du traité de Lisbonne) disposait que les « États membres engageront entre eux, en tant que de besoin, des négociations en vue d'assurer [...] la reconnaissance mutuelle des sociétés au sens de l'article 48, deuxième alinéa, le maintien de la personnalité juridique en cas de transfert du siège [...] et la possibilité de fusion de sociétés relevant de législations nationales différentes ». On comprend le lien – au minimum textuel – entre la liberté d'établissement et la reconnaissance mutuelle des sociétés. Cette dernière question est classique et bien connue en droit international privé. C'est celle de savoir à quelles conditions un État d'accueil reconnaît l'existence de la personnalité morale d'une société constituée dans un autre État membre et ainsi l'autorise à effectuer des actes juridiques sur son territoire et, notamment, à s'y établir. Et les divergences entre les législations nationales quant au critère pertinent sont nombreuses : critère du siège social statutaire, critère du siège réel, critère de l'incorporation, voire, critère du contrôle. Le traité tient compte de ces différences dans son article 54 TFUE (art. 48 CE). Ses rédacteurs n'ayant pu s'entendre, sur l'un des critères retenu dans les différents droits nationaux, le traité donne sur ce point deux indications. En premier lieu, il exige une constitution en conformité avec la législation d'un État membre et énonce comme critère de rattachement indifféremment le siège statutaire, l'administration centrale, le principal établissement. En 208 second lieu, il renvoie les États membres à leur responsabilité en les invitant à engager des négociations sur cette question. On a déjà vu que ces négociations se sont traduites par la signature à Bruxelles le 29 février 1968 d'une convention de reconnaissance mutuelle ; convention qui n'est jamais entrée en vigueur (v. ss 131). Reste donc le fait que le traité ne tranche pas exactement entre les différents critères susceptibles de permettre de déterminer la nationalité des sociétés : soit le critère de l'*incorporation ou du siège statutaire*[Q] – la société est rattachée au pays dont la loi a été suivie pour sa constitution et où elle a été enregistrée ; soit le critère du *siège réel*[Q] – la société est rattachée au pays dont la loi a été suivie pour sa constitution et où se trouve située son administration centrale ou son principal établissement. Constatant que le traité ne se prononce pas et que les États membres n'ont pas adopté de convention de reconnaissance mutuelle, la Cour de justice a pu décider que les articles du traité relatifs au droit d'établissement devaient être interprétés en ce sens qu'ils ne conféraient aucun droit à une société constituée en conformité de la législation d'un État membre et y ayant son siège statutaire de transférer son siège de direction dans un autre État membre (CJCE 27 sept. 1988, *Daily Mail*, aff. 81/87, *Rec. CJCE* 5483). La Cour rappelle ici, très simplement, que le droit d'établissement est tributaire de la reconnaissance mutuelle des sociétés par les États membres, elle-même caractérisée par la diversité des rattachements retenus. Il en découle notamment que l'affirmation d'un droit des sociétés au transfert de leur siège social doit être résolue par « des travaux législatifs ou conventionnels » : elle ne sera pas l'œuvre du juge. Quelques années plus tard cependant, la Cour commence à pallier l'absence de travaux législatifs entrepris au niveau européen en levant progressivement les obstacles juridiques entravant la mobilité des sociétés. Elle a ainsi prononcé une série d'arrêts importants dont il a pu être pensé qu'elle entendait assurer, achever le libre établissement des sociétés (CJCE 9 mars 1999, *Centros Ltd*, aff. C-212/97, *Rec. CJCE* I-1459 ; CJCE 5 nov. 2002, *Überseering BV*, aff. C-208/00, *Rec. CJCE* I-9919 ; CJCE 30 sept. 2003, *Inspire Art*, aff. C-167/01, *Rec. CJCE* I-10155 ; CJCE 13 déc. 2005, *Sevic Systems*, aff. C-411/03, *Rec. CJCE* I-10805). Dans ces différents arrêts, la Cour n'a de cesse d'affirmer la liberté d'établissement des sociétés au sein de l'Union. Elle retient tout d'abord que « si les conventions dont l'article 293 CE encourage la conclusion peuvent, à l'instar des directives d'harmonisation prévues à l'article 44 CE, faciliter la réalisation de la liberté d'établissement, l'exercice de cette liberté ne peut toutefois être conditionné par l'adoption de telles conventions ». Puis elle suit un modèle de raisonnement téléologique. Après avoir rappelé le texte de l'article 48 CE (54 TFUE), elle affirme qu'« il s'ensuit directement que les sociétés ont le droit d'exercer leur activité dans un autre État membre, la localisation de leur siège statutaire, de leur administration centrale ou de leur principal établissement servant à déterminer, à l'instar de la nationalité des personnes physiques, leur rattachement à l'ordre juridique d'un État membre ». Le droit de l'Union retient ainsi une solution libérale en admettant en particulier le critère du siège statutaire. Aussi, un lien purement juridique entre une société et un État membre suffit pour que cette société puisse bénéficier de la liberté d'établissement. La Cour poursuit, « or, l'exercice de la liberté d'établissement suppose nécessairement la reconnaissance desdites sociétés par tout État membre dans lequel elles souhaitent s'établir » et peut décider que « dès lors, il n'est pas nécessaire que les États membres adoptent une convention relative à la reconnaissance mutuelle des sociétés pour que celles qui remplissent les conditions énoncées à l'article 48 CE puisse exercer la liberté d'établissement qui leur est reconnue par les articles 43 et 48 CE, lesquels sont directement applicables depuis la fin de la période de transition » ! En définitive, deux enseignements peuvent être tirés de ces arrêts. Le premier tient au fait que la Communauté est indifférente au critère (siège statutaire, siège réel) adopté par les États membres, si ce n'est qu'elle retient que l'utilisation d'un critère de rattachement (notamment, celui du siège réel) ne doit pas conduire à priver une société des droits qui découlent de l'exercice de son droit d'établissement. En second lieu, la possibilité de dissocier le siège statutaire et le siège réel (déjà admise sous réserve de fraude par CJCE 9 mars 1999, *Centros*, aff. C-212/97, *Rec. CJCE* I-1459) est confirmée. Comme un auteur l'écrit, « les fondateurs de sociétés ont dorénavant sans conteste le droit de choisir l'État membre dans lequel immatriculer leur société sans avoir à se préoccuper de la localisation du siège effectif de la direction de celle-ci » (M. Menjucq, note sous *Überseering BV*, *JCP* 2003. 10032). Il en découle notamment qu'une société peut éventuellement être constituée selon le droit d'un État membre, avoir son siège statutaire à l'intérieur de l'Union, tout en ayant son siège social réel à l'extérieur de l'Union. La Cour affirme par ailleurs elle-même qu'il est sans importance, au regard des règles relatives à la liberté d'établissement, qu'une société n'ait été constituée dans un État membre qu'en vue de s'établir dans un autre État membre où sera exercé l'essentiel, sinon l'ensemble de ses activités économiques. En effet, « les raisons pour lesquelles une société choisit de se constituer dans un État membre sont, hors les cas de fraude, sans conséquence au regard de l'application des règles relatives à la liberté d'établissement » (CJCE 9 mars 1999, *Centros*, points 17 et 18). Si la recherche de la loi la plus favorable ne saurait constituer en soi un usage abusif de la liberté énoncée à l'article 54 TFUE, nous devons en déduire que tout ressortissant européen souhaitant constituer une société a le droit de choisir, parmi l'ensemble des systèmes des États membres, celui qui lui semble le moins contraignant.

La jurisprudence autorise donc la libre circulation des sociétés et vérifie que les exigences nationales n'entravent pas l'exercice de la liberté d'établissement. Ce faisant, elle précise progressivement les contours et conséquences de cette liberté, notamment en termes de conciliation entre les législations internes des différents États membres concernés : capital minimal, responsabilité des administrateurs (CJCE 30 sept. 2003, *Inspire Art Ltd*, aff. C-167/01, *Rec. CJCE* I-10155 : un État membre ne peut imposer à une succursale d'une société étrangère le respect de certaines obligations constituées selon son droit). La liberté d'établissement des sociétés ne doit en effet pas être freinée par les droits nationaux des sociétés. Un État membre ne peut ainsi refuser l'immatriculation d'une succursale d'une société dont le siège est situé dans un autre État membre (CJCE 9 Mars 1999, *Centros Ltd*, pt. 21). La Cour qualifie également d'entrave à la liberté d'établissement la législation d'un État membre qui rejette la capacité juridique d'une société constituée en conformité avec le droit d'un autre État membre, et qui, partant, rejette la capacité d'ester en justice que cette société possède en vertu du droit de son État de constitution : « l'exigence de reconstitution de la même société [dans l'État membre d'accueil] équivaut (...) à la négation même de la liberté d'établissement » (CJCE 5 nov. 2002, *Überseering*, pt. 81). La Cour décide encore que les dispositions relatives au droit d'établissement s'opposent « à ce que, dans un État membre, l'inscription au registre national du commerce de la fusion par dissolution sans liquidation d'une société et par transmission universelle du patrimoine de cette dernière à une autre société soit refusée de manière générale lorsque l'une des deux sociétés a son siège dans un autre État membre, alors qu'une telle inscription est possible, dès lors que certaines conditions 209 sont respectées, lorsque les sociétés participant à la fusion ont toutes deux leur siège sur le territoire du premier État membre » (CJCE 13 déc. 2005, *Sevic Systems*, aff. C-411/03, *Rec. CJCE* I-10805). Souvent, c'est par le biais du droit fiscal que le juge de l'Union aborde la question du transfert de siège social intra-européen. Il constate par exemple l'existence d'une restriction à la liberté d'établissement lorsqu'une réglementation fiscale impose le recouvrement immédiat de l'imposition des plus values latentes d'une société qui transfère son siège de direction effective dans un autre État membre (CJUE 29 nov. 2011, *National grid Indus BV*, aff. C-371/10, nep).

210 Cependant, la Cour a décidé que les articles 43 et 48 CE (49 et 54 TFUE) ne s'opposent pas « à une réglementation d'un État membre qui empêche une société constituée en vertu du droit national de cet État membre de transférer son siège dans un autre État membre tout en gardant sa qualité de société relevant du droit national de l'État membre selon la législation duquel elle a été constituée » (CJCE 16 déc. 2008, *Cartesio*, aff. C-210/06, *Rec. CJCE* I-9641). En l'espèce, une société constituée en Hongrie souhaitait transférer son siège réel en Italie, tout en restant enregistrée en Hongrie afin de continuer à relever de la loi hongroise. La Cour a accepté que l'État hongrois refuse cette opération, dans la mesure où celle-ci entraînait la violation du critère de rattachement des sociétés retenu en Hongrie, à savoir, le critère du siège réel. En effet, deux situations doivent être distinguées lorsque la question du transfert intra-européen du siège social d'une société est posée : d'une part, lorsque ce transfert opère changement de la loi applicable et, d'autre part, lorsqu'il n'opère aucun changement de loi applicable. Dans la première hypothèse – le transfert de siège social opère changement de la loi applicable – l'État d'origine ne peut en principe s'opposer à ce transfert : il s'agit d'une restriction à la liberté d'établissement interdite par le traité, à moins qu'elle ne soit justifiée par une exigence impérieuse d'intérêt général et dans la mesure où elle satisfait le principe de proportionnalité. Dans la seconde hypothèse — le transfert de siège social n'opère aucun changement de loi applicable —, l'État d'origine peut s'opposer au transfert de siège, puisque ce transfert rompt le lien de rattachement prévu par l'État d'origine (arrêt *Cartesio*, pts 109 et 110). Est ainsi précisée l'opposabilité du droit d'établissement à l'égard de l'État d'origine de la société. Plus récemment, la Cour est venue compléter l'arrêt *Cartesio* en précisant que le droit d'établissement est opposable à l'État membre d'accueil du siège social (CJCE 12 juill. 2012, *Valé Épitési kft*, aff. C-378/10, nep). La Cour était saisie à titre préjudiciel dans le cadre d'un litige relatif à une transformation transfrontalière, définie comme « le transfert de siège d'une société avec changement du droit national applicable avec maintien de la personnalité juridique » (arrêt *Valé Épitési kft*, pt 15). Une société de droit italien souhaitait en effet migrer vers la Hongrie et changer de droit applicable pour devenir une société de droit hongrois. Les autorités hongroises avaient cependant refusé de procéder à l'inscription de la société au registre des sociétés hongrois au motif, d'une part, que le droit hongrois ne permettait pas le transfert de siège en Hongrie de sociétés créées dans d'autres États membres et, d'autre part, réservait l'application des règles hongroises sur la transformation des sociétés aux seules situations internes, donc, aux seules sociétés constituées dès l'origine en Hongrie. Ceci faisait en particulier obstacle à ce que la mention obligatoire, selon le droit hongrois, du « prédécesseur en droit » de la société transformée, désigne une société constituée dans un autre État membre. Après avoir confirmé que l'opération correspondait effectivement à une hypothèse de transformation transfrontalière, la Cour décide que dès lors qu'un État membre admet les transformations pour les sociétés ayant leur siège sur son territoire et soumises à son droit national, il doit admettre les opérations de transformation par adoption d'une forme sociale que son droit connaît, pour les sociétés qui, avant la transformation, avaient leur siège sur le territoire d'un autre État membre au droit duquel elles étaient soumises. Force est néanmoins de rappeler que l'État membre d'accueil peut justifier une entrave au droit d'établissement en avançant une raison impérieuse d'intérêt général proportionnée à l'objectif poursuivi. La Cour conclut ainsi qu'une législation comme la législation hongroise, qui admet la transformation interne mais qui refuse la transformation transfrontalière en société relevant de son propre droit national en société créée dans un autre État membre, est au contraire aux dispositions du traité relatives à la liberté d'établissement. De cet arrêt, l'on doit ainsi retenir que le transfert transfrontalier de siège social avec changement de droit applicable, impliquant une transformation de la société, constitue une modalité de la liberté d'établissement garantie par le traité. Une société constituée dans un État membre doit donc être accueillie, sans perdre sa personnalité juridique, dans un autre État membre en y transférant son siège et en se transformant en une forme de société de cet autre État membre. Comme l'a observé un auteur, nous notons que l'État membre d'origine d'une société peut entraver le déplacement de cette dernière (arrêt *Daily Mail*, puis *Cartesio*), mais l'État d'accueil ne peut à l'inverse tirer de quelconques conséquences de la localisation de son siège social réel sur son territoire pour restreindre le droit d'établissement d'une société valablement rattachée à un autre État membre par son siège statutaire (M. Menjucq, *Droit international et européen des sociétés*, 3e éd., LGDJ, 2011, spéc. n° 127 s.). Si la jurisprudence européenne apporte de nombreuses précisions en matière de mobilité des sociétés, la liberté nouvelle de circulation octroyée aux sociétés des États membres suscite des inquiétudes quant à son éventuelle instrumentalisation, déménagement ou expatriation confinant à ce que le grand public appelle « délocalisation ». Les meilleurs observateurs ont alors appelé de leurs vœux l'instauration de limites tirées des mécanismes traditionnels de la fraude, de l'abus de droit ou de la fictivité. Si le recours à la fraude paraît à exclure par nature et si la fictivité semble des plus délicates à mettre en œuvre, la Cour de justice, pour sa part, n'hésite pas à évoquer la question. Ainsi a-t-elle peut-être dessiné une piste à la faveur de son arrêt *Cadbury Schweppes* (CJCE 12 sept. 2006, *Cadbury Schweppes*, aff. C-196/04, *Rec. CJCE* I-7995) en soulignant – même si c'est dans un contexte un peu différent (de nouveau, le contexte fiscal) – qu'« une mesure nationale restreignant la liberté d'établissement peut être justifiée lorsqu'elle vise spécifiquement les montages purement artificiels dont le but est d'échapper à l'emprise de la législation de l'État membre concerné »... On s'interrogera, au final, sur l'abrogation de l'article 293 CE par le traité sur l'Union européenne et sur la relance probable, dans ces conditions, de l'une des directives de coordination du droit des sociétés aujourd'hui en sommeil : la 14e directive sur le transfert de siège !

B. La coordination du droit des sociétés

211 Si l'Union n'a pu se doter d'un instrument de reconnaissance mutuelle des sociétés, en revanche une petite quinzaine de directives a été proposée et/ou adoptée dont l'objet est de coordonner – et non d'harmoniser – les droits sociétaires des États membres. Il faut y voir la traduction de l'article 50 g) qui donne au Conseil et à la Commission la mission de coordonner « dans la mesure nécessaire et en vue de les rendre équivalentes, les garanties qui sont exigées, dans les États membres, des

sociétés [...] pour protéger les intérêts tant des associés que des États tiers». La double référence à la nécessité et à la protection devrait conduire à formuler l'observation que la mission dévolue est en apparence modeste. Il n'est cependant pas certain que les institutions se soient toujours attachées à la lettre du texte, avec la volonté d'élaborer un véritable droit communautaire des sociétés. Cependant, on peut constater que l'œuvre de coordination vise exclusivement les sociétés de capitaux et, plus particulièrement, de manière assez prépondérante la société anonyme. Les sociétés de personnes échappent donc aujourd'hui à l'emprise du droit de l'Union. Par ailleurs, on doit relever que la Cour a toujours eu une attitude très prudente en estimant que les directives adoptées, si elles pouvaient se voir reconnaître un effet direct vertical, avaient des champs d'application matérielle strictement délimités de nature à interdire tout raisonnement par analogie dans des situations non expressément visées par le texte (CJCE 12 mars 1996, *Panagis Pafitis*, aff. C-441/93, *Rec. CJCE* I-1363). La Cour de cassation a fait une application exacte de cette solution. Ainsi, elle refuse de faire droit à un moyen tiré de l'exigence d'interprétation du droit français à la lumière du texte et de la finalité de la première directive «société» en présence d'une demande en extension de procédure pour fictivité et non d'une demande en nullité (Com. 19 févr. 2002, *Bull. civ.* IV, n° 33). Non seulement les directives «société» sont d'application délicate, mais elles sont surtout susceptibles d'appréciations fort variées. Certaines de ces directives ont été transposées sans trop de problèmes et n'appellent pas de remarques. D'autres ont engendré des difficultés particulières et méritent que l'on s'y arrête. Enfin, quelques-unes n'ont toujours pas abouti alors que leur nécessité semble se faire plus pressante. Avant de les aborder en reprenant la numérotation qui leur a été attribuée mais qui ne reflète par forcément la chronologie, on soulignera qu'au-delà de ces directives, la Commission européenne s'est lancée en mai 2003 dans un vaste chantier consacré à la modernisation du droit des sociétés et au renforcement du gouvernement d'entreprise dans l'Union européenne. Ce «plan pour avancer» (COM[2003] 284 final) – telle est la terminologie retenue – se propose de s'attacher au renforcement des droits des associés et à la protection des tiers ainsi que de favoriser l'efficacité et la compétitivité des entreprises. Dans cet esprit, différentes directives ont été adoptées : directive n° 2007/36/CE du 11 juillet 2007 concernant l'exercice de certains droits des actionnaires de sociétés cotées (*JOUE* L 184 du 14 juill. 2007) ou directive n° 2009/101/CE du 16 septembre 2009 tendant à coordonner, pour les rendre équivalentes, les garanties qui sont exigées, dans les États membres, des sociétés au sens de l'article 48, deuxième alinéa, du traité, pour protéger les intérêts tant des associés que des tiers (*JOUE* L 258 du 1er oct. 2009). D'autres développements sont encore intervenus par la suite, appelant, de l'avis de la Commission, de nouvelles mesures. La Commission a ainsi adopté un nouveau plan d'action en décembre 2012 : «droit européen des sociétés et gouvernance d'entreprise – un cadre juridique moderne pour une plus grande implication des actionnaires et une meilleure viabilité des entreprises (COM 2012 (740) final). Rappelant que «le droit européen des sociétés est l'une des pierres angulaires du marché intérieur», notamment en ce qu' «il facilite le libre établissement des entreprises» (Plan d'action, p. 4), la Commission propose différentes initiatives qui moderniseront «le cadre de gouvernance des entreprises et du droit des sociétés». Il s'agit notamment de simplifier les opérations transfrontières des entreprises européennes, en particulier dans le cas des petites et moyennes entreprises, afin de soutenir la croissance des entreprises et leur compétitivité. Des consultations publiques et des études d'impact sont envisagées, qui aboutiront probablement à des initiatives législatives relatives au transfert de sièges entre les États membres – les travaux sur cette question devraient ainsi reprendre, à la demande du Parlement européen (Projet de rapport, 17 oct. 2008, 2008/2196 (INI) – ou, encore, aux scissions transfrontalières. L'activité des institutions de l'Union doit donc être attentivement surveillée.

La coordination du droit des sociétés passe aujourd'hui par quatorze directives dont neuf sont en vigueur et *a priori* transposées par les États membres (ce qui veut dire qu'elles ne sont pas forcément correctement transposées, comme l'attestent les recours en manquement engagés par la Commission à l'encontre de plusieurs États membres !) : 212

— la première directive du 9 mars 1968 (Dir. n° 68/151/CEE, *JOCE* L 65 du 14 mars 1968) : elle s'attache à la publicité légale, à la validité des engagements sociaux et aux nullités. Elle a été modifiée par la directive n° 2003/58/CE du 15 juillet 2003 (*JOUE* L 221 du 4 sept. 2003) et codifiée par la directive n° 2009/101/CE du 16 sept. 2009 ;

— la deuxième directive du 13 décembre 1976 (Dir. n° 77/91/CEE, *JOCE* L 26 du 31 janv. 1977) : elle concerne l'information des tiers et la protection du capital social. Ce texte qui contient un certain nombre de principes jugés essentiels (capital social minimum, contrôle des apports en numéraire) autorise cependant un régime d'options laissées aux États membres. Il aborde aussi l'importante question des augmentations de capital et pose notamment le principe strict selon lequel en toutes hypothèses une modification du capital d'une société anonyme ne peut être décidée qu'après une délibération de l'assemblée générale (CJCE 12 mai 1998, *Kefalas*, aff. C-367/96, *Rec. CJCE* I-2862) ;

— la troisième directive du 9 octobre 1978 (Dir. n° 78/855/CEE, *JOCE* L 295 du 20 oct. 1978) : elle traite des fusions internes. L'idée essentielle, au-delà de la procédure prévue, est de fournir une information adéquate des actionnaires, protéger leurs droits mais aussi assurer la protection des créanciers. On signalera que la transposition de cette directive en France n'a pas été sans susciter des difficultés (sur son champ d'application matériel ou par rapport aux simplifications qu'elle instaurait) ;

— la quatrième directive du 25 juillet 1978 (Dir. n° 78/660/CEE, *JOCE* L 222 du 14 août 1978, modifiée par Dir. n° 90/605/CEE, *JOCE* L 317 du 16 nov. 1990) : elle envisage la publication des comptes annuels et pose le principe selon lequel les comptes doivent donner une image fidèle du patrimoine, de la situation financière et des résultats de la société. Cette directive doit être aujourd'hui mise en relation avec un règlement (CE) n° 1606/2002 du 19 juillet 2002 (*JOCE* L 243 du 11 sept. 2002) concernant l'application des normes comptables internationales. Ainsi, les sociétés dont les titres sont admis sur le marché réglementé doivent présenter leurs comptes conformément aux normes internationales. Elle a été modifiée en dernier lieu par la directive n° 2009/49/CE du 16 juillet 2009 (*JO* L 164 du 26 juill. 2009).

— la cinquième directive : au stade de proposition depuis de très nombreuses années (en dernier lieu, *JOCE* C 7 du 11 janv. 1991), elle porte sur la structure des sociétés anonymes, les pouvoirs et les obligations de leurs organes. Ce sont moins les aspects sociétaires (système moniste ou dualiste) que les aspects sociaux (participation des salariés) qui suscitent le blocage de ce texte ;

— la sixième directive du 17 décembre 1982 (Dir. n° 82/891/CEE, *JOCE* L 378 du 31 déc. 1982) : ce texte harmonise les scissions des sociétés anonymes. Cependant, l'harmonisation n'a pas encore trouvé sa traduction dans la législation de l'Union sur les opérations transfrontières, qui n'autorise explicitement que les fusions transfrontières.

La Commission envisage éventuellement à l'avenir une initiative visant à instaurer un cadre pour les scissions transfrontières ;

— la septième directive du 13 juin 1983 (Dir. n° 83/349/CEE, *JOCE* L 193 du 18 juill. 1983) : elle porte sur les comptes consolidés, c'est-à-dire les comptes de groupe. Elle a été modifiée en dernier lieu par la directive n° 2009/49/CE du 16 juillet 2009 (*JO* L 164 du 26 juill. 2009).;

— la huitième directive du 10 avril 1984 (Dir. n° 84/253/CEE, *JOCE* L 126 du 12 mai 1984) : elle prévoit l'harmonisation des qualifications des personnes autorisées à effectuer le contrôle légal des documents comptables. Elle a été abrogée par la directive n° 2006/43/CE.

— la neuvième directive : elle a pour objet les groupes de sociétés. La Commission a élaboré un avant-projet sur cette question importante, mais celui-ci n'a jamais été officiellement présenté ;

— la dixième directive : directive n° 2005/56/CE du 26 octobre 2005 sur les fusions transfrontalières des sociétés de capitaux (*JOUE* L 310 du 25 nov. 2005) : ce texte est important en ce qu'il édicte un régime juridique commun, en dépit des mesures nationales de transposition, à l'opération de fusion transfrontalière. Une amélioration du cadre régissant les fusions transfrontières apparaît néanmoins souhaitée aujourd'hui. La Commission envisage ainsi d'étudier l'opportunité de modifier la directive n° 2005/56/CE (v. Plan d'action du 12 décembre 2012, préc.) ;

— la onzième directive du 21 décembre 1989 (Dir. n° 89/666/CEE, *JOCE* L 395 du 30 déc. 1989) : elle concerne la publicité des succursales créées dans un État membre par des sociétés dont le siège est dans un autre État membre ;

— la douzième directive du 12 décembre 1989 (Dir. n° 89/667/CEE, *JOCE* L 395 du 30 déc. 1989) : elle coordonne les dispositions applicables aux sociétés à responsabilité limitée à un seul associé. Elle a été abrogée et remplacée par la directive n° 2009/102/CE du 16 septembre 2009 en matière de droit des sociétés concernant les sociétés à responsabilité limitée à un seul associé (*JOUE* L 258 du 1er oct. 2009) ;

— la treizième directive : elle aborde les offres publiques d'achat (OPA) et d'échange (OPE). Plusieurs propositions ont été publiées et la dernière en 1996 (*JOCE* C 162 du 6 juin 1996). Mais, alors qu'un accord semblait trouvé, le Parlement européen a rejeté la proposition le 4 juillet 2001, considérant que le texte ne protégeait pas suffisamment les entreprises visées par des OPA hostiles. Une nouvelle proposition remaniée a été présentée en octobre 2002 (COM[2002] 534 final) qui tient compte des critiques en prévoyant des mesures anti-OPA plus protectrices des actionnaires minoritaires. Cette proposition a débouché sur l'adoption de la directive n° 2004/25/CE du Parlement européen et du Conseil du 21 avril 2004 concernant les offres publiques d'acquisition (*JOUE* L 142 du 30 avr. 2004) ;

— la quatorzième directive : elle est l'objet d'un avant-projet de proposition simplement diffusé de manière restreinte et porte sur « le transfert de siège des sociétés d'un État membre à un autre avec changement de loi applicable au transfert de siège d'un État membre à un autre ». Cet avant-projet ambitieux qui toucherait toutes les sociétés constituées en conformité avec la loi d'un État membre se donne pour objectif de permettre le transfert de siège social sans provoquer ni la dissolution ni la création d'une personne morale nouvelle et organise une application distributive des lois nationales concernées. Selon une démarche désormais habituelle, la Commission européenne a lancé une consultation publique sur le sujet en février 2004, respectant ainsi un aspect des engagements annoncés dans le cadre de son plan d'action présenté en mai 2003. Cependant, en 2007, elle a été abandonnée...

§ 2 Les personnes morales de droit européen

On conviendra que l'expression n'est pas très heureuse et peut, au surplus, être contestée. Mais elle a le mérite de permettre d'insister sur une réalité. Il existe aujourd'hui des personnes morales dont les statuts sont gouvernés – en tout ou partie – par le droit de l'Union. Certes, les hypothèses sont limitées et les spécialistes s'interrogent sur la pérennité et l'intérêt de ces instruments sociétaires européens. Il n'en demeure pas moins que le droit de l'Union peut compter à son actif la création d'un groupement européen d'intérêt économique (A) et d'une société européenne (B). Et d'autres projets existent. On signalera la proposition de règlement relatif au statut de la société privée européenne (SPE) publiée en juin 2008 (COM[2008] 396 final, 25 juin 2008). Présentée comme devant répondre aux besoins particuliers des PME, l'idée est d'offrir aux créateurs « des dispositions du droit des sociétés identiques dans l'ensemble des États membres, caractérisées à la fois par leur simplicité et leur souplesse » : capital minimum à 1 euro, apports en nature ou en numéraire, droits des minoritaires... Pour l'heure, cependant, la proposition de règlement ne semble guère avancer. On notera encore la proposition de statut de « Fondation européenne » présentée par la Commission le 8 février 2012 (Com (2012) 35 final) et dont l'objectif est de permettre aux fondations de se consacrer plus facilement à des causes d'utilité publique au niveau de l'Union. La proposition prévoit que la « fondation européenne » sera un statut facultatif et volontaire, ouvert aux fondations d'utilité publique, sous réserve de disposer d'au moins 25 000 euros d'actifs à la création et d'avoir une dimension transnationale. 213

A. Le groupement européen d'intérêt économique

Le groupement européen d'intérêt économique (GEIE) a été institué par un règlement (CEE) n° 2137/85 du 25 juillet 1985 (*JOCE* L 199 du 31 juill. 1985). Environ un millier de GEIE a, depuis, été constitué. Cet instrument de coopération des entreprises au niveau européen offre le premier exemple de structure principalement gouvernée par le droit de l'Union même si, sur plusieurs aspects, un renvoi aux législations nationales est opéré. On est donc en présence d'un règlement tributaire de mesures d'accompagnement nationales (pour la France, art. L. 252-1 à L. 252-12 C. com.). Mais le régime juridique du GEIE peut prétendre au qualificatif d'européen. C'est ce qui peut être vérifié si l'on s'attache, très classiquement et successivement, à la constitution (1), au fonctionnement (2) et à la dissolution (3) du GEIE. 214

1. *La constitution du GEIE*

La constitution du GEIE est tributaire, selon l'article 1er du règlement n° 2137/85, de l'existence d'un contrat et d'une immatriculation. Cette dernière formalité est gouvernée par les règles de l'État membre sur lequel le GEIE a son siège (art. 6). L'immatriculation emporte acquisition de la capacité juridique par le groupement. Aussi, le groupement n'est pas constitué du seul fait du contrat : l'article L. 252-1 du Code de commerce énonce en ce sens que les GEIE ont la personnalité juridique à compter de leur immatriculation. Le contrat conserve cependant une importance essentielle et répond, pour sa part, à des conditions de forme et de fond. Les conditions de forme sont limitées et tiennent à l'énumération d'un certain nombre de mentions obligatoires énoncées à l'article 5 du règlement. Les États membres ne 215 peuvent imposer d'autres mentions. Ainsi, est exigée la dénomination accompagnée de l'expression GEIE mais sans que le règlement ne soit plus explicite sur le contenu de cette dénomination, dont la Cour de justice a d'ailleurs estimé qu'elle dépendait pour le surplus du droit interne de l'État du siège (CJCE 18 déc. 1997, *European Information Technology Observatory*, aff. C-402/96, *Rec. CJCE* I-7515). Sont aussi exigés la mention du siège du groupement ainsi que les nom, raison ou dénomination sociale, forme juridique, siège social de chacun des membres du groupement. Enfin, et cela tombe sous le sens, le contrat doit préciser l'objet et la durée du GEIE (même si le règlement prévoît de manière assez inédite la faculté de constituer un GEIE pour une durée indéterminée). Le règlement n'imposant aucune condition de forme du contrat de groupement, il peut s'agir d'un acte sous-seing privé ou bien d'un acte notarié. Les conditions de fond s'attachent, elles, aux membres, au « but » et au mode de financement du groupement. Le GEIE doit obligatoirement être constitué au minimum par deux membres ayant leur siège dans des États différents. La condition principale du groupement tient ainsi au fait que ses membres ne doivent pas tous avoir leur siège ou leur administration principale dans le même État membre. On peut donc concevoir un GEIE de dix membres dont neuf auraient leur siège ou leur administration principale en France et un au Royaume-Uni ! Le GEIE doit comporter au moins deux membres. Le règlement ne limite en revanche pas impérativement le nombre de membres puisqu'il se borne, dans son article 4-3, à retenir que les États membres ont une faculté en ce sens à hauteur de vingt membres (le législateur français n'a pas retenu de limite). Ces membres peuvent, d'après le règlement, être des personnes physiques ou des personnes morales. S'agissant de ces dernières, elles doivent être constituées en conformité avec la législation d'un État membre et avoir leur siège statutaire ou légal ainsi que leur administration centrale dans l'Union européenne. Le règlement ajoute que si, selon la législation d'un État membre, une société ou une autre entité juridique n'est pas tenue d'avoir un siège statutaire ou légal, il suffit qu'elle ait son administration centrale sur le territoire de l'Union (art. 4). Précisons que l'article 3-2 e) du règlement exclut qu'un GEIE soit membre d'un autre GEIE. Enfin, et c'est là un avantage du GEIE, celui-ci se caractérise par l'absence d'obligation de réunir un capital. Le règlement interdit en revanche expressément de faire publiquement appel à l'épargne (art. 23).

2. *Le fonctionnement du GEIE*

■ 216 On abordera successivement les organes et la « vie » du groupement. Selon l'article 16-1, « les organes du groupement sont les membres agissant collégialement et le ou les gérants ». Le groupement comprend donc au minimum ces deux organes, et éventuellement d'autres, si le contrat l'envisage. La gérance doit être confiée à une ou plusieurs personnes physiques sans condition de nationalité ni condition de durée. Mais il est possible de la confier à une personne morale (choix ouvert par le règlement et retenu en France par l'article L. 252-6 du Code de commerce). Le ou les gérants ne sont pas nécessairement membres du groupement. Cette gérance reçoit des pouvoirs soit du contrat, soit d'une décision unanime des membres (art. 19 § 3). Et très classiquement, les tiers sont protégés contre les éventuelles limitations apportées au pouvoir du ou des gérants. Le gérant ou l'ensemble des gérants, s'ils sont plusieurs, représentent le GEIE à l'égard des tiers. Aussi, chaque gérant qui agit au nom du groupement engage ce dernier à l'égard des tiers et ce, précise le règlement, même si ses actes ne relèvent pas de l'objet du groupement, à moins que le groupement ne prouve que le tiers savait que l'acte dépassait les limites de l'objet du groupement ou ne pouvait l'ignorer compte tenu des circonstances (art. 20 § 1). La publication régulière de l'objet du groupement est insuffisante pour apporter cette preuve. La protection des tiers est donc importante – plus importante, d'ailleurs, que dans le cadre du GIE de droit français - puisqu'ils sont dispensés de toute vérification préalable des statuts du groupement. Une dérogation doit cependant être signalée qui est prévue par l'article 20 § 2 : « le contrat de groupement peut prévoir que le groupement n'est valablement engagé que par deux ou plusieurs gérants agissant conjointement. Cette clause n'est opposable aux tiers [...] que si elle est publiée conformément à l'article 8 ». La responsabilité des gérants, qu'elle soit civile ou pénale, est gouvernée par la loi de l'État sur lequel le GEIE a son siège. C'est ainsi que, dans le cas d'un GEIE ayant son siège en France, les gérants sont responsables, individuellement ou solidairement, de leurs fautes de gestion, de la violation des statuts ou des dispositions législatives et réglementaires. Si plusieurs gérants ont coopéré aux mêmes faits, le tribunal détermine la part contributive de chacun aux dommages causés (C. com., art. L.252-5). Aux côtés de la gérance, on trouve donc « les membres agissant collégialement ». Le règlement ne précise pas davantage cet organe (pas de dénomination, de quorum...). Il est renvoyé aux droits nationaux même si l'on admet généralement que ces derniers doivent respecter cette volonté de grande liberté laissée aux membres. En revanche, le règlement pose un principe cardinal : un membre égale une voix (art. 17). Il l'assortit cependant de la possibilité d'y déroger sous réserve qu'aucun membre ne dispose à lui seul de la majorité des voix. Le groupement doit en effet être envisagé comme un instrument de coopération, ce qui suppose un certain équilibre entre ses membres. L'objectif est d'éviter les phénomènes de domination de certains membres du groupement sur les autres. Ce « collège » se voit reconnaître le pouvoir « de prendre toute décision en vue de la réalisation de l'objet du groupement ». On peut avoir une idée de ce que cette disposition recouvre en lisant l'article 17 § 2 qui énonce les décisions que le « collège » ne peut adopter qu'à l'unanimité (modification de l'objet, modification des conditions de prise de décisions... et, surtout, transfert du siège à l'intérieur de la Communauté). Au-delà de leur action collégiale, le règlement GEIE précise les droits et obligations de chaque membre. Les plus importants tiennent à leur responsabilité et à leur entrée ou à leur sortie du GEIE. Ainsi, « les membres du groupement répondent indéfiniment et solidairement des dettes de toute nature de celui-ci. La loi nationale détermine les conséquences de cette responsabilité » (art. 24 § 1). Les « dettes de toute nature » visent ainsi aussi bien les dettes contractuelles que délictuelles. Il n'est peut-être pas inutile de rappeler que la loi nationale vise la loi de l'État dans lequel le groupement a son siège. En l'absence de disposition à ce sujet dans notre Code de commerce, il doit donc être fait application, en droit français, du droit commun de la responsabilité. L'article 27 prévoit que la démission d'un membre est toujours possible mais aussi que l'exclusion d'un membre peut être obtenue dans la mesure où a été prononcée une décision « d'un tribunal, à la demande conjointe de la majorité des autres membres, à moins que le contrat de groupement n'en dispose autrement ». On signalera que cette dernière disposition donne lieu a des interprétations divergentes : signifie-t-elle que le contrat peut modifier l'exigence de majorité ou, plus généralement, que l'exclusion peut ne pas procéder d'une décision judiciaire ? Il semble que la première interprétation soit la bonne. À notre connaissance, tant la Cour de justice que les juridictions nationales ne se sont pas prononcées.

3. La dissolution du GEIE

217 L'article 31 § 2 dispose que les membres du GEIE ont l'obligation de prendre la décision de le dissoudre si le terme fixé ou tout autre événement prévu comme cause de dissolution survient, si le but fixé lors de sa création est réalisé ou, au contraire, apparaît comme impossible à atteindre. Enfin, si les conditions de l'article 4 § 2 (nombre de membres, dimension européenne) ne sont plus remplies, le GEIE doit aussi faire l'objet d'une décision de dissolution. Par ailleurs, le règlement renvoie aux législations nationales qui prévoiraient d'autres cas de dissolution. Si la dissolution procède donc avant tout de la volonté des membres, elle peut aussi être d'origine judiciaire dans deux hypothèses. D'une part, si les membres n'ont pas pris la décision de dissolution dans les cas précédemment envisagés, chaque membre peut – dans un délai fixé à trois mois – demander au tribunal de prononcer la dissolution (le règlement ajoute aussi, la possibilité d'obtenir la dissolution « pour juste motif »). D'autre part, les États membres peuvent attribuer à une autorité compétente la faculté de demander la dissolution judiciaire d'un GEIE ayant son siège sur le territoire national s'il « contrevient à l'intérêt public » (art. 32 § 3).

B. La société européenne

218 La société européenne ou *societas europea* ou encore « SE » est l'illustration vivante de ce que rien n'est jamais définitivement abandonné en droit européen. Plus de trente années de discussions ont été nécessaires pour qu'elle apparaisse enfin sur la scène, de manière assez imprévisible, lors de la Conférence intergouvernementale débouchant sur la signature du traité de Nice en décembre 2000. Les mauvais esprits diront que c'est peut-être, rétrospectivement, la seule chose à retenir de ce sommet – ce qui serait oublier la Charte des droits fondamentaux de l'Union – ! On ne reviendra pas ici sur le passé tourmenté de cette société européenne dont l'acte de naissance, le 8 octobre 2001, est double puisqu'il procède de la publication le même jour d'un règlement et d'une directive conjointe (respectivement, règlement (CE) n° 2157/2001, directive n° 2001/86/CE, *JOCE* L 294 du 10 nov. 2001). Deux observations s'imposent cependant. Les blocages rencontrés tenaient essentiellement aux aspects sociaux (l'implication des travailleurs dans la société européenne) abordés par la proposition et non à ses aspects de droit des sociétés (comp., v. ss 212, le cas de la cinquième directive « société »). Un auteur a ainsi parlé de véritable « boulet social » ! Le modèle sociétaire finalement retenu – qui a peu évolué depuis les premières propositions – est donc très marqué par les conceptions qui prévalaient dans les années 1960 et dont nombre d'éminents spécialistes pensent qu'ils ne répondront pas aux attentes exprimées par les opérateurs économiques. Très simplement, l'examen du règlement permet de se convaincre qu'il n'offre qu'une faible liberté statutaire aux parties, ce qui ne semble plus correspondre aux aspirations qu'illustre par exemple en droit français la société par actions simplifiées apparue en 1994. D'où la prédiction par certains que, pour cette raison de rigidité mais aussi d'autres – montant du capital social minimum, par exemple –, la SE ne devrait pas rencontrer un succès considérable, hormis dans quelques hypothèses précises : concentration entre entreprises de taille suffisante et faisant appel à l'épargne publique. Néanmoins, si les premiers dépôts de statuts à compter de fin 2004 (limite du délai de transposition de la directive) ont donné raison à ces prémonitions, notons que le nombre de sociétés ayant adopté le statut de SE a par la suite été croissant (au 31 janvier 2010, 504 entreprises auraient adopté le statut de la société

européenne, puis 700 en janvier 2011 et 1426 en octobre 2012). L'intérêt principal de la SE, qui est de pouvoir se déplacer librement et en toute sécurité juridique dans l'Union européenne sans perdre la personnalité morale, n'échappe pas à certaines entreprises, qu'il s'agisse de PME ou de sociétés cotées. La poursuite de la personnalité morale de la société lors du transfert de siège constitue d'ailleurs l'innovation majeure du règlement n° 2157/2001. Et cette innovation donne tout son sens au caractère européen de la SE : le transfert de son siège dans un autre État membre ne peut éteindre sa personnalité morale, celle-ci étant européenne. L'immatriculation de chaque SE fait l'objet d'un avis pour information dans le *Journal Officiel de l'Union européenne*. Il est à signaler que la SE a été suivie quelque temps plus tard de la création d'une société coopérative européenne ou encore « SCE » dont l'objet est, selon l'article 1er de son règlement constitutif, de répondre à « la satisfaction des besoins et/ou le développement des activités économiques et/ou sociales de ses membres notamment par la conclusion d'accords avec ceux-ci en vue de la fourniture de biens ou de services ou de l'exécution de travaux dans le cadre de l'activité que la SEC exerce ou fait exercer » (règlement CE n° 1435/2003 du Conseil du 22 juill. 2003 relatif au statut de la société coopérative européenne (SCE), *JOUE* L 207 du 18 août 2003 et directive n° 2003/72/CE du même jour relative à l'implication des travailleurs dans la société coopérative européenne). La France s'est dotée des dispositions pertinentes à la faveur d'une loi du 3 juillet 2008. Outre la méconnaissance de la SCE, la complexité du règlement relatif à son statut explique en partie son faible succès : seulement 25 créations de SCE étaient dénombrées en juillet 2012. Nous observerons simplement que suivant l'innovation introduite par la SE, la SCE ne perd pas sa personnalité morale lors du transfert de siège : le siège social de l'entité peut être transféré sans procéder à la dissolution et à la création d'une personne morale nouvelle (art. 8 du règlement n° 2157/2001 ; art. 7 du règlement n° 1435/2003). La citoyenneté européenne de ces sociétés leur assure en effet « une continuité juridique dans l'espace européen » (N. Lenoir, « Pourquoi choisir le statut de société européenne », *RLDA* 2007, 1048, p. 77).

Ces quelques observations générales formulées, on présentera de manière succincte la SE en ne s'attachant, dans le cadre de ce manuel, qu'aux seuls aspects sociétaires ; les aspects sociaux relevant davantage d'un ouvrage de droit social européen. Avant d'envisager sa constitution (2) et son fonctionnement (3), on évoquera son rattachement (1), trait le plus marquant. On perçoit bien alors le caractère dual de cette SE qui dépend à la fois de règles matérielles uniformes édictées par le règlement et de règles nationales auxquelles il est régulièrement renvoyé. 219

1. *Le rattachement de la SE*

Le régime de la société européenne, tel que présenté dans le règlement n° 2157/2001, est le résultat d'une longue évolution de critères de rattachement envisagés depuis les premiers travaux du règlement. Initialement, la société européenne était véritablement une société de droit communautaire. L'ambition de l'avant-projet de convention de 1967 et de la proposition de règlement du 30 juin 1970 était en effet de créer une société entièrement régie par des règles matérielles de droit communautaire. La SE est cependant progressivement devenue une société « de type communautaire », tant les renvois aux droits nationaux des États membres sont devenus nombreux (B. Goldman, *Communication sur la nationalité des sociétés dans la CEE*, 1966-1969, Trav. Com. fr. DIP, Dalloz, p. 234). En ce sens, la société européenne peut être présentée comme une société anonyme européenne à variation nationale, de sorte qu'il n'existe pas un type 220 uniforme de SE mais un type propre à chaque État membre (M. Menjucq, « Société européenne », J-Cl. Fasc. n° 810). Aussi, bien que personne morale de droit européen, la SE ne fait pas l'économie d'un rattachement au droit d'un État membre, ou plutôt, de rattachements aux droits des États membres. Tout d'abord, les sociétés qui vont participer à la constitution de la SE doivent avoir leur siège statutaire et leur administration centrale dans l'Union européenne (art. 2 § 1). On soulignera que la rédaction de ce texte laisse entendre qu'il n'est pas nécessaire que ce siège statutaire et cette administration centrale se trouvent dans le même État, dans la mesure où il s'agit d'un État membre. Cette lecture est d'ailleurs confirmée par le fait que le règlement retient que « un État membre peut prévoir qu'une société n'ayant pas son administration centrale dans la Communauté peut participer à la constitution d'une SE, si elle est constituée selon le droit d'un État membre, a son siège statutaire dans ce même État membre et a un lien effectif et continu avec l'économie d'un État membre » (art. 2 § 5). Il est donc nécessaire de suivre avec attention le choix effectué par chacun des États membres qui s'avère déterminant de l'implantation des sociétés européennes. Ensuite, la SE elle-même doit avoir son siège statutaire « situé à l'intérieur de la Communauté, dans le même État membre que l'administration centrale. Un État membre peut en outre imposer aux SE immatriculées sur son territoire l'obligation d'avoir leur administration centrale et leur siège statutaire au même endroit » (art. 7). Il y a donc identité de lieu du siège statutaire et de l'administration centrale, ce qui est en soi assez logique si l'on retient que ce siège statutaire (donc, l'administration centrale) est le critère de rattachement permettant de désigner la *lex societatis* qui complétera les dispositions matérielles prévues par le règlement. À rebours de la jurisprudence de la CJCE (CJCE 5 nov. 2002, préc.), le règlement semble donc faire prévaloir en droit de l'Union le critère du siège réel.

2. *La constitution de la SE*

■ 221 Le règlement retient quatre modes de constitution possibles d'une SE. Ces hypothèses permettent d'insister sur le fait que la société européenne ne peut pas être créée ex nihilo, même si une telle création correspond à un souhait des praticiens. Le règlement énonce que la SE peut procéder soit d'une fusion absorption, soit d'une fusion création, soit d'une constitution d'une SE holding, soit d'une constitution d'une SE filiale (art. 2 et 3). Une observation mérite d'être formulée. Le règlement sur la SE constitue donc le premier instrument de droit positif communautaire à même de permettre les fusions transfrontières. Il ne faut cependant pas en déduire que la 10e directive « société » perd tout intérêt car le règlement n'autorise que les fusions entre sociétés anonymes. En revanche, le règlement devrait être un excellent révélateur – au vu des premières constitutions de SE – de la nécessité ou pas de poursuivre les discussions en cette matière.

3. *Le fonctionnement de la SE*

■ 222 Le fonctionnement de la SE n'appelle que très peu d'observations en ce qu'il est très proche de celui de la SA de droit français. Par ailleurs, au-delà des nombreuses dispositions matérielles contenues dans le règlement, ce fonctionnement relève principalement des droits nationaux qui, on l'a vu précédemment, ont été en une large mesure coordonnés par les directives « société ». Ce constat est d'ailleurs confirmé par l'article 10 du règlement qui dispose que « sous réserve des dispositions du présent règlement, une SE est traitée dans chaque État membre comme une société anonyme constituée selon le droit de l'État membre dans lequel la SE a son siège statutaire ». Les dispositions matérielles communautaires tiennent essentiellement à la faculté de faire appel à l'épargne publique, à l'exigence d'un capital social minimum de 120 000 euros et à la possibilité d'organiser la SE soit selon une formule « moniste » – un conseil d'administration et un ou plusieurs directeurs généraux – soit selon une formule « dualiste » – un directoire et un conseil de surveillance – ... Tout au plus, les spécialistes de droit des sociétés relèvent quelques originalités. Par exemple, le règlement retient le principe de la reprise des engagements avant immatriculation alors que le droit français retient, lui, le principe de la non-reprise (art. 16 § 2). Par ailleurs, le texte impose explicitement une obligation de confidentialité : « les membres des organes de la SE sont tenus de ne pas divulguer, même après la cessation de leurs fonctions, les informations dont ils disposent sur la SE et dont la divulgation serait susceptible de porter préjudice aux intérêts de la société » (art. 49). Pour conclure, il convient de relever qu'à la date limite de transposition de la directive qui coïncidait avec la date d'entrée en vigueur du règlement (8 oct. 2004) quelques rares États membres avaient adapté leur droit national. En France et nonobstant plusieurs projets et proposition de loi (v. par ex. la proposition de loi relative à la société européenne présentée par la sénateur Marini le 9 octobre 2003), la date butoir n'a pas été respectée. Il a finalement fallu attendre la loi du 26 juillet 2005 pour que la SE fasse son entrée en droit français (art. L. 229-1 s. C. com.).

Une observation mérite d'être faite en guise de conclusion sur ces entités européennes. 223
Le rapport de la Commission au Parlement européen et au Conseil relatif à l'application du règlement n° 2157/2001 (COM (2010) 676 final) révèle que nombre de praticiens considèrent que l'exigence selon laquelle le siège statutaire et l'administration centrale d'une SE doivent se situer sur le même État membre constitue une entrave dans la pratique. La sanction est sévère en cas de non respect de cette exigence, puisque c'est alors la dissolution de la société qui est envisagée. La façon d'appréhender la question du siège social des sociétés a cependant évolué, en très large partie sous l'influence de la jurisprudence de la Cour, cette dernière ayant ouvert la voie à l'acceptation du principe de séparation entre l'administration centrale et le siège statutaire des sociétés (v. les arrêts *Centros*, *Überseering*, *Inspire Art*, *SEVIC* et *Cartesio*, préc.). L'application de la théorie du siège réel aux personnes morales de droit européen est également critiquée, car « difficile à mettre en pratique, dans un monde moderne où il n'est pas facile de déterminer le lieu où se situe le siège social d'une société internationale et celui où les décisions stratégiques sont prises ». Au final, le principe du siège réel constituerait « une entrave dans la pratique », à l'endroit où « le principe selon lequel le droit des sociétés applicable est déterminé par le droit du pays du siège statutaire de la SE est simple et facile à établir ». Une évolution du critère de rattachement appliqué aux entités européennes pourrait ainsi se dessiner, comme le rapport de mai 2011 du groupe de réflexion sur l'avenir du droit européen des sociétés semble le confirmer. Enfin, notons que face à la multiplicité des textes régissant le droit européen des sociétés, source d'éventuels vides juridiques comme de chevauchements involontaires, la Commission envisage une codification du droit des sociétés de l'Union européenne (« Plan d'action : droit européen des sociétés et gouvernance d'entreprise – un cadre juridique moderne pour une plus grande implication des actionnaires et une meilleure viabilité des entreprises » (préc.)). La lisibilité et la cohérence de ce droit en ressortiront de toute évidence considérablement améliorées.

Compléments pédagogiques

Mémo

Le traité UE désigne comme bénéficiaires de la libre circulation les personnes physiques et les personnes morales. Pour pouvoir prétendre à l'exercice de cette liberté, *les personnes physiques doivent être des ressortissants des États membres*, c'est-à-dire avoir la nationalité d'un État membre. S'il appartient aux États membre de définir qui sont leurs ressortissants, il n'en demeure pas moins que cette prérogative ne peut être exercée que dans le respect du droit de l'Union. Par ailleurs, *les personnes physiques doivent être en situation européenne, ce qui peut conduire à l'existence de discriminations à rebours*. Au-delà, il faut relever que les ressortissants des États tiers peuvent aussi *mutatis mutandis* bénéficier de cette liberté dans la mesure où, soit ils sont gouvernés par un accord entre l'UE et leur État d'origine, soit ils sont le conjoint d'un ressortissant d'un État membre. Pour pouvoir prétendre à l'exercice de la libre circulation, *les personnes morales doivent être rattachées à un État membre selon un critère qui est soit celui du siège réel, soit celui du siège statutaire*. Là encore, l'État membre est libre de définir ce critère sous réserve de respecter le droit de l'Union et, notamment, d'assurer la reconnaissance mutuelle des sociétés. En raison des difficultés propres aux personnes morales (fiction de la personnalité morale), *une certaine coordination du droit des sociétés des États membres a pu intervenir*. Une petite quinzaine de directives peut être mentionnée. Mais, surtout, *sont apparues des personnes morales de droit européen, c'est-à-dire des personnes morales dont la constitution, le fonctionnement et la dissolution sont gouvernés par des règles matérielles communes (en tout ou partie)*. C'est le cas du groupement européen d'intérêt économique (GEIE) et de la société européenne (SE) qui constituent l'un et l'autre les premières personnes morales de droit européen.

Quid

■ Discrimination à rebours n° 201

Expression d'origine doctrinale qui vise la situation désavantageuse où un ressortissant d'un État membre se trouve placé du fait de son droit national par rapport à un ressortissant d'un autre État membre protégé par le droit de l'Union.

■ Effectivité de la nationalité n° 200

Principe jurisprudentiel selon lequel, en cas de double nationalité, une personne ne peut se prévaloir que d'une seule nationalité qui correspond à celle qui est corroborée par des éléments objectifs comme le domicile ou la résidence.

■ Égalité de traitement n° **194**

Principe selon lequel le ressortissant d'un État membre doit être traité à l'identique d'un ressortissant national (parfois synonyme du principe du traitement national).

■ Réciprocité n° **204**

Principe traditionnel de droit international (mais pas de droit de l'Union) constituant la condition de reconnaissance de certains droits au profit des étrangers.

■ Ressortissant n° **202**

Fréquemment conçu comme synonyme de national, ce terme n'en a pas moins une signification plus générale selon laquelle il désigne un individu lié à un État dont il n'a, cependant, pas la nationalité.

■ Siège réel n° **208**

Critère de rattachement d'une société dans l'ordre international (et européen) qui renvoie au territoire sur lequel elle a son administration centrale ou son principal établissement.

■ Siège statutaire n° **208**

Critère de rattachement d'une société dans l'ordre international (et européen) qui renvoie au territoire sur lequel elle a été enregistrée.

Biblio

1) Sur les opérateurs économiques, personnes physiques

– J.-Y. Carlier, *La condition des personnes dans l'Union européenne*, Larcier, 2007.

– J. Handoll, *Free Movement of Persons in the EU*, John Wiley & Sons, 1995.

– H. Labayle, « La libre circulation des personnes dans l'UE, de Schengen à Amsterdam », *AJDA* 1997. 923.

– D. Martin, *La libre circulation des personnes dans l'Union européenne*, Bruylant, 1995.

– J.-D. Mouton, « Ressortissants communautaires », *Rép. Communautaire*.

– P. Rambaud, « La discrimination à rebours et le droit communautaire : un mythe juridique ? », *Gaz. Pal.* 1992. 339.

– P. Stangos, « Les ressortissants d'États tiers au sein de l'ordre juridique communautaire », *Cah. dr. eur.* 1992. 306.

2) Sur les opérateurs économiques, personnes morales

– J. Béguin, « La difficile harmonisation européenne du droit des fusions transfrontalières », in *Propos impertinents de droit des affaires, Mélanges en l'honneur de Chr. Gavalda*, Dalloz, 2001, p. 19.

– J.-B. Blaise, « Une cohabitation difficile : nationalité des sociétés et libre établissement dans la Communauté européenne », in *Souveraineté étatique et marchés internationaux à la fin du xxe siècle, Mélanges en l'honneur de Ph. Kahn*, Litec, 2000, p. 585.

– F. Blanquet, « Enfin la société européenne », *RDUE* 2001. 65.

– C. Cathiard, « Le transfert transfrontalier du siège social des sociétés européennes. Une procédure qui a désormais fait ses preuves : aperçu de la pratique », *Dr. sociétés* 2012, prat. 1 ; Actes prat. ing. sociétaire 2012, n° 123, p. 1.
– C. Ducouloux-Favard, « Trente années d'influence communautaire sur le droit français des sociétés », *Rev. sociétés* 1995. 469.
– Chr. Gavalda, « Société européenne », *Rép. Communautaire*.
– Y. Guyon, « La coordination communautaire du droit des sociétés », *RTD eur.* 1990. 241.
– Y. Guyon, « Société », *Rép. Communautaire*.
– N. Lenoir (dir.), *La Societas Europaea ou SE. Pour une citoyenneté européenne de l'entreprise*, La Documentation française, 2007.
– Y. Loussouarn, « Le droit d'établissement des sociétés », *RTD eur.* 1990. 229.
– M. Menjucq, *La mobilité des sociétés dans l'espace européen*, LGDJ, 1997 ; « Réflexion critique sur la proposition de 14e directive relative au transfert intra-communautaire de siège social », *Bull. Joly* 2000. 137 ; *Droit international et européen des sociétés*, 3e éd., LGDJ, 2011.
– H. Synvet, « Enfin la société européenne ? », *RTD eur.* 1990. 253.
– B. Krief, « Le droit européen des sociétés, un droit en construction », *JCP* E 2012. 1103.

Documents

CJCE 5 nov. 2002, *Überseering BV*, aff. C-208/00 (Extraits) (*Rec. CJCE* I-9919)

78. Il y a lieu d'examiner si le refus par les juridictions allemandes de reconnaître à une société légalement constituée selon le droit d'un autre État membre la capacité juridique et la capacité d'ester en justice est constitutif d'une restriction à la liberté d'établissement.
79. À cet égard, dans une situation telle que celle en cause au principal, une société légalement constituée selon le droit d'un État membre, autre que la République fédérale d'Allemagne, dans lequel elle dispose de son siège statutaire, n'a d'autre alternative, selon le droit allemand, si elle entend faire valoir devant une juridiction allemande les droits qu'elle tire d'un contrat passé avec une société de droit allemand, que de se reconstituer en Allemagne.
80. Or Überseering, légalement constituée aux Pays-Bas et y disposant de son siège statutaire, tire des articles 43 CE et 48 CE le droit d'exercer sa liberté d'établissement en Allemagne en tant que société de droit néerlandais. Il importe peu, à cet égard, que, postérieurement à la constitution de cette société, l'intégralité de son capital ait été acquise par des ressortissants allemands résidant en Allemagne dès lors que cette circonstance ne paraît pas lui avoir fait perdre la personnalité juridique dont elle jouit dans l'ordre juridique néerlandais.
81. Mieux, son existence même est consubstantielle à sa qualité de société de droit néerlandais, dans la mesure où, ainsi qu'il a été rappelé, une société n'a d'existence qu'à travers la législation nationale qui en détermine la constitution et le fonctionnement (voir, en ce sens, arrêt Daily Mail and General Trust, préc., point 19). L'exigence de reconstitution de la même société en Allemagne équivaut, dès lors, à la négation même de la liberté d'établissement.
82. Dans ces conditions, le refus, par un État membre, de reconnaître la capacité juridique d'une société constituée conformément au droit d'un autre État membre dans lequel elle a son siège statutaire au motif, notamment, que la société aurait transféré son siège effectif sur son territoire à la suite de l'acquisition de la totalité des parts sociales par des ressortissants de cet État membre qui y résident, avec pour conséquence que la société ne peut, dans l'État membre

d'accueil, ester en justice pour défendre ses droits tirés d'un contrat, sauf à se reconstituer selon le droit de cet État, constitue une restriction à la liberté d'établissement incompatible, en principe, avec les articles 43 CE et 48 CE. (...)

Sur l'éventuelle justification de la restriction à la liberté d'établissement

(...)

92. Il ne saurait être exclu que des raisons impérieuses d'intérêt général telles que la protection des intérêts des créanciers, des associés minoritaires, des salariés ou encore du fisc puissent, dans certaines circonstances et en respectant certaines conditions, justifier des restrictions à la liberté d'établissement.

93. Pareils objectifs ne peuvent toutefois justifier que soient déniées la capacité juridique et, partant, la capacité d'ester en justice à une société régulièrement constituée dans un autre État membre où elle a son siège statutaire. En effet, une telle mesure équivaut à la négation même de la liberté d'établissement reconnue aux sociétés par les articles 43 CE et 48 CE.

Par ces motifs, la Cour, statuant sur les questions à elle soumises par le Bundesgerichtshof, par ordonnance du 30 mars 2000, dit pour droit :

1) Les articles 43 CE et 48 CE s'opposent à ce que, lorsqu'une société constituée conformément à la législation d'un État membre sur le territoire duquel elle a son siège statutaire est réputée, selon le droit d'un autre État membre, avoir transféré son siège effectif dans cet État, ce dernier dénie à ladite société la capacité juridique et, partant, la capacité d'ester en justice devant ses juridictions nationales pour faire valoir les droits tirés d'un contrat conclu avec une société établie dans ledit État.

2) Lorsqu'une société constituée conformément à la législation d'un État membre sur le territoire duquel elle a son siège statutaire exerce sa liberté d'établissement dans un autre État membre, les articles 43 CE et 48 CE imposent à ce dernier de respecter la capacité juridique et, partant, la capacité d'ester en justice que cette société possède en vertu du droit de son État de constitution.

CJCE 16 décembre 2008, *Cartesio*, aff. C-210/06 (extraits) (Rec. CJCE I-9641)

Sur la quatrième question :

99. Par sa quatrième question, la juridiction de renvoi demande en substance si les articles 43 CE et 48 CE doivent être interprétés en ce sens qu'ils s'opposent à une réglementation d'un État membre qui empêche une société constituée en vertu du droit national de cet État membre de transférer son siège dans un autre État membre tout en gardant sa qualité de société relevant du droit national de l'État membre selon la législation duquel elle a été constituée.

100. Il ressort de la décision de renvoi que Cartesio, société constituée conformément à la législation hongroise et ayant établi, lors de sa constitution, son siège en Hongrie, a transféré son siège en Italie, mais souhaite garder sa qualité de société de droit hongrois.

101. Selon la loi relative à l'enregistrement des sociétés, le siège d'une société de droit hongrois se trouve au lieu où se situe le centre de direction de ses affaires.

102. La juridiction de renvoi expose que la demande d'inscription dans le registre des sociétés de la modification du siège de Cartesio présentée par celle-ci a été rejetée par le tribunal chargé de la tenue de ce registre au motif que, en droit hongrois, une société constituée en Hongrie ne peut pas, à la fois, transférer son siège, tel que défini dans ladite loi, à l'étranger et continuer à être soumise à la loi hongroise en tant que loi régissant son statut.

103. Un tel transfert exigerait que, auparavant, la société cesse d'exister et se constitue à nouveau en conformité avec le droit du pays sur le territoire duquel elle souhaite établir son nouveau siège.
104. À cet égard, la Cour a rappelé au point 19 de l'arrêt Daily Mail and General Trust, précité, qu'une société créée en vertu d'un ordre juridique national n'a d'existence qu'à travers la législation nationale qui en détermine la constitution et le fonctionnement.
105. Au point 20 du même arrêt, la Cour a relevé que les législations des États membres diffèrent largement en ce qui concerne tant le lien de rattachement au territoire national exigé en vue de la constitution d'une société que la possibilité, pour une société constituée conformément à une telle législation, de modifier ultérieurement ce lien de rattachement. Certaines législations exigent que non seulement le siège statutaire, mais également le siège réel, à savoir l'administration centrale de la société, soient situés sur le territoire des États membres concernés, de sorte que le déplacement de l'administration centrale hors de ce territoire suppose la dissolution de la société, avec toutes les conséquences qu'une telle dissolution entraîne sur le plan du droit des sociétés. D'autres législations reconnaissent aux sociétés le droit de transférer leur administration centrale à l'étranger, mais quelques-unes soumettent ce droit à certaines restrictions, et les conséquences juridiques du transfert varient d'un État membre à l'autre.
106. La Cour a en outre indiqué, au point 21 de ce même arrêt, que le traité CEE a tenu compte de cette disparité des législations nationales. En définissant, à l'article 58 de ce traité (devenu article 58 du traité CE, lui-même devenu article 48 CE), les sociétés pouvant bénéficier du droit d'établissement, le traité CEE a mis sur le même pied le siège statutaire, l'administration centrale et le principal établissement d'une société en tant que lien de rattachement.
107. Dans l'arrêt du 5 novembre 2002, *Überseering* (aff. C-208/00, *Rec. CJCE* p. I9919, point 70), la Cour, tout en confirmant ces considérations, en a déduit que la possibilité, pour une société constituée conformément à la législation d'un État membre, de transférer son siège, statutaire ou effectif, dans un autre État membre sans perdre la personnalité juridique dont elle jouit dans l'ordre juridique de l'État membre de constitution et, le cas échéant, les modalités de ce transfert sont déterminées par la législation nationale conformément à laquelle ladite société a été constituée. Elle en a conclu qu'un État membre a la possibilité d'imposer à une société constituée en vertu de son ordre juridique des restrictions au déplacement du siège effectif de celle-ci hors de son territoire pour que cette société puisse conserver la personnalité juridique dont elle bénéficie en vertu du droit de ce même État membre.
108. Il convient d'ailleurs de souligner que la Cour est également arrivée à cette conclusion sur le fondement du libellé de l'article 58 du traité CEE. En effet, en définissant à cet article les sociétés pouvant bénéficier du droit d'établissement, le traité CEE a considéré la disparité des législations nationales concernant tant le lien de rattachement exigé pour les sociétés relevant de ces législations que la possibilité et, le cas échéant, les modalités d'un transfert du siège, statutaire ou réel, d'une société de droit national d'un État membre à l'autre comme une difficulté non résolue par les règles sur le droit d'établissement, mais qui doit l'être par des travaux législatifs ou conventionnels, lesquels n'ont pas encore abouti (voir, en ce sens, arrêts précités Daily Mail and General Trust, points 21 à 23, et Überseering, point 69).
109. Partant, conformément à l'article 48 CE, en l'absence d'une définition uniforme donnée par le droit communautaire des sociétés qui peuvent bénéficier du droit d'établissement en fonction d'un critère de rattachement unique déterminant le droit national applicable à une société, la question de savoir si l'article 43 CE s'applique à une société invoquant la liberté fondamentale consacrée par cet article, à l'instar, d'ailleurs, de celle de savoir si une personne physique est un ressortissant d'un État membre pouvant, à ce titre, bénéficier de cette liberté,

constitue une question préalable qui, dans l'état actuel du droit communautaire, ne peut trouver une réponse que dans le droit national applicable. Ce n'est donc que s'il est vérifié que cette société bénéficie effectivement de la liberté d'établissement eu égard aux conditions énoncées à l'article 48 CE que se pose la question de savoir si ladite société se trouve confrontée à une restriction à cette liberté au sens de l'article 43 CE.

110. Un État membre dispose ainsi de la faculté de définir tant le lien de rattachement qui est exigé d'une société pour que celle-ci puisse être considérée comme constituée selon son droit national et susceptible, à ce titre, de bénéficier du droit d'établissement que celui requis pour maintenir cette qualité ultérieurement. Cette faculté englobe la possibilité, pour cet État membre, de ne pas permettre à une société relevant de son droit national de conserver cette qualité lorsqu'elle entend se réorganiser dans un autre État membre par le déplacement de son siège sur le territoire de ce dernier, rompant ainsi le lien de rattachement que prévoit le droit national de l'État membre de constitution.

111. Toutefois, un tel cas de transfert du siège d'une société constituée selon le droit d'un État membre dans un autre État membre sans changement du droit dont elle relève doit être distingué de celui relatif au déplacement d'une société relevant d'un État membre vers un autre État membre avec changement du droit national applicable, la société se transformant en une forme de société relevant du droit national de l'État membre dans lequel elle se déplace.

112. En effet, dans ce dernier cas, la faculté, évoquée au point 110 du présent arrêt, loin d'impliquer une quelconque immunité de la législation nationale en matière de constitution et de dissolution de sociétés au regard des règles du traité CE relatives à la liberté d'établissement, ne saurait, en particulier, justifier que l'État membre de constitution, en imposant la dissolution et la liquidation de cette société, empêche celle-ci de se transformer en une société de droit national de l'autre État membre pour autant que ce droit le permette.

113. Un tel obstacle à la transformation effective d'une telle société sans dissolution et liquidation préalables en une société de droit national de l'État membre dans lequel celle-ci souhaite se déplacer constituerait une restriction à la liberté d'établissement de la société concernée qui, à moins qu'elle soit justifiée par une raison impérieuse d'intérêt général, est interdite en vertu de l'article 43 CE (voir en ce sens, notamment, arrêt CaixaBank France, préc., points 11 et 17).

114. Il convient en outre de constater que, depuis les arrêts précités Daily Mail and General Trust et Überseering, les travaux législatifs et conventionnels dans le domaine du droit des sociétés envisagés, respectivement, aux articles 44, paragraphe 2, sous g), CE et 293 CE n'ont, à ce jour, pas porté sur la disparité des législations nationales relevée dans ces arrêts et n'ont donc pas encore mis un terme à celle-ci.

115. La Commission soutient toutefois que l'absence d'une réglementation communautaire en la matière, constatée par la Cour au point 23 de l'arrêt Daily Mail and General Trust, précité, a été comblée par les règles communautaires sur le transfert de siège dans un autre État membre contenues dans des règlements tels que les règlements nos 2137/85 et 2157/2001, relatifs, respectivement, au GEIE et à la SE, ou encore le règlement (CE) n° 1435/2003 du Conseil, du 22 juillet 2003, relatif au statut de la société coopérative européenne (SEC) (JO L 207, p. 1), ainsi que par la législation hongroise adoptée par suite desdits règlements.

116. Elle estime que ces règles pourraient, voire devraient, être appliquées mutatis mutandis au transfert transfrontalier du siège réel d'une société constituée selon le droit national d'un État membre.

117. À cet égard, il y a lieu de constater que, si ces règlements, adoptés sur le fondement de l'article 308 CE, prévoient effectivement un dispositif permettant aux nouvelles entités juridiques

qu'ils établissent de transférer leur siège statutaire et, donc, également leur siège réel, ces deux sièges devant en effet être situés dans le même État membre, dans un autre État membre sans donner lieu ni à dissolution de la personne morale initiale ni à création d'une personne morale nouvelle, un tel transfert comporte toutefois nécessairement un changement en ce qui concerne le droit national applicable à l'entité qui l'opère.

118. Cela ressort, par exemple, pour une SE, des articles 7 à 9, paragraphe 1er, sous c), ii), du règlement n° 2157/2001.

119. Or, dans l'affaire au principal, Cartesio veut uniquement transférer son siège réel de Hongrie en Italie tout en restant une société de droit hongrois, et donc sans changement en ce qui concerne le droit national dont elle relève.

120. Partant, l'application mutatis mutandis de la réglementation communautaire à laquelle la Commission se réfère, à supposer même qu'elle doive s'imposer en cas de déplacement transfrontalier du siège d'une société relevant du droit national d'un État membre, ne saurait en tout état de cause aboutir au résultat escompté dans une situation telle que celle en cause au principal.

121. Ensuite, pour ce qui concerne l'incidence de l'arrêt SEVIC Systems, précité, sur le principe établi dans les arrêts précités Daily Mail and General Trust et Überseering, il y a lieu de constater que ces arrêts ne traitent pas du même problème, de sorte qu'il ne saurait être soutenu que le premier aurait précisé la portée des seconds.

122. En effet, l'affaire ayant donné lieu à l'arrêt SEVIC Systems, précité, concernait la reconnaissance, dans l'État membre de constitution d'une société, d'une opération d'établissement par voie de fusion transfrontalière effectuée par cette société dans un autre État membre, cas de figure foncièrement différent de la situation en cause dans l'affaire ayant donné lieu à l'arrêt Daily Mail and General Trust, précité. Ainsi, la situation en cause dans l'affaire ayant donné lieu à l'arrêt SEVIC Systems, précité, s'apparente à des situations ayant fait l'objet d'autres arrêts de la Cour (voir arrêts du 9 mars 1999, Centros, C212/97, *Rec. CJCE* I-1459 ; Überseering, préc., ainsi que du 30 septembre 2003, *Inspire Art*, aff. C-167/01, *Rec. CJCE* I-10155).

123. Or, dans de telles situations, la question préalable qui se pose est non pas celle, visée au point 109 du présent arrêt, de savoir si la société concernée peut être considérée comme une société ayant la nationalité de l'État membre selon la législation duquel elle a été constituée, mais plutôt celle de savoir si cette société, dont il est constant qu'elle est une société de droit national d'un État membre, se trouve confrontée ou non à une restriction dans l'exercice de son droit d'établissement dans un autre État membre.

124. Eu égard à tout ce qui précède, il convient de répondre à la quatrième question posée que, en l'état actuel du droit communautaire, les articles 43 CE et 48 CE doivent être interprétés en ce sens qu'ils ne s'opposent pas à une réglementation d'un État membre qui empêche une société constituée en vertu du droit national de cet État membre de transférer son siège dans un autre État membre tout en gardant sa qualité de société relevant du droit national de l'État membre selon la législation duquel elle a été constituée.

Quiz

1) Sujet corrigé

Test de connaissances

Énoncé

1. L'Union européenne peut déterminer les conditions de nationalité des ressortissants des États membres :

a. vrai.

b. faux.

2. Les dispositions du traité s'intéressant aux ressortissants des États tiers sont :

a. celles relatives au droit d'établissement.

b. celles relatives à la prestation de services.

3. Le conjoint non européen d'un citoyen de l'Union :

a. a une interdiction formelle de circuler dans l'Union.

b. peut circuler et séjourner dans l'Union, à condition d'avoir au préalable légalement séjourné dans un État membre.

c. peut circuler et séjourner dans l'Union sans avoir au préalable séjourné légalement dans un État membre.

4. Peuvent bénéficier du droit d'établissement :

a. les sociétés constituées en conformité avec la législation d'un État membre ou d'un État tiers, ayant leur siège statutaire, leur administration centrale ou leur principal établissement dans l'Union.

b. les sociétés constituées en conformité avec la législation d'un État membre et ayant leur siège statutaire à l'intérieur de l'Union.

c. les sociétés constituées en conformité avec la législation d'un État membre et ayant leur siège statutaire, leur administration centrale ou leur principal établissement dans un État membre ou un État tiers.

d. les sociétés constituées en conformité avec la législation d'un État membre et ayant leur siège statutaire, leur administration centrale ou leur principal établissement dans un État membre.

5. Le critère du siège statutaire signifie :

a. que la société est rattachée au pays dont la loi a été suivie pour sa constitution et où elle a été enregistrée.

b. que la société est rattachée au pays dont la loi a été suivie pour sa constitution et où se trouve située son administration centrale ou son principal établissement.

6. L'État d'origine peut s'opposer au transfert intraeuropéen de siège social d'une société :

a. lorsque le transfert opère changement de loi applicable.

b. lorsque le transfert n'opère pas changement de loi applicable.

c. dans tous les cas.

7. Les sociétés participant à la constitution d'une SE :

a. peuvent avoir leur siège statutaire dans l'Union et leur administration centrale dans un État tiers.

b. doivent avoir leur siège statutaire et leur administration centrale dans le même État membre.

c. peuvent avoir leur siège statutaire et leur administration centrale dans des États différents, dès lors qu'il s'agit d'États membres.

8. Une société constituée dans un État membre de l'Union européenne :

a. doit automatiquement être reconnue en France.

b. est reconnue en France si elle a son siège social dans l'État où elle a été immatriculée.

c. est reconnue en France si elle a été valablement constituée du point de vue de son état d'immatriculation.

Voir le corrigé en fin de rubrique.

2) Corrigé

Tests de connaissance

1. b ; **2.** b ; **3.** c ; **4.** d ; **5.** b ; **6.** b ; **7.** c ; **8.** c.

chapitre

5

La libre circulation des opérateurs économiques (II) : les modalités

Plan analytique

section 1

L'accès aux activités économiques

§ 1 L'accès au territoire

A. Le rapprochement des conditions nationales d'accès au territoire

B. L'encadrement des dérogations à l'accès au territoire

§ 2 La coordination et la reconnaissance mutuelle des conditions d'accès aux activités professionnelles

section 2

L'exercice des activités économiques

§ 1 Variété de modalités

A. Le droit d'établissement

B. La libre prestation de services

§ 2 Unité de régime

A. La prohibition absolue des discriminations en fonction de la nationalité

B. La prohibition relative des restrictions non discriminatoires

Leur rattachement avec l'Union européenne étant caractérisé, les opérateurs économiques – qu'ils soient des personnes physiques ou des personnes morales – vont pouvoir librement circuler pour exercer leurs activités. Cette libre circulation est abordée selon trois propositions par le traité, dont deux seulement ont leur place dans le présent manuel. La libre circulation des travailleurs (le traité ne parle pas de salariés), envisagée aux articles 45 à 48 TFUE, intéresse spécifiquement le droit européen du travail et seulement indirectement le droit des affaires (nul ne contestera, par ex., qu'une société commerciale est avant tout tributaire des hommes qui mettent leur force de travail à sa disposition, ce que traduit la prise en compte des aspects sociaux dans une structure comme la SE). En revanche, le droit d'établissement et la libre prestation des services – respectivement articles 49 à 55 et 56 à 62 TFUE – constituent les deux modalités traditionnelles par lesquelles les opérateurs économiques peuvent envisager une activité au sein du marché intérieur. Elles seront l'objet du présent chapitre. 224

Cette libre circulation des opérateurs économiques est, davantage que celle des marchandises, tributaire de l'adoption d'instruments d'harmonisation et de coordination. Les personnes ne circulent pas aussi facilement que les produits. Et l'on a précédemment vu que ce constat est encore plus vérifié pour les personnes morales. Pour autant, et, là, comme en matière de marchandises, l'œuvre jurisprudentielle a été décisive et répond à un principe essentiel : l'égalité de traitement entre opérateur économique national et opérateur économique européen. Cette dernière est très perceptible que l'on s'attache à l'accès (section 1) ou à l'exercice (section 2) des activités économiques. 225

section 1

L'accès aux activités économiques

Le traité UE pose le principe de libre circulation des personnes dans les dispositions générales de l'article 3. Le TFUE le décline dans les dispositions spécifiques relatives au droit d'établissement et à la prestation des services. Cette liberté de principe est cependant tempérée par certaines dérogations qui peuvent se manifester à différents stades. D'une part, certaines activités économiques peuvent échapper au principe. D'autre part, un État membre peut refuser, dans certaines hypothèses, l'accès à son territoire sans lequel il est difficile d'envisager l'accès aux activités. Selon une double logique qui a déjà été soulignée dans l'étude de la libre circulation des marchandises, le traité s'appuie à la fois sur une construction jurisprudentielle et sur une coordination des législations et des réglementations nationales pour assurer cet accès aux 226 activités économiques. On la vérifie en s'attachant d'abord à l'accès au territoire (§ 1) puis à la coordination et la reconnaissance mutuelle des conditions d'accès aux activités professionnelles (§ 2).

§ 1 L'accès au territoire

■ 227 L'accès au territoire est un préalable évident à l'accès aux activités professionnelles. Pour pouvoir s'établir économiquement sur le territoire d'un État membre ou y offrir ponctuellement ses services, encore convient-il d'y accéder physiquement. Le traité, dans une logique d'égalité de traitement, prévoit un rapprochement des législations nationales qui traduisent les conditions qu'édicte un État pour l'accès et le séjour sur son territoire. Posant par ailleurs la possibilité pour l'État membre de refuser l'accès à son territoire pour des raisons qu'il énumère (ordre public, santé publique, etc.), le traité a fait l'objet d'une interprétation constructive de la part de la Cour de justice. Il va de soi que l'ensemble de ces questions n'a de sens qu'à l'égard des opérateurs économiques, personnes physiques !

A. Le rapprochement des conditions nationales d'accès au territoire

■ 228 Ce rapprochement des conditions nationales d'accès au territoire est tributaire de deux logiques complémentaires qu'il convient d'avoir à l'esprit. En premier lieu, l'accès au territoire d'un État membre d'un ressortissant d'un autre État membre ne se conçoit que dans l'affirmation du principe général de non-discrimination en fonction de la nationalité. En second lieu, l'accès au territoire d'un État membre d'un ressortissant d'un autre État membre a longtemps et exclusivement été abordé sous le seul angle d'une finalité économique, c'est-à-dire comme le préalable nécessaire de l'exercice de ses activités par l'opérateur économique. L'accès au territoire est donc compris comme la conséquence de la reconnaissance du droit d'établissement ou de libre prestation de services.

■ 229 Une série de directives et deux règlements ont été adoptés sur une trentaine d'années dont l'objet est de garantir un droit d'accès et de séjour sur le territoire d'un État membre au ressortissant communautaire : directive n° 64/221/CEE du 25 février 1964 relative à la coordination des mesures spéciales aux étrangers en matière de déplacement et de séjour justifiées par des raisons d'ordre public, de sécurité publique et de santé publique (*JOCE* 56 du 4 avr. 1964), directive n° 68/360 du 15 octobre 1968 relative à la suppression des restrictions au déplacement et au séjour des travailleurs des États membres et de leur famille à l'intérieur de la Communauté (*JOCE* L 257 du 19 oct. 1968), directive n° 72/194 du 18 mai 1972 étendant aux travailleurs qui exercent le droit de demeurer sur le territoire d'un État membre après y avoir occupé un emploi, le champ d'application de la directive n° 64/221 (*JOCE* L 121 du 26 mai 1972), directive n° 73/148/CEE du 21 mai 1973 relative à la suppression des restrictions au déplacement et au séjour des ressortissants des États membres à l'intérieur de la Communauté en matière d'établissement et de prestation de services (*JOCE* L 172 du 28 juin 1973), directive n° 75/34 du 17 décembre 1974 relative au droit des ressortissants d'un État membre de demeurer sur le territoire d'un État membre après y avoir exercé une activité non salariée (*JOCE* L 14 du 20 janv. 1975), directive n° 75/

35 du 17 décembre 1974 étendant le champ d'application de la directive n° 64/221 pour la coordination des mesures spéciales aux étrangers en matière de déplacement et de séjour justifiées par des raisons d'ordre public, de sécurité publique et de santé publique, aux ressortissants d'un État membre qui exercent le droit de demeurer sur le territoire d'un autre État membre après y avoir exercé une activité non salariée (*JO* L 14 du 20 janv. 1975), directive n° 90/364 du 28 juin 1990 relative au droit de séjour (*JOCE* L 180 du 13 juill. 1990) et directive n° 90/365 du 28 juin 1990 relative au droit de séjour des travailleurs salariés et non salariés ayant cessé leur activité professionnelle (*JOCE* L 180 du 13 juill. 1990), directive n° 93/96/CEE du 29 octobre 1993 relative au droit de séjour des étudiants (*JOCE* L 317 du 12 décembre 1993), règlement n° 1612/68 du 15 octobre 1968, relatif à la libre circulation des travailleurs à l'intérieur de la Communauté (*JOCE* L 257 du 19 oct. 1968), règlement n° 1251/70 du 29 juin 1970 relatif aux droits des travailleurs de demeurer sur le territoire d'un État membre après y avoir exercé un emploi (*JOCE* L 142 du 30 juin 1970). Sans entrer dans le détail de chacun de ces textes, on insistera sur deux points. Le régime de l'entrée et du séjour des opérateurs économiques tend à consacrer des conditions minimales (pièce d'identité, ressources, etc.) de nature à se conformer à l'exigence de traitement national. Les différentes directives, qui se sont succédées, démontrent que l'Union s'est progressivement détachée de l'idée d'une circulation à seule finalité économique en s'ouvrant aux inactifs.

230 Le traité d'Amsterdam a amplifié la précédente perspective en s'attachant à l'accès et au séjour des ressortissants européens hors de toute finalité économique. Ainsi, il disposait que « tout citoyen de l'Union a le droit de circuler et de séjourner librement sur le territoire des États membres » (art. 18 CE). Ce principe a trouvé une traduction dans le cadre du titre IV CE qui a procédé à la « communautarisation » d'une matière jusque-là abordée hors du traité (par ex., au travers de la Convention de Schengen), le Conseil pouvant arrêter toutes les mesures visant « à assurer l'absence de tout contrôle des personnes [...] lorsqu'elles franchissent les frontières intérieures ». Afin de satisfaire les objectifs poursuivis par l'Union européenne en matière d'accès au territoire et, plus largement, de libre circulation du citoyen, la Commission a proposé un projet de refonte législative des textes précédemment présentés. Une proposition de directive a été faite en 2001, relative au droit des citoyens de l'Union européenne et des membres de leurs familles de circuler et de séjourner librement sur le territoire des États membres (COM (2001) 257 final). Modifié en 2003, le texte a finalement été adopté en avril 2004, pour devenir la directive 2004/38 du Parlement et du Conseil du 29 avril 2004 relative au droit des citoyens de l'Union européenne et des membres de leur famille de circuler et de séjourner librement sur le territoire des États membres (*JOCE* L 158 du 30 avr. 2004). La transposition de ce texte en droit national, prévue avant le 30 avril 2006, a soulevé des difficultés, justifiant que la Commission adopte une communication visant à « fournir des orientations aux États membres sur la manière d'appliquer la directive » (Communication de la Commission au Parlement européen et au Conseil du 2 juillet 2009, concernant les lignes directrices destinées à améliorer la transposition et l'application de la directive 2004/38 relative au droit des citoyens de l'Union européenne et des membres de leurs familles de circuler et de séjourner librement sur le territoire des États membres, COM (2009) 313 final). La directive a pour base juridique les articles 12, 18, 40, 44 et 52 CE (18, 21, 46, 50 et 59 TFUE). Notons qu'au terme de l'article 21 TFUE, « tout citoyen de l'Union a le droit de circuler et de séjourner librement sur le territoire des États membres, sous

réserve des limitations et conditions prévues par les traités et par les dispositions prises pour leur application », formulation qui figure également à l'article 20 TFUE et à l'article 45 de la Charte des droits fondamentaux de l'Union européenne. La directive 2004/38 modifie le règlement 1612/68 et abroge les directives précitées (v. art. 38 de la directive 2004/38). Le règlement 1251/70 a par ailleurs été abrogé par le règlement 635/2006 en raison du remplacement du contenu de celui-ci par les dispositions de la directive n° 2004/38. Le corpus législatif relativement complexe relatif au droit de séjours des citoyens est ainsi codifié au sein d'un seul instrument. La directive s'adresse à tous les citoyens de l'Union européenne – c'est-à-dire, à toute personne ayant la nationalité d'un État membre –, qui se rendent ou séjournent dans un État membre autre que celui dont ils ont la nationalité, ainsi qu'aux membres de leur famille – qu'ils soient ressortissants d'un État membre ou d'un État tiers (v. les art. 2, 3, 23 et 24 de la directive) qui les accompagnent ou les rejoignent (art. 3 de la directive). Elle facilite l'exercice du droit de séjour en simplifiant les conditions et formalités administratives à remplir – notamment, en supprimant le système des permis de séjour pour les citoyens de l'Union –, renforce les droits des membres de la famille – par exemple, en étendant aux partenaires enregistrés le droit au regroupement familial –, introduit un droit de séjour permanent sans conditions après une résidence légale et ininterrompue de cinq ans dans l'État membre d'accueil, instaure une protection renforcée contre l'éloignement de citoyens de l'Union et des membres de leur famille pour des raisons d'ordre public, de sécurité publique et de santé publique (v. Le cinquième rapport de la Commission européenne du 15 février 2008, sur la citoyenneté de l'Union européenne : COM (2008) 85 final). Au final, la directive 2004/38 constitue un texte essentiel, dans la mesure où elle vise, d'une façon générale, à faciliter l'exercice du droit fondamental à la libre circulation et au libre séjour conféré par le traité à chaque citoyen de l'Union européenne et à renforcer ce droit. Un régime juridique unique organise désormais l'exercice de la liberté de séjour et de circulation pour l'ensemble des citoyens de l'Union : chaque citoyen en tant que tel se voit reconnaître des droits, sans considération de sa qualité de travailleur, d'étudiant ou de personne sans activité lucrative. La Cour de justice a rendu plusieurs arrêts importants relatifs à ce texte. Elle a ainsi eu l'occasion de préciser que les citoyens de l'Union ne sauraient tirer moins de droit de la directive que des actes de droit dérivé qu'elle a modifié ou abrogé (CJUE 23 nov. 2010, *Tsakouridis*, aff. C-145/09, *Rec. CJUE* 2010, p. I-1449). Dans les arrêts *Zambrano* et *Mac Carthy* de 2011, elle a par ailleurs exclu du champ d'application de la directive les citoyens n'ayant jamais fait usage de leur droit de libre circulation et qui ont ainsi toujours séjourné dans un État membre dont ils possédaient la nationalité, quand bien même ils possédaient également la nationalité d'un autre État membre (CJUE 5 mai 2011, *Mac Carthy*, aff. C-434/09, *Rec. CJUE* 2011 p. I-3375 et CJUE 8 mars 2011, *Zambrano*, aff. C-34/09, *Rec. CJUE* 2010, p. I-1449). Cependant, le seul fait de ne pas avoir fait usage du droit à la libre circulation vers un autre État membre ne permet pas nécessairement de conclure à l'absence d'élément d'extranéité, qui peut être d'un autre ordre (arrêts *Mac Carthy* et *Zambrano*, préc.). La Cour contrôle en effet que l'application des règles nationales n'ait pas pour effet de priver les citoyens de l'Union de la jouissance effective de l'essentiel de leurs droits ou d'entraver le libre exercice de leur droit de circulation et de séjour sur le territoire des États membres. En revanche, saisi d'un recours en constatation de manquement formé par la Hongrie contre la République Slovaque, cette dernière ayant refusé au président Hongrois l'accès à son territoire, le juge de l'Union a considéré que la spécificité du statut du chef de l'État conduit à ce que l'accès de cette personne au territoire d'un autre État membre ne relève pas des mêmes conditions que celles applicables aux autres citoyens (CJUE 16 oct. 2012, *Hongrie c/ République slovaque*, aff. C-364/10, nep). C'est ici annoncer que le droit de libre circulation et de séjour, bien que statut fondamental des ressortissants des États membres, n'est pas un droit sans limites. L'article 21 § 1 TFUE énonce lui-même qu'il n'est reconnu que « sous réserve des limitations et conditions prévues par les traités et par les dispositions prises pour leur application ». Les actes de droit dérivé, qui font l'objet d'une interprétation constructive de la part de la Cour, confirment que l'accès au territoire demeure encadré.

B. L'encadrement des dérogations à l'accès au territoire

Tant en matière de libre circulation des marchandises qu'en matière de libre circulation des personnes, des raisons tirées de l'ordre public, de la sécurité publique et de la santé publique peuvent justifier des limitations à l'accès au territoire de l'État d'accueil. Énumérées par l'article 52 TFUE pour le droit d'établissement, auquel renvoie l'article 62 TFUE en matière de prestation de services, ces dérogations au principe de libre circulation ont fait l'objet d'une interprétation constructive de la part de la Cour de justice. Cette dernière a explicitement affirmé « le caractère communautaire des limites [...] aux exceptions permises au principe de la liberté » (CJCE 21 juin 1974, *Reyners*, aff. 2/74, *Rec. CJCE* 631). Dès lors, ces dérogations ne sauraient recevoir « une portée qui dépasserait le but en vertu duquel cette clause d'exception a été insérée » (CJCE 21 juin 1974, préc.) et cette portée ne saurait être déterminée « unilatéralement par chacun des États membres sans contrôle des institutions communautaires » (CJCE 4 déc. 1974, *Van Duyn*, aff. 41/74, *Rec. CJCE* 1337), au premier rang desquelles la Cour elle-même. Le chapitre IV de la directive n° 2004/38 précise les conditions et les garanties procédurales que les États membres sont tenus de respecter lorsqu'ils limitent le droit d'accès sur leur territoire ou lorsqu'ils éloignent de leur territoire les citoyens de l'Union et leur famille pour des raisons d'ordre public, de sécurité publique ou de santé publique. Toute mesure de ce type prise par les États membres doit respecter le principe de proportionnalité. Le considérant 23 du Préambule de la directive n° 2004/38 précise en effet que « l'éloignement des citoyens de l'Union et des membres de leur famille pour des raisons d'ordre public ou de sécurité publique constitue une mesure pouvant nuire gravement aux personnes qui, ayant fait usage des droits et libertés conférés par le traité, se sont véritablement intégrées dans l'État membre d'accueil. Il convient dès lors de limiter la portée de ces mesures, sur la base du principe de proportionnalité, afin de tenir compte du degré d'intégration des personnes concernées, de la durée de leur séjour dans l'État membre d'accueil, de leur âge, de leur état de santé, de leur situation familiale et économique et de leurs liens avec leur pays d'origine ». La Commission européenne préconise également une interprétation stricte des notions d'ordre public, de sécurité publique ou de santé publique, dans le respect de la Convention européenne de sauvegarde des droits de l'homme et des libertés fondamentales (Communication de la Commission au Conseil et au Parlement européen sur les mesures spéciales concernant le déplacement et le séjour des citoyens de l'Union européenne qui sont justifiées par des raisons d'ordre public, de sécurité publique ou de santé publique : COM (1999) 372 final). Dans le cadre de l'interprétation de la directive n° 64/221, la Cour de justice a expliqué que constitue une « mesure » au sens de cette directive tout acte affectant le droit des personnes relevant 231 du champ d'application de la directive « d'entrer et de séjourner librement dans les États membres sous les mêmes conditions que les nationaux de l'État membre d'accueil » (CJCE 27 oct. 1977, *Bouchereau*, aff. C-30/77, *Rec. CJCE* p. 1999). Si la directive n° 64/221 a, rappelons-le, été abrogée par la directive n° 2004/38, cette définition proposée par le juge de l'Union trouve à s'appliquer dans le cadre de ce dernier texte.

■ 232 Avant d'étudier plus avant ces différentes mesures d'ordre public, de sécurité publique et de santé publique, il est important de conserver à l'esprit qu'elles doivent être entendues comme une justification possible à des restrictions à l'exercice des libres circulations, dans des situations individuelles et dans la mesure où ces restrictions sont nécessaires et proportionnées. On observe par là même que ces mesures ne sont pas des conditions préalables à l'accès au territoire des États membres. Par ailleurs, ces mesures restrictives « ne peuvent être prises qu'au cas par cas lorsque le comportement personnel de l'intéressé constitue une menace réelle, actuelle et suffisamment grave affectant un intérêt fondamental de la société de l'État membre d'accueil » (COM (2009) 313 final, *op. cit.*, p. 11).

■ 233 Les raisons d'ordre public et de sécurité publique constituent les premières limitations possibles à l'accès au territoire d'un État membre. On sait que rien n'est plus difficile à cerner que l'ordre public et la Cour l'a toujours dit qui énonce que « le droit communautaire n'impose pas aux États membres une échelle uniforme de valeurs en ce qui concerne l'appréciation des comportements pouvant être considérés comme contraires à l'ordre public » (CJCE 18 mai 1982, *Adoui et Cornuaille*, 115 et 116/81, *Rec. CJCE* 1665). La meilleure preuve en est qu'aucun texte de droit dérivé ne permet, en l'état actuel, de dégager une définition de l'exception d'ordre public que les États membres pourraient faire valoir pour s'opposer à l'entrée et au séjour d'un ressortissant d'un autre État membre sur leur territoire. Les autorités nationales se voient ainsi reconnaître une marge d'appréciation des circonstances spécifiques pouvant justifier le recours à la notion d'ordre public, dans les limites imposées par le traité (CJCE 4 déc. 1974, *Van Duyn*, aff. 41/74, *Rec. CJCE* p. 1337 ; CJUE 22 déc. 2010, *Sayn-Wittgenstein*, aff. C-208/09, *Rec. CJUE* p. 13693). Et la Cour de justice s'est davantage orientée vers un encadrement de ces circonstances dans lesquelles un État membre va pouvoir se prévaloir de l'exception d'ordre public. Pour elle, cette exception est tributaire de l'existence « d'une menace réelle et suffisamment grave affectant un intérêt fondamental de la société » (CJCE 27 oct. 1977, *Bouchereau*, aff. 30/77, *Rec. CJCE* 1999). La Cour n'en reconnaît pas moins que « pour l'essentiel, les États membres restent libres de déterminer [...] conformément à leurs besoins nationaux, les exigences de l'ordre public » (CJCE 28 oct. 1975, *Rutili*, aff. 36/75, *Rec. CJCE* 1219 ; pour une réaffirmation, CJCE 26 nov. 2002, *Olazabal*, aff. C-100/01, *Rec. CJCE* I-10981). Ces précisions apportées, la Cour a progressivement dégagé certaines garanties procédurales offertes aux travailleurs migrants : nécessité d'apprécier un comportement individuel et actuel de l'intéressé, connaissance des motifs de la décision de refus afin de le mettre en mesure d'assurer utilement sa défense, voie de recours effective (CJCE 8 avr. 1976, *Royer*, aff. 48/75, *Rec. CJCE* 497). Certains arrêts montrent que ces exigences peuvent conduire à priver l'État membre de la possibilité de prononcer une interdiction définitive du territoire national (CJCE 19 janv. 1999, *Donatella Calfa*, aff. C-348/96, *Rec. CJCE* I-11). En revanche, une mesure de police limitant à une partie du territoire national le droit de séjour d'un ressortissant d'un autre État membre a été validée, car conforme au principe de proportionnalité (CJCE 26 nov. 2002, préc.). La directive 2004/38 a repris la jurisprudence de la Cour de justice afin de présenter la notion d'ordre public : elle explique que « le comportement de la personne concernée doit représenter une menace réelle, actuelle et suffisamment grave pour un intérêt de la société. Des justifications non directement liées au cas individuel concerné ou tenant à des raisons de prévention générale ne peuvent être retenues » (art. 27 § 2 al. 2). Enfin, observons que, s'appuyant sur la directive n° 64/221/CEE, la Cour de justice a nettement affirmé que l'exception d'ordre public ne peut être invoquée à des fins économiques (v. désormais l'art. 27 § 1 *in fine* de la directive n° 2004/38). Dans son arrêt *Bond van Adverteerders*, la Cour énonce que « des objectifs de nature économique tels que celui d'assurer à une fondation publique nationale l'intégralité des recettes provenant de messages publicitaires [...] ne peuvent constituer des raisons d'ordre public au sens de l'article 56 [désormais, art. 46] du traité » (CJCE 26 avr. 1988, *Bond van Adverteerders*, aff. 352/85, *Rec. CJCE* 2085). L'article 28 § 2 de la directive n° 2004/38, dont il résulte que « l'État membre d'accueil ne peut pas prendre une décision d'éloignement du territoire à l'encontre d'un citoyen de l'Union ou des membres de sa famille, quelle que soit leur nationalité, qui ont acquis un droit de séjour permanent sur son territoire, sauf pour des raisons impérieuses d'ordre public ou de sécurité publique », n'explicite pas ce que l'on doit entendre par « motifs graves d'ordre public ou de sécurité publique ». Dans sa communication de 2009, la Commission invite à établir « une nette distinction (...) entre les raisons normales, les raisons « impérieuses » et les motifs « graves » sur lesquels peut se fonder une décision d'éloignement » (COM (2009) 313 final, op. cit., p. 14). Il n'en demeure malheureusement pas moins difficile de saisir le contenu exact de la notion. Le juge de l'Union a par exemple décidé que si l'usage de stupéfiants représente un danger susceptible de justifier des mesures d'ordre public, « le trafic de stupéfiants en bande organisée relève, à plus forte raison, de la notion d' « ordre public », telle que visée à l'article 28, paragraphe 2, de la directive 2004/38 » (CJUE 23 nov. 2010, *Tsakouridis*, aff. C-145/09, *Rec. CJUE* I-11979).

La communication de la Commission de 2009 est d'une aide précieuse lorsque l'on tente de saisir la notion de sécurité publique : « on entend généralement par « sécurité publique » la sécurité intérieure et extérieure dans le sens de la préservation de l'intégrité du territoire d'un État membre et de ses institutions ». En revanche, « la notion d' « ordre public » est généralement interprétée dans le sens de la prévention des troubles à l'ordre social » (Communication de la Commission au Parlement européen et au Conseil du 2 juillet 2009, concernant les lignes directrices destinées à appliquer et à améliorer la transposition et l'application de la directive n° 2004/38 relative au droit des citoyens de l'Union européenne et des membres de leurs familles de séjourner librement sur le territoire des États membres : COM 2009 (313) final, p. 10 et 11). Si la notion de sécurité publique doit, en principe, être clairement distinguée de la notion d'ordre public (*ibid.*), il n'est souvent guère aisé de les différencier, la Cour de justice procédant d'ailleurs fréquemment à une assimilation (CJCE 26 nov. 2002, *Olazabal*, aff. C-100/01, *Rec. CJCE* I-10981). La jurisprudence de la Cour identifie cependant comme devant relever de la notion de sécurité publique, notamment, la sécurité intérieure et extérieure d'un État membre (CJUE *Tsakouridis*, préc.), des risques réels, concrets et graves pour les intérêts militaires d'un État membre (CJCE 13 juill. 2000, *Albore*, aff. C-423/98, *Rec. CJCE* I-5965) ou, encore, l'interruption de 234 l'approvisionnement en produits essentiels pour un État, tels que les produits pétroliers (CJCE 25 oct. 2001, *Commission c/ Grèce*, aff. C-398/98, *Rec. CJCE* I-7915).

235 Les raisons de santé publique constituent les troisièmes limitations possibles à l'accès au territoire d'un État membre. La directive n° 2004/38 permet de bien comprendre le sens de cette exception. Son article 29 § 1er énonce en effet que « les seules maladies justifiant des mesures restrictives de la libre circulation sont les maladies potentiellement épidémiques telles que définies dans les instruments de l'Organisation mondiale de la santé, ainsi que les maladies infectieuses ou parasitaires contagieuses pour autant qu'elles fassent, dans le pays d'accueil, l'objet de dispositions de protection à l'égard de l'État membre d'accueil ». La santé publique recouvre ainsi une liste limitative et exclusive de maladies pouvant justifier le refus d'entrée sur le territoire de l'État membre ou la délivrance d'un titre de séjour. Contrairement à la réserve de santé publique de l'article 36 TFUE (v. ss 165) qui a donné lieu à un développement jurisprudentiel important, celle relative à la circulation des personnes n'a fait l'objet que de peu d'arrêts. Mais ces derniers, rendus, notamment, dans le contexte de la directive n° 64/221, sont très nets : la limitation de santé publique n'autorise un État membre à refuser l'entrée et le séjour sur son territoire que dans la mesure où le ressortissant est atteint de l'une des maladies énumérées par la directive. De manière symbolique, la Cour peut énoncer que « la faculté des États membres de limiter la libre circulation des personnes pour des motifs de santé publique n'a pas pour objet de mettre le secteur de la santé publique, en tant que secteur économique et du point de vue de l'accès à l'emploi, à l'abri de l'application des principes de la libre circulation, mais de pouvoir refuser l'accès ou le séjour sur leur territoire à des personnes dont l'accès ou le séjour sur ce territoire constituerait, en tant que tel, un danger pour la santé publique » (CJCE 7 mai 1986, *Gül*, aff. 131/85, *Rec. CJCE* 1573). On retrouve ici explicitement le fait que les exceptions de l'article 46 CE ne peuvent avoir de finalités économiques.

§ 2 La coordination et la reconnaissance mutuelle des conditions d'accès aux activités professionnelles

236 De très nombreuses activités économiques indépendantes, de très nombreuses activités commerciales sont tributaires de conditions particulières d'accès : formation, diplôme, titre, nationalité... Conscients de cette réalité, les rédacteurs du traité ont donc non seulement posé le principe de non-discrimination en fonction de la nationalité mais aussi donné mission aux institutions européennes d'éliminer « celles des procédures et pratiques administratives découlant de la législation interne [...] dont le maintien ferait obstacle à la liberté d'établissement » (art. 50 § 2) et d'adopter « des directives visant à la reconnaissance mutuelle des diplômes, certificats et autres titres » (art. 53 § 1) et « des directives visant à la coordination des dispositions législatives, réglementaires et administratives des États membres concernant l'accès aux activités non salariées et à l'exercice de celles-ci » (art. 53 § 2). Cette mission a été partiellement menée à bien selon une logique, d'abord, sectorielle, puis, générale.

237 Différentes *directives dites « sectorielles »*Q ont été adoptées à partir du milieu des années 1970. Elles concernent la coordination et la reconnaissance mutuelle des formations et des titres des principales professions indépendantes (médecin,

pharmacien, architecte, avocat, etc.). Leur adoption est la conséquence nécessaire des deux arrêts fondamentaux en matière de libre circulation des personnes que la Cour de justice a prononcés en 1974. Dans son arrêt *Reyners* (CJCE 21 juin 1974, *Reyners*, aff. 2/74, *Rec. CJCE* 631) puis dans son arrêt *Van Binsbergen* (CJCE 3 déc. 1974, *Van Binsbergen*, aff. 33/74, *Rec. CJCE* 1299) elle a consacré le principe de l'effet direct des dispositions du traité applicables en matière de droit d'établissement et de libre prestation des services. Par ailleurs, elle a affirmé que ces deux modes d'accès aux activités économiques n'étaient pas conditionnés par l'existence des directives mais que ces dernières n'avaient pour objet que de faciliter le droit d'établissement et la libre prestation des services puisqu'elles devaient conduire à coordonner les conditions d'accès aux activités économiques. On illustrera le propos avec les directives adoptées pour l'accès et l'exercice de la profession d'avocat, étant précisé que chacune des directives élaborées pour les professions indépendantes présente un degré d'intégration plus ou moins poussée. La directive « médecin » n° 93/16/CEE (*JOCE* L 165 du 7 juill. 1993), codifiant les textes antérieurs (la directive a été abrogée et remplacée par la directive n° 2005/36/CE du 20 octobre 2005 relative à la reconnaissance des qualifications professionnelles (*JOCE* L 255 du 30 sept. 2005), offre notamment l'exemple d'une intégration quasi totale en coordonnant la formation et en consacrant un principe de reconnaissance mutuelle automatique. Afin de permettre la libre circulation des avocats sur l'ensemble du territoire de l'Union, deux directives relatives spécifiquement aux avocats ont été nécessaires. Une troisième directive relative à la reconnaissance des qualifications professionnelles doit également être ajoutée à ces deux textes. En premier lieu, ainsi, la directive n° 77/249/CEE du 22 mars 1977 (*JOCE* L 78 du 26 mars 1977) a pour objet de faciliter l'exercice de la libre prestation des services. En second lieu, la directive n° 98/5/CEE du 16 février 1998 (*JOCE* L 77 du 14 févr. 1998) a pour objet de permettre l'établissement des avocats. De manière schématique, ces deux textes définissent les conditions que doivent remplir les avocats pour pouvoir prétendre offrir leurs services dans un autre État membre et, éventuellement s'y établir. Elles organisent notamment le respect des conditions relatives à l'inscription et la soumission aux dispositions déontologiques caractéristiques de cette profession selon une logique d'égalité de traitement. Elles règlent aussi la question du titre professionnel. Ces directives sont à l'origine – mais qui s'en étonnera ? – d'un abondant contentieux. De manière particulière, on soulignera que la transposition tardive de la directive « établissement » par la France est tout à la fois à l'origine d'un arrêt en constatation de manquement (CJCE 26 sept. 2002, *Commission c. France*, aff. C-351/01, *Rec. CJCE* I-8101) et de plusieurs décisions des juridictions nationales qui – faisant une exacte application de l'effet direct – ont contraint les barreaux français à inscrire des avocats de l'Union souhaitant s'établir en France (par ex. Pau 21 mai 2001, *D.* 2001. IR. 1847). Avec quatre années de retard, la transposition de la directive est intervenue à la faveur de la loi du 11 février 2004 réformant le statut de certaines professions judiciaires ou juridiques (*JORF* 12 févr. 2004, p. 2847) et du décret du 14 octobre 2004 relatif aux conditions d'inscription et d'exercice des avocats ressortissants des États membres de la Communauté européenne (*JORF* 21 oct. 2004, p. 17825). Aux deux directives relatives à la profession d'avocat doit être ajoutée la directive n° 2005/36 qui crée, de façon plus globale, un système général de reconnaissance des qualifications professionnelles pour toutes les professions réglementées. Ce texte est invocable par les avocats qui demandent la reconnaissance de leur diplôme aux fins de l'établissement immédiat dans l'État membre d'accueil sous le titre professionnel de l'État membre d'accueil ou par ceux qui ne remplissent pas les conditions de la directive n° 77/249. La reconnaissance du diplôme demeure subordonnée à la réussite d'un test d'aptitude ou une durée d'apprentissage – en d'autres termes, l'accomplissement d'un stage –, ce qui se conçoit aisément, les formations à la profession d'avocats des différents États membres révélant parfois d'importantes différences. Le juge de l'Union a précisé que l'État membre d'accueil doit préalablement vérifier « si les connaissances acquises par le demandeur au cours de son expérience professionnelle sont de nature à couvrir, en tout ou en partie, la différence substantielle » dans le contenu de la formation professionnelle (CJUE 22 déc. 2010, *Koller*, aff. C-118/09, *Rec. CJUE* I-13627). On notera enfin qu'un avocat souhaitant exercer sa profession dans un autre État membre sous le titre professionnel décerné par l'État d'accueil peut s'appuyer sur la directive n° 2005/36, ou bien sur la directive n° 98/5 (CJUE 3 févr. 2011, *Erbert*, aff. C-359/09, *Rec. CJUE* I-259). Dans le premier cas, il demandera la reconnaissance de son diplôme et devra éventuellement passer un examen d'aptitude pour exercer sous le titre professionnel de l'État membre d'accueil. Dans le second cas, il pratiquera durant trois années sous son titre d'origine puis intègrera l'ordre professionnel au sein duquel il a exercé. De manière plus générale, force est d'observer que les directives de coordination adoptées afin de faciliter l'établissement et la prestation des services dans une logique de reconnaissance mutuelle sont l'objet d'un contentieux régulier qui trahit les craintes exprimées par les opérateurs économiques nationaux à l'égard d'un mouvement qui se traduit par un accroissement de la concurrence dans les secteurs concernés. Le phénomène est perceptible, par exemple, dans le secteur bancaire où l'agrément unique instauré par une directive du 15 décembre 1989 (directive n° 89/646/CEE, *JOCE* L 386 du 30 déc. 1989, aujourd'hui codifiée dans une directive n° 2000/12/CE du 20 mars 2000, *JOCE* L 126 du 26 mai 2000) autorise un établissement de crédit agréé dans un État membre à créer des succursales ou à offrir ses services dans un autre État membre sans avoir à demander un agrément dans ce dernier État. Malgré l'interprétation délivrée par la Cour de justice dans un important arrêt *Parodi* (CJCE 9 juill. 1997, *Parodi*, aff. C-222/95, *Rec. CJCE* I-3914), la Cour de cassation a eu des difficultés quant aux conséquences à en tirer en adoptant une position dont il n'est pas certain qu'elle ait été conforme à la jurisprudence de la CJCE (Com. 20 oct. 1998, *Bull. civ.* IV, n° 246 ; Com. 9 juill. 2002, inédit).

■ 238 Deux *directives dites « générales »*[Q] (on utilise parfois l'expression de directives « horizontales ») ont été adoptées respectivement en 1988 et 1992, qui sont applicables à l'ensemble des professions réglementées du point de vue des qualifications dans les États membres : directive n° 89/48/CEE du 21 décembre 1988 relative à la reconnaissance mutuelle des diplômes sanctionnant une formation supérieure de trois années (*JOCE* L 19 du 24 janv. 1989) et directive n° 92/51/CEE du 18 juin 1992 relative à la reconnaissance mutuelle des diplômes sanctionnant une formation supérieure de moins de trois années (*JOCE* L 209 du 24 juill. 1992). Beaucoup moins poussées que les directives « sectorielles », ces directives organisent une reconnaissance mutuelle des diplômes qui autorise cependant l'État d'accueil à prévoir des modalités d'accès pour assurer l'équivalence. Ce système général « établit, en substance, une présomption selon laquelle les qualifications d'un demandeur habilité à exercer une profession réglementée dans un État membre sont suffisantes pour l'exercice de cette même profession dans les autres États membres » (CJCE 23 oct. 2008, *Commission c/ Grèce*, aff. C-274/05, *Rec. CJCE* 2008 p. I-7969, pt 30). Il n'en demeure pas moins que dix ans après leur adoption, ces directives ne semblent pas être totalement traduites dans les droits nationaux. Les recours en manquement, là encore, sont légion (v. en ce sens, le site Internet de la DG Marché intérieur qui tient à jour un état des procédures en constatation de manquement). On ne peut s'empêcher de s'interroger sur cette situation. Il semble que la peur irraisonnée d'une « invasion » d'opérateurs économiques d'autres États membres demeure et explique l'attentisme de nombre d'États membres... Elle doit être combattue par l'examen des faits (v. notamment l'important *Rapport Veil sur la libre circulation des personnes*, 1997). D'une part, les mouvements de personnes ne se décrètent pas sauf dans les régimes totalitaires ce que n'est pas l'Union européenne, d'où des statistiques migratoires assez peu impressionnantes. D'autre part, et malgré toutes les bonnes volontés, on ne peut ignorer que le frein majeur à la libre circulation des opérateurs économiques demeure la langue et cet aspect ne relève pas des directives ! La conscience de ces difficultés diverses a conduit la Commission européenne à présenter en mars 2002 (COM[2002] 119 final) une nouvelle proposition de directive relative à la reconnaissance des qualifications professionnelles. Ce texte a été très débattu bien que ou parce qu'il organise une simplification par « consolidation » du système en vigueur de reconnaissance mutuelle dans un sens d'une plus grande automaticité dans la reconnaissance des qualifications acquises dans un autre État membre. La directive a finalement été adoptée par le Conseil (directive n° 2005/36 du 7 septembre 2005 relative à la reconnaissance des qualifications professionnelles, *JOUE* L 255 du 30 sept. 2005). Ce texte est entré en vigueur le 20 octobre 2005, mais son délai de transposition était fixé au 20 octobre 2007. Il abroge et remplace les directives du système général et les directives sectorielles, à l'exception des directives relatives aux avocats (directives n° 77/249 et n° 98/5, préc.). La directive n° 2005/36 vient ainsi consolider et moderniser les règles et principes jurisprudentiels issus de l'ancien système général. Elle s'applique à tout ressortissant d'un État membre voulant exercer une profession réglementée dans un État membre autre que celui où il a acquis ses qualifications professionnelles et que ce soit à titre indépendant ou à titre salarié. Le texte est d'ailleurs l'occasion d'avoir une définition des professions libérales réglementées (« une activité ou un ensemble d'activités professionnelles dont l'accès, l'exercice ou une des modalités d'exercice est subordonné directement ou indirectement, en vertu de dispositions législatives, réglementaires ou administratives, à la possession de qualifications professionnelles déterminées ; l'utilisation d'un titre professionnel limitée par des dispositions législatives, réglementaires ou administratives aux détenteurs d'une qualification professionnelle donnée constitue notamment une modalité d'exercice »). La directive concerne l'ensemble des professions libérales sous réserve de certaines exclusions, comme celle concernant les notaires. Elle doit donc faciliter les modalités d'accès aux activités réglementées par un mécanisme de reconnaissance mutuelle des qualifications professionnelles, ce qui a conduit de nombreux États membres à modifier leurs réglementations pertinentes. Suite à une procédure d'évaluation et à la publication d'un livre vert (Livre vert de la Commission européenne du 22 juin 2011, « Moderniser la directive sur les qualifications professionnelles », COM (2011) 367 final), la Commission a proposé une révision de la directive 2005/36 (Proposition de directive du Parlement européen et du Conseil du 19 décembre 2011, modifiant la directive 2005/36 relative à la reconnaissance des qualifications professionnelles et le règlement concernant la coopération administrative par l'intermédiaire du système d'information du marché intérieur, COM (2011) 883 final). Cette proposition entend moderniser les dispositions existantes en vue de favoriser davantage la mobilité des professionnels. Serait en ce sens introduite une carte professionnelle européenne dont l'objectif serait de simplifier et accélérer la procédure de reconnaissance des qualifications, tout en la rendant plus transparente. La Commission présente cette reconnaissance au moyen d'une carte professionnelle comme une alternative à la reconnaissance des qualifications professionnelles en vertu des titres II (libre prestation de services) et III (liberté d'établissement) de la directive n° 2005/36.

239 La coordination de l'accès aux activités économiques n'est cependant pas totale. En effet, le traité excepte de la liberté de circulation certaines activités professionnelles. C'est ce qui découle de l'article 51 TFUE, auquel renvoie l'article 62 TFUE pour les prestations de services, qui vise « les activités participant, même à titre occasionnel, à l'exercice de l'autorité publique ». Cette exception a suscité bien des interrogations – aujourd'hui en partie dépassées – qui ont donné lieu à une interprétation constante de la part de la Cour de justice. Parce que l'on se situe dans une logique d'exception, cette dernière doit être interprétée de manière restrictive. Comme la Cour l'affirme, « l'application éventuelle des restrictions à la liberté d'établissement prévues par l'article 55 [désormais art. 45] doit [...] être appréciée séparément, pour chaque État membre, au regard des dispositions nationales [...] cette appréciation doit cependant tenir compte du caractère communautaire des limites posées par cet article [...] afin d'éviter que l'effet utile du traité ne soit déjoué par des dispositions unilatérales des États membres » (CJCE 21 juin 1974, *Reyners*, aff. 2/74, *Rec. CJCE* 631). Cette interprétation restrictive s'est manifestée selon une double proposition. D'une part, la définition de l'exercice de l'autorité publique a été précisée dans l'optique de lui donner une portée plus que limitée : l'exercice de prérogatives de puissance publique. D'autre part, la Cour a décidé qu'il convenait de raisonner non pas en terme de profession mais en terme d'activités : « l'exclusion [...] est limitée à celles des activités qui, prises en elles-mêmes, constituent une participation directe et spécifique à l'exercice de l'autorité publique » (CJCE 21 juin 1974, préc.). Des exemples tirés de certaines professions libérales permettent de comprendre le sens de cette dernière affirmation. Ce n'est pas parce qu'un avocat est susceptible, à la demande du président du tribunal, d'être appelé à compléter une juridiction (manifestation de l'exercice d'une prérogative de puissance publique) que pour autant la profession d'avocat ne peut être ouverte à un ressortissant communautaire. En revanche, si les avocats « communautaires » (au sens précis de la directive établissement) peuvent désormais s'établir de manière permanente et exercer sous leur titre en France, il a été décidé de les exclure de l'exercice d'une activité juridictionnelle. De même, alors qu'il paraît possible pour un médecin de l'Union établi en France de délivrer un permis d'inhumer ou d'avoir une activité d'expertise auprès des tribunaux (activités dont on pourrait penser qu'elles relèvent de prérogatives de puissance publique), la seule restriction qui semble perdurer – de par le Code de Santé publique – tient à la participation aux instances professionnelles qui reste tributaire de la nationalité française. En définitive, et dans une stricte logique d'effet utile du droit de l'Union européenne, l'exception tirée de la participation à l'exercice de l'autorité publique ne joue que de manière résiduelle, ce qui traduit une adhésion à l'affirmation de l'égalité de traitement entre ressortissants des États membres. Les cas de figure vont donc se raréfiant, notamment sous la pression de la Commission européenne, mais pas uniquement (v. par ex. CJCE 30 sept. 2003, *Colegio de Oficiales de la Marina Mercante Española*, aff. C-405/01, *Rec. CJCE* I-10391). Différentes procédures en manquement engagées par la Commission européenne à l'encontre de plusieurs États membres à propos de la condition de nationalité des notaires — officiers publics et

ministériels —, ont enfin apporté certaines clarifications attendues. Par une série d'arrêts rendus en 2011, la Cour explicite son approche de la notion de participation à l'exercice de l'autorité publique et précise son analyse de la compatibilité des législations des États membres relatives aux professions notariales avec le droit de l'Union (CJUE 24 mai 2011, *Commission c/ Belgique*, aff. C-47/08, *Rec. CJUE* I-4105 ; CJUE 24 mai 2011, *Commission c/ France*, aff. C-50/08, *Rec. CJCE* I-4195 ; CJUE 24 mai 2011, *Commission c/ Luxembourg*, aff. C-51/08, *Rec. CJUE* I-4231 ; CJUE 24 mai 2011, *Commission c/ Portugal*, aff. C-52/08, *Rec. CJUE* I-4275 ; CJUE 24 mai 2011, *Commission c/ Autriche*, aff. C-53/08, *Rec. CJUE* I-4309 ; CJUE 24 mai 2011, *Commission c/ Allemagne*, aff. C-54/08, *Rec. CJUE* I-4355 ; CJUE 24 mai 2011, *Commission c/ Grèce*, aff. C-61/08, *Rec. CJUE* I-4399 ; CJUE 1er déc. 2011, *Commission c/ Pays-Bas*, aff. C-157/09, nep). Ces affaires invitaient la Cour à analyser la conformité au droit de l'Union de législations nationales qui réservaient l'activité de notaire aux nationaux. La discrimination en raison de la nationalité était ainsi évidente, mais les États défendeurs avançaient pour argument la participation des notaires à l'exercice de l'autorité publique (art 45 CE, devenu 51 TFUE). Après avoir circonscrit strictement son analyse à l'objet des affaires – la condition de nationalité confrontée à la seule liberté d'établissement -, la Cour rappelle que la dérogation de l'article 45 CE doit être envisagée de façon stricte : « elle doit être restreinte aux seules activités qui, prises en elles-mêmes, constituent une participation directe et spécifique à l'autorité publique » (CJUE 24 mai 2011, *Commission c/ Luxembourg*, préc., pt 85). Elle s'intéresse ensuite davantage à la notion d' « exercice de l'autorité publique », non pour en proposer une définition générale – ce qui semble quoiqu'il en soit peu envisageable en tant que tel –, mais pour suggérer des critères d'analyses, ces derniers permettant de déterminer ce qui ne constitue pas une activité participant directement et spécifiquement à l'exercice de l'autorité publique. Et de rappeler sa jurisprudence : « sont exclues de la dérogation prévue à l'article 45, premier alinéa, CE, certaines activités auxiliaires ou préparatoires par rapport à l'exercice de l'autorité publique (...), ou certaines activités dont l'exercice, bien qu'il comporte des contacts, même réguliers et organiques, avec des autorités administratives ou judiciaires, voire un concours, même obligatoire, à leur fonctionnement, laisse intacts les pouvoirs d'appréciation et de décision desdites autorités (...), ou encore certaines activités qui ne comportent pas d'exercice de pouvoirs décisionnels (...), de pouvoir de contrainte ou de pouvoirs de coercition (...) » (*Commission c/ Luxembourg*, préc., pt 86). La Cour considère ensuite que les activités confiées aux notaires ne comportent pas une participation directe et spécifique à l'exercice de l'autorité publique. Elle distingue l'activité d'authentification des autres missions du notaire. S'agissant de la première, le notaire ne fait, selon la Cour, que constater le consentement préalable des parties, lesquelles décident elles-mêmes la portée de leurs droits et obligations. Ce rôle de la volonté des parties explique également que la Cour ne considère pas la force exécutoire des actes authentiques comme un signe de la participation des notaires à l'exercice de l'autorité publique. Quant aux missions des notaires dans le cadre des saisies-exécutions immobilières, elles ne sauraient davantage participer à l'exercice de l'autorité publique : le notaire, désigné par le juge des saisies, ne procède pas lui-même à la saisie mais l'organise matériellement. Ce même raisonnement, qui s'appuie sur la surveillance du juge, conduit la Cour à qualifier d'activités ne participant pas directement et spécifiquement à l'exercice de l'autorité publique, notamment, les missions dans le cadre des inventaires ou partages judiciaires, des liquidations spéciales d'entreprises en difficultés ou des successions. La Cour peut donc conclure que les activités du notaire n'étant pas de celles participant directement et spécifiquement à l'exercice de l'autorité publique, les législations nationales réservant cette profession aux seuls nationaux doivent être jugées contraires à la liberté d'établissement. La Cour précise, en revanche, que « le fait que les activités notariales poursuivent des objectifs d'intérêt général, qui visent notamment à garantir la légalité et la sécurité juridique des actes conclus entre particuliers, constitue une raison impérieuse d'intérêt général qui permet de justifier d'éventuelles restrictions à l'article 43 CE [devenu 49 TFUE] découlant des spécificités propres à l'activité notariale » (CJUE 1er déc. 2011, *Commission c/ Pays-Bas*, aff. C-157/09, nep, pt 70). La Cour précise ainsi progressivement son raisonnement, sinon, sa doctrine, invitant à scruter encore sa jurisprudence pour saisir son analyse de la conformité des législations nationales relatives aux professions notariales, avec le droit de l'Union.

section 2

L'exercice des activités économiques

240 Le traité UE envisage l'exercice des activités économiques selon deux propositions : le droit d'établissement et la prestation des services. Cette variété de modalités (§ 1) d'exercice des activités économiques au sein du marché intérieur ne doit pas cacher l'indiscutable unité du régime juridique (§ 2) qui les gouverne.

§ 1 Variété de modalités

241 De manière habituelle, le traité ne définit pas exactement ce qu'il convient d'entendre par droit d'établissement et par libre prestation des services. La doctrine a tenté, par référence à des données classiques, de préciser le sens de l'un et l'autre. L'*établissement*Q viserait une installation permanente de l'opérateur économique dans un État membre autre que celui d'origine. La *libre prestation de service*Q viserait « l'intervention économique concrétisée dans un État membre sous formes d'actes ou série d'actes ponctuels, à partir d'un établissement installé sur le territoire d'un autre État » (V° « Prestation de services », in *Vocabulaire Capitant*, 9e éd., PUF, 2011). Ces définitions exactes ne recouvrent cependant pas toutes les hypothèses qu'autorise le droit de l'Union. La jurisprudence de la Cour de justice a progressivement permis de mieux cerner les deux notions. Et au premier rang, elle conduit à bien percevoir quels sont les domaines respectifs de l'établissement et de la prestation des services en adoptant le seul indice pertinent de distinction entre les deux cas. Au-delà de tout critère matériel ou temporel, selon la Cour « ce n'est que lorsque tous les éléments pertinents de l'activité en cause se cantonnent à l'intérieur d'un seul État membre que les dispositions du traité relatives à la libre prestation des services ne s'appliquent pas » (par ex., CJCE 26 févr. 1991, *Commission c. Italie*, aff. C-150/89, *Rec. CJCE* I-709 ; dans le même sens, CJCE 13 févr. 2003, *Commission c. Italie*, aff. C-131/01, *Rec. CJCE* I-1659). En revanche, le traité UE retient explicitement que le mode d'exercice de l'activité économique est laissé au choix de l'opérateur mais que le choix de l'un exclut l'autre (art. 57 TFUE). La Cour énonce régulièrement que le choix de la

prestation de services ne doit aucunement répondre à la volonté de contourner les règles de l'établissement : « on ne saurait dénier à un État membre le droit de prendre des dispositions destinées à empêcher que la liberté de prestation de services soit utilisée par un prestataire dont l'activité serait entièrement tournée vers son territoire, en vue de se soustraire aux règles professionnelles qui lui seraient applicables au cas où il serait établi sur le territoire de cet État, une telle situation pouvant être justiciable du chapitre relatif au droit d'établissement et non de celui des prestations de services » (CJCE 3 déc. 1974, *Van Binsbergen*, aff. 33/74, *Rec. CJCE* 1299). On abordera alors le droit d'établissement (A) puis la libre prestation des services (B).

A. Le droit d'établissement

La situation peut paraître des plus simples. Un opérateur économique – personne physique ou morale –, sur le fondement de l'article 49 TFUE, exerce son activité dans les conditions du pays d'accueil. La logique apparente est celle du traitement national. Comme la Cour l'a affirmé rapidement, l'article 49 est une disposition d'effet direct qui peut donc être invoquée par le particulier et constitue une application particulière du principe général de non-discrimination en fonction de la nationalité (CJCE 21 juin 1974, *Reyners*, aff. 2/74, *Rec. CJCE* 631). 242

Le droit d'établissement conféré aux ressortissants des États membres implique la faculté d'accéder aux activités non salariées sur l'ensemble du territoire européen et de les exercer. Les activités salariées sont en effet, pour leur part, régies par les règles relatives à la libre circulation des travailleurs de l'article 45 TFUE. Si une activité peut être exercée à titre d'indépendant ou à titre de salarié, il convient de vérifier si elle est exercée en dehors d'un lien de subordination – c'est-à-dire, si la prestation est exercée sous la direction d'autrui, investi du pouvoir de donner des ordres, de contrôler leur respect, et, s'ils sont méconnus, d'infliger des sanctions – ou dans le cadre d'un tel lien de subordination (v. par ex., s'agissant de l'activité des biologistes, CJUE 16 déc. 2010, *Commission c/ France*, aff. C-89/09, *Rec. CJUE* I-12941). Selon la lettre même de l'article 49 TFUE, l'exercice du droit d'établissement peut se réaliser soit dans le cadre d'un établissement unique – création ex nihilo ou transfert du centre d'activités –, soit dans le cadre « d'agences, de succursales ou de filiales », ce qui présuppose le maintien d'un premier établissement dans l'État d'origine. On évoquera brièvement l'une et l'autre des hypothèses. 243

L'établissement unique ou établissement principal constitue l'hypothèse classique selon laquelle un opérateur économique souhaite s'établir pour la première fois dans un État d'accueil ou transfert son centre d'activités d'un État membre à un autre. Par exemple, après avoir reçu une formation dans un premier État membre, l'opérateur (son diplôme reconnu) s'établit dans un second État membre. Cette situation n'appelle pas d'observations particulières. La Cour souligne l'absolue nécessité de respecter le principe de l'égalité de traitement. L'acquisition d'un local professionnel ou la conclusion d'un bail commercial ne peut donner lieu à une quelconque discrimination en fonction de la nationalité ou restriction de quelque nature (CJCE 18 juin 1985, *Steinhauser*, aff. 197/84, *Rec. CJCE* 1819). De même, et de manière plus anecdotique, en cas de transcription d'un nom hellénique en caractères latins, l'article 49 s'oppose à ce que le ressortissant se voit obligé d'utiliser dans l'exercice de son activité une graphie telle que la prononciation s'en trouve altérée et soit susceptible d'entraîner 244 une confusion auprès de sa clientèle (CJCE 30 mars 1993, *Konstantinidis*, aff. C-168/91, 30 mars 1993, *Rec. CJCE* I-1191). L'établissement principal d'une personne morale signifie que celle-ci souhaite se rattacher à l'ordre juridique d'un État membre distinct de celui selon la loi duquel elle s'est initialement constituée. Tel est le cas, par exemple, lorsqu'une société entend transférer son siège réel sans perdre la qualité de société constituée selon le droit de l'État membre d'origine (CJUE 27 sept. 1988, *Daily Mail, préc.* et CJUE 16 déc. 2008, *Cartesio, préc.*).

■ 245 L'établissement par agences, succursales ou filiales – qui intéresse les activités commerciales –, mais aussi l'établissement secondaire – qui intéresse les activités indépendantes – constituent le second mode possible offert aux opérateurs économiques. Il appelle davantage d'observations. En premier lieu, la faculté de créer une succursale ou une filiale a été reconnue de manière très généreuse par la Cour de justice dans un des arrêts les plus importants prononcés en cette matière (CJCE 9 mars 1999, *Centros Ltd*, aff. C-212/97, *Rec. CJCE* I-1459, dont les principaux passages sont reproduits ss la rubrique « Documents »). L'impossibilité, en l'état actuel du droit de l'Union, d'envisager le transfert du siège de la personne morale autrement que par sa disparition dans l'État d'origine et sa reconstitution dans l'État d'accueil l'explique certainement. Pour la Cour, « il est sans importance à cet égard que la société n'ait été constituée dans le premier État membre qu'en vue de s'établir dans le second où serait exercé l'essentiel, voire l'ensemble, de ses activités économiques » (CJCE 9 mars 1999, préc.). Elle ajoute d'ailleurs que « le fait, pour un ressortissant d'un État membre qui souhaite créer une société, de choisir de la constituer dans l'État membre dont les règles de droit des sociétés lui paraissent les moins contraignantes et de créer des succursales dans d'autres États membres ne saurait constituer en soi un usage abusif du droit d'établissement ». Rejetant le terrain de l'abus de droit, la Cour se place cependant sur celui de la fraude tout en précisant que « la lutte contre la fraude ne saurait justifier une pratique de refus d'immatriculation d'une succursale de société ayant son siège dans un autre État membre ». Un tel arrêt est de nature à grandement encourager la création de filiale et de succursale. À l'inverse, cette même Cour de justice qui, dès le milieu des années 1980, avait admis le droit d'ouvrir un établissement secondaire (pour le cas d'un cabinet secondaire d'avocat, CJCE 12 juill. 1984, *Klopp*, aff. 107/83, *Rec. CJCE* 2971) devait en limiter singulièrement l'intérêt avec un arrêt prononcé dix ans plus tard. Toujours à propos d'un avocat, dont il était soutenu par un barreau italien qu'il violait les dispositions relatives à la libre prestation des services en ayant à ce titre ouvert un cabinet sur le territoire du pays d'accueil, la Cour de justice décide que « le caractère temporaire de la prestation n'exclut pas la possibilité pour le prestataire de services, au sens du traité, de se doter, dans l'État d'accueil, d'une certaine infrastructure (y compris un bureau, cabinet ou étude) dans la mesure où cette infrastructure est nécessaire aux fins de l'accomplissement de la prestation en cause » (CJCE 30 nov. 1995, *Gebhard*, aff. C-55/94, *Rec. CJCE* I-4165). Si ce dernier arrêt peut paraître quelque peu brouiller la distinction entre établissement secondaire et libre prestation des services, il n'en illustre pas moins les virtualités que dessinent les libertés de circulation pour les opérateurs économiques ; la limite semblant ne résider que dans la caractérisation de la fraude dont on sait qu'en droit international privé – par exemple – elle suppose la réunion de trois éléments constitutifs (intentionnel, matériel et légal) bien délicats à caractériser (cependant sur l'idée de montage « purement artificiel », v. ss 208).

Sur la base de la reconnaissance d'un droit d'établissement, les opérateurs économiques (du moins, ceux susceptibles de relever d'une situation européenne) doivent donc pouvoir prétendre à une égalité de traitement. Elle se traduit notamment par le fait que l'opérateur économique établi dans l'État d'accueil est soumis au respect des dispositions nationales applicables à son activité. C'est ce qui découle expressément du TFUE lui-même qui retient que la liberté d'établissement comporte l'exercice « dans les conditions définies par la législation du pays d'établissement pour ses propres ressortissants » (art. 49 § 2). Cette disposition met en œuvre le principe général d'interdiction de toute discrimination en raison de la nationalité, énoncé à l'article 18 TFUE, dans le domaine spécifique de la liberté d'établissement (CJUE 11 mars 2010, *Attanasio Group Srl*, aff. C-384/08, *Rec. CJUE* I-2055). Force est de préciser que l'article 18 TFUE ne trouve pas à s'appliquer dans le domaine du droit d'établissement, cette disposition n'ayant vocation à intervenir de façon autonome que dans des situations régies par le droit de l'Union pour lesquelles le traité ne prévoit pas de règle spécifique de non-discrimination (CJUE 10 janv. 2010, *Société de Gestion Industrielle SA (SGI)*, aff. C-311/08, *Rec. CJUE* I-487). La jurisprudence de la Cour comporte cependant des nuances. Confrontée à l'existence d'un monopole professionnel ou de restrictions tenant à l'exercice de telles ou telles activités, la Cour de justice ne semble pas exclure que l'opérateur européen puisse en envisager la contestation. Ainsi, face à l'existence d'une réglementation belge qui réserve aux seuls ophtalmologistes les examens des yeux, la Cour saisie à l'occasion d'un litige opposant un syndicat professionnel à un opérateur, filiale d'une société de droit britannique – établi en Belgique – a invité le juge national à vérifier si cette règle ne saurait constituer une restriction au droit d'établissement (CJCE 1er févr. 2001, *Dennis Mac Quen*, aff. C-108/96, *Rec. CJCE* I-837). Saisie par le Conseil d'État français de la question de savoir si l'interdiction faite par la Commission bancaire aux établissements régulièrement établis sur son territoire de rémunérer des dépôts à vue est susceptible de constituer une entrave à la liberté d'établissement, la Cour de justice a répondu de manière très nette que tel était bien le cas (CJCE 5 oct. 2004, *Caixa Bank France*, aff. C-442/02, *Rec. CJCE* I-8961). L'élément essentiel qui a emporté la conviction de la Cour tient à l'obstacle que constitue la mise en œuvre de la réglementation bancaire quant à la perspective d'accéder au marché bancaire national par la voie de l'établissement. Comme l'écrit la Cour, « l'interdiction gêne les établissements de crédit, filiales de sociétés étrangères, dans la collecte de capitaux auprès du public en les privant de la possibilité de livrer, par une rémunération des comptes de dépôts à vie, une concurrence plus efficace aux établissements de crédit traditionnellement implantés dans l'État membre d'établissement, dotés d'un réseau d'agences étendu et disposant, partant, de plus grandes facilités que lesdites filiales pour recueillir des capitaux auprès du public » (arrêt *Caixa Bank France*, préc. ; V. encore CJUE 16 déc. 2010, *Commission c/ France*, aff. C-89/09, *Rec. CJCE* I-12941 et CJUE 24 mars 2011, *Commission c/ Espagne*, aff. C-400/08, *Rec. CJUE* I-1915). Depuis l'arrêt *Kraus* du 31 mars 1993 (aff. C-19/92, *Rec. CJCE* I-1663), le droit d'établissement garanti par le traité n'interdit en effet pas seulement les mesures discriminatoires, qu'elles soient directement ou indirectement discriminatoires : il interdit également toute mesure nationale qui, même applicable sans discrimination tenant à la nationalité, est susceptible de gêner ou de rendre moins attrayant l'exercice, par les citoyens de l'Union, de la liberté d'établissement. La Cour juge ainsi qu'une réglementation nationale qui réserve l'exploitation de pharmacies sur le territoire national aux seuls pharmaciens, en privant les autres opérateurs économiques de l'accès à cette activité non salariée 246 dans l'État membre en question, constitue une entrave à la liberté d'établissement en principe interdite en vertu du droit de l'Union, quand bien même il s'agirait d'une mesure non discriminatoire, c'est-à-dire indistinctement applicable aux ressortissants nationaux et à ceux des autres États membres (CJCE 19 mai 2009, *Apothkerkammer des Saarlandes*, aff. jointes C-171/07 et C-172/07, *Rec. CJCE* I-4171 ; CJCE 19 mai 2009, *Commission c/ Italie*, aff. C-531/06, *Rec. CJCE* I-4103).

B. La libre prestation de services

247 Figure originale du droit européen, la libre prestation des services se laisse en définitive assez mal saisir moins par son contenu que par les occurrences qu'elle peut prendre. Le traité retient que le service constitue une prestation fournie normalement contre rémunération (art. 57 § 1 CE). Suit une liste non exhaustive selon laquelle sont des services les activités à caractère industriel, à caractère commercial, à caractère artisanal ou libéral. Tout au plus la Cour a-t-elle rappelé que l'on était en présence de prestation de services dès lors qu'aucune autre liberté ne pouvait être invoquée et, par exemple, qu'une interruption volontaire de grossesse (CJCE 4 oct. 1991, *Grogan*, aff. C-159/90, *Rec. CJCE* I-4685) ou la prostitution (CJCE 21 sept. 2001, *Gloszczuk*, aff. C-63/99, *Rec. CJCE* I-6369) relevaient du champ matériel de l'article 57 TFUE !

248 La lecture du traité laisse paraître que l'hypothèse essentielle de prestation de services est celle où le prestataire se déplace depuis son pays d'origine vers un pays d'accueil : « le prestataire peut, pour l'exécution de sa prestation, exercer, à titre temporaire, son activité dans le pays où la prestation est fournie, dans les mêmes conditions que celles que ce pays impose à ses propres ressortissants » (art. 57 TFUE). En jargon européen, on parle de « *LPS active*[Q] ». En d'autres termes, un État membre ne peut interdire la prestation, sur son territoire, d'un service légalement fourni dans un autre État membre, même si les conditions de prestation sont différentes dans le pays où le prestataire est établi. La liberté du prestataire est d'ailleurs grande puisqu'il peut, s'il l'estime nécessaire, se doter d'une infrastructure d'accueil (CJCE 30 nov. 1995, *Gebhard*, aff. C-55/94, *Rec. CJCE* I-4165) ou, au contraire, s'en dispenser nonobstant l'obligation posée par l'État d'accueil (CJCE 13 févr. 2003, *Commission c. Italie*, aff. C-131/01, *Rec. CJCE* I-1659). Le seul tempérament à ce principe de libre prestation des services a été posé par la Cour qui retient que « la libre circulation des services, en tant que principe fondamental du traité, ne peut être limitée que par des réglementations justifiées par l'intérêt général et incombant à toute personne exerçant une activité sur le territoire dudit État, dans la mesure où cet intérêt n'est pas déjà sauvegardé par des règles auxquelles le prestataire est soumis dans l'État membre où il est établi » (CJCE 25 juill. 1991, *Gouda*, aff. C-288/89, *Rec. CJCE* I-1991). Ce tempérament est l'objet d'une attention soutenue et à l'origine d'un abondant contentieux subtil (surlequel, v. ss 257).

249 La jurisprudence est allée au-delà du texte du traité en considérant que la libre prestation des services vise aussi la situation où le destinataire de services se déplace vers les pays d'origine du prestataire. En jargon européen, on parle alors de « *LPS passive*[Q] ». La solution a été affirmée et justifiée dans un arrêt *Luisi et Carbone* (CJCE 31 janv. 1984, *Luisi et Carbone*, aff. 286/82 et 26/83, *Rec. CJCE* 377) : « afin de permettre l'exécution de la prestation de services, il peut y avoir déplacement soit du

prestataire qui se rend dans l'État membre où le destinataire est établi soit du destinataire qui se rend dans l'État d'établissement du prestataire [...] alors que le premier de ces cas est expressément mentionné dans l'article 60 [désormais art. 50] qui admet l'exercice, à titre temporaire, de l'activité du prestataire de service dans l'État membre où la prestation est fournie, le deuxième cas en constitue le complément nécessaire, qui répond à l'objectif de libérer toute activité rémunérée et non couverte par la libre circulation des marchandises, des personnes et de capitaux» (Pour un arrêt plus récent reprenant cette jurisprudence, V. CJUE 16 déc. 2010, *Josemans*, aff. C-137/09, *Rec. CJUE* I-1319). On saisit parfaitement la nécessité d'un tel raisonnement lorsque l'on envisage, par exemple, la situation d'une ressortissante polonaise malade qui souhaite se faire soigner en Allemagne, ou bien celle d'un touriste italien en voyage en Autriche, qui a besoin d'y recevoir des soins. La Cour de justice énonce également que l'article 56 TFUE peut être invoqué y compris lorsque le prestataire et le destinataire de services résident dans le même État membre, dès lors que la prestation s'accomplit dans un autre État membre de l'Union européenne. Tel est notamment le cas de guides touristiques qui accompagnent des groupes de touristes en voyage dans un autre État membre (CJCE 5 juin 1997, *Syndesmos ton en Elladi Touristikon kai Taxidiotikon Grafeion*, aff. C-398/95, *Rec. CJCE* I-3091).

Enfin et progressivement, par l'effet conjugué de la dématérialisation des prestations de services et de l'essor des nouvelles technologies de l'information, l'article 56 TFUE a vocation à s'appliquer aux hypothèses de LPS sans déplacement ni du prestataire ni du destinataire. Dans son arrêt *Alpine Investments* de 1995, le juge de l'Union a ainsi considéré que les services qu'un prestataire offrait par téléphone à des destinataires potentiels établis dans d'autres États membres de l'Union européenne et qu'il fournissait sans se déplacer à partir de l'État membre dans lequel il était établi relevaient des dispositions du traité relatives à la libre prestation de services (CJCE 10 mai 1995, aff. C-384/93, *Rec. CJCE* 1995, I-1141). La proposition se vérifie surtout dans le cas des services de la société de l'information. La matière est complexe car elle recouvre des réalités différentes. L'Union s'est attaquée à ces aspects au travers de nombreuses directives dont la plus importante paraît bien être celle adoptée le 8 juin 2000 (directive n° 2000/31/CE du 8 juin 2000 dite «commerce électronique», *JOCE* L 178 du 17 juill. 2000), transposée en France par la loi du 21 juin 2004 dite «pour la confiance dans l'économie numérique» (*JORF* 143 du 22 juin 2004, p. 11168. La directive pourrait être révisée à l'avenir, la Commission européenne ayant ouvert en août 2010 une consultation sur l'impact de ce texte, en vue d'une possible révision : «Consultation publique sur l'avenir du commerce électronique dans le marché intérieur et la mise en œuvre de la directive Commerce électronique (2000/31/CE)»). Les services de la société de l'information bénéficient, comme tout autre service, de la liberté énoncée à l'article 56 TFUE. La directive le confirme qui les définit comme étant tout service à distance, fourni par voie électronique, dans le cadre d'une activité économique rémunérée ou non, à la demande individuelle de toute personne, qu'elle soit un professionnel ou un consommateur. Mais, dès avant l'adoption de ces textes, la Cour de justice a, par exemple, fait entrer dans cette catégorie des LPS sans déplacement les questions de publicité transfrontalière. La Cour se prononce pour l'applicabilité de l'article 49 CE (devenu 56 TFUE) et rappelle les principes généraux de sa jurisprudence (par ex., CJCE 9 juill. 1997, *De Agostini*, aff. C-34 à C-36/95, *Rec. CJCE* I-3875). Elle a ainsi rappelé à différentes reprises que les services qu'un prestataire offrait par internet à des destinataires établis dans d'autres États membres 250 entraient dans le champ d'application de l'article 56 TFUE (CJCE 6 nov. 2003, *Gambelli*, aff. C-243/01, *Rec. CJCE* I-1141 ; CJUE 8 sept. 2010, *Carmen Media Group Ltd*, aff. C-46/08, *Rec. CJUE* I-8149).

251 Observons, enfin, qu'au regard de l'importance économique des services dans l'Union européenne (c'est dans ce secteur que sont créés 9 emplois sur 10 ; les services représentent par ailleurs plus des deux tiers du PIB de l'Union, V. la Communication de la Commission du 27 janvier 2011, « Vers une amélioration du fonctionnement du marché unique des services – Tirer pleinement profit des résultats du processus d'évaluation mutuelle prévu par la directive « services » », COM 2011 (20) final, p. 3), les institutions de l'Union ont adopté de nombreuses mesures et actions en vue d'éliminer les entraves aux services. Cet objectif constitue la première action évoquée dans les conclusions du Conseil européen de Lisbonne, dans le but de faire de l'Union européenne l'économie fondée sur la connaissance la plus compétitive et la plus dynamique du monde (Conclusions de la Présidence du Conseil européen de Lisbonne des 23 et 24 mars 2000, *Bulletin UE* 2000, n° 3). En décembre 2000, la Commission a défini une stratégie pour le marché intérieur des services (Communication de la Commission au Conseil et au Parlement européen du 29 décembre 2000 – Une stratégie pour le marché intérieur des services, COM (2000) 888 final). La première étape était de déterminer les obstacles à la liberté d'établissement et à la libre prestation de services (Rapport de la Commission au Conseil et au Parlement européen du 30 juillet 2002 – L'État du marché intérieur des services, Rapport présenté dans le cadre de la première phase de la stratégie pour le Marché intérieur des services, COM (2002) 441 final). La Commission a ensuite élaboré une proposition de directive, dite « directive Bolkestein » (Proposition de directive du Parlement européen et du Conseil du 13 janvier 2004, relative aux services dans le marché intérieur, COM (2004) 2), qui a suscité de très nombreuses controverses. Le texte a été remanié, pour devenir la directive 2006/123 du Parlement européen et du Conseil du 12 décembre 2006, relative aux services dans le marché intérieur (*JO* L 376 du 27 déc. 2006, p. 36). La directive devait être transposée en droit national avant le 28 décembre 2009. La proposition initiale entendait supprimer les obstacles à la liberté d'établissement des prestataires de services et à la libre circulation des services entre les États membres en énonçant, notamment, le « principe du pays d'origine ». Il résultait de ce dernier que le prestataire de services devait uniquement être soumis à la loi de l'État membre dans lequel il était établi. Les réactions vives suscitées par ce principe ont conduit le Parlement européen et la Commission à supprimer le principe du pays d'origine pour le remplacer par la clause de la libre prestation de services. L'article 16 de la directive reprend ainsi le principe de la libre prestation de services entre les États membres consacrée à l'article 56 TFUE. Une synthèse de la directive 2006/123 invite à en retenir quatre éléments principaux : il s'agit d'un texte à vocation horizontale – tous les secteurs des services sont *a priori* couverts, les exceptions étant spécifiquement énoncées – , il s'agit d'un instrument-cadre qui présente des principes ; le texte intervient en complément des autres dispositions du droit de l'Union – aux termes de l'article 3 § 1 de la directive, les dispositions d'actes de l'Union régissant des aspects spécifiques de l'accès à une activité de services ou à son exercice prévalent sur les dispositions de la directive en cas de conflit – ; le texte codifie la jurisprudence du juge de l'Union (ces quatre points sont mis en lumière par Salvatore d'Acunto, « Directive Services (2006/123) : radiographie juridique en dix points » *RDUE* 2007, p. 261-327). Des mesures supplémentaires devraient être

adoptées à l'avenir dans le cadre du marché unique des services. La Commission européenne a en effet mis en place en 2011 un programme de travail visant à développer et à améliorer le marché unique des services (COM 2011 (20) final, *op. cit.*). La Commission entend poursuivre en priorité le travail mené avec les États membres afin que chacun d'entre eux mette complètement et correctement en œuvre la directive en droit national. À cet égard, la Commission entend accorder une attention particulière à la mise en œuvre de l'article 16 de la directive. Plusieurs actions ciblées, parmi lesquelles des « tests de performance » permettant d'évaluer concrètement le fonctionnement du marché unique des services, du point de vue de ses utilisateurs, sont également envisagées. Le cas échéant, les conclusions de ces actions conduiront à envisager de nouvelles interventions législatives sectorielles (COM 2011 (20) final, p. 9 et 10).

§ 2 Unité de régime

Si le TFUE distingue formellement le droit d'établissement et la libre prestation des services, on ne peut que constater qu'il renvoie, pour ce qui est du régime, du second vers le premier (en ce sens, art. 62 TFUE). Dans un mouvement inverse, la jurisprudence a élaboré l'actuel régime des entraves à la libre circulation des opérateurs économiques, d'abord en matière de prestation de services, puis l'a appliqué au droit établissement (CJCE 31 mars 1993, *Kraus*, aff. C-19/92, *Rec. CJCE* I-1663). Comme la Cour le synthétise elle-même, le traité exige « non seulement l'élimination de toute discrimination [...] en raison de la nationalité, mais également la suppression de toute restriction, même si elle s'applique indistinctement aux prestataires nationaux et à ceux des autres États membres, lorsqu'elle est de nature à prohiber, à gêner ou à rendre moins attrayantes ses activités » (CJCE 3 oct. 2000, *Corsten*, aff. C-58/98, *Rec. CJCE* I-7919). Désormais, et sans nier les différences qu'elle a caractérisées quant à leur objet, le droit d'établissement et la libre prestation des services répondent l'un et l'autre à une même logique : prohibition absolue des discriminations en fonction de la nationalité (A), prohibition relative des restrictions non discriminatoires (B). Il est d'ailleurs à remarquer que la directive « services dans le marché intérieur » confirme dans ses grandes lignes cette double proposition. D'une part, bien que présentée comme une directive relative à la LPS, elle traite, en réalité, aussi du droit d'établissement. D'autre part, la directive distingue nettement les « exigences interdites » (Dir. n° 2006/123/CE, art. 14) et les « exigences à évaluer » (Dir. n° 2006/123/CE, art. 15). 252

A. La prohibition absolue des discriminations en fonction de la nationalité

On sait que le traité CE, depuis l'origine, a posé un principe général de prohibition des discriminations en fonction de la nationalité (art. 12 CE). Dans ses deux arrêts fondateurs en matière de droit d'établissement et de libre prestation des services, les arrêts *Reyners* et *Van Binsbergen*, la Cour a affirmé que les articles 43 et 49 CE (désormais art. 49 et 56 TFUE) constituaient des applications particulières de ce principe général. En d'autres termes, ces deux articles conduisent à ce que l'accès et l'exercice des activités économiques par les ressortissants de l'Union ne peuvent 253 donner lieu à aucune discrimination en fonction de la nationalité ; qu'elle soit ostensible ou déguisée, qu'elle soit directe ou indirecte et, même, qu'elle émane d'une entité privée ou d'une entité publique. Le TFUE n'y change rien, réaffirmant le principe de non-discrimination en fonction de la nationalité en son article 18.

254 L'empire du principe de non-discrimination est donc remarquable. Progressivement, la Cour de justice et les juridictions nationales se sont attachées à éradiquer en son nom toutes les formes de discriminations qu'un opérateur économique était susceptible de rencontrer. De longue date, il y a discrimination pour la Cour de justice, dès lors que, en contemplation de la nationalité de l'opérateur économique, l'on traite de manière identique deux situations différentes ou que l'on traite de manière différente deux situations identiques (CJCE 17 juill. 1963, *Italie c. Commission*, aff. 13/63, *Rec. CJCE* 337 ; CJCE 18 déc. 2007, *Laval*, aff. C-341/05, *Rec. CJCE* I-11767). Mais la Cour est allée plus loin en retenant que « des critères tels que le lieu d'origine ou le domicile d'un travailleur peuvent, selon les circonstances, constituer, dans leur effet pratique, l'équivalent d'une discrimination de nationalité prohibée » (CJCE 12 févr. 1974, *Sotgiu*, aff. 152/73, *Rec. CJCE* 153) : ainsi, une exigence de durée minimale de résidence sur le territoire d'accueil constitue une discrimination dissimulée en fonction de la nationalité (CJCE 30 mai 1989, *Commission c. Italie*, aff. 305/87, *Rec. CJCE* 1461). La Cour est allée encore plus loin en s'attachant à des discriminations qui ne relèvent qu'indirectement de l'établissement ou de la prestation de services. Ainsi, une pratique discriminatoire en matière de location d'un local à usage professionnel mais aussi en matière de bail d'habitation a été censurée (CJCE 18 juin 1985, *Steinhauser*, aff. 197/84, *Rec. CJCE* 1819). Enfin, alors que les articles 49 et 56 TFUE ne s'attachent *a priori* qu'aux seules discriminations émanant des entités publiques, dans quelques hypothèses la Cour a accepté de se prononcer sur des discriminations en fonction de la nationalité émanant d'entité privée, considérant que « l'autonomie dont disposent les associations privées pour adopter des réglementations [...] [ne peut avoir pour effet] de limiter l'exercice des droits conférés par le traité aux particuliers » (CJCE 15 déc. 1995, *Bosman*, aff. C-415/93, *Rec. CJCE* I-4921).

255 Dès lors que l'on peut qualifier une discrimination, cette dernière tombe sous le coup de l'interdiction énoncée de manière générale à l'article 18 TFUE et de manière spécifique aux articles 49 et 56 TFUE. Cette interdiction est absolue hormis l'existence des dérogations textuelles à la libre circulation elle-même (sur lesquelles, v. ss 239). Comme le juge la Cour dans un arrêt prononcé en matière de libre prestation des services : « des réglementations nationales [...] discriminatoires ne sont compatibles avec le droit communautaire que si elles peuvent relever d'une disposition dérogatoire expresse » (CJCE 26 avr. 1988, *Bond van Adverteerders*, aff. 352/85, *Rec. CJCE* 2085), dispositions dont on a vu qu'elles font échapper l'activité au principe même de libre circulation mais aussi qu'elles sont très strictement interprétées. En revanche, une précision essentielle a été apportée de longue date : « l'article 7 [devenu art. 12 CE et, désormais, 18 TFUE] ne vise pas les éventuelles disparités de traitement et les distorsions qui peuvent résulter, pour les personnes et entreprises soumises à la juridiction de la Communauté, des divergences existant entre les législations des différents États membres, dès lors que celles-ci affectent toutes personnes sous leur application, selon des critères objectifs et sans égard à leur nationalité » (CJCE 13 févr. 1969, *Walt Wilhem*, aff. 14/68, *Rec. CJCE* 16). Il est ainsi de jurisprudence constante que le simple fait que d'autres États membres appliquent des mesures moins strictes

ou économiquement favorables aux prestataires de services similaires établis sur leur territoire n'implique pas que la réglementation d'un État membre constitue une restriction au sens du traité (CJCE 10 mai 1995, *Alpine Investments*, aff. C-384/93, *Rec. CJCE* I-1141 ; CJUE 29 mars 2011, *Commission c/ Italie*, aff. C-565/08, *Rec. CJUE* I-2101).

Il n'est pas en soi nécessaire de multiplier les exemples de censure des discriminations dont sont victimes les opérateurs économiques de l'Union. Comme la Cour l'a affirmé, l'article 49 TFUE « assure le bénéfice du traitement national aux ressortissants d'un État membre désireux d'exercer une activité non salariée dans un autre État membre et interdit toute discrimination fondée sur la nationalité, faisant obstacle à l'accès et à l'exercice d'une telle activité ». Elle poursuit : « ladite interdiction ne concerne pas uniquement les règles spécifiques, relatives à l'exercice des activités professionnelles, mais également [...] toute gêne aux activités non salariées des ressortissants des autres États membres » (CJCE 10 mars 1993, *Commission c. Luxembourg*, aff. C-111/91, *Rec. CJCE* I-817). Cette dernière catégorie peut, notamment, renvoyer à des aspects tels que la protection sociale (CJCE 17 juin 1997, *Sodemare*, aff. C-70/95, *Rec. CJCE* I-3395) ou le régime fiscal (CJCE 14 févr. 1995, *Schumacker*, aff. C-279/93, *Rec. CJCE* I-225), mais aussi, aux difficultés rencontrées par des opérateurs économiques communautaires pour faire valoir leurs droits devant les juridictions d'un État membre (par ex., à propos de règles de procédure civile discriminatoires, CJCE 26 sept. 1996, *Data Delecta*, aff. C-43/95, *Rec. CJCE* I-4661 ; à propos d'une règle de procédure pénale discriminatoire, CJCE 5 juin 2008, *Wood*, aff. C-164/07, *Rec. CJCE* I-4143). En définitive, comme en matière de marchandises, la généralité du principe de non-discrimination doit être soulignée. Un même constat peut être formulé à propos des restrictions non discriminatoires. 256

B. La prohibition relative des restrictions non discriminatoires

Au-delà des discriminations, et en l'absence de toute harmonisation, l'opérateur économique, qu'il choisisse la voie de l'établissement ou de la prestation de services, est susceptible d'être confronté à une règle nationale qui, bien qu'indistinctement applicable, va gêner, voire, rendre impossible l'exercice de son activité. S'inspirant de sa jurisprudence *Cassis de Dijon* en matière de libre circulation des marchandises, la Cour de justice a décidé que, pour échapper à la censure, ces dispositions nationales susceptibles de constituer des restrictions non discriminatoires (car, indistinctement applicables) au libre établissement ou à la libre prestation des services doivent se justifier « par des raisons impérieuses d'intérêt général, qu'elles soient propres à garantir la réalisation de l'objectif qu'elles poursuivent et qu'elles n'aillent pas au-delà de ce qui est nécessaire pour l'atteindre » (par ex., CJCE 30 nov. 1995, *Gebhard*, aff. C-55/94, *Rec. CJCE* I-4165). La Cour rappelle régulièrement ce principe, expliquant par exemple qu'en l'absence d'harmonisation en la matière, « la libre prestation des services en tant que principe fondamental du traité ne peut être limitée que par des réglementations justifiées par des raisons impérieuses d'intérêt général et s'appliquant à toute personne ou entreprise exerçant une activité sur le territoire de l'État membre d'accueil, dans la mesure où cet intérêt n'est pas sauvegardé par les règles auxquelles le prestataire est soumis dans l'État membre où il est établi » (CJUE 17 mars 2011, *Peñarroja Fa*, aff. jointes C-372/09 et C-373/09, *Rec. CJUE* I-1785). Dès lors, confrontée à l'invocation du caractère restrictif d'une disposition nationale non discriminatoire à l'exercice d'une activité économique, la Cour va évaluer la 257 disposition selon un test de proportionnalité aujourd'hui clairement identifié (v. ss 162). Ce test suppose trois examens successifs et cumulatifs : l'existence d'une *raison impérieuse d'intérêt général*, l'aptitude à répondre à cette dernière et une stricte proportionnalité. Nous observons néanmoins que le juge de l'Union omet souvent de mentionner ces différentes étapes, et énonce une formule qui n'exige que l'existence d'une raison impérieuse d'intérêt général et le respect du principe de proportionnalité. Si la mesure nationale passe avec succès ce test, elle est alors validée et ne saurait être qualifiée d'entrave au droit d'établissement ou à la libre prestation de services. En d'autres termes, les restrictions non discriminatoires peuvent être justifiées. C'est en cela que leur régime de prohibition diffère de celui des discriminations en fonction de la nationalité et qu'il peut être qualifié de régime de prohibition relative.

258 Les raisons impérieuses d'intérêt général susceptibles de justifier une restriction non discriminatoire ont été progressivement dégagées par la Cour de justice. Plus exactement, la Cour laisse aux États membres la pleine et entière définition de ces raisons impérieuses d'intérêt général sous la seule réserve qu'elles ne cachent pas des raisons de nature purement économique (CJCE 5 juin 1997, *Ergasias*, aff. C-398/95, *Rec. CJCE* I-3091 ; CJCE 28 avr. 1998, *Kohll*, aff. C-158/96, *Rec. CJCE* I-1931). La nécessité de prévenir la réduction ou la diminution des recettes fiscales ne saurait davantage constituer une raison impérieuse d'intérêt général susceptible de justifier une restriction à la libre prestation de services (CJUE 22 déc. 2010, *Tankreederei I SA*, aff. C-287/10, *Rec. CJUE* I-14233). Amenée à statuer dans le domaine des jeux d'argent, la Cour a expliqué que s'il n'était pas indifférent que le prélèvement sur les recettes provenant des jeux de hasard participe au financement d'activités désintéressées ou d'intérêt général, un tel motif ne pouvait constituer qu'une « conséquence bénéfique accessoire et non la justification réelle de la politique restrictive mise en place » (CJUE 20 juin 2011, *Zeturf*, aff. C-212/08, *Rec. CJUE* I-5633). En ce sens, il est possible de présenter les raisons impérieuses d'intérêt général comme des intérêts nationaux de nature non économique compatibles avec les exigences de la construction européenne. Par ailleurs, tout comme pour les exigences impératives reconnues en matière de libre circulation (v. ss 168), les raisons impérieuses apparaissent comme des justifications de nature à faire tomber la qualification d'entraves. Ce dernier aspect conduit à relever une proximité certaine entre les raisons impérieuses d'intérêt général et les exigences impératives. La Cour a elle-même vérifié cette affirmation en s'appuyant sur une exigence impérative traditionnelle consacrée par l'arrêt *Cassis de Dijon* – l'efficacité des contrôles fiscaux – pour l'ériger en raison impérieuse d'intérêt général (CJCE 15 mai 1997, *Futura Participations SA*, aff. C-250/95, *Rec. CJCE* I-2471). Mais au-delà de la liste des exigences impératives, il paraît vain de vouloir dresser un catalogue des raisons impérieuses d'intérêt général. Il est vrai que ces dernières relèvent d'une compétence résiduelle des États membres et que ceux-ci sont, dès lors, libres de définir ce qu'ils entendent par intérêt général. La Cour de justice ne l'entend pas différemment qui a, dans son arrêt de référence en la matière, précisé que l'énumération à laquelle elle a pu se livrer était non exhaustive (CJCE 25 juill. 1991, *Gouda*, aff. C-288/89, *Rec. CJCE* I-4007). Si la Cour peut exercer un contrôle des objectifs poursuivis — outre l'exclusion des objectifs de nature purement économique, on observe que dans un arrêt *Arblade et Leloup*, notamment, la Cour a refusé de reconnaître les raisons qui sont d'ordre purement administratif (CJCE 23 nov. 1999, aff. jointes C-369/96 et C-376/96, *Rec. CJCE* I-8453 ; V. encore CJUE 21 juill. 2011, *Commission c/ Portugal*, aff. C-518/09,

nep) — on peut regretter qu'elle s'attache davantage à contrôler les modalités d'application des raisons impérieuses d'intérêt général — en accordant notamment une importance particulière au respect du principe de proportionnalité — plutôt qu'à examiner la légitimité de l'intérêt invoqué et son aptitude à réaliser l'objectif poursuivi. Pour sa part, la Commission a dressé une liste dans une Communication interprétative concernant la libre circulation transfrontière des services (reproduite in *Code européen des personnes*, Dalloz, 1996). Par exemple, les règles professionnelles nationales justifiées par l'intérêt général comme les règles d'organisation, de qualification, de déontologie, de contrôle et de responsabilité (CJCE 30 nov. 1995, préc.), la protection du consommateur, du client, du patient (CJCE 16 juin 1992, *Commission c. Luxembourg*, aff. C-351/90, *Rec. CJCE* I-3945) ont été érigées en raison impérieuse d'intérêt général. La Cour, pour sa part, a encore considéré que « la nécessité de déterminer le tribunal territorialement compétent en cas de contestation portant sur un brevet enregistré [...] ainsi que la préoccupation d'assurer le bon déroulement de la procédure peuvent être invoquées au titre des raisons impérieuses d'intérêt général susceptibles de justifier une restriction à la libre prestation des services » (CJCE 13 févr. 2003, *Commission c. Italie*, aff. C-131/01, *Rec. CJCE* I-1659). On doit ainsi admettre la grande diversité des raisons impérieuses d'intérêt général susceptibles de justifier une entrave à la liberté d'établissement et à la libre prestation des services : ces raisons vont de la protection de l'embauche (CJCE 11 janv. 2007, *ITC*, aff. C-208/05, *Rec. CJCE* I-181) et de la prévention du dumping social ou d'une concurrence déloyale de la part d'entreprises rémunérant à un niveau inférieur à celui correspondant au salaire minimal (CJCE 19 janv. 2006, *Commission c/ Allemagne*, aff. C-244/04, *Rec. CJCE* I-885) au maintien d'un équilibre financier et sportif entre les clubs de football (CJCE 15 déc. 1995, *Bosman*, aff. C-415/93, *Rec. CJCE* I-4921), à la protection de la propriété intellectuelle (CJCE 18 mars 1980, *Coditel*, aff. C-62/79, *Rec. CJCE* 881) ou, encore, à l'aménagement du territoire (CJCE 17 juill. 2008, *Commission c/ France*, aff. C-389/05, *Rec. CJCE* I-5337).

La caractérisation d'une raison impérieuse d'intérêt général n'est pas en soi suffisante. Encore convient-il d'examiner l'aptitude de la mesure nationale à répondre à cet objectif et la stricte proportionnalité des moyens mis en œuvre (v. ss 162). En d'autres termes, et selon la Cour, il devra – tout d'abord – être vérifié que la mesure ou la pratique en cause va satisfaire l'objectif de protection et, qui plus est, le satisfaire de manière efficace. Il devra – ensuite – être regardé si la mesure ou la pratique est proportionnée, c'est-à-dire, ne va pas au-delà de ce qui est nécessaire (i.e. mettre en œuvre des mesures moins contraignantes) pour atteindre cet objectif de protection. Comme en matière de libre circulation des marchandises, le juge français n'a pas toujours mené ce raisonnement subtil jusqu'à son terme et s'est longtemps borné à la seule caractérisation de la raison impérieuse d'intérêt général sans vérifier ni l'aptitude ni la stricte proportionnalité de la règle ou de la pratique (v. par ex., Com. 20 oct. 1998, *Bull. civ.* IV, n° 246 ; Crim. 22 mai 1997, *Bull. crim.* n° 198, à propos de l'organisation de loterie). Il est vrai que l'exercice peut paraître inhabituel au juge national et encourir la critique d'une certaine subjectivité. Mais rien n'interdit au juge national, confronté à une telle situation – par exemple, en matière répressive – de demander à l'autorité publique de rapporter la preuve que la mesure répond bien aux exigences posées par la Cour de justice. Depuis quelques années, le juge français – du moins la haute juridiction civile – a intégré cette exigence du test de proportionnalité allant jusqu'à casser un arrêt de cour d'appel pour ne pas avoir 259 précisément respecté les trois étapes du test (v. en ce sens, à propos des jeux de hasard, Com. 10 juill. 2007, *Bull. civ.* IV, n° 186).

■ 260 Ces subtilités peuvent être perçues au travers d'un exemple concernant la loi allemande relative à l'exercice de l'activité de conseil en matière juridique. Dans une première affaire, la Cour de justice est confrontée à l'invocation de ce texte qui réserve aux seuls conseils en brevet et aux avocats, sur autorisation, la conservation et la surveillance des droits de propriété industrielle (CJCE 25 juill. 1991, *Säger*, aff. C-76/89, *Rec. CJCE* I-4221). Une société de droit britannique est poursuivie pour avoir proposé sans autorisation, depuis le Royaume-Uni, des services de surveillance et de conservation de droits de propriété industrielle (et, notamment, le renouvellement de brevets) sur le territoire allemand. La Cour considère que la loi allemande répond effectivement à une raison impérieuse d'intérêt général mais estime que l'interdiction pure et simple est excessive car les tâches exercées par la société britannique « ont essentiellement un caractère simple et n'exigent pas de qualités professionnelles spécifiques » et, qu'au surplus, « le risque, pour le titulaire d'un brevet, d'un manquement à ses obligations de la part d'une société chargée de la surveillance de brevets allemands reste très limité ». À l'inverse, et toujours confrontée à la même loi relative à l'exercice d'activité de conseil en matière juridique, la Cour va estimer que l'article 49 CE ne s'oppose pas à l'une de ses dispositions qui réserve aux seuls avocats le recouvrement judiciaire de créances (CJCE 12 déc. 1996, *Reisebüro Broede*, aff. C-3/95, *Rec. CJCE* I-6511). La Cour de justice constate d'abord que la disposition est bien indistinctement applicable et répond à une raison impérieuse d'intérêt général tenant à une bonne administration de la justice. Contrairement à l'arrêt *Säger*, elle ne rejette pas la réalité du besoin de réserver aux seuls avocats le recouvrement judiciaire et tire, notamment, argument de ce que les destinataires de ces services sont essentiellement « des particuliers dans un domaine juridiquement complexe ».

■ 261 On comprend, au travers de ce dernier exemple, deux aspects essentiels de la prohibition des restrictions non discriminatoires. Le premier tient au fait que, contrairement à ce qui peut être relevé en matière de libre circulation des marchandises, la Cour ne semble pas limiter le champ matériel de son contrôle. En la matière, pas d'arrêt *Keck et Mithouard* (Sur lequel, v. ss 153) ! Dès lors que la mesure indistinctement applicable est susceptible de prohiber, gêner ou rendre moins attrayant l'exercice des activités, le test de proportionnalité s'impose. L'hypothèse paraît même vérifiée quant à la loi applicable à la relation contractuelle, support de la prestation de services. Le choix de la loi du pays d'accueil pour le prestataire n'est-il pas susceptible de rendre moins attrayant l'exercice des activités ? En tout état de cause, ce choix n'est-il pas de nature à contrevenir à la logique du pays d'origine ? L'exigence est alors poussée à son paroxysme, y compris en présence de lois de police de l'État d'accueil. Ces dernières, bien connues des internationalistes, visent l'hypothèse de « règles dont l'observation est nécessaire pour la sauvegarde de l'organisation politique, sociale ou économique du pays » (définition donnée par Ph. Francescakis). Dans un arrêt extrêmement important, la Cour de justice a estimé que le caractère de loi de police conféré à une disposition nationale qui devrait conduire obligatoirement le juge national à l'appliquer ne le dispense pas de mettre en œuvre le test de proportionnalité (CJCE 23 nov. 1999, *Arblade*, aff. C-369/96 et C-376/96, *Rec. CJCE* I-8453). Dans un arrêt remarquable, la cour d'appel de Colmar a ainsi soumis les dispositions protectrices de l'emprunteur immobilier – contenues dans le Code de la consommation et qualifiées de lois de police dans l'ordre international – au test de proportionnalité alors que l'emprunt avait été conclu par des ressortissants français auprès d'un établissement bancaire allemand (Colmar, 18 févr. 2004, *D.* 2004, n° 26). Il est à souligner que c'est là l'un des aspects qui rendait discutable le contenu de la proposition de directive « services » (v. ss 130). En effet, prôner, comme en disposait l'article 16 de la proposition, la soumission systématique et unique des prestataires aux dispositions nationales de leur État d'origine, y compris pour les contrats et la responsabilité, conduisait à nier le mécanisme protecteur des lois de police, même tributaire du test de proportionnalité. La directive finalement adoptée a su raison garder et dispose qu'elle ne préjuge pas des règles de droit international privé. Le second aspect renvoie aux moyens de caractériser la disproportion. Et sur ce point, il est très important de souligner que la disproportion n'est jamais établie par le seul fait qu'un autre État membre est plus libéral ou permissif. Comme la Cour l'a affirmé à de nombreuses reprises, « le fait qu'un État membre impose des règles moins strictes que celles imposées par un autre État membre ne signifie pas que ces dernières sont disproportionnées, et, partant, incompatibles avec le droit communautaire » (par ex., CJCE 10 mai 1995, *Alpine Investments*, aff. C-384/93, *Rec. CJCE* I-1141). L'idée clef est que la libre circulation ne doit jamais conduire à un alignement des législations nationales (dans une sorte d'harmonisation négative) sur celles contenant les exigences les moins lourdes, ce que l'on désigne en bon français par l'expression « *race to the bottom* ». Il sera, au final, observé une tendance à une plus grande réserve, une plus grande prudence de la part de la Cour de justice dans le maniement du test de proportionnalité en la matière depuis quelques mois. En effet, à au moins deux reprises, la Cour a conclu à la justification de la restriction non discriminatoire à l'établissement ou à la libre prestation des services, alors même que l'observateur habitué aurait pu penser l'exact contraire. Ainsi, saisie du sort d'une disposition nationale aux termes de laquelle la détention de parts sociales dans une pharmacie d'officine est réservée au seul pharmacien diplômé, la Cour peut conclure, après avoir souligné que « en tant que pharmacien de profession, il est censé exploiter la pharmacie non pas dans un objectif purement économique, mais également dans une optique professionnelle. Son intérêt privé lié à la réalisation de bénéfices se trouve ainsi tempéré par sa formation, par son expérience professionnelle et par la responsabilité qui lui incombe, étant donné qu'une éventuelle violation des règles légales ou déontologiques fragilise non seulement la valeur de son investissement, mais également sa propre existence professionnelle », que « les articles 43 CE et 48 CE ne s'opposent pas à une réglementation nationale, telle que celle en cause au principal, qui empêche des personnes n'ayant pas la qualité de pharmaciens de détenir et d'exploiter des pharmacies » (CJCE 19 mai 2009, *Apothekerkammer des Saarlandes*, aff. C-171/07 à C-172/07, *Rec. CJCE* I-4171). Ainsi, saisie une énième fois du sort des dispositions nationales restreignant l'exploitation de jeux de hasard en ligne, la Cour peut décider que « l'article 49 CE ne s'oppose pas à une réglementation d'un État membre, telle que celle en cause au principal, qui interdit à des opérateurs [...] établis dans d'autres États membres, où ils fournissent légalement des services analogues, de proposer des jeux de hasard par l'Internet sur le territoire dudit État membre » (CJCE 8 sept. 2009, *Liga Portuguesa*, aff. C-42/07, *Rec. CJCE* I-7633).

5

Compléments pédagogiques

Mémo

La libre circulation des opérateurs économiques recouvre à la fois l'accès et l'exercice des activités économiques. Le premier suppose, pour les personnes physiques, la possibilité, dans un premier temps, d'accéder au territoire de l'État membre, dans un second temps, d'accéder aux activités professionnelles elles-mêmes. L'accès au territoire a donné lieu à un *rapprochement progressif des conditions nationales autour du principe de non-discrimination*. Si les États membres gardent la compétence de refuser l'accès à leur territoire pour des raisons strictement énumérées par le traité (ordre public, santé publique, etc.), ces dernières ont été encadrées au travers d'une jurisprudence qui conduit à rendre impossible une détermination unilatérale de ces conditions sans contrôle des institutions européennes. *L'accès aux activités professionnelles*, dont le principe découle de l'effet direct reconnu aux articles pertinents du traité, *est* aussi *tributaire d'une éventuelle coordination des formations professionnelles et, surtout, d'une reconnaissance mutuelle des titres professionnels*. Ces conditions remplies, *le droit d'accès est affirmé sous réserve de certaines activités dont il apparaît qu'elles devraient être réservées aux seuls nationaux (prérogative de puissance publique)*. Mais l'interprétation de la Cour de justice tend à limiter la portée de cette hypothèse. *L'égalité de traitement se manifeste aussi quant à l'exercice des activités.* Cet exercice peut s'envisager *soit au travers d'un droit d'établissement, soit au travers d'une libre prestation des services*. Ces deux modalités que l'on doit distinguer et qui peuvent, l'une et l'autre, viser des situations variées n'en répondent pas moins à une *unité de régime juridique*. Tant l'établissement que la prestation de services supposent la prohibition absolue de toute discrimination en fonction de la nationalité ; que cette discrimination soit directe ou indirecte, ostensible ou déguisée. Tant l'établissement que la prestation de services supposent l'interdiction des mesures nationales indistinctement applicables qui gênent ou rendent impossibles l'exercice de l'activité économique. Mais ces restrictions non discriminatoires peuvent être justifiées par *des raisons impérieuses d'intérêt général, de nature non économique*, dans la mesure où il apparaît qu'elles sont *aptes, nécessaires et strictement proportionnées* à l'objectif qu'elles poursuivent.

Quid

■ Directive « générale » n° 238

Directive assurant la reconnaissance mutuelle des diplômes afin d'accéder aux activités professionnelles sans pour autant procéder à une coordination des formations des États membres.

■ Directive « sectorielle » n° 237

Directive assurant la coordination et la reconnaissance mutuelle des formations et des diplômes pour des activités professionnelles déterminées (médecin, avocat, etc.).

■ Établissement n° 241

Installation permanente d'un opérateur économique sur le territoire d'un État membre autre que celui d'origine. Cet établissement peut être unique (on parle aussi d'établissement principal) ou se réaliser par agence, succursale ou filiale (on parle aussi d'établissement secondaire).

■ LPS « active » n° 248

Prestation de services qui voit le prestataire se déplacer dans l'État de résidence du bénéficiaire.

■ LPS « passive » n° 249

Prestation des services qui voit le bénéficiaire se déplacer dans l'État de résidence du prestataire.

■ Prestation de service n° 241

Activité économique ponctuelle réalisée dans l'un quelconque des États membres après un franchissement d'une frontière intérieure.

■ Raison impérieuse d'intérêt général n° 257

D'origine jurisprudentielle, cette raison, de nature non économique, permet de justifier une mesure nationale indistinctement applicable susceptible de gêner ou d'empêcher l'exercice du droit d'établissement et de libre prestation de service.

Biblio

Outre les références bibliographiques données dans le chapitre précédent, on pourra lire :

– J.-P. de Crayencour, *Communauté européenne et libre circulation des professions libérales*, OPOCE, 1981.

– M.-J. Domestici-Met, « Droit d'établissement et libre prestation des services », *J.-Cl. Europe*, fasc. 710.

– Chr. Gavalda, « Établissement », *Rép. Communautaire*.

– V. Hatzopoulos, *Le principe communautaire d'équivalence et de reconnaissance mutuelle dans la libre prestation des services*, Bruylant, 1999.

– L. Idot, « Et si la "loi Raffarin" était contraire au droit communautaire ? », in *Propos impertinents de droit des affaires, Mélanges en l'honneur de Chr. Gavalda*, Dalloz, 2001, p. 161 ; « La rémunération des comptes à vue et le droit communautaire : à propos de la décision de la Commission bancaire du 16 avril 2002 », *LPA* 23 oct. 2002, n° 212, p. 11.

– G. Parléani, « Prestation de services », *Rép. Communautaire*.

– J. Pertek, *L'Europe des diplômes et des professions*, Bruylant, 1994.

– J.-P. Pizzio, « Le droit communautaire et le commerce électronique », in *Commerce électronique, Cahier de Droit de l'entreprise* 4/2002, p. 15.

– L.-G. Radicati di Brozolo, « L'influence sur les conflits de lois des principes de droit communautaire en matière de libre circulation », *Rev. crit. DIP* 1993. 401.

– B. Sousi-Roubi, *Droit bancaire européen*, Dalloz, coll. « Précis », 1995.
On consultera, là encore, les différentes chroniques de jurisprudence consacrées au droit d'établissement et à la libre prestation des services par les principales revues. Par ailleurs, la Commission européenne a réalisé deux fascicules reprenant les principaux arrêts prononcés en matière d'établissement et de libre prestation des services (OPOCE, 1997 et 1998, mis à jour régulièrement).
– N. de Grove-Valdeyron, « Établissement », *Rép. communautaire Dalloz*, juin 2011.

Documents

CJCE 9 mars 1999, *Centros Ltd*, aff. C-212/97 (Extraits) (*Rec. CJCE* I-1459)

LA COUR (...)
14. Par sa question, le juge national demande en substance si les articles 52 [désormais art. 43] et 58 [désormais art. 48] du traité s'opposent à ce qu'un État membre refuse l'immatriculation d'une succursale d'une société constituée en conformité avec la législation d'un autre État membre dans lequel elle a son siège sans y exercer d'activités commerciales lorsque la succursale est destinée à permettre à la société en cause d'exercer l'ensemble de son activité dans l'État où cette succursale sera constituée, en évitant d'y constituer une société et en éludant ainsi l'application des règles de constitution des sociétés qui y sont plus contraignantes en matière de libération d'un capital social minimal. [...]
16. Selon le gouvernement danois, l'article 52 du traité ne trouve pas à s'appliquer en l'espèce au principal, car il s'agirait d'une situation purement interne au Danemark. M. et Mme Bryde, ressortissants danois, auraient en effet constitué au Royaume-Uni une société n'y exerçant aucune activité effective dans le but exclusif d'exercer une activité au Danemark par l'intermédiaire d'une succursale et d'éviter ainsi l'application de la législation danoise relative à la constitution des sociétés à responsabilité limitée. Dans de telles circonstances, la constitution par des ressortissants d'un État membre d'une société dans un autre État membre ne constituerait pas un élément d'extranéité pertinent au regard du droit communautaire et notamment de la liberté d'établissement.
17. À cet égard, il convient d'observer qu'une situation dans laquelle une société constituée selon le droit d'un État membre dans lequel elle a son siège statutaire désire créer une succursale dans un autre État membre relève du droit communautaire. Il est sans importance à cet égard que la société n'ait été constituée dans le premier État membre qu'en vue de s'établir dans le second où serait exercé l'essentiel, voire l'ensemble, de ses activités économiques (voir, en ce sens, arrêt Segers, précité, point 16).
18. La circonstance que les époux Bryde ont constitué la société Centros au Royaume-Uni dans le but d'échapper à la législation danoise qui impose la libération d'un capital social minimal, qui n'a été contestée ni dans les observations écrites ni lors de l'audience, n'exclut pas non plus que la création par cette société britannique d'une succursale au Danemark relève de la liberté d'établissement au sens des articles 52 et 58 du traité. La question de l'application des articles 52 et 58 du traité est, en effet, distincte de celle de savoir si un État membre peut prendre des mesures pour empêcher que, en recourant aux possibilités offertes par le traité, certains de ses ressortissants ne tentent de se soustraire abusivement à l'emprise de leur législation nationale.

19. Sur le point de savoir si, comme le prétendent les époux Bryde, le refus d'immatriculer au Danemark la succursale de leur société constituée selon le droit d'un autre État membre où elle a son siège constitue une entrave à la liberté d'établissement, il convient de rappeler que la liberté d'établissement reconnue par l'article 52 du traité aux ressortissants communautaires comporte pour ces derniers le droit d'accéder aux activités non salariées et de les exercer ainsi que celui de gérer et de constituer des entreprises dans les mêmes conditions que celles définies par la législation de l'État membre d'établissement pour ses propres ressortissants. En outre, l'article 58 du traité assimile aux personnes physiques, ressortissantes des États membres, les sociétés constituées en conformité avec la législation d'un État membre et ayant leur siège statutaire, leur administration centrale ou leur principal établissement à l'intérieur de la Communauté.
20. Il s'ensuit directement que ces sociétés ont le droit d'exercer leur activité dans un autre État membre par l'intermédiaire d'une agence, succursale ou filiale, la localisation de leur siège statutaire, de leur administration centrale ou de leur principal établissement servant à déterminer, à l'instar de la nationalité des personnes physiques, leur rattachement à l'ordre juridique d'un État membre (voir, en ce sens, arrêts *Segers*, point 13 ; du 28 janv. 1986, *Commission c. France*, aff. 270/83, *Rec. CJCE* 273, point 18 ; du 13 juill. 1993, *Commerzbank*, C-330/91, *Rec. CJCE* I-4017, point 13, et du 16 juill. 1998, *ICI*, C-264/96, *Rec. CJCE* I-4695, point 20).
21. Or, la pratique consistant, dans un État membre, à refuser, dans certaines circonstances, l'immatriculation d'une succursale d'une société ayant son siège dans un autre État membre, aboutit à empêcher des sociétés constituées en conformité avec la législation de cet autre État membre d'exercer le droit d'établissement qui leur est conféré par les articles 52 et 58 du traité.
22. Par conséquent, une telle pratique constitue une entrave à l'exercice des libertés garanties par ces dispositions.
23. Selon les autorités danoises, les époux Bryde ne pourraient toutefois se prévaloir de ces dispositions, dès lors que le montage de sociétés qu'ils envisagent aurait pour seul but de contourner l'application du droit national régissant la constitution de sociétés à responsabilité limitée et constituerait de ce fait un usage abusif du droit d'établissement. Le royaume de Danemark serait par conséquent en droit de prendre des mesures pour s'opposer à un tel abus, en refusant l'immatriculation de la succursale.
24. Certes, il résulte de la jurisprudence de la Cour qu'un État membre est en droit de prendre des mesures destinées à empêcher que, à la faveur des facilités créées en vertu du traité, certains de ses ressortissants ne tentent de se soustraire abusivement à l'emprise de leur législation nationale et que les justiciables ne sauraient abusivement ou frauduleusement se prévaloir des normes communautaires [...].
25. Toutefois, si, dans de telles circonstances, les juridictions nationales peuvent, au cas par cas, en se fondant sur des éléments objectifs, tenir compte du comportement abusif ou frauduleux des personnes concernées pour leur refuser, le cas échéant, le bénéfice des dispositions du droit communautaire invoquées, elles doivent également, dans l'appréciation d'un tel comportement, prendre en considération les objectifs poursuivis par les dispositions communautaires en cause (arrêt Paletta, préc., point 25).
26. En l'espèce au principal, il convient de relever que les dispositions nationales dont les intéressés ont cherché à éviter l'application sont des règles régissant la constitution de sociétés et non des règles relatives à l'exercice de certaines activités professionnelles. Or, les dispositions du traité relatives à la liberté d'établissement visent précisément à permettre aux sociétés constituées en conformité avec la législation d'un État membre et ayant leur siège statutaire, leur administration centrale ou leur principal établissement à l'intérieur de la Communauté,

d'exercer par l'intermédiaire d'une agence, d'une succursale ou d'une filiale, des activités dans d'autres États membres.

27. Dans ces conditions, le fait, pour un ressortissant d'un État membre qui souhaite créer une société, de choisir de la constituer dans l'État membre dont les règles de droit des sociétés lui paraissent les moins contraignantes et de créer des succursales dans d'autres États membres ne saurait constituer en soi un usage abusif du droit d'établissement. En effet, le droit de constituer une société en conformité avec la législation d'un État membre et de créer des succursales dans d'autres États membres est inhérent à l'exercice, dans un marché unique, de la liberté d'établissement garantie par le traité. [...]

31. Il convient enfin de se demander si la pratique nationale en cause ne pourrait être justifiée par les raisons qu'invoquent les autorités danoises.

32. Se référant tant à l'article 56 [désormais art. 46] du traité qu'à la jurisprudence de la Cour relative aux raisons impérieuses d'intérêt général, Erhvervs- og Selskabsstyrelsen soutient que l'obligation, pour les sociétés à responsabilité limitée, de constituer et de libérer un capital social minimal poursuit un double objectif : d'une part, renforcer la solidité financière des sociétés en vue de protéger les créanciers publics contre le risque de voir les créances publiques devenir irrécouvrables, car, à la différence des créanciers privés, ils ne peuvent garantir leurs créances par la constitution d'une sûreté ou d'une caution, et, d'autre part, de manière plus générale, protéger tous les créanciers, publics ou privés, en prévenant le risque de faillite frauduleuse due à l'insolvabilité de sociétés dont la capitalisation initiale était insuffisante.

33. Erhvervs- og Selskabsstyrelsen ajoute qu'il n'existe pas de moyen moins contraignant d'atteindre ce double objectif. En effet, l'autre moyen de protéger les créanciers, à savoir l'instauration de règles prévoyant la possibilité de mettre en cause, à certaines conditions, la responsabilité personnelle des associés, serait plus contraignant que l'obligation de constituer et libérer un capital social minimal.

34. Après avoir relevé que les raisons invoquées ne relèvent pas de l'article 56 du traité, il convient de rappeler que, selon la jurisprudence de la Cour, les mesures nationales susceptibles de gêner ou de rendre moins attrayant l'exercice des libertés fondamentales garanties par le traité doivent remplir quatre conditions : elles doivent s'appliquer de manière non discriminatoire, se justifier par des raisons impérieuses d'intérêt général, être propres à garantir la réalisation de l'objectif qu'elles poursuivent et ne pas aller au-delà de ce qui est nécessaire pour l'atteindre (voir arrêts du 31 mars 1993, *Kraus*, C-19/92, *Rec. CJCE* I-1663, point 32, et du 30 nov. 1995, *Gebhard*, C-55/94, *Rec. CJCE* I-4165, point 37).

35. Ces conditions ne sont pas remplies en l'espèce au principal. Tout d'abord, la pratique en cause n'est pas à même d'atteindre l'objectif de protection des créanciers qu'elle est censée poursuivre puisque, si la société concernée avait exercé une activité au Royaume-Uni, sa succursale aurait été immatriculée au Danemark, alors même que les créanciers danois auraient pu être tout autant fragilisés.

36. Ensuite, la société en cause dans l'affaire au principal se présentant comme une société de droit anglais et non comme une société de droit danois, ses créanciers sont informés de ce qu'elle relève d'une législation différente de celle qui régit au Danemark la constitution des sociétés à responsabilité limitée et peuvent se référer à certaines règles de droit communautaire qui les protègent, telles la quatrième directive n° 78/660/CEE du Conseil, du 25 juillet 1978, fondée sur l'article 54 paragraphe 3 sous g) du traité et concernant les comptes annuels de certaines formes de sociétés (JO L 222, p. 11), et la onzième directive n° 89/666/CEE du Conseil, du 21 décembre 1989, concernant la publicité des succursales créées dans un État membre par certaines formes de société relevant du droit d'un autre État (JO L 395, p. 36).

37. En outre, contrairement à ce qui a été exposé par les autorités danoises, des mesures moins contraignantes ou moins attentatoires pour les libertés fondamentales, donnant par exemple la possibilité légale aux créanciers publics de prendre les garanties nécessaires, pourraient être prises.

38. [...] En tout état de cause, la lutte contre la fraude ne saurait justifier une pratique de refus d'immatriculation d'une succursale de société ayant son siège dans un autre État membre.

Par ces motifs,

LA COUR, statuant sur la question à elle soumise par le Højesteret, par ordonnance du 3 juin 1997, dit pour droit :

Les articles 52 et 58 du traité CE s'opposent à ce qu'un État membre refuse l'immatriculation d'une succursale d'une société constituée en conformité avec la législation d'un autre État membre dans lequel elle a son siège sans y exercer d'activités commerciales lorsque la succursale est destinée à permettre à la société en cause d'exercer l'ensemble de son activité dans l'État où cette succursale sera constituée, en évitant d'y constituer une société et en éludant ainsi l'application des règles de constitution des sociétés qui y sont plus contraignantes en matière de libération d'un capital social minimal. Toutefois, cette interprétation n'exclut pas que les autorités de l'État membre concerné puissent prendre toute mesure de nature à prévenir ou à sanctionner les fraudes, soit à l'égard de la société elle-même, le cas échéant en coopération avec l'État membre dans lequel elle est constituée, soit à l'égard des associés dont il serait établi qu'ils cherchent en réalité, par le biais de la constitution d'une société, à échapper à leurs obligations vis-à-vis de créanciers privés ou publics établis sur le territoire de l'État membre concerné.

CJUE 12 juillet 2012, *Vale Építési kft*, aff. C-378/10, nep (Extraits)

LA COUR (...)

23. Par ces deux premières questions, qu'il convient d'examiner ensemble, la juridiction de renvoi demande, en substance, si les articles 49 TFUE et 54 TFUE doivent être interprétés en ce sens qu'ils s'opposent à une réglementation nationale qui, tout en prévoyant pour les sociétés de droit interne la faculté de se transformer ne permet pas la transformation d'une société relevant du droit d'un autre État membre en société de droit national au moyen de la constitution de cette dernière.

– Sur le champ d'application des articles 49 TFUE et 54 TFUE

24. S'agissant de la question de savoir si une telle réglementation relève du champ d'application des articles 49 TFUE et 54 TFUE, il importe de rappeler que la Cour a jugé, au point 19 de l'arrêt du 13 décembre 2005, *SEVIC Systems* (C-411/03, *Rec. CJCE* p. I-10805), que les opérations de transformation de sociétés relèvent, en principe, des activités économiques pour lesquelles les États membres sont tenus au respect de la liberté d'établissement. (...)Conformément aux enseignements résultant de cette jurisprudence constante, il importe de relever que l'obligation éventuelle, en vertu des articles 49 TFUE et 54 TFUE, de permettre une transformation transfrontalière ne porte atteinte ni à cette faculté évoquée au point précédent du présent arrêt de l'État membre d'accueil ni à la détermination, par celui-ci, des règles de constitution et de fonctionnement de la société issue d'une transformation transfrontalière.

31. En effet, comme il ressort de la jurisprudence rappelée au point 27 du présent arrêt, une telle société relève nécessairement du seul droit national de l'État membre d'accueil qui régit le lien de rattachement requis ainsi que sa constitution et son fonctionnement.
32. Il apparaît ainsi que l'expression « pour autant que ce droit le permette », figurant à la fin du point 112 de l'arrêt Cartesio, précité, ne saurait être comprise comme visant à faire échapper d'emblée la législation de l'État membre d'accueil relative à la transformation de sociétés aux règles du traité FUE concernant la liberté d'établissement, mais comme reflétant la simple considération qu'une société créée en vertu d'un ordre juridique national n'a d'existence qu'à travers la législation nationale qui « permet » ainsi la constitution de la société, si les conditions imposées à ce titre sont remplies.
33. Eu égard à ce qui précède, il y a lieu de conclure qu'une réglementation nationale qui, tout en prévoyant pour les sociétés nationales la faculté de se transformer, ne permet pas la transformation d'une société relevant du droit d'un autre État membre, relève du champ d'application des articles 49 TFUE et 54 TFUE.

– Sur l'existence d'une restriction à la liberté d'établissement et sur son éventuelle justification

34. S'agissant de l'existence d'une restriction à la liberté d'établissement, il convient de rappeler que la notion d'établissement, au sens des dispositions du traité relatives à la liberté d'établissement, implique l'exercice effectif d'une activité économique au moyen d'une installation stable dans l'État membre d'accueil pour une durée indéterminée. Elle suppose, par conséquent, une implantation réelle de la société concernée dans cet État et l'exercice d'une activité économique effective dans celui-ci (arrêt du 12 sept. 2006, *Cadbury Schweppes et Cadbury Schweppes Overseas*, C-196/04, *Rec. CJCE* p. I-7995, point 54 ainsi que jurisprudence citée).
35. En l'occurrence, la procédure devant la Cour n'a pas révélé d'éléments faisant apparaître que les activités de VALE Építési se cantonneront à l'Italie et qu'elle ne visera pas à s'implanter réellement en Hongrie, ce qu'il incombe toutefois à la juridiction de renvoi de vérifier.
36. Il convient de considérer que, dans la mesure où la réglementation nationale en cause dans l'affaire au principal ne prévoit que la transformation d'une société ayant déjà son siège dans l'État membre concerné, ladite réglementation instaure une différence de traitement entre sociétés selon la nature interne ou transfrontalière de la transformation, qui est de nature à dissuader les sociétés ayant leur siège dans d'autres États membres d'exercer la liberté d'établissement consacrée par le traité et est, donc, constitutive d'une restriction au sens des articles 49 TFUE et 54 TFUE (voir, en ce sens, arrêt SEVIC Systems, précité, points 22 et 23).
37. Quant à l'éventuelle justification de la restriction en cause, il est vrai que la Cour a reconnu, au point 27 de l'arrêt SEVIC Systems, précité, que les fusions transfrontalières posent des problèmes spécifiques, ce qui vaut également pour les transformations transfrontalières. En effet, de telles transformations présupposent l'application consécutive de deux droits nationaux.
38. D'emblée, force est de constater que la différence de traitement selon la nature transfrontalière ou interne de la transformation ne saurait être justifiée par l'absence de règles de droit dérivé de l'Union. En effet, il convient de rappeler que, même si de telles règles sont certes utiles pour faciliter les transformations transfrontalières, leur existence ne saurait être érigée en condition préalable pour la mise en œuvre de la liberté d'établissement consacrée par les articles 49 TFUE et 54 TFUE (voir, s'agissant des fusions transfrontalières, arrêt SEVIC Systems, précité, point 26).
39. En ce qui concerne une justification par des raisons impérieuses d'intérêt général telles que la protection des intérêts des créanciers, des associés minoritaires et des salariés, ainsi que la préservation de l'efficacité des contrôles fiscaux et de la loyauté des transactions commerciales, il

est constant que de telles raisons peuvent justifier une mesure restreignant la liberté d'établissement à condition qu'une telle mesure restrictive soit propre à garantir la réalisation des objectifs poursuivis et n'aille pas au-delà de ce qui est nécessaire pour atteindre ceux-ci (voir arrêt SEVIC Systems, précité, points 28 et 29).

40. Or, en l'occurrence, une telle justification fait défaut. En effet, le droit hongrois refuse, de manière générale, les transformations transfrontalières, ce qui a pour résultat d'empêcher la réalisation de telles opérations, alors même que les intérêts mentionnés au point précédent ne seraient pas menacés. En tout état de cause, une telle règle va au-delà de ce qui est nécessaire pour atteindre les objectifs visant à protéger lesdits intérêts (voir, s'agissant des fusions transfrontalières, arrêt SEVIC Systems, précité, point 30).

41. Dans ces conditions, il y a lieu de répondre aux deux premières questions que les articles 49 TFUE et 54 TFUE doivent être interprétés en ce sens qu'ils s'opposent à une réglementation nationale qui, tout en prévoyant pour des sociétés de droit interne la faculté de se transformer, ne permet pas, de manière générale, la transformation d'une société relevant du droit d'un autre État membre en société de droit national au moyen de la constitution de cette dernière.

Sur les troisième et quatrième questions

42. Par ses troisième et quatrième questions, qu'il convient d'examiner ensemble, la juridiction de renvoi demande, en substance, si les articles 49 TFUE et 54 TFUE doivent être interprétés, dans le contexte d'une transformation transfrontalière, en ce sens que l'État membre d'accueil est en droit de déterminer le droit interne pertinent à une telle opération et d'appliquer ainsi les dispositions de son droit national relatives aux transformations internes régissant la constitution et le fonctionnement d'une société, telles que les exigences concernant la préparation d'un bilan et d'un inventaire d'actifs. Plus particulièrement, elle cherche à savoir si l'État membre d'accueil peut refuser, pour des transformations transfrontalières, la mention de « prédécesseur en droit », une telle mention au registre des sociétés étant prévue pour des transformations internes, et si et dans quelle mesure il est obligé de tenir compte des documents émanant des autorités de l'État membre d'origine lors de la procédure d'enregistrement de la société.

43. À cet égard, il convient de rappeler, en premier lieu, que le droit dérivé de l'Union ne prévoyant pas, en l'état actuel, de règles spécifiques régissant des transformations transfrontalières, les dispositions qui permettent la mise en œuvre d'une telle opération ne peuvent se trouver que dans le droit national, à savoir celui de l'État membre d'origine duquel relève la société cherchant à se transformer et celui de l'État membre d'accueil dont relèvera la société à l'issue de cette transformation.

44. En effet, la mise en œuvre d'une transformation transfrontalière nécessite, comme il résulte du point 37 du présent arrêt, l'application consécutive de deux droits nationaux à cette opération juridique.

45. En deuxième lieu, s'il ne saurait être inféré des articles 49 TFUE et 54 TFUE des règles précises susceptibles de se substituer aux dispositions nationales, l'application de ces dernières dispositions n'est pas exemptée de tout contrôle au regard desdits articles.

46. En effet, ainsi qu'il résulte de la réponse apportée aux deux premières questions, les articles 49 TFUE et 54 TFUE obligent un État membre, prévoyant pour des sociétés de droit interne la faculté de se transformer, à accorder cette même faculté aux sociétés relevant du droit d'un autre État membre et cherchant à se transformer en sociétés de droit national du premier État membre.

47. Partant, l'application des dispositions nationales doit s'effectuer dans le respect de cette obligation en vertu des articles 49 TFUE et 54 TFUE.

48. À cet égard, il convient de rappeler que, dans maints domaines, il est de jurisprudence constante que, en l'absence de réglementation de l'Union en la matière, les modalités visant à assurer la sauvegarde des droits que les justiciables tirent du droit de l'Union relèvent de l'ordre juridique interne de chaque État membre, à condition toutefois qu'elles ne soient pas moins favorables que celles régissant les situations similaires de nature interne (principe d'équivalence) et qu'elles ne rendent pas impossible en pratique ou excessivement difficile l'exercice des droits conférés par l'ordre juridique de l'Union (principe d'effectivité) (...)
En effet, il est constant qu'une transformation transfrontalière aboutit, dans l'État membre d'accueil, à la constitution d'une société selon le droit de cet État membre. Or, une société créée en vertu d'un ordre juridique national n'a d'existence qu'à travers la législation nationale qui en détermine la constitution et le fonctionnement (voir arrêts précités Daily Mail and General Trust, point 19, et Cartesio, point 104).
52. Ainsi, ne saurait être mise en cause, en l'occurrence, l'application, par la Hongrie, des dispositions de son droit national relatives à des transformations internes régissant la constitution et le fonctionnement d'une société, telles que les exigences relatives à la préparation d'un bilan et d'un inventaire d'actifs.
53. En troisième lieu, il convient d'expliciter, au regard des interrogations de la juridiction de renvoi relatives à la mise en œuvre de l'opération en cause au principal, les obligations découlant des principes d'équivalence et d'effectivité qui encadrent l'application du droit national.
54. S'agissant, d'une part, du principe d'équivalence, il y a lieu de relever que, en vertu de ce principe, un État membre n'est pas tenu de traiter des opérations transfrontalières plus favorablement que des opérations internes. Ce principe implique uniquement que les modalités de droit national visant à assurer la sauvegarde des droits que les justiciables tirent du droit de l'Union ne peuvent être moins favorables que celles régissant les situations similaires de nature interne.
55. Ainsi, si une législation d'un État membre exige, dans le cadre d'une transformation interne, une stricte continuité juridique et économique entre la société prédécesseur ayant demandé la transformation et la société successeur transformée, une telle exigence peut également être imposée dans le cadre d'une transformation transfrontalière.
56. Toutefois, le refus par les autorités d'un État membre de mentionner, à l'occasion d'une transformation transfrontalière, dans le registre des sociétés, la société de l'État membre d'origine en tant que « prédécesseur en droit » de la société transformée n'est pas compatible avec le principe d'équivalence s'il est procédé à l'inscription d'une telle mention de la société prédécesseur à l'occasion des transformations internes. Il convient de relever à cet effet que la mention de « prédécesseur en droit » au registre des sociétés peut, indépendamment du caractère interne ou transfrontalier de la transformation, être notamment utile afin d'informer les créanciers de la société qui s'est transformée. Par ailleurs, le gouvernement hongrois n'a avancé aucune raison justifiant qu'une telle mention soit réservée aux transformations internes.
57. Partant, le refus de faire figurer sur le registre des sociétés hongrois la mention VALE Costruzioni en tant que « prédécesseur en droit » est incompatible avec le principe d'équivalence.
58. S'agissant, d'autre part, du principe d'effectivité, se pose, en l'espèce, la question de savoir quelle pertinence l'État membre d'accueil doit accorder, dans le cadre de la procédure d'une demande d'enregistrement, aux documents émanant des autorités de l'État membre d'origine. Dans le contexte du litige au principal, cette question se rapporte à l'examen, devant être opéré par les autorités hongroises, du point de savoir si VALE Costruzioni s'est délié du droit italien, en

conformité avec les conditions prévues par ce dernier, tout en maintenant sa personnalité juridique lui permettant ainsi de se transformer en société de droit hongrois.

59. Cet examen constituant le lien indispensable entre la procédure d'enregistrement dans l'État membre d'origine et celle dans l'État membre d'accueil, il n'en reste pas moins que, en l'absence de règles de droit de l'Union, la procédure d'enregistrement dans l'État membre d'accueil est régie par le droit de ce dernier qui détermine ainsi également, en principe, les preuves devant être apportées par la société sollicitant sa transformation attestant que les conditions compatibles avec le droit de l'Union et requises par l'État membre d'origine à cet égard sont remplies.

60. Or, une pratique des autorités de l'État membre d'accueil de refuser, de manière générale, de tenir compte des documents émanant des autorités de l'État membre d'origine lors de la procédure d'enregistrement risque de placer la société sollicitant sa transformation dans l'impossibilité de démontrer qu'elle s'est effectivement conformée aux exigences de l'État membre d'origine mettant ainsi en péril la réalisation de la transformation transfrontalière dans laquelle elle s'est engagée.

61. Il en résulte que les autorités de l'État membre d'accueil sont obligées, en vertu du principe d'effectivité, de tenir dûment compte, lors de l'examen d'une demande d'enregistrement d'une société, des documents émanant des autorités de l'État membre d'origine attestant que cette société s'est effectivement conformée aux conditions de celui-ci, pour autant qu'elles soient compatibles avec le droit de l'Union.

62. Eu égard à ce qui précède, il convient de répondre aux troisième et quatrième questions que les articles 49 TFUE et 54 TFUE doivent être interprétés, dans le contexte d'une transformation transfrontalière d'une société, en ce sens que l'État membre d'accueil est en droit de déterminer le droit interne pertinent à une telle opération et d'appliquer ainsi les dispositions de son droit national relatives aux transformations internes régissant la constitution et le fonctionnement d'une société, telles que les exigences concernant la préparation d'un bilan et d'un inventaire d'actifs. Toutefois, les principes d'équivalence et d'effectivité s'opposent, respectivement, à ce que l'État membre d'accueil

– refuse, pour des transformations transfrontalières, la mention de la société ayant sollicité la transformation en tant que « prédécesseur en droit » si une telle mention de la société prédécesseur au registre des sociétés est prévue pour des transformations internes et

– refuse de tenir dûment compte des documents émanant des autorités de l'État membre d'origine lors de la procédure d'enregistrement de la société. (...)

Par ces motifs, la Cour (troisième chambre) dit pour droit :

1) Les articles 49 TFUE et 54 TFUE doivent être interprétés en ce sens qu'ils s'opposent à une réglementation nationale qui, tout en prévoyant pour des sociétés de droit interne la faculté de se transformer, ne permet pas, de manière générale, la transformation d'une société relevant du droit d'un autre État membre en société de droit national au moyen de la constitution de cette dernière.

2) Les articles 49 TFUE et 54 TFUE doivent être interprétés, dans le contexte d'une transformation transfrontalière d'une société, en ce sens que l'État membre d'accueil est en droit de déterminer le droit interne pertinent à une telle opération et d'appliquer ainsi les dispositions de son droit national relatives aux transformations internes régissant la constitution et le fonctionnement d'une société, telles que les exigences concernant la préparation d'un bilan et d'un inventaire d'actifs. Toutefois, les principes d'équivalence et d'effectivité s'opposent, respectivement, à ce que l'État membre d'accueil

– refuse, pour des transformations transfrontalières, la mention de la société ayant sollicité la transformation en tant que « prédécesseur en droit » si une telle mention de la société prédécesseur au registre des sociétés est prévue pour des transformations internes et

– refuse de tenir dûment compte des documents émanant des autorités de l'État membre d'origine lors de la procédure d'enregistrement de la société.

Quiz

1) Sujet corrigé

Cas pratique

Énoncé

Tout juste diplômée d'une grande école de commerce, Sophie souhaite surfer sur la vague internet et créer sa société de jeux et paris sportifs en ligne. Elle sait que cette activité est en pleine expansion en Europe et que son projet a toute chance de réussir. Sophie a appris que, pour pouvoir exercer son activité, il lui faut une autorisation de l'État dans lequel elle souhaite proposer ses services. En débutant ses recherches, elle découvre qu'en Hongrie, la société hongroise des jeux vient de lancer une campagne publicitaire de plusieurs mois suite à la création de son nouveau site internet. Quelle opportunité pour Sophie, qui pense qu'elle doit absolument profiter de cette campagne publicitaire pour pénétrer le marché hongrois. Mais sa surprise est grande lorsqu'elle apprend que le gouvernement hongrois lui refuse son agrément. Elle décide de se tourner vers l'administration hongroise pour obtenir quelques explications. L'administration lui répond que son refus est parfaitement justifié, l'interdiction valant pour toutes les sociétés établies sur le territoire d'un autre État, ce, dans un souci de protection des consommateurs. L'objectif est en effet d'éviter que ces derniers ne tombent dans un mécanisme d'addiction aux jeux. Sophie reste sceptique face à ce raisonnement et vous demande conseil.

Voir le corrigé en fin de rubrique.

2) Corrigé

Cas pratique

Sophie souhaite ouvrir un site Internet pour des jeux et paris sportifs en ligne et entend proposer ce site en Hongrie. Or, pour pouvoir exercer cette activité, une autorisation de la part des autorités nationales est nécessaire. Sophie s'est vue refuser cette autorisation et entreprend de la contester.

Sophie peut tenter de dénoncer la conformité de la mesure nationale au droit de l'Union et, plus précisément, au droit primaire de l'Union. En l'absence de toute harmonisation, en effet, les réglementations nationales doivent respecter les dispositions du droit primaire consacrant les principes de libre circulation des marchandises, des personnes, des services et des capitaux. Le contrôle de la conformité des dispositions nationales au droit de l'Union appartient au premier chef aux juridictions nationales. Ces dernières peuvent éventuellement saisir la Cour de justice d'un recours préjudiciel en interprétation de façon à ce que la Cour fournisse au juge interne tous les éléments d'interprétation relevant du droit de l'Union, qui permettront au juge d'apprécier la compatibilité des normes de droit interne avec la réglementation européenne (v. par ex. CJCE 6 mars 2007, *Placanica e. a.*, C-338/04, C-359/04 et C-360/04, *Rec. CJCE* I-1891, point 36). Le système de coopération établi par l'article 267 TFUE (234 CE) est en effet fondé sur une nette séparation des fonctions entre les juridictions nationales et le juge de l'Union.

Sophie peut ainsi contester la conformité de la mesure hongroise au droit de l'Union devant les autorités hongroises. Dans la mesure où le refus émane d'une autorité administrative, Sophie peut contester ce refus devant l'autorité administrative hongroise compétente. Peut-être existe-t-il une autorité hongroise spécialisée dans les jeux et paris sportifs en ligne qui, si elle refuse de revenir sur le refus opposé à Sophie, saisira la juridiction administrative compétente.

Apprécier la conformité de la mesure hongroise au droit de l'Union suppose, au préalable, de déterminer quelle liberté de circulation est en cause : libre circulation des marchandises, des personnes, des services, des capitaux. Tandis que les libres circulations des marchandises et des capitaux peuvent être facilement écartées, il convient de s'interroger davantage sur les deux autres libertés.

S'agissant de l'applicabilité de l'article 49 TFUE, relatif au droit d'établissement, il est constant que Sophie souhaite que sa société exerce ses activités en Hongrie exclusivement par le biais d'Internet, sans passer par des intermédiaires situés sur le territoire hongrois et, dès lors, sans qu'un établissement principal ou secondaire soit créé en Hongrie. Or, l'application des règles du traité relatives au droit d'établissement est conditionnée par l'existence d'une relation commerciale conclue par un opérateur établi dans un État membre avec des opérateurs ou des intermédiaires établis dans l'État membre d'accueil qui doit impliquer la possibilité pour cet opérateur de participer, de façon stable et continue, à la vie économique dans cet État membre d'accueil et, ainsi, être telle qu'elle permette aux clients de bénéficier des services proposés au moyen d'une présence permanente dans cet État membre d'accueil. Tel n'est pas le cas en l'espèce, aucun élément ne laissant apparaître que Sophie pourrait avoir l'intention de s'établir en Hongrie. Les dispositions du traité relatives à la liberté d'établissement doivent donc être exclues.

S'agissant des dispositions relatives à la libre prestation de services, le traité retient que le service constitue une prestation fournie normalement contre rémunération dans la mesure où elles ne sont pas régies par les dispositions relatives à la libre circulation des marchandises, des capitaux et des personnes (art . 57 § 1 TFUE). Il ajoute que « le prestataire peut, pour l'exécution de sa prestation, exercer, à titre temporaire, son activité dans l'État membre où la prestation est fournie, dans les mêmes conditions que celles que cet État impose à ses propres ressortissants » (art. 57 § 2 TFUE). Il ressort de ces dispositions que doit être supprimée toute restriction à la libre prestation des services, même si cette restriction s'applique indistinctement aux prestataires nationaux et à ceux des autres États membres, lorsqu'elle est de nature à prohiber, à gêner ou à rendre moins attrayantes les activités du prestataire établi dans un autre État membre, où il fournit légalement des services analogues (CJCE 25 juill. 1991, *Säger*, C-76/90, *Rec. CJCE* I-4221). Il est constant que la réglementation d'un État membre qui interdit aux prestataires, tels que la société de Sophie, établis dans un autre État membre, de proposer des services sur le territoire dudit État par l'Internet constitue une restriction à la libre prestation des services garantie par l'article 56 TFUE (CJCE 6 nov. 2003, *Gambelli e. a.*, C-243/01, *Rec. CJCE* I-13031). Le juge de l'Union note en effet qu'imposer une autorisation pour les prestataires non résidents sur le territoire constitue une restriction à la liberté des résidents de l'État membre concerné de bénéficier, par l'Internet, de services offerts dans d'autres États membres.

La règlementation hongroise constitue ainsi une restriction à la libre prestation de services garantie par le traité.

Une semblable restriction peut cependant être justifiée par des motifs dont la Cour assure le contrôle. Une entrave à la libre prestation de services peut en effet être admise soit au titre des dérogations prévues par le traité – l'article 62 TFUE renvoie à l'article 52 TFUE, lequel prévoit des justifications liées à des raisons d'ordre public, de sécurité publique et de santé publique –, soit si elle est justifiée par une exigence impérieuse d'intérêt général identifiée par le juge de l'Union (CJUE 8 sept. 2009, *Liga Portuguesa de Futebol Profissional et Bwin International*, C-42/07, *Rec. CJUE* I-7633 ; CJUE 30 juin 2011, *Zeturf*, C-212/08, *Rec. CJUE* 5633), telle que la protection des destinataires des services concernés, la protection des consommateurs et la protection de l'ordre social, la prévention de la fraude et de l'incitation des citoyens à une dépense excessive liée au jeu (CJUE 8 sept. 2010, *Stoß et a.*, C-316/07, C-358/07 à C-360/07, C-409/07 et C-410/07, *Rec. CJUE* I-8069). Les États membres disposent à cet égard d'une importante marge d'appréciation, compte tenu des particularités d'ordre moral, religieux ou culturel ainsi que des conséquences moralement et financièrement préjudiciables pour l'individu et la société qui entourent les jeux de hasard et les paris. Aussi, les États membres demeurent libres de fixer les objectifs de leur politique en matière de jeux et, le cas échéant, de définir avec précision le niveau de protection recherché, sans que le système choisi par un autre État membre, et notamment l'État d'établissement du prestataire de services, puisse avoir d'incidence sur le niveau de protection retenu par l'État membre où s'exerce la prestation (CJCE 8 sept. 2009, *Liga Portuguesa*, préc.).

En l'espèce, les autorités hongroises ont refusé de donner une autorisation à Sophie dans un souci de protection du consommateur, afin d'écarter les organisations criminelles de ce type d'activité et afin d'éviter que les consommateurs ne tombent dans un mécanisme d'addiction aux jeux. Ces justifications ont été admises par la Cour dans son arrêt *Ligua Portuguesa* de 2009 (préc.).

Il est ainsi possible d'affirmer que les justifications avancées par les autorités hongroises relèvent des justifications admises par la Cour de justice. Cependant, ces restrictions doivent satisfaire aux conditions qui ressortent de la jurisprudence de la Cour en ce qui concerne leur proportionnalité. Ce contrôle de proportionnalité comporte trois étapes : le test d'aptitude, le test de nécessité et le test de proportionnalité *stricto sensu*.

Le test d'aptitude vise à s'assurer de l'aptitude de la norme à satisfaire l'objectif poursuivi par celle-ci. Pour être admise, la dérogation doit ainsi être apte à réaliser l'objectif invoqué par les autorités nationales, dès lors que les prestataires nationaux échappent à une telle réglementation. La détermination de l'adéquation de la mesure nationale est essentielle, car elle limite substantiellement le nombre de dispositions nationales susceptibles d'être déclarées conformes au droit de l'Union. La Cour insiste sur le fait qu' « une législation nationale n'est propre à garantir la réalisation de l'objectif invoqué que si elle répond véritablement au souci de l'atteindre d'une manière cohérente et systématique (CJCE 8 sept. 2009, *Liga Portuguesa*, préc.). Il s'agit d'un test de cohérence, par lequel la Cour apprécie la mesure nationale en cause dans le contexte national. Ainsi, dans l'arrêt *Gambelli* de 2003, la Cour a estimé qu'un monopole sur les jeux était incohérent compte tenu de la poursuite, par l'État italien, d'une politique de forte expansion du jeu dans le but d'obtenir des fonds.

En l'espèce, un opérateur national propose des jeux et des paris sportifs, vraisemblablement dans le cadre d'un monopole, et une campagne publicitaire a été lancée pour développer l'activité en ligne. On peut ainsi légitimement penser que la mesure hongroise manque de cohérence par rapport aux objectifs poursuivis : on ne peut prôner d'un côté la protection des consommateurs pour refuser à une société étrangère qu'elle exerce une activité de jeux et paris en ligne et, d'un autre côté, mettre en place une politique commerciale en faveur de l'activité de tels jeux et paris.

Le non-respect de ce test d'aptitude permet de conclure que la mesure litigieuse n'est pas conforme au droit de l'Union, sans qu'il soit nécessaire de mettre en œuvre les autres étapes du test de proportionnalité. Sophie devrait ainsi pouvoir aisément contester la mesure hongroise, en s'appuyant sur les dispositions du traité relatives à la libre prestation de services.

titre 2

La libre concurrence

Sur un plan formel, le traité – dans sa troisième partie consacrée aux politiques et actions internes de l'Union – réserve un long titre VII aux règles de concurrence. Et d'aborder successivement les règles applicables aux entreprises et les aides accordées par les États. On observera que si les articles concernés n'ont pas évolué dans leur rédaction, alors que ceux-ci venaient décliner l'affirmation initiale selon laquelle l'action de la Communauté comportait « un régime assurant que la concurrence n'est pas faussée dans le marché intérieur » (art. 3 § 1 g CE), ils traduisent désormais l'idée que l'Union « œuvre pour le développement durable de l'Europe fondé sur une croissance économique équilibrée [...] une économie sociale de marché hautement compétitive » (art. 3 TUE) ! Au-delà des variations terminologiques (et peut-être idéologiques), il s'agit d'un volet incontestablement majeur de la construction juridique européenne et nombreux sont ceux qui ont souligné combien l'effet modèle avait pu jouer : les États membres se dotant progressivement d'un droit interne de la concurrence fortement inspiré du modèle européen – ce qui n'est pas sans poser une question de coexistence de l'un et de l'autre – mais développant aussi quelques aspects qui leur sont propres et qui doivent donc être, pour l'instant, étudiés dans une perspective avant tout nationale. 262

La matière est par nature complexe. Il suffit de souligner qu'elle est très intimement liée à des analyses et des raisonnements de sciences économiques. Et le dialogue entre juriste et économiste n'est pas toujours aisé. Par ailleurs, elle est l'objet de modifications profondes (certains n'hésitent pas à parler de révolution) depuis quelques années qui conduisent à en obscurcir la compréhension. Ces réformes d'ampleur (essentiellement au plan européen mais aussi et plus rarement au plan interne) coexistent avec des modifications de circonstance dont la rationalité autant économique que juridique ne se laisse pas toujours aisément saisir. Dès lors, après avoir insisté sur certaines données générales essentielles pour approcher le droit de la concurrence tant européen qu'interne (chapitre 6), on abordera successivement les règles de fond applicables aux ententes entre entreprises (chapitre 7) puis celles applicables aux abus de position dominante (chapitre 8). Seront ensuite envisagées les concentrations (chapitre 9), les aides d'État (chapitre 10) pour terminer par quelques rapides observations relatives aux monopoles d'État et aux entreprises publiques (chapitre 11). 263

chapitre 6

Introduction générale au droit interne et européen de la concurrence

Plan analytique

Introduction générale au droit interne et européen de la concurrence

Le droit de la concurrence est susceptible de recevoir traditionnellement deux définitions très différentes. La première, extensive, propose de voir dans le droit de la concurrence l'ensemble des règles juridiques gouvernant les rivalités entre agents économiques dans la recherche et la conservation d'une clientèle. La seconde, plus restrictive, conçoit le droit de la concurrence comme l'ensemble des règles visant à éviter, et le cas échéant, à réprimer les pratiques de nature à fausser le jeu de la concurrence. Cette dernière définition semble la plus à même de répondre au contenu du droit européen de la concurrence alors que la première recouvre bien certaines données du droit interne de la concurrence. Le droit européen de la concurrence s'est, en effet, essentiellement développé à propos de pratiques anticoncurrentielles collectives ou individuelles au travers des articles 81 et 82 du traité CE (désormais art. 101 et 102 TFUE) qui insistent, l'un et l'autre, sur l'idée de fausser le jeu de la concurrence. Ce sont là ce que, par convention, on appellera les pratiques anticoncurrentielles ou encore « grand droit de la concurrence ». Le contrôle des concentrations, apparu explicitement plus tardivement, ne dément pas cette approche pas plus, d'ailleurs, que le volet consacré aux aides d'État. Et on retrouvera en droit interne des concepts et constructions proches (à l'exclusion, logique, du contrôle des aides d'État). 264

En revanche, en droit européen, les pratiques restrictives individuelles – qu'englobe la définition extensive – n'ont longtemps reçu que très peu d'écho, si ce n'est, un temps au travers d'une jurisprudence relative aux libertés de circulation (par ex. la revente à perte au travers du célèbre arrêt *Keck et Mithouard*, sur lequel, v. ss 153) ou comme manifestations ultimes d'une pratique anticoncurrentielle. La publication en juin 2005 d'une directive n° 2005/29/CE sur les pratiques commerciales déloyales (*JOUE* L 149 du 11 juin 2005) a pu paraître inaugurer une ère nouvelle, même s'il convient de bien garder à l'esprit que ce texte vise les seules pratiques commerciales déloyales des entreprises vis-à-vis des consommateurs. Il est d'ailleurs symptomatique de constater que la France a transposé cette directive dans le Code de la consommation (en ce sens L. 3 janv. 2008 et L. 4 août 2008) et non dans le Code de commerce, siège traditionnel des règles de concurrence (à l'exception notable, il est vrai, de la concurrence déloyale). On pourrait aussi citer d'autres initiatives comme la publicité trompeuse et la publicité comparative (Dir. 2006/114/CE) ou la lutte contre les retards dans les paiements récemment révisée (Dir. 2011/7/UE). Et, dernièrement, l'Union européenne s'est à nouveau attachée aux pratiques restrictives et, notamment, aux pratiques déloyales entre entreprises. On vise ici, le *Livre vert* que vient d'adopter la Commission européenne sur les pratiques commerciales déloyales interentreprises (*Livre vert sur les pratiques commerciales déloyales dans la chaîne d'approvisionnement alimentaire et non-alimentaire interentreprises en Europe*, COM (2013) 37 final, 31 janv. 2013). Si le champ matériel est restreint, il se confirme bien que cette branche – que d'aucuns qualifient de « petit droit de la concurrence » – n'échappe plus à l'intervention européenne. Doit- 265 on, dès lors, y consacrer de substantiels développements dans un titre concernant le droit de la concurrence ? Deux arguments militent pour une réponse négative. La première, d'ordre conceptuel, tient à la considération que le droit de la concurrence – dans sa perspective européenne et interne – est un droit du marché, du bon fonctionnement du marché. Tel n'est pas le cas de ce corps de règles attaché aux pratiques déloyales qui s'intéresse exclusivement à la rivalité entre concurrents sans se soucier des éventuelles conséquences en termes de fonctionnement du marché. La seconde, d'ordre technique, conduit à devoir insister sur le fait que les pratiques commerciales déloyales, les délais de paiement ou la publicité comparative, s'ils renvoient au titre IV sur les pratiques restrictives de concurrence du Livre IV du Code de commerce (mais, comme on l'a vu, pas toujours), ce qui explique qu'on les rattache en France au droit de la concurrence pour des raisons de nature formelle, empruntent en réalité à la finalité même du droit des obligations, droit du contrat, droit de la responsabilité. Faut-il ici souligner que notre pays se singularise en considérant que la protection des « économiquement faibles » relève de la sphère du droit de la concurrence, lui assignant donc une finalité autre que celle communément admise qui réside dans le bon fonctionnement du marché ? Il n'a, ainsi, jamais été démontré que, par exemple, la revente à perte et la discrimination tarifaire ou contractuelle sont toujours de nature à affecter la concurrence. Il est d'ailleurs symptomatique de constater que cette analyse est partagée par la Commission européenne qui, dans son Livre vert précédemment évoqué, lorsqu'elle s'attache à comprendre la notion de pratiques commerciales déloyales (clauses contractuelles ambiguës ou rupture abusive des relations commerciales visée par l'article L. 442-6 du Code de commerce) estime que celles-ci trouvent en réalité leur origine dans le déséquilibre contractuel entre les parties. Comme certains auteurs le soutiennent, il reste donc à espérer que sous l'influence du droit européen, le droit français reviendra à davantage d'orthodoxie et rendra au droit des obligations ce qui n'a que faire en droit de la concurrence... Toujours est-il qu'on trouvera là la justification de ce que ce manuel ne traitera que du « grand droit de la concurrence », c'est-à-dire que des règles internes et européennes visant à éviter, et le cas échéant, à réprimer les pratiques de nature à fausser le jeu de la concurrence. Ainsi, pour l'étude exhaustive des autres aspects (pratiques commerciales déloyales et concurrence déloyale, il sera renvoyé aux principaux manuels adoptant une entrée davantage interne qu'européenne de la matière).

■ 266 D'inspiration libérale, la construction économique européenne a fait le choix, dès l'origine, de l'économie de marché reposant sur l'ordre concurrentiel. Rappelons que cela n'était pas évident à une époque où le dirigisme, à tout le moins, l'interventionnisme étatique étaient des modèles répandus et vénérés par certains. Et tous les États membres ont peu ou prou emboîté le pas, parfois assez tardivement comme la France qui ne s'est dotée en réalité d'un droit moderne de la concurrence qu'en 1986 ! Dans cette optique, et peut-être encore plus qu'en matière de libre circulation, le droit vient au soutien d'une politique (section 1) dont les acteurs (section 2) doivent être présentés. Il convient aussi de s'attacher à la délicate question du champ d'application dans l'espace de ce droit de la concurrence (section 3).

section 1

La politique de concurrence

Si l'on repart du texte du traité CEE, puis CE, il est possible de bien comprendre la 267
place qu'occupe depuis l'origine la concurrence dans la construction communautaire. L'article 3 CE disposait que l'action de la Communauté comporte « un régime assurant que la concurrence n'est pas faussée dans le marché intérieur ». La proposition est ensuite réaffirmée à l'article 4, selon lequel, « l'action des États membres et de la Communauté [est] conduite conformément au respect du principe d'une économie de marché ouverte où la concurrence est libre ». Elle est enfin déclinée, au titre de la troisième partie du traité intitulée « les politiques de la Communauté » dans un chapitre consacré aux règles de concurrence selon deux axes : les règles applicables aux entreprises (art. 81 à 86 CE) et les aides accordées par les États (art. 87 à 89). On peut donc effectivement affirmer qu'il existe dès les premiers temps une politique de concurrence européenne dont la référence expresse au marché intérieur et l'adjectif « libre » ne sont pas sans conséquences. Le TUE et le TFUE, malgré certaines apparences, ne remettent pas fondamentalement en cause cette longue « tradition ». Certains mots et expressions ont cependant été « bannis » du corps du texte pour être repris dans un protocole (n° 27) sur le marché intérieur et la concurrence. C'est d'économie « compétitive » qu'il est désormais question !

La référence au marché commun ou marché intérieur ne saurait surprendre si l'on 268
retient que le droit de l'Union est avant tout un facteur de promotion du marché. Tout comme la libre circulation, la libre concurrence est un instrument devant contribuer à la création de ce marché intérieur, et donc, aboutir à « un développement harmonieux, équilibré et durable des activités économiques » (art. 2 CE). Ce constat est important à un double titre.

D'une part, et peut-être davantage qu'en matière de liberté de circulation, le droit de 269
la concurrence est un ensemble de dispositions juridiques au soutien d'une politique économique. Cette remarque est essentielle en ce sens que la règle de droit de la concurrence a bien une double dimension : tout à la fois norme de comportement et norme économique. La conséquence concrète de cette observation est que la mobilisation des dispositifs juridiques concurrentiels européens répond avant tout à une volonté politique qu'incarnent le Conseil et la Commission. Un même constat peut être formulé au plan interne. Il est symptomatique de relever que la mise en œuvre des deux volets du droit de la concurrence a connu des périodes successives qui peuvent être assez aisément caractérisées et qui traduisent le fait que son évolution est fonction des objectifs et des priorités de la politique économique. Ainsi, au plan européen, dans un premier temps, les autorités (la Commission) se sont attachées aux seules entreprises et, singulièrement, aux secteurs de la production et de la distribution des produits. Le droit de la concurrence (et singulièrement le droit des ententes) s'est focalisé sur les modalités de *distribution exclusive*[Q] ou de *distribution sélective*[Q], intervenant, dès lors, aux côtés des règles propres à la libre circulation des marchandises pour permettre une traduction effective d'un marché sans frontières intérieures. Dans un deuxième temps, inauguré au début des années 1990, le contrôle

des concentrations a occupé le devant de la scène. Après un peu plus de dix ans de pratique, une réforme a été engagée dont les premières manifestations sont désormais perceptibles. Dans un troisième temps, l'intervention de l'État (monopoles étatiques, entreprises publiques, aides d'État, etc.) a retenu et continue à retenir l'attention de l'autorité de la concurrence et traduit des préoccupations particulières autour de la notion de service d'intérêt économique général (SIEG). Des textes nouveaux ont été adoptés et des décisions emblématiques prononcées. Ces différentes périodes, ces différents aspects sont aujourd'hui tributaires de la réorientation de fond que connaît le droit de la concurrence du fait de l'élargissement massif intervenu en 2004. Tirant les enseignements de la pratique mais aussi de certains avertissements émanant d'arrêts du TPI ou de la CJCE, à l'époque, la politique de concurrence a été repensée. Non pas tant sur ses objectifs (même si l'on pourrait soutenir que l'objectif de réalisation du marché intérieur est atteint) que sur les moyens de mise en œuvre de cette politique. Sur ce point, le traité sur le fonctionnement de l'Union européenne s'est accompagné de la disparition d'une formule qui a pu être accusée d'être à l'origine du rejet du traité constitutionnel. Au-delà du symbole, la permanence des objectifs initiaux peut être illustrée par le fait que certains secteurs qui, jusque-là, n'avaient que peu retenu l'attention du droit de la concurrence sont en voie d'y être confrontés. Un exemple permet de bien le percevoir. Depuis environ dix ans, la Commission s'intéresse à la soumission des professions libérales au droit de la concurrence. Les services de ces professions réglementées représentent une valeur économique certaine. Or, ces professions ont en commun, dans la plupart des États membres, d'être très organisées : l'organisation étant perceptible tant sous l'angle de l'accès (par ex. par un numerus clausus) que de l'exercice (par ex. par un monopole en terme d'actes). Des ordres professionnels, dont le statut est complexe, existent. Dans un premier temps, la Commission a adopté quelques décisions sur le fondement de l'article 81 CE par lesquelles elle a pu considérer que des règles professionnelles édictées par ces ordres constituaient des décisions d'associations d'entreprises au sens de l'article 81 CE. Puis, les professions libérales ont fait l'objet de développements dans le cadre du Rapport annuel ou de prises de position explicites du Commissaire chargé de la concurrence ainsi que du Directeur général de la concurrence. Quelques arrêts intéressants ont ensuite été prononcés par le TPI et la CJCE qui, non sans quelques adaptations, sont venus confirmer le principe de la soumission des professions libérales et des ordres professionnels au droit de la concurrence. Le point majeur de cette emprise progressive de la concurrence a été la publication en mars 2003 d'une étude consacrée à l'impact économique de la réglementation relative aux professions libérales dans différents États membres par la DG Concurrence immédiatement suivie d'un appel à consultation dont l'objet était de recueillir les opinions des intéressés dans l'optique d'envisager l'adoption d'instruments européens permettant de réformer un régime dont la commission semble penser, qu'en l'état actuel, il n'est pas suffisamment efficient pour protéger l'intérêt général... Retenant deux indices de réglementation (dénommés « IHS »), la Commission met en avant le haut degré de réglementation de ce marché (l'indice le plus élevé étant caractérisé pour la profession des pharmaciens d'officine) et, en raison de « l'accaparement » qui en découle, propose de se tourner vers une logique de « certification » qui permettrait de satisfaire les exigences d'intérêt général sans pour autant maintenir les barrières existantes... Cette démarche a suscité de vives réactions de la part des professions concernées. Il n'en demeure pas moins que la Commission poursuit son œuvre en la matière, ainsi que l'attestent, d'une part, la publication d'un Rapport sur la concurrence dans le secteur des professions libérales en février 2004 (COM[2004] 83 final, 9 févr. 2004), d'autre part, la condamnation au titre de l'article 81 § 1 CE du Conseil national de l'Ordre des architectes belge en raison de l'adoption d'un barème d'honoraires minimaux (Décis. 2005/8, *JOUE* L 4, 6 janv. 2005). Tout au plus cette décision est-elle l'occasion de rappeler avec la Commission européenne qu'une décision d'association d'entreprises n'enfreint pas l'article 101 § 1 TFUE si, malgré ses effets restrictifs de la concurrence qui lui sont inhérents, elle est nécessaire pour garantir le bon exercice de la profession, telle qu'elle est organisée par l'État membre concerné. Un même esprit guide la diffusion de différentes recommandations dans le cadre du Programme 2020 qui, se rattachant indifféremment à la libre circulation et au droit des pratiques anticoncurrentielles, invitent les États membres à poursuivre dans la voie de la « déréglementation » des professions libérales, soutenue en cela par de nouveaux arrêts de la Cour de justice (v. par ex. CJUE 28 févr. 2013, *Ordem dos Tecnicos Oficiais de contas*, aff. C-1/12, nep). On observera que *mutatis mutandis* la France s'est inscrite dans la même voie, notamment en s'appuyant sur les conclusions de la célèbre Commission Attali pour la libération de la croissance française de 2008... Et l'autorité de la concurrence prononce désormais régulièrement des sanctions à l'encontre d'ordres professionnels (Décis. 13-D-14 du 11 juin 2013 relative à des à des pratiques mises en œuvre dans le cadre de relations entre des vétérinaires et les sociétés protectrices des animaux (SPA) en région Alsace).

D'autre part, et fort de l'enseignement des théoriciens libéraux pour qui la concur- 270
rence pure et parfaite n'est vérifiable « qu'en de rares circonstances » (F. A. Hayek, *Droit, législation et liberté*, PUF, coll. « Quadrige », 1995, vol. 3, p. 77 ; v. ss la rubrique « Documents »), la politique de concurrence européenne s'est attachée à une « concurrence-moyen » ou encore « concurrence praticable » (*workable competition*). L'idée est que l'Union ne recherche pas la concurrence en elle-même, mais plutôt le niveau de concurrence de nature à permettre le bon fonctionnement du marché intérieur. C'est d'ailleurs ce que confirme la lettre de l'article 4 CE déjà évoqué et que reprend désormais l'article 119 TFUE, sans que l'on soit en mesure de tirer des conséquences du déplacement formel au sein du traité ainsi opéré. Comme la Cour de justice l'a affirmé dans un arrêt fondamental, la « concurrence praticable » se présente comme « la dose de concurrence nécessaire pour que soient respectées les exigences fondamentales et atteints les objectifs du traité, et, en particulier, la formation d'un marché unique réalisant des conditions analogues à celles d'un marché intérieur » (CJCE 25 oct. 1977, *Metro*, aff. 26/76, *Rec. CJCE* 1875). La logique ainsi affirmée emporte deux conséquences qu'il convient de présenter.

En premier lieu, dans certaines hypothèses, et bien que le droit de la concurrence ait 271
vocation à être appliqué, les autorités ne le mettront pas en œuvre car l'atteinte au marché intérieur n'est pas suffisamment perceptible. C'est ici souligner que le droit de la concurrence est tributaire de la caractérisation de l'effet sensible de la restriction de concurrence. Cet aspect peut être perçu au travers d'une Communication de la Commission sur les accords d'importance mineure dite « Communication *de minimis* » (*JOCE* C 368 du 22 déc. 2001). Tirant les conséquences de la jurisprudence de la Cour (CJCE 21 janv. 1999, *Bagnasco*, aff. C-215/96 et C-216/96, *Rec. CJCE* I-161), la Commission a procédé à la quantification par seuils de parts de marché (on parle de *seuil de sensibilité*[Q]) les accords qui ne provoquent pas de restriction sensible de la

concurrence et, dès lors, échappent à la prohibition posée par l'article 101 § 1 TFUE en matière d'ententes. Par exemple, elle considère qu'échappent à l'application de ce dernier article les *accords horizontaux*[Q] qui ne dépassent pas 10 % de la part de marché cumulée détenue par les parties et les *accords verticaux*[Q] qui ne dépassent pas 15 % de la part de marché.

■ 272 En second lieu, dans certaines hypothèses, les prohibitions ne sont pas appliquées car rachetées. En d'autres termes, un traitement de faveur peut être accordé à certains comportements anticoncurrentiels. Dans l'optique de l'édification du marché intérieur, il va apparaître qu'au-delà du système binaire (prohibition – exemption) prévu, par exemple, en matière d'entente, une certaine place est accordée à une règle de raison ou à une application proportionnée des règles de concurrence. Bien que contestée dans son existence, la *règle de raison*[Q] conduit les autorités de la concurrence à accorder un traitement favorable à certains accords en l'appréciant au regard de leurs effets bénéfiques dans le seul contexte de l'article 101 § 1 TFUE. Cet « assouplissement » sera discuté plus en avant lors de l'étude particulière des ententes (v. ss 312). Par ailleurs, le jeu de l'article 106 § 2 TFUE offre un autre exemple de ce que la règle de la concurrence n'est mise en œuvre que pour autant qu'elle conduit à faciliter le bon fonctionnement du marché. Dans le cas inverse – l'application de la règle de concurrence déstabiliserait le marché –, elle n'est pas mise en œuvre. C'est le postulat retenu à propos des entreprises chargées d'un service d'intérêt économique général au sort desquelles la Commission européenne a consacré un Livre blanc en mai 2004 (COM[2004] 374 final) et qui suscitent une attention particulière depuis.

■ 273 Dire, comme l'article 4 CE ou l'article 119 TFUE que la concurrence européenne est « libre » appelle une observation. À la suite d'éminents auteurs (C. Lucas de Leyssac, G. Parléani, *Droit du marché*, PUF, 2002), le juriste est bien obligé de rappeler que « la concurrence n'est pas libre. Elle est encadrée par le droit qui arbitre entre les avantages qu'elle procure et les inconvénients qui en résultent dans l'ordre économique ». Il ne peut qu'être constaté que les rapports entre le droit et la concurrence sont multiples et d'ordres différents. Si l'on suit la typologie proposée par ces mêmes auteurs et si on l'envisage sous l'angle strictement européen, on trouvera effectivement des hypothèses où la règle de droit permet ou stimule la concurrence européenne (par ex. au travers du contrôle des concentrations de niveau européen), des hypothèses où la règle de droit protège la concurrence européenne (par ex., par la prohibition absolue de certaines clauses contractuelles dans les rapports entre producteurs et distributeurs au travers des règlements d'exemption), des hypothèses où la règle de droit limite ou interdit la concurrence européenne (par ex., en présence d'entreprise en charge d'un service d'intérêt économique général).

■ 274 Une dernière observation générale mérite d'être formulée. L'émergence avérée d'une véritable politique de la concurrence européenne a posé et pose toujours la question de sa coexistence avec les politiques nationales. Comment justifier le maintien d'une politique et d'un droit européen de la concurrence et d'une politique et d'un droit national de la concurrence ? Autant, la question ne méritait que peu d'attention à l'époque où les droits nationaux étaient embryonnaires, autant elle est essentielle aujourd'hui alors que les États membres se sont tous dotés d'un dispositif concurrentiel performant, et le renforcent année après année. Certes la délimitation assez nette des domaines respectifs de l'un et l'autre, la relative concordance des choix exprimés par l'un et par l'autre rendent les risques de conflits limités. Mais la superposition des niveaux complique tout de même la vie des opérateurs économiques. Au surplus, est-elle encore justifiée alors que l'achèvement du marché intérieur est affirmé ? Cette question qui a été très présente en filigrane lors des discussions consécutives à la publication du *Livre blanc sur la modernisation du droit communautaire de la concurrence* (*JOCE* C 132 du 12 mai 1999) a connu une réponse nette : les États membres ne souhaitent pas abandonner leurs prérogatives en cette matière, confirmant par là même le caractère éminemment politique de la concurrence. Il n'en demeure pas moins que la jonction se fait aujourd'hui, au moins dans les esprits si ce n'est dans les pratiques, comme en atteste la ligne « politique » suivie par l'Autorité de la concurrence depuis l'entrée en application des différents textes élaborés en 2008 et ont fortement redessiné le paysage de la concurrence en France.

section 2

Les acteurs de la concurrence

Le droit de la concurrence, ayant pour objet d'empêcher et de réprimer des pratiques de nature à fausser le jeu de la concurrence, confie cette mission à plusieurs acteurs. 275
Plus précisément, différentes autorités et juridictions vont être susceptibles de répondre à cet objectif. Les institutions (§ 1), qu'elles soient européennes ou nationales, jouent donc un rôle déterminant dans la mise en œuvre de ce droit de la concurrence de l'Union. Mais, et c'est plus original, on ne peut ignorer que les opérateurs économiques – au premier rang desquels – les entreprises (§ 2) sont aussi associées à cette mise en œuvre.

§ 1 Les institutions

Deux institutions européennes ont reçu des pouvoirs importants en matière de droit de la concurrence : la Commission – plus précisément, sa Direction Générale Concurrence – (A) et la Cour de justice de l'Union européenne – à laquelle il convient d'associer le Tribunal de première instance – (B). Les décisions de la première, les arrêts de la seconde ont progressivement dessiné les contours du droit européen de la concurrence, complétant utilement et même suppléant les textes, qu'ils soient de droit originaire ou de droit dérivé (l'exemple caractéristique pouvant être donné par le volet des aides accordées par les États, longtemps exclusivement de nature décisionnelle et jurisprudentielle). On présentera brièvement et sous cet angle particulier l'une et l'autre, renvoyant à ce qui a déjà été écrit pour le surplus. Mais le tableau serait incomplet si l'on n'évoquait pas le rôle important – et désormais déterminant – joué par les autorités et juridictions nationales chargées du droit de la concurrence, aussi bien du droit interne que du droit européen de la concurrence (C). 276

A. La Commission (DG Concurrence)

277 La DG Concurrence est donc l'acteur principal de la concurrence européenne et son organisation traduit bien ses domaines de compétence. Il est remarquable de constater qu'elle cumule à la fois un pouvoir de réglementation (elle initie certains projets qui seront adoptés par le Conseil ou adopte, elle-même, certains règlements d'application, lignes directrices et autres communications) et des fonctions d'instruction et de répression (par ex. en matière d'entente). Cette multiplicité des missions a été très critiquée il y a quelques années au point de proposer une scission entre la fonction normative et la fonction de sanction. Si la proposition n'a pas été traduite dans les faits, elle n'en a pas moins amené la DG Concurrence à apporter des modifications à son mode de fonctionnement. Par exemple, et pour mettre fin (en partie, seulement) au grief de partialité qui a pu être exprimé, le « *conseiller-auditeur*[Q] » a été créé. Ce haut fonctionnaire indépendant est chargé d'organiser les auditions dans les procédures de concurrence engagées par la DG Concurrence et d'en assurer le bon déroulement. Sont ainsi assurés le caractère objectif de l'audition et le respect des droits de la défense des parties. Le conseiller-auditeur a aussi pour mission de résoudre les différents opposant les services de la Commission aux parties concernées qui portent sur le caractère confidentiel des documents et sur le droit d'accès au dossier dont peuvent se prévaloir une ou plusieurs parties pour préparer leur défense. Il rédige un rapport à destination de la Commission qui est joint à la décision prise et publié au *Journal officiel* (en ce sens, décision de la Commission du 23 mai 2001 relative au mandat des conseillers-auditeurs dans certaines procédures de concurrence, *JOCE* L 162 du 19 juin 2001). De même, la Commission est assistée de différents comités techniques. Au-delà, le développement progressif des mécanismes de clémence ou, plus récemment, des transactions fait de la Commission un interlocuteur direct des entreprises dont il a été indiqué par Madame Neelie Kroes, lorsqu'elle était commissaire à la concurrence, que « convaincues que la Commission est en mesure de prouver leur participation à une entente, les entreprises bénéficieront également de décisions plus rapides et d'une réduction des amendes ».

278 La réforme du droit européen de la concurrence au début des années 2000 s'est accompagnée aussi d'une réorganisation de l'institution, ne serait-ce qu'en raison de l'évolution sensible de ses missions. Par ailleurs, il ne faut pas oublier l'élargissement à dix nouveaux États membres. Par exemple, en mai 2003 est intervenue une restructuration en profondeur des services de la DG Concurrence en insistant sur une organisation par secteur économique concerné et en tenant compte de la nécessité de dialoguer avec les autorités nationales de la concurrence dont le rôle s'accroît notablement. Ce choix « tactique » a été poursuivi avec la création d'une direction consacrée exclusivement aux cas de cartels et le recours privilégié à la logique d'enquêtes par secteur (ce qui a trouvé traduction avec des enquêtes dans le secteur de l'assurance, de la banque ou de la fabrication de médicaments génériques). Ainsi, la DG Concurrence porte-t-elle ses efforts sur le contrôle des concentrations – qui reste de sa compétence exclusive ou presque – et réoriente l'activité de ses Directions sectorielles dans le sens de la coopération avec les autorités et juridictions nationales.

B. La Cour de justice et le tribunal

À l'occasion des recours en annulation des décisions de la Commission, dans le cadre des pourvois contre les arrêts du tribunal, la juridiction européenne est amenée à se prononcer de manière très constructive en matière de droit de la concurrence. Sans chercher à brosser un tableau exhaustif de l'œuvre de la CJUE en droit de la concurrence, deux axes remarquables doivent être relevés. 279

Le premier axe tient au rôle joué par la juridiction européenne dans l'application effective du droit de la concurrence. Selon la logique de pragmatisme bien connue du droit de l'Union, le traité et le droit dérivé utilisent des notions imprécises de nature à éviter de tomber dans la contrainte des qualifications juridiques. Cela paraît d'autant plus souhaitable en matière de concurrence. Très naturellement, la juridiction européenne vient dessiner les contours de ces notions sans pour autant toujours aboutir à une définition précise. Pour ne prendre que l'exemple du volet consacré aux aides d'État, ce dernier a d'abord et avant tout été créé par le juge qui, en consacrant la notion d'« investisseur privé », a permis d'approcher le concept même d'aide. Le second axe tient au rôle joué par la juridiction européenne dans l'inflexion des pratiques de la Commission en matière de concurrence. La CJUE a annulé différentes décisions de la Commission, à tout le moins minorer les amendes prononcées par elle, en raison du non-respect par cette dernière des conditions exigées pour qu'elle puisse les infliger. La Commission a, alors, adopté des Lignes directrices pour le calcul des amendes infligées dans le cadre du règlement n° 17/1962 (*JOCE* C 9 du 14 janv. 1998) où sont rappelées les exigences tirées de la gravité et de la durée de l'infraction, mais aussi, où sont précisées les notions de circonstances aggravantes ou atténuantes. De nouvelles lignes directrices ont été publiées depuis (*JOUE* C 210 du 1er sept. 2006, p. 2). De même, parce que le tribunal a pu fustiger certaines analyses économiques de la Commission dans le cadre du contrôle des concentrations de niveau européen, cette dernière a été amenée à revoir sa copie et à réorganiser ses services. 280

C. Les autorités et juridictions nationales chargées de la concurrence

Sans attendre la traduction concrète du mouvement de décentralisation du droit européen de la concurrence qu'illustre le règlement (CE) n° 1/2003, les autorités et juridictions nationales ont entendu jouer un rôle majeur dans la mise en œuvre de ce droit, notamment à l'égard des entreprises et, ce, aux côtés de la mise en œuvre du droit national de la concurrence qui leur appartient. La situation est cependant contrastée à plus d'un titre. Ainsi, le droit originaire énonce-t-il de manière expresse que la nullité d'un accord qualifié d'entente relève de l'ordre national. Par ailleurs, la jurisprudence a affirmé de longue date l'étroite collaboration entre autorité nationale, juridiction nationale et autorité européenne. Cette jurisprudence – et ses conséquences pratiques, surtout – a été reprise dans une importante Communication du 13 février 1993 relative à la coopération entre la Commission et les juridictions nationales pour l'application des articles 85 et 86 [désormais art. 101 et 102 du traité] (*JOCE* C 39 du 13 févr. 1993), ainsi que dans une Communication du 15 octobre 1997 relative à la coopération entre la Commission et les autorités de concurrence des États membres pour le traitement d'affaires relevant des articles 85 et 86 [désormais 281 art. 101 et 102] du traité (*JOCE* C 318 du 15 oct. 1997). Ces deux textes sont aujourd'hui remplacés par deux communications du « paquet modernisation » adopté afin de favoriser la mise en œuvre du règlement (CE) n° 1/2003 : la Communication de la Commission relative à la coopération au sein du réseau des autorités de concurrence et la Communication de la Commission sur la coopération entre la Commission et les juridictions nationales pour l'application des articles 81 et 82 du traité CE (*JOUE* C 101 du 27 avr. 2004). Les uns et les autres seront étudiés dans le cadre du 3e titre de ce manuel. Signalons simplement que les autorités de la concurrence des États membres sont compétentes pour appliquer les articles 101 et 102 TFUE tant que la Commission n'a pas engagé de procédure. En revanche, l'engagement d'une procédure devant la Commission prive les autorités des États membres de toute possibilité d'appliquer l'article 101 § 1 et 102 TFUE (CJCE 30 janv. 1974, *BRT c. SABAM*, aff. 127/73, *Rec. CJCE* 51). La refonte complète du paysage institutionnel français de la concurrence avec la création d'une autorité unique (l'Autorité de la concurrence) par la loi du 4 août 2008 s'explique aussi par la réforme européenne. Par exemple, et de manière symbolique, l'ordonnance du 13 novembre 2008 portant modernisation de la régulation de la concurrence est l'occasion de traduire dans les faits le réseau des autorités nationales instauré par le règlement (CE) n° 1/2003 en prévoyant que « dans le cas où les investigations sont menées au nom ou pour le compte d'une autorité de concurrence d'un autre État membre [...] le rapporteur général de l'Autorité de concurrence peut autoriser des agents de l'autorité de concurrence de l'autre État membre à assister les agents [français] ».

■ 282 Si l'on s'attache ensuite aux juridictions françaises, une brève observation peut être formulée. Les juridictions judiciaires, mais encore administratives dans une certaine mesure, sont amenées à connaître du droit européen de la concurrence comme du droit national de la concurrence, et pas uniquement dans une logique indemnitaire bien que cette dernière devienne prépondérante, du moins dans les textes (v. en ce sens et, d'une certaine manière, concurremment le Projet de loi relatif à la consommation du 2 mai 2013 et le paquet « private enforcement » de la Commission européenne du 11 juin 2013). La décentralisation d'application des articles 101 et 102 TFUE renforce cette affirmation au point, d'ailleurs, qu'elle a conduit tant le Conseil de la concurrence (désormais remplacé par l'Autorité de concurrence) que les juridictions, notamment consulaires, à devoir s'adapter à une mission désormais évidente et, ce, non sans difficultés réelles comme l'attestent pour ces dernières les premières décisions prononcées sous l'empire du règlement (CE) n° 1/2003. Ainsi, pour les juridictions judiciaires, un mouvement de spécialisation – dont il y aurait beaucoup à dire – a été enclenché qui débouche sur la désignation de huit tribunaux de grande instance et huit tribunaux de commerce pour connaître, en France, des demandes relatives aux articles 101 et 102 TFUE (Décr. n° 2005-1756 du 31 déc. 2005).

§ 2 Les entreprises

■ 283 On précisera plus en avant la notion d'entreprise dans la suite de cet ouvrage (v. ss chapitre 7). Mais il faut dès maintenant relever que les entreprises jouent un rôle essentiel dans la politique de concurrence européenne ou nationale. Naturellement, elles sont visées en tant que destinataires de telles ou telles dispositions du traité originaire ou du Code de commerce qui évoquent expressément « les règles applicables aux entreprises ». Mais, et c'est plus original, plusieurs textes ainsi que la pratique décisionnelle de la Commission, de l'ADLC ou la jurisprudence de la CJUE insistent sur ce qu'il est convenu d'appeler la « participation active » des entreprises. Cette idée est particulièrement perceptible dans le cadre des enquêtes de concurrence que la Commission peut être amenée à effectuer. Que ce soit sous l'empire du règlement n° 17/1962 ou du règlement n° 1/2003, il doit être relevé que les entreprises sont tenues de collaborer activement avec la Commission sous la seule réserve de l'auto-incrimination. Cette logique est poussée à son terme par la véritable « *politique de clémence*[Q] » que promeut la Commission depuis quelques années (reprise en droit interne à la faveur de la loi NRE de mars 2001 et développée depuis) ou encore par l'instauration d'une procédure de transaction en 2008 sur lesquelles nous reviendrons. Il s'agit, dans la première hypothèse, pour la Commission d'accorder une réduction totale ou partielle du montant des amendes infligées aux entreprises qui coopèrent avec elle dans le cadre d'enquêtes sur des ententes. Il s'agit, dans la seconde hypothèse, d'accorder une réduction d'amende de 10 % aux entreprises qui reconnaissent leur participation à l'entente.

La lecture de la Communication de la Commission sur l'immunité d'amendes et la réduction de leur montant dans les affaires portant sur des ententes (*JOCE* C 45 du 19 févr. 2002 et, depuis, *JOUE* C 298 du 8 déc. 2006) permet de bien comprendre en quoi les entreprises coopèrent à la réalisation des objectifs de la politique de concurrence. Il suffit de citer cet extrait : « la Commission estime qu'il est de l'intérêt de la Communauté de faire bénéficier d'un traitement favorable les entreprises qui coopèrent avec elle. Le bénéfice que tirent les consommateurs et les citoyens de l'assurance de voir les ententes secrètes révélées et interdites est plus important que l'intérêt qu'il peut y avoir à sanctionner pécuniairement des entreprises qui lui permettent de découvrir et de sanctionner de telles pratiques ». L'efficacité du mécanisme ainsi instauré paraît incontestable. D'une part, et de manière préventive, il y a là un moyen de dissuader des partenaires économiques de s'entendre en créant un climat de suspicion entre les opérateurs (l'une des entreprises ne risque-t-elle pas, parce qu'elle y a intérêt, de « donner » son ou ses partenaires ?). D'autre part, il y a là un moyen très efficace d'obtenir – à moindre coût – les preuves de l'entente et sa condamnation. Mais on ne peut s'empêcher de s'interroger sur certains effets pervers possibles (mode d'élimination officielle de ses concurrents)... Il n'en demeure pas moins qu'après quelques années de fonctionnement, la politique de clémence semble bien répondre aux objectifs qui sont les siens et être acceptée si ce n'est plébiscitée par les entreprises. 284

section 3

Le champ d'application dans l'espace du droit de la concurrence

Aborder le champ d'application dans l'espace du droit de la concurrence suppose, primauté oblige, d'envisager d'abord celui du droit européen de la concurrence et de répondre à une question simple : quand ce droit s'applique-t-il ? Si la question est 285 simple, la réponse l'est beaucoup moins, malgré les apparences. En effet, de prime abord, les données peuvent paraître évidentes car faisant référence au marché intérieur. Le droit européen de la concurrence est applicable dès lors que la pratique en cause est, pour reprendre par exemple le texte de l'article 101 TFUE, susceptible « d'affecter le commerce entre États membres et [...] de restreindre ou de fausser le jeu de la concurrence à l'intérieur du marché commun ». Mais en réalité, la situation est pour le moins contrastée. On le comprend si l'on admet que la concurrence européenne se présente à un niveau régional, intermédiaire entre l'international et le national. En d'autres termes, la détermination du champ d'application du droit européen de la concurrence ne peut procéder que d'un examen de ce dernier dans ses rapports avec le droit des États tiers (§ 1) puis avec les États membres (§ 2).

§ 1 Droit européen de la concurrence et droit des États tiers

■ 286 L'internationalisation des échanges est une réalité palpable, notamment en matière de concurrence. À défaut d'un droit de la concurrence international, les enjeux se situent au niveau d'entités régionales et passent par une coopération internationale entre autorités de la concurrence. Différents principes sont alors mis en œuvre qui permettent d'assurer tout à la fois la coexistence des règles de concurrence entre elles et de favoriser leur application.

■ 287 La coopération internationale dans le domaine de la politique de concurrence peut être bilatérale ou multilatérale. Elle s'exerce le plus souvent d'une manière informelle, mais prend parfois l'aspect d'accords de coopération. Dans tous les cas, cette coopération vise à l'échange d'informations sur des affaires individuelles en matière d'entente ou de concentration qui présentent un intérêt commun pour les autorités respectives, mais aussi, à coordonner l'application des mesures de sanction en se prêtant mutuellement assistance au stade du contrôle. Il faut par ailleurs mentionner que cette collaboration ne s'arrête pas aux seules affaires mais s'envisage aussi dans des enceintes telles que le Comité de l'OCDE du droit et de la politique de la concurrence ou le groupe de travail de l'OMC sur l'interaction du commerce et de la concurrence, notamment ; l'idée centrale étant de promouvoir des meilleures pratiques. Par exemple, dans le cadre de l'EEE, ont été élaborées des règles communes afin d'assurer des conditions de concurrence identiques. L'accord assure la coexistence des règles de concurrence de l'UE et de celles de l'AELE. Pour cela, il est appliqué par la Commission européenne et par l'Autorité de surveillance AELE (ASA). Plus généralement, et sans entrer dans les détails éminemment techniques, la coopération internationale en matière de concurrence repose sur un « *principe de courtoisie*[Q] ». Ce principe peut être simplement approché en relevant qu'il conduit à la prise en compte par une partie à un accord des intérêts des autres parties lors de l'application de son dispositif concurrentiel – on parle de courtoisie négative – ou qu'il amène une partie à demander aux autres parties à l'accord de prendre les mesures appropriées, prévues par leur droit de la concurrence, contre un comportement anticoncurrentiel dont les effets sont ressentis sur leur territoire mais affectent aussi ses propres intérêts – on parle de courtoisie positive.

C'est alors l'occasion de souligner la place essentielle en droit de la concurrence communautaire d'une théorie dite de « *l'effet*[Q] ». L'idée est que pour tomber sous le coup des règles de concurrence européennes, il convient de s'attacher moins au lieu d'établissement des entreprises ou au lieu où la pratique anticoncurrentielle a été décidée qu'au lieu où son effet est perceptible. En ce sens, il a pu être décidé qu'une entente entre entreprises européennes dont les effets anticoncurrentiels ne sont pas perceptibles sur le marché intérieur ne relevait pas, à l'époque, de l'article 81 CE (CJCE 10 juill. 1980, *The Distillers Company*, aff. 30/78, *Rec. CJCE* 2229). À l'inverse, lorsque les effets de l'entente sont perceptibles sur le marché intérieur et bien que les entreprises aient leur siège hors de l'Union, la pratique tombe sous la juridiction du droit européen. Après avoir, dans un premier temps, tenté tout de même de « rattacher » les entreprises concernées au territoire de l'Union (par ex., en imputant à une filiale « communautaire » les agissements de la société mère « extra-communautaire », CJCE 14 juill. 1972, *ICI*, aff. 48/69, *Rec. CJCE* 619), la Cour a, dans un second temps, pris en compte le seul effet de l'entente initiée par des entreprises sans rechercher un quelconque lien de rattachement de ces entreprises avec le territoire européen (CJCE 31 mars 1993, *Ahlström*, aff. C-89, 104, 114, 116, 117/85, C-125 à 129/85, *Rec. CJCE* I-1307). Certaines affaires retentissantes illustrent toute la difficulté d'appréhender de telles situations. Par exemple, et dans le cadre de l'application de l'article 102 TFUE concernant la sanction des abus de domination, les épisodes successifs de l'affaire *Microsoft* attestent de ce que certains ont pu appeler des malentendus transatlantiques (Décis. Comm. CE 24 mars 2004, aff. COMP/C-3/37.792 et TPI 17 sept. 2007, *Microsoft*, aff. T-201/04, *Rec. CJCE* II-3601). 288

§ 2 Droit européen de la concurrence et droit des États membres

Le problème peut se résumer de la manière suivante : l'application du droit de la concurrence européen exclut-il l'application du droit de la concurrence national ? La réponse est nuancée. Dans certains cas l'application du premier emporte exclusion du second : l'application est distributive. Dans d'autres cas, l'application du premier n'empêche pas l'application du second, sous réserve de certaines conditions : l'application est cumulative. 289

L'hypothèse de l'application distributive des droits européen et national de la concurrence se vérifie pleinement dans le cadre des opérations de concentrations. Une règle très nette est posée : les opérations de concentrations qui franchissent un certain seuil (fonction essentiellement du chiffre d'affaires des entreprises concernées) relèvent de la compétence exclusive de l'autorité de la concurrence européenne. *A contrario*, le droit interne des concentrations s'appliquera aux opérations qui sont en dessous de ce seuil. 290

L'hypothèse de l'application cumulative est, elle, envisageable dans le cadre de la prohibition des ententes et des abus de domination. Elle résulte de la lente construction jurisprudentielle venue pallier l'absence de dispositions dérivées pourtant prévues par le traité. En effet, l'article 103 § 2 e) du traité énonce que des règlements et directives peuvent être adoptés pour « définir les rapports entre les législations nationales, d'une part, et, d'autre part, les dispositions de la présente section [c'est-à- 291 dire, prohibition des ententes et des abus de position dominante] ». Dans un premier temps, aucun texte n'est intervenu. Rapidement confrontée à cette question, la Cour de justice a élaboré une solution assez complexe dans ses détails mais relativement aisée à saisir dans son principe. La Cour était confrontée à une alternative : ou elle consacrait l'application exclusive du droit européen – la doctrine parle de « simple barrière » –, ou elle consacrait l'application cumulative des droits communautaire et national de la concurrence – la doctrine parle de « double barrière ». La solution retenue emprunte à la seconde branche de l'alternative sans pour autant totalement méconnaître la première. L'application du droit national n'est possible que dans la mesure où elle n'obère pas la pleine efficacité du droit européen. C'est ce qui découle de l'important arrêt *Walt Wilhelm* (CJCE 13 févr. 1969, *Walt Wilhelm*, aff. 14/68, *Rec. CJCE* 1). Très concrètement, cette construction signifie que lorsqu'une pratique est contraire au droit européen et au droit national, elle peut être sanctionnée par l'un et par l'autre. Tout au plus, l'arrêt précité indique-t-il que, dans cette hypothèse, « une exigence générale d'équité implique qu'il soit tenu compte de toute décision répressive antérieure pour la détermination d'une éventuelle sanction ». Lorsqu'une pratique anticoncurrentielle est validée au plan européen, l'attitude du droit national est plus délicate à préciser. Tout dépend en fait du fondement sur lequel la validation est intervenue. S'il s'agit d'une *attestation négative*[Q], le droit national peut être mis en œuvre – et une sanction prononcée – sauf à avoir égard à la solution européenne. S'il s'agit d'une *exemption*[Q] (hypothèse des seules ententes), le droit national ne peut pas être mis en œuvre (du moins sous l'empire du règlement n° 17/1962 en raison du monopole d'exemption conféré à la Commission).

292 Le débat relatif à la « simple barrière » et à la « double barrière » a singulièrement rebondi lors de la présentation en septembre 2000, par la Commission, de sa proposition de règlement relatif à la mise en œuvre des règles de concurrence prévues aux articles 81 et 82 du traité CE (*JOCE* C 365 du 19 déc. 2000). L'article 3 de la proposition disposait que : « lorsqu'un accord, une décision d'association d'entreprises ou une pratique au sens de l'article 81 du traité ou l'exploitation abusive d'une position dominante au sens de l'article 82, est susceptible d'affecter le commerce entre États membres, le droit communautaire de la concurrence est applicable à l'exclusion des droits nationaux de la concurrence ». De manière nette la Commission retenait le principe de la « simple barrière », en se prononçant en faveur d'une application exclusive du droit européen. La proposition a alors été accueillie très diversement. Certains (auteurs et praticiens) se sont félicités d'une telle solution dont la simplicité se doublait d'une logique certaine dans un marché unique. D'autres (auteurs et États membres) ont exprimé des réticences marquées tenant à la désuétude d'une partie des hypothèses de mise en œuvre des droits nationaux de la concurrence.

293 L'opposition juridique et politique des États membres s'est traduite par l'adoption par le Conseil, au final, d'un article 3 du règlement (CE) n° 1/2003 fort différent et poursuivant dans la voie de l'application cumulative des droits européen et interne de la concurrence en matière d'entente et d'abus de position dominante. Au-delà de l'opportunité de la solution et d'une rédaction un peu « hermétique », le mérite de cet article réside dans le fait qu'il pose, pour la première fois, une grille de répartition des champs d'application des dispositions nationales et européennes en la matière. Par ailleurs, on soulignera que l'article semble contraindre les autorités et juridictions nationales à mettre en œuvre, lorsque les conditions objectives sont remplies, les articles 101 et 102 TFUE. Sous la plume du juriste, l'indicatif vaut, en effet, souvent l'impératif ! Et la pratique de l'Autorité de la concurrence montre que cette dernière est, aujourd'hui, devenue un acteur central de l'application des articles 101 et 102 TFUE, prenant souvent le soin dans ses décisions d'analyser puis justifier la mise en œuvre du droit européen des pratiques anticoncurrentielles.

En définitive, force est de relever que la clarification de l'articulation des droits 294
nationaux et européen de la concurrence n'en laisse pas moins entière la question de la logique de ce « doublon » alors que l'existence d'un seul et unique marché est affirmée (un marché européen né de la fusion des marchés nationaux). Et au surplus, si l'on retient que la combinaison de l'effet direct et de la primauté conduit le juge ou l'autorité nationale à toujours devoir mettre en œuvre le droit national de la concurrence « à la lumière » du droit européen de la concurrence, la pérennité du premier est largement remise en question. Cette logique a d'ailleurs été pleinement rappelée dans un arrêt prononcé par la cour d'appel de Paris le 29 juin 2004, approuvant le Conseil de la concurrence (à l'époque, désormais Autorité de la concurrence) d'avoir utilisé « comme guide d'analyse utile pour mettre en œuvre, au cas considéré, le droit national » un règlement d'exemption par catégorie, inapplicable en l'espèce (Paris, 29 juin 2004, *BOCCRF* 30 sept. 2004, p. 625). Cette dernière observation conduit cependant à relativiser l'inconvénient potentiel du « doublon ». En effet, bien rares sont aujourd'hui les différences et *a fortiori* les divergences qui affectent le droit européen et le droit interne de la concurrence, singulièrement le droit des pratiques anticoncurrentielles. Ceci justifie d'ailleurs que désormais l'on traite de celles-ci aussi bien sous l'angle interne qu'européen.

Compléments pédagogiques

Mémo

La construction économique européenne a fait le choix, dès l'origine, de l'économie de marché reposant sur l'ordre concurrentiel. Le droit de la concurrence est donc un instrument de mise en œuvre d'une politique de concurrence européenne qui évolue en fonction des priorités et exigences exprimées. Un même constat peut être opéré au plan national. Les règles de concurrence contenues dans le TFUE s'organisent selon deux propositions : les règles applicables aux entreprises (art. 101 à 106 TFUE) et les aides accordées par les États (art. 107 à 109 TFUE). *La Commission, singulièrement la DG Concurrence, a reçu une mission de surveillance et, au besoin, de sanction des comportements anticoncurrentiels. La CJUE contribue aussi à une bonne application et une bonne compréhension de ces règles au travers d'une jurisprudence riche et parfois complexe. Mais, et le mouvement va en s'amplifiant, les autorités et juridictions nationales de la concurrence jouent un rôle tout aussi important, si ce n'est plus important, dans l'application du droit européen de la concurrence aux côtés de l'action qu'elles mènent au plan interne.* Il faut aussi signaler que les entreprises sont appelées à coopérer à cet objectif de bon fonctionnement du marché que traduit l'affirmation d'une concurrence-moyen et non d'une concurrence-résultat (concurrence pure et parfaite). La détermination du champ d'application exact du droit européen de la concurrence est délicate. Ce dernier est applicable dès lors que la pratique en cause est, pour reprendre par exemple le texte de l'article 101 TFUE, susceptible « d'affecter le commerce entre États membres et [...] de restreindre ou de fausser le jeu de la concurrence à l'intérieur du marché commun ». Mais cette affirmation n'est pas suffisante. Ont ainsi été consacrées, d'une part, la théorie de l'effet qui permet de sanctionner des comportements anticoncurrentiels émanant d'opérateurs hors de l'UE mais dont les effets sensibles se font ressentir à l'intérieur du Marché commun, d'autre part, la théorie de l'application cumulative des droits européen et nationaux de la concurrence sous réserve de ce que la mise en œuvre du droit national de la concurrence ne mette pas à mal les exigences de la construction européenne. Le règlement n° 1/2003 confirme cette solution d'origine jurisprudentielle (CJCE 13 févr. 1969, *Walt Wilhelm*, aff. 14/68, *Rec. CJCE* 1) dans son article 3. La pratique, depuis, témoigne d'une bonne intelligence entre les deux sources...

Quid

■ Accords horizontaux n° 271

Accords entre entreprises concurrentes se trouvant au même niveau de la chaîne de production ou de distribution et qui portent, par exemple, sur la recherche et le développement, la production, les achats ou la commercialisation.

■ Accords verticaux n° 271

Accords entre deux ou plusieurs entreprises dont chacune opère, aux fins de l'accord, à un niveau différent de la chaîne de production ou de distribution et qui portent, par exemple, sur les conditions d'achat, de vente ou revente des biens ou services.

■ Attestation négative n° 291

Décision formelle ou informelle (lettre de classement) par laquelle la Commission constate, sur la base des faits qui lui sont présentés, qu'il n'y a pas lieu d'intervenir en application de l'article 101, paragraphe 1, ou de l'article 102 du TFUE.

■ Clémence n° 283

Cas où la Commission ou l'Autorité de la concurrence accorde une réduction totale ou partielle du montant des amendes infligées aux entreprises qui coopèrent avec elle dans le cadre d'enquêtes sur des ententes.

■ Conseiller-auditeur n° 277

Haut fonctionnaire indépendant chargé d'organiser les auditions dans les procédures de concurrence engagées par la DG Concurrence et d'en assurer le bon déroulement.

■ Distribution exclusive n° 269

Mode de distribution par lequel une entreprise accorde un droit exclusif sur ses produits ou ses services à une autre entreprise.

■ Distribution sélective n° 269

Mode de distribution par lequel un fournisseur conclut des accords avec un nombre limité de distributeurs choisis (sur des critères qualitatifs) dans une zone géographique déterminée.

■ Exemption n° 291

Décision de la Commission prise en application de l'article 101, paragraphe 3, du TFUE, d'exempter (valider) des accords notifiés de l'interdiction prévue à l'article 101, paragraphe 1, du TFUE, sur la base d'une appréciation individuelle. Un même mécanisme existe en droit français.

■ Théorie de l'effet n° 288

Théorie qui rattache la mise en œuvre du droit de la concurrence au lieu où sont ressentis les effets de la pratique anticoncurrentielle.

■ Principe de courtoisie n° 287

Principe gouvernant les relations entre les autorités de la concurrence de pays différents.

■ **Règle de raison n° 272**

Construction doctrinale qui se traduit par la possibilité d'effectuer le bilan concurrentiel d'un accord et, s'il est positif, de considérer que l'article 101 TFUE ne s'applique pas.

■ **Seuil de sensibilité n° 271**

Seuil en dessous duquel, les accords ou pratiques restrictifs de concurrence sont considérés comme étant d'une importance mineure et ne sont pas examinés par les autorités au regard du droit de la concurrence.

Biblio

1) Sur la concurrence européenne et interne

– A. Bienaymé, *Principes de concurrence*, Economica, 1998.

– P. Bonassies, « Les fondements du droit communautaire de la concurrence : la théorie de la concurrence-moyen », in *Études Weil*, Dalloz, 1993, p. 56.

– D. Brault, *Droit et politique de la concurrence*, Economica, 1997.

– E. Combe, *Économie et politique de la concurrence*, Dalloz, coll. « Précis », 2005.

– A. Decocq, G. Decocq, *Droit de la concurrence, droit interne et droit de l'Union européenne*, 4e éd., LGDJ, 2010.

– V. Fauré, *L'apport du tribunal de première instance des Communautés européennes au droit communautaire de la concurrence*, Dalloz, coll. « Nouvelle Bibliothèque de Thèses », 2005.

– M.-A. Frison-Roche, M.-S. Payet, *Droit de la concurrence*, Dalloz, coll. « Précis », 2006.

– G. Glais, Ph. Laurent, *Traité d'économie et de droit de la concurrence*, PUF, 1983.

– R. Kovar, « Concurrence », *Rép. Communautaire*.

– V. Pironon, *Droit de la concurrence*, Gualino, 2009.

– L. Vogel, *Droit européen de la concurrence*, LawLex, 2008.

2) Sur les aspects internationaux de la concurrence européenne

– W. Abdelgawad (dir.), *Mondialisation et droit de la concurrence*, Litec, 2008.

– D. Brault, *Droit de la concurrence comparé. Vers un ordre concurrentiel mondial ?*, Economica, 1995.

– L. Idot, « L'internationalisation du droit de la concurrence », in *Droit de la concurrence et droit privé, Cah. dr. entr.* 3/2000, p. 27.

– R. Kovar, « Droit communautaire de la concurrence et droit international », *Cah. dr. eur.* 1986. 127.

– F. Romano, *Mondialisation des politiques de concurrence*, L'Harmattan, coll. « Logiques juridiques », 2003.

3) Sur les aspects nationaux de la concurrence européenne

– C. Babusiaux, « Pour un espace européen de la concurrence », *D.* 1998. Chron. 249.

– D. Berlin, « L'application du droit communautaire de la concurrence par les autorités françaises », *RTD eur.* 1991. 211.

– M.-C. Boutard-Labarde, G. Canivet (collectif), *L'application en France du droit des pratiques anticoncurrentielles*, LGDJ, 2008.
– O. Loÿ, « L'application en France du droit communautaire de la concurrence », *RTD eur.* 1980. 438.
– J. Rideau, « Droit communautaire de la concurrence et droits nationaux de la concurrence », *Rev. aff. eur.* 1991. 5.
– J.-P. Viennois, « La portée du droit communautaire de la concurrence et le champ d'application exclusif du droit national », *RTD com.* 2002. 1.
– J.-P. Viennois, « Clarification du champ d'application du droit communautaire de la concurrence », *LPA* 22 septembre 2003, p. 1.
Par ailleurs, on signalera l'apparition fin 2004 de deux revues consacrées exclusivement au droit de la concurrence et qui accordent toute la place qu'il mérite au droit européen de la concurrence : la revue *Concurrences* et la *Revue Lamy de la concurrence*.

Documents

F. A. Hayek, *Droit, législation et liberté, L'ordre politique d'un peuple libre* (Extraits) (PUF, coll. « Quadrige », 1995, p. 87 s)

« Les réalisations du marché libre
Qu'est-ce donc que nous attendons de la concurrence, et qu'elle nous apporte normalement en fait si on ne l'en empêche pas ? C'est un résultat si simple et si évident que nous sommes presque tous enclins à le prendre pour assuré ; et nous ne nous rendons aucunement compte que c'est un résultat tout à fait remarquable, qui ne pourrait être atteint par aucune autorité qui dicterait à chaque producteur ce qu'il doit faire.
La concurrence non entravée tend à faire régner un état de choses où : *primo* tout bien sera produit, que quelqu'un sait faire et vendre profitablement à un prix tel que les acheteurs le préféreront à tout autre bien disponible ; *secundo* tout bien produit l'est par des gens qui peuvent le faire à aussi bon marché, au moins, que ne le pourraient tous ceux qui effectivement n'en produisent pas ; *tertio* tous les biens seront vendus à des prix plus bas, ou du moins aussi bas, que ne le pourraient vendre tous ceux qui en fait n'en vendent pas.
Il y a trois points à considérer si l'on veut voir l'importance d'un tel état de choses sous l'éclairage qui convient : d'abord, c'est un état de choses que nulle direction centrale ne pourrait jamais provoquer ; ensuite, cet état de choses est réalisé à un degré remarquablement élevé dans tous les domaines où la concurrence n'est pas interdite par les gouvernements, et où ceux-ci ne tolèrent pas qu'elle soit paralysée par des individus ou des groupes organisés ; enfin, que dans de très vastes secteurs de l'activité économique cet état de choses n'a jamais été réalisé à un degré élevé, parce que les gouvernements ont limité la concurrence, ou ont aidé à le faire des personnes privées ou des groupes organisés.
Si modestes que puissent apparaître ces réalisations au premier abord, le fait est que nous ne connaissons aucune autre méthode qui aboutirait à de meilleurs résultats ; et partout où la concurrence est interdite ou empêchée, les conditions pour de telles réalisations sont fort loin d'être réunies. Considérant que dans de nombreux domaines, la concurrence a toujours été empêchée par la politique délibérée des gouvernements, de produire des résultats, alors qu'ils sont étroitement approchés partout où la concurrence est laissée libre d'opérer, nous devrions

nous soucier davantage de la rendre généralement possible, que de la faire fonctionner suivant un irréalisable critère de "perfection".
Pour se convaincre du haut degré auquel, dans une société fonctionnant normalement, la situation décrite est effectivement réalisée, il suffit de voir combien il est difficile d'y découvrir des possibilités de gagner de l'argent en servant les consommateurs mieux que ne le font les producteurs déjà installés. Nous ne savons que trop combien grande en est la difficulté, et combien il faut d'inventivité pour trouver de telles ouvertures dans une catallaxie* authentique.
Il est instructif aussi de comparer à cet égard la situation dans un pays où existe une large classe de commerçants actifs, où la plupart des débouchés possibles sont exploités, avec celle qui existe dans un pays où les gens sont moins mobiles ou entreprenants et où, en conséquence, quelqu'un dont la mentalité est autre trouvera souvent de larges possibilités de rapide enrichissement.
Le point important ici est qu'un esprit commercial hautement développé est lui-même le produit autant que la condition d'une concurrence effective ; et que nous ne connaissons aucune autre méthode pour engendrer cet esprit, que d'ouvrir largement la concurrence à tous ceux qui veulent profiter des chances qu'elle offre ».
* catallaxie : ce terme créé par Hayek renvoie à son idée maîtresse qui est celle de l'ordre engendré par l'ajustement mutuel des économies individuelles sur un marché. Il précise, ainsi, dans le vol. 2 de Droit, législation et liberté, spéc. p. 131 : « une catallaxie est l'espèce particulière d'ordre spontané produit par le marché à travers les actes de gens qui se conforment aux règles juridiques concernant la propriété, les dommages et les contrats ».

Rapport sur la concurrence dans le secteur des professions libérales présenté en février 2004 par la Commission européenne (COM[2004] 83 final, 9 févr. 2004) (Extraits)

(...) Le Conseil européen réuni à Lisbonne en mars 2000 a adopté un programme de réforme économique afin de faire de l'UE l'économie basée sur la connaissance la plus compétitive et la plus dynamique du monde pour 2010. Les professions libérales sont appelées à jouer un rôle important dans l'amélioration de la compétitivité de l'économie européenne, puisqu'elles participent à l'économie et à l'activité, de sorte que leur qualité et leur compétitivité ont des répercussions importantes. Les professions libérales sont également importantes dans la mesure où elles offrent leurs services directement aux consommateurs.
Les cinq grandes catégories de règles potentiellement restrictives dans le secteur des professions libérales de l'UE sont : (i) les prix imposés, (ii) les prix recommandés, (iii) les règles en matière de publicité, (iv) les conditions d'accès et les droits réservés, et (v) les règles régissant la structure des entreprises et les pratiques multidisciplinaires.
D'une part, de nombreuses recherches empiriques montrent les effets négatifs que des restrictions excessives ou dépassées peuvent avoir pour les consommateurs. De telles règles risquent de supprimer ou de restreindre la concurrence entre les prestataires de services et de décourager les professions libérales de travailler d'une manière efficace par rapport aux coûts, de réduire les prix, d'améliorer la qualité ou d'innover.
D'autre part, l'existence d'une réglementation des services offerts par les professions libérales repose sur trois grandes justifications : la différence d'information entre les consommateurs et les prestataires de services, puisqu'une des caractéristiques des professions libérales réside dans le fait que les prestataires doivent disposer de compétences techniques de haut niveau que les consommateurs ne possèdent pas nécessairement ; les effets externes, dans la mesure où ces services peuvent avoir une incidence sur des tiers ; et le fait que certains services offerts par les

professions libérales sont considérés comme des « biens publics » présentant une valeur pour l'ensemble de la société. Dès lors, les défenseurs des réglementations restrictives affirment que ces règles sont destinées à préserver la qualité des services et à protéger les consommateurs face aux mauvaises pratiques.

La Commission reconnaît qu'une partie des règles appliquées dans ce secteur se justifient, mais elle estime que dans certains cas, des mécanismes plus favorables à la concurrence pourraient et devraient être appliqués pour remplacer certaines règles restrictives traditionnelles.

Il est nécessaire, dans le cadre du droit communautaire de la concurrence, d'opérer une distinction entre la responsabilité des organisations professionnelles et celle des États membres. Les règles adoptées par les organisations professionnelles sont des décisions d'associations d'entreprises susceptibles d'enfreindre l'interdiction contenue dans l'article 81 du traité CE. Toutefois, les règles objectivement nécessaires pour garantir le respect du bon exercice de la profession, tel qu'il est organisé dans l'État membre concerné, ne relèvent pas de cette interdiction.

Les règles appliquées par un État membre et qui imposent ou favorisent des comportements anticoncurrentiels ou qui en renforcent les effets enfreignent les articles 3, paragraphe 1er, point g, 10, paragraphe 2, et 81, du traité de la CE. Lorsqu'un État membre délègue son pouvoir de décision à une association professionnelle sans mesures de sauvegarde suffisantes, à savoir sans indiquer clairement quels sont les objectifs d'intérêt général à respecter, sans se réserver le pouvoir de décision en dernier ressort et sans conserver le contrôle de la mise en œuvre, peut également être tenu responsable de toute infraction qui en résulte.

Enfin, la Commission estime que tout examen des règles appliquées par les professions libérales devrait comporter un test destiné à mesurer leur proportionnalité. Les règles doivent être objectivement nécessaires pour réaliser un objectif d'intérêt général clairement défini et légitime et doivent constituer le mécanisme qui restreint le moins la concurrence pour réaliser cet objectif. Ces règles doivent préserver à la fois les intérêts des utilisateurs et ceux des prestataires. (…)

Protocole n° 27 annexé au TUE et au TFUE

PROTOCOLE (n° 27)

SUR LE MARCHÉ INTÉRIEUR ET LA CONCURRENCE

LES HAUTES PARTIES CONTRACTANTES,

COMPTE TENU du fait que le marché intérieur tel qu'il est défini à l'article 3 du traité sur l'Union européenne comprend un système garantissant que la concurrence n'est pas faussée,

SONT CONVENUES que

à cet effet, l'Union prend, si nécessaire, des mesures dans le cadre des dispositions des traités, y compris l'article 352 du traité sur le fonctionnement de l'Union européenne.

Le présent protocole est annexé au traité sur l'Union européenne et au traité sur le fonctionnement de l'Union européenne.

B. Lasserre, Président de l'Autorité de la concurrence (Extrait Interview) (in *25 ans de progrès ininterrompus,* disponible sur http://www.autoritedelaconcurrence.fr/doc/livre_25ans.pdf)

Avec le recul, quel regard portez-vous sur le processus d'ouverture à la concurrence mis en place depuis 25 ans ?

En 1986, les esprits n'étaient pas totalement prêts à la rupture avec l'économie administrée. C'est la raison pour laquelle les choses se sont faites par étapes. Ce qui est frappant, pour autant, c'est que, depuis lors, le processus de construction a été continu, sans retour en arrière. Les gouvernements et les majorités parlementaires qui se sont succédé, de gauche ou de droite, ont apporté leur pierre à l'édifice, afin de renforcer progressivement le dispositif et d'accroître à la fois son efficacité et sa légitimité.

Aujourd'hui, l'Autorité de la concurrence fait partie des autorités les plus actives et les plus innovantes en Europe. C'est également une de celles les mieux dotées du point de vue des outils et des procédures. Sa mission est acceptée et personne ne remet en cause sa nécessité. Consubstantielle à l'économie de marché, elle en apparaît comme le contrepoint nécessaire : sans règles du jeu entre les mains d'un arbitre capable d'en stopper les dérives ou les abus, comment les entreprises et les citoyens pourraient-ils accorder leur confiance à l'économie dont ils sont les acteurs ? (...)

Peut-on dire que la concurrence est plutôt une valeur de droite ou de gauche ?

La concurrence n'appartient à aucun camp. À condition qu'elle ne soit pas érigée comme un but en soi mais utilisée comme un moyen au service de la croissance, de la création de richesses et de l'innovation. Instrument efficace pour la défense du pouvoir d'achat, elle doit permettre de redistribuer à tous les bénéfices d'une économie plus compétitive. Il n'y a pas d'opposition entre concurrence et solidarité.

Plus globalement, sur quoi s'est fondée l'"entrée en concurrence" de l'Europe ?

Sur un compromis historique. L'Allemagne a insisté pour inclure les règles de concurrence, inspirées de son propre ordre juridique, dans le traité fondateur. La France s'intéressait davantage à l'agriculture, mais a milité pour la création d'institutions européennes fortes, au-dessus des États, sans lesquelles la politique de concurrence n'aurait pu se développer avec la même efficacité.

De quelle manière la concurrence s'est-elle ensuite renforcée au plan européen ?

Parallèlement aux évolutions nationales, une révolution s'est produite en Europe en 2004 : la mise en réseau des autorités de la concurrence, qui a créé une forte dynamique. Le succès de la politique de la concurrence repose sur la bonne articulation entre la Commission européenne et les autorités nationales de concurrence (ANC), qui s'est concrétisée par la décentralisation de l'application du droit communautaire et par la création d'un réseau européen en mai 2004. Cette nouvelle répartition des tâches a fait grandir les autorités nationales, les a stimulées et a fait d'elles des acteurs de la régulation européenne à part entière. On ne peut que se féliciter d'une telle convergence, évolution insoupçonnable il y a cinquante ans, aux débuts de la construction européenne. Les commissaires successifs à la concurrence, Mario Monti, Neelie Kroes puis Joaquín Almunia ont cru à cette dynamique et l'ont encouragée. (...)

Quelle place occupe la concurrence dans le contexte de crise actuelle ?

Au moment où la crise suscite tant d'inquiétudes, où l'on se demande si l'euro va résister et si les États vont tenir le choc, la confiance devient un enjeu majeur. Or, comment renforcer la confiance sans régulateur indépendant capable de garantir le respect des règles du jeu, de protéger l'intérêt collectif contre les comportements "à risque" qui faussent la concurrence et endommagent l'économie ? Dans ces périodes de doute, il est encore plus important de montrer qu'il existe un arbitre fort qui n'hésite pas à intervenir quand il le faut. Ceci n'empêche évidemment pas de faire preuve de pragmatisme : par exemple dans le choix des remèdes ou au travers de la prise en compte de la capacité à payer des entreprises qui peuvent être affectées par la crise. Il est essentiel de rester souple et de ne pas s'enfermer dans des certitudes ou des dogmes. Cela impose un devoir de réinvention, de remise en cause permanente et une certaine humilité. (...)

Quiz

1) Sujet corrigé

Commentaire d'arrêt

Énoncé

Com. 31 janv. 2012, n° 10-25772 (*Bull. civ.* IV, n° 16)

(...) Vu les observations adressées à la chambre commerciale de la Cour de cassation par la Commission européenne en application de l'article 15, paragraphe 3, du règlement n° 1/2003, transmises aux parties, ainsi qu'à l'avocat général ;

Joint les pourvois n° V 10-25.772 formé par les sociétés France Télécom et Orange Caraïbe, n° Y 10-25.775, formé par le président de l'Autorité de la concurrence et Q 10-25.882, formé par la société Digicel Ltd., qui attaquent le même arrêt ;

Attendu, selon l'arrêt attaqué, qu'à la suite d'une plainte déposée par la société Bouygues Télécom Caraïbe, aux droits de laquelle vient la société Digicel Ltd. (la société Digicel), dénonçant des pratiques d'abus de position dominante commises, d'une part, sur le marché de la téléphonie mobile dans la zone Antilles-Guyane, d'autre part, sur le marché de la fourniture de liaisons louées et, enfin, sur le marché des appels fixes vers mobiles dans les départements de la Guadeloupe, de la Martinique et de la Guyane, commises par les sociétés France Télécom et Orange Caraïbe, l'Autorité de la concurrence (l'Autorité), après avoir prononcé des mesures conservatoires, le 9 décembre 2004, a dit que la société Orange Caraïbe, par divers comportements, mis en œuvre entre les années 2000 et 2005, avait abusé de la position dominante qu'elle détenait sur le marché de la téléphonie mobile dans la zone Antilles-Guyane et s'était aussi entendue entre le 1er avril 2003 et le 24 janvier 2005 avec la société Cetelec seule société agréée pour assurer la réparation des terminaux mobiles ; que par ailleurs, l'Autorité a encore dit que la société France Télécom avait abusé de sa position dominante sur le marché de la téléphonie fixe dans la zone Antilles-Guyane, d'une part, en commercialisant une offre "Avantage Ameris" après l'arrivée de la société Bouygues Télécom sur le marché, en décembre 2000 jusqu'au 21 mai 2005, puis en la maintenant postérieurement à cette date pour les clients qui l'avaient déjà souscrite, d'autre part, par la présentation d'une offre de télécommunication "fixes vers mobiles" en dessous des coûts qu'un opérateur aussi efficace qu'elle devait nécessairement supporter pour proposer la même prestation, en réponse à un appel d'offres du Conseil général de Guyane en 2004 ; qu'en conséquence, l'Autorité a prononcé des sanctions pécuniaires à l'encontre des sociétés France Télécom et Orange Caraïbe ; que la cour d'appel a annulé la décision et, évoquant, a considéré que les pratiques retenues par l'Autorité étaient, pour plusieurs d'entre elles, constituées en application du seul droit national et condamné les deux sociétés à des sanctions pécuniaires ; (...)

Mais, sur le moyen unique du pourvoi n° Y 10-25.775, pris en sa première branche :

Vu les articles 3 du règlement (CE) n° 1/2003 du Conseil du 16 décembre 2002, ensemble les articles 101 et 102 du TFUE ;

Attendu que pour annuler la décision n° 09-D-36 du 5 février 2009 de l'Autorité, l'arrêt, après avoir rappelé que l'application du droit européen de la concurrence suppose que soient réunies les trois conditions d'existence d'échanges entre États membres portant sur les produits ou les services faisant l'objet de la pratique, d'existence de pratiques susceptibles d'affecter ces échanges et de caractère sensible de cette affectation, relève que, si l'affectation du commerce intracommunautaire peut reposer sur une influence indirecte et potentielle, elle ne peut reposer sur une influence éloignée ou hypothétique ; que l'arrêt observe qu'en l'espèce, le seul opérateur non français qui s'est manifesté sur le marché concerné n'était pas ressortissant de l'Union, mais jamaïcain et en conclut que l'affectation du commerce entre États membres par les pratiques en cause n'est pas établie ;

Attendu qu'en statuant ainsi, alors que les termes "susceptible d'affecter" énoncés par les articles 101 et 102 du TFUE supposent que l'accord ou la pratique abusive en cause permette, sur la base d'un ensemble d'éléments objectifs de droit ou de fait, d'envisager avec un degré de probabilité suffisant qu'il puisse exercer une influence directe ou indirecte, actuelle ou potentielle, sur les courants d'échanges entre États membres, sans que soit exigée la constatation d'un effet réalisé sur le commerce intracommunautaire, la cour d'appel a violé les textes susvisés ;

Sur le moyen unique du pourvoi n° Y 10-25.775, pris en sa troisième branche :

Vu l'article 3 du règlement (CE) n° 1/2003 du Conseil du 16 décembre 2002, ensemble les articles 101 et 102 du TFUE ;

Attendu que pour annuler la décision n° 09-D-36 du 5 février 2009 de l'Autorité, l'arrêt retient que pour établir le caractère sensible de l'affectation du commerce intracommunautaire il est nécessaire, notamment dans le cas où seule une partie d'un État membre constitue le marché géographique pertinent, de se référer au volume de ventes global concerné par rapport au volume national et qu'à cet égard, la détermination en volume de la part de marché national prétendument affectée par la pratique anticoncurrentielle aurait conduit l'Autorité à écarter l'existence d'une affectation sensible du commerce intracommunautaire ;

Attendu qu'en statuant ainsi, alors qu'en l'état de pratiques cumulées d'entente et d'abus de position dominante commises sur une partie seulement d'un État membre, le caractère sensible de l'affectation directe ou indirecte, potentielle ou actuelle, du commerce intracommunautaire résulte d'un ensemble de critères, parmi lesquels la nature des pratiques, la nature des produits concernés et la position de marché des entreprises en cause, le volume de ventes global concerné par rapport au volume national n'étant qu'un élément parmi d'autres, la cour d'appel a violé les textes susvisés ;

Sur le moyen unique du pourvoi n° Y 10-25.775, pris en sa quatrième branche :

Vu l'article 3 du règlement (CE) n° 1/2003 du Conseil du 16 décembre 2002, ensemble les articles 101 et 102 du TFUE et les articles L. 420-1 et L. 420-2 du code de commerce ;

Attendu qu'ayant constaté que le commerce intracommunautaire n'était pas affecté par les pratiques de façon sensible, l'arrêt annule la décision en ce qu'elle est fondée sur des violations tant des articles 101 et 102 du TFUE que des articles L. 420-1 et L. 420-2 du code de commerce ;

Attendu qu'en statuant ainsi, alors que les articles L. 420-1 et L. 420-2 du code de commerce sont, en l'absence d'affectation du commerce intracommunautaire, applicables aux pratiques d'entente et d'abus de position dominante anticoncurrentielles mises en œuvre sur le territoire national et que quand bien même l'arrêt serait fondé en ce qu'il a annulé la décision pour avoir appliqué le droit communautaire de la concurrence, celle-ci demeurait valide en ce qu'elle avait appliqué les dispositions du droit national, la cour d'appel a violé les textes susvisés ;

PAR CES MOTIFS et sans qu'il y ait lieu de statuer sur les autres griefs :

CASSE ET ANNULE (...)

Voir le corrigé en fin de rubrique.

2) Corrigé

Commentaire d'arrêt

Cet arrêt assez remarquable ne peut que retenir l'attention de ceux qui cherchent à mieux comprendre les conditions dans lesquelles l'Autorité nationale de la concurrence (ADLC) doit ou non appliquer le droit de la concurrence de l'Union européenne. Suscite tout d'abord l'intérêt, le fait que l'arrêt de cassation est rendu au visa conjoint des articles 3 du règlement (CE) n° 1/2003, 101 et 102 du TFUE, ensemble les articles L. 420-1 et L. 420-2 du Code de commerce, ce qui n'est pas sans donner à la décision un caractère on ne peut plus solennel. Mérite ensuite mention le fait que cet arrêt a été l'occasion pour la Commission européenne de jouer son rôle d'*amicus curiae* puisque cette dernière a adressé à la chambre commerciale de la Cour de cassation des observations en application de l'article 15, paragraphe 3, du règlement (CE) n° 1/2003, observations qui ont été transmises aux parties ainsi qu'à l'avocat général. Doit enfin être soulignée la clarté de rédaction des trois attendus de principe qui scandent la décision et permettent de manière concrète de comprendre quand le droit de l'Union est ou non applicable par l'ADLC à une pratique anticoncurrentielle.

Et c'est ainsi que l'arrêt de la cour d'appel de Paris du 23 septembre 2010 qui avait annulé la décision n° 09-D-36 du 9 décembre 2009 est censuré en des termes simples mais dont la fermeté doit être soulignée. Où l'on dispose donc désormais, sous la plume de la Cour de cassation, d'un véritable guide à l'usage de ceux – entreprises, conseils, autorités ou juges – qui s'interrogent sur la mise en œuvre des articles 101 ou 102 TFUE ou, bien davantage, sur les hypothèses où les seuls articles L. 420-1 et L. 420-2 du Code de commerce ont vocation à être appliqués.

Tout tourne alors autour de la notion clef d' « affectation du commerce intracommunautaire » qui ressort clarifiée et dans sa signification (I) et dans sa portée (II).

I. Sens de « l'affectation du commerce intracommunautaire »

La chambre commerciale apporte une double précision essentielle. D'une part, elle revient sur la notion même d'affectation (A). D'autre part, elle tend à caractériser la notion de sensibilité (B).

A. L'affectation

« les termes "susceptible d'affecter" énoncés par les articles 101 et 102 du TFUE supposent que l'accord ou la pratique abusive en cause permette, sur la base d'un ensemble d'éléments objectifs de droit ou de fait, d'envisager avec un degré de probabilité suffisant qu'il puisse exercer une influence directe ou indirecte, actuelle ou potentielle, sur les courants d'échanges entre États membres, sans que soit exigée la constatation d'un effet réalisé sur le commerce intracommunautaire ». La Cour de cassation insiste ici sur le caractère potentiel et non uniquement avéré de l'affectation du commerce intracommunautaire.

B. L'affectation sensible

« le caractère sensible de l'affectation directe ou indirecte, potentielle ou actuelle, du commerce intracommunautaire résulte d'un ensemble de critères, parmi lesquels la nature des pratiques, la nature des produits concernés et la position de marché des entreprises en cause, le volume de ventes global concerné par rapport au volume national n'étant qu'un élément parmi d'autres ». La Cour de cassation invite à avoir recours à un faisceau d'indices et non au seul volume des ventes.

II. Portée de « l'affection du commerce intracommunautaire »

La chambre commerciale s'attache, au cas précis, au seul cas de figure de l'absence d'affectation du commerce intracommunautaire (A). Elle invite, cependant, à envisager l'hypothèse inverse, celle où l'affectation du commerce intracommunautaire est caractérisée (B).

A. En l'absence d'affectation du commerce intracommunautaire

Le propos de la Cour de casssation est limpide : « les articles L. 420-1 et L. 420-2 du code de commerce sont, en l'absence d'affectation du commerce intracommunautaire, applicables aux pratiques d'entente et d'abus de position dominante anticoncurrentielles mises en œuvre sur le territoire national ». Une seule observation s'impose. L'expression « mise en œuvre sur le territoire national » doit bien être comprise, notamment à la lumière de la théorie classique des effets.

B. En cas d'affectation du commerce intracommunautaire

C'est ici poser la question de l'application cumulative des deux corps de règles dès lors que l'affectation du commerce intracommunautaire est établie et que la ou les pratiques anticoncurrentielles sont mises en œuvre sur le territoire national. On renverra sur ce point aux développements contenus dans l'ouvrage.

chapitre 7

Les ententes entre entreprises

Plan analytique

section 1

La caractérisation des ententes

§ 1 Les entreprises

§ 2 La collusion

A. L'accord

B. La décision d'associations d'entreprises

C. La pratique concertée

§ 3 La restriction de concurrence

A. La restriction de la concurrence à l'intérieur du marché commun

B. L'affectation du commerce entre États membres

section 2

La prohibition des ententes

§ 1 L'interdiction

§ 2 La nullité

section 3

Les dérogations à l'interdiction des ententes

§ 1 Les exemptions individuelles

§ 2 Les exemptions par catégorie

Les ententes entre entreprises

L'article 101 TFUE, tout comme l'article L. 420-1 du Code de commerce, pose le principe selon lequel les ententes sont interdites. Mais, il admet une dérogation à cette interdiction : ce que l'on appelle les ententes de progrès (promotion du progrès technique, profit pour les utilisateurs et, notamment, les consommateurs). Il existe donc en droit européen et en droit français, et contrairement au droit antitrust américain, des bonnes et des mauvaises ententes. Pour arriver à cette présentation simplifiée à l'extrême, l'analyse de l'article 101 TFUE s'impose. Mais, cet article n'est rien sans un certain nombre de textes complémentaires (règlement d'application, communications, lignes directrices) qui constituent l'armature du droit européen des ententes. De même, tant la pratique décisionnelle de la Commission ou des autorités nationales que la jurisprudence de la CJUE délivrent des enseignements majeurs sans lesquels il n'est pas possible de comprendre la matière de ce volet le plus important (au moins quantitativement) du droit de la concurrence. 295

Aborder les règles de fond applicables aux ententes entre les entreprises suppose, tout d'abord, d'en caractériser l'existence (section 1). Puis, il convient de bien comprendre la signification de la prohibition des ententes (section 2). Enfin, il est nécessaire d'examiner la portée de la dérogation qui, rappelons-le, fait l'originalité du droit européen ou français des ententes (section 3). 296

section 1

La caractérisation des ententes

La lecture de l'article 101 TFUE permet de relever que le traité ne définit pas les *ententes*[Q], ne serait-ce que parce qu'il n'utilise pas l'expression. L'article 101 § 1 TFUE adopte une périphrase selon laquelle sont interdits : « tous accords entre entreprises, toutes décisions d'associations d'entreprises et toutes pratiques concertées, qui sont susceptibles d'affecter le commerce entre États membres et qui ont pour objet ou pour effet d'empêcher, de restreindre ou de fausser le jeu de la concurrence à l'intérieur du marché commun ». Suit une liste non exhaustive de comportements illustrant l'affirmation : fixation de prix d'achat ou de vente, répartition de marché, contrôle de production... C'est donc la CJUE qui a été conduite, progressivement, à caractériser les contours de la notion d'entente sans pour autant en offrir une définition unique. Un même constat peut être formulé à propos de l'article L. 420-1 du Code de commerce. Il faut y voir une manifestation du pragmatisme de la matière qui se défie d'une construction trop rigide susceptible de se révéler rapidement inapplicable, inefficace. De manière nette, la Cour a cependant retenu que l'entente est constituée par la réunion de trois éléments cumulatifs : la collusion d'entreprises 297 entraînant une restriction de concurrence. Chacun de ces éléments a donné lieu à une abondante jurisprudence de nature à en cerner le sens. On envisagera dès lors successivement les *entreprises*[Q] (§ 1), la collusion (§ 2) et la restriction de concurrence (§ 3).

§ 1 Les entreprises

298 L'expression d'entreprises est utilisée par le traité CE, puis par le TFUE, sans pour autant, là encore, être définie. Et les organes en charge du droit de la concurrence (Commission, CJUE) n'ont pas non plus adopté de réelle définition commune. Ils ont davantage cherché à dégager certains critères, selon eux, caractéristiques de l'entreprise. Une synthèse peut cependant être proposée afin de mieux cerner ce qu'il faut comprendre par entreprise. Le tribunal a ainsi proposé de voir dans les entreprises : « des entités économiques consistant chacune en une organisation unitaire d'éléments personnels, matériels et immatériels, poursuivant de façon durable un but économique déterminé » (v. par ex. TPICE 14 mai 1998, *Domsjö AB*, aff. T-352/94, *Rec. CJCE* II-1996). La Cour de justice a, elle, adopté une définition un peu plus extensive en ne s'attachant pas forcément à la présence d'éléments matériels et immatériels (CJCE 18 juin 1998, *Commission c. Italie*, aff. C-35/96, *Rec. CJCE* I-3886). Il ressort de la confrontation de ces différentes propositions qu'un élément déterminant et commun semble se profiler : la poursuite d'une activité économique : « la notion d'entreprise comprend toute entité exerçant une activité économique, indépendamment du statut juridique de cette entité et de son mode de financement » (CJCE 23 avr. 1991, *Höfner*, aff. C-41/90, *Rec. CJCE* I-1979). Mais, la poursuite d'une activité économique comme critère de l'entreprise au sens du droit européen de la concurrence a été précisée selon plusieurs pistes.

299 En premier lieu, l'activité économique n'est pas tributaire de la qualification industrielle ou commerciale de l'entreprise. C'est ainsi que la Commission a considéré que des personnes physiques exerçant des professions libérales ou des professions artistiques pouvaient recevoir la qualification d'entreprises. Une même solution a été retenue pour les activités sportives professionnelles (CJCE 18 juill. 2006, *Meca-Medina*, aff. C-519/04, *Rec. CJCE* I-6991). Pour ne prendre qu'un seul exemple, la Cour a considéré dans un arrêt *Wouters* (CJCE 19 févr. 2002, *Wouters e.a. c. Algemene Raad van de Nederlandse Orde van advocaten*, aff. C-309/99, *Rec. CJCE* I-1577) que l'exercice à titre libéral de la profession d'avocat n'était pas exclusif d'une activité économique et, donc, de la qualification d'entreprises au sens de l'article 81 § 1er CE, désormais 101 § 1er TFUE. De même, une personne morale dont les activités consistent à organiser des compétitions sportives et à conclure dans ce cadre des contrats de parrainage, de publicité et d'assurance, destinés à exploiter commercialement ces compétitions, et constituent pour cette entité une source de revenus, doit être qualifiée d'entreprise au sens du droit européen de la concurrence. La circonstance qu'une activité économique a un rapport avec le sport ne fait pas obstacle à l'application des règles du traité, dont celles qui régissent le droit de la concurrence (CJCE 1er juill. 2008, *MOTOE*, aff. C-49/07, *Rec. CJCE* I-4863).

300 En deuxième lieu, l'activité économique n'est pas subordonnée à la recherche d'un but lucratif. La solution est affirmée très nettement à propos d'un organisme à but

non lucratif gestionnaire d'un régime de retraite complémentaire (CJCE 16 nov. 1995, *FFSA*, aff. C-244/94, *Rec. CJCE* I-4013).

En troisième lieu, l'activité économique est indifférente à la forme juridique de l'entreprise. Par exemple, un établissement public national à caractère administratif (Décis. n° 78/823, *INRA*, 21 sept. 1978, *JOCE* L 286 du 12 oct. 1978), une fondation de droit privé (Décis. n° 94/272, *SCK*, 13 avr. 1994, *JOCE* L 117, 7 mai 1994), une association (Décis. n° 01/478, *UEFA*, 18 avr. 2001, *JOCE* L 171 du 26 juin 2001 ; TPICE 26 janv. 2005, *FIFA*, aff. T-193/02, nep) ont été qualifiés d'entreprise au sens du droit de la concurrence après que la Commission a caractérisé leur activité économique. 301

En quatrième lieu, le caractère public ou privé de l'opérateur est sans conséquence sur l'appréciation de son activité économique. C'est ainsi que l'établissement public français « Aéroports de Paris » (ci-après ADP) s'est vu qualifié d'entreprise au sens du droit de la concurrence. Dans sa décision, la Commission retient que « Les articles 85 et 86 (désormais art. 81 et 82) du traité s'appliquent aux comportements d'une entité publique lorsqu'il est établi que, à travers cette entité, l'État exerce des activités économiques de caractère industriel ou commercial consistant à offrir des biens ou des services sur le marché » puis que « les activités d'ADP concernant la gestion des aéroports incluent notamment : l'agrément du prestataire pour l'exercice d'une certaine catégorie d'assistance, le contrôle des déplacements des véhicules et des personnes et l'organisation des activités se déroulant sur les installations utilisées en commun, le contrôle de la qualité des services d'assistance fournis aux compagnies aériennes. En contrepartie de ses services de gestionnaire des aéroports parisiens, ADP négocie de sa propre initiative des conventions commerciales avec les prestataires de services ». Dès lors, et « compte tenu de ces éléments, la Commission estime qu'ADP détermine les conditions d'activité des prestataires d'assistance en escale qu'il agrée et que ces activités constituent des activités d'entreprise » (Décis. n° 98/513, *Alpha Flight Services*, 11 juin 1998, *JOCE* L 230 du 18 août 1998). Dans le cadre du recours en annulation engagé contre cette décision, le tribunal a cependant tenu à préciser les choses. Il énonce tout d'abord que « les dispositions du traité en matière de concurrence restent applicables aux activités d'un organisme qui sont détachables de celles qu'il exerce en tant qu'autorité publique » et que « la circonstance qu'ADP soit un établissement public placé sous l'autorité du ministre chargé de l'aviation civile et qu'il assure la gestion d'installations relevant du domaine public ne saurait exclure à elle seule qu'il puisse, en l'espèce, être considéré comme une entreprise ». Cependant, « il convient de faire une distinction entre, d'une part, les activités purement administratives d'ADP, notamment les missions de police, et, d'autre part, les activités en cause de gestion et d'exploitation des aéroports parisiens qui sont rémunérées par des redevances commerciales variant selon le chiffre d'affaires réalisé ». Mais, parce que « le fait qu'une activité puisse être exercée par une entreprise privée constitue un indice supplémentaire permettant de qualifier l'activité en cause d'activité d'entreprise », il peut conclure que « les activités d'ADP en cause sont des activités de nature économique, certes exécutées sur le domaine public, mais qui ne relèvent pas, de ce fait, de l'exercice d'une mission de puissance publique » (TPICE 12 déc. 2000, *Aéroports de Paris*, aff. T-128/98, *Rec. CJCE* II-3929). Cet aspect sera explicité ultérieurement dans le chapitre consacré aux monopoles d'État et aux entreprises publiques (v. ss chapitre 11). 302

303 En cinquième et dernier lieu, et c'est le seul critère positif, l'activité économique suppose d'agir pour son propre compte et, dès lors, de pouvoir déterminer de manière autonome son comportement sur le marché. Ainsi, de jurisprudence constante, il ne peut y avoir entente entre entreprises s'il n'y a pas d'indépendance des opérateurs économiques. Cette analyse a notamment été développée dans plusieurs arrêts à propos de groupes de sociétés. Au-delà des liens de nature juridique qui peuvent être caractérisés (par ex. société mère – société filiale), la Cour semble s'attacher à la réalité de l'autonomie de comportement des entités. Comme elle l'affirme dans un arrêt ancien : « l'article 85 (désormais art. 101) ne vise pas les accords ou pratiques concertées entre des entreprises appartenant au même groupe en tant que sociétés mères et filiales, si les entreprises forment une unité économique à l'intérieur de laquelle la filiale ne jouit pas d'une autonomie réelle dans la détermination de sa ligne d'action sur le marché » (CJCE 31 oct. 1974, *Centrafarm BV*, aff. 15/74, *Rec. CJCE* 1147). Cette indépendance et cette autonomie expliquent aussi que dans certaines hypothèses où le comportement susceptible d'être qualifié d'entente procède d'un commandement législatif ou réglementaire, les autorités européennes vont dans le sens de la non-application de l'article 101 TFUE. Il s'agit d'ailleurs là d'une hypothèse expressément prévue en droit français des ententes par l'article L. 420-4 1° du Code de commerce. Mais les décisions de la Commission et les arrêts de la CJUE doivent être soigneusement examinés. Il semble qu'il faille distinguer selon que les entreprises ont une attitude passive ou non. Si les entreprises contribuent à l'élaboration et à l'application de la réglementation, ce comportement reste justiciable de l'article 101 TFUE. Si les entreprises se bornent à respecter la réglementation en cause, elles ne sont pas justiciables de l'article. Tel est le sens de l'important arrêt *Commission c. Italie* (CJCE 18 juin 1998, préc.) où la Cour considère que la fixation par le gouvernement italien – en accord avec le Conseil national des expéditeurs en douane – d'un tarif obligatoire pour les opérations de dédouanement constitue une infraction à l'article 101 TFUE. Cette distinction a, depuis, été confirmée et appliquée dans un arrêt *Cipolla* (CJCE 5 déc. 2006, *Cipolla*, aff. C-94/04 et C-202/04, *Rec. CJCE* I-11421).

304 Ces différentes pistes explorées, il paraît de prime abord évident que le droit européen retient une conception assez extensive de la notion d'activité économique comme critère de la qualification de l'entreprise au sens du droit de la concurrence. Cette appréciation est confortée par le fait que lorsque les organes européens ou nationaux en charge du droit de la concurrence font échapper certaines activités à l'emprise de cette branche du droit, c'est à la suite d'une analyse méticuleuse et très stricte. On peut en ce sens penser que la qualification d'entreprise est bien la règle et son rejet, l'exception (donc d'interprétation stricte). Ainsi, la cour d'appel de Paris peut-elle considérer qu'un syndicat qui diffuse des barèmes même s'il n'a pas en lui-même une activité économique est bien justiciable du droit des ententes dès lors que ses travaux sont susceptibles d'affecter l'activité économique dans le secteur concerné (CA Paris 8 févr. 2000, *Contrats, conc., consom.* 2000, n° 128, obs. M. Malaurie-Vignal). Tant la Commission que la CJUE ont considéré que des organismes dont les activités ne présentent pas un caractère économique mais un caractère social ne relèvent pas de la qualification d'entreprises. Dans un arrêt *Poucet* (CJCE 17 févr. 1993, *Christian Poucet*, aff. C-159 et C-160/91, *Rec. CJCE* I-637), la Cour a retenu que « la notion d'entreprise au sens des articles 81 et 82 du Traité ne vise pas les organismes chargés de la gestion de régimes de sécurité sociale ». Selon la Cour, il est ici déterminant de relever que ces régimes procèdent d'une logique de redistribution, de répartition et de solidarité entre

les assurés sociaux. Ce raisonnement a été confirmé *a contrario* dans un important arrêt concernant la Fédération française des sociétés d'assurance (CJCE 16 nov. 1995, *FFSA*, aff. C-244/94, *Rec. CJCE* I-4013). Retenant la qualification d'entreprise pour un organisme à but non lucratif gérant un régime d'assurance-vieillesse complémentaire, la Cour a insisté sur le fait qu'à la base du régime il y avait un mécanisme privilégiant la capitalisation dépendant donc des cotisations et des résultats financiers et non la répartition. Ces analyses ont été réaffirmées par un arrêt du TPI à propos d'un organisme de gestion du service national de santé espagnol (TPICE 4 mars 2003, *FENIN c. Commission*, aff. T-319/99, *Rec. CJCE* II-357) : « dès lors qu'une entité achète un produit, quand bien même elle le ferait en grande quantité, non pas pour offrir des biens ou des services dans le cadre d'une activité économique, mais pour en faire usage dans le cadre d'une autre activité, par exemple une activité de nature purement sociale, elle n'agit pas en tant qu'entreprise du seul fait de sa qualité d'acheteur sur un marché. S'il est exact qu'une telle entité peut exercer un pouvoir économique très important, lequel pourrait donner lieu, le cas échéant, à une situation de monopole, il n'en reste pas moins que, dans la mesure où l'activité pour l'exercice de laquelle elle achète ces produits n'est pas de nature économique, elle n'agit pas en tant qu'entreprise au sens des règles communautaires en matière de concurrence ».

§ 2 La collusion

La collusion, expression retenue par de très nombreux auteurs, peut se définir comme un accord secret réalisé au détriment d'un autre. L'article L. 420-1 du Code de commerce est muet sur la forme de l'accord de volontés susceptible d'être qualifié d'entente illicite. Le traité, marqué par le pragmatisme, se borne lui à énoncer trois cas qui sont respectivement : l'*accord*[Q] (A), la décision d'associations d'entreprises (B), la *pratique concertée*[Q] (C). Chacun mérite d'être étudié séparément tant il peut prendre des formes variées, constitutives de l'entente. 305

A. L'accord

L'accord reçoit une définition très large de la part des organes en charge du droit européen de la concurrence. En ce sens, la CJUE et le tribunal ont pu considérer que pour qu'il y ait accord au sens de l'article 101 § 1 TFUE, il suffit que les entreprises en cause aient exprimé leur volonté commune de se comporter sur le marché d'une manière déterminée. Cette expression commune de la volonté a pu être caractérisée dans des situations fort différentes les unes des autres. Naturellement, le contrat est le cadre évident de cette expression commune de volonté (CJCE 30 janv. 1985, *BNIC c. Clair*, aff. 123/83, *Rec. CJCE* 391). Mais, l'accord peut procéder de l'existence d'une entreprise commune, de l'adhésion à des directives de l'une des parties (pour un exemple à propos d'un constructeur automobile à l'égard de ses concessionnaires, TPICE 6 juill. 2000, *Volkswagen AG*, aff. T-62/98, *Rec. CJCE* II-2713 et à propos de relations commerciales établies, CJCE 6 janv. 2004, *Bayer*, aff. C-2/01 et C-3/01, *Rec. CJCE* I-23), d'engagement non formalisé et, même, d'engagements d'honneur ou *gentlemen's agreements* (Décis. n° 69/240, *Entente internationale de la quinine*, 16 juill. 1969, *JOCE* L 192 du 5 août 1969). 306

B. La décision d'associations d'entreprises

■ 307 On s'attache ici à la décision – acte unilatéral – émanant d'une ou plusieurs associations d'entreprises. Dans ce cadre plusieurs décisions ont été prononcées à l'encontre d'ordres professionnels, organisations ayant le plus souvent un statut de droit public et agissant sur délégation des pouvoirs publics afin de régir la profession (CJCE 18 juin 1998, préc.). C'est sous cette qualification que la Commission a envisagé le cas des fédérations françaises du secteur de la viande bovine et reconnu l'existence d'une entente visant la fixation d'un prix minimum pour certaines catégories de viande bovine et la suspension ou, à tout le moins, la limitation, des importations de tout type de viande bovine en France (Décis. n° 03/600, 2 avr. 2003, *JOUE* L 209, 19 août 2003).

C. La pratique concertée

■ 308 Il s'agit de loin du mode de collusion le plus difficile à caractériser tant au plan conceptuel que pratique. D'une certaine manière, il est possible de dire que la pratique concertée est une catégorie « fourre-tout » qui permet de qualifier d'entente des comportements de collusion qui n'entrent pas dans les deux catégories précédentes. On ne comprend dès lors la pratique concertée que par comparaison des autres catégories et, notamment, l'accord. C'est d'ailleurs ce qu'a fait la Cour de justice dans l'arrêt de référence en la matière. Dans l'affaire dite des « *Matières colorantes* » (CJCE 14 juill. 1972, *ICI*, aff. 48/69, *Rec. CJCE* 619), elle retient « que si l'article 85 [désormais art. 81] distingue la notion de pratique concertée de celle d'accord entre entreprises ou d'associations d'entreprises, c'est dans le dessein d'appréhender sous les interdictions de cet article une forme de coordination entre entreprises qui, sans avoir été poussée jusqu'à la réalisation d'une convention proprement dite, substitue sciemment une coopération pratique entre elles aux risques de la concurrence ; que par sa nature même la pratique concertée ne réunit donc pas tous les éléments d'un accord mais peut notamment résulter d'une coordination qui s'extériorise par le comportement des participants [...] ». Cette première prise de position a permis de clarifier certains points. Mais bien des incertitudes ont persisté. Un second arrêt majeur est venu préciser les choses : l'affaire dite « pâte de bois » (CJCE 31 mars 1993, *Ahlström Osakeyhtiö e.a.*, aff. C-89, 104, 114 et 117/85, C-125 à 129/85, *Rec. CJCE* I-1307). Dans cette affaire, la Cour a fortement insisté sur le parallélisme de comportement des opérateurs économiques en relativisant le fait qu'il soit un indice imparable de l'existence d'une pratique concertée. Elle retient ainsi que « l'explication du parallélisme de comportement par la concertation n'est pas la seule plausible [...] l'analogie des dates d'annonces de prix peut être regardée comme une conséquence directe de la forte transparence du marché [...] le parallélisme des prix et leur évolution trouvent [aussi] une explication satisfaisante dans la tendance oligopolistique du marché ». Au-delà, il appartient à l'entreprise concernée qui souhaite échapper au reproche de pratique concertée de rapporter la preuve de ce qu'elle s'est mise à l'écart de l'entente où, comme le dit le tribunal « a pris une position qui aurait fait clairement savoir aux autres entreprises qu'elle prenait ses distances vis-à-vis du principe d'une augmentation des prix » (TPI 5 déc. 2006, *Westfalen Gassen*, aff. T-303/02, *Rec. CJCE* II-4567). Il faut insister sur le fait que, pris isolément, aucun de ces indices n'est suffisant pour emporter la preuve d'une entente. En effet, celle-ci ne peut s'induire uniquement de la présence à une réunion, de l'alignement sur les prix d'un concurrent, ou d'une simple convergence d'intérêts. En revanche si ces indices sont corroborés par d'autres, l'ensemble peut caractériser la participation consciente et délibérée à une concertation. Il ne suffit pas de constater qu'une pratique était « de nature à entraîner l'adhésion des fournisseurs ou de certains d'entre eux, et avait eu pour effet d'affecter leur autonomie de décision », car un accord ne peut être qualifié d'action concertée ou d'entente « que s'il est établi que des parties y ont librement consenti en vue de limiter l'accès au marché ou à la libre concurrence » (Com. 7 avr. 1998, *Bull. civ.* IV, n° 127). On perçoit, avec cette dernière hypothèse, combien la caractérisation des ententes est souvent délicate. Tout autant délicate est celle de la restriction de concurrence.

§ 3 La restriction de concurrence

Selon l'article 101 § 1 TFUE, l'incompatibilité avec le marché commun est tributaire 309
du fait que les accords, les décisions d'associations d'entreprises ou les pratiques concertées « sont susceptibles d'affecter le commerce entre États membres et ont pour objet ou pour effet d'empêcher, de restreindre ou de fausser le jeu de la concurrence à l'intérieur du marché commun ». De cette affirmation il découle que toutes les ententes communautaires ne sont pas prohibées. Deux conditions expresses et cumulatives doivent donc être remplies. D'une part, il convient que l'entente restreigne le jeu de la concurrence à l'intérieur du marché commun (A). D'autre part, il convient que l'entente européenne soit susceptible d'affecter le commerce entre États membres (B).

A. La restriction de la concurrence à l'intérieur du marché commun

La caractérisation d'une restriction de concurrence à l'intérieur du marché commun 310
appelle deux observations liminaires. La première tient à la référence au marché commun. C'est là rappeler que le droit européen de la concurrence n'a vocation à s'intéresser qu'aux seuls effets anticoncurrentiels qui se produisent sur le territoire de l'Union européenne. On renverra sur ce point aux développements consacrés au champ d'application du droit européen de la concurrence dans le chapitre précédent (v. ss 285). La seconde observation tient à une interrogation bien délicate à trancher qui est celle de l'existence ou non en droit européen d'une « règle de raison ». Sans entrer dans les subtilités de la matière, peut-on considérer qu'au-delà de la dérogation que constitue l'article 101 § 3 (v. ss 322) il soit possible d'apprécier le caractère bénéfique d'une entente à la suite d'un bilan concurrentiel ? Une partie de la doctrine française le pense et a pu, au travers d'arrêts prononcés par la CJUE, étayer sa thèse. Le constat qu'une entente peut avoir davantage de résultats bénéfiques que nocifs suffit à considérer que l'article 101 ne s'applique pas. À l'inverse, il a été soutenu que la « *règle de raison*[Q] » n'avait pas à être mise en œuvre dans le système européen (et contrairement au droit antitrust américain) en raison même de ce que le traité avait expressément prévu la dérogation au travers des exemptions de l'article 101 § 3 et que les « assouplissements » relevés à propos de l'article 101 § 1 TFUE ne sauraient valoir confirmation de l'existence de la règle. Un arrêt du tribunal (TPICE 18 sept. 2001, *M6 e.a.*, aff. T-112/99, *Rec. CJCE* II-2459) paraît même avoir exclu l'idée de tout bilan concurrentiel des accords dans la mise en œuvre de cet article et

donc condamné l'admission d'une « règle de raison ». La question nous paraît cependant demeurer en suspens. En revanche, il est indiscutable qu'une restriction, dans la mesure où elle peut être qualifiée de « sensible » et qu'elle n'apparaît pas comme « inhérente » à l'accord, pour autant qu'elle a un objet ou un effet anticoncurrentiel, remplit bien les conditions exigées par le traité et est susceptible de tomber sous le coup de l'interdiction. En d'autres termes, la restriction doit répondre à deux conditions positives et une condition négative.

■ 311 Tout d'abord le comportement doit avoir pour objet ou pour effet de restreindre la concurrence. On sait de longue date que ces deux conditions présentent un caractère alternatif mais aussi que l'appréciation est quelque peu hiérarchisée : ce n'est que dans la mesure où l'objet restrictif n'apparaît pas nettement que l'on s'attache à l'effet restrictif. Et encore convient-il de souligner que cette démarche est susceptible de varier selon que l'on est confronté à un accord ou à une pratique concertée. La Cour de justice, dans ses arrêts *Grundig et Consten* (CJCE 13 juill. 1966, *Grundig et Consten*, aff. 56 et 58/64, *Rec. CJCE* 429) ainsi que *LTM* (CJCE 30 juin 1966, *LTM*, aff. 56/65, *Rec. CJCE* 337), a précisé les choses : « le caractère non cumulatif, mais alternatif, de la présente condition, marqué par la conjonction "ou", conduit d'abord à la nécessité de considérer l'objet même de l'accord compte tenu du contexte économique dans lequel il doit être appliqué [...] qu'au cas, cependant, où l'analyse desdites clauses ne révélerait pas un degré suffisant de nocivité à l'égard de la concurrence, il conviendrait alors d'examiner les effets de l'accord et, pour le frapper d'interdiction, d'exiger la réunion établissant que le jeu de la concurrence a été, en fait soit empêché, soit restreint ou faussé de façon sensible [...] le jeu de la concurrence dont il s'agit doit être entendu dans le cadre réel où il se produirait à défaut d'accord litigieux ». Il apparaît surtout que, pour la Cour, l'appréciation de cet objet ou de cet effet restrictif de concurrence suppose une analyse économique et pragmatique, donc, d'une certaine manière assez relative. Tel est bien le sens de son affirmation lorsqu'elle insiste sur le fait que l'objet restrictif doit s'apprécier « compte tenu du contexte économique dans lequel il doit s'appliquer » et que l'effet restrictif doit s'envisager « dans le cadre réel où il se produirait à défaut d'accord litigieux ». Depuis, le tribunal et la CJ ont adopté une position que l'on pourrait qualifier de « finaliste ». L'efficacité de la lutte contre les accords, les décisions d'associations d'entreprises ou les pratiques concertées commande tout à la fois de comprendre que « la prise en considération des effets concrets d'un accord est superflue, dès qu'il apparaît qu'il a pour objet de restreindre, empêcher ou fausser le jeu de la concurrence » (CJCE 17 juill. 1997, *Ferriere Nord*, aff. C-219/95 P, *Rec. CJCE* I-4411) mais aussi de tenir compte non seulement des effets actuels mais encore des effets potentiels de l'accord sur le jeu de la concurrence (CJCE 28 mai 1998, *Deere*, aff. C-7/95 P, *Rec. CJCE* I-3111). Cette jurisprudence conduit la Commission, approuvée en cela par la juridiction européenne, à interdire une entente soit lorsque son objet est restrictif de concurrence même si elle n'a pas reçu d'application dans les faits soit lorsqu'elle a pour effet de restreindre la concurrence quand bien même les parties à l'accord n'ont aucunement eu une telle intention.

■ 312 Ensuite, la restriction doit être « sensible ». L'article 101 § 1er TFUE n'a vocation à s'appliquer qu'aux seules ententes qui affectent sensiblement le jeu de la concurrence (on parle de « seuil de sensibilité »). Cette condition d'affectation sensible du jeu de la concurrence n'est pas posée initialement par les textes et a été progressivement forgée par la jurisprudence. Mais face aux incertitudes créées (comment déterminer s'il y a ou non affectation sensible du jeu de la concurrence ?), la Commission a élaboré toute une série de Communications publiées depuis le début des années 1970 dont l'objet est de dégager les hypothèses dans lesquelles elle considère que le niveau de puissance économique des entreprises concernées doit conduire à considérer que les comportements adoptés, malgré l'effet indiscutablement restrictif de concurrence, ne sont pas de nature à tomber sous le coup de l'article 101 § 1er. Une Communication – dite « Communication *de minimis* » – de la Commission en date du 22 décembre 2001 (*JOCE* C 368 du 22 déc. 2001) est venue fixer les idées en la matière et permet de bien comprendre ce dont il s'agit en édictant des seuils de sensibilité par référence aux parts de marché détenues par les entreprises. L'article 101 § 1er ne saurait être appliqué à des ententes horizontales dont l'activité des partenaires ne dépasse pas 10 % de la part de marché cumulée et à des ententes verticales qui ne dépassent pas 15 % de la part de marché. La Commission rappelle à cette occasion qu'il ne faut pas confondre l'affectation sensible de la concurrence (ce qui est en cause ici) et l'affectation sensible du commerce entre États membres (ce que l'on envisagera, v. ss 314). On signalera que l'ordonnance n° 2004-274 du 25 mars 2004 est venue consacrer en France un seuil *de minimis* s'inspirant du modèle européen.

Enfin, la restriction ne doit pas être « *inhérente*[Q] » ou « accessoire ». Il s'agit de considérer que certains accords supposent, pour être économiquement viables, des restrictions de concurrence. Une telle situation a pu être mise en avant à propos des droits de propriété industrielle. Par exemple, à propos du droit d'auteur, la Cour de justice a estimé que le droit exclusif de reproduction fait partie des prérogatives de l'auteur et que, dès lors, le refus d'accorder une licence ne saurait constituer une pratique anticoncurrentielle (CJCE 6 avr. 1995, *RTE*, aff. C-241/91 P et C-242/91 P, *Rec. CJCE* I-808). A aussi été qualifiée de restriction inhérente à une cession de fonds de commerce, l'interdiction faite au vendeur de se rétablir dans un délai et une zone géographique limitée où l'acquéreur exploite le fonds. Par ce biais, ont été validées les clauses de non-rétablissement et de non-concurrence dans la mesure où ces clauses ne sont pas manifestement excessives (CJCE 11 juill. 1985, *Remia*, aff. C-42/84, *Rec. CJCE* I-2545). De même, et dans le domaine sensible de la distribution sélective, la Cour considère que la sélection n'est pas restrictive de concurrence dans la mesure où « elle s'opère en fonction de critères objectifs de caractère qualitatif [...] et que ces conditions sont fixées d'une manière uniforme à l'égard de tous les revendeurs potentiels et appliquées de façon non discriminatoire » (CJCE 25 oct. 1977, *Metro c. SABA*, aff. 26/76, *Rec. CJCE* 1875). 313

B. L'affectation du commerce entre États membres

Cette exigence posée par le traité a été précisée à de nombreuses reprises tant par le tribunal que la Cour. Plus exactement une double précision a été apportée. La première, bien établie, tient à ce qu'il faut entendre par « affectation du commerce entre États membres ». La seconde, plus discutée, tient au caractère sensible de l'affectation. Par une communication du 26 avril 2004, la Commission a adopté des *Lignes directrices relatives à la notion d'affectation du commerce figurant aux articles 81 et 82 du traité* (*JOUE* C 101, 27 avr. 2004) dont le propos est de permettre d'avoir une vision claire de la situation par reprise des enseignements d'une pratique désormais bien établie. 314

315 En premier lieu et de manière simplifiée, il apparaît que sont seules justiciables de l'article 101 les ententes susceptibles de porter atteinte à la réalisation des objectifs du traité UE, soit l'édification d'un marché unique entre les États membres. Cette exigence a été formulée en des termes clairs par la Cour de justice dans un arrêt ancien : « l'accord dont il s'agit doit, sur la base d'un ensemble d'éléments objectifs de droit ou de fait, permettre d'envisager, avec un degré de probabilité suffisant, qu'il puisse exercer une influence directe ou indirecte, actuelle ou potentielle, sur les courants d'échanges entre États membres [...] Dès lors, pour rechercher si un contrat [relève] du champ d'application de l'article 85 (désormais art. 81), il convient de savoir s'il est en mesure, notamment, de rendre plus difficile l'interpénétration économique voulue par le traité » (CJCE 30 juin 1966, préc.). En d'autres termes, sont concernées les ententes qui conduisent à une fermeture, un cloisonnement des marchés des États membres ou, à tout le moins, à un détournement des courants d'échange entre États membres. Ce critère finaliste explique dès lors qu'une entente entre des entreprises d'un même et unique État membre peut parfaitement affecter le commerce entre États membres. C'est d'ailleurs très exactement ce que relève la CJUE dans l'affaire des expéditeurs en douane italiens (CJCE 18 juin 1998, préc.). Il est sur ce point primordial de relever que la Commission et la CJUE n'exigent pas en tant que tel que l'entente ait affecté les échanges communautaires. Il suffit que l'accord ou la pratique concertée soient de nature à avoir un tel effet (CJCE 21 janv. 1999, *Bagnasco e.a.*, aff. C-215/96 et C-216/96, *Rec. CJCE* I-161).

316 En second lieu, la jurisprudence paraît avoir estimé que l'article 101 § 1er TFUE ne s'oppose qu'aux ententes dont l'influence sur le commerce entre les États membres présente un caractère sensible. Telle est la solution posée par la Cour dans un arrêt classique, l'affaire *Salonia* (CJCE 16 juin 1981, *Salonia*, aff. 126/80, *Rec. CJCE* 1563). Cependant, on ne peut ignorer que dans certaines affaires, la juridiction européenne a pu paraître hésitante quant à la portée de cette affectation sensible. La difficulté paraît en fait tenir à ce que la rigueur dans la rédaction de tels ou tels arrêts n'est pas toujours de mise. Si le caractère sensible est recherché, c'est bien d'avantage par rapport au jeu de la concurrence que par rapport à l'affectation du commerce entre États membres. Ce constat est aussi valable lorsque l'on s'attache à la pratique du Conseil de la concurrence français, désormais de l'Autorité de la concurrence. Parce que cette dernière est compétente pour appliquer le droit européen de la concurrence et, ce, avant même l'entrée en vigueur du règlement (CE) n° 1/2003, l'Autorité française de la concurrence a toujours recherché l'existence d'une affectation du commerce entre États membres lorsqu'elle souhaitait sanctionner un comportement sur la base de l'article 101 § 1er TFUE. Par exemple, et sans qu'il ait été jugé nécessaire de se reporter aux lignes directrices précédemment évoquées, le Conseil de la concurrence a pu considérer que différents éléments factuels étaient de nature à démontrer que le système de commercialisation de production de choux-fleurs de Bretagne, mis en place par le Comité économique agricole régional fruits et légumes de la région Bretagne (CERAFEL), affectait le commerce entre États membres (Décis. n° 05-D-10, 15 mars 2005, relative à des pratiques mises en œuvre sur le marché du chou-fleur de Bretagne). En l'occurrence, il convient de relever que l'autorité ne tire pas toutes les conséquences qui pouvaient découler de la caractérisation de cette affectation du marché entre États membres, faute de n'avoir pu apprécier le dommage à l'économie qu'à l'égard du seul marché français et non au regard des marchés espagnol ou italien pourtant mentionnés. Plus récemment, et de manière assez systématique, la référence expresse aux dispositions du traité est pratiquée par l'autorité français et même si dans certains cas le marché français paraît seul affecté... C'est d'ailleurs cette pratique qui a été à l'origine d'un important arrêt de la Cour de cassation qui est venu clarifier la notion d'« affectation du commerce intracommunautaire » en énonçant, notamment, que « le caractère sensible de l'affectation directe ou indirecte, potentielle ou actuelle, du commerce intracommunautaire résulte d'un ensemble de critères, parmi lesquels la nature des pratiques, la nature des produits concernés et la position de marché des entreprises en cause, le volume de ventes global concerné par rapport au volume national n'étant qu'un élément parmi d'autres » (Com. 31 janv. 2012, n° 10-25772, *Bull. civ.* IV, n° 16).

section 2

La prohibition des ententes

Le TFUE ne se borne pas à poser l'affirmation selon laquelle sont incompatibles et interdits les accords, décisions d'associations d'entreprises et pratiques concertées constitutifs d'une entente. Il ajoute, et c'est l'objet de l'article 101 § 2, que « les accords ou décisions interdits en vertu [de l'article 101] sont nuls de plein droit ». Pour sa part, le Code de commerce, outre des sanctions pécuniaires prononcées par l'autorité de la concurrence, prévoit une sanction civile mais aussi, dans certains cas, une sanction pénale. En effet, l'article L. 420-6 du Code de commerce prévoit une peine d'emprisonnement de quatre ans et une amende de 75 000 euros à l'encontre de toute personne physique qui a pris frauduleusement une part personnelle et déterminante dans la conception, l'organisation ou la mise en œuvre d'une entente. Le juge correctionnel a aussi le pouvoir d'ordonner la publication intégrale ou partielle de sa décision, aux frais du condamné, dans les journaux qu'il désigne. Ces sanctions pénales peuvent être infligées indépendamment des sanctions pécuniaires prononcées contre la même personne par l'autorité de la concurrence, sans que la règle du non-cumul trouve à s'appliquer. L'hypothèse reste tout de même exceptionnelle et le traité, comme le droit interne, s'attachent donc surtout au prononcé de l'interdiction (§ 1) ainsi que de la sanction civile, la nullité (§ 2). Ces sanctions ne doivent pas être confondues, ne serait-ce que parce qu'elles n'appellent pas forcément l'intervention des mêmes acteurs. 317

§ 1 L'interdiction

Sans entrer dans les détails de la procédure conduisant éventuellement au prononcé d'une interdiction d'une entente (sur laquelle, v. ss chap. 12 et 13), on évoquera déjà quelques aspects. C'est l'autorité de la concurrence dans la sphère d'application du droit interne qui joue en la matière un rôle déterminant. C'est la Commission qui joue dans la sphère d'application du droit européen un rôle déterminant bien que non exclusif. Après avoir éventuellement relevé l'existence d'une des hypothèses énumérées par l'article 101 § 1er (fixation des prix d'achat ou de vente, répartition de marchés, conditions inégales à prestations équivalentes, etc.), la Commission peut donc 318 interdire une entente ainsi caractérisée, ce qui oblige les participants à mettre fin à l'accord les liant ou à cesser la pratique concertée. Comme en dispose l'article 3 § 1er du règlement n° 17/1962, « si la Commission constate [...] une infraction aux dispositions de l'article 85 (désormais art. 81) du traité, elle peut obliger par voie de décision les entreprises et les associations d'entreprises intéressées à mettre fin à l'infraction constatée ». Cette décision peut, d'abord, imposer l'adoption de mesures provisoires (par ex., conservatoires). Cette décision peut, ensuite, infliger des amendes administratives aux entreprises concernées. Et en ce sens, certaines ententes ont conduit la Commission à prononcer des amendes très lourdes. Par exemple, dans l'affaire dite « *Ciment* », la Commission a prononcé une amende de 32 millions d'euros (Décis. n° 94/815, 30 nov. 1994, *JOCE* L 343 du 30 déc. 1994). Par la suite, le tribunal a réduit le montant de l'amende. Plus récemment, et en présence d'une entente se traduisant par la fixation de prix et le partage du marché, la Commission n'a pas hésité à sanctionner lourdement en infligeant une amende de plus de 66 millions d'euros aux producteurs européens et nord-américains du secteur de la vitamine pour l'alimentation animale (Communiqué Comm. CE, IP/04/1454, 9 déc. 2004). Le régime de ces amendes est défini par une série de textes. Tout d'abord, l'article 15 § 2 du règlement n° 17/1962 retient que l'amende est fonction du caractère délibéré de l'infraction et que son montant est calculé au regard de la gravité et de la durée de cette dernière. Ensuite, des *Lignes directrices en application de l'article 15 § 2 du règlement n° 17/62* (*JOCE* C 9 du 14 janv. 1998) ont été adoptées par la Commission dont l'objet est de préciser le mode de calcul de ces amendes. Elles ont été remplacées par de nouvelles *lignes directrices en application de l'article 23 § 2 sous a) du règlement (CE) n° 1/2003* (*JOUE* C 210, 1er sept. 2006, p. 2). Ces dernières insistent sur trois volets : la création d'un « droit d'entrée » qui vient sanctionner – au-delà de l'amende elle-même – le fait pour une entreprise de participer à une entente et, ce, à hauteur de 15 à 25 % du chiffre d'affaire annuel réalisé sur le produit concerné ; l'amende elle-même qui est portée à un maximum de 30 % du chiffre d'affaires annuel réalisé dans le secteur d'activité de l'entreprise concernée par l'infraction ; la récidive qui est encore plus durement sanctionnée que par le passé avec une majoration pouvant désormais atteindre 100 % (contre 50 % auparavant). La jurisprudence a cependant précisé que ces Lignes directrices ne privaient pas la Commission d'un pouvoir d'appréciation dans l'application d'un traitement différencié aux entreprises concernées par la sanction. Ainsi, dans un arrêt du 8 juillet 2004, le tribunal a rappelé que la Commission pouvait ou non pondérer le montant des amendes infligées à des entreprises convaincues de cartel, qu'elle était maîtresse de l'appréciation de l'existence ou non de circonstances atténuantes et/ou aggravantes (TPICE 8 juill. 2004, *Mannesmannröhren-Werke AG*, aff. T-44/00, *Rec. CJCE* II-2223). Enfin, la Commission a publié une série de communications sur l'immunité d'amendes et la réduction de leur montant (en dernier lieu, *JOUE* C 298 du 8 déc. 2006), ce que l'on désigne généralement sous le vocable de « politique de clémence ». Un exemple permet de bien comprendre ce dont il s'agit. Dans sa décision dite des « *Brasseries luxembourgeoises* » (Décis. n° 02/759, 5 déc. 2001, *JOCE* L 253 du 21 sept. 2002) la Commission a ainsi exonéré la principale société concernée au motif que cette dernière avait été la première à dénoncer l'infraction en donnant des éléments déterminants pour prouver l'existence de l'entente, qu'elle avait cessé son comportement répréhensible avant l'enclenchement de la procédure devant la Commission et, enfin, activement collaboré avec l'autorité européenne lors de la procédure. Dans le même ordre d'idées, mais sans pour autant qu'elles se confondent, méritent mention les sanctions négociées qui tendent à prendre une importance croissante.

Ces dernières, que l'on étudiera plus en avant dans les chapitres 12 et 13 consacrés aux aspects procéduraux, se présentent sous la figure de la procédure d'engagements (art. 9 § 1 du règlement (CE) n° 1/2003) et de celle de la non-contestation des griefs (appelée encore transaction) récemment introduite en droit européen à la faveur du règlement (CE) n° 622/2008 du 30 juin 2008 (*JOUE* L 171 du 1er juill. 2008). Un développement parallèle peut être observé au plan interne avec le recours, depuis la loi du 15 mai 2001, à des mesures de clémence complétées par la procédure d'engagement et, dernièrement, par la procédure de non-contestation des griefs, objet d'un communiqué de procédure publié le 10 février 2012.

§ 2 La nullité

Le régime de la nullité des ententes prohibées par le droit européen n'est pas défini par l'article 101 TFUE. Face à cette absence, la jurisprudence de la CJUE a, dans un premier temps, apporté deux séries de précisions. La Commission, par une communication relative à la coopération entre elle et les juridictions nationales (*JOCE* C 39 du 19 févr. 1993), a, dans un second temps, clarifié les choses. 319

Ainsi, le tribunal retient que « parmi les conséquences, sur le plan du droit civil, que peut avoir une infraction à cette interdiction, une seule est prescrite expressément par l'article 85 (désormais, art. 101), à savoir la nullité de l'accord. C'est au droit national qu'il incombe de définir les autres conséquences attachées à une violation de l'article 85 (désormais, art. 101) du traité, telles que l'obligation de réparer le préjudice causé à un tiers ou une éventuelle obligation de contracter. C'est donc le juge national qui, le cas échéant, et selon les règles du droit national, peut enjoindre à un opérateur économique de contracter avec un autre » (TPICE 18 sept. 1992, *Automec Srl*, aff. T-24/90, *Rec. CJCE* II-2250). Le juge national semble avoir relativement bien compris le message ; l'arbitre, aussi. La chambre commerciale de la Cour de cassation a, par exemple, reproché à une cour d'appel saisie de la nullité d'une clause d'exclusivité territoriale contenue dans un contrat de concession automobile de ne pas avoir recherché si les conditions posées par le règlement d'exemption applicable en l'espèce étaient réunies (Com. 10 oct. 2000, *Bull. civ.* IV, n° 149). Une sentence de la chambre de commerce internationale (sentence n° 8423, *JDI* 2002. 1079) l'illustre encore plus nettement. La violation d'une clause de non-concurrence stipulée dans un contrat liant une société française et une société portugaise est invoquée. Le tribunal arbitral en est saisi et estime devoir préalablement déterminer si l'engagement pris dans le cadre de cette clause est compatible avec l'article 81 CE, applicable à l'époque, afin de se prononcer sur son éventuelle nullité. À la suite d'une analyse très fouillée (s'appuyant notamment sur la jurisprudence de la CJUE ainsi que sur certaines communications de la Commission) le tribunal arbitral retient que la clause de non-concurrence en cause « n'est pas manifestement de nature à restreindre sensiblement la concurrence » et peut conclure « dès lors que l'ensemble des données et éléments en sa possession ne permet aucunement d'établir que l'article du contrat [...] serait incompatible avec l'article 85 § 1er du traité CE » et donc la nullité susceptible d'être prononcée. On signalera, cependant, qu'une autre affaire illustre le fait que le tribunal arbitral peut hésiter à soulever d'office la mise en œuvre du droit européen de la concurrence et, partant, ne pas prononcer la nullité de la clause ou de l'accord considéré. De manière un peu discutable, la cour d'appel de Paris a 320 alors pu considérer que même si le droit européen de la concurrence est d'ordre public, les arbitres ne seraient pas tenus d'en tirer toutes les conséquences non plus que la Cour qui pourrait rejeter le recours en annulation sans procéder à une réelle analyse concurrentielle (Paris, 18 nov. 2004, *Revue Lamy de la Concurrence* 2/2005, p. 68). On s'étonnera d'une telle solution qui, outre le fait qu'elle affaiblit la mise en œuvre effective du droit de la concurrence, nous paraît aller à l'encontre de l'idée selon laquelle la reconnaissance de l'arbitrabilité de certaines questions d'ordre public doit logiquement s'accompagner d'un contrôle plus étendu de la sentence rendue au fond (v. cependant toujours dans le même sens, Civ. 1re, 4 juin 2008, *Bull. civ.* I, n° 162 : « seule la reconnaissance ou l'exécution de la sentence est examinée par le juge de l'annulation au regard de la compatibilité de sa solution avec cet ordre public, dont le contrôle se limite au caractère flagrant, effectif et concret de la violation alléguée »).

■ 321 La nature et le régime de la nullité appellent quelques observations. Il s'agit d'une nullité absolue en ce que les dispositions la concernant ont pour objet d'assurer le « respect du principe d'une économie de marché ouverte où la concurrence est libre » dont on peut penser qu'elles participent d'un ordre public économique de direction. La conséquence la plus directe de cette nature est que l'action en nullité est ouverte à toute personne, partie ou non à l'accord, dans la mesure où elle peut se prévaloir d'un intérêt légitime à demander l'interdiction de cet accord. Au surplus, la nullité ne peut faire l'objet d'une confirmation. En revanche, après bien des hésitations, il apparaît que le délai de prescription de l'action en nullité se détermine par renvoi au droit national (CJCE 25 oct. 1971, *Béguelin*, aff. 22/71, *Rec. CJCE* 949). Enfin, la conséquence la plus directe de cette nullité tient à ce que les accords en cause sont rétroactivement anéantis *erga omnes* (CJCE 6 févr. 1973, *Brasseries de Haecht II*, aff. 48/72, *Rec. CJCE* 77). C'est alors poser la question de l'étendue de la nullité que ce soit à l'égard de l'ensemble du contrat (CJCE 18 déc. 1986, *VAG*, aff. C-10/86, *Rec. CJCE* 4071) ou à l'égard des conventions (dans l'hypothèse d'un groupe de contrats) qui sont liées à l'accord contraire à l'article 101 § 1er TFUE. Et, là encore, le renvoi au droit national s'impose.

section 3

Les dérogations à l'interdiction des ententes

■ 322 L'interdiction posée par le § 1er de l'article 101 TFUE n'est pas absolue. En effet, le § 3 prévoit que le § 1er peut être déclaré inapplicable sous certaines conditions cumulatives. On dit en ce sens que l'entente peut être exemptée et ce, soit à titre individuel, soit par catégorie. Ces deux modes d'exemption ont longtemps été de la compétence exclusive de la seule Commission européenne. En d'autres termes, seule la Commission pouvait appliquer l'article 101 § 3 TFUE. La recherche d'une application efficace et cohérente des règles de concurrence en matière d'ententes anticoncurrentielles le justifiait. Une telle logique est aujourd'hui en partie abandonnée au profit de ce que l'on appelle l'application décentralisée de l'article 101 TFUE qui conduit les autorités de la concurrence et les juridictions nationales à mettre en œuvre les dérogations prévues par l'article 101 § 3 TFUE. Cette nouvelle approche – qui découle du règlement CE n° 1/2003 – est effective depuis le 1er mai 2004 comme on le verra dans le chapitre 12. Il est vrai qu'elle rejoint là des aspects déjà présents dans l'ordre interne, même si c'est selon des modalités un peu différentes. On vise là l'article L. 420-4 du Code de commerce qui envisage deux causes d'exemption qui sont, d'une part, l'existence d'un progrès économique, d'autre part, l'existence d'un texte législatif ou réglementaire pris en application. Cette précision ne dispense cependant pas de s'attacher au système ancien des *exemptions individuelles*[Q] qui peut encore être appelé à jouer (§ 1) et au système actuel des *exemptions par catégorie*[Q] (§ 2).

§ 1 Les exemptions individuelles

Précisons d'emblée que le système d'exemption individuelle présenté dans les lignes qui vont suivre n'est plus d'actualité depuis l'entrée en application en 2004 du règlement (CE) n° 1/2003. Cependant, quelques rappels pour mémoire s'imposent, ne serait-ce que parce qu'existent encore quelques procédures contentieuses liées aux décisions prises par la Commission en ce domaine. Selon le § 3 de l'article 101 TFUE, le paragraphe 1er ne s'applique pas si l'accord, la décision, la pratique « contribuent à améliorer la production ou la distribution [...] ou à promouvoir le progrès technique ou économique, tout en réservant aux utilisateurs une partie équitable du profit qui en résulte ». S'ajoutent les faits qu'en tout état de cause ces accords, décisions, pratiques ne peuvent « imposer aux entreprises intéressées des restrictions qui ne sont pas indispensables pour atteindre ces objectifs » et « donner à des entreprises la possibilité, pour une partie substantielle des produits en cause d'éliminer la concurrence ». Naturellement, ces différentes conditions cumulatives, comme l'a rappelé la juridiction européenne (par ex. TPICE 9 juill. 1992, *Publishers Association*, aff. T-66/89, *Rec. CJCE* II-1995), sont au cœur des appréciations économiques que la Commission va mener sous le contrôle éventuel du Tribunal ou de la CJ. Sans reprendre une analyse exhaustive de ces conditions, on indiquera que la Commission a développé une conception de la contribution au progrès économique qui l'a conduite à prendre en compte des aspects aussi variés que l'amélioration de la quantité et de la qualité des produits ou des services, la protection de certaines formes de distribution et même la préservation de l'environnement (comme l'a d'ailleurs rappelé le Conseil de la concurrence dans un Avis du 4 déc. 1999, *BOCC* 2000. 275). Au-delà des différentes formes que le progrès peut prendre, la pratique décisionnelle de la Commission permet de relever que l'appréciation à laquelle elle se livre s'attache au caractère objectif, réel (même s'il est probable) et perceptible dans une dimension européenne. La prise en compte du bénéfice réservé aux utilisateurs se laisse assez mal cerner, si ce n'est qu'elle ne vise pas exclusivement le bénéficiaire terminal qu'est le consommateur (Décis. n° 96/180, LH, 16 janv. 1996, *JOCE* L 54 du 5 mars 1996). Enfin, à l'égard du fait que, pour être validée, l'entente ne doit pas contenir des restrictions de concurrence qui ne seraient pas indispensables à l'obtention du progrès obtenu ou recherché ni entraîner l'élimination de la concurrence pour une partie substantielle des produits en cause, la Commission a développé une analyse très stricte. Ce n'est qu'après avoir vérifié que l'accord en cause ne conduirait pas à la disparition de toute concurrence, qu'elle peut l'exempter. Telle est la solution retenue par exemple à propos des droits de télévision dans une importante décision *Eurovision* (Décis. n° 00/400, *Eurovision*, 10 mai 2000, *JOCE* L 151 du 24 juin 2000, reproduite ss la rubrique « Documents »). 323

324 Les exemptions individuelles étaient le résultat d'une procédure dite de « *notification*[Q] » de la part des entreprises concernées. À cet effet, un formulaire type avait été élaboré par la Commission. Ce « *formulaire A/B*[Q] » était annexé au règlement (CE) n° 3385/94 de la Commission concernant la forme, la teneur et les autres modalités des demandes et notifications présentées en application du Règlement n° 17/62 du Conseil (*JOCE* L 377 du 31 déc. 1994). Ces exemptions individuelles ont, en pratique, contribué à un engorgement important des services compétents de la Commission européenne. L'efficacité du système en était atteinte. Les entreprises en subissaient deux conséquences préjudiciables : la lenteur et le coût de la procédure de notification. Deux remèdes successifs et complémentaires ont été trouvés. Le premier, que l'on étudiera dans le prochain paragraphe, tient à la technique des exemptions par catégories qui demeure d'actualité. Le second, qui sera présenté en détail dans le chapitre 12, passe par l'abandon du monopole d'exemption par la Commission au profit des autorités et juridictions nationales de la concurrence depuis mai 2004. En effet, l'application de l'article 101 § 3 par les autorités nationales et désormais possible et conduit à souligner combien existent des difficultés d'appréciation quant à l'applicabilité de ces exemptions (v. en ce sens, CJUE 13 oct. 2011, *Pierre Fabre*, aff. C-439/09, nep, à propos de la vente sur Internet).

§ 2 Les exemptions par catégorie

325 En prévoyant que l'article 101 § 1er TFUE peut être déclaré inapplicable à des « catégories » d'accords, l'article 101 § 3 TFUE a permis à la Commission, sur habilitation du Conseil, d'adopter des *règlements*[Q] dont l'objet est précisément l'exemption collective. Cette politique de la Commission a connu deux temps distincts. Dans une première période allant du début des années 1980 à la fin des années 1990, la Commission a adopté des règlements catégoriels. Dans une seconde période débutant en 1999, la Commission a retenu une approche assez différente (fruit des nombreuses objections et réticences formulées tant par les praticiens que par une partie de la doctrine). Différentes consultations se sont déroulées durant les années 2008 et 2009 qui conduisent à signaler l'adoption, depuis, de nouveaux règlements d'exemption.

326 Plusieurs règlements généraux ont donc été adoptés et sont aujourd'hui en vigueur. L'un porte sur les restrictions verticales, c'est-à-dire les restrictions de concurrence engendrées par des accords conclus entre deux ou plusieurs entreprises opérant à un niveau différent de la chaîne de production ou de distribution. On pense ainsi au règlement n° 2790/1999 de la Commission du 22 décembre 1999 concernant l'application de l'article 81, § 3, du traité à des catégories d'accords verticaux et de pratiques concertées (*JOCE* L 336 du 29 déc. 1999 remplacé depuis le 1er juin 2010 par le règlement n° 330/2010 de la Commission du 20 avril 2010 concernant l'application de l'article 101 § 3 du traité sur le fonctionnement de l'Union européenne à des catégories d'accords verticaux et de pratiques concertées (*JOUE* L 102 du 23 avr. 2010). Les autres portent sur les restrictions horizontales, c'est-à-dire les restrictions de concurrence engendrées par des accords entre entreprises se trouvant au même niveau de la chaîne de production ou de distribution : règlement (UE) n° 1218/2010 de la Commission du 14 décembre 2010 relatif à l'application de l'article 101, paragraphe 3, du traité sur le fonctionnement de l'Union européenne à certaines catégories d'accords de spécialisation (*JOUE* L 335 du 18 déc. 2010) succédant au règlement

n° 2658/2000 de la Commission du 29 novembre 2000 concernant l'application de l'article 81, paragraphe 3, du traité à des catégories d'accords de spécialisation (*JOCE* L 304 du 5 déc. 2000) et règlement (UE) n ° 1217/2010 de la Commission du 14 décembre 2010 relatif à l'application de l'article 101, paragraphe 3, du traité sur le fonctionnement de l'Union européenne à certaines catégories d'accords de recherche et de développement (*JOUE* L 335 du 18 déc. 2010) succédant au règlement n° 2659/2000 du 29 novembre 2000 concernant l'application de l'article 81, paragraphe 3, du traité à des catégories d'accords de recherche et de développement (*JOCE* L 304 du 5 déc. 2000). Ces trois règlements ont été complétés par des Lignes directrices de la Commission dont l'objet est d'en faciliter (?) la compréhension et la bonne application (par ex., pour les accords horizontaux, *JOCE* C 3 du 6 janv. 2001 ou pour les accords verticaux, *JOUE* C 130 du 19 mai 2010). Il faut, par ailleurs, mentionner l'existence de certains règlements d'exemption spécifiques : le règlement n° 240/1996 de la Commission du 31 janvier 1996 concernant l'application de l'article 85 § 3 [désormais art. 81 § 3] du traité à des catégories de transferts de technologie (*JOCE* L 31 du 9 févr. 1996), désormais abrogé par le règlement n° 772/2004/CE du 27 avril 2004 (*JOUE* L 123 du 27 avr. 2004) qui s'applique aux accords de licence de brevet, de savoir-faire ; le règlement n° 1400/2002 de la Commission du 31 juillet 2002 concernant l'application de l'article 81 § 3 du traité à des catégories d'accords verticaux et de pratiques concertées dans le secteur automobile (*JOCE* L 203 du 1er août 2002) entré en vigueur le 1er octobre 2002 mais avec des conditions d'application dans le temps particulières qui prévoient que c'est seulement à compter du 30 sept. 2003, tous les accords en matière automobile ont dû se conformer au règlement n° 1400/2002 auquel a succédé le règlement (UE) n° 461/2010 de la Commission du 27 mai 2010 concernant l'application de l'article 101, paragraphe 3, du traité sur le fonctionnement de l'Union européenne à des catégories d'accords verticaux et de pratiques concertées dans le secteur automobile (*JOUE* L 129 du 28 mai 2010) applicable à compter du 1er juin 2013 ; le règlement n° 358/2003 de la Commission du 27 février 2003 concernant l'application de l'article 81 § 3 du traité à certaines catégories d'accords, de décisions et de pratiques concertées dans le secteur des assurances, *JOUE* L 52 du 28 févr. 2003). Ces trois règlements spécifiques ne seront pas analysés dans ce manuel – on renverra aux ouvrages spécialisés en la matière ainsi qu'à la bibliographie sous la rubrique « Mémo ». En revanche, on s'attachera aux grandes lignes des trois règlements généraux.

Le règlement d'exemption en matière de restriction verticale, applicable à tous les accords conclus depuis le 1er juin 2000, a un champ d'application large puisqu'il s'attache à tous les accords relevant de cette qualification sauf existence d'un texte spécifique (par ex. la distribution automobile). On le comprend notamment si l'on retient qu'il succède à plusieurs règlements qui traitaient de la franchise, de la distribution sélective... Les entreprises (les fournisseurs) qui détiennent moins de 30 % de parts de marché bénéficient d'une exemption de plein droit sauf à ce que l'accord ne contienne ce que l'on appelle des « clauses noires » qui sont énumérées par l'article 4 du règlement (clauses de prix minimum ou fixe, clause territoriale absolue, clause de fourniture croisée, etc.). Par ailleurs, et au titre de l'article 5, l'accord doit respecter une obligation de non-concurrence contractuelle et post-contractuelle. Les entreprises qui détiennent plus de 30 % de part de marchés ne peuvent pas bénéficier de l'exemption par catégorie et doivent se tourner vers l'exemption individuelle qui n'est, cependant, pas obligatoire. Les entreprises ont alors la possibilité, en se reportant aux Lignes directrices, d'évaluer la conformité de 327 leur accord et de décider si elles souhaitent ou non demander une exemption individuelle. Le risque pour celles-ci est indéniable. On signalera que ce règlement n'est en apparence que peu affecté par les modifications portées par le règlement du 20 avril 2010. Tout au plus, faut-il mentionner quelques changements dans le mode de calcul des parts de marché, l'approche des restrictions territoriales et une prise en compte – timide – de la vente en ligne.

■ 328 Les deux autres règlements d'exemption adoptés par la Commission procèdent de la même logique que le règlement précédent. Le principe est que les accords qui entrent dans leur champ d'application respectif peuvent être exemptés s'ils représentent des parts de marché inférieures aux seuils fixés (20 % pour les accords de spécialisation, 25 % pour les accords de recherche et de développement). Tout comme le règlement restrictions verticales, les deux règlements énoncent une liste de « clauses noires » : clauses de prix, clauses de répartition de marché... Et là encore, les Lignes directrices doivent permettre aux entreprises d'apprécier la compatibilité de leur accord.

■ 329 On ajoutera deux observations. La première tient à la nécessité de bien qualifier l'accord dont l'on souhaite savoir s'il entre dans le champ du règlement d'exemption. Un examen attentif des clauses contractuelles s'impose donc. Celui du règlement, aussi. Pour ne prendre qu'un exemple, en présence de clause dont l'objet est d'assurer une distribution sélective purement qualitative en matière automobile, il n'est même pas nécessaire de se poser la question de l'exemption puisque cette hypothèse est expressément exclue de son champ. La seconde observation s'attache à l'invocation des dispositions des règlements d'exemption devant le juge national. L'hypothèse classique va être celle, par exemple, d'un contractant qui va invoquer la nullité d'une clause au motif qu'elle est contraire à une disposition d'un règlement d'exemption. Un arrêt intéressant de la chambre commerciale (Com. 17 nov. 1998, *Bull. civ.* IV, n° 271) est venu rappeler que les dispositions du règlement n'étaient invocables que pour autant que ses conditions d'application étaient réunies. Ainsi, alors « qu'il n'était démontré, ni un dépassement du seuil de sensibilité, tel qu'un chiffre d'affaires de 200 millions d'écus mentionné par la communication de la Commission des Communautés européennes du 3 septembre 1986, concernant les accords d'importance mineure [...], ni la contribution significative du contrat litigieux à un effet de blocage du marché [...] il en résultait que l'article 85, alinéa 1er, du Traité et le règlement d'exemption n'étaient dès lors pas applicables », la cour d'appel ne pouvait « pour annuler la clause de non-rétablissement pour une durée de deux ans prévue à l'article 17 du contrat litigieux [appliquer] l'article 3 C du règlement d'exemption qui subordonne l'exemption à ce que l'interdiction de rétablissement sur le territoire anciennement exploité par le franchisé n'excède pas un an ». Dans le même ordre d'idées, la chambre commerciale a souligné qu'il appartenait au juge du fond de rechercher si les stipulations contractuelles – autres que celles qui avaient pu être examinées par le tribunal dans le cadre d'un recours en annulation contre une décision de rejet d'une plainte par la Commission européenne – n'avaient pas pour objet ou pour effet d'empêcher, de restreindre ou de fausser de manière sensible le jeu de la concurrence à l'intérieur du marché commun (Com. 6 mai 2008, n° 05-11.382, inédit).

Compléments pédagogiques

Mémo

Une entente suppose la réunion de trois éléments cumulatifs : une collusion d'entreprises entraînant une restriction de concurrence. L'entreprise se définit comme une entité exerçant une activité économique indépendamment de son statut juridique et de son mode de financement. Et l'activité économique est indifférente à la qualification industrielle ou commerciale, à la recherche d'un but lucratif ou au caractère privé ou public de l'opérateur. En revanche, le fait d'agir pour son propre compte est déterminant. *La collusion peut prendre trois formes évoquées par l'article 101 TFUE : l'accord (expression d'une volonté commune des entreprises), la décision d'associations d'entreprises (acte unilatéral émanant d'un groupe d'entreprises), la pratique concertée (autres hypothèses dont le parallélisme de comportement des entreprises est un indice). La restriction de concurrence doit se manifester à l'intérieur du marché commun et affecter le commerce entre États membres, ce dernier critère permettant de départager l'application de l'article L. 420-1 du Code de commerce et celle de l'article 101 TFUE.* En ce sens, il est donc nécessaire que l'entente ait un objet ou un effet de restriction de concurrence qui doit être sensible et qui ne soit pas inhérent à la nature de l'accord afin d'en préserver la viabilité économique. Mais il est aussi indispensable que l'entente porte atteinte aux objectifs du TUE et du TFUE, soit l'édification du marché (par ex. lorsque l'entente conduit à la fermeture ou au cloisonnement d'un marché). *Si ces différentes conditions sont réunies, l'article 101 pose un principe d'interdiction qu'il assortit d'une sanction civile : la nullité.* L'interdiction est prononcée par la Commission ou par l'ADLC et conduit à la condamnation à des amendes des entreprises concernées. Par ailleurs l'accord à l'origine est nul et emporte l'obligation de réparer le préjudice. Le régime de la nullité relève du droit national applicable. Mais, *l'interdiction posée* par le § 1er de l'article 101 TFUE *n'est pas absolue*. En effet, le § 3 prévoit que le § 1er peut être déclaré inapplicable sous certaines conditions cumulatives : *contribution au progrès économique*, profit des utilisateurs, absence de restrictions non indispensable et maintien d'une dose de concurrence. *La voie privilégiée est celle de l'exemption collective (par catégorie).* Sur habilitation du Conseil, la Commission a adopté toute une série de règlements d'exemption qui concernent les accords verticaux, les accords horizontaux, les transferts de technologie et les accords dans le domaine de la distribution automobile et de l'assurance. Les entreprises, dès lors qu'elles entrent dans les prévisions de ces textes, bénéficient d'une exemption de plein droit qui les dispense de toute procédure de notification.

Quid

■ Accord n° 305

Expression de volonté commune d'entreprises de se comporter sur le marché d'une manière déterminée.

■ Entente n° 297

Accords, décisions d'associations d'entreprises ou pratiques concertées ayant pour objet ou pour effet d'empêcher, de restreindre ou de fausser le jeu de la concurrence.

■ Entreprise n° 297

Entité exerçant une activité économique indépendamment de son statut juridique et de son mode de financement.

■ Exemption par catégorie n° 322

Il s'agit de l'une des deux voies qui permet à une entente d'être rachetée au titre de l'article 81 § 3. Cette exemption suppose l'existence d'un règlement d'exemption.

■ Exemption individuelle n° 322

Il s'agit de l'une des deux voies qui permettait à une entente d'être rachetée au titre de l'article 101 § 3 TFUE. Cette démarche passait par la notification.

■ Formulaire A/B n° 324

Formulaire que les entreprises sont tenues d'utiliser pour introduire une demande d'attestation négative auprès de la Commission ou lui notifier un accord restrictif pour lequel elles souhaitent obtenir une exemption individuelle. Ce formulaire est également utilisé lorsque les entreprises souhaitent obtenir une attestation négative concernant l'interdiction d'exploiter de façon abusive une position dominante prévue à l'article 102 TFUE.

■ Notification n° 324

Procédure par laquelle les entreprises communiquent un accord restrictif de concurrence afin d'en obtenir l'exemption.

■ Pratique concertée n° 305

Comportement de collusion qui n'entre ni dans la catégorie des accords ni dans celle des décisions d'associations d'entreprises et s'infère partiellement d'un parallélisme des comportements des opérateurs économiques.

■ Règle de raison n° 310

Construction doctrinale qui se traduit par la possibilité d'effectuer le bilan concurrentiel d'un accord et s'il est positif à considérer que l'article 101 TFUE ne s'applique pas.

■ Règlement d'exemption n° 325

Règlement de la Commission qui permet aux accords entrant dans son champ d'application de bénéficier d'une exemption collective au titre de l'article 101 § 3.

■ Restriction inhérente n° 313

Restriction de concurrence qui découle d'un accord et apparaît comme indispensable à sa viabilité économique. Elle ne tombe pas alors sous la règle de prohibition de l'article 81 CE.

Biblio

– J. Azéma, « Droit de la concurrence et accords de transfert de technologie. À propos du règlement n° 772/2004/CE de la Commission », *Revue Lamy de la concurrence* 1/2004, p. 147.

– E. Barbier de la Serre, C. Nourissat, « Contrôle des sentences arbitrales à l'aune du droit de la concurrence : à la recherche du bon équilibre », *Revue Lamy de la concurrence* 2/2005, p. 68.

– M. Chagny, *Droit de la concurrence et droit commun des obligations*, Dalloz, coll. « Nouvelle Bibliothèque de Thèses », 2004.

– D. Fasquelle, *Droit américain et droit communautaire des ententes. Étude de la règle de raison*, Joly, 1993.

– C. Halimi-Déchelette, « La réforme du droit communautaire des restrictions verticales », *CCC* mars 2000.

– L. Idot, « Le nouveau règlement d'exemption relatif à la distribution automobile », *Europe* 2002. Chron. 11.

– R. Kovar, « Le droit communautaire de la concurrence et la "règle de raison" », *RTD eur.* 1987. 237.

– P. Laurent, « Qualification et preuve de la pratique concertée », *CCC* mars 1992.

– S. Mail-Fouilleul, *Les sanctions de la violation du droit communautaire de la concurrence*, LGDJ, 2002.

– Ch. Pecnard, E. Ruiz, « Les sanctions civiles du droit communautaire de la concurrence par le juge national : les exemples anglais et français », *RDAI* 1993. 637.

– S. Poillot-Peruzzetto, « La réforme des accords horizontaux en droit communautaire de la concurrence », *CCC* avril 2001.

– J.-M. Thouvenin, R. Aubanel, « Le nouveau règlement automobile », *Rev. Marché commun* 2002. 600.

– L. Vogel, J. Vogel, *Droit de la distribution automobile*, Dalloz, 1996.

Documents

Décision de la Commission du 10 mai 2000 relative à une procédure d'application de l'article 81 du traité CE (affaire n° IV/32.150 – *Eurovision*) (Extraits) (*JOCE* L 151 du 24 juin 2000, p. 18)

LA COMMISSION DES COMMUNAUTÉS EUROPÉENNES,

vu le traité instituant la Communauté européenne,

vu l'accord sur l'Espace économique européen, et notamment son article 53,

vu le règlement n° 17 du Conseil du 6 février 1962 premier règlement d'application des articles 85 et 86 du traité, modifié en dernier lieu par le règlement (CE) n° 1216/1999, et notamment ses articles 6 et 8,
vu la demande d'attestation négative et la notification en vue d'obtenir une exemption présentées, conformément aux articles 2 et 4 du règlement n° 17, le 3 avril 1989 et complétées le 27 août 1996,
vu le résumé de la demande et de la notification publiés conformément à l'article 19, paragraphe 3, du règlement n° 17,
après consultation du comité consultatif en matière d'ententes et de positions dominantes, considérant ce qui suit :

I. Les faits

1. Introduction

(1) Le 3 avril 1989, l'Union européenne de radio-télévision (UER) a sollicité une attestation négative ou, à défaut, une exemption en vertu de l'article 81, paragraphe 3, du traité en faveur de ses règles internes régissant l'acquisition des droits de télévision pour des manifestations sportives, l'échange de programmes sportifs dans le cadre de l'Eurovision et l'accès contractuel de tiers à ces programmes. (...)
(7) L'UER est une association d'organismes de radio et de télévision créée en 1950 et ayant son siège à Genève. Bien qu'étant une association sans but lucratif, elle peut, pour atteindre ses objectifs, exercer des activités de nature commerciale. Ses objectifs consistent à servir les intérêts de ses membres en matière de programmes ainsi que dans les domaines juridique, technique et autres. Ainsi, l'UER coordonne et soutient les échanges de programmes de télévision entre ses membres actifs, dans le cadre de l'Eurovision, et elle favorise les coproductions ainsi que toute autre forme de coopération entre ses membres et avec les autres organismes de radiodiffusion ou leurs groupements. L'UER assiste ses membres actifs lors des négociations de toute nature et négocie elle-même à leur demande et pour leur compte. La solidarité est le principe directeur de l'UER. (...)
(13) L'UER compte 68 membres actifs répartis dans 49 pays situés dans la zone européenne de radiodiffusion et 50 membres associés dans trente pays situés en dehors de cette zone.
(14) Les accords notifiés sont connus sous le nom de « système de l'Eurovision », c'est-à-dire les règles qui régissent, au sein de l'UER et du système de l'Eurovision/Sports : 1) l'acquisition en commun de droits de télévision pour les manifestations sportives ; 2) le partage des droits ainsi acquis ; 3) l'échange du signal pour les événements sportifs ; 4) le régime d'accès des non-membres de l'UER aux droits de l'Eurovision et 5) les règles de sous-traitante relatives à l'exploitation des droits Eurovision sur les chaînes de télévision à péage. (...)
(37) Le texte intégral de ces règles est disponible sur le site Internet de l'UER (http://www.ebu.ch), et il figure à l'annexe II de la présente décision.

4. Le marché en cause

4.1. Le marché de produits

(38) L'UER considère que le marché à prendre en considération pour appréciation de la présente affaire est celui de l'acquisition des droits de télévision pour les grandes manifestations dans toutes les disciplines sportives, qu'il s'agisse de manifestations de caractère national ou international. L'UER ne s'occupe de l'acquisition de droits de télévision que pour des manifestations sportives présentant un intérêt paneuropéen.
(39) La Commission partage le point de vue de l'UER selon lequel les émissions sportives présentent des caractéristiques particulières ; elles permettent d'obtenir des chiffres d'audience

élevés et de toucher un public identifiable, qui constitue une cible particulière pour certains annonceurs importants. (...)

(41) Les préférences des téléspectateurs déterminent la valeur d'une émission pour les annonceurs et les sociétés de télévision payante. Dans la télévision à accès libre, on ne peut observer directement les réactions des téléspectateurs aux variations de prix des programmes ni, par voie de conséquence, recueillir directement des éléments d'information sur l'élasticité-prix de la demande. Il en va de même pour la télévision payante étant donné que les contrats prévoient généralement des paiements mensuels ou annuels pour des bouquets de chaînes, sans spécifier les prix des différents programmes. Toutefois, si des émissions sportives réalisent les mêmes ou à peu près les mêmes chiffres d'audience qu'elles soient ou non en concurrence avec des manifestations sportives diffusées simultanément, il y a tout lieu de penser que ces émissions pourraient déterminer le choix d'un radiodiffuseur donné par les abonnés ou les annonceurs.

(43) En conclusion, l'enquête réalisée par la Commission montre que la définition du marché proposée par l'UER est trop large et qu'il existe selon toute vraisemblance des marchés séparés pour l'acquisition des droits sur certaines grandes manifestations sportives, internationales pour la plupart.

(44) Il n'est cependant pas nécessaire, aux fins de la présente affaire, de définir exactement les marchés de produits en cause. Compte tenu de la structure actuelle du marché et des règles de sous-traitante accordant aux non-membres de l'UER l'accès aux programmes sportifs de l'Eurovision, les accords en cause ne soulèvent pas de problème de concurrence, même si l'on considère qu'il existe des marchés de l'acquisition des droits sur des manifestations sportives particulières, telles que les Jeux olympiques d'été. (...)

4.2. Le marché géographique

(46) Certains droits sur des manifestations sportives sont acquis en exclusivité pour l'ensemble du territoire européen pour être ensuite revendus par pays, indépendamment des moyens techniques utilisés pour la transmission; d'autres sont acquis par pays. Les droits sportifs importants pour lesquels l'UER est sur les rangs, c'est-à-dire ceux qui, du point de vue du téléspectateur, présentent un intérêt paneuropéen, tels que les Jeux olympiques, entrent normalement dans la première catégorie de licences européennes. (...)

(49) Toutefois, aux fins de la présente affaire, il n'est pas nécessaire de définir exactement le marché géographique en cause. Compte tenu de la structure actuelle du marché et des règles de sous-traitance accordant aux non-membres de l'UER l'accès aux programmes sportifs de l'Eurovision, les accords en cause ne soulèvent pas de problème de concurrence, même si l'on considère que les marchés de l'acquisition des droits pour des manifestations sportives sont de dimension nationale, de même que les marchés en aval de la télévision à accès libre et de la télévision payante.

5. Structure du marché

(50) Sur les marchés de la Communauté, la concurrence entre les radiodiffuseurs hertziens s'est développée partout et un grand nombre de nouvelles sociétés de radiodiffusion par câble et par satellite ont fait leur apparition au cours des dix dernières années. Le nombre de sociétés de radiodiffusion et de chaînes sur les cinq plus grands marchés de la télévision de la Communauté (Allemagne, France, Royaume-Uni, Italie et Espagne) a doublé ou triplé de 1982 à 1997. Les nouvelles sociétés nationales de télévision à accès libre sont de toute évidence disposées à payer des sommes importantes pour des manifestations sportives attrayantes afin de rehausser le prestige de leurs chaînes. En outre, les sociétés de télévision payante, en particulier en France, au Royaume-Uni et en Espagne, ont constaté que le fait de pouvoir proposer des manifestations

sportives attrayantes constituait un argument déterminant pour recruter des abonnés, en particulier des hommes jeunes disposant de ressources financières. En conséquence, la capacité consacrée aux émissions sportives s'est accrue de façon spectaculaire au cours des dernières années et cette croissance est venue principalement des radiodiffuseurs non-membres de l'UER.

(51) Les droits de télévision pour les manifestations sportives sont accordés pour un territoire donné, normalement en exclusivité. L'exclusivité est généralement accordée pour la diffusion par tous les moyens techniques (satellite, câble, fréquences terrestres). Elle est jugée nécessaire par les radiodiffuseurs pour garantir la valeur d'une émission sportive donnée, en termes de chiffres d'audience et de recettes publicitaires. Les droits sont souvent offerts sous la forme de lots couvrant l'ensemble des matches, tours ou compétitions que peut comprendre une manifestation (championnat, tournoi, coupe, etc.). (...)

II. Appréciation

(63) La Commission est arrivée à la conclusion que les accords notifiés relèvent du champ d'application de l'article 81, paragraphe 1, du traité CE et de l'article 53, paragraphe 1er, de l'accord EEE, mais que, sous réserve des conditions et des charges prévues à l'article 2 de la présente décision et compte tenu des modifications apportées auxdits accords à la suite de l'intervention de la Commission, les critères énoncés à l'article 81, paragraphe 3, du traité CE et à l'article 53, paragraphe 3, de l'accord EEE sont remplis.

1. Article 81, paragraphe 1er, du traité CE et article 53, paragraphe 1er, de l'accord EEE

A. Accords entre entreprises ou décisions d'associations d'entreprises

(64) Les membres de l'UER sont des entreprises au sens de l'article 81, paragraphe 1er, du traité CE et de l'article 53, paragraphe 1er, de l'accord EEE. La Cour de justice, notamment dans son arrêt dans l'affaire 155/73, Sacchi a considéré que les organismes publics de télévision étaient des « entreprises » au sens de l'article 81, paragraphe 1er, dans la mesure où elles exercent une activité économique. L'acquisition de droits de télévision pour des manifestations sportives et l'octroi de sous-licences pour l'exploitation de ces droits sont à l'évidence des activités de caractère économique couvertes par l'article 81, paragraphe 1, du traité CE et par l'article 53, paragraphe 1er, de l'accord EEE.

(65) Les règles internes de l'UER qui régissent le système de l'Eurovision, telles que notifiées, sont des décisions d'une association d'entreprises au sens de l'article 81, paragraphe 1er, du traité CE et de l'article 53, paragraphe 1er, de l'accord EEE. (...)

B. Les règles d'adhésion à l'UER

(71) Les règles de l'UER régissant l'acquisition en commun et le partage des droits de télévision pour des manifestations sportives et l'utilisation du signal Eurovision ont pour objet et pour effet de restreindre la concurrence entre les membres.

(72) Les règles de l'UER régissant l'acquisition en commun et en exclusivité des droits de télévision pour des manifestations sportives ont pour objet et pour effet de restreindre la concurrence entre les membres. (...)

(78) Les règles sur le partage des droits restreignent la concurrence étant donné que les membres de l'UER doivent s'entendre sur la procédure de partage des droits. En l'absence de ces règles, les membres de l'UER, en particulier lorsqu'il y en a plusieurs dans un même pays, se feraient concurrence pour le même public national. (...)

(80) Les règles régissant l'échange du signal Eurovision restreignent la concurrence étant donné qu'elles pourraient obliger un membre à offrir gratuitement le signal de transmission à un autre membre de l'UER.

D. Effet sur le commerce entre États membres

(81) Le système de l'Eurovision concerne l'acquisition et l'utilisation transfrontalières de droits de télévision à l'intérieur de la Communauté. Cela vaut en particulier pour l'acquisition en commun des droits par des membres de pays différents. Les accords notifiés affecteront le commerce entre les États membres.

E. Caractère appréciable des restrictions de la concurrence et des effets sur le commerce entre États membres

(82) Un grand nombre de manifestations sportives internationales couvertes par le système de l'Eurovision, telles que les Jeux olympiques, suscitent un intérêt et revêtent une importance économique telle que toute restriction à l'acquisition et au partage des droits de télévision correspondants ou à l'échange du signal Eurovision entre les radiodiffuseurs européens est appréciable aux fins de l'article 81, paragraphe 1er, du traité CE et de l'article 53, paragraphe 1, de l'accord EEE.

(83) La meilleure illustration de l'importance économique et donc du caractère appréciable de l'acquisition en commun des droits par l'UER est fournie par le dernier appel d'offres pour les droits sur les Jeux olympiques pour la période de 2000 à 2008, qui ont été acquis par l'UER pour un montant total de 1,44 milliard de dollars, alors que News Corporation avait offert 2 milliards de dollars pour les mêmes droits. L'intérêt d'une telle manifestation sportive pour les téléspectateurs européens ne fait aucun doute.

2. Article 81, paragraphe 3, du traité CE et article 53, paragraphe 3, de l'accord EEE

A. Amélioration de la production ou de la distribution des produits et promotion du progrès technique et économique

(84) L'acquisition en commun des droits de télévision dans le cadre du système de l'Eurovision améliore la distribution des services de télévision et contribue à promouvoir le progrès technique et économique.

(85) En l'absence du système d'acquisition en commun des droits, les membres de l'UER, et en particulier les plus petits d'entre eux, auraient plus difficilement accès aux droits de télévision pour les manifestations sportives qui les intéressent.

(86) En effet, l'acquisition en commun des droits réduit les frais de transaction qu'impliquerait une multitude de négociations séparées, améliorant ainsi les conditions d'achat. Elle garantit aussi que les négociations sont conduites par le négociateur le plus compétent, qui peut être soit le membre national du pays où la manifestation a lieu, qui connaît les conditions locales, soit l'UER elle-même, qui dispose d'un personnel spécialisé ayant l'expérience des négociations au niveau international. Cela avantage donc particulièrement les membres plus petits, qui ne disposent pas du personnel spécialisé nécessaire pour négocier l'acquisition de droits pour des grandes manifestations internationales. En outre, dans le cadre de la négociation collective, il est possible de veiller aux intérêts et aux besoins particuliers de chaque participant à l'acquisition en commun. Dans le cadre de négociations séparées, les membres, en particulier ceux des petits pays, éprouveraient plus de difficultés pour obtenir des contrats adaptés à leurs besoins particuliers.

(87) En conséquence, le système d'acquisition en commun des droits permet la diffusion d'un nombre plus élevé de manifestations sportives par un plus grand nombre de radiodiffuseurs. La meilleure couverture des manifestations sportives qui en résulte améliore la distribution. (...)

B. Avantages pour les consommateurs

B.1. L'acquisition en commun des droits

(91) L'acquisition en commun des droits permet aux participants au système de l'Eurovision d'améliorer, en termes à la fois quantitatifs et qualitatifs, l'offre de programmes sportifs au

public européen – qu'il s'agisse des sports les plus populaires ou de ceux suivis par un public minoritaire. Elle permet, en particulier, aux participants des petits pays d'offrir à leurs téléspectateurs un large éventail de manifestations sportives internationales commentées dans leur propre langue et adaptées à leurs intérêts nationaux particuliers.

C. Caractère indispensable

(94) Les règles de l'Eurovision régissant l'acquisition en commun des droits, le partage des droits et l'échange du signal sont, du point de vue technique et économique, des éléments interdépendants, fondés sur le principe de la solidarité entre les participants à l'Eurovision. C'est pourquoi, si les membres de l'UER étaient forcés de négocier individuellement pour acquérir les droits de télévision, s'ils ne s'entendaient pas sur le partage des droits ou s'ils n'offraient pas le signal gratuitement, le système de solidarité serait remis en question et avec lui tous les effets bénéfiques en termes d'amélioration de la distribution et de profit pour les consommateurs. (...)

D. Absence d'élimination de la concurrence pour une partie substantielle des produits en cause

(100) L'acquisition des droits en commun dans le cadre du système de l'Eurovision n'éliminera pas la concurrence pour une partie substantielle des droits en question.

(101) Il convient de rappeler, premièrement, que l'UER ne s'occupe en principe que des manifestations internationales, alors que les manifestations nationales constituent la majeure partie des programmes sportifs présentés à la télévision ; deuxièmement que le système de l'Eurovision est soumis à une concurrence de plus en plus vive de la part des groupes multimédias et des agents de courtage ; et, troisièmement, que la position de l'UER sur le marché s'est affaiblie au cours des dix dernières années. Dans ces conditions, l'acquisition en commun des droits Eurovision ne saurait restreindre la concurrence dans une mesure substantielle.

(102) La Commission était néanmoins préoccupée par le fait que certains des droits acquis collectivement concernent des manifestations sportives, par exemple les Jeux olympiques, qui revêtent une importance particulière en termes économiques et de popularité et pourraient constituer un marché distinct entièrement aux mains des membres de l'Eurovision.

(103) Pour lever ces préoccupations, l'UER a modifié les accords notifiés de manière à y inclure une série de règles de sous-traitante, qui garantit aux non-membres un accès étendu aux droits sportifs de l'Eurovision. Cela compense les effets restrictifs de l'acquisition en commun des droits. Les règles prévoient de larges possibilités de retransmission en direct et en différé pour les non-membres à des conditions raisonnables. (...)

3. Durée de l'exemption, conditions et charges

3.1. Durée de l'exemption : date d'entrée en vigueur de l'exemption

(111) Conformément à l'article 8 du règlement n° 17, une décision d'application de l'article 81, paragraphe 3, du traité est accordée pour une durée déterminée et peut être assortie de conditions et de charges. Conformément à l'article 6 dudit règlement, la date à partir de laquelle une telle décision prend effet ne saurait être antérieure au jour de la notification.

(112) En l'espèce, la présente décision prend effet à compter du 26 février 1993 (...)

3.2. Durée de l'exemption : longueur de la période d'exemption

(114) Étant donné la structure et l'évolution du marché en cause et l'effet des règles notifiées sur ce marché, l'exemption est accordée, conformément à l'article 8, paragraphe 1er, du règlement n° 17, pour la période du 26 février 1993 au 31 décembre 2005. En ce qui concerne l'accord sur l'Espace économique européen, l'exemption accordée en application de l'article 53, paragraphe 3, s'applique à partir du 1er janvier 1994, date d'entrée en vigueur de cet accord.

3.3. Conditions et charges (...)

A ARRÊTÉ LA PRÉSENTE DÉCISION :

Article premier

Conformément à l'article 81, paragraphe 3, du traité CE et à l'article 53, paragraphe 3, de l'accord sur l'Espace économique européen et sous réserve de l'article 2 de la présente décision, les dispositions de l'article 81, paragraphe 1er, du traité CE et celles de l'article 53, paragraphe 1, de l'accord EEE sont déclarées inapplicables, respectivement pour la période du 26 février 1993 au 31 décembre 2005 et pour celle du 1er janvier 1994 au 31 décembre 2005, aux accords notifiés suivants :

a) l'acquisition en commun des droits de télévision pour les manifestations sportives ;

b) le partage des droits pour les manifestations sportives acquis collectivement ;

c) l'échange du signal pour les manifestations sportives ;

d) le régime d'accès des non-membres de l'UER aux droits sportifs Eurovision

et

e) les règles de sous-traitante relatives à l'exploitation des droits Eurovision sur les chaînes de télévision à péage.

Article 2

La déclaration d'exemption contenue à l'article 1er est assortie des conditions et charges suivantes :

a) La condition

l'UER et ses membres n'acquièrent collectivement des droits de télévision pour des manifestations sportives que dans le cadre d'accords leur permettant d'accorder l'accès aux tiers conformément au régime d'accès des non-membres de l'UER aux programmes sportifs Eurovision du 24 février 1993 et aux règles de sous-traitante relatives à l'exploitation des droits Eurovision sur les chaînes de télévision à péage du 26 mars 1999 ou, sous réserve de l'accord de l'UER, à des conditions plus avantageuses pour le non-membre.

b) La charge

l'UER informe la Commission de toute modification ou addition au régime d'accès des non-membres de l'UER aux programmes sportifs Eurovision du 24 février 1993 et aux règles de sous-traitante relatives à l'exploitation des droits Eurovision sur les chaînes de télévision à péage du 26 mars 1999. En outre, l'UER informe la Commission de toute procédure d'arbitrage concernant des litiges relatifs au régime d'accès des non-membres de l'UER aux programmes sportifs Eurovision du 24 février 1993 et aux règles de sous-traitante relatives à l'exploitation des droits Eurovision sur les chaînes de télévision à péage du 26 mars 1999.

Article 3

L'Union européenne de radio-télévision (EBU) Ancienne Route 17A CH – 1218 Grand-Saconnex (Genève) est destinataire de la présente décision.

Fait à Bruxelles, le 10 mai 2000.

Par la Commission

Mario Monti

Membre de la Commission

CJUE 13 décembre 2013, *Expedia Inc. c. Autorité de la concurrence e.a*, aff. C-226/11, nep (Extraits)

ARRÊT DE LA COUR (deuxième chambre)

13 décembre 2012

« Concurrence – Article 101, paragraphe 1, TFUE – Entente – Caractère sensible d'une restriction – Règlement (CE) n° 1/2003 – Article 3, paragraphe 2 – Autorité nationale de la concurrence – Pratique susceptible d'affecter le commerce entre États membres – Poursuite et sanction – Non-dépassement des seuils de part de marché définis dans la communication 'de minimis' – Restrictions par objet »

Dans l'affaire C-226/11,

ayant pour objet une demande de décision préjudicielle au titre de l'article 267 TFUE, introduite par la Cour de cassation (France), par décision du 10 mai 2011, parvenue à la Cour le 16 mai 2011, dans la procédure

Expedia Inc. contre Autorité de la concurrence e.a.,

LA COUR (deuxième chambre), (...)

rend le présent arrêt

1. La demande de décision préjudicielle porte sur l'interprétation des articles 101, paragraphe 1, TFUE et 3, paragraphe 2, du règlement (CE) n° 1/2003 du Conseil, du 16 décembre 2002, relatif à la mise en œuvre des règles de concurrence prévues aux articles 81 [CE] et 82 [CE] (JO 2003, L 1, p. 1).

2. Cette demande a été présentée dans le cadre d'une affaire opposant la société Expedia Inc. (ci-après « Expedia »), notamment, à l'Autorité de la concurrence, anciennement Conseil de la concurrence, au sujet des poursuites engagées et des sanctions pécuniaires infligées par cette dernière en raison des accords relatifs à la création d'une filiale commune conclus entre Expedia et la Société nationale des chemins de fer français (SNCF) (ci-après la « SNCF »).

Le cadre juridique

La réglementation de l'Union (...)

La réglementation française (...)

Le litige au principal et les questions préjudicielles

7. Dans le but de développer la vente de billets de train et de voyages sur Internet, la SNCF a conclu, au mois de septembre 2001, plusieurs accords avec Expedia, société américaine spécialisée dans la vente de voyages sur Internet, et a créé avec cette dernière une filiale commune dénommée GL Expedia. Le site Internet voyages-SNCF.com, jusqu'alors dédié à l'information, à la réservation et à la vente de billets de train sur Internet, a hébergé l'activité de GL Expedia et s'est transformé pour offrir, outre ses prestations initiales, une activité d'agence de voyages en ligne. Dans le courant de l'année 2004, cette filiale commune a changé de dénomination pour devenir Agence de voyages SNCF.com (ci-après l'« Agence VSC »).

8. Par décision du 5 février 2009, l'Autorité de la concurrence a considéré que le partenariat entre la SNCF et Expedia créant l'Agence VSC constituait une entente contraire aux articles 81 CE et L. 420-1 du code de commerce, ayant pour objet et pour effet de favoriser cette filiale commune sur le marché des services d'agence de voyages fournis pour les voyages de loisirs au détriment des concurrents. Elle a infligé des sanctions pécuniaires tant à Expedia qu'à la SNCF.

9. L'Autorité de la concurrence a notamment estimé qu'Expedia et la SNCF étaient concurrentes sur le marché des services en ligne d'agences de voyages de loisirs, qu'elles détenaient plus de 10 % des parts de ce marché et que, par conséquent, la règle dite « de minimis », telle

qu'énoncée au point 7 de la communication de minimis ainsi qu'à l'article L. 464-2-1 du code de commerce, ne trouvait pas à s'appliquer.

10. Devant la cour d'appel de Paris, Expedia a reproché à l'Autorité de la concurrence d'avoir surestimé les parts de marché détenues par l'Agence VSC. Cette juridiction ne s'est pas prononcée directement sur ce moyen. Dans son arrêt du 23 février 2010, elle a notamment jugé que, au regard du libellé de l'article L. 464-6-1 du code de commerce et, en particulier, de l'emploi du verbe « peut », l'Autorité de la concurrence a, en tout état de cause, la possibilité de poursuivre les pratiques mises en œuvre par des entreprises dont les parts de marché se trouvent en deçà des seuils fixés par ce texte ainsi que par la communication de minimis.

11. Saisie du pourvoi formé par Expedia contre cet arrêt, la Cour de cassation relève qu'il n'est pas contesté que, ainsi que l'Autorité de la concurrence l'a conclu, l'entente en cause au principal ait un objet anticoncurrentiel. Elle considère que, eu égard à la jurisprudence de la Cour en la matière, il n'est pas établi que la Commission poursuivrait une telle entente dans l'hypothèse où les parts des marchés concernés ne dépasseraient pas les seuils fixés dans la communication de minimis.

12. La juridiction de renvoi est, en outre, d'avis que les affirmations figurant aux points 4 et 6 de la communication de minimis, selon lesquelles celle-ci est dépourvue de force contraignante à l'égard des juridictions et des autorités des États membres et ne préjuge pas l'interprétation de l'article 101 TFUE qui pourrait être donnée par les juridictions de l'Union européenne, introduisent un doute sur le point de savoir si les seuils de part de marché institués par cette communication constituent une présomption irréfragable d'absence d'effet sensible sur la concurrence au sens dudit article.

13. Dans ces conditions, la Cour de cassation a décidé de surseoir à statuer et de poser à la Cour la question préjudicielle suivante :

« Les articles 101, paragraphe 1, TFUE et 3, paragraphe 2, du règlement n° 1/2003 doivent-ils être interprétés en ce sens qu'ils s'opposent à ce qu'une pratique d'accords, de décisions d'associations d'entreprises, ou de concertation qui est susceptible d'affecter le commerce entre États membres, mais qui n'atteint pas les seuils fixés par la Commission européenne dans sa communication [de minimis], soit poursuivie et sanctionnée par une autorité nationale de concurrence sur le double fondement de l'article 101, paragraphe 1, TFUE et du droit national de la concurrence ? »

Sur la question préjudicielle

14. Par sa question, la juridiction de renvoi demande, en substance, si les articles 101, paragraphe 1, TFUE et 3, paragraphe 2, du règlement n° 1/2003 doivent être interprétés en ce sens qu'ils s'opposent à ce qu'une autorité nationale de concurrence applique l'article 101, paragraphe 1, TFUE à un accord entre entreprises qui est susceptible d'affecter le commerce entre États membres, mais qui n'atteint pas les seuils fixés par la Commission dans sa communication de minimis.

15. Il convient de rappeler que, aux termes de l'article 101, paragraphe 1, TFUE, sont incompatibles avec le marché intérieur et interdits tous accords entre entreprises, toutes décisions d'associations d'entreprises et toutes pratiques concertées, susceptibles d'affecter le commerce entre États membres et qui ont pour objet ou pour effet d'empêcher, de restreindre ou de fausser le jeu de la concurrence dans le marché intérieur.

16. Il est de jurisprudence constante qu'un accord d'entreprises échappe toutefois à la prohibition de cette disposition lorsqu'il n'affecte le marché que d'une manière insignifiante (arrêts du 9 juill. 1969, *Völk*, 5/69, *Rec. CJCE* p. 295, point 7 ; du 28 mai 1998, *Deere/Commission*, C-7/95 P, *Rec. CJCE* p. I-3111, point 77 ; du 21 janvier 1999, *Bagnasco e.a.*,

C-215/96 et C-216/96, *Rec. CJCE* p. I-135, point 34, ainsi que du 23 nov. 2006, *Asnef-Equifax et Administración del Estado*, C-238/05, *Rec. CJCE* p. I-11125, point 50).

17. Ainsi, pour tomber sous l'interdiction prévue à l'article 101, paragraphe 1, TFUE, un accord d'entreprises doit avoir pour objet ou pour effet de restreindre de manière sensible la concurrence dans le marché intérieur et être de nature à affecter le commerce entre les États membres (arrêts du 24 oct. 1995, *Bayerische Motorenwerke*, C-70/93, *Rec. CJCE* p. I-3439, point 18 ; du 28 avril 1998, *Javico*, C-306/96, *Rec. CJCE* p. I-1983, point 12, ainsi que du 2 avril 2009, *Pedro IV Servicios*, C-260/07, *Rec. CJCE* p. I-2437, point 68).

18. S'agissant du rôle des autorités des États membres dans le respect du droit de l'Union en matière de concurrence, l'article 3, paragraphe 1, première phrase, du règlement n° 1/2003 établit un lien étroit entre l'interdiction des ententes qu'énonce l'article 101 TFUE et les dispositions correspondantes du droit national de la concurrence. Lorsque l'autorité nationale de concurrence applique les dispositions du droit national interdisant les ententes à un accord d'entreprises susceptible d'affecter le commerce entre États membres au sens de l'article 101 TFUE, ledit article 3, paragraphe 1, première phrase, impose de lui appliquer également, en parallèle, l'article 101 TFUE (arrêt du 14 février 2012, *Toshiba Corporation e.a.*, C-17/10, non encore publié au Recueil, point 77).

19. Conformément à l'article 3, paragraphe 2, du règlement n° 1/2003, l'application du droit national de la concurrence ne peut pas entraîner l'interdiction de telles ententes si elles n'ont pas pour effet de restreindre la concurrence au sens de l'article 101, paragraphe 1, TFUE.

20. Il en découle que les autorités de concurrence des États membres ne peuvent appliquer les dispositions du droit national interdisant les ententes à un accord d'entreprises susceptible d'affecter le commerce entre États membres au sens de l'article 101 TFUE que si cet accord constitue une restriction sensible de la concurrence dans le marché intérieur.

21. La Cour a jugé que l'existence d'une telle restriction doit être appréciée par référence au cadre réel où se place un tel accord (voir arrêt du 6 mai 1971, *Cadillon*, 1/71, *Rec. CJCE* p. 351, point 8). Il convient de s'attacher, notamment, à la teneur de ses dispositions, aux objectifs qu'il vise à atteindre ainsi qu'au contexte économique et juridique dans lequel il s'insère (voir arrêt du 6 oct. 2009, *GlaxoSmithKline Services e.a./Commission*, C-501/06 P, C-513/06 P, C-515/06 P et C-519/06 P, *Rec. CJCE* p. I-9291, point 58). Il y a également lieu de prendre en considération la nature des biens ou des services affectés ainsi que les conditions réelles du fonctionnement et de la structure du marché ou des marchés en question (voir, en ce sens, arrêt *Asnef-Equifax et Administración del Estado*, précité, point 49).

22. Dans le cadre de son examen, la Cour a notamment considéré qu'un accord d'exclusivité, même avec une protection territoriale absolue, n'affecte le marché en cause que d'une manière insignifiante, compte tenu de la faible position qu'occupent les intéressés sur ce marché (voir arrêts précités *Völk*, point 7, et *Cadillon*, point 9). Dans d'autres cas, en revanche, elle ne s'est pas fondée sur la position des intéressés sur le marché concerné. Ainsi, au point 35 de l'arrêt Bagnasco e.a., précité, elle a estimé qu'une entente entre les membres d'une association bancaire excluant la faculté, à l'égard de l'ouverture d'un crédit en compte courant, de retenir un taux d'intérêt fixe ne saurait avoir une influence restrictive sensible sur le jeu de la concurrence, dès lors que la variation du taux d'intérêt dépend d'éléments objectifs, tels que des changements intervenus sur le marché monétaire.

23. Il ressort des points 1 et 2 de la communication *de minimis* que la Commission entend quantifier dans celle-ci, au moyen de seuils de part de marché, ce qui ne constitue pas une restriction sensible de la concurrence au sens de l'article 101 TFUE et de la jurisprudence citée aux points 16 et 17 du présent arrêt.

24. S'agissant du libellé de la communication *de minimis*, l'absence de caractère contraignant de celle-ci, tant pour les autorités de la concurrence que pour les juridictions des États membres, est soulignée à la troisième phrase de son point 4.
25. En outre, aux deuxième et troisième phrases du point 2 de ladite communication, la Commission précise que les seuils de part de marché utilisés quantifient ce qui ne constitue pas une restriction sensible de la concurrence au sens de l'article 101 TFUE, mais que cette définition par défaut du caractère sensible d'une telle restriction ne signifie pas que les accords d'entreprises dépassant ces seuils restreignent sensiblement le jeu de la concurrence.
26. Au demeurant, contrairement à la communication de la Commission relative à la coopération au sein du réseau des autorités de concurrence (*JO* 2004, C 101, p. 43), la communication de minimis ne contient aucun énoncé faisant état de déclarations par les autorités de concurrence des États membres selon lesquelles ces dernières ont pris acte des principes qui y sont exposés et acceptent de les respecter.
27. Il résulte également des objectifs poursuivis par la communication *de minimis*, tels que mentionnés à son point 4, que celle-ci n'a pas vocation à lier les autorités de concurrence et les juridictions des États membres.
28. En effet, il ressort de ce point, d'une part, que ladite communication vise à exposer la manière dont la Commission, agissant en tant qu'autorité de la concurrence de l'Union, appliquera elle-même l'article 101 TFUE. En conséquence, par la communication *de minimis*, la Commission s'autolimite dans l'exercice de son pouvoir d'appréciation et ne saurait se départir du contenu de cette communication sans violer des principes généraux du droit, notamment l'égalité de traitement et la protection de la confiance légitime (voir, en ce sens, arrêt du 28 juin 2005, *Dansk Rørindustri e.a./Commission*, C-189/02 P, C-202/02 P, C-205/02 P à C-208/02 P et C-213/02 P, *Rec. CJCE* p. I-5425, point 211). D'autre part, elle entend donner des indications aux juridictions et aux autorités des États membres pour l'application dudit article.
29. Il en résulte que, et ainsi que la Cour a déjà eu l'occasion de le constater, une communication de la Commission, telle que la communication *de minimis*, n'est pas contraignante à l'égard des États membres (voir, en ce sens, arrêt du 14 juin 2011, *Pfleiderer*, C-360/09, non encore publié au Recueil, point 21).
30. Ainsi, ladite communication a été publiée au cours de l'année 2001 dans la série C du Journal officiel de l'Union européenne, laquelle, contrairement à la série L de celui-ci, a pour objet de publier non pas des actes juridiquement contraignants, mais seulement des informations, des recommandations et des avis concernant l'Union (voir, par analogie, arrêt du 12 mai 2011, *Polska Telefonia Cyfrowa*, C-410/09, non encore publié au Recueil, point 35).
31. Il s'ensuit que, afin de déterminer le caractère sensible ou non d'une restriction du jeu de la concurrence, l'autorité de concurrence d'un État membre peut prendre en considération les seuils établis au point 7 de la communication de minimis sans pour autant être obligée de s'y tenir. De tels seuils ne constituent en effet que des indices parmi d'autres susceptibles de permettre à cette autorité de déterminer le caractère sensible ou non d'une restriction par référence au cadre réel où se place l'accord.
32. Contrairement à ce qu'Expedia a fait valoir lors de l'audience, les poursuites engagées et les sanctions infligées, par l'autorité de concurrence d'un État membre, aux entreprises parties à un accord n'ayant pas atteint les seuils définis dans la communication *de minimis* ne sauraient enfreindre, en tant que telles, les principes de confiance légitime et de sécurité juridique, eu égard au libellé du point 4 de cette communication.
33. En outre, ainsi que Mme l'avocat général l'a relevé au point 33 de ses conclusions, le principe de légalité des peines n'exige pas que la communication *de minimis* soit considérée

comme une norme juridique contraignante pour les autorités nationales. En effet, les ententes sont déjà interdites par le droit primaire de l'Union, à savoir par l'article 101, paragraphe 1, TFUE.

34. Dans la mesure où Expedia, le gouvernement français ainsi que la Commission ont, dans leurs observations écrites ou lors de l'audience, émis des doutes au regard de la constatation faite par la juridiction de renvoi selon laquelle il n'est pas contesté que l'entente en cause au principal avait un objet anticoncurrentiel, il convient de rappeler que, dans le cadre d'une procédure visée à l'article 267 TFUE, lequel est fondé sur une nette séparation des fonctions entre les juridictions nationales et la Cour, toute appréciation des faits de la cause au principal relève de la compétence du juge national (voir arrêt du 8 sept. 2010, *Winner Wetten*, C-409/06, *Rec. CJCE* p. I-8015, point 49 et jurisprudence citée).

35. Ensuite, il importe de rappeler que, selon une jurisprudence constante, aux fins de l'application de l'article 101, paragraphe 1, TFUE, la prise en considération des effets concrets d'un accord est superflue dès qu'il apparaît qu'il a pour objet de restreindre, d'empêcher ou de fausser le jeu de la concurrence (voir, en ce sens, arrêts du 13 juill. 1966, *Consten et Grundig/Commission*, 56/64 et 58/64, *Rec. CJCE* p. 429, ainsi que du 8 décembre 2011, *KME Germany e. a./Commission*, C-272/09 P, non encore publié au Recueil, point 65, et *KME Germany e.a./Commission*, C-389/10 P, non encore publié au Recueil, point 75).

36. À cet égard, la Cour a souligné que la distinction entre « infractions par objet » et « infractions par effet » tient à la circonstance que certaines formes de collusion entre entreprises peuvent être considérées, par leur nature même, comme nuisibles au bon fonctionnement du jeu normal de la concurrence (arrêts du 20 nov. 2008, *Beef Industry Development Society et Barry Brothers*, C-209/07, *Rec. CJCE* p. I-8637, point 17, ainsi que du 4 juin 2009, *T-Mobile Netherlands e.a.*, C-8/08, *Rec. CJCE* p. I-4529, point 29).

37. Il y a donc lieu de considérer qu'un accord susceptible d'affecter le commerce entre États membres et ayant un objet anticoncurrentiel constitue, par sa nature et indépendamment de tout effet concret de celui-ci, une restriction sensible du jeu de la concurrence.

38. Au vu de ce qui précède, il convient de répondre à la question posée que les articles 101, paragraphe 1, TFUE et 3, paragraphe 2, du règlement n° 1/2003 doivent être interprétés en ce sens qu'ils ne s'opposent pas à ce qu'une autorité nationale de concurrence applique l'article 101, paragraphe 1, TFUE à un accord entre entreprises qui est susceptible d'affecter le commerce entre États membres, mais qui n'atteint pas les seuils fixés par la Commission dans sa communication *de minimis*, pourvu que cet accord constitue une restriction sensible de la concurrence au sens de cette disposition. (...)

Par ces motifs, la Cour (deuxième chambre) dit pour droit :

Les articles 101, paragraphe 1, TFUE et 3, paragraphe 2, du règlement (CE) n° 1/2003 du Conseil, du 16 décembre 2002, relatif à la mise en œuvre des règles de concurrence prévues aux articles 81 [CE] et 82 [CE], doivent être interprétés en ce sens qu'ils ne s'opposent pas à ce qu'une autorité nationale de concurrence applique l'article 101, paragraphe 1, TFUE à un accord entre entreprises qui est susceptible d'affecter le commerce entre États membres, mais qui n'atteint pas les seuils fixés par la Commission européenne dans sa communication concernant les accords d'importance mineure qui ne restreignent pas sensiblement le jeu de la concurrence au sens de l'article 81, paragraphe 1, [CE] (*de minimis*), pourvu que cet accord constitue une restriction sensible de la concurrence au sens de cette disposition.

Quiz

1) Sujet corrigé

Dissertation

Énoncé

La vente en ligne : développements récents sous l'angle du droit de la concurrence.

Voir le corrigé en fin de rubrique.

2) Corrigé

Dissertation

La vente en ligne est un sujet de préoccupations régulier pour les acteurs de la concurrence. Il est ainsi à remarquer que différents arrêts, décisions ou avis ont été rendus ces dernières années qui témoignent de l'enjeu au regard du droit de la concurrence, mais pas seulement, que représente le développement du e-commerce. Nul n'ignore ainsi, et pour être bref, que depuis l'arrêt *Pierre Fabre* de la CJUE rendu en octobre 2011 (CJUE 13 oct. 2011, *Pierre Fabre*, aff. C-439/09) jusqu'à la décision de l'Autorité de la concurrence du 12 décembre 2012 dans l'affaire *Bang et Olufsen* (Décis. Aut. de la concurrence 12-D-23, *Bang et Olufsen*, 12 déc. 2012) en passant par l'avis du 18 septembre 2012 de cette même autorité sur le fonctionnement concurrentiel du commerce électronique (Avis 12-A-20, 18 sept. 2012), ces autorités ou juridictions tracent par touches successives le cadre concurrentiel dans lequel peuvent et doivent œuvrer fournisseurs et distributeurs.

Le point de départ est toujours celui de l'interdiction *de jure* ou *de facto* faite par les fournisseurs à leurs distributeurs de pratiquer la revente en ligne. Et les premiers de justifier ces interdictions par des motifs tirés soit du nécessaire conseil du pharmacien (affaire *Pierre Fabre*), soit de la haute technologie nécessitant un service d'installation et de programmation (affaire *Bang et Olufsen*), toutes exigences incompatibles avec le e-commerce selon eux… Dans ces hypothèses de distribution sélective (et donc, en tant que telles, entrant dans le champ de ce que l'on dénomme en droit de la concurrence, un accord vertical), les acteurs de la concurrence n'hésitent pas à considérer que se profile une entente illicite dès lors qu'existent des « restrictions caractérisées » de concurrence et ce, alors même que le réseau en lui-même ne saurait poser difficulté.

C'est inviter alors à revenir sur la notion de « restrictions caractérisées » (I) avant que de retenir l'interdiction *per se* des clauses d'interdiction de revente en ligne (II).

I. Prohibition de la mise en œuvre des restrictions caractérisées de concurrence

Le point de départ réside dans l'existence d'un réseau de distribution sélective dont la licéité est aujourd'hui consacrée au travers d'une abondante jurisprudence dont le support textuel tient au règlement 330/2010/UE (règlement d'exemption des accords verticaux).

La distribution sélective échappe aux foudres du droit de la concurrence dès lors que les critères de sélection sont purement qualitatifs et justifiés par les nécessités d'une telle modalité de distribution. En ce sens, la sélection des revendeurs doit être objective et appliquée de manière non discriminatoire et proportionnée.

De tels réseaux sont donc conformes aux exigences du droit de la concurrence (interne et européen) dès lors qu'ils ne contiennent pas de restrictions caractérisées et à la condition que la part de marché détenue par chaque entreprise à l'accord ne dépasse pas 30 % sur le marché pertinent.

Toutes ces exigences sont aujourd'hui pleinement affirmées pour la distribution en ligne. En ce sens, l'avis du 18 septembre 2012 pose des conditions de licéité très claires qui permettent aux réseaux d'œuvrer dans un cadre bien fixé.

§ 316 de l'avis 12-A-20 : « Si, comme le rappellent les lignes directrices, « les accords de distribution sélective restreignent d'une part le nombre de distributeurs agréés, et d'autre part leurs possibilités de revente » (point 174), et, selon la jurisprudence de la Cour, « influencent nécessairement la concurrence dans le marché commun », la distribution sélective purement qualitative ne relève toutefois pas de l'article 101, paragraphe 1, du TFUE ni de l'article L. 420-1 du code de commerce parce qu'elle ne produit pas d'effets préjudiciables à la concurrence si les trois conditions suivantes sont remplies. Premièrement, la nature du produit en question doit être telle qu'un système de distribution sélective est nécessaire, c'est-à-dire qu'un tel système doit constituer une exigence légitime eu égard à la nature du produit, afin d'en préserver la qualité et d'en assurer le bon usage. Deuxièmement, les revendeurs doivent être choisis sur la base de critères objectifs de nature qualitative fixés de manière uniforme pour tous, portés à la connaissance de tous les revendeurs potentiels et appliqués de façon non discriminatoire. Troisièmement, les critères définis ne doivent pas aller au-delà de ce qui est nécessaire. De plus, « la distribution sélective quantitative ajoute d'autres critères de sélection qui limitent plus directement le nombre potentiel de revendeurs agréés, en imposant par exemple un niveau de vente minimal ou maximal, en fixant le nombre de revendeurs agréés, etc. ».

Point 56 des lignes directrices relatives aux restrictions verticales : « Dans un système de distribution sélective, les distributeurs devraient être libres de vendre, tant activement que passivement, à tous les utilisateurs finals, y compris par Internet. En conséquence, la Commission considère comme une restriction caractérisée toute obligation visant à dissuader les distributeurs désignés d'utiliser Internet pour atteindre un plus grand nombre et une plus grande variété de clients en leur imposant des conditions pour la vente en ligne qui ne sont pas globalement équivalentes à celles qui sont imposées pour la vente dans un point de vente physique ».

C'est donc dire que l'appréhension de la revente en ligne (ou plutôt de son interdiction) s'inscrit nettement dans l'acquis en matière de distribution sélective, sauf à observer que la première n'est pas – en l'état des textes – explicitement évoquée. La question est alors celle de savoir si en interdisant la revente en ligne à ses distributeurs, le fournisseur se rend coupable d'une restriction caractérisée de concurrence prohibée ?

II. Prohibition *per se* des clauses d'interdiction de revente en ligne

Les arrêts et décisions évoqués posent incontestablement le principe selon lequel l'interdiction de revente par Internet imposée à des distributeurs est une infraction *per se* qui ne peut jamais bénéficier de l'exemption par catégorie. La raison en est que les juridictions ou autorités de la concurrence analysent cette clause comme une atteinte portée à la liberté commerciale en ce qu'elle tend à exclure un moyen de commercialisation dont, en définitive, le consommateur final aura à souffrir.

Selon la CJUE, dans son arrêt *Pierre Fabre*, « L'article 101, paragraphe 1, TFUE doit être interprété en ce sens qu'une clause contractuelle, dans le cadre d'un système de distribution sélective, exigeant que les ventes de produits cosmétiques et d'hygiène corporelle soient effectuées dans un espace physique en présence obligatoire d'un pharmacien diplômé, ayant pour conséquence l'interdiction de l'utilisation d'Internet pour ces ventes, constitue une restriction par objet au sens de cette disposition si, à la suite d'un examen individuel et concret de la teneur et de l'objectif de cette clause contractuelle et du contexte juridique et économique dans lequel elle s'inscrit, il apparaît que, eu égard aux propriétés des produits en cause, cette clause n'est pas objectivement justifiée. »

Selon l'ADLC, dans sa décision *Bang et Olufsen*, pts. 70 à 72 « Il ressort de ce qui précède que, contrairement à ce qu'elle soutient, la société Bang et Olufsen France a interdit *de facto* la vente par Internet à ses distributeurs agréés, membres de son réseau de distribution sélective. Bien que les effets réels précis de cette situation ne puissent être déterminés, cette circonstance n'est pas de nature à remettre en cause le constat de l'existence d'une restriction de la concurrence. En effet, quels que puissent en être les effets concrets, la politique mise en place par l'intéressée, telle qu'elle ressort au premier chef des documents diffusés par l'entreprise et de ses propres déclarations, tendait par son objet même à interdire de facto la vente par Internet et, selon les termes de la jurisprudence, à réduire la possibilité qu'avaient les distributeurs agréés de vendre les produits contractuels aux clients situés en dehors de leur territoire contractuel ou de leur zone d'activité, ainsi, par voie de conséquence, à restreindre la concurrence dans ce secteur.

Bang & Olufsen France, par l'exclusion de ce canal de commercialisation, limite unilatéralement la liberté commerciale des distributeurs agréés, membres de son réseau de distribution sélective, alors que ce canal leur permettrait, s'ils avaient la possibilité d'y recourir, d'accéder à davantage de consommateurs.

Quant à ces derniers, ils sont privés d'un moyen de bénéficier de possibilités de choix plus vastes, d'un accès aux produits plus aisé et d'obtenir de meilleurs prix. »

La prohibition absolue est claire. Est-ce à dire pour autant qu'un fournisseur ne pourra jamais stipulée une telle clause ? La réponse est non et cela suppose alors de rechercher l'exemption individuelle et donc de démontrer – au cas par cas – que la restriction si ce n'est l'interdiction de la revente en ligne satisfait aux conditions du « progrès économique » notamment prévues par l'article 101 TFUE.

En d'autres termes, au travers d'un examen concret, il devra être déterminé si la restriction à la revente en ligne (le sort de l'interdiction pure et simple semble aujourd'hui définitivement scellé !) peut satisfaire à une analyse proconcurrentielle. Ainsi, les obligations qui vont être imposées au revendeur (détention d'un site « réel », minima de CA, charte grahique, etc.) devront être examinées avec attention. Et l'on peut raisonnablement prévoir que la proportionnalité de ces obligations constituera la clef de compréhension. Ou, comment ne pas aller trop loin, c'est-à-dire comment faire que la somme d'obligations imposées au distributeur n'égale pas *de facto* l'interdiction faite à ce distributeur !

chapitre 8

Les abus de domination

Plan analytique

section 1

La caractérisation de la position dominante

§ 1 La domination

A. La notion de position dominante

B. L'hypothèse de la position dominante collective

§ 2 Le marché

A. Le marché de produits

B. Le marché géographique

section 2

La sanction de l'exploitation abusive de la position dominante

§ 1 Les abus de comportement

§ 2 Les abus de structure

section 3

Les autres abus de domination (droit interne)

§ 1 Les abus de dépendance économique

§ 2 Les prix abusivement bas

Les abus de domination

L'article 102 TFUE énonce qu'« est incompatible avec le Marché commun et interdit dans la mesure où le commerce entre États membres est susceptible d'en être affecté le fait pour une ou plusieurs entreprises d'exploiter de façon abusive une position dominante sur le Marché commun ou dans une partie substantielle de celui-ci ». Suit une liste non-exhaustive de pratiques abusives : prix imposés, limitations de production, pratiques discriminatoires... L'article 102 appelle immédiatement une série d'observations liminaires. Tout d'abord, il faut relever que cet article n'interdit pas la position dominante mais uniquement l'exploitation abusive à laquelle elle peut conduire. Ce constat n'est pas anodin à plus d'un titre. D'une part, le droit européen se sépare du droit américain une fois de plus. D'autre part, une position moins nette de la jurisprudence peut être relevée. Ensuite, l'article 102 TFUE pose une interdiction absolue. Il n'est donc pas possible de déroger – à l'instar de ce qu'autorise l'article 101 TFUE – au principe d'interdiction des abus de position dominante. Là encore, le constat n'est pas indifférent. D'une part, le droit européen se sépare du droit français. D'autre part, l'article 102 ne suppose pas de décision *a priori*. On observera, cependant, que la Commission européenne semble vouloir faire preuve de davantage de souplesse (ou de pragmatisme) en ayant lancé depuis 2005 un débat public notamment ponctué par la publication d'une communication intitulée Orientations sur les priorités retenues par la Commission pour l'application de l'article 82 du traité CE aux pratiques d'éviction abusives des entreprises dominantes (*JOUE* C 45 du 24 févr. 2009). Après avoir insisté sur le fait que l'article 102 TFUE appelle une politique d'application qui s'attache davantage aux pratiques qui nuisent au jeu de la concurrence plutôt qu'aux concurrents eux-mêmes, la Commission estime désormais nécessaire, à l'instar de ce qui existe à propos des ententes, d'examiner l'efficacité économique des pratiques reprochées, en d'autres termes d'opérer un bilan économique au travers du test dit du « concurrent aussi efficace » (« *equally efficient competitor* »). Enfin, on retrouve dans le texte de l'article 102 la référence au commerce entre États membres ainsi que celle au Marché commun, comme critère d'application du dispositif européen. Les développements consacrés à cette double exigence dans le cadre du chapitre précédent relatif aux ententes sont donc transposables en matière d'abus de position dominante (v. ss 309). Cette dernière remarque conduit aussi à relever que malgré leurs domaines propres et leurs régimes procéduraux pour partie différents, les articles 101 et 102 ne sont pas sans liens l'un avec l'autre. C'est ce que relève la CJ dans son arrêt *Continental Can* (CJCE 21 févr. 1973, *Continental Can*, aff. 6/72, *Rec. CJCE* 215). Selon elle, « sur des plans différents, les articles 85 (désormais art. 101) et 86 (désormais art. 102) tendent au même objet, à savoir le maintien d'une concurrence effective dans le marché commun ». Ultérieurement, la CJ a considéré qu'une entreprise en position dominante peut conduire à une entente restrictive (CJCE 11 avr. 1989, *Ahmed Saeed Flugreisen*, aff. 66/86, *Rec. CJCE* 66/86). La solution est importante, notamment en présence de cette figure originale et discutée qu'est la 330 position dominante collective dont on dira quelques mots dans la suite des développements.

331 Par ailleurs, et on l'aura compris à la lecture des précédentes lignes, si le droit européen et le droit interne présentent une quasi identité d'approche et de pratique en matière d'ententes, tel n'est pas le cas à propos des abus de domination. En effet, et cela vient d'être souligné, la logique de « rachat » des abus de domination existe depuis l'origine en droit interne des abus de position dominante alors qu'elle est naissante – du moins, officiellement – en droit de l'Union. Mais, et surtout, formellement le droit français ne limite pas la catégorie des abus de domination aux seuls abus de position dominante *stricto sensu*. Ont ainsi été consacrées par le législateur national deux autres catégories d'abus : les abus de dépendance économique (issus de l'ordonnance du 1er décembre 1986, art. L 420-2 al. 2 du Code de commerce) et les prix abusivement bas (issus de la loi du 1er juill. 1996, art. L. 420-5). Cette « exception française » (toute relative car, par ex., les abus de dépendance économique ont été recopiés du droit allemenand de la concurrence) justifiera qu'on s'y arrête au travers de quelques développements aussi succincts qu'est limité le succès rencontré en pratique par ces deux formes d'abus de domination...

332 Ces remarques liminaires illustrent combien les rôles de la Commission et de la CJUE, au plan européen, de l'Autorité de la concurrence et de la Cour de cassation, au plan interne, sont essentiels pour appréhender les abus de position dominante. Rien de plus logique si l'on relève que le traité comme le Code de commerce ne donnent aucune définition explicite de la position dominante (section 1) et de son exploitation abusive (section 2). Différente est la situation des autres abus de domination consacrés en droit interne (section 3).

section 1

La caractérisation de la position dominante

333 L'article 102 TFUE ne donne aucune définition de la *position dominante*[Q]. Ce sont donc la Commission, au travers de ses décisions, la CJ et le tribunal, au travers de leur jurisprudence, qui ont progressivement dégagé la notion de position dominante. Une double proposition peut, alors, être avancée. La domination s'analyse en un pouvoir d'une entreprise de faire obstacle au jeu d'une concurrence effective par référence à un marché déterminé ou pertinent, selon l'expression consacrée. On perçoit, dès lors, que la caractérisation de la position dominante suppose de préciser deux notions : la domination (§ 1) et le marché (§ 2).

§ 1 La domination

334 La notion de domination de l'entreprise procède d'un raisonnement de nature téléologique selon lequel l'article 102 TFUE a pour mission d'interdire des comportements de nature à fausser le jeu d'une concurrence effective. Dès lors, la domination ne se comprend que par rapport à son effet qui est la détention d'un pouvoir de

nature à faire obstacle à cette concurrence effective. Les décisions de la Commission et les arrêts de la juridiction européenne ont mis en avant cette logique afin de dégager la notion (A). Mais, les unes et les autres sont allées plus loin en consacrant – au-delà des textes – l'hypothèse originale de la position dominante collective (B).

A. La notion de position dominante

Dans deux arrêts prononcés à la fin des années 1970, la Cour de justice a proposé une définition de la position dominante. Il s'agit d'« une situation de puissance économique détenue par une entreprise qui lui donne le pouvoir de faire obstacle au maintien d'une concurrence effective sur le marché en cause en lui fournissant la possibilité de comportements indépendants dans une mesure appréciable vis-à-vis de ses concurrents, de ses clients, et, finalement, des consommateurs » (CJCE 14 févr. 1978, *United Brands*, aff. 27/76, *Rec. CJCE* 207 ; CJCE 13 févr. 1979, *Hoffmann-La Roche*, aff. 85/76, *Rec. CJCE* 461). Pour sa part, la Commission insiste plus sur l'indépendance de comportement que sur le pouvoir découlant de la puissance économique (par ex. Décis. n° 00/74, *Virgin*, 14 juill. 1999, *JOCE* L 30 du 14 févr. 2000). Et il convient de souligner que tant la Cour de cassation (Com. 14 févr. 1995, *Bull. civ.* IV, n° 48 ; Com. 28 nov. 1995, *Bull. civ.* IV, n° 273) que le Conseil d'État (CE 3 nov. 1997 ; CE 14 janv. 1998, n° 169908, inédit au *Lebon*) partagent cette même analyse en faisant application de l'un ou de l'autre des critères. En fait, que l'on insiste sur le pouvoir ou l'indépendance revient au même car cette dernière n'est, au final, que la traduction du premier. Le pouvoir qui caractérise l'entreprise en situation de position dominante lui permet tout à la fois d'exercer une influence sur le comportement de ses concurrents (c'est très précisément à ce stade que l'on peut caractériser l'obstacle au maintien de la concurrence effective) et de se soustraire à l'influence de ceux-ci (c'est très précisément à ce stade que l'on peut caractériser l'indépendance). On perçoit alors deux conséquences de l'affirmation selon laquelle la position dominante renvoie à l'idée de détention d'un pouvoir découlant d'une puissance économique. D'une part, le pouvoir économique ne peut se comprendre que par rapport à une donnée de référence : on exerce un pouvoir sur quelqu'un, sur quelque chose ; en droit de la concurrence, sur un marché. D'autre part, le pouvoir économique doit être identifié aux travers d'indices objectifs caractéristiques de la structure de l'entreprise concernée. En d'autres termes, la détention par une entreprise d'une position dominante suppose que l'on s'attache à en dégager les principaux indices : il faut rechercher les indices de ce pouvoir de marché. 335

Le *pouvoir de marché*[Q] de l'entreprise en position dominante peut être appréhendé de plusieurs manières ; étant immédiatement précisé qu'il n'existe pas, en tant que tel et hormis l'hypothèse d'un monopole, un indice irréfragable de la domination. C'est donc davantage par la réunion de différents indices (on parle généralement de faisceau d'indices) procédant d'analyses économiques et juridiques que les autorités et juridictions vont conclure à l'existence de la position dominante. La Cour de justice l'affirme constamment : « l'existence d'une position dominante résulte en général de la réunion de plusieurs facteurs qui, pris isolément, ne seraient pas nécessairement déterminants » (CJCE 14 févr. 1978, préc. ; TPICE 8 oct. 1996, *Compagnie maritime belge de transports*, aff. T-24/93 à T-26/93, *Rec. CJCE* II-1207). Même s'il est délicat de prétendre systématiser les critères (chaque situation économique pouvant être considérée comme originale), il n'en demeure pas moins que l'on peut relever que les 336 analyses se portent à la fois vers la structure du marché et vers la structure de l'entreprise considérée.

337 La structure de marché (outre le fait qu'elle suppose de définir le marché concerné, sur lequel, v. ss 341) renvoie essentiellement à la détermination de la *part de marché*[Q] détenue par l'entreprise concernée. Comme la Cour l'affirme dans l'arrêt *Hoffmann-La Roche*, même si « la signification des parts de marché peut différer d'un marché à l'autre », « on peut [...] estimer que des parts extrêmement importantes constituent par elles-mêmes, et sauf circonstances exceptionnelles, la preuve de l'existence d'une position dominante » (CJCE 13 févr. 1979, préc.). La question posée est alors celle du seuil de part de marché à partir duquel on peut parler de position dominante. Dans un arrêt antérieur à l'affaire *Hoffmann-La Roche*, la CJUE avait considéré que des parts de marché de l'ordre de 85 % à 95 % suffisaient à elles seules pour conférer aux entreprises en cause une position dominante sur le marché (CJCE 16 déc. 1975, *Suiker Unie*, 40 à 48/73, *Rec. CJCE* 1663). Mais on perçoit combien l'arrêt n'est que de peu d'utilité puisque renvoyant inéluctablement à une situation monopolistique. Or, comme l'a jugé la Cour dans plusieurs arrêts majeurs, le fait qu'une entreprise détienne un monopole est constitutif d'une position dominante. Cette solution a été consacrée à propos d'un monopole d'origine légale ou réglementaire – on parle, parfois, de monopole de droit : « l'article 86 [désormais art. 82] du traité doit être interprété en ce sens qu'il est applicable à une entreprise détenant une position dominante sur un marché donné, même lorsque cette position est imputable non pas à l'activité de l'entreprise elle-même, mais à la circonstance qu'en raison de dispositions législatives ou réglementaires, il ne peut y avoir de concurrence sur ce marché ou il peut y avoir une concurrence extrêmement limitée » (CJCE 20 mars 1985, *Italie c. Commission*, aff. 41/83, *Rec. CJCE* 873 ; CJCE 3 oct. 1985, *CBEM*, aff. 311/84, *Rec. CJCE* 3261). Cette solution a été aussi consacrée à propos d'un monopole de fait résultant, par exemple, d'un monopole perceptible au plan mondial (CJCE 16 mars 1974, *ICI*, 6 et 7/73, *Rec. CJCE* 223). Dans un arrêt postérieur à l'affaire *Hoffmann-La Roche*, la Cour retient – et c'est, semble-t-il, aujourd'hui sa ligne jurisprudentielle – un seuil de 50 % de parts de marché (CJCE 3 juill. 1991, *AKZO*, aff. C-62/86, *Rec. CJCE* I-3359). Dès lors qu'une entreprise détient plus de 50 % du marché, elle est donc en situation de position dominante, sauf situation exceptionnelle. À l'inverse, il a été considéré que des parts de marché inférieures à 10 %, sauf circonstances particulières, ne permettaient jamais de caractériser la domination (CJCE 25 oct. 1977, *Metro*, aff. 26/76, *Rec. CJCE* 1875). Dès lors, la difficulté est de se prononcer lorsque l'entreprise détient entre 10 % et 50 % des parts du marché considéré. C'est dans cette hypothèse – d'ailleurs, loin d'être aussi fréquente en jurisprudence que l'on pourrait le penser – que les autorités et juridictions qui connaissent des pratiques anticoncurrentielles, vont avoir recours à des indices complémentaires tirés de la structure de l'entreprise (on parle aussi, parfois, de critères qualitatifs par rapport au critère quantitatif que représenterait la part de marché).

338 La structure de l'entreprise renvoie, elle, à un examen de la situation de l'entreprise au travers d'indices tels que l'avance technologique de l'entreprise par rapport à ses concurrents directs, la préexistence d'un réseau commercial ou l'existence de barrières à l'entrée de nouveaux concurrents sur le marché. Ces indices structurels, dégagés par la jurisprudence (v. not. CJCE 3 juill. 1991, préc.), viennent donc compléter l'analyse quantitative dans l'optique de caractériser la domination. Par

exemple, la comparaison de la taille respective des entreprises sur le marché, et le constat de l'évidente prépondérance de l'une par rapport aux autres constitue un indice de la position dominante au-delà du critère de la part de marché (CJCE 9 nov. 1983, *Michelin*, aff. 322/81, *Rec. CJCE* 3461). Certains arrêts permettent aussi d'illustrer le recours à des critères « comportementaux » des entreprises. Par exemple, dans une affaire à rebondissements successifs, la Commission a pu estimer que des comportements étaient révélateurs de la puissance économique – et donc de la position dominante – en ce qu'ils ne pouvaient être le fait que d'une entreprise détenant suffisamment de pouvoir pour les imposer aux autres opérateurs sur le marché considéré (Décis. n° 92/163, *Tetra Pak II*, 24 juill. 1991, *JOCE* L 72 du 18 mars 1992). C'est ici souligner combien l'appréhension de la position dominante – notamment lorsque les parts de marché ne sont pas significatives – peut être délicate.

B. L'hypothèse de la position dominante collective

La lettre de l'article 102 est explicite. L'exploitation abusive d'une position dominante peut être le fait d'« une ou plusieurs entreprises ». On touche ici à la difficile question de la *position dominante collective*[Q] et notamment par rapport à une notion proche comme celle d'*oligopole*[Q]. Il faut immédiatement relever que l'attitude des autorités et des juridictions européennes à l'égard de la position dominante collective a connu des évolutions. Dans un premier temps, elles ont considéré qu'il ne pouvait y avoir position dominante collective que pour autant que les entreprises concernées appartenaient à un même groupe (CJCE 16 déc. 1975, *Suiker Unie e.a.*, aff. 40/74, *Rec. CJCE* 166). Le fait qu'elles adoptent « une stratégie de marché coordonnée selon les directives de leur société mère ou selon le schéma convenu entre elles » était déterminant (CJCE 22 oct. 1986, *Metro SB c. SABA GmbH*, aff. 75/84, *Rec. CJCE* 3021). Dans un second temps, la Cour a pu considérer que la position dominante collective ne supposait pas nécessairement que les entreprises appartiennent à un même groupe en énonçant que « l'expression plusieurs entreprises figurant à l'article 86 [désormais art. 82] du traité implique qu'une position dominante peut être détenue par deux entités économiques, juridiquement indépendantes l'une de l'autre » (CJCE 16 mars 2000, *Compagnie maritime belge de transports*, aff. C-395/96 à C-396/96, *Rec. CJCE* I-1365 ; TPICE 25 mars 1999, *Gencor Ltd c. Commission*, aff. T-102/96, *Rec. CJCE* II-753). Mais l'affirmation a été assortie d'une condition qui se laisse assez difficilement saisir. 339

Pour qu'il y ait position dominante collective d'entités économiques juridiquement indépendantes, la Cour énonce que d'un point de vue économique elles doivent agir ensemble sur le marché « comme une entité collective », dont l'existence est nécessairement caractérisée par « des liens ou facteurs de corrélation économiques entre les entreprises concernées ». Tel est notamment le cas lorsque cette corrélation résulte d'une entente ou de la structure du marché. La première hypothèse est assez simple à comprendre. L'existence d'une entente peut conduire à caractériser l'existence d'une position dominante collective. C'est une possibilité et non une situation inéluctable (TPICE 10 mars 1992, *Verre plat*, aff. T-68/89, *Rec. CJCE* II-1403). Pour la Cour de justice, « un accord, une décision ou une pratique concertée (bénéficiant ou non d'une exemption au titre de l'article 85, paragraphe 3, du traité [désormais, 101, paragraphe 3]) peut incontestablement, lorsqu'il est mis en œuvre, avoir pour conséquence que les entreprises concernées se sont liées quant à leur comportement sur 340 un marché déterminé de manière qu'elles se présentent sur ce marché comme une entité collective à l'égard de leurs concurrents» (CJCE 16 mars 2000, préc.). En d'autres termes, l'entente (qu'elle soit exemptée ou non, et c'est très important) paraît pouvoir être la condition nécessaire, mais pas suffisante, de la caractérisation d'une position dominante collective. La seconde hypothèse est plus délicate et plus contestable. Elle renvoie à la notion d'oligopole qui est traditionnellement associée à un marché caractérisé par un nombre très limité d'entreprises donc marqué par une interdépendance lorsqu'elles adoptent des décisions stratégiques concernant, par exemple, le prix, la production et la qualité des produits ou des services. La question est alors de savoir si un marché oligopolistique est synonyme de position dominante collective ou non. Certains arrêts du tribunal sont allés en ce sens (TPICE 25 mars 1999, préc. mais abordé dans le cadre d'une opération de concentration : «la détention, dans le cas d'un duopole, d'une part de marché élevée est [...] de nature à constituer un indice très important de l'existence d'une position dominante collective»). Plus récemment, le tribunal a été amené à admettre l'existence d'une position dominante collective dans une hypothèse assez particulière concernant la profession d'agents de joueurs de football. Il a ainsi pu considérer que la FIFA, même si elle n'est pas un acteur «sur le marché des prestations de services des agents de joueurs», détient une position dominante collective (TPICE 26 janv. 2005, *Piau*, aff. T-193/02, *Rec. CJCE* II-209). Pour le tribunal, «la circonstance que la FIFA n'est pas, elle-même, un opérateur économique, acheteur des prestations de services des agents de joueurs sur le marché concerné et que son intervention procède d'une activité normative, qu'elle s'est reconnue le pouvoir d'exercer à l'égard de l'activité économique des agents de joueurs, est indifférente pour l'application de l'article 82 CE [102 TFUE] dès lors que la FIFA est l'émanation des associations nationales et des clubs, acheteurs effectifs des services des agents de joueurs et qu'elle agit par conséquent sur ce marché par l'intermédiaire de ses membres». Il demeure donc difficile d'affirmer qu'il s'agit là d'une solution établie. On perçoit, à l'occasion de la présentation de cette figure originale, qu'au-delà des critères quantitatifs ou qualitatifs, la clef de caractérisation de la position dominante réside dans celle du marché : pour déterminer le degré de contrôle d'une ou plusieurs entreprises sur un marché, encore convient-il de l'identifier...

§ 2 Le marché

341 La domination, et sa traduction qu'est la détention de parts de marché exprimant un pouvoir de marché, ne s'entend donc que logiquement par rapport à un marché déterminé. Au sens du droit européen de la concurrence, on parle de *marché pertinent*[Q] (*«Relevant Market»*). Là encore, la CJUE a contribué à mieux comprendre ce qu'était ce marché pertinent. Face aux analyses économiques de la Commission, dont le caractère aléatoire a pu être vivement contesté par certains, la juridiction européenne a progressivement permis de dessiner les contours de ce marché. Dans une très importante Communication de 1997, la Commission a tiré les enseignements tant de sa pratique que de la jurisprudence et a esquissé une «définition du marché aux fins du droit communautaire de la concurrence» (*JOCE* C 372 du 9 déc. 1997, p. 5). En effet, ce texte offre une certaine sécurité aux opérateurs économiques en leur permettant d'anticiper d'éventuelles difficultés futures et, ainsi, d'adapter leurs comportements aux exigences du droit européen de la concurrence. Il convient

donc de s'attacher à ce texte (dont de larges extraits sont reproduits ss la rubrique « Documents ») et notamment au fait que la Communication retient deux axes essentiels : le marché de produits (A), le marché géographique (B). Car, selon la Commission, « le marché en cause dans le cadre duquel il convient d'apprécier un problème donné de concurrence est donc déterminé en combinant le marché de produits et le marché géographique » (pt. 9 de la Communication préc.).

A. Le marché de produits

Un *marché de produits*[Q] (ou de services) se définit comme celui qui « comprend tous les produits et/ou services que le consommateur considère comme interchangeables ou substituables en raison de leurs caractéristiques, de leur prix et de l'usage auquel ils sont destinés » (Communication préc., pt. 7). La question centrale posée par cette définition est celle du caractère substituable. La Communication apporte quelques précisions qui résultent des enseignements de la pratique décisionnelle de la Commission et de la jurisprudence ainsi que de ceux de la science économique. Ainsi, le caractère substituable du produit ou du service est identifié par l'existence d'une substitution récente entre produits ou services de l'appréciation des clients et des concurrents, des barrières et coûts pouvant se manifester en cas de transfert vers des produits de substitution... Cet ensemble complexe (qui renvoie dès lors aussi bien à des questions de spécifications techniques que de prix ou de marketing – en bon français) explique que la contestation va porter sur la définition retenue par la Commission dans telle ou telle affaire. On prendra deux exemples parlant. La célèbre affaire *Tetra Pak* a été l'occasion de discuter du marché des modes de conditionnement des produits alimentaires et de mettre en avant qu'il n'existait pas un mais des marchés selon que l'on envisageait un conditionnement carton ou non, un conditionnement aseptisé ou non (CJCE 14 nov. 1996, *Tetra Pak International*, aff. C-333/94 P, *Rec. CJCE* I-5987). Dans l'affaire *Michelin*, la Cour a retenu ainsi l'existence de deux marchés distincts : celui des pneus pour poids lourds et celui des pneus pour véhicules de tourisme. Sur le premier n'opèrent que des professionnels alors que le second concerne principalement des consommateurs (CJCE 9 nov. 1983, préc.). Il faut bien comprendre que plus le marché est défini de manière étroite, plus la possibilité de caractériser la position dominante s'accroît. Par ailleurs, d'aucuns ont soutenu, parfois à juste titre, que l'appréciation du marché de produit était en réalité téléologique en ce sens que la volonté de mettre en œuvre l'article 82 CE (désormais art. 102 TFUE) pouvait conduire à rechercher une définition du marché de nature à satisfaire cette prétention. La Commission ne s'en cache pas totalement lorsqu'elle insiste, dans sa Communication, sur le fait que « le concept de marché en cause est étroitement lié aux objectifs poursuivis dans le cadre de la politique communautaire de la concurrence ». 342

B. Le marché géographique

Un *marché géographique*[Q] se définit comme « le territoire sur lequel les entreprises concernées sont engagées dans l'offre des biens et des services en cause, sur lequel les conditions de concurrence sont suffisamment homogènes et qui peut être distingué de zones géographiques voisines parce que, en particulier, les conditions de concurrence y diffèrent de manière appréciable » (Communication préc., spéc. pt. 8). Par ailleurs, comme il en découle de l'article 102 TFUE lui-même, référence est faite à 343 l'ensemble du marché commun ou à une partie substantielle de celui-ci. Là encore tant la Communication (pts. 44 s.) que la pratique décisionnelle et la jurisprudence permettent de se faire une idée des critères utilisés pour délimiter la dimension géographique du marché considéré. Des éléments comme le cloisonnement des marchés nationaux, les coûts de transports, les habitudes de consommation sont pris en compte pour déterminer le marché dont le maître-mot paraît bien être l'homogénéité. Que le marché commun ou une partie substantielle de celui-ci soit affecté reste déterminant. Le territoire d'un État membre, quelle que soit sa taille, paraît répondre à la définition d'une partie substantielle du marché commun (TPICE 21 oct. 1997, *Deutsche Bahn AG*, aff. T-229/94, *Rec. CJCE* II-1695 ; Décis. n° 88/518, *British Sugar*, 18 juill. 1988, *JOCE* L 284 du 19 oct. 1988 : « aux fins de l'article 86 [désormais art. 82], le marché en cause est celui du sucre cristallisé au détail et du sucre cristallisé industriel en Grande-Bretagne, qui constitue une partie substantielle du Marché commun »).

section 2

La sanction de l'exploitation abusive de la position dominante

344 Pas plus que la position dominante, le traité ne définit l'*exploitation abusive*[Q] de celle-ci. En revanche, il offre quatre exemples de comportements constitutifs d'une exploitation abusive : imposer de façon directe ou indirecte des prix d'achat ou de vente ou d'autres conditions de transaction non équitables ; limiter la production, les débouchés ou le développement technique au préjudice des consommateurs ; appliquer à l'égard des partenaires commerciaux des conditions inégales à des prestations équivalentes ; subordonner la conclusion de contrats à l'acceptation par les partenaires de prestations supplémentaires qui, par leur nature ou selon les usages commerciaux, n'ont pas de lien avec l'objet de ces contrats. Mais, il faut immédiatement préciser – à la suite de la Cour dans son arrêt *Continental Can* – que cette liste n'est qu'« une énumération à titre d'exemple qui n'épuise pas les modes d'exploitation abusive de position dominante interdits par le traité » (CJCE 21 févr. 1973, préc.). Cette exploitation abusive a été définie par la Cour comme « une notion objective qui vise les comportements d'une entreprise en position dominante qui sont de nature à influencer la structure d'un marché où, à la suite précisément de la présence de l'entreprise en question, le degré de concurrence est déjà affaibli et qui ont pour objet de faire obstacle [...] au maintien du degré de concurrence existant encore sur le marché ou au développement de cette concurrence » (CJCE 13 févr. 1979, préc.). Partant de cette définition mettant en avant l'idée d'une atteinte à la structure du marché et de la liste énumérée par l'article 102 TFUE, la doctrine la plus autorisée a pu systématiser les abus de domination selon une double proposition : d'un côté, les abus de comportement (en raisonnant par rapport aux opérateurs économiques avec lesquels l'entreprise en position dominante est en lien) ; d'un autre côté, les abus de structure (en raisonnant par rapport à l'atteinte portée à la structure du marché par l'entreprise en position dominante).

Trois observations s'imposent. En premier lieu, il n'est pas impossible – bien au contraire – qu'une entreprise soit l'auteur de l'une et l'autre catégorie d'abus (TPICE 6 oct. 1994, préc.). En second lieu, une certaine évolution a pu être relevée qui a conduit les autorités à traiter, d'abord, sous l'angle de l'abus de comportement une pratique puis à la traiter, ensuite, sous l'angle de l'abus de structure. Par exemple, les primes de fidélité ont été considérées, dans un premier temps, comme des hypothèses visées par l'article 82 c) – appliquer à l'égard des partenaires commerciaux des conditions inégales à des prestations équivalentes – (en ce sens, CJCE 16 déc. 1975, préc.) puis, dans un second temps, comme constitutives d'abus de structure car contribuant à l'érection d'une barrière à l'accès au marché des concurrents (en ce sens, CJCE 13 févr. 1979, préc.). En troisième lieu, on pourrait, dès lors, douter de l'intérêt de distinguer entre l'une ou l'autre catégorie d'abus, ne serait-ce que parce que l'une et l'autre – dès lors que l'abus est démontré – conduisent à une prohibition absolue. Cependant, la jurisprudence semble avoir une attitude différente selon qu'elle aborde les abus de comportement (§ 1) et les abus de structure (§ 2). D'où la nécessité de les étudier successivement. 345

§ 1 Les abus de comportement

Les *abus de comportement*[Q] visent donc les abus de domination d'une entreprise à l'égard de ses partenaires, de ses cocontractants. Comme certains auteurs ont pu le proposer, les abus de comportement correspondraient à des situations où l'entreprise en position dominante utilise les possibilités qui en découlent pour obtenir des avantages auxquels elle n'aurait pu prétendre autrement. Ils correspondent bien aux hypothèses évoquées par l'article 102 lui-même : imposition de prix d'achat ou de vente ou d'autres conditions de transaction inéquitables, conditions inégales à des prestations équivalentes. 346

Il faut bien comprendre que l'approche retenue par l'article 101 TFUE procède de l'idée que les partenaires économiques sont aussi des concurrents. Mais, et c'est l'originalité de la proposition, l'application de l'article 102 peut aussi être envisagée alors que le partenaire n'est pas en tant que tel un concurrent. Tirant profit de sa position dominante, l'entreprise va, par exemple, imposer des conditions contractuelles inéquitables. Tel était le cas dans l'affaire *United Brands* (CJCE 14 févr. 1978, préc.) où la Cour relève l'existence de prix nettement plus élevés à l'égard de certains clients qu'à l'égard d'autres. Mais, et c'est un enseignement de l'arrêt, la simple constatation de ces différences de prix pratiqués à l'égard des clients n'est pas en soi suffisante. Il convient de démontrer qu'il s'agit là d'une démarche délibérée et qui ne correspond à aucune logique économique. Il n'en demeure pas moins que « la politique de prix inégaux permettant à [l'entreprise] d'appliquer à l'égard de partenaires commerciaux des conditions inégales à des prestations équivalentes, en leur infligeant un désavantage dans la concurrence, constitue une exploitation abusive de positions dominante » (CJCE 14 févr. 1978, préc.). 347

§ 2 Les abus de structure

348 Au-delà des abus perceptibles dans les rapports entre l'entreprise dominante et ses partenaires, les *abus de structure*[Q] renvoient à l'atteinte à la structure de la concurrence. En d'autres termes, des comportements d'entreprise que l'on pourrait considérer comme légitimes dans un contexte extérieur à la domination deviennent abusifs en raison de la domination et des effets qu'ils emportent sur la structure de la concurrence. Un arrêt permet de bien percevoir cette logique. La Cour de justice a pu considérer qu'une prise de participation majoritaire dans une société doit recevoir la qualification d'abus de domination par le fait qu'elle conduit l'entreprise à renforcer sa position dominante et tend à entraver substantiellement la concurrence sur le marché considéré (CJCE 21 févr. 1973, préc.). Une prise de participation est parfaitement légitime en soi. Mais, en étant le fait d'une entreprise déjà en position dominante, elle est susceptible de devenir abusive.

349 Certaines pratiques ont ainsi retenu l'attention des autorités de la concurrence. Les *prix prédatoires*[Q] offrent un exemple d'abus de structure malgré les incertitudes qui ont pu entourer la notion. L'entreprise en position dominante qui a recours à ces pratiques de prix inférieurs à la moyenne des coûts variables traduit un choix qui ne peut être autre que celui de chercher à éliminer son ou ses concurrents tant les prix prédatoires sont inévitablement synonymes de pertes pour l'entreprise. Dès lors, la structure de la concurrence en sera inévitablement affectée. Mais dans certaines hypothèses, les autorités de la concurrence nuancent le propos en retenant que si les prix sont anormalement bas, en tout état de cause, inférieurs aux coûts totaux, ils ne peuvent recevoir la qualification de prix prédatoires – et donc d'abus – qu'après avoir démontré qu'existe bien une volonté d'élimination de la concurrence. Cependant cette volonté d'élimination de la concurrence n'est pas toujours exigée. La Commission a ainsi pu considérer que « la prédation peut seulement consister à contraindre ou inhiber le comportement concurrentiel d'un rival existant ou potentiel » en retenant, à cette occasion, que le prix prédatoire est celui « qui conduit à une maximisation du profit par ses effets d'exclusion ou d'autres effets anticoncurrentiels » (Décis. COMP 38/233, 16 juill. 2003, *Wanadoo Interactive*, disponible sur le site de la DG Concurrence). Ce raisonnement complexe développé à propos des prix prédatoires a été *mutatis mutandis* repris dans d'autres hypothèses et, notamment, à propos des droits de propriété intellectuelle. Ce sont les enseignements d'un important arrêt *Magill* (CJCE 6 avr. 1995, *Magill*, aff. C-241/91 et C-242/91P, *Rec. CJCE* I-743). Il s'agit ici de constater que l'entreprise est titulaire d'un droit, mais que dès lors que cette entreprise est en position dominante, l'usage de ce droit peut constituer un abus en ce qu'il conduit à empêcher l'entrée sur le marché de concurrent. De cette solution s'est dégagée une construction théorique dite des « installations essentielles » ou des « facilités essentielles ». Pour les juridictions communautaires le refus d'octroyer une licence par une société en position dominante n'est susceptible d'être qualifié d'abus que dans la mesure où ce refus touche un produit ou un service qui se présente comme essentiel pour l'exercice de l'activité ou touche un produit ou un service nouveau dont l'entrée sur le marché est rendue difficile ou impossible malgré la demande. Cette approche restrictive a, depuis, été confirmée à plusieurs reprises. Ainsi, dans une affaire *IMS Health GmbH* (CJCE 29 avr. 2004, *IMS Health GmbH & Co*, aff. C-418/01, *Rec. CJCE* I-5939), la Cour réaffirme que le refus d'accorder une licence sur des droits de propriété

intellectuelle constitue un abus au sens de l'article 82 CE, applicable à l'époque, seulement lorsque des « circonstances exceptionnelles » sont réunies : (a) le refus empêche l'émergence d'un produit nouveau pour lequel il existe une demande des consommateurs ; (b) le refus n'est pas objectivement justifié ; (c) le refus élimine toute concurrence sur un marché aval.

section 3

Les autres abus de domination (droit interne)

Le droit français se distingue donc du droit européen en envisageant expressément deux autres types d'abus de domination qui sont apparus au fur et à mesure des évolutions législatives qui ont marqué la matière depuis l'origine. Ainsi, l'ordonnance de 1986 a été l'occasion d'intégrer une situation intéressant au premier chef la grande distribution : l'abus de dépendance économique. Ainsi, la loi du 1er juillet 1996 a été l'occasion de répondre à certaines situations apparues en pratique et présentées par l'emblématique affaire dite de la « baguette à un franc » : les prix abusivement bas. On observera, pour n'y plus revenir que non seulement ces deux formes d'abus de domination n'ont pas forcément répondu aux espoirs que certains formulaient à leur égard mais encore que, à l'instar du droit européen, l'abus de position dominante dans sa version la plus traditionnelle permet d'apporter une réponse tout aussi satisfaisante, du moins dans la mesure où ces pratiques sont susceptibles d'être correctement appréhendées, ce qui est loin d'être évident. Ainsi en est-il par exemple de la construction dite des « prix prédateurs », consacrée en droit de l'Union (v. par ex. CJCE 3 juill. 1991, *Akzo Chemie c/ Commission*, aff. C-62/86, *Rec. CJCE* I-3359), qui rejoint dans ses grandes lignes les prix abusivement bas du droit français (v. ss 357). Une présentation rapide des abus de dépendance économique (§ 1) et des prix abusivement bas (§ 2) s'impose dès lors. 350

§ 1 Les abus de dépendance économique

L'exploitation abusive d'un état de *dépendance économique*[Q] n'a été prohibée qu'à partir de 1986 en s'inspirant du droit allemand. Elle est aujourd'hui codifiée à l'article L. 420-2, alinéa 2 du Code de commerce, lui-même issu de la loi du 15 mai 2001 relative aux nouvelles régulations économiques avec la volonté de distinguer le plus clairement possible l'abus de dépendance économique et l'abus de position dominante. Deux conditions traditionnelles sont exigées : l'état de dépendance et l'exploitation abusive de celui-ci. En revanche, la condition de l'entrave sensible au jeu de la concurrence est plus discutée. 351

Afin de caractériser la dépendance économique, les rédacteurs du texte initial ont eu recours à une notion : celle de l'absence, pour l'entreprise en situation de dépendance, de solution de remplacement, d'une « solution équivalente ». L'existence d'une 352 alternative économiquement viable supprime nécessairement tout état de dépendance. L'appréciation de cette solution alternative s'est avérée tellement délicate que la loi du 15 mai 2001 a supprimé cette mention dans le texte de l'article L. 420-2, alinéa 2. D'aucuns ont pu alors formuler l'espoir que les abus de dépendance économique allaient enfin prendre leur envol. Tel n'a pas été le cas car le Conseil de la concurrence puis l'Autorité de concurrence ont, en pratique, réintroduit cette exigence inhérente à l'idée même de dépendance (Décis. Cons. conc. 01-D-49, 31 août 2001, *SA Concurrence c. Sony* et Com. 6 févr. 2007, n° 05-21.948, inédit : « la société Les Oliviers [...] ne justifie pas avoir été dans l'impossibilité de rechercher d'autres locaux pour exercer son activité moyennant paiement d'un loyer plus adapté à ses perspectives de rentabilité ; qu'en l'état de ces constatations, dont il résulte que l'état de dépendance économique dont se prévalait la société Les Oliviers n'était pas établi »).

■ 353 À l'instar de l'abus de position dominante, le code donne une liste indicative d'abus : refus de vente, ventes liées et pratiques discriminatoires visées à l'article L. 442-6 du Code de commerce. Ainsi, abuserait de l'état de dépendance économique dans lequel se trouve son cocontractant, l'entreprise qui refuserait la vente de biens ou en profiterait pour imposer des conditions financières ou commerciales excessivement désavantageuses pour lui. Sont aussi visées des pratiques de déréférencement ou de rupture de relations contractuelles.

■ 354 Fort logiquement et parce qu'il s'agit d'une pratique anticoncurrentielle, l'abus de dépendance économique ne doit être sanctionné que s'il a pour objet, ou est susceptible d'avoir pour effet d'empêcher, de restreindre ou de fausser le jeu de la concurrence sur un marché. Cette exigence a été confirmée en jurisprudence dans l'affaire *Cora*, dite encore affaire de la « corbeille de la mariée » consistant pour un distributeur à forcer les fournisseurs à participer indirectement au financement de l'opération en leur imposant des augmentations de tarifs. Cette pratique n'a pas été sanctionnée au motif qu'elle n'avait pas eu pour conséquence de fausser le jeu de la concurrence sur le marché (Décis. Cons. conc. 01-D-21, 8 juin 1993, *Groupe Cora* et Com. 10 déc. 1996, *Bull. civ.* IV, n° 310). C'était là tout simplement rappeler que la finalité première du droit des pratiques anticoncurrentielles, la concurrence, ne réside pas dans la protection des entreprises dépendantes ou dans la correction des déséquilibres contractuels mais dans le bon fonctionnement du marché, dans la bonne allocation des ressources nécessaires à ce marché. Il n'en demeure pas moins que le législateur a entendu corriger cette situation et, à la faveur de la loi du 15 mai 2001, est venu supprimer la condition de l'entrave sensible à la concurrence. Cependant la rédaction retenue au final reste ambiguë car il est toujours fait référence à l'article L. 420-2, alinéa 2, du Code de commerce à l'idée que la pratique abusive « est susceptible d'affecter le fonctionnement ou la structure de la concurrence ». Ces incertitudes, qui demeurent, expliquent probablement la rareté du contentieux en la matière, ce d'autant que la Cour de cassation se veut gardienne de l'orthodoxie en retenant une interprétation assez restrictive des conditions de qualification de l'abus de dépendance économique aux termes de laquelle, par exemple, il est décidé que « la seule circonstance qu'un distributeur réalise une part très importante voire exclusive de son approvisionnement auprès d'un seul fournisseur ne suffit pas à caractériser son état de dépendance économique au sens de l'article L. 420-2 du Code de commerce » (Com. 3 mars 2004, *Bull. civ.* IV, n° 44)

§ 2 Les prix abusivement bas

La loi du 1er juillet 1996 a créé un nouveau et dernier cas de pratiques anticoncurrentielles, visé à L. 420-5 du Code de commerce : les *prix abusivement bas*. Cette place à part, au plan formel, permet de souligner que cette pratique anticoncurrentielle présente un régime juridique un peu différent des autres, notamment en ce que les cas de justification et les sanctions pénales ne lui sont pas applicables. La prohibition des prix abusivement bas répond à une préoccupation : empêcher que des entreprises pratiquent des prix sans corrélation avec les réalités du marché et/ou ses coûts de production, la finalité résidant dans la seule élimination des concurrents. Ainsi sont sanctionnées les offres de prix ou les pratiques de prix de vente abusivement bas, c'est-à-dire les prix inférieurs aux coûts de production, de transformation et de commercialisation, ces derniers comprenant, entre autres, tous les frais résultant des obligations légales et réglementaires liées à la sécurité des produits. Dans son avis n° 97-A-18 du 8 juillet 1997, le Conseil de la concurrence a précisé la méthode à suivre pour apprécier le niveau des coûts par rapport aux prix de vente, en distinguant les coûts totaux, fixes, variables, directs et indirects. 355

On l'a dit, la finalité réside dans l'élimination de la concurrence et repose sur ce qu'il est convenu d'appeler une stratégie d'éviction, stratégie ayant pour objet ou pour effet d'éliminer d'un marché ou d'empêcher d'accéder à un marché une entreprise concurrente ou l'un de ses produits. L'intention d'évincer un concurrent ou de créer une barrière à l'entrée du marché est présumée lorsque les prix proposés sont inférieurs aux coûts moyens variables. En revanche, s'ils sont supérieurs, la stratégie d'éviction doit être prouvée. Cette notion a donné lieu à plusieurs décisions de l'Autorité de concurrence dont la ligne, comme en matière d'abus de dépendance, est plutôt à la sévérité. Ainsi, le Conseil de la concurrence a pu décider *contra legem* que la prohibition des prix abusivement bas ne concerne que l'élimination ou la tentative d'élimination « d'un opérateur sur le marché considéré et non la seule élimination d'un produit ou d'une catégorie de produits, sauf dans l'hypothèse où l'impossibilité – économique – dans laquelle se trouverait un disquaire, du fait de cette pratique, de vendre un disque ou quelques disques, ou une catégorie de disques, aurait pour conséquence de l'éliminer du marché » (Décis. Cons. conc. n° 96-D-01, 27 nov. 1996). 356

Il importe enfin de préciser que toutes les offres ou pratiques de prix abusivement bas ne sont pas prohibées. Le texte ne vise que les « prix de vente aux consommateurs ». Sont donc exclues les ventes après transformation ou les reventes (visées expressément par l'article L. 442-2 du Code de commerce). Devraient aussi être exclus du champ de l'article les contrats d'entreprise. Cependant, le Conseil de la concurrence n'a pas hésité à appliquer le texte à des prestations de services (Décis. Cons. conc. 02-D-66, 6 nov. 2002, Pratiques mises en œuvre par les sociétés d'assurance). 357

Compléments pédagogiques

Mémo

L'article 102 TFUE interdit le fait pour une ou plusieurs entreprises d'exploiter de façon abusive une position dominante sur le Marché commun ou dans une partie substantielle de celui-ci. Il est donc essentiel de comprendre que la position dominante n'est pas interdite mais son abus sanctionné. En revanche, *la position dominante ainsi que la caractérisation du marché pertinent sont des préalables à l'application de l'article 102 TFUE. La position dominante se comprend comme la situation de puissance économique détenue par une entreprise qui lui donne le pouvoir de faire obstacle au maintien d'une concurrence effective sur le marché en cause* en lui fournissant la possibilité de comportements indépendants. Cette position dominante est caractérisée par l'examen du pouvoir de marché détenu par l'entreprise qui, lui-même, procède de la détermination des parts de marché de cette entreprise. Par ailleurs, différents critères qualitatifs sont utilisés (avancée technologique, réseau commercial). La jurisprudence a admis que l'article 102 TFUE concernait une entreprise mais aussi plusieurs entreprises selon la proposition de la position dominante collective (les entreprises juridiquement indépendantes se présentent comme une entité collective dont l'existence est caractérisée par des liens ou facteurs de corrélation économiques).

Le marché pertinent sur lequel l'entreprise domine est approché par la combinaison d'un marché de produits et d'un marché géographique. L'importance de cette notion a conduit la Commission à proposer des indices permettant une telle caractérisation. *Le marché de produits se présente comme celui qui comprend tous les produits et/ou services que le consommateur considère comme interchangeables ou substituables en raison de leurs caractéristiques, de leur prix et de l'usage auquel ils sont destinés. Le marché géographique s'analyse comme le territoire sur lequel les entreprises concernées sont engagées dans l'offre des biens et des services en cause, sur lequel les conditions de concurrence sont suffisamment homogènes et qui peut être distingué de zones géographiques voisines parce que, en particulier, les conditions de concurrence y diffèrent de manière appréciable.* Dès lors qu'une ou plusieurs entreprises sont en position dominante sur un marché pertinent, elles doivent s'abstenir de tout comportement abusif. Le TFUE en énumère certains (imposer de façon directe ou indirecte des prix d'achat ou de vente, des conditions de transaction non équitables...). La doctrine a rationalisé ces abus selon deux catégories : les abus de comportement, qui sont des abus de domination d'une entreprise à l'égard de ses partenaires, de ses cocontractants et les abus de structure, qui sont des abus de domination d'une entreprise perceptibles par l'atteinte portée à la structure du marché.

Le droit interne rejoint cette démarche en son article L. 420-2 du Code de commerce et les développements proposés en droit européen sont parfaitement transposables.

Cependant, avant que ce droit européen ne le consacre *mutatis mutandis le droit interne a admis une logique de justification à l'instar de ce qui prévaut en matière d'entente, le tout reposant sur l'idée de progrès économique*. En réalité, *la véritable différence en matière d'abus de domination tient à l'admission en droit français de deux autres figures originales (mais peu convaincantes) : l'abus de dépendance économique et les prix abusivement bas.*

Quid

■ Abus de comportement **n° 346 s.**

Abus de domination d'une entreprise à l'égard de ses partenaires, de ses cocontractants.

■ Abus de structure **n° 348 s.**

Abus de domination d'une entreprise perceptible par l'atteinte portée à la structure du marché.

■ Dépendance économique **n° 351 s.**

Absence, par une entreprise en situation de dépendance, de solution équivalente au plan économique.

■ Exploitation abusive **n° 344**

Notion objective qui vise les comportements d'une entreprise en position dominante qui sont de nature à influencer la structure d'un marché et qui ont pour objet de faire obstacle au maintien du degré de concurrence existant encore sur le marché ou au développement de cette concurrence.

■ Marché de produits **n° 342**

Marché qui comprend tous les produits et/ou services que le consommateur considère comme interchangeables ou substituables en raison de leurs caractéristiques, de leur prix et de l'usage auquel ils sont destinés.

■ Marché géographique **n° 343**

Territoire sur lequel les entreprises concernées sont engagées dans l'offre des biens et des services en cause, sur lequel les conditions de concurrence sont suffisamment homogènes et qui peut être distingué de zones géographiques voisines parce que, en particulier, les conditions de concurrence y diffèrent de manière appréciable.

■ Marché pertinent **n° 341**

Marché résultant de la combinaison du marché de produit et du marché géographique.

■ Oligopole **n° 339**

Marché caractérisé par un nombre très limité d'entreprises et donc marqué par une interdépendance lorsqu'elles adoptent des décisions stratégiques concernant, par exemple, le prix, la production et la qualité des produits ou des services.

■ Part de marché n° 337

Indice utilisé pour déterminer le pouvoir de marché d'une entreprise de nature à permettre à caractériser une position dominante.

■ Position dominante n° 333

Une entreprise occupe une position dominante sur un marché donné lorsqu'elle est en mesure d'agir en toute indépendance de ses concurrents, clients ou fournisseurs.

■ Position dominante collective n° 339

Position dominante détenue en commun par deux ou plusieurs entités économiques juridiquement indépendantes mais liées économiquement sur un marché donné.

■ Pouvoir de marché n° 336

Pouvoir d'une entreprise sur un marché donné qui est déterminé à l'aide d'une analyse structurelle de ce marché, notamment à partir du calcul des parts de marché.

■ Prix abusivement bas n° 355 s.

Prix inférieurs aux coûts de production, de transformation et de commercialisation.

■ Prix prédatoires n° 349

Prix inférieurs à la moyenne des coûts variables pratiqués par une entreprise en position dominante et qui caractérise un abus.

Biblio

– L. Arcelin, *L'entreprise et le droit de la concurrence français et communautaire*, Litec, 2003.
– J.-B. Blaise, « L'arrêt Magill : un autre point de vue », *D. Affaires* 1996. 859.
– M.-C. Boutard-Labarde, D. Bureau, « La détermination du marché pertinent », *RJDA* 1993. 743.
– S. Cristin-Belmont, *Essai sur la position dominante collective en droit communautaire*, PU Septentrion, 1999.
– D. de Gramont, « Propos impertinents sur le marché pertinent dans le droit de l'Union », *D. Affaires* 1996. 131.
– M. Malaurie-Vignal, *Abus de position dominante en droit interne et communautaire de la concurrence*, LGDJ, 2003.

Documents

Communication de la Commission sur la définition du marché en cause aux fins du droit communautaire de la concurrence (n° 97/C 372/03) (Extraits) (*JOCE* C 372 du 9 déc. 1997, p. 5)

Texte présentant de l'intérêt pour l'EEE

I. Introduction

1. La présente communication a pour objet d'expliquer la manière dont la Commission applique le concept de marché de produits ou de marché géographique en cause, dans sa mise en œuvre du droit communautaire de la concurrence (...)

2. La définition du marché permet d'identifier et de définir le périmètre à l'intérieur duquel s'exerce la concurrence entre les entreprises. Elle permet d'établir le cadre dans lequel la Commission applique la politique de la concurrence. Son objet principal est d'identifier de manière systématique les contraintes que la concurrence fait peser sur les entreprises en cause. La définition d'un marché, au niveau tant des produits que de sa dimension géographique, doit permettre de déterminer s'il existe des concurrents réels, capables de peser sur le comportement des entreprises en cause ou de les empêcher d'agir indépendamment des pressions qu'exerce une concurrence effective. C'est dans cette optique que la définition du marché permet entre autres de calculer les parts de marché, qui apportent des informations utiles concernant le pouvoir de marché pour l'appréciation d'une position dominante ou pour l'application de l'article 85 du traité. (…)
4. La délimitation du marché en cause, tant au niveau des produits qu'au niveau de sa dimension géographique, a souvent une influence déterminante sur l'appréciation d'une affaire de concurrence. En rendant publiques les procédures qu'elle applique pour déterminer le marché et en indiquant les critères et les éléments d'appréciation sur lesquels elle se fonde pour arrêter sa décision, la Commission entend améliorer la transparence de sa politique et de son processus décisionnel en matière de politique de concurrence. (…)

II. Définition du marché en cause

Définition du marché de produits en cause et du marché géographique en cause

7. Les règlements adoptés sur la base des articles 85 et 86 du traité (…) donnent les définitions suivantes du marché de produits en cause :
« Un marché de produits en cause comprend tous les produits et/ou services que le consommateur considère comme interchangeables ou substituables en raison de leurs caractéristiques, de leur prix et de l'usage auquel ils sont destinés. »
8. Le marché géographique en cause, quant à lui, y est défini de la manière suivante :
« Le marché géographique en cause comprend le territoire sur lequel les entreprises concernées sont engagées dans l'offre des biens et des services en cause, sur lequel les conditions de concurrence sont suffisamment homogènes et qui peut être distingué de zones géographiques voisines parce que, en particulier, les conditions de concurrence y diffèrent de manière appréciable. »
9. Le marché en cause dans le cadre duquel il convient d'apprécier un problème donné de concurrence est donc déterminé en combinant le marché de produits et le marché géographique (…)

Concept de marché en cause et objectifs de la politique communautaire de concurrence

10. Le concept de marché en cause est étroitement lié aux objectifs poursuivis dans le cadre de la politique communautaire de la concurrence. Ainsi, pour ce qui concerne le contrôle communautaire des concentrations, le contrôle des changements structurels affectant l'offre d'un produit ou d'un service a pour objectif d'empêcher la création ou le renforcement d'une position dominante ayant comme conséquence qu'une concurrence effective serait entravée de manière significative dans une partie substantielle du marché commun. En vertu des règles communautaires en matière de concurrence, une position dominante est une situation fournissant à une entreprise ou un groupe d'entreprises, la possibilité de comportements indépendants dans une mesure appréciable vis-à-vis de ses concurrents, de ses clients et, finalement, des consommateurs (3). Cette situation se produit généralement lorsqu'une entreprise ou un groupe d'entreprises assure une part importante de l'offre sur un marché déterminé, à condition que les autres

facteurs analysés au cours de l'évaluation (tels que les barrières d'entrée, la capacité de réaction des clients, etc.) aillent dans le même sens.

11. C'est la même approche que la Commission adopte pour l'application de l'article 86 du traité aux entreprises qui sont, individuellement ou collectivement, en situation de position dominante. En vertu du règlement n° 17, la Commission a le pouvoir de mener une enquête et de mettre un terme aux abus de position dominante, dont l'appréciation passe également par la délimitation du marché en cause. Cette définition des marchés serait également nécessaire dans les procédures d'application de l'article 85 du traité de manière à déterminer, en particulier, si la concurrence est restreinte de manière sensible ou pour vérifier si la condition prévue à l'article 85, paragraphe 3, point b), pour bénéficier d'une exemption de l'application de l'article 85, paragraphe 1, est remplie.

12. Les critères pour définir le marché en cause sont généralement appliqués pour analyser certains comportements sur le marché ainsi que les changements structurels dans la fourniture de certains produits. Toutefois, l'application de cette méthode peut conduire à des résultats différents selon la nature du problème de concurrence en cause. C'est ainsi que l'étendue du marché géographique peut être différente selon que l'on examine une concentration, où l'analyse est essentiellement prospective, ou un comportement passé. L'horizon temporel différent envisagé dans chacun de ces cas peut déboucher sur le résultat que des marchés géographiques différents sont définis pour les mêmes produits, selon que la Commission examine un changement structurel de l'offre (comme dans le cas d'une concentration ou d'une création d'entreprise commune coopérative) ou les problèmes soulevés par un comportement passé.

Principes de base de la définition des marchés

Contraintes concurrentielles

13. La concurrence soumet les entreprises à trois grandes sources de contraintes : la substituabilité du côté de la demande, la substituabilité au niveau de l'offre et la concurrence potentielle. D'un point de vue économique, pour une définition du marché en cause la substitution du côté de la demande est le facteur de discipline le plus immédiat et le plus efficace vis-à-vis des fournisseurs d'un produit donné, en particulier en ce qui concerne leurs décisions en matière de fixation des prix. Une entreprise ou un groupe d'entreprises ne peut avoir une influence déterminante sur les conditions de vente existantes (prix par ex.), si sa clientèle est en mesure de se tourner sans difficulté vers des produits de substitution ou vers des fournisseurs implantés ailleurs. Cet exercice de définition du marché consiste, fondamentalement, à identifier les autres sources réelles d'approvisionnement auxquelles les clients des entreprises en cause peuvent recourir, tant sous l'angle des produits ou des services que ces autres fournisseurs proposent que du point de vue de leur localisation géographique.

14. Les contraintes au niveau de la concurrence qui découlent de la substituabilité du côté de l'offre, autres que celles décrites dans les points 20 à 23, et de la concurrence potentielle sont, en règle générale, moins immédiates et, du reste, commandent l'analyse de facteurs supplémentaires. En conséquence de telles contraintes sont prises en compte lors de l'évaluation de l'analyse de la concurrence.

Substitution du côté de la demande

15. L'appréciation de la substituabilité de la demande entraîne une détermination de l'éventail des produits perçus comme substituables par le consommateur. Une façon de procéder à cette détermination peut être envisagée comme un exercice mental présupposant une variation légère, mais durable, des prix relatifs et évaluant les réactions probables des clients. L'exercice

de définition du marché est axé sur les prix pour des raisons opérationnelles et pratiques et, plus précisément, sur la substitution du côté de la demande que pourraient entraîner des variations légères mais permanentes des prix relatifs. Ce test peut fournir des indications claires sur les éléments pertinents pour la définition des marchés. (...)

18. Pour donner une idée de la manière dont ce test est appliqué en pratique, on peut citer l'exemple d'une opération de concentration entre des embouteilleurs de boissons sans alcool. L'une des questions à se poser dans un tel cas est de savoir si différents arômes de boissons sans alcool appartiennent à un seul et même marché. En pratique, il faut se demander si les consommateurs de l'arôme A se tourneraient vers d'autres arômes si celui qu'ils consomment habituellement subissait une hausse de prix à caractère permanent de 5 à 10 %. Si le nombre de consommateurs reportant leur demande sur l'arôme B, par exemple, était suffisant pour rendre l'augmentation du prix de l'arôme A non rentable compte tenu du recul des ventes qui serait alors enregistré sur ce produit, le marché comprendrait au moins les arômes A et B. Le test devrait être ultérieurement élargi aux autres arômes disponibles jusqu'à ce que l'on trouve un ensemble de produits avec lequel une hausse de prix n'entraînerait pas de substitution suffisante au niveau de la demande.

19. En règle générale, et en particulier pour l'analyse des opérations de concentration, le prix à prendre en considération est le prix courant sur le marché considéré. La situation pourrait être différente si le prix courant a été fixé en l'absence de concurrence suffisante. Dans les enquêtes sur les abus de position dominante, notamment, le fait que le prix courant pourrait avoir substantiellement augmenté sera pris en considération.

Substitution du côté de l'offre

20. On pourrait aussi analyser la substituabilité du côté de l'offre pour définir les marchés dans les opérations où celle-ci a des effets équivalents à ceux de la substitution du côté de la demande en termes d'immédiateté et d'efficacité. Il faut, pour cela, que les fournisseurs puissent réorienter leur production vers les produits en cause et les commercialiser à court terme (4) sans encourir aucun coût ni risque supplémentaire substantiel en réaction à des variations légères, mais permanentes, des prix relatifs. Lorsque ces conditions sont remplies, le supplément de production qui est ainsi mis sur le marché exerce un effet de discipline sur le comportement concurrentiel des entreprises en cause. Cet effet est, par son immédiateté et son efficacité, équivalent à celui de la substitution du côté de la demande. (...)

22. Un exemple pratique de l'analyse de la substituabilité du côté de l'offre en vue de la définition des marchés de produits, est constitué par le secteur du papier. On trouve généralement sur le marché toute une gamme de qualités de papier, depuis le papier d'impression standard jusqu'au papier de qualité supérieure utilisé, entre autres, pour les livres d'art. Du point de vue de la demande, on n'utilise pas indifféremment ces différentes qualités de papier ; on n'imprime pas un livre d'art, par exemple, ou un ouvrage de luxe en utilisant un papier de qualité médiocre. Les papeteries peuvent pourtant fabriquer différentes qualités de papier et la production peut être adaptée à court terme et moyennant de très faibles coûts d'adaptation. En l'absence de difficultés particulières au stade de la distribution, les entreprises papetières peuvent donc se faire concurrence pour les commandes de diverses qualités de papier, notamment si ces commandes sont passées suffisamment à l'avance pour permettre de modifier les plans de production. Dans ces circonstances, la Commission ne définirait pas un marché distinct pour chaque qualité de papier et chacun de ses usages. Les diverses qualités sont regroupées dans un même marché en cause et leurs ventes sont cumulées afin d'évaluer l'importance du marché total, en valeur et en volume. (...)

Concurrence potentielle

24. La concurrence potentielle, troisième source de contrainte sous l'angle de la concurrence, n'est pas prise en considération pour la définition des marchés, dans la mesure où les conditions dans lesquelles elle peut effectivement constituer une contrainte concurrentielle dépendent de l'analyse de certains facteurs et circonstances se rapportant aux conditions d'entrée. Le cas échéant, cette analyse n'est menée qu'à un stade ultérieur, généralement une fois que la position des entreprises en cause sur le marché a déjà été déterminée et qu'elle s'avère soulever des problèmes sous l'angle de la concurrence.

III. Éléments d'appréciation sur lesquels s'appuie la définition des marchés en cause

Démarche suivie pour définir le marché en cause

Dimension produit

25. Il existe tout un faisceau d'éléments qui permettent d'apprécier jusqu'à quel point la substitution pourrait s'opérer. Dans certains cas, certains types d'éléments seront déterminants, en fonction surtout des caractéristiques et spécificités du secteur et des produits ou services considérés. Dans d'autres cas, ces mêmes types d'éléments peuvent être sans intérêt. Le plus souvent, la décision devra être prise sur la base d'un certain nombre de critères et d'éléments d'appréciation différents. La Commission adopte une approche souple, en se fondant sur des éléments empiriques et en exploitant toutes les informations dont elle dispose et qui peuvent lui être utiles pour l'appréciation des cas concrets. Elle ne suit pas un ordre hiérarchique rigide des différentes sources d'information ou des différents types d'éléments de preuve. (...)

Dimension géographique

28. L'approche suivie par la Commission pour définir le marché géographique peut être résumée ainsi : elle se fera une première idée de l'étendue du marché géographique en se basant sur une vue d'ensemble de la répartition des parts de marché détenues par les parties et par leurs concurrents, ainsi que sur une analyse préliminaire de la fixation des prix et des écarts de prix au niveau national, communautaire ou de l'Espace économique européen. Cette première image constituera généralement une hypothèse de travail qui permettra à la Commission de cibler ses investigations, afin de parvenir à une définition précise du marché géographique. (...)

Intégration des marchés dans la Communauté

32. Enfin, la Commission prend également en considération, pour définir les marchés géographiques, le processus constant d'intégration des marchés, en particulier dans la Communauté, notamment dans le cas des concentrations et des entreprises communes structurelles. Les mesures adoptées et mises en œuvre dans le cadre du programme sur le marché intérieur, afin d'éliminer les entraves aux échanges et intégrer les marchés de la Communauté, ne peuvent pas être ignorées lors de l'évaluation des effets sur la concurrence d'une concentration ou d'une entreprise commune structurelle. Une situation où des marchés nationaux ont été artificiellement isolés les uns des autres en raison de l'existence de barrières législatives qui ont été maintenant levées, mènera généralement à une évaluation prudente des preuves passées concernant les prix, les parts de marché ou les tendances d'échanges. Un processus d'intégration du marché qui mènerait, à court terme, à des marchés géographiques élargis peut donc être pris en considération lors de la définition du marché géographique aux fins d'évaluer des concentrations et des entreprises communes.

Constitution de la preuve

33. Lorsqu'une définition précise du marché s'impose, il arrive fréquemment que la Commission prenne contact avec les principaux clients et les principales entreprises du secteur afin de

connaître leur opinion sur les limites du marché du produit et géographique et d'obtenir les éléments de fait nécessaires pour lui permettre de tirer des conclusions. La Commission peut également être amenée à contacter les associations professionnelles compétentes et des entreprises opérant sur les marchés en amont, de façon à être en mesure de définir, lorsque cela est nécessaire, des marchés géographiques ou de produits distincts, pour les différents niveaux de production ou de distribution des produits/services en cause. Elle peut aussi demander des informations complémentaires aux entreprises en cause.

34. Si nécessaire, la Commission demande, par écrit, des informations aux opérateurs sur le marché précité. Les questions posées portent habituellement sur la manière dont les entreprises réagiraient dans l'hypothèse d'une hausse des prix et sur leur position en ce qui concerne les limites du marché en cause. Dans son questionnaire, la Commission demande également les éléments de fait qu'elle considère comme nécessaires pour pouvoir conclure sur l'étendue du marché en cause. Elle peut aussi discuter avec les directeurs commerciaux ou d'autres membres de la direction de ces entreprises, afin de chercher à mieux comprendre le processus de négociation entre les fournisseurs et les acheteurs et les aspects qu'il faut examiner pour la définition du marché en cause. Au besoin, la Commission peut aussi se rendre sur les lieux ou mener des inspections dans les locaux des parties, de leurs acheteurs ou de leurs concurrents, afin d'obtenir des éclaircissements sur les processus de fabrication et de vente des produits considérés. (...)

37. Les éléments que la Commission juge pertinents pour son appréciation de la substituabilité entre deux produits au niveau de la demande peuvent être classés comme suit :

38. Preuve d'une substitution dans un passé récent (...)

39. Un certain nombre de tests quantitatifs ont été conçus tout spécialement pour délimiter les marchés. Ces tests s'inscrivent dans le cadre de diverses approches économétriques et statistiques : estimation des élasticités et des élasticités croisées (5) (...)

40. Point de vue des clients et des concurrents (...)

41. Préférences des consommateurs (...)

42. Barrières et coûts associés à un transfert de la demande vers des produits de substitution potentiels (...)

43. Différentes catégories de clients et discrimination par les prix (...)

44. Les catégories de données que la Commission juge utiles pour définir le marché géographique sont les suivantes :

45. Preuves que, dans le passé, il y a eu déplacement de commandes vers d'autres zones (...)

46. Caractéristiques fondamentales de la demande (...)

47. Opinion des clients et des concurrents (...)

48. Localisation des achats au moment de l'enquête (...)

49. Courants d'échanges (...)

50. Entraves et coûts liés à la réorientation des commandes vers des entreprises situées dans d'autres zones (...)

51. Sur la base des preuves constituées, la Commission définira alors un marché géographique qui pourrait aller d'une dimension locale à une taille globale, et on trouve des exemples à la fois de marchés locaux et mondiaux dans les décisions passées de la Commission.

52. Les points ci-dessus décrivent les différents facteurs qui pourraient servir pour définir des marchés. Cela n'implique pas que dans chaque cas individuel il sera nécessaire d'obtenir des preuves et d'évaluer chacun de ces facteurs. Souvent, dans la pratique les preuves fournies par un sous-ensemble de ces facteurs seront suffisantes pour tirer une conclusion, comme indiqué dans la pratique décisionnelle passée de la Commission.

IV. Calcul des parts de marché

53. La définition du marché en cause, tant au niveau des produits qu'au niveau de sa dimension géographique, permet de savoir quels sont les opérateurs (fournisseurs, clients, consommateurs) sur ce marché. Sur cette base, il est possible de calculer, pour chacun des fournisseurs, la taille totale du marché et les parts de marché détenues, sur la base du chiffre d'affaires correspondant aux produits en cause, vendus sur le territoire en cause. Dans la pratique, on connaît souvent la taille totale du marché et les parts de marché détenues en consultant des sources d'information telles que les estimations des entreprises ou encore les études commandées à des sociétés de conseil aux entreprises ou à des associations professionnelles. Faute de disposer de telles sources d'information, ou lorsque les estimations disponibles ne sont pas fiables, la Commission demande habituellement à chaque fournisseur sur le marché en cause de lui communiquer son chiffre d'affaires, de manière à pouvoir calculer la taille totale du marché et les parts de marché détenues par chacun.

54. Si les ventes sont généralement la référence pour calculer des parts de marché, il y a néanmoins d'autres références, selon les produits ou l'industrie spécifiques en question, qui peuvent offrir l'information utile, telles que, notamment, la capacité, le nombre d'opérateurs dans l'offre des marchés, les unités de flottes dans le cas de l'aérospatiale ou des réserves tenues dans le cas des secteurs tels que l'exploitation minière.

55. Par expérience, on sait que les ventes en volume et en valeur sont une information utile. En présence de produits différenciés, on considère souvent que les ventes en valeur et la part de marché correspondante donnent une meilleure idée de la position et de la puissance relatives de chaque fournisseur.

V. Autres remarques

56. Il existe certains domaines dans lesquels l'application des principes mentionnés ci-dessus doit être entreprise avec précaution (…) La méthode utilisée pour définir les marchés dans de tels cas est la même, c'est-à-dire qu'il faut apprécier les réactions des clients sur la base de leurs décisions d'achat à des variations des prix relatifs, mais en tenant compte également de toutes les contraintes éventuelles imposées par les conditions régnant sur les marchés connexes. Une définition étroite du marché des produits secondaires, par exemple, de pièces détachées, peut devoir être faite quand la compatibilité avec le produit primaire est importante. Les problèmes pour trouver des produits secondaires compatibles avec l'existence de prix élevés et une longue vie des produits de base, peuvent rendre les augmentations relatives des prix des produits secondaires rentables. Une définition différente du marché peut résulter si une substitution significative entre les produits secondaires est possible ou si les caractéristiques des produits primaires entraînent des réponses rapides et directes de consommateurs aux augmentations relatives des prix des produits secondaires possibles.

57. Dans certains cas, l'existence de « chaînes de substitution » peut conduire à définir un marché en cause dans lequel les produits ou les territoires situés aux limites du marché ne sont pas directement substituables. À titre d'exemple, on peut citer la dimension géographique d'un produit dont les coûts de transport sont très élevés. Dans de tels cas, les livraisons au départ d'une usine donnée sont limitées à un certain périmètre autour de cette usine du fait de l'impact des coûts de transports. En principe, ce périmètre pourrait constituer le marché géographique en cause. Toutefois, si la répartition des usines est telle qu'il existe d'importants chevauchements entre les périmètres autour de chaque usine, il est possible qu'un effet de substitution en chaîne influe sur les prix pratiqués pour ces produits et que le marché géographique à retenir soit plus étendu. Le même raisonnement vaut si un produit B est un

substitut, du côté de la demande, des produits A et C. Même si ces deux derniers ne sont pas directement substituables l'un à l'autre au niveau de la demande, ils peuvent se trouver classés dans le même marché de produits en cause parce que l'existence du produit de substitution influe sur leurs prix respectifs.
58. D'un point de vue pratique, le concept des « chaînes de substitutions » doit être corroboré par des éléments de fait, par exemple l'interdépendance au niveau des prix aux limites extrêmes des chaînes de substitution, pour pouvoir, dans un cas concret, définir un marché en cause plus large. Les niveaux de prix aux extrêmes des chaînes doivent aussi être du même ordre de grandeur.

Communiqué de presse de la Commission relatif à sa décision condamnant Microsoft (Extraits) (Communiqué Comm. CE n° IP/04/382 du 24 mars 2004).

(...) La Commission conclut l'enquête sur Microsoft, impose des mesures correctives visant à modifier son comportement et inflige une amende.
Après cinq années d'enquête, la Commission européenne a conclu que Microsoft Corporation avait enfreint les règles de concurrence communautaires en abusant de son quasi-monopole sur le marché des systèmes d'exploitation pour PC afin de restreindre la concurrence sur les marchés des systèmes d'exploitation pour serveurs de groupe de travail et des lecteurs multimédias. Comme ce comportement illicite n'a pas encore cessé, la Commission a ordonné à Microsoft de divulguer à ses concurrents, dans un délai de 120 jours, les informations sur les interfaces nécessaires pour que leurs produits puissent dialoguer avec le système d'exploitation Windows. Microsoft est également tenu, dans un délai de 90 jours, de proposer aux équipementiers (et aux utilisateurs finals) une version de son système d'exploitation Windows qui ne comprenne pas le lecteur Windows Media. En outre, elle se voit infliger une amende de 497 millions d'euros pour avoir abusé de son pouvoir de marché dans l'UE.
« Les entreprises en position dominante ont une responsabilité particulière sur le marché. Elles doivent veiller à ce que leur comportement ne fasse pas obstacle à une concurrence saine et loyale, ni ne porte préjudice aux consommateurs et à l'innovation » a déclaré Mario Monti, membre de la Commission européenne chargé de la concurrence. « La décision rendue ce jour rétablit les conditions d'une concurrence loyale sur les marchés concernés et pose des principes clairs quant au comportement que devra avoir, dorénavant, une entreprise jouissant d'un tel pouvoir sur le marché » a-t-il ajouté.
Après une enquête exhaustive et approfondie de plus de cinq ans, et après trois communications des griefs (4), la Commission a adopté aujourd'hui une décision par laquelle elle conclut à la violation, par l'entreprise de logiciels américaine Microsoft Corporation, des règles de concurrence consacrées par le traité CE (art. 82), pour avoir abusé de son quasi-monopole sur les systèmes d'exploitation pour PC.
Microsoft a abusé de son pouvoir de marché en limitant, de propos délibéré, l'interopérabilité entre les PC Windows et les serveurs de groupe de travail de ses concurrents, et en liant la vente de son lecteur Windows Media (WMP) avec Windows, son système d'exploitation présent sur la quasi-totalité des PC dans le monde.
Ce comportement illicite a permis à Microsoft d'acquérir une position dominante sur le marché des systèmes d'exploitation pour serveurs de groupe de travail, produits logiciels qui sont au cœur des réseaux informatiques d'entreprises, et risque purement et simplement d'éliminer la concurrence sur ce marché. Par ailleurs, le comportement de Microsoft a affaibli, dans une très large mesure, la concurrence sur le marché des lecteurs multimédias.

Ces abus, qui n'ont pas cessé, constituent un frein à l'innovation et sont préjudiciables au jeu de la concurrence et aux consommateurs, qui ont, en définitive, moins de choix et doivent payer des prix plus élevés.
Comme il s'agit d'abus très graves et continus, commis depuis cinq ans et demi, la Commission a infligé à Microsoft une amende de 497.2 millions d'euros. (...)

chapitre

9

Les concentrations

Plan analytique

section **1**

Les opérations de concentrations

§ 1 Notion de concentrations

- **A.** Typologie des opérations de concentrations
- **B.** Dimension interne des opérations de concentration
- **C.** Dimension européenne des opérations de concentration

§ 2 Impact des concentrations sur la concurrence européenne

section **2**

Le contrôle des concentrations

§ 1 Le contrôle interne

§ 2 Le contrôle européen

- **A.** La procédure normale de contrôle des concentrations
- **B.** La procédure simplifiée de contrôle des concentrations

Les concentrations

Alors que le traité CECA avait instauré un contrôle spécifique des concentrations, rien de tel n'a été prévu à l'origine dans le traité de Rome. Les explications d'une telle abstention doivent être recherchées dans le peu de portée pratique d'un tel contrôle ainsi que dans les réticences politiques de l'époque. C'est donc seulement en 1989 que la Communauté européenne s'est dotée d'un instrument spécifique : le règlement CE n° 4064/89 du 21 décembre 1989 (*JOCE* L 395, p. 1, modifié par le règlement CE n° 1310/97, *JOCE* L 180 du 9 juill. 1997, p. 1). Il ne faut pas pour autant en déduire que la Communauté n'appréhendait pas auparavant ce type de comportement dont les effets sur le jeu de la concurrence peuvent être redoutables. À défaut d'instrument spécifique, la Commission et la Cour de justice ont eu recours à l'article 81 ou à l'article 82 CE (désormais art. 101 et 102 TFUE). Dans son arrêt *Continental Can* (CJCE 21 févr. 1973, *Continental Can*, aff. 6/72, *Rec. CJCE* 215), la Cour a ainsi considéré que l'opération de concentration peut aboutir à un résultat qui renforce une position dominante et est, dès lors, susceptible de constituer un abus de position dominante. 358

Après un peu plus de dix années de pratique, par un *Livre vert* du 11 décembre 2001 relatif à la révision du règlement concentration (COM 745 final), la Commission a fait connaître son intention de procéder à une réforme en profondeur du contrôle communautaire des concentrations. L'expérience acquise par la Commission est réelle (près de 2 000 concentrations notifiées sur la période). Le 11 décembre 2002, a été adoptée une proposition de règlement relatif au contrôle des concentrations entre entreprises (*JOCE* C 20 du 28 janv. 2003). Ce texte ambitieux se voulait une réponse aux critiques formulées par les entreprises au regard de l'application du règlement n° 4064/89 (et notamment, les ambiguïtés, incertitudes et complexités qui le marquent) ainsi qu'aux critiques consécutives à certaines affaires retentissantes qui ont mis à mal la crédibilité des analyses économiques et juridiques de la Commission en matière de concentration (TPICE 22 oct. 2002, *Schneider Electric SA*, aff. T-310/01, *Rec. CJCE* II-4071). Par exemple, et au titre des premières, il s'agissait de tenter de clarifier les compétences respectives des autorités des États membres et de la Commission et de faciliter leur coopération. Par exemple, et au titre des secondes, le nouveau règlement avait pour objectif de fixer la procédure à la suite de l'annulation par les juridictions européennes d'une décision prononcée par la Commission, « institutionnalisant » d'une certaine manière ce qui n'était jusque-là que de l'ordre de la pratique administrative. 359

Le règlement CE n° 139/2004 du 20 janvier 2004 (*JOUE* L 24, 29 janv. 2004) est porteur des réformes envisagées sauf à relever immédiatement que l'ambition affichée n'est pas au rendez-vous à la notable exception d'un mécanisme de renvoi entre autorités nationales et autorité européenne. Ce règlement de base, complété depuis par différents textes d'application publiés sous forme de Lignes directrices – notons que certains textes antérieurs ont été gardés (v. par ex. Communication de la Commission sur le renvoi des affaires en matière de concentrations, *JOUE* C 56 du 5 mars 2005) –, 360 est entré en application au 1er mai 2004. Toutefois, La continuité affichée, au-delà des retouches apportées, commande de ne pas opposer les deux règlements successifs concernant les concentrations.

■ 361 Au plan interne, le contrôle des concentrations est apparu en 1977 mais, en réalité, s'est véritablement forgé avec la loi NRE de 2001 et la loi LME de 2008 (art. L. 430-1 à L. 430-10 du Code de commerce). C'est devoir observer que si on peut encore distinguer un droit interne et un droit européen des concentrations, force est de constater un mouvement d'alignement du premier sur le second. Ceci précisé, il importe alors d'étudier les opérations de concentrations (section 1) puis de s'intéresser, ensuite, au contrôle de ces opérations (section 2).

section 1

Les opérations de concentrations

■ 362 Envisager les opérations de concentrations concernées par le règlement CE n° 4064/89 puis par le règlement n° 139/2004 qui le remplace revient, d'une certaine manière, à en étudier le champ d'application. En effet, le règlement de l'Union n'a vocation à gouverner que les opérations de concentrations qu'il définit (§ 1) et à la condition que celles-ci aient un impact sur le jeu de la concurrence européenne (§ 2). Et dans les interstices laissés, le droit interne trouve à s'exprimer.

§ 1 Notion de concentrations

■ 363 Le règlement définit de manière précise – en apparence – sa portée. Ainsi, il dresse en son article 3 une typologie exhaustive des opérations de concentrations (A) non sans avoir au préalable rappelé, dans son article 1er, qu'il ne s'attache qu'aux opérations ayant une dimension européenne (C) ce qui permet de caractériser les opérations ayant une dimension interne (B) Cette définition de la concentration présente une grande constance, sauf à relever qu'avec le règlement n° 139/2004, il est décidé de retenir qu'un ensemble de transactions qui révélerait une unité économique entre les opérations peut conduire à assimiler cet ensemble en une seule opération de nature à ne pas échapper au contrôle.

A. Typologie des opérations de concentrations

■ 364 Le règlement énonce qu'une opération de concentration est réalisée lorsque « deux ou plusieurs entreprises, antérieurement indépendantes fusionnent » ou lorsque « une ou plusieurs personnes détenant déjà le contrôle d'une entreprise ou une ou plusieurs entreprises acquièrent directement ou indirectement, que ce soit par prise de participation au capital ou achat d'éléments d'actif, contrat ou tout autre moyen, le contrôle de l'ensemble, ou de parties, d'une ou de plusieurs autres entreprises ». Cette typologie un peu obscure a été complétée et précisée par une communication du 2 mars 1998 relative à la notion de concentration au sens du règlement n° 4064/89 (*JOCE* C 66 du 2 mars 1998), depuis révisée à plusieurs reprises. De ces deux textes, il apparaît qu'une opération de concentration procède soit d'une fusion (1) soit d'une prise de contrôle (2).

1. *Fusion*

Les textes européens laissent entrevoir que la fusion support de l'opération de concentration peut être une fusion création ou une fusion absorption. Dans la première hypothèse les entreprises (il serait préférable de parler de sociétés) à l'initiative de la concentration disparaissent au profit d'une nouvelle entité, d'une nouvelle personne morale. Dans la seconde hypothèse, l'une des entreprises disparaît en étant absorbée par l'autre. La pratique de la Commission illustre l'une et l'autre et n'appelle pas d'observations particulières (v. par ex. Décis. n° 2003/259, *Südzucker*, 20 déc. 2001, *JOUE* L 103 du 24 avr. 2003). 365

2. *Prise de contrôle*

De manière très générique et certainement téléologique, le règlement insiste surtout sur le fait qu'est déterminante de la qualification de concentration la prise de contrôle d'une ou plusieurs entreprises. Et il ajoute que ce contrôle s'analyse comme « la possibilité d'exercer une influence déterminante sur l'activité d'une entreprise ». L'acquisition du contrôle peut alors prendre des formes très variées comme le rappelle la Commission dans sa communication du 2 mars 1998 concernant la notion de concentration : contrôle unique, contrôle commun, contrôle par un actionnaire sur la base d'un droit de veto, changement dans la structure de contrôle. Ainsi, lorsqu'un actionnaire fait l'acquisition de parts sociales le conduisant à détenir 50 % du capital d'une société, cet actionnaire dispose, de fait, du pouvoir de bloquer l'adoption de toutes les décisions stratégiques. Dans la mesure où il peut créer une situation de blocage, il acquiert une influence déterminante et par conséquent le contrôle au sens du règlement sur les concentrations ce qui l'obligera – sous réserve des conditions de seuils – à devoir notifier la concentration à la Commission. Mais il n'est pas nécessaire d'être un actionnaire majoritaire. Comme le relève précisément la Commission dans sa communication, « un actionnaire minoritaire peut aussi être considéré comme détenant un contrôle exclusif de fait [...] par exemple, lorsque l'actionnaire a la quasi-certitude d'obtenir la majorité à l'assemblée générale parce que le reste des actionnaires est très dispersé ». 366

Cette prise de contrôle peut s'effectuer en commun et s'identifie à la notion d'entreprise commune telle visée par l'article 3 § 2 du règlement. Le sort des *entreprises communes*[Q] a évolué depuis le texte d'origine qui distinguait entre l'hypothèse où l'entreprise commune avait pour objet ou pour effet la coordination du comportement d'entreprises indépendantes (ce qui renvoie à la logique de l'entente de l'article 101 TFUE) et l'hypothèse où l'entreprise commune accomplissait de manière durable toutes les fonctions d'une entité économique autonome. Seule la seconde relevait du règlement en recevant la qualification d'opération de concentration. Suite à une modification de l'article 3 § 2 intervenue en 1997, la distinction a été supprimée et l'on peut affirmer que les entreprises communes relèvent du règlement même si elles ont pour objet ou pour effet la coordination des comportements. On parle alors d'« entreprise commune de plein exercice » dont il apparaît, et notamment à la lecture de la communication du 2 mars 1998 relative à la notion d'entreprises communes (*JOCE* C 66 du 2 mars 1998) – mise à jour dans une communication consolidée de 2007 367

(*JOUE* C 95 du 16 avr. 2008 et rectificatif *JOUE* C 43 du 21 févr. 2009) –, qu'elle présente les caractéristiques traditionnelles de l'entreprise que sont un financement, du personnel, des actifs corporels et incorporels mais aussi qu'elle opère sur un marché, en y accomplissant les fonctions qui sont normalement exercées par les autres entreprises présentes sur le marché considéré. Cette création d'entreprise commune emporte pour les entreprises fondatrices certaines restrictions qui sont nécessaires et directement liées à la réalisation de l'opération. On parle alors de « *restrictions accessoires*[Q] » et désigne, par exemple, des clauses de non-concurrence, des accords de licence de brevet ou de savoir-faire... Ces restrictions accessoires étaient examinées conjointement avec l'opération de concentration elle-même (et donc ne pouvaient tomber sous le coup de l'article 101 TFUE) ainsi que la Commission l'avait expliqué dans une communication du 14 août 1990 relative aux restrictions accessoires aux opérations de concentration (*JOCE* C 203 du 14 août 1990). Dans une seconde communication du 4 juillet 2001 ayant le même objet (*JOCE* C 188 du 4 juill. 2001), la Commission a modifié sa position en indiquant qu'elle n'est pas tenue d'examiner si les restrictions accessoires consenties par les entreprises sont ou non directement liées et nécessaires à la mise en œuvre de la concentration et que cet examen incombe aux autorités en charge du contrôle des pratiques anticoncurrentielles. Ces évolutions sont désormais actées dans le règlement n° 139/2004.

B. Dimension interne des opérations de concentration

■ 368 Les développements à venir seront ici nécessairement brefs car, d'une certaine manière, l'idée de concentration à dimension interne apparaît comme une figure d'exception ou de dérogation : le droit français ne s'applique que lorsque la concentration ne présente pas de dimension européenne et sous réserve, naturellement, que l'opération de concentration produise ses effets en France (sur cette dernière condition, v. Cons. conc. Avis 00-A-27, 28 nov. 2000). Tel peut notamment être le cas lorsque, par application du règlement de 2004, il est opéré un renvoi du niveau européen au niveau national (v. ss 387). Cette dimension interne est surtout susceptible d'être approchée par le biais des seuils d'application des règles nationales dont le modèle est européen, comme on le verra.

■ 369 Ainsi, l'article L. 430-2 du Code de commerce retient deux seuils différents que l'on désigne habituellement sous le vocable de « grand seuil » et de « petit seuil » : un chiffre d'affaires mondial supérieur à 150 millions d'euros et un chiffre d'affaires réalisé en France par deux au moins des entreprises concernées supérieur à 50 millions d'euros. Mais ces seuils que l'on serait tenté d'appeler de droit commun et dont le montant a pu évoluer au fil des législations successives ont été complétés par des hypothèses nouvelles. Ainsi, l'article L. 430-2 II s'attache au cas des concentrations intéressant le commerce de détail et édicte des seuils propres. Quant à lui, l'article L. 430-2 III vise les cas de concentrations intéressant certains départements et territoires d'outre-mer et édicte, là encore, des seuils propres. Il sera observé que, quel que soit le seuil envisagé, le calcul du chiffre d'affaires de référence est, lui, unifié et tiré directement des textes pertinents européens que l'on envisagera dans les prochains développements.

C. Dimension européenne des opérations de concentration

La dimension européenne des opérations de concentrations est essentielle. Sa détermination, là encore malgré les apparences, demeure complexe. Or elle est essentielle puisqu'elle est avant tout un critère de répartition des compétences entre autorités nationales et autorité européenne. Le règlement a donc choisi d'avoir recours à un critère, un seuil au-delà duquel l'opération de concentration peut être qualifiée de dimension européenne. Ce seuil est fonction du chiffre d'affaires (critère plus simple à mettre en œuvre que, par exemple, les parts de marché, elles, tributaires de la définition du marché avec toutes les difficultés qui la caractérise). Encore convient-il de relever, tout d'abord, que le règlement, notamment à la suite de ses différentes modifications, n'utilise pas un mais des seuils (1) dont l'articulation doit bien être comprise. Ensuite, le règlement, complété par deux communications de la Commission de 1998, précise les entreprises dont le chiffre d'affaires (2) doit être pris en compte pour apprécier cette dimension européenne. Enfin, le règlement atténue la portée de ces seuils comme critère de compétence de l'autorité européenne en prévoyant différentes dérogations (3). 370

1. *Les seuils*

Deux séries de *seuils*[Q] permettent de considérer que l'opération de concentration présente une dimension européenne. Si la première série n'est pas atteinte, on se réfère à la seconde. En premier lieu – article 1er § 2 du règlement –, une concentration a une dimension européenne lorsque le chiffre d'affaires mondial des entreprises concernées dépasse 5 milliards d'euros et le chiffre d'affaires européen pour au moins deux des entreprises concernées dépasse 250 millions d'euros. En second lieu – article 1er § 3 du règlement tel que modifié par le règlement du 30 juin 1997 et applicable au 1er mars 1998 –, une concentration a une dimension européenne si le chiffre d'affaires mondial des entreprises concernées dépasse 2,5 milliards d'euros, le chiffre d'affaires des entreprises concernées est supérieur à 100 millions d'euros dans trois États membres au moins, le chiffre d'affaires individuel d'au moins deux des entreprises concernées sur le territoire de trois États membres au moins est supérieur à 25 millions d'euros, le chiffre d'affaire réalisé individuellement dans l'Union par au moins deux des entreprises concernées est supérieur à 100 millions d'euros. Cette seconde série de seuils dont la complexité est évidente est le résultat d'un constat formulé par les opérateurs économiques et les services de la Commission. De nombreuses opérations de concentration qui n'atteignaient pas les seuils de l'article 1er § 2 obligeaient à des notifications multiples devant les autorités nationales qui n'excluaient pas le risque de contrariété de décisions. En retenant cette série de seuils plus bas, on facilite incontestablement les démarches des entreprises concernées qui n'ont à opérer qu'une seule notification à la Commission au lieu de plusieurs auprès des autorités des différents États membres concernés. En ce sens est évoquée l'image du « guichet unique ». Dans son rapport sur le fonctionnement du règlement, la Commission relève cependant que malgré l'abaissement des seuils, « il reste un nombre important d'opérations qui doivent être notifiées dans plus d'un État membre [...] pour 2007 il y a eu cent opérations au moins qui pouvaient être notifiées dans au moins trois États membres » (Rapport préc., n° 12). Il faut, plus généralement, insister sur l'originalité du critère déclenchant la compétence européenne. Contrairement aux ententes et aux abus de position dominante, les concentrations sont appréhendées par le chiffre d'affaires et non par les parts de marché. Or, 371 ainsi qu'on l'a vu dans les chapitres consacrés aux ententes et abus de position dominante, la part de marché reste toujours délicate à déterminer. Tel n'est pas le cas du chiffre d'affaires, aisé à connaître et, dès lors, facteur d'une sécurité supplémentaire pour les entreprises qui peuvent savoir si elles doivent ou non notifier leur opération de concentration à la Commission. Cette dernière a d'ailleurs adopté une communication sur la notion d'entreprises concernées et une sur le calcul du chiffre d'affaires en 1998 qui visent à lever les dernières incertitudes et ont été reprises et actualisées dans la communication consolidée de 2007.

2. *Les entreprises concernées et le calcul du chiffre d'affaires*

■ 372 Deux communications du 2 mars 1998 sont venues clarifier les critères clefs de la compétence de la Commission en matière de concentration européenne. D'une part, la communication du 2 mars 1998 sur la notion d'entreprises concernées (*JOCE* C 66 du 2 mars 1998) permet de souligner que les *entreprises concernées*[Q] sont les acteurs de l'opération de concentration en cause. L'idée essentielle est celle de la participation directe à l'opération de fusion ou à la prise de contrôle. Et le texte d'illustrer le propos à l'égard des différentes formes que peut prendre la concentration : prise de contrôle exclusif, prise de contrôle par une entreprise commune, échanges d'actifs, rachat d'entreprises par les salariés... Dans ce dernier cas, par exemple, la Commission estime que les salariés peuvent être amenés « à mettre leurs intérêts en commun dans le cadre d'une société vecteur pour parler d'une seule voix et faciliter le processus de décision » et que « cette entreprise vecteur peut être une entreprise concernée mais pas nécessairement » ! D'autre part, la communication du 2 mars 1998 relative au calcul du chiffre d'affaires (*JOCE* C 66 du 2 mars 1998) décline les propositions de l'article 5 du règlement relatif au chiffre d'affaires à prendre en compte. Ainsi, le chiffre d'affaires renvoie « aux montants résultant de la vente de produits et de la prestation de services » du dernier exercice et doit être compris comme net, c'est-à-dire après déduction des impôts et taxes et des autres éléments énoncés dans le règlement. La communication décline alors cette proposition en fonction des différentes opérations susceptibles d'être envisagées. Par exemple, lorsqu'une entreprise concernée fait partie d'un groupe, le chiffre d'affaires de la totalité du groupe doit être pris en compte pour déterminer si les seuils sont atteints. On retrouvera ces éléments davantage explicités, désormais, dans la communication consolidée de 2007 déjà évoquée.

3. *Les dérogations*

■ 373 La portée des seuils énoncés était à relativiser de par le texte du règlement n° 4064/89 lui-même. Deux articles méritaient alors d'être présentés. D'une part, l'article 9 permettait de soustraire au contrôle européen une opération de concentration qui dépasse les seuils au profit d'un contrôle national (pour une illustration, v. ss la rubrique « Documents »). On parle, en jargon européen, de « *clause allemande*[Q] ». Ce renvoi de l'appréciation d'une concentration de dimension européenne aux autorités des États membres a pu être contesté en doctrine. En pratique, il signifie que lorsqu'un État membre est informé de la notification à la Commission d'une opération, il peut – dans un délai de trois semaines à compter de la notification – demander à la traiter par l'intermédiaire de ses propres autorités. Cela suppose de sa part, et comme en dispose l'article 9, qu'il démontre que la concentration constitue une menace de nature à entraver de manière significative la concurrence sur son propre territoire ou que le marché concerné, ne constituant par une partie substantielle du marché commun, affecte par priorité une partie de son propre marché intérieur. L'État membre doit en tout état de cause caractériser le fait que l'opération crée ou renforce une position dominante et identifier l'existence d'un marché distinct. La Commission apprécie la demande et peut soit renvoyer en tout ou partie le cas à l'autorité nationale, soit refuser le renvoi. D'autre part, et à l'inverse, l'article 22 § 3 disposait que la Commission peut intervenir à la demande d'un ou plusieurs États membres à l'égard d'une opération de concentration qui n'atteint pas les seuils dans la mesure où celle-ci emporte une entrave significative à la concurrence. On parle, en jargon européen, de « *clause hollandaise*[Q] ». L'idée est alors de palier les éventuelles insuffisances des systèmes de contrôle nationaux. L'intervention de la Commission est cependant subordonnée à des conditions très strictes : l'initiative est réservée aux seuls États membres, l'affectation de la concurrence entre États membres doit être démontrée. Et le TPI y veille comme l'illustre un arrêt *Endemol* (TPICE 28 avr. 1999, *Endemol Entertainment Holding*, aff. T-221/95, *Rec. CJCE* II-1299). Le règlement de janvier 2004 a modifié les conditions de mise en œuvre de ces articles 9 et 22. Il s'agit de dispenser pour partie l'État membre qui demande le renvoi à son bénéfice de vérifier si l'opération crée ou renforce une position dominante. Il doit seulement démontrer que l'opération « affecte la concurrence dans un marché intérieur de cet État membre qui présente toutes les caractéristiques d'un marché distinct et ne constitue pas une partie substantielle du marché commun ». Le règlement autorise désormais la Commission à prendre l'initiative d'un renvoi à son profit ce qui conduit, indirectement, à élargir ses compétences sans pour autant revenir sur les seuils européens. Mais le règlement permet surtout, dans le cas d'une concentration qui n'est pas de dimension européenne, aux entreprises concernées, avant de la notifier aux autorités compétentes d'un ou plusieurs États membres, d'informer la Commission que la concentration a des effets transfrontaliers significatifs et doit par conséquent être examinée par elle. La Commission transmet alors le dossier à tous les États membres qui disposent d'un délai de 15 jours pour exprimer leur désaccord sur le renvoi. Il suffit alors qu'un seul État membre exprime son désaccord pour que l'affaire ne soit pas renvoyée. À l'inverse, si aucun désaccord n'est exprimé, la concentration est réputée avoir une dimension européenne et sera examinée par la seule Commission à la suite d'une notification (sur le renvoi, v. ss rubrique « Documents »). La nouveauté de ce mécanisme explique que la Commission a adopté une Communication exhaustive sur le sujet (*JOUE* C 56 du 5 mars 2005). Dans son rapport de juin 2009, la Commission souligne que ces mécanismes « ont considérablement amélioré l'efficacité et la souplesse juridictionnelles du contrôle des concentrations dans l'UE. Ces mécanismes ont nettement amélioré le mode de répartition des affaires entre la Commission et les États membres en tenant compte des principes du guichet unique et de l'autorité la plus appropriée » (Rapport, pt. 17).

§ 2 Impact des concentrations sur la concurrence européenne

Une opération de concentration ayant une dimension européenne n'est incompa- 374
tible avec le traité UE que pour autant que l'opération crée ou renforce une situation de nature à entraver de manière sensible le jeu de la concurrence sur le marché intérieur ou une partie significative de ce dernier. On retrouve ici ce qui est une

constante de l'ensemble du droit de la concurrence européen : parce que la concurrence recherchée est une concurrence-moyen, ne sont susceptibles de tomber sous le contrôle que les opérations affectant de manière sensible le jeu de la concurrence entre États membres. C'est là une remarque essentielle si l'on retient que le contrôle des concentrations repose sur un principe d'incompatibilité absolue comme en dispose l'article 2 § 3 du règlement. Il n'admet donc pas, à l'instar de ce qui existe en matière d'entente, de possibilité d'exempter une concentration au motif que cette dernière favoriserait le progrès économique. Tout au plus, faut-il souligner que si l'appréciation de la compatibilité d'une concentration passe par un bilan concurrentiel traditionnel (à l'identique de celui pratiqué en matière d'abus de domination), il ne semble pas exclu que des considérations tirées des objectifs sociaux du traité CE puissent être prises en compte (TPICE 27 avr. 1995, *Perrier*, aff. T-96/92, *Rec. CJCE* II-1250).

375 L'article 2 insiste donc sur le fait que l'influence restrictive d'une concentration de nature à conduire à une déclaration d'incompatibilité procède de la conjonction de la création ou du renforcement d'une position dominante et d'une entrave sensible à la concurrence sur le marché commun ou une partie significative de ce dernier. On retrouve exactement ici les éléments clefs de la mise en œuvre de l'article 102 TFUE au sujet desquels on renverra à ce qui a été dit précédemment (v. ss 308 s.). En d'autres termes, l'interdiction de l'opération de concentration – phénomène quantitativement exceptionnel (une vingtaine depuis l'entrée en vigueur du règlement originaire, v. par ex., Décis. COMP/M.3440, 9 déc. 2004, ED/Eni/GDP dans le secteur gazier portugais, disponible sur le site de la DG Concurrence) – passe par la démonstration de la domination et repose essentiellement sur l'appréciation du pouvoir de marché, donc des parts de marchés et *ab initio* du marché pertinent. On retrouve alors les mêmes incertitudes et les mêmes difficultés qui rendent délicate toute systématisation au-delà des principes dégagés par les communications de la Commission. Par exemple, et pour ne s'attacher qu'à l'entrave au jeu de la concurrence, la Commission a déclaré incompatible une concentration dont la mise en œuvre aboutirait à la création d'une position dominante duopolistique sur le marché du platine (Décis. n° 1997/26, *Gencor*, 24 avr. 1996, *JOCE* L 11 du 14 janv. 1997). À l'inverse, en présence d'une opération de concentration prenant la forme de la création d'une entreprise commune par deux sociétés et qui suppose une clause de non-concurrence accessoire, la Commission a considéré que même s'il en résultait un certain cloisonnement des marchés, il n'y avait pas là pour autant une atteinte significative au jeu de la concurrence sur le marché commun (Décis. n° 2001/769, *Framatome*, 6 déc. 2000, *JOCE* L 289 du 6 nov. 2001). Sans entrer dans les détails d'une bataille de spécialistes, l'adoption du règlement n° 139/2004 a déclenché un débat entre les partisans du test de la domination (appliqué antérieurement) et ceux qui prônaient de le remplacer par le test de la réduction substantielle de la concurrence (dit, test « SLC » : *substantial lessening of competition*). Comme souvent, œuvre de compromis, le règlement combine les deux non sans apporter des précisions dans les considérants sur le sens à donner à l'article 2 § 2 du règlement (cons. 25). Au-delà, une Communication sur les concentrations horizontales (*JOUE* C 31 du 5 févr. 2004) – reprise dans la communication générale de 2007 – permet de bien comprendre qu'une concentration peut porter atteinte à la concurrence, soit parce qu'elle entraîne l'éviction d'un concurrent du marché, soit parce qu'elle rend plus probable la coordination entre entreprises présentes sur ce marché.

Il est alors nécessaire de souligner que cette appréciation de la Commission peut conduire cette dernière à subordonner la déclaration de compatibilité de l'opération de concentration avec les objectifs du traité à la souscription par les entreprises concernées de divers *engagements*[Q] – on parle aussi de mesures correctives – de nature à assurer un maintien d'une concurrence effective. La nature et le régime de ces engagements ont été clarifiés par la publication d'une communication de la Commission du 2 mars 2001 concernant les mesures correctives recevables conformément au règlement (CEE) n° 4064/89 du Conseil et au règlement (CE) n° 447/98 de la Commission (*JOCE* C 68 du 2 mars 2001), remplacée par une communication de la Commission de 2008 concernant les mesures correctives recevables conformément au règlement (CE) n° 139/2004 (*JOCE* C 276 du 22 oct. 2008) ainsi que par la diffusion en mai 2003 d'un guide de bonnes pratiques relatif aux engagements de cession dans les affaires de concentration. Deux exemples suffiront. La prise de contrôle d'une société du secteur gazier et pétrolier par la holding d'un groupe œuvrant dans le même secteur n'a été autorisée que moyennant l'engagement par cette société holding de céder les participations détenues par la première dans des infrastructures de traitement et de transport du gaz en mer du Nord (Décis. n° 2000/627, *BP Amoco*, 29 sept. 1999, *JOCE* L 18 du 19 janv. 2001). Plus proche de nous, l'opération de concentration procédant de l'acquisition sous forme d'offre publique d'échange entre deux sociétés françaises de la grande distribution a conduit celles-ci à s'engager à ne procéder à aucun déréférencement de produits et de fournisseurs communs pendant une période de trois ans à compter de la décision dès lors que ces derniers réalisent 25 % de leur chiffre d'affaires avec les sociétés concernées. Par ailleurs, et de manière assez surprenante, Carrefour doit proposer à tous les fournisseurs de soumettre les litiges qui interviendraient à propos de ces engagements à un arbitre qui statuera dans un délai de trois mois (Décis. 25 janv. 2000, *Carrefour/Promodes*, IV, M. 1684). On mesure ici que les engagements conduisent, parfois, à fortement bouleverser le marché et les positions des entreprises considérées présentes sur le ou les marchés. C'est ainsi que le monde de l'édition française a été sérieusement affecté par la décision rendue dans l'affaire *VUP/Lagardère* au point que différents recours ont été engagés (Décis. n° 2004/422, *Lagardère*, 7 janv. 2004, *JOUE* L 125 du 28 avr. 2004). 376

section 2

Le contrôle des concentrations

Le règlement n° 4064/89 ainsi que le règlement n° 139/2004 organisent une procédure de contrôle assez complexe, enfermée dans différents délais impératifs. Le règlement (CE) n° 802/2004 de la Commission du 7 avril 2004 concernant la mise en œuvre du règlement n° 139/2004 (*JOUE* L 133 du 30 avr. 2004), modifié en dernier lieu par le règlement (CE) n° 1033/2008 du 8 octobre 2008 (*JOUE* L 279 du 22 déc. 2008) complète ce dispositif et permet de bien comprendre le déroulement du contrôle. On se bornera, dans le cadre de ce manuel, à une présentation des grands traits de la procédure de contrôle des opérations de concentrations de niveau européen, renvoyant aux ouvrages spécifiques et autres encyclopédies pour plus de détails (v. ss rubrique « Biblio »). Ces caractéristiques principales en font un contrôle 377 administratif, préalable et obligatoire. Par ailleurs, on retrouve les exigences de protection des droits de la défense et de préservation du secret professionnel inhérentes à ce type de procédure. La notification préalable, encore plus qu'en matière d'entente ou d'abus de position dominante, est donc déterminante. Mais, de manière plus exacte, il convient de parler de contrôles au pluriel. En effet, le système se dédouble selon que l'opération relève d'une procédure normale ou d'une procédure simplifiée. On comprendra, dès lors, que l'attention sera portée avant tout sur le contrôle européen (§ 2) sont on signalera l'évolution qui le marque et qui s'inscrit dans une logique d'allégement des contraintes de délais et d'alignement des pouvoirs d'investigation et de sanction dans l'esprit du modèle adopté dans le cadre du règlement n° 1/2003 concernant l'application des articles 81 et 82 CE – désormais 101 et 102 TFUE – (par ex., en prévoyant une amende pouvant atteindre 1 % du chiffre d'affaires en cas d'informations incomplètes ou inexactes contenues dans la notification ou en se reconnaissant le droit de procéder à toutes les auditions jugées nécessaires). On dira cependant quelques mots du contrôle interne qui, lui aussi, a connu ces dernières années quelques évolutions notables (§ 1).

§ 1 Le contrôle interne

■ 378 La procédure de contrôle a été modifiée à plusieurs reprises et, en dernier lieu, par la loi du 4 août 2008 dite de modernisation de l'économie. Et mérite mention que la notification de l'opération, obligatoire depuis 2001, doit désormais être faite à l'Autorité de la concurrence. L'article L. 430-3 du Code de commerce renvoie à l'article R. 430-2 du même code pour établir le contenu du dossier de notification. La notification de l'opération de concentration a un caractère suspensif puisqu'elle ne peut être effectivement réalisée qu'après l'accord de l'Autorité de la concurrence ou du Ministre de l'économie, en cas d'évocation par ce dernier. L'ADLC doit se prononcer sur l'opération de concentration dans un délai de vingt-cinq jours à compter de la date de la réception de la notification complète. Pendant ce délai, et jusqu'à ce que la décision intervienne, elle peut recevoir des parties des engagements visant à remédier aux effets anticoncurrentiels de l'opération. Par ailleurs, l'Autorité peut diligenter des enquêtes et interroger des tiers sur l'opération de concentration tout en tenant compte « de l'intérêt légitime des parties qui procèdent à la notification ou des personnes citées à ce que leurs secrets d'affaires ne soient pas divulgués » (C. com., art. L. 430-10).

■ 379 À l'issue de l'examen, trois solutions sont envisageables. En premier lieu, l'ADLC peut constater, par décision motivée, que l'opération qui lui était notifiée n'est pas une concentration au sens des articles L. 430-1 et L. 430-2 du Code de commerce. En deuxième lieu, elle peut autoriser l'opération en la subordonnant, par une décision également motivée, à la réalisation effective des engagements pris par les parties. En troisième et dernier lieu, si l'Autorité estime qu'il subsiste un doute sérieux d'atteinte à la concurrence, elle peut engager un examen approfondi, au sens de l'article L. 430-6 du Code de commerce. Dans ce cas, « l'Autorité de la concurrence examine si l'opération de concentration est de nature à porter atteinte à la concurrence, notamment par création ou renforcement d'une position dominante ou par création ou renforcement d'une puissance d'achat qui place les fournisseurs en situation de dépendance économique. Elle apprécie si l'opération apporte au progrès économique une contribution suffisante pour compenser les atteintes à la concurrence». Après remise de leurs observations par les parties et le commissaire du gouvernement, l'ADLC prend, à l'issue de ce bilan, sa décision dans un délai de soixante-cinq jours à compter de l'examen.

À l'issue de l'examen approfondi, l'Autorité de la concurrence peut, par une décision motivée, soit interdire l'opération et enjoindre les parties, s'il y a lieu, de prendre toute mesure propre à rétablir une concurrence suffisante, soit autoriser l'opération avec injonction faite aux parties de prendre toute mesure propre à assurer une concurrence suffisante ou en les obligeant à observer des prescriptions de nature à apporter au progrès économique une contribution suffisante pour compenser les atteintes à la concurrence, soit autoriser l'opération, y compris en acceptant les engagements pris par les parties qui ont procédé à la notification. Si aucune décision n'a été prise dans le délai de soixante-cinq jours, le ministre doit en être informé par l'ADLC et l'opération est réputée avoir été autorisée aux termes d'un nouveau délai de vingt-cinq jours. Cette dernière précision permet de bien comprendre que le transfert, par la loi LME, des pouvoirs du ministre chargé de l'économie à l'Autorité de la concurrence ne prive cependant pas l'autorité ministérielle de toute prérogative : il peut demander à l'ADLC un examen approfondi de l'opération de concentration (C. com., L. 430-7-1-I). Ainsi, le ministre peut-il finalement remettre en cause une décision d'autorisation prise par l'Autorité de la concurrence. Par ailleurs, le ministre chargé de l'économie peut également intervenir en matière de concentration, selon la loi, « pour des motifs d'intérêt général autres que le maintien de la concurrence et le cas échéant compensant l'atteinte portée à cette dernière par l'opération. Les motifs d'intérêt général autres que le maintien de la concurrence pouvant conduire le ministre chargé de l'économie à évoquer l'affaire sont, notamment, le développement industriel, la compétitivité des entreprises en cause au regard de la concurrence internationale ou la création ou le maintien de l'emploi » (C. com., art. L. 430-7-1-II). 380

Enfin, l'article L. 430-8 du Code de commerce édicte les sanctions administratives encourues en cas d'infraction aux dispositions relatives au contrôle des concentrations économiques. Ainsi, si une opération de concentration a été réalisée sans être notifiée, l'Autorité de la concurrence enjoint sous astreinte aux parties de notifier l'opération, sauf à revenir à l'état antérieur de la concentration. Elle peut aussi, dans cette même hypothèse, infliger aux personnes auxquelles incombait la charge de la notification une sanction pécuniaire dont le montant maximum s'élève pour les personnes morales à 5 % de leur chiffre d'affaires hors taxes réalisé en France lors du dernier exercice clos, augmenté, le cas échéant, de celui qu'a réalisé en France durant la même période la partie acquise. Les mêmes sanctions peuvent être infligées lorsqu'une opération notifiée a été réalisée avant l'autorisation, ou en cas d'omission ou de déclaration inexacte dans la notification. Enfin, si les parties n'ont pas exécuté dans les délais fixés une injonction, une prescription ou un engagement, l'Autorité peut retirer sa décision d'autorisation ou faire injonction aux parties d'exécuter les engagements qu'elles avaient pris, y compris sous astreintes. 381

§ 2 Le contrôle européen

382 On l'a déjà souligné, le contrôle européen des concentrations peut prendre des visages variés. Plus exactement, le système se dédouble selon que l'opération relève d'une procédure normale (A) ou d'une procédure simplifiée (B).

A. La procédure normale de contrôle des concentrations

383 La notification préalable d'une opération de concentration est obligatoire dès lors que les conditions de seuils énoncées par l'article 1er du règlement sont remplies. Les entreprises sont désormais laissées libres du choix du moment auquel notifier, sous la seule réserve que la notification intervienne avant la réalisation de l'opération de concentration. Il est donc possible de notifier un simple projet ou dès que les entreprises annoncent publiquement leur intention. La Commission peut d'ailleurs sanctionner lourdement (10 % du chiffre d'affaires) une absence de notification (Décis. n° 1999/594, *Samsung*, 18 févr. 1998, *JOCE* L 225 du 26 août 1999). L'enjeu est tel, qu'en réalité, les entreprises qui envisagent une opération de concentration prennent souvent en amont des contacts informels avec la Commission qui permettent, d'ailleurs, sur un plan pratique de savoir si la procédure sera normale ou simplifiée. Doivent notifier les entreprises qui acquièrent le contrôle (par ex., en cas de fusion, les entreprises concernées). Cette notification se réalise au travers de l'envoi d'un « *formulaire CO*Q » dont un modèle est annexé au règlement n° 802/2004. Le contenu des informations à communiquer varie selon que l'on relève de la procédure normale ou simplifiée mais, de manière commune, il convient de souligner que la ou les entreprises notifiantes s'exposent à des sanctions de la part de la Commission lorsque les informations communiquées sont inexactes ou incomplètes (pour une illustration, Décis. n° 2001/271, *Deutsche Post AG*, 14 déc. 2000, *JOCE* L 97 du 6 avr. 2001). Cette notification a alors un double effet. D'une part, elle oblige les entreprises concernées à suspendre l'opération dans l'attente de la décision sauf dérogations énoncées par l'article 7, qui visent par exemple désormais toutes les acquisitions en bourse – et non plus les seules OPA. D'autre part, elle ouvre la procédure proprement dite, qui, en raison du caractère suspensif doit être rapide, à tout le moins enfermée dans des délais stricts.

384 La procédure normale s'articule selon deux phases. La première phase – phase I ou encore phase « d'examen préalable » – dure vingt-cinq jours (un mois auparavant) en principe. Elle permet à la Commission de publier un projet (noms des intéressés, nature de l'opération, secteurs économiques concernés dans le respect du secret d'affaires) et d'inviter toutes les parties intéressées à formuler des observations. À son issue, la Commission peut constater que l'opération de concentration ne soulève pas de difficulté, soit que le règlement ne s'applique pas (par ex., il ne s'agit pas en fait d'une concentration de dimension communautaire), soit que l'opération ne porte pas atteinte de manière sensible au jeu de la concurrence européenne : la compatibilité est alors acquise. La pratique montre que très majoritairement la procédure s'arrête à ce stade en ce que les négociations informelles qui ont le plus souvent été engagées par les entreprises concernées ont permis de notifier un projet *a priori* conforme.

385 La seconde phase – phase II ou encore phase « d'examen approfondi » – suit et peut durer jusqu'à quatre-vingt-dix jours (quatre mois, auparavant). On parle alors d'engagement de procédure qui est subordonné au double constat que l'opération de

concentration relève bien du règlement et qu'elle soulève des doutes sérieux quant à sa compatibilité avec le marché commun. Cet engagement de procédure déclenche donc le délai dans lequel la Commission doit apprécier la compatibilité de l'opération de concentration. Pour ce, elle va examiner l'opération au moyen des informations qui lui ont été communiquées, des renseignements qu'elle peut demander ainsi que des auditions et consultations auxquelles elle va procéder. On retrouve, sur ces derniers points, les pratiques déjà évoquées dans le cadre des enquêtes en matière d'ententes et d'abus de position dominante : la Commission peut adresser des demandes de renseignements informelles ou par décision, les auditions sont réalisées par le conseiller-auditeur, un comité consultatif en matière de concentration peut intervenir de même que les autorités compétentes des États membres. Par ailleurs, et toujours à l'instar de ce qui a été présenté en matière d'ententes et d'abus de position dominante, la Commission peut procéder, soit directement, soit par l'intermédiaire des autorités des États membres, à toute vérification jugée nécessaire dans des conditions qui doivent respecter les droits des entreprises concernées. Au terme de cette phase II, la Commission peut prononcer soit une décision de compatibilité (art. 8 § 2), soit une décision d'incompatibilité (art. 8 § 3) ; l'absence de décision équivalant à une décision de compatibilité. Logiquement, ces décisions peuvent faire l'objet d'un recours en annulation dans les conditions de droit commun de ce dernier, ce qui suppose – outre le cas où l'on est destinataire de la décision – de pouvoir justifier d'une qualité et d'un intérêt à agir. Sur ce dernier point, une jurisprudence subtile s'est élaborée qui a conduit à rejeter le recours en annulation d'actionnaires minoritaires (TPICE 28 oct. 1993, *Zunis*, aff. T-83/92, *Rec. CJCE* II-1169) mais admettre partiellement celui engagé par des comités d'entreprises européens (TPICE 27 avr. 1995, préc.).

B. La procédure simplifiée de contrôle des concentrations

La lourdeur du mécanisme précédent a amené la Commission en juillet 2000 à envisager une procédure simplifiée de contrôle en tirant argument de l'article 3 § 2 du règlement de procédure n° 447/98, depuis remplacé par le règlement n° 802/2004. Cette procédure simplifiée est détaillée dans la communication de la Commission relative à une procédure simplifiée de traitement de certaines opérations de concentration en application du règlement CE n° 4064/89 (*JOCE* C 217 du 29 juill. 2000), désormais remplacée par une communication de la Commission relative à une procédure simplifiée de traitement de certaines opérations de concentration en application du règlement CE n° 139/2004 (*JOUE* C 56 du 5 mars 2005). L'idée clef est de se livrer à un contrôle allégé dispensant d'une notification détaillée ce qui permet de gagner du temps. 386

La procédure simplifiée vise certaines catégories d'opérations de concentration. Tout d'abord, elle s'applique aux entreprises communes dont le chiffre d'affaires et/ou celui des activités transférées est inférieur à 100 millions d'euros ou la valeur totale des actifs cédés est inférieure à cette même somme. Ensuite, elle concerne les concentrations entre deux ou plusieurs entreprises fusionnant ou acquérant le contrôle d'une entreprise lorsqu'aucune entreprise concernée n'exerce d'activités commerciales sur le même marché de produits et/ou géographique ou sur un marché de produits qui se situe en amont ou en aval d'un marché de produits sur lequel opère une autre partie à la concentration. Enfin, elle s'adresse aux opérations 387 de fusion ou de prise de contrôle mettant en présence deux ou plusieurs entreprises concernées qui exercent des activités commerciales sur un même marché de produits et/ou géographique et dont les parts de marché cumulées n'atteignent pas le seuil de 15 % – relations horizontales – ou le seuil de 25 % – relations verticales. La communication de mars 2005 ajoute une quatrième catégorie visant l'hypothèse où l'opération concerne une partie qui se propose d'acquérir le contrôle exclusif d'une entreprise dont elle détient déjà le contrôle en commun. Si l'une de ces quatre hypothèses est caractérisée (ce qu'un contact informel avec la Commission permettra de vérifier), une notification non détaillée sera adressée à la Commission. Dès sa réception, elle est publiée au *JOUE* avec la mention qu'elle est susceptible de bénéficier d'une procédure simplifiée. Elle pourra alors être déclarée compatible avec le marché commun dans un délai d'un mois. Mais la Commission peut toujours revenir à la procédure normale.

Compléments pédagogiques

Mémo

Les opérations de concentrations (fusion, prise de contrôle, entreprise commune, etc.) entre entreprises sont susceptibles de renforcer des positions dominantes de nature à porter atteinte au jeu de la concurrence sur le marché commun. *La Communauté s'est dotée en 1989 d'un premier règlement spécifique en la matière, remplacé depuis par le règlement CE n° 139/2004, entré en application le 1er mai 2004* et appelé, probablement, à évoluer. Un mouvement proche peut être relevé en droit interne avec la loi de modernisation de l'économie de 2008. Le règlement envisage différentes formes de concentrations. *L'idée centrale est celle de la prise de contrôle qui conduit à une modification des structures ; la prise de contrôle se définissant par rapport au fait d'exercer une influence déterminante sur l'activité d'une entreprise.* Mais encore convient-il que pour que le règlement s'applique, cette prise de contrôle présente *une dimension européenne*. Cette dimension *s'analyse comme le critère de répartition des compétences entre autorités nationales et autorité européenne. Le règlement a fait le choix d'édicter des seuils de chiffre d'affaires comme critères.* Ces seuils supposent, d'une part, de bien identifier les entreprises concernées ; ils répondent, d'autre part, à un mode de calcul précis. Cependant ils ne sont pas absolus et conduisent le règlement à connaître des dérogations : certaines concentrations de dimension européenne peuvent être renvoyées à l'examen des autorités nationales (on parle de clause allemande) ; certaines concentrations qui n'atteignent pas la dimension européenne peuvent être tout de même traitées par la Commission (on parle de clause hollandaise). Le règlement n° 139/2004 procède à une refonte de cette question au profit d'un mécanisme complexe de renvoi. Mais il faut immédiatement préciser que toute concentration de dimension européenne n'est pas en elle-même incompatible avec le traité. Encore convient-il qu'elle conduise à une entrave sensible du jeu de la concurrence sur le marché commun ou une partie significative de celui-ci. Si tel est le cas, l'opération est purement et simplement interdite et ne peut faire l'objet d'aucun rachat, contrairement à ce qui peut exister en matière d'entente. Cette interdiction absolue conduit les entreprises concernées, si elles souhaitent pouvoir mener à bien leur concentration, à devoir accepter des engagements de nature à éviter la restriction sensible de concurrence. *L'appréciation et la décision de compatibilité des concentrations supposent alors le respect d'une procédure qui passe par une notification préalable et obligatoire de leur projet, ayant un effet suspensif.* Cette procédure se décline selon deux propositions (procédure normale et procédure simplifiée) et suppose le respect de délais brefs. Les droits des entreprises sont garantis dans des conditions identiques à celles énoncées en matière de contrôle des ententes et des abus de position dominante.

Quid

■ Clause allemande n° 373

Mécanisme instauré par le règlement concentration qui permet de transférer dans certaines conditions l'appréciation d'une opération de dimension européenne aux autorités compétentes des États membres.

■ Clause hollandaise n° 373

Mécanisme instauré par le règlement concentration qui permet dans certaines conditions de faire traiter une opération qui n'a pas une dimension européenne par la Commission européenne.

■ Engagements n° 376

Appelés aussi « mesures correctives », ces engagements (par ex., cession d'actifs ou de participations) sont pris par les entreprises concernées afin d'obtenir l'autorisation de l'opération de concentration par la Commission.

■ Entreprise commune n° 367

Entreprise issue d'une opération de concentration qui présente les caractéristiques traditionnelles d'une entreprise et opère sur le marché en y accomplissant les fonctions qui sont normalement exercées par les autres entreprises présentes.

■ Entreprises concernées n° 372

Ce sont les entreprises actrices de l'opération de concentration en cause, c'est-à-dire celles qui participent directement à l'opération de fusion ou de prise de contrôle.

■ Formulaire CO n° 383

Formulaire permettant de notifier une opération de concentration à la Commission. Il peut être détaillé (procédure normale) ou non (procédure simplifiée).

■ Restrictions accessoires n° 367

Restrictions (clause de non-concurrence ou licence de brevet) imposées aux entreprises qui créent une entreprise commune et qui relèvent de l'examen de l'opération de concentration.

■ Seuils n° 371

Les seuils, calculés en fonction du chiffre d'affaires des entreprises concernées, constituent les critères déterminant la compétence de la Commission pour connaître de la notification d'une opération de concentration.

Documents

Document de travail des services de la Commission accompagnant le rapport de la Commission sur la politique de concurrence 2008 (SEC[2009]1004 final, 23 juillet 2009) (Extraits)

[...] 2. APPLICATION DES RÈGLES DE CONTRÔLE DES CONCENTRATIONS

63. Le nombre de notifications de concentrations s'est maintenu à un niveau record en 2008, avec un total de 347 opérations notifiées à la Commission. Bien que ce chiffre soit inférieur au chiffre record enregistré l'année précédente, il reste le troisième le plus haut enregistré à ce jour.

64. Au total, la Commission a adopté 340 décisions finales au cours de l'année, dont 307 opérations autorisées sans conditions au cours de la première phase, 118 opérations autorisées sans conditions dans le cadre de la procédure normale et 189 autorisées en vertu de la procédure simplifiée. Une autorisation conditionnelle a été accordée dans 19 cas au cours de la première phase.

65. La Commission a ouvert 10 procédures de seconde phase au cours de l'année. Il y a eu une augmentation notable du nombre de décisions adoptées en application de l'article 8 (soit 14 décisions, ou 4 % de l'ensemble des notifications, contre 2,5 % l'année précédente) et du nombre de retraits opérés au cours de la première phase (10, soit 2,9 % en 2008, contre 1,2 % en 2007) et de la seconde phase (3, soit 0,9 % en 2008, contre 0,7 % en 2007). Aucune décision d'interdiction n'a été prise cette année. En règle générale, la proportion des concentrations notifiées résultant soit en une interdiction soit en un retrait en 2008 n'avait rien d'inhabituel, comme l'indique le tableau ci-dessous.

Tableau 1 – Interdictions et retraits au cours de la seconde phase, 1998-2008

	Notifications	Interdictions	Retraits en 2de phase	Risques réglementaires
1999	276	1	5	2,2 %
2000	330	2	5	2,1 %
2001	335	5	4	2,7 %
2002	277	0	1	0,4 %
2003	211	0	0	0,0 %
2004	247	1	2	1,2 %
2005	313	0	3	1,0 %
2006	356	0	2	0,6 %
2007	402	1	2	0,7 %
2008	347	0	3	0,9 %
Total	3094	10	27	1,2 %

Communiqué de presse de la Commission du 13 décembre 2002 à propos d'une mise en œuvre de la « clause allemande ».

IP/02/1881

Bruxelles, le 13 décembre 2002

La Commission renvoie en France, Espagne et Portugal l'examen au niveau local du rachat de Brico par Leroy Merlin et autorise pour le reste de l'UE.

La Commission européenne a décidé de renvoyer aux autorités de la concurrence en France, Espagne et Portugal l'analyse de l'impact sur leurs marchés de l'acquisition de centres de bricolage Brico par Leroy Merlin. La Commission a considéré que l'opération ne posait pas de problèmes de concurrence dans le reste de l'Union européenne et que les trois autorités nationales étaient mieux placées pour évaluer l'impact sur la distribution d'articles de bricolage dans leurs pays. C'est la première fois que la Commission renvoie, à leur demande, une concentration à plus de deux États membres ce qui s'explique par le caractère purement local des problèmes posés. Ceci ne contredit nullement la proposition de la Commission, contenue dans la proposition de modification du Règlement Fusion adoptée cette semaine, de rendre le processus de renvoi de et vers la Commission plus flexible.

Le 30 octobre 2002, la Commission a reçu notification d'un projet selon lequel l'entreprise Leroy Merlin se propose d'acquérir le contrôle de Brico France, Brico Espagne et Brico Portugal. Leroy Merlin, une société de droit français contrôlée par la famille Mulliez qui contrôle aussi Auchan, est également présent en France et en Espagne, et bientôt au Portugal. Toutes deux sont essentiellement actives dans le secteur de la vente au détail d'articles de bricolage et de décoration ou amélioration de l'habitat.

Le rachat de Brico par Leroy Merlin produira ses effets exclusivement sur les marchés français, espagnol et portugais. Brico est connu en France sous l'enseigne « Obi » et en Espagne et au Portugal, sous l'enseigne « Aki ».

En France, le nouveau groupe sera le leader du marché de la distribution d'articles de bricolage par les grandes surfaces spécialisées, devant Castorama.

En Espagne, Brico et Leroy Merlin réalisent à elles seules la quasi-totalité des ventes réalisées dans la distribution d'articles de bricolage par les grandes surfaces spécialisées.

Au Portugal, Leroy Merlin n'est pas encore présente mais a obtenu des autorisations d'ouvertures de magasins des autorités publiques compétentes. Brico est quant à lui le premier distributeur d'articles de bricolage, décoration et jardinage du pays.

Les informations réunies par la Commission font ressortir des fortes positions de Leroy Merlin et Brico sur certains marchés locaux de ces trois pays. Suivant sa pratique dans ces cas, la Commission a renvoyé, à leur demande, l'analyse de ces marchés aux autorités françaises, espagnoles et portugaises.

La Commission a aussi examiné l'impact de l'opération en ce qui concerne les marchés de l'approvisionnement en amont, mais a constaté que la position sur le marché du nouveau groupe n'aboutirait pas à la création ou au renforcement d'une position dominante.

L'article 9 du Règlement Fusions de 1989, autorise un ou plusieurs État membres à demander à la Commission le renvoi d'une opération sur laquelle la Commission a compétence exclusive lorsqu'ils considèrent que l'opération menace de créer ou de renforcer une position dominante sur leur propre marché.

Considérants relatifs au mécanisme de renvoi du règlement (CE) n° 139/2004 (Extraits) (*JOUE* L 24 du 29 janv. 2004)

⇨ *À compléter par la lecture de la Communication de la Commission sur le renvoi des affaires en matière de concentrations (JOUE C 56 du 5 mars 2005).*

(...) 11. Les règles régissant le renvoi des concentrations de la Commission aux États membres et des États membres à la Commission devraient constituer un mécanisme correcteur efficace à la lumière du principe de subsidiarité. Ces règles protègent de façon idoine les intérêts des États membres quant à la concurrence et prennent en considération le besoin de sécurité juridique et le principe du guichet unique.

12. Les concentrations peuvent remplir les conditions déterminant leur examen dans le cadre de plusieurs systèmes de contrôle des concentrations nationaux si elles n'atteignent pas les seuils de chiffres d'affaires visés au présent règlement. Les notifications multiples d'une même transaction augmentent l'insécurité juridique, les efforts et les coûts pour les entreprises et peuvent conduire à des appréciations contradictoires. Le système qui permet le renvoi des concentrations à la Commission par les États membres concernés devrait par conséquent être davantage développé.

13. Il convient que la Commission agisse en liaison étroite et constante avec les autorités compétentes des États membres dont elle recueille les observations et informations.

14. La Commission et les autorités compétentes des États membres devraient former ensemble un réseau d'autorités publiques utilisant leurs compétences respectives en étroite coopération à l'aide de mécanismes efficaces d'échange d'informations et de consultation, en vue de garantir qu'une affaire est traitée par l'autorité la plus appropriée, à la lumière du principe de subsidiarité et de manière à garantir que des notifications multiples d'une concentration donnée sont évitées dans toute la mesure du possible. Les renvois de concentrations de la Commission aux États membres et des États membres à la Commission devraient être effectués avec efficacité et de manière à éviter, dans toute la mesure du possible, les cas de renvoi d'une concentration à la fois avant et après sa notification.

15. La Commission devrait pouvoir renvoyer à un État membre les concentrations notifiées de dimension communautaire qui menacent d'affecter de manière significative la concurrence sur un marché à l'intérieur de cet État membre qui présente toutes les caractéristiques d'un marché distinct. Si la concentration affecte la concurrence sur un tel marché, qui ne constitue pas une partie substantielle du marché commun, la Commission devrait être tenue, sur demande, de renvoyer l'ensemble ou une partie de l'affaire à l'État membre en question. Un État membre devrait pouvoir renvoyer à la Commission une concentration qui n'a pas de dimension communautaire mais qui a des effets sur les échanges entre États membres et menace d'affecter de manière significative la concurrence sur son territoire. Les autres États membres également compétents pour examiner la concentration devraient pouvoir se joindre à la demande. Dans ce cas, afin d'assurer l'efficacité et la prévisibilité du système, il convient de suspendre les délais nationaux jusqu'à ce qu'une décision ait été prise quant au renvoi de l'affaire. La Commission devrait avoir le pouvoir d'examiner et de traiter une opération de concentration au nom d'un ou plusieurs États membres requérants.

16. Les entreprises concernées devraient avoir la possibilité de demander le renvoi d'une concentration à ou par la Commission avant sa notification, afin d'améliorer encore l'efficacité du système de contrôle des concentrations dans la Communauté. En pareil cas, la Commission et les autorités nationales de concurrence devraient décider dans des délais brefs et clairement définis si un renvoi à ou par la Commission devrait être effectué, ce qui garantirait l'efficacité du système. À la demande des entreprises concernées, la Commission devrait pouvoir renvoyer à un État membre une concentration de dimension communautaire susceptible d'affecter de manière significative la concurrence sur un marché à l'intérieur de cet État membre qui présente toutes les caractéristiques d'un marché distinct ; les entreprises concernées ne devraient toutefois pas être tenues d'apporter la preuve que les effets de la concentration seraient néfastes à la concurrence. La Commission ne doit pas renvoyer une concentration à un État membre ayant exprimé son désaccord sur ce renvoi. Avant la notification aux autorités nationales, les entreprises concernées devraient également pouvoir demander qu'une concentration dépourvue de dimension communautaire susceptible d'être examinée en vertu du droit national de la

concurrence d'au moins trois États membres soit renvoyée à la Commission. Ces demandes de renvois préalables à la notification seraient particulièrement pertinentes dans des situations dans lesquelles la concentration aurait sur la concurrence des effets s'étendant au-delà des limites territoriales d'un État membre. Lorsqu'une concentration susceptible d'être examinée en vertu du droit de la concurrence d'au moins trois États membres est renvoyée à la Commission avant toute notification au niveau national et qu'aucun État membre compétent pour examiner l'affaire n'exprime son désaccord, la Commission devrait disposer d'une compétence exclusive pour examiner la concentration, et celle-ci devrait être réputée de dimension communautaire. Les États membres ne devraient toutefois pas effectuer de renvois à la Commission préalablement à la notification si au moins un État membre compétent pour examiner l'affaire a exprimé son désaccord sur ce renvoi. (...)

Biblio

– P. Ahrel, « Le nouveau règlement "concentration" européen », *JCP* E 2004. 246.
– D. Berlin, *Le contrôle communautaire des concentrations*, Pedone, 1992.
– F. Brunet, « Le nouveau contrôle communautaire des concentrations », *in* F. Brunet et G. Canivet (dir.), *Le nouveau droit communautaire de la concurrence*, LGDJ, 2008, p. 519.
– N. Charbit, Ph. Corruble, « Négocier avec la task force concentration », *RAE* 1997. 496.
– Ph. Corruble, « Dix ans d'application du règlement concentration par la Commission européenne (une analyse juridique des statistiques) », *Gaz. Pal.* 30-31 mai 2001.
– N. Fontaine, « La procédure d'examen des concentrations de dimension communautaire, entre franc succès et nécessaire réforme », *Dr. et patr.* nov. 2000, p. 26 s.
– O. Guersent, Ch. Winckler, « La nouvelle réglementation des concentrations en droit communautaire : une évolution sous le signe du pragmatisme », *Revue Lamy de la concurrence* 1/2004, p. 12.
– L. Idot, « Une innovation surprenante : l'introduction de l'arbitrage dans le contrôle communautaire des concentrations », *Rev. Arb.* 2000. 591.
– L. Idot, Ch. Momège, « Le rôle clef des engagements en matière de contrôle des concentrations. Réflexions sur l'évolution de la pratique », *Lamy Droit des aff.*, supp. n° 1, 2001.
– Ph. Laurent, « La place réservée aux représentants du personnel dans le contrôle communautaire des concentrations », *CCC* nov. 1995.
– S. Poillot-Perruzetto, « Concentrations », *Rép. Communautaire*.
– K. Van Miert, « L'évolution du contrôle communautaire des concentrations », *Cah. dr. eur.* 1999. 513 s.
– V. Vialard, *Le critère d'appréciation substantielle des concentrations. Étude comparée des droits communautaire et américain*, Dalloz, coll. « Nouvelle Bibliothèque de Thèses », vol. 67, 2007.
– L. Vogel, « La réforme du contrôle communautaire des concentrations : le débat est lancé », *JCP* E 2002. 271.

Quiz

1) Sujet corrigé

Test de connaissances

Énoncé

Plusieurs réponses sont possibles.

1. Une opération de concentration vise l'hypothèse où :

a. Deux ou plusieurs entreprises, antérieurement indépendantes fusionnent.

b. Une ou plusieurs personnes détenant déjà le contrôle d'une entreprise ou une ou plusieurs entreprises acquièrent directement ou indirectement, que ce soit par prise de participation au capital ou achat d'éléments d'actif, contrat ou tout autre moyen, le contrôle de l'ensemble, ou de parties, d'une ou de plusieurs autres entreprises.

2. Le ministre chargé de l'Economie est compétent pour autoriser les concentrations :

a. Jamais.

b. Toujours.

c. Parfois, lorsqu'il a demandé à l'ADLC un examen approfondi de l'opération de concentration.

d. Parfois pour des motifs d'intérêt général autres que le maintien de la concurrence et le cas échéant compensant l'atteinte portée à cette dernière par l'opération (le développement industriel, la compétitivité des entreprises en cause au regard de la concurrence internationale ou la création ou le maintien de l'emploi).

3. Le seuil de chiffre d'affaires :

a. Permet de savoir s'il faut ou non notifier une opération de concentration.

b. Permet de savoir si une opération de concentration est de niveau interne ou de niveau européen.

c. Permet de calculer les parts de marché, critère de contrôle de l'opération de concentration.

d. est sans intérêt car c'est la marge brute qui doit être examinée.

4. Une opération de concentration :

a. peut être interdite.

b. peut être autorisée.

c. peut être autorisée avec engagements.

5. Si une opération de concentration a été réalisée sans avoir été notifiée :

a. L'Autorité de la concurrence enjoint sous astreinte aux parties de notifier l'opération, sauf à revenir à l'état antérieur de la concentration.

b. L'Autorité de la concurrence peut infliger aux personnes auxquelles incombait la charge de la notification une sanction pécuniaire dont le montant maximum s'élève pour les personnes morales à 5 % de leur chiffre d'affaires hors taxes réalisé en France lors du dernier exercice clos, augmenté.

Voir le corrigé en fin de rubrique.

2) Corrigé

Test de connaissances

1. a et b (Communication du 2 mars 1998 relative à la notion de concentration au sens du règlement n° 4064/89, *JOCE* C 66 du 2 mars 1998) ; **2.** c et d (C. com., L. 430-7-1-I et C. com., art. L. 430-7-1-II) ; **3.** a et b ; **4.** a, b, c ; **5.** a et b (C. com., L. 430-8°).

chapitre 10

Les aides d'État

Plan analytique

section 1

La notion d'aide d'État

§ 1 Les critères de l'aide d'État

§ 2 L'incompatibilité de l'aide d'État

§ 3 La compatibilité de l'aide d'État

A. Les aides compatibles

B. Les aides susceptibles d'être compatibles

section 2

Le contrôle des aides d'État

§ 1 La procédure de contrôle

§ 2 Les décisions

Les aides d'État

Le chapitre du TFUE relatif à la concurrence ne se limite pas aux règles applicables aux entreprises. Il évoque aussi les « aides accordées par les États ». On perçoit immédiatement que les auteurs du traité ont, dès l'origine, compris que le jeu de la concurrence pouvait être faussé non seulement par les comportements des entreprises mais encore par l'attitude des États, par l'intervention économique étatique. En octroyant une aide à tel ou tel opérateur économique (et non à tous), l'État porte atteinte à l'égalité de ces opérateurs sur le marché. Par ailleurs, la compétition économique est faussée en ce que les efforts du plus fort ne sont pas récompensés, en tout état de cause, mis à mal par le plus aidé... Mais, à l'inverse, le soutien de l'État peut être nécessaire pour permettre à de nouveaux opérateurs d'entrer sur le marché (logique des aides à la création d'entreprise) conduisant ainsi (au moins en théorie) à favoriser l'émergence d'une concurrence là où elle n'existait peut-être pas auparavant... C'est, de nouveau, toucher du doigt que la concurrence n'est qu'un moyen d'allocation des richesses et non une finalité en soi ; les aides d'État apparaissant alors comme l'expression d'une politique économique. Il n'en demeure pas moins que l'Union, comme d'ailleurs l'OMC à son niveau, a posé le principe de leur incompatibilité avec les objectifs du traité. 388

Les aides d'État sont abordées aux articles 107 à 109 du TFUE. Comme l'ont souligné tous les auteurs, il s'agit là des règles de droit commun des aides qui ne doivent pas faire oublier certains régimes spéciaux concernant des secteurs d'activités spécifiques. On étudiera successivement la notion d'aides d'État (section 1) et leur contrôle (section 2). 389

section 1

La notion d'aide d'État

Une nouvelle fois le traité ne définit pas la notion qu'il utilise. L'article 107 TFUE est assez vague qui se borne à désigner « les aides accordées par les États ou au moyen de ressources d'État sous quelque forme que ce soit, qui faussent ou qui menacent de fausser la concurrence en favorisant certaines entreprises ou certaines productions ». Tous au plus, laisse-t-il deviner que la notion est susceptible de recevoir une définition assez extensive. Et c'est la Commission, sous le contrôle de la CJUE, qui a progressivement forgé le sens de la notion d'aide d'État. En revanche, le traité apporte une précision essentielle quant au régime de ces aides. Ainsi, bien que la définition de l'aide d'État soit inexistante dans le traité (§ 1), il apparaît que celles-ci sont incompatibles avec le marché commun (§ 2) sauf dérogations aux termes desquelles l'aide est soit compatible, soit susceptible d'être considérée comme telle (§ 3). 390

§ 1 Les critères de l'aide d'État

391 La Cour de justice a proposé de voir dans les aides d'État « des avantages consentis par les autorités publiques qui, sous formes diverses, faussent ou menacent de fausser la concurrence et favorisent certaines entreprises ou certaines productions » (CJCE 2 juill. 1974, *Italie c. Commission*, aff. 173/73, *Rec. CJCE* 709) ce qui n'a qu'un intérêt limité puisqu'il s'agit – hormis l'expression « avantages » – d'une reprise pure et simple de l'article 87 § 1er du traité CEE de l'époque. On serait donc bien en peine de trouver une définition même jurisprudentielle. En revanche, tant la pratique décisionnelle de la Commission que la jurisprudence de la CJUE ont permis de mettre en avant certains critères : l'aide peut être le fait d'une action ou d'une abstention de l'État, elle est indépendante du fait de savoir si elle émane de l'État lui-même ou si elle est accordée au moyen de ressources d'État, elle peut être comprise par référence au standard de « l'investisseur privé ». Chacune de ces propositions doit être présentée.

392 Tout d'abord, la Cour a pu décider qu'une aide d'État peut procéder « non seulement de prestations positives telles que les subventions elles-mêmes, mais également des interventions qui, sous des formes diverses, allègent les charges qui normalement grèvent le budget d'une entreprise » (CJCE 23 févr. 1961, *Steenkolen mijnen*, *Rec. CJCE* 39). En d'autres termes, l'aide résulte tout autant d'une action que d'une abstention de l'État. Par exemple, des subventions constituent une hypothèse évidente d'aide d'État (TPICE 8 juin 1995, *Siemens SA*, aff. T-459/93, *Rec. CJCE* II-1679) mais aussi un apport en capital (Décis. n° 1988/454, *Renault*, 29 mars 1988, *JOCE* L 220 du 11 août 1988). Des dégrèvements fiscaux (CJCE 16 mai 2002, *ARAP c. Commission*, aff. C-321/99 P, *Rec. CJCE* I-4287), la réduction d'une part des cotisations patronales dans le secteur textile (CJCE 5 oct. 1999, *France c. Commission*, aff. C-251/97, *Rec. CJCE* I-6654) sont aussi des aides d'État. Ensuite, la notion d'aide d'État renvoie bien naturellement à l'expression « État » dont il apparaît qu'elle doit être prise dans un sens large. Par État, on envisage aussi bien l'administration centrale d'un État membre que ses démembrements territoriaux (régions et communes), les entreprises publiques voire tous les organismes privés ou publics qu'il crée pour gérer une aide. C'est ainsi que la Cour de justice a pu considérer que la fourniture d'une assistance logistique et commerciale par une entreprise publique – La Poste – à une de ses filiales de droit privé – Chronopost – pouvait constituer une aide d'État en raison du fait que la rémunération de la seconde versée à la première était inférieure à des conditions normales de marché (CJCE 11 juill. 1996, *SFEI*, aff. C-39/94, *Rec. CJCE* I-3577 ; CJCE 1er juill. 2008, *Chronopost SA*, C-341/06 P et C-342/06 P, *Rec. CJCE* I-4777). Ce qui est déterminant en toute hypothèse, c'est le transfert de ressources étatiques. Enfin, et l'arrêt *SFEI* permet de le comprendre, la Commission et la juridiction européenne ont eu recours à un standard comme indice de l'existence de l'aide d'État : « *l'investisseur privé en économie de marché* ». Face à la variété des situations, à l'ingéniosité développée par les États membres et à certaines hypothèses limites, les autorités européennes ont eu recours à cet indice économique pertinent. Il a été retenu dans le cas de l'apport en capital à une entreprise aux moyens de ressources d'État. Lorsque l'État – ou un de ses démembrements – investit dans une société, en a-t-il pour autant la contrepartie logiquement attendue, c'est-à-dire un retour sur investissement que traduit le versement de dividendes ? Partant de cette question, la Cour a consacré le

critère de l'investisseur privé en économie de marché, notamment dans un arrêt du 21 mars 1991 (CJCE 21 mars 1991, *Italie c. Commission*, aff. C-305/89, *Rec. CJCE* I-1603). Selon la CJCE, « en vue de déterminer si de telles mesures présentent le caractère d'aides étatiques, il y a lieu d'apprécier si, dans des circonstances similaires, un investisseur privé d'une taille qui puisse être comparée à celles des organismes gérant le secteur public, aurait pu être amené à procéder aux apports de capitaux de cette importance ». Et la Cour de souligner que s'il ne s'agit pas nécessairement du comportement « de l'investisseur ordinaire plaçant des capitaux en vue de leur rentabilisation à plus ou moins long terme, il doit, au moins, être celui d'un holding privé ou d'un groupe privé d'entreprises poursuivant une politique structurelle, globale ou sectorielle, et guidé par des perspectives de rentabilité à plus long terme ».

Ce critère assez systématiquement utilisé depuis semble bien un indice de l'existence de l'aide. Une précision d'importance a été apportée par la Cour dans une hypothèse qui suscitait bien des interrogations : le cas de financements publics apportés à un prestataire en contrepartie de l'exercice d'une mission de service public – pour reprendre la terminologie française. Elle offre, d'ailleurs, la démonstration *a contrario* de la pertinence du critère de l'investisseur privé. Alors que le tribunal avait pu considérer que le fait qu'un avantage soit destiné à compenser une charge de service public n'était pas de nature à exclure la qualification d'aide d'État, la Cour de justice a adopté une position contraire dans un important *Altmark* du 24 juillet 2003 (CJCE 24 juill. 2003, *Altmark*, aff. C-280/00, *Rec. CJCE* I-7747). Dans cet arrêt, la Cour juge qu'en principe les financements publics apportés à un prestataire en charge d'une mission de service public ne constituent pas des aides d'État à condition que l'entreprise bénéficiaire ait effectivement été chargée de l'exécution d'obligations de service public et que ces obligations aient clairement été définies, que les conditions de la compensation aient été préalablement établies de manière objective et transparente, que cette compensation soit strictement nécessaire, notamment au regard d'une entreprise moyenne, bien gérée... Dès lors, une fois l'existence de l'aide établie, encore convient-il qu'elle soit effectivement incompatible. 393

§ 2 L'incompatibilité de l'aide d'État

Pour que l'aide soit incompatible, il est nécessaire – comme on vient de le voir – qu'elle soit d'origine étatique mais aussi qu'elle affecte le commerce entre États membres et qu'elle ait un effet sur la concurrence. On retrouve là deux conditions traditionnelles déjà étudiées dans le volet des règles de concurrence applicables aux entreprises. Certaines particularités liées à la matière imposent d'en dire quelques mots. 394

L'affectation des échanges entre États membres n'appelle que peu d'observations en ce qu'elle ne soulève pas de difficultés. Même si les autorités européennes se livrent à une appréciation assez généreuse de cette condition, elles n'en rappellent pas moins sa nécessité. Ainsi, le tribunal a pu annuler une décision de la Commission ayant approuvé une aide accordée par l'État grec au motif que la DG Concurrence n'avait pas, au préalable, examiné l'incidence de cette aide sur les échanges entre États membres (TPICE 6 juill. 1995, *AITEC e.a.*, aff. T-447/93 à T-449/93, *Rec. CJCE* II-1971). L'effet sur la concurrence, c'est-à-dire que les aides « faussent ou [qui] menacent de 395 fausser la concurrence en favorisant certaines entreprises ou certaines productions », mérite davantage attention. Des hypothèses fort variées ont pu être identifiées au fil des décisions de la Commission : maintenir artificiellement une entreprise sur un marché, octroyer un avantage à une catégorie d'opérateurs économiques répondent à cette logique. Ce qui semble en jeu, c'est le fait qu'en aidant telle ou telle entreprise et non toutes les entreprises, le jeu normal de la compétition est faussé. La Cour de justice, comme en d'autres domaines, est assez réceptive à l'égard de la notion et se borne le plus souvent à censurer les décisions de la Commission lorsque cette dernière omet de les motiver en ce sens (CJCE 14 févr. 1990, *France c. Commission*, aff. C-301/87, *Rec. CJCE* I-307). Mais comme en d'autres branches du droit de la concurrence européen, la Commission a estimé que dans certaines hypothèses l'affectation du jeu de la concurrence pouvait être insuffisante. On retrouve alors l'idée de seuil de sensibilité du droit de la concurrence que traduit de jure le règlement n° 69/2001 du 12 janv. 2001 concernant l'application des articles 87 et 88 du traité CE aux aides *de minimis* (*JOCE* L 10 du 13 janv. 2001), remplacé depuis par le règlement (CE) n° 1998/2006 du 15 décembre 2006 concernant l'application des articles 87 et 88 du traité aux aides *de minimis* (*JOUE* L 379 du 28 déc. 2006). Il retient que l'article 107 § 1er TFUE n'est pas applicable à des aides d'un montant inférieur à 100 000 euros versées sur une période de trois ans pour une même entreprise. Si la notification n'est pas nécessaire, en revanche le règlement énonce différentes obligations pour l'État et l'entreprise concernée qui sont essentiellement relatives à l'information afin d'assurer une transparence et un suivi dans le versement de ces aides.

§ 3 La compatibilité de l'aide d'État

396 L'article 107 TFUE retient que les aides d'État, soit sont compatibles, soit peuvent être considérées comme compatibles dans des hypothèses différentes qu'il énumère. En d'autres termes, et selon des modalités particulières qu'il convient d'étudier, il est nécessaire de distinguer les *aides compatibles*[Q] (A) et les *aides susceptibles d'être compatibles*[Q] (B).

A. Les aides compatibles

397 L'article 107 § 2 TFUE retient trois catégories d'aides qui sont compatibles de plein droit avec le traité. Tout d'abord, sont visées les aides à caractère social octroyées aux consommateurs individuels à condition qu'elles soient accordées sans discrimination liée à l'origine des produits. Ensuite, sont envisagées les aides destinées à remédier aux dommages causés par les calamités naturelles ou par d'autres événements extraordinaires. Ainsi, a été validé l'octroi d'aides au secteur aérien à la suite des événements du 11 septembre 2001 (compensation liée à la fermeture de l'espace aérien ou prise en charge par l'État des surprimes d'assurance, TPICE 25 juin 2008, *Olympiaki Aeroporia Ypiresies*, aff. T-268/06, *Rec. CJCE* II-1091). Enfin, sont prévues les aides accordées à certaines régions allemandes du fait de la division initiale de ce pays. D'un intérêt aujourd'hui historique, cette hypothèse n'en a pas moins permis au tribunal de rappeler que ces cas de compatibilité de plein droit supposent une interprétation stricte. Par exemple, les retards économiques des Länder concernés par la réunification

n'en relèvent pas (TPICE 15 déc. 1999, *Freistaat Sachsen e.a.*, aff. T-132/96 et T-143/96, *Rec. CJCE* II-3670).

B. Les aides susceptibles d'être compatibles

Le paragraphe 3 de l'article 107 envisage deux types différents d'aides susceptibles d'être considérées comme compatibles avec le marché commun. D'une part, quatre séries d'aides sont expressément évoquées par le traité : aides régionales, aides sectorielles, aides présentant un intérêt européen, aides dans le secteur culturel. D'autre part, le traité reconnaît au Conseil la possibilité de prévoir des « catégories d'aides ». On parle alors d'aides visées par des exemptions catégorielles. Dans la première hypothèse, la Commission va donc devoir apprécier la compatibilité de l'aide avec les objectifs du traité au travers d'une notification. Et comme la Cour de justice l'a affirmé, cette opération relève « d'un pouvoir discrétionnaire dont l'exercice implique des appréciations d'ordre économique et social qui doivent être effectuées dans un contexte communautaire » (CJCE 17 sept. 1980, *Philip Morris*, aff. 730/79, *Rec. CJCE* 2671). Dans la seconde hypothèse, et à l'inverse, la notification est inutile car procédant d'une exemption catégorielle : dès lors que l'aide se conforme aux prévisions du règlement d'exemption, elle est considérée comme compatible avec le marché commun. 398

Les quatre catégories d'aides énumérées par les articles 107 § 3 a) à 107 § 3 d) procèdent d'une même logique malgré leur diversité évidente : certaines aides dictées par des objectifs particuliers (développement régional, perturbation économique, promotion de la culture, etc.) peuvent être déclarées compatibles sous réserve de respecter des exigences qui tiennent essentiellement à ce qu'elles n'altèrent pas les échanges et la concurrence « dans une mesure contraire à l'intérêt commun ». Sans entrer dans le détail de chacune de ces catégories, on peut relever que trois axes essentiels se dégagent : bilan concurrentiel, transparence et caractère temporaire. En d'autres termes une aide peut être déclarée compatible avec le marché commun si elle satisfait cumulativement à ces conditions. On prendra l'exemple des aides sectorielles visées par l'article 107 § 3 c) TFUE. On sait que l'Union a élaboré une politique commune des transports et, notamment, du transport aérien dont l'objet est une libéralisation progressive de ce mode de transport. Traditionnellement, le secteur est largement tributaire d'aides de la part de l'État. La Commission a décidé d'accompagner la restructuration de ce secteur en surveillant étroitement le versement de ces sommes aux entreprises qui, le plus souvent, appartiennent en partie à l'État. Tel est par exemple le cas d'Air France. Plusieurs décisions de la Commission autorisant le versement par l'État français d'une somme de 20 milliards de francs (plus de 3 milliards d'euros) ont été prononcées et ont donné lieu à un abondant contentieux. En effet, les principaux concurrents de la société (qu'ils soient français ou autres) ont contesté les analyses de la Commission estimant cette aide compatible avec le marché commun mais aussi que les conditions édictées pour l'autorisation n'étaient pas respectées (TPICE 25 juin 1998, *British Airways Plc e.a.*, aff. T-371/94 et T-394/94, *Rec. CJCE* II-2412). Finalement, par une décision de 1997, la Commission a considéré que les engagements pris par les autorités françaises avaient été respectés et que, par cette aide temporaire bien que massive, l'entreprise présentait désormais une viabilité incontestable qui devait conduire à sa privatisation dans les meilleures conditions, ce qui est depuis peu à l'ordre du jour (*JOCE* C 374 du 10 déc. 1997). Par 399 une première série de lignes directrices du 19 septembre 1997 pour les aides d'État au sauvetage et à la restructuration des entreprises en difficulté (*JOCE* C 283 du 19 sept. 1997), la Commission a précisé un certain nombre de choix politiques en la matière en insistant notamment sur la distinction qu'il convenait d'opérer entre les aides dites de sauvetage et les aides à la restructuration, ces dernières reposant sur un plan réaliste, cohérent et de grande envergure, visant à restaurer la viabilité à long terme de l'entreprise. Mais les unes et les autres doivent être exceptionnelles et respecter des conditions de délais draconiennes : exclusivement des aides de trésorerie sous forme de garantie de crédits dans un but d'exploitation de l'entreprise pour les aides de sauvetage ; toute forme d'aides dans la mesure où elle n'atteint pas aux intérêts de l'Union et conduit à un retour effectif à la viabilité dans un délai raisonnable. D'autres lignes directrices ont suivi en la matière (*JOUE* C 244 du 1er oct. 2004), qui affinent la logique initialement esquissée en apportant des précisions (par ex., en affirmant une sévérité accrue à l'égard d'entreprises prétendant bénéficier d'aides au sauvetage ou à la restructuration qui n'auraient pas encore remboursé des aides illégales ou incompatibles).

400 Le Conseil n'a envisagé que tardivement l'hypothèse des aides catégorielles, c'est-à-dire les catégories d'aides dispensées de procédure de notification car exemptées de plein droit (à l'instar de l'exemption catégorielle étudiée en matière d'entente). L'article 109 TFUE (art. 89 TCE) lui donne se pouvoir et il n'a été mis en œuvre qu'à partir de 1998 avec le règlement n° 994/98 du 7 mai 1998 sur l'application des articles 92 et 93 [désormais art. 87 et 88] du traité instituant la Communauté européenne à certaines catégories d'aides d'État horizontales (*JOCE* L 142 du 14 mai 1998). En application de ce règlement, la Commission a adopté différents règlements d'exemption qui ne doivent pas être confondus avec les exemptions du Conseil qui procèdent directement de l'article 107 § 3 e) TFUE dont un exemple est le règlement n° 1540/98 du 29 juin 1998 relatif aux aides à la construction navale (*JOCE* L 202 du 18 juill. 1998). Différents règlements de la Commission peuvent être signalés qui succèdent à des lignes directrices dans les secteurs concernés : le règlement n° 68/2001 du 12 janvier 2001 concernant l'application des articles 87 et 88 du traité CE aux aides d'État à la formation, le règlement n° 69/2001 du 12 janvier 2001 concernant l'application des articles 87 et 88 du traité CE aux aides *de minimis*, le règlement n° 70/2001 du 12 janvier 2001 concernant l'application des articles 87 et 88 du traité CE aux aides d'État en faveur des petites et moyennes entreprises (tous publiés au *JOCE* L 10 du 13 janvier 2001), le règlement n° 2204/2002 du 5 décembre 2002 concernant l'application des articles 87 et 88 du traité CE aux aides d'État à l'emploi (*JOCE* L 337 du 13 déc. 2002 et rectificatif *JOCE* L 349 du 24 déc. 2002) et le règlement n° 1595/2004 du 8 septembre 2004 concernant l'application des articles 87 et 88 du traité CE aux aides d'État accordées aux petites et moyennes entreprises actives dans la production, la transformation et la commercialisation de produits de la pêche (*JOUE* L 291 du 8 sept. 2004). Par ailleurs plusieurs communications et autres lignes directrices viennent compléter ce dispositif (pour un exemple, la communication concernant l'assurance-crédit à l'exportation, *JOCE* C 217 du 2 sept. 2001). Les différents règlements, pour ne s'attacher qu'à eux, procèdent d'une même architecture et définissent les conditions dans lesquelles une aide d'État est dispensée de l'obligation de notification. On illustrera le propos avec le règlement du 5 décembre 2002 relatif aux aides d'État à l'emploi. Est, tout d'abord, défini le champ d'application du règlement. Sont concernées les « aides à la création d'emplois, à l'embauche de travailleurs défavorisés et handicapés ou qui prévoient des aides pour couvrir le surcoût lié à l'emploi de travailleurs handicapés » dans tous les secteurs à l'exception de l'industrie charbonnière, la construction navale et des aides à la création d'emplois accordées dans le secteur des transports (art. 1er). Ensuite, dès lors que les régimes d'aides remplissent l'ensemble des conditions fixées dans le règlement, ils sont compatibles avec le marché commun au sens de l'article 107 § 3 TFUE et sont exemptés de l'obligation de notification préalable prévue à l'article 108 § 3 CE dans la mesure où ces régimes renvoient expressément au règlement en citant son titre et sa référence de publication au *JOUE* (art. 3). C'est-à-dire que l'État qui souhaite verser une aide doit tout de même en informer la Commission. Enfin, le règlement décline chacune des hypothèses. Par exemple, une aide ayant pour objet de compenser le surcoût lié à l'emploi de travailleurs handicapés est dispensée de notification si elle n'excède pas le montant nécessaire pour compenser toute baisse de productivité résultant des handicaps du ou des travailleurs ainsi que l'ensemble des coûts liés à l'adaptation des locaux, à l'adaptation des équipements existants ou à l'acquisition de nouveaux équipements afin qu'ils puissent être utilisés par ces travailleurs handicapés (art. 6). Le règlement envisage les hypothèses où les aides à l'emploi continuent de relever de la notification préalable à la Commission : aides visant un secteur particulier, aide à une entreprise excédant un montant d'aide brut de 15 millions d'euros pendant une période de trois ans… (art. 9). La matière a connu récemment des modifications importantes avec l'adoption du règlement (CE) n° 800/2008 de la Commission du 6 août 2008 déclarant certaines catégories d'aide compatibles avec le marché commun en application des articles 87 et 88 du traité – Règlement général d'exemption par catégorie – (*JOUE* L 214 du 9 août 2008). Se substituant à plusieurs règlements antérieurs, ce texte se propose d'« exempter toute aide qui remplit toutes les conditions qu'il prévoit ainsi que tout régime d'aide, pour autant que toute aide individuelle susceptible d'être accordée en application de ce régime remplisse toutes lesdites conditions » (considérant 5 du règlement précité).

section 2

Le contrôle des aides d'État

L'article 108 TFUE consacre le contrôle de la Commission sur les aides existantes et sur les projets d'aides. Les États membres, la Cour de justice y sont aussi associés. Ce texte complexe a longtemps été laissé à l'imagination de la Commission et de la Cour de justice qui, au fil des décisions et des arrêts, ont dessiné les contours du contrôle communautaire des aides d'État. Il a, en fait, fallu attendre 1999 pour que soit adopté un règlement portant, à l'époque, modalité d'application de l'article 88 CE (désormais art. 108 TFUE). Ainsi, ce règlement n° 659/1999 du 22 mars 1999 (*JOCE* L 83 du 27 mars 1999) entré en vigueur le 15 avril 1999 a organisé l'ensemble des procédures de contrôle des aides. Il a, depuis, été modifié en 2006 pour tenir compte de l'élargissement de l'Union (*JOUE* L 363 du 20 déc. 2006). Ce règlement a surtout été complété par le règlement d'application de la Commission du 21 avril 2004 (*JOUE* L 140 du 30 avr. 2004) modifié en dernier lieu par le règlement (CE) n° 271/2008 (*JOUE* L 82 du 25 mars 2008). Si l'apparition de ces différents règlements s'est traduite par une certaine 401 rigidité (l'ancien système étant inévitablement marqué par la souplesse), il a conduit à une nette clarification des choses et un gain indéniable en terme de sécurité juridique. On ne saurait – comme en matière de concentration – procéder à une étude très détaillée d'un texte complexe. On renverra à cet effet aux ouvrages spécifiques (v. ss rubrique « Biblio »). Il convient simplement de brosser à grands traits la procédure instituée (§ 1) puis de s'attacher aux décisions auxquelles elle peut conduire (§ 2) ; étant préalablement rappelé que l'article 107 TFUE n'est pas d'effet direct et ne peut pas être mis en œuvre par les autorités nationales (CJCE 22 mars 1977, *Ianelli Volpi*, aff. 74/76, *Rec. CJCE* 557). Pour autant, le bénéficiaire de l'aide ou un de ses concurrents pourront se prévaloir de la décision de la Commission. En ce sens il est essentiel de bien comprendre que si la Commission a le monopole de l'appréciation de la conformité d'une aide par rapport au marché commun, le juge national peut tirer un certain nombre de conséquences de cette conformité (ou non-conformité).

§ 1 La procédure de contrôle

402 Le règlement distingue très nettement deux types d'aides qu'il soumet à des procédures différentes : d'une part, les aides nouvelles, d'autre part, les aides existantes. Au-delà des définitions respectives des unes et des autres, il doit être immédiatement mentionné que toute aide ne saurait échapper au contrôle de la Commission. Ce contrôle n'est cependant pas le même, du moins présente un degré différent. Surtout, il diffère en ce que – et cela tombe sous le sens – seules les aides nouvelles doivent être notifiées alors que les aides existantes sont soumises à un régime de renseignements par les États membres. Mais la « barrière » n'est pas totalement étanche, comme on le verra.

403 Les *aides nouvelles*[Q] sont soumises à un régime sévère. Sauf dérogations par voie de règlement d'exemption, tout projet d'aide est notifié à la Commission en tant utile par l'État membre concerné. S'ensuit un examen préliminaire qui peut déboucher sur trois hypothèses. Si le projet ne relève pas de la qualification d'aide ou s'il ne soulève aucune objection (c'est-à-dire qu'il renvoie à une des hypothèses de dérogation du traité), la procédure est terminée. Un délai maximum d'examen de deux mois à compter de la notification est prévu pour cette phase préliminaire (art. 4 § 5 du règlement). À l'échéance du délai, et en l'absence éventuelle de décision, le projet d'aide est réputé autorisé et peut être mis à exécution sauf à souligner que la Commission possède un délai de repentir de quinze jours supplémentaires qu'il convient de ne pas oublier. Si, en revanche la Commission estime que le projet d'aide suscite des doutes quant à sa compatibilité avec le marché commun, il s'ouvre une procédure formelle d'examen. Cette dernière s'ouvre par la communication d'une décision d'ouverture qui « récapitule les éléments pertinents de fait et de droit [...] une évaluation préliminaire de la Commission [...] les raisons qui incitent à douter de sa [le projet] compatibilité avec le marché commun » (art. 6 § 1). Cette décision est publiée au *JOUE* et permet à toute partie intéressée de faire valoir ses observations. Le déroulement proprement dit de cette phase formelle n'appelle que peu d'observations tant il est fortement inspiré de la phase administrative du règlement n° 17/1962 (v. ss 318) ou de la phase II du règlement concentration (v. ss 385). Les mêmes remarques quant à la durée (en l'espèce 18 mois), aux auditions, vérifications et garanties des droits des entreprises (notamment des concurrentes) pourraient être formulées. Tout au plus doit-on

souligner que le Conseil peut intervenir, ce qui est une originalité. La phase formelle débouchera sur une décision de la Commission qui peut soit être positive, soit être négative, soit encore être conditionnelle (sur les décisions, v. ss 406).

Il faut réserver une hypothèse particulière en matière d'aides nouvelles qui est celle des *aides illégales*[Q], c'est-à-dire lorsque ces dernières ont été mises à exécution en l'absence de notification. Lorsque la Commission dispose d'informations concernant une telle aide et quelle qu'en soit la source, elle examine ces informations sans délai (art. 10 § 1). Dans ce contexte, elle peut demander à l'État membre concerné – y compris par décision – de lui fournir tout renseignement dans un délai fixé. Elle peut, surtout, lui enjoindre de suspendre le versement de toute aide illégale ou d'en récupérer provisoirement le montant. S'ouvre ensuite la procédure normale telle qu'elle a été exposée ci-dessus et qui conduira à une décision. 404

Les *aides existantes*[Q] sont définies par le règlement comme les aides existantes à la date d'adhésion des nouveaux États membres, des aides autorisées (ou réputées autorisées) par la Commission. Pour ces aides, la Commission obtient des États membres tous renseignements nécessaires (art. 17 § 1). Par ailleurs, comme en dispose l'article 21 § 1 du règlement, chaque État à l'obligation de communiquer des rapports annuels sur tous les régimes d'aides existants. Si, à la suite de ces informations, « la Commission estime qu'un régime d'aides existant n'est pas, ou n'est plus, compatible avec le marché commun, elle informe l'État membre concerné [...] et l'invite à présenter ses observations dans le délai d'un mois » (art. 17 § 2). Elle peut ensuite lui adresser une recommandation proposant l'adoption de mesures utiles tenant à la modification du régime voire à sa suppression. Si l'État refuse cette recommandation, s'ouvre alors la procédure formelle telle qu'exposée précédemment et aboutissant aux décisions prévues par l'article 7 § 1 du règlement que l'on va maintenant envisager. 405

§ 2 Les décisions

La procédure de contrôle peut conduire la Commission à prendre trois types de décisions qui sont, toutes, d'ailleurs susceptibles d'un recours en annulation. Selon l'article 7 § 2, la décision peut constater que la mesure n'est pas une aide. Selon l'article 7 § 3, la Commission peut prononcer une « *décision positive*[Q] » selon laquelle elle constate que l'aide est compatible avec le marché commun. Selon l'article 7 § 5, la Commission peut prononcer une « *décision négative*[Q] » selon laquelle la mesure est incompatible. Enfin, et à mi-chemin, l'article 7 § 4 envisage la « *décision conditionnelle*[Q] » qui est une décision positive assortie de conditions et engagement de nature à assurer la compatibilité. Ces décisions doivent logiquement être motivées, notifiées à l'État concerné ainsi qu'aux entreprises bénéficiaires et sont publiées au *JOUE*. Il convient, enfin, de relever que le règlement contient un article 23 relatif au non-respect des dispositions. Cet article énonce que si l'État membre en cause ne se conforme pas à une décision conditionnelle ou négative, la Commission peut saisir la Cour. L'hypothèse est classique et renvoie au recours en manquement (v. ss 614) même s'il s'en distingue par l'absence d'avis motivé préalable. Deux observations complémentaires doivent alors être formulées. Dans plusieurs arrêts, la Cour de justice a précisé qu'un État membre ne saurait contester le contenu de la décision dans le cadre de ce recours en manquement alors qu'il n'a pas agi en annulation 406 contre la décision (CJCE 15 nov. 1983, *Commission c. France*, aff. 52/83, *Rec. CJCE* 3707). Par ailleurs, ce recours en manquement vise spécifiquement, comme en dispose l'article 23 § 1, l'hypothèse où un État membre ne procéderait pas à la récupération d'une aide illégale déclarée incompatible avec le marché commun.

■ 407 Cette dernière précision renvoie à un aspect très important qui se dédouble : le principe même de la récupération des aides d'État versées en violation des dispositions du traité et le rôle des autorités et juridictions nationales en ce domaine.

■ 408 Afin de renforcer le contrôle des aides d'État, en tout cas d'assurer une effectivité à ce volet de la concurrence, la Commission – avec l'aval de la Cour de justice – a progressivement décidé qu'elle pouvait procéder à la récupération des aides octroyées illégalement. Et l'on a vu que le règlement d'application de l'article 88 CE (108 TFUE) a consacré cette solution. C'est là la suite logique d'une communication du 24 novembre 1983 (*JOCE* C 318 du 24 nov. 1983) et d'une jurisprudence assez fournie. La Cour a ainsi considéré que le fait que la récupération de l'aide versée soit rendue impossible par le redressement judiciaire de l'entreprise bénéficiaire ou que le bénéficiaire soit de bonne foi est sans incidence (CJCE 14 sept. 1994, *Espagne c. Commission*, aff. C-42/93, *Rec. CJCE* I-4187). Plus généralement, la Cour a strictement interprété cette obligation. À l'occasion d'un recours en manquement engagé contre la France – à propos d'un contentieux nourri relatif à la Lainière de Roubaix – (CJCE 22 mars 2001, *Commission c. France*, aff. C-17/99, *Rec. CJCE* I-2516), la CJCE a estimé que l'obligation de récupérer une aide illégale incompatible avec le marché commun cédait exclusivement si la décision était elle-même affectée de vices particulièrement graves ou si existait une impossibilité absolue d'exécuter correctement la décision. Par ailleurs, la Cour a insisté sur le fait que si la récupération des aides se réalise selon la procédure nationale, cette dernière ne doit pas être mise en œuvre de façon à rendre impossible en pratique la récupération (par ex., CJCE 12 déc. 2002, *Commission c. Allemagne*, aff. C-209/00, *Rec. CJCE* I-11695).

■ 409 Ce contentieux européen de la récupération des aides d'État a des répercussions au plan du contentieux national. Malgré l'absence d'effet direct de l'article 107 TFUE, le juge interne peut jouer un rôle en la matière. En ce sens, d'ailleurs, la Commission a publié le 23 novembre 1995 une première communication relative à la coopération avec les juridictions nationales dans le domaine des aides d'État (*JOCE* C 312 du 23 nov. 1995). Elle a réitéré récemment l'exercice avec une nouvelle communication d'avril 2009 (*JOUE* C 85 du 9 avr. 2009). La Commission rappelle que l'article 108 § 3 est d'effet direct et que dès lors les particuliers peuvent en invoquer les dispositions devant le juge national et à cet effet elle estime que ce dernier n'est pas tenu de se déclarer incompétent ni de surseoir à statuer jusqu'à ce que la Commission prenne position sur la qualification d'aide d'État. Face à la question de savoir si la mesure en cause aurait dû être notifiée à la Commission, le juge national peut être amené à interpréter et à appliquer la notion d'aide (v. aussi, CJCE 11 juill. 1996, préc.). Dès lors, et très simplement, rien n'interdit au juge national d'ordonner la suspension d'une aide susceptible d'être incompatible. Au-delà, ce juge peut faire droit à une demande de récupération d'une aide, à tout le moins, de réparer le préjudice subi par un concurrent en raison de la distorsion de concurrence que constitue le versement d'une aide (pour une illustration, Com. 15 juin 1999, *Bull. civ.* IV, n° 129, reproduit ss la rubrique « Documents »).

Compléments pédagogiques

Mémo

Le traité s'attache au contrôle des aides publiques qui sont susceptibles de fausser le jeu de la concurrence sur le marché commun. Les articles 107 et suivants précisent le sort des aides d'État en donnant, en cette matière, *un rôle central à la Commission*. S'il ne définit pas la notion, le traité pose *un principe d'incompatibilité avec le marché commun de ces aides, sauf exceptions (aides compatibles et aides susceptibles d'être compatibles)*. Les décisions de la Commission et la jurisprudence européenne ont permis de mieux cerner la notion d'aides d'État en retenant des critères tels que ceux d'aides positives ou négatives, en développant une conception large de l'État et en ayant *recours à un standard : l'investisseur privé en économie de marché*. En tout état de cause, il appartient à la Commission d'apprécier le régime d'aide au travers des dispositions du traité. Outre la distinction initiale, le droit dérivé (communication et lignes directrices, règlements d'exemption) a précisé le sort des différentes catégories d'aides. Tardivement, *les autorités européennes se sont dotées d'un règlement de procédure qui consacre le principe d'une notification obligatoire des aides nouvelles* (sauf en présence d'un règlement d'exemption). *Cette procédure distingue deux phases (examen préliminaire, examen formel) qui permettent à la Commission de prononcer une décision positive, négative ou conditionnelle*. La première emporte autorisation de l'aide, la seconde interdit l'aide, la troisième l'autorise sous conditions. En présence d'aides versées sans autorisation, celles-ci reçoivent la qualification d'aides illégales qui peuvent conduire la Commission à en exiger la récupération. En effet, et afin de renforcer le dispositif, *la Cour de justice a exigé la récupération des aides par l'État qui les a versées sans admettre de réelles possibilités de dérogation*. Sur ce point, et en dépit de l'absence d'effet direct du dispositif (à l'exception de l'article 108 § 3 TFUE), *le juge national se voit reconnaître progressivement un rôle essentiel dans la préservation du jeu de la concurrence en pouvant ordonner la suspension du versement d'une aide et, à tout le moins, la réparation du préjudice subi par les concurrents.*

Quid

■ Aides compatibles n° 396

Catégories d'aides (sociales, calamités et événements extraordinaires, régions allemandes) dont l'article 87 § 2 retient qu'elles sont compatibles avec le marché commun.

■ Aides existantes n° 405

Régime d'aides dispensé de l'obligation de notification mais soumis à information.

Aides illégales n° 404

Aides mises en exécution par l'État en l'absence de notification.

Aides nouvelles n° 403

Régime d'aides soumis à une obligation de notification.

Aides susceptibles d'être compatibles n° 396

Catégories d'aides (sectorielles, régionales, culturelles, etc.) dont l'article 107 § 3 retient qu'elles peuvent être compatibles avec le marché commun.

Décision conditionnelle n° 406

Décision positive de la Commission qui soumet la compatibilité d'une aide au respect de certaines exigences par l'État en cause.

Décision négative n° 406

Décision par laquelle la Commission considère qu'un régime d'aides est incompatible avec le marché commun.

Décision positive n° 406

Décision par laquelle la Commission considère qu'un régime d'aides est compatible avec le marché commun.

Investisseur privé en économie de marché n° 392

Standard utilisé par la Commission et la juridiction communautaire pour apprécier l'existence d'une aide d'État.

Documents

Com. 15 juin 1999 (*Bull. civ.* IV, n° 129)

Sur le moyen unique, pris en ses quatre branches :

Attendu, selon l'arrêt attaqué (Aix-en-Provence, 27 févr. 1997), que la société Établissements J. Richard Ducros (société Richard Ducros), spécialisée dans les constructions métalliques, a soumissionné, le 12 mars 1990, à un marché ouvert par la Chambre de commerce et d'industrie de Marseille, selon une procédure d'appel d'offres, pour l'extension de l'aéroport de Marseille-Marignane ; qu'elle fut avisée, le 15 septembre 1990, que sa proposition n'avait pas été retenue et que le lot avait été attribué à une société de droit italien Constructions métalliques Finsider Sud (société CMF Sud) qui avait fait une offre de 15 431 000 francs HT, alors que son offre était de 20 562 769,90 francs HT ; qu'estimant que le jeu de la libre concurrence avait été faussé parce que la proposition de la société CMF Sud, très inférieure à celles de ses concurrents, n'avait été rendue possible que par suite des aides directes ou indirectes de l'État italien dont elle bénéficiait, la société Richard Ducros a assigné devant le tribunal de commerce la société CMF Sud en dommages-intérêts pour concurrence déloyale ; qu'en même temps, elle est intervenue en 1992 dans une procédure que la Commission des Communautés européennes venait de diligenter contre le gouvernement italien, sur le fondement de l'article 93, paragraphe 3, du Traité, pour le soutien apporté à la société CMF Sud, filiale de la société Italimplanti, cette dernière étant elle-même la « filiale à 100 % » du groupe public italien IRI, par des aides de diverses natures apportées à la société CMF Sud, qui avait accusé « de lourdes pertes après 1989 » ;

Attendu que la société Richard Ducros fait grief à l'arrêt d'avoir rejeté sa demande, alors, selon le pourvoi, d'une part, qu'une entreprise se rend coupable de concurrence déloyale en pratiquant des prix artificiellement bas, incomparablement inférieurs à ceux de ses concurrents, du fait du non-respect d'une obligation légale ou en raison d'une illicéité ; que, dans ses conclusions d'appel, la société Richard Ducros ne limitait pas sa critique aux aides directes consenties à CMF par l'État italien, mais mettait également en cause la prise de contrôle de CMF par la société d'État Italimpianti, par laquelle l'État italien devenait garant des engagements pris par CMF ; qu'en se bornant à analyser les seules aides directes (distribuées après 1990), sans examiner les autres procédés de soutien, et notamment les garanties données à CMF par l'État italien (antérieurement à 1990), la cour d'appel a privé sa décision de toute base légale au regard des articles 1382 et 1383 du Code civil ; alors, d'autre part, que la cour d'appel, qui constate que des pertes substantielles ont été subies par la société CMF Sud en 1989 et 1990, et que ces pertes ont été couvertes par l'utilisation du capital social en 1991, aurait dû rechercher si, en l'absence des aides de l'État italien, même postérieures, la CMF en déconfiture aurait été en mesure d'exécuter le marché soumissionné à un prix artificiellement bas ; qu'en s'abstenant de procéder à une telle recherche, la cour d'appel a privé à nouveau sa décision de base légale au regard de l'article 1382 du Code civil ; alors, en outre, que la faute sans laquelle le dommage ne se serait pas produit est en relation avec le préjudice subi par la victime qui peut, même en cas de pluralité de cause, en demander réparation ; qu'en exigeant la démonstration que les aides publiques reçues par la société CMF « aient seules permis à cette société de présenter l'offre de prix la moins chère », la cour d'appel a perdu de vue qu'il suffisait que les aides aient permis à CMF de présenter l'offre la moins-disante pour engager sa responsabilité sur le fondement de la concurrence déloyale ; qu'en statuant ainsi, la cour d'appel a violé l'article 1382 du Code civil ; et alors, enfin, que, pour écarter tout lien de causalité entre la faute et le préjudice, la cour d'appel énonce que « la démonstration n'est pas faite de ce que dans ce marché les aides dont a bénéficié CMF Sud... ont seules permis à cette société de présenter l'offre de prix la moins chère » et que « d'autres facteurs ont en effet pu intervenir (coût de productivité moindre pour l'Italie peut être également aspect monétaire)... » ; qu'en se prononçant ainsi, par des motifs manifestement hypothétiques, la cour d'appel, qui ne tient pas pour avérés les faits qu'elle oppose à la société Richard Ducros, a violé l'article 455 du nouveau Code de procédure civile ;

Mais attendu, en premier lieu, que la cour d'appel, appréciant la portée de la décision de la Commission des Communautés européennes rappelée dans sa communication C 20/4 du 16 mai 1995, en a déduit « qu'antérieurement à 1991 CMF Sud n'avait bénéficié d'aucune aide publique significative qui lui ait permis directement de fausser les conditions de la concurrence intercommunautaire, et plus particulièrement celles du marché d'appel d'offre dont Richard Ducros prétend avoir été évincé déloya-lement... » ;

Attendu, en second lieu, que la cour d'appel, analysant les éléments de preuve versés aux débats, relève que, contrairement à ce que la société appelante suggère, le lien de causalité entre l'octroi d'aides publiques à la société CMF Sud et son éviction du marché de l'aéroport n'est pas « évident » ; qu'ainsi, abstraction faite d'une motivation surabondante critiquée par les deux dernières branches du moyen, la cour d'appel a légalement justifié sa décision ;

Que le moyen n'est pas fondé ;

PAR CES MOTIFS :

REJETTE le pourvoi.

Communication de la Commission relative à l'application des règles en matière d'aides d'État par les juridictions nationales (Extraits) (*JOUE* C 85 du 9 avr. 2009).

« 43. Dans le cadre de la mission qui leur incombe en vertu de l'article 88, paragraphe 3, du traité, les juridictions nationales peuvent également être amenées à accueillir des demandes d'indemnisation de dommages causés par l'aide d'État illégale aux concurrents du bénéficiaire et aux autres tiers. Ces actions en dommages et intérêts sont généralement dirigées contre l'autorité octroyant l'aide d'État. Elles peuvent être particulièrement importantes pour le requérant. En effet, contrairement aux actions visant à la simple récupération de l'aide, l'action en dommages et intérêts permet au requérant qui obtient gain de cause de se voir accorder directement une indemnisation pour le préjudice subi.

44. La Cour de justice a affirmé à plusieurs reprises que des tiers affectés pouvaient intenter de telles actions en dommages et intérêts en vertu du droit national. Ces recours sont bien évidemment régis par le droit national. Par conséquent, les bases juridiques invoquées par les requérants varient considérablement au sein de la Communauté.

45. Indépendamment de la possibilité d'intenter une action en dommages et intérêts en vertu du droit national, la violation de l'interdiction de mise à exécution a des conséquences directes et contraignantes en droit communautaire. En effet, l'interdiction de mise à exécution prévue par l'article 88, paragraphe 3, du traité est une disposition de droit communautaire directement applicable qui lie toutes les autorités nationales. La violation de l'interdiction de mise à exécution peut donc en principe donner lieu à des actions en dommages et intérêts fondées sur la jurisprudence « Francovich » et « Brasserie du Pêcheur » de la Cour de justice. Cette jurisprudence confirme que les États membres sont tenus de réparer les dommages causés aux particuliers par des violations du droit communautaire qui leur sont imputables. La responsabilité de l'État est engagée lorsque : i) la règle de droit violée a pour objet de conférer des droits aux particuliers ; ii) la violation est suffisamment caractérisée ; et iii) il existe un lien de causalité direct entre la violation de l'obligation qui incombe à l'État membre et le dommage subi par les personnes lésées.

46. Le premier critère (obligation de droit communautaire visant à protéger les droits des particuliers) est rempli en cas de violation de l'article 88, paragraphe 3, du traité. La Cour de justice a non seulement confirmé à plusieurs reprises que les particuliers tiraient des droits de l'article 88, paragraphe 3, du traité, mais a également précisé qu'il appartenait aux juridictions nationales de sauvegarder ces droits.

47. Le critère de la violation suffisamment caractérisée du droit communautaire est généralement rempli lui aussi en ce qui concerne l'article 88, paragraphe 3, du traité. Lorsqu'elle détermine si une violation du droit communautaire est suffisamment caractérisée, la Cour de justice insiste particulièrement sur l'étendue du pouvoir d'appréciation dont jouissent les autorités considérées. Si l'autorité concernée ne dispose d'aucune marge d'appréciation, une simple infraction au droit communautaire peut suffire à établir l'existence d'une violation suffisamment caractérisée. Toutefois, en ce qui concerne l'article 88, paragraphe 3, du traité, les autorités des États membres n'ont aucune marge d'appréciation quant à la notification des aides d'État. Elles sont en principe soumises à l'obligation absolue de notifier toutes les mesures de ce type avant de les mettre à exécution. La Cour de justice tient parfois compte du caractère excusable de la violation de droit communautaire en question, mais lorsqu'il s'agit d'une aide d'État, les autorités nationales ne peuvent en principe pas faire valoir qu'elles ignoraient

l'existence de l'interdiction de mise à exécution. En effet, l'application des articles 87, paragraphe 1er, et 88, paragraphe 3, du traité a fait l'objet d'une jurisprudence étendue et de nombreuses orientations de la Commission. En cas de doute, les États membres ont toujours la possibilité de notifier la mesure à la Commission pour des raisons de sécurité juridique.

48. Le troisième critère, selon lequel la violation du droit communautaire doit avoir causé au requérant un préjudice financier réel et certain, peut être rempli de diverses manières.

49. Le requérant fera souvent valoir que l'aide est directement à l'origine d'un manque à gagner. Lorsqu'un tel argument est avancé, la juridiction nationale doit prendre en considération les éléments suivants :

a) Conformément aux principes d'équivalence et d'effectivité du droit communautaire, les règles nationales ne peuvent dégager un État membre de sa responsabilité en cas de manque à gagner. En droit communautaire, il peut y avoir préjudice, que la violation ait entraîné ou non une perte d'actifs pour le requérant ou qu'elle ait empêché ou non ce dernier d'améliorer sa situation en termes d'actifs. Lorsque le droit national exclut le manque à gagner des dommages réparables, la juridiction nationale doit laisser cette disposition inappliquée en ce qui concerne les actions en dommages et intérêts introduites en vertu de l'article 88, paragraphe 3, du traité ;

b) Il est plus facile de déterminer le montant effectif du manque à gagner lorsque l'aide illégale a permis au bénéficiaire de remporter un contrat ou de bénéficier d'un avantage commercial spécifique à la place du requérant. La juridiction nationale peut alors calculer les recettes que le requérant aurait pu réaliser grâce à ce contrat. Lorsque le contrat a déjà été exécuté par le bénéficiaire, la juridiction nationale doit également tenir compte du profit effectivement généré ;

c) L'évaluation du dommage subi est plus complexe lorsque l'aide entraîne simplement une perte globale de parts de marché. Dans ce cas, une des approches envisageables consisterait à comparer les revenus effectifs du requérant (sur la base du compte de résultats) avec les revenus qui auraient été obtenus si l'aide illégale n'avait pas été accordée.

d) Il se peut que le préjudice subi par le requérant soit supérieur au manque à gagner. Tel pourrait notamment être le cas lorsque le versement de l'aide illégale a entraîné la cessation des activités du requérant (en raison de son insolvabilité, par ex.) ».

Biblio

– M.-C. Bergeres, « Les juridictions nationales et les aides d'État contraires au droit communautaire », *D.* 1998. Chron. 27.

– D. Berlin, « Le contrôle des aides d'État », in *Mélanges L. Dubouis, Au carrefour des droits*, Dalloz, 2002, p. 251.

– J.-Y. Chérot, *Les aides d'État dans les Communautés européennes*, Economica, 1998.

– B. Cheynel, « Retour sur quinze ans de jurisprudence française en matière d'aides d'État », *Revue Lamy de la concurrence* 3/2005, p. 42.

– J.-L. Colson, M.-A. Moreau, « Les aides d'État dans les Communautés européennes », *Dr. et patr.* 2000, n° 1, p. 8.

– M. Dony-Bartholmé, « La notion d'aides d'État », *Cah. dr. eur.* 1993. 399.

– J.-Ph. Gunther, D. Tayar, « Ombres et lumières sur la notion d'aide d'État : bilan d'un an de jurisprudence », *CCC* 2002. Chron. 17.

– L. Idot, « Les aides aux entreprises en difficulté et le droit communautaire », *RTD eur.* 1998. 295.

– L. Idot, « La jurisprudence du Tribunal en matière d'aides d'État », *Europe* nov. 1998.
– M. Karpenschif, « La récupération des aides nationales versées en violation du droit communautaire à l'aube du règlement n° 659/1999 : du mythe à la réalité ? », *RTD eur.* 2001. 37.
– J.-P. Keppenne, *Guide des aides d'État en droit communautaire*, Bruylant, 1999.
– M. Sousse, « La situation du concurrent du bénéficiaire d'une aide d'État devant les juridictions nationales », *LPA* 1er août 2000, n° 152, p. 11.

Quiz

1) Sujet corrigé

Test de connaissances

Énoncé

1. La réduction d'une part des cotisations patronales payées par une entreprise peut-elle constituer une aide d'État ?

a. Oui.

b. Non.

2. L'octroi d'une subvention à des fabricants textiles par un établissement public peut-il constituer une aide d'État ?

a. Oui.

b. Non.

3. L'octroi d'une aide à des entreprises par une collectivité publique peut-il constituer une aide d'État ?

a. Oui.

b. Non.

4. L'abandon par une collectivité publique d'une créance au profit d'une société contre octroi de parts sociales sans valeur peut-il constituer une aide d'État ?

a. Oui.

b. Non.

5. Le fait que des créanciers publics n'ont pas agi comme des créanciers privés cherchant à récupérer au moins une partie des impôts et cotisations dus par une entreprise peut-il constituer une aide d'État ?

a. Oui.

b. Non.

Voir le corrigé en fin de rubrique.

2) Corrigé

Test de connaissances

1. a (par ex. CJCE 5 oct. 1999, *France c. Commission*, aff. C-251/97, *Rec. CJCE* I-6654) ; **2.** a (par ex. CJCE 21 mars 1991, *Italie c. Commission*, aff. C-303/88 et C-305/89, *Rec. CJCE* I-1433) ; **3.** a (par ex. CJCE 14 nov. 1984, *SA Intermills c. Commission*, aff. C-323/82, *Rec. CJCE* I-3809) ; **4.** a (par ex. TPICE 23 nov. 2006, *Ter Lembeek International NV*, aff. T-217/02, *Rec. CJCE* II-4483) ; **5.** a (par ex. CJUE 14 sept. 2004, *Espagne C. Commission*, aff. C-276/02, *Rec. CJUE* I-8091).

chapitre 11

Les monopoles d'État et les entreprises publiques

Plan analytique

section 1

Le champ d'application de l'article 106 TFUE

§ 1 Les entreprises publiques et les entreprises bénéficiaires de droits spéciaux ou exclusifs

§ 2 Les entreprises chargées de la gestion de services d'intérêt économique général ou présentant le caractère d'un monopole fiscal

section 2

La mise en application de l'article 106 TFUE

§ 1 Les obligations des États membres

§ 2 Les pouvoirs de la Commission

A. Les décisions individuelles

B. Les règles générales

Les monopoles d'État et les entreprises publiques

Ces deux propositions expriment une idée commune bien que renvoyant à des situations différentes dans les faits. L'État peut avoir érigé certaines activités en monopole, à tout le moins, l'État peut avoir contribué à la création d'une entreprise pour exercer certaines activités et lui conférer à cet effet des droits exclusifs ou spéciaux. En d'autres termes, on est ici en présence d'une intervention directe de l'État en tant qu'opérateur économique. Cette situation complexe mais banale au moment de l'élaboration originaire du traité CEE avait été appréhendée avec netteté par ses rédacteurs et selon une double proposition : d'une part, l'article 31 CE (désormais art. 37 TFUE) qui s'attache aux monopoles d'État à caractère commercial, c'est-à-dire affectant des opérations sur les marchandises (par ex. alcool, tabac, poudre, etc.) ; d'autre part, l'article 86 CE (désormais art. 106 TFUE) qui édicte des obligations en matière de respect de la concurrence à la charge des États quant à leur comportement à l'égard d'entreprises auxquelles ils ont accordé des droits exclusifs ou spéciaux. Alors que le premier article a été mis en œuvre assez rapidement et sans réelles difficultés autres que celle d'en délimiter la portée exacte, l'article 106 TFUE n'a commencé à trouver application qu'au début des années 1990 et selon une démarche de plus en plus prudente en raison du débat de fonds auquel il renvoie et qui s'avère très sensible dans certains États membres : la place des *services d'intérêt économique général*[Q]. 410

Cette expression reprise d'une Communication de la Commission (*JOCE* C 281 du 26 sept. 1996) est entrée dans le traité à l'article 16 CE (désormais art. 14 TFUE) puis à l'article 36 de la Charte des droits fondamentaux de l'Union. Objet de discussions importantes lors des débats sur le traité établissant une Constitution pour l'Europe, elle a été le sujet principal d'un *Livre blanc sur les services d'intérêt général* présenté en mai 2004 (COM[2004] 374 final, 12 mai 2004) faisant suite à différentes communications de la Commission. Depuis, les SIG ont fait l'objet d'un protocole (n° 26) annexé au TUE et au TFUE. Il est ainsi rappelé, non sans une extrême précaution de plume, « le rôle essentiel et le large pouvoir discrétionnaire des autorités nationales, régionales et locales pour fournir, faire exécuter et organiser les services d'intérêt économique général », souligné « la diversité des services d'intérêt économique général et les disparités qui peuvent exister au niveau des besoins et des préférences des utilisateurs en raison de situations géographiques, sociales ou culturelles différentes », affirmé que « les dispositions des traités ne portent en aucune manière atteinte à la compétence des États membres pour fournir, faire exécuter et organiser des services non économiques d'intérêt général »... La traduction la plus concrète de ces principes tient à l'adoption en 2012 de différents textes qui viennent poser les conditions auxquelles certains types de compensations de services publics doivent répondre pour pouvoir être considérés comme compatibles avec le marché intérieur (Communication relative à l'application des règles de l'Union européenne en matière d'aides d'État aux compensations octroyées pour la prestation de services d'intérêt 411 économique général, *JOUE* C 8 du 11 janv. 2012 et Règlement n° 360/2012 du 25 avril 2012 relatif à l'application des articles 107 et 108 du traité sur le fonctionnement de l'Union européenne aux aides de minimis accordées à des entreprises fournissant des services d'intérêt économique général, *JOUE* L 114 du 26 avr. 2012).

■ 412 On trouve trace de cette prudence affichée tant lorsque l'on cherche à préciser le champ d'application de l'article 106 TFUE (section 1) que lorsque l'on s'attache à sa mise en application effective (section 2).

section 1

Le champ d'application de l'article 106 TFUE

■ 413 La lecture de l'article 106 TFUE permet de relever l'émergence de plusieurs notions essentielles qui en commande le champ d'application. Plus précisément, cet article évoque successivement « [...] les entreprises publiques [...] les entreprises auxquels ils [les États] accordent des droits spéciaux ou exclusifs [...] les entreprises chargées de la gestion de services d'intérêt économique général ou présentant le caractère d'un monopole fiscal [...] ». Cette énumération appelle alors deux observations générales. D'une part, au-delà de la diversité, l'article ne s'attache qu'aux entreprises. On retrouve, ici, cette notion essentielle dont on a montré précédemment qu'elle ne se laisse pas aisément saisir hormis au travers d'une définition assez vague dégagée par la jurisprudence dans son arrêt *Höfner* (v. ss 298). Tout au plus convient-il de rappeler que la définition assez extensive de la notion d'entreprise laisse peu de place aux autres hypothèses qui sont exclusives du caractère économique et donc de la qualification d'entreprise. D'autre part, et par rapport à cette diversité, il apparaît que l'article 106 TFUE a vocation à recouvrir des situations assez variées non réductibles à la notion d'entreprises publiques. Il paraît donc nécessaire de s'attacher à chacune des occurrences en ayant à l'esprit que celles-ci appellent des qualifications autonomes de droit européen qui ne sont pas forcément en adéquation avec l'approche qui peut être celle du droit interne. On abordera donc chacune des hypothèses mais en regroupant les entreprises publiques et les entreprises bénéficiaires de droits spéciaux ou exclusifs (§ 1) et les entreprises chargées de la gestion de services d'intérêt économique général ou présentant le caractère d'un monopole fiscal (§ 3).

§ 1 Les entreprises publiques et les entreprises bénéficiaires de droits spéciaux ou exclusifs

■ 414 Il est *a priori* surprenant de voir le traité isoler les *entreprises publiques*♀. En effet, aux termes de l'article 345 TFUE, « le présent traité ne préjuge en rien le régime de propriété dans les États membres ». Dès lors, le caractère public ou non de l'entreprise devrait être indifférent, en tout état de cause, laissé à la seule appréciation des États membres. Cependant le droit dérivé est venu proposer une définition de l'entreprise publique. Dans une directive n° 80/723 du 25 juin 1980 concernant la transparence des relations financières entre les États membres et les entreprises publiques, on peut effectivement lire qu'une entreprise publique se présente comme une « entreprise sur laquelle les pouvoirs publics peuvent exercer, directement ou indirectement, une influence dominante du fait de la propriété, de la participation financière ou des règles qui la régissent ». Et cette influence dominante est approchée en posant une présomption : « l'influence dominante est présumée lorsque les pouvoirs publics, directement ou indirectement, à l'égard des entreprises : a) détiennent la majorité du capital souscrit de l'entreprise, b) disposent de la majorité des voix attachées aux parts émises par l'entreprise, c) peuvent désigner plus de la moitié des membres de l'organe d'administration, de direction ou de surveillance de l'entreprise ».

On perçoit que ce texte renvoie à une conception assez extensive de l'entreprise publique en consacrant cette idée d'influence dominante exercée directement ou indirectement. La Cour de justice a, elle aussi, fait valoir une qualification extensive, notamment en présence d'entreprises bénéficiaires de droits spéciaux ou exclusifs, qui permet de dépasser la notion française de service public dont le contenu est chargé de symboles lourds. S'appuyant sur le critère de l'activité économique, dégagé dans le cadre de la recherche de la notion d'entreprise, la Cour a pu considérer qu'un service public, dès lors qu'il répond à l'exercice d'une activité économique, doit recevoir la qualification d'entreprise publique. Une telle solution a notamment été consacrée dans l'hypothèse du service public des pompes funèbres (CJCE 4 mai 1988, *Bodsom*, aff. 30/87, *Rec. CJCE* 2507). Dans ce cas, mais dans d'autres aussi, la Cour a précisé que le fait que les droits spéciaux ou exclusifs aient été accordés non par l'État mais par des autorités publiques au niveau régional, provincial ou communal était sans incidence. À l'inverse, la Cour a pu considérer qu'un service public qui met en œuvre des prérogatives de puissance publique doit échapper à la qualification d'entreprise publique (CJCE 19 janv. 1994, *Eurocontrol*, aff. C-364/92, *Rec. CJCE* I-55). De même, un organisme public chargé de satisfaire un besoin d'intérêt général n'ayant pas un caractère industriel ou commercial échappe à cette qualification (CJCE 10 nov. 1998, *Gemeente Arnhem*, aff. C-360/96, *Rec. CJCE* I-6846). 415

§ 2 Les entreprises chargées de la gestion de services d'intérêt économique général ou présentant le caractère d'un monopole fiscal

Si la notion d'entreprise présentant le caractère d'un monopole fiscal n'a, à notre connaissance, suscité aucun contentieux et, donc, n'a donné lieu à aucune interprétation communautaire, tel n'est pas le cas des entreprises chargées de la gestion de *services d'intérêt économique général*. Cependant, et assez rapidement, la Cour de justice ne s'est pas aventurée dans une tentative de définition précise de la notion. Elle a même, à plusieurs reprises, renvoyé la question de la qualification de ce type d'entreprise au juge interne plus familier du contexte juridique national. Dès l'arrêt *BRT* (CJCE 21 mars 1974, *BRT c. Sabam*, aff. 123/73, *Rec. CJCE* 313), la Cour décide que le juge interne doit « rechercher si une entreprise qui invoque les dispositions de l'article 90 § 2 [désormais, 86 § 2] pour se prévaloir d'une dérogation aux règles du traité, a été effectivement chargée par l'État membre de la gestion d'un service d'intérêt économique général ». Que l'entreprise soit chargée de la gestion d'un tel 416 service en vertu d'un acte de puissance publique (on parle en droit européen de *mesure publique*[Q]) est donc déterminant (pour une affirmation nette à propos de EDF/GDF, CJCE 23 oct. 1997, *Commission c. France*, aff. C-159/94, *Rec. CJCE* I-5815). Il conviendra ensuite, au regard du contexte, de rechercher si la dérogation pourra être mise en œuvre. Sur ce dernier point, et au fil de la jurisprudence européenne, certains indices peuvent être glanés. Par exemple, la Cour attache de l'importance au fait de savoir si le service en cause est véritablement spécifique par rapport à une activité économique traditionnelle (CJCE 17 mai 2001, *TNT Traco*, aff. C-340/99, *Rec. CJCE* I-4109 à propos du service postal universel). De même, une large place est accordée au test de proportionnalité (CJCE 23 oct. 1997, préc.). Mais, en soi, la question de la qualification d'entreprises chargées de la gestion de services d'intérêt économique général n'est que d'une portée assez limitée, en ce sens que désormais – et à la faveur de certaines communications de la Commission – le débat s'est déplacé au stade de la mise en œuvre de l'article 106.

section 2

La mise en application de l'article 106 TFUE

■ 417 Le propos de cet article 106 TFUE est en apparence des plus simples. Il s'agit de rappeler que les États ne sauraient tirer argument de l'une des trois qualifications précédemment évoquées dans le but de faire échapper les entreprises publiques nationales aux règles de concurrence énoncées par le traité (entente, abus de position dominante, concentration). Cependant, cette application du droit de la concurrence européen aux entreprises publiques – par raccourcis d'expression – est subordonnée à la réunion de deux conditions. La première n'appelle pas de remarque particulière, car elle est classique et tient à la notion d'affectation des échanges entre États membres. La seconde apparaît comme une limite à la soumission de principe de ces entreprises au droit de la concurrence : « l'application de ces règles [de concurrence] ne fait pas échec à l'accomplissement en droit ou en fait de la mission particulière qui leur [les entreprises] a été impartie ». Cette double précision apportée doit être présente à l'esprit lorsque l'on aborde, d'une part, le rôle dévolu aux États dans le cadre de l'article 106 § 1 et § 2, d'autre part, la mission confiée à la Commission dans le cadre de l'article 106 § 3. On envisagera donc successivement les obligations imposées aux États membres (§ 1) et les pouvoirs attribués à la Commission (§ 2).

§ 1 Les obligations des États membres

■ 418 Selon l'article 106 TFUE, les États membres ne peuvent maintenir et – *a fortiori* – créer des entreprises publiques ou des entreprises bénéficiant de droits spéciaux ou exclusifs en prétendant les faire échapper à l'emprise du droit de la concurrence européen. Par exemple, et au titre de la création, la Commission – approuvée par la Cour de justice – a pu décider que le Portugal ne pouvait adopter une réglementation tarifaire de l'utilisation des infrastructures aéroportuaires à destination d'entreprises en charge de l'administration de celles-ci. En adoptant une telle réglementation, le Portugal violait, ensembles, les articles 82 et 86 du traité CE applicables à l'époque (CJCE 29 mars 2001, *Portugal c. Commission*, aff. C-163/99, *Rec. CJCE* I-2613). La Cour a confirmé, cette fois-ci au titre du maintien, que « serait incompatible avec les règles du traité toute mesure qui maintiendrait en vigueur une disposition légale créant une situation [de nature] à contrevenir aux termes de l'article 86 [désormais 102] du traité » (CJCE 23 avr. 1991, *Höfner*, aff. C-41/90, *Rec. CJCE* I-1979).

Les premières applications strictes de l'article 106 TFUE ont conduit plusieurs États membres à réagir. Cette réaction est à l'origine de deux réponses dont on peut penser qu'elles sont – pour partie – liées. D'un côté, la contestation de la soumission des personnes publiques au droit de la concurrence européen a provoqué la publication par la Commission de deux Communications sur les services d'intérêt économique général en Europe (respectivement Communication du 11 septembre 1996, *JOCE* C 281 du 26 sept. 1996 et Communication du 20 sept. 2000, *JOCE* C 17 du 19 janv. 2001) ainsi que l'insertion – à la suite du traité d'Amsterdam – dans le traité CE d'un article 16 selon lequel : « sans préjudice des articles 73, 86 et 87, et eu égard à la place qu'occupent les services d'intérêt économique général parmi les valeurs communes de l'Union ainsi que du rôle qu'ils jouent dans la promotion de la cohésion sociale et territoriale de l'Union, la Communauté et ses États membres, chacun dans les limites de leurs compétences respectives et dans les limites du champ d'application du présent traité, veillent à ce que ces services fonctionnent sur la base de principes et dans des conditions qui leur permettent d'accomplir leurs missions ». Par ailleurs, la Charte des droits fondamentaux de l'Union européenne proclamée à Nice en décembre 2000 contient un article 36 – dont la formulation est amplement inspirée de l'article 16 CE – aux termes duquel : « l'Union reconnaît et respecte l'accès aux services d'intérêt économique général tel qu'il est prévu par les législations et pratiques nationales, conformément au traité instituant la Communauté européenne, afin de promouvoir la cohésion sociale et territoriale de l'Union ». Et on l'a dit, non seulement le TUE et le TFUE poursuivent dans cette voie, mais encore un protocole sur les services d'intérêt général (n° 26) a été annexé aux traités qui rappelle que les États membres ont un rôle essentiel et un large pouvoir discrétionnaire (?) pour fournir, faire exécuter et organiser les SIEG et une compétence exclusive pour fournir, faire exécuter et organiser les SIG. D'un autre côté – et peut-être de manière plus efficace – la juridiction européenne a élaboré une jurisprudence assez subtile mais ferme. Avec les arrêts *Corbeau* (CJCE 19 mai 1993, *Corbeau*, aff. C-320/91, *Rec. CJCE* I-2533) et *Commune d'Almelo* (CJCE 27 avr. 1994, *Commune d'Almelo*, aff. C-393/92, *Rec. CJCE* I-1477), elle consacre d'amples développements à la justification de la reconnaissance d'une dérogation à l'application des règles de concurrence européennes en présence d'un « service d'intérêt économique général ». Selon la Cour, les États membres « peuvent faire obstacle à l'application des règles du traité sur la concurrence, dans la mesure où des restrictions à la concurrence, voire une exclusion de toute concurrence [...] sont nécessaires pour assurer l'accomplissement de la mission particulière qui a été impartie aux entreprises titulaires de droits exclusifs ». Et de manière très pragmatique elle poursuit « l'obligation, pour le titulaire de cette mission [...] dans des conditions d'équilibre économique présuppose la possibilité d'une compensation entre les secteurs d'activités rentable et les secteurs moins rentables et justifie, dès lors, une limitation de la concurrence [...] En effet, autoriser des entrepreneurs particuliers de faire concurrence au titulaire des droits

419

exclusifs dans les secteurs de leur choix correspondant à ces droits les mettrait en mesure de se concentrer sur les activités économiquement rentables et d'y offrir des tarifs plus avantageux [...] étant donné que, à la différence de ces derniers, ils ne sont pas économiquement tenus d'opérer une compensation entre les pertes réalisées dans les secteurs non rentables et les bénéfices réalisés dans les secteurs plus rentables » (CJCE 19 mai 1993, préc.). Depuis, la Cour a affiné cette jurisprudence et l'a appliqué à de nombreux secteurs où opèrent des entreprises chargées de la gestion de services d'intérêt économique général. Tel est notamment le cas dans le domaine du transport (par ex., à propos du transport maritime de passagers, CJCE 18 juin 1998, *Corsica Ferries France SA*, aff. C-266/96, *Rec. CJCE* I-3981 ou, du transport routier, CJCE 1er oct. 1998, *Autotrasporti Librandi Snc*, aff. C-38/97, *Rec. CJCE* I-5955) ou dans de domaine du service postal (CJCE 10 févr. 2000, *Deutsche Post AG*, aff. C-147/97 et C-148/98, *Rec. CJCE* I-857 ; CJCE 17 mai 2001, *TNT Traco*, aff. C-340/99, *Rec. CJCE* I-4109). L'arrêt *Altmark* (CJCE 24 juill. 2003, *Altmark*, aff. C-280/00, *Rec. CJCE* I-7747) mérite alors d'être mentionné en ce qu'il constitue, aujourd'hui, le point le plus achevé de la réflexion de la Cour de justice. Si la logique compensatoire est pleinement confirmée, elle n'en est pas moins soumise à des conditions on ne peut plus strictes. Dans cette énième affaire concernant des services de transport de personnes, la Cour confirme que les subventions versées par le *Land* concerné doivent être analysées comme « la contrepartie des prestations effectuées par les entreprises bénéficiaires pour exécuter des obligations de service public ». Mais elle énumère ensuite quatre conditions cumulatives : 1) l'entreprise bénéficiaire a été chargée de la gestion d'obligations de service public clairement définies ; 2) les paramètres de calcul de la compensation ont été définis au préalable de manière objective et transparente ; 3) la compensation ne dépasse pas ce qui est nécessaire pour couvrir le surcoût occasionné par l'exécution des obligations de service public ; 4) s'il n'a pas été organisé de mise en concurrence au moyen d'un marché public, le niveau de compensation doit avoir été fixé en tenant compte des coûts d'un opérateur moyen, tenant compte des recettes prévisibles et du bénéfice raisonnable attendu. Plus qu'une solution de principe impossible à dégager – car fonction de chacun des cas d'espèce –, la Cour de justice a donc élaboré une démarche de raisonnement de nature à permettre de savoir si l'on doit faire droit à un cantonnement de la règle de concurrence européenne. Et c'est le juge national qui est le destinataire de ce message, car mieux à même de comprendre le contexte, selon la Cour.

■ 420 En effet, ce renversement de perspective, à tout le moins, cette clarification du régime concurrentiel des entreprises publiques est essentielle à maîtriser dans la mesure où – l'article 106 § 1er et 106 § 2 ayant été déclaré d'effet direct – le contentieux se développe devant le juge national. Ce contentieux prend une double apparence. D'une part, la contrariété aux règles de concurrence européennes de certains monopoles publics a pu être soutenue pour faire écarter des textes d'incrimination (Crim. 21 févr. 1994, *Bull. crim.* n° 74 à propos du monopole des télécommunications ; Crim. 16 nov. 1999, *Bull. crim.* n° 263 à propos du monopole de placement de main-d'œuvre). D'autre part, la contrariété aux règles de concurrence européennes de certains monopoles publics a pu être invoquée à l'appui d'action en concurrence déloyale (Com. 20 janv. 1987, *Bull. civ.* IV, n° 21 à propos du monopole des pompes funèbres ; Com. 28 nov. 1995, *Bull. civ.* IV, n° 273 à propos du monopole des centres d'insémination, reproduit ss la rubrique « Documents »).

§ 2 Les pouvoirs de la Commission

L'article 106 § 3 est explicite : « la Commission veille à l'application des dispositions du présent article et adresse, en tant que de besoin, les directives ou décisions appropriées aux États membres ». On peut en déduire que celle-ci est tout à la fois un organe habilité à « surveiller » les cas particuliers et un organe habilité à « légiférer » dans le cas général. En d'autres termes, elle peut aussi bien être à l'origine de décisions individuelles (A) que de règles générales (B). 421

A. Les décisions individuelles

Comme la Cour de justice l'a à plusieurs reprises affirmé, « sous peine de priver de tout effet utile la compétence pour adopter des décisions que l'article 90 § 3 [désormais art. 86 § 3] confère à la Commission, il faut [...] reconnaître à celle-ci le pouvoir de constater qu'une mesure étatique déterminée est incompatible avec les règles du traité et d'indiquer les mesures que l'État destinataire doit adopter pour se conformer aux obligations découlant du droit communautaire » (CJCE 12 févr. 1992, *Pays-Bas e.a. c. Commission*, aff. C-48/90 et C-66/90, *Rec. CJCE* I-627). La Commission va donc intervenir par voie de décision dont on rappellera qu'elles sont obligatoires pour le ou les destinataires. Et la Cour de justice y veille qui a qualifié de manquement le fait de ne pas se conformer à une décision prise sur le fondement de l'article 106 § 3 TFUE (CJCE 30 juin 1988, *Commission c. Grèce*, aff. 226/87, *Rec. CJCE* 3611). 422

Par ailleurs, il faut relever que si la Commission se saisit elle-même des cas de violation de l'article 106 TFUE, la Cour de justice a reconnu que des particuliers, mais aussi, des associations constituées pour la défense d'intérêts collectifs pouvaient « porter plainte » devant elle. Mais, la Commission jouit d'un pouvoir discrétionnaire « d'instruction » de la plainte (CJCE 20 févr. 1997, *Bundesverband der Bilanzbuchalter c. Commission*, aff. C-107/95 P, *Rec. CJCE* I-947). 423

B. Les règles générales

Comme la Cour de justice l'a, là aussi, affirmé à plusieurs reprises, l'article 106 § 3 TFUE donne à la Commission « le pouvoir d'édicter des règles générales précisant les obligations résultant du traité qui s'imposent aux États membres en ce qui concerne les entreprises visées aux deux paragraphes précédents du même article » (CJCE 12 févr. 1992, *Pays-Bas e.a. c. Commission*, aff. C-48/90 et C-66/90, *Rec. CJCE* I-627). Il faut immédiatement préciser que cette compétence de la Commission pour arrêter les règles générales applicables aux entreprises publiques a été l'objet d'un contentieux portant sur la répartition de cette compétence avec le Conseil. Un arrêt du 19 mars 1991 a affirmé la compétence de principe de la Commission non sans en avoir précisé la portée et, surtout, la relation avec les dispositions générales du traité (CJCE 19 mars 1991, *France c. Commission*, aff. C-202/88, *Rec. CJCE* I-1223). Sans reprendre le contenu de cette décision, il convient de signaler qu'elle consacre un pouvoir important de la Commission qui n'a, d'ailleurs, pas échappé à la critique de nombreux commentateurs. Il est vrai qu'en affirmant que « le pouvoir de surveillance confié à la Commission comporte la possibilité, fondée sur l'article 90 § 3 [désormais art. 86 § 3], de préciser les obligations découlant du traité [et] par conséquent, 424 l'étendue de ce pouvoir dépend de la portée des règles dont il s'agit d'assurer le respect» (CJCE 19 mars 1991, préc.), la Cour laisse une marge de manœuvre plus qu'importante à la Commission.

425 Dans un contexte assez favorable à la libéralisation de certains secteurs jusque-là détenus par des entreprises publiques ou des entreprises bénéficiant de droits spéciaux ou exclusifs, cette solution n'a pu que conforter la volonté de la Commission d'adopter ces «règles générales», le plus souvent sous la forme de directives communautaires. Et sur un plan institutionnel, il convient de remarquer que coexistent aujourd'hui des directives dites de «libéralisation» dont la base juridique est spécifiquement cet article 106 TFUE et d'autres dont la base juridique est plus générale, l'article 114 TFUE. C'est ainsi qu'ont été adoptées des directives dans le secteur des télécommunications y compris électroniques (Dir. n° 2002/77/CE de la Commission du 16 septembre 2002 relative à la concurrence dans les marchés des réseaux et des services de communications électroniques, *JOCE* L 249 du 17 sept. 2002), des services postaux (directive n° 1997/67/CEE du Conseil du 1er décembre 1997 concernant des règles communes pour le développement du marché intérieur des services postaux de la Communauté et l'amélioration de la qualité du service, *JOCE* L 15 du 21 janv. 1998, modifiée en dernier lieu par la directive n° 2002/39/CE du 10 juin 2002, *JOCE* L 176 du 5 juill. 2002) mais aussi dans les secteurs de la distribution de l'eau, du gaz, de l'électricité, du transport ferroviaire, aérien, maritime... On se bornera à mentionner que ces directives ne sont pas sans connaître quelques difficultés et retards lors de leur transposition... Encore une fois ! Cette démarche sectorielle n'a pas empêché la Commission de réfléchir à une approche «horizontale» pour reprendre le jargon européen habituel (v. par ex., en matière de reconnaissance des diplômes). Ainsi, à l'occasion des différentes communications évoquées (v. ss 411), elle a proposé de définir les SIEG comme «les activités de service marchand remplissant des missions d'intérêt général et soumises de ce fait par les États membres à des obligations spécifiques de service public». Ensuite, et dans la ligne avortée du traité établissant une Constitution pour l'Europe – spécialement en son article III-122 – il a été envisagé d'offrir une base juridique pour une future «loi-cadre européenne» (selon le vocabulaire retenu par le traité) garantissant le fonctionnement et le financement des SIEG. Mais le refus exprimé par certains États membres de ce texte a conduit à remettre en cause cette démarche... Ainsi, par une sorte de paradoxe, ceux qui ont dénoncé le libéralisme supposé du traité constitutionnel et la remise en cause des services publics «à la française» qu'il portait en lui, sont les mêmes qui ont condamné le seul projet ambitieux de nature à en assurer peut-être la survie... Le TUE et le TFUE, sur ce point, n'apparaîtront que comme de pâles successeurs !

Compléments pédagogiques

Mémo

L'État peut avoir érigé certaines activités en monopole, à tout le moins, il peut avoir contribué à la création d'une entreprise pour exercer certaines activités et lui conférer à cet effet des droits exclusifs ou spéciaux. Le traité envisage cette hypothèse d'une double manière : monopoles d'État à caractère commercial (art. 37 TFUE), respect des règles de concurrence (art. 106 TFUE). Ce dernier cas n'a trouvé application qu'au début des années 1990 selon une démarche prudente en raison de l'enjeu qui se présente en filigrane : la place des services d'intérêt économique général qui renvoie *mutatis mutandis* aux services publics. *Le traité aborde les entreprises publiques et les entreprises bénéficiaires de droits spéciaux ou exclusifs sans les définir. Le droit dérivé a pallié cette absence et la jurisprudence a pu apporter des précisions utiles.* L'influence dominante de l'État quant à l'exercice de l'activité économique est déterminante. La qualification est essentielle puisqu'elle commande le bénéfice du régime mis en œuvre par l'article 106. Les États membres ne sauraient tirer argument de la qualification pour faire échapper les entreprises publiques nationales aux règles de concurrence énoncées par le traité. Encore convient-il, et comme toujours, que le comportement de ces entreprises publiques affecte les échanges entre États membres et, à l'inverse, que l'entreprise publique ne soit pas tenue d'accomplir en droit ou en fait une mission particulière d'intérêt économique général. De cette double exigence, et plus largement de la mise en œuvre de l'article 106 TFUE, il apparaît que *les États membres ne peuvent maintenir et a fortiori créer des entreprises publiques en prétendant les faire échapper au jeu de la concurrence. Ces États ont cependant réagi par différents textes parmi lesquels un protocole annexé aux TUE et TFUE dont l'objet est d'affirmer leur attachement aux services d'intérêt économique général. C'est surtout la jurisprudence qui a permis de cerner les conditions de la soumission à la concurrence de ces entreprises qui reste le principe : il convient d'avoir égard aux sujétions particulières auxquelles sont tenues ces entreprises et aux incidences en termes de compétitivité que cela peut entraîner.* La Commission joue alors un rôle déterminant qui peut, par des décisions, enjoindre à un État membre de mettre fin à une situation de monopole public et est, surtout, à l'initiative de nombreuses directives dont l'objet est de libéraliser certains secteurs jusque-là couverts par ces monopoles ou aux mains d'entreprises publiques.

Quid

■ Entreprise publique **n° 414**

Entreprise sur laquelle les pouvoirs publics peuvent exercer, directement ou indirectement, une influence dominante du fait de la propriété, de la participation financière ou des règles qui la régissent.

■ Mesure publique **n° 416**

Loi, arrêté ministériel, décision ou autre acte administratif adoptés par un État membre. Ils sont un critère déterminant de la qualification d'entreprise publique.

■ Service d'intérêt économique général **n° 410, 416**

Service à caractère économique, dont la fourniture peut être considérée comme relevant de l'intérêt général, par exemple, la fourniture de base, accessible à tous, d'énergie. Les États membres définissent ce qu'ils considèrent comme des services d'intérêt économique général en fonction des caractéristiques spécifiques des activités concernées. Toutefois, la Commission exerce un contrôle sur ces définitions.

Document

Com. 28 novembre 1995
(*Bull. civ.* IV, n° 273)

RÉPUBLIQUE FRANÇAISE AU NOM DU PEUPLE FRANÇAIS

Sur le moyen unique, pris en ses trois branches :

Attendu, selon l'arrêt attaqué (Rennes, 25 juin 1991), que la Coopérative d'élevage et d'insémination artificielle du département de la Mayenne (CEIAM), a été autorisée par un arrêté ministériel du 6 août 1970, à exercer seule dans le département de la Mayenne la mise en place de semences bovines ; que ce monopole lui a été confié en application des dispositions de l'article 5 de la loi n° 66-1005 du 28 décembre 1966 sur l'élevage qui soumet à autorisation l'exploitation des centres d'insémination ; qu'en 1985 la CEIAM, a assigné devant le tribunal de grande instance de Rennes, la Société civile agricole du centre de la Crespelle (SCA de la Crespelle), qui exerce, depuis 1961, dans une partie du département de la Mayenne, l'activité de mise en place de semences bovines, afin qu'elle soit condamnée au paiement de dommages-intérêts, pour avoir porté atteinte au monopole géographique qui lui avait été conféré depuis 1970 ;

Attendu que la SCA de la Crespelle fait grief à l'arrêt de l'avoir condamnée au paiement de dommages-intérêts, alors, selon le pourvoi, d'une part, qu'une partie est fondée à se plaindre, contrairement aux dires de l'arrêt, d'une méconnaissance des articles 3 f, 5 et 85 du traité de Rome, fût-ce à l'encontre d'entreprises bénéficiant de monopoles par l'effet d'une loi interne, à défaut par celles-ci de justifier que le monopole concédé contribue à améliorer la production ou la distribution des produits ; que l'arrêt, qui constate avec le jugement confirmé, que la loi du 28 décembre 1966, dans le domaine de mise en place de la semence institue un monopole de type géographique, permettant à des entreprises privées de fixer arbitrairement les prix, ne pouvait tenir de telles pratiques, exemptes de toute justification économique, pour conformes aux articles 3 f, 5 et 85 du Traité ; alors, d'autre part, que la violation de l'article 30 du Traité, sanctionnant les restrictions quantitatives à l'importation ainsi que toutes mesures d'effet équivalent, est certaine dans la mesure où compte tenu de l'intervention de l'arrêté du 24 janvier 1989, « seuls les centres de mise en place sont normalement approvisionnés en reproducteurs ou en semence, par le ou les centres agréés pour la production, ayant leur siège sur le territoire de l'un des États membres de la Communauté économique européenne… tout autre opérateur économique qui importe des semences provenant d'un État membre de la CEE doit les livrer à un centre de mise en place ou de production agréé, ce qui prive tout éleveur de la faculté de se faire livrer, dans son exploitation, la semence de son choix », avec les conséquences qui en résultent sur la fixation des prix en violation de l'article 30 du traité de Rome ; alors, enfin, que les articles 59 et 62 du Traité, dont la violation est certaine, sont contrairement aux dires de l'arrêt, applicables en la cause, dans la mesure où le système de monopole instauré paralyse et la circulation de la semence et la liberté d'établissement totalement exclue du fait du quadrillage du territoire français en zones de monopoles absolus et protégés, en violation des articles 59 et suivants du traité de Rome et 5 de la loi du 28 décembre 1966 ;

Mais attendu, d'une part, que, dans un arrêt du 5 octobre 1994, la Cour de justice des Communautés européennes, statuant sur une demande de la chambre commerciale, financière et économique de la Cour de Cassation, faite en application de l'article 177 du Traité, a dit pour droit : « 1) Les articles 90, paragraphe 1er, et 86 du Traité CEE ne s'opposent pas à l'octroi, par un État membre, à des centres de mise en place de la semence bovine agréés, de certains droits exclusifs dans une zone délimitée ; 2) L'article 86 du Traité doit être interprété en ce sens qu'il ne s'oppose pas à ce que des centres de mise en place de la semence, seuls habilités à intervenir dans une zone délimitée, mettent à la charge des utilisateurs, qui leur demandent de fournir de la semence provenant de centres de production d'autres États membres, des frais supplémentaires, à condition qu'ils aient été effectivement supportés par les centres de mise en place pour répondre à la demande de ces utilisateurs » ; qu'il résulte de l'arrêt déféré que le litige n'oppose pas un centre agréé à un utilisateur de semence importée mais oppose le centre agréé à un centre concurrent dans le cadre d'une action en concurrence illicite et que ce concurrent ne peut, en conséquence, avoir qualité pour invoquer un éventuel abus de frais supplémentaires mis à la charge des utilisateurs ; que la SCA de la Crespelle n'a ni établi ni même allégué un accord entre entreprises, ou une pratique concertée susceptible d'affecter le commerce entre États membres ou d'empêcher, restreindre ou fausser le jeu de la concurrence à l'intérieur du Marché commun ; que, dès lors, que les articles 3 f et 5 du traité de Rome ne sauraient être appliqués de manière autonome lorsque la situation considérée est régie par une disposition spécifique du Traité, comme c'est le cas en l'occurrence, la question devant être examinée au regard des articles 85 et 90, paragraphe 1er, et 86 du Traité ; que le caractère restrictif de l'article 85, paragraphe 1er, est incompatible avec toute extension de l'interdiction qu'il édicte au-delà des trois catégories d'ententes limitativement énumérées ; que les entreprises bénéficiant de monopoles par l'effet d'une loi d'un État membre, telle la loi du 28 décembre 1966, échappent, ainsi, aux éléments contractuels ou de concertation exigés par l'article 85, paragraphe 1er, sans qu'elles aient à justifier que le monopole concédé contribue à améliorer la production ou la distribution des produits ; que par ce motif de pur droit substitué à ceux de la cour d'appel, la décision déférée se trouve légalement justifiée au regard des articles 3 f, 5 et 85 du traité de Rome ;

Attendu, d'autre part, que, dans son arrêt du 5 octobre 1994, la Cour de justice des Communautés européennes a également dit pour droit : « 3) Les articles 30 et 36 du Traité CEE, considérés dans leur ensemble, l'article 2 de la directive 77-504-CEE du Conseil, du 25 juillet 1977, concernant les animaux de l'espèce bovine reproducteurs de race pure, et l'article 4 de la directive 87-328-CEE du Conseil, du 18 juin 1987, relative à l'admission à la reproduction de bovins reproducteurs de race pure, doivent être interprétés en ce sens qu'ils ne s'opposent pas à une réglementation nationale qui impose aux opérateurs économiques important des semences provenant d'un État membre de la Communauté de les livrer à un centre de mise en place ou de production agréé » ; qu'en l'état de cette interprétation, la cour d'appel a pu décider comme elle l'a fait ;

Attendu, enfin, que l'arrêt attaqué constate que sont en cause des sociétés de droit français, exerçant une activité professionnelle sur le territoire national, et que la SCA de la Crespelle n'allègue pas avoir développé des équipements relatifs à l'exercice de son activité dans un autre État membre ; qu'il relève l'absence de tout élément sortant d'un cadre strictement national ; qu'en l'état de ces constatations et énonciations la cour d'appel a décidé, à bon droit, sans violer l'article 5 de la loi du 28 décembre 1966, que s'agissant d'une situation purement interne, les articles 59 et 62 du traité de Rome sont inapplicables à la cause ;

Que le moyen n'est fondé en aucune de ses branches ;

PAR CES MOTIFS :

REJETTE le pourvoi.

Biblio

– F. Chaltiel, « La déclaration de Nice sur les services d'intérêt économique général », *RMC* 2001. 89.

– N. Charbit, *Secteur public et droit de la concurrence*, Joly éditions, 1999.

– R. Kovar, « Droit communautaire et services publics », *RTD eur.* 1996. 229.

– J.-V. Louis, S. Rodrigues (dir.), *Les services d'intérêt économique général et l'Union européenne*, Bruylant, 2006.

– M. Monti, « Libéralisation des services publics et croissance économique dans l'Union européenne », *RDUE* 2000. 245.

– L. M. Pais Antunes, « L'article 90 du traité CEE, obligations des États membres et pouvoirs de la Commission », *RTD eur.* 1991. 187.

– J.-C. Zarka, « La place des services d'intérêt économique général dans les traités communautaires : du traité de Rome au traité établissant une Constitution européenne », *D.* 2005. Chron. 1122.

▪ *Articles relatifs à la libéralisation dans le secteur de l'électricité*

– E. Maire, « Le cadre réglementaire de l'ouverture des marchés de l'électricité et du gaz en Europe », *RDUE* 2001. 451.

– L. Richer, « La loi du 10 février 2000 sur l'électricité : entre concurrence et service public », *AJDA* 2000. 239.

– F. Robbe, « L'ouverture du marché de l'électricité et l'adaptation du service public. La transposition par la loi du 10 février 2000 de la directive du 19 décembre 1996 », *CJEG* 2000. 261.

Par ailleurs, on consultera avec profit les rapports du Parlement européen, de l'Assemblée nationale et du Sénat consacrés à ces secteurs et disponibles sur les sites Internet de ces institutions.

titre 3

Les procédures contentieuses

La réalisation des droits et libertés reconnus à l'opérateur économique passe, en grande partie, par la mise en action de procédures qui ont, elles aussi, pour origine le droit interne ou le droit de l'Union, l'autonomie procédurale des États membres commandant encore largement la matière. Ces procédures se déroulent alors, soit devant des autorités administratives (ADLC, Commission européenne), soit devant les juridictions (juridictions internes, juridictions de l'Union). Il est, dès lors, paru nécessaire et souhaitable de consacrer des développements spécifiques à ces procédures contentieuses qui, toutes, présentent des particularités tirées essentiellement de la nature des droits et libertés en jeu. 426

Plusieurs précisions liminaires s'imposent afin de bien comprendre l'objet même de ce titre 3. Tout d'abord, la lecture des chapitres qui vont suivre ne dispense pas de celle d'ouvrages plus généraux consacrés au contentieux ou à la procédure ou, à l'inverse de monographies spécialisées. L'angle retenu, ici, est exclusivement celui de la réalisation contentieuse des droits et libertés économiques du marché. Ceci explique que l'on s'attachera à certains aspects pour en laisser d'autres qui pourront être utilement abordés par la consultation des ouvrages généraux ou des monographies spécialisées évoqués. Par exemple, concernant les recours devant la CJUE il est apparu essentiel de s'attacher au recours en annulation ou au renvoi préjudiciel, et non d'envisager le recours en responsabilité extracontractuelle de l'Union (v. cependant pour un exemple intéressant le droit des pratiques anticoncurrentielles, Trib UE 8 nov. 2011, *Idromacchine c. Commission*, aff. T-8/09, nep). Par exemple, concernant les recours devant le juge national, une place importante a été réservée au contentieux contractuel ou délictuel mais les aspects liés aux incidents de procédure seront juste mentionnés. Ensuite, la rédaction des chapitres a volontairement été voulue claire et simple, allant à l'essentiel de ce qui est utile et nécessaire de connaître pour comprendre comment les autorités d'un côté, les juridictions de l'autre sont aujourd'hui à la base d'une source (au sens formel du terme) majeure du droit de la concurrence ou des libertés de circulation, ce qui a amplement été souligné dans les deux titres précédents. Enfin, si pour les besoins éditoriaux et, là encore, la clarté du propos, un découpage net en chapitre a été retenu, il importe de bien comprendre que les différents champs étudiés ne sont pas pour autant isolés ou indépendants. Bien au contraire, comme l'on dit aujourd'hui, ils « interagissent » les uns avec les autres, à tout le moins ils s'articulent les uns par rapport aux autres. Pour ne prendre qu'un exemple qui permettra de comprendre ces articulations, à la suite d'une 427 décision de sanction de la Commission sur la base de l'article 101 ou 102 TFUE en application du règlement 1/2003, pourra être envisagée de la part des victimes une action en indemnité qui appellera très probablement la mise en œuvre du règlement « Bruxelles I » et qui, on ne peut l'exclure, conduira à une question préjudicielle en interprétation de la CJUE !

Seront donc successivement étudiées les procédures devant l'autorité interne de la concurrence (chapitre 12), devant l'autorité européenne de la concurrence (chapitre 13), devant les juges nationaux (chapitre 14) et, enfin, devant le juge européen (chapitre 15).

chapitre 12

Les procédures devant l'autorité interne de la concurrence

Plan analytique

section 1

Procédures et droit interne des pratiques anticoncurrentielles

section 2

Procédures et droit européen des pratiques anticoncurrentielles

§ 1 Procédures

§ 2 Sanctions

section 3

Les compétences subsidiaires du juge national

§ 1 Action en nullité

§ 2 Action en réparation

Les procédures devant l'autorité interne de la concurrence

À la Commission de la concurrence puis au Conseil de la concurrence a donc succédé, depuis la loi du 4 août 2008, l'Autorité de la concurrence (ADLC). Cette dernière se présente comme une autorité administrative indépendante (C. com., art. L. 461-1-I) dont la mission est de veiller au libre jeu de la concurrence. Composée de dix-sept membres nommés pour cinq ans, elle a à sa tête un président et fonctionne avec un collège qui comprend six membres ou ancien membres du Conseil d'État, de la Cour de cassation, de la Cour des comptes ou des autres juridictions administratives ou judiciaires, cinq personnalités choisies en raison de leur compétence en matière économique ou en matière de concurrence et de consommation et cinq personnalités exerçant ou ayant exercé leurs activités dans les secteurs de la production, de la distribution, de l'artisanat, des services ou des professions libérales. S'y ajoute un commissaire du gouvernement qui est désigné auprès de l'Autorité par le ministre chargé de l'économie. L'Autorité publie chaque année un rapport d'activité. 428

L'article L. 461-1 I du Code de commerce est enfin venu affirmer explicitement la nature d'autorité administrative indépendante de l'institution, rejoignant la qualification retenue en son temps par le Conseil constitutionnel (Décis. 23 janv. 1987, n° 86-224 DC). Cependant cette nature ne doit pas cacher que l'ADLC poursuit l'évolution entamée par le Conseil de la concurrence. En effet, sous l'influence de l'article 6 de la Convention européenne de sauvegarde des droits de l'homme et des jurisprudences européenne et française qui s'en inspirent, l'Autorité de la concurrence tend à se juridictionnaliser. Les principes d'impartialité du juge et d'égalité des armes interdisaient déjà la présence pendant le délibéré du rapporteur qui a procédé aux investigations nécessaires à l'instruction. Le principe du contradictoire et le nécessaire respect des droits de la défense trouvent évidemment toute leur place au sein de l'institution, comme on le verra. 429

Les attributions de l'ADLC sont de nature variée : attributions consultatives (facultatives ou obligatoires), attributions contentieuses. Pour les premières, on rappellera que l'Autorité de la concurrence peut être consultée, par les commissions parlementaires, sur les propositions de loi ainsi que sur toute question concernant la concurrence. Elle donne également son avis sur toute question relative à la concurrence que lui posent le gouvernement, les collectivités territoriales, les organisations professionnelles et syndicales, les organisations de consommateurs agréées, les chambres d'agriculture, et les chambres de commerce et d'industrie (C. com., art. L. 462-1). Elle peut aussi être consultée par les juridictions administratives, civiles et commerciales sur les pratiques anticoncurrentielles relevées dans les litiges dont elles sont saisies et rendre un avis après une procédure contradictoire (C. com., art. L. 462-3). Mais, l'Autorité est obligatoirement consultée par le gouvernement sur tout projet de texte réglementaire instituant un régime nouveau ayant directement pour effet de soumettre l'exercice d'une profession ou l'accès à un marché à des restrictions quantitatives ou d'établir des droits exclusifs dans certaines zones ou encore 430 d'imposer des pratiques uniformes en matière de prix ou de conditions de vente (C. com., art. L. 462-2). Il en va de même lorsque le gouvernement prévoit d'autoriser par décret certaines catégories d'accords restrictifs de concurrence mais de nature à contribuer au progrès économique. Pour les secondes, outre le contrôle des concentrations déjà évoqué (v. ss 368), ce sont surtout les attributions contentieuses de l'ADLC relatives aux pratiques anticoncurrentielles qui retiennent l'attention.

Les procédures contentieuses en matière de pratiques anticoncurrentielles permettent alors de bien saisir le véritable dédoublement fonctionnel auquel est soumis l'ADLC. C'est ce que l'on vérifiera en envisageant successivement les aspects internes (section 1) puis européens (section 2) des procédures en matière de pratiques anticoncurrentielles. Constatant cependant que toutes les procédures ne se déroulent pas devant la seule ADLC, on mentionnera aussi brièvement les compétences subsidiaires qui échoient au juge national (section 3).

section 1

Procédures et droit interne des pratiques anticoncurrentielles

■ 431 L'Autorité de la concurrence est saisie par le ministre chargé de l'économie, par une entreprise ou l'un des organismes visés à l'article L. 462-5 du Code de commerce, pour toute affaire concernant les intérêts dont ils ont la charge. Elle peut également se saisir elle-même. Cette saisine ne peut concerner que des faits datant de moins de cinq ans, sauf si des actes interruptifs de prescription ont été accomplis dans l'intervalle (C. com., art. L. 462-7).

S'ouvre alors une phase d'enquête. Ainsi, les rapporteurs de l'Autorité de la concurrence peuvent entendre dans ce cadre toute personne susceptible d'avoir connaissance d'informations pertinentes. Ils ont aussi le pouvoir, concurremment avec le ministre de l'Économie, de demander aux fonctionnaires spécialisés du ministère de l'Économie d'accomplir des enquêtes (C. com., art. L. 450-1). Ces enquêteurs peuvent accéder à tous locaux et moyens de transports à usage professionnel, demander communication des livres, factures et tous autres documents professionnels et d'en prendre copie par tous moyens et tous supports. Ils peuvent aussi demander à l'autorité dont ils dépendent la mise en place d'une expertise contradictoire et procéder à la visite en tous lieux et à la saisie de documents ou de tous supports d'information, sur autorisation du juge des libertés et de la détention dans le ressort duquel sont situés les lieux à visiter, qui vérifie que la demande est fondée. Il est donc essentiel de pouvoir justifier la visite, ce qui est à l'origine d'un contentieux naissant. La visite et les éventuelles saisies se dérouleront donc sous l'autorité et le contrôle du juge dans les conditions édictées par l'article L. 450-4 du Code de commerce (pour une synthèse récente des dernières évolutions, V. Sélinsky, « Le dépistage des pratiques anticoncurrentielles par les opérations de visite et de saisies », *Rev. Lamy concurrence* 30/2010, n° 1966).

À la suite de l'enquête, est envisagée l'instruction qui peut prendre deux formes mais dont le trait commun et, pour tout dire, essentiel, réside dans le respect du principe du contradictoire. La première, l'instruction ordinaire, consiste – après la notification des griefs aux parties et au commissaire du gouvernement qui peuvent consulter le dossier et présenter leurs observations dans un délai de deux mois – à notifier un rapport à partir duquel les parties ont un délai de deux mois pour présenter leurs observations en réponse. La seconde, la procédure simplifiée, voit le président de l'Autorité décider que l'affaire sera directement jugée par l'Autorité sans rapport préalable. La contrepartie de cette procédure accélérée, qui doit être réservée aux affaires les moins complexes, est une limitation du montant de la sanction maximum qui peut être prononcée. Il doit être souligné que les parties à la procédure sont tenues par un devoir de confidentialité, pénalement sanctionné, quant aux informations acquises lors des diverses communications ou de la consultation du dossier concernant une autre partie ou un tiers (C. com., art. L. 463-6). Enfin, l'Autorité de la concurrence peut demander à toute juridiction d'instruction ou de jugement les procès-verbaux ou rapports d'enquêtes ayant un lien direct avec des faits dont elle est saisie. Au-delà, et à tout moment de l'instruction, le rapporteur général peut ordonner une expertise contradictoire à la demande du rapporteur en charge du dossier ou d'une partie (C. com., art. L. 463-8). 432

L'instruction pourra déboucher sur une condamnation qui permet d'évoquer les différents types de sanctions dont l'ADLC peut user. En premier lieu, l'Autorité peut prendre les mesures conservatoires qui lui sont demandées ou celles qui lui apparaissent nécessaires, à condition que la pratique dénoncée porte une atteinte grave et immédiate à l'économie générale, à celle du secteur intéressé, à l'intérêt des consommateurs ou à l'entreprise plaignante (C. com., art. L. 464-1). Ces mesures conservatoires peuvent consister en la suspension de la pratique concernée ou à enjoindre aux parties de revenir à l'état antérieur. Elles doivent toujours être strictement limitées à ce qui est nécessaire pour faire face à l'urgence. En deuxième lieu, l'ADLC peut prendre des décisions définitives. Par décision motivée, l'Autorité peut, tout d'abord, déclarer la saisine irrecevable pour défaut d'intérêt ou de qualité à agir de l'auteur de celle-ci ou pour prescription des faits incriminés (C. com., art. L. 462-8). Par décision motivée, L'Autorité peut, ensuite, rejeter la saisine lorsqu'elle estime que les faits invoqués ne sont pas étayés d'éléments suffisamment probants. Par décision motivée, l'Autorité peut, enfin, après que l'auteur de la saisine et le commissaire du gouvernement aient été mis en mesure de consulter le dossier et de faire valoir leurs points, décider qu'il n'y a pas lieu de poursuivre car aucune pratique de nature à porter atteinte à la concurrence sur le marché n'a été établie. En troisième et dernier lieu, l'Autorité peut prendre des sanctions à la suite d'une séance non publique où sont seuls présents les parties, le commissaire du gouvernement et, bien sûr, les membres de l'autorité y compris le rapporteur (C. com., art. L. 463-7). De par l'article L. 464-1 du Code de commerce, l'ADLC peut ordonner aux intéressés de mettre fin aux pratiques anticoncurrentielles dans un délai qu'elle détermine. Elle peut, en outre, leur infliger des sanctions pécuniaires proportionnées à la gravité des faits reprochés, à l'importance du dommage causé à l'économie, à la situation de l'organisme ou de l'entreprise sanctionné, à l'éventuelle récidive. En cas de pratiques collectives, les peines doivent être individualisées et motivées. Selon la procédure (simplifiée ou normale), le montant des sanctions pécuniaires peut varier. En cas de procédure simplifiée, il ne peut excéder 750 000 euros pour chacun des auteurs des pratiques prohibées 433

(C. com., art. L. 464-5). En cas de procédure normale, il ne peut excéder 3 millions d'euros si le contrevenant n'est pas une société et 10 % du chiffre d'affaires mondial hors taxes le plus élevé réalisé au cours de l'un des exercices clos depuis l'exercice précédent celui au cours duquel les pratiques illicites ont été commises pour une société. Par ailleurs, l'Autorité peut ordonner, aux frais de la personne condamnée, la publication de sa décision dans les journaux. On signalera que, dans un communiqué du 16 mai 2011, l'Autorité de la concurrence a explicité sa méthode de détermination des sanctions pécuniaires avec comme double objectif affiché, d'une part, d'accroître la transparence sur la façon dont sont fixées les sanctions encourues en cas d'entente et d'abus de position dominante, d'autre part, de faciliter le dialogue avec les entreprises dans le cadre des procédures négociées qui sont, depuis une dizaine années, une tendance lourde de la politique de concurrence.

■ 434 Car, et nécessité existe d'y insister, il faut en effet mentionner les mesures de *clémence*[Q] introduites par la loi du 15 mai 2001 (C. com., art. 464-2-III et IV) et complétées par la procédure d'*engagement*[Q] (*ibid.*) ainsi que par la procédure de *non-contestation des griefs*[Q]. Chacune mérite d'être précisée. La clémence permet à l'Autorité de détecter, de faire cesser et de réprimer plus facilement les ententes, en particulier les cartels, en contrepartie d'un traitement favorable accordé, dans certaines conditions, aux entreprises qui en dénoncent l'existence et qui coopèrent à la procédure engagée à leur sujet. Le Conseil de la concurrence avait publié le 17 avril 2007 un communiqué de procédure précisant le domaine du programme de clémence, les conditions d'éligibilité et les conditions de fond devant être remplies par les entreprises qui demandent à en bénéficier, ainsi que la procédure à suivre à cet égard. Ce communiqué a été repris à son compte par l'Autorité de concurrence le 2 mars 2009 et constitue, donc, le droit positif en la matière. La procédure d'engagement permet aux entreprises d'élaborer, de manière négociée, des solutions répondant aux préoccupations de concurrence de l'Autorité, particulièrement en cas de pratiques unilatérales ou verticales restreignant l'accès à un marché. S'ils sont acceptés, ces engagements permettent de mettre fin à la procédure avant tout constat d'infraction. Ainsi, il devient possible d'accélérer la résolution de certaines affaires, en privilégiant le rétablissement rapide et efficace du jeu normal de la concurrence, L'Autorité peut se concentrer alors sur des cas plus graves. Là encore, l'Autorité de la concurrence a repris à son compte le 2 mars 2009, le communiqué de procédure relatif aux engagements en matière de concurrence élaboré par le Conseil de la concurrence tout en l'adaptant aux dispositions de l'ordonnance du 13 novembre 2008. Enfin, la non-contestation des griefs permet aux entreprises de renoncer volontairement à contester les griefs notifiés par les services d'instruction de l'Autorité de la concurrence, en contrepartie d'une réduction de la sanction. L'opportunité en est laissée au rapporteur général. Les entreprises peuvent, en outre, s'engager à modifier leur comportement pour l'avenir et bénéficier, sous la même réserve, d'une réduction de sanction supplémentaire. L'Autorité de la concurrence a publié le 10 février 2012 un communiqué de procédure relatif à la non-contestation des griefs qui permet de comprendre l'approche suivie en pratique par l'Autorité lorsqu'elle met en œuvre la procédure de non-contestation des griefs et synthétise sa pratique décisionnelle.

■ 435 Enfin, différentes voies de recours existent, que ce soit contre les décisions portant des mesures conservatoires (C. com., art. R. 464-22) ou, surtout, pour les décisions définitives. Ces dernières sont susceptibles d'appel devant la cour de Paris dans le mois suivant leur notification. Ce recours, qui tend à l'annulation ou à la réformation de la décision de l'Autorité, n'est pas suspensif, sauf décision du premier président. La voie de recours est ouverte non seulement aux entreprises condamnées ainsi qu'à l'auteur de la saisine, mais encore au ministre de l'Économie. Si l'Autorité n'est naturellement pas partie à l'instance, elle a tout de même la faculté de présenter des observations écrites (C. com., art. R. 464-18 et s.), ce qui n'est pas sans susciter quelques réserves (Com. 27 janv. 1998, *Bull. civ.* IV, n° 42). L'arrêt de la cour d'appel de Paris pourra être frappé d'un pourvoi en cassation dans le mois de sa signification. Et on soulignera que la Cour de cassation exerce un contrôle « plein » qui l'amène, par exemple, à contrôler la proportionnalité des sanctions pécuniaires.

section **2**

Procédures et droit européen des pratiques anticoncurrentielles

Le considérant n° 4 du règlement (CE) n° 1/2003 le dit explicitement : il s'agit désormais 436
de reconnaître « aux autorités de concurrence et aux juridictions des États membres le pouvoir d'appliquer non seulement l'article 81, paragraphe 1er, et l'article 82 du traité, directement applicables en vertu de la jurisprudence de la Cour de justice des Communautés européennes, mais également l'article 81 paragraphe 3 du traité ». La compétence dévolue aux autorités nationales de concurrence (ANC) et aux juridictions des États membres est donc générale. Ainsi en va-t-il pour l'Autorité de la concurrence. Et différentes normes nationales d'application par exemple, l'ordonnance n° 2004-237 du 4 novembre 2004 (*JORF* 5 nov. 2004) ou la loi n° 2008-776 du 4 août 2008 de modernisation de l'économie ou encore l'ordonnance n° 2008-1161 prise le 13 novembre 2008 – constituent désormais l'armature rénovée de l'application des articles 101 et 102 TFUE par l'ADLC.

L'autorité de la concurrence, comme toutes les autorités nationales de la concur- 437
rence, est désormais au premier plan de la lutte contre les pratiques anticoncurrentielles européennes. En ce sens, un « modèle » procédural européen a émergé de même que s'affirme progressivement un « modèle » de sanction européen. On présentera donc brièvement les procédures (§ 1) et les sanctions (§ 2).

§ 1 Procédures

Avec l'entrée en vigueur du règlement n° 1/2003, les autorités nationales de la 438
concurrence – dont l'ADLC - se voient reconnaître la compétence d'appliquer les articles 81 et 82 CE – art. 101 et 102 TFUE – dans leur intégralité (art. 5 et 6). Mais, au-delà, la décentralisation se traduit par un rapprochement très net des procédures nationale et européenne même si, naturellement, le principe d'autonomie procédural est réaffirmé. Ainsi, la procédure devant l'autorité publique se déroule en deux phases successives : la phase administrative et la phase contentieuse. Entre les deux intervient

un acte décisif qui est la communication des griefs. Et tout débute par la saisine de l'autorité qui peut, aussi, être une auto-saisine. L'expression de plainte n'est pas utilisée et les textes se bornent à évoquer une « demande » présentée par les personnes physiques ou morales qui peuvent faire valoir un intérêt légitime. Ainsi, tout comme la Commission n'est pas obligée d'ouvrir une procédure et peut y mettre fin à tout instant (TPICE 15 janv. 1997, *SFEI*, aff. T-77/95, *Rec. CJCE* II-1), il en va de même pour les autorités nationales. L'autorité va cependant examiner les faits qui lui sont soumis et, si elle ne souhaite pas poursuivre, indiquer à l'auteur de la demande les motifs qui la conduisent à adopter une telle attitude. Dans le cas de la Commission, l'échange entre le demandeur et l'autorité conduira alors cette dernière soit à adopter une décision définitive de rejet soit à se contenter d'une lettre administrative de classement. L'une et l'autre sont susceptibles de faire l'objet d'un recours en annulation dès lors que le caractère final de la décision est établi (TPICE 14 mai 1997, *Florimex*, aff. T-77/94, *Rec. CJCE* II-693). L'auto-saisine est envisagée par le règlement (CE) n° 1/2003 et vise l'hypothèse où la constatation par l'autorité d'une probable infraction aux articles 101 ou 102 TFUE l'autorise à s'en saisir d'office. Cette constatation peut résulter de plaintes anonymes, de signalements par d'autres autorités nationales. Enfin, il ne faut pas oublier l'hypothèse des enquêtes sectorielles.

■ 439 La phase administrative se poursuit avec l'enquête préalable qui va être menée par les services des autorités nationales, éventuellement d'ailleurs à la demande expresse de la Commission européenne. Dans le cas de l'application des articles 101 et 102 TFUE, le règlement (CE) n° 1/2003 détaille les conditions de l'enquête en ses articles 17 à 22. Sans entrer dans le détail, on observera que l'extension des pouvoirs d'enquête accordés à l'Autorité de la concurrence et son corollaire qui réside dans une affirmation plus nette des droits et garanties reconnus aux entreprises correspondent à une véritable codification des leçons dégagées de la jurisprudence de la Cour et du tribunal issue de l'application du règlement n° 17/62. On en prendra un seul exemple avec la question du secret professionnel – protégé en son temps par l'article 29 du règlement n° 17/62. La Cour a pu clarifier le régime des informations confidentielles (à propos du secret de la correspondance avec l'avocat, CJCE 18mai 1982, *AM & S*, aff. 155/79, *Rec. CJCE* 1575) et des secrets d'affaires (CJCE 18 oct. 1989, *Orkem*, aff. 374/87, *Rec. CJCE* 3283). La question des informations confidentielles et, singulièrement, du secret professionnel suscite toujours un débat assez nourri relatif au *legal privilege* des juristes d'entreprises. Ce débat est apparu à l'occasion d'une affaire d'abord traitée sous l'angle du référé (TPICE 30 oct. 2003, *Akzo Nobel Chemicals*, aff. T-25/03 et aff. T-53/04, *Rec. CJCE* II-4771 ; CJCE 27 sept. 2004, *Akzo Nobel Chemicals*, aff. C-/04, *Rec. CJCE* I-8739). Relevant qu'il avait été mis en présence d'éléments « de nature à démontrer que le rôle de collaborateur de justice dévolu aux avocats indépendants, qui est déterminant pour la reconnaissance de la protection des correspondances auxquelles ils sont partis, est désormais susceptible d'être partagé, dans une certaine mesure, par certaines catégories de juristes employés de façon permanente au sein d'entreprises, lorsque ceux-ci sont soumis à des règles déontologiques strictes », le président du TPI avait estimé qu'il s'agissait là d'« une question de principe délicate, qui nécessite une appréciation juridique complexe [qui] doit être réservée au tribunal statuant au principal ». Cela ne l'avait cependant pas empêché d'ordonner que les documents établis par les juristes des deux sociétés, dont la Commission avait souhaité pouvoir prendre connaissance, soient conservés au greffe du tribunal jusqu'à ce qu'il soit statué au principal. Cette solution et ce raisonnement sont censurés par le président de la CJUE ce qui accentue l'incertitude qui entoure le sort du *legal privilege* des juristes d'entreprise dans le cas des enquêtes de concurrence et, ce, dans un contexte désormais renouvelé (v. depuis CJUE 6 sept. 2012, *PUKE*, aff. C-2/11 P et aff. C-3/11 P, ncp). On touche là à ce que l'on appelle le droit au silence, compris comme le droit de ne pas s'auto-incriminer, car pour le reste – et ainsi que cela a été déjà relevé – l'entreprise est tenue de collaborer activement avec les autorités de concurrence. La phase contentieuse ou contradictoire s'ouvre, à la suite de l'enquête, par la communication des griefs. C'est, ici, le règlement (CE) n° 773/2004 qui gouverne les choses (*JOUE* L 123, 27 avr. 2004). Un rôle important est dévolu au conseiller-auditeur lors de l'audition des parties. Le mandat du conseiller-auditeur est défini dans une décision de la Commission du 23 mai 2001 (*JOCE* L 162 du 19 juin 2001). Ce Haut fonctionnaire indépendant (il est directement rattaché au Commissaire et non au directeur général de la concurrence) est chargé d'organiser les auditions lors de la phase administrative et d'assurer leur bon déroulement. Il rédige un rapport final sur l'affaire qui est joint à la décision et publié au *Journal officiel*. Il a notamment pour mission de résoudre les différends opposant les services de la Commission aux parties concernées et, par exemple, ceux qui portent sur le caractère confidentiel des documents et sur le droit d'accès au dossier. La présence du conseiller-auditeur – son homologue a fait son apparition dans la procédure française à la suite de la LME – est d'autant plus précieuse que la Commission cumule les fonctions d'instruction et de décision. On a pu s'interroger sur la perpétuation de ce cumul au regard de certains principes processuels bien connus comme l'impartialité et/ou l'égalité des armes. Une première réponse partielle est apportée par la consultation obligatoire du comité consultatif prévu à l'article 14 du règlement (CE) n° 1/2003. Une deuxième réponse sera peut-être apportée du fait de l'accès à la « justiciabilité » de la Charte des droits fondamentaux et de l'adhésion désormais programmée de l'Union européenne à la Convention EDH...

§ 2 Sanctions

Les sanctions qu'il s'agit d'évoquer présentent la nature de sanctions administratives. 440
On observera, avant de les étudier, que dans certains cas l'autorité nationale peut être amenée à considérer que la violation de la règle n'est pas établie et, donc, qu'il convient de prendre une décision de non-lieu ou une décision en constatation de non-application des dispositions pertinentes (art. 101 ou 102 TFUE). Ce qui retient surtout l'attention, c'est l'hypothèse de la coercition. Et, en la matière, cohabitent désormais ce que l'on sera tenté d'appeler des sanctions traditionnelles (injonction et amendes) et des sanctions nouvelles inspirées d'une logique de négociation (engagements et transaction).

Les sanctions traditionnelles se manifestent donc au travers du prononcé d'injonc- 441
tions et/ou d'amendes. Il s'agit, très simplement, d'ordonner aux entreprises ayant méconnu les articles 101 et 102 de cesser le comportement reproché. Les articles 7 et 8 du règlement (CE) n° 1/2003 donnent ainsi quelques exemples. Ainsi, dans les cas d'urgence justifiés par le fait qu'un préjudice grave et irréparable risque d'être causé à la concurrence, l'autorité, agissant d'office, peut, par voie de décision et sur la base d'un constat d'infraction, ordonner des mesures provisoires. Ainsi et plus généralement, l'autorité peut imposer aux entreprises toute mesure corrective de nature structurelle ou comportementale, qui soit proportionnée à l'infraction commise et

nécessaire pour faire cesser effectivement l'infraction. Selon les catégories bien connues, ces injonctions peuvent être des injonctions de ne pas faire (ne pas refuser de vendre) ou des injonctions de faire (céder un actif). Afin d'en assurer l'effectivité, le règlement (CE) n° 1/2003 permet d'assortir l'injonction d'une astreinte pouvant s'élever jusqu'à 5 % du chiffre d'affaires quotidien de l'entreprise concernée. C'est ici faire le lien avec l'autre sanction traditionnelle qui est pécuniaire : l'amende. On l'a vu précédemment dans l'examen des règles de fond, les autorités de concurrence sont amenées à infliger des amendes de plus en plus sévères dans la limite du plafond de 10 % du chiffre d'affaires mondial de la ou des entreprises concernées. Et on a aussi signalé que cette perspective a conduit au développement de la politique de clémence qui permet à l'entreprise qui entend en bénéficier d'espérer une exonération éventuellement totale du montant de l'amende. Quelle que soit l'opinion que l'on se fait de ce mécanisme, il illustre le pragmatisme – certains diront le cynisme – qui marque la politique de sanction en matière de concurrence. Et il est vrai que l'imagination est reine qui conduit à devoir présenter des modes nouveaux de sanction.

■ 442 Les sanctions nouvelles ont fait leur apparition tant dans l'ordre juridique européen que dans l'ordre juridique national ces dernières années. L'idée essentielle qui les anime est de concilier efficacité et réduction des coûts pour l'autorité de concurrence. Une démarche plus simple, plus rapide est recherchée qui doit cependant déboucher sur une cessation des actes anticoncurrentiels. Le règlement (CE) n° 1/2003 a, ainsi, instauré une procédure d'engagements en son article 9. Plus récemment, a été mise en place la transaction par un règlement du 30 juin 2008 (règlement (CE) n° 622/2008 du 30 juin 2008, *JOUE* L 171, 1er juill. 2008). Il importe de bien distinguer l'une de l'autre. Le point de césure est alors la notification des griefs. La procédure d'engagement s'envisage avant la notification des griefs et conduit l'entreprise poursuivie à s'engager à prendre des mesures de nature comportementale et/ou structurelle de nature à rétablir une situation concurrentielle. Ces mesures sont très proches de celles qui sont prises sous injonction et d'ailleurs on ne peut exclure que les engagements soient suggérés par l'autorité. Cette dernière prendra dès lors une décision pour rendre obligatoires les engagements et conclure qu'il n'y a plus lieu pour elle d'agir. Le TPI a accepté de contrôler ces engagements et a rappelé dans une importante décision que les engagements rendus obligatoires devaient être proportionnés aux préoccupations concurrentielles exposées dans le cadre de la procédure (TPICE 11 juill. 2007, *Alrosa*, aff. T-70/06, *Rec. CJCE* II-2601). La transaction, elle, intervient postérieurement à la notification des griefs et conduit l'entreprise à renoncer à discuter ces griefs avancés par l'autorité moyennant l'espoir d'une réduction significative de l'amende encourue (50 %). La procédure de transaction vise donc à éviter les coûts administratifs inutiles dans certaines configurations procédurales : non pas renoncer à toute procédure mais l'adapter dans des cas qui le justifient. La seule question qui demeure est celle de savoir qui de l'utilitarisme et de la protection des droits fondamentaux triomphe...

section 3

Les compétences subsidiaires du juge national

Les juridictions nationales sont appelées de plus en plus à jouer un rôle non négligeable dans la lutte contre les ententes et les abus de position dominante. En ce sens, et d'un point de vue français, il a été fait le choix – discutable au regard de l'objectif affiché par le règlement (CE) n° 1/2003 de diffusion d'une « culture de concurrence » – de procéder à une spécialisation des juridictions (art. L 420-7 C. com. et Décr. n° 2005-1756 du 30 déc. 2005). Il importe de préciser que l'action privée (« *private enforcement*[Q] ») est susceptible de s'inscrire dans un contexte marqué par un élément d'extranéité de la situation juridique concernée. L'action est alors tributaire des instruments de droit international privé européen relatifs tant à la compétence juridictionnelle (règlement « Bruxelles I ») qu'à la compétence législative (règlement « Rome I » et « Rome II »). On renverra aux développements les concernant dans le chapitre 14. Cette précision apportée, le juge national peut être appelé à connaître de l'annulation d'un accord anticoncurrentiel (§ 1). De manière plus récente, et objet de toutes les attentions y compris encore dernièrement, le juge est aussi amené à connaître d'un contentieux de la réparation (§ 2). 443

§ 1 Action en nullité

On l'a déjà évoqué dans cet ouvrage, la nullité de l'accord est une des sanctions prévues par le traité lui-même de par l'article 101 § 2 TFUE. Il sera donc renvoyé aux développements spécifiques (v. ss 319). 444

Le contexte d'extranéité qui sera fréquemment relevé conduira alors à devoir mettre en œuvre la règle de conflit de lois pour déterminer la loi applicable au contrat, étant précisé que le régime de la nullité de l'accord anticoncurrentiel relèvera de cette loi applicable. Aux conventions internationales bien connues succède donc le règlement « Rome I » qui permettra de déterminer la loi du contrat et, dès lors, le sort de la nullité d'une clause stipulée, par exemple, dans un contrat de distribution. Plus exactement, c'est la loi applicable qui déterminera les modalités et les conséquences de l'annulation de la clause manifestement contraire à l'article 101 § 1er TFUE. 445

§ 2 Action en réparation

La responsabilité de l'auteur d'une pratique anticoncurrentielle peut donc être recherchée devant la juridiction nationale. Les règles traditionnelles de la responsabilité délictuelle sont alors mobilisées, éventuellement dans un contexte de droit international privé caractérisé depuis 2009 par l'existence d'une règle spéciale prévue par le règlement « Rome II » : l'article 6 relatif à la concurrence déloyale et aux actes restreignant la libre concurrence. Ainsi, en matière de délits résultant d'une pratique 446 anticoncurrentielle, la loi applicable est celle du marché affecté ou susceptible de l'être. Cette intervention du « législateur » européen – certes limitée à la détermination de la loi applicable – préfigure une intervention plus poussée de sa part dont les bases ont été jetées en juin 2013.

En effet, depuis 2005 la Commission européenne a publié de nombreux textes dont l'objet est de dessiner par touches successives un éventuel droit européen des actions en dommages et intérêts pour infraction aux règles européennes en matière d'ententes et abus de position dominante (en ce sens, Livre vert du 19 décembre 2005, COM[2005] 672 final et Livre blanc du 2 avril 2008, COM[2008] 165 final). Ces textes mettent en lumière que les actions privées demeurent assez exceptionnelles en Europe. Tributaires des droits nationaux, ces actions sont délicates à engager et, surtout, à mener jusqu'à leur terme pour des raisons aujourd'hui bien identifiées.

La Commission européenne a pointé les difficultés inhérentes à toute action en réparation en matière de pratiques anticoncurrentielles. Ces difficultés sont de trois ordres. D'une part, l'action est le plus souvent individuelle, faute pour les États membres de connaître des mécanismes d'action de groupe (« *Class Action* »). Or, la lourdeur d'une telle procédure (et son coût) peut naturellement dissuader la victime, qu'elle soit une entreprise ou un consommateur. D'autre part, ce type de procédure emporte des difficultés de nature probatoire. Certes, cet aspect sera moins important lorsque l'action judiciaire fera suite à l'action administrative, le juge – même s'il n'est pas forcément lié par la décision de l'autorité administrative – s'appuyant sur les constats et conclusions de l'autorité. Mais il n'en demeure pas moins qu'établir l'existence d'une pratique anticoncurrentielle n'est pas aisé. Enfin, il sera nécessaire d'établir le préjudice subi et, là encore, les choses sont on ne peut plus complexes. Il suffit, sur ce point, de souligner que la Commission dans son Livre vert met en lumière de multiples méthodes qui reposent toutes sur des analyses économétriques ou financières poussées. Que l'on privilégie la méthode dite « étalon », la méthode « avant-après », les approches divergentes utilisées pour déterminer les profits perdus peuvent donner lieu à l'octroi de dommages et intérêts considérablement différents au-delà de l'affirmation en apparence simple selon laquelle « la perte à dédommager [...] est définie comme étant la différence entre la situation réelle du requérant et celle dans laquelle il aurait été en l'absence du comportement illicite » (Livre vert du 19 décembre 2005). La Commission, sur ce dernier point, a apporté en décembre 2009 un début de réponse en publiant, à destination des juridictions, un document non contraignant sur le calcul des dommages et intérêts (« *Quantifying antitrust damages: towards non-binding guidances for courts* », disponible sur le site Internet de la DG COMP).

447 La Cour de justice a, pour sa part, dégagé les principes généraux en la matière à la faveur de quelques arrêts essentiels. On mentionnera, en premier lieu, l'arrêt *Courage* du 20 septembre 2001 (CJCE 20 sept. 2001, *Courage*, aff. C-53/99, *Rec. CJCE* I-6297). Cet arrêt constitue la décision de référence, en ce que la Cour a jeté à l'occasion de cette affaire les bases des conditions de la réparation. Ainsi, selon elle, tout particulier est en droit de se prévaloir en justice de la violation du droit européen de la concurrence, même lorsqu'il est lui-même partie à un contrat susceptible de restreindre ou de fausser le jeu de la concurrence. Bien plus, « la pleine efficacité de l'article 85 du traité [désormais art. 101 TFUE] et, en particulier, l'effet utile de l'interdiction énoncée à son paragraphe 1er seraient mis en cause si toute personne ne pouvait demander réparation du dommage que lui aurait causé un contrat ou un comportement susceptible de restreindre ou de fausser le jeu de la concurrence ». L'enjeu est alors de « décourager les accords ou pratiques, souvent dissimulés, susceptibles de restreindre ou de fausser le jeu de la concurrence. Dans cette perspective, les actions en dommages-intérêts devant les juridictions nationales sont susceptibles de contribuer substantiellement au maintien d'une concurrence effective dans la Communauté ». Toutefois, précise la Cour, en l'absence d'harmonisation européenne en la matière, il appartient à l'ordre juridique de chaque État membre de désigner les juridictions compétentes et de régler les modalités procédurales des recours destinés à assurer la sauvegarde des droits que les justiciables tirent de l'effet direct du droit européen. Cependant, ces modalités ne doivent pas être moins favorables que celles concernant des recours similaires de nature interne (principe de l'équivalence) et ne doivent pas rendre pratiquement impossible ou excessivement difficile l'exercice des droits conférés (principe d'effectivité). On évoquera, en second lieu, l'arrêt *Manfredi* du 13 juillet 2006 (CJCE 13 juill. 2006, *Manfredi*, aff. C-95 à 298/04, *Rec. CJCE* I-6619). La Cour réaffirme que l'article 101, paragraphe 1er, TFUE produit des effets directs dans les relations entre les particuliers et engendre des droits dans le chef des justiciables que les juridictions nationales doivent sauvegarder. Dès lors, toute personne est en droit de faire valoir la nullité d'une entente et, lorsqu'il existe un lien de causalité entre celle-ci et le préjudice subi, de demander réparation dudit préjudice. En l'absence de réglementation européenne en la matière, il appartient à l'ordre juridique interne de chaque État membre de fixer les modalités d'exercice de ce droit, y compris celles de l'application de la notion de « lien de causalité » dans le double respect des principes d'équivalence et d'effectivité.

La modélisation se profile pleinement avec la diffusion, le 11 juin 2013, de ce que d'aucuns ont appelé le « paquet *private enforcement* » de la Commission européenne. Pas moins de cinq documents sont ainsi publiés : une communication de la Commission intitulée « Vers un cadre horizontal européen pour les recours collectifs », une recommandation de la Commission relative à des principes communs applicables aux mécanismes de recours collectif en cessation et en réparation prévus dans les États membres en cas de violation des droits conférés par le droit de l'UE, une proposition de directive du Parlement européen et du Conseil relative à certaines règles régissant les actions en dommages et intérêts en droit interne pour les infractions aux dispositions du droit de la concurrence des États membres et de l'Union européenne, une communication de la Commission relative à la quantification du préjudice dans les actions en dommages et intérêts fondées sur des infractions à l'article 101 ou 102 TFUE et un Guide pratique sur la quantification des préjudices dans les actions en dommages et intérêts fondées sur des infractions à l'article 101 ou 102 TFUE. Ce sont surtout les trois derniers documents qui retiennent ici l'attention (ils sont disponibles sur http://ec.europa.eu/competittion/antitrust/actionsdamages). Ils se proposent de garantir l'exercice effectif du droit à réparation conféré par le droit de l'UE et de réglementer certains aspects essentiels de l'« interaction » entre *public enforcement* et *private enforcement* pour reprendre les expressions désormais consacrées. La proposition de directive concerne donc les actions en dommages et intérêts découlant de la violation des règles de concurrence, que ces actions soient individuelles ou collectives. Les États membres sont invités à privilégier les actions de suivi (actions de *follow-on*), c'est-à-dire des actions faisant suite à une décision de condamnation par l'autorité publique. Et la directive édicte toute une série de dispositions de nature à faciliter l'action indemnitaire, notamment en matière probatoire qui est en réalité la question essentielle.

Compléments pédagogiques

Mémo

L'autorité de la concurrence (ADLC) est aujourd'hui investie d'une large mission tant au plan interne qu'européen. Elle *connaît donc à la fois des pratiques anticoncurrentielles prohibées par le droit interne et par le droit de l'Union européenne. Autorité administrative indépendante, elle n'en témoigne pas moins d'une certaine juridictionnalisation des procédures qu'elle met en œuvre dans le respect de l'article 6 CEDH* et notamment ses volets relatifs au principe du contradictoire ou de l'égalité des armes. C'est surtout *l'occasion de constater une certaine modélisation procédurale qui rend quasi indifférentes les procédures internes et européennes, même si demeure affirmé le principe d'autonomie procédurale des États membres.* Tel est notamment le cas lorsque l'on s'intéresse aux alternatives à la sanction pécuniaire, qu'il s'agisse de la procédure de clémence, de non-contestation des griefs ou d'engagements. Mais, parce que l'autorité de la concurrence n'exerce pas la plénitude du panel des sanctions, *le juge étatique se voit aussi confier la mission, d'une part, de tirer toutes les conséquences de la nullité consécutive à l'établissement de la pratique anticoncurrentielle ainsi que, d'autre part, d'accorder une éventuelle réparation pécuniaire aux personnes victimes de ces atteintes au jeu de la concurrence.* Là aussi, et de manière récente, la publication d'un « paquet *private enforcement* » cherche à assurer un effet de modélisation procédurale.

Quid

■ Clémence n° 434

Traitement de faveur accordé par l'autorité de concurrence en contrepartie de la dénonciation par une entreprise d'une pratique anticoncurrentielle.

■ Engagements n° 434

Procédure négociée par l'entreprise et l'autorité de concurrence afin de mettre un terme à une pratique anticoncurrentielle.

■ *Follow-on* n° 447

Action indemnitaire faisant suite à une condamnation par l'autorité de la concurrence.

■ Non-contestation des griefs n° 434

Renonciation volontaire de l'entreprise à contester des griefs de pratique anticoncurrentielle en contrepartie d'une réduction de sanction.

■ *Private enforcement* **n° 443, 447**

Action judiciaire de la victime d'une pratique anticoncurrentielle à fin d'indemnisation.

Biblio

On renverra à la bibliographie présentée au chapitre suivant.

Document

Proposition de directive du Parlement européen et du conseil relative à certaines règles régissant les actions en dommages et intérêts en droit interne pour les infractions aux dispositions du droit de la concurrence des États membres et de l'Union européenne (COM (2013) 404 final, 11 juin 2013) (Extraits)

(…) Les actions en dommages et intérêts fondées sur des infractions à l'article 101 ou 102 du traité constituent un important volet de la mise en œuvre du droit de la concurrence de l'UE à l'initiative de la sphère privée. Il résulte de l'effet direct des interdictions prévues aux articles 101 et 102 du traité que toute personne est en droit de demander réparation du préjudice subi lorsqu'il existe un lien de causalité entre ledit préjudice et une infraction aux règles de concurrence de l'UE. Les parties lésées doivent pouvoir demander réparation non seulement de la perte subie (*damnum emergens*), mais également du gain dont elles ont été privées (manque à gagner/ *lucrum cessans*), ainsi que le paiement d'intérêts. La réparation des préjudices causés par des infractions aux règles de concurrence de l'UE ne peut être obtenue dans le cadre de la mise en œuvre des règles de concurrence par la sphère publique. L'octroi d'une indemnisation ne relève pas de la compétence de la Commission et des ANC, mais de celle des juridictions nationales, et appartient au domaine du droit et de la procédure civils. (…)

La présente proposition a pour objet de garantir la mise en œuvre effective des règles de concurrence de l'UE

i) en optimisant l'interaction entre la mise en œuvre du droit de la concurrence par la sphère publique et sa mise en œuvre à l'initiative de la sphère privée ; et

ii) en veillant à ce que les victimes d'infractions aux règles de concurrence de l'UE puissent obtenir la réparation intégrale du préjudice qu'elles ont subi.

Optimiser l'interaction entre la mise en œuvre du droit de la concurrence par la sphère publique et sa mise en œuvre à l'initiative de la sphère privée

L'action complémentaire de la sphère publique et de la sphère privée constitue le meilleur moyen de garantir, de manière générale, la mise en œuvre des règles de concurrence de l'UE. Cependant, le cadre juridique existant ne régit pas de façon adéquate l'interaction entre les deux volets de la mise en œuvre du droit de la concurrence de l'UE. Une entreprise qui envisage de coopérer avec une autorité de concurrence dans le cadre de son programme de clémence (qui permet aux entreprises de confesser leur participation à une entente en échange d'une immunité d'amendes ou d'une réduction de leur montant) ne peut pas savoir, au moment de cette coopération, si les victimes de l'infraction au droit de la concurrence auront accès aux informations qu'elle a fournies spontanément à l'autorité de concurrence. En particulier, dans son arrêt rendu en 2011 dans l'affaire *Pfleiderer*, la Cour de justice de l'Union européenne (ci-après la « Cour ») a conclu qu'en l'absence de dispositions à cet égard dans le droit de l'UE, il appartient aux juridictions nationales de décider, sur la base du droit interne et au cas par cas, s'il convient de divulguer des documents, y compris les documents relatifs à une procédure de clémence. Lorsqu'elles prennent une telle décision, les juridictions nationales devraient trouver un juste équilibre entre la nécessité de préserver la mise en œuvre effective des règles de concurrence de l'UE par la sphère publique et celle de garantir l'exercice effectif du droit à réparation intégrale. Il peut en résulter des divergences entre les États membres, et même au sein d'un même État membre, en matière de divulgation des preuves figurant dans les dossiers des autorités de concurrence. En outre, l'incertitude qui en découle quant à la possibilité que des informations liées à une demande de clémence soient divulguées est de nature à influencer la décision d'une entreprise de coopérer ou non avec les autorités de concurrence dans le cadre de leur programme de clémence. En l'absence de toute initiative juridiquement contraignante au niveau de l'UE, l'efficacité des programmes de clémence — qui constituent un instrument très important pour la mise en œuvre des règles de concurrence de l'UE par la sphère publique — pourrait être gravement menacée par le risque que certains documents soient divulgués dans le cadre d'actions en dommages et intérêts engagées devant des juridictions nationales. La nécessité d'encadrer par la voie réglementaire l'interaction entre la mise en œuvre du droit par la sphère publique et sa mise en œuvre à l'initiative de la sphère privée a été confirmée dans les réponses des parties prenantes à la consultation publique organisée au sujet du livre blanc de 2008 sur les actions en dommages et intérêts pour infraction aux règles communautaires sur les ententes et les abus de position dominante (le « livre blanc ») et à la consultation de 2011 sur une approche européenne cohérente en matière de recours collectifs. Dans leur résolution de mai 2012, les responsables des autorités européennes de concurrence ont également insisté sur l'importance de la protection des éléments relevant d'une procédure de clémence dans le contexte des actions en dommages et intérêts intentées au civil. Le Parlement européen a souligné, à plusieurs reprises, le caractère essentiel de la mise en œuvre du droit par la sphère publique dans le domaine de la concurrence et invité la Commission à garantir que sa mise en œuvre à l'initiative de la sphère privée ne porte pas préjudice à l'efficacité des programmes de clémence ni aux procédures de transaction. Le premier objectif principal de la présente proposition est donc d'optimiser l'interaction entre la mise en œuvre des règles de concurrence de l'UE par la sphère publique et leur mise en œuvre à l'initiative de la sphère privée, en donnant à la Commission et aux ANC les moyens de poursuivre une politique forte de mise en œuvre du droit de la concurrence, tout en permettant aux victimes d'infractions au droit de la concurrence d'obtenir la réparation du préjudice qu'elles ont subi.

Garantir l'exercice effectif du droit à réparation intégrale des victimes

Le second objectif principal est de permettre aux victimes d'infractions aux règles de concurrence de l'UE d'obtenir effectivement la réparation du préjudice qu'elles ont subi. Bien que le droit à réparation intégrale soit garanti par le traité lui-même et fasse partie de l'acquis de l'Union, il est souvent difficile, sinon pratiquement impossible, de l'exercer réellement, à cause des règles et des procédures applicables. En dépit des signes d'amélioration récemment constatés dans quelques États membres, à ce jour, la plupart des victimes d'infractions aux règles de concurrence de l'UE n'obtiennent pas la réparation des préjudices subis dans la pratique. Déjà dans son livre vert de 2005 sur les actions en dommages et intérêts pour infraction aux règles communautaires sur les ententes et les abus de position dominante (le « livre vert »), la Commission avait recensé les principaux obstacles à la mise en place d'un système plus efficace d'actions en dommages et intérêts pour infraction aux règles de concurrence. Les obstacles de l'époque persistent aujourd'hui dans une grande majorité d'États membres. Ils ont trait aux éléments suivants :

i) l'accès aux preuves nécessaires pour prouver le fondement d'une action ;

ii) l'absence de véritables mécanismes de recours collectif, en particulier pour les consommateurs et les PME ;

iii) l'absence de règles claires concernant le moyen de défense invoquant la répercussion du surcoût ;

iv) l'absence de valeur probante claire des décisions des ANC ;

v) la possibilité d'engager une action en dommages et intérêts après la constatation d'une infraction par une autorité de concurrence ; et

vi) la méthode de quantification du préjudice causé par une pratique anticoncurrentielle.

Outre ces importants obstacles spécifiques à une réparation effective, il existe une grande diversité en ce qui concerne les dispositions nationales régissant les actions en dommages et intérêts pour infraction aux règles concernant les ententes et les abus de position dominante, diversité qui n'a fait que s'accroître au cours des dernières années. Cette situation est de nature à causer une insécurité juridique pour toutes les parties concernées par des actions en dommages et intérêts pour infraction à ces règles et, par voie de conséquence, peut entraîner une mise en œuvre inefficace de ces règles dans la sphère privée, en particulier dans les affaires transfrontières.

Pour remédier à ce problème, le second objectif principal de la présente proposition est de faire en sorte que les victimes d'infractions aux règles de concurrence de l'UE aient accès, dans toute l'Europe, à des mécanismes efficaces leur permettant d'obtenir la réparation intégrale du préjudice qu'elles ont subi. Il en résultera des conditions de concurrence plus équitables pour les entreprises dans le marché intérieur. En outre, si la probabilité que les auteurs d'infractions à l'article 101 ou 102 du traité auront à supporter les coûts de ces infractions augmente, non seulement les victimes des comportements illicites n'auront plus à assumer ces coûts, mais les entreprises seront en outre encouragées à mieux respecter les règles de concurrence de l'UE.

Pour atteindre cet objectif, la Commission a proposé des mesures concrètes dans son livre blanc de 2008. Lors de la consultation publique qui a suivi, la société civile et des acteurs institutionnels tels que le Parlement européen et le Comité économique et social européen ont accueilli très favorablement les mesures proposées et ont demandé qu'une législation spécifique soit adoptée au niveau de l'UE en matière d'actions en dommages et intérêts pour infraction aux règles concernant les ententes et les abus de position dominante. (...)

chapitre 13

Les procédures devant l'autorité européenne de la concurrence

Plan analytique

section 1

Les compétences de la Commission européenne

§ 1 Suppression de la compétence exclusive

§ 2 Suppression de la notification préalable

§ 3 Redéploiement des missions

section 2

L'articulation

§ 1 La coopération entre les autorités nationales et la Commission

A. Allocation des cas

B. Échange d'informations

§ 2 La coopération entre les autorités nationales (REC)

A. Allocation des cas

B. Échange d'informations

§ 3 La coopération entre les juridictions nationales et la Commission

Les procédures devant l'autorité européenne de la concurrence

Les aspects procéduraux du droit européen de la concurrence applicable aux entreprises revêtent une importance majeure à plusieurs titres. 448 Tout d'abord, et bien évidemment, la procédure permet l'application des principes posés par le traité et donc assure la mise en œuvre de la politique européenne de concurrence. Ensuite, et eu égard à l'ampleur des sanctions qui peuvent être prononcées, elle doit garantir le respect des droits de la défense des entreprises. Comme en disposent les articles 103 et 105 TFUE, des règlements doivent être adoptés pour permettre une bonne application des articles 101 et 102 TFUE et la Commission se voit reconnaître une mission qui consiste à veiller à « l'application des principes fixés », à instruire « les cas d'infractions présumées aux principes » et à proposer « les moyens propres à y mettre fin ». Cette mission a trouvé sa traduction dans le célèbre règlement n° 17/1962 (*JOCE* 21 févr. 1962) qui donnait une compétence centrale à la Commission non sans ignorer le rôle des juridictions et autorités nationales (par ex., en son art. 9) ; la justification de cette « primauté » de la Commission devant être recherchée dans la volonté d'assurer un système cohérent, homogène et efficace.

Le schéma adopté il y a près de cinquante ans – et certes retouché à de nombreuses 449 reprises depuis – a connu un bouleversement majeur. Fruit d'un long débat engagé par un *Livre blanc sur la modernisation du droit de la concurrence* (*JOCE* C 132 du 12 mai 1999), un règlement n° 1/2003 relatif à la mise en œuvre des règles de concurrence prévues aux articles 81 et 82 du traité a été adopté le 16 décembre 2002 (*JOCE* L 1 du 4 janv. 2003) et est entré en vigueur le 1er mai 2004. Il s'est accompagné de la publication de différents textes complémentaires que les spécialistes ont rapidement désignés par le vocable de « paquet modernisation » (*JOUE* L 123 du 27 avr. 2004 et *JOUE* C 101, 27 avr. 2004) : (i) règlement (CE) n° 773/2004 du 7 avril 2004 relatif aux procédures mises en œuvre par la Commission en application des articles 81 et 82 du traité CE ; (ii) Communication relative à la coopération au sein du réseau des autorités de concurrence ; (iii) Communication relative au traitement par la Commission des plaintes déposées au titre des articles 81 et 82 du traité CE ; (iv) Communication sur la coopération entre la Commission et les juridictions nationales pour l'application des articles 82 du traité CE ; (v) Communication relative à des orientations informelles sur des questions nouvelles qui se posent dans des affaires individuelles au regard des articles 81 et 82 du traité CE ; (vi) Lignes directrices relatives à la notion d'affectation du commerce figurant aux articles 81 et 82 du traité CE ; (vii) Lignes directrices concernant l'application de l'article 81 paragraphe 3, du traité CE.:

Mais il faut immédiatement préciser que la rupture évidente que constitue le règlement (CE) n° 1/2003 n'emporte pas abandon de nombreuses solutions dégagées sous l'empire du précédent règlement. Et l'on peut soutenir que celles-ci vont continuer à guider les institutions dans leur application du règlement encore quelques années. La lecture attentive du règlement (CE) n° 1/2003 permet de constater que les « acteurs » sont désormais au nombre de trois : autorités nationales de la concurrence (ANC), juridictions nationales (comme on l'a vu au chapitre précédent) et donc Commission européenne.

La compétence générale affirmée des autorités nationales de concurrence ne signifie pas pour autant que la Commission européenne ne soit plus appelée à jouer un rôle déterminant. Bien au contraire, celle-ci conserve une réserve de compétence pour édicter des règlements d'exemption, prononcer des décisions individuelles et contrôler le « travail » des autorités et juridictions nationales. Il est donc souhaitable d'envisager ces compétences (section 1) avant que de présenter les grandes articulations entre autorités internes, européenne et juridictions dont elle est, d'une certaine manière, la gardienne (section 2).

section 1

Les compétences de la Commission européenne

450 La Commission européenne ne sort pas indemne de la refonte d'ampleur qu'elle a d'ailleurs suggérée pour partie. Ainsi, certaines de ces missions emblématiques sous l'empire du règlement n° 17/62 disparaissent purement et simplement. Mais, à l'inverse, des missions nouvelles lui sont confiées. Si le règlement (CE) n° 1/2003 se traduit par la suppression de la compétence exclusive (§ 1) ainsi que de la notification préalable (§ 2), il emporte aussi un véritable redéploiement des missions (§ 3).

§ 1 Suppression de la compétence exclusive

451 En vertu du règlement n° 17/52, la Commission pouvait être saisie pour constater que le comportement de la ou des entreprises ne constituait pas une infraction aux articles 81 ou 82 CE, alors applicables. Deux hypothèses se présentaient : la demande d'*attestation négative*[Q] et la notification en vue d'exemption. Par exemple, lorsqu'elle constatait, sur la base des faits qui lui avaient été présentés par les entreprises, qu'il n'y avait pas lieu d'intervenir, la Commission délivrait une attestation négative soit sous la forme d'une décision formelle soit d'une manière informelle par une lettre administrative de compatibilité que l'on appelle, aussi, une *lettre de classement*[Q]. C'est dans ce cadre, notamment, que les analyses d'une éventuelle contribution au progrès économique des ententes se réalisaient. En d'autres termes, seule la Commission pouvait exempter individuellement sur le fondement de l'article 81 § 3 CE (désormais art. 101 § 3 TFUE) un accord. Désormais, comme en dispose l'article 5 du règlement (CE) n° 1/2003, « les autorités de concurrence des États membres sont compétentes pour appliquer les articles 81 et 82 du traité dans les cas individuels ». La Commission a d'ailleurs diffusé à cet effet des lignes directrices relatives à l'application de l'article 81 § 3 – désormais article 101 § 3 TFUE (*JOUE* C 101 du 27 avr. 2004).

§ 2 Suppression de la notification préalable

L'article 4 du règlement n° 17/62 énonçait que « les accords, décisions et pratiques concertées, visés à l'article 85 § 1er du traité [...] en faveur desquels les intéressés désirent se prévaloir des dispositions de l'article 85 § 3 doivent être notifiés à la Commission ». La *notification*^Q avait donc pour finalité d'obtenir une exemption, c'est-à-dire de voir la Commission déclarer inapplicable à l'accord l'article 81 § 1er CE en vertu de l'article 81 § 3 CE. La notification d'accords restrictifs n'était pas en tant que telle obligatoire. Mais en son absence, le comportement était toujours susceptible de tomber sous le coup d'une sanction et les entreprises qui mettaient en œuvre ces accords s'exposaient à ce que des tribunaux civils considèrent ces derniers comme contraires au traité et en prononcent la nullité, en vertu de l'article 81 § 2 (art. 101 § 2 TFUE). Par ailleurs, et c'est même sa principale justification, si l'accord était couvert par un règlement d'exemption par catégorie, la notification était inutile. Donc, si elles souhaitaient bénéficier d'une exemption individuelle, les entreprises devaient notifier l'accord à la Commission en utilisant le célèbre modèle de formulaire A/B. Selon le règlement n° 17/1962, l'exemption individuelle est de la compétence exclusive de la Commission. L'afflux des notifications (près de 40 000 depuis l'entrée en vigueur du règlement, selon la Commission dans son Livre blanc de 2000) a conduit – en dépit des expédients précédemment évoqués et du recours à des règlements d'exemption par catégorie – à décider l'abandon de ce monopole dans le cadre du règlement n° 1/2003. 452

Ainsi, désormais, est généralisé le principe du contrôle *ex post* des comportements anticoncurrentiels. En cas de procédures à leur encontre, les entreprises devront donc rapporter la preuve que leur accord peut bénéficier des dispositions de l'article 101 § 3 TFUE. Et cette preuve doit être apportée soit devant une autorité nationale, soit devant une juridiction nationale soit, encore, devant la Commission, ce qui suppose une aptitude particulière au maniement des analyses économiques. 453

§ 3 Redéploiement des missions

Les missions nouvelles de la Commission dans le cadre du règlement n° 1/2003 peuvent être présentées selon deux propositions. En premier lieu, ses pouvoirs en matière d'enquête et lors de la phase administrative sont renforcés. En second lieu, sa compétence relative à la mise en œuvre des articles 101 et 102 TFUE est redessinée. 454

Lors de la phase d'enquête, deux nouveautés ont fait leur apparition. La Commission se voit reconnaître la possibilité de recueillir des déclarations dont le régime est assez complexe (art. 19) mais insiste sur la nécessité du consentement de la personne interrogée. Les *inspections*^Q succèdent aux vérifications (art. 20) et leur régime est précisé à la lumière de solutions jurisprudentielles (not. CJCE 22 oct. 2002, préc.). Outre la possibilité d'apposer des scellés, la Commission peut inspecter des locaux autres que professionnels (domicile du ou des dirigeants ou de salariés). Lors de la phase administrative, le pouvoir de sanction de la Commission apparaît comme renforcé puisqu'un régime nouveau est instauré qui concerne les amendes et astreintes : leur montant étant calculé selon un pourcentage du chiffre d'affaires de la ou les entreprises concernées. Ainsi, les amendes de procédure sont fixées à 1 % du 455 chiffre d'affaires et les principales portées à 10 % du chiffre (art. 23). Les astreintes sont fixées à 5 % (art. 24). Ce renforcement du pouvoir de coercition de la Commission s'accompagne corrélativement d'une affirmation plus nette des droits et garanties reconnus aux entreprises. Cette affirmation apparaît comme la « codification » des acquis jurisprudentiels et trouve son expression, notamment, dans les articles 25 à 28 du règlement.

■ 456 Le règlement n° 1/2003 opère un changement considérable en abandonnant le système d'autorisation préalable au profit d'un système d'exemption légale. Cela se traduit pour la Commission par une perte de sa compétence exclusive d'exemption individuelle. En revanche, elle garde compétence pour prendre – par habilitation du Conseil – des règlements d'exemption par catégories. La disparition de l'autorisation préalable entraîne logiquement pour les entreprises la fin du recours à la notification. Dès lors, la Commission ne pourra plus prononcer de lettre de classement ou de confort, ni d'attestations négatives, ni des décisions d'exemption individuelles. En revanche, apparaissent les décisions d'interdictions (art. 7) qui peuvent être provisoires (art. 8) et/ou assorties d'engagements (art. 8). Ces principes généraux ont été déclinés de manière détaillée dans le règlement (CE) n° 773/2004 du 7 avril 2004 relatif aux procédures mises en œuvre par la Commission en application des articles 81 et 82 du traité CE [désormais art. 101 et 102 TFUE] (*JOUE* L 123 du 27 avr. 2004). Le règlement prend acte des principaux acquis de la jurisprudence antérieure. Tant les entreprises auteurs de pratiques anticoncurrentielles que les entreprises plaignantes possèdent désormais un exposé clair de leurs droits et devoirs.

■ 457 Sans revenir sur l'ouverture de la procédure, l'enquête et le traitement des plaintes, on exposera brièvement les droits reconnus aux entreprises. Déjà étape pivot sous l'ancien système, la *communication des griefs*[Q] constitue l'élément clef de la procédure. Sa notification emporte pour la Commission l'obligation de donner aux parties concernées la possibilité de l'informer par écrit de leur point de vue dans un délai qu'elle fixe. À cet effet, ces parties fournissent un original papier ainsi qu'une copie électronique de leurs observations et peuvent joindre en annexe tout document qu'elles jugent utile. La Commission doit aussi donner aux parties l'occasion de développer leur argumentation lors de l'audition, si elles en font la demande dans leurs observations écrites. Les tiers (c'est-à-dire, autres que la ou les plaignants ou les parties concernées), dès lors qu'ils justifient d'un « intérêt suffisant », peuvent demander à être entendus. Les auditions sont conduites par le *conseiller-auditeur*[Q], selon le schéma déjà connu avec, cependant, désormais la possibilité offerte aux autorités de la concurrence des États membres d'y assister. Ces auditions ne sont pas publiques et se déroulent, selon les cas, séparément ou en présence d'autres personnes invitées à assister à l'audition, compte tenu de l'intérêt légitime des entreprises à ce que leurs secrets d'affaires et autres informations confidentielles ne soient pas divulgués. Sur ce dernier point, les autres informations confidentielles comprennent les informations autres que les secrets d'affaires qui présentent un caractère confidentiel dans la mesure où leur divulgation porterait gravement préjudice à l'entreprise. Cette dernière doit chaque fois préciser les informations qu'elle entend qualifier ainsi. Au-delà de ces précisions relatives à la procédure devant la Commission, il convient surtout de bien retenir qu'elle va désormais partager ses compétences avec les autorités et juridictions nationales. Mais si elle ouvre une procédure, cela emporte dessaisissement des autorités nationales (art. 11 § 6).

section 2

L'articulation

L'articulation portée par le règlement (CE) n° 1/2003 impose une coopération entre les différents organes désormais chargés de l'application des articles 101 et 102 TFUE. La logique est celle d'une collaboration efficace entre les niveaux nationaux et européen afin de ne pas porter préjudice à une application uniforme du droit de la concurrence européen, mais aussi – et il ne faut pas l'oublier – entre les autorités et juridictions nationales des différents États membres. L'articulation des différents niveaux passe donc par une coopération tridimensionnelle : coopération entre autorités nationales et Commission (§ 1), entre autorités nationales (§ 2), entre juridictions nationales et Commission (§ 3). 458

§ 1 La coopération entre les autorités nationales et la Commission

L'expression de coopération se justifie pleinement si l'on retient, à la suite du règlement, que « la Commission et les autorités de concurrence des États membres appliquent les règles communautaires de concurrence en étroite collaboration » (art. 11 § 1er). 459

A. Allocation des cas

La Commission continue à connaître de certains cas mettant en jeu l'application des articles 101 et 102 TFUE. Deux hypothèses découlent du règlement. D'une part, lorsque le marché de plus de trois États membres est concerné par l'entente ou l'abus de position dominante, la Commission doit être considérée comme l'autorité la mieux placée pour connaître de l'affaire. Par une communication d'avril 2004, la Commission a en effet rappelé – dans l'esprit du règlement – qu'il lui appartenait de rester la gardienne du traité. Ceci explique que la Commission ait aussi vocation à connaître des affaires qui pose un problème de pratiques anticoncurrentielles en lien avec la mise en œuvre d'autres politiques de la concurrence. En ce sens, et pour assurer une application cohérente et uniforme du droit européen de la concurrence, différentes dispositions ont été prévues par le règlement (CE) n° 1/2003. Il est par exemple rappelé que « la Commission et les autorités de concurrence des États membres appliquent les règles communautaires de concurrence en étroite collaboration » et que « l'ouverture par la Commission d'une procédure en vue de l'adoption d'une décision [...] dessaisit les autorités de concurrence des États membres de leur compétence pour appliquer les articles 81 et 82 du traité » (art. 11 du règlement (CE) n° 1/2003). Ces dispositions *a priori* limpides n'en soulèvent pas moins quelques difficultés dont la jurisprudence a pu se faire l'écho. En ce sens, on mentionnera un intéressant quoique complexe arrêt de la CJUE selon lequel l'ouverture d'une procédure par la Commission européenne n'entraîne pas un dessaisissement définitif des autorités nationales de concurrence (CJUE 14 févr. 2012, *Toshiba Corportation e.a.*, aff. 460

C-7/10, nep). Bien que rendu sous la figure tutélaire du principe *non bis in idem*, cet arrêt conduit la Cour à de subtils distinguos selon la période de commission et la localisation des effets en cause. C'est amener à se poser la question de savoir si la Commission est libre de choisir de sanctionner seulement certains aspects d'une entente et, ainsi, laisser les autorités nationales elles aussi libres de se saisir des autres aspects ? Et, surtout, comment concilier cela avec l'affirmation de la Cour elle-même qui retient l'unicité de l'infraction ?

B. Échange d'informations

461 Cet échange d'informations passe par un « dialogue » renforcé entre la Commission et les autorités nationales de la concurrence. Elles doivent selon un schéma double s'informer mutuellement. Au titre de l'article 11, la Commission transmet aux autorités des États membres les documents et pièces en sa possession et les autorités des États membres sont tenues d'informer la Commission dès qu'une procédure en vue de l'application des articles 101 et 102 TFUE est engagée. Au titre de l'article 12 du règlement, « la Commission et les autorités de concurrence des États membres ont le pouvoir de se communiquer et d'utiliser comme moyen de preuve tout élément de fait ou de droit, y compris des informations confidentielles ». Malgré les garanties énumérées par cet article (confidentialité, utilisation limitée à la seule application des articles 101 et 102), on ne peut qu'attirer l'attention sur cette disposition qui à n'en pas douter pourrait susciter un contentieux certain. Au-delà, l'enjeu est de taille puisqu'il ne s'agit rien de moins que d'assurer la cohérence de la politique européenne de la concurrence. La troisième partie de la communication le rappelle de manière très claire en soulignant le rôle de gardienne des traités qui est caractéristique de la Commission. Cette coopération passe, ensuite, par un mécanisme de consultation qui retient que « les autorités de la concurrence des États membres peuvent consulter la Commission sur tout cas impliquant l'application du droit communautaire » (art. 11 § 5). Il faut y voir une garantie d'homogénéité dans l'application du droit de la concurrence

§ 2 La coopération entre les autorités nationales (REC)

462 Les autorités des États membres sont donc au cœur de l'application des articles 101 et 102 TFUE. En cela elles constituent ce qu'il est convenu d'appeler le Réseau européen de la concurrence (REC) dont il est possible de dégager trois missions essentielles : assurer la cohérence de la politique européenne de concurrence, participation aux décisions de la Commission via le *comité consultatif*, travail de réflexion et d'élaboration des futurs instruments européens de concurrence. Au cas précis, le volet coopération se traduit à la fois par des mécanismes d'allocation des cas (A) et d'échange d'informations (B).

A. Allocation des cas

463 L'idée centrale développée par le règlement et précisée par les communications est celle dite de « l'autorité la mieux placée ». Une affaire doit donc être attribuée à l'autorité la mieux placée pour en connaître et, si tel n'est pas le cas, interviendra un mécanisme de réallocation. Une autorité peut être considérée comme étant bien

placée pour traiter une plainte si trois conditions cumulatives sont remplies : l'accord ou la pratique a des effets directs substantiels, actuels ou prévisibles sur son territoire, y est mis en œuvre ou y trouve son origine ; l'autorité est à même de faire cesser efficacement l'intégralité de l'infraction ; l'autorité est en mesure de réunir, éventuellement avec le concours d'autres autorités, les preuves requises pour démontrer l'infraction. Autrement dit, « il doit y avoir un rapport étroit entre l'infraction et le territoire de l'État membre pour que l'autorité de concurrence de cet État membre puisse être considérée comme bien placée » (Communication, préc., n° 9). L'intervention parallèle de deux ou trois autorités nationales de concurrence peut s'envisager lorsqu'un accord ou une pratique a des effets substantiels sur la concurrence sur leurs territoires respectifs et que l'intervention d'une seule autorité serait insuffisante pour faire cesser l'infraction et/ou la sanctionner de manière appropriée. Les autorités qui traitent une plainte dans le cadre d'une intervention parallèle se doivent de coordonner leur action et peuvent décider de désigner l'une d'elles comme « chef de file ». La Commission est particulièrement bien placée, au sens du règlement, si un ou plusieurs accords ou pratiques ont des effets sur la concurrence dans plus de trois États membres.

B. Échange d'informations

Le règlement (CE) n° 1/2003 retient qu'il est nécessaire « pour aider les autorités de concurrence des États membres à appliquer efficacement les articles 81 et 82 du Traité [...] de leur permettre de s'assister mutuellement par des inspections et autres mesure d'enquête ». L'article 22 § 1er dispose alors qu'« une autorité de concurrence d'un État membre peut exécuter sur son territoire toute inspection ou autre mesure d'enquête en application de son droit national au nom et pour le compte de l'autorité de concurrence d'un autre État membre afin d'établir une infraction aux dispositions de l'article 81 ou 82 du traité ». Il importe donc de bien comprendre que les autorités ne vont pas se limiter à échanger des preuves dont elles disposent mais sont appelées à recueillir ces preuves « au nom et pour le compte » de leur homologue. La communication relative à la coopération au sein du réseau des autorités de concurrence l'explicite en détail et on y renverra le lecteur. Peu de temps après l'entrée en application du règlement, l'autorité française a décidé d'étrenner le nouveau dispositif. C'est ainsi que le rapporteur général du Conseil de la concurrence a adressé une demande d'assistance à l'OFT (autorité britannique) afin que puissent être réalisées différentes investigations aux sièges sociaux de société situées à Londres (Cons. conc., Décis. n° 08-D-30 du 4 déc. 2008 relative à des pratiques mises en œuvre par les sociétés des pétroles). 464

§ 3 La coopération entre les juridictions nationales et la Commission

Le règlement (CE) n° 1/2003 consacre, tout d'abord, une procédure de demande d'avis de la part des juridictions nationales. Selon l'article 15 § 1er du règlement, « dans les procédures d'application de l'article 81 ou 82 du traité [art. 101 et 102 TFUE], les juridictions des États membres peuvent demander à la Commission de leur communiquer des informations en sa possession ou un avis au sujet de questions 465 relatives à l'application des règles communautaires de concurrence». Cette procédure n'est pas nouvelle puisqu'elle existait déjà à la suite de la Communication du 13 février 1993.

466 La coopération instituée entre la Commission et les juridictions nationales se traduit, ensuite et surtout, par une série de nouvelles obligations mises à la charge de ces dernières. Les juridictions, via les États membres, ont l'obligation de transmettre à la Commission copie de tous les jugements et arrêts prononcés par elles en application des articles 101 et 102 TFUE (on trouvera ces décisions en ligne sur le site Internet de la DG COMP). Par ailleurs, et c'est là certainement l'aspect le plus important, les juridictions doivent autoriser la Commission ou les autorités nationales en charge de la concurrence à présenter des observations écrites ou orales devant elles lorsqu'elles statuent sur le fondement des articles précités. Et comme le précise l'article 15 § 3, «afin de leur permettre de préparer leurs observations, et à cette fin uniquement, les autorités de concurrence des États membres et la Commission peuvent solliciter la juridiction compétente de l'État membre afin qu'elle leur transmette ou leur fasse transmettre tout document nécessaire à l'appréciation de l'affaire». Il est alors essentiel de bien souligner que cette transmission ne doit s'opérer que dans l'optique de la préparation des observations des autorités de la concurrence et de la Commission. Mais cette dernière risque, en pratique, de soulever des difficultés et, vraisemblablement, tôt ou tard, l'intervention de la CJUE. Là encore, l'adoption d'une communication relative à la coopération entre la Commission et les juridictions nationales s'imposait (*JOUE* C 101 du 27 avr. 2004). Le texte n'est cependant que d'une portée assez limitée, en ce qu'il reprend essentiellement l'acquis bien établi. En ce sens, deux observations s'imposent. D'une part, la Commission rappelle les limites à l'obligation faite au juge national d'appliquer d'office les articles 101 et 102 TFUE en vertu du principe d'autonomie procédurale (pour un rappel de ce principe, sous l'empire du système antérieur à l'ordonnance de 2004, Com. 14 déc. 2004, *Bull. civ.* IV, n° 225). D'autre part, la Commission demeure relativement peu explicite sur le rôle qu'elle entend jouer à l'égard des parties ou à l'égard du juge. Ce sont donc les règles nationales qui vont venir suppléer ces silences ce que, en France, a partiellement réalisé l'ordonnance du 4 novembre 2004. Par exemple, la saisine pour avis de l'Autorité de la concurrence par les juridictions est étendue aux articles 101 et 102 TFUE (C. com., art. L. 426-3). Il est cependant loisible de se demander si l'Autorité est la plus à même de rendre un avis autorisé sur une question intéressant le seul droit européen de la concurrence dans la mesure où, rappelons-le, la Commission s'est précisément vue confier cette mission par l'article 15 § 1er du règlement n° 1/2003 ! On observera, pour conclure, que les différents rapports annuels d'application du droit européen de la concurrence montrent que ces mécanismes nouveaux (mais pourtant pas forcément récents...) ne reçoivent qu'une application limitée depuis qu'ils existent. Par exemple, le rapport sur la politique de concurrence 2008 se borne, sans plus de précision, à indiquer que la Commission a reçu «plusieurs demandes d'avis». Par ailleurs, pour la même période, elle n'est pas intervenue en tant qu'*amicus curiae*. Depuis, les choses ont évolué, et la Commission s'est effectivement attachée à occuper le terrain, répondant par exemple à des demandes formulées par la Cour de cassation (Com. 31 janv. 2012, *Bull. civ.* IV, n° 16).

Compléments pédagogiques

Mémo

La procédure européenne applicable aux ententes et abus de position dominante des entreprises a longtemps été gouvernée par le règlement n° 17/1962 CEE. *Elle est profondément modifiée à compter du 1er mai 2004 avec l'entrée en vigueur du règlement 1/2003. La compétence exclusive de la Commission est abandonnée selon une logique de décentralisation au profit des autorités et juridictions nationales.* La procédure est « éclatée » entre la Commission et les autorités et juridictions nationales dont les compétences respectives sont strictement définies. *Désormais, les autorités et juridictions nationales se voient reconnaître la compétence d'appliquer l'article 101 § 3 TFUE, donc d'exempter des ententes.* La procédure de notification individuelle disparaît donc et la Commission garde la compétence d'édicter des règlements d'exemption catégorielle. *Le règlement organise surtout la coopération entre la Commission et les autorités et juridictions nationales et se donne pour objectif d'assurer une application cohérente du droit de la concurrence européen dans le respect du principe de primauté.* Sept textes complémentaires, regroupés sous l'expression de « paquet modernisation » précisent les différents aspects de la réforme et s'attachent, notamment, aux missions nouvelles accordées aux juridictions et autorités nationales de la concurrence ainsi qu'à leurs rapports entre elles mais aussi avec la Commission.

Quid

■ Attestation négative n° 451

Mécanisme existant sous l'empire du règlement n° 17/62 par lequel la Commission délivrait une attestation négative soit par décision formelle soit d'une manière informelle lorsqu'elle constatait qu'il n'y avait pas lieu d'intervenir, en application de l'article 81 § 1er ou de l'article 82, à l'égard d'un accord, d'une décision ou d'une pratique.

■ Comité consultatif n° 462

Comité composé de représentants des États membres que la Commission consulte dans les affaires d'entente et de concentration. Il émet un avis, qui doit être pris en compte dans la décision finale de la Commission.

■ Communication des griefs n° 457

Communication écrite que la Commission ou l'Autorité nationale adresse aux entreprises avant d'enclencher la phase administrative se clôturant par une décision. Elle doit contenir tous les griefs sur lesquels l'autorité envisage de fonder sa décision finale.

■ Conseiller-auditeur n° 457

Haut fonctionnaire indépendant chargé d'organiser les auditions lors de la phase administrative et d'assurer leur bon déroulement. Il rédige un rapport final sur l'affaire qui est joint à la décision et publié au *Journal officiel*.

■ Inspections n° 455

Nouvelle terminologie utilisée par le règlement n° 1/2003 pour désigner les vérifications qui sont la procédure par laquelle la Commission ou une autorité, lors de la phase d'enquête, peut pratiquer des visites domiciliaires ou des perquisitions.

■ Lettre de classement (Lettre administrative de compatibilité) n° 451

Existant sous l'empire du règlement n° 17/62, cette lettre adressée aux parties ayant procédé à une notification confirmait de manière informelle soit l'inapplicabilité de l'article 81 § 1er, soit que l'accord peut être exempté.

■ Notification n° 452

Procédure par laquelle les entreprises communiquent à la Commission ou autorités nationales de concurrence un accord restrictif afin d'en obtenir l'exemption.

Documents

CJCE 22 octobre 2002, *Roquette Frères SA c. DGCCRF*, aff. C-4/00 (Extraits) (*Rec. CJCE* I-9011)

(…) Par ces motifs, la Cour, statuant sur les questions à elle soumises par la Cour de cassation, par arrêt du 7 mars 2000, dit pour droit :

1. En vertu du principe général du droit communautaire prescrivant une protection contre les interventions de la puissance publique dans la sphère d'activité privée d'une personne physique ou morale qui seraient arbitraires ou disproportionnées, il incombe à une juridiction nationale, compétente en vertu du droit interne pour autoriser des visites et des saisies dans les locaux d'entreprises suspectées d'infractions aux règles de concurrence, d'examiner si les mesures de contrainte sollicitées à la suite d'une demande d'assistance formulée par la Commission sur le fondement de l'article 14, paragraphe 6, du règlement n° 17 du Conseil, du 6 février 1962, premier règlement d'application des articles 85 et 86 du traité, ne sont pas arbitraires ou disproportionnées par rapport à l'objet de la vérification ordonnée. Sans préjudice de l'application des dispositions de droit interne gouvernant le déroulement des mesures de contrainte, le droit communautaire s'oppose à ce que le contrôle exercé par cette juridiction nationale en ce qui concerne le bien-fondé desdites mesures aille au-delà de ce qui est ainsi requis par le principe général susmentionné.

2. Le droit communautaire fait obligation à la Commission de veiller à ce que ladite juridiction nationale dispose de tous les éléments nécessaires pour lui permettre d'exercer le contrôle qui lui incombe (…)

3. En revanche, la juridiction nationale ne saurait exiger la transmission des éléments et des indices figurant au dossier de la Commission et sur lesquels reposent les soupçons de cette dernière.

4. Lorsque ladite juridiction considère que les informations communiquées par la Commission ne satisfont pas aux exigences mentionnées au point 2 du présent dispositif, elle ne saurait, sans

méconnaître les articles 14, paragraphe 6, du règlement n° 5 du traité CE (devenu art. 10 CE), se contenter de rejeter la demande dont elle est saisie. En pareil cas, cette juridiction est tenue d'informer la Commission ou l'autorité nationale l'ayant saisie à la demande de cette dernière, dans les délais les plus brefs possible, des difficultés rencontrées, en sollicitant, le cas échéant, les éclaircissements qui lui permettraient d'exercer le contrôle dont elle a la charge. Ce n'est qu'une fois mise en possession de tels éclaircissements éventuels, ou en l'absence de suites utiles réservées par la Commission à sa demande, que la juridiction nationale est fondée à refuser l'octroi de l'autorisation sollicitée, s'il ne peut, au vu des informations dont elle dispose, être conclu à l'absence de caractère arbitraire et au caractère proportionné par rapport à l'objet de la vérification des mesures de contrainte envisagées.
5. Les informations à fournir par la Commission à ladite juridiction nationale peuvent ressortir aussi bien de la décision ordonnant la vérification elle-même que de la demande adressée aux autorités nationales sur le fondement de l'article 14, paragraphe 6, du règlement n° 17, ou encore d'une réponse, même formulée de manière verbale, à une question qui aurait été posée par cette juridiction.

Règlement (CE) n° 1/2003 du 16 décembre 2002 (Extraits) (*JOCE* L 1 du 4 janv. 2003)

LE CONSEIL DE L'UNION EUROPÉENNE,
vu le traité instituant la Communauté européenne, et notamment son article 83,
vu la proposition de la Commission,
vu l'avis du Parlement européen,
vu l'avis du Comité économique et social européen,
considérant ce qui suit : (...)
A ARRÊTÉ LE PRÉSENT RÈGLEMENT :

CHAPITRE PREMIER PRINCIPES

Article premier

Application des articles 81 et 82 du traité

1. Les accords, décisions et pratiques concertées visés à l'article 81, paragraphe 1er, du traité qui ne remplissent pas les conditions de l'article 81, paragraphe 3, du traité sont interdits, sans qu'une décision préalable soit nécessaire à cet effet.
2. Les accords, décisions et pratiques concertées visés à l'article81, paragraphe 1er, du traité qui remplissent les conditions de l'article81, paragraphe 3, du traité ne sont pas interdits, sans qu'une décision préalable soit nécessaire à cet effet.
3. L'exploitation abusive d'une position dominante visée à l'article82 du traité est interdite, sans qu'une décision préalable soit nécessaire à cet effet.

Article 2

Charge de la preuve

Dans toutes les procédures nationales et communautaires d'application des articles 81 et 82 du traité, la charge de la preuve d'une violation de l'article 81, paragraphe 1er, ou de l'article 82 du traité incombe à la partie ou à l'autorité qui l'allègue. En revanche, il incombe à l'entreprise ou à l'association d'entreprises qui invoque le bénéfice des dispositions de l'article 81, paragraphe 3, du traité d'apporter la preuve que les conditions de ce paragraphe sont remplies.

Article 3

Rapport entre les articles82 du traité et les droits nationaux de la concurrence

1. Lorsque les autorités de concurrence des États membres ou les juridictions nationales appliquent le droit national de la concurrence à des accords, des décisions d'associations

d'entreprises ou des pratiques concertées au sens de l'article 81, paragraphe 1er, du traité susceptibles d'affecter le commerce entre États membres au sens de cette disposition, elles appliquent également l'article 81 du traité à ces accords, décisions ou pratiques concertées. Lorsque les autorités de concurrence des États membres ou les juridictions nationales appliquent le droit national de la concurrence à une pratique abusive interdite par l'article 82 du traité, elles appliquent également l'article 82 du traité.

2. L'application du droit national de la concurrence ne peut pas entraîner l'interdiction d'accords, de décisions d'associations d'entreprises ou de pratiques concertées qui sont susceptibles d'affecter le commerce entre États membres, mais qui n'ont pas pour effet de restreindre la concurrence au sens de l'article 81, paragraphe 1er, du traité, ou qui satisfont aux conditions énoncées à l'article 81, paragraphe 3, du traité ou qui sont couverts par un règlement ayant pour objet l'application de l'article 81, paragraphe 3, du traité. Le présent règlement n'empêche pas les États membres d'adopter et de mettre en œuvre sur leur territoire des lois nationales plus strictes qui interdisent ou sanctionnent un comportement unilatéral d'une entreprise.

3. Sans préjudice des principes généraux et des autres dispositions du droit communautaire, les paragraphes 1er et 2 ne s'appliquent pas lorsque les autorités de concurrence et les juridictions des États membres appliquent la législation nationale relative au contrôle des concentrations, et ils n'interdisent pas l'application de dispositions de droit national qui visent à titre principal un objectif différent de celui visé par les articles 81 et 82 du traité.

CHAPITRE II COMPÉTENCES

Article 4

Compétences de la Commission

Pour l'application des articles82 du traité, la Commission dispose des compétences prévues par le présent règlement.

Article 5

Compétence des autorités de concurrence des États membres

Les autorités de concurrence des États membres sont compétentes pour appliquer les articles 81 et 82 du traité dans des cas individuels. À cette fin, elles peuvent, agissant d'office ou saisies d'une plainte, adopter les décisions suivantes :

- ordonner la cessation d'une infraction,
- ordonner des mesures provisoires,
- accepter des engagements,
- infliger des amendes, astreintes ou toute autre sanction prévue par leur droit national.

Lorsqu'elles considèrent, sur la base des informations dont elles disposent, que les conditions d'une interdiction ne sont pas réunies, elles peuvent également décider qu'il n'y a pas lieu pour elles d'intervenir.

Article 6

Compétence des juridictions nationales

Les juridictions nationales sont compétentes pour appliquer les articles 82 du traité.

CHAPITRE III DÉCISIONS DE LA COMMISSION

Article 7

Constatation et cessation d'une infraction

1. Si la Commission, agissant d'office ou saisie d'une plainte, constate l'existence d'une infraction aux dispositions de l'article 81 ou 82 du traité, elle peut obliger par voie de décision les entreprises et associations d'entreprises intéressées à mettre fin à l'infraction constatée. À cette fin, elle peut leur imposer toute mesure corrective de nature structurelle ou comportementale, qui soit proportionnée à l'infraction commise et nécessaire pour faire cesser

effectivement l'infraction. Une mesure structurelle ne peut être imposée que s'il n'existe pas de mesure comportementale qui soit aussi efficace ou si, à efficacité égale, cette dernière s'avérait plus contraignante pour l'entreprise concernée que la mesure structurelle. Lorsque la Commission y a un intérêt légitime, elle peut également constater qu'une infraction a été commise dans le passé.

2. Sont habilités à déposer une plainte aux fins du paragraphe 1er les personnes physiques ou morales qui font valoir un intérêt légitime et les États membres.

Article 8

Mesures provisoires

1. Dans les cas d'urgence justifiés par le fait qu'un préjudice grave et irréparable risque d'être causé à la concurrence, la Commission, agissant d'office, peut, par voie de décision et sur la base d'un constat prima facie d'infraction, ordonner des mesures provisoires.

2. Une décision prise en application du paragraphe 1er est applicable pour une durée déterminée et est renouvelable dans la mesure où cela est nécessaire et opportun.

Article 9

Engagements

1. Lorsque la Commission envisage d'adopter une décision exigeant la cessation d'une infraction et que les entreprises concernées offrent des engagements de nature à répondre aux préoccupations dont la Commission les a informées dans son évaluation préliminaire, la Commission peut, par voie de décision, rendre ces engagements obligatoires pour les entreprises. La décision peut être adoptée pour une durée déterminée et conclut qu'il n'y a plus lieu que la Commission agisse.

2. La Commission peut rouvrir la procédure, sur demande ou de sa propre initiative :

a) si l'un des faits sur lesquels la décision repose subit un changement important ;

b) si les entreprises concernées contreviennent à leurs engagements, ou

c) si la décision repose sur des informations incomplètes, inexactes ou dénaturées fournies par les parties.

Article 10

Constatation d'inapplication

Lorsque l'intérêt public communautaire concernant l'application des articles 81 et 82 du traité le requiert, la Commission, agissant d'office, peut constater par voie de décision que l'article 81 du traité est inapplicable à un accord, une décision d'association d'entreprises ou une pratique concertée soit parce que les conditions de l'article 81, paragraphe 1er, du traité ne sont pas remplies, soit parce que les conditions de l'article 81, paragraphe 3, du traité sont remplies.

La Commission peut également faire une telle constatation en ce qui concerne l'article 82 du traité.

CHAPITRE IV COOPÉRATION

Article 11

Coopération entre la Commission et les autorités de concurrence des États membres

1. La Commission et les autorités de concurrence des États membres appliquent les règles communautaires de concurrence en étroite collaboration.

2. La Commission transmet aux autorités de concurrence des États membres une copie des pièces les plus importantes qu'elle a recueillies en vue de l'application des articles 7, 8, 9 et 10 et de l'article 29, paragraphe 1er. Si l'autorité de concurrence d'un État membre en fait la demande, la Commission lui fournit une copie des autres documents existants qui sont nécessaires à l'appréciation de l'affaire.

3. Lorsqu'elles agissent en vertu de l'article 81 ou 82 du traité, les autorités de concurrence des États membres informent la Commission par écrit avant ou sans délai après avoir initié la première mesure formelle d'enquête. Cette information peut également être mise à la disposition des autorités de concurrence des autres États membres.
4. Au plus tard trente jours avant l'adoption d'une décision ordonnant la cessation d'une infraction, acceptant des engagements ou retirant le bénéfice d'un règlement d'exemption par catégorie, les autorités de concurrence des États membres informent la Commission. À cet effet, elles communiquent à la Commission un résumé de l'affaire, la décision envisagée ou, en l'absence de celle-ci, tout autre document exposant l'orientation envisagée. Ces informations peuvent aussi être mises à la disposition des autorités de concurrence des autres États membres. Sur demande de la Commission, l'autorité de concurrence concernée met à la disposition de la Commission d'autres documents en sa possession nécessaires à l'appréciation de l'affaire. Les informations fournies à la Commission peuvent être mises à la disposition des autorités de concurrence des autres États membres. Les autorités nationales de concurrence peuvent également échanger entre elles les informations nécessaires à l'appréciation d'une affaire qu'elles traitent en vertu de l'article 82 du traité.
5. Les autorités de concurrence des États membres peuvent consulter la Commission sur tout cas impliquant l'application du droit communautaire.
6. L'ouverture par la Commission d'une procédure en vue de l'adoption d'une décision en application du chapitre III dessaisit les autorités de concurrence des États membres de leur compétence pour appliquer les articles 82 du traité. Si une autorité de concurrence d'un État membre traite déjà une affaire, la Commission n'intente la procédure qu'après avoir consulté cette autorité nationale de concurrence.

Article 12

Échanges d'informations

1. Aux fins de l'application des articles 82 du traité, la Commission et les autorités de concurrence des États membres ont le pouvoir de se communiquer et d'utiliser comme moyen de preuve tout élément de fait ou de droit, y compris des informations confidentielles.
2. Les informations échangées ne peuvent être utilisées comme moyen de preuve qu'aux fins de l'application de l'article 81 ou 82 du traité et pour l'objet pour lequel elles ont été recueillies par l'autorité qui transmet l'information. Toutefois, lorsque le droit national de la concurrence est appliqué dans la même affaire et parallèlement au droit communautaire de la concurrence, et qu'il aboutit au même résultat, les informations échangées en vertu du présent article peuvent également être utilisées aux fins de l'application du droit national de la concurrence.
3. Les informations transmises en vertu du paragraphe 1er ne peuvent être utilisées comme moyen de preuve pour infliger une sanction à une personne physique que lorsque :
– la loi de l'autorité qui transmet l'information prévoit des sanctions similaires en cas de violation de l'article 81 ou 82 du traité ou, si tel n'est pas le cas, lorsque
– les informations ont été recueillies d'une manière qui assure le même niveau de protection des droits de la défense des personnes physiques que celui qui est reconnu par les règles nationales de l'autorité destinataire. Dans ce cas, cependant, les informations échangées ne peuvent être utilisées par l'autorité destinataire pour infliger des peines privatives de liberté.

Article 13

Suspension ou clôture de la procédure

1. Lorsque les autorités de concurrence de plusieurs États membres sont saisies d'une plainte ou agissent d'office au titre de l'article 81 ou 82 du traité à l'encontre d'un même accord, d'une même décision d'association ou d'une même pratique, le fait qu'une autorité traite l'affaire

constitue pour les autres autorités un motif suffisant pour suspendre leur procédure ou rejeter la plainte. La Commission peut également rejeter une plainte au motif qu'une autorité de concurrence d'un État membre la traite.
2. Lorsqu'une autorité de concurrence d'un État membre ou la Commission est saisie d'une plainte contre un accord, une décision d'association ou une pratique qui a déjà été traitée par une autre autorité de concurrence, elle peut la rejeter.

Article 14

Comité consultatif

1. La Commission consulte un comité consultatif en matière d'ententes et de positions dominantes avant de prendre une décision en application des articles 7, 8, 9, 10 et 23, de l'article 24, paragraphe 2, et de l'article 29, paragraphe 1er.
2. Pour l'examen des cas individuels, le comité consultatif est composé de représentants des autorités de concurrence des États membres. Pour les réunions au cours desquelles sont examinées d'autres questions que les cas individuels, un représentant supplémentaire de l'État membre, compétent en matière de concurrence, peut être désigné. Les représentants désignés peuvent, en cas d'empêchement, être remplacés par d'autres représentants.
3. La consultation peut avoir lieu au cours d'une réunion convoquée et présidée par la Commission, qui se tient au plus tôt quatorze jours après l'envoi de la convocation, accompagnée d'un exposé de l'affaire, d'une indication des pièces les plus importantes et d'un avant-projet de décision. En ce qui concerne les décisions au titre de l'article 8, la réunion peut avoir lieu sept jours après la publication du dispositif d'un projet de décision. Lorsque la Commission envoie l'avis de convocation d'une réunion dans un délai inférieur à ceux qui sont indiqués plus haut, cette réunion peut avoir lieu à la date proposée si aucun État membre ne soulève d'objection. Le comité consultatif émet un avis écrit sur l'avant-projet de décision de la Commission. Il peut émettre un avis même si des membres sont absents et ne sont pas représentés. Sur demande d'un ou de plusieurs membres, les positions exprimées dans l'avis sont motivées.
4. La consultation peut également avoir lieu en suivant une procédure écrite. Toutefois, la Commission organise une réunion si un État membre en fait la demande. En cas de recours à la procédure écrite, la Commission fixe un délai d'au moins quatorze jours aux États membres pour formuler leurs observations et les transmettre à tous les autres États membres. Lorsque les décisions à prendre relèvent de l'article 8, le délai n'est plus de quatorze, mais de sept jours. Lorsque la Commission fixe, pour la procédure écrite, un délai inférieur à ceux qui sont indiqués plus haut, le délai proposé s'applique si aucun État membre ne soulève d'objection.
5. La Commission tient le plus grand compte de l'avis du comité consultatif. Elle informe ce dernier de la façon dont elle a tenu compte de son avis.
6. Si l'avis du comité consultatif est rendu par écrit, il est joint au projet de décision. Si le comité consultatif en recommande la publication, la Commission procède à cette publication en tenant compte de l'intérêt légitime des entreprises à ce que leurs secrets d'affaires ne soient pas divulgués.
7. À la demande d'une autorité de concurrence d'un État membre, la Commission inscrit à l'ordre du jour du comité consultatif les affaires qui sont traitées par une autorité de concurrence d'un État membre au titre de l'article 82 du traité. La Commission peut également procéder à une telle inscription en agissant de sa propre initiative. Dans les deux cas, la Commission informe l'autorité de concurrence concernée.
Une autorité de concurrence d'un État membre peut notamment présenter une demande concernant une affaire dans laquelle la Commission a l'intention d'intenter une procédure ayant l'effet visé à l'article 11, paragraphe 6.

Le comité consultatif ne rend pas d'avis sur les affaires traitées par les autorités de concurrence des États membres. Il peut aussi débattre de questions générales relevant du droit communautaire de la concurrence.

Article 15

Coopération avec les juridictions nationales

1. Dans les procédures d'application de l'article 81 ou 82 du traité, les juridictions des États membres peuvent demander à la Commission de leur communiquer des informations en sa possession ou un avis au sujet de questions relatives à l'application des règles communautaires de concurrence.

2. Les États membres transmettent à la Commission copie de tout jugement écrit rendu par des juridictions nationales statuant sur l'application de l'article 81 ou 82 du traité. Cette copie est transmise sans délai lorsque le jugement complet est notifié par écrit aux parties.

3. Les autorités de concurrence des États membres, agissant d'office, peuvent soumettre des observations écrites aux juridictions de leur État membre respectif au sujet de l'application de l'article 81 ou 82 du traité. Avec l'autorisation de la juridiction en question, elles peuvent aussi présenter des observations orales. Lorsque l'application cohérente de l'article 81 ou 82 du traité l'exige, la Commission, agissant d'office, peut soumettre des observations écrites aux juridictions des États membres. Avec l'autorisation de la juridiction en question, elle peut aussi présenter des observations orales.

Afin de leur permettre de préparer leurs observations, et à cette fin uniquement, les autorités de concurrence des États membres et la Commission peuvent solliciter la juridiction compétente de l'État membre afin qu'elle leur transmette ou leur fasse transmettre tout document nécessaire à l'appréciation de l'affaire.

4. Le présent article est sans préjudice des pouvoirs plus étendus que le droit national confère aux autorités de concurrence des États membres de présenter des observations aux juridictions.

Article 16

Application uniforme du droit communautaire de la concurrence

1. Lorsque les juridictions nationales statuent sur des accords, des décisions ou des pratiques relevant de l'article 81 ou 82 du traité qui font déjà l'objet d'une décision de la Commission, elles ne peuvent prendre de décisions qui iraient à l'encontre de la décision adoptée par la Commission. Elles doivent également éviter de prendre des décisions qui iraient à l'encontre de la décision envisagée dans une procédure intentée par la Commission. À cette fin, la juridiction nationale peut évaluer s'il est nécessaire de suspendre sa procédure. Cette obligation est sans préjudice des droits et obligations découlant de l'article 234 du traité.

2. Lorsque les autorités de concurrence des États membres statuent sur des accords, des décisions ou des pratiques relevant de l'article 81 ou 82 du traité qui font déjà l'objet d'une décision de la Commission, elles ne peuvent prendre de décisions qui iraient à l'encontre de la décision adoptée par la Commission.

CHAPITRE V POUVOIRS D'ENQUÊTE

Article 17

Enquêtes par secteur économique et par type d'accords

1. Lorsque l'évolution des échanges entre États membres, la rigidité des prix ou d'autres circonstances font présumer que la concurrence peut être restreinte ou faussée à l'intérieur du marché commun, la Commission peut mener son enquête sur un secteur particulier de l'économie ou un type particulier d'accords dans différents secteurs. Dans le cadre de cette enquête, la Commission peut demander aux entreprises ou aux associations d'entreprises

concernées les renseignements nécessaires à l'application des articles 81 et 82 du traité et effectuer les inspections nécessaires à cette fin.
La Commission peut notamment demander aux entreprises ou associations d'entreprises concernées de lui communiquer tous accords, décisions et pratiques concertées.
La Commission peut publier un rapport sur les résultats de son enquête portant sur des secteurs particuliers de l'économie ou des types particuliers d'accords dans différents secteurs et inviter les parties intéressées à faire part de leurs observations.
2. Les articles 14, 18, 19, 20, 22, 23 et 24 s'appliquent mutatis mutandis.

Article 18
Demandes de renseignements

1. Pour l'accomplissement des tâches qui lui sont assignées par le présent règlement, la Commission peut, par simple demande ou par voie de décision, demander aux entreprises et associations d'entreprises de fournir tous les renseignements nécessaires.
2. Lorsqu'elle envoie une simple demande de renseignements à une entreprise ou à une association d'entreprises, la Commission indique la base juridique et le but de la demande, précise les renseignements demandés et fixe le délai dans lequel ils doivent être fournis. Elle indique aussi les sanctions prévues à l'article 23 au cas où un renseignement inexact ou dénaturé serait fourni.
3. Lorsque la Commission demande par décision aux entreprises et associations d'entreprises de fournir des renseignements, elle indique la base juridique et le but de la demande, précise les renseignements demandés et fixe le délai dans lequel ils doivent être fournis. Elle indique également les sanctions prévues à l'article 23 et indique ou inflige les sanctions prévues à l'article 24. Elle indique encore le droit de recours ouvert devant la Cour de justice contre la décision.
4. Sont tenus de fournir les renseignements demandés, au nom de l'entreprise ou de l'association d'entreprises concernées, les propriétaires des entreprises ou leurs représentants et, dans le cas de personnes morales, de sociétés ou d'associations n'ayant pas la personnalité juridique, les personnes chargées de les représenter selon la loi ou les statuts. Les avocats dûment mandatés peuvent fournir les renseignements demandés au nom de leurs mandants. Ces derniers restent pleinement responsables du caractère complet, exact et non dénaturé des renseignements fournis.
5. La Commission transmet sans délai une copie de la simple demande ou de la décision à l'autorité de concurrence de l'État membre sur le territoire duquel est situé le siège de l'entreprise ou de l'association d'entreprises et à l'autorité de concurrence de l'État membre dont le territoire est concerné.
6. À la demande de la Commission, les gouvernements et les autorités de concurrence des États membres fournissent à la Commission tous les renseignements nécessaires à l'accomplissement des tâches qui lui sont assignées par le présent règlement.

Article 19
Pouvoir de recueillir des déclarations

1. Pour l'accomplissement des tâches qui lui sont assignées par le présent règlement, la Commission peut interroger toute personne physique ou morale qui accepte d'être interrogée aux fins de la collecte d'informations relatives à l'objet d'une enquête.
2. Lorsque l'entretien prévu au paragraphe 1er est réalisé dans les locaux d'une entreprise, la Commission informe l'autorité de concurrence de l'État membre sur le territoire duquel l'entretien a lieu. Les agents de l'autorité de concurrence de l'État membre concerné peuvent,

si celle-ci le demande, prêter assistance aux agents et aux autres personnes les accompagnant mandatés par la Commission pour conduire l'entretien.

Article 20

Pouvoirs de la Commission en matière d'inspection

1. Pour l'accomplissement des tâches qui lui sont assignées par le présent règlement, la Commission peut procéder à toutes les inspections nécessaires auprès des entreprises et associations d'entreprises.

2. Les agents et les autres personnes les accompagnant mandatés par la Commission pour procéder à une inspection sont investis des pouvoirs suivants :

a) accéder à tous les locaux, terrains et moyens de transport des entreprises et associations d'entreprises ;

b) contrôler les livres ainsi que tout autre document professionnel, quel qu'en soit le support ;

c) prendre ou obtenir sous quelque forme que ce soit copie ou extrait de ces livres ou documents ;

d) apposer des scellés sur tous les locaux commerciaux et livres ou documents pendant la durée de l'inspection et dans la mesure où cela est nécessaire aux fins de celle-ci ;

e) demander à tout représentant ou membre du personnel de l'entreprise ou de l'association d'entreprises des explications sur des faits ou documents en rapport avec l'objet et le but de l'inspection et enregistrer ses réponses.

3. Les agents et les autres personnes les accompagnant mandatés par la Commission pour procéder à une inspection exercent leurs pouvoirs sur production d'un mandat écrit qui indique l'objet et le but de l'inspection, ainsi que la sanction prévue à l'article 23 au cas où les livres ou autres documents professionnels qui sont requis seraient présentés de manière incomplète et où les réponses aux demandes faites en application du paragraphe 2 du présent article seraient inexactes ou dénaturées. La Commission avise, en temps utile avant l'inspection, l'autorité de concurrence de l'État membre sur le territoire duquel l'inspection doit être effectuée.

4. Les entreprises et associations d'entreprises sont tenues de se soumettre aux inspections que la Commission a ordonnées par voie de décision. La décision indique l'objet et le but de l'inspection, fixe la date à laquelle elle commence et indique les sanctions prévues aux articles 23 et 24, ainsi que le recours ouvert devant la Cour de justice contre la décision. La Commission prend ces décisions après avoir entendu l'autorité de concurrence de l'État membre sur le territoire duquel l'inspection doit être effectuée.

5. Les agents de l'autorité de concurrence de l'État membre sur le territoire duquel l'inspection doit être effectuée ainsi que les agents mandatés ou désignés par celle-ci doivent, à la demande de cette autorité ou de la Commission, prêter activement assistance aux agents et aux autres personnes les accompagnant mandatés par la Commission. Ils disposent à cette fin des pouvoirs définis au paragraphe 2.

6. Lorsque les agents ou les autres personnes les accompagnant mandatés par la Commission constatent qu'une entreprise s'oppose à une inspection ordonnée en vertu du présent article, l'État membre intéressé leur prête l'assistance nécessaire, en requérant au besoin la force publique ou une autorité disposant d'un pouvoir de contrainte équivalent, pour leur permettre d'exécuter leur mission d'inspection.

7. Si, en vertu du droit national, l'assistance prévue au paragraphe 6 requiert l'autorisation d'une autorité judiciaire, cette autorisation doit être sollicitée. L'autorisation peut également être demandée à titre préventif.

8. Lorsqu'une autorisation visée au paragraphe 7 est demandée, l'autorité judiciaire nationale contrôle que la décision de la Commission est authentique et que les mesures coercitives envisagées ne sont ni arbitraires ni excessives par rapport à l'objet de l'inspection. Lorsqu'elle contrôle la proportionnalité des mesures coercitives, l'autorité judiciaire nationale peut demander à la Commission, directement ou par l'intermédiaire de l'autorité de concurrence de l'État membre, des explications détaillées, notamment sur les motifs qui incitent la Commission à suspecter une violation des articles 81 et 82 du traité, ainsi que sur la gravité de la violation suspectée et sur la nature de l'implication de l'entreprise concernée. Cependant, l'autorité judiciaire nationale ne peut ni mettre en cause la nécessité de l'inspection ni exiger la communication des informations figurant dans le dossier de la Commission. Le contrôle de la légalité de la décision de la Commission est réservé à la Cour de justice.

Article 21

Inspection d'autres locaux

1. S'il existe un soupçon raisonnable que des livres ou autres documents professionnels liés au domaine faisant l'objet de l'inspection qui pourraient être pertinents pour prouver une violation grave de l'article 81 ou 82 du traité sont conservés dans d'autres locaux, terrains et moyens de transport, y compris au domicile des chefs d'entreprises, des dirigeants et des autres membres du personnel des entreprises et associations d'entreprises concernées, la Commission peut ordonner par voie de décision qu'il soit procédé à une inspection dans ces autres locaux, terrains et moyens de transport.

2. La décision indique l'objet et le but de l'inspection, fixe la date à laquelle elle commence et signale que la décision est susceptible de recours devant la Cour de justice. Elle expose notamment les motifs qui ont conduit la Commission à conclure qu'il existe un soupçon au sens du paragraphe 1er. La Commission prend ces décisions après avoir consulté l'autorité de concurrence de l'État membre sur le territoire duquel l'inspection doit être effectuée.

3. Une décision prise conformément au paragraphe 1er ne peut être exécutée sans autorisation préalable de l'autorité judiciaire nationale de l'État membre concerné. L'autorité judiciaire nationale contrôle que la décision de la Commission est authentique et que les mesures coercitives envisagées ne sont ni arbitraires ni excessives eu égard notamment à la gravité de la violation suspectée, à l'importance des éléments de preuve recherchés, à l'implication de l'entreprise concernée et à la probabilité raisonnable que les livres et documents liés à l'objet de l'inspection soient conservés dans les locaux dont l'inspection est demandée. L'autorité judiciaire nationale peut demander à la Commission, directement ou par l'intermédiaire de l'autorité de concurrence de l'État membre, des explications détaillées sur les éléments qui lui sont nécessaires pour pouvoir contrôler la proportionnalité des mesures coercitives envisagées.

Cependant, l'autorité judiciaire nationale ne peut remettre en cause la nécessité d'une inspection ni exiger la communication des informations figurant dans le dossier de la Commission. Le contrôle de la légalité de la décision de la Commission est réservé à la Cour de justice.

4. Les agents et les autres personnes les accompagnant mandatés par la Commission pour procéder à une inspection ordonnée conformément au paragraphe 1er disposent des pouvoirs définis à l'article 20, paragraphe 2, points a), b) et c). L'article 20, paragraphes 5 et 6, s'applique mutatis mutandis.

Article 22

Enquêtes par les autorités de concurrence des États membres

1. Une autorité de concurrence d'un État membre peut exécuter sur son territoire toute inspection ou autre mesure d'enquête en application de son droit national au nom et pour le compte de l'autorité de concurrence d'un autre État membre afin d'établir une infraction aux

dispositions de l'article 81 ou 82 du traité. Le cas échéant, les informations recueillies sont communiquées et utilisées conformément à l'article 12.

2. Sur demande de la Commission, les autorités de concurrence des États membres procèdent aux inspections que la Commission juge indiquées au titre de l'article 20, paragraphe 1er, ou qu'elle a ordonnées par voie de décision prise en application de l'article 20, paragraphe 4. Les agents des autorités de concurrence des États membres chargés de procéder aux inspections, ainsi que les agents mandatés ou désignés par celles-ci, exercent leurs pouvoirs conformément à leur législation nationale.

Les agents et les autres personnes les accompagnant mandatés par la Commission peuvent, sur sa demande ou sur celle de l'autorité de concurrence de l'État membre sur le territoire duquel l'inspection doit être effectuée, prêter assistance aux agents de l'autorité concernée.

CHAPITRE VI SANCTIONS

Article 23

Amendes

1. La Commission peut, par voie de décision, infliger aux entreprises et associations d'entreprises des amendes jusqu'à concurrence de 1 % du chiffre d'affaires total réalisé au cours de l'exercice social précédent lorsque, de propos délibéré ou par négligence :

a) elles fournissent un renseignement inexact ou dénaturé en réponse à une demande faite en application de l'article 17 ou de l'article 18, paragraphe 2 ;

b) en réponse à une demande faite par voie de décision prise en application de l'article 17 ou de l'article 18, paragraphe 3, elles fournissent un renseignement inexact, incomplet ou dénaturé ou ne fournissent pas un renseignement dans le délai prescrit ;

c) elles présentent de façon incomplète, lors des inspections effectuées au titre de l'article 20, les livres ou autres documents professionnels requis, ou ne se soumettent pas aux inspections ordonnées par voie de décision prise en application de l'article 20, paragraphe 4 ;

d) en réponse à une question posée conformément à l'article 20, paragraphe 2, point e),

– elles fournissent une réponse incorrecte ou dénaturée, ou

– elles omettent de rectifier dans un délai fixé par la Commission une réponse incorrecte, incomplète ou dénaturée donnée par un membre du personnel, ou

– elles omettent ou refusent de fournir une réponse complète sur des faits en rapport avec l'objet et le but d'une inspection ordonnée par une décision prise conformément à l'article 20, paragraphe 4 ;

e) des scellés apposés en application de l'article 20, paragraphe 2, point d), par les agents ou les autres personnes les accompagnant mandatés de la Commission, ont été brisés.

2. La Commission peut, par voie de décision, infliger des amendes aux entreprises et associations d'entreprises lorsque, de propos délibéré ou par négligence :

a) elles commettent une infraction aux dispositions de l'article 81 ou 82 du traité, ou

b) elles contreviennent à une décision ordonnant des mesures provisoires prises au titre de l'article 8, ou

c) elles ne respectent pas un engagement rendu obligatoire par décision en vertu de l'article 9.

Pour chaque entreprise et association d'entreprises participant à l'infraction, l'amende n'excède pas 10 % de son chiffre d'affaires total réalisé au cours de l'exercice social précédent.

Lorsque l'infraction d'une association porte sur les activités de ses membres, l'amende ne peut dépasser 10 % de la somme du chiffre d'affaires total réalisé par chaque membre actif sur le marché affecté par l'infraction de l'association.

3. Pour déterminer le montant de l'amende, il y a lieu de prendre en considération, outre la gravité de l'infraction, la durée de celle-ci.

4. Lorsqu'une amende est infligée à une association d'entreprises en tenant compte du chiffre d'affaires de ses membres et que l'association n'est pas solvable, elle est tenue de lancer à ses membres un appel à contributions pour couvrir le montant de l'amende.
Si ces contributions n'ont pas été versées à l'association dans un délai fixé par la Commission, celle-ci peut exiger le paiement de l'amende directement par toute entreprise dont les représentants étaient membres des organes décisionnels concernés de l'association.
Après avoir exigé le paiement au titre du deuxième alinéa, lorsque cela est nécessaire pour garantir le paiement intégral de l'amende, la Commission peut exiger le paiement du solde par tout membre de l'association qui était actif sur le marché sur lequel l'infraction a été commise.
Cependant, la Commission n'exige pas le paiement visé aux deuxième et troisième alinéas auprès des entreprises qui démontrent qu'elles n'ont pas appliqué la décision incriminée de l'association et qu'elles en ignoraient l'existence ou s'en sont activement désolidarisées avant que la Commission n'entame son enquête.
La responsabilité financière de chaque entreprise en ce qui concerne le paiement de l'amende ne peut excéder 10 % de son chiffre d'affaires total réalisé au cours de l'exercice social précédent.
5. Les décisions prises en application des paragraphes 1er et 2 n'ont pas un caractère pénal.

Article 24

Astreintes

1. La Commission peut, par voie de décision, infliger aux entreprises et associations d'entreprises des astreintes jusqu'à concurrence de 5 % du chiffre d'affaires journalier moyen réalisé au cours de l'exercice social précédent par jour de retard à compter de la date qu'elle fixe dans sa décision, pour les contraindre :
a) à mettre fin à une infraction aux dispositions de l'article 81 ou 82 du traité conformément à une décision prise en application de l'article 7 ;
b) à respecter une décision ordonnant des mesures provisoires prises en application de l'article 8 ;
c) à respecter un engagement rendu obligatoire par décision en vertu de l'article 9 ;
d) à fournir de manière complète et exacte un renseignement qu'elle a demandé par voie de décision prise en application de l'article 17 ou de l'article 18, paragraphe 3 ;
e) à se soumettre à une inspection qu'elle a ordonnée par voie de décision prise en application de l'article 20, paragraphe 4.
2. Lorsque les entreprises ou les associations d'entreprises ont satisfait à l'obligation pour l'exécution de laquelle l'astreinte a été infligée, la Commission peut fixer le montant définitif de celle-ci à un chiffre inférieur à celui qui résulte de la décision initiale. Les dispositions de l'article 23, paragraphe 4, s'appliquent mutatis mutandis. (...)

CHAPITRE VIII AUDITIONS ET SECRET PROFESSIONNEL

Article 27

Audition des parties, des plaignants et des autres tiers

1. Avant de prendre les décisions prévues aux articles 7, 8 et 23 et à l'article 24, paragraphe 2, la Commission donne aux entreprises et associations d'entreprises visées par la procédure menée par la Commission l'occasion de faire connaître leur point de vue au sujet des griefs retenus par la Commission. La Commission ne fonde ses décisions que sur les griefs au sujet desquels les parties concernées ont pu faire valoir leurs observations. Les plaignants sont étroitement associés à la procédure.
2. Les droits de la défense des parties concernées sont pleinement assurés dans le déroulement de la procédure. Elles ont le droit d'avoir accès au dossier de la Commission sous réserve de

l'intérêt légitime des entreprises à ce que leurs secrets d'affaires ne soient pas divulgués. Le droit d'accès au dossier ne s'étend pas aux informations confidentielles et aux documents internes de la Commission ou des autorités de concurrence des États membres. En particulier, le droit d'accès ne s'étend pas à la correspondance entre la Commission et les autorités de concurrence des États membres ou entre ces dernières, y compris les documents établis en application des articles 11 et 14. Aucune disposition du présent paragraphe n'empêche la Commission de divulguer et d'utiliser des informations nécessaires pour apporter la preuve d'une infraction.
3. Si la Commission le juge nécessaire, elle peut également entendre d'autres personnes physiques ou morales. Si des personnes physiques ou morales justifiant d'un intérêt suffisant demandent à être entendues, il doit être fait droit à leur demande. Les autorités de concurrence des États membres peuvent également demander à la Commission d'entendre d'autres personnes physiques ou morales.
4. Lorsque la Commission envisage d'adopter une décision en application de l'article 9 ou 10, elle publie un résumé succinct de l'affaire et le principal contenu des engagements ou de l'orientation proposée. Les tierces parties intéressées peuvent présenter leurs observations dans un délai qui est fixé par la Commission dans sa publication et qui ne peut pas être inférieur à un mois. La publication tient compte de l'intérêt légitime des entreprises à la protection de leurs secrets d'affaires.

Article 28

Secret professionnel

1. Sans préjudice des articles 15, les informations recueillies en application des articles 17 à 22 ne peuvent être utilisées qu'aux fins auxquelles elles ont été recueillies.
2. Sans préjudice de l'échange et de l'utilisation des informations prévus aux articles 11, 12, 14, 15 et 27, la Commission et les autorités de concurrence des États membres, leurs fonctionnaires, agents et les autres personnes travaillant sous la supervision de ces autorités, ainsi que les agents et fonctionnaires d'autres autorités des États membres sont tenus de ne pas divulguer les informations qu'ils ont recueillies ou échangées en application du présent règlement et qui, par leur nature, sont couvertes par le secret professionnel. Cette obligation s'applique également à tous les représentants et experts des États membres assistant aux réunions du comité consultatif en application de l'article 14.

Biblio

– P. Arhel, « Le droit de la concurrence se dote d'un nouveau maillage : le réseau européen de la concurrence », *LPA* 30 décembre 2003, p. 4.
– E. Barbier de la Serre, « Le dispositif communautaire en matière de transactions », *RLC* 17/2008, p. 95.
– C.-D. Ehlermann, « La modernisation de la politique antitrust de l'Union européenne : une révolution juridique et culturelle », *RDUE* 2000. 13.
– L. Idot, « Le nouveau système communautaire de mise en œuvre des articles 81 et 82 CE », *Cah. dr. eur.* 2003. 283.
– L. Idot, C. Prieto (dir.), *Les entreprises face au nouveau droit des pratiques anticoncurrentielles : le règlement n° 1/2003 modifie-t-il les stratégies contentieuses ?*, Bruylant, 2006.
– R. Kovar, « Le règlement du Conseil du 16 décembre 2002 relatif à la mise en œuvre des règles de concurrence prévues aux articles 81 et 82 du traité CE », *D.* 2003. Chron. 478.

– C. Nourissat, « Compétence des juridictions nationales en matière de droit communautaire de la concurrence : les apports du règlement (CE) n° 1/2003 du 16 décembre 2002 », *Procédures* 2003. Comm. 64.
– C. Nourissat, R. Wtterwulghe (dir.), *Le nouveau règlement d'application du droit communautaire de la concurrence : un défi pour les juridictions françaises*, Dalloz, coll. « Thèmes et commentaires », 2004.
– C. Nourissat, B. Cheynel, « Adaptation du droit français au droit communautaires : commentaire de l'ordonnance n° 2004-237 du 4 novembre 2004 », *Revue Lamy de la concurrence* 2/2005, p. 63.
– A. Pliakos, *Les droits de la défense et le droit communautaire de la concurrence*, Bruylant, 1987.
– S. Reifegerste, « L'articulation du droit communautaire et du droit national de la concurrence. Le règlement n° 1/2003 du Conseil du 16 décembre 2002 », *JCP* 2003. I. 125.
– J.-C. Roda, *La Clémence en droit de la concurrence, étude comparative des droits américain et européens*, PUAM, 2008.
– J. Rideau, « Droit communautaire de la concurrence et droits nationaux de la concurrence », *Rev. aff. eur.* 1991/3. 5.
– F. Zampini, « Convention européenne des droits de l'Homme et droit communautaire de la concurrence », *RMCUE* 1999. 628.

Quiz

1) Sujet corrigé

Dissertation

Énoncé

Vous venez d'être nommé en 2010 au cabinet du nouveau commissaire européen à la concurrence, Monsieur Joaquin Almunia. Il doit prononcer une conférence dans quelques jours à Paris et souhaite évoquer l'incidence du règlement (CE) n° 1/2003 en France. Il s'intéresse particulièrement au volet judiciaire de la réforme et désire revenir sur la spécialisation dont il n'est pas convaincu qu'elle permette au droit européen de la concurrence de prendre sa pleine expression.

Voir le corrigé en fin de rubrique.

2) Corrigé

Dissertation

« Mesdames, Messieurs, Chers Amis,

Nul ici n'ignore que l'entrée en application du règlement 1/2003 s'est accompagnée de nombreuses adaptations au plan national ; adaptations rendues nécessaires par la véritable révolution en matière de mise en œuvre des articles 81 et 82 du traité CE, désormais articles 101 et 102 TFUE, voulue par mes prédécesseurs.

L'un des aspects les plus remarquables tient au rôle désormais dévolu aux juridictions de droit commun, selon un mouvement d'ailleurs en pleine expansion comme en témoigne, depuis, la publication du Livre vert de décembre 2005 relatif aux actions en dommages-intérêts, le Livre Blanc de 2008 sur le même sujet et la remarquable étude à destination des juridictions chargées d'évaluer les préjudices subis par les victimes des pratiques anticoncurrentielles diffusée il y a à peine un mois – mais, il est vrai et je m'en excuse – uniquement en langue anglaise.

Selon mes services, le transfert du contrôle d'une partie substantielle des pratiques anticoncurrentielles vers le juge de droit commun des États membres (en France, le juge civil, le juge commercial, mais aussi et on l'oublie trop souvent, le juge administratif) devait s'opérer sans difficultés aucunes, tant serait désormais bien établie dans les États la « culture de concurrence ».

Or, après un peu plus de cinq ans de mise en œuvre du règlement n° 1/2003 (il est vrai lente à se traduire dans les faits en raison des retards d'adoption des textes nationaux d'application), le résultat escompté se laisse difficilement apprécier en termes positifs.

J'aimerais, sur ce point, vous livrer quelques observations qui ont pour origine des réflexions dont les sources sont triples. D'une part, elles procèdent de l'analyse du contentieux devant le juge national, quand il est connu ou accessible. D'autre part, elles traduisent les résultats de différents séminaires de formation à destination des juges du commerce des États membres que nous avons financés et dont les conclusions nous sont connues. Par ailleurs, elles s'inspirent de témoignages d'entreprises confrontées à des questions de pratiques anticoncurrentielles de niveau européen, qu'elles en soient les auteurs ou les victimes.

I. La rareté des affaires

La première observation tient, tout d'abord, à un constat : celui de la rareté des affaires portées devant les juridictions. Du moins convient-il de signaler que la réforme ne semble pas avoir accru sensiblement le contentieux intéressant l'application des articles 101 et 102 TFUE devant les juridictions qui le connaissaient déjà.

Quelques explications peuvent probablement être avancées.

a) En premier lieu, la réforme intervenue n'a pas eu l'audience escomptée auprès des entreprises, de leurs conseils et des juridictions concernées. Hors un petit cercle de personnes déjà très au fait de la matière et en maîtrisant les tenants et aboutissants, la familiarité avec le droit européen de la concurrence reste peut-être une vue de l'esprit. En tout état de cause, le réflexe « concurrentiel » est encore trop rare hors les grandes entreprises ou celles qui se sont déjà « frottées » à la matière. De même, l'idée de porter ce contentieux devant le juge n'est pas toujours bien comprise par les entreprises. Des réflexes de « branches d'activité » existent qui font douter de l'utilité de s'attaquer à un cocontractant ou un à un concurrent : les intérêts ou les avantages qui peuvent être retirés de la mise en œuvre judiciaire des articles 101 et 102 TFUE ne sont encore que rarement perçus, ce qui d'une certaine manière pourra rassurer ceux qui craignent le développement d'une société contentieuse.

b) En deuxième lieu, lorsqu'elles étaient bien conseillées, les entreprises ont anticipé le « risque judiciaire » inhérent à la réforme – au demeurant faible en l'état actuel – en tirant, par exemple, les enseignements de la jurisprudence compréhensive des juridictions françaises à propos de l'application (ou plutôt de la non-application) du droit européen de la concurrence par les arbitres. La jurisprudence diffusée concernant l'application de l'article 101 TFUE par les juridictions nationales à la suite de l'entrée en application du règlement n° 1/2003 – dont une partie peut être consultée sur le site Internet mis en place par la direction générale dont je suis en charge – montre que l'hypothèse la plus fréquente est celle du contentieux contractuel de la distribution où, fort classiquement et par exemple, à une demande fondée sur la rupture abusive du contrat par le franchisé ou le concessionnaire, est opposée la nullité de telle ou telle clause ou du contrat en raison de sa contrariété aux règlements d'exemption applicables… Alors que la stipulation d'une clause compromissoire dans ce type de contrat était déjà chose fréquente pour des raisons de « stratégie commerciale » que chacun connaît, elle tend à devenir encore plus systématique. L'effet le plus direct de ce recours à l'arbitrage est d'évincer tout contentieux « public » (même si l'on peut penser qu'il reviendra à la faveur d'un recours en annulation de la sentence…).

c) En troisième lieu et concernant les tribunaux de commerce français, la réforme intervenue a été amplement « occultée » par celle intéressant les procédures collectives qui a occupé au premier chef ces juridictions. On touche du doigt ici un mal plus général régulièrement dénoncé qui conduit à noyer les acteurs du droit sous une masse réglementaire et législative dont ils ont bien du mal à émerger. Il était probablement nécessaire de parer au plus pressé, donc de mobiliser les énergies sur la loi du 26 juillet 2005.

II. La rareté des juridictions

La seconde observation tient, ensuite, au choix qui a été fait en France (mais, par ex., pas en Belgique) de « spécialiser » certaines juridictions commerciales et civiles pour connaître de ce nouveau contentieux concurrentiel (Décr. n° 2005-1756 du 31 déc. 2005). Depuis le 1er janvier 2006, seuls sont compétents pour connaître des articles 101 et 102 TFUE huit tribunaux de grande instance et huit tribunaux de commerce, les recours formés contre leurs jugements étant portés devant la seule cour d'appel de Paris. On sait que la solution retenue par votre gouvernement a été diversement appréciée, analysée par certains comme traduisant un certain bon sens, jugée par d'autres en des termes plus négatifs. Depuis que le texte a été publié et pour en avoir lu les témoignages de certains juges consulaires (qu'ils soient juges dans des juridictions « élues » ou non), il semble que le fait d'avoir désigné huit tribunaux appelle davantage la critique que l'approbation.

Là encore deux points retiennent l'attention.

a) En premier lieu et symboliquement, est indirectement confortée l'idée fausse selon laquelle le contentieux de la concurrence serait spécifique – à l'instar de celui de la propriété intellectuelle – alors que bien au contraire il est, par nature, transversal si ce n'est commun. Certes la matière est ardue. Mais est-elle plus difficile que d'autres qui sont pourtant portées devant toutes les juridictions, y compris les juridictions consulaires ? Qui plus est, l'on peut s'interroger sur la rationalité d'un choix qui conduit à ignorer, d'une certaine manière, la dimension de marché et la théorie des effets qui caractérisent le droit de la concurrence. Si l'on voulait délivrer le message que la concurrence sur le marché ne concerne que quelques entreprises et non tout un chacun, l'objectif est atteint et conduit à considérer que l'on s'éloigne ici de l'esprit même de la réforme voulue par l'Union européenne.

b) En deuxième lieu et techniquement, apparaissent des problèmes procéduraux complexes que l'on désignera sous le vocable de la réallocation des cas (un peu à l'instar de ce qui est prévu dans les relations entre ANC ou entre ANC et Commission). Il ne faut pas oublier aussi l'écueil probatoire rencontré par le demandeur. Cependant il nous apparaît que ce sont moins les appréciations de droit de la concurrence (le marché pertinent, notamment) que le maniement du droit européen qui effraient le juge et, parfois, les parties. Au-delà de l'hypothèse particulière où ces derniers vont, en cette occasion, faire connaissance avec les subtilités du droit judiciaire privé européen (on pense, notamment, au règlement « Bruxelles I »), c'est plus généralement la question de l'« office européen » du juge qui engendre la perplexité chez l'un, la crainte chez les autres. Pour faire simple, des arrêts aussi fondamentaux en la matière que les arrêts *Simmenthal*, *Van Schijndel*, *Courage* ou *Manfredi* ne sont pas encore assez connus et, lorsqu'ils le sont, suscitent la méfiance. Il reste bien difficile de faire admettre que l'application des articles 101 et 102 TFUE appelle un « rôle dynamique et actif du juge national découlant de ses pouvoirs d'agir "d'office" », selon la formule heureuse d'une ancienne Présidente du tribunal de commerce de Bruxelles…

En définitive, Mesdames, Messieurs, Chers amis, prévaut le sentiment que, pour l'instant, le volet judiciaire de la réforme d'application des articles 101 et 102 TFUE n'atteint pas le résultat escompté, alors que les ANC, elles, semblent en avoir pris toute la mesure, l'Autorité de la concurrence française au premier rang. Bien sûr, comme pour chaque réforme d'envergure, il faut laisser du temps aux entreprises, à leurs conseils et aux juridictions. Mais la donnée temporelle ne doit pas occulter d'autres difficultés qui se révèlent avec d'autant d'acuité que l'on dépasse – par un travail de fond – l'effet de nouveauté.

Le postulat de départ de la réforme voulue par mes prédécesseurs était probablement trop optimiste. La « culture de concurrence » n'est pas aussi répandue que l'on pouvait le penser. Mais, fait plus grave, c'est avant tout – et pour n'évoquer que la France – la « culture européenne » qui paraît faire défaut. Je n'irai pas jusqu'à dire qu'en choisissant de « spécialiser » les juridictions, c'est une démarche contre-productive qui a été suivie tendant à maintenir le droit européen des pratiques anticoncurrentielles dans une sorte de ghetto, mais certains le pensent. C'est qui m'amène à vous annoncer, pour conclure, que mes prochains chantiers seront tous tournés vers cette application judiciaire du droit européen de la concurrence et que je ferrai de l'adoption de la directive sur les actions de groupe une priorité pour les mois à venir mais aussi de la formation des juges nationaux une démarche systématisée, d'ailleurs désormais pleinement assise avec un fondement particulier dans le TFUE.

Je vous remercie. »

chapitre 14

Les procédures devant les juges nationaux

Plan analytique

section **1**

Le règlement CE n° 44/2001 du 22 décembre 2000 concernant la compétence judiciaire et l'exécution des décisions en matière civile et commerciale

A. Les règles de compétence juridictionnelle

B. Les règles de procédure

C. La reconnaissance et l'exécution des décisions

section **2**

Les procédures européennes simplifiées de recouvrement des créances

§ 1 Le règlement CE n° 805/2004 du 21 avril 2004 portant création d'un titre exécutoire européen pour les créances incontestées

§ 2 Le règlement CE n° 1896/2006 du Parlement européen et du Conseil du 12 décembre 2006 instituant une procédure européenne d'injonction de payer

§ 3 Le règlement n° 861/2007 du 11 juillet 2007 instituant une procédure européenne de règlement des petits litiges

section **3**

Le règlement n° 1346/2000 du 29 mai 2000 relatif aux procédures d'insolvabilité

§ 1 Compétence en matière de procédure d'insolvabilité

A. Méthode et compétences retenues

B. La notion de « centre des intérêts principaux »

§ 2 Le choix de la *lex fori concursus*

§ 3 La reconnaissance mutuelle des décisions d'insolvabilité

A. Reconnaissance et exécution des décisions

B. L'exception d'ordre public

Les procédures devant les juges nationaux

Le contentieux qu'engendre le droit européen des libertés économiques est souvent seulement appréhendé à travers les procédures se déroulant devant les juridictions de l'Union. Si ce contentieux occupe effectivement une place essentielle, méritant en cela qu'un chapitre lui soit consacré (v. ss chapitre 15), il ne saurait faire oublier que, dans une mesure prépondérante, c'est avant tout le juge national, juge de droit commun du droit de l'Union, qui est appelé à se prononcer sur le respect et la mise en œuvre des libertés économiques consacrées par ce droit. Dans ce contexte, il est nécessaire d'étudier l'aspect judiciaire du droit du marché intérieur. Ce dernier est de plus en plus lié aux règles de droit international privé, excluant désormais que l'on puisse totalement les dissocier. Le mouvement a commencé dès la « communautarisation » du droit international privé consécutive à l'entrée en vigueur du traité d'Amsterdam et de l'article 65 CE aux termes duquel « les mesures relevant du domaine de la coopération judiciaire dans les matières civiles ayant une incidence transfrontière, qui doivent être prises (...) dans la mesure nécessaire au bon fonctionnement du marché intérieur, visent entre autres à améliorer et simplifier (...) la reconnaissance et l'exécution des décisions en matière civile et commerciale (...), favoriser la compatibilité des règles applicables dans les États membres en matière de conflit de lois et de compétence [et] éliminer les obstacles au bon déroulement des procédures civiles, au besoin en favorisant la compatibilité des règles de procédure civile applicables dans les États membres ». Les illustrations se multiplient aujourd'hui, qui témoignent de ce que le droit du marché intérieur ne peut ignorer les règles de droit international privé. On doit même admettre l'existence d'un droit international privé du marché intérieur, grâce auquel les institutions de l'Union garantissent aux opérateurs économiques la mise en œuvre de règles de conflit uniformes et efficientes au sein de ce marché. 467

Deux précisions doivent cependant être apportées. La première, d'ordre général, consiste à rappeler que les règles de droit international privé qui vont ici être présentées sont traditionnellement davantage abordées par les manuels de droit international privé. Aussi convient-il, tout naturellement, de renvoyer à ces derniers (v. notamment S. Clavel, *Droit international privé*, 3e éd., Dalloz, coll. « HyperCours », 2012). Néanmoins, s'il apparaît qu'un droit international privé du marché intérieur doit désormais être envisagé comme une « sous-branche » du droit, au sein même de la discipline du droit international privé, cette dimension de la matière nous intéresse directement : il n'est plus possible de l'ignorer lorsque l'on étudie les libertés de circulation et le droit de la concurrence dans leurs dimensions interne et européenne. Ce dernier champ d'étude recouvre par ailleurs – et ce sera ici notre seconde précision, d'ordre particulier – des contentieux très spéciaux, comme le contentieux de la concurrence. S'agissant de ce dernier, il sera notamment fait renvoi aux chapitres 12 et 13 du présent ouvrage. 468

Ces observations faites, plusieurs règlements majeurs ont été adoptés qui retiendront notre attention. Parmi ceux-ci, le règlement CE n° 44/2001, concernant la compétence judiciaire, la reconnaissance et l'exécution des décisions en matière civile et commerciale, souvent présenté comme le règlement « Bruxelles I » (*JOCE* L 12 du 16 janv. 2001) est celui auquel le praticien a le plus recours. Il mérite d'occuper la place première dans les développements qui suivront (section 1). Seront ensuite étudiés les textes organisant des procédures européennes simplifiées de recouvrement des créances (section 2) ainsi que le règlement n° 1346/2000 du 29 mai 2000 relatif aux procédures d'insolvabilité (*JOCE* L 160 du 30 juin 2000), lequel est également d'une haute importance pour les opérateurs économiques européens (section 3).

section 1

Le règlement CE n° 44/2001 du 22 décembre 2000 concernant la compétence judiciaire et l'exécution des décisions en matière civile et commerciale

■ 469 Le règlement n° 44/2001 est entré en vigueur le 1er mars 2002 et s'applique aux actions judiciaires civiles et commerciales intentées après cette date. Ce texte remplace la convention de Bruxelles du 27 septembre 1968, dont l'objet est identique et qui avait pour ambition de créer « un espace judiciaire européen », d'une part, en mettant en place une réelle libre circulation des décisions de justice entre les États parties, puis entre les États membres et, d'autre part, en édictant des règles de compétence internationales communes. Un mécanisme judiciaire – si ce n'est, un véritable système judiciaire – a ainsi été élaboré, placé sous le contrôle de la Cour de justice, qui entend faire régner la confiance comme principe absolu entre les juridictions des États membres. L'adoption de la convention de Bruxelles a été suivie de celle de la convention de Lugano, du 16 septembre 1988, concernant la compétence judiciaire, la reconnaissance et l'exécution des décisions en matière civile et commerciale, qui a étendu l'application des dispositions de la convention de Bruxelles de 1968 à certains États membres de l'Association européenne de libre-échange.

■ 470 Précisons que le règlement « Bruxelles I » sera cependant bientôt remplacé par un autre texte, déjà appelé par certains « Bruxelles I *bis* ». Le 14 décembre 2010, en effet, la Commission a lancé une proposition de refonte du règlement 44/2001 (COM (2010) 748 final), qui faisait elle-même suite à de nombreux rapports et études de la part des institutions de l'Union. Le Parlement européen et le Conseil ont finalement adopté le 12 décembre 2012 un nouveau règlement n° 1215/2012 concernant la compétence judiciaire, la reconnaissance et l'exécution des décisions en matière civile et commerciale (refonte) (*JOUE* L 351 du 20 déc. 2012), qui entrera en application à partir du 10 janvier 2015 (art. 81). Le texte final opère des modifications autrement moins ambitieuses que celles affichées par la Commission en 2010, laquelle entendait réellement refonder le texte. Des modifications formelles comme substantielles sont cependant bien présentes, qui obligeront le praticien à se familiariser avec un nouvel instrument qui connaît des innovations. Au plan formel, outre ses 41 considérants, le règlement « Bruxelles I *bis* » compte 81 articles et 3 annexes. Le texte prend acte de la jurisprudence de la Cour de justice rendue en application du règlement 44/2001 et, même, de la convention de Bruxelles, bien que des ruptures puissent être constatées. Les évolutions annoncées par ce règlement seront évoquées au gré des développements qui suivent.

Le règlement 44/2001 connaît un vaste champ d'application matériel et doit être envisagé, pour cette raison, comme le droit commun de l'Union européenne de la compétence juridictionnelle. Il s'applique, comme l'indique son intitulé, en matière civile et commerciale, à l'exclusion des matières fiscales, douanières et administratives (art. 1er al. 1er). L'interprétation de la « matière civile et commerciale » est susceptible de soulever des difficultés, dans la mesure où elle peut différer d'un État membre à un autre. La Cour de justice est ainsi rapidement intervenue, afin d'éviter que chaque État membre s'en tienne aux conceptions de son propre droit, phénomène qui entraînerait, de fait, des divergences quant au champ d'application matériel du texte. Aussi, par matière civile et commerciale, il faut entendre en principe ce qui relève du droit privé, par opposition au droit public, mais également au droit pénal. Sont également exclus de l'application du règlement : l'état et la capacité des personnes physiques, les régimes matrimoniaux – mais non les obligations alimentaires–, les testaments et successions, les faillites, concordats et autres procédures analogues, la sécurité sociale, l'arbitrage (art. 1er al. 2), cette dernière notion comprenant notamment un litige qui a pour objet la désignation d'un arbitre, même s'il se déroule devant une juridiction étatique et même si l'existence ou la validité de la convention d'arbitrage est contestée (CJCE 14 nov. 2002, *Baten*, aff. C-71/00, *Rec. CJCE* I-10489). Les décisions judiciaires confortant ou infirmant une sentence sont également exclues du domaine du régime de *reconnaissance des décisions*[Q] selon le règlement. S'agissant de l'exclusion des « faillite, concordat et autres procédures analogues », il résulte d'une jurisprudence *Gourdain* que toute action émanant directement de la faillite et reliée étroitement à une procédure de liquidation ou de redressement judiciaire, n'est pas couverte par les dispositions du règlement (CJCE 22 févr. 1979, 133/78, *Rec. CJCE* 733 ; s'agissant du règlement européen des procédures d'insolvabilité, v. ss 538 s.). Le règlement « Bruxelles I *bis* » voit son champ d'application matériel ajusté, afin de tenir compte de l'adoption d'autres instruments par les institutions de l'Union. Ainsi, par exemple, une nouvelle compétence spéciale apparaît : celle relative à l'action en restitution d'un bien culturel. En dépit de vifs débats au cours de travaux préparatoires, l'arbitrage demeure en revanche exclu du champ d'application matériel du règlement « Bruxelles I *bis* » (v. notamment l'article 1 § 2 d). Sont encore exclues « les obligations alimentaires découlant de relations de famille, de parenté, de mariage ou d'alliance », afin de tenir compte du règlement n° 4/2009 relatif à la compétence, la loi applicable, la reconnaissance et l'exécution des décisions et la coopération en matière d'obligations alimentaires (JO L 7, du 10 janv. 2009). Les exclusions formulées à l'article 1er du règlement 44/2001 sont limitatives. Aussi, le règlement s'applique de manière générale aux questions relatives à la matière contractuelle, délictuelle, ou à la propriété. Observons que, s'agissant des matières contractuelles et non contractuelles, le règlement n° 44/2001 est complété, d'une part, par le règlement (CE) n° 593/2008 sur la loi applicable aux obligations contractuelles, dit « Rome I » (*JOUE* 4 juill. 2008, L 177/6) et, d'autre part, par 471 le règlement 864/2007 sur la loi applicable aux obligations non contractuelles, dit « Rome II » (*JOUE* 31 juill. 2007, L 199/40).

■ 472 Du point de vue temporel, le règlement a vocation à s'appliquer à toutes les actions en justice introduites postérieurement à son entrée en vigueur, fixée le 1er mars 2002 (v. les articles 66 et 76). L'application du règlement suppose par ailleurs, à titre général, que le litige soit certes international, mais soit également rattaché au territoire d'un État membre. L'article 4 précise que le critère auquel est subordonnée l'application des règles de compétences du règlement est le domicile du défendeur, sous réserve des dispositions des articles 22 – qui énumère des compétences exclusives – et 23 – qui prévoit l'hypothèse de la *prorogation de compétence*Q. Il en découle que si le défendeur possède son domicile ou son siège social sur le territoire d'un État membre, la compétence est régie en application des dispositions du règlement 44/2001. Précisons que, au sens du règlement, le Danemark n'était pas un État membre jusqu'au 1er juillet 2007 (art. 1er al. 3). Le Danemark ayant conclu avec la Communauté, devenue l'Union européenne, un accord en juin 2007, il a souhaité être lié par le règlement, dont les dispositions s'étendent ainsi à lui à compter du 1er juillet 2007.

■ 473 S'agissant précisément du champ d'application spatial du règlement, la Cour de justice a rendu un arrêt essentiel en 2005, qui est un arrêt de principe sur la portée territoriale de la convention de Bruxelles, mais également du règlement n° 44/2001. À la suite d'un grave accident dont il avait été victime à la Jamaïque et qui l'avait rendu tétraplégique, en plongeant sur un banc de sable immergé, le demandeur, Monsieur Owusu, ressortissant britannique domicilié au Royaume-Uni, avait introduit dans ce dernier État une action en responsabilité contre son cocontractant Monsieur Jackson, également domicilié au Royaume-Uni. Monsieur Jackson avait loué à Monsieur Owusu la villa donnant accès à la plage privée près de laquelle l'accident s'était produit. Monsieur Owusu avait également appelé en cause différentes sociétés jamaïcaines, chargées de fournir ou de gérer l'accès à la plage. Devant les juridictions anglaises, saisies en application de la convention de Bruxelles, les défendeurs faisaient valoir que le litige présentait des liens plus étroits avec la Jamaïque. La *Court of appeal* avait alors décidé d'interroger la Cour de justice sur le point de savoir si, dans une situation comme celle de l'espèce où il n'y avait pas de conflit de compétence avec une juridiction d'un autre État contractant, mais uniquement avec un for d'un État tiers, la doctrine du *forum non conveniens*Q pouvait s'appliquer. L'exception du *forum non conveniens*, connue du droit anglais, signifie qu' « une juridiction, également compétente, située dans un autre État, serait objectivement un for plus approprié pour connaître d'un litige » (point 8 de l'arrêt *Owusu*). La Cour explique tout d'abord que les règles de compétence de la convention requièrent un élément d'extranéité : la convention n'est donc pas applicable aux rapports purement internes. Mais l'élément d'extranéité ne doit pas être uniquement apprécié par rapport au domicile des parties : l'extranéité peut ressortir des faits du litige. La localisation des faits peut donc donner un caractère international à la situation. Enfin, dans la mesure où un litige est international, la convention peut s'appliquer aux relations mettant en cause un État contractant et un État tiers. Après avoir résolu la question préalable de l'applicabilité de la convention de Bruxelles, la Cour estime que « l'application de la théorie *forum non conveniens*, qui laisse une large marge d'appréciation au juge saisi quant à la question de savoir si un for étranger serait plus approprié pour trancher le fond d'un litige, est de nature à affecter la prévisibilité des règles de compétence posées par la convention de Bruxelles, en particulier celle de son article 2, et, par voie de conséquence, le principe de sécurité juridique en tant que fondement de la convention ». La théorie du *forum non conveniens* est donc incompatible avec le mécanisme de la convention. La Cour rappelle le caractère impératif de l'article 2 et observe qu'admettre le principe du *forum non conveniens* serait porter atteinte au principe de sécurité juridique, à la protection juridique des personnes établies dans la Communauté, ainsi qu'à l'application uniforme des règles de compétence (CJCE 1er mars 2005, *Owusu*, aff. C-81/02, *Rec. CJCE* I-1383). Cette jurisprudence sera reconduite sous l'empire du règlement « Bruxelles I *bis* », en dépit du souhait manifesté par quelques observateurs de voir reconnaître au juge européen un certain pouvoir modérateur de sa compétence.

Ces éléments relatifs à l'applicabilité du règlement n° 44/2001 exposés, il convient de présenter ce texte plus avant, en fonction de ses deux intérêts majeurs : le règlement s'intéresse non seulement à la compétence juridictionnelle dans l'ordre international (A), mais également au sort des jugements rendus par les juridictions des États membres, lorsque leurs effets doivent se déployer sur le territoire d'un autre État membre (B). Si nous étudierons successivement ces deux aspects, le premier nous conduira à présenter uniquement les règles de compétence juridictionnelle vecteurs de l'expression judiciaire des libres circulations et de la libre concurrence. Le deuxième aspect, relatif à la reconnaissance et à l'exécution des décisions sera appréhendé de façon plus brève : si ces questions peuvent certes intéresser le droit économique de l'Union européenne, elles ressortissent davantage des ouvrages de procédure et de droit international privé. 474

A. Les règles de compétence juridictionnelle

Les règles de compétence énoncées par le règlement n° 44/2001 ne reçoivent en principe application que si le défendeur est domicilié dans un État membre. Ce principe aurait pu être remis en question, dans la mesure où la proposition de refonte du règlement n° 44/2001 présentée par la Commission le 15 décembre 2010 étendait notamment aux personnes domiciliées dans les États tiers les règles de compétence. Se profilait ainsi un instrument international unique pour les plaideurs européens, qui annonçait la suppression des *règles nationales de conflit de juridictions*[Q]. Le résultat final est cependant très en-deçà de cette ambition à l'origine de laquelle était la Commission : « Bruxelles I *bis* » demeure « un texte pour l'espace européen », même si des évolutions sur ce point doivent être signalées : notamment, les règles de compétence en matière de contrats conclus par les consommateurs, par les travailleurs et les règles de compétences exclusives sont appelées à jouer en toutes hypothèses, et, en conséquence, également lorsque le défendeur est domicilié dans un État tiers (s'agissant du contrat de consommation, dès lors que le consommateur sera domicilié sur le territoire d'un État membre, il sera protégé par le règlement « Bruxelles I *bis* » aux conditions fixées par celui-ci, v. les articles 6 et 18 et v. ss 483 s. S'agissant du travailleur, dès lors que celui-ci accomplira habituellement son travail sur le territoire d'un État membre ou, à défaut, dès lors qu'il aura été embauché par son employeur non européen dans un établissement européen de ce dernier, ce travailleur pourra agir devant le tribunal de l'État membre pertinent, sans renonciation possible par une stipulation contractuelle antérieure à la naissance du différend, v. ss 489, art. 6 et 21 du règlement « Bruxelles I *bis* »). Ces précisions apportées, les 475 règles de compétence énoncées dans le règlement n° 44/2001, comme dans le règlement n° 1215/2012 sont hiérarchisées. On distingue en effet la compétence de principe, les compétences spéciales, les compétences exclusives et, enfin, les compétences complexes. On peut cependant se départir de cette présentation, qui correspond à l'ordre d'exposition proposé par les textes, pour s'attacher davantage au raisonnement tenu par le praticien souhaitant identifier le tribunal devant lequel il doit assigner ou, plus spécifiquement, au raisonnement tenu par le juge qui doit s'assurer de sa compétence.

■ 476 Après avoir vérifié que le litige relève du champ d'application matériel du règlement, le praticien doit en effet observer si ce litige relève des *règles de compétence exclusive*[Q] de l'article 22 et de l'article 23 (1). À défaut de compétence exclusive, il importe de se référer aux règles protectrices d'une partie faible, énoncées dans les sections 3, 4 et 5 du règlement relatives, respectivement, aux contrats d'assurance, aux contrats conclus avec les consommateurs et aux contrats individuels de travail (2). Si aucune de ces règles ne s'applique, il convient enfin de se référer, de manière combinée, aux règles de compétence générale (art. 2) ou spéciale applicables en raison de la matière (art. 5 et 6) (3).

1. *Les règles de compétence exclusive*

■ 477 Ces chefs de compétence, interprétés de façon restrictive par la Cour de justice, sont dits exclusifs car ils ne permettent aucune dérogation. Si le litige porte sur une matière visée par les règles de compétence exclusive, ou impérative, la juridiction compétente est désignée, sans qu'il soit besoin de s'inquiéter du domicile du défendeur : le juge doit simplement s'assurer que le critère de rattachement énoncé est réalisé sur le territoire de l'Union. Deux sources de compétence exclusive sont envisagées par le règlement. La compétence volontaire, en premier lieu, est envisagée sous la forme d'une *prorogation de compétence*[Q] expressément convenue entre les parties, avant ou après la naissance du litige (art. 23), ou sous la forme d'une prorogation tacite de compétence (art. 24). Cette dernière vise l'hypothèse dans laquelle l'une des parties à un litige a assigné l'autre devant une juridiction d'un État membre dont la compétence n'est pas prévue par le règlement. Si le défendeur comparaît sans contester cette compétence, le règlement donne compétence au tribunal saisi, excepté s'il existe une autre juridiction exclusivement compétente en vertu de l'article 22 du règlement. Cet article organise, précisément, la seconde source de compétence exclusive, à savoir, les compétences fondées sur la nature du litige. On explique ces règles de compétence exclusive en raison du lien particulièrement étroit entre le litige et le for désigné, mais également en raison de l'implication de la souveraineté de l'État dans le litige. Le règlement prévoit cinq chefs de compétence exclusive, qui ne méritent pas tous de retenir l'attention lorsque l'on s'intéresse au contentieux européen des affaires. Ces règles de compétence touchent : les droits réels immobiliers et les baux d'immeubles, les personnes morales, les inscriptions sur les registres publics, la propriété industrielle, l'exécution des décisions.

■ 478 S'agissant des personnes morales, le règlement désigne, « en matière de validité, de nullité ou de dissolution des sociétés ou personnes morales ayant leur siège sur le territoire d'un État membre, ou de validité des décisions de leurs organes, les tribunaux de cet État membre » (art. 22 § 2 du règlement « Bruxelles I »). La détermination du siège des sociétés peut soulever des difficultés, l'article 22 § 2 renvoyant, pour la détermination du siège social, aux règles de droit international privé du juge saisi, et non, en conséquence, aux règles posées par le règlement pour la détermination du domicile des personnes morales selon l'article 60. Or, il a auparavant été observé que les États membres envisagent différents critères de rattachement des sociétés : siège statutaire, siège réel, siège de direction effective (v. ss 208 s.)... Lorsque le siège réel d'une société est situé dans un lieu différent de celui de l'enregistrement et que l'un et l'autre sont situés dans des États membres différents, le conflit de compétence est réglé en faveur de la juridiction première saisie (art. 29).

En matière de validité des inscriptions sur les registres publics, le règlement donne compétence aux tribunaux sur le territoire duquel les registres sont tenus. Sont ici visés, notamment, les registres du commerce ou des sociétés.

S'agissant de la propriété industrielle, le règlement n° 44/2001 s'applique sous réserve de l'incidence du principe de territorialité des droits. L'article 22 § 4 donne seule compétence, en matière d'inscription ou de validité des brevets, marques, dessins et modèles et autres droits analogues donnant lieu à un dépôt ou à un enregistrement, aux juridictions de l'État contractant sur le territoire duquel la formalité a été demandée ou effectuée ou est réputée avoir été effectuée en vertu d'un instrument communautaire ou d'une convention internationale. Cette disposition vise non seulement les litiges relatifs à l'inscription du brevet, mais également ceux relatifs à sa validité. La Cour de justice exclut du champ d'application de l'article 22 § 4 un litige portant sur les droits qu'une personne peut revendiquer sur un brevet existant. Selon la Cour, seuls relèvent de cette disposition les litiges relatifs aux questions touchant à la validité des droits visés et à leur enregistrement (CJCE 15 nov. 1983, *Duijnstee*, 288/82, *Rec. CJCE* 3663 : en l'espèce, il s'agissait d'un litige opposant un employé auteur d'une invention pour laquelle un brevet avait été demandé ou obtenu et son employeur, concernant leurs droits respectifs sur ce brevet). La Cour exclut également les actions en contrefaçon de l'article 22 § 4. La Cour de cassation a affirmé en ce sens, à propos d'une action en contrefaçon et en concurrence déloyale, que l'article 16 § 4 de la convention de Bruxelles (22 § 4 du règlement 44/2001) « qui pose une règle exclusive de compétence en matière d'inscription ou de validité des brevets, marques, dessins et modèles et autres droits analogues donnant lieu à dépôt ou à enregistrement, ne s'applique pas aux litiges portant sur l'appartenance de ces droits » (Civ. 1re, 31 janv. 2006, n° 03-16.980, *Bull. civ.* I, n° 42). L'article 22 § 4 du règlement retrouve cependant son exclusivité lorsque la question de la validité du droit de propriété industrielle est invoquée en défense à une action en contrefaçon, ce qui conduira la juridiction saisie à surseoir à statuer (CJCE 13 juill. 2006, *GAT c. LuK*, aff. C-/03, *Rec. CJCE* I-6509). Il existe plusieurs dérogations à la mise en œuvre du règlement. S'agissant, par exemple, des marques, dessins et modèles communautaires, le règlement (CE) n° 207/2009 du 26 févr. 2009 (*JOUE* du 24 mars 2009) qui a abrogé et remplacé le règlement (CE) n° 40/94 du 20 décembre 1993 sur la marque communautaire (*JOUE* du 14 janv. 1994) et le règlement (CE) n° 6/2002 du Conseil du 12 décembre 2001 sur les dessins ou modèles communautaires (*JOUE* du 5 janv. 2002), attribuent compétence à l'Office de l'harmonisation dans le marché intérieur (OHMI) établi en Espagne, pour les enregistrer. Ces textes confèrent à l'OHMI un rôle juridictionnel, en première instance et en appel, en matière de validité de marque ou de dessins et modèles communautaires. Cette compétence n'est pas exclusive de celle des juridictions nationales, qui peuvent connaître d'une demande reconventionnelle en déchéance ou en nullité lorsqu'elles sont saisies d'une action en contrefaçon de marque ou de 479 dessin ou modèle communautaire. En revanche, la Cour de cassation rappelle qu'une cour d'appel qui déclare une juridiction nationale compétente pour connaître d'une demande principale en annulation de marques communautaires commet un excès de pouvoir (Com. 7 juill. 2009, n° 08-17.135, *Bull. civ.* IV, n° 95). Aussi, l'application du règlement n° 44/2001 en matière de marques communautaires et de dessins ou modèles communautaires concerne principalement la reconnaissance et l'exécution des décisions. En ce qui concerne la compétence, les dérogations prévues par les règlements (CE) n° 207/2009 et (CE) n° 6/2002 en limitent fortement l'application. Rappelons, enfin, que la création du brevet européen à effet unitaire par les règlements (UE) n° 1257/2012 et n° 1260/2012, est accompagnée d'une juridiction commune permettant de centraliser sa défense juridictionnelle. Il s'agira, selon l'accord international sur la juridiction unifiée, d' « une juridiction commune aux États membres contractants », qui sera donc soumise « aux mêmes obligations en vertu du droit de l'Union que celles qui incombent à toute juridiction nationale des États membres contractants » (art. 1er). Cet accord doit cependant encore être ratifié par les États membres concernés, conformément à leurs règles constitutionnelles respectives.

480 Le règlement n° 44/2001 énonce enfin qu'en matière d'exécution des décisions, sont exclusivement compétents « les tribunaux de l'État membre du lieu de l'exécution ». Cette règle découle d'un principe coutumier selon lequel les États ont le monopole de la contrainte sur leur territoire. La Cour précise que les « contestations relatives à l'exécution des jugements » sont celles « auxquelles peuvent donner lieu le recours à la force, à la contrainte ou à la dépossession de biens meubles ou immeubles en vue d'assurer la mise en œuvre matérielle des décisions ou des actes » (CJCE 26 mars 1992, *Reichert*, aff. C-61/90, *Rec. CJCE* I-2149). Relèvent notamment de ce texte, les actions en validité des saisies (CA Paris, 22 mai 1991). À défaut de compétence exclusive, il convient de se référer ensuite aux règles protectrices d'une partie faible.

2. *Les règles protectrices*

481 Les sections 3, 4 et 5 du chapitre II organisent des règles particulières, pour les matières dans lesquelles une partie est réputée faible et appelle ainsi une protection spécifique, de sorte qu'elle n'ait pas à plaider devant un for éloigné. On considère en effet que l'éloignement du for compétent par rapport aux centres d'intérêts de l'une des parties peut accentuer le déséquilibre qui caractérise la relation du demandeur et du défendeur dans certains contrats : la partie qui profite de la compétence d'un for proche de son domicile assumera de moindres coûts que la partie tenue de se rendre devant une juridiction étrangère. Certaines règles de compétence internationale des juridictions – comme les règles de conflit de lois, d'ailleurs – peuvent ainsi intégrer des considérations substantielles, en ce qu'elles tendent à compenser un déséquilibre objectif entre les parties par un équilibre procédural. En ce sens, le droit de l'Union a instauré un *forum actoris*, lequel permet à la partie jugée objectivement la plus faible de saisir les juridictions de son propre domicile, plutôt que celles du domicile du défendeur. Ce principe se double de la faculté, toujours pour cette partie faible, d'exploiter une option de compétence. Initialement, étaient seules envisagées des règles spécifiques en matière d'assurance et de contrats conclus par les consommateurs. Des dispositions favorables au salarié n'ont été introduites qu'ultérieurement, dans les versions successives de la convention, puis du règlement. Observons que ces règles uniformes protectrices ne s'appliquent, sous l'empire du règlement « Bruxelles I », qu'à condition que le défendeur soit domicilié sur le territoire d'un État membre.

Lorsque tel n'est pas le cas, la partie faible souhaitant agir est renvoyée au système national de protection en vigueur dans l'État du juge sollicité. Comme il a été précédemment annoncé, ce dispositif change sous l'empire du règlement « Bruxelles I *bis* », pour ce qui concerne les consommateurs et les travailleurs : à l'avenir, l'un et l'autre seront protégés par le règlement, pour le consommateur, dès lors qu'il sera domicilié sur le territoire d'un État membre, pour le travailleur, dès lors qu'il accomplira habituellement son travail sur le territoire d'un État membre ou, à défaut, dès lors qu'il aura été embauché par un employeur d'un État tiers dans un établissement européen de cet employeur. Cette extension du champ d'application spatial des règles protectrices ne concerne cependant pas les contrats d'assurance.

a. Compétences en matière de contrat d'assurance

Les articles 8 à 14 du règlement énoncent les règles de compétence en matière d'assurance. Ces dispositions ne s'appliquent pas au contrat de réassurance (CJCE 13 juill. 2000, *Group Josi*, aff. C-12/98, *Rec. CJCE* I-5925), ni à l'appel en garantie entre assureurs, fondé sur un cumul d'assurances (CJCE 26 mai 2005, *Réunion européenne*, aff. C-7/04, *Rec. CJCE* I-4509). Les personnes protégées – il s'agira en principe d'une même personne, mais l'on peut envisager que différentes personnes soient l'objet de la protection, par exemple, lorsqu'une entreprise assure ses salariés en cas de décès, invitant à distinguer le preneur d'assurance (l'entreprise), les assurés (les salariés) et le bénéficiaire (la personne désignée par les assurés) – peuvent assigner l'assureur défendeur domicilié sur le territoire d'un État membre devant les tribunaux de l'État où il a son domicile, devant le tribunal du domicile du preneur d'assurance, si ce dernier est situé sur le territoire d'un État membre, ou, s'il s'agit d'un coassureur, devant le tribunal de l'État membre saisi de l'action formée contre l'apériteur de la coassurance (art. 9 § 1). Si la contestation porte sur l'exploitation d'une succursale ou d'une agence, l'assureur peut-être attrait devant le for du lieu de leur situation. L'article 9 § 2 précise enfin que si l'assureur n'est pas domicilié sur le territoire d'un État membre mais possède « une succursale, une agence ou tout autre établissement dans un autre État membre, il est considéré, pour les contestations relatives à leur exploitation comme ayant son domicile sur le territoire de cet État membre ». Les options de compétence permettent ainsi à la partie protégée d'agir dans un autre État que celui où le défendeur est domicilié. Le règlement envisage d'autres options, concernant des litiges particuliers. Ainsi, par exemple, en matière d'assurance de responsabilité (art. 11). Les choix laissés à l'assureur demandeur sont autrement plus réduits : il peut bénéficier de la compétence des tribunaux de l'État membre sur le territoire duquel est domicilié le preneur d'assurance, l'assuré ou le bénéficiaire (art. 12 § 1), ou, encore, de la compétence du for de la succursale (art. 5 § 5, auquel renvoie l'art. 8). Si l'assureur est demandeur reconventionnel, il peut présenter sa demande devant le tribunal saisi de la demande originaire suivant les règles de compétence en matière d'assurance énoncées dans le règlement. 482

b. Compétences en matière de contrat de consommation

Que le droit judiciaire européen des affaires s'intéresse tout particulièrement au contrat de consommation ne surprend guère. Le consommateur est en effet envisagé par la Commission comme « le moteur du marché intérieur », ce marché ne pouvant être achevé « que si le consommateur y participe pleinement » (COM (2003) 68 final). Or, si le droit de l'Union facilite les achats de biens ou de services par les consommateurs dans les autres États membres, au moyen de règles d'harmonisation, principalement 483

(v. ss 126 s.), la réalisation du marché intérieur, de cet espace sans frontières intérieures dans lequel les libres circulations sont assurées, doit s'accompagner de mesures tendant à protéger le consommateur européen partie à un litige transfrontière. Depuis le traité d'Amsterdam et la mise en place de l'espace de « liberté, sécurité et de justice » les contrats de consommations ne sont ainsi plus seulement envisagés dans leur contenu : ils le sont également à travers les règles de conflit. Après avoir affirmé à son 13e considérant visant les contrats de consommation, qu'« il est opportun de protéger la partie faible au moyen de règles de compétence plus favorables à ses intérêts que ne le sont les règles générales », le règlement n° 44/2001 contient ainsi des dispositions spéciales relatives aux contrats conclus par des consommateurs.

■ 484 Le consommateur doit s'entendre, selon l'article 15 § 1 du règlement, de celui qui contracte « pour un usage pouvant être considéré comme étranger à son activité professionnelle ». Cette notion de consommateur fait l'objet d'une interprétation stricte de la part du juge de l'Union. Celui-ci a ainsi eu l'occasion de préciser que les règles de compétence protectrices de la section 4 sont réservées au consommateur lui-même, et non à son cessionnaire : il résulte d'un arrêt *Shearson Lehman Hutton* que les dispositions protectrices du règlement ne peuvent être invoquées par un professionnel agissant comme cessionnaire des droits du consommateur (CJCE 19 janv. 1993, aff. C-9/91, *Rec. CJCE* I-139). Le contrat doit par ailleurs avoir été conclu en-dehors et indépendamment de toute activité ou finalité professionnelle, actuelle ou future (CJCE 3 juill. 1997, *Benincasa et Dentalkit*, aff. C-69/95, *Rec. CJCE* I-3767 ; CJCE 20 janv. 2005, *Engler*, aff. C-7/02, *Rec. CJCE* I-481). Les règles protectrices du consommateur ne s'appliquent pas en cas de contrat portant sur un bien à usage mixte, c'est-à-dire si le bien est destiné à un usage en partie professionnel et en partie étranger à son activité professionnelle, sauf si l'usage professionnel se révèle être marginal, au point d'avoir un rôle négligeable dans le contexte global de l'opération en cause (CJCE 20 janv. 2005, *Gruber*, aff. C-64/01, *Rec. CJCE* I-439). Peu importe que l'intéressé ne dispose pas de connaissances techniques dans le domaine où il contracte : dès lors qu'il agit dans le cadre d'activités professionnelles, les règles protectrices de la section 4 sont en principe exclues.

■ 485 L'article 15 § 1 précise quels sont les contrats de consommation visés par les règles protectrices : la vente à tempérament (payable en plusieurs versements) d'objets mobiliers corporels, le prêt à tempérament ou autre opération de crédit liés au financement d'une vente de tels objets, et tous les autres contrats (« dans tous les autres cas ») lorsqu'ils ont été conclus « avec une personne qui exerce des activités commerciales sur le territoire duquel le consommateur a son domicile ou qui, par tout moyen, dirige ces activités vers cet État membre ou vers plusieurs États, dont cet État membre, et que le contrat entre dans ces activités » (art. 15 § 1 c). Force est de noter que le champ d'application matériel des dispositions protectrices du consommateur est plus large, dans le règlement, que celui envisagé par la convention de Bruxelles. Cette dernière se limitait, en effet, aux contrats ayant pour objet une fourniture de services ou d'objets mobiliers corporels. Les seules exclusions figurant dans le règlement concernent les contrats de transport, autres que ceux proposant un prix forfaitaire combinant voyage et hébergement, c'est-à-dire, les contrats portant sur des « voyages à forfait ». Le règlement a également fait disparaître des exigences qui figuraient dans la convention de Bruxelles, relatives à une proposition spécialement faite ou à une publicité précédant le contrat et à l'accomplissement, par le consommateur, dans ce même État, d'actes nécessaires à la conclusion du contrat. L'évolution a été rendue nécessaire afin de tenir compte du commerce électronique.

Au final, quatre conditions sont nécessaires pour que l'article 15 § 1 c) du règlement s'applique, que la Cour interprète très largement en faveur du consommateur. 486

En premier lieu, un contrat doit avoir été conclu par un consommateur, ainsi que la Cour a eu l'occasion de le confirmer dans un arrêt *Ilsinger* (CJCE 14 mai 2009, aff. C-80/06, *Rec. CJCE* I-3961). La condition pour la conclusion d'un contrat dans le cadre de l'article 15 est que les parties, sur la base d'une offre et d'une acceptation de cette offre, parviennent à un accord de volonté pour la conclusion de la convention. Précisons qu'il n'est pas nécessaire que le contrat en cause soit un contrat synallagmatique (arrêt *Ilsinger*, préc.). Des doutes ont pu apparaître quant au lieu de conclusion du contrat : en l'absence de référence expresse à la conclusion d'un contrat à distance dans l'article 15 § 1 c), la conclusion d'un tel contrat est-elle une condition d'application de cette disposition ? La Cour a répondu par la négative dans un arrêt *Mühlleitner* : elle exclut que la possibilité pour un consommateur d'assigner, devant les juridictions de son État membre, un commerçant domicilié dans un autre État membre, soit subordonnée à la condition que le contrat ait été conclu à distance (CJUE 6 sept. 2012, *Mühlleitner*, aff. C-90/11, nep). En deuxième lieu, le contrat doit être conclu entre un consommateur et une personne exerçant une activité commerciale ou professionnelle. En troisième lieu, le contrat doit relever du cadre des activités commerciales ou professionnelles du cocontractant du consommateur. En quatrième lieu, le commerçant doit exercer l'activité commerciale ou professionnelle dans l'État membre dans lequel le consommateur est domicilié, ou diriger par tout moyen son activité vers cet État membre ou plusieurs États, dont cet État membre (v. rubrique « Quiz »). Ainsi que cela a précédemment été annoncé, la condition selon laquelle le professionnel doit « par tout moyen, dirige[r] ses activités vers l'État membre du consommateur » (art. 15 § 1 c) du règlement) a été rendue nécessaire face à la multiplication des contrats conclus à distance, principalement par Internet. Si l'appréciation de ces critères d'application se fait *in concreto*, la Cour interprète de façon souple la notion « d'activité dirigée » vers l'État du domicile du consommateur. Afin de déterminer si l'on est en présence d'une telle activité, la Cour explique qu' « il convient de vérifier si, avant la conclusion éventuelle d'un contrat avec le consommateur, il ressort de ces sites Internet et de l'activité globale du commerçant que ce dernier envisageait de commercer avec des consommateurs domiciliés dans un ou plusieurs États membres, dont celui dans lequel ce consommateur a son domicile, en ce sens qu'il était disposé à conclure un contrat avec eux » (CJUE 7 déc. 2010, *Pammer et Hotel Alpenhof*, aff. C-85/08 et aff. C-44/09, *Rec. CJCE* I-12527). La Cour propose des éléments, dont la liste n'est pas exhaustive, susceptibles d'indiquer que le critère de direction de l'activité est bien rempli : « la nature internationale de l'activité, la mention d'itinéraires à partir d'autres États membres pour se rendre au lieu où le commerçant est établi, l'utilisation d'une langue ou d'une monnaie autres que la langue ou la monnaie habituellement utilisées dans l'État membre dans lequel est établi le commerçant avec la possibilité de réserver et de confirmer la réservation dans cette autre langue, la mention de coordonnées téléphoniques avec l'indication d'un préfixe international, l'engagement de dépenses dans un service de référencement sur Internet afin de faciliter aux consommateurs domiciliés dans d'autres États membres l'accès au site du commerçant ou à celui de son intermédiaire, l'utilisation d'un nom de domaine de premier niveau autre que celui de l'État membre où le commerçant est établi et la mention d'une clientèle internationale composée de clients domiciliés dans différents États membres» (*Pammer et Hotel Alpenhof*, préc.). La Cour ajoute encore que «tant la prise de contact à distance (...) que la réservation d'un bien ou d'un service à distance ou, *a fortiori*, la conclusion d'un contrat de consommation à distance sont des indices de rattachement du contrat à une telle activité» (arrêt *Mühlleitner*, préc.). Ce qui est décisif, en réalité, pour caractériser l'activité dirigée, est que le commerçant ait «manifesté sa volonté d'établir des relations commerciales» avec le ou les consommateurs d'un autre État membre. Seul compte, ainsi, l'intention du professionnel, qui doit se montrer «disposé à commercer avec des consommateurs de cet État».

■ 487 La mise en œuvre des dispositions de la section 4 du règlement suppose, de toute évidence, que l'action intentée par le consommateur soit de nature contractuelle. La Cour intervient lorsque la qualification de l'action intentée par le demandeur prête à caution, en raison des divergences de qualification observées dans les droits matériels des États membres. Elle décide notamment que l'action intentée par le consommateur est bien de nature contractuelle lorsque cette action tend à faire condamner une société de vente par correspondance à la remise d'un gain, à condition que la société ait adressé personnellement au consommateur un envoi, qui était de nature à laisser croire au consommateur qu'un gain lui serait remis à condition qu'il passe commande pour un montant déterminé, et que le consommateur ait effectivement passé commande (CJCE 11 juill. 2002, *Gabriel*, aff. C-6/00, *Rec. CJCE* I-6367).

■ 488 Ces éléments précisés, il ressort des règles de compétence contenues à l'article 16 du règlement que le consommateur peut assigner le professionnel devant les tribunaux du domicile de ce dernier, ou devant les tribunaux de son propre domicile. En revanche, lorsque l'action est intentée par le professionnel contre le consommateur, seules les juridictions de l'État où est domicilié le consommateur sont compétentes. La protection du consommateur est également assurée en restreignant la validité des clauses attributives de juridiction, c'est-à-dire, des clauses par lesquelles les parties s'entendent pour soumettre leur litige international à la compétence d'une juridiction qui déroge à celle prévue par le règlement. Il résulte de l'article 17 du règlement que de telles clauses sont valables lorsqu'elles sont conclues postérieurement à la survenance du litige, lorsqu'elles permettent au consommateur de saisir d'autres tribunaux que ceux indiqués dans la section 4 du règlement, ou lorsque ces clauses sont passées entre le consommateur et le cocontractant ayant, au moment de la conclusion du contrat, leur domicile ou leur résidence habituelle dans le même État et qu'elles attribuent compétence aux tribunaux de cet État membre, sauf si ce dernier interdit de telles conventions entre les parties. La Cour de justice décide ainsi qu' «une *clause attributive de juridiction*[Q], qui est insérée sans avoir fait l'objet d'une négociation individuelle dans un contrat conclu entre un consommateur et un professionnel et qui confère compétence exclusive au tribunal dans le ressort duquel est situé le siège du professionnel doit être considérée comme abusive au sens de l'article 3 [de la directive 93/13 du 5 avr. 1993 concernant les clauses abusives dans les contrats conclus avec les consommateurs], dans la mesure où elle crée, en dépit de l'exigence de bonne foi, au détriment du consommateur, un déséquilibre significatif entre les droits et les obligations des parties découlant du contrat» (CJCE 27 juin 2000, *Océano Grupo*, aff. C-40/98, *Rec. CJCE* I-4941).

c. Compétences en matière de contrats de travail

Le règlement confirme le statut de règles de protection des dispositions en matière de contrat de travail (art. 18 à 21). À défaut de clause d'élection de for valable, le travailleur peut assigner l'employeur, ce dernier ayant son domicile sur le territoire d'un État membre : devant les tribunaux du domicile de l'employeur, ou devant les tribunaux où le travailleur accomplit habituellement son travail. Si le travailleur n'accomplit pas habituellement son travail en un même lieu, l'option s'exerce au profit des juridictions du lieu de situation de l'établissement d'embauche. Les actions contre l'employeur ne peuvent être portées que devant les tribunaux de l'État membre où le travailleur a son domicile ou, en cas de demande reconventionnelle, devant les tribunaux saisis de la demande originelle. 489

Si aucune des règles de compétence exclusive ou aucune règle protectrice d'une partie faible ne trouve à s'appliquer, le demandeur peut se référer, de manière combinée, aux règles de compétence générale (art. 2) ou spéciale, applicables en raison de la matière dont relève le problème de droit (art. 5 et 6). Le demandeur dispose donc d'une option : l'article 2 du règlement pose une règle de compétence générale, selon laquelle les juridictions compétentes sont celles de l'État sur le territoire duquel le défendeur est domicilié. À l'intérieur du système judiciaire ainsi désigné par la règle de compétence générale, le juge interne saisi met en œuvre ses propres règles de compétence, territoriale et d'attribution. Par dérogation au principe de l'article 2, les articles 5 et 6 permettent au demandeur d'attraire un défendeur domicilié sur le territoire d'un État membre devant les juridictions d'un autre État membre, ces dernières étant envisagées en raison du lien de rattachement particulièrement étroit entre le litige et le tribunal désigné. Il résulte de la jurisprudence de la Cour que les exceptions à l'application de l'article 2 « ne sauraient donner lieu à une interprétation allant au-delà des hypothèses envisagées » (CJCE 17 juin 1992, *Jakob Handte*, aff. C-6/91, *Rec. CJCE* I-3967). Et d'ajouter « l'objectif de protection juridique des personnes établies dans la Communauté (…) exige que les règles de compétence qui dérogent au principe général de cette convention soient interprétées de façon à permettre à un défendeur normalement averti de prévoir raisonnablement devant quelle juridiction, autre que celles de l'État de son domicile, il pourrait être attrait » (*ibid.*). Si la règle de compétence spéciale ne peut être mise en œuvre – parce qu'elle aboutirait à attribuer compétence à une juridiction située dans un État tiers, par exemple – il convient de revenir à la compétence de l'article 2, donc, au domicile du défendeur.

3. *Les règles de compétence spéciales*

Les règles de compétence spéciales n'excluent pas que les parties au litige soient domiciliées dans le même État membre. Les compétences spéciales peuvent par ailleurs être utilisées par un demandeur qui n'est pas établi dans un État membre, à l'encontre d'un défendeur qui a son domicile sur le territoire de l'Union. L'article 5 envisage sept règles de compétence spéciales, qui n'intéressent pas toutes les libertés économiques. Ces règles portent sur la matière contractuelle, les obligations alimentaires, la matière délictuelle ou quasi délictuelle, les aspects civils d'une infraction pénale, les contestations relatives à l'exploitation d'un établissement secondaire, les trusts, l'assistance en matière maritime. Nous envisagerons seulement les règles relatives à la matière contractuelle, à la matière délictuelle, ainsi qu'aux succursales, en insistant plus encore sur les premières, qui donnent lieu à la jurisprudence la plus abondante. 490

a. En matière contractuelle

491 L'article 5 § 1er du règlement affirme en son point a) qu'une personne domiciliée sur le territoire d'un État membre peut être attraite, « dans un autre État membre, en matière contractuelle, devant le tribunal du lieu où l'obligation qui sert de base à la demande a été ou doit être exécutée ». L'article 7 § 1 du règlement « Bruxelles I *bis* » reprend une formulation qui diffère très légèrement sur la forme, mais qui emporte des conséquences identiques sur le fond : « une personne domiciliée sur le territoire d'un État membre peut être attraite dans un autre État membre a) en matière contractuelle, devant la juridiction du lieu d'exécution de l'obligation qui sert de base à la demande ». La première difficulté soulevée par l'article 5 § 1er du règlement « Bruxelles I » est celle de la qualification de la matière contractuelle et, en conséquence, celle du champ d'application de cette disposition. Selon la loi applicable, en effet, la qualification de l'action peut différer. Aussi, afin d'éviter que l'emprise de la règle de compétence spéciale soit à géométrie variable, la Cour de justice a expliqué qu'il convenait de retenir une définition autonome de la matière contractuelle, c'est-à-dire une définition qui soit propre au système du règlement – et de la convention à laquelle il a succédé – et détachée des qualifications nationales. La mise en œuvre de la règle de compétence spéciale doit ainsi être précédée par la qualification de la matière visée par cette règle. La Cour de cassation rappelle cette exigence aux juges du fond (Civ. 1re, 16 mai 1977, *Bull. civ.* I, n° 230).

492 La Cour de justice précise au fil des espèces et au cas par cas la notion de matière contractuelle. Elle impose par exemple une qualification autonome de cette matière dans un arrêt *Martin Peters* (CJCE 22 mars 1983, 34/82, *Rec. CJCE* 987). Après avoir relevé que la notion de matière contractuelle « sert de critère pour délimiter le champ d'application d'une des règles de compétence spéciales ouvertes au demandeur », la Cour affirme que « compte tenu des objectifs et de l'économie générale de la convention, il importe, en vue d'assurer dans la mesure du possible l'égalité et l'uniformité des droits et obligations qui découlent de la convention pour les États contractants et les personnes intéressées, de ne pas interpréter cette notion comme un simple renvoi au droit interne de l'un ou l'autre des États concernés ». Le principe de l'*interprétation autonome*Q de la matière contractuelle étant ainsi posé, la Cour précise que cette matière doit être interprétée « pour l'application de la convention, en se référant principalement au système et aux objectifs de ladite convention, en vue d'assurer à celle-ci sa pleine efficacité ». Et de poursuivre : les règles de compétence de l'article 5 sont justifiées par « le lien particulièrement étroit entre une contestation et la juridiction qui peut être appelée à en connaître en vue de l'organisation utile d'un procès. Dans cette perspective, la désignation par l'article 5 alinéa 1er de la convention du lieu où une obligation contractuelle a été ou doit être exécutée, exprime le souci qu'en raison des liens étroits créés par un contrat entre les parties à ce contrat, l'ensemble des difficultés susceptibles de naître à l'occasion de l'exécution d'une obligation contractuelle puissent être portées devant un même tribunal : celui du lieu de cette exécution ». Or, « l'adhésion à une association crée entre les associés des liens étroits de même type que ceux qui s'établissent entre les parties à un contrat ». La Cour répond au Hoge Raad qui l'avait saisie à titre préjudiciel que « les obligations ayant pour objet le versement d'une somme d'argent et trouvant leur fondement dans le lien d'affiliation existant entre une association et ses adhérents relèvent de la matière contractuelle ».

Dans son arrêt *Jakob Handte*, la Cour explique que la matière contractuelle « ne saurait être comprise comme visant une situation dans laquelle il n'existe aucun engagement librement assumé d'une partie envers une autre » (CJCE 17 juin 1992, *Jakob Handte*, préc.). Elle répondait alors à une question préjudicielle posée par la Cour de cassation française dans les termes suivants : « l'article 5, point 1, de la convention prévoyant une règle de compétence spéciale en matière contractuelle est-il applicable au litige opposant le sous-acquéreur d'une chose au fabricant, qui n'est pas le vendeur, en raison des défauts de la chose ou de l'impropriété de celle-ci à l'usage auquel elle est destinée ? ». En droit français en effet, l'action du sous-acquéreur contre le fabricant, dans une chaîne de contrats, est de nature contractuelle (Cass., ass. plén., 7 févr. 1996, *Bull. civ.* ass. plén. n° 2). La Cour de justice refuse de retenir cette doctrine dans le cadre de la convention de Bruxelles et dit pour droit que « l'article 5, point 1, doit être interprété en ce sens qu'il ne s'applique pas à un litige opposant le sous-acquéreur d'une chose au fabricant, qui n'est pas le vendeur, en raison des défauts de la chose ou de l'impropriété de celle-ci à l'usage auquel elle est destinée ». La Cour observe en effet que tandis que l'article 5 § 1er ne saurait viser « une situation dans laquelle il n'existe aucun engagement librement assumé d'une partie envers une autre », le fabricant n'a « assumé aucune obligation de nature contractuelle envers le sous-acquéreur ». Cette solution a été critiquée, car jugée restrictive – la qualification de matière contractuelle suppose un « engagement librement assumé » – et de nature à écarter de son domaine de nombreuses actions. La Cour précise cette solution dans son arrêt *La Réunion européenne*, dans lequel elle explique que les actions directes dans les groupes de contrats relèvent « de la matière délictuelle ou quasi délictuelle au sens de la convention » (CJCE 27 oct. 1998, *La Réunion européenne*, aff. C-1/97, *Rec. CJCE* I-6511). 493 ■

La Cour a encore rappelé récemment ces solutions : dans un arrêt *Refcomp* du 7 février 2013, la Cour explique que « dans le contexte d'une action en responsabilité engagée par le sous-acquéreur d'une marchandise contre le fabricant de celle-ci, (...) il n'existe aucun lien contractuel entre le sous-acquéreur et le fabricant, celui-ci n'ayant assumé aucune obligation de nature contractuelle envers le sous-acquéreur ». Aussi, l'action directe du sous-acquéreur contre le fabricant est en principe de nature délictuelle (CJUE 7 févr. 2013, *Refcomp*, aff. C-43/10, nep). Précisons que l'arrêt affirme cependant l'opposabilité de la *clause attributive de juridiction*ᵠ à un tiers non contractant originaire, lorsque ce dernier « a donné son consentement effectif à l'égard de ladite clause dans les conditions énoncées à l'article 23 du règlement (CE) n° 44/2001 »). C'est ici s'inscrire dans la séparabilité matérielle de la clause attributive de juridiction par rapport au contrat qui la contient, confirmée au plan textuel par le règlement n° 1215/2012 (art. 25). 494 ■

Dans un arrêt du 5 février 2004, la Cour de justice a confirmé et complété sa doctrine exprimée dans l'arrêt *Jakob Handte*, à propos d'un contrat de cautionnement. Elle décide en effet que les engagements résultant de mécanismes légaux tels que le cautionnement ou la subrogation, même s'ils ont pour origine un contrat, ne participent de la matière contractuelle que lorsqu'ils ont été directement consentis par la partie à laquelle on les oppose (CJCE 5 févr. 2004, *Frahuil SA contre Assitalia SpA*, aff. C-65/02, *Rec. CJCE* I-1543). Dans ce même arrêt, la Cour ajoute que le consentement n'a pas à être spécial : il suffit d'un accord de principe donné par avance à la conclusion d'un contrat de cautionnement avec un tiers. La Cour a également 495 ■

expliqué que relevaient de l'article 5 § 1 certaines actions auxquelles le droit français refuse la qualification contractuelle. Tel est le cas, par exemple, des actions fondées sur les loteries publicitaires, qualifiées de contractuelles en droit international privé de l'Union (CJCE 20 janv. 2005, *Engler*, aff. C-7/02, *Rec. CJCE* I-481). Observons, d'ailleurs, qu'après avoir jugé en droit commun que l'article 46 du Code de procédure civile était inapplicable à ces loteries, la Cour de cassation a décidé qu'elles étaient soumises aux règles de compétence en matière contractuelle, lorsque le demandeur ne passe pas de commande auprès de la société étrangère organisatrice de la loterie publicitaire (dans le cas contraire, l'action se rattache à un contrat conclu par un consommateur : Civ. 1re, 7 mai 2010, 3 arrêts n° 09-11.178, 09-11.177 et 09-14.324). Le raisonnement de la Cour, invitée à se prononcer sur la qualification de l'action, est, d'une façon générale, très pragmatique. Elle décide ainsi qu'un litige relatif à la rupture abusive d'un contrat d'agence commerciale autonome et au paiement de commissions dues en exécution de ce contrat relève de l'article 5 § 1 (CJCE 8 mars 1988, *Arcado*, aff. 9/87, *Rec. CJCE* 1539), interprétation qui doit prévaloir, même si le droit applicable au contrat qualifie de délictuelle l'action fondée sur la rupture abusive d'un contrat. En revanche l'action en responsabilité précontractuelle ne relève pas de la matière contractuelle lorsque la rupture litigieuse intervient lors de la négociation du contrat (CJCE 17 sept. 2002, *Fonderie Officine Meccaniche Tacconi*, aff. C-34/00, *Rec. CJCE* I-7357).

■ 496 Le contenu de l'article 5 § 1er est plus difficile encore à saisir que son domaine d'application. Il réserve un sort spécifique aux contrats de vente de marchandises et de fourniture de services, qu'il distingue des autres contrats. Les dispositions de l'article 7 § 1er du règlement « Bruxelles I *bis* » sont en ce point identiques.

S'agissant des contrats autres que ceux de vente de marchandises ou de fourniture de services, le for compétent est celui du « lieu où l'obligation qui sert de base à la demande a été ou doit être exécutée » (art. 5 § 1er a) du règlement n° 44/2001) ou celui du « lieu d'exécution de l'obligation qui sert de base à la demande » (art. 7 § 1er a) du règlement n° 1215/2012). L'identification de ce lieu n'est pas sans soulever de difficultés. Deux étapes doivent être distinguées. La première consiste à identifier l'obligation qui sert de base à la demande. Cette référence ne figurait pas, initialement, dans le texte de la convention de Bruxelles, qui visait seulement le « lieu où l'obligation a été ou doit être exécutée ». Elle a été imposée par la Cour de justice dans un célèbre arrêt *De Bloos* (CJCE 6 oct. 1976, 14/76, *Rec. CJCE* 1497), avant d'être intégrée ultérieurement au texte de la convention et conservée par le règlement « Bruxelles I ». Ceci conduit ainsi à considérer l'obligation qui fonde directement l'action en justice : par exemple, l'obligation de payer dans une action en paiement du prix d'une marchandise. La Cour a par la suite recommandé au juge saisi, en cas de pluralités d'obligations litigieuses, d'appliquer le principe selon lequel l'accessoire suit le principal. Aussi, lorsque plusieurs obligations sont en cause, l'obligation principale permet seule de déterminer la compétence (CJCE 15 janv. 1987, *Shenavaï*, 266/85, *Rec. CJCE* 239). En revanche, si deux obligations sont jugées équivalentes, la Cour décide qu'il faut dissocier les procédures (CJCE 5 oct. 1999, *Leathertex*, *Rec. CJCE* I-6747). L'obligation qui sert de base à la demande identifiée, il importe, dans un second temps, de localiser cette obligation dans l'espace. À cet égard, la Cour de justice a décidé qu'il appartient au juge saisi « de déterminer, en vertu de ses règles de conflit, quelle est la loi applicable au rapport juridique en cause et de définir, conformément à cette loi, le lieu de l'obligation contractuelle litigieuse », car « la détermination du lieu d'exécution est tributaire du contexte contractuel auquel ces obligations appartiennent » (CJCE 6 oct. 1976, *Tessili*, aff. 12/76, *Rec. CJCE* 1473). Lorsque l'arrêt a été rendu, il n'y avait encore de réelle unification des règles de conflit de lois applicables aux obligations contractuelles. La recherche de la loi applicable pouvait donc conduire à des solutions différentes, pour un même contrat, en fonction du juge saisi. Aujourd'hui, le règlement n° 893/2008 du Parlement européen et du Conseil du 17 juin 2008 sur la loi applicable aux obligations contractuelles (règlement dit « Rome I », préc.), applicable au contrat conclu après le 17 décembre 2009, a remplacé la convention de Rome du 19 juin 1980 sur la loi applicable aux obligations contractuelles et simplifie la recherche de la loi applicable. Le règlement prévoit en effet différents critères de désignation de la loi compétente, pour huit catégories de contrats, à défaut de choix de lois par les parties.

Observons que si le lieu d'exécution de l'obligation qui sert de base à la demande ne correspond pas à celui qui a le rattachement le plus étroit avec la contestation, l'exigence de prévisibilité des solutions impose malgré tout que « le défendeur puisse être attrait devant le tribunal du lieu où l'obligation servant de base à la demande a été ou doit être exécutée, même dans des cas où le for ainsi désigné n'est pas celui qui a le lien de rattachement le plus étroit avec la contestation » (CJCE 29 juin 1994, *Custom Made Commercial Ltd*, aff. C-88/92, *Rec. CJCE* I-2913). Par ailleurs, lorsque le lieu d'exécution de l'obligation qui sert de base à la demande en justice ne peut être déterminé, en raison du fait que l'obligation contractuelle litigieuse est une obligation de ne pas faire, qui ne comporte aucune limitation géographique et se caractérise, dès lors, par une multiplicité des endroits où elle a été ou devait être exécutée, la compétence ne peut être déterminée par la mise en œuvre de l'article 5 § 1er : il convient d'appliquer le critère général de compétence prévu à l'article 2 (CJCE 19 févr. 2002, *Besix SA*, aff. C-56/00, *Rec. CJCE* I-1699). 497

Afin de faciliter quelque peu la désignation de la juridiction compétente, le règlement « Bruxelles I » a complété la règle de compétence prévue par la convention de Bruxelles en précisant qu' « aux fins de l'application de [l'article 5 § 1], et sauf convention contraire, le lieu d'exécution de l'obligation qui sert de base à la demande est : pour la vente de marchandises, le lieu d'un État membre où, en vertu du contrat, les marchandises ont été ou auraient dû être livrées ; pour la fourniture de services, le lieu d'un État membre où, en vertu de ce contrat, les services ont été ou auraient dû être fournis » (art. 5 § 1er b). L'article 5 § 1er c) ajoute « le point a) s'applique si le point b) ne s'applique pas ». L'article 7 § 1er b) du règlement « Bruxelles I *bis* » reprend cette disposition. On observe que la méthode mise en œuvre dans le cadre de l'article 5 § 1er b) diffère de celle applicable dans le cadre de l'article 5 § 1er a) : pour deux types de contrats – la vente de marchandises et la fourniture de services – le règlement 44/2001 pose une présomption irréfragable permettant de localiser le lieu d'exécution de l'obligation qui sert de base à la demande. Force est de préciser qu'en dehors des hypothèses visées à l'article 5 § 1er b), l'ensemble des principes dégagés par la Cour de justice dans le cadre de l'article 5 § 1er de la convention de Bruxelles demeurent valables (CJCE 23 avr. 2009, *Falco*, aff. C-33/07, *Rec. CJCE* I-3327). 498

Des doutes peuvent apparaître quant à la qualification des contrats visés par l'article 5 § 1er b) du règlement. De nouveau, la Cour de justice pose des éléments d'identification en expliquant, par exemple, que « la notion de services implique (...) que la partie 499 qui les fournit effectue une activité déterminée en contrepartie d'une rémunération». Or, «le contrat par lequel le titulaire d'un droit de propriété intellectuelle concède à son cocontractant le droit de l'exploiter en contrepartie du versement d'une rémunération n'implique pas une telle activité». Après avoir observé que le titulaire du droit de propriété intellectuelle s'engage simplement à laisser exploiter ce droit par son cocontractant et, dès lors, n'accomplit aucune prestation, la Cour conclut que le contrat de concession de licence n'est pas un contrat de fourniture de services (arrêt *Falco* préc.).

■ 500 Le juge de l'Union a également posé des critères de distinction entre le contrat de vente de marchandises et le contrat de fourniture de services, en se référant à la notion d'obligation caractéristique : «l'article 5, point 1, du règlement retient pour les contrats de vente de marchandises et ceux de fourniture de services l'obligation caractéristique de ces contrats en tant que critère de rattachement à la juridiction compétente (...). [Aussi] un contrat dont l'obligation caractéristique est la livraison d'un bien sera qualifié de «vente de marchandises» au sens de l'article 5, point 1, sous b), premier tiret du règlement», alors qu'«un contrat dont l'obligation caractéristique est une prestation de services sera qualifié de «fourniture de services» au sens de l'article 5, point 1, sous b), second tiret». Et de décider, après s'être référée à différentes conventions internationales ainsi qu'à la directive 1999/44/CE du Parlement européen et du Conseil du 25 mai 1999 sur certains aspects de la vente et des garanties des biens de consommation, que «les contrats dont l'objet est la livraison de marchandises à fabriquer ou à produire, alors même que l'acheteur a formulé certaines exigences concernant l'obtention, la transformation et la livraison des marchandises, sans que les matériaux aient été fournis par celui-ci, et que le fournisseur est responsable de la qualité et de la conformité au contrat de la marchandise, doivent être qualifiés de «vente de marchandises» au sens de l'article, point 1, sous b), premier tiret du règlement» (CJUE 25 févr. 2010, *Car Trim GmbH c. KeySafety Systems Srl*, aff. C-81/08, *Rec. CJCE* I-1255). Dans ce même arrêt, la Cour a apporté des éléments permettant de définir le lieu de livraison des marchandises. En l'espèce, il s'agissait de déterminer ce lieu dans une situation de vente à distance : dans une telle hypothèse, faut-il prendre en compte le lieu de livraison prévu par le contrat ou bien le lieu de la remise effective de la marchandise à l'acheteur ? La Cour répond qu'il «appartient à la juridiction de renvoi d'examiner d'abord si le lieu de livraison ressort des dispositions du contrat». Si cet examen permet d'identifier le lieu de livraison, «sans se référer au droit matériel applicable», c'est ce lieu que le juge doit retenir. Lorsque les stipulations contractuelles ne permettent pas de déterminer le lieu de livraison, le juge de l'Union considère le lieu de «la remise matérielle des marchandises par laquelle l'acheteur a acquis ou aurait dû acquérir le pouvoir de disposer effectivement de ces marchandises à la destination finale de l'opération de vente».

■ 501 La Cour a également dû se prononcer sur le problème du lieu d'exécution du contrat de vente de marchandises lorsque plusieurs lieux de livraisons sont envisageables au sein d'un même État membre. Elle a alors expliqué qu'il faut entendre par lieu d'exécution «le lieu qui assure le rattachement le plus étroit entre le contrat et la juridiction compétente. Dans une telle hypothèse, le lieu de rattachement le plus étroit se vérifie, en règle générale, au lieu de livraison principale, laquelle doit être déterminée en fonction de critères économiques». La Cour décide ensuite qu'«à défaut de pouvoir déterminer le lieu de livraison principale, chacun des lieux de livraison présentant un lien suffisant de proximité avec les éléments matériels du litige (...) le demandeur peut attraire le défendeur devant le tribunal du lieu de livraison de son choix » (CJCE 3 mai 2007, *Color Drack Gmbh*, aff. C-86/05, *Rec. CJCE* I-3699). Ces analyses, conduites dans le cadre du contrat de vente de marchandises, doivent être transposées au contrat de fourniture de services. La Cour explique en effet que les considérations sur lesquelles elle s'est fondée « pour parvenir à l'interprétation formulée dans l'arrêt « *Color Drack* » (...) sont également valables en ce qui concerne les contrats de fourniture de services, y compris dans les cas où cette fourniture n'est pas effectuée dans un seul État membre. En effet, les règles de compétence spéciales prévues par le règlement (CE) n° 44/2001 en matière de contrats de vente de marchandises et de fourniture de services ont la même genèse, poursuivent la même finalité et occupent la même place dans le système établi par ce règlement ». Elle poursuit « en cas de pluralité de fourniture de services dans les États membres différents, il convient de rechercher le lieu qui assure le rattachement le plus étroit entre le contrat en cause et la juridiction compétente, notamment celui où, en vertu de ce contrat, doit être effectuée la fourniture principale des services » (CJCE 9 juill. 2009, *Peter Rehder c. Air Baltic Corporation*, aff. C-04/08, *Rec. CJCE* I-6073). S'agissant d'un contrat d'agent commercial, dans lequel l'agent fournit les services, le lieu d'exécution est le « lieu de fourniture principale des services de l'agent » (CJUE 11 mars 2010, *Wood Floor Solutions Andreas Domberger GmbH c. Sylva Trade TA*, aff. C-9/09, *Rec. CJCE* I-2121 ; Civ. 1re, 7 déc. 2011, n° 10-26.557).

b. En matière délictuelle et quasi délictuelle

Une attention particulière doit être portée à ces règles de compétence spéciales, qui intéressent également le marché intérieur, comme tel est le cas en matière de contrefaçon, en matière de concurrence déloyale ou, encore, en matière de responsabilité du fait des produits. Si le droit de l'Union européenne a adopté des règles de conflit de lois propres à certains délits spéciaux – le règlement Rome II sur la loi applicable aux obligations non contractuelles (préc.) instaure ainsi cinq règles de conflit spécifiques, en matière de responsabilité du fait des produits, de concurrence déloyale et d'actes restreignant la libre concurrence, d'atteinte à l'environnement, d'atteinte aux droits de la propriété intellectuelle et, enfin, en matière de responsabilité du fait de grève ou de *lock out* – le règlement « Bruxelles I » envisage un critère commun à l'ensemble des délits. Son article 5 § 3, dont les termes sont repris à l'identique par l'article 7 § 2 du règlement « Bruxelles I *bis* », énonce que le défendeur domicilié sur le territoire d'un État membre peut être attrait, dans un autre État membre, devant le tribunal du lieu où le fait dommageable s'est produit ou risque de se produire. 502

La matière délictuelle ou quasi délictuelle doit être entendue de façon autonome. Elle recouvre les hypothèses dans lesquelles la demande tend à mettre en jeu la responsabilité d'un défendeur et qui ne se rattache pas à la matière contractuelle au sens de l'article 5 § 1er du règlement (CJCE 27 sept. 1988, *Kalfelis*, aff. 189/87, *Rec. CJCE* 5565 ; CJCE 27 oct. 1998, *La Réunion européenne*, préc.). On observe ainsi que la matière s'envisage, notamment, de façon négative : l'action ne doit pas relever du contrat. Cette définition est encore source d'incertitudes : tandis que l'on a un temps pensé que la notion d' « action mettant en jeu la responsabilité » invitait à se concentrer sur l'objet de l'action, celle-ci tendant à condamner le débiteur à réparer les dommages qu'il a causés – la Cour a jugé, en ce sens, que l'action paulienne du droit français, 503 dont l'objet « n'est pas de faire condamner le débiteur à réparer les dommages qu'il a causés à son créancier par son acte frauduleux mais de faire disparaître, à l'égard du créancier, les effets de l'acte de disposition passé par son débiteur » ne peut relever de l'article 5 § 3 (CJCE 26 mars 1993, *Reichert*, aff. C-61/90, *Rec. CJCE* I-2149) – un trouble persiste à ce sujet, la Cour ayant décidé qu'une action préventive introduite par une association de protection des consommateurs en vue de faire interdire l'utilisation, par un commerçant, de clauses jugées abusives dans des contrats avec des particuliers, est de nature délictuelle ou quasi délictuelle (CJCE 1er oct. 2002, *Henkel*, aff. C-67/00, *Rec. CJCE* I-8111). La Cour décide encore qu'une action visant à faire constater une rupture abusive et dommageable de pourparlers contractuels en vertu d'un principe général de bonne foi, alors qu'il n'existe pas une obligation librement consentie, est une action délictuelle (CJCE 17 sept. 2002, aff. C-34/00, *Fonderie Officine Meccaniche Tacconi*, *Rec. CJCE* I-7357), à l'instar de l'action directe exercée dans les chaînes de contrats (CJCE 17 juin 1992, *Jakob Handte*, préc.).

504 Face à la divergence des conceptions nationales relatives à la matière délictuelle ou quasi délictuelle, l'identification du domaine matériel de l'article 5 § 3 peut ainsi soulever des difficultés. Celles-ci ne sont certes pas insurmontables, la Cour de justice précisant progressivement le contenu de la qualification. Elles contribuent néanmoins à maintenir une certaine imprévisibilité des solutions que les juridictions nationales apprennent à maîtriser. La Cour de cassation a ainsi décidé qu'une action aux termes de laquelle une société cédée recherchait la responsabilité des sociétés mères en soutenant que celles-ci se seraient immiscées dans la gestion de leur filiale qui avait donné sa garantie au tiers acquéreur relevait de l'article 5 § 3 du règlement 44/2001. Si la Haute juridiction approuve le raisonnement adopté par la Cour d'appel qui, pour qualifier la nature de l'action, s'était fondée sur les dispositions de l'article 1382 du Code civil, la qualification retenue correspond à l'interprétation proposée par la Cour de justice de la matière délictuelle ou quasi délictuelle : l'action qui met en jeu la responsabilité des sociétés mères et l'immixtion dans la gestion des filiales ne relève pas du contrat (Civ. 1re, 26 oct. 2011, n° 10-17.026). La chambre commerciale de la Cour de cassation qualifie encore de délictuelle, tant au regard du droit français qu'au regard de l'article 5 § 3 du règlement n° 44/2001, une action en responsabilité pour rupture fautive de relations contractuelles établies, fondée sur l'article L. 442-6, I, 5° du Code de commerce. Cette doctrine, d'abord adoptée dans l'ordre interne, a été étendue, dans le cadre du règlement (CE) n° 44/2001 (Com. 15 sept. 2009, n° 07-10.493 ; Com. 18 janv. 2011, n° 10-11.885) et paraît inspirée par l'idée qu'en raison de son fondement exclusivement légal, une telle action ne résulte pas d'un engagement librement consenti d'une partie envers une autre.

505 La notion de « fait dommageable » recouvre à la fois le lieu de survenance du dommage et celui de son fait générateur (CJCE 30 nov. 1976, *Bier*, aff. C-1/76, *Rec. CJCE* 1735 ; Civ. 1re, 14 avr. 2010, n° 09-12.792). L'auteur du dommage peut ainsi être attrait, au choix de la victime, devant le tribunal de l'un ou l'autre lieu. Le lieu où le dommage est survenu s'entend par ailleurs du lieu du dommage initial : tandis que le tribunal du lieu du préjudice indirect ne saurait être visé par le règlement – le lieu du dommage s'entend du lieu de naissance du dommage et non du lieu où ses conséquences financières sont subies (CJCE 19 sept. 1995, *Marinari*, aff. C-64/93, *Rec. CJCE* I-2719) –, les victimes par ricochet ne peuvent également assigner l'auteur du dommage devant la juridiction du lieu où elles ont elles-mêmes subi le préjudice

(CJCE 11 janv. 1990, *Dumez France et Traboca*, aff. C-20/88, *Rec. CJCE* I-49). Ajoutons, par ailleurs, que l'emploi de l'expression « lieu où le fait dommageable (...) risque de se produire » n'est pas anodin. Il signifie qu'il n'est pas nécessaire que le fait dommageable ait effectivement eu lieu pour désigner les juridictions d'un État, et ces dernières sont ainsi compétentes dès lors, par exemple, que les faits allégués de commercialisation de produits sur le territoire national « seraient susceptibles de causer préjudice » (Com. 20 mars 2007, n° 04-19.679, *Bull. civ.* IV, n° 91).

En matière de diffamation au moyen d'un article de presse diffusé dans différents États membres, la victime peut intenter une action en réparation contre l'éditeur soit devant les juridictions de l'État membre du lieu d'établissement de ce dernier, soit devant les juridictions de chaque État membre dans lequel la publication a été diffusée et où la victime prétend avoir subi une atteinte à sa réputation. La Cour de justice précise cependant que seules les juridictions du lieu d'établissement de l'éditeur sont compétentes pour réparer l'intégralité des préjudices, peut importent leur localisation, les autres juridictions n'étant compétentes que pour les dommages causés sur le territoire de l'État dans lequel elles se situent (CJCE 7 mars 1995, *Fiona Shevill*, aff. C-8/93, *Rec. CJCE* I-415). Cette jurisprudence est appliquée en matière de concurrence déloyale (Civ. 1re, 31 janv. 2006, n° 03-16.980, *Bull. civ.* I, n° 42 ; Civ. 1re, 25 mars 2009, n° 08-14.119, *Bull. civ.* I, n° 64), comme en matière de contrefaçon : la Cour de cassation a jugé que la victime peut exercer l'action en indemnisation soit devant la juridiction de l'État du lieu d'établissement de l'auteur de la contrefaçon, compétente pour réparer l'intégralité du préjudice qui en résulte, soit devant la juridiction de l'État dans lequel l'objet de la contrefaçon est diffusé, compétente pour connaître des seuls dommages subis dans cet État (Civ. 1re, 16 juill. 1997, *Bull. civ.* I, n° 245). 506

On peut par ailleurs envisager que la localisation du fait générateur soit démultipliée de façon artificielle. La Cour de cassation a été confrontée à cette situation, dans une affaire dans laquelle des actes de concurrence déloyale avaient été commis en Allemagne par une société danoise. La société qui se prétendait victime de ces agissements avait fait en sorte que l'un de ses distributeurs français passe commande des produits litigieux auprès du fournisseur danois, puis avait agi en concurrence déloyale contre la société danoise devant les juridictions françaises. Le défendeur avait objecté qu'il y avait ici une fraude destinée à faire apparaître artificiellement un dommage sur le territoire français, dans le seul but de justifier la compétence des juridictions françaises. Dans un arrêt rendu en 2009, la Cour de cassation a estimé qu'il ne saurait y avoir artifice dès lors que « les ventes réalisées, qui portaient sur plus de cent articles, avaient été opérées sans difficulté particulière ni quelconque réticence de la part de cette société [danoise] dans un laps de temps bref et qu'elles avaient abouti à des livraisons à Paris ». Le dommage se localisait ainsi à Paris et fondait, à lui seul, la compétence internationale des juridictions françaises. Suivant la jurisprudence *Shevill* (préc.), la Cour de cassation a par ailleurs restreint la portée de la compétence internationale des juridictions françaises en rappelant que celle-ci ne vaut que pour les « faits dommageables produits en France » (Civ. 1re, 25 mars 2009, n° 08-14.119). 507

La mise en œuvre de l'article 5 § 3 du règlement soulève des difficultés supplémentaires lorsque la situation litigieuse relève de ce que l'on nomme les « cyber-délits ». Ces derniers, qui procèdent de la diffusion illicite d'une information par Internet, connaissent de nombreuses illustrations, notamment dans le domaine de la 508 contrefaçon ou de la concurrence déloyale. Les contentieux portés devant les juridictions nationales sont même nombreux, qui portent sur la cyber-contrefaçon ou la concurrence déloyale sur Internet. En d'autres termes, la problématique soulevée intéresse directement le droit du marché intérieur. Du fait de la structure de l'Internet, les « cyber-conflits » sont susceptibles d'être localisés dans une multiplicité de lieux : le simple fait d'utiliser Internet peut automatiquement et instantanément conférer à la situation un caractère international. La difficulté, pour le droit international privé, en général, et le droit international privé du marché intérieur, en particulier, est donc de localiser la situation dans l'espace. Or, l'on doit admettre que les critères habituellement retenus, et, donc, celui du fait générateur et celui du dommage, conviennent bien peu à l'espace virtuel. La localisation du fait générateur est compromise : celui-ci « réalisé au lieu d'émission de l'information, (...) se heurte à une double impossibilité. En premier lieu, une impossibilité technique de déterminer de manière générale et abstraite le lieu du fait générateur : doit-il être celui du serveur, du fournisseur d'hébergement ou du fournisseur d'accès ? En second lieu, une impossibilité pratique de localiser les différents acteurs, notamment les serveurs qui peuvent être déplacés quasi instantanément » (*J.-Cl. Droit international*, Fasc. 553-1, par G. Lardeux, n° 57). Et où situer le dommage lorsque celui-ci survient d'une information accessible dans le monde entier ? Le critère du dommage, dans le cadre de délits commis par le biais d'Internet, risque de se révéler extrêmement expansif. Il amplifie le risque d'imprévisibilité des solutions, comme celui de *forum shopping*[Q], ce dernier s'entendant du fait, par un demandeur, d'exploiter la diversité des règles de compétence internationale des tribunaux pour saisir la juridiction qui rendra la solution la plus favorable à ses intérêts. La jurisprudence, interne comme européenne, s'efforce ainsi d'identifier des critères aptes à délimiter raisonnablement la compétence juridictionnelle.

■ 509 La question initialement soulevée est donc celle de savoir s'il suffit qu'un site Internet soit accessible dans un État donné pour que l'on considère qu'il est susceptible d'y causer un dommage, ou s'il faut exiger que le site vise le public de l'État en question.

S'agissant tout d'abord de la jurisprudence interne, les réponses ont varié. La jurisprudence française a ainsi jugé, dans un premier temps, que les juridictions françaises étaient compétentes pour connaître de la prévention et de la réparation de dommages subis en France du fait de l'exploitation d'un site Internet en Espagne, dès lors que ce site, fût-il passif, était accessible sur le territoire français (Civ. 1re, 9 déc. 2003, *Sté Castellblanch c/ Sté Champagne Louis Roederer* : au visa de l'article 5, alinéa 3, de la Convention de Bruxelles du 27 septembre 1968 (devenu, depuis, l'article 5 § 3 du règlement n° 44/2001), la Cour de cassation considère que dès l'instant où une reproduction est faite sur un « site (...) accessible sur le territoire français » les juridictions françaises sont compétentes car « le préjudice allégué du seul fait de cette diffusion n'[est] ni virtuel ni éventuel »). On s'est par la suite interrogé sur la cohérence des solutions adoptées au sein même de la Cour de cassation. Tandis que l'arrêt précité a été rendu par la première chambre civile, la chambre commerciale a par la suite semblé adopter une solution plus réservée, en approuvant le rejet d'une action en contrefaçon intentée par la société Hugo Boss contre une société allemande, dont le site Internet faisait la promotion de produits contrefaits, au motif, selon la Cour, que les produits n'étant pas disponibles en France, le site ne pouvait être considéré comme « visant le public de France » (Com. 11 janv. 2005, *Société Hugo Boss*). En réalité, le rapport de la Cour de cassation pour l'année 2005 a révélé qu'il n'existait aucune opposition entre les deux chambres, les arrêts en cause traitant de questions différentes : le premier était relatif à la détermination de la compétence juridictionnelle, le second s'intéressait à une question de fond (Cour de cassation, *Rapport annuel 2005, L'innovation technologique*, La Documentation française, 2006). La chambre commerciale a confirmé cette analyse par deux arrêts rendus en 2007 : l'accessibilité du site permet d'établir la compétence ; le bien fondé de l'action suppose en revanche que le site Internet litigieux vise le public français (Com. 20 mars 2007 et 10 juill. 2007).

La jurisprudence interne a néanmoins confirmé une évolution en faveur d'une conception restrictive du critère de détermination de la compétence juridictionnelle lorsque le délit est commis par Internet. En témoigne l'interprétation, par les juridictions françaises, de l'article 46 du Code de procédure civile et, dans une certaine mesure, celle de l'article 5 § 3 du règlement n° 44/2001. L'interprétation de la première disposition mérite en effet d'être ici présentée : elle contient la même expression que celle retenue par l'article 5 § 3 du règlement n° 44/2001 et dont la mise en œuvre soulève des difficultés dans le cadre d'un délit commis par Internet, à savoir, l'expression de « fait dommageable » (pour rappel, il résulte de l'article 46 du Code de procédure civile que « le demandeur peut saisir à son choix, outre la juridiction du lieu où demeure le défendeur : (...) en matière délictuelle, la juridiction du lieu du fait dommageable ou celle dans le ressort de laquelle le dommage a été subi »). Et cet article 46 n'est autre que la règle de compétence juridictionnelle applicable, en France, dans les rapports avec les États tiers, en matière délictuelle. L'interprétation de la notion de « fait dommageable » par le juge français, dans le cadre d'un litige international mettant en jeu le système français et celui d'un États tiers, peut donc éclairer sur le raisonnement à tenir pour la mise en œuvre de l'article 5 § 3 du règlement n° 44/2001. Une réserve d'importance doit cependant être apportée : ainsi que nous aurons ultérieurement l'occasion de le rappeler, le juge français, à l'instar de ses homologues des autres États membres, est placé sous la tutelle du juge de l'Union s'agissant de l'interprétation des textes de source européenne en général, et du règlement « Bruxelles I » et de son article 5 § 3 en particulier. Aussi, le pouvoir d'interprétation du juge national est strictement encadré dans le contexte de l'article 5 § 3, tandis qu'il retrouve sa liberté lorsqu'il interprète l'article 46 du Code de procédure civile. Dans ce contexte, des divergences dans la mise en œuvre pratique d'une même expression – celle du fait dommageable – peuvent parfaitement être envisagées, selon que l'on s'intéresse à l'un ou à l'autre texte. Tel est d'ailleurs ce qui semble se dessiner à l'heure actuelle, en l'absence d'éléments d'interprétations suffisants de l'article 5 § 3 de la part de la Cour de justice. 510

En matière de compétence internationale en cas de délits commis par Internet, le mouvement de la jurisprudence française a été en faveur d'une conception de plus en plus restrictive. La dynamique s'observe tant dans la jurisprudence de la Cour de cassation que dans les jugements ou arrêts rendus par les juges du fond. Ainsi, tandis que certains juges se réfèrent un temps seulement au critère de l'accessibilité (v. par ex. TGI Paris, 7 déc. 2007, www.legalis.net : « lorsqu'une infraction aux droits de propriété intellectuelle a été commise par une diffusion sur le réseau Internet, le fait dommageable se produit en tous lieux où les informations litigieuses ont été mises à la disposition des utilisateurs du site ; qu'il n'est pas contesté que les sites Google sont accessibles en France (...) ». V. encore T. com. Paris, 30 juin 2008, *Christian Dior Couture* et T. com. Paris, 30 juin 2008, *Louis Vuitton Malletier*), d'autres se montrent 511 progressivement plus exigeants, en recherchant l'existence, sans le nommer, d'un lien suffisant, substantiel ou significatif entre le fait reproché au défendeur et le dommage. Ainsi le tribunal de grande instance de Paris décide-t-il, par exemple, « qu'il importe peu, à ce stade, de savoir si un internaute intéressé était en mesure de procéder à l'achat, depuis le territoire national, de produits proposés à la vente par l'intermédiaire des mentions litigieuses (...) qu'il est incontestable que les sites auxquels renvoient ces dernières sont, en raison du mode de diffusion propre à Internet accessibles aux internautes français (...); Que le site www.ebay.fr est en langue française ; Que le fait que certaines des pages web accessibles via les annonces litigieuses soient en langue anglaise n'exclut pas nécessairement les internautes français du public visé (...); Attendu que les faits visés sont susceptibles, dès lors, d'avoir un impact économique sur le public français » (TGI Paris, 14 déc. 2007). Alors qu'était en l'espèce invoquée une contrefaçon pour usage de la marque, les juges ont considéré que la langue du site et l'intelligibilité du message promotionnel par le public français étaient des éléments significatifs (v. encore CA Paris, pôle 5, 2e ch., 3 sept. 2010, n° 08/12820, *eBay Inc et eBay International AG c. Louis Vuitton Malletier* ; CA Paris, pôle 5, 2e ch., 3 sept. 2010, n° 08/12821, *eBay Inc, eBay International c. Christian Dior Couture* ; CA Paris, pôle 5, 2e ch., 3 sept. 2010, n° 08/12822, *eBay c. Parfums Christian Dior, Kenzo Parfums, Parfums Givenchy, Guerlain*).

■ 512 La chambre commerciale de la Cour de cassation s'est inscrite dans ce mouvement. Elle admet ainsi la compétence des juridictions françaises en dépassant le seul élément factuel de l'accessibilité en France d'un site Internet. Dans un arrêt rendu le 20 mars 2007, elle approuve par exemple une cour d'appel qui avait admis la compétence du juge français pour statuer sur une action en concurrence déloyale visant à sanctionner la copie servile de produits sur un site Internet, « dès lors que les faits allégués de commercialisation de ces produits sur le territoire national seraient susceptibles de causer un préjudice » (Com. 20 mars 2007, n° 04-19.679, *Société HSM Schuhmarketing c. Sté Gep industries*). Elle précise ultérieurement que les actes de commercialisation sur le territoire français ne doivent pas nécessairement être réalisés pour admettre la compétence des juridictions françaises : la double condition de l'accessibilité du site et de la disponibilité des produits litigieux en France peut être suffisante pour donner compétence au juge français (Com. 9 mars 2010, n° 08-16.752, *Sté Delticom AG c. Sté Pneus Online Suisse*). Afin qu'un trouble commercial puisse être établi localement, il importe en effet qu'existe un marché au moins potentiel en France (Com. 20 mars 2012, n° 11-10.600).

■ 513 Des décisions rendues par les juges du fond exigent encore un lien suffisant, substantiel ou significatif lorsque le site est rédigé en langue étrangère, mais porte sur des marchés ciblés. En matière de contrefaçon de marques, tout d'abord, la cour d'appel de Paris a ainsi reconnu sa compétence malgré la présence d'un site ne proposant aucune commercialisation en ligne. La Cour a en effet considéré que du fait de la technicité du secteur d'activité (matériaux d'étanchéité pour l'industrie pétrolière), du petit nombre d'acteurs sur ce marché global et de la compréhension nécessaire de la langue anglaise par les intervenants français, l'utilisation sans droit d'une marque sur un site étranger était avérée, susceptible de causer un préjudice à une société française (CA Paris, 4e ch., sect. A, 30 janv. 2008 : « Considérant que, sauf à vouloir conférer systématiquement, dès lors que les faits ou actes incriminés ont eu pour support technique le réseau Internet, une compétence territoriale aux juridictions françaises, il convient de rechercher et de caractériser, dans chaque cas particulier, un lien suffisant, substantiel ou significatif, entre ces faits et le dommage allégué »). En matière de concurrence déloyale, une décision de la cour d'appel de Versailles est également intéressante (CA Versailles, 26 juin 2008). En l'espèce, le laboratoire Sanofi-Aventis reprochait à un concurrent danois la réalisation d'un comparatif de médicaments diffusé par Internet sous la forme d'un document intitulé « *stock exchange annoucement* ». Sanofi avait saisi le juge de son siège, français, en tant que juge du lieu de réalisation du dommage. La cour d'appel explique alors que « même si Sanofi-Aventis ne se prévaut d'aucun préjudice économique issu des communications et informations qu'elle incrimine mais uniquement d'un préjudice d'image, il convient, dès lors que ces actes ont été diffusés par Internet, de rechercher si les communications incriminées bien qu'accessibles en France visaient le public français et en particulier les médecins français et étaient destinées à les préparer à prescrire un médicament comme étant plus efficace et mieux toléré » que celui commercialisé par Sanofi. Contrairement aux juges de la cour d'appel de Paris, ceux de la cour d'appel de Versailles se déclarent incompétents : ils estiment que le public averti des médecins français n'était pas directement visé, après s'être fiés à différents indices, tels la nature du communiqué, la couverture qui lui a été donnée en congrès et par les organismes américains de cotation (Sur ces deux arrêts, rendu par la CA de Paris et la CA de Versailles, v. notamment C. Chabert, « Règles de compétence internationale en matière de contrefaçon et de concurrence déloyale sur Internet », *JCP* G 2008. II. 10180).

La conception restrictive, par les juridictions françaises, de la compétence internationale des tribunaux, a laissé progressivement émerger un critère emprunté à la jurisprudence américaine. Il s'agit du critère de « la *focalisation*[Q] » auquel les juridictions françaises ont peu à peu adhéré. Née aux États-Unis, l'idée de focalisation signifie qu'il faut quelque chose de plus que la seule accessibilité locale d'informations illicites pour fonder l'intervention des juges : « il ne suffit pas que la situation litigieuse présente un lien quelconque avec l'État qui exerce la compétence, il faut aussi que celle-ci soit juste, c'est-à-dire, prévisible pour le défendeur dans chaque cas. (...) En matière de délits liés à une activité électronique, cette approche fait apparaître comme insuffisante la seule accessibilité d'un site pour justifier l'exercice de la compétence juridictionnelle de l'État territorial (...) il faut en plus que l'activité litigieuse soit consciemment dirigée, « focalisée » vers cet État » (D. Bureau et H. Muir-Watt, *Droit international privé*, Puf, cool. « Thémis », t. 2, 2e éd. 2010, n° 1018. Le critère de la focalisation a notamment été proposé en France par O. Cachard, *La régulation internationale du marché électronique*, LGDJ 2002). Le critère de la focalisation conduit dès lors à exclure que la seule accessibilité d'un site constitue une base suffisante de compétence. En revanche, le fait d'atteindre un marché ciblé relève de la focalisation. Un doute demeure encore aujourd'hui quant au fait de savoir si l'atteinte dont il est question doit être une atteinte objective – ce qui compte est qu'un dommage soit constaté – ou si elle revêt une dimension subjective, en ce qu'elle est fonction de la volonté de l'opérateur de causer un préjudice dans un État ou sur un marché déterminé. Si les avis sont partagés sur ce point, force est d'admettre que, quoiqu'il en soit, les juges analysent les circonstances concrètes de chaque cas pour définir si une atteinte s'est réalisée ou non. Plusieurs indices peuvent à cet égard être retenus, susceptibles de révéler le ciblage délibéré d'un public national, notamment du public français. Parmi ceux-ci : la langue, la teneur des annonces publicitaires, la mise à disposition d'un numéro de téléphone précédé 514 d'un préfix international ou l'extension du site (« .fr », « .com » etc.). L'indice de la langue française et une publicité pour des marques françaises ont en ce sens été déterminants dans une affaire « *Yahoo !* »: le tribunal de grande instance de Paris a considéré qu'ils révélaient un ciblage délibéré du public français (TGI Paris 20 nov. 2000, n° 00/05308).

515 La jurisprudence nationale la plus récente confirme la mise en œuvre de la théorie de la focalisation pour identifier le for du e-délit. Plusieurs arrêts rendus dans le cadre d'actions en responsabilité intentées en France contre les sociétés du groupe eBay sont en ce sens. Parmi ceux-ci, nous pouvons citer un arrêt de la chambre commerciale de la Cour de cassation rendu dans le cadre d'une action en contrefaçon, le 20 septembre 2011, *SARL eBay Europe c. SAS Marithé et François Girbaud* (n° 10-16.569, la cour d'appel de Paris s'est ensuite prononcée sur renvoi : CA Paris, pôle 1, ch. 3, 22 mai 2012, www.legalis.net). Après avoir observé que « pour déclarer le tribunal de grande instance de Paris territorialement compétent à l'égard de la société de droit américain Ebay Inc., l'arrêt relève que le site ebay.com exploité aux États-Unis d'Amérique est accessible sur le territoire français et qu'il importe peu que les annonces de ce site soient rédigées en anglais ; qu'il en déduit que la vente en France de produits prétendus contrefaisants est établie et que par voie de conséquence le préjudice allégué, ni virtuel, ni éventuel, subi sur ce territoire, peut être apprécié par le juge français, sans qu'il soit utile de rechercher s'il existe ou non un lien suffisant, substantiel ou significatif entre les faits allégués et le territoire français », la Cour considère « qu'en se déterminant ainsi, alors que la seule accessibilité d'un site Internet sur le territoire français n'est pas suffisante pour retenir la compétence des juridictions françaises, prises comme celles du lieu du dommage allégué, et sans rechercher si les annonces litigieuses étaient destinées au public de France, la cour d'appel a privé sa décision de base légale ».

516 Il ressort de ces arrêts, en substance, que le juge français ne peut se déclarer compétent, en cas de e-délit, en se fondant seulement sur l'accessibilité du site en France. L'accessibilité du site constitue en effet non un élément de droit suffisant pour donner compétence au juge français, mais un élément factuel qui, le cas échéant, peut permettre de localiser le dommage. En d'autres termes, l'accessibilité représente une condition préalable nécessaire pour que l'atteinte puisse être localisée en France, mais ne constitue pas une condition suffisante pour justifier la compétence du juge français. Ce n'est que dans un second temps que la mise en œuvre du critère de la focalisation permet de déterminer la compétence juridictionnelle : en l'espèce, la Cour juge que les annonces litigieuses auraient dû être destinées au public de France pour donner compétence au for français. Différents arrêts vont dans le même sens (en matière de contrefaçon, v. notamment Com. 13 juill. 2010, n° 06-10.230, *Google France SARL, Google Inc. C. Louis Vuitton Malletier SA, Bull. civ.* IV, n° 124 ; Com. 29 mars 2011, n° 10-12.272 : « la seule accessibilité d'un site Internet sur le territoire français n'est pas suffisante pour retenir la compétence des juridictions françaises, prises comme celles du lieu du dommage allégué » ; les juges du fond auraient dû rechercher « si les annonces litigieuses étaient destinées au public de France »). Le site Internet doit ainsi avoir « focalisé » un marché national pour que le dommage puisse y être localisé.

Tandis que ces arrêts ont été rendus dans le cadre de la mise en œuvre de l'article 46 du Code de procédure civile, à propos de litiges internationaux faisant intervenir des États tiers, la difficulté est de déterminer si cette même interprétation doit être retenue à propos de l'article 5 § 3 du règlement n° 44/2001. Le juge national conserve en effet en principe toute sa liberté lorsqu'il interprète la première disposition, tandis qu'il est tenu de suivre l'interprétation proposée par la Cour de justice lorsqu'il interprète le règlement n° 44/2001. 517

Dans ce contexte, en mettant en œuvre la théorie de la focalisation dans le cadre de l'article 5 § 3 de la convention de Lugano du 16 septembre 1988, la chambre commerciale de la Cour de cassation a-t-elle été trop présomptueuse ? Dans un arrêt *Société eBay Inc. et a. c. SA Parfums Christian Dior et a.*, rendu le 3 mai 2012, la Cour observe que « le site ebay.fr a incité à plusieurs reprises les internautes français à consulter le site ebay.uk pour élargir leur recherche ou profiter d'opérations commerciales pour réaliser des achats » et qu' « il existe une complémentarité entre ces deux sites ». Elle décide ainsi « qu'en l'état de ces constatations et appréciations, la cour d'appel, qui a fait ressortir, sans méconnaître les termes du litige, que le site ebay.uk s'adressait directement aux internautes français, a légalement justifié sa décision de retenir la compétence des juridictions françaises pour connaître de l'activité de ce site ». Ce faisant, la Cour confirme de nouveau son attachement au critère de la « focalisation » dans le cadre d'un délit commis par Internet, ayant causé des préjudices économiques à différentes industries françaises du luxe. Mais en l'absence d'interprétation proposée par le juge de l'Union de l'article 5 § 3, un risque demeure, selon lequel l'interprétation retenue par le juge français pourrait être remise en question par le juge de l'Union.

S'agissant de la jurisprudence européenne en effet, la Cour de justice a été saisie d'une demande préjudicielle à ce sujet, à laquelle elle n'a, pour l'heure, pas encore répondu. La Cour de cassation est à l'origine de cette demande, formulée en avril 2012 (Civ. 1re, 5 avr. 2012, n° 10-15.890, FS P+B+I) dans les termes suivants : « l'article 5, point 3, du règlement (CE) n° 44/2001 du Conseil, du 22 décembre 2000, concernant la compétence judiciaire, la reconnaissance et l'exécution de décisions en matière civile et commerciale, doit-il être interprété en ce sens qu'en cas d'atteinte alléguée aux droits patrimoniaux d'auteur commise au moyen de contenus mis en ligne sur un site Internet : 518

- la personne qui s'estime lésée a la faculté d'introduire une action en responsabilité devant les juridictions de chaque État membre sur le territoire duquel un contenu mis en ligne est accessible ou l'a été, à l'effet d'obtenir réparation du seul dommage causé sur le territoire de l'État membre de la juridiction saisie, ou

- il faut, en outre, que ces contenus soient ou aient été destinés au public situé sur le territoire de cet État membre, ou bien qu'un autre lien de rattachement soit caractérisé ?

La question posée au 1°) doit-elle recevoir la même réponse lorsque l'atteinte alléguée aux droits patrimoniaux d'auteur résulte non pas de la mise en ligne d'un contenu dématérialisé, mais, comme en l'espèce, de l'offre en ligne d'un support matériel reproduisant ce contenu ? »

En l'attente d'une réponse prochaine de la part de la Cour, les lignes qui vont suivre sont susceptibles d'être remises en question dans un avenir proche. Mais ceci ne saurait empêcher de proposer quelques éléments de réflexions. Si la théorie de la 519 focalisation vient utilement délimiter la compétence juridictionnelle en cas de cyber-délit, un très médiatique arrêt a pu faire douter de l'intérêt porté par la Cour à ce critère, qu'elle a tout simplement condamné en cas d'atteinte aux droits de la personnalité (CJUE 25 oct. 2011, *eDate Advertising GmbH et Olivier Martinez*, aff. C-09/09 et aff. C-61/10, nep). Sur le fondement de l'article 5 § 3 du règlement « Bruxelles I », la Cour donne en effet notamment compétence aux juridictions du pays où la victime a le centre de ses intérêts : « en cas d'atteinte alléguée aux droits de la personnalité au moyen de contenus mis en ligne sur un site Internet, la personne qui s'estime lésée a la faculté de saisir d'une action en responsabilité, au titre de l'intégralité du dommage causé, soit les juridictions de l'État membre du lieu d'établissement de l'émetteur de ces contenus, soit les juridictions de l'État membre dans lequel se trouve le centre de ses intérêts. Cette personne peut également, en lieu et place d'une action en responsabilité au titre de l'intégralité du dommage causé, introduire son action devant les juridictions de chaque État membre sur le territoire duquel un contenu mis en ligne est accessible ou l'a été. Celles-ci sont compétentes pour connaître du seul dommage causé sur le territoire de l'État membre de la juridiction saisie ».

■ 520 Cela signifie-t-il, pour autant, que le critère de la focalisation soit appelé à être condamné par le juge de l'Union ? La réponse pourrait être négative. Il est en effet possible de réconcilier les différents raisonnements envisagés par le juge français et par le juge de l'Union en s'intéressant à la nature du dommage subi. Une cyber-atteinte à un droit de la personnalité pourrait en ce sens relever de la compétence du for du pays où la victime a le centre de ses intérêts, tandis que la juridiction compétente pour statuer sur un cyber-dommage économique pourrait être celle du lieu désigné grâce au critère de la focalisation. Tel est bien ce que la jurisprudence européenne pourrait annoncer. Bien qu'elle ne soit pas saisie dans le cadre de l'article 5 § 3 du règlement « Bruxelles I », mais à propos de la directive 96/9/CE du Parlement européen et du Conseil, du 11 mars 1996, concernant la protection juridique des bases de données, la Cour de justice explique en effet qu'un acte de réutilisation de données a lieu dans un État membre, dès lors qu'il existe des indices permettant de conclure qu'un tel acte révèle l'intention de son auteur de cibler des membres du public établis dans ce dernier État. La Cour exclut la thèse de la seule accessibilité du site. Elle exige donc davantage, ce qui ne dément pas la jurisprudence intervenue dans d'autres domaines comme, par exemple, à propos du droit des marques (v. par ex. CJUE 12 juill. 2011, *L'Oréal SA e.a. c. eBay International AG e.a.*, aff. C-24/09, *Rec. CJCE* I-6011). S'il est pour l'heure beaucoup trop tôt pour avoir une vision unitaire du raisonnement à suivre, la jurisprudence de la Cour rendue en matière de droit de propriété intellectuelle permet d'affirmer que localiser l'atteinte litigieuse suppose, quoiqu'il en soit, de prouver que le public de cet État membre a bien été touché activement. Et la Cour propose quelques indices, non exhaustifs, d'actes révélant « l'intention de son auteur de cibler les personnes situées sur ce territoire » (CJUE 18 oct. 2012, *Football Dataco Ltd et a. c. Sportradar GmbH et a.*, aff. C-73/11, nep : « la simple accessibilité, sur un territoire national donné, du site Internet comprenant les données concernées ne suffit pas pour conclure que l'exploitant de ce site se livre à un acte de réutilisation tombant sous le coup du droit national applicable sur ce territoire en matière de protection par le droit *sui generis*. (...) La localisation d'un acte de réutilisation sur le territoire de l'État membre vers lequel les données concernées sont envoyées dépend de l'existence d'indices permettant de conclure que cet acte révèle l'intention de son auteur de cibler les personnes situées sur ce territoire (...).

Dans l'affaire au principal, est susceptible de constituer un tel indice la circonstance que, parmi les données que comporte le serveur de Sportradar, figurent des données relatives aux rencontres des championnats de football anglais, ce qui est de nature à démontrer que les actes d'envoi en cause au principal résultent d'une volonté de Sportradar de capter l'intérêt du public du Royaume-Uni (...). Le fait que Sportradar a octroyé, par contrat, le droit d'accéder à son serveur à des sociétés proposant des services de paris à destination dudit public peut également constituer un indice de sa volonté de viser celui-ci si – ce qu'il appartient à la juridiction de renvoi de vérifier – Sportradar était, ou devait être, consciente de cette destination spécifique. (...) Enfin, la circonstance que les données mises en ligne par Sportradar sont accessibles aux internautes du Royaume-Uni, qui sont des clients de ces sociétés, dans leur propre langue, laquelle diffère de celles habituellement utilisées dans les États membres à partir desquels cette société exerce ses activités, peut, le cas échéant, corroborer les indices tendant à établir l'existence d'une démarche visant, en particulier, le public du Royaume-Uni »).

c. En matière de succursale

L'article 5 § 5 du règlement « Bruxelles I », repris à l'identique par l'article 7 § 5 du règlement « Bruxelles I *bis* », prévoit que le défendeur domicilié sur le territoire d'un État membre peut être attrait, dans un autre État membre, s'il s'agit d'une contestation relative à l'exploitation d'une succursale, d'une agence ou de tout autre établissement, devant la juridiction du lieu de leur situation. Cette exception de l'article 5 § 5 représente, d'une certaine manière, une extension internationale du système développé par la jurisprudence dite « des gares principales ». Le critère retenu permet de considérer que toute société est domiciliée au siège de sa succursale, de son agence ou de tout autre établissement pour tout litige concernant l'exploitation de cette succursale, cette agence ou cet établissement. L'application de l'article 5 § 5 du règlement suppose cependant que la maison mère soit située sur le territoire d'un État membre. À défaut, l'article 4 du règlement doit être mis en œuvre. 521

La Cour de justice retient une *interprétation autonome*[Q] de la notion de succursale au sens du règlement. Après avoir interprété l'article 5 § 5 comme visant toute forme de structure, à condition qu'elle soit soumise à la direction et au contrôle de la maison mère (CJCE 6 oct. 1976, *De Bloos*, 14/76, *Rec. CJCE* 1497), elle a expliqué que « la notion de succursale, d'agence ou de tout autre établissement, implique un centre d'opérations qui se manifeste de façon durable vers l'extérieur comme le prolongement d'une maison mère, pourvu d'une direction et matériellement équipé de façon à pouvoir négocier des affaires avec des tiers, de telle façon que ceux-ci, tout en sachant qu'un lien de droit éventuel s'établira avec la maison mère dont le siège est à l'étranger, sont dispensés de s'adresser directement à celle-ci et peuvent conclure des affaires au centre d'opérations qui en constitue le prolongement » (CJCE 22 nov. 1978, *Somafer*, 33/78, *Rec. CJCE* 2183). La Cour considère qu'une filiale ayant une autonomie juridique par rapport à la société mère satisfait à ces critères (CJCE 9 déc. 1987, *SAR Schotte*, 218/86, *Rec. CJCE* 4905). 522

La Cour interprète par ailleurs la notion de « contestation relative à l'exploitation d'une succursale, d'une agence ou de tout autre établissement » comme visant les litiges portant sur les droits et obligations contractuels ou non contractuels relatifs à la gestion de la succursale, ainsi que les litiges relatifs aux engagements pris par le 523 centre d'opérations au nom de la maison mère. Dans un arrêt *Lloyd's Register of Schipping*, la Cour a expliqué qu'il est indifférent, à cet égard, que les engagements pris par le centre d'opérations soient exécutés dans l'État membre où ce centre d'opérations est situé ou dans un autre État (CJCE 6 avr. 1995, aff. C-39/93, *Rec. CJCE* I-961).

Ces règles de compétence juridictionnelle présentées, qui intéressent le droit du marché intérieur et ses libertés économiques, nous pouvons envisager les principales règles de procédure ainsi que les principes consacrés par le règlement n° 44/2001 relatifs à la reconnaissance et à l'exécution des décisions. Le propos sera ici plus bref, cette brièveté puisant sa justification dans le fait que les questions abordées relèvent très largement des ouvrages généraux de droit international privé. Aussi sera-t-il de nouveau renvoyé, notamment, au manuel correspondant (S. Clavel, *Droit international privé*. préc., spéc. p. 242 et s., p. 265 et s.).

B. Les règles de procédure

524 Le règlement n° 44/2001 n'opère pas unification des règles de procédure – c'est-à-dire, des règles de fonctionnement des juridictions – entre les États membres. Le principe de la soumission de la procédure à la loi du tribunal saisi demeure donc. Ceci signifie, plus précisément, que la détermination des formalités nécessaires pour soumettre une prétention à un juge (V° « Procédure » in *Lexique des termes juridiques*, 10e éd., Dalloz, 2013) relève de la loi du for. L'application de la loi du for aux questions de procédure n'est guère contestée – bien qu'elle soit partiellement remise en question aujourd'hui – et le droit de l'Union européenne confirme indirectement cette règle, puisque les textes de source européenne régissant la compétence des juridictions et les effets des jugements renvoient, pour tout ce qui a trait aux questions de procédure, à la loi de l'État dont les juridictions sont saisies. Le règlement n'en contient pas moins des dispositions dont l'objectif est de s'assurer du respect des règles de compétence qu'il édicte (le juge saisi doit en particulier vérifier sa propre compétence, v. notamment art. 22 et 26.1 du règlement n° 44/2001). Le règlement se préoccupe, par ailleurs, des hypothèses de procédures concurrentes. Énoncer une règle de compétence juridictionnelle commune ne suffit pas, en effet, pour s'assurer que des procédures ayant le même objet ne soient intentées devant des juridictions différentes, dans des États membres différents. Et le risque que fait courir cette pluralité de saisines est, naturellement, celui d'aboutir à des contrariétés de décisions. L'origine nationale des règles de procédure explique très largement ce risque. Mais elle n'est pas son unique raison : les options de compétence offertes par un instrument conventionnel ou européen sont susceptibles de donner naissance aux mêmes difficultés. Pour pallier ces dernières, le règlement organise des règles relatives à la *litispendance*[Q] et à la *connexité*[Q], que nous présenterons en quelques lignes. Précisons d'ores et déjà que si le règlement n° 44/2001 énonce des exceptions de litispendance et de connexité jouant entre les juridictions européennes, le règlement n° 1215/2012 introduit une nouveauté de taille, en instaurant une exception de litispendance ou de connexité lorsqu'une juridiction européenne et la juridiction d'un État tiers sont saisies dans le cadre d'un même litige (art. 33 et 34 nouveaux).

525 Il y a litispendance internationale lorsqu'un même litige, c'est-à-dire, un litige présentant une identité de parties, de cause et d'objet, est pendant devant deux

juridictions différentes, établies dans deux États distincts. Lorsqu'une telle hypothèse apparaît, l'exception de litispendance internationale a pour objet de demander à l'une des juridictions saisies de renoncer à exercer sa compétence. En France, cette exception a été admise par un arrêt *Migniera di Fragne* (Civ. 1re, 26 nov. 1974). Elle a été consacrée par la convention de Bruxelles et par le règlement Bruxelles I. La litispendance est ainsi définie à l'article 27 comme une situation dans laquelle « des demandes ayant le même objet et la même cause sont formées entre les mêmes parties devant des juridictions d'États membres différents ». Un arrêt *Gubish*, rendu par la Cour de justice le 8 décembre 1987, a révélé qu'il fallait retenir une interprétation large de l'identité d'objet et de cause conduisant à la litispendance (CJCE 8 déc. 1987, *Gubish*, aff. C-44/86, *Rec. CJCE* 4861) : après avoir observé que la notion de litispendance peut être interprétée différemment en droit national, la Cour explique, en substance, qu'une situation de litispendance est acquise dès lors que des procédures parallèles peuvent conduire à des décisions inconciliables (en l'espèce, il a été jugé qu'il y avait litispendance lorsqu'une partie introduisait devant une juridiction d'un État une demande visant à l'annulation ou à la résolution d'un contrat de vente internationale de marchandises, alors qu'une demande d'une autre partie, visant à l'exécution de ce même contrat, était pendante devant les juridictions d'un autre État contractant). Tandis qu'en droit français, le juge a une simple faculté de soulever l'exception de litispendance, la saisine parallèle d'une autre juridiction fut-elle établie, le système issu du règlement n° 44/2001 confère une impérativité très forte à l'exception de litispendance. Il résulte ainsi de l'article 27 du règlement n° 44/2001 que lorsque les conditions de recevabilité de l'exception de litispendance sont réunies, « la juridiction saisie en second lieu sursoit d'office à statuer, jusqu'à ce que la compétence du tribunal premier saisi soit établie », tandis que « [l]orsque la compétence du tribunal premier saisi est établie, le tribunal saisi en second lieu se dessaisit en faveur de celui-ci ». Le juge de l'Union a par ailleurs affirmé l'absolue priorité sur laquelle repose le jeu de l'exception de litispendance : le juge saisi en second doit respecter l'exception de litispendance instaurée tel qu'il résulte du système de la convention, puis du règlement, même si ce juge est rendu exclusivement compétent par une clause attributive de juridiction (CJCE 9 déc. 2003, *Gasser*, aff. C-16/02, *Rec. CJCE* I-14693). Mais cette solution, très critiquée en doctrine, ne sera plus de droit positif lorsque le règlement n° 1215/2012 entrera en vigueur : ce texte obligera le juge premier saisi à surseoir à statuer dès que le juge apparemment choisi par la convention des parties aura été également saisi (art. 31 § 2 du règlement n° 1215/2012). En effet, l'acceptation, par le juge désigné par les parties, de sa compétence, devra emporter dessaisissement de compétence du juge premier saisi, excepté en cas de litige impliquant une partie faible (art. 31 § 4). Prochainement, la Cour de justice répondra à une question préjudicielle soulevée par la Cour de cassation, cette dernière lui ayant demandé si l'article 27 § 2 du règlement n° 44/2001 doit être interprété en ce sens que la compétence du tribunal saisi en premier lieu est établie, dès lors que, soit aucune partie n'a soulevé son incompétence, soit ce tribunal a retenu sa compétence par une décision irrévocable pour quelque cause que ce soit, notamment l'épuisement des voies de recours (Civ. 1re, 19 déc. 2012, n° 11-19.516).

L'article 28 § 3 du règlement énonce que « sont connexes (...) les demandes liées entre elles par un rapport si étroit qu'il y a intérêt à les instruire et à les juger en même temps, afin d'éviter des solutions qui pourraient être inconciliables si les causes 526 étaient jugées séparément». L'objectif de l'exception de connexité est d'éviter les contrariétés de décisions. Elle autorise ainsi le juge second saisi à surseoir à statuer jusqu'à ce qu'une décision soit rendue par la juridiction première saisie (art. 28 § 1). Mais il s'agit d'une faculté entre les mains du juge, et non d'une obligation : l'exception suppose en effet une appréciation, par le juge saisi en second, de la nécessité d'instruire ensemble des affaires qui semblent connexes.

C. La reconnaissance et l'exécution des décisions

■ 527 Parce que la confiance doit gouverner les relations entre les États membres de l'Union européenne, le règlement n° 44/2001, à l'instar de la convention de Bruxelles, met en place un système permettant d'organiser une libre circulation des décisions entre les États membres (CJCE 4 févr. 1988, *Hoffmann*, aff. C-45/86, *Rec. CJCE* 645). Toute décision rendue par une juridiction d'un État membre est concernée. La Cour de justice précise cependant qu'une transaction ne constitue pas une décision, même intervenue devant une juridiction d'un État membre et mettant fin à un litige : les transactions judiciaires revêtent un caractère essentiellement contractuel, leur contenu dépendant avant tout de la volonté des parties (CJCE 2 juin 1994, *Solo Kleinmotoren*, aff. C-14/92, *Rec. CJCE* 2237).

■ 528 Ainsi, en partant du principe selon lequel chaque État membre a confiance en la qualité du système judiciaire des autres États membres, le règlement « Bruxelles I » met en place un système très allégé de contrôle des décisions de justice rendues par d'autres États membres. La reconnaissance et l'exécution des décisions sont ainsi soumises à des conditions restrictives : le juge doit contrôler la conformité de la décision à l'ordre public de l'État membre sur le territoire duquel cette décision doit produire ses effets (art. 24 et 35 du règlement) ; la décision ne doit pas être inconciliable avec d'autres décisions ayant déjà produit leurs effets dans l'État requis (art. 34 § 4) ; la décision doit être exécutoire dans l'État d'origine pour être exécutoire dans l'État membre requis (art. 31 § 1) ; enfin, en principe, la compétence du tribunal ayant initialement rendu la décision présentée à la reconnaissance ou à l'exécution n'est pas contrôlée par le tribunal requis (art. 35 § 3 du règlement. Quelques dérogations existent, qui sont cependant limitativement énumérées, conférant au contrôle un caractère résiduel, v. notamment art. 35). La procédure permettant de faire produire ses effets à une décision est par ailleurs allégée : la déclaration de force exécutoire se réduit à un coup de tampon apposé par une autorité publique, dans une instance non contradictoire.

Les rapports de confiance mutuelle allant s'intensifiant en Europe, et ce, notamment, à la mesure d'un rapprochement de plus en plus grand des pratiques judiciaires (v. le considérant 25 du règlement n° 1215/2012), le règlement « Bruxelles I *bis* » supprime la formalité du coup de tampon dans l'État requis de l'exécution : il résulte de l'article 39 que les décisions européennes auront force exécutoire « sans qu'une décision constatant la force exécutoire soit nécessaire ». Aussi, toute décision entrant dans le champ d'application du règlement sera désormais exécutoire de plein droit (sur les évolutions apportées par le futur règlement n° 1215/2012, v. les nombreux commentaires et, notamment, C. Nourissat, « Refonte du règlement « Bruxelles I » : *much ado about nothing...* », *Procédures* mars 2013, alerte 26 et L. d'Avout, « La refonte du règlement Bruxelles I (règlement UE n° 1215/2012 du 12 déc. 2012) », *D.* 2013. 1014).

La présentation du règlement n° 44/2001 doit être complétée par celle d'autres textes de source européenne, qui ont essayé de faciliter le recouvrement des créances en instaurant des procédures simplifiées. Tandis que les institutions de l'Union entendent parvenir à un objectif de confiance mutuelle totale entre les systèmes judiciaires des États membres, ces textes tentent d'effacer les frontières intra-européennes en supprimant l'étape intermédiaire qu'est l'*exequatur*Q. Ce faisant, ces instruments participent certes à l'édification de l'espace judiciaire européen en matière civile et commerciale, mais ils intéressent également directement les opérateurs économiques en ce qu'ils facilitent le recouvrement rapide et efficace des créances d'un État membre à l'autre.

section 2

Les procédures européennes simplifiées de recouvrement des créances

L'Union européenne s'est engagée dans une politique visant à favoriser les échanges, notamment en facilitant le recouvrement des créances. Le titre exécutoire apparaît ainsi au cœur de la coopération judiciaire, elle-même au service de la construction du marché intérieur (M. Douchy-Oudot, « La force exécutoire à dimension européenne », *Procédures* n° 8, août 2008, dossier 4). Les institutions de l'Union ont en ce sens élaboré des procédés permettant de réduire l'effet des frontières pour les ressortissants de l'Union, consacrés dans différents textes : le règlement CE n° 805/2004 du Parlement européen et du Conseil du 21 avril 2004 portant création d'un titre exécutoire européen pour les créances incontestées (TEE) (*JOCE* L 143 du 30 avr. 2004) (A), le règlement CE n° 1896/2006 du Parlement européen et du Conseil du 12 déc. 2006 instituant une procédure européenne d'injonction de payer (IPE) (*JOCE* L 399 du 30 déc. 2006) (B) et le règlement n° 861/2007 du 11 juill. 2007 instituant une procédure européenne de règlement des petits litiges (*JOCE* L 199 du 31 juill. 2007) (C). 529

Ces différents textes ont été complétés par des directives visant en particulier à lutter contre le retard de paiement dans les transactions commerciales. Ainsi, la directive 2000/35/CE du 29 juin 2000 concernant la lutte contre le retard de paiement dans les transactions commerciales (*JOCE* L 200, 8 août 2000) a été remplacée à partir du 16 mars 2013 par la directive 2011/7/UE du Parlement européen et du Conseil du 16 février 2011 dont l'objet est identique (*JOUE* L 48 du 23 févr. 2011). Ce texte s'inscrit dans le cadre de la communication de la Commission du 26 novembre 2008 intitulée « Plan européen pour la relance économique », dont l'objectif est la réduction des charges administratives et l'encouragement de l'esprit d'entreprise, en veillant notamment à ce que les factures de fournitures et de services, soient réglées, en principe, dans un délai d'un mois. Outre des dispositions relatives aux délais, la directive contient différentes mesures relatives aux intérêts, ainsi que de nouvelles dispositions portant, notamment, sur les pratiques contractuelles abusives.

§ 1 Le règlement CE n° 805/2004 du 21 avril 2004 portant création d'un titre exécutoire européen pour les créances incontestées

530 Le règlement portant création d'un *titre exécutoire européen*, en vigueur depuis le 21 janvier 2005, est entré en application le 21 octobre de la même année. Contrairement au règlement n° 44/2001, le règlement n° 805/2004 est le fruit d'une initiative propre aux institutions de l'Union, en ce sens qu'il ne correspond pas à la transformation d'une convention préexistante. Le texte – rédigé d'une façon relativement complexe – illustre parfaitement la volonté de la Commission dans le domaine de la libre circulation des décisions de justice en matière civile et commerciale, à savoir, supprimer l'étape de l'exequatur au profit d'un mécanisme inspiré de l'inversion du contentieux. Le considérant 8 du règlement exprime cette perspective, expliquant que la création du titre exécutoire signifie qu'« une décision qui a été certifiée en tant que titre exécutoire européen par la juridiction d'origine devrait être traitée, aux fins de l'exécution, comme si elle avait été rendue dans l'État membre dans lequel l'exécution est demandée ». Aussi, une décision, une transaction judiciaire, un acte authentique, dès lors qu'ils portent sur une créance incontestée et ont été obtenus selon le droit de l'État membre d'origine, sont traités dans tout autre État membre où l'exécution est demandée comme s'ils y avaient été rendus, à condition d'entrer dans le champ de la définition autonome de la créance incontestée et de respecter certaines règles procédurales minimales ou certaines « normes minimales », pour reprendre l'expression retenue par le règlement.

531 S'agissant du champ d'application matériel du texte, celui-ci s'applique à la matière civile et commerciale, telle qu'entendue au sens du règlement « Bruxelles I ». Le règlement est par ailleurs applicable aux décisions, transactions judiciaires et aux actes authentiques dès lors qu'ils portent sur une créance incontestée. Les autres créances relèvent ainsi du règlement n° 44/2001, étant précisé que rien n'interdit de recourir à ce dernier texte pour une créance incontestée (art. 27 du règlement n° 805/2004). Une « décision » est définie par le règlement comme « toute décision rendue par une juridiction d'un État membre, quelle que soit la dénomination qui lui est donnée, tel qu'arrêt, jugement, ordonnance ou mandat d'exécution, ainsi que la fixation par le greffier du montant des frais du procès » (art. 4 § 1). L'acte authentique est présenté comme « un acte dressé ou enregistré formellement en tant qu'acte authentique et dont l'authenticité : i) porte sur la signature et le contenu de l'acte authentique, et ii) a été établie par une autorité publique ou toute autre autorité habilitée à ce faire par l'État membre d'origine (...) » (art. 4 § 3). Le règlement s'inspire à cet endroit de l'arrêt *Unibank*, par lequel la Cour de justice, amenée à se prononcer dans le cadre de l'interprétation de la convention de Bruxelles, a estimé que les actes authentiques étant assimilés aux décisions judiciaires quant à leur exécution, leur caractère authentique « doit être établi de manière incontestable » et « l'intervention d'une autorité publique ou de toute autre autorité habilitée par l'État d'origine est, par conséquent, nécessaire pour leur conférer la qualité d'actes authentiques » (CJCE 17 juin 1999, *Unibank*, aff. C-60/97, *Rec. CJCE* 3715). La transaction judiciaire n'est quant à elle pas expressément définie par le règlement, mais semble devoir être identifiée comme tout accord – peu important sa dénomination en droit interne,

conciliation, médiation, transaction – ayant été approuvé par le juge aux fins de force exécutoire, cette approbation devant avant tout être prise en considération (F. Ferrand, « Le nouveau titre exécutoire européen (Règlement CE n° 805/2004 du 21 avr. 2004 portant création d'un titre exécutoire européen pour les créances incontestées », *Droit et patrimoine* oct. 2004, p. 70).

La créance doit s'entendre comme le « droit à une somme d'argent déterminée, qui est devenue exigible ou dont la date d'échéance a été indiquée dans la décision, la transaction judiciaire ou l'acte authentique (art. 4 § 2). Elle est réputée incontestée, selon l'article 3 du règlement, lorsqu'elle a été reconnue par le débiteur, soit expressément soit tacitement, en ne s'y opposant pas au cours de la procédure judiciaire ou par le défaut de comparution ou de représentation à l'audience après l'avoir contestée. Les conséquences que le règlement tire du silence ou de l'absence du débiteur pouvant étonner, le règlement oblige au respect de normes minimales de procédure en cas de reconnaissance tacite. Le respect de ces normes minimales – qui se voient consacrer tout un chapitre, le chapitre III – doit permettre de s'assurer par une certitude absolue (art. 13) ou bien par un très haut degré de probabilité (art. 14) que l'acte introductif d'instance est bien parvenu à son destinataire. Le règlement ajoute que, pour être certifiée, la décision doit par ailleurs être exécutoire dans l'État d'origine, ne doit pas être incompatible avec les différentes règles de compétence relatives au contrat d'assurance, ainsi qu'aux règles de compétence exclusive énoncées dans le règlement n° 44/2001 (section 3 et 6 du règlement, v. ss 477). Enfin, et toujours dans l'optique d'une certification, la décision doit avoir été prononcée dans l'État du domicile du débiteur si elle se rapporte à un contrat conclu par un consommateur et que le débiteur est consommateur (art. 6). 532

En toute hypothèse, le système organisé par le règlement tend à garantir dans la majorité des cas une certification en tant que titre exécutoire européen de la décision. Les articles 18 et 19 du règlement exposent des situations exceptionnelles dans lesquelles une certification ne sera pas accordée : si le débiteur a droit, « en vertu de la loi de l'État membre d'origine, de demander un réexamen de la décision en question » (art. 19 § 1), c'est sous certaines conditions strictement énumérées, à savoir, lorsque le débiteur « a été empêché de contester la créance pour des raisons de force majeure ou par suite de circonstances extraordinaires, sans qu'il y ait eu faute de sa part », ou lorsque le débiteur « a droit, en vertu de la loi de l'État membre d'origine, de demander un réexamen de la décision en question, lorsque les conditions suivantes sont remplies : i) l'acte introductif d'instance ou un acte équivalent ou, le cas échéant, la citation à comparaître a été signifié ou notifié par l'un des modes prévus à l'article 14, et ii) la signification ou la notification n'est pas intervenue en temps utile pour lui permettre de préparer sa défense sans qu'il y ait eu faute de sa part » (art. 19). Mais le principe demeure que dès lors qu'une décision entrant dans le champ d'application du règlement est certifiée en tant que titre exécutoire dans son État membre d'origine, elle doit être reconnue et exécutée dans les autres États membres. La Cour de cassation a ainsi rejeté le moyen soutenant que le juge de l'exécution était tenu de rechercher si la décision étrangère satisfaisait aux conditions posées par les articles 17 et 18 du règlement (Civ. 2e, 22 févr. 2012, n° 10-28.379). 533

Les procédures d'exécution sont régies par la loi de l'État membre d'exécution (art. 20 § 1). Une décision certifiée en tant que titre exécutoire européen doit par 534 ailleurs être exécutée dans les mêmes conditions qu'une décision rendue dans l'État membre d'exécution (art. 20 § 2). La certification délivrée, les États membres dans lesquels l'exécution est demandée ne peuvent la refuser, sauf si la décision certifiée est incompatible avec une décision rendue antérieurement dans un État membre ou dans un État tiers. Trois séries de conditions cumulatives sont ici envisagées « a) la décision antérieure a été rendue entre les mêmes parties dans un litige ayant la même cause ; b) la décision antérieure a été rendue dans l'État membre d'exécution ou réunit les conditions nécessaires à sa reconnaissance dans l'État membre d'exécution ; c) l'incompatibilité des décisions n'a pas été et n'aurait pas pu être invoquée au cours de la procédure judiciaire dans l'État » (art. 21). Le règlement ouvre également une faculté de suspension ou de limitation de l'exécution (art. 23). Une telle suspension de l'exécution ne peut être accordée que si le débiteur a formé un recours à l'encontre de la décision certifiée en tant que titre exécutoire européen ou demandé la rectification ou le retrait du certificat de titre exécutoire européen devant la juridiction de l'État membre d'origine (CA Lyon, 14 oct. 2010, n° 09/04873, *SA Bioprotein Technologies c. Société Gene Bridges GmbH* : C. Nourissat, « Premier arrêt français relatif au titre exécutoire européen », *Procédures* déc. 2010, n° 12, comm. 406). Un contrôle de la part de l'État d'exécution existe ainsi, qui demeure cependant enfermé dans des conditions étroites. Aucun motif tiré de l'ordre public n'est d'ailleurs envisagé.

§ 2 Le règlement CE n° 1896/2006 du Parlement européen et du Conseil du 12 décembre 2006 instituant une procédure européenne d'injonction de payer

535 Ce règlement, entré en vigueur le 31 décembre 2006, permet au créancier contractuel d'une somme d'argent *a priori* incontestable d'obtenir unilatéralement un titre condamnant le débiteur au paiement, tout en laissant au débiteur la faculté d'élever une procédure contradictoire sur le bien-fondé de la créance devant la même autorité. L'*injonction de payer européenne*[Q] présente l'avantage précieux de la rapidité dans le recouvrement des créances. Il ressort ainsi de l'article 1er du règlement n° 1896/2006 que l'injonction de payer européenne doit rendre inutile toute procédure intermédiaire dans l'État membre d'exécution et faciliter le recouvrement des créances pécuniaires incontestées dans les litiges transfrontaliers. La mise en œuvre des dispositions du règlement suppose en effet qu'il y ait litige transfrontalier (art. 3 § 1). La demande d'injonction de payer ne peut par ailleurs être formulée que pour assurer le recouvrement de créances certaines liquides, exigibles et incontestées au sens du règlement n° 805/2004 (v. ss 563).

536 La procédure organisée par le règlement est la suivante : dans un premier temps, le créancier saisit le juge compétent en vertu du droit de l'Union, donc, en tout premier lieu, en vertu du règlement n° 44/2001. Si le défendeur est un consommateur, la juridiction de son domicile doit cependant être saisie. La saisine s'opère au moyen d'un formulaire standardisé rempli unilatéralement par le créancier. Ce dernier déclare « qu'à sa connaissance les informations fournies sont exactes et reconnaît que toute fausse déclaration intentionnelle risque d'entraîner les sanctions prévues par le droit de l'État membre d'origine » (art. 7 § 3). Aucun document justificatif n'a donc à

être fourni par le créancier à l'autorité compétente. Si le juge, après un examen sommaire – consistant à vérifier, notamment, le caractère civil et commercial de la créance (art. 2), l'existence d'un litige transfrontalier (art. 3) ou le caractère liquide et exigible de la créance (art. 4) –, s'assure que la demande est fondée, il délivre l'injonction demandée sur un autre formulaire, le formulaire E. Ce dernier contient les informations devant nécessairement être communiquées au défendeur (art. 12). S'ouvre alors un second temps, dans lequel l'injonction est notifiée au débiteur, qui peut soit payer, soit former opposition dans un délai de trente jours devant les juridictions compétentes de l'État d'origine de l'injonction, de nouveau selon un formulaire type. Le débiteur est également informé des effets de l'opposition ou de son absence d'opposition. Dans le premier cas, la procédure simplifiée s'arrête et la procédure se poursuit conformément aux règles ordinaires, avec quelques aménagements envisagés par le règlement. Dans le second cas, la juridiction d'origine déclare l'injonction exécutoire et la remet au créancier qui pourra la faire exécuter dans tous les États membres, sans formalité : « une injonction de payer européenne devenue exécutoire dans l'État membre d'origine est reconnue et exécutée dans les autres États membres sans qu'une déclaration constatant la force exécutoire soit nécessaire et sans qu'il soit possible de contester sa reconnaissance » (art. 19).

§ 3 Le règlement n° 861/2007 du 11 juillet 2007 instituant une procédure européenne de règlement des petits litiges

Ce texte a pour ambition de « simplifier et accélérer le règlement des petits litiges 537
transfrontaliers et d'en réduire les coûts ». Il supprime « les procédures intermédiaires nécessaires pour qu'une décision rendue dans un État membre dans le cadre de la procédure européenne de règlement des petits litiges soit reconnue et exécutée dans un autre État membre » (art. 1). Le règlement n° 861/2007 organise ainsi une procédure contradictoire simplifiée pour les litiges d'un montant inférieur à 2000 euros en matière civile et commerciale. La procédure prévue par le règlement est par ailleurs écrite. Une audience ne sera tenue que si la juridiction l'estime utile ou si l'une des parties le demande, sans pour autant que le juge soit contraint d'accéder à cette demande. Le demandeur remplit un formulaire standardisé présentant une description des éléments de preuve avec, le cas échéant, toute pièce justificative. La juridiction compétente exerce un contrôle de forme puis notifie copie de la demande au défendeur. Ce dernier doit répondre sous trente jours, de nouveau selon un formulaire standardisé, en indiquant s'il conteste la demande ou s'il forme une demande reconventionnelle. Si cette demande a pour effet d'augmenter le montant de la demande initiale au-delà de 2000 euros, le règlement n'est plus applicable. La représentation n'est pas obligatoire et l'article 12 du règlement indique expressément que « la juridiction cherche à amener les parties à un accord amiable ». La décision prise par la juridiction est exécutoire immédiatement, « nonobstant tout recours éventuel » (art. 15 § 1). Lorsque l'exécution doit avoir lieu dans un autre État membre, elle est revêtue d'un certificat européen (art. 20). Un réexamen de la décision (art. 18) ou un refus d'exécution (art. 22) sont possibles dans des conditions identiques à celles envisagées dans le cadre de la procédure européenne d'injonction de payer (v. ss 535).

section 3

Le règlement n° 1346/2000 du 29 mai 2000 relatif aux procédures d'insolvabilité

538 Le règlement (CE) n° 1346/2000 du 29 mai 2000 relatif aux procédures d'insolvabilité (*JOCE* 30 juin 2000 L 160) est un instrument important, qui est venu harmoniser les règles applicables aux procédures d'insolvabilité frappant les personnes physiques ou les personnes morales – à l'exception des entreprises d'assurance et des établissements de crédit, lesquels relèvent d'une réglementation spécifique protectrice des assurés et des épargnants – dont les biens sont localisés sur plusieurs États membres de l'Union européenne. L'adoption de ce texte a été rendue nécessaire dans le contexte de l'ouverture des frontières européennes et face à la volonté de développer les échanges économiques entre les États membres. En effet, tandis que le droit de l'Union entend accroître en volume et en valeur le commerce intra-européen et favoriser la mobilité des capitaux et des entreprises, d'une part, il doit savoir apporter des réponses aux difficultés rencontrées par les entreprises qui ont été chercher des marchés dans d'autres États membres, d'autre part. Mais les solutions sont difficiles à élaborer en ce domaine. Pratiquement, les États ont plutôt une tendance spontanée à cloisonner les procédures, afin de protéger les créanciers locaux. Telle est d'ailleurs l'une des explications à l'insuffisance des textes internationaux relatifs aux faillites internationales (la France a signé plusieurs conventions afin de résoudre les questions de compétence dans l'hypothèse d'une faillite rattachée aux ordres juridiques des États contractants, v. C. Saint-Alary-Houin (dir.), *Code des entreprises en difficulté*, Litec, 2007, spéc. p. 341). Suite à une longue période d'inaction, l'Union européenne est intervenue très rapidement après l'entrée en vigueur du traité d'Amsterdam pour transformer un texte relatif aux faillites internationales en règlement : le règlement n° 1346/2000, lequel a pour ambition première d'harmoniser une partie des règles applicables aux procédures d'insolvabilité se rattachant à l'espace européen. Contenant à la fois des règles de droit international privé et des règles matérielles, le règlement se substitue au droit international privé commun des États membres. Le Danemark n'a cependant pas participé à l'élaboration du règlement et continue ainsi de soumettre les procédures d'insolvabilité aux règles de droit international privé de son propre système juridique.

539 Le règlement est entré en vigueur le 31 mai 2002 et est applicable aux procédures d'insolvabilité ouvertes postérieurement à cette date (art. 43). Outre cette condition temporelle, le règlement ne s'applique que si l'affaire a des liens avec plusieurs États membres et si le débiteur a des biens situés sur plusieurs États membres, conduisant à localiser le centre de ses intérêts principaux dans l'espace européen (v. considérants 11, 12 et 19). À défaut, la procédure revêt un caractère purement interne, excluant l'application des règles de droit international et, notamment, des dispositions du règlement. S'agissant du champ d'application personnel du règlement, celui-ci est large : le texte ne détermine pas expressément quelles sont les personnes pouvant bénéficier des procédures d'insolvabilité, mais il résulte des exceptions mentionnées à l'article premier – les entreprises d'assurances, les établissements de crédit, les

entreprises d'investissement, les organismes de placement financier – que toute autre personne physique ou morale, commerçant ou particulier, peut bénéficier des dispositions du règlement. Si le règlement est silencieux quant à la qualité de créancier, qualité pourtant nécessaire pour être admis à déclarer une créance, la détermination de cette qualité doit s'apprécier selon la loi de la source de la créance (Com. 13 sept. 2011, n° 10-25.553, n° 10-25.731, n° 10-25.798). Chaque État membre de l'Union peut demander l'inscription des procédures de traitement des difficultés économiques instituées dans sa propre législation. Le règlement pose cependant quatre critères que ces procédures doivent remplir afin de pouvoir être inscrites dans ses annexes A et B : il doit s'agir d'une procédure collective, d'une procédure fondée sur l'insolvabilité du débiteur, la procédure doit entraîner un dessaisissement total ou partiel de ce débiteur ainsi que la désignation d'un syndic, ce dernier étant entendu, au sens du règlement, comme « toute personne ou tout organe dont la fonction est d'administrer ou de liquider les biens dont le débiteur est dessaisi ou de surveiller la gestion de ses affaires » (art. 2 b). Les annexes qui complètent le règlement énumèrent les procédures d'insolvabilité qu'il couvre. L'annexe A contient ainsi la liste des procédures désignées par chaque État membre et soumises à son application, le règlement ne pouvant pas être appliqué aux procédures ne figurant pas à cette annexe. S'agissant de la France, sont concernés : le redressement judiciaire, la liquidation judiciaire et la sauvegarde, cette dernière ayant été récemment explicitement reconnue éligible au dispositif du règlement (CJUE 22 nov. 2012, *Bank Handlowy c. Christianopol*, aff. C-16/11, nep).

Les dispositions du règlement sont amenées à évoluer, la Commission européenne ayant publié le 12 décembre 2012 une proposition d'amendement du règlement (COM (2012) 744 final, 12 déc. 2012, Proposition de règlement du Parlement européen et du Conseil modifiant le règlement (CE) n° 1346/2000 du Conseil relatif aux procédures d'insolvabilité). L'objectif n'est pas de bouleverser le texte actuel, mais seulement de le moderniser, notamment en transposant et en complétant les importantes avancées jurisprudentielles qui sont venues préciser les dispositions actuelles. Le champ d'application du règlement devrait ainsi être élargi, la proposition de règlement prenant en considération la modernisation des procédures d'insolvabilité faite par les législateurs des États membres. Les conditions traditionnelles d'insolvabilité et de dessaisissement partiel ou total du débiteur sont par exemple écartées. Il résulte de l'article 1er de la proposition que le règlement devrait à l'avenir viser : « les procédures judiciaires ou administratives collectives, y compris les procédures provisoires, qui relèvent d'une loi ayant trait à l'insolvabilité ou à l'ajustement de dettes et dans le cadre desquelles, aux fins d'un redressement, de l'ajustement d'une dette, d'une réorganisation ou d'une liquidation, (a) le débiteur est totalement ou partiellement dessaisi de ses actifs et un syndic est désigné, ou (b) les actifs et les affaires du débiteur sont soumis au contrôle ou à la supervision d'une juridiction ». Cette précision apportée, les principales propositions de la Commission seront envisagées tout au long de la présentation du règlement n° 1315/2000. 540

Le règlement, texte très technique, comporte quarante-sept articles. Ces derniers tendent à simplifier le traitement des faillites internationales par trois principaux moyens : en énonçant des règles de compétence juridictionnelle en matière de procédures d'insolvabilité (§ 1) ; en présentant des règles de conflit de lois permettant de déterminer le droit applicable à ces procédures (§ 2) ; en instaurant un système de reconnaissance des décisions en Europe (§ 3).

§ 1 Compétence en matière de procédure d'insolvabilité

541 La méthode retenue pour appréhender la procédure de faillite détermine le choix des critères de compétence (A). S'agissant de ces critères, on observe en particulier que la notion de centre d'intérêts principaux du débiteur constitue la clef de voûte du système (B).

A. Méthode et compétences retenues

542 Au plan méthodologique, deux voies peuvent être suivies pour appréhender la procédure de faillite transnationale. Selon la théorie de la territorialité, toute procédure ouverte ne peut porter que sur les biens du débiteur localisés sur ce territoire. Aussi est-il nécessaire d'ouvrir autant de procédures qu'il y a d'États dans lesquels sont situés les biens du débiteur. Il est ensuite nécessaire de coordonner ces différentes procédures ouvertes par différentes juridictions, situées dans plusieurs États. Selon la théorie de l'universalité – dite encore d'« unité » –, une seule procédure est ouverte, ce qui permet d'appréhender l'ensemble des biens du débiteur, peu important leur localisation. La procédure est donc centralisée, ce qui présente notamment l'avantage d'assurer l'égalité des créanciers. La Cour de cassation a exprimé sa préférence envers ce dernier principe, que sa première chambre civile a consacré dans un arrêt *Banque Worms* du 19 novembre 2002, au détriment du principe de territorialité (Civ. 1re, 19 nov. 2002), et qu'elle rappelle régulièrement depuis (v. notamment Com. 21 mars 2006, *Khalifa Airways*, n° 04-17.869 : « le redressement ou la liquidation judiciaire prononcés en France produisent leurs effets partout où le débiteur a des biens, sous réserve des traités internationaux ou d'actes communautaires, et dans la mesure de l'acceptation par les ordres juridiques étrangers »).

543 Le règlement n° 1346/2000 adopte pour sa part une conception plus pragmatique en prévoyant une articulation entre procédure principale à effet extraterritorial et procédure secondaire à effet territorial (art. 3) tout en établissant des règles assurant leur coordination. La procédure principale est nommée comme telle car les procédures qui pourraient, le cas échéant, être ouvertes par les juridictions d'autres États membres du fait de la présence d'un établissement du débiteur dans leur ressort, lui seront subordonnées. La procédure principale est ouverte sur le territoire de l'État membre sur lequel le débiteur a ses centres d'intérêts principaux, lesquels sont présumés être, pour les sociétés et personnes morales, au siège statutaire (art. 3). Il s'agit d'une présomption simple, justifiée par des raisons d'ordre matériel, parmi lesquelles la protection des créanciers, des salariés et des actionnaires minoritaires (J. Basedow, « Spécificité et coordination du droit international privé communautaire », *Trav. Com. franç. DIP* 2002-2004, p. 275, spéc. p. 279). Il a néanmoins auparavant été observé que les États membres ne retenaient pas une conception uniforme du siège social (v. ss 208). Aussi, la référence au siège statutaire énoncée à l'article 3 du règlement doit s'entendre de façon souple, laissant aux États membres la faculté de retenir le système qu'ils ont pour habitude de manier, qu'il s'agisse de celui de l'incorporation, comme au Royaume-Uni, ou de celui du siège statutaire et du siège réel, comme en France. Cette présomption ne peut être étendue aux personnes physiques (Com. 15 févr. 2011, n° 10-13.832). L'on doit admettre que la présomption simple énoncée à l'article 3 du règlement est susceptible de nuire à l'application

harmonisée de ses dispositions. Dans un arrêt qui demeure l'un des plus importants en matière d'application du règlement du 29 mai 2000, l'arrêt *Eurofood*, la Cour de justice a apporté d'utiles précisions sur ce point. Elle explique en effet que la présomption ne peut être écartée que dans des conditions strictes, s'il existe « des éléments objectifs et vérifiables par les tiers permettant d'établir l'existence d'une situation réelle différente de celle que la localisation audit siège statutaire est censée refléter ». Il en serait ainsi, poursuit la Cour, d'une société « boîte aux lettres » qui n'exercerait aucune activité sur le territoire de l'État membre où est situé son siège social (CJCE 2 mai 2006, *Eurofood*, aff. C-41/04, *Rec. CJCE* 3813). La présomption de la localisation du centre des intérêts principaux du débiteur personne morale au siège statutaire ne saurait ainsi être renversée en toute circonstance, le critère du siège statutaire étant de toute évidence envisagé par la Cour comme un instrument de sécurité juridique apte, en particulier, à garantir la prévisibilité des solutions pour les tiers. Néanmoins, dans le contexte d'une dissociation du siège statutaire et du siège réel d'une société (v. ss 208 s., en particulier l'arrêt *Cartesio*, préc.), le jeu de la présomption en faveur du siège statutaire doit en principe pouvoir être écarté, pour se tourner vers le siège réel, la procédure d'insolvabilité devant être ouverte sur le territoire du lieu de l'exercice de l'activité économique où se trouvent les biens susceptibles d'être compris dans la procédure, les salariés et les créanciers (F. Jault-Seseke et D. Robine, « L'interprétation du règlement (CE) n° 1346/2000 relatif aux procédures d'insolvabilité, la fin des incertitudes ? », *Rev. crit. DIP* 2006. 811).

La localisation des biens du débiteur sur le territoire de plusieurs États membres étant une condition d'applicabilité du règlement, deux hypothèses sont susceptibles de se présenter : dans la première hypothèse, la procédure a un effet universel et comprend l'ensemble des biens du débiteur. Dans la seconde hypothèse, les biens situés sur le territoire d'un autre État membre permettent de localiser dans cet État un établissement ; et une procédure secondaire peut alors être ouverte. La procédure est alors dite « secondaire » car elle s'ouvre ultérieurement à la procédure principale à laquelle elle sera subordonnée. La procédure secondaire, qui vise notamment à assurer la protection des intérêts locaux, mais qui peut également poursuivre d'autres objectifs (considérant 19 du règlement) est par ailleurs, d'après la lettre du règlement actuel, nécessairement liquidative (art. 3 § 2) et ses effets sont limités aux biens du débiteur se trouvant sur le territoire où se situe l'établissement (art. 3 § 2). Récemment cependant, la Cour de justice a expliqué qu'en disposant que l'ouverture d'une procédure principale d'insolvabilité dans un État membre permet d'ouvrir une procédure secondaire dans un autre État membre sur le territoire duquel le débiteur possède un établissement, l'article 27 du règlement n'établit aucune distinction en fonction de la finalité de la procédure principale. Aussi, une procédure secondaire peut être ouverte y compris lorsque la procédure principale poursuit une finalité préventive ou protectrice, pouvant dès lors imposer des issues autres que liquidatives (CJUE 22 nov. 2012, *Bank Handlowy c. Christianopol*, aff. C-16/11, nep). 544

On observe que la proposition de règlement de 2012 s'inspire notamment de cette dernière jurisprudence pour organiser un nouvel équilibre entre procédures principale et secondaire : à l'avenir, la procédure secondaire pourra non seulement être liquidative, mais également revêtir toute nature afin de favoriser une harmonisation avec la procédure principale et permettre un meilleur redressement de l'activité du débiteur. La proposition ajoute une obligation pour le tribunal saisi en vue de 545 l'ouverture d'une procédure secondaire, de choisir la procédure la plus appropriée pour assurer la protection des intérêts locaux. La juridiction ouvrant la procédure secondaire n'est pas tenue d'examiner de nouveau la situation d'insolvabilité du débiteur (art. 27 du règlement actuel). Il ressort par ailleurs de l'arrêt *Bank Handlowy* que la procédure secondaire n'est envisageable que pour autant que la procédure principale n'est pas clôturée. Enfin, tandis que le règlement n° 1346/2000 contient des règles impératives de coordination, permettant à la procédure liquidative secondaire d'intervenir au soutien de la procédure principale pour servir « l'intérêt d'une administration efficace du patrimoine », la Cour a observé qu' « en vertu du principe de coopération loyale inscrit à l'article 4, paragraphe 3, UE, il incombe à la juridiction compétente pour ouvrir une procédure secondaire (...) de prendre en considération les objectifs de la procédure principale et de tenir compte de l'économie du règlement, lequel vise (...) à assurer un fonctionnement efficace et effectif des procédures d'insolvabilité transfrontalières par une coordination impérative des procédures principale et secondaire garantissant la primauté de la procédure principale ». Ce faisant, la Cour introduit une obligation de coopération des autorités étatiques, qui peut notamment se traduire par la stipulation de conventions de gestion parallèle ou conjointe des procédures (v. L. d'Avout, « Règlement insolvabilité, procédure de sauvegarde et coopération loyale entre États membres », *JCP* E 2013. 1050 et *JCP* G 2013. 62).

■ **546** L'établissement est défini par le règlement comme « tout lieu d'opérations où le débiteur exerce de façon non transitoire une activité économique avec des moyens humains et des biens » (art. 2 h). L'établissement ne doit pas être confondu avec une filiale, personne autonome. Il résulte de l'article 3 § 4 du règlement qu'une procédure territoriale autonome peut être ouverte dans deux situations. Elle peut tout d'abord être demandée lorsqu'une procédure d'insolvabilité ne peut être ouverte dans le cadre d'une procédure principale « en raison des conditions établies par la loi de l'État membre sur le territoire duquel est situé le centre des intérêts principaux du débiteur » (art. 3 § 4 a). Une procédure territoriale peut ensuite être mise en œuvre – et, en pratique, cette situation se présentera plus souvent que la précédente – si l'ouverture de cette procédure est demandée par un créancier dont le domicile, la résidence habituelle ou le siège se trouve dans l'État membre sur le territoire duquel est situé l'établissement concerné, ou dont la créance a son origine dans l'exploitation de cet établissement » (art. 3 § 4 b). La Cour de cassation a validé l'ouverture d'une procédure territoriale en France sur ce fondement, pour l'établissement d'une société dont le siège social était situé en Belgique et qui ne faisait pas l'objet d'une procédure principale préalable (Com. 18 mars 2008, n° 06-20.749). L'objectif est ici de protéger les créanciers locaux pour lesquels il peut être plus facile de demander l'ouverture d'une procédure territoriale : en cas de défaillance du débiteur, ils pourront en effet saisir localement la juridiction sur le territoire de laquelle se situe un établissement (D. Bureau, « La fin d'un ilôt de résistance », *Rev. crit. DIP* 2002. 612).

■ **547** On observe que l'article 3 du règlement limite fortement le risque de *forum shopping*[Q]. En particulier, aucune option n'est laissée au demandeur qui souhaite ouvrir une procédure d'insolvabilité principale, la portée territoriale de la procédure secondaire effaçant tout intérêt stratégique à cet endroit. On observe par ailleurs qu'un même débiteur peut faire l'objet de plusieurs procédures d'insolvabilité dans différents États membres. Il sera alors soumis à l'application de plusieurs *lex concursus* (v. ss 556).

S'il a été observé que la procédure principale est celle ouverte au centre des intérêts principaux du débiteur, cette notion soulève des difficultés, nous conduisant à la présenter plus avant.

B. La notion de « centre des intérêts principaux »

Cette notion est la clef de voûte du système du règlement. Si ce dernier propose quelques pistes pour l'interpréter, mais uniquement dans ses considérants, il est surtout revenu à la jurisprudence d'en préciser les contours. Une *interprétation autonome*[Q] de la notion de « centre des intérêts principaux » a été retenue, sans laquelle toute juridiction d'un État membre pourrait, en retenant sa propre définition, ouvrir une procédure principale d'insolvabilité, mettant dès lors à mal le travail de coordination opéré par le règlement. L'impulsion est venue de la Cour de justice, qui a expliqué dans son arrêt *Eurofood* (préc.) que « la notion de centre des intérêts principaux est propre au règlement. Partant, elle revêt une signification autonome et doit donc être interprétée de manière uniforme et indépendante des législations nationales ». 548

Le texte du règlement retient une conception délibérément large de la notion de « centre des intérêts principaux ». Le considérant 13 explique en effet que « le centre des intérêts principaux devrait correspondre au lieu où le débiteur gère habituellement ses intérêts et qui est donc vérifiable par les tiers ». Deux objectifs majeurs transparaissent à travers cette disposition. D'une part, grâce à sa définition large, la notion de centre des intérêts principaux peut s'adapter aussi bien aux personnes physiques qu'aux personnes morales et, pour les premières, qu'il s'agisse de professionnels ou non. D'autre part, l'approche retenue de la notion de centre des intérêts principaux tend à satisfaire l'objectif de sécurité juridique, entendu, principalement, comme instrument de prévisibilité des solutions. Le centre des intérêts principaux doit correspondre au lieu où le débiteur est implanté de manière habituelle, lieu relativement stable à partir duquel il réalise essentiellement ses activités. Tel qu'appréhendé par le règlement, le centre des intérêts principaux devrait ainsi être facilement vérifiable par les tiers qui vont traiter avec le débiteur. Ces derniers devraient en ce sens pouvoir anticiper le traitement de la situation juridique, l'identification de la juridiction compétente entraînant *ipso facto* désignation du droit compétent et le règlement faisant le choix exclusif de la *lex fori concursus*, c'est-à-dire, de la loi de la faillite de l'État membre qui a ouvert la procédure d'insolvabilité (v. ss 556). 549

Si le règlement n° 1346/2000 prévoit une présomption relative à la localisation du centre des intérêts principaux du débiteur personne morale (v. ss 543), une importante difficulté d'application du règlement résulte de la présence d'un *groupe de sociétés*[Q]. Cette réalité économique, bien qu'elle se rencontre fréquemment en pratique, n'est pas expressément prévue par le règlement. Différentes solutions sont envisageables, qui ont conduit à une interprétation diversifiée des dispositions du règlement, sur ce point, par les juridictions des États membres. En France, certaines juridictions confrontées à l'ouverture d'une procédure d'insolvabilité touchant un groupe de sociétés ont ouvert une procédure concernant les filiales devant la 550 juridiction de l'État membre de situation du siège social de la société mère. Ce faisant, les juges se sont ainsi détournés de la présomption en faveur du siège statutaire, principalement aux motifs que les intérêts de la filiale sont gérés habituellement par la société mère au lieu de son siège social (CA Versailles 4 sept. 2003, *Daisytek* et T. com. Nanterre 19 mai 2005, *Rover*). Par la suite, les juges français se sont prononcés sur l'ouverture d'une procédure en France, concernant une société dont le siège social était en France mais dont la société filiale était située dans un autre État membre. Les juges français se sont alors déclarés compétents en se fondant sur un faisceau d'indices concordants et vérifiables par les tiers, révélant une direction et une gestion habituelle depuis la France, la politique commerciale et la stratégie de la filiale étant notamment situées en France (T. com. Nanterre 15 févr. 2006, *Emtec* ; v. encore T. com. Paris 2 août 2006, *Eurotunnel* et T. com. Beaune 24 oct. 2008, *Belvédère*).

■ 551 Il a fallu attendre l'arrêt *Eurofood* (préc.) pour que la Cour de justice propose des solutions. Une procédure principale avait en l'espèce été ouverte en Irlande, contre une filiale du groupe Parmalat, la société Eurofood Ltd, alors qu'une juridiction italienne avait fait de même, considérant que le centre des intérêts principaux de la société Eurofood se situait au lieu du siège social de la société mère, en Italie. Saisie à titre préjudiciel (v. ss 591 s.), la Cour de justice affirme, conformément au règlement, que le centre des intérêts principaux d'une société se situe au lieu du siège statutaire et que ce critère doit également être retenu en présence d'un groupe de sociétés. Et de préciser : « lorsqu'une société exerce son activité sur le territoire de l'État membre où est situé son siège social, le simple fait que ses choix économiques soient ou puissent être contrôlés par une société mère établie dans un autre État membre ne suffit pas pour écarter la présomption prévue par le réglement ». Des considérations de sécurité juridique guident la Cour : « le centre des intérêts principaux doit être identifié en fonction de critères à la fois objectifs et vérifiables par les tiers. Cette objectivité et cette possibilité de vérification par les tiers sont nécessaires afin de garantir la sécurité juridique et la prévisibilité concernant la détermination de la juridiction compétente pour ouvrir une procédure d'insolvabilité principale. Cette sécurité juridique et cette prévisibilité revêtent une importance d'autant plus grande que la détermination de la juridiction compétente entraîne, conformément à l'article 4, paragraphe 1, du règlement, celle de la loi applicable ». Or, de simples liens de contrôle ou de centralisation de la prise de décision ne sont pas nécessairement connus des tiers traitant avec une filiale établie sur un État membre distinct de celui où est établie la société mère. La solution retenue par la Cour conduit à limiter les ouvertures de procédures au lieu du siège statutaire de la société mère pour les filiales exerçant une activité dans un État membre où elles ont leur propre siège statutaire. Les juridictions doivent ainsi ouvrir une procédure principale au lieu de la filiale, cette dernière étant juridiquement une entité autonome, et non un établissement au sens du règlement.

■ 552 La Cour de justice a apporté des précisions supplémentaires suite à l'arrêt *Eurofood*. Dans un arrêt *Interedil*, elle a en effet expliqué que le renversement de la présomption énoncée à l'article 3 du règlement est possible lorsque, du point de vue des tiers, le lieu de l'administration centrale d'une société ne se trouve pas au siège statutaire (CJUE 20 oct. 2011, aff. C-96/09, nep). Elle ajoute ultérieurement que « la seule constatation de la confusion des patrimoines des sociétés ne suffit pas à démontrer que le centre des intérêts principaux de la société visée» par l'extension de la procédure se trouve dans l'État d'ouverture de la procédure initiale (CJUE 15 déc. 2011, *Rastelli*, aff. C-91/10, nep). Aussi, pour établir la compétence du juge français en application de l'article 3 § 1er du règlement, il importe de s'assurer que le centre des intérêts principaux, c'est-à-dire le centre effectif de direction et de contrôle de la société étrangère visée par l'extension de procédure, se situe sur le territoire français. Cette opération suppose de renverser la présomption selon laquelle ce centre se trouve au lieu du siège statutaire. Le seul constat d'une confusion des patrimoines étant insuffisant, la localisation doit se fonder sur «une appréciation globale de l'ensemble des éléments pertinents», de manière «vérifiable par les tiers» (Com. 10 mai 2012, n° 09-12.642).

La proposition de la Commission de décembre 2012 codifie ces avancées jurisprudentielles. Tandis que le considérant 13 du règlement actuel est intégré dans le corps de la proposition, une nouvelle définition du centre des intérêts principaux est envisagée, qui prévoit deux conditions cumulatives : «le centre des intérêts principaux correspond au lieu où le débiteur gère habituellement ses intérêts et qui est vérifiable par les tiers» (art. 3 § 1er). On observe encore que la proposition de règlement consacre la méthode du faisceau d'indices inaugurée dans l'affaire *EMTEC* (préc.). La proposition confirme par ailleurs la possibilité de regrouper les procédures principales d'un groupe de sociétés très intégré, mais à la condition que le centre des intérêts principaux de chaque entité se trouve dans le même État membre. Il demeure ainsi possible de solliciter l'ouverture d'une procédure principale pour l'ensemble des composantes d'un groupe de sociétés par une même juridiction afin de favoriser la mise en place d'un plan de sauvegarde (v. affaire *Eurotunnel* préc.) ou la vente coordonnée des actifs (v. affaire *EMTEC*).

Une autre difficulté est par ailleurs apparue en cas de déplacement des centres d'intérêts principaux du débiteur. L'hypothèse ici envisagée est celle dans laquelle un débiteur demande l'ouverture d'une procédure relevant du règlement n° 1346/2000 et transfère par la suite le centre de ses intérêts principaux dans un État membre autre que celui de la juridiction initialement saisie et avant que celle-ci n'ait statué. Dans une semblable situation, faut-il retenir la compétence de la juridiction qui a été saisie avant le changement de localisation du centre des intérêts principaux du débiteur, ou bien celle du nouvel établissement du débiteur ? La Cour de justice a apporté une réponse dans un arrêt *Staubitz-Schreiber* (CJCE 17 janv. 2006, aff. C-/04, *Rec. CJCE* 701). En l'espèce, une ressortissante allemande avait saisi une juridiction allemande afin de demander l'ouverture d'une procédure d'insolvabilité en Allemagne, avant de partir pour l'Espagne. Prenant acte du déplacement du centre des intérêts principaux en Espagne, la juridiction allemande avait refusé d'ouvrir une procédure qui aurait été régie par la loi allemande. Saisie à titre préjudiciel dans le cadre de cette affaire, la Cour de justice a dû déterminer si le transfert, par un débiteur qui a saisi une juridiction pour obtenir l'ouverture d'une procédure d'insolvabilité, du centre de ses intérêts principaux dans un autre État membre, entraînait un transfert de compétence. Le règlement n° 1346/2000 n'abordant pas cette question, la Cour de justice s'est fondée sur une interprétation téléologique, c'est-à-dire, s'est appuyée sur les objectifs et la finalité du texte. Elle affirme ainsi qu' «un transfert de compétence de la juridiction initialement saisie vers une juridiction d'un autre État membre sur [l]e fondement [de l'article 3 § 1 du règlement] serait contraire aux objectifs poursuivis» par le texte européen. Ce 553 dernier tend en effet à « éviter que les parties à la procédure ne soient incitées à déplacer des avoirs ou des procédures judiciaires d'un État membre à un autre en vue d'améliorer leur situation juridique. Cet objectif ne serait pas atteint si le débiteur pouvait déplacer le centre de ses intérêts principaux dans un autre État membre entre la présentation de la demande d'ouverture et l'intervention de la décision d'ouverture de la procédure et déterminer, de cette manière, la juridiction compétente ainsi que le droit applicable. Un tel transfert de compétence serait également contraire à l'objectif, rappelé aux deuxième et huitième considérants du règlement, d'un fonctionnement efficace, amélioré et accéléré des procédures transfrontalières, en ce qu'il obligerait les créanciers à poursuivre continuellement le débiteur là où il jugerait bon de s'établir de manière plus ou moins définitive et risquerait de se traduire souvent, en pratique, par un allongement de la procédure (...) le maintien de la compétence de la première juridiction saisie assure une sécurité juridique plus grande aux créanciers qui ont évalué les risques à assumer en cas d'insolvabilité du débiteur au regard de la localisation du centre des intérêts principaux de celui-ci au moment où ils nouaient des relations juridiques avec lui ». Cette solution satisfait le principe de sécurité juridique en ce qu'elle garantit la prévisibilité des solutions pour les tiers. Elle invite par ailleurs le débiteur à fortement réfléchir avant de demander l'ouverture d'une procédure, dès lors que sa demande fixera définitivement la compétence juridictionnelle et, en conséquence, la loi applicable.

■ 554 S'agissant des débiteurs personnes physiques, contrairement à ce qui est prévu pour les sociétés, le règlement ne fournit aucune indication permettant d'identifier le centre de leurs intérêts principaux. Il est alors possible de se référer aux éléments figurant au considérant 13 du règlement, mais également au rapport Virgós-Schmit sur la convention européenne relative aux procédures d'insolvabilité (M. Virgós et E. Schmit, *Rapport sur la convention relative aux procédures d'insolvabilité*, Document du Conseil 6500/96), laquelle a largement inspiré les rédacteurs du règlement, en particulier s'agissant de la notion de centre des intérêts principaux. Ce document explique que le centre des intérêts principaux peut être, pour les personnes physiques exerçant une activité professionnelle, le lieu du domicile professionnel et, s'agissant des autres personnes physiques, le lieu de leur résidence habituelle. Surtout, il semble nécessaire, pour déterminer la localisation du centre des intérêts principaux du débiteur personne physique, de raisonner à partir des éléments de stabilité et de prévisibilité pour les tiers. En droit français, le plus souvent, l'on se référera ainsi au « centre effectif de direction des affaires » du débiteur, c'est-à-dire, au domicile professionnel (Civ. 2e, 9 oct. 2008, n° 07-18.804 ; v. également la circulaire de la Direction des affaires civiles et du Sceau n° 2006-19 du 15 décembre 2006 relative au règlement n° 1346/2000 du 29 mai 2000 relatif aux procédures d'insolvabilité, spéc. section 1.2.1). Les juridictions françaises tentent ainsi d'identifier le centre des intérêts principaux du débiteur personne physique indépendamment des éléments d'interprétation retenus pour les personnes morales. On observe en particulier qu'aucune présomption ne joue pour les personnes physiques, ce que la Cour de cassation a parfois l'occasion de rappeler : « l'article 3.1 du règlement CE n° 1346/2000 relatif aux procédures d'insolvabilité (...) ne présume pas que le centre des intérêts principaux du débiteur personne physique est situé à son domicile ou à sa résidence » (Com. 15 févr. 2011, n° 10-13.832). La proposition de règlement de 2012 clarifie la situation du centre des intérêts principaux du débiteur personne physique, en expliquant que « pour une personne physique exerçant une activité d'indépendant ou une profession libérale, le centre des intérêts principaux correspond à son lieu d'exploitation principale ; pour toute autre personne physique, le centre des intérêts principaux correspond à son lieu de résidence habituelle ».

Enfin, force est d'observer que la proposition de règlement de 2012 renforce d'une façon générale la sécurité juridique, notamment en édictant une obligation pour toute juridiction saisie de la demande d'ouverture d'une procédure principale ou secondaire de justifier de sa compétence en examinant d'office si le centre des intérêts principaux ou l'établissement du débiteur est réellement situé sur le territoire de l'État membre de son ressort (art. 3 *ter* 1). Cette obligation est complétée par le considérant 12 *bis* aux termes duquel « lorsque les circonstances de l'espèce suscitent des doutes sur la compétence de la juridiction, la juridiction devrait exiger du débiteur un supplément de preuves à l'appui de ses allégations et, le cas échéant, donner aux créanciers du débiteur l'occasion de présenter leur point de vue sur la question de la compétence » 555

Les principales règles relatives à la compétence juridictionnelle envisagées, il est nécessaire d'identifier quel droit le juge saisi doit appliquer.

§ 2 Le choix de la *lex fori concursus*

Les développements seront ici plus brefs, le règlement retenant un système unique : la loi applicable à la procédure d'insolvabilité est la loi de l'État membre sur le territoire duquel la procédure est ouverte, qu'il s'agisse de la procédure principale ou de la procédure secondaire (art. 4 et 28). La solution retenue correspond à celle majoritairement adoptée en droit comparé. En France, le juge national retenait déjà cette solution avant l'adoption du règlement, celle-ci présentant l'avantage de conduire le juge saisi à appliquer sa propre loi, la *lex concursus*, c'est-à-dire la loi de la faillite du juge saisi pour ouvrir la procédure d'insolvabilité (v. notamment Civ. 19 déc. 1995). On constate ainsi qu'il y a en principe interdépendance entre la résolution du *conflit de juridictions*[Q] et celle du conflit de lois. Cette solution s'explique, selon certains auteurs, par le fait que la loi du for doit s'imposer en tant que loi de police (D. Bureau, note sous Com. 8 janv. 2002, *Rev. crit. DIP* 2002, p. 328), pour d'autres, par le fait qu'elle intervient en tant que loi d'ordre public (CA Paris 31 oct. 1957, *Rev. crit. DIP* 1958, p. 345, obs. Y. L.), ou, enfin, en raison de l'interdépendance des questions de procédure et de fond, qui conduit à exclure l'application d'une loi distincte de celle du tribunal saisi (F. Mélin, *Le règlement communautaire du 29 mai 2000 relatif aux procédures d'insolvabilité*, Bruxelles, Bruylant, 2008). D'autres auteurs proposent cependant une solution nouvelle, qui consiste à étendre aux conflits de lois en matière de faillite la loi d'autonomie : en d'autres termes, le droit compétent devrait être celui choisi par les parties pour gouverner la relation litigieuse (v. notamment E. Fabries-Lecea, *Le règlement « insolvabilité ». Apport à la construction de l'ordre juridique de l'Union européenne*, Bruylant 2012, coll. « Droit de l'Union européenne », spéc. p. 73 et s.). 556

La compétence générale de la *lex fori concursus* s'applique à tous les types de procédure, à savoir, aussi bien les procédures d'insolvabilité principales que les procédures d'insolvabilité secondaires. Elle détermine les conditions d'ouverture, de déroulement et de clôture de la procédure. Nécessairement, la *lex fori concursus* 557 est tributaire du contenu des législations nationales. Le règlement précise ainsi, au moyen d'une liste non exhaustive, les questions spécifiquement régies par la loi de la faillite. Il résulte de l'article 4 § 2 que la loi du for détermine « notamment » : les débiteurs susceptibles de faire l'objet d'une procédure d'insolvabilité, les biens qui font l'objet du dessaisissement et le sort des biens acquis par le débiteur après l'ouverture de la procédure d'insolvabilité, les pouvoirs respectifs du débiteur et du syndic ou, encore, les effets de la procédure d'insolvabilité sur les contrats en cours.

Afin que la procédure d'insolvabilité puisse déployer dans l'ensemble des États membres les effets admis par la loi de l'État membre d'ouverture de la faillite, le règlement consacre le principe de la reconnaissance mutuelle des décisions prises par les juridictions des États membres.

§ 3 La reconnaissance mutuelle des décisions d'insolvabilité

558 Il s'agit d'une reconnaissance de principe (A) qui ne peut être remise en question que par l'exception d'*ordre public* (B).

A. Reconnaissance et exécution des décisions

559 Le règlement organise la *reconnaissance des décisions* d'ouverture des procédures d'insolvabilité, ainsi que celle des autres décisions que les juridictions des États membres peuvent prendre au cours de la procédure d'insolvabilité (art. 16, 17 et 25 du règlement).

Les décisions d'ouverture d'une procédure principale et d'une procédure secondaire sont soumises aux mêmes conditions de reconnaissance. La décision d'ouverture rendue par une juridiction d'un État membre sera donc reconnue de plein droit dans les autres États membres de l'Union européenne. Est ainsi évité le contrôle réalisé lors de la *procédure d'exequatur*. En précisant que « toute décision ouvrant une procédure d'insolvabilité prise par une juridiction d'un État membre compétente en vertu de l'article 3 est reconnue dans tous les autres États membres, dès qu'elle produit ses effets dans l'État d'ouverture », l'article 16 du règlement exprime l'automaticité de la reconnaissance des décisions d'ouverture : il suffit que cette décision produise ses effets dans l'État d'ouverture pour être reconnue dans les autres États membres (v. notamment Soc. 14 oct. 2009). L'article 17 du règlement ajoute que la reconnaissance doit intervenir sans qu'aucune formalité ne soit nécessaire : en particulier, les publicités et inscriptions prévues aux articles 21 et 22 du règlement ne peuvent empêcher la reconnaissance, dans les autres États membres, de la décision d'ouverture, si elles ne sont pas accomplies.

560 Contrairement aux conditions de la reconnaissance, les effets de la reconnaissance diffèrent en revanche selon que l'on envisage la reconnaissance d'une décision d'ouverture d'une procédure principale ou d'une procédure secondaire. Dans le premier cas et en raison du caractère universel de la procédure principale, la décision d'ouverture va, du fait de sa reconnaissance, produire des effets sur l'ensemble des biens du débiteur, peu important leur localisation dans l'espace européen. L'effet universel de la procédure principale a été illustré dans un arrêt *MG Probud Gdynia*, rendu par le juge de l'Union le 21 janvier 2010 (aff. C-44/07, *Rec. CJCE* 417). Une

société polonaise avait en l'espèce été placée sous une procédure d'insolvabilité de l'annexe A du règlement, au lieu de son siège social, en Pologne. Cette même société exerçait une activité en Allemagne. Dès le lendemain de l'ouverture de la procédure d'insolvabilité, des mesures d'exécution avaient été réalisées sur les avoirs de la société en Allemagne. Dans le cadre d'un recours en interprétation portant sur plusieurs dispositions du règlement, la Cour de justice rappelle le caractère universel de la procédure principale, sous réserve qu'une procédure secondaire ne soit pas ouverte, le droit applicable à la procédure principale devant être respecté par l'ensemble des États membres sur le territoire desquels des biens du débiteur sont situés. Elle affirme ainsi qu'il résulte des articles 3, 4, 16, 17 et 25 du règlement que « dans une affaire telle que celle au principal, postérieurement à l'ouverture d'une procédure principale d'insolvabilité dans un État membre, les autorités compétentes d'un autre État membre, dans lequel aucune procédure secondaire d'insolvabilité n'a été ouverte, sont tenues, sous réserve des motifs de refus tirés des articles 25, paragraphe 3, et 26 de ce règlement, de reconnaître et d'exécuter toutes les décisions relatives à cette procédure principale d'insolvabilité et, partant, ne sont pas en droit d'ordonner, en application de la législation de cet autre État membre, des mesures d'exécution portant sur les biens du débiteur déclaré insolvable situés sur le territoire dudit autre État membre, lorsque la législation de l'État d'ouverture ne le permet pas et que les conditions auxquelles est soumise l'application des articles 5 et 10 dudit règlement ne sont pas remplies ». S'agissant des effets de la reconnaissance des décisions d'ouverture de la procédure secondaire, l'article 17 § 2 explique que les effets de cette procédure « ne peuvent être contestés dans les autres États membres ». C'est ici insister sur le caractère territorial de la procédure secondaire, ce qui justifie que le règlement limite les effets de la reconnaissance de la procédure secondaire sur les droits que les créanciers peuvent exercer sur des biens localisés dans un autre État membre. Le règlement complète : « toute limitation des droits des créanciers, notamment un sursis des paiements ou une remise de dette » résultant d'une procédure secondaire « ne peut être opposée, quant aux biens situés sur le territoire d'un autre État membre, qu'aux créanciers qui ont exprimé leur accord ».

D'autres décisions doivent enfin être reconnues dans les autres États membres, mais dans des conditions qui sont celles fixées par le règlement n° 44/2001. Ainsi du concordat, des mesures conservatoires, des décisions relatives au déroulement et à la clôture de la procédure (art. 25). Le règlement cite encore « les décisions qui dérivent directement de la procédure d'insolvabilité et qui s'y insèrent étroitement, même si elles sont rendues par une autre juridiction » (art. 25 § 1er). Il est plus difficile de saisir les contours de cette catégorie. Il faut alors se référer à la jurisprudence, qui fournit de précieuses indications sur le champ d'application matériel des différents textes européens. La Cour de justice a ainsi dû se prononcer dans un arrêt du 2 juillet 2009 sur le rattachement au règlement d'une cession de parts sociales annulée qui avait été réalisée par le syndic désigné dans le cadre d'une procédure collective. La Cour observe que la cession ayant eu lieu en vertu des règles propres au droit suédois des procédures collectives et non conformément au droit civil ou en vertu des règles classiques régissant le droit de propriété, la décision dérogatoire rendue devait relever du système organisé par le règlement « insolvabilité » et non de la convention de Bruxelles (CJCE 2 juill. 2009, *SCT Industri*, aff. C-11/08, *Rec. CJCE* 5655). La Cour considère également que l'action révocatoire permettant de demander à un créancier, sous certaines conditions, de restituer les sommes perçues de l'entreprise placée 561 en procédure en vertu du règlement « insolvabilité » est une action qui dérive directement de la procédure d'insolvabilité et s'y insère étroitement. Aussi doit-elle relever de la compétence de la juridiction ayant ouvert la procédure (CJCE 12 févr. 2009, *Deko Marty Belgium*, aff. C-39/07, *Rec. CJCE* 767). La Cour considère en revanche que l'action en revendication relève du règlement n° 44/2001 car elle ne s'insère pas dans la procédure (CJCE 10 sept. 2009, *German Graphics Maschinen GmbH*, aff. C-92/08, *Rec. CJCE* 8421).

562 La proposition de règlement de 2012 intègre ces dernières solutions, notamment la jurisprudence *Deko Marty Belgium*, en énonçant que « les juridictions de l'État membre sur le territoire duquel la procédure d'insolvabilité est ouverte en application de l'article 3 sont compétentes pour connaître de tout recours qui découle directement de la procédure d'insolvabilité et y est étroitement lié » (art. 3 *bis* 1). La proposition ajoute que « sont réputés connexes, aux fins du présent article, les recours qui sont à ce point étroitement liés qu'il y a intérêt à les instruire et à les juger en même temps afin d'éviter que ne soient rendues des décisions inconciliables, issues de procédures séparées » (art. 3 *bis* 3). Les actions se rattachant étroitement à la procédure d'insolvabilité se voient ainsi, dans le cadre de la proposition, exclusivement appliquer les règles de conflit de juridictions édictées par le règlement n° 1346/2000. Les autres actions civiles et commerciales relèvent du règlement n° 44/2001.

La recherche d'une réelle efficacité de la reconnaissance mutuelle a conduit les auteurs du règlement à réduire les motifs de non-reconnaissance des décisions de justice : « la reconnaissance des décisions rendues par les juridictions des États membres devrait reposer sur le principe de confiance mutuelle. À cet égard, les motifs de non-reconnaissance devraient être réduits au minimum nécessaire » (considérant 22). La limite essentielle au principe européen de reconnaissance mutuelle réside dans l'exception d'ordre public.

B. L'exception d'ordre public

563 *L'exception d'ordre public au sens du droit international privé*[Q] est envisagée à l'article 26 du règlement. Aussi les États membres ont-ils la possibilité de refuser de reconnaître ou d'exécuter une décision étrangère lorsque celle-ci est manifestement contraire à son ordre public. L'exception d'ordre public ne peut donc être invoquée que dans des situations exceptionnelles et graves. Cette vision très restrictive de l'ordre public se comprend aisément, dès lors que l'ordre public constitue l'ultime rempart à la libre circulation des décisions dans l'Union européenne. Dans l'arrêt *Eurofood* (préc.), la Cour de justice a ainsi retenu une conception stricte de l'ordre public telle qu'envisagée par le règlement « insolvabilité ». Elle explique alors, notamment, que sa jurisprudence *Krombach* (CJCE 28 mars 2000, *Krombach*, aff. C-/98, *Rec. CJCE* 1935), rendue dans le contexte de la convention de Bruxelles, devenue, depuis, le règlement n° 44/2001, est transposable à l'interprétation de l'article 26 du règlement. Dans son arrêt *Krombach*, la Cour a indiqué que le recours à la clause d'ordre public pour ne pas reconnaître une décision ne pouvait être admis que si la décision rendue heurtait de manière inacceptable l'ordre juridique de l'État requis car elle porterait atteinte à un principe ou à un droit fondamental reconnu dans l'État requis. La Cour de justice, appliquant ainsi sa jurisprudence *Krombach* dans son arrêt *Eurofood*, indique ensuite qu'« en ce qui concerne le domaine de la procédure, (...) la Cour a reconnu expressément le principe général de droit communautaire selon lequel toute personne a droit

à un procès équitable (...). Ce principe s'inspire des droits fondamentaux qui font partie intégrante des principes généraux du droit communautaire dont la Cour assure le respect en s'inspirant des traditions constitutionnelles communes aux États membres ainsi que des indications fournies notamment par la Convention européenne de sauvegarde des droits de l'homme et des libertés fondamentales, signée à Rome le 4 novembre 1950 » (point 65). Aussi peut-elle affirmer « qu'un État membre peut refuser de reconnaître une procédure d'insolvabilité ouverte dans un autre État membre lorsque la décision d'ouverture a été prise en violation manifeste du droit fondamental à être entendue dont dispose une personne concernée par une telle procédure » (point 67).

Compléments pédagogiques

Mémo

Le juge national, juge de droit commun du droit de l'Union, est appelé à appliquer les règles relevant d'un véritable droit international privé du marché intérieur, lequel garantit aux opérateurs économiques la mise en œuvre de règles de conflit uniformes et efficientes au sein de ce marché. Le règlement n° 44/2001 concernant la compétence judiciaire, la reconnaissance et l'exécution des décisions en matière civile et commerciale, *est à cet égard le texte auquel le praticien a le plus recours*. Il reprend, en le renforçant, le système mis en place par la convention de Bruxelles du 27 septembre 1968 qui liait antérieurement les États membres pour créer « un espace judiciaire commun ». Le règlement sera remplacé à partir du 10 janvier 2015 par le règlement n° 1215/2012, dont les dispositions finales n'opèrent pas les bouleversements initialement attendus. Le règlement n° 44/2001 connaît un vaste champ d'application matériel *puisqu'il couvre la matière civile et commerciale à l'exclusion de certaines matières, comme la faillite ou l'état et la capacité des personnes*. Le règlement s'intéresse à la compétence juridictionnelle dans l'ordre international et énonce des règles de compétence hiérarchisées. Leur mise en œuvre suppose de respecter un certain ordre : les règles de compétence exclusive, les règles protectrices d'une partie faible et, de façon combinée, les règles de compétence générale (domicile du défendeur) et spéciale applicables en raison de la matière. Parmi ces dernières, des difficultés particulières peuvent apparaître lorsqu'il s'agit de déterminer le for du cyber-délit. Le règlement s'intéresse également au sort des jugements rendus par les juridictions des États membres : dans une optique de libre circulation des jugements et dans un esprit de confiance systématique entre les États membres, le règlement réduit au plus simple les formalités de reconnaissance et d'exécution des décisions dans les États membres en vue d'organiser leur reconnaissance mutuelle. D'autres procédés s'inscrivent dans le prolongement de ce principe de reconnaissance mutuelle et expriment la volonté de la Commission dans le domaine de la libre circulation des décisions de justice en matière civile et commerciale, à savoir, supprimer l'étape de l'exequatur. *Trois textes organisent ainsi des procédures simplifiées de recouvrement des créances : le règlement n° 805/2004 portant création d'un titre exécutoire européen pour les créances incontestées, le règlement n° 1896/2006 instituant une procédure européenne d'injonction de payer et le règlement n° 861/2007 du 11 juillet 2007 instituant une procédure européenne de règlement des petits litiges.* Enfin, *le règlement n° 1346/2000 du 29 mai 2000 relatif aux procédures d'insolvabilité harmonise les règles de compétence en matière de faillite internationale, institue une articulation entre procédure principale à effet extraterritorial* – cette procédure étant ouverte sur le territoire de l'État membre sur lequel le débiteur a ses centres d'intérêts principaux – *et procédure secondaire à effet territorial*, tout en établissant des règles assurant leur coordination. La loi applicable à la procédure d'insolvabilité est la *lex consursus*, c'est-à-dire la loi de l'État membre sur le territoire duquel la procédure est ouverte, qu'il s'agisse de la procédure principale ou de la procédure secondaire. Le règlement instaure également un système de reconnaissance mutuelle des décisions en Europe dont la limite essentielle réside dans l'exception d'ordre public.

Quid

■ Clause attributive de juridiction **n° 488, 494**

Clause par laquelle les parties s'entendent pour soumettre leur litige international à la compétence d'une juridiction qui déroge à celle normalement prévue par les règles de compétence internationale.

■ Connexité **n° 524**

Il y a connexité internationale lorsque deux demandes en justice ont été introduites devant des juridictions dépendant d'États différents, mais que ces demandes sont si étroitement liées qu'il y a intérêt à les juger ensemble pour éviter des solutions qui pourraient être inconciliables.

■ Exception d'ordre public international **n° 563**

Correctif exceptionnel au jeu de la règle de conflit qui permet d'évincer le droit étranger normalement applicable, lorsque son application conduirait à un résultat inconciliable avec les principes constitutifs de l'ordre public international du juge saisi.

■ Exequatur **n° 528**

Force exécutoire octroyée par un juge national, par laquelle il autorise l'exécution sur son territoire d'une décision judiciaire, d'une sentence arbitrale ou d'un acte étranger.

■ Focalisation (théorie de la) **n° 514 s.**

Théorie empruntée à la jurisprudence américaine, selon laquelle la seule accessibilité locale des informations figurant sur Internet est insuffisante pour localiser la situation litigieuse. Cette localisation devant être prévisible pour le défendeur, la focalisation permet d'observer si l'activité de ce dernier était sciemment dirigée vers un État en particulier.

■ *Forum non conveniens* **n° 473**

Mécanisme issu du droit anglais dont il résulte qu'une juridiction initialement saisie par application des règles de compétence directe peut décliner sa compétence si une juridiction située dans un autre État apparaît objectivement plus appropriée pour connaître du litige.

■ *Forum shopping* **n° 508, 547**

Fait, pour un plaideur, de tirer profit de la diversité des tribunaux compétents pour connaître de son action pour porter celle-ci devant la juridiction la plus favorable à ses intérêts.

■ Groupe de sociétés n° 550 s.

Ensemble de sociétés ayant chacune une existence juridique propre, mais formant une même unité économique en raison des liens financiers étroits qui les unient. Souvent, cet ensemble est composé d'une société mère et de ses filiales.

■ Injonction de payer européenne n° 535 s.

Décision de justice qui bénéficie d'une force exécutoire immédiate dans les États membres de l'Union dès lors qu'elle a été certifiée par le juge de l'État d'origine, et qui oblige le débiteur d'une créance incontestée à en payer le montant.

■ Interprétation autonome n° 492, 522, 548

Interprétation d'un texte international se faisant sur la base d'éléments propres à ce texte et non par référence à un quelconque droit national, seule une interprétation commune permettant une application uniforme de ce texte.

■ Litispendance n° 524

La litispendance internationale correspond à la situation dans laquelle un même litige, présentant une identité de parties, d'objet et de cause, est pendant devant deux juridictions dépendant d'États différents, tout en étant toutes deux compétentes.

■ Ordre public international n° 558

Ensemble de principes considérés comme fondamentaux, et, en conséquence, absolument indérogeables, à un moment donné dans un pays donné.

■ Procédure d'exequatur n° 559

Procédure au terme de laquelle le juge national octroie force exécutoire à une décision judiciaire, une sentence arbitrale ou un acte étranger.

■ Prorogation de compétence n° 472, 477

Fait, pour les parties à un litige international, de présenter volontairement ce litige devant une juridiction distincte de celle normalement compétente en vertu des règles de compétence juridictionnelle internationale.

■ Reconnaissance des décisions (méthode de la) n° 471, 559

Méthode consistant à faire produire effet, sous certaines conditions, à des décisions, dans un ordre étatique distinct de celui de leur création.

■ Règles de compétence exclusive n° 476 s.

Règles de compétence ne permettant aucune dérogation.

■ Règle de conflit de juridictions n° 475, 556

Règle de droit tendant à déterminer l'autorité administrative ou judiciaire compétente pour statuer sur un litige international ou déterminer les effets d'une décision prise à l'étranger.

■ Titre exécutoire européen n° 530 s.

Certificat permettant aux décisions, transactions judiciaires et actes authentiques portant sur des créances incontestées d'être reconnus et exécutés automatiquement dans un autre État membre, sans procédure intermédiaire.

Biblio

– L. d'Avout, « Règlement insolvabilité, procédure de sauvegarde et coopération loyale entre États membres », *JCP* E 2013. 1050 et *JCP* G 2013. 62.

– J.-S. Bergé, « Le droit du marché intérieur sous la tension du droit international privé », *RLDA* mai 2012, p. 63.

– D. Bureau, « La fin d'un ilôt de résistance », *Rev. crit. DIP* 2002, p. 612.

– Y. Chaput, « Centre des intérêts principaux et catégories juridiques de l'insolvabilité des entreprises », *RLDA* juin 2006, 26.

– R. Dammann, « Droit européen des procédures d'insolvabilité : problématique des conflits de juridictions et de forum shopping », *D.* 2005. 1779.

– M. Douchy-Oudot, « La force exécutoire à dimension européenne », *Procédures* août 2008, n° 8, dossier 4.

– E. Fabries-Lecea, *Le règlement « insolvabilité ». Apport à la construction de l'ordre juridique de l'Union européenne*, Bruylant, coll. « Droit de l'Union européenne », 2012.

– F. Ferrand, « Le nouveau titre exécutoire européen (Règlement CE n° 805/2004 du 21 avril 2004 portant création d'un titre exécutoire européen pour les créances incontestées », *Dr. et patr.* oct. 2004, p. 70.

– P. Ganagé, « Regards sur les compétences judiciaires exclusives », in *Vers de nouveaux équilibres entre ordres juridiques, Mélanges H. Gaudemet-Tallon*, Dalloz, 2008, p. 283.

– G.-C. Giorgini, *Méthodes conflictuelles et règles matérielles dans l'application des nouveaux instruments de règlement de la faillite internationales*, Dalloz, coll. « Nouvelle bibliothèque des thèses », 2006.

– F. Jault-Seseke et D. Robine, « L'interprétation du règlement (CE) n° 1346/2000 relatif aux procédures d'insolvabilité, la fin des incertitudes ? », *Rev. crit. DIP* 2006, p. 811.

– F. Jault-Seseke, J. Lelieur, Ch. Pigache (dir.), *L'espace judiciaire européen civil et pénal*, Dalloz, coll. « Thèmes et commentaires », 2009, p. 45.

– F. Mélin, *Le règlement communautaire du 29 mai 2000 relatif aux procédures d'insolvabilité*, Bruxelles, Bruylant, 2008.

– M. Menjucq, *Droit international et européen des sociétés*, Montchrestien, 2008.

– M.-H. Monsèrié-Bon, « Procédures collectives. Compétence et effets des jugements. Règlement (CE) n° 1346/2000 du 29 mai 2000 relatif aux procédures d'insolvabilité », *Fasc. Jcl. Europe* Traité 865, avril 2010.

– C. Nourissat, « Le règlement (CE) n° 1896/2006 du 12 décembre 2006 instituant une procédure européenne d'injonction de payer », *Europe* mai 2007, étude 5.

– C. Nourissat, « Le règlement (CE) n° 805/2004 du Parlement européen et du Conseil du 21 avril 2004 portant création d'un titre exécutoire européen pour les créances incontestées », *Europe* août 2005, étude 8 : « La Cour de justice face aux règlements de coopération judiciaire en matière civile et commerciale : quelques interrogations, dix ans après… », *Travaux comité fr. DIP* 2013, p. 1.

– C. Nourissat et E. Treppoz (dir.), *Droit international privé et propriété intellectuelle : un nouveau cadre pour de nouvelles stratégies*, Lamy, coll. « Axe Droit », 2010

– V. Pironon, « Dits et non-dits sur la méthode de la focalisation dans le contentieux – contractuel et délictuel – du commerce électronique », *JDI* 2011, p. 915.

– J. Rochfeld (dir.), *Les nouveaux défis du commerce électronique*, LGDJ-Lextenso, 2010.

– C. Saint-Alary-Houin, *Droit des entreprises en difficulté*, Montchrestien, 2009.

– M. Virgós et E. Schmit, « Rapport sur la convention relative aux procédures d'insolvabilité », Document du Conseil 6500/96.
– M. Wilderspin, « Le règlement (CE) 44/2001 du Conseil : conséquences pour les contrats conclus par les consommateurs », *REDC* 2002, p. 520.
On consultera, par ailleurs, les ouvrages généraux de droit international privé, parmi lesquels S. Clavel, *Droit international privé*, 3e éd., Dalloz, coll. « HyperCours », 2012, ainsi que la chronique semestrielle « Droit du commerce international » par J. Beguin, M. Menjucq et C. Nourissat in *JCP* G.

Documents

CJCE, grande chambre, 7 décembre 2010, affaires jointes C-85/08 et C-144/09, *Peter Pammer c. Reederei Karl Schlüter GmbH & Co. KG* (aff. C-85/08) et *Hotel Alpenhof GesmbH c. Oliver Heller* (aff. C-44/09) (Extraits)

1. Les demandes de décision préjudicielle portent sur l'interprétation de l'article 15, paragraphes 1, sous c), et 3, du règlement (CE) n° 44/2001 du Conseil, du 22 décembre 2000, concernant la compétence judiciaire, la reconnaissance et l'exécution des décisions en matière civile et commerciale (JO 2001, L 12, p. 1).
2. Ces demandes ont été présentées dans le cadre de deux litiges opposant, d'une part, M. Pammer à Reederei Karl Schlüter GmbH & Co. KG (ci-après « Reederei Karl Schlüter ») au sujet du refus de celle-ci de lui rembourser intégralement le prix d'un voyage en cargo auquel il n'a pas participé et dont la description figurait sur Internet (affaire C-585/08) et, d'autre part, Hotel Alpenhof GesmbH (ci-après « Hotel Alpenhof ») à M. Heller au sujet du refus de ce dernier de payer sa note d'hôtel pour un séjour réservé par Internet (affaire C-144/09). (…)
Sur la seconde question dans l'affaire C-585/08 et l'unique question dans l'affaire C-144/09
47. Par sa seconde question dans l'affaire C-585/08 et son unique question dans l'affaire C-144/09, la juridiction de renvoi demande en substance, d'une part, selon quels critères un commerçant, dont l'activité est présentée sur son site Internet ou sur celui d'un intermédiaire, peut être considéré comme « dirigeant » son activité vers l'État membre sur le territoire duquel le consommateur a son domicile, au sens de l'article 15, paragraphe 1, sous c), du règlement n° 44/2001, et, d'autre part, s'il suffit, pour que cette activité soit regardée comme telle, que ces sites puissent être consultés sur Internet.
48. Ainsi qu'il ressort des décisions de renvoi, cette question est posée dans le cadre de deux litiges distincts.
49. Dans l'affaire C-585/08, le litige implique un commerçant, Reederei Karl Schlüter, ayant conclu un contrat avec un consommateur, M. Pammer, domicilié dans un État membre autre que celui dans lequel cette société est établie. Il n'est, semble-t-il, pas contesté que ce contrat entre dans le cadre des activités commerciales de ce commerçant.
50. Selon les observations présentées à la Cour par M. Pammer, celui-ci aurait été informé de l'existence du voyage en consultant le site Internet de la société intermédiaire sur lequel se trouvaient différentes offres de voyage. Il aurait, dans un premier temps, contacté cette dernière par courriel pour obtenir des informations complémentaires et, dans un second temps, réservé le voyage par courrier postal.

51. Dans l'affaire C-144/09, le litige implique un commerçant, Hotel Alpenhof, qui a conclu un contrat entrant dans le cadre de ses activités commerciales avec un consommateur, M. Heller, domicilié dans un État membre autre que celui dans lequel est situé l'hôtel concerné. Il n'est pas contesté que M. Heller a été informé de l'existence de cet hôtel, qu'il a effectué sa réservation et confirmé celle-ci, à distance, au moyen d'Internet.
52. Dans ces deux affaires, l'Oberster Gerichtshof cherche à apprécier si le commerçant a dirigé son activité vers l'État membre sur le territoire duquel le consommateur a son domicile, au sens de l'article 15, paragraphe 1, sous c), du règlement n° 44/2001, afin de déterminer la juridiction compétente pour trancher les litiges au principal.
53. Ledit article 15, paragraphe 1, sous c), constitue une dérogation tant à la règle générale de compétence édictée à l'article 2, paragraphe 1, du règlement n° 44/2001, attribuant compétence aux juridictions de l'État membre sur le territoire duquel le défendeur est domicilié, qu'à la règle de compétence spéciale en matière de contrats, énoncée à l'article 5, point 1, de ce même règlement, selon laquelle le tribunal compétent est celui du lieu où l'obligation qui sert de base à la demande a été ou doit être exécutée (voir, en ce sens, arrêt du 20 janv. 2005, Gruber, C-464/01, *Rec. CJCE* p. I-439, point 34).
54. Si l'activité du commerçant était considérée comme étant « dirigée vers » l'État membre sur le territoire duquel le consommateur est domicilié, au sens de l'article 15, paragraphe 1, sous c), du règlement n° 44/2001, il en résulterait, dans l'affaire C-585/08 opposant M. Pammer à Reederei Karl Schlüter, que les juridictions autrichiennes seraient compétentes, conformément à l'article 16, paragraphe 1, de ce règlement, dès lors que le consommateur choisirait de porter le litige devant celles-ci et non devant les juridictions de l'État membre dans lequel est établi le défendeur, Reederei Karl Schlüter, à savoir les juridictions allemandes. Dans l'affaire C-144/09, le consommateur, M. Heller, étant domicilié en Allemagne, les juridictions de cet État membre seraient compétentes, conformément à l'article 16, paragraphe 2, dudit règlement et non celles de l'État membre sur le territoire duquel Hotel Alpenhof est située, en l'espèce l'Autriche.
55. Le règlement n° 44/2001 ne contient aucune définition de la notion d'activité « dirigée vers » l'État membre sur le territoire duquel le consommateur a son domicile, figurant à son article 15, paragraphe 1, sous c). Cette notion, comme celles de l'article 13 de la convention de Bruxelles, que cet article 15 remplace, doit être interprétée de façon autonome, en se référant principalement au système et aux objectifs de ce règlement, en vue d'assurer à celui-ci sa pleine efficacité (voir arrêt du 11 juillet 2002, Gabriel, C-96/00, *Rec. CJCE* p. I-6367, point 37).
56. Il y a lieu, à cet égard, conformément au dix-neuvième considérant du règlement n° 44/2001, de tenir compte de l'interprétation que la Cour a donnée dudit article 13, tout en prenant en considération les changements qui ont été apportés à celui-ci par ce règlement.
57. À cet égard, la Cour a déjà jugé que, dans le système établi par le règlement n° 44/2001, l'article 15, paragraphe 1, sous c), occupe, ainsi qu'il ressort du treizième considérant de ce même règlement, la même place et remplit la même fonction de protection de la partie la plus faible que l'article 13, premier alinéa, point 3, de la convention de Bruxelles (arrêt du 14 mai 2009, Ilsinger, C-180/06, *Rec. CJCE* p. I-3961, point 41).
58. S'agissant de cette dernière disposition, la Cour a en effet itérativement jugé que le régime particulier institué par les dispositions de la convention de Bruxelles sur la compétence en matière de contrats conclus par les consommateurs a pour fonction d'assurer une protection adéquate au consommateur, en tant que partie au contrat réputée économiquement plus faible et juridiquement moins expérimentée que son cocontractant professionnel (voir, notamment, arrêts Gruber, précité, point 34, et du 20 janvier 2005, Engler, C-27/02, *Rec. CJCE* p. I-481, point 39).

59. Toutefois, la Cour a également constaté, au point 48 de l'arrêt Ilsinger, précité, que le libellé de l'article 15, paragraphe 1, du règlement n° 44/2001 n'est pas en tous points identique à celui de l'article 13, premier alinéa, de la convention de Bruxelles. En particulier, elle a considéré, au point 50 dudit arrêt, que les conditions d'application que les contrats de consommation doivent remplir sont désormais libellées de manière plus générale que précédemment, afin que soit assurée une meilleure protection des consommateurs eu égard aux nouveaux moyens de communication et au développement du commerce électronique.
60. Le législateur de l'Union a ainsi remplacé les conditions incombant, d'une part, au commerçant d'avoir fait spécialement une proposition ou d'avoir adressé une publicité dans l'État du domicile du consommateur et, d'autre part, au consommateur d'avoir accompli dans cet État les actes nécessaires à la conclusion du contrat par des conditions applicables au seul commerçant. À cet égard, ce dernier doit exercer ses activités commerciales dans l'État membre sur le territoire duquel le consommateur a son domicile ou, par tout moyen, diriger ces activités vers cet État membre ou vers plusieurs États, dont cet État membre, et le contrat doit entrer dans le cadre de telles activités.
61. Le libellé de l'article 15, paragraphe 1, sous c), doit être considéré comme englobant et remplaçant les notions précédentes de proposition « spécialement faite » et de « publicité » en couvrant, ainsi que les termes par « tout moyen » l'indiquent, une gamme plus large d'activités.
62. Ce changement, qui renforce la protection du consommateur, est intervenu en raison du développement des communications par Internet qui rend plus difficile la détermination du lieu où sont accomplis les actes nécessaires à la conclusion du contrat, tout en augmentant la vulnérabilité du consommateur à l'égard des offres des commerçants.
63. Il ne ressort toutefois pas de l'article 15, paragraphe 1, sous c), du règlement n° 44/2001 si les termes « dirige ces activités vers » font référence à la volonté du commerçant de se tourner vers un ou plusieurs autres États membres ou s'ils se rapportent simplement à une activité de facto tournée vers ceux-ci, indépendamment d'une telle volonté.
64. La question ainsi posée est celle de savoir si la volonté du commerçant de cibler un ou plusieurs autres États membres est requise et, si tel est le cas, sous quelle forme une telle volonté doit se manifester.
65. Cette volonté est implicite dans certains modes de publicité.
66. S'agissant des notions de « publicité » et de « proposition spécialement faite », au sens de l'article 13 de la convention de Bruxelles, la Cour a jugé qu'elles visaient toutes formes de publicité faite dans l'État contractant où le consommateur est domicilié, qu'elle soit diffusée de manière générale par voie de presse, de radio, de télévision, de cinéma ou selon toute autre modalité, ou adressée de manière directe, par exemple par voie de catalogues spécialement dirigés vers ledit État, ainsi que les propositions d'affaires soumises individuellement au consommateur, notamment au moyen d'un agent ou d'un colporteur (arrêt Gabriel, précité, point 44).
67. Les modes de publicité classiques explicitement désignés au point précédent impliquent l'engagement de dépenses parfois importantes de la part du commerçant pour se faire connaître dans d'autres États membres et démontrent, de ce fait même, une volonté du commerçant de diriger son activité vers ces derniers.
68. Cette volonté n'est, en revanche, pas toujours présente dans le cas de la publicité au moyen d'Internet. Ce mode de communication ayant par nature une portée mondiale, une publicité faite sur un site Internet par un commerçant est en principe accessible dans tous les États et, par conséquent, dans l'ensemble de l'Union européenne sans qu'il soit nécessaire d'exposer des

dépenses supplémentaires et indépendamment de la volonté du commerçant de cibler ou non des consommateurs au-delà du territoire de l'État membre dans lequel il est établi.

69. Il n'en résulte pas pour autant qu'il faille interpréter les termes « dirige ces activités vers » comme visant la simple accessibilité d'un site Internet dans des États membres autres que celui dans lequel le commerçant concerné est établi.

70. En effet, s'il ne fait aucun doute que les articles 15, paragraphe 1, sous c), et 16 du règlement n° 44/2001 visent à protéger les consommateurs, cela n'implique pas que cette protection soit absolue [voir, par analogie, s'agissant de la directive 85/577/CEE du Conseil, du 20 décembre 1985, concernant la protection des consommateurs dans le cas de contrats négociés en dehors des établissements commerciaux (JO L 372, p. 31), arrêt du 15 avril 2010, E. Friz, C-215/08, non encore publié au Recueil, point 44].

71. Ainsi que Mme l'avocat général l'a relevé au point 64 de ses conclusions, si telle avait été la volonté du législateur de l'Union, il aurait posé comme condition d'application des règles en matière de contrats conclus par les consommateurs non pas la « direction des activités vers un État membre », mais la simple existence du site Internet.

72. Or, tout en souhaitant davantage protéger le consommateur, ledit législateur n'est pas allé jusqu'à énoncer que la simple utilisation d'un site Internet, laquelle est devenue un moyen habituel de faire du commerce, quel que soit le territoire visé, constitue une activité « dirigée vers » d'autres États membres qui déclenche l'application de la règle de compétence protectrice visée à l'article 15, paragraphe 1, sous c), du règlement n° 44/2001.

73. Il ressort ainsi de la proposition de règlement mentionnée au point 43 du présent arrêt que le législateur de l'Union a écarté une suggestion de la Commission visant à insérer dans le règlement n° 44/2001 un considérant selon lequel la commercialisation de biens ou de services par un moyen électronique accessible dans un État membre constitue une activité « dirigée vers » cet État.

74. Cette interprétation est également corroborée par la déclaration adoptée conjointement par le Conseil et la Commission lors de l'adoption du règlement n° 44/2001 et reprise au vingt-quatrième considérant du règlement n° 593/2008, selon laquelle le simple fait qu'un site Internet soit accessible ne suffit pas à rendre applicable l'article 15, paragraphe 1, sous c), du règlement n° 44/2001.

75. Par conséquent, il y a lieu de considérer que, aux fins de l'applicabilité dudit article 15, paragraphe 1, sous c), le commerçant doit avoir manifesté sa volonté d'établir des relations commerciales avec les consommateurs d'un ou de plusieurs autres États membres, au nombre desquels figure celui sur le territoire duquel le consommateur a son domicile.

76. Il convient dès lors de rechercher, s'agissant d'un contrat passé entre un commerçant et un consommateur donné, si, avant la conclusion éventuelle du contrat avec ce consommateur, il existait des indices démontrant que le commerçant envisageait de commercer avec des consommateurs domiciliés dans d'autres États membres, dont celui sur le territoire duquel ce consommateur a son domicile, en ce sens qu'il était disposé à conclure un contrat avec ces consommateurs.

77. Ne figure pas au nombre de tels indices, la mention sur un site Internet de l'adresse électronique ou géographique du commerçant non plus que l'indication de ses coordonnées téléphoniques sans préfixe international. En effet, la mention de telles informations n'indique pas que le commerçant dirige son activité vers un ou plusieurs autres États membres, dès lors que ce type d'informations est, en tout état de cause, nécessaire pour permettre à un consommateur domicilié sur le territoire de l'État membre dans lequel est établi ce commerçant d'entrer en relation avec ce dernier.

78. En outre, s'agissant de services offerts en ligne, certaines de ces informations sont devenues obligatoires. Ainsi que la Cour l'a déjà jugé, en vertu de l'article 5, paragraphe 1, sous c), de la directive 2000/31/CE du Parlement européen et du Conseil, du 8 juin 2000, relative à certains aspects juridiques des services de la société de l'information, et notamment du commerce électronique, dans le marché intérieur (« directive sur le commerce électronique ») (JO L 178, p. 1), le prestataire de services est tenu de fournir aux destinataires du service, dès avant toute conclusion de contrat avec ces derniers, en sus de son adresse électronique, d'autres informations permettant une prise de contact rapide ainsi qu'une communication directe et efficace (arrêt du 16 oct. 2008, Bundesverband der Verbraucherzentralen und Verbraucherverbände, C-298/07, *Rec. CJCE* p. I-7841, point 40). Cette obligation s'applique quel que soit l'État membre vers lequel le commerçant dirige son activité et même si celle-ci est dirigée uniquement vers le territoire de l'État membre dans lequel ce commerçant est établi.

79. Il s'ensuit que la distinction effectuée par certains des gouvernements et certaines des parties ayant présenté des observations devant la Cour, entre les sites Internet permettant de contacter le commerçant par voie électronique, voire même de conclure le contrat en ligne au moyen d'un site dit « interactif », et les sites Internet n'offrant pas cette possibilité, distinction selon laquelle seuls les premiers seraient à inclure dans la catégorie de ceux qui permettent d'exercer une activité « dirigée vers » d'autres États membres, n'est pas déterminante. Dès lors qu'une adresse géographique ou d'autres coordonnées du commerçant sont mentionnées, le consommateur a, en effet, la faculté de le contacter en vue de conclure un contrat. Or, cette facilité de contact existe, que le commerçant ait envisagé ou non de commercer avec des consommateurs domiciliés dans des États membres autres que celui sur le territoire duquel il est établi.

80. Parmi les indices permettant de déterminer si une activité est « dirigée vers » l'État membre sur le territoire duquel le consommateur a son domicile, figurent toutes les expressions manifestes de la volonté de démarcher les consommateurs de cet État membre.

81. Au nombre des expressions manifestes d'une telle volonté du commerçant figure la mention selon laquelle ce dernier offre ses services ou ses biens dans un ou plusieurs États membres nommément désignés. Il en va de même de l'engagement de dépenses dans un service de référencement sur Internet auprès de l'exploitant d'un moteur de recherche afin de faciliter aux consommateurs domiciliés dans différents États membres l'accès au site du commerçant, qui démontre également l'existence d'une telle volonté.

82. Toutefois, la caractérisation d'une activité « dirigée vers » d'autres États membres ne dépend pas uniquement de l'existence d'indices aussi patents. À cet égard, il importe de constater que le Parlement européen a, par sa résolution législative sur la proposition de règlement mentionnée au point 43 du présent arrêt (JO 2001, C 146, p. 101), écarté un libellé selon lequel le commerçant devait avoir « intentionnellement dirigé son activité, de façon substantielle », vers d'autres États membres ou vers plusieurs pays, dont l'État membre sur le territoire duquel le consommateur a son domicile. En effet, un tel libellé aurait eu pour conséquence d'affaiblir la protection du consommateur en exigeant la preuve d'une volonté de la part du commerçant de développer une activité d'une certaine ampleur avec ces autres États membres.

83. D'autres indices éventuellement combinés les uns aux autres sont susceptibles de démontrer l'existence d'une activité « dirigée vers » l'État membre du domicile du consommateur. Dans des affaires telles que celles au principal, il y a lieu de considérer que les caractéristiques suivantes, alléguées devant la Cour et dont la liste n'est pas exhaustive, constitueraient, sous réserve d'une vérification de leur existence par le juge national, des indices d'une activité « dirigée vers » un ou plusieurs autres États membres au sens de l'article 15, paragraphe 1, sous c), du règlement n° 44/2001. Il s'agit de la nature internationale de l'activité en cause, telle que certaines activités touristiques, la mention de coordonnées téléphoniques avec l'indication du préfixe international, l'utilisation d'un nom de domaine de premier niveau autre que celui de l'État membre où le commerçant est établi, par exemple « .de » ou encore l'utilisation de noms de domaine de premier niveau neutres tels que « .com » ou « .eu », la description d'itinéraires à partir d'un ou de plusieurs autres États membres vers le lieu de la prestation de service ainsi que la mention d'une clientèle internationale composée de clients domiciliés dans différents États membres, notamment par la présentation de témoignages de tels clients.

84. En ce qui concerne la langue ou la monnaie utilisée, la déclaration conjointe du Conseil et de la Commission, mentionnée au point 11 du présent arrêt et reprise au vingt-quatrième considérant du règlement n° 593/2008, énonce que celles-ci ne constituent pas des éléments pertinents aux fins d'apprécier si une activité est dirigée vers un ou plusieurs autres États membres. Il en va ainsi, en effet, lorsqu'elles correspondent aux langues habituellement utilisées dans l'État membre à partir duquel le commerçant exerce son activité et à la monnaie de cet État membre. Si, en revanche, le site Internet permet aux consommateurs d'utiliser une autre langue ou une autre monnaie que celles-ci, la langue et/ou la monnaie peuvent être prises en considération et constituer un indice permettant de considérer que l'activité du commerçant est dirigée vers d'autres États membres.

85. Dans une affaire telle que celle opposant Hotel Alpenhof à M. Heller, il semblerait qu'il existe plusieurs indices parmi ceux énoncés aux points 83 et 84 du présent arrêt de nature à démontrer que le commerçant a dirigé son activité vers un ou plusieurs États membres autres que la République d'Autriche. Il appartient cependant au juge national de vérifier que tel est le cas.

86. Hotel Alpenhof soutient toutefois que le contrat avec le consommateur est conclu sur place et non à distance, la remise des clefs des chambres et le paiement étant effectués sur place, et que, dès lors, l'article 15, paragraphe 1, sous c), du règlement n° 44/2001 ne peut s'appliquer.

87. À cet égard, la circonstance que les clefs sont remises au consommateur et que le paiement est effectué par ce dernier dans l'État membre sur le territoire duquel le commerçant est établi n'empêche pas l'application de ladite disposition, si la réservation et la confirmation de celle-ci ont eu lieu à distance, de sorte que le consommateur s'est trouvé contractuellement engagé à distance.

88. Dans l'affaire C-585/08, opposant M. Pammer à Reederei Karl Schlüter, la juridiction de renvoi n'a pu fournir que peu d'informations concernant l'activité de cette société, le site de la société intermédiaire et la relation entre cette dernière et Reederei Karl Schlüter.

89. La circonstance que le site Internet soit celui de la société intermédiaire et non celui du commerçant ne fait pas obstacle à ce que ce dernier soit considéré comme dirigeant son activité vers d'autres États membres, dont celui du domicile du consommateur, dès lors que cette société agissait au nom et pour le compte dudit commerçant. Il appartient au juge national de vérifier si ce dernier était ou a dû être conscient de la dimension internationale de l'activité de la société intermédiaire et quel lien unissait cette dernière à ce commerçant.

90. La nature internationale de l'activité en cause, à savoir l'organisation de voyages en cargo d'Europe vers l'Extrême-Orient, constitue un indice pertinent, mais ne permet pas, à lui seul, de considérer que le commerçant a dirigé son activité vers d'autres États membres, dont celui du domicile du consommateur. En effet, l'activité du commerçant comporterait une telle caractéristique même si celui-ci, seul ou au moyen de la société intermédiaire, n'exerçait son activité qu'en Allemagne et ne la dirigeait pas vers d'autres États membres. Par conséquent, d'autres indices, notamment parmi ceux mentionnés aux points 83 et 84 du présent arrêt, doivent nécessairement être réunis, tels que la mention des coordonnées téléphoniques avec l'indication du préfixe international, l'utilisation d'une langue autre que l'allemand ou la mention d'une clientèle internationale composée de clients domiciliés dans différents États membres afin d'établir que le commerçant envisageait de commercer avec des clients domiciliés dans l'Union, quel que soit l'État membre.

91. En revanche, la mention de l'adresse électronique ou géographique de la société intermédiaire ou du commerçant ne constitue pas un indice pertinent, ainsi qu'il ressort du point 77 du présent arrêt. Il en va de même de l'utilisation de la langue allemande et de la faculté de réserver un voyage dans cette langue, lorsque celle-ci est la langue du commerçant.

92. Eu égard aux considérations qui précèdent, il y a lieu de répondre à la juridiction de renvoi que, afin de déterminer si un commerçant, dont l'activité est présentée sur son site Internet ou sur celui d'un intermédiaire, peut être considéré comme « dirigeant » son activité vers l'État membre sur le territoire duquel le consommateur a son domicile, au sens de l'article 15, paragraphe 1, sous c), du règlement n° 44/2001, il convient de vérifier si, avant la conclusion éventuelle d'un contrat avec le consommateur, il ressort de ces sites Internet et de l'activité globale du commerçant que ce dernier envisageait de commercer avec des consommateurs domiciliés dans un ou plusieurs États membres, dont celui dans lequel ce consommateur a son domicile, en ce sens qu'il était disposé à conclure un contrat avec eux.

93. Les éléments suivants, dont la liste n'est pas exhaustive, sont susceptibles de constituer des indices permettant de considérer que l'activité du commerçant est dirigée vers l'État membre du domicile du consommateur, à savoir la nature internationale de l'activité, la mention d'itinéraires à partir d'autres États membres pour se rendre au lieu où le commerçant est établi, l'utilisation d'une langue ou d'une monnaie autres que la langue ou la monnaie habituellement utilisées dans l'État membre dans lequel est établi le commerçant avec la possibilité de réserver et de confirmer la réservation dans cette autre langue, la mention de coordonnées téléphoniques avec l'indication d'un préfixe international, l'engagement de dépenses dans un service de référencement sur Internet afin de faciliter aux consommateurs domiciliés dans d'autres États membres l'accès au site du commerçant ou à celui de son intermédiaire, l'utilisation d'un nom de domaine de premier niveau autre que celui de l'État membre où le commerçant est établi et la mention d'une clientèle internationale composée de clients domiciliés dans différents États membres. Il appartient au juge national de vérifier l'existence de tels indices.

94. En revanche, la simple accessibilité du site Internet du commerçant ou de celui de l'intermédiaire dans l'État membre sur le territoire duquel le consommateur est domicilié est insuffisante. Il en va de même de la mention d'une adresse électronique ainsi que d'autres coordonnées ou de l'emploi d'une langue ou d'une monnaie qui sont la langue et/ou la monnaie habituellement utilisées dans l'État membre dans lequel le commerçant est établi. (…)

Par ces motifs, la Cour (grande chambre) dit pour droit :

1) Un contrat ayant pour objet un voyage en cargo, tel que celui en cause au principal dans l'affaire C-585/08, constitue un contrat de transport qui, pour un prix forfaitaire, combine voyage et hébergement au sens de l'article 15, paragraphe 3, du règlement (CE) n° 44/2001 du Conseil, du 22 décembre 2000, concernant la compétence judiciaire, la reconnaissance et l'exécution des décisions en matière civile et commerciale.

2) Afin de déterminer si un commerçant, dont l'activité est présentée sur son site Internet ou sur celui d'un intermédiaire, peut être considéré comme « dirigeant » son activité vers l'État membre sur le territoire duquel le consommateur a son domicile, au sens de l'article 15, paragraphe 1, sous c), du règlement n° 44/2001, il convient de vérifier si, avant la conclusion éventuelle d'un contrat avec le consommateur, il ressort de ces sites Internet et de l'activité globale du commerçant que ce dernier envisageait de commercer avec des consommateurs domiciliés dans

un ou plusieurs États membres, dont celui dans lequel ce consommateur a son domicile, en ce sens qu'il était disposé à conclure un contrat avec eux.
Les éléments suivants, dont la liste n'est pas exhaustive, sont susceptibles de constituer des indices permettant de considérer que l'activité du commerçant est dirigée vers l'État membre du domicile du consommateur, à savoir la nature internationale de l'activité, la mention d'itinéraires à partir d'autres États membres pour se rendre au lieu où le commerçant est établi, l'utilisation d'une langue ou d'une monnaie autres que la langue ou la monnaie habituellement utilisées dans l'État membre dans lequel est établi le commerçant avec la possibilité de réserver et de confirmer la réservation dans cette autre langue, la mention de coordonnées téléphoniques avec l'indication d'un préfixe international, l'engagement de dépenses dans un service de référencement sur Internet afin de faciliter aux consommateurs domiciliés dans d'autres États membres l'accès au site du commerçant ou à celui de son intermédiaire, l'utilisation d'un nom de domaine de premier niveau autre que celui de l'État membre où le commerçant est établi et la mention d'une clientèle internationale composée de clients domiciliés dans différents États membres. Il appartient au juge national de vérifier l'existence de tels indices.
En revanche, la simple accessibilité du site Internet du commerçant ou de celui de l'intermédiaire dans l'État membre sur le territoire duquel le consommateur est domicilié est insuffisante. Il en va de même de la mention d'une adresse électronique ainsi que d'autres coordonnées ou de l'emploi d'une langue ou d'une monnaie qui sont la langue et/ou la monnaie habituellement utilisées dans l'État membre dans lequel le commerçant est établi.

CJCE, grande chambre, 2 mai 2006, *Eurofood*

Dans l'affaire C-341/04, Eurofood IFSC Ltd (extraits)
1. La demande de décision préjudicielle porte sur l'interprétation du règlement (CE) n° 1346/2000 du Conseil, du 29 mai 2000, relatif aux procédures d'insolvabilité (JO L 160, p. 1, ci-après le « règlement »).
2. Cette demande a été présentée dans le cadre d'une procédure d'insolvabilité concernant la société de droit irlandais Eurofood IFSC Ltd (ci-après « Eurofood »). (…)
Sur la quatrième question
26. Par sa quatrième question, qu'il convient d'examiner en premier lieu en tant qu'elle a trait, de manière générale, au système de détermination de la compétence des juridictions des États membres mis en place par le règlement, la juridiction de renvoi demande quel est, dans le contexte d'une société mère et de sa filiale ayant leurs sièges statutaires respectifs dans deux États membres différents, le facteur déterminant pour l'identification du centre des intérêts principaux de la filiale.
27. La juridiction de renvoi s'interroge sur la pondération à opérer entre, d'une part, le fait que la filiale gère habituellement ses intérêts, de manière vérifiable par les tiers et dans le respect de son identité propre en tant que société, dans l'État membre où se trouve son siège statutaire et, d'autre part, le fait que la société mère est en mesure, en raison de sa participation dans le capital et de son pouvoir de nommer les dirigeants de la filiale, de contrôler la politique de cette dernière.
28. L'article 3 du règlement prévoit deux types de procédures. La procédure d'insolvabilité ouverte, conformément au paragraphe 1 de cet article, par la juridiction compétente de l'État membre sur le territoire duquel est situé le centre des intérêts principaux du débiteur, qualifiée de « procédure principale », produit des effets universels, en ce qu'elle s'applique aux biens du débiteur situés dans tous les États membres dans lesquels le règlement est applicable. Si, ultérieurement, une procédure peut, conformément au paragraphe 2 dudit article, être ouverte

par la juridiction compétente de l'État membre où le débiteur possède un établissement, cette procédure, qualifiée de « procédure secondaire », produit des effets qui sont limités aux biens du débiteur se trouvant sur le territoire de ce dernier État.

29. L'article 3, paragraphe 1, du règlement précise que, pour les sociétés, le centre des intérêts principaux est présumé, jusqu'à preuve du contraire, être le lieu du siège statutaire.

30. Il s'ensuit que, dans le système de détermination de la compétence des juridictions des États membres mis en place par le règlement, il existe une compétence juridictionnelle propre pour chaque débiteur constituant une entité juridiquement distincte.

31. La notion de centre des intérêts principaux est propre au règlement. Partant, elle revêt une signification autonome et doit donc être interprétée de manière uniforme et indépendante des législations nationales.

32. La portée de cette notion est éclairée par le treizième considérant du règlement, qui indique que « [l]e centre des intérêts principaux devrait correspondre au lieu où le débiteur gère habituellement ses intérêts et qui est donc vérifiable par les tiers ».

33. Il ressort de cette définition que le centre des intérêts principaux doit être identifié en fonction de critères à la fois objectifs et vérifiables par les tiers. Cette objectivité et cette possibilité de vérification par les tiers sont nécessaires afin de garantir la sécurité juridique et la prévisibilité concernant la détermination de la juridiction compétente pour ouvrir une procédure d'insolvabilité principale. Cette sécurité juridique et cette prévisibilité revêtent une importance d'autant plus grande que la détermination de la juridiction compétente entraîne, conformément à l'article 4, paragraphe 1, du règlement, celle de la loi applicable.

34. Il s'ensuit que, pour la détermination du centre des intérêts principaux d'une société débitrice, la présomption simple prévue par le législateur communautaire au bénéfice du siège statutaire de cette société ne peut être écartée que si des éléments objectifs et vérifiables par les tiers permettent d'établir l'existence d'une situation réelle différente de celle que la localisation audit siège statutaire est censée refléter.

35. Tel pourrait être notamment le cas d'une société « boîte aux lettres » qui n'exercerait aucune activité sur le territoire de l'État membre où est situé son siège social.

36. En revanche, lorsqu'une société exerce son activité sur le territoire de l'État membre où est situé son siège social, le simple fait que ses choix économiques soient ou puissent être contrôlés par une société mère établie dans un autre État membre ne suffit pas pour écarter la présomption prévue par le règlement.

37. Dans ces conditions, il y a lieu de répondre à la quatrième question que, lorsqu'un débiteur est une filiale dont le siège statutaire et celui de sa société mère sont situés dans deux États membres différents, la présomption énoncée à l'article 3, paragraphe 1, seconde phrase, du règlement, selon laquelle le centre des intérêts principaux de cette filiale est situé dans l'État membre où se trouve son siège statutaire, ne peut être réfutée que si des éléments objectifs et vérifiables par les tiers permettent d'établir l'existence d'une situation réelle différente de celle que la localisation audit siège statutaire est censée refléter. Tel pourrait être notamment le cas d'une société qui n'exercerait aucune activité sur le territoire de l'État membre où est situé son siège social. En revanche, lorsqu'une société exerce son activité sur le territoire de l'État membre où est situé son siège social, le fait que ses choix économiques soient ou puissent être contrôlés par une société mère établie dans un autre État membre ne suffit pas pour écarter la présomption prévue par le règlement.

Sur la troisième question

38. Par sa troisième question, qu'il convient d'examiner en deuxième lieu en tant qu'elle concerne, de manière générale, le système de reconnaissance mis en place par le règlement, la juridiction de renvoi demande en substance si, en vertu des articles 3 et 16 du règlement, une juridiction d'un État membre, autre que celui dans lequel est situé le siège statutaire de l'entreprise et autre que celui où cette dernière gère habituellement ses intérêts d'une manière vérifiable par les tiers, mais dans lequel la procédure d'insolvabilité a été ouverte en premier lieu, doit être considérée comme compétente pour ouvrir la procédure d'insolvabilité principale. La juridiction de renvoi demande ainsi en substance si la compétence assumée par une juridiction d'un État membre pour ouvrir une procédure d'insolvabilité principale peut être contrôlée par une juridiction d'un autre État membre dans lequel la reconnaissance est demandée.

39. Ainsi qu'il ressort du vingt-deuxième considérant du règlement, la règle de priorité définie à l'article 16, paragraphe 1, de celui-ci, qui prévoit que la procédure d'insolvabilité ouverte dans un État membre est reconnue dans tous les États membres dès qu'elle produit ses effets dans l'État d'ouverture, repose sur le principe de la confiance mutuelle.

40. C'est cette confiance mutuelle qui a permis la mise en place d'un système obligatoire de compétences, que toutes les juridictions entrant dans le champ d'application du règlement sont tenues de respecter, et la renonciation corrélative par les États membres à leurs règles internes de reconnaissance et d'exequatur au profit d'un mécanisme simplifié de reconnaissance et d'exécution des décisions rendues dans le cadre de procédures d'insolvabilité [voir par analogie, à propos de la convention du 27 septembre 1968 concernant la compétence judiciaire et l'exécution des décisions en matière civile et commerciale (JO 1972, L 299, p. 32, ci-après la « convention de Bruxelles »), arrêts du 9 décembre 2003, Gasser, C-116/02, *Rec. CJCE* p. I-14693, point 72, et du 27 avril 2004, Turner, C-159/02, *Rec. CJCE* p. I-3565, point 24].

41. Il est inhérent à ce principe de confiance mutuelle que la juridiction d'un État membre saisie d'une demande d'ouverture d'une procédure d'insolvabilité principale vérifie sa compétence au regard de l'article 3, paragraphe 1, du règlement, c'est-à-dire examine si le centre des intérêts principaux du débiteur se situe dans cet État membre. À cet égard, il y a lieu de souligner qu'un tel examen doit se dérouler dans le respect des garanties procédurales essentielles que requiert le déroulement d'un procès équitable (voir point 66 du présent arrêt).

42. En contrepartie, ainsi que le précise le vingt-deuxième considérant du règlement, le principe de confiance mutuelle exige que les juridictions des autres États membres reconnaissent la décision ouvrant une procédure d'insolvabilité principale, sans pouvoir contrôler l'appréciation portée par la première juridiction sur sa compétence.

43. Si une partie intéressée, considérant que le centre des intérêts principaux du débiteur se situe dans un État membre autre que celui dans lequel a été ouverte la procédure d'insolvabilité principale, entend contester la compétence assumée par la juridiction qui a ouvert cette procédure, il lui appartient d'utiliser, devant les juridictions de l'État membre où celle-ci a été ouverte, les recours prévus par le droit national de cet État membre à l'encontre de la décision d'ouverture.

44. Il convient donc de répondre à la troisième question que l'article 16, paragraphe 1, premier alinéa, du règlement doit être interprété en ce sens que la procédure d'insolvabilité principale ouverte par une juridiction d'un État membre doit être reconnue par les juridictions des autres États membres, sans que celles-ci puissent contrôler la compétence de la juridiction de l'État d'ouverture. (…)

Par ces motifs, la Cour (grande chambre) dit pour droit :

1) Lorsqu'un débiteur est une filiale dont le siège statutaire et celui de sa société mère sont situés dans deux États membres différents, la présomption énoncée à l'article 3, paragraphe 1, seconde phrase, du règlement (CE) n° 1346/2000 du Conseil, du 29 mai 2000, relatif aux procédures d'insolvabilité, selon laquelle le centre des intérêts principaux de cette filiale est situé dans l'État membre où se trouve son siège statutaire, ne peut être réfutée que si des éléments

objectifs et vérifiables par les tiers permettent d'établir l'existence d'une situation réelle différente de celle que la localisation audit siège statutaire est censée refléter. Tel pourrait être notamment le cas d'une société qui n'exercerait aucune activité sur le territoire de l'État membre où est situé son siège social. En revanche, lorsqu'une société exerce son activité sur le territoire de l'État membre où est situé son siège social, le fait que ses choix économiques soient ou puissent être contrôlés par une société mère établie dans un autre État membre ne suffit pas pour écarter la présomption prévue par ledit règlement.

2) L'article 16, paragraphe 1, premier alinéa, du règlement n° 1346/2000 doit être interprété en ce sens que la procédure d'insolvabilité principale ouverte par une juridiction d'un État membre doit être reconnue par les juridictions des autres États membres, sans que celles-ci puissent contrôler la compétence de la juridiction de l'État d'ouverture.

3) L'article 16, paragraphe 1, premier alinéa, du règlement n° 1346/2000 doit être interprété en ce sens que constitue une décision d'ouverture de la procédure d'insolvabilité au sens de cette disposition la décision rendue par une juridiction d'un État membre saisie d'une demande à cet effet, fondée sur l'insolvabilité du débiteur et tendant à l'ouverture d'une procédure visée à l'annexe A du même règlement, lorsque cette décision entraîne le dessaisissement du débiteur et porte nomination d'un syndic visé à l'annexe C dudit règlement. Ce dessaisissement implique que le débiteur perde les pouvoirs de gestion qu'il détient sur son patrimoine.

4) L'article 26 du règlement n° 1346/2000 doit être interprété en ce sens qu'un État membre peut refuser de reconnaître une procédure d'insolvabilité ouverte dans un autre État membre lorsque la décision d'ouverture a été prise en violation manifeste du droit fondamental à être entendue dont dispose une personne concernée par une telle procédure.

Quiz

1) Sujet corrigé

A) Test de connaissances

Énoncé

1. Le raisonnement à suivre afin d'identifier la juridiction compétente en vertu du règlement n° 44/2001 consiste à :

a. mettre en œuvre les règles de compétence exclusive, à défaut, les règles protectrices d'une partie faible, à défaut, et de manière combinée, les règles de compétence générale ou spéciale applicables en raison de la matière.

b. mettre en œuvre la règle de compétence générale, puis les règles de compétence spéciale applicables en raison de la matière, puis les règles de compétence exclusive et, enfin, les règles protectrices d'une partie faible.

c. mettre en œuvre les règles de compétence exclusive, à défaut, les règles de compétence spéciale applicables en raison de la matière, à défaut, les règles protectrices d'une partie faible, à défaut, la règle de compétence générale.

2. Le futur règlement « Bruxelles I *bis* » aura un champ d'application matériel identique à celui du règlement « Bruxelles I » :

a. vrai.

b. faux.

3. Selon le règlement n° 44/2001, lorsque le siège réel d'une société est situé dans un lieu différent de celui de l'enregistrement et que l'un et l'autre sont situés dans des États membres différents :

a. le conflit de compétence est réglé en faveur de la juridiction première saisie.

b. le conflit de compétence est réglé en faveur de la juridiction la plus proche des intérêts du défendeur.

c. le conflit de compétence est réglé en faveur de la juridiction la plus proche des intérêts du demandeur.

4. La notion de consommateur au sens du règlement n° 44/2001 :

a. est laissée à l'interprétation des droits nationaux.

b. doit être interprétée de façon autonome.

5. Les règles protectrices du consommateur énoncées dans le règlement n° 44/2001 s'appliquent :

a. pour tous les contrats qualifiés de contrats de consommation en droit national.

b. y compris aux contrats portant sur un bien à usage mixte.

c. y compris aux contrats portant sur un bien à usage mixte, mais uniquement lorsque l'usage professionnel se révèle être marginal.

6. Tenues d'interpréter l'article 46 du Code de procédure civile, les juridictions françaises sont liées par l'interprétation proposée par la Cour de justice de l'article 5 § 3 du règlement n° 44/2001 :

a. vrai.

b. faux.

7. Il résulte de l'article 27 du règlement n° 44/2001 que lorsque les conditions de recevabilité de l'exception de litispendance sont réunies :

a. le juge saisi en second lieu a une simple faculté de soulever l'exception de litispendance, la saisine parallèle d'une autre juridiction fut-elle établie.

b. le juge saisi en second lieu sursoit d'office à statuer, jusqu'à ce que la compétence du tribunal premier saisi soit établie.

8. Selon le règlement n° 1346/2000 du 29 mai 2000 relatif aux procédures d'insolvabilité :

a. la procédure principale est ouverte sur le territoire de l'État membre sur lequel le débiteur a ses centres d'intérêts principaux, lesquels sont présumés être, pour les sociétés et personnes morales, au siège statutaire.

b. la procédure principale est ouverte sur le territoire de l'État membre sur lequel le débiteur a ses centres d'intérêts principaux, lesquels sont présumés être, pour les sociétés et personnes morales, au siège réel.

9. Le règlement n° 1346/2000 du 29 mai 2000 relatif aux procédures d'insolvabilité soumet les décisions d'ouverture d'une procédure principale et d'une procédure secondaire aux mêmes conditions de reconnaissance :

a. vrai.

b. faux.

10. La compétence générale de la *lex fori concursus* énoncée par le règlement n° 1346/2000 du 29 mai 2000 relatif aux procédures d'insolvabilité s'applique :

a. seulement à la procédure d'insolvabilité principale.

b. seulement à la procédure d'insolvabilité secondaire.

c. aussi bien aux procédures d'insolvabilité principales qu'aux procédures d'insolvabilité secondaires.

11. Dans l'hypothèse où un débiteur demande l'ouverture d'une procédure relevant du règlement n° 1346/2000 et transfère par la suite le centre de ses intérêts principaux dans un État membre autre que celui de la juridiction initialement saisie et avant que celle-ci n'ait statué, la juridiction compétente pour connaître de la procédure est :

a. la juridiction du nouvel établissement du débiteur.

b. la première juridiction saisie.

Voir le corrigé en fin de rubrique.

B) Cas pratique

Énoncé

Philippe a toujours été passionné par les voitures, en particulier les berlines allemandes, connues pour leur grande fiabilité. À la recherche d'un nouveau véhicule dont il a absolument besoin pour faire les trajets qui lui permettront notamment de rejoindre sa fille le week-end, partie étudier à Aix-en-Provence, Philippe fréquente régulièrement depuis quelques semaines différents sites Internet de vente de voitures. Il y a un mois, il remarque sur une plate-forme de recherche allemande une voiture de marque allemande. Il téléphone immédiatement au professionnel qui vend le véhicule, établi à Stuttgart, dont le numéro de téléphone, précédé d'un préfixe international, figure sur le site Internet. Par chance, Philippe et son interlocuteur n'ont aucune difficulté pour échanger en anglais. Sont alors détaillées à Philippe les principales caractéristiques du véhicule, qui lui sont ultérieurement confirmées par courriel. On lui précise par ailleurs que sa nationalité française ne représente aucun obstacle à l'acquisition envisagée. Philippe décide rapidement de se rendre en Allemagne pour prendre livraison du véhicule. De retour en France, il découvre cependant plusieurs défauts sur son acquisition. Il tente en vain de recontacter le vendeur pour obtenir des explications et, surtout, trouver un moyen de faire réparer le véhicule. Demeurant sans réponse aujourd'hui, il entreprend finalement de porter son action devant les tribunaux pour obtenir le remboursement du prix de vente ainsi qu'une indemnisation. Mais Philippe ne sait quelle juridiction saisir, sa préférence allant bien sûr vers les juridictions françaises, afin d'éviter d'autres déplacements.

Voir le corrigé en fin de rubrique.

2) Corrigés

Test de connaissances

1. a ; **2.** b ; **3.** c ; **4.** b ; **5.** c ; **6.** a ; **7.** b ; **8.** a ; **9.** a ; **10.** c ; **11.** b.

Cas pratique

Un certain nombre d'éléments rattachent avec certitude le litige à plusieurs ordres juridiques, justifiant l'appellation de litige international : la nationalité des parties (française et allemande), le lieu de leur domicile (l'Allemagne et la France), la prise de contacts entre les parties entre l'Allemagne et la France, et la conclusion d'un contrat entre ces deux États. Ces éléments d'extranéité confèrent à la situation une dimension internationale.

En vertu du principe de primauté du droit de l'Union et de la supériorité des conventions internationales ratifiées par la France, il convient de se demander, au préalable, si un texte de source européenne ou si une convention internationale est applicable à la question de compétence ici envisagée. Dans l'affirmative, il convient ensuite d'appliquer les règles de compétence adéquates pour déterminer quel juge doit être saisi.

Le règlement (CE) n° 44/2001 du Conseil du 22 décembre 2000 concerne la compétence judiciaire, la reconnaissance et l'exécution des décisions en matière civile et commerciale. Il convient d'observer si la situation qui nous est soumise relève de son champ d'application.

Au plan temporel, le règlement s'applique aux actions intentées après son entrée en vigueur, à savoir, le 1er mars 2002 (art. 66 § 1er et 76). La procédure sera en l'espèce engagée de toute évidence postérieurement à l'entrée en vigueur du règlement. Au plan matériel, le règlement est applicable en matière civile et commerciale (art. 1 § 1er), cette expression incluant les questions contractuelles ainsi que, plus spécifiquement, les contrats de consommation. Le litige oppose en l'espèce l'acheteur d'un véhicule à son vendeur qui ont donc conclu un contrat. La question relève dès lors du champ d'application matériel du règlement. Spatialement, enfin, le règlement est applicable, notamment, lorsque le défendeur possède son domicile dans un État membre (art. 2). Le vendeur allemand étant installé à Stuttgart, le règlement est territorialement applicable.

Le règlement n° 44/2001 a hiérarchisé les règles de compétence juridictionnelle, qui doivent être envisagées dans un ordre précis : les règles de compétence exclusive (art. 22) tout d'abord, les accords de prorogation de compétence (art. 23) ensuite, puis les règles de compétence particulière en raison de la matière (sections 3, 4 et 5) et, enfin, les règles de compétence ordinaire, générales et spéciales (art. 2 et 5).

L'article 22 n'est en l'espèce pas applicable : la matière litigieuse n'entre pas dans l'une des catégories prévues par cette disposition et auxquelles sont attribuées des compétences exclusives. Les faits ne font par ailleurs pas état d'une clause attributive de juridiction. L'article 23 peut ainsi être écarté. Enfin, le domaine concerné par le litige permet d'exclure les sections 3 et 5 du règlement, relatives, respectivement, aux contrats d'assurance et aux contrats individuels de travail. On doit en revanche s'interroger sur l'applicabilité de la section 4 du règlement, relative aux contrats conclus par les consommateurs.

La notion de « consommateur », au sens du règlement, est déterminée par le texte lui-même. Il résulte en effet de l'article 15 que les règles de compétence de la section 4 sont applicables à condition qu'une personne physique ait conclu, pour un usage étranger à son activité professionnelle, un contrat de vente à tempérament d'objets mobiliers corporels (art. 15 § 1er a) ou un contrat de prêt à tempérament ou autre opération de crédit liés au financement d'une vente desdits objets (art. 15 § 1er b), ou encore un contrat dont le cocontractant « exerce ses activités commerciales ou professionnelles dans l'État membre sur le territoire duquel le consommateur a son domicile ou qui, par tout moyen, dirige ses activités vers cet État membre » (art. 15 § 1 c). La notion de consommateur, ainsi que les autres notions auxquelles le règlement fait référence, commande une interprétation autonome : à ce titre, elle doit notamment être interprétée en fonction des objectifs et du système du règlement (v. par ex. CJCE 14 oct. 1976, *Eurocontrol*, aff. C-9/76, *Rec. CJCE* 1541). La Cour de justice retient une interprétation stricte de la notion de contrat de consommation (v. par ex. CJCE 20 janv. 2005, *Petra Engler c. Janus Versand*, aff. C-7/02, *Rec. CJCE* I-481). En l'espèce, Philippe a contracté avec un professionnel, pour acheter un véhicule qui devait relever de son usage personnel. Il souhaite en effet avant tout se servir de sa voiture pour se rendre à Aix-en-Provence où étudie sa fille. Dans l'hypothèse où Philippe ferait un usage mixte de la voiture, c'est-à-dire, l'utiliserait également dans un cadre professionnel, les règles protectrices du règlement n° 44/2001 pourront s'appliquer si l'usage professionnel se révèle être marginal par rapport à l'usage personnel (CJCE 20 janv. 2005, *Gruber*, aff. C-64/01, *Rec. CJCE* I-439). Le contrat litigieux ne relevant pas de l'article 15 § 1er a (vente à tempérament d'objets mobiliers corporels), ni de l'article 15 § 1er b (prêt à tempérament ou autre opération de crédit liés au financement d'une vente de tels objets), il importe de vérifier si les conditions d'applicabilité de la section 4 posées par l'article 15 § 1er c sont bien remplies. Ce dernier, rappelons-le, énonce que les règles protectrices du consommateur s'appliquent « lorsque [dans les autres cas que ceux visés en a et en b], le contrat a été conclu avec une personne qui exerce des activités commerciales ou professionnelles dans l'État membre sur le territoire duquel le consommateur a son domicile ou qui, par tout moyen, dirige ces activités vers cet État membre ou vers plusieurs États, dont cet État membre, et que le contrat entre dans le cadre de ces activités ». Il convient ainsi de vérifier si l'on doit considérer que le cocontractant de Philippe « dirige ses activités » vers la France, au sens du règlement. La Cour de justice a proposé une interprétation judiciaire de la notion d' « activité dirigée » dans un important arrêt *Pammer et Hotel Alpenhof* (CJUE 7 déc. 2010, aff. jointes C-85/08 et C-144/09, *Rec. CJCE* I-12527). Elle explique tout d'abord que la seule accessibilité d'un site Internet ne saurait être une raison suffisante pour justifier le déclenchement d'un dispositif spécial de protection du consommateur. En revanche, d'autres éléments permettent de caractériser la notion « d'activité dirigée ». La Cour souligne à cet égard que ce qui est décisif est que le commerçant ait « manifesté sa volonté d'établir des relations commerciales » avec les consommateurs de cet État membre. La Cour précise cependant qu'il n'est pas nécessaire que le professionnel cherche à développer une activité d'une certaine ampleur avec la clientèle d'un autre État pour être considéré comme dirigeant son activité vers cet État : il suffit simplement qu'il se montre disposé à commercialiser avec les consommateurs de cet État. Le juge de l'Union propose alors des éléments qui, combinés les uns aux autres, sont susceptibles de démontrer l'existence d'une activité dirigée vers un ou plusieurs autres États membres : la mention des coordonnées téléphoniques avec indication d'un préfixe international, l'utilisation d'un nom de domaine de premier niveau autre que celui de l'État membre où le professionnel est établi, la description d'itinéraires à partir d'un ou de plusieurs autres États membres vers le lieu où le professionnel est établi, ainsi que la mention d'une clientèle internationale composée de clients domiciliés dans différents États membres, notamment par la présentation de témoignages de tels clients.

En l'espèce, si l'accessibilité du site en France ne peut suffire à caractériser la direction de l'activité du professionnel vers la France, force est de penser que d'autres éléments permettent au contraire de considérer que la condition de direction de l'activité vers les consommateurs français est remplie : Philippe a utilisé un numéro de téléphone précédé d'un préfixe international pour appeler son cocontractant, ce préfixe témoignant de ce que le professionnel est disposé à servir une clientèle étrangère ; le professionnel a bien spécifié à Philippe que sa nationalité française ne représentait aucune difficulté pour la conclusion du contrat, des échanges de mails ont eu lieu entre les deux parties et l'on peut supposer que, pour se rendre chez le professionnel à Stuttgart, Philippe a suivi un itinéraire figurant sur le site Internet ou, à tout le moins, conseillé par son cocontractant. En d'autres termes, le professionnel s'est en l'espèce montré disposé à contracter avec les consommateurs français, élément permettant de caractériser la notion d'activité dirigée, telle qu'interprétée par la jurisprudence *Pammer et Hotel Alpenhof* précitée. Observons, par ailleurs, que le fait que Philippe se soit rendu sur place pour conclure le contrat ne saurait également faire obstacle à la mise en œuvre des dispositions protectrices de la section 4 du règlement : dans un arrêt *Mühlleitner* rendu le 6 septembre 2012 (CJUE aff. C-90/11, nep), le juge de l'Union a exclu que le champ d'application de l'article 15 § 1er c du règlement n° 44/2001 soit limité aux seuls contrats de consommation conclus à distance. La condition essentielle à laquelle est subordonnée l'application de cette disposition est en effet celle liée à l'activité commerciale ou professionnelle dirigée vers l'État du domicile du consommateur.

Les conditions posées par l'article 15 § 1er c étant remplies, Philippe peut exploiter les règles de compétence protectrice consacrées par ce texte et, notamment, l'article 16 § 1, aux termes duquel : « l'action intentée par un consommateur contre l'autre partie au contrat peut être portée soit devant les tribunaux de l'État membre sur le territoire duquel est domiciliée cette partie, soit devant le tribunal du lieu où le consommateur est domicilié ».

Philippe pourra donc saisir les juridictions françaises.

chapitre 15

Les procédures devant le juge européen

Plan analytique

section 1

La procédure contentieuse

§ 1 La procédure générale

A. L'introduction de l'instance

B. Le cours de l'instance

C. La conclusion de l'instance

§ 2 Les procédures spécifiques

section 2

Le contentieux devant la Cour de justice

§ 1 Le renvoi préjudiciel

A. L'objet du renvoi préjudiciel

B. Étendue de la compétence du juge national

C. La recevabilité du renvoi préjudiciel

D. L'élaboration et le contenu de l'arrêt préjudiciel

E. Les effets de l'arrêt préjudiciel

F. La procédure préjudicielle d'urgence

§ 2 Le recours en manquement

A. La procédure de constatation du manquement

B. Les éléments constitutifs du manquement

C. Les effets de l'arrêt en manquement

§ 3 Le recours en annulation

A. Les conditions de recevabilité du recours en annulation

B. Les moyens d'annulation

C. Les effets de l'arrêt

§ 4 Les autres recours

15

Les procédures devant le juge européen

L'article 2 TUE présente les différentes valeurs sur lesquelles est fondée l'Union européenne. Parmi celles-ci, l'État de droit n'est autre que le nom « que mérite seul un ordre juridique dans lequel le respect du Droit est réellement garanti aux sujets de droit » (V° « État de Droit », *in* Gérard Cornu, *Vocabulaire juridique*, 9e éd., Association Henri Capitant, PUF, 2011). L'État de droit n'est ainsi en rien une simple notion : il s'agit d'une expérience dont, en l'occurrence, doivent bénéficier les citoyens de l'Union. Concrètement, l'État de droit se manifeste, notamment, à travers l'existence de mécanismes juridictionnels aptes à faire respecter la légalité. Dans le contexte du droit de l'Union en particulier, les juridictions nationales, en tant que juges de droit commun de ce droit, sont en première position pour assumer ce rôle. Elles jouent à ce titre un rôle primordial. Mais l'office européen des juridictions internes est complété, plus activement encore, par le travail fourni par les juridictions de l'Union. La connaissance du droit du contentieux des juridictions de l'Union intéresse ainsi toute personne souhaitant se prévaloir des droits qu'elle tire du droit de l'Union, en particulier, du droit économique de l'Union. Les voies de droit destinées à garantir l'application effective du droit de l'Union européenne ne sont pourtant pas toujours connues, alors même que la Cour de justice, le Tribunal et les juridictions spécialisées – qui constituent la Cour de justice de l'Union européenne aux termes du traité – assurent « le respect du droit dans l'interprétation et l'application des traités » (art. 19 TUE). 564

Les dimensions du contentieux devant les juridictions de l'Union européenne doivent donc être appréhendées et ce, à double titre. En premier lieu, cette étude peut guider les praticiens – et futurs praticiens – lorsqu'ils envisagent leur stratégie juridictionnelle. En deuxième lieu, elle permet de saisir les pouvoirs des juridictions de l'Union, et, en large partie, ceux de la Cour de justice qui développe une politique jurisprudentielle constructive et qui s'est toujours attachée à mettre en œuvre une interprétation apte à préserver l'effet utile des normes européennes. Il faut en effet être conscient du rôle créateur que la Cour exerce à travers sa jurisprudence. D'ailleurs, s'ils figuraient en filigrane dans les traités, les grands principes de la construction européenne ne sont autres que le fruit de la jurisprudence de la Cour. Ainsi, cette dernière reconnaît que le droit de l'Union peut être d'effet direct, c'est-à-dire, non seulement invoqué devant le juge national mais, également, susceptible d'être directement appliqué par ce dernier, dans son célèbre arrêt *Van Gend en Loos* (CJCE 5 févr. 1963, 26/62, *Rec. CJCE* 1). Ainsi, elle affirme audacieusement la primauté du droit de l'Union dans son non moins important arrêt *Costa* (CJCE 15 Juill. 1964, 6/64, *Rec. CJCE* 1143 : « le droit du traité ne peut, en raison de sa nature spécifique originale, se voir judiciairement opposer un texte interne quel qu'il soit »). Ainsi, encore, la Cour n'hésite pas à attribuer de nouvelles compétences à la Communauté, puis à l'Union, en dépassant la lettre du traité (v. par ex. CJCE 13 sept. 2005, *Commission c. Conseil*, aff. C-76/03, *Rec. CJCE* I-7879, dans lequel la Cour étend les 565 compétences de la Communauté aux sanctions pénales environnementales). Ainsi, enfin, la Cour étend, sinon, crée, certains principes de droit substantiel qui intéressent directement les opérateurs économiques, comme le principe de reconnaissance mutuelle, (v. not., CJCE 20 févr. 1979, *Rewe-Zentral*, 120/78, *Rec. CJCE* 649). Au final, la Cour joue un rôle fondamental au sein de l'État de droit auquel aspire l'Union – et qu'elle est – jusqu'à agir tel un juge constitutionnel du droit de l'Union.

■ 566 C'est en s'intéressant principalement à la Cour de justice que nous présenterons le déroulement de la procédure contentieuse devant le juge européen (section 1), puis les différents recours juridictionnels qui peuvent être exercés devant ce juge (section 2). Les questions relatives à l'organisation judiciaire en tant que telle – composition des cours, durée des mandats des juges etc. – ayant été auparavant brièvement envisagées (v. ss 59), elles ne seront ici pas évoquées.

section 1

La procédure contentieuse

■ 567 Habituellement peu retenue dans les manuels, la présentation de la procédure contentieuse devant le juge européen n'en demeure pas moins essentielle. Le praticien, en particulier, ne peut se passer de sa connaissance.

Plusieurs sources textuelles organisent la procédure contentieuse devant la Cour de justice. En premier lieu, le statut de la Cour de justice comporte un Titre 3 « Procédure devant la Cour de justice » détaillant les conditions de représentation, les phases de l'instance ou, encore, les conditions formelles pour former un recours. Le règlement de procédure de la Cour, ensuite, a été à de nombreuses reprises modifié depuis son adoption initiale le 4 mars 1953, sans que sa structure fondamentale ne soit pour autant bouleversée. Il a été récemment entièrement refondu : un nouveau règlement a été adopté et publié en septembre 2012 (*JOUE* L 265 du 29 sept. 2012) – et révisé en juin 2013 suite à l'adhésion de la Croatie (*JOUE* L 173/65 du 26 juin 2013) – pour remplacer le précédent règlement de 1991, dans un objectif de simplification, de meilleure lisibilité pour le justiciable et, surtout, afin d'adapter les dispositions du règlement à l'évolution du contentieux. À ce dernier égard, et pour ne citer qu'un exemple, le règlement de procédure de la Cour de 1991 accordait une grande importance aux recours directs. Pourtant, la pratique a progressivement démontré que ces recours directs relèvent principalement de la compétence du Tribunal. La Cour, en revanche, est extrêmement sollicitée à titre préjudiciel : le *renvoi préjudiciel*[Q] représente la première catégorie d'affaires présentée au juge de l'Union. Le nouveau règlement de procédure de septembre 2012, entré en vigueur le 1er novembre 2012, prend acte de cette évolution, en consacrant son titre 3e aux renvois préjudiciels (Chapitre 1er : dispositions générales ; Chapitre 2e : de la procédure préjudicielle accélérée ; Chapitre 3e : de la procédure préjudicielle d'urgence ; Chapitre 4e : de l'aide juridictionnelle), les recours directs étant présentés ensuite, dans un titre 4e. Le règlement de la Cour est complété d'un règlement additionnel du 21 février 2006, qui énonce les règles relatives aux commissions rogatoires (Chapitre 1er), à l'assistance judiciaire gratuite (Chapitre 2), à la dénonciation des violations de serment des témoins et experts (Chapitre 3). Ces ressources sont complétées par d'autres documents qui, à l'instar des précédents, peuvent tous être consultés sur le site de la Cour de justice (www.curia.europa.eu, dans la rubrique « Cour de justice – Procédure » : instructions au greffier de la Cour de justice, instructions pratiques relatives aux recours directs et aux pourvois, recommandations à l'attention des juridictions nationales relatives à l'introduction de procédures préjudicielles, guide aux conseils etc). La Cour de justice complète elle-même, si nécessaire, ces différentes sources. Elle s'inspire pour cela des dispositions consacrées par la Charte des droits fondamentaux de l'Union, de celles de la Convention européenne de sauvegarde des droits de l'Homme et des libertés fondamentales ou puise dans les principes généraux du droit de l'Union relatifs à la procédure juridictionnelle.

Ajoutons que le Tribunal et le Tribunal de la fonction publique ont des sources textuelles dont certaines sont communes à celles de la Cour de justice (le statut de la Cour de justice de l'Union possède par exemple une annexe I relative au Tribunal de la Fonction publique) et d'autres propres : le Tribunal et le Tribunal de la Fonction publique ont leur propre règlement de procédure (règlement du 2 mai 1991 pour le Tribunal : *JOCE* L 136 1 et règlement du 25 juillet 2007 pour le Tribunal de la fonction publique : *JOCE* L 24 8), l'un et l'autre modifiés à plusieurs reprises. 568

La procédure contentieuse devant le juge de l'Union peut être présentée en distinguant la procédure générale (§1) des procédures spéciales (§2).

§ 1 La procédure générale

La procédure devant le juge de l'Union ne présente pas d'originalité particulière quant aux étapes qui la composent : la première étape est celle de l'introduction de l'instance (A), la deuxième, celle du cours de l'instance (B), la troisième, celle de sa conclusion (C). Les règles qui les régissent ne peuvent ici être envisagées de façon totalement exhaustive. Les principaux éléments seront en revanche observés. 569

A. L'introduction de l'instance

L'instance est introduite lorsque le requérant adresse une requête écrite au greffier de la Cour et enregistrée au greffe. Le délai pour introduire la requête varie selon le recours envisagé, mais chaque délai obéit à des règles communes, s'agissant des modalités de calcul et des motifs permettant au requérant d'échapper à la forclusion (v. art. 49 à 51 du règlement de procédure de la Cour, 101 à 102 du règlement de procédure du Tribunal, 100 du règlement de procédure du Tribunal de la Fonction publique, précisant, par exemple, que les délais comprennent les samedis, dimanche et jours fériés légaux dont la liste est publiée chaque année au *JOUE* ou, encore, que lorsque le délai est exprimé en mois et en jours, il est d'abord tenu compte des mois entiers, puis des jours). L'application des règles concernant les délais de recours ne peut être écartée, excepté dans des circonstances exceptionnelles, c'est-à-dire dans des hypothèses de cas fortuit ou de force majeure (v. art. 45 du statut de la Cour, selon lequel « aucune déchéance tirée de l'expiration des délais ne peut être opposée lorsque l'intéressé établit l'existence d'un cas fortuit ou de force majeure » ; v. encore CJCE 23 janv. 1997, *Coen*, aff. C-46/95, *Rec. CJCE* I-403). La Cour attend du requérant qu'il fasse preuve de diligence quant au respect des délais prévus (CJCE 15 déc. 1994, *Bayer c.* 570

Commission, aff. C-95/91 P, *Rec. CJCE* I-5619). La Cour admet cependant l'erreur excusable, cette dernière constituant ainsi une exception de source prétorienne ajoutée aux exceptions textuelles que sont le cas fortuit et la force majeure. L'erreur excusable « ne vise que des circonstances exceptionnelles dans lesquelles, « notamment », l'institution concernée a adopté un comportement de nature, à lui seul ou dans une mesure déterminée, à produire une confusion admissible dans l'esprit du justiciable » (arrêt *Bayer* préc.). Les règles relatives aux délais de recours sont d'ordre public. Le juge est tenu d'en assurer d'office le respect (CJCE 11 mai 1989, *Maurissen et Union syndicale c. Cour des comptes*, aff. 193/87 et 194/87, *Rec. CJCE* 1045).

■ 571 La procédure devant les juridictions de l'Union étant en principe gratuite, la requête n'est soumise à aucun droit de timbre (art. 143 du règlement de procédure de la Cour. Le même principe s'applique devant le Tribunal et devant le Tribunal de la Fonction publique : art. 90 du règlement de procédure du Tribunal et 94 du règlement de procédure du Tribunal de la Fonction publique). Deux exceptions au principe de gratuité existent cependant : les frais de travail de copie et de traduction effectués à la demande d'une partie doivent être remboursés par cette dernière lorsque le greffier les juge extraordinaires ; la partie qui a provoqué des frais qui auraient pu être évités doit également les rembourser.

■ 572 L'article 21 du statut de la Cour présente les éléments que la requête doit contenir – notamment, l'indication du nom et du domicile du requérant et de la qualité du signataire, l'indication de la partie ou des parties contre lesquelles la requête est formée, l'objet du litige, les conclusions et un exposé sommaire des moyens invoqués - et précise que, s'il y a lieu, la requête doit être accompagnée de l'acte dont l'annulation est demandée. Lorsque la requête est introduite par une personne morale de droit privé, celle-ci doit joindre ses statuts ou un extrait récent du registre des associations ou toute autre preuve de son existence juridique, de même que la preuve de la régularité du mandat donné à l'avocat. La validité de ce mandat, comme la capacité d'ester en justice, sont soumises aux règles de droit de l'État membre où la personne morale a son siège. Les requêtes collectives sont admises, sous certaines conditions (CJCE 1er juin 1958, *Wirtschaftsvereinigung Eisen-und Stahlindustrie e. a. c. Haute Autorité*, aff. 13/57, *Rec. CJCE* 263). La requête doit en particulier présenter brièvement les faits du litige, contenir la formulation précise des conclusions, une argumentation juridique structurée. Il est recommandé de joindre un résumé des moyens et principaux arguments invoqués par les parties. La clarté, la cohérence et la précision des moyens doivent permettre à la partie défenderesse de préparer sa défense et au juge d'exercer son contrôle. Aussi, la requête doit être très claire quant aux moyens sur lesquels le recours est basé (CJCE 5 mars 1991, *Grifoni c. CEEA*, aff. C-30/88, *Rec. CJCE* I-1045 ; CJUE 5 mai 2011, *Commission c. Portugal*, aff. C-67/09, *Rec. CJCE* I-3197).

■ 573 L'acte de procédure doit porter la signature manuscrite de l'agent ou de l'avocat de la partie. Il s'agit d'« une condition de forme substantielle, dont l'inobservation ne figure pas au nombre des irrégularités auxquelles il pourrait être porté remède en vertu de l'article 21, deuxième alinéa, du statut de la Cour et de l'article 38, paragraphe 7, du règlement de procédure » (CJUE 24 nov. 2011, *Italie c. Commission*, aff. C-58/09 P, nep). Le dépôt d'une copie de l'original de l'acte de procédure est autorisé, par télécopieur ou par courrier électronique. Depuis novembre 2011 en effet, le dépôt et la signification électroniques d'acte de procédure peuvent être effectués grâce à l'application informatique « e-Curia » : il s'agit d'une application de la Cour de justice de l'Union européenne destinée aux avocats et aux agents des États membres et des institutions, organes et organismes de l'Union européenne permettant l'échange d'actes de procédure avec les greffes des trois juridictions par voie exclusivement électronique. Il n'est alors pas nécessaire que les actes déposés soient signés à la main. Tout acte de procédure déposé par e-Curia est réputé être l'original de cet acte. Les mémoires déposés doivent respecter une longueur maximale, par exemple, 20 pages pour les requêtes formées dans le cadre d'une affaire relative à la propriété intellectuelle. Un nouvel article 58 a été ajouté lors de la refonte du règlement de procédure de la Cour de septembre 2012, lequel autorise celle-ci à fixer la longueur maximale des mémoires ou décisions déposés devant elle.

On note que la requête doit nécessairement contenir l'élection de domicile du requérant à Luxembourg. Une personne autorisée – qui peut être un avocat, une société, un particulier ou un huisser, ou, par exemple, une ambassade pour un État – et consentant à recevoir la signification des actes de procédures doit être désignée et son nom indiqué sur la requête (art. 121 du règlement de procédure de la Cour). La requête doit également indiquer l'identité du défendeur, qui ne pourra faire l'objet d'une modification ultérieure (CJCE, ord., 10 nov. 1977, *Hellmut Stimming c. Commission*, 90/77, *Rec. CJCE* 2113). Une requête qui ne respecte pas les conditions fixées par le statut de la Cour et par les règlements de procédure doit être régularisée dans un délai raisonnable, fixé par le greffier. À défaut de régularisation, il revient à la juridiction saisie de décider si la requête doit être déclarée irrecevable. La régularisation de la requête est envisagée de façon plus restrictive devant la Cour que devant les autres juridictions. Devant la Cour en effet, la régularisation est envisagée uniquement lorsque l'acte attaqué ou l'invitation à agir n'a pas été joint au recours (art. 21 du règlement de procédure). Devant le Tribunal ou le Tribunal de la Fonction publique, peuvent en plus être régularisés : le défaut de preuve de l'existence juridique du requérant personne morale de droit privé, le défaut de production d'un document de légitimation par l'avocat ou le réprésentant d'une partie, le défaut de preuve selon laquelle le mandat donné à l'avocat a été régulièrement établi. La requête introductive d'instance fixe en principe définitivement le cadre du litige. Deux exceptions à ce principe existent cependant : lorsque des moyens nouveaux sont introduits en cours d'instance, qui ne se fondent pas sur des éléments de droit et de fait qui se sont révélés pendant la procédure (art. 121 § 1 du règlement de procédure de la Cour ; art. 48 § 2 du règlement de procédure du tribunal ; art. 43 § 1 du règlement de procédure du tribunal de la Fonction publique) ; lorsque l'acte attaqué dans le cadre d'un recours en annulation est remplacé ou modifié par un autre acte, le requérant étant alors autorisé à adapter ses conclusions et ses moyens (v. par ex. CJCE 29 sept. 1987, *Fabrique de fer de Charleroi et Dillinger Hüttenwerke c. Commission*, 351/85 et 360/85, *Rec. CJCE* 4131). La requête signifiée au défendeur, un avis est ensuite publié au *JOUE*. 574

B. Le cours de l'instance

Le règlement de procédure de la Cour distingue deux phases : la phase écrite (1) et la phase orale (2). Le « guide aux conseils » proposé sur le site de la Cour de justice représente un outil de travail utile qui guide les conseils dans ces deux phases de la procédure. 575

1. *La phase écrite*

576 Le chapitre 5 du règlement de procédure détaille cette première phase de l'instance. Le règlement doit à cet endroit être complété par le statut de la Cour, dont l'article 20 énonce que « la procédure écrite comprend la communication aux parties, ainsi qu'aux institutions de l'Union dont les décisions sont en cause, des requêtes, mémoires, défenses et observations et, éventuellement, des répliques, ainsi que de toutes pièces et documents à l'appui ou de leurs copies certifiées conformes ».

577 Le déroulement « ordinaire » de la procédure écrite a lieu de la façon suivante : la requête introductive d'instance signifiée, le Président de la Cour désigne un juge rapporteur chargé de l'affaire, dans les meilleurs délais. Le Premier avocat général décide de l'attribution de l'affaire aux avocats généraux. L'affaire est en principe attribuée à une chambre à trois juges. La formation diffère dans des hypothèses spécifiques. Par exemple, lorsque l'importance de l'affaire ou des circonstances particulières le justifient, l'affaire peut être renvoyée devant une formation élargie à cinq juges ou devant la grande chambre. Si l'affaire ne présente pas de difficulté juridique majeure, le juge rapporteur d'une chambre à trois juges peut statuer en tant que juge unique.

578 Depuis la refonte du règlement de procédure de la Cour, le défendeur doit présenter un mémoire en défense dans les deux mois suivants la signification de la requête (le délai était auparavant d'un mois). Ce mémoire comporte, aux termes de l'article 124 du règlement de procédure de la Cour : le nom et le domicile du défendeur, les moyens et arguments invoqués, les conclusions du défendeur, les preuves et offres de preuve « s'il y a lieu ». Un arrêt par défaut peut éventuellement être rendu en l'absence de réponse à la requête dans les formes et le délai prescrit (art. 152 du règlement de procédure de la Cour, 122 du règlement de procédure du Tribunal et 116 du règlement de procédure du Tribunal de la Fonction publique). Les parties ont la faculté de compléter la requête et le mémoire en défense, par une réplique du requérant ou bien du défendeur. La Cour peut également inviter le requérant, dans l'intérêt d'une bonne administration de la justice, à déposer sa réplique bien qu'il y ait renoncé, dès lors que la Cour ne s'estime pas suffisamment informée (CJCE 15 juill. 1982, *Commission c. Royaume-Uni*, 40/82, *Rec. CJCE* 2793).

579 Lorsque la procédure écrite est clôturée, le juge rapporteur rédige un rapport préalable, lequel comporte « des propositions sur la question de savoir si l'affaire appelle des mesures particulières d'organisation de la procédure, des mesures d'instruction ou, le cas échéant, des demandes d'éclaircissements à la juridiction de renvoi, ainsi que sur la formation de jugement à laquelle il convient de renvoyer l'affaire » (art. 59 § 2 du règlement de procédure de la Cour). Force est de noter que, devant le Tribunal, le rapport préalable est probablement d'une plus grande importance encore que devant la Cour, le juge rapporteur y développant une analyse de l'affaire qui se substitue en quelque sorte aux conclusions de l'avocat général présentées devant la Cour. Selon la décision prise par la juridiction saisie de donner suite ou non aux propositions du juge rapporteur, la procédure orale peut s'ouvrir. Des mesures d'instruction – comprenant la comparution des parties, la demande de renseignements et la production de documents, la preuve par témoins, l'expertise et la descente sur les lieux (art. 64 du règlement de procédure de la Cour) – et d'organisation de la procédure – ces dernières visant à « assurer, dans les meilleures

conditions, la mise en état des affaires, le déroulement des procédures et le règlement des litiges » (art. 64 du règlement de procédure du Tribunal et 54 du règlement de procédure du Tribunal de la fonction publique) –, peuvent également être décidées (art. 61 à 65 du règlement de procédure de la Cour), en principe, à la fin de la procédure écrite ou, de façon plus exceptionnelle, lors de la procédure orale. Le juge, et non les parties, peut seul apprécier l'opportunité d'adopter une mesure d'organisation de la procédure ou une mesure d'instruction.

La procédure peut être suspendue dans deux hypothèses. La première situation est celle dans laquelle la Cour et le Tribunal sont saisis d'affaires ayant le même objet, mettant en cause la validité d'un même acte ou bien soulevant une question d'interprétation identique. Le Tribunal ou la Cour décide alors de suspendre la procédure, jusqu'à ce que l'autre juge saisi prononce sa décision. La seconde situation vise « tous les autres cas » (art. 55 § 1 du règlement de procédure de la Cour). Sont visées, principalement, les situations dans lesquelles des affaires sont connexes devant le Tribunal et la Cour. L'article 54 du statut de la Cour prévoit par ailleurs des hypothèses de dessaisissement : « lorsque le Tribunal constate qu'il n'est pas compétent pour connaître d'un recours qui relève de la compétence de la Cour, il le renvoie à la Cour ; de même, lorsque la Cour constate qu'un recours relève de la compétence du Tribunal, elle le renvoie à ce dernier, qui ne peut alors décliner sa compétence. Lorsque la Cour et le Tribunal sont saisis d'affaires ayant le même objet, soulevant la même question d'interprétation ou mettant en cause la validité du même acte, le Tribunal, après avoir entendu les parties, peut suspendre la procédure jusqu'au prononcé de l'arrêt de la Cour ou, s'il s'agit de recours introduits en vertu de l'article 263 du traité sur le fonctionnement de l'Union européenne, se dessaisir afin que la Cour puisse statuer sur ces recours. Dans les mêmes conditions, la Cour peut également décider de suspendre la procédure dont elle est saisie ; dans ce cas, la procédure devant le Tribunal se poursuit. Lorsqu'un État membre et une institution de l'Union contestent le même acte, le Tribunal se dessaisit afin que la Cour puisse statuer sur ces recours ». 580

Une procédure accélérée peut être envisagée, lorsque « la nature de l'affaire exige son traitement dans de brefs délais » (art. 133 du règlement de procédure de la Cour) ou lorsque « l'urgence particulière et [l]es circonstances de l'affaire » l'exigent (art. 76 *bis* du règlement de procédure du Tribunal). L'une ou l'autre partie peut être à l'origine d'une demande de procédure accélérée, que le juge demeure libre d'accepter ou de refuser. Il peut arriver, de façon plus exceptionnelle, que la Cour prenne d'office une telle décision. 581

2. *La procédure orale*

« La procédure orale comprend l'audition par la Cour des agents, conseils et avocats et des conclusions de l'avocat général, ainsi que, s'il y a lieu, l'audition des témoins et experts » (art. 20 du statut de la Cour). Un rapport d'audience rédigé par le juge rapporteur de l'affaire et destiné à expliquer les éléments de fait et de droit de l'affaire, ainsi que les moyens et les arguments des parties est envoyé à ces dernières. Depuis la réforme du statut de la Cour, ce rapport n'est plus nécessairement lu (en pratique, le rapport d'audience n'était en réalité plus lu depuis plusieurs dizaines d'années). Devant la Cour, dans le cadre des recours directs et des pourvois, le rapport doit contenir : « une description succinte des faits pertinents et des règles applicables, 582 l'indication des conclusions des parties et des moyens invoqués, l'argumentation avancée à l'appui des moyens n'étant reprise, en principe, que sous forme synthétique ». Dans le cadre des renvois préjudiciels, le rapport doit présenter : « une description du cadre juridique et factuel de l'affaire, l'indication des questions préjudicelles ainsi que les réponses proposées dans les observations écrites déposées, les arguments avancés pour étayer les réponses proposées n'étant, en principe, pas repris » (v. *Guide aux conseils de la Cour*, p. 19).

■ 583 Les parties doivent formuler une demande motivée d'audience de plaidoiries devant la Cour. Il leur revient alors de démontrer l'utilité concrète de cette audience et indiquer quels éléments du dossier elles jugent nécessaire de développer. Si les parties ne forment aucune demande d'audience de plaidoiries, ou si la Cour estime que la demande est insuffisamment motivée, elle peut décider de ne pas organiser d'audience de plaidoiries. Tel peut être le cas, par exemple, lors de recours en manquement, dès lors que l'État membre ne conteste pas le manquement (v. ss 614 s.). En l'absence d'une demande de plaidoirie par les parties ou si elle juge leur demande insuffisamment motivée, la Cour peut également décider, sur proposition du juge rapporteur et après avoir entendu l'avocat général, de ne pas organiser d'audience de plaidoiries, dès lors qu'elle considère être suffisamment informée pour statuer « à la lecture des mémoires ou observations déposés au cours de la phase écrite de la procédure » (art. 76 § 2 du règlement de procédure de la Cour).

■ 584 Le greffe convoque les parties à l'audience de plaidoiries, cette dernière comprenant trois étapes : les plaidoiries des conseils des parties – par l'intermédiaire desquels les parties peuvent seulement plaider –, les questions des juges ainsi que les questions, le cas échéant, de l'avocat général aux parties, les répliques finales (art. 80 du règlement de procédure de la Cour). Les débats sont dirigés par le président de la formation de jugement, qui exerce la police de l'audience (art. 78 du règlement de procédure de la Cour). Les plaidoiries ont en principe lieu dans la langue de procédure, avec interprétation simultanée, et sont ouvertes au public, « à moins qu'il n'en soit décidé autrement par la Cour de justice, d'office ou sur demande des parties, pour des motifs graves » (art. 31 du statut de la Cour). Le guide aux conseils explique l'objet de la procédure orale, laquelle consiste « à donner suite aux demandes éventuelles de concentration de plaidoiries ; il n'est, dans ce cas, pas nécessaire d'aborder d'autres aspects de l'affaire ; à approfondir le contradictoire, en mettant en lumière et en approfondissant les points les plus importants pour la décision de la Cour ; à présenter éventuellement les arguments nouveaux tirés d'événements récents intervenus depuis la clôture de la procédure écrite et qui n'auraient pu, de ce fait, être exposés dans les mémoires écrits ; à répondre aux questions de la Cour. Les réponses aux éventuelles questions posées, dans la convocation à l'audience pour réponse orale, doivent être incluses dans les plaidoiries ; dans les procédures préjudicielles, ou dans d'autres procédures où la procédure écrite ne comporte que le dépôt d'un seul mémoire, l'audience de plaidoiries a pour but premier de permettre aux parties et autres intéressés de répondre aux arguments présentés par d'autres participants dans leurs écrits. La procédure orale doit exclure la répétition de ce qui a déjà été écrit. Les participants à l'audience qui soutiennent des thèses similaires doivent éviter, dans toute la mesure du possible, de répéter les thèses déjà développées lors de la même audience ». (*Guide aux conseils*, p. 20).

Devant la Cour, l'avocat général peut ensuite présenter ses conclusions. Ces dernières portent une analyse détaillée des questions soulevées par l'affaire en cause, un exposé de la jurisprudence pertinente, ainsi qu'une proposition de solution au litige. Si ces conclusions représentent une aide très précieuse au travail de la Cour, elles ne la lient pas. Précisons que l'avocat général n'intervient pas systématiquement: depuis le traité de Nice, la Cour peut décider qu'une affaire sera jugée sans conclusions de l'avocat général lorsque l'affaire ne soulève aucune question de droit nouvelle. Lorsque l'avocat général doit présenter ses conclusions, le président clôt la procédure après leur exposé. Le délibéré a ensuite lieu, qui est secret et qui est, depuis la création de la Cour, tenu en langue française. Il peut arriver qu'une procédure orale soit réouverte par la suite, notamment à tout moment lorsque la Cour considère être « insuffisamment éclairée ou lorsqu'une partie a soumis, après la clotûre de cette phase, un fait nouveau de nature à exercer une influence décisive sur la décision de la juridiction, ou encore lorsque l'affaire doit être tranchée sur la base d'un argument qui n'a pas été débattu entre les parties ou les intéressés visés à l'article 23 du statut » (art. 83 du règlement de procédure de la Cour. V. auparavant, et inspirant les rédacteurs de l'article 83 : CJCE 10 févr. 2000, *Deutsche Post*, aff. C-70/97 et aff. C-71/97, *Rec. CJCE* I-929). 585

C. La conclusion de l'instance

L'instance se conclut en principe par le prononcé d'un arrêt, lequel est motivé et mentionne les noms des juges qui ont délibéré (art. 36 du règlement de procédure de la Cour). L'arrêt indique par ailleurs nécessairement la date de son prononcé, la formation de jugement qui l'a rendu, les noms du président et des juges ayant pris part aux délibérations, le nom du greffier, le cas échéant, celui de l'avocat général, le nom des parties et de leurs représentants, la date de l'audience de plaidoirie s'il y en a eu une, l'exposé des faits, les motifs, le dispositif, y compris la décision relative aux dépens s'il y a lieu. Les arrêts ont en principe force obligatoire à compter du jour de leur prononcé. Ils ont force exécutoire, l'article 299 TFUE précisant que l'exécution forcée est régie selon les règles de procédure civile de l'État sur le territoire duquel elle a eu lieu. Les juridictions nationales contrôlent la régularité des mesures d'exécution forcée. Des règles semblables s'appliquent aux ordonnances. Précisons que l'instance peut prendre fin de manière prématurée, en cas de fin de non-recevoir d'ordre public – relèvent d'une telle fin de non-recevoir l'incompétence de la juridiction de l'Union et le non-respect de l'une des conditions essentielles de recevabilité du recours –, lorsque le juge constate un non-lieu – lorsque, en cours d'instance, un élément nouveau apparaît, qui fait perdre au recours son objet –, en cas de désistement de l'une ou l'autre des parties ou suite à un accord amiable des parties. 586

§ 2 Les procédures spécifiques

Les règlements de procédure prévoient des dispositions spécifiques applicables à différentes procédures particulières. Le sursis et les autres mesures provisoires par voie de référé, l'intervention ou, encore, les voies de rétractation, se voit notamment appliquer quelques règles spécifiques. Les mesures provisoires seront ici simplement envisagées. Ainsi, le traité (art. 279 TFUE) autorise le juge, dans toutes les affaires dont 587 il est saisi, à prescrire les mesures provisoires nécessaires. D'une façon générale, le traité permet au juge d'adopter dans de brefs délais les mesures justifiées par l'existence d'une situation d'urgence. Le juge des référés peut encore, à titre exceptionnel, ordonner le sursis à exécution d'un acte attaqué ou prescrire des mesures provisoires. On observe que des demandes de mesures provisoires ne peuvent être formulées dans le cadre d'un renvoi préjudiciel (CJCE ord. 24 oct. 2001, *Dory*, aff. C-86/01 R, *Rec. CJCE* I-7823). Elles peuvent en revanche être introduites de manière connexe à un recours en annulation, en responsabilité, en manquement ou, encore, dans le cadre d'un pourvoi. Et le sursis et les autres mesures provisoires connaissent quelques règles spécifiques : la demande de sursis à exécution ou d'une autre mesure provisoire doit être présentée par acte séparé, spécifier l'objet du litige, les circonstances établissant l'urgence, les moyens de fait et de droit justifiant à première vue l'octroi de la mesure provisoire (art. 162 § 3 et 4 du règlement de procédure de la Cour). L'octroi des mesures provisoires est soumis à certaines conditions : les moyens invoqués à l'appui du recours au principal doivent être sérieux et le préjudice qui pourrait être causé au demandeur sans l'intervention du juge doit présenter un caractère grave et irréparable (art. 162 § 3 du règlement de procédure de la Cour). La jurisprudence a par ailleurs ajouté l'exigence selon laquelle le juge des référés doit déterminer si l'intérêt du requérant à obtenir la mesure provisoire sollicitée prévaut sur l'intérêt que présente l'application immédiate de l'acte en cause pour l'Union européenne, pour l'intérêt de la partie adverse ou pour l'intérêt des tiers (CJCE ord. 18 oct. 1985, *Brother Industries c. Conseil*, 250/85 R, *Rec. CJCE* 3459). Toute demande de mesure provisoire peut être rejetée si l'une de ces conditions fait défaut (CJCE ord. 14 oct. 1996, *SCK et FNK c. Commission*, aff. C-68/96 P (R), *Rec. CJCE* I-4971).

section 2

Le contentieux devant la Cour de justice

588 Les litiges mettant en cause le droit de l'Union européenne sont soumis aux juridictions nationales dans toutes les hypothèses où les traités ne les réservent pas à la Cour de justice. Les juridictions nationales ont d'ailleurs, à cet égard, la faculté la plus étendue (CJCE 16 janv. 1974, *Rheinmülhen-Düsseldorf*, 166/73, *Rec. CJCE* 33). La Cour, à l'instar des autres institutions de l'Union, ne peut agir que dans les limites des attributions qui lui sont conférées par les traités. Aussi ne peut-elle connaître, par exemple, des recours introduits par des particuliers contre d'autres particuliers, ni de recours visant à obtenir l'annulation de décisions purement nationales (CJCE ord. 17 déc. 1986, *Belkacem c. Allemagne*, 276/86, *Rec. CJCE* 3975). La Cour conserve quelques domaines d'incompétence, qui ont cependant été largement réduits avec le traité de Lisbonne et la disparition de la structure de l'Union européenne et de la Communauté en piliers. La principale restriction que connaît la Cour aujourd'hui est celle relative à la politique étrangère et de sécurité commune (PESC) (art. 24 § 1 TUE et 275 TFUE). La Cour est par ailleurs incompétente pour se prononcer sur la validité ou la proportionnalité d'opérations menées par la police. Elle ne peut également statuer sur l'exercice des responsabilités incombant aux États pour le maintien de l'ordre public ou la sauvegarde de la sécurité intérieure.

La Cour connaît des pourvois formés contre les décisions du Tribunal, pourvois limités aux questions de droit. Outre cette compétence, cinq principaux types d'affaires reviennent à la Cour de justice. Le renvoi préjudiciel (art. 267 TFUE), en tout premier lieu, est celui par lequel la Cour est la plus sollicitée (§ 1). Les recours en manquement ainsi que d'éventuels contentieux liés à l'exécution de l'arrêt en manquement sont également exercés exclusivement devant la Cour (§ 2). Seront enfin envisagés le recours en annulation (§ 3) et les principaux autres recours visant à assurer le respect de la légalité par les différentes institutions de l'Union (§ 4). 589

Avant d'étudier ces différentes compétences de la Cour, observons que les compétences du Tribunal vont croissantes. Le Tribunal est en effet compétent pour l'ensemble des recours en annulation, en carence et en indemnité introduits par les personnes physiques et morales. Depuis le traité de Nice du 26 février 2001, le Tribunal est par ailleurs en principe le juge de droit commun pour l'ensemble des recours directs, à l'exception du recours en manquement. Précisons que l'article 256 § 3 TFUE prévoit la possibilité de transférer au Tribunal la compétence de statuer à titre préjudiciel dans des matières spécifiques qui seraient déterminées par le statut de la Cour. Cette possibilité n'a cependant pour l'heure pas encore été exploitée. Le Tribunal est encore compétent, aux termes de l'article 256 § 1 TFUE, pour connaître en première instance des recours en annulation, en carence, en indemnité de la fonction publique, de la plupart des recours fondés sur la base d'une clause compromissoire. Ressortissent encore de la compétence du Tribunal, notamment, les recours visant à obtenir réparation des dommages causés par les institutions de l'Union européenne ou leurs agents, les recours en matière de marques communautaires, les recours formés contre les décisions de l'Office communautaire des variétés végétales ainsi que contre celles de l'Agence européenne des produits chimiques. Les pourvois formés contre les décisions du Tribunal de la Fonction publique sont formés devant le Tribunal. Le Tribunal de la Fonction publique est quant à lui compétent, notamment, pour connaître en première instance des litiges entre l'Union et ses agents (art. 270 TFUE). Face à cette répartition des compétences et, en particulier, face à la complexité de la répartition des compétences entre la Cour et le Tribunal, l'article 54 du statut de la Cour (préc.) prévoit que la Cour doit renvoyer au Tribunal un recours formé devant elle par erreur, tandis que le Tribunal est tenu de procéder de façon identique en sens inverse. 590

§ 1 Le renvoi préjudiciel

D'une façon générale, un *renvoi préjudiciel*[Q] désigne la procédure par laquelle une juridiction en interroge une autre afin de trancher un litige. Dans le cadre du droit de l'Union, le renvoi préjudiciel permet à un juge national de saisir la Cour de justice – exclusivement compétente pour ce type de recours – afin de lever une difficulté d'interprétation du droit de l'Union, dès lors que cette interprétation est nécessaire pour donner une solution au litige pendant devant le juge national. Ce dernier pose alors à la Cour de justice une question préjudicielle en interprétation. Il peut également lui poser une question préjudicielle en appréciation de validité d'un acte, de nouveau lorsque cette appréciation est nécessaire pour donner une solution au litige pendant devant le juge interne. Il doit enfin être observé que le renvoi préjudiciel représente le contentieux quantitativement le plus important devant le juge de l'Union : le nombre d'arrêts préjudiciels rendus par la Cour ne cesse d'augmenter 591 depuis son origine. Au-delà de cet aspect quantitatif, le renvoi préjudiciel occupe une place essentielle dans le développement du droit de l'Union. La plupart des grands arrêts de la Cour ont en effet été rendus alors qu'elle était saisie à titre préjudiciel.

592 Le renvoi préjudiciel est prévu à l'article 267 TFUE (ex-article 234 CE), aux termes duquel : « La Cour de justice de l'Union européenne est compétente pour statuer, à titre préjudiciel : a) sur l'interprétation des traités, b) sur la validité et l'interprétation des actes pris par les institutions, organes ou organismes de l'Union. Lorsqu'une telle question est soulevée devant une juridiction d'un des États membres, cette juridiction peut, si elle estime qu'une décision sur ce point est nécessaire pour rendre son jugement, demander à la Cour de statuer sur cette question. Lorsqu'une telle question est soulevée dans une affaire pendante devant une juridiction nationale dont les décisions ne sont pas susceptibles d'un recours juridictionnel de droit interne, cette juridiction est tenue de saisir la Cour. Si une telle question est soulevée dans une affaire pendante devant une juridiction nationale concernant une personne détenue, la Cour statue dans les plus brefs délais ». L'objet fondamental du renvoi préjudiciel est donc de garantir l'unité d'interprétation du droit de l'Union, et, en conséquence, l'unité d'application de ce droit (CJCE 5 févr. 1963, *Van Gend en Loos*, aff. 26/62, *Rec. CJCE* 3), ainsi que d'interroger la Cour sur la validité de certains actes de l'Union. Le renvoi préjudiciel présente plusieurs caractéristiques. Il s'agit en premier lieu d'une procédure incidente, qui interrompt le cours du procès devant le juge national, procès qui ne reprendra qu'une fois la réponse de la part de la Cour de justice obtenue. Il revient au juge national de saisir la Cour à titre préjudiciel : ce ne sont pas les parties au procès devant le juge national qui saisissent la Cour. Par ailleurs, saisie à titre préjudiciel, la Cour de justice ne peut pas donner directement la réponse que doit recevoir l'affaire au fond : la Cour ne peut qu'interpréter le droit de l'Union ; c'est ensuite au juge interne de mettre en œuvre l'interprétation dans le cadre du litige qui lui est soumis. Il revient d'ailleurs au juge national de décider si une disposition nationale qu'il est chargé de mettre en œuvre est ou non conforme au droit de l'Union. Si tel n'est pas le cas, il est tenu d'écarter le texte non conforme. Le renvoi préjudiciel est enfin un recours non contentieux, qui manifeste le dialogue, la coopération entre les juges des États membres et le juge de l'Union.

Dès lors, après avoir présenté l'objet du renvoi préjudiciel (A), nous étudierons l'étendue de la compétence du juge national (B), les conditions de recevabilité du renvoi préjudiciel (C) l'élaboration et le contenu de l'arrêt préjudiciel (D) et, enfin, les effets de cet arrêt (E). Observons d'ores et déjà que, outre les textes précédemment présentés relatifs aux procédures devant le juge européen, s'agissant du renvoi préjudiciel en particulier, la Cour de justice fournit un certain nombre d'informations pratiques destinées à guider les juridictions nationales quant à l'opportunité de procéder à un renvoi préjudiciel dans une note dépourvue de caractère contraignant : note informative sur l'introduction de procédures préjudicielles par les juridictions nationales (*JOUE* 2009, C 297/02).

A. L'objet du renvoi préjudiciel

593 Les renvois préjudiciels, que ce soit en interprétation ou en validité, ne peuvent porter que sur certaines normes ou sur certains actes. Ainsi, les renvois préjudiciels en appréciation de validité peuvent porter sur les actes pris par les institutions, organes ou organismes de l'Union. Les renvois préjudiciels en interprétation peuvent

porter sur de nombreux textes, à savoir, les traités (qui ne peuvent pas faire l'objet d'un renvoi préjudiciel en interprétation de validité, ceci n'aurait guère de sens : à la lumière de quel texte interpréter le traité, au-dessus de toutes les normes adoptées par les institutions de l'Union ?), les annexes et protocoles aux traités, les actes des institutions, organes et organismes de l'Union européenne, les arrêts rendus par la Cour sur renvoi préjudiciel (CJCE 16 mars 1978, *Bosch*, aff. 135/77, *Rec. CJCE* 855), les principes généraux du droit de l'Union, les accords internationaux conclus par l'Union, assimilés à des actes pris par les institutions de l'Union (CJCE 30 sept. 1987, *Demirel*, aff. 12/86, *Rec. CJCE* 3719).

De ceci, il résulte que la Cour est incompétente pour connaître des questions préjudicielles relatives aux conventions conclues entre États membres en dehors du cadre de l'Union comme, par exemple, la Convention européenne de sauvegarde des droits de l'homme et des libertés fondamentales (CJCE 25 janv. 2007, *Koval'ský*, aff. C-02/06, *Rec. CJCE* I-11). En revanche, les accords conclus entre l'Union et des États ou organisations internationales peuvent faire l'objet d'un recours préjudiciel. La Cour de justice les assimile en effet à des actes pris par les institutions (CJCE 30 avr. 1974, *Haegeman*, aff. C-81/73, *Rec. CJCE* 449). Des difficultés sont apparues s'agissant de la compétence de la Cour en cas d'accords mixtes, c'est-à-dire conclus à la fois par la Communauté ou l'Union et par des États membres, en vertu d'une compétence partagée. La Cour considère sur ce point qu'« en assurant le respect des engagements découlant d'un accord conclu par les institutions communautaires, les États membres remplissent, dans l'ordre communautaire, une obligation envers la Communauté qui a assumé la responsabilité pour la bonne exécution de l'accord » (CJCE 26 oct. 1982, *Kupferberg*, 104/81, *Rec. CJCE* 3641). La Cour a précisé par la suite qu'elle avait compétence pour définir les obligations que la Communauté a assumées en signant un accord mixte et pour interpréter à cette fin les dispositions de cet accord (CJCE 14 déc. 2000, *Parfums Christian Dior*, aff. jointes C-00/98 et C-392/98, *Rec. CJCE* I-11307). La Cour est incompétente pour répondre à des questions préjudicielles lorsque les faits du litige au principal sont antérieurs à l'adhésion de l'État membre à l'Union européenne (CJCE ord. 6 mars 2007, *Ceramika Paradyz*, aff. C-68/06, *Rec. CJCE* I-29) ou lorsque tous les éléments de l'affaire sont circonscrits à un seul État membre, en d'autres termes, sont purement internes (CJCE 27 juin 1979, *Godard*, 105/79, *Rec. CJCE* 2257), excepté, cependant, lorsque les dispositions du droit de l'Union sont rendues applicables à des faits situés en dehors de son champ d'application par une clause contractuelle ou lorsque la législation nationale reprend des dispositions du droit de l'Union (CJCE 17 juill. 1997, *Leur-Bloem*, aff. C-8/95, *Rec. CJCE* I-4161). Dans une affaire où les règles relatives à la libre circulation des marchandises étaient applicables uniquement parce que la loi belge assimilait aux ressortissants communautaires leurs conjoints, la Cour s'est ainsi reconnue compétente pour interpréter la disposition de source européenne à laquelle la législation nationale renvoyait (CJCE 18 oct. 1990, *Dzodzi*, aff. jointes C-97/88 et C-197/89, *Rec. CJCE* I-3763). 594

B. Étendue de la compétence du juge national

Les parties au litige ou tout autre intervenant ne sont pas habilités à saisir la Cour à titre préjudiciel : les juridictions des États membres ont un monopole à ce sujet. L'article 267 TFUE organise en effet une coopération directe entre la Cour et les juridictions nationales. La Cour rappelle que le traité dote chaque juge national 595 d'une compétence autonome de saisir la Cour (CJCE 16 déc. 2009, *Cartesio*, aff. C-10/06, *Rec. CJCE* I-9641) et observe que le droit national ne doit pas restreindre la liberté ou limiter les possibilités des juges internes de saisir la Cour à titre préjudiciel (CJCE 9 mars 1978, *Simmenthal*, 106/77, *Rec. CJCE* 629). Toute juridiction d'un État membre appelée à rendre une décision de caractère juridictionnel peut saisir la Cour à titre préjudiciel. Le renvoi préjudiciel concrétise en ce sens le dialogue que doivent maintenir les juges des États membres avec la Cour. Celle-ci explique ainsi, notamment dans le cadre du premier renvoi préjudiciel français effectué lors d'une affaire relative à la sécurité sociale des travailleurs migrants, qu' « il appartient au juge national et non aux parties au litige principal de saisir la Cour ; que la faculté de déterminer les questions à soumettre à la Cour étant donc dévolue au seul juge national, les parties ne sauraient en changer la teneur, ni les faire déclarer sans objet ; que la Cour de justice, à la requête d'un plaideur, ne saurait donc être contrainte de se saisir d'une question dont l'initiative revient non aux parties mais à la juridiction nationale elle-même, ni d'une prétention basée notamment sur l'article 184, dans le cadre particulier de l'article 177 ; que, d'ailleurs, la thèse contraire méconnaît que les auteurs de l'article 177 ont entendu instituer une coopération directe entre la Cour de justice et les juridictions nationales aux termes d'une procédure non contentieuse, étrangère à toute initiative des parties et au cours de laquelle celles-ci sont seulement invitées à se faire entendre » (CJCE 9 déc. 1965, *Singer et fils*, 44/65, *Rec. CJCE* 1191). La Cour interprète relativement strictement le monopole des juges. Dans une affaire *CBEM*, par exemple, la juridiction de renvoi interrogeait la Cour sur la notion d'abus de position dominante, afin d'apprécier le comportement de la compagnie luxembourgeoise CBEM, qui jouissait d'un monopole légal, mais qui refusait du temps d'antenne à une société souhaitant faire du marketing télévisuel. La Cour a ici observé, à titre liminaire, « que plusieurs des arguments présentés à la Cour par les parties au principal et par la Commission concernent des problèmes qui ne sont pas englobés dans les questions préjudicielles précitées. (...) À cet égard, il convient de souligner que, selon la répartition des compétences opérée par l'article 177 dans le cadre de la procédure préjudicielle, il appartient à la seule juridiction nationale d'apprécier la pertinence de tels arguments et, le cas échéant, de saisir à nouveau la Cour si elle estime nécessaire d'obtenir des éléments supplémentaires d'interprétation du droit communautaire en vue de rendre son jugement ». Aussi, « [i]l n'y a (...) pas lieu pour la Cour d'examiner les arguments susvisés » (CJCE 3 oct. 1985, *CBEM*, 311/84, *Rec. CJCE* 3261). Le monopole du juge concerne certes le libellé de la question, mais également le cadre factuel de l'affaire.

■ 596 Le juge national est par ailleurs seul compétent pour apprécier, au regard des particularités de l'affaire, tant la nécessité de la question préjudicielle que la pertinence de la question posée à la Cour (v. par ex. CJCE 10 mai 2001, *Agorà et Excelsior*, aff. C-23/99 et aff. C-60/99, ind). La question préjudicielle peut être posée à tout moment, le juge national décidant seul du moment auquel la question doit être posée (CJCE 10 mars 1981, *Irish Cremery Milk Suppliers Association*, aff. jointes 36/80 et 71/80, *Rec. CJCE* 735). La Cour de justice a rappelé ce principe à propos de la procédure de question prioritaire de constitutionnalité. Dans son arrêt *Melki et Abdeli* (préc.) en effet (v. la rubrique « Document »), elle considère qu'« un système tel que celui institué par la loi du 23 juillet 2008 n'est pas contraire à l'article 267 TFUE, dès lors que les juridictions nationales autres que le Conseil constitutionnel demeurent libres : de saisir, à tout moment de la procédure qu'elles jugent approprié, et même à l'issue de la procédure incidente de contrôle de constitutionnalité, la Cour de toute question préjudicielle qu'elles jugent nécessaire ; d'adopter toute mesure nécessaire afin d'assurer la protection juridictionnelle provisoire des droits conférés par l'ordre juridique de l'Union et de laisser inappliquée, à l'issue d'une telle procédure incidente, la disposition législative nationale en cause si elles la jugent contraire au droit de l'Union ». La Cour conclut en expliquant qu « il appartient à la juridiction de renvoi de vérifier si la législation nationale en cause au principal peut être interprétée conformément à ces exigences du droit de l'Union ».

L'article 267 TFUE ne s'oppose pas à ce que la Cour soit saisie à titre préjudiciel de manière tardive, par exemple, par une cour d'appel statuant sur renvoi après cassation ou au contraire, à un stade peu avancé de la procédure, lorsque celle-ci n'est pas encore contradictoire. Très libre quant à la faculté d'exercer un recours préjudiciel, le juge national est dans certains cas tenu de poser une question préjudicielle. À cet égard, l'article 267 TFUE distingue tout d'abord les juridictions dont les décisions ne sont pas susceptibles de recours juridictionnel de droit interne, lesquelles sont tenues de poser une question préjudicielle au juge de l'Union dès lors qu'une question d'interprétation ou de validité du droit de l'Union est soulevée devant elles. Les autres juridictions ont en revanche une simple faculté d'utiliser la procédure préjudicielle. 597

Au final, et selon la Cour, trois circonstances peuvent éventuellement dispenser les juridictions statuant en dernier ressort de l'obligation de la saisir à titre préjudiciel. En premier lieu, comme toute autre juridiction interne, ces juridictions bénéficient de la faculté d'apprécier s'il est nécessaire de saisir la Cour à titre préjudiciel. Ces juridictions n'ont donc pas l'obligation de saisir le juge de l'Union lorsque la question d'interprétation du droit de l'Union est dépourvue de pertinence, car la réponse n'aurait aucune incidence sur la solution du litige (Crim. 19 janv. 1993, n° 90-84.624). L'obligation de renvoi disparaît par ailleurs lorsque la question soulevée est matériellement identique à une question ayant déjà fait l'objet d'une décision à titre préjudiciel, dans une affaire analogue (CJCE 27 mars 1963, *Da Costa en Schaake NV*, aff. jointes 28/62 à 30/62, *Rec. CJCE* 61). Enfin, le juge n'est pas tenu de saisir la Cour à titre préjudiciel dès lors que « l'application correcte du droit communautaire s'impose avec une évidence telle qu'elle ne laisse place à aucun doute raisonnable sur la manière de résoudre la question posée » (CJCE 6 oct. 1982, *CILFIT*, aff. 283/81, *Rec. CJCE* 3415). 598

La Cour s'est prononcée en ce sens alors qu'elle devait apprécier la théorie de l'acte clair, appliquée par les juges français. Il résulte de cette théorie que le renvoi en interprétation n'est justifié que s'il existe une difficulté réelle de nature à faire naître un doute sérieux sur le sens ou la validité d'une disposition : si le sens de l'acte est « clair », si sa validité est évidente, le juge peut l'appliquer immédiatement. Le Conseil d'État, en France, qui a initialement mis en œuvre cette théorie, suivi de la Cour de cassation (Crim. 29 juin 1966), a rapidement affirmé que l'article 234 CE (267 TFUE) ne remettait pas en cause la théorie de l'acte clair, cette dernière permettant d'éviter les renvois purement dilatoires (CE 19 juin 1964, *Shell-Berr*, *Rec. CJCE* 344). La théorie de l'acte clair n'est cependant acceptable que si le juge national tient compte de la nature propre du droit de l'Union et de la nécessité d'une application uniforme de ce droit. Aussi peut-on supposer que le juge national est tenu de saisir la Cour de justice dès 599 qu'il rencontre la moindre difficulté quant à l'interprétation à donner à une disposition de source européenne. C'est ce que la Cour de justice a expressément confirmé dans son arrêt *CILFIT*. Elle a en effet admis la théorie de l'acte clair : « l'application correcte du droit communautaire peut s'imposer avec une évidence telle qu'elle ne laisse place à aucun doute raisonnable sur la manière de résoudre la question posée ». La Cour soumet cependant l'application de la théorie de l'acte clair à des conditions particulièrement strictes : « [a]vant de conclure à l'existence d'une telle situation, la juridiction nationale doit être convaincue que la même évidence s'imposerait également aux juridictions des autres États membres et à la Cour de justice. Ce n'est que si ces conditions sont remplies que la juridiction nationale pourra s'abstenir de soumettre cette question à la Cour et la résoudre sous sa propre responsabilité. Toutefois, l'existence d'une telle possibilité doit être évaluée en fonction des caractéristiques du droit communautaire et des difficultés particulières que présente son interprétation. Il faut d'abord tenir compte que les textes de droit communautaire sont rédigés en plusieurs langues et que les diverses versions linguistiques font également foi ; une interprétation d'une disposition de droit communautaire implique ainsi une comparaison des versions linguistiques. Il faut noter ensuite, même en cas de concordance exacte des versions linguistiques, que le droit communautaire utilise une terminologie qui lui est propre. Par ailleurs, il convient de souligner que les notions juridiques n'ont pas nécessairement le même contenu en droit communautaire et dans les différents droits nationaux. Enfin, chaque disposition de droit communautaire doit être replacée dans son contexte et interprétée à la lumière de l'ensemble des dispositions de ce droit, de ses finalités, et de l'état de son évolution à la date à laquelle l'application de la disposition en cause doit être faite ».

600 Les parties ne peuvent s'opposer à ce que la Cour examine une question posée par le juge d'un État membre. Le juge national peut quant à lui interroger d'office la Cour sans avoir été sollicité en ce sens par les parties. En aucun cas le juge national ne doit quoiqu'il en soit être privé de la faculté d'exercer un recours préjudiciel. La Cour l'a confirmé récemment, alors que le Conseil lui demandait un avis au titre de l'article 218 § 1 TFUE, à propos de la compatibilité de l'accord créant un système unifié de règlement des litiges en matière de brevets avec le traité CE. Cet accord envisageait en effet la création d'une juridiction spécialisée en matière de brevet européen et communautaire, composée d'un tribunal de première instance et d'une cour d'appel. Le juge de l'Union observe que cette juridiction est « investie de compétences exclusives pour un important nombre d'actions intentées par des particuliers dans le domaine des brevets. Cette compétence porte, notamment, sur les actions en contrefaçon ou en menace de contrefaçon de brevets, les demandes reconventionnelles concernant les licences, les actions en constatation de non-contrefaçon, les actions visant à obtenir des mesures provisoires et conservatoires, les actions en nullité ou les demandes reconventionnelles en nullité de brevets, les actions en dommages-intérêts ou en réparation découlant de la protection provisoire conférée par une demande de brevet publiée, les actions relatives à l'utilisation de l'invention avant la délivrance du brevet ou au droit fondé sur une utilisation antérieure du brevet, les demandes d'octroi ou de révocation de licences obligatoires sur les brevets communautaires, ainsi que sur les actions en réparation concernant les licences. Dans cette mesure, les juridictions des États contractants, y inclus celles des États membres, sont privées de ces compétences et ne conservent alors que des attributions qui ne relèvent pas des compétences exclusives de la [Juridiction du brevet européen et du brevet communautaire] ».

La Cour ajoute que, conformément à l'article 14 *bis* du projet d'accord, la Juridiction du brevet européen et du brevet communautaire, dans l'exercice de ses fonctions, est chargée d'interpréter et d'appliquer le droit de l'Union. Il est attribué à cette juridiction l'essentiel des compétences matérielles, habituellement du ressort des juridictions nationales, de connaître de litiges relevant du domaine du brevet communautaire et d'assurer, dans ce domaine, la pleine application du droit de l'Union ainsi que la protection juridictionnelle des droits que les justiciables tirent de ce droit ». Aussi, la juridiction du brevet européen et du brevet communautaire aurait pour effet de priver les juridictions des États membres de leur faculté de poser une question préjudicielle concernant les dispositions de l'accord créant un système unifié de règlement des litiges en matière de brevets, mais également le règlement sur le brevet unitaire, ainsi que d'autres instruments du droit de l'Union. La Cour peut dès lors en déduire l'incompatibilité de l'accord avec les dispositions du traité (CJCE, avis 1/09, 8 mars 2011, *Rec. CJCE* I-2099). 601

S'agissant plus spécifiquement du renvoi préjudiciel en validité, la Cour de justice a jugé dans un important arrêt *Foto-Frost* qu'aucune juridiction nationale ne peut constater elle-même l'invalidité d'un acte de source européenne (CJCE 22 oct. 1987, 314/85, *Rec. CJCE* 4199), de façon directe comme indirecte (arrêt *Melki et Abdeli*, préc.). Tel est par exemple le cas lorsque le contrôle incident de la constitutionnalité d'une loi qui transpose les dispositions d'une directive de l'Union s'effectue par rapport à des motifs qui mettent en cause la validité d'une directive. Interrogée à ce titre, la Cour de justice a expliqué que dans le cadre du contrôle prioritaire de constitutionnalité, les juridictions nationales statuant en dernier ressort sont en principe tenues, en vertu de l'article 267 al. 3 TFUE, d'interroger le juge de l'Union sur la validité d'une directive et de tirer ensuite les conséquences de l'arrêt rendu par la Cour à titre préjudiciel (arrêt *Melki et Abdeli* préc.). Les juridictions nationales qui ont un doute sur la validité d'une norme peuvent cependant prononcer un sursis à exécution d'un acte administratif national pris sur la base de cette norme, même si ceci revient à suspendre les effets de cette norme (CJCE 21 févr. 1991, *Zuckerfabrik Süderdithmarschen*, aff. jointes C-43/88 et C-92/89, *Rec. CJCE* I-415). La mise en œuvre du sursis à exécution est cependant encadrée : la Cour de justice énonce en effet que le sursis à exécution peut être ordonné uniquement lorsque le juge national a des doutes très sérieux quant à la validité du texte européenne ; il faut par ailleurs que le juge national saisisse la Cour de justice d'une question relative à la validité du texte européen en exposant les motifs d'invalidité qui semblent devoir être reconnus. Les juges des États membres peuvent cependant constater eux-mêmes que l'acte de source européenne est valide s'ils estiment non fondés les moyens d'invalidité soulevés devant eux. 602

C. La recevabilité du renvoi préjudiciel

Seules les juridictions des États membres sont habilitées à poser une question préjudicielle à la Cour. La Cour de justice définit elle-même la notion de « juridiction », afin d'éviter que chaque État interprète selon ses propres considérations cette notion. Ainsi, dans un arrêt important, rendu le 30 juin 1996, la Cour a décidé qu'un organe chargé de trancher les litiges opposant les employés des mines à l'institution qui administre leur régime d'assurance-maladie, aux Pays-Bas, était une juridiction au sens de l'article 234 CE (267 TFUE). La Cour observe en effet que cette « juridiction » a été instituée par un règlement, en conformité avec la loi, que son président est 603 nommé par le ministre compétent qui arrête son règlement de procédure, qu'il s'agit d'un organisme permanent soumis à des règles de procédure assurant le respect du principe du contradictoire, et que, par ailleurs, en vertu d'un règlement arrêté par le Conseil de l'industrie minière, les personnes employées dans cette industrie sont tenues, en cas de litige avec leur assureur, de s'adresser au *Scheidsgerecht* (la juridiction), qui applique alors des règles de droit (CJCE 30 juin 1996, *Vaassens-Göbbels*, 61/65, *Rec. CJCE* 377). Aussi, un faisceau d'indices permet de retenir la qualification autonome de juridiction au sens de l'article 267 TFUE : l'origine légale de l'organe en question ; son caractère permanent ; son caractère obligatoire ; la nature contradictoire de la procédure suivie devant lui ; le fait qu'il applique ou non des règles de droit ; son indépendance. La Cour apprécie de façon assez souple ces indices, qu'elle pondère selon les hypothèses. Si certaines solutions semblent évidentes, d'autres arrêts de la Cour le sont moins. Elle voit par exemple dans les tribunales económico-administrativos espagnols des juridictions au sens de l'article 234 CE, alors qu'il s'agit de commissions administratives... (CJCE 21 mars 2000, *Gabalfrisa*, aff. C-10/98, *Rec. CJCE* I-1577).

604 La Cour insiste sur l'indépendance à laquelle doit répondre toute instance juridictionnelle (CJCE 11 juin 1987, *Pretore di Salò*, 14/86, *Rec. CJCE* 2545). Elle considère que la Commission fédérale de surveillance des marchés publics, en Allemagne, doit être qualifiée de juridiction, dès lors que cette Commission a été instituée par une loi, fût-elle une loi de finance, quand bien même le législateur ne lui aurait pas attribué de compétences dans le domaine des marchés publics, sur lequel porte cependant la question préjudicielle (CJCE 17 sept. 1997, *Dorsch Consult*, aff. C-4/96, *Rec. CJCE* I-4961). S'agissant de la condition d'indépendance, celle-ci revêt deux aspects. En premier lieu, l'organe considéré doit être protégé d'interventions ou de pressions extérieures susceptibles de nuire à l'indépendance de jugement de ses membres lorsqu'ils statuent. En second lieu, les membres de la « juridiction » doivent avoir une égale distance par rapport aux parties au litige et à leurs intérêts respectifs.

Le caractère obligatoire de la juridiction fait obstacle à ce qu'un arbitre privé soit qualifié de « juridiction » au sens du traité. Il en va en revanche différemment lorsque le juge national est appelé à se prononcer sur la validité d'un arbitrage (CJCE 1er juin 1999, *Eco Swiss*, aff. C-26/97, *Rec. CJCE* 3055).

605 La Cour n'hésite pas à recourir à la théorie de l'effet utile pour qualifier l'organe considéré de juridiction. Ainsi, dans un arrêt *Broekmeulen*, elle explique que « si, selon le système juridique d'un État membre, le soin de mettre en œuvre des dispositions communautaires est confié à un organisme professionnel, agissant sous une certaine tutelle administrative, et si cet organisme met en place, dans ce cadre, et avec la collaboration des administrations publiques concernées, des voies de recours susceptibles d'affecter l'exercice des droits conférés par le droit communautaire, l'effet utile de celui-ci exige que la Cour puisse se prononcer sur les questions d'interprétation et de validité qui pourraient se poser dans le cadre d'un tel contentieux ». En d'autres termes, la mise en œuvre de la théorie de l'effet utile signifie qu'il ne suffit pas de s'intéresser à l'origine légale de l'autorité pour la qualifier de « juridiction » : il faut également tenir compte du rôle que joue cet organe dans l'application du droit de l'Union dans l'État membre en cause, rôle qu'il joue en droit comme en fait (CJCE 6 oct. 1981, *Broekmeulen*, 246/80, *Rec. CJCE* 2311).

Aux critères organiques d'une juridiction, la Cour ajoute le critère selon lequel 606 l'organe considéré doit réellement exercer les fonctions d'une juridiction. La Cour rappelle que les juridictions des États membres ne peuvent saisir la Cour que si un litige est pendant devant elles et si elles sont appelées à statuer dans le cadre d'une procédure destinée à aboutir à une décision de caractère juridictionnel (v. par ex. CJCE 14 juin 2001, *Salzmann*, aff. C-78/99, *Rec. CJCE* I-4421). Il n'est cependant pas nécessaire que la procédure aboutisse à une décision juridictionnelle. Le juge de l'Union décide ainsi que si « la coopération entre les juridictions des États membres dans le domaine de l'obtention des preuves n'aboutit pas nécessairement à l'élaboration d'une décision juridictionnelle, il n'en demeure pas moins que l'audition d'un témoin par une juridiction, dont il est question en l'espèce, est un acte effectué dans le cadre d'une procédure juridictionnelle destinée à aboutir à une décision à caractère juridictionnel. La question de la charge des frais d'audition s'inscrit dans le cadre de cette procédure. Il existe donc un lien direct entre la question préjudicielle et l'accomplissement par la juridiction de renvoi d'une fonction juridictionnelle » (CJUE 17 févr. 2011, *Wery□ski*, aff. C-83/09, *Rec. CJCE* I-601). On observe avec intérêt que la Cour est indifférente au fait que le litige ait un caractère pénal, civil ou administratif : elle énonce dès un arrêt S.A.I.L. rendu en 1972 que « l'efficacité du droit communautaire ne saurait varier selon les différents domaines du droit national à l'intérieur desquels il fait sentir ses effets » (CJCE 21 mars 1972, *S.A.I.L.*, aff. 82/71, *Rec. CJCE* 119).

Quant au renvoi en tant que tel, si les questions posées à la Cour bénéficient d'une présomption de pertinence, le recours peut être déclaré irrecevable dans certaines hypothèses liées à la nature du litige ou à la question posée. La question est en effet considérée comme irrecevable dès lors qu'il apparaît, de façon manifeste, qu'elle est sans rapport avec l'objet du litige au principal ou sans incidence sur sa solution, s'il s'agit d'une question hypothétique ou, encore, si le litige au principal présente un caractère fictif ou artificiel (CJCE 11 mars 1980, *Foglia*, aff. 104/09, *Rec. CJCE* 745). La Cour demeure cependant assez souple lorsqu'elle apprécie la recevabilité des questions qui lui sont posées, n'hésitant par exemple pas à répondre à certaines questions dont la teneur est sans lien avec la réalité du litige (CJUE 22 juin 2010, *Melki et Abdeli*, aff. C-88/10 et aff. C-89/10, *Rec. CJCE* I-5665). La forme de la question posée peut également conduire la Cour à juger la question irrecevable. Tel est le cas, par exemple, si la question n'est pas suffisamment précise. Rien n'empêche cependant la juridiction de renvoi, tenue de définir le cadre juridique du renvoi ainsi que le cadre factuel qui le justifie, de saisir de nouveau la Cour ultérieurement, en reformulant la question.

D. L'élaboration et le contenu de l'arrêt préjudiciel

Le juge national peut interroger la Cour sur l'interprétation d'un texte européen mais 607 ne peut en aucun cas demander à la Cour de trancher le litige au fond. La Cour s'efforce en principe d'apporter une réponse suffisamment précise et détaillée au juge. Ainsi, la décision de renvoi définit toujours le cadre factuel et réglementaire de l'affaire dans laquelle s'insèrent les questions soulevées. Il s'agit ici d'une exigence importante, en particulier lorsque la situation factuelle est complexe, comme tel est souvent le cas en droit de la concurrence. En ce dernier domaine notamment, caractérisé par des situations de fait et de droit complexes, la juridiction de renvoi ne peut se contenter de rappeler purement et simplement les dispositions européennes dont l'interprétation prête à caution : elle doit renseigner la Cour sur le cadre factuel et réglementaire dans lequel s'insèrent les questions préjudicielles ou, à tout le moins, expliquer les hypothèses factuelles sur lesquelles ces questions sont fondées. L'objectif est, pour la Cour, de donner la réponse la plus pertinente possible. Un exposé détaillé du cadre factuel permet également à la Cour de saisir les conséquences de sa réponse. Aussi, lorsque la Cour est soumise à l'interprétation des articles 81 et 82 CE (102 et 106 TFUE), la juridiction de renvoi doit fournir les informations permettant de délimiter le marché pertinent en termes de produit et d'aire géographique, ainsi que le calcul des parts de marché détenues par les entreprises qui opèrent sur le marché (CJCE 26 nov. 2002, *Oteiza Olazabal*, aff. C-00/01, *Rec. CJCE* I-10981).

■ 608 La juridiction de renvoi doit exposer l'ensemble des doutes la conduisant à interroger le juge de l'Union. Il est en effet « indispensable que le juge national donne un minimum d'explications sur les raisons du choix des dispositions communautaires dont il demande l'interprétation et sur le lien qu'il établit entre ces dispositions et la législation nationale applicable au litige » (CJCE 7 avr. 1995, *Grau Gomis e. a.*, aff. C-67/95, *Rec. CJCE* I-1023). Il appartient par ailleurs à la juridiction de renvoi de démontrer la pertinence de sa question ou, présenté différemment, de démontrer l'utilité de sa question. La décision de la juridiction de renvoi doit également faire état des arguments des parties. La décision par laquelle le juge de renvoi soumet une question préjudicielle peut revêtir toute forme que le droit national admet pour le cas des incidents de procédure. Le juge de renvoi peut donc présenter un arrêt, une ordonnance ou un jugement. En principe, l'envoi de la décision fait l'objet d'un recommandé avec accusé de réception, mais le TFUE n'imposant aucune exigence à ce sujet, l'envoi peut se faire par lettre simple. Le dossier complet de l'affaire doit systématiquement accompagner la décision.

■ 609 La Cour de justice vérifie systématiquement sa propre compétence, même d'office. Elle se déclare nécessairement incompétente pour interpréter un texte ne relevant pas du droit de l'Union (CJCE 6 oct. 1987, *Demouche e. a.*, aff. C-52/83, *Rec. CJCE* 3833). Il ne lui appartient pas, en revanche, de vérifier si la décision de renvoi a été prise conformément aux règles nationales d'organisation et de procédure judiciaires (CJCE 11 juill. 1996, *SFEI e. a.*, aff. C-9/94, *Rec. CJCE* I-3547). La Cour s'assure en revanche de la pertinence de la question qui lui est posée, ce qui suppose, notamment, que le texte sur lequel elle est interrogée puisse s'appliquer aux faits litigieux. Dans le cadre de sa mission préjudicielle, la Cour de justice ne peut qu'interpréter le droit ou apprécier sa validité. L'établissement des faits ne relève donc pas de sa compétence mais de celle du juge national (CJCE 22 juin 2000, *Fornasar e. a.*, aff. C-18/98, *Rec. CJCE* I-4795). Dès lors, c'est au regard des faits tels que constatés par la juridiction de renvoi que la Cour répond à la question préjudicielle. La Cour ne tiendra ainsi pas compte des éléments factuels mis en lumière au cours de la procédure devant elle (CJCE 20 mars 1997, *Phytheron International*, aff. C-52/95, *Rec. CJCE* I-1729).

■ 610 La Cour n'hésite pas à reformuler les questions qui lui sont soumises, à modifier leur ordre de présentation ou à les regrouper. Si les questions sont formulées de façon imprécise, elle considère qu'il lui appartient d'extraire des éléments fournis par la juridiction nationale et du dossier du litige au principal les éléments relevant du droit de l'Union qui appellent une interprétation, compte tenu de l'objet du litige. La Cour peut par ailleurs faire référence à des sources textuelles ou jurisprudentielles qui complètent celles avancées par le juge national. Enfin, on observera que, dans le cadre du renvoi préjudiciel, il appartient à la juridiction nationale de statuer sur les dépens.

E. Les effets de l'arrêt préjudiciel

Quant au fond, l'arrêt rendu par voie préjudiciel est revêtu de l'autorité de la chose jugée et à un effet *erga omnes* : la juridiction de renvoi n'est pas seule à être liée par la solution donnée par la Cour, cette solution s'imposant à l'ensemble des juridictions des États membres, leurs gouvernements, leurs administrations, ainsi que les institutions de l'Union. Si l'arrêt a été rendu sur renvoi en appréciation de validité et que cet arrêt a déclaré l'acte invalide, le juge national doit s'abstenir de l'appliquer (CJCE 13 mai 1981, *International Chemical Corporation*, 66/80, *Rec. CJCE* 1191). Les institutions de l'Union et les autorités nationales doivent également tirer les conséquences de cette invalidité notamment, pour les autorités nationales, au regard des mesures nationales d'exécution. Si la Cour de justice a déclaré l'acte valide, ce dernier continue à produire ses effets. 611

Quant aux effets de l'arrêt dans le temps, les arrêts rendus sur renvoi préjudiciel valent en principe aussi bien pour l'avenir que pour le passé. Ainsi, l'acte déclaré invalide est censé n'avoir jamais existé et l'interprétation retenue par la Cour est censée avoir toujours prévalue. Néanmoins, la Cour peut décider que certains arrêts n'auront d'effet que pour l'avenir, pour des raisons de sécurité juridique. La Cour limitera alors la possibilité d'invoquer l'interprétation qu'elle a donnée du droit de l'Union au futur, ou à partir d'une certaine date qu'elle fixe (CJCE 8 avr. 1976, *Defrenne*, aff. 43/75, *Rec. CJCE* 455). Cette modulation dans le temps de l'arrêt n'est possible que si l'application de l'interprétation pour le passé présente des risques de troubles graves et s'il y a une réelle incertitude sur l'état du droit. La solution est identique pour les arrêts de déclaration d'invalidité. La Cour a ainsi pu maintenir certains effets d'un acte déclaré invalide, conférant en ce sens un caractère définitif à certains effets de l'acte invalide (CJCE 15 oct. 1980, *Roquette Frères*, aff. 145/79, *Rec. CJCE* 2917). 612

F. La procédure préjudicielle d'urgence

Une décision du Conseil du 20 déc. 2007 (*JOUE* L 24 du 29 janv. 2008, p. 42), applicable à compter du 1er mars 2008, a instauré la procédure préjudicielle d'urgence (PPU). Le délai moyen de jugement des affaires en procédure préjudicielle d'urgence et de 2, 5 mois. Cette procédure figure à l'article 107 du règlement de procédure de la Cour et permet de traiter rapidement certaines questions préjudicielles susceptibles d'être posées dans les matières relevant de l'espace de liberté, de sécurité et de justice. Cette procédure présente certaines particularités. Le traitement interne des questions est par exemple confié à une chambre de cinq juges spécialement désignée pour une année et l'instruction de l'affaire est largement dématérialisée. Pratiquement, la juridiction nationale saisit le juge de l'Union en lui présentant les raisons la conduisant à demander l'application de la procédure d'urgence. Il peut également arriver que le Président de la Cour demande d'office à la chambre désignée d'examiner si un renvoi préjudiciel mérite d'être traité en urgence. La 613 décision de faire usage de la procédure préjudicielle d'urgence est prise par la chambre désignée, l'avocat général entendu.

§ 2 Le recours en manquement

614 La procédure en manquement vise à sanctionner les violations, par les États membres, des obligations imposées par les traités. Cette voie de droit a été mise en place dès le traité CEE (art. 169 et 170 du traité CEE) et est aujourd'hui visée aux articles 258 et 259 TFUE. Le *recours en manquement*[Q] peut être envisagé en présentant la procédure de constatation du manquement (A), les éléments constitutifs du manquement (B) et, enfin, les effets de l'arrêt en manquement (C).

A. La procédure de constatation du manquement

615 La Commission (art. 258 TFUE) et les États membres (art. 259 TFUE) peuvent saisir la Cour d'un recours en manquement. En pratique cependant, c'est principalement la Commission qui est à l'origine de ce type de recours. Elle agit d'office, dès lors qu'elle estime qu'un État membre a manqué aux obligations qui lui incombent, ou bien à la suite d'une plainte déposée auprès d'elle par un particulier, une association ou une entreprise alléguant qu'un État membre méconnaît le droit de l'Union. La Commission demeure quoiqu'il en soit discrétionnaire pour donner suite à la plainte déposée devant elle. La Cour a ainsi jugé qu'est irrecevable le recours en annulation intenté par un particulier à l'encontre du refus de la Commission d'engager une procédure en manquement contre un État membre (CJCE ord. 11 mars 1999, *Smanor SA et a. c. Commission*, aff. C-03/98 P, nep).

616 La procédure en constatation du manquement comporte trois étapes. La première étape est celle de la mise en demeure : la Commission envoie à l'État membre une lettre de mise en demeure qui constitue la décision formelle d'ouverture de la procédure. La lettre identifie la violation présumée et demande à l'État membre de produire ses observations. Elle est en pratique adressée au représentant permanent de l'État membre. La lettre de mise en demeure circonscrit le manquement et est à cet égard essentielle. La Commission ne peut d'ailleurs soulever après l'envoi de la lettre de mise en demeure de nouveaux griefs. La deuxième étape est celle de l'avis motivé : la Commission émet cet avis lorsque les observations de l'État ne l'ont pas convaincue et que, dès lors, elle continue à estimer que l'État méconnaît le droit de l'Union. L'avis peut écarter les arguments présentés par l'État membre. Il demande à ce dernier de se conformer au droit de l'Union et lui fixe un délai – souvent de deux mois – pour cela. La Cour de justice se place pour juger le manquement à la date d'échéance de ce délai. Après l'avis motivé s'achève la phase précontentieuse du manquement et commence alors la phase contentieuse, avec la troisième étape : la saisine de la Cour. La Commission choisit en effet de saisir le juge de l'Union. Cette saisine n'est pas enfermée dans un délai préétabli. Il en découle qu'un État membre ne saurait utilement soutenir qu'un recours de la Commission doit être déclaré irrecevable car trop tardif (CJCE 14 déc. 1971, *Commission c. France*, 7/71, *Rec. CJCE* 1003). Il peut au contraire parfaitement arriver que la Commission n'introduise jamais le recours, en dépit de l'avis motivé, ou qu'elle ne soit saisie que plusieurs années après. Si la Cour observe qu'une durée excessive de la procédure précontentieuse peut augmenter, pour l'État membre mis en

cause, la difficulté pour réfuter les arguments de la Commission, ceci ne saurait exercer une quelconque influence sur la recevabilité du recours (CJCE 16 mai 1991, *Commission c. Pays-Bas*, aff. C-6/89, *Rec. CJCE* I-2461). Lorsqu'un État membre est à l'origine du recours, il doit saisir en premier lieu la Commission, qui émet un avis motivé après que les États intéressés aient été mis en mesure de présenter contradictoirement leurs observations. L'État peut saisir la Cour après l'avis motivé de la Commission ou dans un délai de trois mois à compter de la demande d'avis de la Commission si cette dernière n'a pas émis d'avis.

Le recours en manquement n'a pas d'effet suspensif. Il est cependant possible de demander à la Cour d'ordonner, en cas d'urgence et s'il existe un risque de dommages graves et irréparables, des mesures provisoires, par exemple, la suspension de la mesure nationale litigieuse (CJCE ord. 24 avr. 2008, *Commission c. Malte*, aff. C-6/08 R, *Rec. CJCE* I-64). La charge de la preuve incombe par ailleurs, en principe, au requérant. La Commission ou l'État membre à l'origine du recours devront ainsi démontrer la réalité du manquement allégué et apporter à la Cour les éléments nécessaires à cette fin (CJUE 22 sept. 2011, *Commission c. Espagne*, aff. C-0/10, *Rec. CJCE* I-134). En défense, l'État membre doit prouver que le manquement n'est pas établi. Les arguments consistant à démonter que le manquement était excusable ou ne pouvait être évité n'ont quasiment jamais abouti. Observons qu'en matière d'aides d'État illégales ou incompatibles, le constat d'une impossibilité absolue d'exécuter la décision ordonnant la récupération de l'aide peut seule être de nature à conduire au rejet du recours en manquement (CJCE 4 avr. 1995, *Commission c. Italie*, aff. C-48/93, *Rec. CJCE* I-673). 617

B. Les éléments constitutifs du manquement

Le traité énonce que si la Commission estime « qu'un État membre a manqué à une des obligations qui lui incombe en vertu du présent traité », elle entame une procédure à l'issue de laquelle elle peut saisir la Cour. Cette dernière peut ensuite reconnaître le manquement et l'État doit alors prendre les mesures que comporte l'exécution de l'arrêt (art. 258 et 260 TFUE). Aucune précision n'est cependant apportée dans le traité sur le concept de manquement. Néanmoins, le droit primaire se réfère aux obligations découlant des traités. Cette formule large permet donc de recouvrir sous la notion de manquement la méconnaissance, par un État membre, du droit primaire (les traités, la Charte des droits fondamentaux, les actes d'adhésion), des accords internationaux qui lient l'Union, des accords mixtes, des conventions internationales conclues par les États membres, des principes généraux du droit de l'Union, du droit dérivé (règlements, directive, décisions adressées à l'État), de la jurisprudence de la Cour de justice. Le recours en manquement est ouvert quelle que soit la forme du manquement. Plus concrètement, le manquement peut consister en une action positive de l'État, résultant, par exemple, de l'adoption d'une norme contraire au droit de l'Union. Il peut encore s'agir d'une abstention, par exemple lorsque l'État ne prend pas les mesures nécessaires pour transposer une directive. Le manquement peut également être caractérisé par une incertitude juridique, en cas d'ambiguité du droit national. En effet, après une période d'incertitude sur ce dernier point, il est aujourd'hui établi que la Cour condamne aussi bien les violations réelles et avérées du droit de l'Union que les violations simplement potentielles de ce droit. La Cour a ainsi estimé que « si la situation juridique objective et claire en ce sens 618 que l'article 48 et le règlement n° 1612/68 sont directement applicables dans le territoire de la République française, il n'en reste pas moins que le maintien, dans ces conditions, du texte du Code du travail maritime donne lieu à une situation de fait ambiguë en maintenant, pour les sujets de droit concernés, un état d'incertitude quant aux possibilités qui leur sont réservées de faire appel au droit communautaire » (CJCE 4 avr. 1974, *Commission c. France*, aff. 167/73, *Rec. CJCE* 359). Elle considère encore, en dépit de l'argument avancé par le gouvernement français tenant à l'absence de préjudice engendré par le non-respect de ses obligations découlant du droit de l'Union, que « même à supposer cette allégation établie, il importe de rappeler que le non-respect d'une obligation imposée par une règle de droit communautaire est en lui-même constitutif du manquement et que la considération que ce non-respect n'a pas engendré de conséquences négatives est dépourvue de pertinence » (CJCE 1er févr. 2001, *Commission c. France*, aff. C-33/99, *Rec. CJCE* I-1025).

■ 619 Aucun élément intentionnel n'est requis pour caractériser le manquement, lequel est ainsi apprécié de façon objective, indépendamment de l'éventuelle intention de l'État membre de commettre le manquement. La Cour est très claire à ce sujet, expliquant que « la procédure visée à l'article 169 du traité repose sur la constatation objective du non-respect par un État membre des obligations que lui imposent le traité ou un acte de droit dérivé. Dès lors qu'un tel constat a été établi, il est sans pertinence que le manquement résulte de la volonté de l'État membre auquel il est imputable, de sa négligence ou bien encore de difficultés techniques auxquelles celui-ci aurait été confronté » (CJCE 1er oct. 1998, *Commission c. Espagne*, aff. C-1/97, *Rec. CJCE* I-5991). Si le manquement est exercé contre l'État membre, la Cour retient une acception large de la notion d'État, conduisant à une acception extensive de l'auteur réell du manquement. L'auteur du manquement, dans les faits, peut ainsi aussi bien être le gouvernement d'un État, que son administration, le législateur, une collectivité locale ou, encore, un organisme sous le contrôle de l'État. La Cour a toujours fait preuve de cohérence sur ce point, en affirmant dès les années soixante-dix que « les obligations découlant (...) du traité incombent aux États en tant que tels et que la responsabilité d'un État membre au regard de l'article 169 est engagée quel que soit l'organe de l'État dont l'action ou l'inaction est à l'origine du manquement, même s'il s'agit d'une institution constitutionnellement indépendante » (CJCE 5 mai 1970, *Commission c. Belgique*, aff. 77/69, *Rec. CJCE* 237). L'Espagne a ainsi été condamnée, par exemple, pour un manquement imputable à la Communauté autonome de Valence en raison de la législation d'urbanisme de cette dernière Communauté, au regard des procédures de passation des marchés publics (CJUE 26 mars 2011, *Commission c. Espagne*, aff. C-06/08, *Rec. CJCE* I-5451). La Cour admet également les manquements à l'origine desquels sont des juridictions nationales : un État membre peut manquer à ses obligations découlant du droit de l'Union en raison d'une décision de justice rendue par une Cour suprême manifestement contraire à ce droit (CJCE 12 nov. 2009, *Commission c. Espagne*, aff. C-54/08, *Rec. CJCE* 187).

■ 620 De façon audacieuse, la Cour a développé une jurisprudence constructive qui lui a permis de reconnaître le manquement alors que l'atteinte aux dispositions du droit de l'Union était le fait de personnes privées. Cette jurisprudence a été inaugurée dans le contexte de la libre circulation des marchandises. Deux temps peuvent être distingués. Dans un premier temps, la Cour a condamné plusieurs États en manquement du fait de comportements de personnes privées, qui étaient cependant des organismes liés aux pouvoirs publics. Dans certains arrêts, il s'agissait ainsi de promouvoir un produit national au moyen de publicités ou par l'attribution d'un label national à connotation très positive, par des organismes relevant du droit privé. En défense, les États avançaient que les mesures contestées – qui produisaient un effet équivalent à des restrictions quantitatives aux importations (v. ss 149) – étaient le fait d'organismes ayant la forme juridique de sociétés privées qui n'entraient pas dans le champ d'application matériel des dispositions du droit primaire relatives à la libre circulation des marchandises. Le raisonnement de la Cour a été le suivant : après avoir admis que les organismes en cause sont bien des entités relevant du droit privé, elle se sert ensuite de la méthode du faisceau d'indices pour constater une liaison fonctionnelle de ces organismes avec l'État. La Cour observe alors l'origine juridique de l'organisme, ses statuts ou, encore, son financement. Au regard de ces indices, elle peut ainsi décider que certains organismes ne peuvent pas « par rapport au droit communautaire, jouir de la même liberté en ce qui concerne la promotion de la production nationale, que celle dont bénéficient les producteurs eux-mêmes, ou les associations de producteurs de caractère volontaire » (CJCE 13 déc. 1983, *Apple and Pear Development Council*, 222/82, *Rec. CJCE* 4083). Ceci permet à la Cour de juger que bien que mis en œuvre par une personne privée, le régime litigieux doit être considéré comme une mesure publique au sens du traité et, partant, être imputable à l'État. Dans un second temps, la Cour a même admis le manquement alors que l'auteur réel de ce manquement était une personne privée. Ce mouvement a été initié avec un important arrêt *Commission c. France*, parfois appelé « affaire de la guerre des fraises » (CJCE 9 déc. 1997, *Commission c. France*, aff. C-65/95, *Rec. CJCE* I-6959). En l'espèce, l'entrave à la libre circulation des marchandises mise en lumière résultait de manifestations d'agriculteurs français et d'exactions à l'encontre de camions provenant d'Espagne, qui transportaient des fraises. La Cour s'appuie notamment sur l'incapacité du gouvernement français à faire face aux comportements de personnes privées pour reconnaître le manquement : « en tant que moyen indispensable à la réalisation du marché sans frontières intérieures, l'article 30 ne prohibe pas les seules mesures d'origine étatique et qui, en elles-mêmes, créent des restrictions au commerce entre les États membres, mais peut également trouver à s'appliquer lorsqu'un État membre s'est abstenu de prendre les mesures requises pour faire face à des entraves à la libre circulation des marchandises dues à des causes qui ne sont pas d'origine étatique ». Et de poursuivre : « (...) le fait pour un État membre de s'abstenir d'agir ou, le cas échéant, de rester en défaut d'adopter les mesures suffisantes pour empêcher des obstacles à la libre circulation des marchandises, créés notamment par des actions de particuliers sur son territoire à l'encontre des produits originaires d'autres États membres, est de nature à entraver les échanges intracommunautaires tout autant qu'un acte positif ». La France a ainsi été condamnée pour n'avoir pas pris toutes les mesures nécessaires et proportionnées afin que les actions de particuliers n'entravent pas la libre circulation.

C. Les effets de l'arrêt en manquement

L'arrêt en manquement revêt un caractère déclaratoire, c'est-à-dire que la Cour se borne à constater le manquement ou à le rejeter : « (...) les articles 171 du traité CEE et 143 du traitée CEEA (...) n'attribuent qu'un effet déclaratoire aux décisions de la Cour en cas de manquement aux traités, tout en obligeant les États à prendre les mesures que comporte l'exécution de l'arrêt » (CJCE 16 déc. 1960, *Humblet c. État belge*, 6/60, *Rec. CJCE* 621

1125). En effet, « le recours en manquement a pour fonction de constater qu'un État membre n'a pas rempli en droit ou en fait une obligation que lui impose le droit communautaire » (CJCE 9 avr. 1987, *Commission c. Italie*, 363/85, *Rec. CJCE* 1733). Il peut arriver que la Cour accueille seulement partiellement le manquement. La Cour n'annule pas, en revanche, la mesure nationale litigieuse : il appartient à l'État membre poursuivi de mettre son droit national en conformité avec ce que la Cour a jugé. La Cour souligne en effet que conformément à la distinction des compétences respectives du juge de l'Union et des États membres opérée dans l'article 260 § 1 TFUE, elle ne saurait s'ingérer directement « dans la législation ou l'administration des États membres » (arrêt *Humblet* préc.). Par principe, l'arrêt de manquement a un effet rétroactif. On considère en effet que la non-conformité du comportement de l'État à la règle de droit existe concrètement, depuis l'origine de ce comportement. Pour des raisons de sécurité juridique, il arrive cependant que la Cour limite dans le temps les effets de son arrêt en manquement. Cette possibilité ne figure pas dans les traités mais a été admise de façon prétorienne. Dans ces hypothèses, ainsi, l'arrêt ne produit d'effet que pour l'avenir.

■ 622 Il appartient à l'État membre de tirer toutes les conséquences de l'arrêt de manquement. L'État qui n'exécuterait pas correctement un précédent arrêt de manquement peut voir introduite à son encontre une procédure de manquement sur manquement (art. 260 § 2 TFUE). Si la Cour reconnaît effectivement que l'État membre ne s'est pas conformé au précédent arrêt de manquement, la Cour peut lui infliger le paiement d'une somme forfaitaire ou d'une astreinte (art. 260 § 2 TFUE), sinon des deux (CJCE 12 juill. 2005, *Commission c. France*, aff. C-04/02, *Rec. CJCE* I-6263). Une évolution est intervenue avec le traité de Lisbonne : lorsque l'État membre a manqué à son obligation de communiquer des mesures de transposition d'une directive adoptée conformément à une procédure législative, la procédure de manquement et celle de manquement sur manquement sont fusionnées. La Commission peut ainsi, dès le premier recours en manquement, demander la condamnation financière de l'État membre (art. 260 § 3 TFUE).

§ 3 Le recours en annulation

■ 623 La Cour de justice est tenue d'assurer le respect de la légalité par les institutions européennes. Plusieurs voies de droit ont ainsi été mises en place par le traité, qui lui permettent d'assumer ce rôle. Parmi celles-ci, le *recours en annulation* est prévu par l'article 263 TFUE et permet à la Cour de contrôler la légalité des actes adoptés par les institutions, les organes ou les organismes européens. La Cour prononce ainsi l'annulation de l'acte concerné lorsque celui-ci est jugé contraire au droit de l'Union. Le recours en annulation représente une part essentielle de l'activité du Tribunal, mais est devenu plus marginal pour la Cour de justice. Ce recours peut-être étudié en envisageant dans un premier temps sa recevabilité (A), les moyens de l'annulation (B) et les effets de l'arrêt (C).

A. Les conditions de recevabilité du recours en annulation

■ 624 La compétence de la juridiction saisie établie (v. *supra*), les personnes ayant la qualité pour agir sont distinguées par le traité en deux groupes. D'une part, les requérants institutionnels regroupent les États membre, le Parlement, le Conseil et la Commission (art. 263 al. 2 TFUE), lesquels peuvent introduire des recours en annulation sans restriction, contre tout acte attaquable, sans qu'aucun lien ne soit exigé entre eux et cet acte et peu important leur position lors de l'adoption de cet acte (CJCE 12 juill. 1979, *Italie c. Conseil*, 166/78, *Rec. CJCE* 2575). Peuvent également exercer un recours en annulation mais uniquement lorsque ce recours tend à préserver leurs prérogatives : la Banque centrale européenne, la Cour des comptes, le Comité des régions (art. 263 al. 3 TFUE). L'article 263 al. 4 TFUE énonce que « toute personne physique ou morale peut former (...) un recours contre les actes dont elle est le destinataire ou qui la concerne directement ou individuellement, ainsi que contre les actes règlementaires qui la concernent directement et qui ne comportent pas de mesures d'exécution ». Les recours contre les actes concernant directement ou indirectement le requérant sont soumis au respect de trois conditions cumulatives : l'affectation individuelle, c'est-à-dire que le requérant doit être individuellement concerné par la mesure (CJCE 15 juill. 1963, *Plaumann*, 25/62, *Rec. CJCE* 199), l'affectation directe, c'est-à-dire que la mesure contestée doit produire « directement des effets sur la situation juridique du particulier et ne laisse aucun pouvoir d'appréciation à ses destinataires qui sont chargés de sa mise en œuvre, celle-ci ayant un caractère purement automatique et découlant de la seule réglementation communautaire, sans application d'autres règles intermédiaires » (CJCE 13 mai 1971, *International Fruit Company e. a. c. Commission*, 41/70 à 44/70, *Rec. CJCE* 411), l'existence d'un intérêt à agir, c'est-à-dire que les requérants personnes physiques ou morales doivent démontrer qu'ils ont un intérêt personnel, né et actuel, au jour de l'introduction du recours et jusqu'au prononcé de l'arrêt, à l'annulation de l'acte attaqué, quelle que soit la catégorie dont il relève.

Il résulte de l'article 263 al. 2 TFUE que les actes pouvant faire l'objet d'un recours en annulation sont : les « actes législatifs, [les] actes du Conseil, de la Commission et de la Banque centrale européenne, autres que les recommandations et les avis, et [les] actes du Parlement européen et du Conseil européen destinés à produire les effets juridiques à l'égard des tiers », ainsi que les « actes des organes ou organismes de l'Union destinés à produire des effets juridiques à l'égard des tiers ». Rappelons simplement que le juge de l'Union demeure incompétent pour statuer sur la validité du droit primaire ou sur celle des actes adoptés par les autorités des États membres. Les recours en annulation doivent par ailleurs être formés dans un délai de deux mois à compter « suivant le cas, de la publication de l'acte, de sa notification au requérant ou à défaut, du jour où celui-ci en a eu connaissance ». 625

B. Les moyens d'annulation

Le juge de l'Union est compétent pour se prononcer sur quatre types de moyens : l'incompétence, la violation des formes substantielles, la violation des traités ou de toute règle de droit relative à leur application et, enfin, le détournement de pouvoir. 626

S'agissant de l'incompétence, trois cas doivent être envisagés. L'incompétence *ratione materiae* est la plus répandue et consiste dans le fait, pour une institution, de prendre une décision sans en avoir la compétence, par exemple, parce que la compétence revient à une autre institution. L'incompétence *ratione loci* recouvre les hypothèses dans lesquelles le requérant conteste le champ d'application territorial du droit de l'Union. L'incompétence *ratione temporis* vise enfin les hypothèses dans lesquelles la Cour vérifie qu'une institution a adopté en temps utile une mesure, alors que cette 627 institution n'était dotée de la prérogative pour adopter l'acte que pendant une période transitoire (CJCE 10 mai 1960, *Barbara e. a. c. Haute Autorité*, 3/58, *Rec. CJCE* 367).

628 La violation des formes substantielles vise le respect des conditions de forme et de procédure auxquelles les normes européennes subordonnent la légalité de l'acte attaqué. Le juge ne procède cependant à l'annulation de l'acte sur ce fondement que dans la mesure où cette violation porte atteinte aux droits des tiers ou à ceux des personnes visées par l'acte. La violation des droits de la défense et du respect du principe du contradictoire représentent par exemple une catégorie de forme substantielle invoquée par les requérants (CJCE 13 févr. 1979, *Hoffmann-La Roche c. Commission*, 85/76, *Rec. CJCE* 461).

629 La violation des traités ou de toute règle de droit relative à leur application est celle qui est le plus souvent reconnue par le juge de l'Union. Ce dernier a précisé les différentes normes de référence par rapport auxquelles est appréciée la légalité des actes de l'Union. Il s'agit des traités, de leurs protocoles annexés, des traités modificatifs et des traités et actes relatifs à l'adhésion. Il s'agit encore des principes généraux du droit dégagés par la jurisprudence à partir des traités, des traditions constitutionnelles communes des États membres, de la jurisprudence de la Cour internationale de justice (CJUE 21 déc. 2011, *Air Transport Association of America e. a.*, aff. C-66/10, nep) et de la Cour européenne des droits de l'homme. Le juge de l'Union contrôle encore le respect des accords internationaux liant l'Union européenne, dès lors que la nature et l'économie de l'accord ne s'y opposent pas et dans la mesure où leurs dispositions sont inconditionnelles et suffisamment précises. Sont enfin visés l'ensemble des actes obligatoires adoptés par les institutions de l'Union comme les règlements ou les directives, et les arrêts d'annulation des juridictions de l'Union (CJCE 14 sept. 1999, *Commission/AssiDomän Kraft Products*, aff. C-10/97 P, *Rec. CJCE* I-5363).

630 Le détournement de pouvoir est enfin plus rarement admis par le juge de l'Union. Il désigne l'adoption d'un acte, par une institution de l'Union, dans le but d'atteindre des fins autres que celles excipées.

C. Les effets de l'arrêt

631 Si le recours est fondé, la Cour de justice peut annuler l'acte en son entier ou seulement certaines dispositions. L'acte ou les dispositions annulées n'ont alors plus d'effet juridique. L'institution, l'organe ou l'organisme qui avait adopté l'acte annulé est par ailleurs tenu de combler le vide juridique conformément à l'arrêt rendu par la Cour. Le juge peut éventuellement procéder à l'annulation partielle d'un acte, lorsque les éléments dont l'annulation est demandée sont détachables du reste de l'acte.

632 Les arrêts de rejet sont dotés de l'autorité relative de la chose jugée. Il en découle que tout nouveau recours ayant le même objet, opposant les mêmes parties et fondé sur la même cause est irrecevable. Les arrêts d'annulation sont en revanche dotés de l'autorité absolue de chose jugée, dès qu'ils sont devenus définitifs, c'est-à-dire, après épuisement des voies de recours ou après expiration des délais prévus pour ces recours. Dès lors, tous les nouveaux recours ayant le même objet, opposant les mêmes parties et

fondés sur la même cause sont irrecevables. L'annulation rétroactive a par ailleurs un effet *erga omnes*, à l'égard de tous les justiciables. Elle fait ainsi obstacle à ce que les questions de fait et de droit que l'arrêt d'annulation a déjà réglées soient de nouveau soumises au même juge (CJCE 1er juin 2006, *P & O European Ferries (Vizcaya) et Diputación Foral de Vizcaya c. Commission*, aff. C-42/03 P et aff. C-71/03 P, *Rec. CJCE* I-4845). En principe, toute annulation est dotée d'un effet rétroactif. L'article 264 al. 2 TFUE autorise néanmoins le juge de l'Union, s'il l'estime nécessaire, à indiquer ceux des effets de l'acte annulé qui doivent être considérés comme définitifs pour le passé. Le juge de l'Union, lorsqu'il rend un arrêt d'annulation, ne peut réformer l'acte annulé ou prononcer des injonctions aux institutions. Il appartient à l'auteur de l'acte annulé de retirer, de modifier l'acte ou, encore, de lui substituer un nouvel acte, à défaut de quoi un nouveau contentieux pourra naître, contentieux d'exécution ou d'engagement de la responsabilité extracontractuelle de l'institution.

§ 4 Les autres recours

D'autres voies de droit ont été mises en place dont l'objet principal est d'assurer le respect, par les États membres, des obligations que leur impose le droit de l'Union. 633

Le *recours en carence*Q est régi par les articles 265 et 266 TFUE. Il a pour objet de faire constater l'illégalité d'une abstention d'agir d'une institution de l'Union, d'un organe ou d'un organisme de l'Union, alors que le droit européen imposait une obligation d'agir. L'absence ou l'omission a, de ce fait, un caractère illégal. Deux catégories de requérants peuvent exercer un recours en carence. Le recours en carence peut être exercé à l'encontre du Parlement européen, du Conseil européen, du Conseil, de la Commission ou de la Banque centrale européenne. Il peut également être dirigé contre les organes et les organismes de l'UE. La première catégorie vise les États membres et les institutions de l'Union, qui n'ont pas à démontrer d'un intérêt à agir pour pouvoir exercer un recours en carence. La seconde catégorie vise les particuliers, qui doivent pour leur part avoir un intérêt à agir afin de pouvoir saisir la Cour de justice. L'article 265 du TFUE précise ainsi que les particuliers peuvent exercer un recours en carence à l'encontre d'une institution qui aurait manqué de leur adresser un acte. Dans la pratique, la Cour de justice accepte également les recours en carence concernant les actes dont les particuliers ne sont pas les destinataires formels mais qui les concernent directement et individuellement. Lorsque la Cour de justice fait droit à la demande en carence, elle se contente de constater la carence. Il revient uniquement à l'institution mise en cause de remédier à la carence dans un délai raisonnable. 634

Le recours en responsabilité, d'une façon générale, permet au particulier qui subit un dommage causé par une activité de l'Union, d'obtenir réparation de la part de l'institution qui en est à l'origine. Toute personne physique ou morale victime d'un dommage, qu'il s'agisse d'un État membre ou d'un particulier, peut demander réparation. Le plaideur doit alors saisir la Cour de justice dans un délai de cinq années à compter de la survenance du fait qui y donne lieu. Le requérant peut ainsi recevoir une indemnisation du fait de l'activité normative des institutions de l'Union, lorsqu'un dommage résulte de l'adoption d'un acte qui lui cause un préjudice. Le recours en responsabilité permet aussi d'engager la responsabilité d'un État membre qui n'a 635 pas respecté ses obligations découlant du droit de l'Union en cas de non transposition d'une directive. On distingue le recours en responsabilité contractuelle, qui est soumis à des règles particulières. La Cour de justice intervient seulement si une clause spécifique du contrat, le prévoit. Les conditions et les modalités du recours en responsabilité découlent du droit applicable, ce dernier étant défini par le contrat. Il s'agit en principe d'un droit national. La Cour de justice peut être la juridiction compétente pour statuer à condition qu'une clause compromissoire le prévoit expressément. Le recours en responsabilité extracontractuelle est quant à lui soumis à des règles uniformes. La Cour de justice est compétente pour l'apprécier. La responsabilité extracontractuelle est une responsabilité pour faute : le requérant doit faire état d'un dommage et d'un lien de causalité entre le préjudice subi et l'action de l'institution incriminée. La Cour de justice exige que le dommage soit spécial et grave : spécial, dans la mesure où il concerne un groupe restreint et nettement délimité d'opérateurs, ce qui signifie qu'un règlement qui porte préjudice à des catégories très larges d'opérateurs économiques n'entraîne pas réparation ; grave dans la mesure où il dépasse les limites des risques économiques inhérents aux activités dans le secteur concerné.

■ 636 *L'exception d'illégalité*[Q] est envisagée à l'article 277 TFUE, aux termes duquel « nonobstant l'expiration du délai prévu à l'article 263, sixième alinéa, toute partie peut, à l'occasion d'un litige mettant en cause un acte de portée générale adopté par une institution, un organe ou un organisme de l'Union, se prévaloir des moyens prévus à l'article 263, deuxième alinéa, pour invoquer devant la Cour de justice de l'Union européenne l'inapplicabilité de cet acte ». Cette exception permet aux justiciables de contester de manière incidente la légalité d'un acte de portée générale et d'en écarter l'application lors d'un litige relatif à une mesure d'application de cet acte. La Cour de justice a érigé cette exception d'illégalité en principe général de procédure (CJCE 13 juin 1958, Meroni c. Haute Autorité, 9/56, *Rec. CJCE* 11).

■ 637 La *compétence de pleine juridiction*[Q] est envisagée à l'article 261 TFUE, qui énonce que « [l]es règlements arrêtés conjointement par le Parlement européen et le Conseil, et par le Conseil en vertu des dispositions des traités peuvent attribuer à la Cour de justice de l'Union européenne une compétence de pleine juridiction en ce qui concerne les sanctions prévues dans ces règlements ». Le concept de pleine juridiction trouve son origine dans le droit administratif français mais doit en être distingué. Il peut être présenté comme une voie de recours attribuant au juge un pouvoir plus important que celui dont il bénéficie dans le cadre d'un recours pour excès de pouvoir. La Cour agissant à ce titre peut annuler une décision de l'administration illégale ou erronée, annuler et réformer la décision attaquée, constater des obligations à l'égard de l'administration et, enfin, prononcer des condamnations pécuniaires à l'égard de l'administration. À la différence du contentieux français, en droit de l'Union, le contentieux de pleine juridiction ne constitue pas une voie de recours autonome : il s'exerce dans le cadre d'un recours en annulation et uniquement à l'encontre des sanctions ou dans les litiges de fonction publique à caractère pécuniaire. La pleine juridiction ne peut ainsi être exercée à l'encontre d'autres décisions administratives.

■ 638 Trois règlements relatifs à la propriété intellectuelle ont créé, sur le fondement de l'article 308 CE (352 TFUE), des droits de propriété intellectuelle recouvrant la marque, les dessins et modèles et les obtentions végétales, délivrés par l'Office de l'harmonisation dans le marché intérieur (OHMI) et l'Office communautaire des variétés végétales (OCVV) : le règlement (CE) n° 40/94 du Conseil, du 20 décembre 1993, sur la marque communautaire, le règlement (CE) n° 2100/94 du Conseil, du 27 juillet 1994, instituant un régime de protection communautaire sur des obtentions végétales et le règlement (CE) n° 6/2002 du Conseil du 12 décembre 2001 sur les dessins ou modèles communautaires. Ces agences sont notamment constituées de chambres de recours, qui statuent sur les recours formés contre les décisions prises par les agences en première instance. Les décisions des chambres de recours peuvent à leur tour être soumises au contrôle du Tribunal en cas d'incompétence, de violation des formes substantielles, de violation du traité ou de toute règle de droit relative à leur application, ainsi que pour détournement de pouvoir. Enfin, l'article 65 § 3 du règlement (CE) n° 207/2009 du Conseil du 26 février 2009 sur la marque communautaire, ainsi que l'article 61 § 3 du règlement n° 6/2002 relatif aux dessins ou modèles prévoient que la Cour de justice est compétente pour annuler et réformer la décision attaquée.

15

Compléments pédagogiques

Mémo

L'Union européenne est fondée sur différentes valeurs, parmi lesquelles, celle de l'*État de droit*. L'État de droit se manifeste notamment à travers l'existence de mécanismes juridictionnels aptes à faire respecter la légalité. Dans le contexte du droit de l'Union, ces mécanismes visent non seulement le juge national, « juge communautaire de droit commun » (TPICE 10 juillet 1990, *Tetra Pak*, aff. T-51/89, *Rec. CJCE* II- 309), mais également, et surtout, les juridictions de l'Union. La justice de l'Union comporte trois niveaux de juridiction : la Cour de justice, le tribunal et les tribunaux spécialisés. Plusieurs sources textuelles organisent la procédure contentieuse devant la Cour de justice. Un nouveau règlement de procédure de la Cour est en particulier entré en vigueur le 1er novembre 2012. La procédure contentieuse devant le juge de l'Union peut être envisagée en distinguant la procédure générale – qui ne présente pas d'originalité particulière quant aux étapes qui la composent, à savoir, l'introduction de l'instance, le cours de l'instance et sa conclusion – des procédures spéciales – le *sursis* et les autres *mesures provisoires par voie de référé*, l'*intervention* ou, encore, les *voies de rétractation*. Les litiges mettant en cause le droit de l'Union européenne sont soumis aux juridictions nationales dans toutes les hypothèses où les traités ne les réservent pas à la Cour. Cette dernière connaît quelques domaines d'incompétence – de moins en moins nombreux –, le principal étant celui relatif à la politique étrangère et de sécurité commune. La Cour connaît des pourvois formés contre les décisions du Tribunal, pourvois limités aux questions de droit. Outre cette compétence, les principaux types d'affaires soumis à la Cour sont : le *renvoi préjudiciel*, lequel permet à une juridiction nationale de poser une question à la Cour de justice au sujet d'une difficulté sérieuse d'interprétation du droit de l'Union ou de validité d'un de ses actes ; le *recours en manquement*, est un recours ouvert à la Commission et aux États membres, dont l'objet principal est d'assurer le respect, par les États membres, des obligations que leur impose le droit de l'Union ; le *recours en annulation*, inspiré du recours pour excès de pouvoir français, permet de contrôler la légalité des actes adoptés par les institutions de l'Union. D'autres recours s'inscrivent dans cette même perspective de contrôle du respect de la légalité des actes, à savoir, le *recours en carence*, *l'exception d'illégalité*, le *recours en responsabilité – contractuelle et extracontractuelle* – et *d'autres recours de plein contentieux.*

Quid

■ Renvoi préjudiciel n° 567, 591 s.

En droit de l'Union, recours permettant à un juge national de saisir la Cour de justice afin de lever une difficulté d'interprétation du droit de l'Union ou un doute relatif à la validité d'un acte, la réponse de la Cour étant nécessaire pour donner une solution au litige pendant devant le juge national.

■ Recours en manquement n° 614 s.

Procédure exercée par la Commission ou par un État membre à l'encontre d'un autre État membre qui ne s'acquitte pas des obligations que lui impose la législation européenne.

■ Recours en annulation n° 623 s.

Recours exercé devant la Cour par un État membre, le Conseil, la Commission ou, dans certaines conditions, le Parlement, en vue de demander l'annulation d'un acte législatif européen qu'ils estiment illégal. Le recours en annulation peut également être introduit par une personne physique souhaitant que la Cour annule une disposition particulière la concernant, s'estimant directement et individuellement lésée.

■ Recours en carence n° 634 s.

Recours exercé devant la Cour de justice par les États membres, les institutions de l'Union et, dans certaines conditions, des personnes physiques ou morales, afin d'obtenir la reconnaissance officielle de la carence d'une institution, d'un organe ou d'un organisme de l'Union européenne, lorsque ces derniers se sont abstenus de prendre certaines décisions alors qu'elles y étaient obligées.

■ Exception d'illégalité n° 636 s.

Voie de droit exercée par les justiciables de manière incidente et leur permettant de contester la légalité d'un acte de portée générale et d'en écarter l'application à l'occasion d'un recours en justice portant contre une mesure d'application de cet acte.

■ Recours de plein contentieux (ou de pleine juridiction) n° 637 s.

En droit de l'Union, voie de droit s'exerçant dans le cadre du recours en annulation à l'encontre des seules sanctions ou dans les litiges de fonction publique à caractère pécuniaire, dans le cadre de laquelle le juge possède le pouvoir d'exercer un arbitrage complet de fait et de droit sur le litige.

Biblio

– E. von Bardeleben, F. Donnat et D. Siritzky, *La Cour de justice de l'Union européenne et le droit du contentieux européen*, La Documentation française, Coll. « Réflexe Europe », série « Institutions et Politiques », Paris 2012.

– J. Boudan, *La Cour de justice des Communautés européennes*, Dalloz, coll. « Connaissance du droit », 2005.

– J. Boulouis, M. Darmon et J.- G. Huglo, *Contentieux communautaire*, 2e éd. Dalloz, 2001.
– G. Canivet, L. Idot et D. Simon (dir.), *Lamy Procédures communautaires : pratique et stratégie, moyens d'action, contentieux national et communautaire*, Lamy 2005.
– O. Dubos, *Les juridictions nationales, juge communautaire*, Dalloz, coll. « Nouvelle bibliothèque des thèses », 2001.
– H. Legal, « Composition et fonctionnement des Cours européennes », *Pouvoirs* 2001/1, n° 96.
– J. Lotarski et J. Molinier, *Droit du contentieux européen*, 4e éd., LGDJ, 2012.
– J.- D. Mouton et C. Soulard, *La Cour de justice des Communautés européennes*, PUF, coll. « Que sais- je ? », 2004.
– C. Naôme, *Le renvoi préjudiciel en droit européen : guide pratique*, Larcier, 2010.
– J. Pertek, « Renvoi préjudiciel », *Jurisclasseur Europe Traité*, Fasc. 359 à 362, 2010.
– F. Picod, « Cour de justice (Procédure) », *Rép. communautaire,* Dalloz, 2009.
– F. Picod et J. Rideau, *Code des procédures juridictionnelles de l'Union européenne*, Litec, 2002.
– S. van Reapenbusch, *Les recours des particuliers devant le juge de l'Union européenne*, Bruylant, 2012.
– J.- L. Sauron, *Droit et pratique du contentieux communautaire*, 3e éd., La Documentation française, coll. « Réflexe Europe », 2004.
– S. Soldevila Fragoso, « La création de juridictions spécialisées : la réponse des traités au traitement des contentieux de masse », *Europe* février 2011, n° 2, p. 4.
– O. Speltdoorn, « Règles de procédure », *in Lamy Procédures communautaires*, T. 2, étude 360, 2007.
– D. Simon (dir.), F. Mariatte, D. Ritleng, *Contentieux de l'Union européenne /1, Annulation, Exception d'illégalité*, Lamy, coll. « Axe Droit », 2010.
– D. Simon (dir.), F. Mariatte, D. Muñoz, *Contentieux de l'Union européenne /2, Carence, Responsabilité*, Lamy, coll. Axe Droit, 2011.
– D. Simon (dir.), C. Soulard, A. Rigaux et R. Munoz, *Contentieux de l'Union européenne /3 Renvoi préjudiciel, Recours en manquement*, Lamy, coll. « Axe Droit », 2011.

Documents

Rapport annuel 2012 de la Cour de justice de l'Union européenne (Extraits)

Affaires introduites – Nature des procédures (2008- 2012)

	2008	2009	2010	2011	2012
Renvois préjudiciels	288	302	385	423	404
Recours directs	210	143	136	81	73
Pourvois	78	105	97	162	136
Pourvois sur référé ou sur intervention	8	2	6	13	3

Avis	1	1			1
Procédures particulières	8	9	7	9	15
Total	**593**	**562**	**631**	**688**	**632**
Demandes en référé	3	2	2	3	

RECOMMANDATIONS

à l'attention des juridictions nationales, relatives à l'introduction de procédures préjudicielles

(2012/C 338/01)

I — DISPOSITIONS GÉNÉRALES

La compétence de la Cour en matière préjudicielle

1. Le renvoi préjudiciel est un mécanisme fondamental du droit de l'Union européenne, qui a pour objet de fournir aux juridictions des États membres le moyen d'assurer une interprétation et une application uniformes de ce droit au sein de l'Union.

2. En vertu des articles 19, paragraphe 3, sous b, du traité sur l'Union européenne (ci- après, le « TUE ») et 267 du traité sur le fonctionnement de l'Union européenne (ci- après, le « TFUE »), la Cour de justice de l'Union européenne est compétente pour statuer à titre préjudiciel sur l'interprétation du droit de l'Union et sur la validité des actes adoptés par les institutions, organes ou organismes de l'Union.

3. Aux termes de l'article 256, paragraphe 3, TFUE, le Tribunal est certes compétent pour connaître des questions préjudicielles soumises en vertu de l'article 267 TFUE, dans des matières spécifiques déterminées par le statut. Ce dernier texte n'ayant toutefois pas été adapté à cet égard, la Cour de justice (ci- après « la Cour ») demeure, à l'heure actuelle, seule compétente pour statuer à titre préjudiciel.

4. Même si l'article 267 TFUE confère à la Cour une compétence générale en cette matière, diverses dispositions de droit primaire prévoient cependant des exceptions ou des restrictions temporaires à cette compétence. Il s'agit, notamment, des articles 275 et 276 TFUE, ainsi que de l'article 10 du protocole (n o 36) sur les dispositions transitoires du traité de Lisbonne (JOUE C 83 du 30 mars 2010, p. 1)

5. La procédure préjudicielle reposant sur la collaboration entre la Cour et les juridictions des États membres, il apparaît opportun, afin d'assurer la pleine efficacité de cette procédure, de fournir auxdites juridictions les recommandations qui suivent. (...)

Le rôle de la Cour dans le cadre de la procédure préjudicielle

7. Comme cela a été relevé ci- dessus, le rôle de la Cour dans le cadre de la procédure préjudicielle est de fournir une interprétation du droit de l'Union ou de statuer sur sa validité, et non d'appliquer ce droit à la situation de fait qui sous- tend la procédure au principal. Ce rôle revient à la juridiction nationale et il n'appartient dès lors à la Cour ni de se prononcer sur des questions de fait soulevées dans le cadre du litige au principal, ni de trancher des divergences éventuelles d'opinion sur l'interprétation ou l'application des règles de droit national.

8. Lorsqu'elle se prononce sur l'interprétation ou la validité du droit de l'Union, la Cour s'efforce par ailleurs de donner une réponse utile pour la solution du litige au principal, mais c'est à la juridiction de renvoi qu'il revient d'en tirer les conséquences concrètes, le cas échéant en écartant l'application de la règle nationale en question.

La décision d'opérer un renvoi préjudiciel

L'auteur de la demande de décision préjudicielle

9. En vertu de l'article 267 TFUE, toute juridiction d'un État membre, pour autant qu'elle soit appelée à statuer dans le cadre d'une procédure destinée à aboutir à une décision de caractère juridictionnel, peut en principe saisir la Cour d'une demande de décision préjudicielle. La qualité de juridiction est interprétée par la Cour comme une notion autonome du droit de l'Union, la Cour tenant compte, à cet égard, d'un ensemble de facteurs tels que l'origine légale de l'organe qui l'a saisie, sa permanence, le caractère obligatoire de sa juridiction, la nature contradictoire de la procédure, l'application, par cet organe, des règles de droit ainsi que son indépendance.

10. Que les parties au litige au principal en aient ou non exprimé le souhait, c'est à la seule juridiction nationale qu'appartient la décision de saisir la Cour à titre préjudiciel.

Le renvoi en interprétation

11. Conformément aux termes de l'article 267 TFUE, toute juridiction concernée dispose du pouvoir d'adresser à la Cour une demande de décision préjudicielle relative à l'interprétation d'une règle du droit de l'Union lorsqu'elle l'estime nécessaire pour résoudre le litige dont elle est saisie.

12. Cependant, une juridiction dont les décisions ne sont pas susceptibles d'un recours juridictionnel de droit interne est tenue de saisir la Cour d'une telle demande, sauf lorsqu'il existe déjà une jurisprudence en la matière (et que le cadre éventuellement nouveau ne soulève pas de doute réel quant à la possibilité d'appliquer en l'espèce cette jurisprudence) ou lorsque la manière correcte d'interpréter la règle de droit en cause apparaît de toute évidence.

13. Ainsi, une juridiction nationale peut, notamment lorsqu'elle s'estime suffisamment éclairée par la jurisprudence de la Cour, décider elle- même de l'interprétation correcte du droit de l'Union et de son application à la situation factuelle qu'elle constate. Toutefois, un renvoi préjudiciel peut s'avérer particulièrement utile lorsqu'il s'agit d'une question d'interprétation nouvelle présentant un intérêt général pour l'application uniforme du droit de l'Union, ou lorsque la jurisprudence existante ne paraît pas applicable à un cadre factuel inédit.

14. Afin de permettre à la Cour de bien cerner l'objet du litige au principal et les questions qu'il soulève, il est utile que, pour chacune des questions posées, la juridiction nationale expose en quoi l'interprétation demandée est nécessaire pour rendre son jugement.FR C 338/2 Journal officiel de l'Union européenne 6.11.2012

Le renvoi en appréciation de validité

15. Si les juridictions des États membres ont la possibilité de rejeter les moyens d'invalidité invoqués devant elles, la possibilité de déclarer invalide un acte d'une institution, d'un organe ou d'un organisme de l'Union est en revanche du seul ressort de la Cour.

16. Toute juridiction nationale **doit** donc adresser à la Cour une demande de décision préjudicielle lorsqu'elle a des doutes sur la validité d'un tel acte, en indiquant les raisons pour lesquelles elle considère que cet acte pourrait être entaché d'invalidité.

17. Néanmoins, lorsqu'elle éprouve des doutes sérieux sur la validité d'un acte d'une institution, d'un organe ou d'un organisme de l'Union sur lequel se fonde un acte interne, cette juridiction peut exceptionnellement suspendre, à titre temporaire, l'application de ce dernier ou prendre

toute autre mesure provisoire à son égard. Elle est alors tenue de poser la question de validité à la Cour, en indiquant les raisons pour lesquelles elle considère que ledit acte n'est pas valide.

Le moment approprié pour opérer un renvoi préjudiciel

18. La juridiction nationale peut adresser à la Cour une demande de décision préjudicielle dès qu'elle constate qu'une décision sur l'interprétation ou la validité du droit de l'Union est nécessaire pour rendre son jugement. C'est cette juridiction, en effet, qui est la mieux placée pour apprécier à quel stade de la procédure il convient d'adresser cette demande.

19. Il est toutefois souhaitable que la décision d'opérer un renvoi préjudiciel soit prise à un stade de la procédure où la juridiction de renvoi est en mesure de définir le cadre juridique et factuel de l'affaire, afin que la Cour dispose de tous les éléments nécessaires pour vérifier, le cas échéant, que le droit de l'Union est applicable au litige au principal. Dans l'intérêt d'une bonne administration de la justice, il peut également s'avérer souhaitable que le renvoi soit opéré à la suite d'un débat contradictoire.

La forme et le contenu de la demande de décision préjudicielle

20. La décision par laquelle la juridiction d'un État membre soumet à la Cour une ou plusieurs questions préjudicielles peut revêtir toute forme admise par le droit national pour les incidents de procédure. Toutefois, il faut garder à l'esprit que c'est ce document qui servira de fondement à la procédure qui se déroule devant la Cour et que cette dernière doit pouvoir disposer des éléments qui lui permettent de fournir une réponse utile à la juridiction de renvoi. En outre, c'est seulement la demande de décision préjudicielle qui est notifiée aux parties au litige au principal et aux autres intéressés visés à l'article 23 du statut, notamment les États membres, en vue de recueillir leurs observations écrites éventuelles.

21. La nécessité de traduire la demande de décision préjudicielle dans toutes les langues officielles de l'Union européenne appelle dès lors une rédaction simple, claire et précise, sans élément superflu.

22. Une dizaine de pages est souvent suffisante pour exposer le cadre d'une demande de décision préjudicielle de manière adéquate. Tout en restant succincte, cette demande doit néanmoins être suffisamment complète et contenir toutes les informations pertinentes de manière à permettre à la Cour, ainsi qu'aux intéressés en droit de déposer des observations, de bien comprendre le cadre factuel et réglementaire de l'affaire au principal. Conformément à l'article 94 du règlement de procédure, la demande de décision préjudicielle doit contenir, outre le texte même des questions posées à la Cour à titre préjudiciel :

— un exposé sommaire de l'objet du litige, ainsi que des faits pertinents tels qu'ils ont été constatés par la juridiction de renvoi, ou, à tout le moins, un exposé des données factuelles sur lesquelles les questions préjudicielles sont fondées ;

— la teneur des dispositions nationales susceptibles de s'appliquer en l'espèce et, le cas échéant, la jurisprudence nationale pertinente (1) ;FR 6.11.2012 Journal officiel de l'Union européenne C 338/3

— l'exposé des raisons qui ont conduit la juridiction de renvoi à s'interroger sur l'interprétation ou la validité de certaines dispositions du droit de l'Union, ainsi que le lien qu'elle établit entre ces dispositions et la législation nationale applicable au litige au principal.

23. Les dispositions du droit de l'Union pertinentes en l'espèce devraient être identifiées avec autant de précision que possible dans la demande de décision préjudicielle qui comporte, le cas échéant, un bref résumé des arguments pertinents des parties au litige au principal.

24. Si elle s'estime en mesure de le faire, la juridiction de renvoi peut enfin indiquer succinctement son point de vue sur la réponse à apporter aux questions posées à titre préjudiciel. Une

telle indication s'avère utile pour la Cour, particulièrement lorsqu'elle est appelée à statuer sur la demande dans le cadre d'une procédure accélérée ou d'une procédure d'urgence.

25. Pour en faciliter la lecture, il est essentiel que la demande de décision préjudicielle parvienne dactylographiée à la Cour. Afin de permettre à cette dernière de s'y référer, il est également très utile que les pages et les paragraphes de la décision de renvoi – qui doit être datée et signée – soient numérotés.

26. Les questions préjudicielles elles- mêmes doivent figurer dans une partie distincte et clairement identifiée de la décision de renvoi, de préférence au début ou à la fin de celle- ci. Elles doivent être compréhensibles par elles- mêmes, sans se référer à l'exposé des motifs de la demande, qui fournira toutefois le contexte nécessaire pour une compréhension adéquate de la portée de l'affaire.

27. Dans le cadre de la procédure préjudicielle, la Cour reprend en principe les données contenues dans la décision de renvoi, en ce compris les données nominatives ou à caractère personnel. Il appartient donc à la juridiction de renvoi, si elle l'estime nécessaire, de procéder elle- même, dans sa demande de décision préjudicielle, à l'occultation de certaines données ou à l'anonymisation d'une ou de plusieurs personnes ou entités concernées par le litige au principal.

28. Postérieurement au dépôt de la demande de décision préjudicielle, la Cour peut également procéder à une telle anonymisation, d'office ou sur requête de la juridiction de renvoi ou d'une partie au litige au principal. Pour préserver son efficacité, une telle requête doit cependant être formulée au stade le plus précoce possible de la procédure et, en tout état de cause, avant la publication au *Journal officiel de l'Union européenne* de la communication relative à l'affaire concernée et la signification de la demande de décision préjudicielle aux intéressés visés à l'article 23 du statut.

Les effets du renvoi préjudiciel sur la procédure nationale

29. Si la juridiction nationale reste compétente pour prendre des mesures conservatoires, en particulier dans le cadre d'un renvoi en appréciation de validité (voir le point 17 ci- dessus), le dépôt d'une demande de décision préjudicielle entraîne toutefois la suspension de la procédure nationale jusqu'à ce que la Cour ait statué.

30. Dans l'intérêt du bon déroulement de la procédure préjudicielle devant la Cour et en vue de préserver son effet utile, il appartient à la juridiction de renvoi d'avertir la Cour de tout incident procédural susceptible d'avoir une incidence sur sa saisine et, en particulier, de l'admission de nouvelles parties à la procédure nationale.

Les dépens et l'aide juridictionnelle

31. La procédure préjudicielle devant la Cour est gratuite et cette dernière ne statue pas sur les dépens des parties au litige pendant devant la juridiction de renvoi ; c'est à cette dernière qu'il appartient de statuer à cet égard.

32. En cas d'insuffisance de ressources d'une partie au litige au principal et dans la mesure où les règles nationales le permettent, la juridiction de renvoi peut accorder à cette partie une aide juridictionnelle pour couvrir les frais, notamment de représentation, auxquels elle s'expose devant la Cour. Cette dernière peut également accorder une telle aide dans l'hypothèse où la partie en cause ne bénéficie pas déjà d'une aide au plan national ou dans la mesure où cette aide ne couvre pas – ou seulement de manière partielle – les frais exposés devant la Cour.FR C 338/4 Journal officiel de l'Union européenne 6.11.2012

Les échanges entre la Cour et les juridictions nationales

33. La demande de décision préjudicielle et les documents pertinents (notamment, le cas échéant, le dossier de l'affaire, ou une copie de celui- ci) doivent être expédiés directement à la

Cour par la juridiction nationale qui la saisit. L'envoi doit être adressé, par pli recommandé, au greffe de la Cour de justice (Rue du Fort Niedergrünewald, L- 2925 Luxembourg).

34. Jusqu'à la signification, à la juridiction de renvoi, de la décision statuant sur sa demande de décision préjudicielle, le greffe de la Cour restera en contact avec cette juridiction à laquelle il transmettra copie des actes de procédure.

35. La Cour transmettra sa décision à la juridiction de renvoi. Elle saurait gré à cette juridiction de l'informer de la suite qu'elle donnera à cette décision dans le litige au principal et de lui communiquer sa décision finale.

II — DISPOSITIONS PARTICULIÈRES RELATIVES AUX RENVOIS PRÉJUDICIELS PRÉSENTANT UN CARACTÈRE D'URGENCE

36. Dans les conditions prévues à l'article 23 bis du statut ainsi qu'aux articles 105 à 114 du règlement de procédure, un renvoi préjudiciel peut, dans certaines circonstances, être soumis à une procédure accélérée ou à une procédure d'urgence

Les conditions d'application de la procédure accélérée et de la procédure d'urgence

37. La mise en œuvre de ces procédures est décidée par la Cour. En principe, une telle décision n'est prise que sur demande motivée de la juridiction de renvoi. À titre exceptionnel, la Cour peut toutefois décider de soumettre d'office un renvoi préjudiciel à une procédure accélérée ou à une procédure d'urgence, lorsque la nature ou les circonstances propres de l'affaire semblent l'imposer.

38. Aux termes de l'article 105 du règlement de procédure, un renvoi préjudiciel peut être soumis à une **procédure accélérée**, dérogeant aux dispositions de ce règlement, lorsque la nature de l'affaire exige son traitement dans de brefs délais. Dès lors que cette procédure impose des contraintes importantes à tous les acteurs de la procédure et, notamment, à l'ensemble des États membres appelés à déposer des observations, écrites ou orales, dans des délais beaucoup plus brefs que les délais ordinaires, son application ne devrait être demandée que dans des circonstances particulières justifiant que la Cour se prononce rapidement sur les questions posées. Le nombre important de personnes ou de situations juridiques potentiellement concernées par la décision que la juridiction de renvoi doit rendre après avoir saisi la Cour à titre préjudiciel ne constitue pas, en tant que tel, une circonstance exceptionnelle susceptible de justifier le recours à une procédure accélérée (1).

39. Ce constat s'impose, à plus forte raison, s'agissant de la **procédure préjudicielle d'urgence**, visée à l'article 107 du règlement de procédure. Cette procédure, qui ne s'applique que dans les domaines visés au titre V de la troisième partie du TFUE, relatif à l'espace de liberté, de sécurité et de justice, impose en effet des contraintes encore plus fortes aux acteurs concernés puisqu'elle limite notamment le nombre des parties autorisées à déposer des observations écrites et qu'elle permet, dans des cas d'extrême urgence, d'omettre complètement la phase écrite de la procédure devant la Cour. L'application de cette procédure ne devrait dès lors être demandée que dans des circonstances où il est absolument nécessaire que la Cour se prononce très rapidement sur les questions posées par la juridiction de renvoi.

40. Sans qu'il soit possible d'énumérer ici de telles circonstances de manière exhaustive, notamment en raison du caractère varié et évolutif des règles de l'Union régissant l'espace de liberté, de sécurité et de justice, une juridiction nationale pourrait, à titre d'exemple, envisager de présenter une demande de procédure préjudicielle d'urgence dans le cas, visé à l'article 267, quatrième alinéa, TFUE, d'une personne détenue ou privée de sa liberté, lorsque la réponse à la question soulevée est déterminante pour l'appréciation de la situation juridique de cette

personne, ou lors d'un litige concernant l'autorité parentale ou la garde d'enfants, lorsque la compétence du juge saisi au titre du droit de l'Union dépend de la réponse à la question préjudicielle.FR 6.11.2012 Journal officiel de l'Union européenne C 338/5

La demande d'application de la procédure accélérée ou de la procédure d'urgence

41. Pour permettre à la Cour de décider rapidement s'il convient de mettre en œuvre la procédure accélérée ou la procédure préjudicielle d'urgence, la demande doit exposer avec précision les circonstances de droit et de fait qui établissent l'urgence et, notamment, les risques encourus si le renvoi suit la procédure ordinaire.

42. Dans la mesure du possible, la juridiction de renvoi indique, de façon succincte, son point de vue sur la réponse à donner aux questions posées. Une telle indication facilite la prise de position des parties au litige au principal et des autres intéressés qui participent à la procédure, ainsi que la décision de la Cour, et contribue ainsi à la célérité de la procédure.

43. La demande d'application de la procédure accélérée ou de la procédure d'urgence doit être présentée sous une forme non ambiguë qui permet au greffe de la Cour de constater immédiatement que le dossier appelle un traitement spécifique. À cette fin, la juridiction de renvoi est invitée à préciser laquelle des deux procédures est requise en l'espèce et à assortir sa demande de la mention de l'article pertinent du règlement de procédure (l'article 105, relatif à la procédure accélérée, ou l'article 107, relatif à la procédure d'urgence). Cette mention doit figurer à un endroit clairement identifiable de sa décision de renvoi (par ex. en en- tête ou par acte judiciaire séparé). Le cas échéant, une lettre d'accompagnement de la juridiction de renvoi peut utilement faire état de cette demande.

44. Pour ce qui concerne la décision de renvoi elle- même, son caractère succinct est d'autant plus important dans une situation d'urgence qu'il contribue à la célérité de la procédure.

Les échanges entre la Cour, la juridiction de renvoi et les parties au principal

45. Pour accélérer et faciliter les communications avec la juridiction de renvoi et les parties devant celle- ci, la juridiction qui présente une demande d'application de la procédure accélérée ou de la procédure d'urgence est invitée à indiquer l'adresse électronique, éventuellement le numéro de télécopieur, que la Cour pourra utiliser ainsi que les adresses électroniques, éventuellement les numéros de télécopieur, des représentants des parties en cause.

46. Une copie de la décision de renvoi signée, avec une demande d'application de la procédure accélérée ou de la procédure d'urgence, peut être transmise préalablement à la Cour par courrier électronique (ECJ- Registry@curia.europa.eu) ou par télécopieur (+352 43 37 66). Le traitement du renvoi et de la demande pourra débuter dès la réception d'une telle copie. L'original de ces actes doit toutefois être transmis au greffe de la Cour dans les plus brefs délais.

Communication commune des présidents Costa et Skouris

Des délégations de la Cour européenne des droits de l'homme (CEDH) et de la Cour de justice de l'Union européenne (CJUE) se sont réunies le 17 janvier 2011 au siège de cette dernière, à Luxembourg, dans le cadre des rencontres régulières des deux juridictions. Comme il est d'usage lors de ces rencontres, des sujets d'intérêt commun ont été abordés. Le premier sujet portait sur l'application de la Charte des droits fondamentaux de l'Union européenne et le second sur l'adhésion de l'Union européenne à la Convention européenne de sauvegarde des droits de l'homme et des libertés fondamentales.

1. S'agissant de la Charte, il a pu être observé qu'elle a rapidement acquis un statut de première importance dans la jurisprudence récente de la CJUE. En effet, depuis le 1er décembre 2009, date d'entrée en vigueur du traité de Lisbonne et date à laquelle celui- ci lui a accordé le rang de

droit primaire de l'UE, la Charte a été citée dans une trentaine d'arrêts. Ainsi, la Charte est devenue le texte de référence et le point de départ pour l'appréciation par la CJUE des droits fondamentaux que cet instrument juridique reconnaît. Il importe donc de veiller à la plus grande cohérence entre la Convention et la Charte dans la mesure où la Charte contient des droits correspondant à ceux garantis par la Convention. L'article 52 paragraphe 3 de la Charte dispose d'ailleurs que dans ce cas le sens et la portée des droits de la Convention et de la Charte sont les mêmes. Dans ce cadre, une « interprétation parallèle » des deux textes pourrait s'avérer utile.

2. L'adhésion de l'UE à la Convention constitue une étape majeure dans l'évolution de la protection des droits fondamentaux en Europe. Les États membres de l'UE ont consacré le principe de cette adhésion dans le traité de Lisbonne. En ce qui concerne le Conseil de l'Europe, le protocole n° 14, entré en vigueur le 1er juin 2010, modifie l'article 59 de la Convention afin que l'UE puisse y adhérer. Du fait de cette adhésion, les actes de l'UE seront soumis, à l'instar de ceux des autres Hautes Parties contractantes, au contrôle exercé par la CEDH au regard des droits

garantis dans la Convention. Dans le cadre de ce contrôle de conventionalité, on peut distinguer les actions directes et les actions indirectes, à savoir, d'une part, les requêtes individuelles directement dirigées contre des mesures adoptées par les institutions de l'UE postérieurement à l'adhésion de cette dernière à la Convention et, d'autre part, celles dirigées contre des actes pris par les autorités des États membres de l'UE pour l'application ou la mise en œuvre du droit de l'UE. Dans le premier cas, la condition relative à l'épuisement des voies de recours internes, posée par l'article 35 par.1 de la Convention, obligera les requérants désireux de s'adresser à la CEDH à saisir au préalable les juridictions de l'UE, dans les conditions prévues par le droit de cette dernière. Ainsi, il est garanti que le contrôle exercé par la CEDH sera précédé par le contrôle interne effectué par la CJUE et que la subsidiarité sera respectée.

En revanche, dans le second cas, la situation est plus complexe. Le requérant devra en premier lieu saisir les juridictions de l'État membre concerné, lesquelles, conformément à l'article 267 TFUE, peuvent et, le cas échéant, doivent saisir la CJUE d'un renvoi préjudiciel portant sur l'interprétation et/ou la validité des dispositions litigieuses du droit de l'UE. Or, si, pour une raison quelconque, il n'était pas procédé à un tel renvoi préjudiciel, la CEDH serait appelée à se prononcer sur une requête mettant en cause des dispositions dudit droit sans que la CJUE ait eu l'occasion de contrôler la conformité de celui- ci avec les droits fondamentaux garantis par la Charte.

Selon toute probabilité, cette situation ne devrait pas se produire souvent. Il n'en demeure pas moins qu'il est prévisible qu'une telle situation puisse se réaliser en raison du fait que la procédure préjudicielle ne peut être déclenchée que par les seules juridictions nationales, à l'exclusion des parties, lesquelles sont certes en mesure de suggérer un renvoi préjudiciel, mais n'ont pas le pouvoir de l'imposer. Ceci signifie que le renvoi préjudiciel n'est normalement pas une voie de recours à épuiser par le requérant avant de saisir la CEDH.

Or, afin que le principe de subsidiarité puisse être respecté également dans cette situation, il est indiqué de mettre en place, dans le cadre de l'adhésion de l'UE à la Convention, une procédure souple susceptible de garantir que la CJUE puisse effectuer un contrôle interne avant que n'intervienne le contrôle externe exercé par la CEDH. Les modalités de la mise en œuvre d'une telle procédure, qui n'exige pas une modification de la Convention, devraient tenir compte des caractéristiques spécifiques du contrôle juridictionnel exercé respectivement par ces deux juridictions. À cet égard, il importe que la typologie des cas de figure dans lesquels la CJUE peut être saisie soit clairement définie. De même, l'examen de la conventionalité de l'acte litigieux ne devrait reprendre avant que les parties intéressées n'aient été en mesure d'apprécier utilement les éventuelles conséquences à tirer de la position prise par la CJUE et, le cas échéant, de soumettre des observations à cet égard à la CEDH, dans un délai qui leur sera imparti à cette fin conformément aux dispositions régissant la procédure devant cette dernière. Pour éviter que la procédure devant la CEDH ne soit différée de manière déraisonnable, la CJUE pourrait être amenée à statuer en procédure accélérée.

3. Les deux Cours estiment qu'il est utile de faire connaître leurs réflexions dans le cadre des négociations sur l'adhésion en cours entre le CE et l'UE. Elles sont décidées à poursuivre leur dialogue sur ces questions qui revêtent une importance considérable pour la qualité et la cohérence de la jurisprudence relative à la protection des droits fondamentaux en Europe.

Strasbourg et Luxembourg, le 24 janvier 2011.

CJCE, grande chambre, 22 juin 2010 (Extraits)

Dans les affaires jointes C- 188/10 et C- 189/10,

ayant pour objet des demandes de décision préjudicielle au titre de l'article 267 TFUE, introduites par la Cour de cassation (France), par décisions du 16 avril 2010, parvenues à la Cour le même jour, dans les procédures contre

Aziz Melki (C- 188/10),

Sélim Abdeli (C- 189/10), (...)

Sur la première question

31. Par cette question, la juridiction de renvoi demande, en substance, si l'article 267 TFUE s'oppose à une législation d'un État membre qui instaure une procédure incidente de contrôle de constitutionnalité des lois nationales imposant aux juridictions dudit État membre de se prononcer par priorité sur la transmission, à la juridiction nationale chargée d'exercer le contrôle de constitutionnalité des lois, d'une question relative à la conformité d'une disposition de droit interne avec la Constitution lorsque est en cause, concomitamment, la contrariété de celle- ci avec le droit de l'Union. (...)

Réponse de la Cour

40. L'article 267 TFUE attribue compétence à la Cour pour statuer, à titre préjudiciel, tant sur l'interprétation des traités et des actes pris par les institutions, organes ou organismes de l'Union que sur la validité de ces actes. Cet article dispose, à son deuxième alinéa, qu'une juridiction nationale peut soumettre de telles questions à la Cour, si elle estime qu'une décision sur ce point est nécessaire pour rendre son jugement, et, à son troisième alinéa, qu'elle est tenue de le faire si ses décisions ne sont pas susceptibles d'un recours juridictionnel de droit interne.

41. Il en résulte, en premier lieu, que, même s'il peut être avantageux, selon les circonstances, que les problèmes de pur droit national soient tranchés au moment du renvoi à la Cour (voir arrêt du 10 mars 1981, Irish Creamery Milk Suppliers Association e.a., 36/80 et 71/80, Rec. p. 735, point 6), les juridictions nationales ont la faculté la plus étendue de saisir la Cour si elles considèrent qu'une affaire pendante devant elles soulève des questions comportant une interprétation ou une appréciation en validité des dispositions du droit de l'Union nécessitant une décision de leur part (voir, notamment, arrêts du 16 janvier 1974, Rheinmühlen- Düsseldorf, 166/73, Rec. p. 33, point 3 ; du 27 juin 1991, Mecanarte, C- 348/89, Rec. p. I- 3277, point 44, et du 16 décembre 2008, Cartesio, C- 210/06, Rec. p. I- 9641, point 88).

42. La Cour en a conclu que l'existence d'une règle de droit interne liant les juridictions ne statuant pas en dernière instance à l'appréciation portée en droit par une juridiction de degré supérieur ne saurait, de ce seul fait, les priver de la faculté prévue à l'article 267 TFUE de saisir la Cour des questions d'interprétation du droit de l'Union (voir, en ce sens, arrêts précités

Rheinmühlen- Düsseldorf, points 4 et 5, ainsi que Cartesio, point 94). La juridiction qui ne statue pas en dernière instance doit être libre, notamment si elle considère que l'appréciation en droit faite au degré supérieur pourrait l'amener à rendre un jugement contraire au droit de l'Union, de saisir la Cour des questions qui la préoccupent (arrêt du 9 mars 2010, ERG e.a., C- 378/08, non encore publié au Recueil, point 32).

43. En deuxième lieu, la Cour a déjà jugé que le juge national chargé d'appliquer, dans le cadre de sa compétence, les dispositions du droit de l'Union a l'obligation d'assurer le plein effet de ces normes en laissant au besoin inappliquée, de sa propre autorité, toute disposition contraire de la législation nationale, même postérieure, sans qu'il ait à demander ou à attendre l'élimination préalable de celle- ci par voie législative ou par tout autre procédé constitutionnel (voir, notamment, arrêts Simmenthal, précité, points 21 et 24 ; du 20 mars 2003, Kutz- Bauer, C- 187/00, Rec. p. I- 2741, point 73 ; du 3 mai 2005, Berlusconi e.a., C- 387/02, C- 391/02 et C- 403/02, Rec. p. I- 3565, point 72, ainsi que du 19 novembre 2009, Filipiak, C- 314/08, non encore publié au Recueil, point 81).

44. En effet, serait incompatible avec les exigences inhérentes à la nature même du droit de l'Union toute disposition d'un ordre juridique national ou toute pratique, législative, administrative ou judiciaire, qui aurait pour effet de diminuer l'efficacité du droit de l'Union par le fait de refuser au juge compétent pour appliquer ce droit le pouvoir de faire, au moment même de cette application, tout ce qui est nécessaire pour écarter les dispositions législatives nationales formant éventuellement obstacle à la pleine efficacité des normes de l'Union (voir arrêts Simmenthal, précité, point 22, ainsi que du 19 juin 1990, Factortame e.a., C- 213/89, Rec. p. I- 2433, point 20). Tel serait le cas si, dans l'hypothèse d'une contrariété entre une disposition du droit de l'Union et une loi nationale, la solution de ce conflit était réservée à une autorité autre que le juge appelé à assurer l'application du droit de l'Union, investie d'un pouvoir d'appréciation propre, même si l'obstacle en résultant ainsi pour la pleine efficacité de ce droit n'était que temporaire (voir, en ce sens, arrêt Simmenthal, précité, point 23).

45. En dernier lieu, la Cour a jugé qu'une juridiction nationale saisie d'un litige concernant le droit de l'Union, qui considère qu'une disposition nationale est non seulement contraire au droit de l'Union, mais également affectée de vices d'inconstitutionnalité, n'est pas privée de la faculté ou dispensée de l'obligation, prévues à l'article 267 TFUE, de saisir la Cour de justice de questions concernant l'interprétation ou la validité du droit de l'Union du fait que la constatation de l'inconstitutionnalité d'une règle du droit interne est soumise à un recours obligatoire devant la cour constitutionnelle. En effet, l'efficacité du droit de l'Union se trouverait menacée si l'existence d'un recours obligatoire devant la cour constitutionnelle pouvait empêcher le juge national, saisi d'un litige régi par le droit de l'Union, d'exercer la faculté qui lui est attribuée par l'article 267 TFUE de soumettre à la Cour de justice les questions portant sur l'interprétation ou sur la validité du droit de l'Union, afin de lui permettre de juger si une règle nationale est ou non compatible avec celui- ci (voir arrêt Mecanarte, précité, points 39, 45 et 46).

46. S'agissant des conséquences à tirer de la jurisprudence susmentionnée par rapport à des dispositions nationales telles que celles visées par la première question posée, il convient de relever que la juridiction de renvoi part de la prémisse que, selon ces dispositions, lors de l'examen d'une question de constitutionnalité qui est fondée sur l'incompatibilité de la loi en cause avec le droit de l'Union, le Conseil constitutionnel apprécie également la conformité de cette loi avec le droit de l'Union. Dans ce cas, le juge du fond procédant à la transmission de la question de constitutionnalité ne pourrait, avant cette transmission, ni statuer sur la compatibilité de la loi concernée avec le droit de l'Union ni poser une question préjudicielle à la Cour de justice en rapport avec ladite loi. En outre, dans l'hypothèse où le Conseil constitutionnel

jugerait la loi en cause conforme au droit de l'Union, ledit juge du fond ne pourrait pas non plus, postérieurement à la décision rendue par le Conseil constitutionnel qui s'imposerait à toutes les autorités juridictionnelles, saisir la Cour de justice d'une question préjudicielle. Il en serait de même lorsque le moyen tiré de l'inconstitutionnalité d'une disposition législative est soulevé à l'occasion d'une instance devant le Conseil d'État ou la Cour de cassation.

47. Selon cette interprétation, la législation nationale en cause au principal aurait pour conséquence d'empêcher, tant avant la transmission d'une question de constitutionnalité que, le cas échéant, après la décision du Conseil constitutionnel sur cette question, les juridictions des ordres administratif et judiciaire nationales d'exercer leur faculté ou de satisfaire à leur obligation, prévues à l'article 267 TFUE, de saisir la Cour de questions préjudicielles. Force est de constater qu'il découle des principes dégagés par la jurisprudence rappelés aux points 41 à 45 du présent arrêt que l'article 267 TFUE s'oppose à une législation nationale telle que décrite dans les décisions de renvoi.

48. Toutefois, tel que cela ressort des points 33 à 36 du présent arrêt, les gouvernements français et belge ont présenté une interprétation différente de la législation française visée par la première question posée en se fondant, notamment, sur les décisions du Conseil constitutionnel n° 2010- 605 DC, du 12 mai 2010, et du Conseil d'État n° 312305, du 14 mai 2010, rendues postérieurement à la transmission des décisions de renvoi de la Cour de cassation à la Cour de justice.

49. À cet égard, il convient de rappeler qu'il incombe à la juridiction de renvoi de déterminer, dans les affaires dont elle est saisie, quelle est l'interprétation correcte du droit national.

50. En vertu d'une jurisprudence constante, il appartient à la juridiction nationale de donner à la loi interne qu'elle doit appliquer, dans toute la mesure du possible, une interprétation conforme aux exigences du droit de l'Union (arrêts du 26 septembre 2000, Engelbrecht, C- 262/97, Rec. p. I- 7321, point 39 ; du 27 octobre 2009, ČEZ, C- 115/08, non encore publié au Recueil, point 138, et du 13 avril 2010, Wall, C- 91/08, non encore publié au Recueil, point 70). Eu égard aux décisions susmentionnées du Conseil constitutionnel et du Conseil d'État, une telle interprétation des dispositions nationales qui ont institué le mécanisme de contrôle de constitutionnalité en cause au principal ne saurait être exclue.

51. L'examen de la question de savoir si une interprétation conforme aux exigences du droit de l'Union du mécanisme de la question prioritaire de constitutionnalité est possible ne saurait remettre en cause les caractéristiques essentielles du système de coopération entre la Cour de justice et les juridictions nationales instauré par l'article 267 TFUE telles qu'elles découlent de la jurisprudence rappelée aux points 41 à 45 du présent arrêt.

52. En effet, selon la jurisprudence constante de la Cour, afin d'assurer la primauté du droit de l'Union, le fonctionnement dudit système de coopération nécessite que le juge national soit libre de saisir, à tout moment de la procédure qu'il juge approprié, et même à l'issue d'une procédure incidente de contrôle de constitutionnalité, la Cour de justice de toute question préjudicielle qu'il juge nécessaire.

53. Dans la mesure où le droit national prévoit l'obligation de déclencher une procédure incidente de contrôle de constitutionnalité qui empêcherait le juge national de laisser immédiatement inappliquée une disposition législative nationale qu'il estime contraire au droit de l'Union, le fonctionnement du système instauré par l'article 267 TFUE exige néanmoins que ledit juge soit libre, d'une part, d'adopter toute mesure nécessaire afin d'assurer la protection juridictionnelle provisoire des droits conférés par l'ordre juridique de l'Union et, d'autre part, de laisser inappliquée, à l'issue d'une telle procédure incidente, ladite disposition législative nationale s'il la juge contraire au droit de l'Union.

54. Il convient, par ailleurs, de souligner que le caractère prioritaire d'une procédure incidente de contrôle de constitutionnalité d'une loi nationale dont le contenu se limite à transposer les dispositions impératives d'une directive de l'Union ne saurait porter atteinte à la compétence de la seule Cour de justice de constater l'invalidité d'un acte de l'Union, et notamment d'une directive, compétence ayant pour objet de garantir la sécurité juridique en assurant l'application uniforme du droit de l'Union (voir, en ce sens, arrêts du 22 octobre 1987, Foto- Frost, 314/85, Rec. p. 4199, points 15 à 20 ; du 10 janvier 2006, IATA et ELFAA, C- 344/04, Rec. p. I- 403, point 27, ainsi que du 18 juillet 2007, Lucchini, C- 119/05, Rec. p. I- 6199, point 53).
55. En effet, pour autant que le caractère prioritaire d'une procédure incidente de contrôle de constitutionnalité aboutit à l'abrogation d'une loi nationale se limitant à transposer les dispositions impératives d'une directive de l'Union en raison de la contrariété de cette loi à la Constitution nationale, la Cour pourrait, en pratique, être privée de la possibilité de procéder, à la demande des juridictions du fond de l'État membre concerné, au contrôle de la validité de ladite directive par rapport aux mêmes motifs relatifs aux exigences du droit primaire, et notamment des droits reconnus par la charte des droits fondamentaux de l'Union européenne, à laquelle l'article 6 TUE confère la même valeur juridique que celle qui est reconnue aux traités.
56. Avant que le contrôle incident de constitutionnalité d'une loi dont le contenu se limite à transposer les dispositions impératives d'une directive de l'Union puisse s'effectuer par rapport aux mêmes motifs mettant en cause la validité de la directive, les juridictions nationales, dont les décisions ne sont pas susceptibles d'un recours juridictionnel de droit interne, sont, en principe, tenues, en vertu de l'article 267, troisième alinéa, TFUE, d'interroger la Cour de justice sur la validité de cette directive et, par la suite, de tirer les conséquences qui découlent de l'arrêt rendu par la Cour à titre préjudiciel, à moins que la juridiction déclenchant le contrôle incident de constitutionnalité n'ait elle- même saisi la Cour de justice de cette question sur la base du deuxième alinéa dudit article. En effet, s'agissant d'une loi nationale de transposition d'un tel contenu, la question de savoir si la directive est valide revêt, eu égard à l'obligation de transposition de celle- ci, un caractère préalable. En outre, l'encadrement dans un délai strict de la durée d'examen par les juridictions nationales ne saurait faire échec au renvoi préjudiciel relatif à la validité de la directive en cause.
57. Par voie de conséquence, il y a lieu de répondre à la première question posée que l'article 267 TFUE s'oppose à une législation d'un État membre qui instaure une procédure incidente de contrôle de constitutionnalité des lois nationales, pour autant que le caractère prioritaire de cette procédure a pour conséquence d'empêcher, tant avant la transmission d'une question de constitutionnalité à la juridiction nationale chargée d'exercer le contrôle de constitutionnalité des lois que, le cas échéant, après la décision de cette juridiction sur ladite question, toutes les autres juridictions nationales d'exercer leur faculté ou de satisfaire à leur obligation de saisir la Cour de questions préjudicielles. En revanche, l'article 267 TFUE ne s'oppose pas à une telle législation nationale, pour autant que les autres juridictions nationales restent libres :
– de saisir, à tout moment de la procédure qu'elles jugent approprié, et même à l'issue de la procédure incidente de contrôle de constitutionnalité, la Cour de toute question préjudicielle qu'elles jugent nécessaire,
– d'adopter toute mesure nécessaire afin d'assurer la protection juridictionnelle provisoire des droits conférés par l'ordre juridique de l'Union, et
– de laisser inappliquée, à l'issue d'une telle procédure incidente, la disposition législative nationale en cause si elles la jugent contraire au droit de l'Union.
Il appartient à la juridiction de renvoi de vérifier si la législation nationale en cause au principal peut être interprétée conformément à ces exigences du droit de l'Union. (...)

Quiz

1) Sujet corrigé

Test de connaissances

1. Devant la Cour de justice, l'application des règles concernant les délais de recours :

a. Ne peut jamais être écartée.

b. Peut être écartée dans des hypothèses de cas fortuit ou de force majeure.

c. Peut être écartée dans des hypothèses de cas fortuit, de force majeure ou en cas d'erreur excusable.

2. En principe, la procédure devant les juridictions de l'Union est :

a. Onéreuse.

b. Gratuite.

3. Les demandes de mesures provisoires peuvent être formulées :

a. Uniquement dans le cadre d'un renvoi préjudiciel.

b. Uniquement dans le cadre d'un pourvoi.

c. Jamais dans le cadre d'un renvoi préjudiciel.

d. Dans le cadre d'un recours en annulation, en responsabilité, en manquement ou d'un pourvoi.

4. Le renvoi préjudiciel ne peut porter que sur des dispositions du droit primaire :

a. Vrai.

b. Faux.

5. Peuvent saisir la Cour à titre préjudiciel :

a. Les parties au litige.

b. Les juridictions des États membres.

c. Les parties au litige, tout autre intervenant, les juridictions des États membres.

6. La question préjudicielle peut être posée :

a. À tout moment de l'instance.

b. Uniquement en début d'instance.

7. L'arrêt rendu à titre préjudiciel a un effet :

a. Erga omnes.

b. Inter partes.

8. Le recours en manquement :

a. vise à sanctionner les violations, par les États membres, des obligations imposées par les traités.

b. vise à sanctionner les violations, par les institutions de l'Union, des obligations imposées par les traités.

c. vise à sanctionner les violations, par les particuliers, des obligations imposées par le droit dérivé.

9. Le recours en manquement a un effet suspensif :

a. Vrai.

b. Faux.

10. Un manquement est apprécié :

a. En fonction de son élément intentionnel.

b. De façon objective.

Voir le corrigé en fin de rubrique.

2) Corrigé

Test de connaissances

1. c ; **2.** b ; **3.** c et d ; **4.** b ; **5.** b ; **6.** a ; **7.** a ; **8.** a ; **9.** b ; **10.** b.

Sujet terminal

Sujet corrigé

Dissertation

Énoncé

L'égalité de traitement des opérateurs économiques dans l'Union européenne, enjeu ultime de la libre circulation et de la libre concurrence ?

Voir le corrigé en fin de rubrique.

Corrigé

Comme a pu l'écrire un observateur particulièrement autorisé de la construction européenne il y a près de 20 ans, « l'égalité de traitement vaut comme principe général de droit communautaire dont le contenu est unique à travers toutes ses applications, malgré des apparences multiples » (K. Leanerts, « L'égalité de traitement en droit communautaire, un principe unique aux apparences multiples », *Cah. dr. eur.* 1991.3).

Il convient de rappeler que le traité UE édicte une série d'obligations de faire ou de ne pas faire à la charge des États membres, mais aussi des opérateurs économiques. Ces obligations ont pour objet, depuis l'origine, l'instauration d'un marché commun désormais intérieur. En effet, et chacun le sait, au marché commun a succédé un marché unique et, aujourd'hui, un marché intérieur. Et, sans insister à ce stade sur ce point, le rôle joué par la Cour de justice des Communautés européennes (aujourd'hui Cour de justice de l'Union européenne) dans ce glissement, dans cette évolution, est loin d'être négligeable. N'est-elle pas celle qui affirme dans un arrêt important que le marché commun vise « à l'élimination de toutes les entraves aux échanges intracommunautaires en vue de la fusion des marchés nationaux dans un marché unique réalisant des conditions aussi proches que possibles de celles d'un véritable marché intérieur » (CJCE 5 mai 1982, *Schul*, aff. 15/81, *Rec. CJCE* 1409) ? Où l'on retrouve, en une même définition, marché commun, marché unique et marché intérieur, gommant peut-être ainsi les différences que d'aucuns ont pu tenter de caractériser…

Ce marché s'accompagne-t-il alors d'un véritable droit et de principes juridiques le structurant au-delà des branches qui contribuent à son fonctionnement, on veut dire le droit de la libre circulation ou le droit de la concurrence ? On pourrait de prime abord en douter, notamment si l'on s'autorise de l'avis des auteurs de l'excellent Droit du marché, véritable traité de plus de 1000 pages consacré à ce champ toujours mal connu. Selon eux, celui qui part à la recherche d'un droit du marché « peut être tenté d'estimer qu'il n'existe pas de droit unitaire du marché, mais seulement une diversité de droits spéciaux intéressant de nombreux marchés différents. Il constate, en effet, une juxtaposition de droits variés intéressant de nombreux marchés réglementés. Une telle diversité rendant improbable toute synthèse, il peut être conduit à penser que l'économie de marché n'a pas engendré un droit du marché qui aurait posé des principes généraux applicables à tous les marchés » (C. Lucas de Leyssac, G. Parléani, *Droit du marché*, PUF, coll. « Thémis », 2002).

Toujours est-il que les États membres de l'Union européenne ont ainsi dû progressivement faire disparaître les entraves de nature tarifaire et quantitative. Les États membres ont aussi dû progressivement harmoniser les règles techniques et s'attacher à la réalisation de politique commune, comme la politique de la concurrence. Les opérateurs économiques, les entreprises, ont aussi dû s'abstenir de comportements de nature à fausser le jeu de l'offre et de la demande sur le marché, comportements découlant d'ententes ou traduisant des abus de position dominante, notamment.

En ce sens, le droit du marché est le droit de l'économie de marché. Et de devoir retenir que, dans la perspective des traités fondateurs de l'Union européenne – même si la lettre peut évoluer au fil des révisions – l'objectif final est « de promouvoir dans l'ensemble de la Communauté [l'Union] un développement harmonieux, équilibré et durable des activités économiques » au moyen d' « un marché intérieur caractérisé par l'abolition, entre les États membres, des obstacles à la libre circulation des marchandises, des personnes, des services et des capitaux » tout en veillant au « respect du principe d'une économie de marché ouverte où la concurrence est libre ». Se dessine alors la grille de lecture à même de nous permettre de mieux percevoir comment l'égalité de traitement entre opérateurs économiques structure ce marché.

Ces objectifs, à moyen et long terme, ces principes sont autant de clefs de nature à expliquer certaines mutations d'ampleur qui contribuent à l'émergence de ce droit commun fondé sur l'égalité de traitement et dont la libre circulation et la libre concurrence sont les deux piliers indéfectibles et intimement liés.

C'est devoir rappeler alors le rôle décisif joué par la Cour de justice qui a pleinement fait sienne l'idée selon laquelle le droit européen est avant tout un instrument juridique au service d'un objectif économique : l'instauration d'un grand marché, fidèle en cela aux théories économiques qui ont inspiré les pères fondateurs du traité. Cette double nature explique et justifie beaucoup de choix, par exemple, de politique jurisprudentielle. On ne comprend guère les arrêts de la CJUE sans avoir à l'esprit que la Cour a, comme toutes les autres institutions de l'Union, reçu pour mission « la réalisation des tâches confiées à l'Union » et qu'elle a su et sait s'acquitter de cette tâche.

De manière assez nette, il a donc longtemps été possible de distinguer les règles dont les destinataires étaient les États (prohibition des entraves à la libre circulation) des règles dont les destinataires étaient les entreprises (prohibition des comportements anticoncurrentiels). Cette distinction s'est progressivement estompée, notamment donc – mais pas exclusivement – à l'initiative de la Cour de justice. En ce sens et selon une finalité toute entière tournée vers l'objectif d'égalité de traitement des opérateurs économiques, il a été admis que les entraves à la libre circulation pouvaient être le fait des entreprises (II) mais surtout il a été décidé que les États pouvaient être justiciables des pratiques anticoncurrentielles (I).

I. La contribution des États membres aux pratiques anticoncurrentielles

De manière évidente, et conformément à la lettre du traité, la Communauté puis l'Union s'est attachée aux comportements des États membres susceptibles de fausser le jeu de la concurrence sur le marché intérieur. Est naturellement visée ici l'interdiction des aides d'État, qu'elle s'exprime à l'égard des entreprises publiques ou des entreprises privées. Mais sont aussi désormais concernées les règles nationales qui favorisent et maintiennent les ententes entre entreprises susceptibles d'engendrer des distorsions de concurrence. Ainsi, la Cour de justice a-t-elle considéré qu'un État membre violait ses obligations européennes en édictant une législation qui permet à une association de droit privé d'entreprises d'adopter un barème de prix pour leurs prestations (CJCE 18 juin 1998, *Commission c/ Italie*, aff. C-35/96, *Rec. CJCE* I-3886).

Une observation s'impose qui démontre combien cette dernière proposition est au cœur de débats actuels dont le terme ne se laisse pas aisément deviner. La solution précédemment évoquée résulte de la combinaison audacieuse des articles 10 et 81 du traité CE, applicables à l'époque. Rappelons que l'article 10 CE dispose que « les États membres prennent toutes mesures générales ou particulières propres à assurer l'exécution des obligations découlant du présent traité ou résultant des actes des institutions de la Communauté », qu'« ils facilitent à celle-ci l'accomplissement de sa mission » et qu' « ils s'abstiennent de toutes mesures susceptibles de mettre en péril la réalisation des buts du présent traité ».

Cette combinaison est en pleine expansion en ce qu'elle est de plus en plus fréquemment portée devant la juridiction européenne, que ce soit par le biais de recours en constatation de manquement ou de renvoi préjudiciel. Ainsi, en est-il récemment, dans ce dernier cas de figure, d'une réglementation relative aux conditions de formation des experts-comptables édictée par un ordre professionnel. Et la Cour d'énoncer « qu'un ordre professionnel, tel que l'OTOC, soit légalement tenu de mettre en place un système de formation obligatoire destiné à ses membres ne peut pas soustraire du champ d'application du droit européen de la concurrence les normes arrêtées par cet ordre, pour autant que celles-ci sont imputables exclusivement à ce dernier. En outre, le fait que ces normes n'aient pas d'influence directe sur l'activité économique des membres de l'ordre professionnel n'affecte pas l'application du droit de la concurrence de l'Union, dès lors que l'infraction reprochée à cet ordre professionnel concerne un marché sur lequel celui-ci exerce lui-même une activité économique ». Et d'ajouter qu'« un règlement adopté par un ordre professionnel mettant en place un système de formation obligatoire des experts-comptables afin de garantir la qualité de leurs services, constitue une restriction de la concurrence interdite par le droit de l'Union pour autant que, ce qu'il appartient à la juridiction nationale de vérifier, il élimine la concurrence sur une partie substantielle du marché pertinent, au bénéfice de cet ordre professionnel, et qu'il impose, sur l'autre partie de ce marché, des conditions discriminatoires au détriment des concurrents de l'ordre » (CJUE 28 févr. 2013, *Ordem dos Técnicos Oficiais de Contas*, aff. C-1/12, nep).

Ainsi, pour la Commission européenne, parfois pour le Tribunal de première instance, l'intervention ou l'abstention de l'État en présence d'une entente ou d'un abus de position dominante s'analyse comme un facteur aggravant. C'est ce que la décision remarquée concernant les syndicats agricoles français dans l'affaire dite des « viandes bovines françaises » en date du 2 avril 2003 a pu confirmer (Déc. 03/600, 2 avr. 2003, *JOUE* L 209, 19 août 2003, spéc. pts. 150 à 156 de la déc.). De son côté, la Cour de justice apparaît plus nuancée qui, à la suite de ses arrêts *Wouters* (CJCE 19 févr. 2002, *Wouters e.a.*, aff. C-309/99, *Rec. CJCE* I-1577) ou *Cipolla et Macrino* (CJCE 5 déc. 2006, *Cipolla et Macrino*, aff. C-94/04 et C-202/04, *Rec. CJCE* I-11421) et donc *Ordem dos Técnicos Oficiais de Contas*, réserve l'hypothèse où, d'une part, « la mesure examinée [...] est justifiée par la poursuite d'un intérêt public légitime » et, d'autre part, « les États membres supervisent activement l'intervention d'acteurs privés dans le processus décisionnel ».

Où l'on comprend que le principe est bien la soumission de l'État aux exigences des articles 101 et 102 TFUE lorsqu'il contribue aux côtés des entreprises à une pratique anticoncurrentielle et que l'exception tiendra uniquement au degré de « supervision » qu'il exerce…

II. La contribution des entreprises aux entraves à la libre circulation

De manière plus diffuse, et selon une logique non inscrite dans le traité, la Communauté s'est attaquée aux entraves à la libre circulation procédant des opérateurs privés. C'est ainsi que des règles professionnelles émanant d'organisations privées ont pu être qualifiées d'entraves à l'accès au marché et, dès lors, vues comme devant être éradiquées. Dans un de ses plus célèbres arrêts, en tout cas l'un des plus médiatiques, la CJCE a justifié l'application des dispositions prohibant les entraves à la libre circulation aux réglementations issues des entités privées en retenant que « l'autonomie dont disposent des associations privées pour adopter des réglementations (…) [ne peut avoir pour effet] de limiter l'exercice des droits conférés par le traité aux particuliers » (CJCE 15 déc. 1995, *Bosman*, aff. C-415/93, *Rec. CJCE* I-4921).

Cette solution se retrouve pleinement reprise dans les divers contentieux auxquels ont conduit les tarifs professionnels adoptés par les opérateurs économiques (plus ou moins incités en cela par les États membres). L'analyse est alors subtile. Ainsi, en est-il du tarif des avocats italiens. Selon la Cour, il est nécessaire d'examiner s'il existe « une corrélation entre le niveau des honoraires et la qualité des prestations fournies par les avocats et si, notamment, la fixation de tels honoraires minimaux constitue une mesure appropriée permettant d'atteindre les objectifs poursuivis, à savoir la protection des consommateurs et la bonne administration de la justice ». Et de relever que « s'il est vrai qu'un tarif imposant des honoraires minimaux ne saurait empêcher des membres de la profession d'offrir des services de qualité médiocre, il ne saurait être *a priori* exclu qu'un tel tarif permette d'éviter que les avocats ne soient incités, dans un contexte tel que celui du marché italien, qui, ainsi qu'il ressort de la décision de renvoi, est caractérisé par la présence d'un nombre extrêmement élevé d'avocats inscrits et en activité, à se livrer une concurrence pouvant se traduire par l'offre de prestations au rabais, avec le risque d'une détérioration de la qualité des services fournis. Il conviendra également de tenir compte des particularités propres tant au marché en cause, telles que rappelées au point précédent, qu'aux services en cause et, notamment, du fait que, dans le domaine des prestations d'avocat, il existe normalement une asymétrie de l'information entre les « clients-consommateurs » et les avocats. En effet, les avocats disposent d'un niveau élevé de compétences techniques que les consommateurs ne possèdent pas nécessairement, de sorte que ces derniers éprouvent des difficultés pour apprécier la qualité des services qui leur sont fournis (voir, notamment, le Rapport sur la concurrence dans le secteur des professions libérales figurant dans la communication de la Commission, du 9 février 2004 [COM(2004) 83 final, p. 13]) ». Ainsi, « il y aura lieu de vérifier si des règles professionnelles relatives aux avocats, notamment des règles d'organisation, de qualification, de déontologie, de contrôle et de responsabilité, sont en elles-mêmes suffisantes pour atteindre les objectifs de protection des consommateurs et de bonne administration de la justice » (CJCE 5 déc. 2006, précit.).

Cette interprétation de la portée des règles de libre circulation et de libre concurrence qui méconnaît, indiscutablement, la lettre du traité CE, ce « délayage » des articles du traité sous la plume conjointe de la Commission européenne et de la CJUE ne trouvent d'autre justification que dans la volonté d'aboutir à l'achèvement du marché intérieur et à l'affirmation de l'égalité de traitement qui en est consubstantielle. Dès lors, peu importe – pour ces institutions – que les distorsions de concurrence soient le fait des États membres et non des entreprises ou que les entraves à la libre circulation soient le fait des entreprises et non des États membres !

L'essentiel paraît bien – toujours pour ces institutions – que l'égalité de traitement des opérateurs économiques soit assurée dans le marché intérieur.

Constatons, pour terminer, que l'unité n'est cependant pas encore totalement de mise aujourd'hui, ne serait-ce que parce que le régime de l'éventuelle justification des entraves à la libre circulation et à la libre concurrence n'est pas (encore !) commun. Les justifications tirées des « raisons impérieuses d'intérêt général » ne sont pas encore officiellement accueillies au titre de l'article 101 § 3 et, encore moins, dans la sphère de l'article 102 TFUE. Relevons cependant que les indices d'une évolution existent, qu'ils soient d'origine jurisprudentielle – on pense à l'important arrêt *Wouters* confirmé depuis –, qu'ils soient d'origine textuelle – on pense au document de réflexion publié par la Commission européenne en décembre 2005 (DG Competition discussion paper on the application of Article 82 of the Treaty to exclusionary abuses) – dont les suites restent à apprécier...

Bibliographie générale

– L. Arcelin, *Droit de la concurrence, Les pratiques anticoncurrentielles en droit interne et communautaire*, Presses Universitaires de Rennes, 2009.
– J.-S. Berge, S. Robin-Olivier, *Introduction au droit européen*, 2e éd., PUF, coll. « Thémis », 2011.
– C. Boutayeb, *Droit matériel de l'Union européenne*, 2e éd., LGDJ, 2012.
– A. et G. Decocq, *Droit de la concurrence, Droit interne et droit de l'Union européenne*, 5e éd., LGDJ, 2012.
– L. Dubouis et C. Blumann, *Droit matériel de l'Union européenne*, 5e éd., Montchrestien, 2009.
– T. Debard, B. Lebeau-Ferrarese, C. Nourissat, *Dictionnaire du droit de l'Union européenne*, 2e éd., Ellipses, 2007.
– G. Druesne, *Droit de l'Union européenne et politiques communautaires de l'Union européenne*, 8e éd., PUF, 2006.
– M. Fallon, *Droit matériel général de l'Union européenne*, 2e éd., Académia, 2003.
– M.-A. Frison-Roche, M.-S. Payet, *Droit de la concurrence*, Dalloz, coll. « Précis », 2006.
– C. Gavalda et G. Parléani, *Droit des affaires de l'Union européenne*, 6e éd., Litec, 2010.
– C. Grynfogel, *Droit communautaire de la concurrence*, 3e éd., LGDJ, 2008.
– C. Grynfogel, *L'essentiel du droit de la concurrence*, Gualino, 2010.
– G. Isaac, M. Blanquet, *Droit général de l'Union européenne*, 10e éd., Sirey, 2012.
– J.-P. Jacqué, *Droit institutionnel de l'Union européenne*, 7e éd., Dalloz, coll. « Cours », 2012.
– C. Kaddous et D. Grisel, *Libre circulation des personnes et des services*, éd. Helbing Lichtenhahn, coll. « Dossiers de droit européen », n° 26, 2012.
– C. Lucas De Leyssac et G. Parléani, *Droit du marché*, PUF, coll. « Thémis », 2002.
– D. Mainguy, J.-L. Respaud, M. Depincé, *Droit de la concurrence*, Litec, 2010.
– M. Malaurie-Vignal, *Droit de la concurrence interne et européen*, 5e éd., Sirey, 2011.
– J. Pertek, *Droit matériel de l'Union européenne*, PUF, coll. « Thémis », 2005.
– J. Pertek, *Droit des institutions de l'Union européenne*, 4e éd., PUF, coll. « Thémis », 2013.
– S. Poillot-Peruzetto et M. Luby, *Le droit communautaire appliqué à l'entreprise*, Dalloz, 1998.
– J. Rideau, *Droit institutionnel de l'Union et des Communautés européennes*, 5e éd., LGDJ, 2006.
– J. Schapira, G. Le Tallec, J.-B. Blaise, L. Idot, *Droit européen des affaires*, 5e éd., PUF, 1999 (2 vol.).
– D. Simon, *Le système juridique communautaire*, 3e éd., PUF, 2001.
– L. Vogel, *Droit européen des affaires*, Dalloz, coll. « Précis », 2012.

Index alphabétique

Les chiffres renvoient aux numéros en marge des pages de cours.

A

B

C

D

E

L

M

N

O

P

Q

R

S

T

U

Table des matières

Table des Quiz

Les chiffres renvoient aux numéros des pages. Le chapitre de cours concerné est indiqué entre crochets. Sauf indications contraires (pagination italisée), tous les sujets sont corrigés en fin de rubrique pédagogique.

Cet ouvrage a été composé
par IGS-CP à L'Isle-d'Espagnac (16)

713034 - (I) - CSB G Pr - 80g IGS (JOE)
Dépôt légal : octobre 2013
Imprimé en France par I.M.E. - 25110 Baume-les-Dames

Medical Intelligence Unit

The Role of MHC and Non-MHC Antigens in Allograft Immunity

T. Mohanakumar, Ph.D.

Washington University
St. Louis, Missouri

R.G. Landes Company
Austin

Medical Intelligence Unit

THE ROLE OF MHC AND NON-MHC ANTIGENS IN ALLOGRAFT IMMUNITY

R.G. LANDES COMPANY
Austin

CRC Press is the exclusive worldwide distributor of publications of the Medical Intelligence Unit.
CRC Press, 2000 Corporate Blvd., NW, Boca Raton, FL 33431. Phone: 407/994-0555.

Submitted: February 1994
Published: May 1994

Production Manager: Deborah Molsberry
Copy Editor: Elinda McKenna

Please address all inquiries to the Publisher:
R.G. Landes Company, 909 Pine Street, Georgetown, TX 78626
or
P.O. Box 4858, Austin, TX 78765
Phone: 512/ 863 7762; FAX: 512/ 863 0081

ISBN 1-879702-87-8
CATALOG # LN0287

To Our Readers

R.G. Landes Company publishes four book series: *Medical Intelligence Unit, Molecular Biology Intelligence Unit, Neuroscience Intelligence Unit,* and *Biotechnology Intelligence Unit.* Our goal is to publish the most recent information in biomedical science for sophisticated researchers and physicians.

To achieve this goal we have accelerated our publishing program to conform to the fast pace in which information grows in biomedical science. The book you have in hand, like all titles in our series, was published *within 90 days of receipt of the manuscript.*

As you might expect, this causes a few problems for us; sometimes it makes our office more like a big city newspaper than a scholarly publisher. So as you look through this book you may see something that isn't just right. Please let us know. Or if you have an idea for improving our books, we'd like very much to hear from you. If the problem you describe hasn't already been discovered or if your idea is provocative enough to promote a discussion here, we'll give you a free book of your choice. Just list three titles in order of preference and we'll send you one, based on availability—with our thanks. Our address is printed on the copyright page of each of our books.

Elinda McKenna
Director of Operations
R.G. Landes Company

CONTENTS

CONTRIBUTORS

T. Mohanakumar, Ph.D., *Editor*
Department of Surgery
Washington University School of Medicine
St. Louis, MO 63110
chapter 3

Patrick W. Adams, CHS
Department of Surgery
The Ohio State University College of Medicine
Columbus, Ohio
chapter 2

Diane J. Brown, Ph.D.
Department of Surgery
The Ohio State University College of Medicine
Columbus, Ohio
chapter 2

Thomas M. Ellis, Ph.D.
Associate Professor of Medicine
and Microbiology and Immunology
Loyola University School of Medicine
Maywood, Illinois
chapter 1

Charles G. Orosz, Ph.D.
Department of Surgery, Pathology and Pharmacology
The Ohio State University College of Medicine
Columbus, Ohio
chapter 2

William Frank Oppat, M.D.
Department of Surgery
Washington University School of Medicine
St. Louis, MO 63110
chapter 3

Anne M. VanBuskirk, Ph.D.
Department of Surgery
The Ohio State University College of Medicine
Columbus, Ohio
chapter 2

INTRODUCTION

Organ transplantation is now a viable therapeutic modality utilized in end-stage single organ dysfunction. Improvements in surgical techniques and newer forms of immunosuppression coupled to the explosive advances in our understandings of immunobiology have led to marked improvements in allograft survival. However, the eventual loss of function in transplanted organs limits this form of therapy. Chronic rejection remains the primary cause of allograft failure. Chronic rejection of kidney allografts has been well documented and immune mediated failure of heart and lung allografts also occurs. Despite the progress made in identifying and matching histocompatibility antigens, bone marrow transplantation still fails from immune mediated host versus graft or graft versus host disease. Today, the list of potential candidates for renal transplantation includes prior recipients awaiting their second or third allograft. As a result, many of the patients who require retransplantation are sensitized to the foreign histocompatibility antigens of their previous transplant. The pool of patients with end-stage renal failure and who need an organ transplantation has increased significantly. Unfortunately, the donor organ pool has remained relatively constant. For these reasons, it is important that we understand the basic biology of allograft rejection and how it can be prevented. Considerable progress has been made in elucidating the role major histocompatibility antigens play in the immune response and how they can ultimately lead to the failure of the allograft. In recent years, due in part to the progress made in crystallizing human leukocyte antigens, we are defining with greater confidence the molecular nature of T cell HLA interactions. These studies show that HLA molecules are globular proteins with pockets containing various peptides. T cells, via their T cell receptor, "see" the HLA-peptide complex. TCR-HLA interaction not only is involved in alloimmunity, i.e., transplantation but also plays a major roll in autoimmunity, i.e., the development of self-tolerance.

In the first chapter, Dr. Thomas Ellis describes current understanding of the HLA molecule and how it plays a pivotal role in an immune response. He emphasizes the structural/functional relationships of cellular interactions. The second chapter, by Dr. Charles Orosz and his team of investigators, will expand on the role of MHC antigens as mediators of allograft immunity by both antibodies and T cells. An overview of the models of rejection and our understanding of tolerance are presented. Current methods of matching HLA antigens between the donor and recipients including methods for identifying prior sensitization to HLA antigens are also described. Biology and genetics of the minor histocompatibility antigens and their clinical implications are reviewed in the third chapter by Dr. William Oppat and Dr. T. Mohanakumar. Studies that define human minor histocompatibility antigens and tissue restricted antigens as well as their possible role in allograft immunity are presented in this chapter.

These three chapters are not intended to be an exhaustive review textbook in the conventional sense nor are they formal reviews of the current literature. We wanted to provide a snapshot of the ever evolving field of allograft immunity and highlight future directions. Hopefully, this will allow you to develop a keener insight to the immunobiology of transplantation and rejection. If inquisitive minds continue to elucidate the mechanisms of allograft rejection we will reach the ultimate goal in transplantation research, specific allograft tolerance without chronic, nonspecific immunosuppression.

MAJOR ABBREVIATIONS

ABC	ATP-binding cassette
AHG	anti-human globulin
APC	antigen presenting cells
bFGF	basic fibroblast growth factor
B-LCL	B lymphoblastoid cell lines
BMT	bone marrow transplantation
CDC	(C')-dependent cytotoxicity
CFTR	cystic fibrosis molecular pumps
CML	cell mediated lympholysis
CMV	cytomegalovirus
CTL	cytotoxic T lymphocytes
CTT	cytotoxic T cell targets
CREG	cross-reactive epitope groups
DST	donor specific transfusion
DTT	dithiothreitol
Epa-1	epidermal alloantigen-1
ER	endoplasmic reticulum
GVEC	gonadal vein endothelial cell lines
GVH	graft versus host
GVHD	graft versus host disease
GVL	graft versus leukemic
Hb	hemoglobin
HTCs	MHC class II alleles
Hy-Ag	male specific antigen
IFNγ	interferon-gamma
Ii	invariant chain
IL	interleukin
IR	immune response
KCL	human kidney cells
mAb	monoclonal antibody
mH	minor histocompatibility
MHC	major histocompatibility complex
MLC	mixed lymphocyte cultures
MLR	mixed lymphocyte response
Mta	mitochondrial mH antigen
NK	natural killer
PBL	peripheral blood leukocytes
PCR	polymerase chain reaction
PDGF	platelet-derived growth factor
PMN	polymorphonuclear leukocytes
PRA	percent-reactive antibody
TcR	T cell receptors
Th	helper T cell

CHAPTER 1

Biology of the Human Major Histocompatibility Complex

Thomas M. Ellis

INTRODUCTION

The obligate participation of major histocompatibility complex (MHC)-encoded products in T cell recognition of foreign antigens establishes these molecules as central players in the regulation of the immune response through the determination of molecular immunogenicity, selection of the T cell repertoire and alloantigenicity and autoimmunity. Characterization of MHC structure and function has consequently been the focal point of immunological research for the last 20 years and the molecular basis for MHC function has only recently begun to unravel. In this chapter we will present our current understanding of a molecular basis of MHC function and its importance to immunological activity.

HISTORY OF THE MHC

The discovery of the MHC derived from initial studies in cancer biology in which it was recognized that the propagation of tumors in mice required the use of genetically homogeneous inbred strains of animals. Studies during the early part of this century led to the establishment of the five laws of transplantation (1) isografts succeed, (2) allografts fail, (3) grafts from either parental strain to an F_1 animal

The Role of MHC and Non-MHC Antigens in Allograft Immunity, edited by T. Mohanakumar.

succeed, (4) grafts from parent to F_2 animals succeed only in a fraction of recipients, and (5) grafts from F_2 and subsequent generations to F_1 animals succeed.[1] The evidence that histocompatibility was controlled genetically led to attempts to map the genes responsible. It was proposed that the basis for this phenomenon was the immunologic recognition by the immune system of normal, not tumor, tissue-associated molecules that were unique to a given strain of animal and consequently led to the recognition and rejection of the "foreign" tissue following transplantation into a genetically unrelated recipient. Using inbred strains of mice, Peter Gorer subsequently showed that C57BL mice which rejected transplanted tumors from A strain animals developed antibodies against an antigen (referred to as antigen II) present on erythrocytes of A strain animals.[2-4] These observations formalized the concept that tissues express factors which are genetically determined and can lead to their immunologic rejection if engrafted into a host which does not express the same factor. Linkage between the trait encoding antigen II and the genes *Fu* and *T* was in linkage group IX on chromosome 17 was later demonstrated, and led to the use of the term H-2 (histocompatibility-antigen II) to describe the gene(s) responsible for graft rejection in mice.[5,6] In humans, the HLA complex and its components were identified by Jean Dausset in the early 1950s in studies which at the onset were unrelated to the histocompatibility studies performed earlier in mice. Dausset demonstrated that sera from individuals receiving blood transfusions contained antibodies capable of agglutinating the leukocytes of a small proportion of unrelated blood group O individuals.[7] Subsequent studies using similar alloantibodies led to the identification of the first HLA specificity, Mac.[8] Polyspecific sera from multiparous women were later used to group individual serologic reactivities into clusters, thereby leading to the identification of the charter members of the HLA complex.

REGULATION OF THE IMMUNE RESPONSE/IMMUNE RESPONSE GENES

The natural function of H-2 gene products remained unknown until the 1960s when investigations revealed that the products encoded by the H-2 region regulate immune responsiveness to foreign antigens.[9-11] Classical experiments determined that the induction of the cellular immune response and the T cell-dependent production of antibody are controlled by genes which map to the class II region of the MHC. Such immune response (IR) genes were shown to control whether or not an animal mounted a response to a foreign peptide as well as the magnitude of the response. McDevitt and coworkers observed that the antibody response to the synthetic branched polypeptide (T,G)-A-L varied according to the strain of animal evaluated.[9-11] Whereas C57BL strain mice demonstrated strong antibody responses to (T,G)-A-L, CBA strain mice exhibited low responses; F1 hybrids demonstrated an intermediate response. The use of MHC congenic mouse strains mapped the immune response-controlling elements to the class II region of the mouse H-2 complex.

Subsequent experiments designed to characterize the interaction between T and B cells during Ig production revealed that the level of cooperation was optimal when T and B cells shared identity at the class II region of the MHC. That is, helper T cells are restricted to providing help to B cells that share identical class II allelic products. MHC restriction was also operative in T cell responses to soluble antigen as well as the recognition of virally-infected or chemically modified target cells by cytolytic T cells, the latter requiring identity at class I allelic products. Since it was clear that T cells respond to antigen only when presented in association with autologous class I and II allelic products, these observations led to the paradigm that MHC molecules serve as display structures for recognition of foreign antigen by T cells. The mechanism by which T cells simultaneously recognize foreign protein and polymorphic regions of MHC products remains enigmatic, although this dual specificity exhibited by the T cell is mediated by a single receptor which simultaneously recognizes both antigen and MHC molecule. The observation that antigen and MHC products are recognized as a complex by a single T cell receptor laid essential groundwork for the concept that MHC products associate directly with peptides and that this interaction determines in large part the subsequent recognition and response of T cells. Therefore, the IR gene effect could conceivably occur at one of two levels. Responses could be dictated at the level of selective binding (or lack of binding) of peptide antigen by a given MHC class II allelic product. In this model, known commonly as the determinant selection model, a given allelic MHC molecule would associate with some, but not all, peptides thereby defining the peptide response profile for that particular allelic MHC product. Recent elucidation of the three-dimensional structure of class I and II MHC molecules and studies of peptide binding properties have confirmed that the binding of peptides by polymorphic class II gene products provides the basis for differential reactivity of T cells from that particular haplotype. In this regard MHC molecules serve as receptors for foreign peptide and their range of activities are determined in part by molecular polymorphism. This has been confirmed for both class I and II restriction elements in which both class I and II allele-specific motifs have been identified in eluted peptides. Also possible is the absence in the T cell population of cells expressing a receptor specificity capable of recognizing a particular self MHC-peptide combination. Such a "hole in the repertoire" has also been documented experimentally to contribute to the IR gene effect.

The evolutionary basis for the differential utilization of two classes of MHC molecules as restriction elements results from the observation that class I and II MHC molecules each associate with foreign peptides derived from different intracellular locations and subsequently activate distinct subsets of T cells. Class I molecules associate with peptides in the endoplasmic reticulum (ER) that derive from proteins which are synthesized by the cell or enter the cytosol (endogenous pathway). This would include viral proteins, histocompatibility antigens, and tumor antigens. In contrast, class II molecules associate with peptides derived from exogenous sources which enter the cell via the endocytic pathway following phagocytosis or endocytosis. Class I and class II molecules also serve as restriction elements for phenotypically and functionally distinct subsets of T cells: class I associated peptides are recognized preferentially by $CD8^+$ T cells, whereas class II associated peptides preferentially activate $CD4^+$ T cells. This distinction provides a dichotomy in the functions of class I and class II molecules as restriction elements. Class I restricted $CD8^+$ cytotoxic T lymphocytes (CTL) can be activated and bind directly to cells bearing class I molecules complexed with viral or tumor antigens, whereas class II restricted $CD4^+$ T cells can be activated in areas removed from direct contact with infected cells to allow the elicitation of regulatory and nonspecific effector responses though release of soluble mediators.

GENETIC ORGANIZATION OF THE MHC

The MHC is a collection of over 40 genes which are grouped in close proximity on chromosome 6 in humans and 17 in mice. The HLA complex spans 3500 kb of DNA in humans (Fig. 1.1) and the H-2 complex occupies a region of 1500 kb in mice. HLA and H-2 complexes encode three classes of molecules (class I, II and III) each of which exhibit organizational homologies. Class I molecules encode integral membrane glycoproteins which are expressed by essentially all nucleated cells and comprise the most polymorphic genes known. In humans these genes include HLA-A,-B, and-C as well as the more recently identified nonclassical (class Ib) genes HLA-E, F, and G. HLA-J and -H represent recently identified class I and class Ib pseudogenes, respectively. As of this writing, there are 27 HLA-A, 59

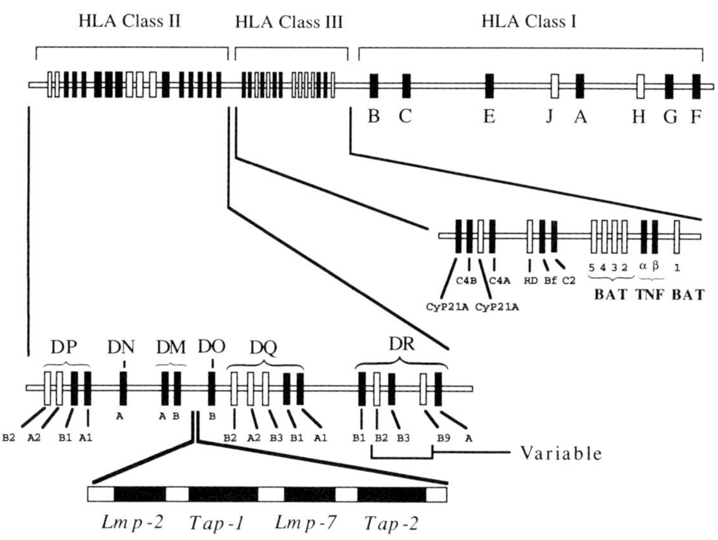

Fig. 1.1. Organization of the human major histocompatibility complex-HLA, located on the short arm of chromosome 6. Expressed genes are shown as closed boxes; pseudogenes are depicted as open boxes. Distances along the chromosome are not to scale; the class I region occupies approximately 2 kb, class II genes occupy approximately 1 kb (although this distance can be variable among haplotypes), and class II genes occupy approximately 0.8 kb. The class I region comprises loci which encode either (A) or (B) chains of the class II molecule. "Variable" denotes the area within the DR region which exhibits length polymorphism among different HLA haplotypes. This region can contain up to 3 loci and can include DRB2, DRB3 (pseudogene), DRB4 (pseudogene), DRB5 (pseudogene), DRB6, DRB7, or DRB8 in combinations characteristic for a given haplotype. The class II region contains at least 40 loci. Shown are genes encoding complement components (C2, Bf, C4A, C4B), steroid 21-hydroxylase (CyP21A, CyP21B), B-associated transcripts (BAT 1-5), and tumor necrosis factors.

HLA-B, and 10 HLA-C recognized serologic specificities, making the class I MHC genes the most polymorphic known.

Class II molecules are also integral membrane glycoproteins whose expression is restricted to a more limited range of cell types that include monocytes-macrophages, B cells, dendritic cells and a few other specialized cells. The expressed human class II genes comprise at least 6 subregions: DN, DM, DO, DP, DQ, and DR. All except DN and DO comprise at least one α gene and one β gene; the former comprise single α and β genes, respectively. In addition, both the human and mouse class II regions contain genes for which there is as yet no known protein product and may be pseudogenes; these genes are designated DRB2, -B6, -B7, -B8, -B9, DQB2, DQB3, DPA2, DPB2, and DRB2.[12] The class II genes and their products exhibit more limited polymorphism than their class I counterparts with 26 D, 24DR 9 DQ and 6 DP serologic specificities currently recognized.[13] The class III genes include soluble molecular components of the complement system (C2, C4, Bf), tumor necrosis factors, and steroid 21-hydroxylase enzymes. Since class III gene products are not involved directly in immunoregulation or histocompatibility they will not be considered further. Finally, there exist several newly described nonclass I, II, and III HLA regional genes whose products are associated with class I and II molecular function. Located between the DOB and DMB loci are genes designated *Tap* (transporter associated with antigen processing or transporter of antigenic peptide). In humans the *Tap* genes include *Tap1* (formerly RING4, Y3, PSF1) *Tap2* (formerly RING11, Y1, PSF2) and *Lmp* (large multifunctional protease; formerly low molecular weight polypeptide) genes. Evidence suggests that the products of *Tap* genes function to transport cytoplasmic peptides into the lumen of the endoplasmic reticulum where they are available for coassembly with class I molecules.[14] *Lmp* comprise two genes, *Lmp2* (RING12) and *Lmp7* (RING10) which encode components of the large cytoplasmic LMP protease believed to function in the conversion of native antigen into peptides for transport into the ER for association with class I molecules. The close proximity of the *Tap* and *Lmp* genes to HLA genes likely reflects the linkage resulting from shared immunologic functions.

CLASS I MHC GENE PRODUCTS

MHC class I molecules are dimeric glycoproteins all of which share a similar structure and genetic origin. These glycoproteins contain a polymorphic integral membrane heavy chain (chain) of approximately 45 kD which is noncovalently associated with β2-microglobulin (β2m), a 12 kD member of the immunoglobulin superfamily.[15] β2m is a nonpolymorphic product of a non-MHC complex-linked-gene found in chromosome 15 in humans and chromosome 2 in mice. The polymorphic residues that define the class I allelic differences are located entirely within the class I heavy chain; β2m is nonpolymorphic. The heavy chain consists of three extracellular domains: 1, 2, and 3; a transmembrane region and a cytoplasmic tail. Each domain is encoded by a separate exon plus a leader sequence which is cleaved upon entry into the ER.[16] The domains comprise 90 amino acid residues each, the transmembrane domain 43 residues, and the cytoplasmic tail, whose size varies considerably among species, comprises 30 amino acids in humans. Class I molecules are glycosylated at a single aspartic acid site at residue 86. The α_1 and α_2 domains are the sites of the extensive polymorphism exhibited by this class of molecules, whereas α_3 is highly conserved among members of the immunoglobulin superfamily. The interaction of CD8 with the class I molecule occurs at 3 clusters of residues in the α_3 domain, as determined by adhesion of CD8 molecules to a panel of HLA-A molecules possessing point mutations in the α_3 domain.[17] There exists considerable sequence homology between the α_3 domain, β_2-microglobulin, and the constant region of immunoglobulin which qualifies class I products as members of the Ig gene superfamily and explains the Ig fold exhibited by class I and other molecules of this family.[15]

The three-dimensional structure of class I molecules has recently been elucidated by X-ray crystallography of three human class I molecules (HLA-A2, B27, and A68) and more recently mouse H-$2K^b$. These studies reveal that the α_1 and α_2 heavy chain domains form a peptide binding groove comprised of two helices on either side of a β-pleated sheet floor (Fig. 1.2).[15,18-21] Spatially, the peptide binding groove is approximately 1 x 2.5 nm and can accommodate peptides of 8 to 10 amino acids in length.[19] Beta2m noncovalently attaches to 3 domain and is physically located beneath and in contact with β-pleated sheet floor.[15,18] On the sides of the β-pleated sheet between the floor and the helical walls exist a set of deep pockets designated A to F.[19] X-ray crystallographic analysis reveal that the peptide binding grooves are occupied by a selection of peptides apparently derived from self proteins that associate with class I during the course of class I molecule expression.[22] The peptides are bound tightly within the groove by interactions between the N- and C-termini of the peptide with the corresponding MHC residues that form pockets whose shape and location vary with different allelic forms of the molecule. Thus the different peptide binding capabilities of distinct allelic forms of class I molecules are explained by polymorphisms in the peptide binding sites of the molecular groove.

NONCLASSICAL CLASS I GENE PRODUCTS (CLASS Ib)

HLA-E, -F, and -G comprise a subset of class I molecules referred to as nonclassical class I (class Ib) gene products by virtue of their distinct physical and genetic structure, tissue distribution and limited polymorphism.[23-26] In mice, three groups of nonclassical (class Ib) genes have also been described: H-2Q, -T, and -M. HLA-G is perhaps the most extensively studied of the human class Ib genes although its

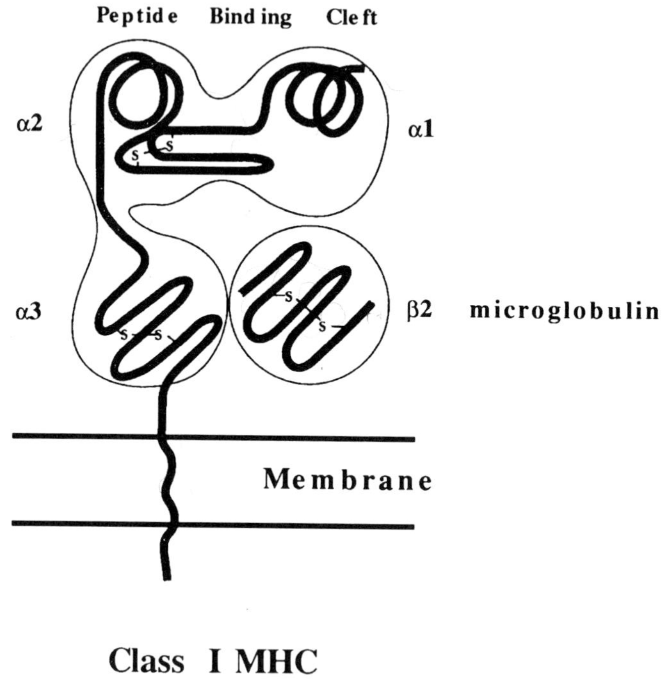

Fig. 1.2. Diagram of the class I MHC molecule. The peptide binding cleft is bounded on the sides by alpha helical stretches of the α1 and α2 domains and on the bottom by a β-pleated sheet floor. Regions within the membrane proximal α3 domain and β2m exhibit the immunoglobulin-like fold that is characteristic of members of the immunoglobulin-gene superfamily.

function remains unknown. HLA-G is expressed by cells of the placental trophoblast and anterior chamber of the eye and exists as soluble and membrane forms in trophoblast cells.[12,25-27] HLA-G mRNA undergoes alternative splicing to form full-length and two smaller mRNAs.[26] One of the truncated messages (HLA-G2) deletes exon 3 of the external domain and comprises a protein consisting of only the 1 and 2 domains. The smallest transcript encodes a protein predicted to be comprised of only the 1 domain joined to the transmembrane domain. This truncated structure of HLA-G2 resembles class II family members and might allow dimerization of HLA-G2 molecules with class II family members or other HLA-G2 molecules.[26] The localization of HLA-G to the placental trophoblast suggests that expression of this molecule regulates the maternal recognition of fetal tissues during pregnancy.[12]

The functions of HLA-E and -F also remain unidentified although the limited expression of these molecules implies a highly specialized function. HLA-E is expressed by eosinophils and fetal liver, whereas HLA-F transcripts are also detectable in liver.[28] The localization of these molecules in liver suggests that they may play a role in hematopoiesis.

ASSEMBLY OF HLA CLASS I MOLECULES

Class I heavy chain and β2m enter the endoplasmic reticulum (ER) using standard protein signal recognition and transport processes accompanied by cotranslational glycosylation. Upon entry into the ER lumen, the heavy chain associates with the resident calcium binding protein, calnexin. Calnexin (originally called p88 in mice and IP90 in humans) plays a role in the biosynthesis/assembly of cell surface molecules including class I and II MHC molecules as well as antigen receptors on both T and B cells.[29-32] In mice, calnexin binds to an early biosynthetic form of the class I molecule comprised of a heavy chain/β2m complex. Dissociation of calnexin from this complex in vivo correlates with the conversion of the class I molecule to a biosynthetically mature form. The presence of class I presentable peptides has been shown to lead to the dissociation of calnexin from class I/β2m complexes in vitro.[30] Although the function of the calnexin complex remains unknown, it is likely that its association with other molecules regulates the formation of critical interactions between subunits of multimeric proteins and might stabilize the class I/β2m complex in such a way that binding of peptides is facilitated.

In cells lacking β2m expression, the class I heavy chain remains in the ER associated with calnexin until the complex is degraded. However the requirement for β2m for class I stabilization and transport to the membrane is not absolute, since a low level of class I heavy chain can be detected on the membrane of cells lacking β2m.[33-35] The close association between β2m and heavy chain suggests that β2m contributes to the conformation and stability of class I/peptide multimers. Studies have shown that expression of β2m is required for expression of class I molecules on the membrane, although a few β2m-negative class I molecules remain detectable on the surface.[33,34] The addition of β2m or class I binding peptides to these variants increases the expression of surface class I molecules, presumably through the stabilization of surface β2m-negative molecules.[36]

Of significance to studies of class I assembly, transport, and peptide presentation was the description of mutant cell lines deficient in the ability to present endogenously synthesized antigen.[37-40] Although these mutants synthesize normal amounts of class I heavy chain and β2m, the chains assemble inefficiently and their transport to the membrane is significantly reduced. Under conditions which increase the stability of the peptide/class I interaction, such as low (25°C) temperature, surface class I expression is increased due to the enhanced stability of the heavy chain/peptide complex. The human cell line T2 is deficient in expression of surface class I molecules although expression is rescued by incubation of cells with high concentrations of peptides capable of binding HLA-A2.[41] Such mutants have proven instrumental in the characterization of the molecular association between peptide, β2m, and class I heavy chain required for class I binding and stable expression.

The assembly of trimeric (β2m, heavy chain, and peptide) class I complexes may be accomplished via any of a number of different routes which may involve either empty preformed heavy chain/2βm complexes to which peptide can bind or peptide-heavy chain complexes to which β2m subsequently binds to provide further stability to the complex.[15,42,43] In mutant cells lacking peptide transporter complexes (Tap1, Tap2), β2m/heavy chain complexes are present at levels comparable to that observed for wild type cells, suggesting that empty class I/β2m molecules may represent the main physiologic intermediate prior to binding of peptide.[44] This is further suggested by the finding that the affinity of peptide for the empty complex is orders of magnitude greater than for free heavy chain.[45]

Assessment of the different biochemical forms of the class I molecules in mutant cells suggests that peptide loading into empty β2m/heavy chain complexes must be completed to allow entry of the complex into the medial Golgi apparatus.[36,37] Studies using brefeldin, an inhibitor of protein migration from ER to Golgi, also demonstrated that the probable site of peptide loading into class I is the ER or cis-Golgi. The ER and cis-Golgi localization of peptide loading corresponds to the site of transporter proteins (Tap1 and 2) that are believed to be involved in transport of newly formed peptides from the cytosol into the ER lumen.[46]

TAP AND LMP

T cell recognition of foreign antigen requires that the antigen first be processed into peptide fragments and then physically associate with either class I molecules, as in the case of endogenous antigens, or class II molecules, as in the case of exogenously-derived antigens. Recent advances in our understanding of the mechanisms of processing of class I peptides has been possible through the use of mutant cell lines which are deficient in the processing pathway and, consequently, exhibit low or undetectable levels of class I membrane expression. Inasmuch as peptide stabilizes the class I molecular complex for optimal surface expression, processing-deficient mutants exhibit significantly reduced levels of membrane class I molecules and fail to serve as target cells for antigen-specific CTL, a defect that is reversible in part by the addition of exogenous class I-binding peptides.[38-40]

Genetic analyses of a group of class I deficient mutants revealed deletions of up to 1 mb pairs in the class I region of the MHC.[37,47] This region was subsequently shown to encode two genes that belong to a gene superfamily involved in the transport of molecules across membranes. This superfamily, which include genes encoding the multiple drug resistance and cystic fibrosis (CFTR) molecular pumps, is referred to as the ATP-binding cassette (ABC) family and exhibits a common sequence motif that binds ATP to allow the energy dependent transmembrane movement of targeted molecules.[48] However, evidence exists that peptide transport into the ER and association with nascent class I molecules occurs independently of ATP, suggesting that ABC family members involved in class I peptide processing may function differently than other ABC family members.[49] The class II-linked genes absent in processing mutants are known as *Tap1* and *Tap2* for "transporter associated with antigen processing". The defect in class I expression in deletion mutants can be reconstituted by transfection with Tap genes. Transfection of *Tap1* cDNA into the class I-deficient 721.134 human B cell lymphoblastoid line reconstituted class I surface expression and recognition by antigen-specific CTL,[50,51] although *Tap1* alone failed to reconstitute these functions in a second mutant, 721.174 which has a larger deletion encompassing both *Tap1* and the related *Tap2* gene. Reconstitution of class I expression in 721.174 cells required transfection with both *Tap1* and *Tap2* genes.[51] Transfection of *Tap 2* cDNA alone corrected the defect in a second human cell line, BM36.1.[52] These results suggest that Tap-1 and Tap-2 proteins associate as a heterodimer which in turn is responsible for transporting antigen peptide fragments from the cytoplasm into the lumen of the ER, a possibility recently confirmed by immunoprecipitation analyses.[51] Homodimers of each gene product most likely do not exist since defects in either gene alone produce the same antigen-processing defective phenotype.

Additional class II region genes involved in cytoplasmic protein processing include *Lmp2* and *Lmp7*. These genes encode at least two subunits of a large cytoplasmic proteasome-like complex known as the large multifunctional protease.[53-56] Proteasomes are multimeric cytoplasmic complexes which serve to degrade ubiquinated substrates in eukaryotic cells, thereby serving a role in the cytoplasmic turnover of proteins.[57] Although LMP molecules are distinguishable from proteasomes by differential reactivity with anti-LMP antibodies, these multimeric complexes share common subunits and both react with antiproteasome antibodies.[53] The physical linkage between LMP and TAP genes is consistent with the possibility that the TAP and LMP products physically associate with each other, although direct evidence to support this has not yet been obtained. Despite the possible structural and functional similarities between proteasomes and LMP molecules, the exact role of LMP gene products in antigen processing is not known. However, LMP genes are not essential for class I surface expression since *Tap1* and *Tap2* genes alone reconstituted class I expression and functions in 127.174 cells despite the deletion of *Lmp2* and *Lmp7* genes.[48] However, this might be explained by possible redundancies in the processing mechanisms provided by other proteasomes subunits that can complement the absence of LMP proteins in mutants.

From these observations new models of class I antigen processing have emerged. Cytoplasmic antigens are cleaved by the LMP or associated complexes into nonameric peptides suitable for class I association. Delivery of the peptide to transporter molecules might be facilitated by direct physical association between the LMP and TAP structures or by chaperonin-like carrier molecules. Alternatively, LMP proteins may function in some manner to regulate proteolytic processing without direct involvement in the cleavage itself. The processed peptide is transported into the lumen of the ER where it associates with class I/β2m/calnexin complexes, resulting in the dissociation of calnexin and increased stability of the class I complex. In an alternative model for peptide processing, binding of peptide to class I occurs prior to final processing and serves to direct the subsequent final cleavage specificity. According to this model, proteins are initially degraded into precursor peptides, perhaps by cytosolic proteasome-like molecules. Cleavage may be somewhat specific, in that the cleavage leaves a C-terminal hydrophobic or charged amino acid residue. These precursor peptides are then transported into the ER and there bind with low affinity to class I via their C-termini. At this point the N-terminus of the precursor peptide is trimmed by ER-resistant peptidases to a class-I specific length. Once cleaved, then final high affinity association between peptide and the class I groove occurs. This model suggests that the peptide length is determined by the particular class I allelic product.

As for other MHC encoded genes, both *Tap* and *Lmp* genes exhibit polymorphism.[58] In rats, *Tap2* alleles can differ at as many as

288 amino acid residues. The polymorphism in humans is more restricted; human *Tap1* and *-2* alleles differ as only one or two amino acid residues. This presents the possibility that processing and transport of protein/peptide might exhibit functional variability associated with each polymorphism. This could result in the production and transport of different peptides in individuals who might nevertheless display identical class I restriction elements. Support for such functional variability among polymorphic TAP/LMP gene products is provided by the observation that in inbred rats bearing identical class I genes, the membrane product displayed is distinguishable in each strain by antibody and CTL recognition. This suggests that these differences relate to the types of peptides which associate with the class I molecule as opposed to functional heterogeneity in the class I molecule itself.[59,60] Differences in the abilities of genetically identical human class I molecules to present class I restricted epitopes also suggest a role for TAP/LMP functional polymorphisms.[61] In this fashion the polymorphisms in TAP/LMP and related processing genes can influence the specificity of the immune response generated against class I associated peptides by affecting the identity of peptides that are available for binding to class I.

PEPTIDE BINDING BY CLASS I MOLECULES

A primary function of class I and II MHC products is to serve as receptors for foreign peptides. The natural peptide binding specificity of class I molecules was initially assessed by characterizing peptides eluted from class I molecules and a number of general characteristics were common to such peptides.[22] Natural class I-binding peptides exhibit a stringent length restriction of 8 to 10 amino acids, and the critical aspects of peptide binding to class I is the formation of hydrogen bonds between the amino terminal amino acid and conserved residues in the MHC molecule. Peptides longer or shorter than the 8 to 10 residue often fail to achieve strong binding; consequently their association with class I molecules is not stable. The C-terminus of class-I bound peptides is frequently an aliphatic or charged residue.

Class I molecules exhibit allele-specific binding motifs that require peptides of defined size (8 or 9 residues, depending on allele; Table 1.1). Two of the 8 or 9 positions are anchors that can be occupied by a single amino acid residue or closely related residues with analogous side chains. The interaction between peptide and class I molecule involves defined residues of the peptide. The N- and C-termini interact with class I residues. In addition, certain side chains of the peptide interact with corresponding MHC residues that form pockets and correspond to polymorphic areas of the molecule, where the location and shape of the pockets varies among allelic forms of the molecule. The involvement of conserved MHC residues in peptide interactions explains the ability of highly polymorphic class I molecules to bind widely diverse peptides. Although polymorphic residues do not form H-bonds with peptides directly, they do influence the specificity of peptide binding by influencing the shape and conformation of products within the peptide binding region. These influences lead to the regulation of peptide binding to class I molecules and do not appear to directly interact with the T cell receptor per se. Allele-specific motifs for some mouse and human (Table 1.1) class I alleles have been identified and the number is growing rapidly. One of the earliest class I binding peptides to be identified was the Thr-Tyr-Gln-Arg-Thr-Arg-Ala-Leu-Val from influenza nucleoprotein which binds the murine H-2K^d molecule.[62] Further analysis of other H-2K^d binding peptides suggest that all H-2K^d ligands are nonamers with a tyrosine at position 2 and an aliphatic residue at position 9.[22] Sequencing of pooled peptides eluded from different MHC class I molecules revealed that each allelic product exhibits its own unique peptide motif required for binding which varies according to the length of peptide, position of and/or properties of residues. H-2K^b molecules bind octomeric peptides with anchor residues at positions 5 (Phe or Tyr) and 8 (Met, Ile or Leu). Similar motifs have been described for human class I antigens. HLA-A2 bind nonomeric peptides exhibiting anchor residues at positions 2 (Leu) and 9 (Val), whereas HLA-B27 similarly binds a nonamer but requires Arg or Lys at positions 2 and 9, respectively.[22] Since many of these sequences were derived from extraction and characterization of multiple natural class I associated peptides from cells, it is likely that the binding of such peptides is several orders of magnitude less efficient than binding of the correct peptide.[62-65]

CLASS II MHC GENE PRODUCTS

MHC class II molecules comprise a family of heterodimeric integral membrane proteins with sequence and structural homologies to class I molecules. Each dimer consists of a single (33–35 kD) and a β (28–30 kD) chain which associate by noncovalent interactions. Class II molecules exhibit a similar domain structure and C-terminal domain sequence as class I molecules and are members of the Ig gene superfamily. Likewise, the α and β chain domains, transmembrane region, and cytoplasmic tail are each encoded by separate exons within the class II region.

Table 1.1. Allele-specific peptide motifs for class I molecules

Class I Allele	Peptide Position 1	2	3	4	5	6	7	8	9	Reference
HLA-A2	X	**Y**	X	X	X	X	X	X	**L** **I**	63, 69
HLA-B27	X	**R**	X	X	X	X	X	X	**R** **K**	68
H-2K^b	X	X	X	X	**F** Y	X	X	**M** **I** **L**		63
H-2K^d	X	**Y**	X	X	X	X	X	X	**L** **I**	63
H-2D^b	X	X	X	X	**N**	X	X	X	**I** **L** **M**	63

Humans express three types of major class II molecules that are coded by the HLA-DP, -DQ, and DR genes. Mice have two currently recognized class II molecules: I-A (homologous to HLA-DQ) and I-E (homologous to HLA-DR). In mice, the gene homologous to HLA-DP (Pb) appears to be a pseudogene. Class II products also comprise the region formerly referred to as HLA-D. This region was originally defined using mixed lymphocyte cultures (MLC) with homozygous typing cells and was believed to represent a single gene product. Serologic and subsequent molecular genetic definition of this region revealed the existence of multiple genes within this region which collectively contribute to the MLC response.

The three-dimensional structure of HLA-DR has recently been elucidated by X-ray crystallography and exhibits a structure that is homologous to class I molecules (Fig. 1.3).[66] The class II peptide binding site is comprised of a β-pleated sheet floor bordered on each side by helical walls. In contrast to class I, however, the peptide binding site is open at both ends, allowing for the binding of peptides up to 15 amino acids long. Furthermore, the regular presence of DR1 dimers in crystals suggest that dimer formation is an intrinsic property of at least some class II molecules. Such a configuration is compatible with the simultaneous binding of associated peptides by two T cell receptors, suggesting that this might be a critical conformation for T cell activation.

PEPTIDE BINDING BY CLASS II MOLECULES

Inasmuch as class II molecules exhibit a similar three-dimensional grooved structure, shared allele-specific binding motifs have been proposed and supported experimentally. High affinity binding occurs with peptides sharing similar structural motifs, including an aromatic residue near the amino terminus of the peptide and hydrophobic residue near the C-terminus.[67,68] Both the amino and carboxy termini of class II-associated peptides can be of variable length, suggesting that the terminal elements are not processed in the same fashion as class I peptides and are not critical to the peptide-class II-T cell receptor interactions.[68,69] High affinity peptide binders tend to bind more than one allele, making it difficult to establish strict allele-specific binding motifs. Evidence from eluted peptides from class II molecules indicate that the peptides do not exhibit the more restrictive allele-specific binding motifs observed for class I associated peptides leaving open to question the mechanisms of selective association of peptides with class II associated allelic products. Most class II ligands are endogenously derived and, despite the absence of consistent motifs, they all have the property in common of being able to enter the endosomal/lysosomal compartment of the cell.[70]

ASSEMBLY OF CLASS II MOLECULES

The ability of class II molecules to exclusively associate with exogenously derived peptides reflects the highly specialized process involved in the assembly and intracellular trafficking of nascent class II molecules.The assembly of α and β chains comprising the class II MHC heterodimer is initiated in the ER and the association between α and β chains occurs rapidly upon synthesis.[71] The association between α and β requires the presence in the ER of invariant (Ii) chain, which forms a trimeric molecule after combining noncovalently with α and β chains.[72,73] Invariant chain (Ii) is represented by a family of type II membrane proteins formed by alternate splicing and, in humans, by alternative initiation of translation which generates four forms of Ii (p31, p33, p41, and p43).[74,75] Ii forms trimers in the ER which then either bind to existing α/β class II dimers or assemble these dimers. These α/β/Ii complexes move out of the ER and into the Golgi, where they undergo glycosylation and subsequent migration to the trans-Golgi complex. Unlike other integral membrane proteins which migrate from the Golgi directly to the membrane, α and β/Ii complexes migrate to the endocytic pathway whereupon Ii is removed from the complex by proteolytic cleavage, chain associates

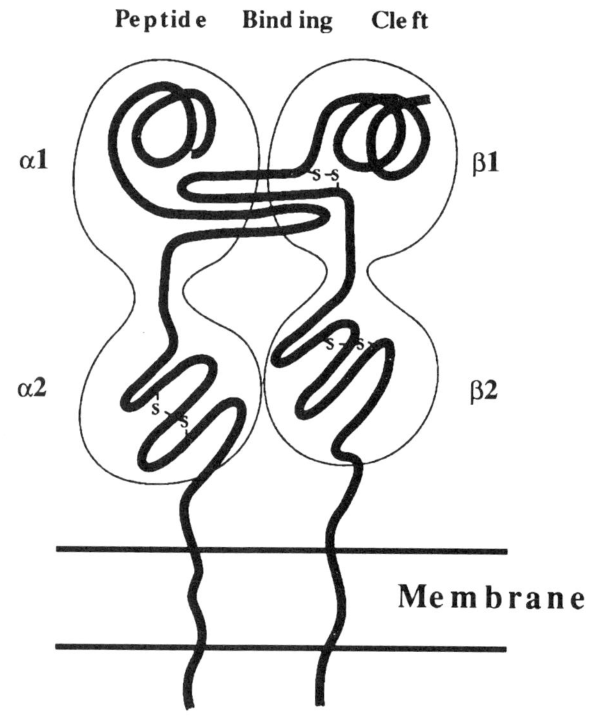

Fig. 1.3. Diagram of the class II MHC molecule. The peptide binding cleft is bounded by alpha helical walls formed by the α1 and β1 domains of the class II dimer. The floor of the cleft is formed by a β-pleated sheet derived from both α and β chains. Unlike class I molecules, the binding cleft of class II molecules is open at each end. The membrane proximal to α2 and β2 domains exhibit the immunoglobulin-like fold characteristic of members of the immunoglobulin gene superfamily. Both chains of the class II heterodimer transverse the membrane.

with exogenous peptide from lysosomes, and the αβ/peptide complex migrates to the membrane.[76] When class II cDNA is transfected into cells that lack expression of Ii, the class II complex does not enter the endocytic pathway but instead migrates directly to the membrane via the trans-Golgi apparatus in a fashion similar to other membrane protein.[77,78] In this regard, Ii appears to facilitate movement of class II out of ER and also is instrumental in moving Ii-class II complexes from the trans-Golgi to the early endosomal and late endosomal compartments where these complexes tend to accumulate. Evidence indicates a role for Ii in the unusual trafficking of complexes and their ability to accumulate in late endosomal/prelysosomal compartments. The accumulation in late endosomes may facilitate the association with peptides derived from exogenous antigens which follows fusion of late endosomes with lysosomes. In this way, Ii directs class II movement from the ER/Golgi to the endosomal pathway. This altered trafficking pattern might reflect the ability of Ii binding to αβ chains to prevent the association with of molecular chaperones known to retain certain proteins in the ER.[79,80] Evidence also supports the possibility that the class Ii region of the MHC contains a gene or genes which regulate the exogenous pathway of antigen processing similar to the TAP/LMP genes of the endogenous pathway.[81]

In addition to regulating the unique transport properties of class II molecules, the association of Ii with class II inhibits the stable binding of peptides to class II molecules. Blocking of peptide binding could conceivably occur by either direct blocking of the peptide binding groove or by preventing structural changes in class II which promote peptide binding. Consequently, peptide associates with class II only after removal of the inhibitory Ii peptide, which occurs late in the endocytic pathway. The loss of the Ii fragment leads to rapid movement through the terminal stages of the endocytic pathway (lysosomes) where it is believed that class II molecules are capable of binding peptides. The peptide/class II complex then moves slowly to the cell surface where the complex is expressed several hours after detection of intracellular complexes. Evidence also exists that recycling of membrane class II molecules may also represent a distinct pathway for class II/peptide association, although whether this pathway is biologically significant remains unclear.[17]

MHC DIVERSITY

MHC gene products comprise the most polymorphic molecules yet identified. The diversity of the MHC among individuals of a given species can be expressed as differences in the primary structure of the gene products as well as variability in the length and organization of the MHC itself. The extensive polymorphism of MHC products is accounted for primarily by differences at the level of primary amino acid sequence which is derived from germline-encoded polymorphisms as opposed to DNA rearrangements or somatic mutation. These polymorphisms reside largely in the membrane distal portions of class I and class II molecules, although less frequently they can be found in other areas. For class I molecules the polymorphic residues are located in the α_1 and α_2 domains, which comprise the walls of the peptide binding cleft and contribute to the structure and side pockets of the antigen binding groove. Polymorphisms exhibited by the membrane distal domains of class I and II molecules are concentrated within multiple hypervariable regions.[82] Well over 40 human class I gene sequences exist based on serological and functional data and the numbers will certainly increase with the use of molecular techniques.[82] MHC class II polymorphisms are contributed by similar hypervariable distal sequences in both the α and β chains although the extent of polymorphism varies with each individual locus. One of the most polymorphic class II loci is DRB1 for which more than 60 allelic variants have been described. The polymorphic β chain can be encoded by alleles at any one of multiple functional DRB loci (HLA-DRB1-9). HLA-DRB1 encodes the classical HLA-DR specificities HLA-DR1 to 18. HLA-DRB3 encodes DR52 alleles; HLA-DB4 encodes HLA-DR53; and HLA-DRB5 encodes HLA-DR51.[13,83] Most other sequences within class II also exhibit polymorphism, although DRA1, DNA, DOB, DQA2, and DQB2 appear to be nonpolymorphic. HLA-DQ products are encoded by alleles at α locus (HLA-DQA1) and one β locus (HLA-DQB1). A total of 14 α and 19 β alleles have been identified encoding at least seven serologically distinct products. In contrast to class I, the class II region can exhibit variability in the number of genes that comprise the region among different HLA haplotypes. By restriction fragment analysis, other tandomly-linked DRB genes appear to vary in number among HLA haplotypes.[84,85] This appears to result from multiple independent deletion events that occurred within the region. Also unique to class II molecules is additional polymorphism generated by multiple possible permutations in the physical association of different α and β chain gene products, referred to as interisotypic chain pairing.[86,87]

ALLOANTIGENICITY

MHC protein products were first identified as histocompatibility antigens by virtue of their role in rejection of allogeneic normal tissue or tumors. A paradox in immunology is that a high percentage of T cells (up to 1 in 10) are capable of recognizing alloantigenic class I or II determinants independently of known foreign peptides. At first glance the ability of T cells to recognize foreign MHC products appears to contradict the requirement for recognition of self MHC sequences for activation. Experimental results suggest that the high level of recognition of allogeneic MHC molecules might represent the recognition of the foreign MHC molecule as "altered self"; that is, there exists sufficient similarity between allogeneic and self MHC molecules that the allogeneic molecules are recognized as "self + X". In support of this, it has been demonstrated that T cells specific for foreign antigen in the context of self MHC can also recognize and respond to allogeneic MHC molecules. von Boehmer and others showed that a given T cell clone can have two specificities: antigen plus self MHC as well as one (or a few) allogeneic MHC in the absence of specific antigen.[88,89] Attempts to relate the antigen + MHC specificity of a particular clone to its alloreactivity failed to reveal a consistent correlation. Thus, at the population level, the effect of all the different allospecificities of all the cells results in the ability of the population to respond to essentially any allogeneic MHC. What remains unclear is the molecular basis for the recognition of allospecific MHC products.

SUMMARY

It is clear that MHC molecules provide the interface between the external environment and the immune system by serving as highly specialized peptide receptors which present foreign peptide to T cells. Toward this end the MHC has evolved into a complex array of genes whose extensive polymorphism insures that within a gene pool the MHC molecules exist for binding any peptide that the population will ever encounter. The elucidation of the three-dimensional structure of MHC class I and II molecules and the definition of allele-specific peptide binding motifs represent major advances whose practical significance cannot be underestimated. The elucidation of the three-dimensional structure of MHC molecules has provided us with our first glimpse into the physical interaction between T cell receptors and peptide/MHC complexes. The elucidation of allele specific peptide binding motifs will allow the identification of relevant immunologic epitopes for virtually any protein. This will greatly facilitate the engineering of effective vaccines as well as identify the molecular basis for the development of autoimmune disease.

References

1. Snell GD, Dausset J and Nathensen S. Histocompatibility. In: Histocompatibility. New York: Academic Press, 1976:1-15.
2. Gorer PA. The detection of antigenic differences in mouse erythrocytes by the employment of immune sera. Br J Exp Pathol 1936; 17:42-50.
3. Gorer PA. The genetic and antigenic basis of tumor transplantation. J Pathol Bacteriol 1937; 44:961-697.
4. Gorer PA. The role of antibodies in immunity to transplanted leukemia in mice. J Pathol Bacteriol 1942; 54:51-65.
5. Gorer PA, Lyman S and Snell GD. Studies on the genetic and antigenic basis of tumor transplantation. Linkage between a histocompatibility gene and "fused" in mice. Proc R Soc Lond (Biol) 1948; 135: 499-505.
6. Snell GD. Methods for the study of histocompatibility genes. J Genetics 1948; 49:87-108.
7. Dausset J and Nenna A. Présence d'une leuco-agglutinine dans le sérum d'un cas d'agranulocytose chronique. C R Soc Biol (Paris) 1952; 146
8. Dausset J, Ivanyi P and Ivanyi D. Tissue alloantigens in humans: identification of a complex system (Hu-1). In: H. Balner, F. L. Cleton and J. G. Eernisse, eds. Histocompatibility Testing. Copenhagen: Munkgaard, 1965:51-62
9. McDevitt HO and Sela M. Genetic control of the immune response. I. Determination of determinant-specific differences in responses to synthetic polypeptide antigens in two strains of inbred mice. J Exp Med 1965; 122:517-531.
10. McDevitt HO and Sela M. Genetic control of the antibody response. II. Further analysis of the specificity of determinant-specific control and genetic analysis of the response to (H,G)-A-L in CBA and C57 mice. J Exp Med 1967; 126:969-978.
11. McDevitt HO, Deak BD, Shreffler DC et al. Genetic control of the immune response. J Exp Med 1972; 135:1259-1278.
12. Geraghty DE. Structure of the HLA class I region and expression of its resident genes. Curr Opin Immunol 1993; 5:3-7.
13. Bodmer JG, Marsh SGE, Albert ED et al. Nomenclature for factors of the HLA system, 1991. Tissue Antigens 1992; 39:161-173.
14. Bjorkman PJ and Parham P. Structure, function, and diversity of class I major histocompatibility complex molecules. Ann Rev Biochem 1990; 59:253-288.
15. Bjorkman PJ, Saper MA, Samrauai B et al. Structure of the human class I histocompatibility antigen HLA-A2. Nature 1987; 329:506-512.
16. Steinmetz M, Moore KW, Frelinger JG et al. A pseudogene homologous to mouse transplantation antigens: transplantation antigens are encoded by eight exons that correlate with protein domains. Cell 1981; 25:683-192.
17. Germain RN and Margulies DH. The biochemistry and cell biology of antigen processing and presentation. Ann Rev Immunol 1993; 11:403-450.

18. Garrett TP, Saper MA, Bjorkman PJ et al. Specificity pockets for the side chains of peptide antigens in HLA-Aw68. Nature 1989; 342: 692-696.
19. Madden DR, Gorga JC, Strominger JL et al. Structure of HLA-B27 revelas nonamer self-peptides bound in an extended conformation. Nature 1991; 353:321-325.
20. Zhang W, Young ACM, Imarai M et al. Crystal structure of the major histocompatibility complex class I H-2^b molecule containing a single viral peptide: implications for peptide binding and T cell receptor recognition. Proc Natl Acad Sci (USA) 1992; 89:8403-8407.
21. Fremont DH, Matsumura M, Stura EA et al. Crystal structure of two viral peptides in complex with murine class I H-$2K^b$. Science 1992; 257:919-927.
22. Rammensee H-G, Falk K and Rötzschke O. Peptides naturally presented by MHC class I molecules. Ann Rev Immunol 1993; 11:213-244.
23. Lury D, Epstein H and Holmes N. The human class I MHC gene HLA-F is expressed in lymphocytes. Intl Immunol 1990; 2:531-7.
24. Koller BH, Geraghty DE, DeMars R et al. Chromosomal organization of the human major histocompatibility complex class I gene family [published erratum appears in J Exp Med 1989 Apr 1; 169(4):1517]. J Exp Med 1989; 169:469-80.
25. Wei XH and Orr HT. Differential expression of HLA-E, HLA-F, and HLA-G transcripts in human tissue. Human Immunol 1990; 29:131-42.
26. Ishitani A and Geraghty DE. Alternative splicing of HLA-G transcripts yields proteins with primary structures resembling both class I and class II antigens. Proc Nat Acad Sci (USA) 1992; 89:3947-51.
27. Loke YW and King A. Recent developments in the human maternal-fetal interaction. Curr Opin Immunol 1991; 3:762-766.
28. Houlihan JM, Biro PA, Fergar-Payne A et al. Evidence for the expression of non-HLA-A,-B,-C class I genes in the human fetal liver. J Immunol 1992; 149:668-75.
29. Degan E, Cohendoyle MF and Williams DB. Efficient dissociation of the p88 chaperone from major histocompatibility complex class I molecules requires both β2-microglobulin and peptide. J Exp Med 1992; 175:1653-1661.
30. Degan E and Williams DB. Participation of a novel 88-kD protein in the biosynthesis of murin class I histocompatibility molecules. J Cell Biol 1991; 112:1099-1115.
31. Hostenbach F, David V, Watkins S et al. Endoplasmic reticulum resident protein of 90 kD associates with the T cell and B cell antigen receptors and major histocompatibility complex antingens during their assembly. Proc Natl Acad Sci (USA) 1992; 89:4734-4738.
32. Ahluwalia N, Bergeron JJM, Wada I et al. The p88 molecular chaperone is identical to the endoplasmic reticulum protein, calnexin. J Biol Chem 1992; 267:10914-10918.
33. Williams DB, Barber BH, Flavell RA et al. Role of β2-microglobulin in the intracellular transport and surface expression of murine class I histocompatibility molecules. J Immunol 1989; 142:2796-2806.

34. Koller BH, Marrack P, Kappler JW et al. Normal development of mice deficient in 2-microglobulin, MHC class I proteins, and CD8+ T cells. Science 1990; 248:1227-1230.
35. Zijlstra M, Bix M, Simister NE et al. 2-microglobulin deficient mise lack CD4-8+ cytolytic T cells. Nature 1990; 344:742-746.
36. Baas EJ, van Santen H-M, Kleijmeer MJ et al. Peptide-induced stabilization and intracellular localization of empty HLA-class I complexes. J Exp Med 1992; 176:147-156.
37. Ljunggren H-G, Stam NS, Öhlen C et al. Empty MHC class I molecules come out in the cold. Nature 1990; ;346:476-480.
38. Townsend A, Ohlen C, Basten J et al. Association of class I major histocompatibility heavy and light chains induced by viral peptide. Nature 1991; 351:74-77.
39. Cerundolo V, Alexander J, Anderson K et al. Presentation of viral antigen controlled by a gene in the major histocompatibility complex. Nature 1990; 345:449-452.
40. Hoskin NA and Bevan MJ. Defective presentation of endogenous antigen by a cell line expressing class I molecules. Science 1990; 248:367-370.
41. Braciale TJ and Braciale VL. Antigen presentation: structural themes and functional variation. Immunol Today 1991; 12:124-129.
42. Babbitt BP, Allen PM, Matsueda G et al. Binding of immunogenic peptides to Ia histocompatibility molecules. Nature 1985; 317:359-361.
43. Buus S, Sette A, Colon SM et al. Isolation and characterization of antigen-Ia complexes involved in T cell recognition. 1986; Cell; 1071-1077.
44. Benjamin RJ, Madrigal JA and Parham P. Peptide binding to empty HLA-B27 molecules of viable human cells. Nature 1991; 351:74-77.
45. Elliott T, Cerundolo V, Elvin J et al. Peptide-induced conformational change of the class I heavy chain. Nature 1991; 351:402-406.
46. Kleijmeer MJ, Kelly A, Geuze HJ et al. Location of MHC-encoded transporters in the endoplasmic reticulum and cis-Golgi. Nature 1992; 357:342-344.
47. Townsend A, Elliott T, Cerundolo V et al. Assembly of MHC class I molecules analyzed in vitro. Cell 1990; 62:285-295.
48. Monaco JJ. Genes in the MHC that may affect antigen processing. Curr Opin Immunol 1992; 4:256:70-73.
49. Gaskins HR, Monaco JJ and Leiter EH. Expression of intra-MHC transporter (HAM) genes and class I antigen in diabetes susceptible NOD mice. Science 1992; 256:1826-1828.
50. Spies T and DeMars R. Restored expression of major histocompatibility class I molecules by gene transfer of a putative peptide transporter. Nature 1991; 351:323-324.
51. Spies T, Cerundolo V and Colonna M. Presentation of viral antigen by MHC class I molecules is dependent on a putative peptide transporter heterodimer. Nature 1992; 355:644-646.
52. Kelly A, Powis SH, Kerr LA et al. Assembly and function of the two ABC transporter proteins encoded by the human major histocompatibilty complex. Nature 1992; 355:641-644.

53. Brown MG, Driscoll J and Monaco JJ. Structural and serological similarity of MHC-linked LMP and proteasome (multicatalytic proteinase) complexes. Nature 1991; 353:353-357.
54. Martinez CK and Monaco JJ. Homology of proteasome subunits to a major histocompatibility complex-linked LMP gene. Nature 1991; 353:664-667.
55. Monaco JJ and McDevitt HO. Idenitification of a fourth class of proteins linked to the murine major histocompatibility complex. Proc Natl Acad Sci (USA) 1982; 79:3001-3005.
56. Monaco JJ and McDevitt HO. The LMP antigens: a stable MHC-controlled multisubunit complex. Human Immunol 1986; 15:416-426.
57. Driscoll J and Goldberg AC. The proteasome (multicatalytic protease) is a component of the 1500-kDa proteolytic complex which degrades ubiquitin-conjuugated proteins. J Biol Chem 1990; 265:4789-4792.
58. Monaco JJ. A molecular model of MHC class-I restricted antigen processing. Immunol Today 1992; 13:173-179.
59. Livingstone AM, Powis SJ, Diamond AG et al. A trans-acting major histocompatibility complex-linked gene whose alleles determine gain and loss changes in the antigenic structure of a classical class I molecule. J Exp Med 1991; 170:777-795.
60. Powis SJ, Howard JC and Butcher GW. The major histocompatibility complex class II-linked cim locus controls the kinetics of intracellular transport of a classical class I molecule. J Exp Med 1991; 173:913-921.
61. Pazmany L, Rowland-Jones S and Huet S. Genetic modulation of antigen presentation by HLA-B27 molecules. J Exp Med 1992; 175:561-569.
62. Rötzschke O, Falk K, Deres K et al. Isolation and analysis of naturally processed viral peptide as recognized by cytotoxic T cells. Nature 1990; 348:252-254.
63. Falk K, Rötzschke O, Deres K et al. Identification of naturally processed viral nonapeptides allows their quantification in infected cells and suggests an allelle-specific T cell epitope forecast. J Exp Med 1991; 174:425-434.
64. Schumacher TNM, Debruijn MLH, Vernie LN et al. Peptide selection by MHC molecules. Nature 1991; 350:21:703-706.
65. Cerundolo V, Elliott T, Elvin J et al. The binding affinity and dissociation rate of peptides for class I major histocompatibility molecules. Eur J Immunol 1991; 21:2069-2075.
66. Brown JH, Jardetzky TS, Gorga JC et al. Three-dimensional structure of the human class II histocompatibility antigen HLA-DR1. Nature 1993; 364:33-39.
67. Krieger JI, Karr RW, Grey HM et al. Single amino acid changes in DR and antigen define residues critical for peptide-MHC binding and T cell recognition. J Immunol 1991; 146:2331-2340.
68. Jardetzky TS, Gorga JC, Busch R et al. Peptide binding to HLA-DR1: a peptide with most residues substituted to alanine retains MHC binding. EMBO J 1990; 9:1797-1803.

69. Hunt DF, Michel H, Dickinson TA et al. Peptides presented to the immune system by the murine class II major histocompatibility complex molecule I-A^d. Science 1992; 256:1817-1820.
70. Rammensee H-G, Falk K and Rötzschke O. MHC molecules as peptide receptors. Curr Opin Immunol 1993; 5:35-44.
71. Kvist S, Wilman K, Claesson L et al. Membrane insertion and oligomeric assembly of HLA-DR histocompatibility antigen. Cell 1982; 29:61-69.
72. Marks MS, Blum JS and Cresswell P. Invariant chain trimers are sequestered in the rough endoplasmic reticulum in the absence of association with HLA-class II antigens. J Cell Biology 1990; 111:839-855.
73. Roche PA, Marks MS and Cresswell P. Formation of a nine-subunit complex by HLA-class II glycoprotein and the invariant chain. Nature 1991; 354:392-394.
74. O'Sullivan PM, Noonan D and Quaranta V. Four Ia invariant chain forms derive form a single gene by alternative splicing and alternative initiation of transcription/translation. J Exp Med 1987; 166:444-460.
75. Nguyen QV and Humphreys RE. Time course of intracellular association, processing, and cleavage of Ii forms and class II major histocompatibility complex molecules. J Biol Chem 1989; 1264:631-1637.
76. Neefjes JJ, Stollarz V, Peters PJ et al. The biosynthetic pathway of MHC class II but not class I molecules intersects the endocytic route. Cell 1990; 61:171-183.
77. Lotteau V, Teyton L, Peleraux A et al. Intracellular transport of class II MHC molecules directed by invariant chain. Nature 1990; 348:600-605.
78. Romagnoli P, Layet C, Yewdell J et al. Relationship between invariant chain expression and MHC class II transport into early and late endocytic compartments. J Exp Med 1992; 177:583-596.
79. Bole DG, Hendershot LM and Kearney JF. Posttranslational association of immunoglobulin heavy chain binding protein with nascent heavy chain in nonsecreting and secreting hybridoma. J Cell Biol 1986; 102:1558-1566.
80. Hurley SM, Bole DG, Hoover LH et al. Interactions of misfolded influenza virus hemagglutinin with binding protein (BP). J Cell Biol 1989; 108:2117-2126.
81. Ceman S, Rudersdorf R, Long EO et al. MHC class II deletion mutants express normal levels of transgene encoded class II molecules that have abnormal conformations and impaired antigen presenting ability. J Immunol 1992; 149:754-761.
82. Parham P, Lomen CE, Lawlor DA et al. Nature of polymorphism in HLA-A, -B, and -C molecules. Proc Nat Acad Sci (USA) 1988; 85:4005-9.
83. Peter JB and Hawkins BR. The new HLA. Arch Pathol Lab Med 1992; 116:11-15.
84. Bell JI, Denney D Jr., Foster L et al. Allelic variation in the DR subregion of the human major histocompatibility complex. Proc Nat Acad Sci (USA) 1987; 84:6234-8.
85. Bohme J, Andersson M, Andersson G et al. HLA-DR beta genes vary in number between different DR specificities, whereas the number of DQ beta genes is constant. J Immunol 1985; 135:2149-55.

86. Charron DJ, Lotteau V and Turmel P. Hybrid HLA-DC antigens provide molecular evidence for gene trans-complementation. Nature 1984; 312:157-9.
87. Lotteau V, Teyton L, Burroughs D et al. A novel HLA class II molecule (DR alpha-DQ beta) created by mismatched isotype pairing. Nature 1987; 329:339-41.
88. Sredni B and Schwartz RH. Alloreactivity of an antigen-specific T-cell clone. Nature 1980; 287:855-857.
89. von Boehmer H and Haas W. H-2 restricted cytolytic and non-cytolytic T cell clones: isolation, specificity, and functional analysis. Immunol Rev 1981; 54:27-56.

CHAPTER 2

The MHC and Allograft Rejection

Anne M. VanBuskirk
Diane J. Brown
Patrick W. Adams
Charles G. Orosz

The MHC plays a complex role in the immune discrimination between "self" and "foreign" molecules, and effectively promotes detection and eradication of infectious agents. Similar immune mechanisms are associated with the recognition of alloantigens, but allogeneic MHC molecules provide a unique challenge to the immune system. In this section, we will review the role of MHC in (1) the immune definition of alloantigenicity, (2) humoral allosensitization, (3) cellular allosensitization, and (4) clinical allograft rejection. Throughout this section, important concepts will be supported by the citation of published studies. These citations are meant to be illustrative, and a comprehensive review of the relevant literature is not intended.

THE MHC AND MHC ALLOANTIGENICITY

Preliminary Comments

To understand alloantigenicity, it is necessary to appreciate two critical features of the MHC. One is the function of MHC-encoded molecules, i.e., the display of selective peptides on the cell surface to

The Role of MHC and Non-MHC Antigens in Allograft Immunity, edited by T. Mohanakumar.

facilitate self/nonself discrimination. The other is the extreme degree of genetic diversity in the MHC complex. This diversity is evident in each individual as multiple MHC class I (HLA-A, -B, -C) and class II (HLA-DR, -DP, -DQ) codominantly expressed gene products. It is also evident at the population level as a large, stable pool of MHC class I and class II alleles distributed in Mendelian fashion among individuals. In general, it is this combination of features that allows an individual to recognize antigens as either "self" or "foreign," and thus contributes significantly to the immunologic definition of alloantigens.

MHC Structure and Diversity

All of the expressed MHC class I molecules have very similar amino acid sequences. Sixty-one percent of the total number of residues are invariant among those HLA sequences that have been determined to date.[1] While the variable residues are found throughout the transmembrane and cytoplasmic domains, most appear to be concentrated in the α1 and α2 cytoplasmic domains. The functional significance of this has been revealed by the X-ray crystallographic studies of Bjorkman and colleagues.[1-3] They demonstrated that the variable amino acid sites in the α1 and α2 domains serve as contact residues for T cell receptors (TcR) and/or peptides. Of the 20 amino acid positions that were the most variable among several MHC class I proteins, 16 were oriented to interact with bound peptides, 2 to interact with TcRs, and 2 to indirectly affect the peptide binding site. Similar functional significance is associated with variable amino acid sites on allelic forms of MHC class II molecules (see Fig. 2.1). Indeed, crystallographic analysis of the HLA-DR1 molecule by Brown and coworkers has recently confirmed that MHC class II proteins are structurally quite similar to class I molecules.[4]

Peptide Binding Sites on MHC Class I Molecules

The peptide binding site for class I proteins is a molecular groove composed of a β-pleated sheet bounded on two sides by parallel alpha helices. Apparently, bound peptides are fitted into this groove and appear in x-ray crystallography studies as electron dense material.[5,6] These studies have also revealed the locations of hydrophobic molecular pockets within the groove, which could serve to anchor the bound peptides. Finally, there is a salt bridge linking the amino-terminal end of the α1 domain with the carboxy-terminal end of the α2 domain, providing a closed end to the peptide groove (reviewed in Ref. 1).

Computer simulations have enabled visualization of various peptides within the groove of class I molecules. These simulations, which

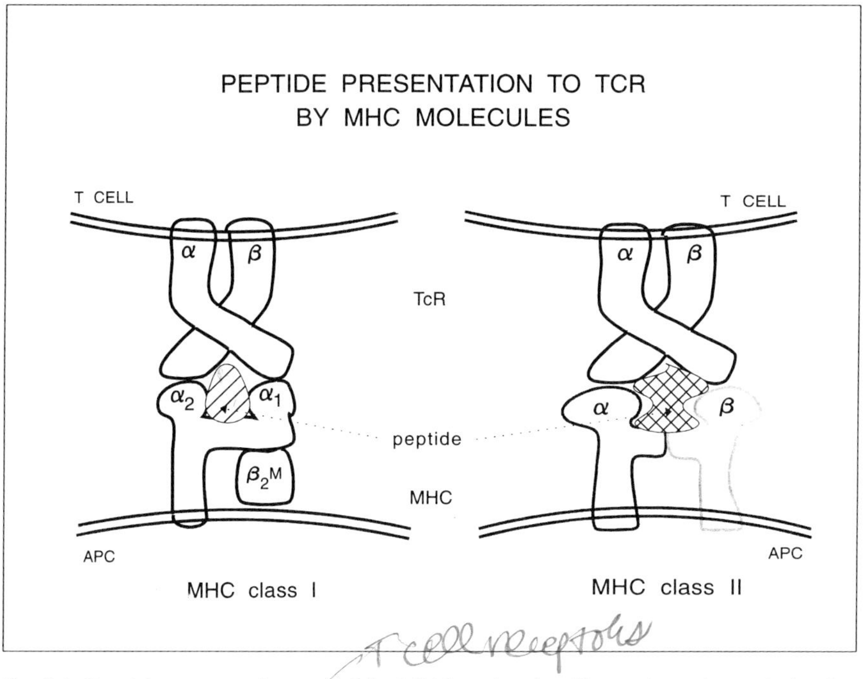

Fig. 2.1. Peptide presentation to TcR by MHC molecules. Shown is a schematic for the presentation of peptides by an antigen presenting cell (APC) via the MHC class I/β2 microglobulin complex (left panel) or the dimeric MHC class II molecule (right panel) to the heterodimeric α/β T cell receptor (TcR) on a T cell. Represented is the fact that the antigen-binding region of MHC class I molecule is formed by two domains (α1 and β2) of a single molecule, whereas the antigen binding region of the MHC class II molecule is formed by the juxtaposed first domains of the paired α and β molecules. The TcR engages elements of the MHC antigen binding region as well as elements of the presented peptide.

correlate well with crystallography studies, clearly show potential molecular relationships between residues of the bound peptide and the MHC molecule itself. Further, they suggest the orientation of the peptides by indicating which residues are buried within the pockets and which are exposed to the solvent and available to the TcR.[7]

Peptide Binding Sites on MHC Class II Molecules

The peptide binding sites of the MHC class I and II molecules appear to be very similar, based on crystallographic analysis of the DR1 MHC Class II molecule.[4] One significant difference is that the ends of the MHC class II peptide binding groove appear to be open, allowing for the binding of longer peptides.

In contrast to MHC class I molecules, the MHC class II molecules apparently exist as dimers.[4] The crystallographic data suggest that the two peptide binding sites of the dimer are oriented so that two TcR molecules could bind simultaneously. Indeed, it is possible that productive T cell interactions may not occur unless both of the dimerized peptide binding sites are occupied by the same peptide, thus cross-linking the peptide-specific TcRs on the opposing T cell. This may be a control mechanism that dampens T cell responses to processed peptides unless they are sufficiently prevalent to occupy both peptide binding sites on the dimerized MHC class II molecule.

Allele-Specific Peptide Motifs

The recognition that MHC molecules bind peptides and exist in multiple allelic forms led to the concept that the specific amino acid composition of each MHC molecule places constraints on the composition of its bound peptides. Hence, peptide binding is selective. Falk et al[8] sequenced members of the self-peptide pools eluted from the isolated murine MHC class I molecule, H-2K^d. The eluted peptides were 9–13 amino acids long, and invariably contained Tyr at position 2, and Ile or Leu at position 9. These findings supported earlier studies on the composition of exogenous peptides that bind to H-2K^d,[9,10] and strongly suggest that the peptides must display an allele-specific structural motif in order to bind to MHC class I molecules. These investigators have also determined the allele-specific motifs for several other murine and human class I alleles.[11] Hunt et al[12] independently confirmed the motif for HLA-A2.1, using mass spectrophotometry to define the peptide sequences bound by the MHC molecule. To date, the allele-specific motifs for MHC Class II molecules have remained less well defined. This is apparently due to the greater variability among the bound peptide sequences,[13] and to the relatively longer peptide length.[13,14]

Allele-Specific Peptide Binding by MHC Molecules

Only specific peptides are bound by a particular MHC molecule, and amino acid changes at selected sites in the MHC molecule can influence the selection of bound peptides. Van Bleek and Nathanson[15] analyzed peptides that are bound by H-2K^b and H-2K^{bm1}, murine MHC class I molecules which differ by only three amino acids at positions 156, 155 and 152. Two of these amino acids, 152 and 156 point into the cleft formed by the α2 helix. Peptides with Tyr at position 3, which typically bind to H-2K^b, are unable to bind to H-2K^{bm1}.

In addition, changes in the amino acid sequence of the Class I molecule may change the structure of the MHC molecule, and influence MHC function without affecting peptide binding. Pease and coworkers[16] used antibody binding to analyze the fine specificity of the MHC class I molecules H-2K^f and H-2K^{fm1}. H-2K^{fm1} differs from H-2K^f by two amino acids, residues 95 and 97, both located on the floor of the antigen binding site. This makes them inaccessible to direct antibody binding when peptides are bound. Further mutational studies indicated that the change at residue 97 was responsible for the differential recognition of $H\text{-}2K^{f}$ and $H\text{-}2K^{fm1}$ by particular antibodies. The authors suggest that the recognition is dependent on the conformation of the class I protein rather than an alteration in the peptides bound by the altered molecule.

This possibility has been addressed using the human mutant antigen processing cell T2 transfected with $H\text{-}2K^{b}$ [17] and an antibody which recognizes $H\text{-}2K^{b}$. When T2 cells are transfected with various class I molecules, the peptides bound to these proteins are different from peptides bound by naturally occurring MHC or those transfected into other cell lines. The antibody used by Pease et al[16] to distinguish $H\text{-}2K^{f}$ and $H\text{-}2K^{fm1}$ also recognizes $H\text{-}2K^{b}$, and recognizes this molecule regardless of whether it is expressed on transfected T2 cells, transfected murine L cells or on a naturally $H\text{-}2K^{b}$-expressing cell, EL4. Since all three cell types would have different peptides bound to the MHC molecule, given their different origins, these results indicate that subtle changes in MHC sequence can alter the conformation of the protein outside the peptide binding site and subsequently have effects on TcR recognition of the MHC-peptide complex.

T Cell Recognition of Alloantigen

Via various mechanisms, exogenous and endogenous proteins are proteolytically cleaved into component peptides, the composition of which depend on the amino acid sequence of the proteins and the specificity of the available proteolytic enzymes. Of these peptides, only a subset has the motifs necessary for binding to relevant MHC molecules, and only this peptide subset can be made available for T cell recognition. It has been estimated that approximately 1% of random peptides can fit each particular MHC class I molecule.[9] In an outbred population, each individual expresses four to six different MHC alleles, each of which would bind a different subset of peptides. Hence, the MHC class I and II molecules theoretically allow presentation of approximately 6% of all peptides derived from endogenous and exogenous proteins. This apparently provides a degree of protein sampling that is sufficient for the immunologic discrimination of self versus nonself proteins.[11]

In general, only peptides that are derived from autologous proteins and are bound to autologous MHC molecules can be recognized immunologically as "self." All other peptides, by definition, are "nonself", or "foreign." This includes peptides derived from autologous proteins that do not bind to autologous MHC molecules, as well as peptides derived from foreign proteins that are bound to autologous MHC molecules. Further complexity is added by the fact that T cells can effectively engage either autologous or allogeneic MHC molecules. Hence, antigen presenting cells (APC) can be derived either from the host or the graft. These facts make allogeneic immune responses far more complex than responses to infectious agents. Indeed, there are at least three ways for T cells to recognize alloantigens: (1) allogeneic peptides in autologous MHC, (2) allogeneic peptides in allogeneic MHC, (3) autologous peptides in allogeneic MHC (self peptides not previously seen).

Because multiple pathways of alloantigen presentation are used, many more T cells are recruited into allogeneic immune responses. For example, responses to nominal antigens like tetanus toxoid, which utilize only the first of the three antigen presenting pathways, involve only about 1/50,000 T cells, whereas response to alloantigens, which utilize all three pathways, involve about 1/2000 T cells. In turn, this explains the unusual intensity of primary allogeneic immune responses.

Allogeneic Peptides in Autologous MHC

Since MHC molecules are readily shed, there are soluble allogeneic MHC proteins available to the immune system of the allograft recipient. These can be processed by autologous APC into peptides and displayed via autologous MHC molecules in a manner analogous to most other exogenous protein antigens (see Fig. 2.2A). Harris and coworkers[18] used limiting dilution analysis to demonstrate that more alloreactive T cells proliferate in response to synthetic peptides that correspond to the hypervariable regions of HLA-DR1 than to peptides derived from monomorphic HLA-DR1 regions. Allogeneic peptides could also be derived from other graft proteins that have nonself allelic versions (minor histocompatibility antigens). As a group, these comprise the set of allogeneic peptides that can be presented via autologous MHC, and T cell recognition of these peptides is therefore restricted to peptides with motifs recognized by self MHC molecules.

Allogeneic Peptides in Allogeneic MHC

It is clear that T cells can recognize peptides displayed on allogeneic APC in the context of allogeneic MHC molecules. For MHC class I molecules on allogeneic APC, these peptides are presumably derived from endogenous proteins, such as the allogeneic MHC molecules themselves (see Fig. 2.2B). This gives rise to the question of whether alloreactive T cells can recognize intact allogeneic MHC molecules versus MHC-derived allogeneic peptides bound to allogeneic MHC molecules. Evidence currently favors the latter. Data provided by

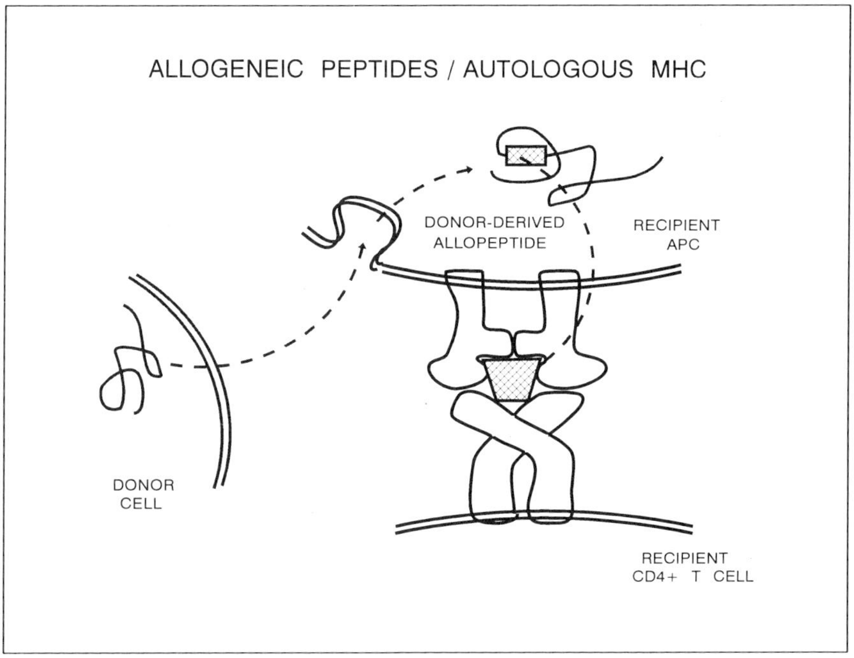

Fig. 2.2A. One of three pathways for the presentation of alloantigenic peptides. Proteins derived from graft cells are obtained by recipient APC, processed, and displayed via recipient MHC class II molecules to recipient CD4⁺ T cells.

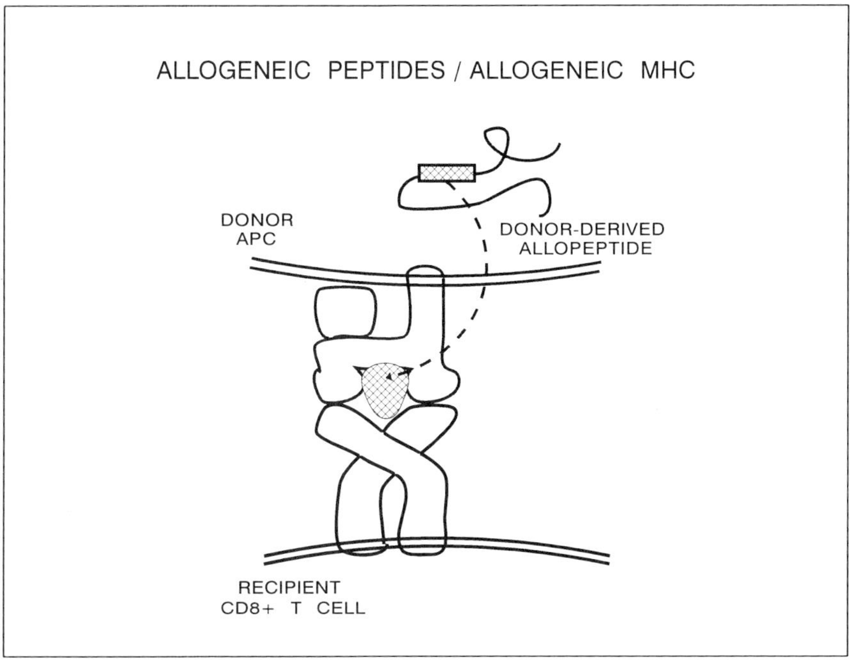

Fig. 2.2B. One of three pathways for the presentation of alloantigenic peptides. Proteins produced by graft APC are processed and displayed via graft MHC class I molecules to recipient CD8⁺ T cells.

Heath and coworkers[19] demonstrated that cytotoxic T cell clones which recognized H-2^b expressed on the surface of the thymoma, EL4, were unable to lyse human Jurkat cells transfected with H-$2K^b$ unless the transfected Jurkat cells were preincubated with a lysate from EL4 cells. Further studies indicated that the moiety responsible for the T cell recognition appeared to be a peptide between 1300 and 1700 MW, probably between 10 and 15 amino acids in length. Hence, T cells do not recognize intact allogeneic MHC molecules. Rather, they recognize allogeneic peptides displayed by autologous or allogeneic MHC molecules.

The fidelity of alloantigen recognition via this mechanism is not absolute. Umetsu and colleagues[20] described T cell clones which are tetanus toxoid reactive and HLA-DR3 restricted, but can also react with HLA-DR4 in the absence of tetanus toxoid. Lombardi et al demonstrated the converse,[21] that T cells specific for HLA-DR1 can also make self-restricted responses to *Candida albicans.* This probably represents chance similarities in portions of bound peptides that are made available by different MHC molecules to specific TcR.

Autologous Peptides in Allogeneic MHC

This situation develops when peptides from autologous proteins of the graft recipient which are unable to bind to autologous MHC molecules, bind to MHC class I or II molecules of APCs in the graft (see Figure 2.2C). Donor MHC class I molecules could present peptides derived from endogenous proteins that are common to both the donor and recipient, but peptides that cannot bind to recipient MHC molecules. Donor MHC class II molecules could present peptides derived from shed recipient proteins, such as MHC molecules. As the most subtle manifestation of this mechanism, the same peptide may be bound in a slightly different conformation by donor and recipient MHC molecules, and thereby recognized as foreign when displayed by allogeneic APC. Panina-Bordignon and coworkers[22] have shown that peptides from human serum albumin which were bound by allogeneic MHC molecules could stimulate alloreactive T cells, whereas the same peptides bound by autologous MHC could not.

This category of alloantigens also includes the so-called "tissue-specific alloantigens", i.e., peptides derived from tissue specific proteins that are displayed by allogeneic MHC molecules, but not autologous MHC molecules. Although these proteins may be present in similar tissues of the graft recipient, the specific peptides selected by the allogeneic MHC molecules have never before been encountered by the recipient immune system, and technically must be considered as alloantigens.

ROLE OF MHC IN HUMORAL ALLOSENSITIZATION

PRELIMINARY COMMENTS

Clinical and experimental data demonstrate that MHC class I and class II molecules are effective B cell antigens capable of eliciting extensive humoral immune responses. Indeed, much of the structural diversity of MHC molecules was initially identified through the use of alloantibodies found in the serum of patients or animals that had been exposed to foreign MHC molecules through pregnancy, transfusion, or transplantation.[23,24] However, the understanding of the mechanisms and consequences of alloantibody production has lagged far behind the understanding of alloreactive T cell function. This is due to the long-appreciated, pivotal role of T cells, rather than B cells, in acute allograft rejection. Consequently, the mechanisms by which alloantibodies are generated and the contributions of alloantibodies to graft pathology remain poorly understood.

In some transplant recipients, alloantibodies can be identified in the peripheral circulation. These alloantibodies are probably produced in B cell-rich lymphoid compartments, i.e., the regional lymph nodes or spleen, which can entrap allogeneic cells or proteins that escape the

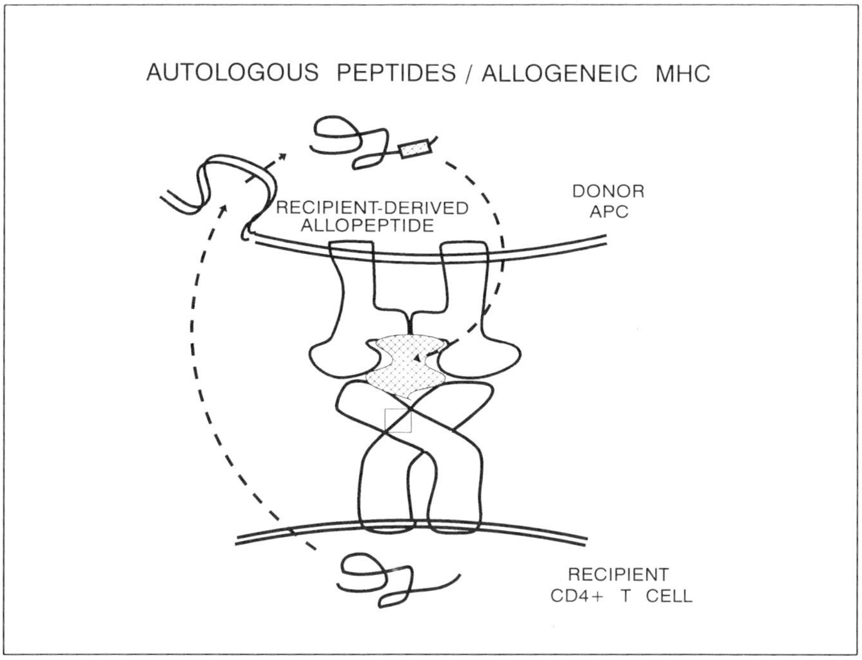

Fig. 2.2C. One of three pathways for the presentation of alloantigenic peptides. Proteins derived from the graft recipient are obtained by graft APC, processed and displayed by graft MHC class II molecules to recipient CD4⁺ T cells.

graft and which become rapidly involved in alloimmune responses in graft recipients. B cells or plasma cells are rarely found at the graft site, but can comprise up to 10% of organ allograft infiltrates.[25] Hence, only a small component of alloantibody production may occur at the graft site. In contrast, significant T cell accumulation and activation occur both at the graft site and in the peripheral lymphoid organs. In this regard, there appears to be an anatomic segregation of humoral versus cellular alloimmune responses in the allograft recipient.

The consequences of alloantibody formation on organ allograft survival remain controversial. There is no doubt that pre-formed alloantibodies can induce hyperacute allograft rejection during the peritransplant period.[26,27] In contrast, there is no direct evidence that alloantibodies can cause acute allograft rejection. It has been reported that transplant patients who develop circulating, donor-reactive alloantibodies have an increased incidence of acute rejection episodes.[28,29] However, this does not necessarily imply a direct role for alloantibodies in acute rejection. Since the maturation of humoral immune responses is T cell-dependent, alloantibody production may merely reflect the T cell alloactivation that occurs during the initiation of acute rejection. Accelerated acute rejection, a form of graft rejection that is sometimes observed in allosensitized patients who receive a second organ allograft, occurs more rapidly than acute rejection, but appears to be mediated by similar immune mechanisms. While alloantibodies may be produced in association with accelerated acute rejection, it is not clear if they are responsible for any of the rejection pathology. Finally, there has been a long-standing implication that alloantibodies are involved in chronic allograft rejection. Indeed, antibody and complement products can sometimes be detected or eluted from organs lost to chronic rejection.[25,30,31] However, the evidence for direct alloantibody involvement in chronic rejection remains weak and circumstantial. In general, a causative role for alloantibodies has been demonstrated only in hyperacute rejection, and remains to be demonstrated for the other forms of allograft rejection. It should be noted that not all antibody responses to MHC alloantigens are detrimental, and there is some evidence that serologic sensitization to donor-specific alloantigens can enhance graft survival.[32]

Alloantibody Recognition of Molecular Epitopes

In general, antibodies recognize features of three-dimensional molecular structures. Furthermore, antibodies recognize only the features displayed on the molecular surface. These features, or epitopes, can be provided by the unique folding characteristics of a linear amino acid sequence, or by the unique conformation of multiple amino acid sequences provided either by different portions of a folded molecule or by the close juxtaposition of multiple molecules. Since the basic folding characteristics of a protein are defined by its amino acid composition, the allele-specific differences in amino acid composition of MHC molecules could significantly influence their three- dimensional conformation, and thus add or remove serologic epitopes of these molecules. Various molecular interactions, such as the binding of different peptides by the MHC molecules, could have similar consequences, as described by Pease et al.[16]

The serologic epitopes on MHC molecules appear to segregate into two broad categories, based on observed patterns of alloantibody reactivity. One category is "public" epitopes, which are thought to be associated primarily with framework portions of the MHC molecules. Antibodies to these regions commonly define broad cross-reactive epitope groups (CREG) shared by families of MHC alleles. In contrast, "private" epitopes are somewhat more unique and have been considered as definitive for a specific MHC class I or class II allele.[33] They are usually found in and around the hypervariable portions of the α1 domain of MHC class I molecule, and the β1 and in some cases α1 portion of MHC class II molecule. Since functional MHC molecules on the cell surface contain peptides, which contribute to both the three-dimensional conformation and to the topography of the peptide-binding region, these private epitopes could include portions of the bound peptides.

Humoral Responses to MHC Alloantigens

Although there are reports in the literature of "naturally occurring" anti-MHC antibodies,[34,35] the vast majority of anti-MHC antibodies appear to develop in response to contact with nonself MHC molecules by transfusion, pregnancy or transplantation. The initial serological response to foreign MHC molecules, like any antigen, is the production of IgM antibodies. However, MHC molecules are potent stimulators of T cells, and the humoral responses to MHC antigens quickly undergo lymphokine-dependent maturation, including B cell clonal expansion and differentiation, as well as Ig class switching to IgG or IgA. In situations where T cell activation is impaired, such as immunosuppressed transplant patients, Ig production may be reduced or delayed, and Ig class switching may be inefficient. When detected, most anti-MHC alloantibodies in humans are IgG, although IgM and IgA antibodies have also been identified.[33,35-37]

The production of anti-MHC alloantibodies may be transient or prolonged. It appears that the alloantibody production induced by blood transfusion decays quickly,[38] and that recall responses due to subsequent alloantigen rechallenge are not vigorous. As reviewed by Scornik and coworkers,[39] alloantibodies elicited as a result of random blood transfusion were rarely detected, and that most detectable alloantibodies became undetectable after three to six months, even if further transfusions were administered. The absence of a brisk recall response is somewhat contradictory to immunologic dogma, which asserts that immune reactions are characterized by vigorous, accelerated responses upon repeat exposure to an antigen.

Alloantibodies are also produced in organ allograft recipients, but the reported incidence of post-transplant alloantibody production varies from 10-80% of patients. Following organ allograft rejection, serum alloantibodies are readily detected in only about 10% of the patients.[39,40] The reasons for the variability of clinical alloantibody production are not clear, but may be related to the variety of immunosuppressive strategies used for transplant recipients. Indeed, alloantibody production is quite common in animal models of graft rejection, especially when immunosuppressive drugs are not employed.[41,42]

Factors Influencing the Humoral Response to MHC Antigens

Numerous factors influence the efficiency of all humoral immune responses, including those directed at MHC alloantigens. At the very least, any effort to evaluate the process of serologic sensitization to MHC antigens must consider (1) the immunogenicity of the various MHC molecules and epitopes, (2) the prevalence of the MHC molecules and/or individual epitopes, (3) the route of immunization, and (4) the immunocompetence of the host.

Immunogenicity of MHC Molecules

As described above, the immunogenic epitopes of the MHC class I and class II molecules are comprised of molecular regions where allelic amino acid substitutions or antigenic peptide binding has altered the external three-dimensional structure of the MHC molecule such that it is recognized as different from the MHC molecules of the host. Despite the extensive polymorphism associated with MHC molecules, private epitopes seem to be relatively poor B cell immunogens.[33] Interestingly, public epitopes seem more immunogenic than private epitopes, since antibodies to public epitopes are more commonly detected during routine clinical analyses.

Reportedly, only 5-10% of those exposed to foreign MHC antigens by transfusion make clinically detectable alloantibodies.[39] However, the full extent of serological responses to MHC alloantigens may not be appreciated, since clinical detection of alloantibodies is usually limited to antibodies that bind lymphocytes and fix complement.

Further, MHC molecules are readily shed from cells and can be found in serum. Pellegrino and colleagues[43] have demonstrated in humans that soluble MHC proteins can induce alloantibody formation under certain conditions, but the relative immunogenicity of shed versus cell-bound MHC alloantigens is not known. Nevertheless, soluble allogeneic MHC molecules can be released from organ allografts, and can neutralize circulating alloantibodies, thus interfering with their detection.[30]

Prevalence of Expression

MHC class I proteins are constituitively expressed on the surface of most nucleated cells and are readily shed from these cells into the cellular environment. It is presumed, therefore, that lymphocytes in allograft recipients are constantly exposed to soluble or cell-borne MHC class I alloantigens, either by contacting allogeneic endothelia or parenchymal cells as they circulate through the graft or by contacting allogeneic cells or proteins in the draining lymphoid organs. In contrast, MHC class II molecules are expressed in a restricted manner. Certain cell lineages, such as B cells, dendritic cells, monocytes and macrophages constituitively express these molecules. Interestingly, these cell types are highly immunogenic, but not common in organ allografts. However, a wide variety of cell types can express MHC class II after contact with inflammatory mediators, especially IFNγ.[44] Grafts undergoing rejection express significant amounts of MHC class II molecules,[45,46] some of which are recipient-derived and expressed on the cellular infiltrate, and some of which are graft-derived and expressed on vascular endothelial cells and selected parenchymal cells.

In general, allogeneic MHC class I, and less frequently MHC class II molecules should be available to the recipient's humoral and cellular immune systems throughout the life of the graft. Clinically, alloantibodies to MHC class II antigens are less common than those to MHC class I. It is not clear whether this reflects a lower intrinsic immunogenicity of MHC class II antigens, or a relative antigen rarity due to more limited MHC class II expression.

Route of Immunization

The three clinical situations when humoral responses to MHC molecules are commonly detected are transfusion, pregnancy and transplantation. Experimentally, humoral alloimmune responses are also detected after subcutaneous or intraperitoneal injection of allogeneic lymphoid cells. Based on accumulated observation, the least efficient method of immunization appears to be by transfusion, i.e., IV immunization.[25,47] Only 5-10% of patients previously unexposed to

MHC antigen are sensitized by transfusion to produce detectable levels of alloantibody. Random transfusions with at least 20 units to as many as 70 units of blood are necessary to predictably induce alloantibody formation.[39]

Pregnancy and transplantation are apparently much more efficient at allosensitization.[39,47,48] In contrast to nontransplanted patients, a single random transfusion can cause alloantibody production in about 80% of patients who have rejected a graft.[39] It is interesting to note that alloantibodies detected under these conditions have specificity for the graft donor MHC, and not necessarily for the MHC of the transfusion donor. Humoral allosensitization is apparently induced by clinical allograft transplantation, but the primary humoral alloimmune responses are either weak, transient or difficult to detect. Why such responses are nonspecifically potentiated by transfusion is not known.

Unlike transfusions, transplanted organs and pregnancy can provide alloantigens constantly over a prolonged period of time. The increase in the dose of alloantigens provided by transplanted organs, the persistence of the alloantigen, and extravascular route of alloantigen delivery probably all contribute to the increased efficiency of graft-induced versus transfusion-induced humoral alloimmunity.

Immunocompetence of the Host

The inherent ability of the host to respond to antigenic challenge will profoundly influence the intensity and the character of the subsequent immune response. Furthermore, the degree of host immunity can be modulated by clinically relevant immunosuppressive drugs, such as cyclosporine and FK506. Most of these drugs were developed because of their inhibitory effects on T cell function. In general, their effects on B cell function have been largely ignored. Indeed, the effects of these drugs on alloantibody formation may be relatively minor. In a murine experimental model of allograft transplantation, cyclosporine effectively interfered with the generation of graft-reactive CTL, but merely delayed the development of graft-reactive antibodies.[41] It is also possible that immunosuppressive drugs targeted at T cells may influence alloantibody production indirectly by interfering with the T cell help necessary for advanced humoral immune responses to MHC alloantigens. In recent studies with a murine cardiac transplant model, Bishop and coworkers observed that peri-transplant treatment of the graft recipient with monoclonal antibodies to CD4, which allows nearly indefinite graft survival, permits continued T-independent IgM alloantibody production, but effectively curtails T-dependent IgG alloantibody production (Bishop, personal communication).

In general, the influence of immunosuppressive drugs on the humoral immune competence of allograft recipients is a complex issue that has yet to be resolved.

The immunocompetence of the host may also be negatively influenced by prior immune responses, as in the situation of anti-idiotypic antibodies. Several investigators have demonstrated that sera from some transplant patients can neutralize allospecific antisera,[31,49,50] and that this neutralizing activity isolates with the immunoglobulin fraction of the serum.[50] Extensive retrospective studies by Suciu-Foca and colleagues have shown a strong association between the development of anti-MHC alloantibodies and the loss of cardiac allografts in humans. However, those patients who developed anti-idiotypic antibodies that could neutralize the anti-MHC antibodies had longer graft survival.[31] It is possible that the graft-enhancing effects of pretransplant blood transfusion may be attributable, in part, to the development of anti-idiotypic antibodies, but this remains to be demonstrated. Unfortunately, the mechanisms whereby some transplant recipients develop anti-idiotypic antibodies while others do not remain unknown.

ROLE OF MHC IN CELLULAR ALLOSENSITIZATION

Introductory Comments

The cellular immune response to allogeneic cells appears to be completely dominated by T lymphocytes. For the purpose of this discussion, T lymphocytes are defined as lymphocytes which display the TcR molecular complex. There are two basic families of TcR, the classical αβ-TcR and the more recently described γδ-TcR. The functions of the γδ-TcR remain ill-defined, and are currently the subject of active investigation. Available information indicates that the human γδ-TcRs do not recognize the common MHC-encoded antigen-presenting molecules (HLA-A, -B, -C, -DR, -DP or -DQ), although they appear to recognize unidentified molecules that are serologically cross-reactive with HLA-B and HLA-C.[51] Because of the ambiguity in this area, the γδ-TcR will not be considered further in this discussion.

In contrast, the αβ-TcR appears to have evolved exclusively as the counter-receptor for the commonly expressed class I or class II MHC molecules. The immunologic consequences of TcR/MHC interactions are the classical T cell functions of proliferation, lymphokine secretion and cytolysis. These functions can be viewed as a continuum of T cell responses that are initiated by productive TcR engagement and guided by various additional receptor-ligand interactions. Both of these critical elements of T cell activation will be discussed below.

T Cell Recognition of Alloantigens

It is now apparent that MHC class I and class II molecules function to select and display peptides to T cells. This raises questions regarding the relative contributions of both the peptides and MHC molecules to productive TcR engagement. This question has long perplexed immunologists and there is significant literature regarding investigations in this area. From these investigations evolved one of the elemental principles of cellular immunology, the "MHC restriction" hypothesis. This hypothesis, which states that T cells recognize antigens only in the restricted context of self MHC molecules, implies that some level of MHC molecule recognition by the TcR must occur in addition to antigen recognition. In slight contrast, the current hypothesis regarding MHC function suggests that MHC identification may not be necessary and that apparent MHC restriction actually reflects the ability of self versus nonself MHC molecules to select different peptides from among those generated in antigen presenting cells. Since it is unlikely that self MHC and nonself MHC molecules will select and display the same array of peptides from a pool of proteins, T cell clones activated by self APC during initial antigen encounter will see the appropriate peptides only when displayed by self MHC molecules. They will not respond to the nonself APC because their MHC molecules display the wrong peptides.

If restriction can be explained on the basis of peptide identity there remains the question of MHC corecognition. There is significant controversy regarding this issue. However, some insights have been provided by studies on alloantigen recognition by cytotoxic T cells (CTL). Studies by Engelhard and colleagues[52,53] have indicated that CTL sensitized to allogeneic MHC molecules may recognize bound allogeneic peptides rather than intact allogeneic MHC molecules. These studies took advantage of a cell line that expresses the human MHC class I molecule, HLA-A2.1, but is defective in protein processing, resulting in MHC molecules that are either free of peptides or display a highly reduced array of peptides. Studies showed that the T2 cells were recognized very poorly by human T cell clones specific for HLA-A2.1.[52] Further, the T2 cells were transfected to express the murine MHC class I molecules, H-2D^d or H-2L^d, and compared with a similarly transfected line of human B cells (C1R) or transfected murine T cell line (EL4) for susceptibility to lysis by H-2^d-reactive murine CTL. These CTL readily lysed the EL4 and/or the C1R transfectants, but only a small fraction of the CTL ($< 10\%$) could lyse the T2 transfectants.[53] Together these studies suggest that direct recognition by CTL of intact allogeneic MHC molecules may be rare, and that efficient CTL recognition depends on the display of endogenous peptides by the allogeneic MHC molecules.

These and other studies seem to suggest that MHC molecules are passive platforms for the display of antigenic peptides to T cells. However, this would be a gross oversimplification of MHC function. In fact, MHC molecules serve at least three functions during T cell activation (1) lymphocyte adhesion, (2) antigen presentation, and (3) lymphocyte costimulation.

MHC Products and Lymphocyte Adhesion

It is intuitively obvious that TcR engagement of MHC molecules requires the close juxtaposition of TcR-bearing T cells with the MHC-bearing antigen-presenting cells (APC). Indeed, one of the most obvious signs of in vitro T cell activation is the development of leukocyte adhesion and cell clustering. It is well established that leukocyte adhesion can be mediated by a variety of adhesion molecules that are encoded outside of the MHC (for reviews, see refs. 54-56). However, the question remains as to whether or not MHC molecules can act as adhesion molecules. An answer to this question has been provided by the studies of Van Schooten and his colleagues.[57] They coated culture wells with purified, preformed complexes of HLA-DR4Dw4 plus a peptide derived from influenza hemagglutinin (HA 307-319), and determined if this isolated molecular complex could promote the adhesion of HA-specific T cell clones. They found that reversible clone adhesion occurred within 5 minutes, peaked between 20 and 90 minutes and waned thereafter. Since there were no ligands for other known T cell adhesion molecules available in this experimental system, these data indicate that isolated MHC class II molecules can serve as leukocyte adhesion molecules.

A number of additional observations in this experimental system deserve comment. First, the clones did not adhere to complexes of HLA-DR4Dw4 molecules and an alternative peptide from the Mycobacterium tuberculosis 19 kD protein (Tub. 19k 3-14). This indicates that TcR-MHC adhesion is peptide-dependent, and not the result of a natural affinity between TcR and MHC molecules. Second, the clones did not adhere in the presence of Leu-3a, a mAb that recognizes the MHC class II-binding region of the CD4 molecule.[58] This indicates that the CD4 molecules on the T cells are also involved in the MHC-mediated adhesion mechanism. Third, adhesion is an active, rather than passive mechanism, since adherence by T cells was temperature-dependent, energy-dependent (azide sensitive) and phosphorylation-dependent (staurosporin-sensitive). In general, the adhesive function of MHC class II molecules requires the active formation of trimolecular complexes between antigenic peptides, TcR molecules and CD4 molecules, and these complexes involve the MHC molecules at both polymorphic and monomorphic sites (see Fig. 2.3).

While these studies were performed with MHC class II molecules, it is presumed that MHC class I molecules are also adhesion molecules. In that case, the trimolecular complex would involve antigenic peptides, MHC class I molecules, and CD8 molecules.[59]

MHC Products and Antigen Presentation

Because of these MHC-associated adhesion mechanisms, it appears that CD4⁺ T cells are specifically equipped to recognize and respond to MHC class II molecules on APC, whereas CD8⁺ T cells are specifically equipped to respond to MHC class I molecules. While this pattern of responses has been observed in many experimental systems, there have been some reports of exceptions. For example, McKisic et al[60] provided evidence for clones of murine CD4⁺ T cells that can directly interact with foreign MHC class I molecules (or the peptides that they display). Whether or not MHC-associated adhesion mechanisms are engaged during this interaction is not known. Interestingly, these clones were cytolytic, and cytolysis was blocked by

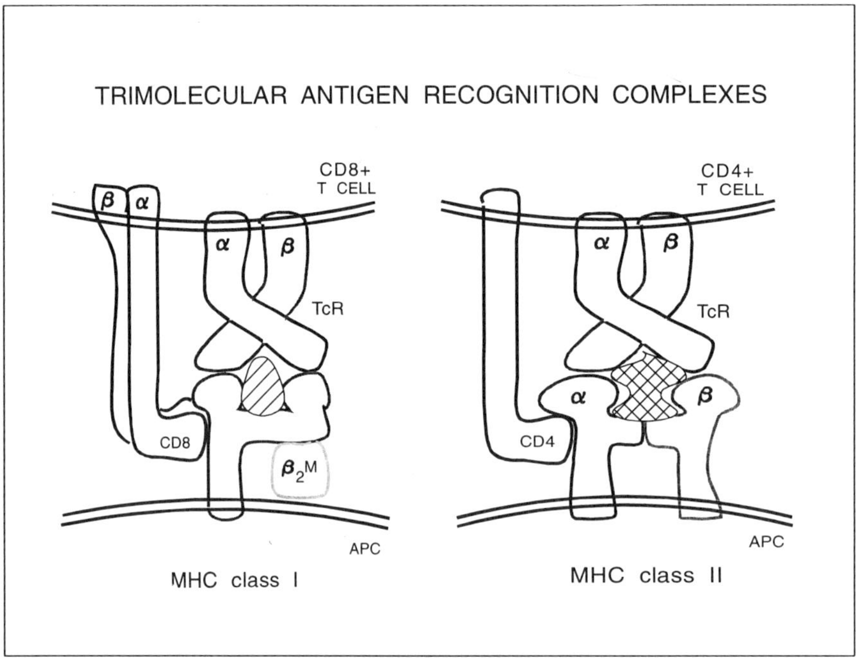

Fig. 2.3. Trimolecular antigen recognition complexes. The antigen recognition complex that involves MHC class I molecules is comprised of (1) the MHC class I/β2 microglobulin/peptide complex, (2) the α/β TcR heterodimer, and (3) the α/β or α/α CD8 heterodimer (left panel). The antigen recognition complex that involves MHC class II molecules is comprised of (1) the MHC class II α/β heterodimer/peptide complex, (2) the α/β TcR heterodimer, and (3) the CD4 molecule.

addition of GK1.5, a mAb to murine CD4. However, this latter observation does not necessarily imply a role for CD4 in target adhesion, since ligation of CD4 with mAb can activate negative signalling in T cells.[61] Nevertheless, CD8/MHC class I and CD4/MHC class II interactions appear to dominate TcR-mediated T cell immune responses. Because of the role of MHC molecules in antigen processing and presentation, this suggests that most $CD4^+$ T cells respond to exogenous APC proteins presented via MHC class II molecules, whereas most $CD8^+$ cells respond to endogenous APC proteins presented by MHC class I molecules. In this regard, the APC is the immune element that provides the reference point for antigenicity and defines the character of the immune response.

MHC Products and Lymphocyte Costimulation

MHC-mediated TcR engagement of antigenic peptides is necessary, but not sufficient for antigen-dependent T cell activation. In addition to TcR engagement, T cells must also receive additional signals that can be provided via a variety of soluble immune mediators or cell surface molecules (reviewed in refs. 62, 63). In the absence of these costimulator signals, TcR engagement may actually cause T cells to become anergic, i.e., unresponsive to subsequent antigen stimulation. Jenkins and coworkers[64] have suggested that the anergy induced by isolated TcR/MHC engagement can be reversed if cellular proliferation is initiated. Indeed, TcR engagement may activate a cellular signalling pathway in T cells designed to initiate anergy unless mitogenic costimulation is available to override the process. This implies that signalling for the production of mitogenic lymphokines and/or their receptors by T cells may require contact with APC-bound costimulator molecules (see Fig. 2.4). Some evidence for this has been provided.[65,66]

MHC molecules have also been implicated in another form of lymphocyte impairment, one involving a clonal deletion mechanism mediated by "veto" cells. As described by Miller and colleagues,[67] veto cells are essentially $CD8^+$ APC that operate by providing two simultaneous signals to T cells. One signal is transmitted through TcRs when they engage MHC class I or II molecules on the APC. The other signal is transmitted through MHC class I molecules when they engage CD8 molecules on the APC. Simultaneous receipt of these two signals causes the T cell to undergo apoptosis, i.e., programmed cell death (see Fig. 2.5). Again, this mechanism allows APC to control T cell clonal selection, and to define the characteristics of the local immune response. There is some evidence to suggest that veto cells are operative in vivo as well as in vitro.[68]

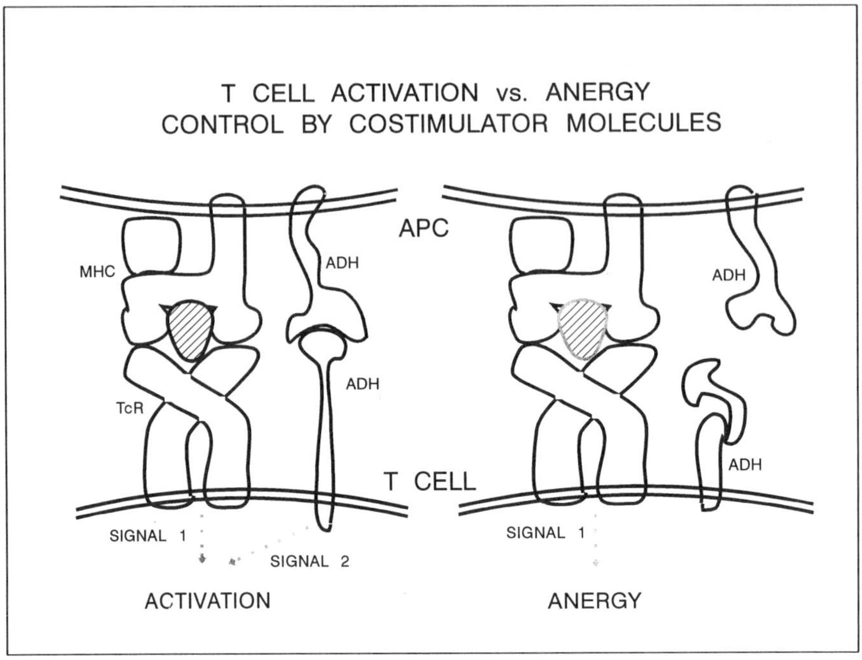

Fig. 2.4. T-cell activation vs. anergy. T cell activation requires at least two transmembrane signals from T cell surface molecules. One is delivered via the TcR complex after productive engagement with MHC class I or II molecules on an APC, another is delivered via at least one of several different adhesion molecules (ADH) after productive engagement with their counter-receptor on the APC (left panel). If the TcR is productively engaged, but adhesion molecules are not, the T cell fails to become fully activated and begins a period of antigen nonresponsiveness, or anergy (right panel). To minimize complexity, the role of CD4 and CD8 molecules in productive TcR engagement have not been depicted.

As the understanding of lymphocyte costimulation as an APC function has developed, it has become clear that APC function is a highly complex immune phenomenon that ultimately defines the tempo and composition of cellular immune responses. Further appreciation for the role of MHC products in lymphocyte costimulation requires a generalized review of APC function which is provided below.

APC Influence on T Cell Function

Many different cell types can serve as APC for T cells. To function as an APC, a given cell type must meet three criteria. They are the ability to (1) process and display antigenic peptides via MHC molecules, (2) display the various adhesion molecules that promote intimate contact with T cells, and (3) provide ill-defined soluble or contact-dependent costimulator signals in conjunction with TcR/MHC engagement. The list of documented APC for T cells now includes dendritic cells, macrophages, B cells, endothelial cells and other T cells. Dendritic cells and macrophages have been referred to as "professional" APC, and have long been appreciated for their role in T cell activation. The other, "nonprofessional" APC seem to be considered less immunologically important. Indeed, in vitro studies clearly indicate that there is a hierarchy of APC efficiency. Swain and colleagues[69] demonstrated such an APC hierarchy in studies on the response of naive $CD4^+$ murine splenocytes to a peptide derived from cytochrome C. They found that dendritic cells > splenic macrophages > activated B cells > resting B cells = bone marrow derived macrophages for the antigen-dependent stimulation of T cell proliferation and IL-2 production. However, the characterization of APC as either professional or nonprofessional may be conceptually misleading. It is clear that the various APC populations are differentially distributed among the various lymphoid sites, and the relative availability of these APC in a given immune compartment may provide an important mechanism for regulating the tempo and characteristics of an immune response at a specific site.

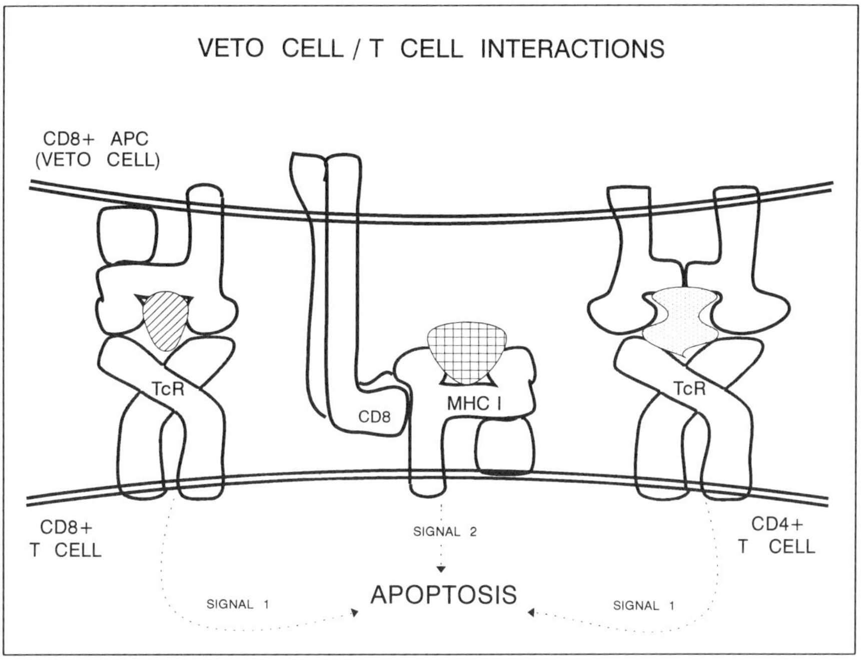

Fig. 2.5. Veto cell function. $CD8^+$ APC can deliver signals to T cells that promote antigen-dependent clonal deletion. This requires two transmembrane signals from T cell surface molecules. One is delivered via the TcR complex after productive engagement of MHC class I or II molecules on the APC. The other is delivered via the MHC class I molecules of the $CD4^+$ or $CD8^+$ T cell after engagement with the CD8 molecules of the APC. Together these two signals induce the programmed death, or apoptosis, of the T cell. To minimize complexity, the role of CD4 and CD8 molecules in productive TcR engagement have not been depicted.

MHC Expression

The characteristics essential for APC function are also subject to regulation. MHC expression, the first criterion listed above, is highly variable among cell types. For this discussion, it is assumed that the display of MHC molecules by a given cell type implies the function of requisite peptide production and MHC loading mechanisms within that cell type. Most cell types constituitively display MHC class I molecules, and a few, like dendritic cells and B cells also display MHC class II. Several inflammatory mediators, especially IFNγ,[70,71] act to enhance the cellular expression of MHC class I, and enhance or induce expression of MHC class II on many cell types, including macrophages, endothelial cells, T cells and fibroblasts. However, it is noted that several cell types, including fibroblasts, can display appropriate MHC molecules but fail to function well as APC.[72,73]

Adhesion Molecule Expression

The second criterion, adhesion molecule expression, is a complex and evolving issue. The field of adhesion molecules has undergone explosive growth in the last several years. A large number of adhesion molecules and their ligands have been identified (for review, see ref. 55) and new adhesion molecules and ligands continue to be identified on a regular basis. An understanding of the distribution of adhesion molecules and their ligands has lagged behind these advances, and as a consequence, the distribution of adhesion molecules among APC types remains ill defined. In general, it appears that some cell types, such as dendritic cells, are well-endowed with a variety of different adhesion molecules[74] and it is possible that B cells or other "less efficient" APC may display fewer or different adhesion molecules. However, support for this possibility requires a comprehensive compilation of adhesion molecule distribution among the different APC, which is not currently available. Further, the expression and/or function of most adhesion molecule systems are influenced by local inflammatory events and mediators, adding further to the complexity of the problem.

The importance of adhesion molecules for APC function is illustrated by the experiments of Kuhlman et al.[75] These investigators transfected murine MHC class II$^+$ fibroblast cell lines with ICAM-1 DNA, causing them to express high surface levels of ICAM-1. ICAM-1 is the natural ligand of the T cell integrin LFA-1. ICAM-1 is frequently found on APC but is lacking on fibroblasts. The investigators found that ICAM-1-transfected fibroblasts were 10-100 times more effective than nontransfected fibroblasts at stimulating the antigen-dependent proliferation of cytochrome C-reactive, cloned T cells. Furthermore, ICAM-1 presence on other cell types in the environment was not sufficient and ICAM-1 had to be expressed on the same surface as the TcR ligand. There are several other adhesion molecule systems that could function in this manner. For example, the CD28/B7 system appears to play an important role in productive T cell/B cell interactions.[76] Since adhesion molecule systems are not equally distributed among the different APC types, adhesion molecules may help focus APC functions on T cell subsets that display the appropriate counter-receptors. This would be an important mechanism by which the APC could control the character of the immune response.

Costimulator Activity

The final element of APC function, costimulator activity, is the least well understood. The concept of costimulator activity evolved from early studies with cytokines like IL-1 and IL-6. Indeed, IL-1 appears to be necessary for efficient activation of some T cell subsets.[77,78] However, it is now apparent that costimulator activity can also be delivered by cell-cell contact, and that certain adhesion molecules, especially integrins, have this collateral function. This is clearly demonstrated by the studies of Shaw and colleagues.[65] These investigators used a variety of isolated molecules attached alone or in combination to plastic to deliver activation signals to human $CD4^+$ T cells. These included either MHC class II plus SEA superantigen or anti-CD3 mAb to engage TcR, ICAM-1, VCAM-1 or ELAM-1 as contact-dependent costimuli, and IL-1/IL-6 as costimulatory cytokines. They found that (1) TcR engagement alone did not activate the T cells, (2) ICAM-1 or VCAM-1 (which bind the integrins LFA-1 and VLA-4 on T cells, respectively), but not ELAM-1 could provide the costimulatory signals required for T cell activation, (3) IL-1/IL-6 could not provide costimulation, but augmented costimulation provided by adhesion molecules, and (4) the T cell functions promoted by costimulation included IL-2R expression, IL-2, IL-4 and GM-CSF production and proliferation. Other studies have demonstrated that T cell costimulator function appears to be provided by a large variety of cell surface molecules (reviewed in ref. 63). However, little is known about the relative distribution of these costimulator molecules among the various APC types.

Another form of costimulator activity is more subtle and relates to integrin activation. Integrins, such as LFA-1 and VLA-4, are two-chain molecules that exist in an active and inactive form. The inactive form does not bind its ligand, and requires a Ca^{++}-dependent activation event for conversion to the active form.[79] Only then can it function for adhesion and costimulation. Integrin activation on T cells can be induced by the binding of several different T cell surface molecules to their ligands. These include the TcR, as well as CD2 and CD44 (for review, see ref. 55). Hence, MHC molecules can provide costimulation for T cell integrin activation via TcR ligation. Again, the distribution of integrin activating ligands among the various APC types remains ill-defined.

APC Control of Local Immune Responses

The preceding discussion illustrates that each APC type may be differentially endowed with adhesion molecules or other elements that control T cell activation, and that the various APC types are not uniformly compartmentalized throughout the immune system. This in turn suggests that different APC may promote different T cell functions and that different T cell functions may develop in different immune compartments, despite the fact that the T cells involved can recognize the same MHC structures and their selected antigenic peptides throughout the immune system.

There is now mounting evidence for the fact that different APC types promote different T cell functions. Fitch and colleagues[80] demonstrated that macrophages were the most efficient APC for the induction of proliferation by Th1 T cell clones, whereas B cells were most efficient at inducing the antigen-dependent proliferation of Th2 clones. These two Th cell subsets can be distinguished by the pattern of lymphokines they produce after activation. Similar results were obtained with appropriate antigenic peptides rather than whole proteins, indicating that the differential stimulatory capacities of B cells and macrophages did not simply reflect differential antigen processing and presentation abilities. The investigators concluded that unique cofactors must be associated with specific APC. In another study, Debrick et al[81] used in vivo silica or carrageenan treatment to eliminate APC function and interfere with the development of splenic, viral-specific CTL in influenza-infected mice. Viral-specific CTL generation was restored by infusion of macrophages, but not fibroblasts or splenocytes depleted of adherent cells. These data suggest that macrophages, but not B cells or fibroblasts are effective in vivo as APC for induction of viral-reactive CTL.

Some data has also been presented to suggest that the different T cell functions may develop at different sites due to the presence or absence of various APC types. Allen and colleagues[82] investigated the distribution of cells that naturally processed and presented hemoglobin (Hb) in mice. They found that Hb/MHC class II complexes were detectable on small resting splenic B cells, but not lymph node B cells, and on the macrophage-like liver Kupffer cells. When these cell types were tested for APC function in vitro, they found that the splenic B cells differentially stimulated Hb-reactive Th2 clones, whereas the Kupffer cells differentially stimulated Hb-reactive Th1 clones. These observations not only support the possibility that different APC select different subsets of T cells for activation by the same antigen but also suggest that the pattern of immune responses at different anatomic locations may be different, due to the natural predominance of a specific APC type. Furthermore, the lack of specific costimulator molecules on local APC may provide T cells with TcR engagement in the absence of costimulator signals thus promoting anergy in these T cells. T cell anergy has been induced in vitro not only with anti-TcR or anti-CD3 mAb, but also with chemically-fixed, antigen-bearing APC, or with viable, antigen-bearing APC that lack critical costimulatory molecules (reviewed in ref. 110). This mechanism would potentiate APC control over local T cell clonal selection and further help to define the characteristics of the local immune response. Together these observations may explain the long-standing observation that immunization with the same antigen by different routes can have significantly different immunologic outcomes. Alloantigens are no exception. It has been repeatedly observed both clinically and experimentally that cellular sensitization to alloantigens is fairly effective when allogeneic cells are injected subcutaneously or intraperitoneally, but not when they are injected intravenously. In fact, intravenous injection of allogeneic cells may actually be tolerogenic.[83]

Special Considerations Regarding Allogeneic APC

The complexity of APC control over T cell immune responses is amplified in the special case of allogeneic responses. Several studies have demonstrated that T cells are not restricted to interactions with alloantigens via autologous APC, and that allogeneic APC are quite effective at T cell activation.[84-86] Indeed there appear to be at least three pathways by which T cells can be activated by alloantigens (see Fig. 2.2A-C): (1) the conventional pathway by which exogenous proteins are processed into nonself peptides and presented by autologous APC via MHC class II molecules to $CD4^+$ T cells, (2) a unique pathway by which endogenous proteins are processed into nonself peptides and presented by allogeneic APC via MHC class I molecules to $CD8^+$ T cells, and (3) another unique pathway by which exogenous proteins are processed into nonself peptides and presented by allogeneic APC via MHC class II molecules to $CD4^+$ T cells.

The key to understanding allogeneic responses is the definition of nonself peptides. As discussed earlier, nonself peptides can certainly be derived by autologous APC from nonself proteins. However, they may also be derived by allogeneic APC from self or nonself proteins. Theoretically these self proteins could even include ubiquitous monomorphic proteins like actin, provided that the peptides selected by the allogeneic MHC molecules differ from those selected by self MHC molecules. Hence, an alloantigen is any peptide encountered on an APC that has not been previously cataloged as "self" by the immune system, regardless of the origin of the peptide parent protein or the origin of the APC.

For this reason, the participation of allogeneic APC in an allogeneic immune response significantly expands the pool of alloantigens, and thus the pool of alloreactive T cells that can participate. This phenomenon has been demonstrated in vitro by us in experiments that utilized limiting dilution analysis to quantitate IL-2-producing helper T cells.[84] In those experiment, purified APC-free human $CD4^+$ T cells did not respond to allogeneic gonadal vein endothelial cell (GVEC) lines unless purified autologous Mo were included in the cultures, or unless the GVEC were pretreated with IFNγ to induce MHC class II expression. The first situation utilized autologous MHC class II molecules on macrophage APC, whereas the second situation utilized allogeneic MHC class II molecules on endothelial APC. The frequency of responding T cells was about 1/1000 in either situation. Deletion experiments demonstrated that the different clones of $CD4^+$ T cells respond to the two different forms of alloantigen presentation. Hence the operation of multiple pathways of alloantigen presentation contributes significantly to the intensity and specificity of allogeneic T cell responses. In general, this may explain the unusual intensity of primary allogeneic responses.

The contribution of allogeneic APC to in vivo alloimmune responses is complicated by a poor understanding of migration patterns of allogeneic cells. Skin allografts and some organ allografts like kidney and heart are highly immunogenic. At least one component of this is due to "passenger" leukocytes. Studies by Larsen and colleagues have demonstrated that dendritic-like cells, which are highly immunogenic, rapidly migrate out of murine cardiac allografts and into the spleens of graft recipients.[87] The full scope of dendritic cell migration is not known, but it is presumed that the presence or absence of allogeneic dendritic cells has a significant influence on alloimmune responses that may develop in any given immune compartment.

THE MHC AND CLINICAL TRANSPLANTATION

The previous discussions on the role of the MHC in defining alloantigenicity in humoral allosensitization and in cellular allosensitization all converge in the following discussion of clinical transplantation. They provide the concepts that shape clinical practice, not only in terms of posttransplant patient treatment, but also in terms of pretransplant patient selection. This section will address each of the three major forms of clinical allograft rejection. It will describe how the MHC plays a role in the pathobiology of each form, and how knowledge of the MHC is used to screen patients prior to transplantation to minimize the risks of rejection.

Hyperacute Graft Rejection

Histopathology

This form of rejection is identified histologically by the widespread presence of microthrombi and extensive accumulation of polymorphonuclear cells throughout the graft microvasculature. Interstitial leukocytic infiltration is minimal or absent, but hemorrhage may sometimes be observed.

Pathobiology

Hyperacute rejection can occur within minutes to hours of graft implantation, and results from the rapid deposition of circulating graft-reactive alloantibodies on the graft vascular endothelia. This may initiate endothelial destruction and allow plasma elements to contact subendothelial vascular components, a situation that automatically activates the coagulation pathway. Alternatively, the binding of alloantibodies may activate endothelial cells, causing them to shift from an anticoagulant to a procoagulant status. In either event the coagulation, kinin and complement cascades are initiated, resulting in rapid thrombosis, severe reduction in vascular integrity and function, PMN accumulation, and graft infarction. It has long been recognized that antibodies to nonHLA molecules can mediate hyperacute rejection. While the target specificities of some are known, i.e., blood group antigens, the specificities of others remain to be defined. However, it is clear that the MHC-reactive alloantibodies induced by pregnancy, transfusion or transplantation are among those that can precipitate hyperacute rejection. There is no known therapy for hyperacute rejection. Consequently, the clinical strategy focuses on the pretransplant detection of graft-reactive antibodies.

Clinical Strategy

General Considerations

There are two tests used routinely for pretransplant screening of recipient serum for circulating antibodies to donor alloantigens: (1) the antibody cross-match test and (2) the percent-reactive antibody

(PRA) test. These tests are generally performed on isolated donor T cells or B cells. A positive response to T cells suggests the presence of a MHC class I-reactive alloantibody since most T cells do not express MHC class II molecules. A positive response to B cells suggests the presence of MHC class I or II alloantibodies.

Most of the clinically significant alloantibodies in transplant patients appear to be of the IgG subtype. Patients with autoimmune disorders such as systemic lupus erythematosus often produce autoantibodies of the IgM class which are broadly reactive with the lymphocytes of most other individuals.[88] Although these autoantibodies can cause a positive cross-match, they appear harmless to the graft.[89] It is common to treat such sera with reducing agents like dithiothreitol (DTT) which destroys IgM but not most IgG function. Although the majority of published reports indicate that autoantibodies do not mediate hyperacute rejection,[89,90] DTT-sensitive alloantibodies should not be completely ignored since HLA-reactive antibodies of the IgM subtype have been associated with some instances of hyperacute rejection[92] and some IgG subclasses are DTT-sensitive.[91] Nonetheless, DTT treatment of patient serum remains a practical alternative to absorption of autoantibodies with the patient's own cells.

The Cross-Match Test

There are a variety of clinically acceptable cross-match techniques. The most common is called the complement (C')-dependent cytotoxicity (CDC) assay. In this assay donor lymphocytes are mixed with recipient serum and heterologous C' and scored for C'-dependent lympholysis, which is detected by visual microscopy as an inability to exclude a vital dye. This assay is widely used, although it is relatively insensitive and detects only the subset of donor-reactive antibodies that can fix C'. The CDC assay has been modified to increase sensitivity by a variety of methods, including the addition of C'-fixing antihuman globulin (AHG) to enhance C' fixation and promote detection of non-C'-fixing, antidonor antibodies. Similar sensitivity is achieved with the flow cytometric cross-match. In this assay donor cells are mixed with recipient serum and heterologous, fluoresceinated antibodies to human Ig and alloantibody binding is detected with a flow cytometer as an increase in cellular fluorescence. In addition to its sensitivity this method is rapid, objective, independent of C', and not restricted to detection of cytotoxic antibodies.

Since the NIH and Amos-modified cross-match techniques are relatively insensitive, a positive T cell crossmatch with either assay is considered a contraindication to transplantation. However, the clinical interpretation of a positive T cell cross-match detected via the

AHG or flow cytometry methods is somewhat less clear. While results with these more sensitive assays appear to be helpful in predicting clinical complications in previously allosensitized retransplant patients,[93] they seem to be no more informative than the other assays for nonsensitized primary transplant patients awaiting first transplants.[93,94] Indeed, the increased sensitivity may detect clinically irrelevant antibodies and unnecessarily exclude patients from transplantation.

Hyperacute rejection can apparently occur in the absence of a positive T cell crossmatch as the result of anti-MHC class II antibodies.[27,95] These antibodies are detectable via the B cell cross-match. However, the clinical interpretation of B cell crossmatch results remains a highly controversial topic. Retransplant patients with positive B cell cross-matches appear to be at increased risk for both hyperacute and acute rejection.[96,97] However, many first transplant recipients do well, despite a positive B cell crossmatch.[98]

Alloantibody levels in human serum can rise, fall, or disappear over time. Until relatively recently, the detection of a positive T cell crossmatch with any past serum sample from a transplant candidate was considered a strict contraindication for transplantation, even if similar serologic reactivity was no longer detectable in more recent serum samples. This was based on the presumption that an anamnestic antibody response could develop and enhance graft rejection. This presumption was first challenged by Cardella, who reported good graft function in a small group of patients whose cross-matches were positive with older serum samples but negative with fresh, pre-transplant serum.[99] Others however, have reported a higher risk of graft loss (some within the first two months following transplantation) in such patients.[100,101] Risk factors for graft loss were (1) sensitized patients who had PRA > 10% (see below), and (2) patients who had rapidly rejected a first graft. Some investigators suggest that the mode of allosensitization probably determines whether a positive crossmatch only with older serum can be ignored.[39,102] For example, blood transfusions may induce a limited IgM antibody response which can safely be ignored, whereas multiple pregnancies or a prior transplant is likely to induce a much stronger IgG antibody response that can compromise graft survival. Such a response would belie associated T cell allosensitization, which may lead to graft loss in other ways.

The PRA Test

Patients awaiting transplantation can develop HLA-reactive antibodies from transfusions or other sensitizing events. To screen for this, their serum is regularly tested for C'-dependent cytotoxicity against T cells obtained from a large panel of individuals with well-defined

MHC molecules. The panel is constructed to represent all of the regionally relevant MHC alleles. If alloantibodies are present they react with those panel members bearing the appropriate alloantigens. Several pieces of information are obtained from this test. First, the percent of panel reactivity (called percent reactive antibody or PRA) reflects degree of patient allosensitization. In general this also reflects the chances of finding a suitable transplant donor, i.e., broad range reactivity in patients with high PRAs suggests less chance of finding a nonreactive transplant donor. Second, the pattern of serum reactivity with the panel can often reveal the HLA specificity of the serum alloantibodies, thus identifying "forbidden" donor alloantigens for that patient. Two types of antibody specificities are common. Some alloantibodies are directed at unique, "private" epitopes that are characteristic for specific MHC molecules, others are directed at epitopes shared among families of MHC molecules, commonly known as cross-reactive groups or CREGS (see ref. 33 for review). Most clinical alloantibody production includes antibodies against CREGS as well as private MHC epitopes.

Experimental Therapeutic Strategies

Since circulating alloantibodies preclude transplantatio, there has been experimental interest in pretransplant alloantibody elimination. However, nonselective antibody removal by plasmapheresis or solid phase immunoabsorption is often incomplete, very temporary and usually ineffective at promoting graft survival. With regard to selective antibody removal, recent technologic advances should soon allow the large scale production of purified HLA molecules for use in immunoabsorption columns. Selective absorption strategies may be more effective. If not, they could be combined with yet unidentified drugs that interfere with antibody production. A third strategy is to promote the production of alloantibody-reactive anti-idiotypic antibodies. For reasons that are not clear, this may spontaneously occur in some patients.[30,48]

ACUTE ALLOGRAFT REJECTION

Histopathology

This form of rejection is characterized by a focal to global infiltration of graft tissues by large numbers of recipient mononuclear cells, terminally associated with microscopic evidence of tissue destruction, such as loss of tissue architecture, presence of pycnotic nuclei and the presence of cellular debris.

Pathobiology

Acute allograft rejection develops in 40-50% of organ allograft recipients, and appears to be a manifestation of cell-mediated immunity. As such, it is dependent on the function of graft-reactive T cells. While these T cells constitute only a small fraction of the graft cellular infiltrate they effectively orchestrate graft recognition and destruction. This orchestration is under intensive investigation and is now believed to be mediated by an array of lymphokines that are produced by T cells after productive TcR engagement with MHC molecules and associated nonself peptides derived from or displayed by the graft. The exact mechanisms of tissue destruction during acute graft rejection remain subject to debate. Traditionally, cytotoxic T cells have been implicated as the primary destructive elements, but this concept is under review. NK cells, alloantibodies and macrophages may also contribute to destruction, but they are apparently incapable of causing acute graft rejection in the absence of T cells. Therapeutic strategies have traditionally been designed to avoid MHC mismatches between the graft and recipient and to pharmacologically control posttransplant activation of graft-reactive T cells.

Clinical Strategies

HLA Typing and Matching

Since MHC molecules are the major stimuli for graft rejection, minimizing disparities between the donor and recipient MHC alleles should minimize the potential for acute graft rejection. This concept is the basis for the current clinical practice of matching donors and recipients for MHC class I and class II alleles. To do this, donor and recipient MHC alleles must be identified prior to transplantation. This is done through a clinical process known as "tissue typing". For this analysis, lymphocytes from peripheral blood, lymph node or spleen are tested in C'-dependent lymphocytotoxicity assays for reactivity with a large panel of alloantisera. Each of these alloantisera has well-defined antibody reactivities for specific MHC class I or II alleles. The pattern of alloantibody reactivity identifies the MHC alleles displayed by the lymphocyte donor. In practice, all patients on the waiting list for transplantation are typed in advance, while transplant donors are typed as quickly as possible after donation becomes imminent. For cadaveric donors, the patients with the best MHC match are given priority for transplantation with donor tissues.

Organs from living, related donors are sometimes available and these generally have better graft survival than organs from cadaveric donors.[103,104] This probably reflects the benefits of shared parental

MHC-encoded (major) and non-MHC-encoded (minor) histocompatibility antigens between the living related donor and recipient. However, the great majority of donor tissues are obtained from cadavers. In this situation, no attempt is made to identify or match the 40 or more known minor histocompatibility antigens, and the sheer number and wide distribution of MHC class I and II alleles among the human population minimizes the incidence of complete MHC matching. Hence, the majority of transplant recipients are somewhat poorly matched, even for MHC class I and II gene products.

An analysis of graft survival results from all transplant centers in the country[105] demonstrated that completely MHC matched, cadaveric kidney transplants have better survival than nonmatched transplants (88% vs 79% one year graft survival). A similar study of European transplant survival[106] demonstrated a direct relationship between graft survival and the number of matched MHC class I and II molecules. In contrast, an analysis of results in six large U.S. centers that all used the same immunosuppressive therapy[107] demonstrated high transplant survival that was unaffected by HLA matching, suggesting that optimal immunosuppression and posttransplant patient follow-up may overcome immunologic barriers presented by MHC alloantigens. While the practical advantages of HLA matching continue to be debated, there is general agreement that MHC matching, particularly for MHC class II, is advantageous for the transplant recipient, especially in the case of secondary transplantation.

The above clinical results underscore the second, and perhaps most important clinical strategy for minimizing acute rejection—immunosuppression. More than any other development, the identification of new, more effective immunosuppressive drugs and immunotherapeutic strategies has made transplantation a clinical reality. However, this large and complex topic is only indirectly related to MHC, and is outside the scope of this discussion.

MHC Alleles and Polymorphisms

Central to the problem of MHC typing and matching are two key questions: (1) which MHC molecules contribute most to the graft rejection process, and should have priority for matching when mismatches are inevitable, and (2) which polymorphisms present on these molecules are clinically relevant? In general, the consensus for priority of matching, which is based predominantly on clinical experience, is HLA-DR > HLA-B > HLA-A. The second question is more problematic, and is limited by the ability to identify MHC polymorphisms. Currently, there are three distinct methodologies used for this purpose: (1) serologic, (2) cellular, and (3) genetic.

Serologic detection of MHC alleles relies on the C'-mediated lymphocytotoxicity test described above. This test can identify major MHC alleles, but does not identify specific polymorphisms or indicate the relative antigenicity of the MHC alleles. Cellular detection is accomplished with the mixed lymphocyte response (MLR), which detects the ability of one lymphocyte population to stimulate the proliferation of another. Reactivity in this test indicates the presence of MHC incompatibilities with biologic relevance, usually for MHC class II, but does not provide further information about the identity or degree of MHC disparity. A permutation of this test is used to detect polymorphisms within the Class II gene family (HLA-DR, DP, and DQ). It uses homozygous typing cells (HTCs), i.e., cell lines with a minimal number of well-defined MHC class II alleles to stimulate the MLR. When a large panel of HTCs are used, the pattern of MLR stimulation identifies responder cell MHC class II alleles, or Dw type. While there is good correlation between serologically detected HLA Class II antigens and the Dw assignment, cellular typing can detect polymorphisms that are not identified with serologic reagents.

Recent advances in molecular biology offer new methodologies for the identification of MHC genes and gene products. Clinical laboratories now use the polymerase chain reaction (PCR) to amplify HLA Class II genes for the detection of polymorphisms, and this has greatly enhanced the ability to identify MHC class II alleles. Although genetic techniques are excellent for identifying allelic polymorphisms, they, like serologic techniques, are incapable of assigning functional or clinical significance to particular polymorphisms.

Other genetic techniques have been used to determine the amino acid sequences of most known MHC alleles. This has revealed that each serologically-defined MHC molecule actually represents a group of related alleles, each with one or more distinct amino acid substitutions.[108] The contribution of these substitutions to the alloantigenicity or peptide-binding function of the each allelic product is currently unknown, but it is clear that a single amino acid substitution can have significant biologic impact. For example HLA-B44.1 molecules can be CTL targets for HLA-B44.2 cells, and vice-versa.[109] Evidence that single amino acid substitutions can exert profound effects in immunorecognition has been repeatedly demonstrated by the incidence of graft rejection and severe GVHD in human BMT recipients. In general, this subserologic MHC polymorphism further impedes attempts at MHC matching and may help to explain why MHC matching based on traditional serologic analyses has been of controversial benefit. Indeed, it is somewhat surprising that clinical studies based on serologic MHC typing were able to show any beneficial effects of MHC matching donor/recipient pairs.

Chronic Allograft Rejection

Histopathology

This form of rejection is identified histologically by the presence of fibrosis and atrophy, with little or no cellular infiltration. Fibrosis may be interstitial, vascular or both. The interstitial fibrosis reflects the deposition of mature connective tissue, and can severely distort the tissue architecture. The vascular fibrosis is most apparent in large to medium arteries, which undergo progressive luminal occlusion as a result of concentric fibrointimal hyperplasia.

Pathobiology

Approximately 50% of all renal allografts are lost to chronic allograft rejection. The immune mechanisms responsible for this graft loss are currently unknown. It is speculated that chronic stimulation with graft alloantigens promotes the production of growth factors like platelet-derived growth factor (PDGF) and basic fibroblast growth factor (bFGF) within the graft. The linkage between the immune system and the local production of growth factors is unknown. Nevertheless, these growth factors could orchestrate the hyperplasia characteristic of chronic rejection. Eventually either sufficient vascular function would be compromised to initiate a vicious cycle of ischemia and infarction, or sufficient tissue distortion would develop to compromise graft function. Recent clinical correlations indicate that patients who experience acute rejection episodes are at significantly increased risk for the development of chronic rejection. This suggests that the allosensitization associated with acute rejection may initiate and maintain mechanisms of tissue hyperplasia in the graft. There is no known therapy for chronic rejection, but this recent information suggests that one strategy would involve the early detection and avoidance of acute rejection in transplant recipients.

Clinical Strategy

None

Allogeneic Tolerance and Chimerism

Allogeneic Tolerance

One of the major goals in the field of transplantation is the achievement of long-term, drug-free graft acceptance, preferably associated with donor alloantigen-specific immunologic unresponsiveness. This is the operational definition of allogeneic tolerance. Indeed, there are now many therapeutic strategies that can induce long-term allograft acceptance in experimental animal models. One of these strategies, intrathymic alloantigen injection, appears to take advantage of normal tolerogenic mechanisms of the thymus.[111-114] The mechanisms of other strategies have yet to be elucidated. These strategies include donor-specific transfusion or DST,[115,83] treatment with immunosuppressive drugs, such as brequinar sodium,[116] RS61447[117] or cyclosporine,[118] treatment with antibodies to T cells, such as anti-CD4 mAb,[119,120] or to adhesion molecules, such as anti-VCAM-1 mAb,[121] anti-ICAM-1 and/or anti-LFA-1 mAbs.[122,123] In general, it is thought that there are both thymic and extrathymic mechanisms of tolerogenesis that can operate in adult animals. It should be noted, however, that the possible participation of the thymus in any of the "extrathymic" tolerance mechanisms has not been formally excluded by experimentation.

It is well-established that MHC molecules play a critical role in the thymic tolerance mechanisms of positive and negative selection that define immunologic self and nonself. A description of these thymic mechanisms is beyond the scope of this discussion, but has been reviewed elsewhere (See refs. 124-126.). Of interest here is how MHC molecules might participate in the development of extrathymic tolerance. For many of the tolerogenic strategies, it would appear that MHC molecules may play only an indirect role or no role at all. For example, drugs that act directly on T lymphocytes to block alloantigen-induced activation all seem to operate at points in the activation cascade that are downstream from the ligation of MHC-bound allopeptides by the TcR. On the other hand, drugs and mAbs that interfere with leukocyte or endothelial adhesion molecules seem to preclude TcR ligation, probably by misdirecting inflammatory leukocyte traffic or interfering with lymphocyte-APC interactions.

One model of experimental allograft tolerance, DST, offers some intriguing insights into allogeneic tolerogenesis mechanisms. Madsen and colleagues[83] transfected C3H ($H\text{-}2^k$) L cells with genes for either $H\text{-}2K^b$ or $H\text{-}2D^b$ to get expression of an isolated allogeneic MHC molecule on the L cells. They then injected C3H mice IV with the transfected L cells according to routine DST protocols, transplanted them with C57Bl/10 ($H\text{-}2^b$) heterotopic cardiac allografts, and monitored the grafts for survival. This therapeutic strategy was able to significantly delay allograft rejection in most transplant recipients, and to produce indefinite graft survival in some of the animals. Hence, this method of providing allogeneic MHC molecules to the recipient immune system in advance of an allograft promotes long-term graft acceptance. It is interesting to note that $H\text{-}2K^b$ transfectants were more effective than $H\text{-}2D^b$ transfectants at promoting graft survival, and that subcutaneous rather than IV injection of similar numbers of transfected L cells resulted in allosensitization rather than allograft prolongation.

The intriguing aspect of this experimental model is that the L cell transfectants displayed only one allogeneic MHC gene product (for example, H-2K^b), while the subsequent allograft displayed several additional allogeneic MHC gene products (H-2D^b, H-2L^b, etc). In addition allogeneic tolerance was expressed not only for the initiating MHC gene product, but also for any other MHC gene products that accompanied it on graft tissues. This phenomenon is hard to explain as a consequence of clonal deletion or clonal anergy mechanisms and the immunologic basis for this phenomenon remains to be determined. Nevertheless, the concept that not all graft alloantigens are needed to induce allograft tolerance is important, and has significant clinical implications.

Allogeneic Chimerism

It is well established that allografts carry passenger leukocytes which can migrate out of the graft and into the recipient. It is presumed that allograft rejection is accompanied by the immunologic elimination of these allogeneic leukocytes as well as the allograft. Conversely, it is presumed that the pharmacologic avoidance of allograft rejection permits the prolonged survival and function of the passenger leukocytes in the graft recipient. This prolonged coexistence of histo-incompatible cells in the graft recipient has been called allogeneic chimerism, and has been used to suggest the development of allogeneic tolerance in transplant patients.[127,128] However, allogeneic chimerism is not necessarily indicative of tolerance. Chimerism that depends on effective, ongoing immunosuppression may actually represent drug-promoted allogeneic infection, and has no clinical significance beyond the fact that the immunosuppressive strategy is effective. In contrast, chimerism observed after the development of allogeneic tolerance represents the stable colonization of the host with allogeneic cells and their progeny via a process that is no longer dependent on immunosuppressive drugs. The problem is how to distinguish between these two possibilities in clinical transplant patients, who are on indefinite immunosuppression, without withholding their immunosuppression and risking the initiation of acute allograft rejection.

SUMMARY

The relationship between MHC molecules and the immune process of allograft rejection is complex and multifaceted. Initially, it was thought that MHC polymorphisms served as the primary source of alloantigens and that specific, intact MHC molecules were recognized as target structures by alloimmune T cells. More recent advances indicate that MHC class I and II molecules simultaneously serve as peptide presentation structures and generalized counter-receptors for TcR. This has provided new perspectives on the identity and derivation of alloantigens. It also helps to explain the unusual intensity of primary allogeneic responses. Other advances have demonstrated that MHC molecules are intercellular adhesion molecules and signal-transducing molecules. This array of molecular functions allows the MHC molecules to regulate productive interactions between T cells and the antigen-presenting cells that are requisite for T cell activation. In turn, this regulation influences the development of various, ill-defined cellular and humoral immune responses that are thought to be operative in vivo during allograft rejection. The growing awareness of MHC molecular function has allowed the evolution of several clinical strategies that have helped to make clinical transplantation an accepted therapeutic modality. However, the understanding of MHC molecular function, the pathobiology of allograft rejection and the optimal therapeutic design in allograft recipients remains in its adolescence, and there is much more to be learned in these areas.

REFERENCES

1. Bjorkman PJ, Parham P. Structure, function, and diversity of class I major histocompatibility complex molecules. Ann Rev Biochem 1990; 59:253-28.
2. Bjorkman PJ, Saper MA, Samraoui B, et al. The foreign antigen binding site and T cell recognition regions of class I histocompatibility antigens. Nature 1987; 329:512-18.
3. Saper MA, Bjorkman PJ, Wiley DC. Refined structure of the human histocompatibility antigen HLA–A2 at 2.6 A resolution. J. Mol. Biol. 1991; 219:277-319.
4. Brown JH, Jardetzky TS, Gorga JC, et al. Three–dimensional structure of the human class II histocompatibility antigen HLA–DR1. Nature 1993; 364:33-9.
5. Fremont DH, Matsumura M, Stura EA, et al. Crystal structures of two viral peptides in complex with murine MHC class I H–2Kb. Science 1992; 257:919-27.

6. Matsumura M, Fremont DH, Peterson PA, et al. Emerging principles for the recognition of peptide antigens by MHC class I molecules. Science 1992; 257:927-34.
7. Rotzschke O, Falk K. Naturally–occurring peptide antigens derived from the MHC class–I–restricted processing pathway. Immunol Today 1991; 12:447-55.
8. Falk K, Rotzschke O, Stevanovic S, et al. Allele–specific motifs revealed by sequencing of self–peptides eluted from MHC molecules. Nature 1991; 351:290-96.
9. Falk K, Rotzschke O, Deres K, et al. Identification of naturally processed viral nonapeptides allows their quantification in infected cells and suggests an allele–specific T cell epitope forecast. J Exp Med 1991; 174:425-34.
10. Rotzschke O, Falk K, Deres K, et al. Isolation and analysis of naturally processed viral peptides as recognized by cytotoxic T cells. Nature 1990; 348:252-54.
11. Rammensee H–G, Falk K, Rotzschke O. MHC molecules as peptide receptors. Current Opinion in Immunology 1993; 5:35-44.
12. Hunt DF, Henderson RA, Shabanowitz J, et al. Characterization of peptides bound to the class I MHC molecule HLA–A2.1 by mass spectrometry. Science 1992; 255:1261-63.
13. Hunt DF, Hanspeter M, Dickinson TA, et al. Peptides presented to the immune system by murine class II major histocompatibility complex molecule I–A^d. Science 1992; 256:1817-20.
14. Srinivasan M, Domanico, SZ, Kaumaya, PTP et al. Peptides of 23 residues or greater are required to stimulate a high affinity class II–restricted T cell response. Eur. J. Immunol. 1993; 23:1011-16.
15. Van Bleek GM, Nathenson SG. The structure of the antigen–binding groove of major histocompatibility complex class I molecules determines specific selection of self–peptides. Proc Natl Acad Sci 1991; 88:11032-36.
16. Pease LR, Horton RM, Pullen JK, et al. Amino acid changes in the peptide binding site have structural consequences at the surface of class I glycoproteins. J Immunol 1993; 150:3375-81.
17. Wei ML, Cresswell P. HLA–A2 molecules in an antigen–processing mutant cell contain signal sequence–derived peptides. Nature 1992; 356:443-46.
18. Harris PE, Liu Z, Suciu–Foca N. MHC Class II Binding of Peptides Derived from HLA–DR1. J Immunol 1992; 148:2169-74.
19. Heath WR, Hurd ME, Carbone FR, et al. Peptide–dependent recognition of H–$2K^b$ by alloreactive cytotoxic T lymphocytes. Nature 1989; 341:749-52.
20. Umetsu DT, Yunis EJ, Matsui Y, et al. HLA–DR–4–associated alloreactivity of an HLA–DR–3–restricted human tetanus toxoid–specific T cell clone: inhibition of both reactivities by an alloantiserum. Eur J Immunol 1985; 15:356-61.
21. Lombardi G, Sidhu S, Batchelor JR, et al. Allorecognition of DR1 by T cells from a DR4/DRw13 responder mimics self–restricted recognition of endogenous peptides. Proc Natl Acad Sci 1989; 86:4190-94.

22. Panina–Bordignon P, Corradin G, Roosnek E, et al. Recognition by class II alloreactive T cells of processed determinants from human serum proteins. Science 1991; 252:1548-50.
23. Bender K. The HLA system. Biotest Diagnostics, Dreieich, Germany. 1991:19-64.
24. Bollinger RR, Sanfilippo F. Immunogenetics of Transplantation. In: Flye MW, ed. Principles of Organ Transplantation. 1st ed. Philadelphia: WB Saunders, 1989:47-71.
25. Ratner LE, Hadley GA, Hanto DW, et al. Immunology of renal allograft rejection. Arch. Pathol. Lab. Med. 1991; 115:283-87.
26. Williams CM, Hume DM, Hudson RP Jr, et al. Hyperacute renal–homograft rejection in man. New Eng Jour Med 1968; 279(12):611-18.
27. Scornik JC, LeFor WM, Cicciarelli JC, et al. Hyperacute and acute kidney graft rejection due to antibodies against B cells. Transplantation 1992; 54:61-64.
28. Halloran PF, Schlaut J, Solez K, et al. The significance of the anti–class I response. II. Clinical and pathologic features of renal transplants with anti–class I–like antibody. Transplantation 1992; 53:550-55.
29. Lavee J., Kormos RL, Duquesnoy RJ, et al. Influence of panel–reactive antibody and lymphocytotoxic crossmatch on survival after heart transplantation. Journal of Heart &. Lung Transplantation 1991; 10:921-30.
30. Suciu–Foca N, Reed E, D'Agati V, et al. 1991. Soluble HLA antigens, anti–HLA antibodies, and antiidiotypic antibodies in the circulation of renal transplant recipients. Transplantation 1991; 51:593-601.
31. Suciu–Foca N, Reed E, Marboe C, et al. The role of anti–HLA antibodies in heart transplantation. Transplantation 1991; 51:716-24.
32. Oluwole SF, Tezuka K, Wasfie T, et al. Humoral immunity in allograft rejection. The role of cytotoxic alloantibody in hyperacute rejection and enhancement of rat cardiac allografts. Transplantation 1989; 48:751-55.
33. Rodey GE, Fuller TC. Public epitopes and the antigenic structure of the HLA molecules. CRC Critical Reviews in Immunology 1987; 7:229-67.
34. Tongio MM, Falkenrodt A, Mitsuishi Y, et al. Natural HLA antibodies. Tissue Antigens 1985; 26:271-85.
35. Karuppan SS, Lindholm A, Moller E. Characterization and significance of donor–reactive B cell antibodies in current sera of kidney transplant patients. Transplantation 1990; 49:510-15.
36. Karuppan SS, Ohlman S, Moller E. The occurrence of cytotoxic and non–complement–fixing antibodies in the crossmatch serum of patients with early acute rejection episodes. Transplantation 1992; 54:839-–43.
37. Ten Hoor GM, Coopmans M, Allebes WA. Specificity and Ig class of preformed alloantibodies causing a positive crossmatch in renal transplantation. The implications for graft survival. Transplantation 1993; 56:298-304.

38. Atlas E, Freedman J, Blanchette V, et al. Downregulation of the anti–HLA alloimmune response by variable region–reactive (anti–idiotypic) antibodies in leukemic patients transfused with platelet concentrates. Blood 1993; 81:538-42.
39. Scornik JC, Brunson ME, Howard RJ, et al. Alloimmunization, memory, and the interpretation of crossmatch results for renal transplantation. Transplantation 1992; 54:389-94.
40. Smith JD, Danskine AJ, Rose ML, et al. Specificity of lymphocytotoxic antibodies formed after cardiac transplantation and correlation with rejection episodes. Transplantation 1992; 53:1358-62.
41. Orosz CG, Zinn NE, Sirinek LP, et al. In vivo mechanisms of alloreactivity—IV. Cyclosporine differentially impairs accumulation of donor–reactive CTL but not donor–reactive alloantibody in murine sponge matrix allografts. Int J Immunopharmacol 1988; 10:305-16.
42. Sirinek LP, Zinn NE, Ferguson RM, et al. In vivo mechanisms of alloreactivity. III. Development of donor–specific antibody in sponge matrix allografts. Transplantation 1986; 41:349–56
43. Pellegrino MA, Indiveri F, Fagiolo U, et al. Immunogenicity of serum HLA antigens in allogeneic combinations. Transplantation 1982; 33:530-33.
44. Halloran PF, Autenried P, Ramassar V, et al. Local T cell responses induce widespread MHC expression. Evidence that IFNγ induces its own expression in remote sites. J Immunol 1992; 148:3837-46.
45. Leppink DM, Bishop DK, Sedmak DD, et al. Relationship Between Leukocytic Infiltration and Endothelial Specialization in Murine Cardiac Allografts. Hum Immunol 1990; 29:247-55.
46. Martin SD, Dyer PA, Mallick NP, et al. Posttransplant antidonor lymphocytotoxic antibody production in relation to graft outcome. Transplantation 1987; 44(1):50-3.
47. Sanfilippo F, Vaughn WK, Bollinger RR, et al. Comparative effects of pregnancy, transfusion, and prior graft rejection on sensitization and renal transplant results. Transplantation 1982; 34:360-366.
48. Suciu–Foca N, Reed E, Rohowsky C, et al. Anti–idiotypic antibodies to anti–HLA receptors induced by pregnancy. Immunology 1983; 80:830-34.
49. Reed E, Cohen DJ, Barr ML, et al. Effect of anti–HLA and anti–idiotypic antibodies on the long–term survival of heart and kidney allografts. Transplantation Proceedings 1992; 24:2494-95.
50. Chauhan B, Phelan DL, Marsh JW, et al. Characterization of antiidiotypic antibodies to donor HLA that develop after liver transplantation. Transplantation 1993; 56:443-48.
51. Lam V, DeMars R, Chen BP, et al. Human T cell receptor–gamma delta–expressing T–cell lines recognizee MHC–controlled elements on autologous EBV–LCL that are not HLA–A, –B, –C, –DR, –DQ, or –DPP. Journal of Immunology 1990; 145:36-45.
52. Crumpacker DB, Alexander J, Cresswell P, et al. Role of endogenous peptides in murine allogeneic cytotoxic T cell responses assessed using transfectants of the antigen–processing mutant 174xCEM.T2k. J Immunol 1992; 148:3004-11.

53. Man S, Salter RD, Engelhard VH. Role of Endogenous Peptide in Human Alloreactive Cytotoxic T Cell Responses. Int Immunol 1992; 4:367-75.
54. Jutila MA, Berg EL, Kishimoto TK, et al. Inflammation–induced endothelial cell adhesion to lymphocytes, neutrophils, and monocytes. Role of homing receptors and other adhesion molecules. Transplantation 1989; 48:727-31.
55. Pardi R, Inverardi L, Bender JR. Regulatory mechanisms in leukocyte adhesion: flexible receptors for sophisticated travelers. Immunol Today 1992; 13:224-30.
56. Pober JS, Cotran RS. The role of endothelial cells in inflammation. Transplantation 1990; 50:537-44.
57. Van Schooten WCA, Maiore T, Jones KR, et al. Purified HLA class II peptide complexes can induce adherence and activation of peptide–specific human t cell clones. J Immunol 1992; 148:1043-48.
58. Peterson A, Seed B. Genetic analysis of monoclonal antibody and HIV binding sites on thee human lymphocyte antigen CD4. Cell 1988; 54:65-72.
59. O'Rourke AM, Rogers J, Mescher MF. Activated CD8 binding to class I protein mediated by the T–cell receptor results in signalling. Nature 1990; 346:187-89.
60. McKisic MD, Sant AJ, Fitch FW. Some cloned murine $CD4^+$ T cells recognize $H–2^d$ class I MHC determinants directly. Other cloned $CD4^+$ T cells recognize $H–2^d$ class I MHC determinants in the context of class II molecules. J Immunol 1991; 147:2868-74.
61. Bierer BE, Sleckman BP, Ratnofsky SE, et al. The biologic roles of CD2, CD4, and CD8 in T–cell activation. Annual Review of Immunology 1989; 7:579-99.
62. Schad VC, Greenstein JL. T cell accessory molecules mediating cell adhesion and signal transduction. Immunology 1989; 2:123-28.
63. Geppert TD, Davis LS, Gur H, et al. Accessory cell signals involved in T–cell activation. Immuno Rev 1990; 117:5-66.
64. DeSilva DR, Urdahl KB, Jenkins MK. Clonal anergy is induced in vitro by T cell receptor occupancy in the absence of proliferation. Journal of Immunology 1991; 147:3261-67.
65. vanSeventer G, Newman W, Shimizu Y, et al. Analysis of T cell stimulation by superantigen plus major histocompatibility complex class II molecules or by CD3 monoclonal antibody: co stimulation by purified adhesion ligands VCAM–1, ICAM–1, but not ELAM–1. J Exp Med 1991; 174:901-13.
66. Conlon KC, Ochoa AC, Kopp WC, et al. Enhanced lymphokine production and lymphokine receptor expression in multiple antibody–stimulated human $CD4^+$ peripheral blood lymphocytes. J Immunol 1992; 149:3278-89.
67. Sambhara SR, Miller RG. Programmed cell death of T cells signaled by the T cell receptor and the alpha 3 domain of class I MHC. Science 1991; 252:1424-27.
68. Zhang L, Martin DR, Fung–Leung W, et al. Peripheral deletion of mature $CD8^+$ antigen–specific T cells after in vivo exposure to male antigen. J Immunol 1992; 148:3740-45.

69. Croft M, Duncan DD, Swain SL. Response of naive antigen–specific CD4+ T cells in vitro: Characteristics and antigen–presenting cell requirements. J Exp Med 1992; 176:1431-37.
70. Pober JS, Gimbrone MA, Lapierre LA, et al. Overlapping patterns of activation by human endothelial cells by interleukin 1, tumor necrosis factor and immune interferon. J Immunol 1986; 137:1893-96.
71. Dalton DK, Pitts–Meek S, Keshav S, et al. Multiple defects of immune cell function in mice with disrupted interferon–g genes. Science 1993; 259:1739-42.
72. Geppert TD, Lipsky PE. Antigen presentation by interferon–gamma–treated endothelial cells and fibroblasts: Differential ability to function as antigen–presenting cells despite comparable Ia expression. J Immunol 1985; 135:3750-62.
73. Theobald VA, Lauer JD, Kaplan FA, et al. "Neutral allografts" –lack of allogeneic stimulation by cultured human cells expressing MHC class I and class II antigens. Transplantation 1993; 55:128-33.
74. Vremec D, Zorbas M, Scollay R, et al. The surface phenotype of dendritic cells purified from mouse thymus and spleen: Investigation of the CD8 expression by a subpopulation of dendritic cells. J Exp Med 1992; 176:47-58.
75. Kuhlman P, Moy VT, Lollo BA, et al. The accessory function of murine intercellular adhesion molecule–1 in T lymphocyte activation. J Immunol 1991; 146:1773-82.
76. Jenkins MK, Taylor PS, Norton SD, et al. CD28 delivers a costimulatory signal involved in antigen–specific IL–2 production by human T cells. J Immunol 1991; 147:2461-66.
77. Greenbaum LA, Horowitz JB, Woods A, et al. Autocrine growth of CD4+ T cells. Differential effects of IL–1 on helper and inflammatory T cells. J Immunol 1988; 140:1555-60.
78. Zubiaga AM, Munoz E, Huber BT. Production of IL–1α by activated Th type 2 cells. Its role as an autocrine growth factor. J Immunol 1991; 146:3849-56.
79. Figdor CG, van Kooyk Y, Keizer GD. On the mode of action of LFA–1. Immunol Today 1990; 11:277-80.
80. Gajewski TF, Pinnas M, Wong T, et al. Murine Th1 and Th2 clones proliferate optimally in response to distinct antigen–presenting cell populations. J Immunol 1991; 146:1750-58.
81. Debrick JE, Campbell PA, Staerz UD. Macrophages as accessory cells for class I MHC–restricted immune responses. J Immunol 1991; 147:2846-51
82. Hagerty DT, Evavold BD, Allen PM. The processing and presentation of the self–antigen hemoglobin. J Immunol 1991; 147:3282-88.
83. Madsen JC, Superina RA, Wood KJ, et al. Immunological unresponsiveness induced by recipient cells transfected with donor MHC genes. Nature 1983; 332:161-64.
84. Adams PW, Lee HS, Waldman WJ, et al. Alloantigenicity of human endothelial cells. 1. Frequency and phenotype of human T helper lymphocytes that can react to allogeneic endothelial cells. J Immunol 1992; 148:3753-60.

85. Via CS, Tsokos GC, Stocks NI, et al. Human in vitro allogeneic responses. Demonstration of three pathways of helper T cell activation. J Immunol 1990; 144:2524-28.
86. Sundt TM III, Arn JS, Sachs DH. Patterns of T cell–accessory cell interaction in the generation of primary alloresponses in the pig. Transplantation 1992; 54:911-16.
87. Larsen CP, Morris PJ, Austyn JM. Migration of Dendritic Leukocytes From Cardiac Allografts into Host Spleens. A Novel Pathway for Initiation of Rejection. J Exp Med 1990; 171:307-14.
88. Ting A, Morris PJ. Reactivity of autolymphocytotoxic antibodies from dialysis patients with lymphocytes from chronic lymphocytic leukemia (CLL) patients. Transplantation 1978; 25:31-33.
89. Ting A, Morris PJ. Renal transplantation and B–cell cross–matches with autoantibodies and alloantibodies. Lancet 1977; 2:1095-97.
90. Ting A, Morris PJ. Successful transplantation with a positive T and B cell crossmatch due to autoreactive antibodies. Tissue Antigens 1983; 21:219-26.
91. Chapman JR, Taylor CJ, Ting A, et al. Immunoglobulin class and specificity of antibodies causing positive T cell crossmatches. Transplantation 1986; 42:608–613.
92. Sturgill BC, Lobo PI, Bolton WK. Cold–reacting IgM antibody–induced renal allograft failure. Nephron 1984; 36:125-27.
93. Kerman RH, Buren CT, Van Lewis RM, et al. Improved graft survival for flow cytometry and antihuman globulin crossmatch–negative retransplant recipients. Transplantation 1990; 49:52-6.
94. Johnson AH, Hallman J, Alyani NMR, et al. A prospective study of the clinical relevance of the current serum antiglobulin–augmented T cell crossmatch in renal transplant recipients. Transplantation Proceedings 1987; 19:792-93.
95. Braun WE, Dijelo CL, Williams TC. B cell crossmatch in renal transplantation. Lancet 1977; 2:241-42.
96. Buckingham JM, Geis WP, Giacchino JL. B cell directed antibodies and delayed hyperacute rejection: a case report. Journal of surgical research 1979; 27:268-70.
97. Lazda VA, Pollack R, Mozes MF, et al. Positive B cell crossmatches in highly sensitized patients –influences of antibody specificity on renal transplant outcome. Transplantation Proceedings 1987;19:782-84.
98. Ettenger RB, Uittenbogaart C, Pennisi AJ. Long–term cadaver allograft survival in the recipient with a positive B lymphocyte crossmatch. Transplantation 1979; 27:315-21.
99. Cardella CJ, Nicholson MJ, Falk JA, et al. Successful renal transplantation in patients with T–cell reactivity to donor. Lancet 1982; 1240-43.
100. Taylor CJ, Chapman JR, Ting A, et al. Characterization of lymphocytotoxic antibodies causing a positive crossmatch in renal transplantation. Transplantation 1989; 48:953-58.
101. Turka LA, Goguen JE, Gagne JE, et al. Presensitization and the renal allograft recipient. Transplantation 1989; 47:234-40.
102. Braun WE. Laboratory and clinical management of the highly sensitized organ transplant recipient. Hum Immunol 1989; 26:245—60.

103. Takiff H, Cook DJ, Himaya NS, et al. Dominant effect of histocompatibility on ten–year kidney transplant survival. Transplantation 1988; 45:410-15.
104. Kaufman DB, Sutherland DER, Noreen H, et al. Renal transplantation between living related sibling pairs matched for zero–HLA haplotypes. Transplantation 1989; 47:113-19.
105. Takemoto S, Terasaki PI, Cecka JM, et al. Survival of nationally shared, HLA–matched kidney transplants from cadaveric donors. New Eng Jour Med 1992; 327(12):834-39.
106. Opelz G. Effect of HLA matching in 10,000 cyclosporine–treated cadaver kidney transplants. Transplantation Proceedings 1987; 19:641-46.
107. Ferguson RM. A multicenter experience with sequential ALG/ cyclosporine therapy in renal transplantation. Clin Transpl 1988; 2:285-94.
108. Marsh SGE, Bodmer JG. HLA–DR and –DQ epitopes and monoclonal antibody specificity. Immunol Today 1989; 10:305-12.
109. Fleischhauer K, Kernan NA, O'Reilly RJ, et al. Bone marrow–allograft rejection by T lymphocytes recognizing a single amino acid difference in HLA–B44. N Engl J Med 1990; 323:1818-22.
110. Jenkins MK. The role of cell division in the induction of clonal anergy. Immunol Today 1992; 13:69-73.
111. Ohzato H, Monaco AP. Induction of specific unresponsiveness (tolerance) to skin allografts by intrathymic donor–specific splenocyte injection in antilymphocyte serum–treated mice. Transplantation 1992; 54:1090-95.
112. Perico N, Rossini M, Imberti O, Remuzzi G. Evidence of the central role of the thymus in the induction of donor–specific unresponsiveness to a renal allograft. Transplantation 1992; 54:943-45.
113. Nakafusa Y, Goss JA, Mohanakumar T, Flye MW. Induction of donor–specific tolerance to cardiac but not skin or renal allografts by intrathymic injection of spenocyte alloantigen. Transplantation 1993; 55:877-82.
114. Goss JA, Nakafusa Y, Yu S, Flye MW. Intrathymic injection of donor alloantigens induces specific tolerance to cardiac allografts. Transplantation 1993; 56:166—73.
115. Bugeon L, Cuturi M–C, Hallet M–M, Paineau J, Chabannes D, Soulillou J–P. Peripheral tolerance of an allograft in adult rats—characterization by ow interleukin–2 and interferon–gamma mRNA levels and by strong accumulation of major histocompatibility complex transcripts in the graft. Transplantation 1992; 54:219-25.
116. Cramer DV, Chapman FA, Jaffee BD, et al. The Effect of a New Immunosuppressive Drug, Brequinar Sodium, on Heart, Liver, and Kidney Allograft Rejection in the Rat. Transplantation 1992; 53:303-08.
117. Hao L, Calcinaro F, Gill RG, Eugui EM, Allison AC, Lafferty KJ. Facilitation of Specific Tolerance Induction in Adult Mice by RS–61443. Transplantation 1992; 53:590-95.

118. Pearce NW, Berger MF, Gurley KE, Spinelli A, Hall BM. Specific unresponsiveness in rats with prolonged cardiac allograft survival after treatment with cyclosporine VI. In vitro alloreactivity of T cell subsets from rats with long–surviving allografts. Transplantation 1993; 55:380-89.
119. Pearson TC, Madsen JC, Larsen CP, Morris PJ, Wood KJ. Induction of transplantation tolerance in adults using donor antigen and anti–CD4 monoclonal antibody. Transplantation 1992; 54:475-83.
120. Darby CR, Morris PJ, Wood KJ. Evidence that long–term cardiac allograft survival induced by anti–CD4 monoclonal antibody does not require depletion of $CD4^+$ cells. Transplantation 1992; 54:483-90.
121. Orosz CG, Ohye RG, Pelletier RP, et al. Treatment with anti–vascular cell adhesion molecule 1 monoclonal antibody induces long–term murine cardiac allograft acceptance. Transplantation 1993; 56:453-60.
122. Isobe M, Yagita H, Okumura K, Ihara A. Specific Acceptance of Cardiac Allograft After Treatment with Antibodies to ICAM–1 and LFA–1. Science 1992; 255:1125-27.
123. Nakakura EK, McCabe SM, Zheng B, et al. Potent and effective prolongation by anti–LFA–1 monoclonal antibody monotherapy of nonprimarily vascularized heart allograft survival in mice without T cell depletion. Transplantation 1993; 55:412-17.
124. Nossal GJ. Molecular and cellular aspects of immunologic tolerance. Eur J Biochem 1991; 202(3):729-37.
125. vonBoehmer H, Teh HS, Kisielow P. The thymus selects the useful, neglects the useless and destroys the harmful. Immunol Today 1989; 10(2):57-61.
126. Marusic–Galesic S, Pavelic K. Dynamics of positive and negative selection in the thymus: review and hypothesis. Immunol Let 1990; 24(3): 149-54.
127. Starzl TE, Trucco M, Zeevi A, et al. Systemic chimerism in human female recipients of male livers. Lancet 1992; 340:876-77.
128. Starzl TE, Demetris AJ, Trucco M, et al. Chimerism and donor–specific nonreactivity 27 to 29 years after kidney allotransplantation. Transplantation 1993; 55:1272-77.

CHAPTER 3

MINOR HISTOCOMPATIBILITY ANTIGENS

William Frank Oppat
T. Mohanakumar

INTRODUCTION

The existence of the minor histocompatibility (mH) loci and the role of their gene products in allograft rejection has been known since the beginning of transplantation. Although the term "minor" suggests that these antigens are functionally unimportant, it is evident that mH antigens can play a major role in allograft immunity. For example, in major histocompatibility matched solid organ and bone marrow transplantation (BMT) mH antigen differences mediate allograft rejection and graft versus host disease (GVHD) respectively. Thus, the mH antigens are capable of eliciting vigorous immune responses. For decades immunologists have slowly defined the genetics and biology of the mH antigens. Major progress came after the discovery that mH antigens were recognized by lymphocytes in a major histocompatibility complex (MHC) restricted fashion. Since a mH antigen is formed by an MHC gene product and its associated peptide, we will avoid the confusing term non-MHC antigens. More recently, several studies have shown that both cytotoxic T cells and helper T cells specific for mH can be isolated and, furthermore, they may play a role in development of the lymphocyte repertoire. Nevertheless, immunity mediated by the mH antigen is still poorly understood since clinical problems such as GVHD in MHC matched individuals remains the principal obstruction to successful BMT.

The Role of MHC and Non-MHC Antigens in Allograft Immunity, edited by T. Mohanakumar.

It is, therefore, necessary to thoroughly understand the immunology of mH antigens, including the processing and presentation of mH antigens, so that immune responses against mH antigen mismatches can be rationally modulated. This overview investigates current thinking of the genetics and biology of the mH antigens of both mice and man and identifies some of their many clinical implications.

DEFINITION AND HISTORICAL PERSPECTIVES OF mH ANTIGENS

mH antigens are classically defined as cell surface molecules which mediate graft rejection between a genetically identical donor and a recipient matched at all MHC loci. Historically, mH antigens are the products of independently assorting genes that have been identified by their ability to mediate allograft rejection.

The original description of the principal determinants of graft rejection by George Snell[1] in the 1940s utilized inbred strains of mice and tumor transplants. Tumors are easy to grow both in vivo and in vitro and therefore provide an easy model of rejection in the laboratory setting. Snell noted that tumors taken from one inbred mouse strain did not necessarily survive in another strain. He also observed that the ability to reject a tumor was a heritable trait which was passed from parent to offspring and therefore could be genetically mapped—like coat color or temperament.

Skin grafts (which are more sensitive than tumors for measuring allograft rejection in vivo) from an animal onto itself or a member of its inbred strain (syngeneic grafts or isografts) are not rejected but skin grafts between different inbred strains (allografts) or species (xenografts) are rejected. By performing skin allografts, consistent patterns of graft rejection were identified between the different inbred mouse strains and their offspring. Graft rejection follows classical genetic codominant inheritance patterns. Additionally, the rejection "trait" could be linked to other mapped traits (Fig. 3.1).

The genes responsible for immunological rejection of the allografts were named histocompatibility genes. In the mouse, the locus is referred to as H2 and in man HLA. A detailed description of these genes and chromosomes are presented in the previous chapters.

The intensity of the rejection reaction, the ability to induce antibody formation and the genetic linkage patterns characterized separate genetic loci regulating graft rejection, i.e., MHC and mH. The MHC, which is strongly immunogenic and triggers antibody production, maps to chromosome 6 in humans and chromosome 17 in

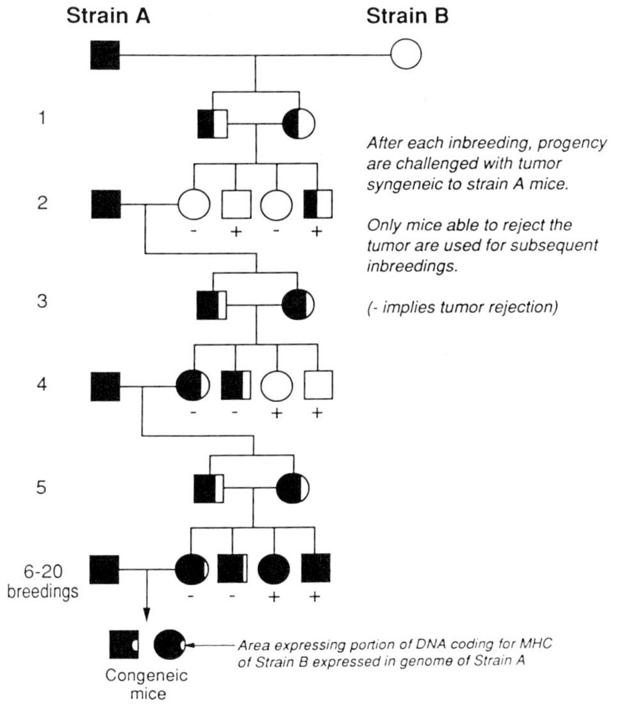

Fig. 3.1. An outline of the experimental method for mapping the MHC gene by using congenic mouse strains.

mice. The mH antigen are less potent immunogens, are not reactive with antibodies and map throughout the genome.[2]

A distinction between major and minor antigens based solely on the intensity of a mixed lymphocyte reaction (MLR) or the time before graft rejection occurs is impossible because some MHC antigens are weakly immunogenic while some mH antigens appear "neither weak nor minor".[3] In back-crossed inbred mice, the genes regulating transplant rejection could be separated by genetic linkage analysis. In mice, the rejection reactions which mapped to the H-2 region, near a gene that codes for a protein related to the blood-group antigens, were considered to be mediated by the MHC. All other independently mapping reactions are presumed to be controlled by mH gene products.

The identification of mH antigens in man is much more difficult than in mice since in an outbred population it is uncommon to find individuals that are matched at their MHC. Unrelated individuals that do match at MHC are likely to differ at multiple minor loci. It is difficult to separate the effects mediated by each minor histocompatibility locus.[4]

Recent progress in in vitro technology for isolating T cell clones, both from the peripheral blood of HLA-matched transplant recipients and in laboratory cultures have allowed the definition of human mH loci, albeit in small numbers.

METHODS USED TO DETECT mH ANTIGENS

In Vivo Methods

It is known that when tissues are exchanged between genetically nonidentical members of the same species, those tissues will be rejected.[5] Snell first used inbred and congenic strains of mice to understand the genetics of the major histocompatibility antigens. Congenic mice are produced by first mating two inbred strains, AA and BB, and then back-crossing the first generation (F1) AB, or subsequent generations, with AA strain mice. Pups from each litter are selected for subsequent breedings with AA mice by their ability to reject tissues of strain AA mice (resistant selection) (Fig. 3.1).

Once a congenic resistant mouse line is established, all that can be said about it is that it has a stretch of DNA that contains a gene (or genes) different from the parental line which codes for a transplantation antigen that makes it resist transplants from strain AA mice. To reject tissues of strain AA mice, the progeny's genome must contain portions of DNA from strain BB mice which presumably code for differing histocompatibility antigens, i.e., antigens that are different from the transplantation antigens that are expressed on the cells making up the tissues of strain AA mice. Hence, these mice are considered congenic and resistant. Common, and yet confusing nomenclature suggests that in congenic resistant strains, BB MHC genes are expressed on an AA background genome.

Although the congenic strain experimental design was originally used to characterize MHC antigens, it can be applied to mH by selecting parental strains syngenic at their MHC. Therefore, if backcrosses are carried out for 20 generations between MHC identical strains, any rejection reaction would then be assumed to be mediated by a single mH antigen. By selecting visible, genetically mapped markers that are linked to the rejection reactions defined by congenic mice, many separate mH loci have been mapped.[6] The number of mH loci throughout the mouse genome is predicted to be quite large based upon the studies involving congenic mice. Some of the mH congenic mouse strains, their nomenclature and chromosomal localization are given in Table 3.1.

Human mH antigens have been identified primarily using T cells either obtained from individuals primed in vivo or by repeated in vitro stimulation. As yet no data are available on the total number of loci encoding T cells defined human mH antigens. The location of human mH genes are largely unknown with the exception of the gene encoding the male specific antigen (HY Ag), which is on the long arm of the Y chromosome.[7] However, as in the mouse, human mH loci are thought to be located on several chromosomes.

Parreault et al have stated "We must realize that these bilineal congenic strains of mice are not coisogenic, i.e., they differ not by a single locus but by a small chromosomal segment that may contain more than one mH antigen-coding gene cluster of multiple closely linked loci."[8] Development of congenic mice requires crossing over between chromosomes. Crossover points do not occur at locations that single out individual genes, generally large segments of DNA are exchanged. Now that it is possible to investigate DNA ultra-structurally, some of the mH antigens isolated by congenic breeding actually represent multiple, closely linked gene products. Isolation of mH antigens at the molecular level would obviously be simplified if the isolated locus represented only one gene product.

Table 3.1. Some minor H congenic mouse strains

Synonym	Strain	Passenger/linked genes
HW80	B6.C-H-1^b	Hbb^dcMod-2
–	-H-3^c	Ly 4 b2m H-13
HW23	-H-7^b	Mod-1aFv-2 Bgl Ifn
HW13J	-H-15^c	db cn H-16
JW13K	-H-16^c	db cn H-15
HW65	-H-25^c	Ly 9 T100 H-35

B6.C bilineal congenic strains from C57BL/6By x BALB/cBy

In Vitro Methods

To overcome the cumbersome and expensive in vivo methods of congenics, several investigators have developed in vitro approaches using cell culture techniques to define mH antigens. The inability to measure strong B cell responses or Ig production to mH antigens suggests that immune responses to mH antigens are predominantly T cell mediated. Furthermore, in vitro detection of mH antigen specific T cells generally requires an in vivo priming phase followed further by in vitro culture restimulation.

The in vitro model of T cell reactions are based upon the MLR. Splenocytes or lymphocytes harvested from one individual (the responder) are mixed in culture with irradiated or chemically inactivated (the stimulator) cells of another individual. Responder cellular proliferation or cell-mediated killing is experimentally measured. This type of experiment is commonly described as a "one-way" MLR because only the responder cell line can react against the inactivated stimulator cell line (Fig. 3.2).

If the two individuals match at their MHC, it is presumed that any generated reaction must be directed at mH antigens expressed on the cell surface of the stimulator cell line. If congenic mice designed to delineate a mH antigen are used in a one-way MLR, splenocytes from the parental strain will react against the mH difference in the congenic strain. The converse is not true because the congenic strain has the same background genome as the parental strain and would not recognize any of its own gene products as foreign.

The power of in vitro analysis has been expanded by developing clonal populations of responding T cells. The one-way MLR bulk cultures are restimulated after "limiting dilution" of responding cells to cultivate populations of daughter cells originating from a single parent. Using the mH antigen H-1.3 (defined in a congenic mouse), Roopenian[9] characterized a large number of T cell clones derived from short-term MLR populations. Forty-nine of 56 clones demonstrated cytolytic T lymphocytes (CTL) activity, were class I restricted, and secreted IL-2. Helper T cells were isolated in low frequency.[10] The high proportion of CTL was likely selected by the culture conditions but it may reflect the processing and presentation of endogenous proteins in the context of class I MHC.

It must be remembered that the primary definition of a mH antigen is based upon its ability to mediate graft rejection in animals matched at their MHC. A mH antigen defined by T cell reactions in vitro do not necessarily mediate graft rejection. Our working definition of mH requires that they have the ability to elicit the rejection response. It is likely that the in vitro reaction is much more sensitive

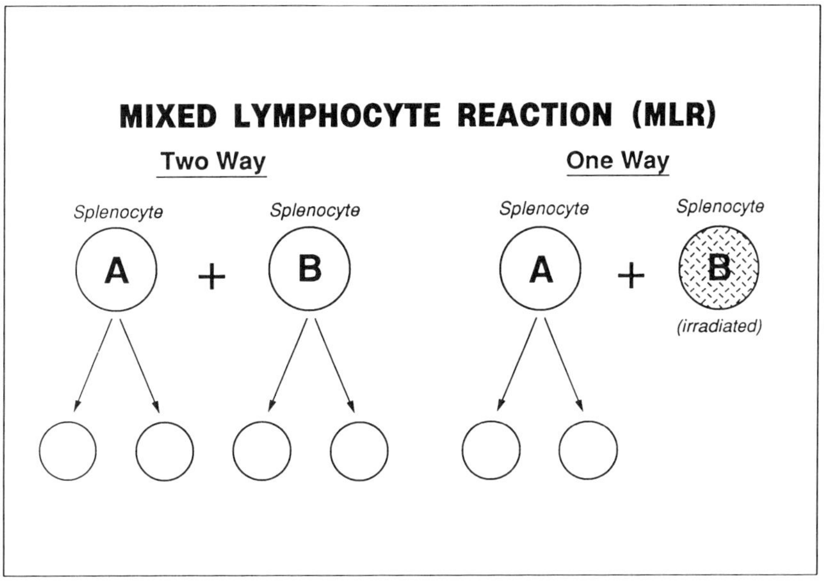

Fig. 3.2 The mixed lymphocyte reaction (MLR).

for identifying mH antigens and characterizing them at the molecular level because many mH described in vitro do not mediate rejection in vivo.

Clonal T cell populations contain lymphocytes that all express identical T cell receptors and recognize a distinct peptide-MHC complex. T cell receptor (TCR) families have been identified by monoclonal antibodies (mAb) specific for epitopes in the variable region of the TCR β-chain. Therefore, receptors of T cell clones all belong to the same Vβ family. Clonal populations of T cells are used extensively to characterize immune response to mH antigens. Characterization of Vβ TCR expression against mH antigens by one-way MLR has also made the mH antigen useful as a tool for investigating thymic selection and clonal deletion in vivo.

More recently, helper T cells (class II restricted) and cytotoxic T cells (class I restricted) originally thought to be specific for the identical mH antigen encoded by the same genetic locus have been shown to be reactive to closely linked gene products. Evidence suggests genetic alleles of mH that are mapped by both the helper T cell MLR and the CTL cytotoxicity assay are organized throughout the genome, as predicted by congenic mouse models. Although separate genes likely code for class I and II restricted mH, these genes are closely related to each other physically (Fig. 3.3). Congenic strains, which depend upon crossing over for functional rearrangements are generally unable to resolve the individual genes for separate CTL and MLR reactions. The genetic linkage is too tight. Classical congenic mice as described by Snell and others[11] would be unable to resolve the separate CTL and helper T cell responses.

Three salient features of the T cell responses to mH antigens are (1) need for in vivo priming, (2) MHC restriction, and (3) the phenomenon of immunodominance.

Need for In Vivo Priming

It has been noted repeatedly that the in vitro coculture of cells of mH antigen disparate individuals will not result in a significant MLR, lymphokine production or cytotoxicity in cell mediated lympholysis (CML) assays unless exposure to desparate mH antigens first occurs in vivo. The primary reason for this phenomenon has been thought to be a low frequency of mH antigen specific precursor T cells.[12] They must be clonally expanded in vivo prior to in vitro culture. However, other explanations for the lack of in vitro response without in vivo priming including differences in antigen presenting cells in vivo and in vitro have been postulated.[13]

MHC Restriction

It is now generally accepted that T cells recognize mH antigens in an MHC restricted manner.[2] The concept of MHC restricted T cell responses was first demonstrated for viruses in 1974.[14] Shortly after this, the MHC restricted T cell response to mH antigen was

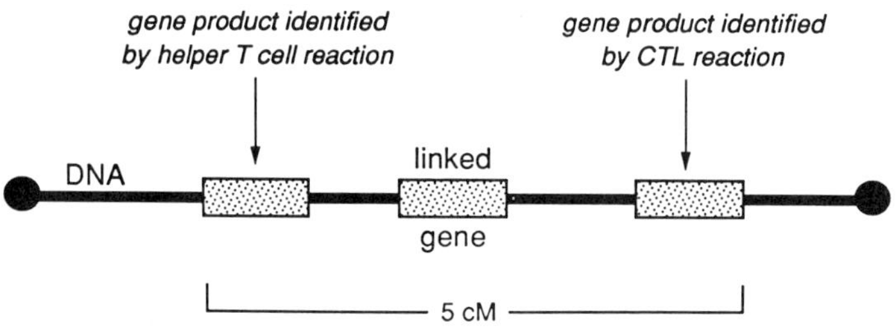

Fig. 3.3. Class I and II restricted mH antigens are thought to be closely linked gene products.

demonstrated for the male antigen (HY-Ag).[15] For example, the male responder cells of $H2^d$ mice can only recognize the HY-Ag when it is expressed on male antigen presenting cells (APC) of the same $H2^d$ MHC type.

CTL responses are mediated by MHC class I antigens and helper T cell (Th) responses by MHC class II. mH-specific T cell clones raised in vitro can be used to type other mouse strains of unknown mH antigen alleles provided these alleles are presented in context of the appropriate syngeneic MHC molecule; implying that the mH antigen is actually a small peptide presented in the context of a MHC antigen. This is an important concept. mH antigens are recognized only by MHC matched (syngeneic) T cells. If APC and the T cell are MHC mismatched, the more rigorous allo-MHC recognition would dominate. Minor antigens must be presented in the context of self-MHC before they are recognized immunologically.

Both MHC class I and II molecules on the surface of cells can bind antigens. Generally, MHC class II presentation is restricted to professional phagocytes of monocyte/macrophage origin and endothelial cells. They are referred to as APC because they have the ability to endocytose exogenous proteins and present them on the cell surface in conjunction with MHC class II molecules. Helper T cells recognize the MHC class II peptide complex via their TCR and respond appropriately. Endogenous proteins synthesized within the cell are transferred to the endoplasmic reticulum where they associate with class I MHC gene products and β2-microglobulin. These MHC class I peptide complexes are then progressed through a series of intracellular compartments to the cell surface where they will be recognized by the syngeneic MHC class I restricted CTL. Presentation of endogenously manufactured proteins is not limited to APCs, all cells express class I MHC and are capable of antigen presentation in association with class I molecules. MHC class I molecules do not discriminate between self and foreign proteins; they will present any endogenously synthesized protein. Discrimination between self and nonself occurs via the TCR of the T lymphocyte.

mH are proposed to represent peptide epitopes of endogenously synthesized proteins presented in context of self-MHC. Isolation of surface expressed MHC molecules and acid extraction of the MHC contained peptide has allowed characterization of the peptide.[16,17] The existence of class II restricted anti-mH lymphocytes would not be readily predicted because portions of endogenously synthesized proteins are generally thought to be presented only by class I MHC molecules. Many authors believe that the binding groove of class II MHC molecules is initially occupied by autologous peptides (representing portions of endogenously synthesized proteins) that compete and must be displaced from the peptide binding groove by exogenous peptide before antigen presentation on the cell's surface can occur (reviewed in Yewdell et al[18]). If no competing peptides displace the endogenously derived peptides, class II MHC display them on the cell's surface. mH represent immunodominant self-peptides, presented by either class I or II MHC molecules. Normally, they are recognized as self-antigens by T cells of the immune system and no immune response ensues. Not until *MHC matched* tissues are transplanted could the peptide epitope defining the mH foreign antigen potentially be recognized as nonself since the mH may differ between individuals. "We do not know the properties that determine protein processing and allow a peptide to bind to MHC molecules, and these restrictions may limit the number of possible minor histocompatibility loci."[19]

Models of mH Recognition

Considerable debate remains regarding T cell recognition of a mH antigen at the molecular level. Many possibilities exist for what the TCR interacts with (sees) when it binds to the MHC molecule and its presented peptide, such as (1) different MHC haplotypes present the *same* dominant peptide of a protein antigen within their binding grooves but in *different conformations,* or (2) different MHC haplotypes present *different peptide* epitopes from the *same* protein antigen.[20] Both methods of peptide presentation potentially yield unique three-dimensional structures. More recent evidence suggests "MHC molecules encoded by different loci or by alleles of the same locus differ in the range of peptides they can bind."[20] The peptide binding groove of the MHC molecule is comprised of a variable primary structure and the amino acids in this region presumably confer the specificity of peptide binding by the MHC and the TCR. In short, a peptide epitope presented to a T cell and recognized in the context of one MHC molecule will not necessarily be recognized when it is presented by another MHC molecule. This makes it difficult to specifically define a mH antigen because it is not only dependent upon the peptide epitope itself but also on the MHC molecule presenting it.

The current theory of mH antigens suggests that all cells express peptides on their MHC that are derived from endogenous proteins. These peptides lead to a mH reaction between two individuals if the peptides represent *allelic differences* (limited polymorphism) of a functionally irrelevant portion of an endogenous protein bound by a syngeneic MHC molecule. Although this principle is generally true, there are some exceptions. For the male antigen, HY, no allelism was identified by class I restricted CTL clones that are HY specific.[21] mH antigens are MHC restricted and realistically, the number of different motifs formed by the association of a peptide and its MHC complex is limited by the number of amino acid substitutions in the peptide that can be accommodated by the MHC peptide binding groove. Minor antigens may also be peptides comprised of mutated segments of endogenous proteins that are presented in the context of self-MHC molecules. Substitutions in the endogenous protein's primary structure must be with conservative amino acids that do not alter the protein's structure or function. Maternally transmitted antigen, now known to be an epitope of a mitochondrial enzyme, has been characterized[22] as a mH antigen. Position 6 in the peptide that is presented in the context of endogenous class I MHC contains either isoleucine, alanine, valine, or threonine. These specific amino acid substitutions do not seem to alter enzymatic function and yet they confer mH antigen specificity when presented to appropriately MHC restricted CTL.

Concept of Immunodominance

It is well known that immunization of mice against multiple mH antigen mismatches often results in the generation of CTLs specific for only a limited number of the mH antigenic differences.[23] Immunodominant mH antigens and their rank order has been suggested in several studies using several models.[23] Mechanisms of immunodominance between mH antigens remains speculative, however, peptide competition for MHC binding prior to cell surface expression is easiest to conceptualize. Although Balb/B and C57BL/6 mouse strains match at their MHC loci, they still readily reject each other's skin transplants. The rejection would be expected to be mediated by their multiple differing mH antigens, hypothesized to be > 40 loci,[24] but effectors preferentially recognized a single im-munodominant non H-2 antigen. No in vitro CTL response can be identified for the majority of the mH antigen described by the in vivo developed congenic mouse strains. Many studies have suggested that the lack of CTL response represents a form of immumodominance by particular mH antigens.[2,25] CTL are generated only for a limited number of mH antigen and no response is measurable for the majority of foreign mH antigen.[26] Immunodominance was originallydescribed in vitro by the generation of C57BL/6 CTL againstirradiated Balb/B stimulator splenocytes. By exploiting the differential antigen expression on a panel of targets obtained from congenic mice, the observed CTL response was consistently against a few target antigens.[26]

The two immunodominant mH antigens in the C57BL6-Balb/B model are referred to as cytotoxic T cell targets 1 and 2 (CTT-1 and CTT-2). Second order dominant antigens CTT-3 and CTT-4 are recognized only if CTT-1 and CTT-2 are not present. Interestingly, this hierarchy of mH antigens in vitro is the opposite of the hierarchy observed for the development of GVHD in vivo. CTT-3 and CTT-4 appear to mediate GVHD.

Immunodominance appears to be MHC restricted because different mH antigens are dominant in Balb/C ($H2^d$) mice when they are compared to Balb/B ($H2^b$ MHC in Balb/C genome) mice. Immunodominance probably involves competition of various peptides for a particular restricting MHC molecule. These two mouse strains express different MHC molecules and therefore bind different mH peptides.

As our knowledge and understanding of T cell biology has evolved, other theories of immunodominace have emerged. An interesting possibility suggests that immunoregulation occurs at the T cell responder level. During thymic ontogeny, T cells that react with dominated antigens would be eliminated from the repertoire because they are potentially immunoreactive with self-antigens. Gaps in the T cell repertoire from clonal elimination during ontogeny could explain why some mH antigens are tolerant and others are reactive.[27]

$Beta_2$ microglobulin (β_2M) is the light chain component of the class I MHC molecule. Unlike the heavy chain portion of the MHC molecule, it has no recombined region and plays no direct role in peptide binding. In mice, the gene coding for β_2M is outside the MHC locus in the H-3 region of chromosome 2. Although no intrastrain variation of β_2M has been described, interstrain variation exists because β_2M allotypes elicit MHC class I restricted CTL responses after in vivo priming.[28] Three allelic forms A, B, and C of β_2M have been identified by separation on SDS-PAGE (sodium dodecyl sulfate) polyacrylamide gel electrophoresis and some have suggested that β_2M represents a mH antigen. mAbs which react with the product of the B allele have been produced[29] and their availability would seem to eliminate β_2M from the family of mH antigen. β_2M may either influence the assortment of peptides that bind within the groove of class I MHC molecules or it may be directly antigenic and mediate a T cell response. At present, it remains unclear if β_2M can trigger graft rejection or GVHD.

Recent results by Goulmy et al[30-32] looking at BMT in MHC matched but multiple mH mismatched donors and recipients suggest that immunodominance exists in humans. PBL taken from three successfully reconstituted recipients were stimulated in vitro with donor mH antigens. CTL clones developed from each individual's peripheral blood leukocytes (PBLs) were reactive to the same mH antigen, which this group called HA-1.[30-32] If humans behave like mice in their mH antigen heterogeneity, i.e., a large number of mH loci exist, then immunodominance may also be prevalent in the human mH antigenic system.

Tumor Antigenic Peptides as Possible mH Antigens

mH antigens are peptides presented in the context of MHC antigens and recognized by T cells. In tumor cells it is conceivable that peptides generated from proteins that are normally not coded for in healthy tissues could be presented in the context of self-MHC. The peptide/MHC complex could then be identified as a foreign mH. Immune recognition would lead to a vigorous T cell response and ultimately tumor rejection. Evidence at the molecular level which demonstrates this mechanism has been shown for a melanoma expressing HLA-A1.[33] Tumor immunogenicity may also result from expression of mutated gene products of normal proteins expressed in healthy tissues. Support of this theory has been seen by the analysis of the reactivity of peptides corresponding to regions of ras oncogenes containing point mutations.[34] Additional examples of tumor antigens which can be considered mH antigens are discussed below.

A murine mastocytoma cell line, P815, normally permissive in H-2^d mice, was mutagenized in vitro to form a tumor variant cell line that would be rejected in vivo. It was found that the variant tumor expressed an immunogenic determinant which lead to its rejection in vivo.

CTL clones isolated from animals are able to overcome the mutagenized tumor but did not lyse the wild-type tumor. Cosmid libraries were made from the variant tumor and transfected into wild-type tumor. Expression of the immunologic determinant in the transfectants was analyzed in vivo by rejection of the otherwise syngeneic wild-type tumor. The reactive cosmids were then cut into restriction fragments until active fragments of one kilobase or less were identified. The sequence of the cosmid representing the tumor variant was compared to the wild-type and found to differ by a single conservative amino acid substitution.[35-37] In this case, CTL clones were recognizing the single amino acid difference in the peptide bound to a self-MHC.

Unfortunately, some tumors evade detection by the immune system and become cancerous. It is difficult to quantify the number of potentially cancerous cells that actually develop and are eliminated by the immune system before they are clinically relevant. Many investigators have noted that it is not easy to define in vitro T cell responses against autologous tumor. Human tumors may express mH antigens that are potentially immunogenic but the cancer victim may have either an acquired (in the form of tumor suppressive agents) or an inherited immune response defect. Alternatively, the tumor may present an altered MHC molecule that would go unrecognized by the immune system.[38] It has been suggested that the development of a strong immune response may require T cells from a healthy allogeneic donor to detect the presence of the tumor associated mH antigen.[39,40]

It is likely that mH antigens are immunodominant peptide epitopes representing alleles of endogenous protein expressed in syngeneic MHC molecules. Only when they are seen as foreign antigens are they able to generate an immune response (Fig. 3.4).

Biochemical Characterization of mH Antigens

It is well recognized now that the mH antigen is not a single entity. T cells recognize certain peptides of mH antigens which are presented in the groove of MHC class I antigens. Our understanding of the MHC class I pathway has evolved significantly in the past several years. With the crystallization of MHC class I antigens, it has become clear that mH antigenic epitopes which are recognized by the T cells are in fact peptides derived from intracellular proteins which are processed and presented by MHC class I molecules. Self-proteins synthesized in all cellular compartments and viral or other foreign proteins can give rise to such peptides. Several potential self-proteins have been identified as mH proteins. They include β_2M, a mitochondrial transmembrane protein termed ND-1, etc. Several viral proteins have also been termed as new mH proteins.

Several strategies have been employed to identify the mH peptides bound in the MHC class I groove. One approach involves sequencing stretches of genomic DNA that are known to include the genes encoding for the mH epitope (from linkage analysis). Peptides are then generated from the deduced protein sequence and these peptides are used in sensitization experiments. T cell clones that are specific for a particular mH antigen are then used to identify the significant peptide sequence by their ability to lyse the sensitized target.[41] Using this approach, a maternally transmitted mitochondrial (Mta) mH antigen, has been identified in the mouse model. Mta specific CTL clones recognized synthetic peptides corresponding to a polymorphic part of ND-1[41] expressed in the syngeneic MHC. These peptides are hydrophobic and are 9-26 amino acid in length. Another approach used to elucidate the mH specific peptide employs a less laborious biochemical method pioneered by Rammensee et al.[42] The basic premise of this approach is to extract acid soluble low molecular weight material from cells expressing the peptide epitopes defined by the T cell clone mH specific. In general, MHC from the cells are

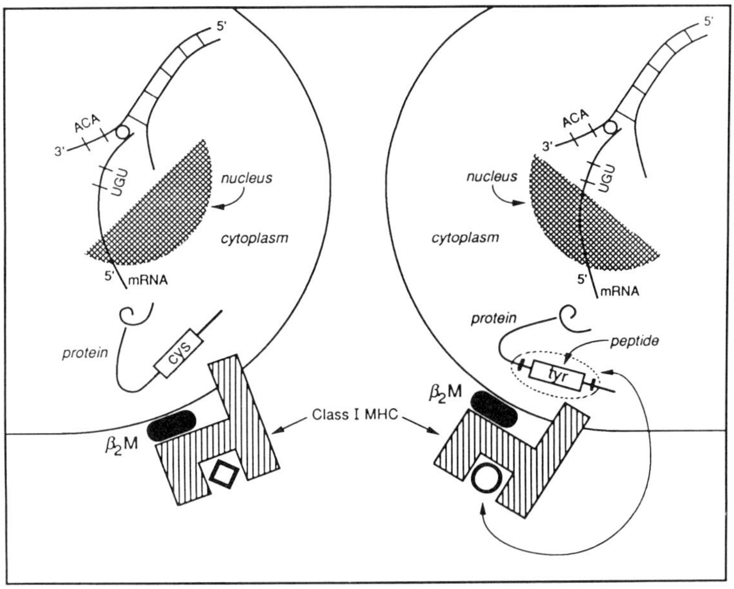

Fig. 3.4. Different minor histocompatibility antigens that have resulted from syngeneic MHC presentation of functionally insignificant regions of the same endogenous protein. Recognition of mH differences occurs at the level of the T-lymphocyte receptor.

isolated using affinity chromatographic methods followed by the elution of the peptides bound to the MHC. The pool of extracted peptides are then separated on a reverse phase HPLC and fractions are tested for T cell antigen recognition. Using this technique peptides have been identified for HY and H-4b in the murine system[43] and HLA-B35 restricted hm-2 in humans.[44] However, the full amino acid composition of the above peptides or the cellular origin of these mH antigens are not available at the present time.

Tissue Specific Antigens as Possible mH Antigens

If the peptide portions of mH antigen represent determinants of endogenous cellular proteins only expressed in certain tissues, some mH antigens would be expected to have a limited tissue distribution. Such is the case with the H-40 mH antigen which is limited only to B cells.[45] Currently, the demonstration of mH antigen tissue specificity is not an easy task because antibodies to the mH antigen are not available and thus serological and immunochemical approaches are not feasible for defining these antigens.

Other methods have been devised to identify the tissue distribution of mH antigens. Transplantation experiments are of limited value in characterizing the restricted tissue distribution of mH antigens because transplanted organs are composed of many cell types, including resident leukocytes (passenger leukocytes), all of which are potentially immunogenic. Although allograft rejection is demonstrable simply in routine histological specimens by monocytic infiltration of the graft, it is unclear which cell is displaying the immunogenic mH antigen. In spite of these difficulties, some of the tissue restricted antigens have been characterized.

Epidermal Alloantigen-1 (Epa-1)

Epidermal alloantigen-1 (Epa-1) is a non-MHC antigen in mouse which has been defined by MHC restricted cytotoxic T cells. Characterization of Epa-1 has been possible using the C3H.Epa-1 congenic mouse strain. It differs from C3H, its inbred parental strain, presumably only by a genomic region containing the *Epa-1* locus. Cytotoxic T cell clones specific for Epa-1 are MHC restricted and kill epidermal cells, fibroblasts and cultured macrophages but not lymphocytes, suggesting that Epa-1 is tissue restricted.[46] In vivo, Epa-1 serves as a mediator of skin and heart allograft rejection and cutaneous GVH reactions.[47] Epa-1 is believed to be a loss mutation; strains may or may not express it. The strains which do not express Epa-1 mount an immune response and reject tissues from strains that do express it. No mAbs have been isolated and it appears to function as a mH antigen.

Human Kidney Specific Antigens as mH Antigens and Their Possible Role in Renal Allograft Rejection

To define the role of tissue restricted mH antigens in allograft immunity we determined whether human kidney cells (KCL) in culture without any contaminating passenger leukocytes can present allo-MHC class I antigens and elicit a T cell response.[48] KCL exhibited the phenotypic characteristics of tubular epithelial cells and were devoid of detectable contamination with leukocytes. Coculture of normal PBL with allogeneic KCL elicited CTL that lysed the stimulating KCL but failed to lyse third-party HLA mismatched KCL. Cell panel and antibody blocking studies demonstrated that the CTL were directed to the HLA class I alloantigens expressed on the KCL stimulators. Purified T cells completely failed to mount a CTL response to KCL, but their response could be reconstituted by supplementing cultures with either autologous non-T cells or IL-2. Our data demonstrate that parenchymal cells in the kidney are capable of presenting class I antigens to alloreactive T cells and, therefore, may contribute to the immunogenicity of renal allografts.

To test the hypothesis that kidney restricted antigens can act as a mH antigen and present itself in the context of MHC class I alloantigens, a panel of human T cell clones was established using an allogeneic KCL as the source of stimulator cells.[49] A majority of these clones lysed the stimulating KCL in an allospecific manner but completely failed to lyse lymphoid cell targets derived from the KCL donor. Three of the KCL reactive clones have been characterized in detail. All three are $CD8^+/CD4^-$, α/β TCR^+, and their lytic activity is blocked by monoclonals to HLA class I framework determinants. Mapping studies using a panel of KCL targets, and blocking studies with allele-specific monoclonals indicated that clone 1.5 is directed to HLA-A3, clone 3.10 to HLA-B62 (putatively), and clone 5.2 to HLA-B51. Direct lysis and cold target inhibition assays demonstrated that clones 1.5 and 3.10 recognize their target class I alloantigens on KCL– but not on Epstein-Barr virus–transformed B cells or phytohemaglutinin stimulated T cells. These data suggest that kidney restricted antigens may play a role as mH antigens in T cell recognition of MHC class I alloantigens, and raise the possibility that parenchymal cell restricted effector populations may contribute to rejection of renal allografts.

Similar CTL clones were also identified from biopsies obtained from human renal allografts undergoing rejection episodes. CTL clones, developed in our laboratory, from renal allografts undergoing rejection have been shown to be kidney antigen specific, recognizing an mH antigen on renal allografts. Graft infiltrating T cell lines were generated by growth of infiltrating T cells in media containing IL-2. These T cells were then cloned onto donor KCL. Ten percent of the resulting CTL clones were KCL specific, lysing donor KCL but not B lymphoblastoid lines (B-LCL) derived from the same donor. These results suggest the T cell recognized a kidney specific peptide presented in the context of allo-MHC; confirming the results of in vitro experiments[48] and furthermore, suggesting a role for mH antigens in renal allograft rejection.

A recent report by Yard et al[50] has confirmed our results demonstrating that kidney restricted CTL clones can be cultivated from rejecting allograft biopsies. Currently available CTL clones capable of kidney restricted killing have all been MHC class I restricted (HLA-A2, A3, and B62) and furthermore, any kidney tubular epithelial cell line which expressed these MHC antigens were lysed by these clones suggesting immunodominance of these possible mH antigens. Preliminary studies have shown that other epithelial cell lines such as Hep-2, a hepatic tumor line, were not killed by these clones even though they expressed the correct MHC class I antigen. In addition, transfection of HLA-A3 into a non HLA-A3 kidney tumor line allows it to be recognized and lysed by the HLA-A3 kidney restricted CTL clone. Similar tranfections into the murine cell line, P815, did not result in recognition or lysis of this target by the HLA-A3 clone.

Our preliminary studies to determine the peptide epitope recognized by these clones have utilized the Rammensee[16] procedure of isolating MHC bound peptides. These studies have shown that the HLA-A3 kidney specific CTL clone recognizes a peptide consisting of nine amino acids with anchor residues similar to those published for other HLA-A3 restricted CTL (unpublished). Evidence from our laboratories[48,49] as well as others[50] indicate that mH antigens may play a role in human renal allograft rejection. These studies also lay the ground work for defining their possible role in autoimmunity in humans. We feel that studies on the human mH antigens are a critical and exciting area of investigation. Further definition of these epitopes will enable us to understand the pathobiology of allograft rejection and possibly other human diseases.

Male Specific Antigen (HY-Ag) as a Minor Antigen

The mH antigen most studied is the HY-Ag, probably because it is easily defined. Male individuals have it and females do not. The presense of the HY-Ag was first suggested when female mice rejected skin grafts from males of the same inbred strain[51,52] or lymphocytes from a MHC-matched female donor will attack the tissues of a male recipient which express the HY-Ag.[53] HY-Ag was mapped to the short arm of the mouse Y-chromosome because it is tightly linked to the testes determining gene *Tdy*.[54] It is encoded by the *Hya* gene. This gene may be involved in spermatogenesis but its function has not been clearly defined.

Generation of an HY-Ag specific T cell response in mice is controlled by Ir genes (now known to be MHC class II genes). Both the MHC and the mH genes determine responsiveness/nonresponsiveness in various inbred strains.[55] The graft rejection mediated by the HY-Ag is controlled almost exclusively by MHC genes, mainly class II. In $H2^b$ mouse strains, that are permissive for HY-Ag expression, the presence of class II IA^b resulted in a strong rejection response and the presence of class I D^b required T cell help. Like the other mH antigens, no mAb has been developed for HY-Ag so this marker cannot be followed by simple staining of cells and cannot be isolated by immunoprecipitation. The only in vitro assay available for defining the HY-Ag is the cell mediated killing (CTL assay) and the specificity of this technique can be exploited to identify the HY-Ag.

To confirm the results of geneic linkage analysis in congenic mice, investigators wanted to molecularly identify the HY-Ag. MHC restricted CTL from secondary MLR, using spleen cells of female mice immunized in vivo with syngeneic male tissues, conferred the specificity of the immune response to HY-Ag. These CTL clones were MHC class I restricted and killed tissues from syngeneic male mice that expressed HY-Ag. The peptide portion of the HY-Ag, mH antigen, was isolated by eluting naturally processed peptides (representing endogenous cellular proteins), from purified MHC antigens from whole tissue homogenates, with trifluoroacetic acid. The peptide containing fraction was separated from the homogenate, purified and then passed through an HPLC column. Sharp, reproducible peaks of activity which contained peptides of 10-13 amino acids were identified by sensitization of targets bearing the proper class I MHC molecule on their cell surface.[56,57] The extracted peptides are believed to displace the native peptides from the MHC molecules on the cell surface, "sensitizing" the cells for specific killing by HY-Ag specific CTL.

A role of HY-Ag specific cytotoxic T cells in GVH response has been postulated recently since cytotoxic T cell clones specific for HY-Ag and restricted to HLA class I antigens can be isolated from bone marrow transplant recipients undergoing GVH.[58,59] We will discuss these results later in detail.

Maternally Transmitted Antigen (Mta) as a Minor Antigen

The Mta is another mH antigen model which has been investigated extensively. It consists of a peptide, MTF, which associates with a nonclassical class I molecule, HMT, and is expressed on the cell surface. Mta was identified in vitro by class I restricted, H-2 unrestricted, CTL of NZB mice against a panel of targets. The CTL killed the entire panel, except the NZB control, including classical MHC mismatched cells.[22] After extensive genetic characterization, MTF was linked to maternally inherited mitochondria, no paternal mitochondria are transferred from sperm to the zygote. The peptide represents an epitope of an endogenous mitochondrial protein, ND–1, which is an NADH dehydrogenase subunit. Four forms of MTF were identified. After sequencing the mitochondrial DNA from the four isotypes, "in one and only one place did all four genomes differ in the same codon: the 5' end of the ND1 gene."[60]

```
           1      5 6     10      15       20       25    Amino Acid
mouse a    fM F F I N I L T L L V P I L I A M A F L T L V E R K
mouse b             A
mouse c             V
mouse d             T
human        P M A L I                    M T
```

Demonstration of the amino acid substitutions in the ND–1 protein N-terminal end of the MTA in mice.[22]

The synthetic derivatives of MTF were synthesized and tested for specificity by CTL assay using targets sensitized with each peptide. The results clearly demonstrated that Mta was a mH antigen composed of a syngeneic class I MHC associated with its peptide epitope and the peptide represented an endogenous protein. Conservative amino acid substitutions determine the antigenicity of the Mta.[61] Mta also mediate skin graft rejection in vivo[62] and rejection could be accelerated if recipients were preimmunized with Mta syngeneic lymphocytes which had other mH antigen discrepancies.

Viral Antigens as Minor Antigen

It is inferred from the corecognition of mH peptide and MHC antigen by the T cell that mH antigen presentation is analogous to presentation of viral antigens. Conversely, viral peptide epitopes may act as mH antigens. Like endogenous proteins, viral proteins are synthesized using host cellular machinery and mimic endogenously synthesized cellular proteins. The peptide epitopes of viral proteins undergo intracellular processing and are presented in the context of MHC class I. When the number of mH antigens expressed appeared to increase in the progeny of mice kept in contaminated environments, Bailey[63] proposed that viruses could be involved in the formation of mH mutants. Other investigators noted a relationship between retroviral sequences and mH genes based upon their tight linkage analysis.

To prove that viral sequences could mimic mH antigen a transgenic mouse was created by inserting the moloney leukemia viral genome into the germline. A new mH antigen was detected by skingraft rejection and CTL assays.[64] Mice infected with the virus could not be skin donors for the parental line because their tissues were rejected. It remains unclear if the latent viral genome actually codes for a mH antigen as has been suggested for the SV40 T antigen, or, if it controls the expression of a normally suppressed endogenous host protein as has been proposed for the Molony murine leukemia virus. Unfortunately, the answer to this dilemma will not be resolved until the mH peptide is extracted from the MHC molecule, sequenced and identified.

Clinically, it has been observed that a previous herpes virus or cytomegalovirus (CMV) infection in a patient undergoing BMT will be at increased risk of GVHD. The risk of CMV infection is highest in recipients who have been previously colonized as demonstrated by pretransplant serological titers. CMV infection can occur in up to 50% of transplants. CMV interstitial pneumonia is the gravest outcome and carries a >85% mortality.[65] Some investigators have proposed that the latent viral genome could mediate GVHD by expressing a mH antigen either by encoding for a viral protein or controlling expression of a latent endogenous protein. Immunologically active epitopes would then be presented in association with class I MHC on the cell surface and lead to rejection.

mH Antigens, Possible Role in Autoimmunity, Tumor Immunology and Immune Surveillance

The concept that mature T cells recognize peptides presented in the grooves of MHC class I and II molecules and that peptide/MHC complexes may regulate the development of T cell repertoire have suggested that mH peptide/MHC complexes play a major role in immune surveillance. Many authors stress the importance of the immune system's ability to identify mutated proteins of potentially tumorous tissues and eliminate the tissues before they become cancerous. The opposite extreme involves the inability of the immune system to discriminate self-antigens and react against healthy tissues, leading to clinical autoimmunity. All self-peptides including the mH peptides could also play a role in negative selection of T cells during thymic development.

The clonal selection theory attempts to explain the balance between self-reactivity and foreign antigen recognition. These concepts have evolved to illustrate how the mature immune system is able to distinguish autologous, healthy tissues (self) from virally infected, cancerous, or allogeneic tissues (nonself). All immunologically competant individuals contain the same sets of TCR genes. These TCR genes can code for receptors that can recognize many different antigens in association with many MHC molecules.[66] Immature, double positive T cells have the potential of expressing TCRs that may recognize any epitope of any protein associated with a variety of MHC molecules-whether or not they are self-reactive. The total number of T cell specificities for different peptide/MHC epitopes is referred to as the T cell repertoire. It is estimated to contain 10^9-10^{10} different T cell specificities in mice and an even greater number in humans.

As T cells mature within the thymus, they interact with a variety of cells. In the cortex, T cells encounter thymic epithelial cells expressing MHC. It is in the cortex that the TCR is first expressed on the surface of T cells. The interaction of the thymic epithelium and T cells expressing the appropriate TCR activate the T cell and lead to its maturation. This stage of T cell development is referred to as positive selection because any T cell expressing a TCR which can interact with the self-MHC expressing thymic epithelium will be activated (or rescued from its programmed death), including self-reactive T cell clones. Interestingly, this model seems to mandate that the thymic epithelium express all of the vast array of necessary epitopes needed for selection of the T cell repertoire, otherwise gaps in the immune system's ability to recognize foreign epitopes would prevent the individual from mounting an immune response. As the T cells mature, they migrate to the medulla of the thymus where they interact with thymic macrophages and dendritic cells. Self-reactive T cell clones are eliminated by a process called clonal deletion. These are autoreactive T cells, that are expressing a TCR with the highest affinity for self-peptide/MHC complexes. They interact with thymic macrophages and dendritic cells that are expressing endogenous peptide in the context of self-MHC (the same structure that might be recognized as a mH antigen in the transplantation setting) and are deleted by programmed cell death (apoptosis). The surviving, mature set of T cells are self-MHC restricted and self-tolerant.

Although positive and negative selection must limit the number of TCR genes used in response to foreign antigen, the substantial plasticity of the immune system apparently limits the number of blind spots in the repertoire. More than one receptor can recognize a given peptide/MHC complex.[67]

A mechanism for maintaining T cell tolerance is believed to exist outside the thymus. Extrathymic antigens expressed on nonlymphoid tissues are presented to mature, potentially self-reacting lymphocytes. It appears that mature lymphocytes are neither eliminated nor permanently silenced. They exist in a state referred to as anergy which is maintained by constant exposure to self-peptide/MHC without accessory signals normally provided by cells of myeloid origin.[68] Clonal anergy, unlike clonal deletion, is a reversible process. Self-reactive T cells remain inactivated by constant exposure to these potential mH antigens. From a physiological standpoint, mH antigens form the foundation for clonal T cell selection by eliminating self-reactive T cell clones (tolerance) and preventing the organism from developing an immune response against itself (autoimmunity).

It has been postulated by Roopenian et al[2] that there are two major components for mH loci; T helper cells and CTL commonly respond to antigens encoded by separate but closely linked mH genes. Immunity probably requires both types of antigen for activation of their respective T cell subsets. In support of this hypothesis, it has been reported that CD4 and CD8 cells specific for autologous melanoma cell antigen actually respond to different proteins.[69] There are studies suggesting that tumor immunity may not develop if specific helper T cells are not activated and do not release cytokines that encourage specific cell mediated killing. If one injects into a host tumor cells transfected with IL-2, mice will survive the tumor challenge. They will also generate tumor specific CTL.[70,71] Thus, tumor antigens acting as mH antigens can preferentially activate CD4 or CD8 cells and can play a vital role in the immune surveillance against the tumor.

Every gene is a potential mH locus. The number of loci in the mouse has been estimated at 720 based on the frequency of mutations that give rise to histocompatibility antigens. It is clear that in a normal individual, the majority of potentially antigenic self-peptides are not processed and presented in vivo, and are thus not seen by the immune system as foreign. However, any genetic changes caused by either spontaneous mutation or environmental pressures, i.e., infection, can alter antigen processing and presentation. It is easy to envision that self-mH antigens have the potential to generate an immune response and could override immunological unresponsiveness. Consequently, an immunogenic peptide could be generated and this could result in autoimmunity.

Implications of mH Antigens in BMT

mH antigens are the targets of GVHD when tissues or organs are transplanted between members of the same species who match at MHC loci. Classically, mH antigens individually develop weak immune reactions but when multiple mH differences are summated, as is seen in the human outbred population, vigorous reactions may result in graft rejection or GVHD.

Many reconstituted BMT recipients regain full immune function with complete tolerance. Immunosuppression can be discontinued without the risk of chronic GVHD.[8] They develop specific tolerance to host, not third party antigens and these individuals are not immune deficient.[72]

Specific tolerance to BMT in a chimeric mouse model differing at mH loci has been developed by transplanting bone marrow from a C57BL/6 inbred mouse into the LP inbred mouse strain. These inbred strains are genotypically identical at the MHC and they are believed to differ only at mH. Only a limited number of mH are capable of initiating GVHD and all mH antigens are tolerant in this B6/LP chimera. Stable chimeras (constructed 150 days prior to testing) were challenged in vivo with cells that differed at one or more mH antigens. Splenocytes were then harvested and restimulated in vitro with cells expressing host antigens. The additional step of in vitro stimulation is necessary to expand the population of reactive splenocytes. T cell mediated killing was investigated because CTL are believed to be the mediators of GVHD and provide the specific recognition in mH desperate BMT.[73] CTL were identified in a standard chromium release assay that were specifically unresponsive to host mH antigen but not to third-party cells that were expressing unrelated antigens.[74] Using stimulator cells that they obtained from congenic mice, the authors demonstrated that the chimeras were tolerant to both immunodominant and nondominant antigens.

Their results demonstrate not only specific unresponsiveness to host mH but also a normal immunologic response to third-party, unrelated antigens. These investigators also demonstrated unresponsiveness to both immunodominant and nondominant mH antigens.

The issue of graft rejection is avoided by vigorous preconditioning of the recipient prior to BMT. Three mechanisms have been proposed for the development and the maintenance of immunologic tolerance (and the avoidance of GVHD).

Clonal deletion describes the physical elimination of host reactive immature thymocytes following their TCR interaction with antigen presented in the context of self-MHC molecules on the surface of thymic dendritic cells. As noted before, thymic dendritic surface antigens can represent mH antigens of the host that would be displayed to donor BMT. Clonal deletion is believed to play a dominant role in self-tolerance during ontogeny but it remains unclear if the recipient's thymus plays an active role in deleting donor derived immature thymocytes after BMT. The thymus is thought not to delete mature thymocytes transplanted with the donor bone marrow.

Lethal irradiation of an organism is not thought to disrupt the thymic epithelium but only eliminate bone marrow derived cells, such as dendritic cells, residing within the thymus. The levels of irradiation used when reconstituting bone marrow chimeras are lethal only to rapidly dividing cells, stromal cells are uneffected. Investigators have used this observation to try and explain the individual role played by each thymic stromal cell.

Taking advantage of the ability of the antigens expressed by mouse mammary tumor viral genomes incorporated into the mouse genome (the minor lymphocyte stimulatory-Mls antigens) to eliminate entire T cell subsets expressing a single Vβ TCR, research has demonstrated that dendritic cells of the thymus are involved in T cell clonal deletion.[75] This particular study also questioned whether host or donor derived APC present mH antigen because they found that Mls was passed from host to donor MHC molecules. Although Mls is not MHC allele specific and therefore its ability to activate T cells is different from classical T cell MHC interactions, it does suggest the possibility of transferred peptides from within the MHC binding grooves of host and donor as a means of mH antigen recognition following lethal irradiation. Additionally, a female recipient can reject HLA phenotypically identical bone marrow from her father. The HY mH antigen of donor cells mediates allograft recognition and could, therefore, represent a failure of conditioning regimens[76] but could also represent a transfer of peptide from within the host MHC to donor MHC.

The possibility of suppressor activity has been suggested as a means of tolerance to BMT. Evidence of suppressor activity is most clearly shown by adoptive transfer studies. Fifty million spleen cells from a stable B6/LP BMT chimera will prevent GVHD in other mH chimeras that would normally develop severe GVHD.[77] Many investigators question the concept of suppression because no specific cell has been demonstrated.

Clonal inactivation (anergy) is the third mechanism proposed for the development of tolerance. The concept has resulted from the ability to demonstrate tolerance with the inability to prove that clonal deletion or suppression do actually occur. Proponents of the model of anergy feel that transplanted, host reactive T cells are neither eliminated nor permanently silenced,[77] rather they exist in a functionally inactivated state. The key element of this theory is the two signal T cell activation hypothesis. Engagement of the T cell receptor alone is not sufficient enough to activate a T cell. Accessory signals presumably generated by the interaction of other surface molecules on a T cell and an APC assist in the activation of a particular T cell. Without these two signals, the potentially reactive T cell remains anergized.

Clonal anergy occurs independently of the thymus and is commonly referred to as peripheral tolerance. The expression of accessory molecules is normally limited to dendritic cells, APCs, endothelial cells and bone marrow derived cells such as B cells. The lack of mature APC in the BMT and preconditioning regimens which eliminate host APCs may actually contribute to the acquisition of peripheral tolerance because cells expressing accessory molecules do not exist. Manifestations of GVHD result from immunocompetent, mature donor lymphocytes in the transplanted marrow inoculum that react against foreign histocompatibility antigens expressed on host tissues. GVHD occurs in 30-70% of allogeneic BMT between HLA identical transplants and results in the death of 10-15% of transplant recipients.[78] GVHD remains the single largest obstruction to using BMT as a therapeutic modality. As previously noted, BMT are rarely done using HLA incompatible bone marrow. BMT have become an excellent model for the study of mH. Current research is focusing on the role of mH antigen in the phenomenum of GVHD. By better characterization of this reaction the unwanted side effects of GVHD will be avoided in patients requiring BMT.

The rare but ideal case of BMT occurs between monozygous twins. Donor and recipient are presumed genotypically identical at both MHC and mH; in theory graft rejection and GVHD should be avoided. Parts of the genome which undergo functionally independent rearrangements, such as genes encoding for immunoglobulins and TCR, may explain why

GVHD is still seen in up to 5% of BMT in identical twins. Presumably, independent gene rearrangements used to synthesize immunoglobulins of T cell receptors occur somewhat randomly (Fig. 3.5).

The opposite extreme in BMT is represented by mismatches of HLA antigens between donor and recipient. The results ranged from severe to fatal GVHD. Consequently, since the 1970s, BMT has been reserved for HLA identical donors, preferably siblings or parents. It is much more likely that siblings would match at mH loci than would a HLA identical donor from the outbred population. Still a high incidence of GVHD occurs between HLA matched siblings; this must be mediated by *mH antigens.* GVHD correlates inversely with mH antigenic differences of the donor and the recipient.[79]

Human mH Antigens in BMT

GVHD still remains as the major clinical problem blocking successful BMT between HLA matched donor recipient combinations. It is well known that the incidence of GVHD increases with increasing genetic disparity between bone marrow donor and recipient. Beatty and Herve[80] recently estimated that the incidence of GVHD in BMTs performed in autologous and monozygotic twins is <1%; HLA genotypically identical sibling, 36%; and HLA-A,B,C,DR identical, MLR negative, unrelated donor recipient combination, 50-79%. These differences in GVHD can be explained by disparities in mH antigens between these different groups. It is also known that GVHD occurs more frequently when female bone marrow is grafted into male recipients, indicating the influence of male specific mH antigen HY in this immune response.

Clinically, two forms of GVHD are recognized temporaly in BMT. The acute form of GVHD can persist from a few days to six weeks with varying degrees of severity. It is characterized by skin rash, oral and gastrointestinal mucositis, and hepatic inflammation. Histologically, lesions that are recognized in GVHD seem to result from both direct CTL-mediated lysis and T cell lymphokine production (IL-2, TNF, and INF). The involvement of organs other than just the skin requires some form of immunosuppressive therapy to block the progression of GVHD to a chronic state. Target tissues and organs involved with GVHD vary between species and strains; this probably reflects the restricted tissue distribution of some mH antigens.[81,82]

The chronic form of GVHD is defined as either the first appearance of GVHD beyond three months or the re-emergence of acute GVHD within this same time frame. Chronic GVHD manifests more like an autoimmune disease. The prolonged duration of active tissue damage caused by chronic GVHD provokes fibroblast proliferation

The Effects of HLA Matching and T Cell Depletion on Bone Marrow Transplants

	Transplant Type		
	HLA-mismatch	HLA-match	T cell depletion
GVHD	> 80%	< 40%	unlikely
Graft failure	> 80%	< 40%	60-80%
Infection	60-80%	60-80%	> 80%
Leukemic relapse	< 40%	< 40%	60-80%

Fig. 3.5. The effect of HLA matching and T cell depletion on bone marrow transplants.

and scarring. Presumably this is the body's attempt to heal itself. Epidermal organs such as hair follicles and sweat glands are destroyed. Joint and tendon contractures result. Severe portal inflammation of the liver mimics hepatitis and eventually lead to cirrhosis. Chronic GVHD requires immunosuppressive therapy in excess of one year regardless if the signs and symptoms resolve. Most life threatening to the victims of chronic GVHD is the prolonged immunodeficient state that results from the inability of the BMT to mature in the host. Mice kept in a relatively germ free environment are comparatively resistant to death following an episode of GVHD.[83] Lymphoid hypoplasia leaves patients susceptible to infection and they commonly succumb to gram positive coccal sepsis. Interestingly, the outcome of gram positive sepsis is unaltered by current immunotherapeutic regimens. Overall, chronic GVHD can develop in 30-40% of HLA matched BMT recipients and remains the major impediment to survival and quality of life.

The effector cells of GVHD were first identified by the pathologic appearance of effected tissues. Mononuclear cells (which include cells of monocyte/macrophage and lymphocyte lineages) were incriminated as the mediators of GVHD. Dermal and epidermal $CD8^+$ T cells correlate with the severity of GVHD. Keratinocytes were the apparent targets.[84] Knowing that conditioning regimens eliminate the recipient's bone marrow derived cells, researchers assumed that the reactive T cells must reside in the transplanted marrow cells. Using inbred mice, it was shown that GVHD in BMT desperate at class II are mediated by helper T cells, BMT that differ at class I are mediated by cytotoxic T cells. Rejection and GVHD mediated by MHC mismatched BMT are consistent with models of allorecognition identified in other transplantation models. GVHD in MHC matched BMT (which differ at mH) can be precipitated by both subsets of T cells, depending on the strain combination. In man, mH antigenic differences are the specific allorecognition sites resulting in the cell mediated immunity leading to the development of GVHD in HLA phenotypically identical BMT recipients. Activation of T lymphocytes requires presentation of the recipient's mH antigens by hematopoietic APC of either host or donor origin.[85] Antihost specific CTL as effectors in GVHD induced to mH antigens were first observed in mouse splenocytes.[86]

Early studies in mice suggested that CTL were the dominant effectors in GVHD.[87] Actually, knowing that mH antigens are peptide epitopes of self-proteins presented in class I molecules, it is not surprising that $CD8^+$, class I restricted T cells react to mH antigens. Antihost CTL are always observed in chronic GVHD although they can be isolated in the majority of patients with acute GVHD and even from patients without clinical evidence of GVHD.[88] The highest titres of CTL are seen in patients with chronic GVHD.

Surprisingly, antihost proliferative helper T cells can also be isolated in acute GVHD.[88] Responses are directed at mH antigens and are class II mediated. Generally, class II presentation is described for presentation of peptides derived from exogenous proteins that were processed by an APC. The presence of host reactive helper T cells was demonstrated by taking PBLs from human chimeras and exposing them in vitro in a one way MLR to pretransplant PBL isolated from the recipient and measuring the amount of proliferation. Normally, MLR are performed prior to transplant; only nonreactive bone marrow is infused. The mH reactive helper T cells must develop in the recipient after BMT.

Stable B6/LP chimeric mice will experience lethal GVHD if 1-5 million mature spleen cells are infused with ten million cells of the marrow inoculum.[89] The BMT alone creates a healthy chimera tolerant to mH differences, it has no global immune deficiency by conventional studies. These studies suggest that different modes of tolerance are used for mature and immature lymphocytes.

Studies on the mH antigens involved in GVHD in human BMT has been pioneered by Goulmy et al.[30] Characterization of T cell epitopes, population frequencies and segregation and allelic studies has been undertaken only for some of the mH antigens. A current list of human mH antigens defined by CTL clones are given in Table 3.2. However, extensive analysis of the mH antigens has been performed only for 6; W-1 and HA-1 through HA-5. Phenotypic frequencies of 80,69,95,88,16 and 7% have been reported for W-1, HA-1, HA-2, HA-3, HA-4 and HA-5 respectively.[13] The number of alleles for each of the locus is still unknown.

Elimination of the mature donor T cells from the transplanted marrow prior to infusion into the recipient will avoid GVHD in rodents and humans.[90] T cells can be removed by T cell specific complement fixing antibodies or antibody conjugated beads. T cells replenished from the transplanted stem cells presumably develop with peripheral tolerance to host tissues. Clearly, the possibility of GVHD is reduced but unfortunately graft failure can be as high as 25%.[91] It is suggested that mature T cells in the BMT may be important sources of growth factors for the developing marrow. Without exposure to these lymphokines donor cells cannot proliferate. Patients who receive BMT for leukemia will loose the graft versus leukemic (GVL) effect.[92] Unfortunately, the higher tumor relapse rate suggests that the antileukemic effect and GVHD are mediated by the same mature T cell populations. Recent efforts have attempted to define the individual T cell populations responsible for GVHD and GVL, so that they can be controlled and exploited as necessary in the host.

$CD8^+$ T cells are the dominant effectors in pathogenesis of GVHD in BMT differing at either MHC class I or mH. In theory, selectively depleting $CD8^+$ T cells from the marrow inoculum prior to infusion would leave the $CD4^+$ T cell population intact. Cellular immunity plays an active role in infection and the $CD4^+$ T cells could then maintain immunocompetence and ward off opportunistic infections. An inverse relation between the number of transplanted helper T cells and mortality has been demonstrated. Many researchers suggest that this observation is probably secondary to the ability to overcome the immune deficient state created by completely T cell depleted marrow. Additionally, it was hypothesized that the remaining population of T cells could provide growth factors necessary for proliferation of the transplanted marrow. Clinical trials showed that selective $CD8^+$ T cell depletion in HLA matched BMT resulted in a lower incidence of severe GVHD; patients who developed GVHD had less intense reactions.[93]

Another experimental approach to elucidating the role of individual mature T cell subsets in BMT is by depletion of all T cells from the inoculum and then adding back subsets of interest. Examination of the potential of purified donor $CD4^+$ and $CD8^+$ subsets of

T cells to mediate GVHD in MHC matched, mH desperate mouse strain combinations has shown that $CD8^+$ T cells are capable of inducing GVHD in all combinations that were tested. Whereas, $CD4^+$ T cells failed to mediate GVHD in four of six strain combinations tested.[94] Additionally, no relationship between the ability to mediate GVHD in vivo and the ability to react to recipient antigenic stimuli in a MLR in vitro was noted. Preimmunization of the donor with recipient antigens did not enhance the potential of $CD4^+$ T cell mediated GVHD. Also, injection of an anti-CD4 opsonizing antibody into BMT recipients, which eliminates the $CD4^+$ helper T cells, had no effect on the intensity of GVHD. These results suggest that $CD8^+$ T cells are T-helper independent in vivo.

The immunodominance of mH antigens demonstrated using congenic mice selected by their ability to reject mH differing skin transplants or react in MLR in vitro does not correlate with the incidence of GVHD using the same strains for BMT. Mature B6/By T cells and T cell depleted bone marrow were infused into lethally irradiated hosts of differing mH antigens. Strain combinations expressing the strongest class I restricted CTL response in vitro had a very low incidence of GVHD in vivo.[95] It is possible that effectors were actually $CD4^+$ Th cells that would not be detected in a CTL assay or that mH antigens have a restricted tissue distribution and the wrong targets were chosen in vitro. Others have suggested that the $CD8^+$ CTL demonstrated in vitro could have a suppressor function in vivo; this suggests a form of immunoregulation at the T cell responder level. Currently, immunodominance represents competition for binding sites on an APC and it is likely this phenomenon demonstrates presentation of different peptides by the APC under different environmental conditions.

mH antigen typing and matching between donor and recipient, as done for MHC antigens, would eliminate rejection and GVHD and promote tolerance. Unfortunately, typing is currently difficult to perform because mH antigens are believed to vary at both their peptide and MHC. To overcome this obstacle, donor bone marrow cells have been transfected with class I molecules that are recognized by mH antigen specific CTL clones.[76] mH antigen expression can then be measured in vitro using a standard CTL assay. Positive tests would suggest the possibility of GVHD in BMT. Clearly, this technique is cumbersome but it does represent one possibility for mH typing. Additionally, this technique does suggest that the same dominant peptide epitope of an endogenous self-protein is presented by different MHC alleles but in differing conformations (the other possibility suggests both peptide and MHC differ for each mH antigen, but T cell clones would *not* recognize this case). Further characterization of class I processing and presentation is necessary before these issues can be addressed.

Early therapies devised to limit GVHD were based upon a canine BMT model. Post grafting, dogs given methotrexate weekly for three months had a decreased incidence of GVHD.[96] It remains standard practice to give prophylactic immunosuppression following BMT despite its obvious prolongation of an immune deficient state.[97]

The transplantation of immunocompetent, allogeneic bone marrow cells (unlike autologous or syngeneic bone marrow cells) has been associated with the elimination of residual host leukemia and is also associated with a decreased risk of leukemic relapse.[98] This property of transplanted marrow has been identified in both animal models and in human leukemic recipients and is referred to as the graft versus leukemic effect (GVL).

The antileukemic effect of the transplanted marrow has been demonstrated both in vitro and retrospectively in vivo. Multiple mechanisms have been proposed to explain GVL. Previously, it was believed that alloreactive donor T cells recognized foreign MHC antigens on normal and neoplastic host tissues. BMT is no longer routinely attempted across MHC barriers so this possibility no longer exists. Donor lymphocytes that infiltrate the bone marrow could release various cytokines that either possess inherent antitumor activity or induce cytokine activated cell mediated killing (LAK activity). Pertinent to this discussion is the possibility that allogeneic donor T cells (allogeneic at mH antigens) recognize antigens uniquely or selectively presented on the host's leukemic blasts[99] as a form of mH antigen specific to the leukemia. In vitro, neoplastic cells are more susceptible than normal cells to anti-mH cytotoxic T cells. In this sense, BMT can be viewed as effective treatment for eradicating leukemic cells. It has been described as a form of T cell immunotherapy involving an immunologic attack against the host with both deleterious GVHD and beneficial GVL consequences.[100]

Clinical observations have identified an inverse relationship between the leukemic relapse rate and the presense of GVHD.[101] Apparently, in addition to attacking the host's tissues and causing GVHD, donor T cells also exert GVL and maintain repression of the leukemia. Many authors have suggested that the same population of T cells that are responsible for GVHD are probably involved in GVL as well. This hypothesis is based in part on observations of the use of pharmacological immunosuppression to mediate GVHD will also eliminate GVL.

Table 3.2. Human mH antigens defined by MHC class I restricted CTL clones

Code	Priming	HLA restriction	Segregation
HA-1[30,31]	BMT/graft ➔ host	A2.1	Mendelian, single gene
HA-2[30,31]	BMT/graft ➔ host	A2.1	Mendelian, single gene
HA-3[30,31]	BMT/graft ➔ host	A1	Mendelian, single gene
HA-4[30,31]	BMT/graft ➔ host	A2.1	Mendelian, single gene
HA-5[30,31]	BMT/graft ➔ host	A2.1	nt
HA-6[32]	BMT/graft ➔ host	B7	nt
HA-7[32]	BMT/graft ➔ host	B7	nt
H-Y[58]	BMT/graft ➔ host	A2.1	Y-chrom
H-Y[58]	blood transfusions	B7	Y-chrom
H-Y[59]	blood transfusions	A1	Y-chrom
W1[102]	BMT/graft ➔ host	B7	Mendelian, single gene
hmH A-1[103]	kidney graft	B35	nt
hmH A-2[103]	kidney graft	B38	nt

nt = not tested
Numbers in superscript denote references used in chapter.

It should be possible to simultaneously prevent GVHD and potentiate GVL if these immunological reactions are recognizing mH antigens. mH antigens have a limited tissue distribution and one possibility to differentiate GVL from GVHD would be to identify one disparate mH antigen and develop cytotoxic T cells in vitro which specifically recognize it. Specific T cells clones could be used in an adoptive transfer without exacerbating GVHD.

Others have suggested exploiting the dominant mH antigen as a means of separating GVL from GVHD. As previously discussed, depletion of mature T cells from the donor marrow inoculum will abrogate GVHD but the GVL effect is lost.[78] The ultimate goal in BMT for malignancy is to prevent GVHD and potentiate GVL, without jeopardizing engraftment. Current scientific efforts are aimed at separating GVHD from GVL.

CONCLUSION

mH antigens are syngeneic MHC molecules that display in their binding grooves, epitopes of endogenous cellular proteins. Although they were identified by transplant rejection reactions, their primary function is involved in development of the T cell repertoire. It was not until transplants were attempted between syngeneic individuals that mH antigen became immunologically identifiable. Peptide epitopes presented by syngeneic MHC presumably represent differing alleles of endogenous peptides and are identified as nonself immunologically because these epitopes were not present during thymic ontogeny. Further research of mH antigens will hopefully elucidate their role in GVHD and GVL so that BMT will become a more viable therapeutic modality.

REFERENCES

1. Snell GD. Studies in histocompatibility. Science 1981; 213:172-178.
2. Roopenian DC. What are minor histocompatibility loci? A new look at an old question. Immunol Today 1992; 13:7-10.
3. Loveland B, Simpson E. The non-MHC transplantation antigens: neither weak nor minor. Immunol Today 1986; 7:223.
4. Simpson E. Minor histocompatibility antigens. Immunol Letters 1991; 29:9-14.
5. Snell GD. Methods for the study of histocompatibility genes. J Genet 1948; 49:87-108.
6. Bailey DW. Genetic histocompatibility in mice. Immunogenetics 1975; 2:249-256.
7. Simpson E, Chandler P, Goulmy E, et al. Separation of the genetic loci for the H-Y antigen and the testis determination on the human Y-chromosome. Nature 1987; 326:876-878.
8. Perreault C, Decary G, Brochu S, et al. Minor histocompatibility antigens. Blood 1990; 76(7):1269.
9. Roopenian DC, Davis AP. Responses against antigens encoded by the H-3 histocompatibility locus: Antigens stimulating class I MHC- and class II MHC-restricted T cells are encoded by separate genes. Immunogenetics 1989; 30:335-343.
10. Roopenian DC, Widmer MB, Orosz CG, et al. Helper cell-independent cytotoxic T-lymphocyte specific for a minor histocompatibility antigen. J of Immunology 1983; 130:542-545.
11. Matsumura M, Saito Y, Jackson M, et al. In vitro peptide binding to soluble empty class I major histocompatibility complex molecules isolated from transfected drosphila melanogaster cells. J Biol Chem 1992; 267:23589-23595.
12. Kaminsky E, Sharrock C, Hows J. Frequency analysis of CTL precursors: Possible relevance to HLA-matched unrelated donor bone marrow transplantation. Bone Marrow Transplantation 1988; 3:149-165.

13. deBueger M, Goulmy E. Human minor histocompatibility antigens. Transpl Immunol 1993; 1:28-38.
14. Zinkernagel RM, Doherty PC. Restriction of in citro T cell mediated cytotoxicity in choriomeningitis within syngeneic or a semiallogeneic system. Nature 1974; 248:701-702.
15. Gordon RD, Simpson E, Samelson LE. In vitro cell mediated immune response to the male specific antigen (HY) in mouse. J Exp Med 1975; 142:1108-1120.
16. Wallny HJ, Rammensee HG. Identification of classical minor histocompatibility antigens as cell derived peptide. Nature 1990; 343:275-281.
17. Rotzschke O, Falk K, Wallny HJ, et al. Characterization of naturally occurring minor histocompatibility peptides including H-4 and H-Y. Science 1990; 249:283-287.
18. Yewdell JW, Bennick JR. The binary logic of antigen processing and presentation to T cells. Cell 1990; 62:203-206.
19. Lindaul KF. Minor histocompatibility antigens. Trends Genet 1991; 7:219-224.
20. Falk K, Rotzschke O, Rammensee HG. Cellular peptide composition governed by MHC class I peptides. Nature 1990; 348:246-251.
21. Simpson E, Brunner C, Hetherington C, et al. HY-Ag, No evidence for alleles in wild strains of mice. Immunogenetics 1979; 8:213.
22. Lindahl KF, Hermel E, Loveland BE, et al. Maternally transmitted antigen of mice: A model transplantation antigen. Annu Rev Immunol 1991; 9:351-372.
23. Wettstein PJ. Minor histocompatibility loci. In: Litwin S.ed.Human Immunogenetics.New York: Dekker, 1989: 339-357.
24. Wettstein PJ, Bailey DW. Immunodominance in the immune response to multiple histocompatibility antigens. Immunogenetics 1982; 16:47-58.
25. Korngold R, Wettstein PJ. Immunodominance in the GVHD T cell response to minor histocompatibility antigens. J of Immunol 1990; 145:4079-4088.
26. Wettstein PJ. Immunodominance in T cell response to multiple non-H2 histocompatibility antigens II: Observation of a heirarchy among dominant antigens. Immunogenetics 1986; 24:24.
27. Lai PK. Antigen competition in the cytotoxic T cell response to minor histocompatibility antigens. Transplantation 1985; 39:638-643.
28. Perreault C, Decary G, Brochu S, et al. Minor histocompatibility. Blood 1990; 76:1270.
29. Chorney M, Shen FW, Michaelson J, et al. Monoclonal antibodies to an allogeneic determinant on beta-2M of mouse. Immunogenetics 1982; 16:1-3.
30. Goulmy E. Minor histocompatibility antigens and their role in transplantation. In: Morris PJ, Tilney NL.eds. Transplantation Reviews.Philadelphia: W.B.Saunders, Co., 1988: 29-54.
31. vanEls CACM, D'Amaro JD, Pool J. Immunogenetics of human minor histocompatibility antigens: Their polymorphism and immunodominance. Immunogenetics 1992; 35:161-165.

32. deBueger M, Bakker A, vanRood JJ, et al. Tissue distribution of human minor histocompatibility antigens.Ubiquitous versus restricted tissue distribution indicates heterogeneity among human CTL-defined non-MHC antigens. J of Immunol 1992; 149:1788-1794.
33. VanDer Bruggen P, Traversari C, Chomez P, et al. A gene encoding an antigen recognized by cytotoxic T lymphocytes on a human melanoma. Science 1991; 254:1643.
34. Jung S, Shluesener HJ. Human T lymphocytes recognize a peptide of single point-mutated encogenic ras proteins. J Exp Med 1991; 173:273-276.
35. Sibille C, Chomez P, Wildmann C, et al. Structure of the gene of tum-transplantation antigen P198.A point mutation generates a new antigenic peptide. J Exp Med 1990; 172:35-45.
36. Lurquin C, VanPel A, Mariame B, et al. Structure of the gene of tum-transplantation antaigen P91A: The mutated exon encodes a peptide recognized with Ld by cytolytic T cells. Cell 1989; 58:293-303.
37. Szikora JP, VanPel A, Brichard V, et al. Structure of the gene of tum-transplantation antigen P35B: Presence of a point mutation in the antigenic allele. EMBO Journal 1990; 9:1041-1048.
38. Phillips C, McMillan M, Flood PM, et al. Identification of a unique tumor specific antigen as a novel class I MHC molecule. Proc Natl Acad Sci USA 1985; 82:5140.
39. Sosman JA, Oettel KR, Smith SD, et al. Specific recognition of human leukemic cells by allogeneic T cells, II: Evidence for HLA-D restricted determinants on leukemic cells that are cross-reactive with determinants on unrelated, non-leukemic cells. Blood 1990; 75:2005-2016.
40. Sato T, Sato N, Takahashi S, et al. Specific cytotoxicity of a longterm cultured T cell clone on human autologous mammary cancer cells. Cancer Res 1986; 46:4384-4389.
41. Loveland BE, Fischer Lindahl K. Definition and expression of minor histocompatibility antigens. In: McCluskey J. ed. Antigen processing and presentation. London: CRC Press, 1991: 173-192.
42. Falk K, Rotzschke O, Rammensee H. Cellular peptide composition governed by major histocompatibility complex class I molecules. Nature 1990; 348:248-251.
43. Rotzschke O, Falk K, Wallny HJ, et al. Characterization of naturally occurring minor histocompatibility peptides including H-4 and H-Y. Science 1990; 249:283-287.
44. Sekimata M, Griem P, Egawa K, et al. Isolation of human minor histocompatibility peptides. Int Immunol 1992; 4:301-304.
45. Forkman J, Riblet R, Brooks K, et al. H-40, an antigen controlled by an Igh linked gene and recognized by cytotoxic T lymphocytes. J Exp Med 1984; 159:1724-1740.
46. Burlingham WJ, Tyler JD, Steinmuller D. Cytotoxic T cells specific for epidermal alloantigen, Epa-1, lyse allogeneic fibroblasts and macrophages in addition to epidermal cells. Transplant Proc 1983; 15:292.
47. Steinmuller D, Wakely E, Landas SK. Evidence that epidermal alloantigen Epa-1 is an immunogen for murine heart as well as skin allograft rejection. Transplantation 1991; 51:459-463.

48. Hadley GA, Linders B, Mohanakumar T. Immunogenicity of MHC class I alloantigens expressed on parenchymal cells in the human kidney. Transplantation 1992; 54:537-542.
49. Hadley GA, Linders B, Mohanakumar T. Kidney cell-restricted recognition of MHC class I alloantigens by human cytolytic T cell clones. Transplantation 1993; 55:400-404.
50. Yard BA, Kooymans-Couthino M, Reterink T, et al. Analysis of T cell lines from rejecting renal allografts. Kidney Intl 1993; 43:S-133-S-138.
51. Eichwald EJ, Silmser CR. Transplant Bull 1955; 2:148-149.
52. Bailey DW. Allelic forms of a gene controlling the female immune response to the male antigen in mice. Transplantation 1971; 11:426-428.
53. Simpson E. Minor histocompatibility antigens. Immunol Letters 1991; 29:10.
54. McLaren A, Simpson E, Epplen JT, et al. Location of the genes controlling H-Y antigen expression and testes determination on the mouse Y chromosome. Proc Natl Acad Sci USA 1989; 85:6442.
55. Fierz W, Brenan M, Mullbacher A, et al. Non H-2 and H-2 linked immune response genes control the cytotoxic T cell response to H-Y. Immunogenetics 1982; 15:261.
56. Wallny HJ, Ramensee HG.I dentification of classical minor histocompatibility antigens as cell derived peptides. Nature 1990; 343:275-278.
57. Rotzschke O, Falk K, Wallney HJ, et al. Characterization of naturally occuring minor histocompatibility peptides including H-Y and H-4. Science 1990; 249:283-287.
58. Goulmy E, Termijtelen A, Bradley BA, et al. Y-antigen killing by T cells of women is restricted by HLA. Nature 1977; 266:544-545.
59. Voogt PJ, Fibbe WE, Marijt WAF. Rejection of bone marrow graft by recipient-derived cytotoxic T lymphocytes directed against minor histocompatibility antigens. Lancet 1990; 335:131-134.
60. Loveland BE, Wang CR, Yonekawa H, et al. Maternally transmitted histocompatibility antigen of mice: A hydrophobic peptide of a mitochondrally encoded protein. Cell 1989; 60:971-980.
61. Speiser DE, Zurcher T, Ranseier H, et al. Nuclear minovirus-resistance protein MX is a minor histocompatibility antigen. Proc Natl Acad Sci USA 1990; 87:2021-2025.
62. Chan T, Fischer LK. Skin graft rejection due to a maternally transmitted antigen, Mta. Transplantation 1985; 39:477-480.
63. Bailey DW. Heritable histocompatibility changes: lysogeny in mice? Transplantation 1966; 4:482.
64. Colombo M, Jaenisch R, Wettstein PJ. Endogenous retrovirus leads to expression of histocompatibility antigens detected by skin graft rejection. Proc Natl Acad Sci USA 1987; 84:189-193.
65. Ringden O. Viral infection and GVHD. In: Burakoff SJ, Deeg HJ, Ferrara JLM, et al. eds. GVHD: Immunology, Pathophysiology, and Treatment.New York: Marcel Decker, Inc., 1990: 467-486.

66. Abbas AK, Litchman AH, Pober JS. Molecular basis for T cell antigen recognition and activation. In: Abbas AK, Litchman AH, Pober JS. eds. Cellular and Molecular Immunology. Philadelphia: W.B. Saunders, 1991: 138-167.
67. Vacchio MS, Hodes RJ. Selective decreases in the T cell receptor Vbeta expression.Decreased expression of specific Vbeta families is associated with expression of multiple MHC and non-MHC gene products. J Exp Med 1989; 170:1335.
68. Swartz RH. A cell culture model for clonal anergy. Science 1990; 218:1349-1356.
69. Notter M, Schirrmacher V. Tumor-specific T cell clones recognize different protein determinants of autologous human malignant melanoma cells. Int J Cancer 1990; 45:834-841.
70. Fearon ER, Pardoll DM, Itaya I. Interleukin-2 production by tumor cells bypasses T helper function in the generation of an antihuman response. Cell 1990; 60:397-403.
71. Gansbacher B, Zier K, Daniels B. Interleukin-2 gene transfer into tumor cells abrogates tumorigenicity and induces protective immunity. J Exp Med 1990; 172:1217-1224.
72. Perreault C, Belanger R, Bonny Y, et al. Critical issues in bone marrow transplantation immunology. Bone Marrow Transplantation 1991; 7:1:24-25.
73. Korngold R. Pathophysiology of GVHD directed at minor histocompatibility antigens. Bone Marrow Transplantation 1991; 7, Suppl.#1:38.
74. Brouchu S, Roy DC, Perreault C. Tolerance to host minor histocompatibility antigen after allogeneic bone marrow transplantation. Specific donor-host tolerance is maintained by peripheral tolerizing cells. J of Immunol 1992; 149:1335-1341.
75. Speiser DE, Scheider R, Hengartner H, et al. Clonal deletion of self-reactive T cells in irradiation bone marrow chimeras and neonatally tolerant mice. Evidence for intercellular transfer of Mls. J Exp Med 1989; 170:595-600.
76. Goulmy E, Voogt P, VanEls C, et al. The role of minor histocompatibility antigens in GVHD and rejection: mini review. Bone Marrow Transplantation 1991; 7,Suppl.1:49-51.
77. Perreault C, Allard A, Brouchu S, et al. Studies of immunological tolerance to host minor histocompatibility antigens following bone marrow transplantation in mice. Bone Marrow Transplantation 1991; 6:127-135.
78. Butturini A, Gale RP. T cell depletion in bone marrow transplant for leukemia: Current results and future directions. Bone Marrow Transplantation 1988; 3:185.
79. Korngold R, Sprent J. Graft versus host disease in experimental allogeneic bone marrow transplantation. Proc Soc Exp Biol Med 1991; 197#1:112.
80. Beatty PG, Herve P. Immunogenetic factors relevant to acute GVHD. In: Burakoff SJ, Deeg HJ, Ferrara J, et al. eds. Graft-versus-host-disease, immunology, pathophysiology and treatment. New York: Dekker, 1989: 415-423.

81. Howell CD, Yoder T, Claman HN, et al. Hepatic homing of mononuclear inflammatory cells isolated during GVHD. J of Immunology 1989; 143:476.
82. Tsoi MS, Storb R, Santos E. Anti-host cytotoxic T cells in patients with acute GVHD after HLA identical marrow grafting. Transpl Proceed 1983; 15:1484.
83. Sprent J, Webb S. Function and specificity of T cell subsets in mouse. Adv Immunol 1987; 41:39-133.
84. Sale GE, Shulman HM, Gallucci BB, et al. Yorng rete ridge keratinocytes are the preferred targets in cutaneous GVHD. Am J Pathol 1985; 118:278.
85. Korngold R, Sprent J. Features of T cells causing H2 restricted lethal GVHD across minor histocompatibility barriers. J Exp Med 1982; 155:872.
86. Hamilton BL, Bevan MJ, Parkman R. Anti-recipient cytotoxic T lymphocyte precursors are present in spleens of mice with acute GVHD due to minor histocompatibility antigens. J of Immunology 1981; 126:621.
87. Korngold R, Sprent J. Variable capacity of L3T4+ T cells to cause GVHD across minor histocompatibility barriers in mice. J Exp Med 1987; 165:1552-1564.
88. vanEls CACM, Bakker A, Zwindermann AH, et al. Effector mechanisms in graft versus host disease in response to minor histocompatibility antigens. I. Absence of correlation with cytotoxic effector cells. Transplantation 1990; 50#1:62-66.
89. Perreault C, Belanger R, Gyger M, et al. The mechanism of graft-host tolerance in murine radiation chimeras transplanted across minor histocompatibility barriers. Bone Marrow Transplantation 1989; 4:83-87.
90. Martin PJ, Hansen JA, Buckner CD, et al. Effects of in vitro depletion of T cells in HLA identical allogeneic marrow grafts. Blood 1985; 66:664.
91. Butterini A, Gale RP. Bone Marrow Transplantation: Current Controversies. In: Gale RP, Champlin RE. eds. UCLA Symposium Molecular Cell Biology. 91st ed. New York: Alan R. Liss, Inc., 1989: 495-505.
92. Butturini A, Gale RP. T cell depletion of BMT for leukemia: Current results, future directions. Bone Marrow Transplantation 1988; 3:185.
93. Champlin R, Gadjewski J, Feig S. Selective depletion of CD8+ T lymphocytes for prevention of GVHD following allogeneic bone marrow transplantation. Transpl Proc 1989; 21:2947-2948.
94. Korngold R. Pathophysiology of graft versus host disease directed to minor histocompatibility antigens. Bone Marrow Transplantation 1991; 7:38-41.
95. Korngold R, Wettstein PJ. Immunodominance in GVHD.T cell response to MiH Ag. J of Immunol 1990; 145:4079-4088.
96. Storb R, Epstein RB. Methotrexate regimens for control of GVHD in dogs with allogeneic marrow grafts. Transplantation 1970; 9:240.

97. Sullivan KM, Deeg HJ, Sanders J, et al. Hyperacute GVHD in patients not given immunosuppression after allogeneic marrow transplantation. Blood 1986; 67:172-175.
98. Horowitz MN, Gale RP, Sondel PM, et al. Graft versus leukemic reactions after bone marrow transplantation. Blood 1990; 75:555.
99. Sosman JA, Ottel KR, Smith SD, et al. Specific recognition of human leukemic cells by allogeneic T cells. II. Evidence for HLA restricted determinants on leukemic cells that are cross reactive with determinants present on unrelated nonleukemic cells. Blood 1990; 75: 2005-2016.
100. Perreault C, Belanger R, Bonny Y, et al. Critical issues in bone marrow transplantation immunology. Bone Marrow Transplantation 1991; 7:24-25.
101. Slavin S, Ackerson A, Naparstek E, et al. The GVL phenomenon: Is GVL separable from GVHD. Bone Marrow Transplantation 1990; 6:155-161.
102. Zier KS, Elkins WL, Pierson GR, Leo MM. The use of cytotoxic T cell lines to detect the segregation of human minor alloantigen within families. Hum Immunol 1983:7:117-129.
103. Yamamoto J, Kariyone A, Akiyama W, Kano K, Takiguchi M. Presentation of human minor histocompatibility antigens by HLA-B35 and HLA-B38. Proc Natl Acad Sci USA 1990:87:2583-2587.

INDEX

Italics denote figures (f) and tables (t).